LOI SUR LES JUSTICES DE PAIX

COMMENTAIRE

ET

TRAVAUX PRÉPARATOIRES

INDEX

Texte de la Loi V

Loi concernant la procédure XIII

Articles de la loi du 25 mai 1838 qui n'ont pas été abrogés . . XIV

RAPPORTS DES COMMISSIONS

Chambre des députés (1899) XVII

—   (1903) XVII

Sénat (1904) XXXI

Chambre des députés (1905) XXXVII

COMPTES-RENDUS DES SÉANCES

Sénat (1896) 1

Chambre des députés (1903) 19

Sénat (1905) 155

Chambre des députés (1905) 217

12 Juillet 1905.

LA

LOI SUR LES JUSTICES DE PAIX

ET SON

COMMENTAIRE

PAR LES

TRAVAUX PRÉPARATOIRES

BORDEAUX

IMPRIMERIE DE LA *REVUE DES JUSTICES DE PAIX* (A. DELAGRANGE)

173, rue Lecocq, 173

—

1905

REVUE

DES

Justices de Paix

ORGANE DE LA MAGISTRATURE CANTONALE DE FRANCE ET COLONIES

Paraissant mensuellement en fascicules de 40 pages gr. in-8°

Sous la Direction de M. J. JACQUEY, Professeur à la Faculté de Droit de l'Université de Lille

AVEC LE CONCOURS DE TOUS LES MAGISTRATS CANTONAUX

Cette Revue, fondée en 1893, est devenue l'ENCYCLOPÉDIE CLASSIQUE des Juges de paix. Ne négligeant rien de ce qui peut intéresser les magistrats cantonaux et augmenter leur culture tant intellectuelle que juridique, elle prend surtout à tâche de leur venir en aide dans l'exercice de leurs innombrables attributions judiciaires ou extrajudiciaires. A ceux qui n'ont point sous la main les ressources que peut fournir une bibliothèque, elle offre un exposé complet de doctrine et de jurisprudence. Pour ceux qui, plus favorisés, peuvent consulter quelques livres, elle facilite les recherches, elle complète et rajeunit les connaissances. Pour chacun, elle présente en outre cet inappréciable avantage de le tenir, chaque mois, au courant du mouvement juridique et législatif, ainsi que des questions nouvelles tranchées par les tribunaux de tous ordres, sans parler des réponses qu'elle adresse à ses abonnés sur les points qui lui sont soumis. Pour ceux de ses abonnés qui deviennent ses collaborateurs en y faisant insérer leurs dissertations ou leurs jugements, cette REVUE est devenue le meilleur moyen de mettre en lumière leur science juridique et le parti qu'ils en tirent dans la pratique de leur profession.

Abonnement : SIX francs par an.

(L'abonnement part de Janvier et peut être compris dans les frais de menues dépenses).

Administration : IMPRIMERIE A. DELAGRANGE, rue Lecocq, 173

BORDEAUX

LOI

SUR LA

Compétence des Juges de Paix

ET LA

RÉORGANISATION DES JUSTICES DE PAIX

Les chiffres romains et arabes placés à la suite des articles renvoient aux pages des Rapports des Commissions et des Comptes-Rendus des Chambres où chaque article a été proposé, discuté et adopté.

Le Sénat et la Chambre des députés ont adopté,
Le Président de la République promulgue la loi dont la teneur suit :

TITRE 1er

DE LA COMPÉTENCE CIVILE DES JUGES DE PAIX

Art. 1er. — Les juges de paix connaissent, en matière civile, de toutes actions purement personnelles ou mobilières en dernier ressort jusqu'à la valeur de 300 francs, et à charge d'appel jusqu'à la valeur de 600 francs.

Pages XXI, XXXI, 2, 12, 14, 25, 27, 28, 165, 169, 223.

Art. 2. — Les juges de paix prononcent sans appel jusqu'à la valeur de 300 francs, et à charge d'appel jusqu'au taux de la compétence en dernier ressort des tribunaux de première instance, sur les contestations :

1° Entre les hôteliers, aubergistes ou logeurs et les voyageurs ou locataires en garnis, leurs répondants ou cautions, pour dépense d'hôtellerie et perte ou avarie d'effets déposés dans l'auberge ou dans l'hôtel ;

2° Entre les voyageurs et les entrepreneurs de transports par terre ou par eau, les voituriers ou bateliers, pour retards, frais de route et perte ou avarie d'effets accompagnant les voyageurs ;

3° Entre les voyageurs et les carrossiers ou autres ouvriers, pour fournitures, salaires et réparations faites aux voitures et autres véhicules de voyage ;

4° Sur les contestations à l'occasion des correspondances et objets recommandés et des envois de valeur déclarée, grevés ou non de remboursement.

Dans le cas du paragraphe 4°, la demande pourra être portée soit devant le juge de paix du domicile de l'expéditeur, soit devant le juge de paix du domicile du destinataire, au choix de la partie la plus diligente.

Pages XXI, XXIII, XXXI, 30, 169, 223.

Art. 3. — Les juges de paix connaissent sans appel jusqu'à la valeur de 300 francs, et à charge d'appel à quelque valeur que la demande puisse s'élever :

Des actions en payement de loyers ou fermages ;

Des congés ;

Des demandes en résiliation de baux fondées soit sur le défaut de paye-ment des loyers ou fermages, soit sur l'insuffisance des meubles garnissant la maison, ou de bestiaux et ustensiles nécessaires à l'exploitation d'après les articles 1752 et 1766 du code civil, soit enfin sur la destruction de la tota-lité de la chose louée, prévue par l'article 1722 du code civil ;

Des expulsions de lieux ;

Des demandes en validité et en nullité ou mainlevée de saisies-gageries pratiquées en vertu des article 819 et 820 du code de procédure civile, ou de saisies-revendications portant sur des meubles déplacés sans le consente-ment du propriétaire, dans les cas prévus aux articles 2102, paragraphe 1er, du code civil et 819 du code de procédure civile, à moins que, dans ce der-nier cas, il n'y ait contestation de la part d'un tiers ;

Le tout lorsque les locations verbales ou écrites n'excèdent pas annuelle-ment 600 francs.

Si le prix principal du bail se compose en totalité ou en partie de denrées ou prestations en nature appréciables d'après les mercuriales, l'évaluation en sera faite sur les mercuriales du jour de l'échéance, lorsqu'il s'agira du payement des fermages ; dans tous les autres cas, elle aura lieu suivant les mercuriales du mois qui aura précédé la demande.

S'il comprend des prestations non appréciables d'après les mercuriales, ou s'il s'agit de baux à colons partiaires, le juge de paix déterminera la com-pétence en prenant pour base du revenu de la propriété le principal de la contribution foncière de l'année courante multiplié par cinq.

Pages XXI, XXXII, 2, 14, 28, 35, 95, 169, 223.

Art. 4. — Les juges de paix connaissent sans appel jusqu'à la valeur de 300 francs, et à charge d'appel à quelque chiffre que la demande puisse s'élever :

Des réparations locatives des maisons ou fermes ;

Des indemnités réclamées par le locataire ou fermier pour non-jouissance provenant du fait du bailleur lorsque le droit à une indemnité n'est pas con-testé ;

Des dégradations et pertes dans les cas prévus par les articles 1732 et 1735 du code civil.

Néanmoins, le juge de paix ne connaît des pertes causées par incendie ou inondation que dans les limites posées par l'art. 1er de la présente loi.

Pages XXI, XXXII, 2, 15, 38, 171, 223

Art. 5. — Les juges de paix connaissent également sans appel jusqu'à la valeur de 300 francs, et à charge d'appel à quelque valeur que la demande puisse s'élever :

1° Des contestations relatives aux engagements respectifs des gens de tra-vail au jour, au mois et à l'année, et de ceux qui les emploient ; des maîtres, domestiques ou gens de service à gages ; des maîtres ou patrons et de leurs ouvriers ou apprentis, sans néanmoins qu'il soit dérogé aux lois et règle-ments relatifs, soit à la juridiction commerciale, soit à celle des prud'hommes, soit au contrat d'apprentissage ni aux lois sur les accidents du travail ;

2° Des contestations relatives au payement des nourrices.

Pages XXI, XXXII, 6, 15, 39, 49, 172, 223.

Art. 6. — Les juges de paix connaissent encore, sans appel jusqu'à la valeur de 300 francs, et à charge d'appel à quelque valeur que la demande puisse s'élever :

1° Des actions pour dommages faits aux champs, fruits et récoltes, soit par l'homme, soit par les animaux, dans les conditions prévues par les articles 1382 à 1385 du code civil ;

2° Des actions relatives à l'élagage des arbres ou haies et au curage soit des fossés, soit des canaux servant à l'irrigation des propriétes ou au mouvement des usines, lorsque les droits de propriété ou de servitude ne sont pas contestés ;

3° Des actions civiles pour diffamations ou pour injures publiques ou non publiques, qu'elles soient verbales ou par écrit, autrement que par la voie de la presse ; des mêmes actions pour rixes ou voies de fait, le tout lorsque les parties ne se sont pas pourvues par la voie criminelle ;

4° De toutes demandes relatives aux vices rédhibitoires dans les cas prévus par la loi du 2 août 1884, soit que les animaux qui en sont l'objet aient été vendus, soit qu'ils aient été échangés, soit qu'ils étaient acquis par tout autre mode de transmission ;

5° Des contestations entre les compagnies ou administrations de chemin de fer ou tous autres transporteurs et les expéditeurs ou les destinataires relatives à l'indemnité afférente à la perte, à l'avarie, au détournement d'un colis postal du service continental intérieur, ainsi qu'aux retards apportés à la livraison. Ces indemnités ne pourront excéder les tarifs prévus aux conventions intervenues entre les compagnies ou autres transporteurs concessionnaires et l'Etat.

Seront considérés, à ce point de vue, comme appartenant au service continental intérieur, les colis postaux échangés entre la France continentale, la Corse, la Tunisie et l'Algérie.

Dans le cas du paragraphe 5 la demande pourra être portée soit devant le juge de paix du domicile de l'expéditeur, soit devant le juge de paix du domicile du destinataire, au choix de la partie la plus diligente.

Pages XXI, XXXII, 6, 15, 39, 44, 49, 172, 224.

Art. 7. — Les juges de paix connaissent, à charge d'appel :

1° Des demandes en pension alimentaire n'excédant pas en totalité 600 francs par an, fondées sur les articles 205, 206, 207 du code civil. S'il y a plusieurs défendeurs à la demande en pension alimentaire, ils pourront être cités devant le tribunal de paix du domicile de l'un d'eux au choix du demandeur ;

2° Des entreprises commises dans l'année sur les cours d'eau servant à l'irrigation des propriétes et au mouvement des usines et moulins, sans préjudice des attributions de l'autorité administrative dans les cas déterminés par les lois et règlements ; dénonciations de nouvel œuvre, complaintes, actions en réintégrande et autres actions possessoires fondées sur des faits également commis dans l'année ;

3° Des actions en bornage et de celles relatives à la distance prescrite par la loi, les règlements particuliers et l'usage des lieux, pour les plantations d'arbres ou de haies, lorsque la propriété ou les titres qui l'établissent ne sont pas contestés ;

4° Des actions relatives aux constructions et travaux énoncés dans l'article 674 du code civil, lorsque la propriété ou la mitoyenneté du mur ne sont pas contestées ;

5° Des demandes en payement des droits de place perçus par les communes ou leurs concessionnaires, lorsqu'il n'y a pas contestation sur l'interprétation de l'article ou des articles servant de base à la poursuite. L'affaire sera jugée devant le juge de paix du lieu où la perception est due ou réclamée.

Pages XXII, XXXII, 6, 15, 40, 53, 66, 172, 224.

Art. 8. — Lorsque plusieurs demandes formulées par la même partie contre le même défendeur seront réunies dans une même instance, le juge de paix ne prononcera qu'en premier ressort, si leur valeur totale s'élève au-dessus de 300 francs, lors même que quelqu'une de ces demandes serait inférieure à cette somme.

Il sera incompétent sur le tout, si ces demandes excèdent, par leur réunion, les limites de sa juridiction.

Pages XXII, XXXII, 6, 15, 42, 173, 224.

Art. 9. — La demande formée par plusieurs demandeurs ou contre plusieurs défendeurs collectivement et en vertu d'un titre commun sera jugée en dernier ressort, si la part afférente à chacun des demandeurs ou à chacun des défendeurs dans la demande n'est pas supérieure à 300 francs ; elle sera jugée pour le tout en premier ressort, si la part d'un seul des intéressés excède cette somme ; enfin, le juge de paix sera incompétent sur le tout, si cette part excède les limites de sa juridiction.

Le présent article n'est pas applicable au cas de solidarité, soit entre les demandeurs, soit entre les défendeurs.

Pages XXII, XXXII, 6, 15, 42, 173, 224.

Art. 10. — Les juges de paix connaissent de toutes les demandes reconventionnelles ou en compensation qui, par leur nature ou leur valeur, sont dans les limites de leur compétence, alors même que ces demandes réunies à la demande principale excéderaient les limites de leur juridiction.

Ils connaissent, en outre, comme de la demande principale elle-même, des demandes reconventionnelles en dommages-intérêts fondées exclusivement sur la demande principale, à quelque somme qu'elles puissent monter.

Pages XXII, XXXII, 6, 15, 42, 173, 224.

Art. 11. — Lorsque chacune des demandes principales reconventionnelles ou en compensation sera dans les limites de la compétence du juge de paix en dernier ressort, il prononcera sans qu'il y ait lieu à appel.

Si une de ces demandes n'est susceptible d'être jugée qu'à charge d'appel, le juge de paix ne prononcera sur toutes qu'en premier ressort.

Néanmoins, il statuera en dernier ressort si seule la demande reconventionnelle en dommages-intérêts, fondée exclusivement sur la demande principale, dépasse sa compétence en premier ressort.

Si la demande reconventionnelle ou en compensation excède les limites de sa compétence, il pourra soit retenir le jugement de la demande principale, soit renvoyer sur le tout les parties à se pourvoir devant le tribunal de première instance, sans préliminaire de conciliation.

Pages XXII, XXXII, 6, 15, 42, 173, 224.

Art. 12. — Les juges de paix connaissent des actions en validité et en nullité d'offres réelles, autres que celles concernant les administrations de l'enregistrement ou des contributions indirectes, lorsque l'objet du litige n'excède pas les limites de leur compétence.

Pages XXII, XXXIII, 7, 15, 42, 173, 224.

Art. 13. — Les juges de paix connaissent des demandes en validité, nullité et mainlevée de saisies sur débiteurs forains pratiquées pour des causes rentrant dans les limites de leur compétence.

En cette matière, comme en matière de saisie-gagerie et de saisie-revendication, si les saisies ne peuvent avoir lieu qu'en vertu de la permission du juge dans les cas prévus par les articles 2102 du code civil, 819 et 822 du code de procédure civile, cette permission sera accordée par le juge de paix du lieu où la saisie devra être faite, toutes les fois que les causes de la saisie rentreront dans sa compétence.

S'il y a opposition pour des causes qui, réunies, excéderaient cette compétence, le jugement en sera déféré aux tribunaux de première instance.

Pages XXII, XXXIII, 7, 15, 42, 173, 224.

Art. 14. — Les juges de paix connaissent des demandes en validité, en nullité et en mainlevée de saisies-arrêts et oppositions — autres que celles concernant les administrations de l'enregistrement et des contributions indirectes, — ainsi que des demandes en déclaration affirmative, lorsque les causes des saisies n'excèdent pas les limites de leur compétence, sans préjudice de l'application de la loi spéciale du 12 janvier 1895 sur la saisie-arrêt des salaires et des petits traitements.

En cette matière, la permission exigée à défaut de titre par l'article 558 du code de procédure civile sera délivrée par le juge de paix du domicile du débiteur et même par celui du domicile du tiers saisi, sur requête signée de la partie ou de son mandataire.

Pages XXII, XXXIII, 7, 16, 22, 42, 174, 224.

Art. 15. — Les juges de paix seront seuls compétents pour procéder, à défaut d'entente amiable entre les créanciers opposants et le saisi, à la distribution par contribution des sommes saisies, lorsque les sommes à distribuer n'excéderont pas 600 francs de principal. Cette distribution sera faite, après le dépôt de la somme à distribuer à la caisse des dépôts et consignations, dans les formes prévues par les articles 11 à 18 de la loi du 12 janvier 1895 et par le décret du 8 février suivant.

Si les titres des créanciers produisants sont contestés et si les causes de la contestation excèdent les limites de leur compétence, les juges de paix surseoiront au règlement de la procédure de distribution jusqu'à ce que les tribunaux compétents se soient prononcés, et leur jugement soit devenu définitif.

Pages XXII, 176, 224.

Art. 16. — Les juges de paix peuvent autoriser une femme mariée à ester en jugement devant leur tribunal, lorsqu'elle n'obtient pas cette autorisation de son mari entendu ou dûment appelé par voie de simple avertissement.

X

Ils peuvent aussi, dans les cas prévus à l'article 5 de la présente loi, autoriser les mineurs à ester en justice devant eux.

Dans tous les cas il sera fait mention dans le jugement de l'autorisation donnée.

Pages XXIII, XXXIII, 7, 16, 43, 176, 225.

Art. 17. — Les juges de paix connaissent des actions en payement des frais faits ou exposés devant leur juridiction.

Pages XXIII, XXXIII, 7, 16, 44, 58, 176, 225.

COMPÉTENCE PÉNALE (extension ajournée), pages XXIII à XXIX, XXXIII, 59 à 95.

TITRE II

DE L'ORGANISATION DES JUSTICES DE PAIX

Art. 18. — Il y a, dans chaque canton, y compris ceux du département de la Seine, un juge de paix et deux suppléants, sauf l'application des dispositions de l'article 41 de la loi du 26 février 1901 pour les communes divisées en plusieurs cantons

A Paris il est créé deux places de juge de paix dont les titulaires seront seuls, avec des suppléants, chargés d'assurer le service du tribunal de police.

Il pourra également, à Paris, être créé, par décret en conseil d'Etat, un poste de suppléant nouveau par justice de paix.

Pages XXXIV, 23, 95, 176, 225.

Art. 19. — A partir de la promulgation de la présente loi, pourront seuls être nommés juges de paix :

1° Les anciens juges de paix, les licenciés en droit justifiant, ou d'un stage de deux années au moins, soit près d'un barreau, soit dans une étude de notaire ou d'avoué, ou de l'exercice, pendant deux ans, de fonctions publiques ;

2° Ceux qui auront obtenu le diplôme de bachelier en droit ou le brevet de capacité organisé par le décret du 14 février 1905 et qui justifieront en outre d'un stage de trois années au moins dans une étude de notaire ou d'avoué ou de l'exercice pendant trois ans de fonctions publiques ;

3° Ceux qui, à défaut de licence en droit, auront obtenu le certificat de capacité prévu par l'article 12 de la loi du 22 ventôse an XII relative aux écoles de droit et qui en outre auront été :

Pendant cinq ans :

Notaires, avoués, greffiers près les cours d'appel ou les tribunaux civils, de commerce ou de paix, receveurs ou fonctionnaires d'un ordre au moins égal dans l'administration de l'enregistrement ;

Pendant dix ans :

Conseillers prud'hommes pouvant justifier de trois années de fonctions comme présidents ou vice-présidents ;

4° Ceux qui, à défaut de licence ou de baccalauréat en droit ou de certificats de capacité, auront exercé pendant dix ans les fonctions de maires ou adjoints, ou conseillers généraux, à la condition d'être nommés en dehors du canton où ils exercent ou auront exercé ou sollicité, depuis moins de deux ans, des fonctions électives ;

Membres des tribunaux de commerce, suppléants de justice de paix, conseillers de préfecture ;

Notaires, greffiers près les cours d'appel ou les tribunaux civils, de commerce ou de paix, receveurs ou fonctionnaires d'un ordre au moins égal dans l'administration de l'enregistrement ;

Ceux qui auront été également, pendant dix ans, huissiers, commis greffiers près les cours d'appel ou tribunaux civils ; clercs d'avoué ou de notaire pouvant justifier de cinq ans d'exercice comme premiers clercs dans une étude d'avoué ou de notaire de chef-lieu d'arrondissement ;

Les magistrats, officiers ministériels ou fonctionnaires mentionnés dans les paragraphes 3° et 4° ci-dessus qui auront exercé plusieurs de ces fonctions pourront en ajouter la durée pour remplir les conditions exigées par ces paragraphes.

Pages XXIX, XXXV, 9, 102, 105, 117, 121, 181, 225.

Art. 20. — Les juges de paix et leurs suppléants ne pourront être nommés avant l'âge de vingt-sept ans accomplis.

Pages XXX, 115, 116, 118, 203, 226.

Art. 21. — Les juges ne pourront être révoqués ni diminués de classe que sur l'avis d'une commission nommée par le garde des sceaux et composée du procureur général à la cour de cassation, de trois conseillers à la cour de cassation et des trois directeurs au ministère de la justice, et après avoir été entendus s'ils le demandent.

Pages XXXV, 10, 123, 127, 128, 130, 205, 226.

Art. 22. — L'article 64 de la loi du 20 avril 1810 est modifié ainsi qu'il suit :

Pourront être nommés juges ou juges suppléants dans les tribunaux de première instance, même s'ils n'ont pas suivi le barreau pendant deux ans, les juges de paix pourvus du diplôme de licencié en droit qui auront exercé leurs fonctions pendant deux ans.

Pages XXX, XXXV, 132. 205, 226.

Art. 23. — Les anciens juges de paix pourront être nommés juges de paix honoraires, après vingt ans d'exercice comme suppléants ou comme titulaires, ou si des infirmités graves ou permanentes leur donnent des droits à une pension de retraite.

Les greffiers des tribunaux de paix et de police pourront être nommés greffiers honoraires après vingt années d'exercice.

Pages XXX, XXXV, 132, 206, 226.

Art. 24. — A Paris, le traitement des juges de paix est maintenu à 8,000 francs ; ils recevront en outre 1,500 francs par an, à titre d'indemnité pour un secrétaire.

Les juges de paix en résidence dans les autres cantons recevront :

1° Dans les villes dont la population atteint 80,000 habitants, à Versailles et dans les cantons du département de la Seine, 5,000 francs ;

2° Dans les villes dont la population atteint 20,000 habitants et à Chambéry, 3,500 francs ;

3° Dans les chefs-lieux judiciaires ou administratifs dont la population est inférieure à 20,000 habitants, ainsi que dans les cantons dont la population totale dépasse 20,000 habitants, 3,000 francs ;

4° Dans les autres cantons, 2,500 francs.

Pages XXX, XXXV, 133, 206, 226.

Art. 25. — Après sept années passées dans la même classe, les juges de paix compris dans les deux dernières catégories pourront, par décret, être élevés sur place au traitement supérieur.

Pages XXXVI, 143, 210, 227.

Art. 26. — Les avocats régulièrement inscrits à un barreau sont dispensés de présenter une procuration devant les juges de paix.

Les avoués près le tribunal de première instance sont dispensés de présenter une procuration devant les justices de paix du ressort du tribunal ou ils exercent leurs fonctions.

Pages XXXVI, 144, 210, 226, 227.

Art. 27. — Sont abrogés les articles 1 à 10 de la loi du 25 mai 1838, l'article 5 de l'ordonnance de police du 6 novembre 1778, le paragraphe 2 de l'article 14 de l'ordonnance du 8 novembre 1780 et l'article 7 de l'ordonnance du 21 mai 1784, ainsi que toutes les dispositions contraires à celles de la présente loi.

Pages 7, 148, 149, 210, 227.

Art. 28. — Toutes créations de greffes ou d'offices de notaire nécessitées par la présente loi ne pourront avoir lieu qu'à la charge d'une indemnité incombant aux nouveaux titulaires.

L'indemnité sera fixée comme en matière de cession ou de suppression d'office.

Pages 210, 227.

La présente loi, délibérée et adoptée par le Sénat et par la Chambre des députés, sera exécutée comme loi de l'Etat.

Fait à Paris, le 12 juillet 1905.

ÉMILE LOUBET.

Par le Président de la République :

Le garde des sceaux, ministre de la justice,

J. CHAUMIÉ.

LOI

CONCERNANT LA PROCÉDURE DEVANT LES JUSTICES DE PAIX

Le Sénat et la Chambre des députés ont adopté,

Le Président de la République promulgue la loi dont la teneur suit :

Article unique. — Les procédures commencées avant la promulgation de la loi sur la compétence des juges de paix et sur la réorganisation des justices de paix resteront soumises, pour la compétence et les degrés de juridiction, aux dispositions des lois antérieures.

Les juges de paix actuels des huit cantons de la banlieue de Paris conserveront leur compétence dans leur ancien ressort et continueront à tenir les audiences foraines jusqu'à l'installation des titulaires des nouvelles juridictions et de leur greffier.

Les instances introduites devant eux, conformément au paragraphe précédent, resteront de leur compétence. Ils les jugeront au siège de leur justice de paix.

La présente loi, délibérée et adoptée par le Sénat et par la Chambre des députés, sera exécutée comme loi de l'Etat.

Fait à Paris, le 13 juillet 1905.

Émile LOUBET.

Par le Président de la République :

Le garde des sceaux, ministre de la justice,

J. CHAUMIÉ.

APPENDICE

ARTICLES DE LA LOI DU 25 MAI 1838

N'AYANT PAS ÉTÉ MODIFIÉS

Art. 11. — L'exécution provisoire des jugements sera ordonnée dans tous les cas où il y a titre authentique, promesse reconnue, ou condamnation précédente dont il n'y a point eu appel. — Dans tous les autres cas, le juge pourra ordonner l'exécution provisoire, n'onobstant appel, sans caution, lorsqu'il s'agira de pension alimentaire, ou lorsque la somme n'excédera pas 300 francs, et avec caution, au-dessus de cette somme. — La caution sera reçue par le juge de paix.

Art. 12. — S'il y a péril en la demeure, l'exécution provisoire pourra être ordonnée sur la minute du jugement avec ou sans caution, conformément aux dispositions de l'article précédent.

Art. 13. — L'appel des jugements des juges de paix ne sera recevable ni avant les trois jours qui suivront celui de la prononciation des jugements, à moins qu'il n'y ait lieu à exécution provisoire, ni après les trente jours qui suivront la signification à l'égard des personnes domiciliés dans le canton. — Les personnes domiciliés hors du canton auront, pour interjeter appel, outre le délai de trente jours, le délai réglé par les articles 73 et 1033 du Code de procédure civile.

Art. 14. — Ne sera pas recevable l'appel des jugements mal à propos qualifiés en premier ressort, ou qui, étant en dernier ressort, n'auraient point été qualifiés. — Seront sujets à l'appel les jugements qualifiés en dernier ressort, s'ils ont statué, soit sur des questions de compétence, soit sur des matières dont le juge de paix ne pouvait connaître qu'en premier ressort. Néanmoins, si le juge de paix s'est déclaré compétent, l'appel ne pourra être interjeté qu'après le jugement définitif.

Art. 15. — Les jugements rendus par les juges de paix ne pourront être attaqués par la voie du recours en cassation que pour excès de pouvoir.

Art. 16. — Tous les huissiers d'un même canton auront le droit de donner toutes les citations et de faire tous les actes devant la justice de paix. Dans les villes où il y a plusieurs justices de paix, les huissiers exploitent concurremment dans le ressort de la juridiction assignée à leur résidence. Tous les huissiers du même canton seront tenus de faire le service des audiences, et d'assister le juge de paix toutes les fois qu'ils en seront requis ; les juges de paix choisiront leurs huissiers audenciers.

Art. 17. — *(Ainsi modifié, L. 2 mai 1855.)* Dans toutes les causes, excepté celles qui requièrent célérité et celles dans lesquelles le défendeur serait domicilié hors du canton ou des cantons de la même ville, il est interdit aux huissiers de donner aucune citation en justice, sans qu'au préalable le juge de paix ait appelé les parties devant lui au moyen d'un avertissement sur papier non timbré *(Modifié par art. 21, L. 23 août 1871)*, rédigé et délivré par le greffier, au nom et sous la surveillance du juge de paix, et expédié par la poste, sous bande simple, scellée du sceau de la justice de paix, avec affranchissement. — A cet effet, il sera tenu par le greffier un registre sur papier non timbré, constatant l'envoi et le résultat des avertissements ; ce registre sera coté et parafé par le juge de paix. Le greffier recevra pour tout droit et par chaque avertissement une rétributionde 25 centimes, y compris l'affranchissement qui sera dans tous les cas de 10 centimes. — S'il y a conciliation, le juge de paix, sur la demande de l'une des parties, peut dresser procès-verbal des conditions de l'arrangement ; ce procès-verbal aura force d'obligation privée. — Dans les cas qui requièrent célérité, il ne sera remis de citation non précédée d'avertissement qu'en vertu d'une permission donnée sans frais par le juge de paix, sur l'original de l'exploit. — En cas d'infraction aux dispositions ci-dessus de la part de l'huissier, il supportera sans répétition les frais de l'exploit.

Art. 18. — Dans les causes portées devant la justice de paix, aucun huissier ne pourra ni assister comme conseil, ni représenter les parties en qualité de procureur fondé, à peine d'une amende de 25 à 50 francs, qui sera prononcée sans appel par le juge de paix. — Ces dispositions ne seront pas applicables aux huissiers qui se trouveront dans l'un des cas prévus par l'article 86 du Code de procédure civile.

Art. 19. — En cas d'infraction aux dispositions des articles 16, 17 et 18, le juge de paix pourra défendre aux huissiers du canton de citer devant lui, pendant un délai de quinze jours à trois mois, sans appel et sans préjudice de l'action disciplinaire des tribunaux et des dommages-intérêts des parties, s'il y a lieu.

Art. 20. — Les actions concernant les brevets d'invention seront portées, s'il s'agit de nullité ou de déchéance des brevets, devant les tribunaux civils de première instance ; s'il s'agit de contrefaçon, devant les tribunaux correctionnels.

RAPPORT

Présenté par M. Jean CRUPPI, député, le 4 décembre 1899 (*Journal officiel,* Documents parlementaires, Chambre des Députés, Session extraordinaire 1899, Annexe n° 1257, p. 257 et 258. — Ne contient que l'exposé de la question et le texte de la proposition de loi, sans commentaire.

CHAMBRE

Annexe n° 773 au procès-verbal de la séance du 25 février 1903

RAPPORT

Fait au nom de la Commission de réforme judiciaire et de législation civile et criminelle chargée d'examiner : 1° la proposition de loi, adoptée par le Sénat, sur la **Compétence des Juges de Paix;** 2° la proposition de loi de M. Jean Cruppi, sur la **Réforme des Justices de Paix,** par M. Jean CRUPPI, député. (1)

Pour la discussion de ce Rapport à la Chambre, voir p. 19.

Messieurs,

Votre Commission propose à la Chambre de s'engager résolument dans la voie des réformes en constituant à la base de nos institutions une justice populaire forte et indépendante, offrant aux citoyens, dans la plupart de leurs litiges journaliers, des décisions rapides débarrassées de la plus grande partie des frais qui aggravent encore le mal du procès.

Depuis que l'Assemblée Constituante de 1789 a organisé la juridiction des juges de paix, les législateurs n'ont cessé de réclamer l'extension de la compétence de ces magistrats. Aux termes du décret des 16-24 août 1790, les juges de paix devaient connaître des demandes personnelles et mobilières jusqu'à la valeur de 50 livres sans appel et à charge d'appel jusqu'à la valeur de 100 livres. Ils devaient en outre connaître sans appel jusqu'à la valeur de 50 livres et à charge d'appel à quelque valeur que la demande puisse s'élever de certaines contestations dont la solution dépend d'une simple appréciation de fait et dont la connaissance leur a été depuis toujours réservée.

L'institution des juges de paix réalisa si bien les espérances qu'avait fondées sur elle l'Assemblée Constituante que bientôt leur compétence se trouva étendue par des lois spéciales en matière de contrefaçon, de police, de navigation, de prises maritimes, de douane, d'octroi, de règlements d'indemnité, etc... (Décret des 7 janvier, 25 mai, 9-13 août 1791).

L'expérience se poursuivit amenant toujours les meilleurs résultats, et après quelques dispositions de détail, la loi du 25 mai 1838 spéciale aux juges de paix est venue considérablement augmenter leur compétence. Elle pose en principe dans son article premier que les juges de paix connaissent de toutes actions personnelles et mobilières en premier ressort jusqu'à la valeur de 100 francs et à charge d'appel jusqu'à la valeur de 200 francs ; elle augmente en outre le nombre des demandes qui, quoique excédant cette valeur, sont placées dans leur compétence, notamment elle leur défère les contestations entre hôteliers et voyageurs, celles entre voyageurs et voituriers pour retards, frais de route, perte ou avaries d'effets, les actions en paiement de loyers ou fermages, les demandes en réparations locatives, en résiliation de baux pour défaut de payement des loyers, les expulsions de lieux ; elle leur soumet encore les actions pour dommages faits aux champs, fruits et récoltes par l'homme ou par les animaux, les contestations entre les gens de travail et ceux qui les emploient, les actions civiles pour diffamation verbale et pour injures ; enfin les juges de paix connaissent des entreprises

---

(1) Cette commission est composée de MM. Cruppi, *président* ; Puech, Chastenet, Lauraine, Aristide Briand, *vice-présidents* ; Jeannenoy. Colin, Grosjean, Gabriel Baron (Bouches-du-Rhône), Larquier, Aldy, Albert Sarraut, Catalogne, *secrétaires* ; Dunaime, Pascal, Perot, Emile Constant (Gironde), Lucien Bertrand (Drôme), Boutard, Devins, Alphonse Chautemps (Indre-et-Loire), Andriou, Pradet-Balade, Morlot, Castillard, Emile Chauvin, Aubry, Buyat, Paul Bertrand (Marne), Le Bail, Chaigne, Proust, Desjardins.

sur les cours d'eau, des actions en bornage et de certaines demandes en pension alimentaire.

Plus tard une loi du 2 mai 1855 apporte encore des modifications à la loi de 1838 et en 1864 une Commission est chargée de préparer un nouveau projet de loi relatif aux juges de paix. Le projet était prêt et allait venir en discussion lorsque survinrent les événement de 1870.

Dès 1877, aussitôt que le parti républicain eut pris la direction des affaires, le Gouvernement et les hommes politiques revinrent à l'idée d'une nouvelle extension de compétence. M. Floquet dépose une proposition le 18 janvier 1878, M. Goblet en dépose une autre le 27 janvier 1880 et le Garde des Sceaux M. Cazot se décide à saisir la Chambre d'un projet de loi le 15 mars 1881.

Une Commission est aussitôt nommée, mais le rapporteur, M. Goblet, ne peut déposer son rapport que le 23 juillet 1881, quelques jours avant la séparation des Chambres et les élections générales. La Commission se prononçait pour l'extension de la compétence à 1,500 francs en matière civile, pour une certaine extension en matière pénale et contre l'extension en matière commerciale.

Le projet fut repris dans la nouvelle Chambre par le Garde des Sceaux, M. Martin-Feuillée, et il aboutit au rapport déposé par M. Ferdinand Dreyfus, le 4 février 1884.

La Commission avait écarté du projet toutes les dispositions sur la compétence pénale, elle avait limité son œuvre à l'extension de la compétence civile et elle proposait de donner aux juges de paix la compétence de toutes les actions personnelles ou mobilières jusqu'à la valeur de 200 francs en dernier ressort et à charge d'appel jusqu'à la valeur de 1,500 francs. La Commission ne s'était pas bornée à proposer l'extension de la compétence, elle exigeait certaines conditions de capacité des nouveaux juges de paix qui devaient justifier, soit du diplôme de licencié en droit, soit de l'exercice d'une profession déterminée pendant cinq ou dix années. Elle relevait, en outre, le traitement des juges de paix qu'elle divisait en cinq classes en proposant de leur allouer respectivement 2,500, 3,000, 4,000, 6,000 et 8,000 francs.

Ce rapport si plein d'intérêt fut mis à l'ordre du jour de la Chambre, mais il ne put malheureusement pas venir en discussion.

Le projet fut repris aussitôt après le renouvellement de la Chambre de 1885 par notre éminent collègue M. Henri Brisson, alors Président du Conseil et Ministre de la Justice, qui le déposa au nom du Gouvernement, le 26 novembre 1885. Il fut renvoyé à une commission de 33 membres qui chargea M. Labussière de faire le rapport. Le rapport déposé en 1888 fut encore mis à l'ordre du jour, mais ne put davantage venir en discussion.

Après le renouvellement de la Chambre en 1889, M. Labussière déposa en son nom, le 19 novembre 1889, une proposition de loi reproduisant les dispositions adoptées précédemment par la Commission. La proposition fut renvoyée à une Commission nouvelle, au nom de laquelle M. Labussière déposa un rapport le 7 juillet 1890; cette fois le rapport vint en discussion devant la Chambre aux séances du 14 au 24 février 1891.

La discussion fut particulièrement intéressante sur l'article 1er qui disposait que les juges de paix connaîtraient de toutes actions purement personnelles et mobilières jusqu'à la valeur de 300 francs et à charge d'appel jusqu'à la valeur de 1,500 francs.

La Chambre adopta le chiffre proposé de 300 francs après avoir repoussé successivement deux amendements tendant à fixer le chiffre du dernier ressort à 200 francs et à 500 francs, elle décida ensuite par 277 voix contre 228, de fixer à 1,500 francs la compétence en premier ressort.

L'article 18 qui déterminait les nouvelles conditions de capacité exigées des juges de paix fut voté le 23 février; à la même séance était voté l'article 20 qui fixait le traitement des juges de paix de Paris à 8,000 francs et répartissait les autres juges de paix entre quatre classes au traitement de 5,000, 3,500, 2,800 et 2,500 francs. Le lendemain 24 février, la Chambre décidait qu'elle passerait à une deuxième délibération, mais cette nouvelle discussion ne put venir à l'ordre du jour malgré l'insistance de M. Labussière, qui avait déposé un rapport supplémentaire.

La proposition fut encore une fois reprise après le renouvellement de 1893 par MM. Million, Guyot-Dessaigne et plusieurs de leurs collègues. Renvoyée à une Commission de 33 membres, elle donna lieu à un rapport de M. Vallé qui ne vint pas en discussion.

Mais pendant cette législature, le Sénat avait été de son côté saisi de la question de la compétence des juges de paix et dans les séances du 17 novembre et du 4 décembre 1896 il discuta une proposition de loi qui fut transmise après son adoption à la Chambre des Députés. Le Sénat n'a pas cru devoir aller aussi loin que la Chambre dans la voie de l'extension de la compétence des juges de paix, il a bien admis le chiffre de 300 francs pour la compétence en dernier ressort, mais il s'est arrêté pour la compétence en premier ressort au chiffre de 600 francs. Il n'a d'ailleurs apporté aucune modification au traitement des juges de paix ni aux conditions de capacité exigées pour leur nomination; il avait pourtant été saisi par M. Bérenger d'un amendement en ce sens. L'éminent Sénateur ne s'opposait pas à l'extension de la compétence, mais son amendement était inspiré par la pensée que si la compétence des juges de paix devait être augmentée dans la mesure indiquée dans la proposition, il était indispensable, sans transformer le juge, d'augmenter ses garanties de capacité et d'indépendance. L'amendement ne fut pas pris en considération.

La Chambre élue en 1898 s'est trouvée en présence de ce projet voté par le Sénat et de l'ancienne proposition votée par la Chambre qui avait été reprise le 20 juin 1898 par MM. Million et Guyot-Dessaigne. La Commission de la réforme judiciaire et de législation civile à qui furent renvoyées ces deux propositions chercha un terrain de transaction, elle accepta les chiffres votés par le Sénat, mais elle persista à demander une augmentation du traitement des juges de paix et à exiger de nouvelles conditions de capacité. Le rapport que la Commission voulut bien me confier fut déposé le 2 décembre 1899, et mis à l'ordre du jour, il ne vint pas en discussion.

La Commission des réformes judiciaires de la nouvelle Chambre aussitôt après sa constitution a voulu mettre à son ordre du jour la proposition de loi que nous avons déposée sur la réorganisation des juges de paix et qui reprend les textes adoptés par la Commission de la dernière Chambre; elle s'est livrée à un examen minutieux de tous les articles et elle a ajouté notamment sur la compétence pénale des juges de paix quelques nouvelles et importantes dispositions que nous aurons l'occasion d'examiner plus loin en détail.

Mais avant d'examiner les idées générales de la proposition qui est soumise à vos délibérations et d'entrer dans le détail de chacun des articles, il nous a paru intéressant de passer rapidement en revue les législations étrangères et de montrer ce que les autres pays ont fait pour leurs juges de paix ou leurs magistrats du même ordre.

I

LÉGISLATIONS ÉTRANGÈRES

Allemagne. — Le magistrat qu'on peut assimiler à notre juge de paix est le *juge cantonal*. En matière civile, ce magistrat unique ne juge qu'à charge d'appel; mais il est compétent pour toutes les affaires jusqu'au chiffre de 300 marks (375 fr.) et indéfiniment quel que soit le montant de la demande pour toutes contestations entre propriétaires et locataires, entre maîtres et domestiques, entre voyageurs et aubergistes. En matière commerciale, il connaît de certaines contestations entre patrons et ouvriers, en cas de faillite il nomme le syndic et réunit l'assemblée des créanciers qu'il préside. Enfin, en matière pénale le juge cantonal assisté de deux échevins choisis à peu près comme le sont nos jurés connaît de toutes les contraventions et de tous les délits pouvant entraîner une condamnation à 600 marks (750 fr.) d'amende et à trois mois de prison au maximum.

Le juge cantonal a presque partout une circonscription étendue et un traitement élevé; il est inamovible et il est assimilé aux autres juges des juridictions supérieures, quant aux conditions requises pour être admis dans la magistrature.

Angleterre. — Les Anglais ont depuis longtemps des juges de paix (justices of the peace) et c'est à eux que nous avons emprunté le nom de ces magistrats en 1791. Mais ces juges de paix ne ressemblent en rien aux nôtres; leur principale fonction est de maintenir la paix du roi, c'est-à-dire, l'ordre public. Ce sont en général de grands propriétaires qui considèrent ces fonctions comme une dignité qui couronne leur carrière.

Ils les remplissent gratuitement. Leur compétence civile est très peu étendue; ils sont avant tout des juges d'instruction et ils ont en plus le jugement des contraventions et des petits délits. Quand ils jugent seuls, ils ne peuvent infliger qu'une amende de 25 francs et un emprisonnement de 14 jours; mais jugeant à plusieurs, ils peuvent prononcer des peines allant jusqu'à 6 mois de prison.

A côté de ces juges de paix, nous trouvons en Angleterre dans la cour de Comté une juridiction qui présente beaucoup plus d'analogie avec nos juges de paix. Les juges de cette juridiction sont inamovibles et reçoivent un traitement élevé, ils jugent toujours seuls et le taux de leur compétence va en général jusqu'à 50 livres sterling (1,250 francs).

Belgique. — La Belgique séparée de la France en 1814 et réunie à la Hollande s'est empressée aussitôt après l'affranchissement de 1830 de reprendre nos codes. Aussi y trouvons-nous des justices de paix comme dans notre pays, mais leur organisation a été plusieurs fois modifiée et elle est actuellement régie par la loi du 18 juin 1869. Pour être nommé juge de paix ou suppléant, il faut avoir vingt-cinq ans et être docteur en droit; les juges de paix et les suppléants sont inamovibles. Ils connaissent aux termes de la loi du 25 mars 1876, des affaires personnelles et mobilières jusqu'à 100 francs en premier ressort et jusqu'à 300 francs en dernier ressort. Ils connaissent, en outre, en premier ressort, jusqu'à 100 francs et à charge d'appel à quelque somme que la demande puisse s'élever, de beaucoup d'autres affaires, notamment des actions pour payement de loyers et réparations locatives, des actions possessoires, des actions en bornage, des dommages aux champs, des vices rédhibitoires. En matière pénale ils appliquent des peines allant jusqu'à 25 francs d'amende et 7 jours de prison. Ils sont divisés en quatre classes selon la population totale du canton sur lequel s'étend leur ressort et ils reçoivent un traitement variant entre 4,000 et 8,000 francs.

Hollande. — La Hollande a subi comme la Belgique l'influence française et son organisation judiciaire ressemble par beaucoup de points à la nôtre. Les juges de paix y sont inamovibles, ils jugent les affaires civiles en dernier ressort jusqu'à 50 florins et à charge d'appel jusqu'à 200 florins. (Le florin hollandais vaut 2 fr. 10.) Ils ont aussi une compétence pénale, mais ils ne jugent qu'à charge d'appel sauf pour les condamnations inférieures à 25 florins d'amende. Ils sont divisés en trois classes et ils reçoivent des traitements de 3,000, 2,500 et 2,200 florins.

Grand-Duché de Luxembourg. — Les juges de paix jugent en dernier ressort les affaires jusqu'à 150 francs et en premier ressort jusqu'à 300 francs. Ils ne jugent en matière pénale qu'à charge d'appel; leurs traitements varient entre 3,370 francs et 4,750 francs.

Espagne. — Les justices de paix existent dans ce pays sous le nom de justices municipales. Le juge municipal est compétent pour connaître à charge d'appel les affaires civiles jusqu'à 250 francs; il peut appliquer en matière pénale des peines allant jusqu'à 15 jours d'emprisonnement; il ne reçoit pas de traitement fixe; mais il a droit à une indemnité suivant un tarif établi.

Italie. — Nous trouvons ici un juge conciliateur dans chaque commune et par canton un préteur jugeant seul.

Le juge conciliateur dont les fonctions sont gratuites est nommé pour trois ans par le premier président; il cherche à concilier les parties et juge sans frais les affaires dont l'intérêt ne dépasse pas 30 francs.

Le préteur au contraire est inamovible, il touche un traitement de 2,000 ou de 2,400 francs. Il connaît entre 30 et 1,500 francs des affaires et même des affaires commerciales quand il n'y a pas de tribunal de commerce. En matière pénale il juge les contraventions et les petits délits et il peut appliquer des peines allant jusqu'à 500 francs d'amende et 3 mois d'emprisonnement.

Grèce. — Ce pays s'est largement inspiré des idées françaises pour l'organisation de ses justices de paix. Le juge de paix et ses suppléants sont nommés par le Gouvernement qui peut les révoquer. Ils sont compétents en matière civile et commerciale jusqu'à 40 francs en premier ressort et à charge d'appel jusqu'à 300 francs. Ils ont une compétence pénale à peu près équivalente à celle de nos juges de paix et ils ont aussi un certain nombre d'attributions non contentieuses. Leur traitement est très peu élevé, il varie entre 480 et 4,160 francs; mais, à raison de la modicité de ce traitement, l'usage s'est maintenu pour les juges de paix de recevoir en certains cas des gratifications des parties requérantes.

La *Roumanie* nous a également emprunté l'organisation de ses justices de paix, mais en étendant leur compétence. En matière civile les juges de paix jugent sans appel jusqu'à 200 francs et en premier ressort jusqu'à 1,500 francs. Ils jugent en matière pénale les contraventions et les petits délits. Ils touchent tous un traitement de 6,000 francs par an.

En *Suisse*, nous trouvons des juges de paix dans presque tous les cantons de la Fédération, mais leur organisation et leur compétence varie suivant chaque canton. Ils sont en principe élus pour quelques années et ils ne touchent qu'une indemnité très minime. Leur principale mission consiste à concilier les parties et ils n'ont qu'une compétence très peu étendue.

Autriche. — Les tribunaux de district ressemblent par plusieurs points à nos justices de paix. Le juge de district siège toujours seul, il est inamovible. Il connaît des affaires personnelles mobilières, mais toujours en premier ressort jusqu'à la somme de 500 florins (le florin vaut 2 fr. 50). Il connaît, en outre, quel que soit le chiffre de la demande, de toutes les affaires entre propriétaires et locataires ou fermiers, entre maîtres et serviteurs, entre hôteliers, voituriers et voyageurs. — Une loi du 27 avril 1873 organise une procédure tout particulièrement simplifiée pour les affaires dont l'intérêt ne dépasse pas 25 florins, le jugement est rendu séance tenante et n'est pas susceptible d'appel.

Russie. — Des justices de paix avaient été organisées dans tout le pays en 1864, mais elles ont été en très grande partie supprimées en 1889.

Le juge de paix, créé en 1864, était élu pour trois ans, il était compétent en matière civile jusqu'à 30 roubles en premier ressort et 500 roubles en dernier ressort (le rouble vaut 4 francs); en matière pénale il pouvait appliquer en dernier ressort 15 roubles d'amendes et trois jours d'emprisonnement, et à charge d'appel l'amende pouvait atteindre 300 roubles et l'emprisonnement une année. L'appel de ses décisions était porté devant l'assemblée des juges de paix du district.

Depuis 1889, il n'y a plus de juges de paix que dans quelques grandes villes et ils sont remplacés ailleurs par des chefs cantonaux et des tribunaux de paysans. Les chefs cantonaux nommés par le Gouvernement ont à peu près la même compétence que celle des juges de paix, l'appel de leurs décisions est porté devant le tribunal d'arrondissement. Les tribunaux de paysans sont organisés par le chef cantonal, et sous sa surveillance, pour les centres éloignés des chefs-lieu de canton.

Il est question aujourd'hui de revenir à l'institution des juges de paix.

En *Amérique*, on trouve des juges de paix dans tous les pays composant les Etats-Unis. Dans la majorité des pays ils sont élus, mais leur compétence varie selon les pays. Ainsi, en Californie, ils jugent à charge d'appel les affaires civiles jusqu'à 500 dollars (1,500 francs).

Dans l'Etat de New-York, ils connaissent des affaires en premier ressort jusqu'à 25 dollars et à charge d'appel jusqu'à 200 dollars; en matière pénale, ils sont compétents quand le prévenu ne demande pas à être renvoyé devant le jury et ils peuvent alors prononcer une peine de 50 dollars d'amende et de 1 mois d'emprisonnement.

Cet examen rapide des législations étrangères permet de constater que, sur ce point de notre organisation judiciaire comme sur bien d'autres, la France après avoir inspiré la plupart des législations étrangères s'est laissée devancer dans la voie du progrès par beaucoup d'entre elles. La Chambre, après tant d'efforts infructueux de nos devanciers, jugera que le moment est venu de réaliser une réforme nécessaire, vraiment démocratique et vivement souhaitée par l'opinion.

II

CONSIDÉRATIONS GÉNÉRALES

Nous aimons à placer la réforme que nous soumettons à la Chambre sous le patronage d'un nom illustre cher à tous les républicains. Gambetta s'exprimait ainsi :

« Je désirerais que le juge de paix devînt un magistrat d'une compétence de plus en plus grande, que sa juridiction devînt très étendue. Je voudrais que cette magistrature de paix, une des plus merveilleuses inventions de 1790 et 1791, devînt pour ainsi dire la préoccupation dominante du Gouvernement et que l'on s'attachât surtout à élever, à grandir en considération, en influence, en autorité et en crédit le juge de paix qui vit au milieu de nos populations démocratiques. »

Gambetta est souvent revenu sur cette pensée qui lui était chère ; il voyait avec raison dans la réforme de la magistrature de paix, la base d'une réorganisation démocratique de notre justice.

S'inspirant de ces idées, votre Commission a voulu, avant de porter la main sur l'ensemble de notre édifice judiciaire qui appelle tant de réfections et de retouches, construire les assises solides de l'édifice à venir. Organisons auprès du peuple, à portée de sa main, au centre du canton un juge paternel, instruit, indépendant, pourvu d'un traitement suffisant pour vivre avec dignité. Que sa justice vraiment gratuite soit promptement rendue. En lui confiant le jugement des petites infractions, épargnons à nos populations rurales le surcroît de pénalité qui résulte pour elle des déplacements onéreux, de la perte d'une ou de plusieurs journées de travail.

Quand une telle magistrature sera constituée avec un personnel vraiment digne de sa conception, le reste des réformes viendra naturellement et comme par surcroît.

Les bienfaits de cette justice se manifesteront notamment par la réduction des frais si onéreux devant les tribunaux civils d'arrondissement. L'obligation dans tout procès intenté devant cette juridiction de mettre en œuvre huissier, avoué, avocat, est une lourde charge qui grève d'une façon disproportionnée le litige du pauvre ou du citoyen arrivé à une petite aisance. En portant devant le juge de paix le même litige, le plaideur se trouvera considérablement allégé. Les frais pour une demande d'une valeur de 500 francs n'atteindront pas 25 francs devant le juge de paix, tandis qu'ils s'élèvent devant le tribunal civil à plus de 100 francs de frais taxés sans compter les honoraires de l'avocat et les frais de déplacement souvent considérables, comme nous l'avons dit, à raison de l'éloignement du chef-lieu d'arrondissement.

D'ailleurs les chiffres adoptés en 1838 ne répondent plus aujourd'hui aux besoins auxquels ils suffisaient à cette époque. Depuis 1838, la fortune en France a considérablement augmenté, elle a au moins quintuplé, il en résulte que la valeur du signe monétaire s'est trouvée notablement diminuée. Deux cents francs aujourd'hui ne représentent plus ce que représentait cette même somme en 1838. En décidant de porter la compétence du juge de paix du chiffre de 200 francs à celui de 600 francs, le Sénat n'a fait que reconnaître cette dépréciation et il a pu voter l'extension de la compétence à 600 francs, sans avoir à rechercher s'il n'y avait pas lieu, comme corollaire, de relever le niveau des connaissances juridiques exigées des juges de paix.

Mais le Sénat n'a ainsi abordé qu'un des côtés de la question. Pour grandir le juge de paix en influence, en autorité, en crédit, en considération, comme le demandait si justement Gambetta, il ne suffit pas d'élever le taux des affaires qui sont de sa compétence, il faut élever son niveau intellectuel et moral, il faut en outre lui assurer un traitement qui lui permette de vivre et d'avoir une tenue extérieure qui impose le respect. Ce n'est pas avec les 1,710 francs qui sont alloués annuellement à presque tous les juges de paix que ce résultat peut être atteint. Si cette somme d'argent pouvait permettre jadis à un homme de vivre et de subvenir à ses besoins et aux besoins de sa famille pendant une année entière, cela n'est plus possible aujourd'hui.

Les 4 fr. 50 par jour alloués au juge n'égalent pas le salaire de beaucoup d'ouvriers ni de la plupart des employés de l'Etat qui sont tenus, cependant, au point de vue du costume, du loyer, des dépenses générales de la vie, à beaucoup moins d'obligations.

Le relèvement du traitement des juges de paix s'impose donc comme s'impose aussi l'augmentation des capacités exigées des candidats à ces fonctions élevées et difficiles.

La réforme au point de vue des conditions de capacité s'impose, parce que le juge doit présenter des garanties d'instruction juridique en rapport avec l'importance des litiges qu'il sera désormais appelé à trancher.

La conception d'un juge de paix conciliateur, ignorant, mais « bonhomme » et « vertueux », comme on disait jadis, n'est compatible ni avec l'extension de compétence que nous proposons, ni avec les extensions considérables déjà réalisées par des lois spéciales. Les rapports sociaux, au point de vue juridique, deviennent de plus en plus complexes et il faut pour les régler un magistrat intelligent et instruit.

Objectera-t-on que les magistrats de cette sorte se recruteront malaisément ? Nous n'en croyons rien.

La jeunesse pourvue de diplômes qui se presse autour des prétoires est de plus en plus nombreuse et de plus en plus privée de débouchés. Que de docteurs en droit rencontre-t-on aujourd'hui dans des postes infimes aux alentours du Palais, des administrations ! Offrons à cette jeunesse l'accès d'une magistrature active et honorable, avec une porte largement ouverte vers des magistratures plus élevées. Cela vaudra mieux sans doute que d'encombrer l'organisation judiciaire de juges suppléants non rétribués, et les licenciés en droit âgés de 30 ans s'engageront bientôt dans la voie qui leur sera ouverte.

Les candidats de valeur ne sauraient faire défaut dans ce pays où la République en développant à tous les degrés l'instruction publique a développé chez les enfants du peuple la volonté d'obtenir des grades universitaires et des diplômes. La démocratie a de suffisantes réserves pour constituer sa propre magistrature, versée, comme cela est indispensable, dans l'étude des lois qui règlent les rapports entre les citoyens.

Telles sont les idées générales qui ont guidé votre Commission dans ses travaux : elle voudrait un magistrat de paix mieux payé, mieux recruté et digne, en conséquence, de la compétence étendue qu'elle a organisée pour lui.

L'examen détaillé des articles montrera si nous avons atteint le triple but que nous nous sommes proposé.

Auparavant toutefois nous voulons répondre à une objection qu'on pourrait faire contre le principe même de la loi, objection qui a d'ailleurs été exprimée par M. Monis à la tribune du Sénat le 4 décembre 1896. L'honorable sénateur veut voir avant tout dans le juge de paix, le conciliateur dont nous parlions tout à l'heure. « Je n'ai que faire, a-t-il dit, de toutes les garanties qu'on leur réclame. Je ne veux qu'un homme de sagesse et d'expérience, un homme de vertu qui puisse faire comprendre à tous que la paix est le premier de tous les bienfaits. Plus le juge de paix sera fort en droit, moins il conciliera de procès. »

Nous reconnaissons volontiers que la conciliation tient et continuera de tenir une grande place dans les fonctions du juge de paix ; mais nous ne voyons pas pourquoi un ignorant se montrerait plus capable de concilier qu'un homme instruit. Plus un juriste à d'expérience, mieux il sait qu'un arrangement, même médiocre, vaut mieux qu'un procès, même excellent.

Dira-t-on que l'ignorant est bien forcé de concilier parce qu'il ne sait pas juger ? Osera-t-on prétendre que le chiffre actuel des conciliations s'explique par l'impéritie de certains magistrats ? Cette assertion serait assurément inexacte et si elle avait, par malheur, quelque fondement, on y verrait assurément le meilleur des arguments en faveur de la réforme. Car, autant à de prix la conciliation opérée par un homme avisé et instruit, autant est dangereuse la conciliation de hasard imposée à tort et à travers par un incapable qui n'a du magistrat que la robe et le traitement.

III

Extension de la compétence des juges de paix.

(A) COMPÉTENCE CIVILE

Nous établissons ci-dessous un tableau comparatif mettant en présence les textes divers relatifs à la compétence civile des juges de paix ; le texte de la loi du 25 mai 1838 qui régit actuellement la matière ; le texte du projet voté par la Chambre en 1891 ; le texte du projet voté par le Sénat en 1896 ; enfin le texte que la commission propose aux délibérations de la Chambre.

V. *Annexe, n° 773, Chambre des Députés, documents parlementaires, session ordinaire 1903.*

Un simple coup d'œil jeté sur ce tableau montre que tous les projets ont pris comme point de départ la loi de 1838 et que de toutes les modifications proposées, la principale et la plus importante est celle qui change le chiffre servant de base à la compétence générale des juges de paix. La loi de 1838 pose en principe que les juges de paix connaissent de toutes les actions mobilières en dernier ressort jusqu'à 100 francs et à charge d'appel jusqu'à 200 francs. Le projet voté par la Chambre en 1891 portait à 300 francs la compétence en dernier ressort et à 1,500 francs la compétence à charge d'appel. Le Sénat, de son côté, dans son projet voté en 1896, avait bien admis le chiffre de 300 francs pour la compétence en dernier ressort ; mais il n'avait voulu étendre que jusqu'à 600 francs la compétence en premier ressort.

Votre Commission, en présence de cette divergence et dans un esprit de conciliation, vous propose de consacrer les chiffres du Sénat.

Sur le chiffre de 300 francs proposé pour la compétence en dernier ressort, aucune difficulté ne sera sans doute soulevée. C'est le chiffre de tous les projets et c'est le chiffre que le législateur semble avoir voulu adopter par avance en votant la loi du 19 avril 1901 relative aux dégâts du gibier. L'article premier de cette loi récente dispose en effet que les juges de paix connaissent de toutes les demandes en réparation du dommage causé aux récoltes par le gibier, en dernier ressort si la demande n'est pas supérieure à 300 francs.

Ce chiffre de 300 francs se justifie d'ailleurs très facilement. Il ne faut pas que pour des litiges inférieurs à cette somme on puisse accumuler des frais énormes devant lesquels l'humble plaideur recule et dont la menace constitue un moyen d'intimidation pour le plaideur puissant contre un adversaire peu fortuné. D'un autre côté, au-dessus d'un certain chiffre il est indispensable d'assurer aux justiciables la garantie d'un double degré de juridiction. Il nous a paru que le chiffre de 300 francs était une juste limite répondant bien aux deux besoins contraires.

Pour la fixation de la compétence en dernier ressort, la difficulté est plus grande. Nous aurions volontiers repris le chiffre de 1,500 francs voté par nos prédécesseurs. Il nous semblait que dans notre situation économique et avec les nouvelles garanties de capacité que nous allions exiger de lui, le juge de paix aurait dû connaître à charge d'appel des litiges s'élevant à la somme de 1,500 francs.

Cependant nous avons dû nous incliner devant certaines objections. D'une part, nous avons considéré que les tribunaux d'arrondissement étaient déjà pour la plupart si peu occupés qu'il y aurait un inconvénient grave à leur enlever un trop grand nombre d'affaires pour surcharger les juges de paix qui, dans un certain nombre de cantons plient déjà sous la besogne, par suite des diverses fonctions que leur ont confiées certaines lois nouvelles.

D'autre part, nous avons dû tenir compte des observations présentées par la conférence des avoués de première instance des départements et qui ont été adressées sous forme de brochure à tous nos collègues.

Nous aurions beaucoup à dire si nous devions répondre à quelques unes de leurs objections au projet, mais nous aimons mieux constater que les avoués eux-mêmes se montrent disposés à accepter les chiffres de 300 francs et 600 francs que nous empruntons au projet du Sénat : « On peut, disent-ils, admettre eu égard à la dépréciation du signe monétaire, que la compétence du juge de paix soit augmentée dans la proportion de 1 à 3 ; ce qui rendrait le juge de paix compétent en dernier ressort jusqu'à 300 francs et à charge d'appel jusqu'à 600 francs. »

L'article 2 du projet n'est que la reproduction de l'article 2 de la loi de 1838 avec la seule substitution du chiffre de 300 francs à celui de 100 francs. Les projets votés à la Chambre et au Sénat avaient supprimé cet article spécial aux contestations entre voyageurs et hôteliers et qui ne reçoit plus beaucoup d'application depuis la création des chemins de fer et la disparition des anciennes diligences. Nous avons cru cependant devoir le maintenir dans le projet, aucune bonne raison ne légitimerait sa suppression.

L'article 3 est calqué sur l'article 3 de la loi de 1838. Il décide, comme la loi de 1838 et comme le projet du Sénat, que le juge de paix sera compétent lorsque les locations n'excéderont pas annuellement 400 francs (la Chambre dans son projet de 1891 avait dit 800 francs) ; mais il ajoute quelques dispositions importantes. Alors que le juge de paix n'est sous la loi de 1838, compétent pour statuer sur les demandes en résiliation de baux que lorsqu'elles sont fondées sur le défaut de payement des loyers ou fermage, notre projet ajoute que le juge de paix sera encore compétent lorsque les demandes en résiliation seront fondées sur l'inexécution des conditions du bail, sur l'insuffisance des meubles ou des bestiaux ou sur la destruction de la chose louée.

Il a semblé à votre Commission que cette extension était des plus normales ; elle ne peut soulever de difficultés si l'on considère que tout l'article est régi par la condition que les locations n'excéderont pas annuellement 400 francs.

Nos articles 4, 5 et 6 sont les équivalents des articles 4 et 5 de la loi de 1838. Le taux de 300 francs pour le dernier ressort est substitué au taux de 100 francs. Quant à la compétence à charge d'appel, nous l'accordons indéfiniment pour ces matières ; c'est la même disposition dans l'article 5 de la loi de 1838 ; l'article 4, au contraire, limitait la compétence à charge d'appel à 1,500 francs. Cette distinction entre les deux articles déjà supprimée par le Sénat n'avait point sa raison d'être. Outre cette différence nous avons admis dans l'article 4 que le juge de paix était compétent pour connaître toujours des indemnités réclamées par le locataire ou fermier pour non-jouissance provenant du fait du propriétaire. La loi de 1838 ainsi que les projets votés au Sénat et à la Chambre, n'accordaient cette compétence que lorsque le droit à une indemnité n'était pas contesté.

La Commission de la dernière Chambre avait décidé de supprimer cette distinction sur un amendement de plusieurs de nos collègues. Votre Commission des réformes judiciaires a maintenu cette suppression. Nous ne nous sommes pas dissimulé que la question était beaucoup plus délicate à trancher lorsque le principe même de l'indemnité était contesté ; nous avons cependant pensé que nos juges de paix seraient parfaitement compétents pour apprécier une question de non-jouissance et nous avons voulu aussi éviter que les propriétaires puissent arriver à décliner sûrement la compétence du juge de paix en contestant toujours le principe de l'indemnité.

Nous avons en outre, sur les contestations relativement au payement des nourrices, donné compétence absolue aux juges de paix et effacé l'exception que faisait la loi de 1838 pour les bureaux de nourrice de la ville de Paris et des autres villes. L'exception s'appliquait à une législation surannée qui n'a plus sa raison d'être.

Nous n'avons plus eu à statuer comme le projet du Sénat sur les dégâts causé par le gibier. Cette matière a fait l'objet de la loi spéciale du 19 avril 1901.

Enfin, par le dernier paragraphe de l'article 6, nous donnons compétence aux juges de paix pour statuer sur toutes demandes relatives aux vices rédhibitoires dans les cas prévus par la loi du 2 août 1884.

Notre article 7 est la reproduction de l'article 6 de la loi de 1838. Nous y trouvons toutefois une modification et une addition.

La modification porte sur les demandes en pension alimentaire. Nous donnons compétence jusqu'au chiffre de 500 francs alors que la loi de 1838 limite cette compétence à 150 francs. C'est le chiffre qu'avait admis le Sénat; la Chambre, allant plus loin, avait voté le chiffre de 600 francs. — Nous proposons en même temps que le juge de paix soit compétent pour statuer sur toute demande en pension alimentaire sans limiter cette compétence comme les projets antérieurs aux demandes de pensions alimentaires fondées sur les articles 205, 206 et 207 du Code civil.

Par l'addition portée à l'article 7, votre Commission propose de donner compétence au juge de paix pour les contestations relatives à l'indemnité afférente à la perte, à l'avarie, à la spoliation d'un colis postal ainsi qu'aux retards apportés à leur livraison.

Il a paru à votre Commission qu'à raison du poids et de la valeur limités des colis postaux, il était rationnel de donner compétence aux juges de paix pour statuer sur les contestations auxquelles leur envoi pourrait donner naissance. Le maximum de l'indemnité afférente en cas de perte, d'avarie ou de spoliation d'un colis postal, a été fixé par décret du 19 septembre 1881 à 15 francs pour les colis de 3 kilogrammes; à 25 francs pour les colis de 3 à 5 kilogrammes (décret du 27 juin 1892) et à 30 francs pour le nouveau type de 5 à 10 kilogrammes. Exceptionnellement pour les colis à valeur déclarée, la responsabilité peut s'élever à 500 francs. Ce sont bien là des chiffres de la compétence des juges de paix.

Notre article 8 est la reproduction de l'article 9 de la loi de 1838, sauf le chiffre de 300 francs substitué à celui de 100 francs.

L'article 9 renferme une nouvelle disposition qui ne figure pas dans la loi de 1838. Cette loi n'a, en effet, pas prévu le cas où une même demande serait formée par plusieurs demandeurs ou contre plusieurs défendeurs.

La jurisprudence, dans le silence de la loi, a admis une distinction suivant que la créance ou la dette est solidaire ou simplement conjointe. Dans le cas de solidarité, la compétence s'établit d'après le total de créance; dans le cas de créance ou de dette simplement conjointe, on s'en tient à la part de chaque créancier ou de chaque débiteur. L'article 9 du projet ne fait que consacrer cette jurisprudence incontestablement fondée sur les caractères de la dette solidaire et de la dette conjointe.

Les articles 10 et 11 reproduisent les dispositions des articles 7 et 8 de la loi de 1838 et concernent les demandes reconventionnelles. Aucune modification n'est apportée aux demandes reconventionnelles en général; mais nous avons cru devoir apporter une innovation pour les demandes reconventionnelles en dommages-intérêts fondées exclusivement sur la demande principale. Nous décidons comme la loi de 1838 que ces demandes reconventionnelles restent dans la compétence du juge de paix; mais nous allons plus loin et nous disons que ces demandes ne peuvent rendre l'affaire susceptible d'appel si le taux de la demande principale ne comporte pas le deuxième degré de juridiction.

Nous avons voulu empêcher la continuation d'un abus qui s'est vu trop souvent. Un individu réclame à un autre le payement d'une somme de 80 francs; le défendeur répond par une demande reconventionnelle en 105 francs de dommages-intérêts fondée exclusivement sur la demande principale. Le juge de paix statue et le défendeur porte l'affaire en appel devant le tribunal civil où il ne soutient même

par sa demande reconventionnelle, mais il est arrivé par ce procédé à rendre susceptible d'appel un litige dont l'intérêt n'atteint pas la somme de 100 francs. Dorénavant, d'après notre projet, la demande reconventionnelle en dommages-intérêts fondée exclusivement sur la demande principale subira complètement le sort de cette demande principale, elle sera jugée en dernier ressort, quelque soit son taux, si la demande principale n'est pas susceptibles d'appel; ce sera ainsi la fin d'une pratique qu'il suffit de signaler pour montrer tout ce qu'elle renferme d'abus.

L'article 12 du projet n'a pas son correspondant dans la loi de 1838. Il donne une nouvelle compétence aux juges de paix et décide qu'ils pourront connaître des actions en validité et en nullité d'offres réelles, sauf en matière d'enregistrement et de contributions indirectes, lorsque l'objet du litige n'excède pas les limites de leur compétence.

Jusqu'à présent toutes les demandes en validité et en nullité des offres réelles étaient de la compétence des tribunaux de première instance quel que soit le montant de ces offres et l'importance du litige auquel elles s'appliquaient. Il n'y a pas de raison pour que les juges de paix ne puissent connaître des demandes en validité et en nullité des offres réelles dans la limite de leur compétence. Ces questions ne soulèvent pas de difficulté spéciale, il suffit de rechercher si les conditions de forme ont été observées et si les offres faites sont égales ou non au montant de la dette. Il s'agit en réalité pour trancher le litige de fixer le montant de cette dette. Il ne faut pas que par la voie de la procédure d'offres réelles on parvienne à enlever aux juges de paix des procès qui rentrent dans sa compétence.

L'article 13 est conforme à l'article 10 de la loi de 1838. Il y ajoute cependant une disposition pour donner aux juges de paix la connaissance des demandes en validité, nullité et mainlevée des saisies pratiquées sur débiteurs forains pour des causes rentrant dans les limites de de leur compétence.

Cette extension se rattache à l'article suivant, l'article 14 qui, innovant sur la loi de 1838, reconnaît aux juges de paix le droit de permettre des saisies-arrêts sans titre et de statuer sur les demandes en validité, en nullité et en mainlevée des saisies-arrêts, toujours bien entendu dans la limite de leur compétence.

Cette nouvelle attribution accordée aux juges de paix est depuis longtemps réclamée par les justiciables qui sont obligés pour les créances les plus modiques de s'adresser au président du tribunal civil, puis au tribunal lui-même, ce qui entraîne des frais beaucoup plus élevés que le montant de la créance.

Le législateur de 1838 n'avait pas osé donner cette compétence aux juges de paix; « La saisie-arrêt, disait l'exposé des motifs de la loi met toujours en cause une troisième partie outre le saisissant et le débiteur; la suite de cette procédure nécessite une distribution entre plusieurs intéressés lorsqu'il survient des oppositions. Statuer sur ces oppositions, prononcer sur la déclaration du tiers saisi contre lequel est formée une demande véritablement indéterminée, ce seraient là autant d'attributions qui entraîneraient le magistrat hors des limites ordinaires de sa compétence et qui l'appelleraient à décider des questions d'une solution souvent trop difficile. »

Nous ne répondrons pas à ces objections. Vos prédécesseurs en ont fait justice en votant la loi du 12 janvier 1895 relative à la saisie-arrêt sur les salaires et petits traitements des ouvriers et employés. Les mêmes difficultés peuvent se présenter que dans toutes les autres saisies-arrêts; elles n'ont pas arrêté les députés de 1894 qui se sont montrés décidés à affranchir des frais écrasants les saisies-arrêts sur les petits salaires. Vous penserez qu'il faut traiter de la même manière toutes les saisies-arrêts relatives à de petites sommes et vous n'oublierez pas que dans toutes ces saisies-arrêts de minime importance ce sont les pauvres, les malheureux débiteurs qui doivent finalement en supporter tous les frais.

Pour diminuer le plus sûrement ces frais, le meilleur moyen est de recourir à la juridiction des juges de paix.

Nos deux derniers articles relatifs à la compétence civile, les articles 15 et 16 accordent encore aux juges de nouvelles attributions admises déjà dans le projet du Sénat.

L'article 15 permet aux juges de paix d'autoriser une femme à ester en justice devant eux. Il est en effet anormal d'exiger qu'une femme qui doit plaider en justice de paix soit obligée d'assigner son mari devant le tribunal civil pour obtenir l'autorisation de plaider. C'est là une source de frais inutiles dont profitent seuls au détriment des petits plaideurs, les officiers ministériels dont l'assistance est obligatoire devant les tribunaux civils.

Enfin, l'article 16 accorde aux juges de paix les actions en payement des frais faits devant eux. C'est en effet le juge devant qui les frais ont été faits qui est le mieux placé pour en apprécier le montant. Aucune bonne raison ne pourrait être donnée pour enlever aux juges de paix la connaissance de ces actions qui ne comportent aucune difficulté.

IV

(B) COMPÉTENCE COMMERCIALE.

Notre projet n'accorde pas aux juges de paix la connaissance générale des affaires commerciales. Les juges de paix pourront cependant connaître de quelques actions commerciales ; mais ce ne sera qu'exceptionnellement et lorsque ces actions rentreront dans les affaires qui sont de leur compétence. Il est en effet hors de doute pour la Commission que tous les litiges prévus aux articles du projet rentrent dans la compétence des juges de paix, que l'affaire soit civile ou commerciale. Ainsi, aux termes de l'article 2, les juges de paix sont compétents pour les contestations entre voyageurs et les voituriers ou bateliers. Or les voituriers et les bateliers étant des entrepreneurs de transport et par suite des commerçants, les actions dirigées contre eux en raison de leur entreprise sont des affaires commerciales. Il n'en est pas moins certain que les juges de paix seront compétents pour en connaître. La jurisprudence l'a d'ailleurs reconnu dans l'état de la législation actuelle. Il en sera de même en ce qui concerne les actions pour vices rédhibitoires et les actions relatives aux colis postaux.

Mais en dehors de ces cas exceptionnels et limitativement énoncés dans un texte de loi, votre Commission n'a pas été d'avis d'accorder une compétence commerciale aux juges de paix ; elle n'a pas pensé qu'il y avait lieu de faire une distinction entre les affaires commerciales selon leur importance, et elle a pensé que toutes devaient être portées devant le tribunal de commerce créé spécialement pour en connaître.

La question des frais ne présente plus en effet la même importance en matière *commerciale* qu'en matière *civile*. Le ministère de l'avoué n'est plus obligatoire devant le tribunal de commerce, et les frais y sont bien moins élevés que devant le tribunal civil. D'ailleurs il semble bien que les commerçants tiennent beaucoup à leur juridiction spéciale et qu'ils ne demandent pas à être distraits de leurs juges, même pour des affaires dont l'importance est inférieure à 600 francs.

Enfin nous avons constaté que les projets antérieurs refusaient aux juges de paix cette compétence commerciale. Lors du vote de la loi du 25 mai 1838, la Commission nommée par la Chambre des Pairs pour l'examen du projet de loi proposa d'ajouter à l'article premier le paragraphe suivant : « Cette juridiction s'étendra aussi aux affaires commerciales dans les limites de la compétence ci-dessus, dans les lieux où le tribunal de première instance remplit les fonctions de tribunal de commerce. » Mais ce paragraphe, bien qu'il obtint l'adhésion du Ministre de la Justice, fut vivement combattu par Portalis : « Il y aura donc deux ordres de juridiction dans les affaires commerciales, et le commerce sera privé, dans certains cas, de cette juridiction consulaire qui lui est si nécessaire et si précieuse. De plus, par une singulière anomalie, les juges de paix seront compétents pour les affaires commerciales, dans les arrondissements où il n'existe pas de tribunaux de commerce proprement dits, et ne le seront pas dans les arrondissements où il en existe. Mais si l'attribution qu'on propose de leur donner est utile, elle doit être universelle ; si elle ne l'est pas, elle ne doit leur être accordée dans aucun cas. On

ne peut établir deux ordres de juridiction alternatifs sur la même matière. Ce n'est pas, ajoutait l'orateur, contre l'extension de la compétence que je m'élève, c'est contre le changement de nature de la juridiction. Dans l'état actuel des choses, c'est le tribunal de commerce qui juge en dernier ressort toutes les affaires commerciales jusqu'à 1,000 francs (aujourd'hui, on dirait 1,500 francs). Ces affaires ne subissent qu'un seul degré de juridiction. Or, qu'arrivera-t-il dans les affaires où il s'agit d'une valeur au-dessus de 100 francs et au-dessous de 1,000 francs. On les portera d'abord devant le juge de paix et ensuite elles seront soumises au second degré de juridiction. De plus, les tribunaux de commerce deviendront des tribunaux d'appel, chose pour laquelle ils ne sont point institués. C'est, il me semble, dénaturer l'institution toute spéciale de la juridiction commerciale. »

Ces considérations auxquelles on pourrait trouver beaucoup à répondre, déterminèrent le rejet de l'amendement de la Commission.

Devant la Chambre des Députés, on revint à l'idée d'accorder au juge de paix certaines affaires commerciales et on proposa de leur déférer en dernier ressort jusqu'à 100 francs et à charge d'appel jusqu'à 1,500 francs les contestations entre les cultivateurs et les marchands à l'occasion de la vente des denrées. L'amendement fut encore rejeté.

Depuis lors, nous voyons M. Goblet dans son rapport du 23 juillet 1881, auquel nous faisions allusion plus haut, se prononcer contre l'extension de la compétence du juge de paix en matière commerciale. M. Ferdinand Dreyfus, dans son rapport du 4 février 1884, ne s'occupe pas de la compétence commerciale ; les projets votés à la Chambre en 1891 et au Sénat en 1896 ne s'en occupent pas davantage. Votre Commission a cru, mais non sans regret, devoir faire de même.

V

(C) COMPÉTENCE PÉNALE.

Le juge de paix est le juge de simple police. En cette qualité, il connaît des infractions que la loi punit des peines de police et que l'article premier du Code pénal appelle des contraventions, par opposition aux délits qui sont de la compétence des tribunaux correctionnels. Aucun criterium certain et scientifique n'est donné par la loi pour distinguer la contravention du délit. C'est uniquement en raison de la peine qui est édictée qu'une infraction devient une contravention ou un délit : contravention, quand l'infraction est punie d'une amende de 1 à 15 francs ou d'un emprisonnement de 1 à 5 jours ; délit, quand la peine excède 15 francs d'amende et 5 jours d'emprisonnement.

On s'est depuis longtemps demandé en France si les juges de paix ne pourraient pas, outre les contraventions, avoir une compétence pénale sur certains délits. MM. Cazot et Martin-Feuillée dans leurs projets de 1881 et de 1883 proposaient d'attribuer compétence aux tribunaux de paix pour un certain nombre d'infractions qui, quoique punies de peines supérieures aux peines de simple police, étaient considérées comme ne comportant pas un caractère afflictif ; telles sont les lois sur les contributions indirectes, la pêche, la chasse, les octrois, les postes, la navigation, le roulage, la police des chemins de fer, le recensement des chevaux, les réquisitions militaires. Une disposition analogue se retrouvait dans la proposition déposée par MM. Deluns-Montaud, Saint-Romme et Granet le 8 février 1883.

M. Goblet dans son rapport déposé au nom de la Commission le 23 juillet 1881, s'était prononcé pour une certaine extension de la compétence pénale, mais la Commission nommée par la Chambre de 1881, et au nom de qui M. Ferdinand Dreyfus déposait le rapport du 4 février 1884, refusait d'entrer dans cette voie. « La Commission dit le rapport, s'est trouvée amenée à écarter du projet, par une fin de non-recevoir, les dispositions relatives à l'extension de la compétence pénale. Il est impossible de suivre sur ce terrain le projet du Gouvernement, sans compromettre gravement le sort de la loi tout entière. Pouvait-on en effet, donner au juge de paix le droit de prononcer des peines qui, d'après le projet, pouvaient entraîner un an de prison, et qui, en se combinant avec la loi sur les récidivistes, pouvaient même entraîner la relégation. M. le Garde des Sceaux Cazot le reconnaissait lui-même dans son exposé des motifs : le ministère public près les tribunaux de simple police tel qu'il est organisé par la loi du 23 janvier 1873, ne semble pas offrir toutes les garanties désirables. En rendant sa présence facultative, ne supprimait-on pas la garantie la plus essentielle de notre droit pénal ? N'aggravait-on pas la responsabilité du magistrat en supprimant un des éléments essentiels du débat contradictoire ?

Aujourd'hui, la plupart des instructions en matière de délits sont dirigées, du moins au début, par les juges de paix agissant comme délégués du procureur de la République.

Ils ne pourraient plus être chargés de cette mission dès que la loi les appellerait à connaître de ces affaires comme juges répressifs. De là, la nécessité d'augmenter dans de larges proportions le personnel judiciaire.

Ainsi unité de juge en matière répressive, exagération de la compétence, impossibilité de constituer un ministère public cantonal, nécessité de pourvoir aux nouveaux services par une large augmentation de personnel et par des constructions de maisons de détention dans chaque chef-lieu de canton, telles sont les objections qui ont arrêté la Commission.

Elle a donc écarté du projet toutes les dispositions sur la compétence pénale, et limité son étude à l'extension de la compétence civile, estimant que cette œuvre se suffisait à elle-même et qu'elle pourrait être ultérieurement complétée. »

La Commission ne condamnait pas ainsi irrévocablement l'idée d'une extension de la compétence pénale des juges de paix, mais elle estimait que le moment n'était pas venu de réaliser cette réforme. Les raisons qu'elle invoquait contre cette partie de la proposition ont malheureusement pesé sur les auteurs des projets postérieurs qui sont restés muets sur l'extension de la compétence pénale.

Cependant, au cours de la délibération sur l'extension de la compétence des juges de paix qui eut lieu à la Chambre en 1891, la question de l'extension de la compétence pénale fut mise en discussion. « J'aurais voulu, disait M. Darlan dans la discussion générale, le 17 février 1891, qu'on nous proposât une réforme d'ensemble au lieu d'une réforme étroite et limitée... notamment j'aurais voulu qu'on confiât aux juges de paix et qu'on enlevât aux tribunaux l'appréciation de certains faits qui, plutôt contraventionnels que délictueux, ne méritent pas une comparution désobligeante en police correctionnelle, comme par exemple les délits de chasse et de pêche, les délits forestiers, les contraventions en matière de chemins de fer... »

A l'une des séances suivantes, le 21 février, MM. Pontois et Dubois (de la Corrèze) proposaient par un amendement d'intercaler dans la loi un article ainsi conçu :

« En matière pénale, les juges de paix connaîtront des délits forestiers, des délits de chasse, de pêche, des infractions relatives au défaut de déclaration de naissance et à l'observation des dispositions de l'article 56 du Code civil (Art. 346 et 347 du Code pénal), des contraventions au règlement en matière d'épizooties, des délits d'outrages à agents (Art. 224 et 225 du Code pénal), des délits de rébellion commis par une seule personne et sans armes (Art. 212, § 2, du Code pénal), des menaces verbales ou par écrit, des voies de fait et violences légères (Art. 308 du Code pénal), des coups et blessures volontaires n'ayant entraîné aucune maladie ou incapacité de travail personnel (Art. 311, § 1er, du Code pénal), des bris de scellés (Art. 249), des dégradations de monuments publics (Art. 257), des inondations des propriétés d'autrui (Art. 457), des inhumations sans autorisation (Art. 358 du Code pénal).

Un débat fort intéressant s'engagea sur cet article. MM. Pontois, Darlan, Trouillot, Fallières, Garde des Sceaux, Bovier-Lapierre, Haussmann furent successivement entendus. La plupart des orateurs se déclarèrent partisans en principe de l'extension de la compétence pénale, mais la proposition était trop large et surtout n'avait pas été suffisamment étudiée ; ce n'était pas par un amendement déposé au cours de la discussion qu'une telle réforme pouvait être opérée. La Chambre écarta l'amendement par 415 voix contre 95.

Votre Commission, après un examen approfondi et après avoir entendu le Garde des Sceaux et le directeur des Affaires criminelles a résolu d'admettre dans une certaine mesure l'extension de la compétence pénale des juges de paix. Elle a considéré que l'attribution au tribunal de simple police de la connaissance de certains délits présentait un intérêt considérable pour les justiciables. Le juge se trouvant placé plus près du justiciable, une économie de temps en résultera pour les prévenus et les témoins. Economie également très sensible sur le montant des frais, et qui profitera non seulement aux parties, mais aussi à l'État qui en raison de l'insolvabilité des condamnés, garde à sa charge une part considérable des frais de justice criminelle. Enfin il a paru à la Commission que la comparution devant le tribunal de simple police était moins pénible, moins infamante que devant le tribunal correctionnel et que cette sorte d'atténuation dans la répression était désirable pour certaines infractions.

Cette question de principe admise, une autre grosse difficulté se présentait à la Commission ; sur quelles bases établir cette extension de la compétence ? Une réforme scientifique n'était pas possible ; car, comme nous l'avons dit, la distinction entre le délit et la contravention est purement arbitraire. Il aurait fallu pour être logique faire rentrer dans la catégorie des contraventions un certain nombre de délits ; mais pour s'en tenir à la classification du Code uniquement basée sur la pénalité édictée, on ne pouvait le faire qu'en transformant en contraventions toutes les infractions punies d'une peine inférieure à tant de jours d'emprisonnement ou à tant de francs d'amende. Cela aurait été à la rigueur possible si l'on avait procédé à une refonte complète du Code pénal ; mais du moment que nous conservions les textes actuels, nous nous trouvions en présence de dispositions donnant une telle latitude aux juges et fixant souvent un maximum si élevé qu'il n'était pas possible de trouver un taux de pénalité qui eût donné une réforme acceptable.

Nous avons préféré en conséquence rompre avec la terminologie du Code et dire que les juges de paix seraient compétents pour connaître en sus des contraventions de certains délits déterminés ; et nous plaçant à un point de vue exclusivement pratique, nous avons passé en revue toutes les infractions prévues au Code pénal ou par des lois postérieures et nous avons indiqué toutes celles qui nous ont paru susceptibles d'être jugées par nos juges de paix. Ces infractions resteront des délits aux termes de l'article premier du Code pénal punies de peines correctionnelles, mais ces peines seront prononcées par les magistrats de simple police.

Dans ce choix des délits à soumettre ainsi aux juges de paix, nous nous sommes laissés guider par trois sortes de considérations. Nous nous sommes attachés en premier lieu à la peine encourue, nous avons en second lieu recherché à l'aide de la statistique le nombre d'infractions relevées annuellement et le résultat des poursuites ; enfin nous avons recherché des délits qui ne comportaient pas ou presque pas d'instruction préparatoire.

C'est ainsi que nous avons été amenés à proposer de donner aux tribunaux de simple police la répression des infractions prévues et punies par :

Les articles 249, 257, 311, § 1er, 314, 445 à 451, 456, 458 et 478, § 2 du Code pénal.

Le titre II du décret du 26 septembre-6 octobre 1791 sur la police rurale ;

La loi du 15 avril 1829 sur la pêche fluviale ;

L'article 11 de la loi du 3 mai 1844 sur la police de la chasse ;

L'article 5 de la loi du 27 prairial an IX, les articles 6 et 8 du décret du 24 août 1848 et l'article unique de la loi du 16 août 1849, les articles 5 et 9 de la loi du 4 juin 1859, l'article 9 de la loi du 25 janvier 1873 et l'article 4 de la loi du 18 avril 1892, relatifs aux contraventions postales ;

L'article premier de la loi du 19 juillet 1845 sur la vente des substances vénéneuses ;

Les articles 6, 8, 10 et 11 de la loi du 30 mai 1851 sur la police du roulage et des messageries publiques ;

Les articles 4, 8 et 10 de la loi du 17 juillet 1880 sur les cafés, cabarets et débits de boissons ;

Les articles 30 à 36 de la loi du 21 juillet 1881 sur la police sanitaire des animaux ;

L'article 5 de la loi du 15 novembre 1887 sur la liberté des funérailles ;

L'article 3 de la loi du 8 août 1893 relative au séjour des étrangers en France et à la protection du travail national ;

Les article 4 et 5 de la loi du 22 juillet 1896 relative aux pigeons voyageurs ;

L'article 2 de la loi du 15 février 1898 relative au commerce de brocanteur.

Nous allons examiner successivement ces différentes infractions :

Art. 249 du Code pénal.

« Lorsque les scellés apposés soit par ordre du « Gouvernement, soit par suite d'une ordonnance « de justice rendue en quelque matière que ce soit, « auront été brisés, les gardiens seront punis pour « simple négligence de six jours à six mois d'em-« prisonnement. »

Il est tout naturel que le juge de paix qui a apposé les scellés puisse prononcer la condamnation résultant du bris de ces mêmes scellés. L'article ne vise d'ailleurs que la simple négligence des gardiens. Tous les autres délits relatifs aux bris de scellés restent dans la compétence des tribunaux correctionnels.

L'article 249 n'a donné lieu en 1900 qu'à 10 poursuites comprenant 11 prévenus ; 9 affaires sont venues sur citation directe, une seule affaire a été mise à l'instruction. 6 prévenus ont été condamnés à une amende, 4 à la prison et 1 envoyé dans une maison de correction.

Art. 257 du Code pénal.

« Quiconque aura détruit, abattu, mutilé ou dé-« gradé des monuments, statues et autres objets « destinés à l'utilité ou à la décoration publique, et « élevés par l'autorité publique ou avec son autori-« sation, sera puni d'un emprisonnement d'un mois « à deux ans et d'une amende de 100 francs à « 500 francs. »

Il nous a paru que le jugement de cette infraction pouvait être sans inconvénient attribué au tribunal de simple police.

En 1900, l'article 257 a donné lieu à 390 poursuites comprenant 464 prévenus ; 30 affaires seulement ont été mises à l'instruction. 24 prévenus ont été condamnés à un emprisonnement de plus d'un an, 309 à moins d'un an, 98 à une simple amende, 23 ont été acquittés.

Art. 311, § 1er du Code pénal.

« Lorsque les blessures ou les coups, ou autres « violences ou voies de fait n'auront occasionné « aucune maladie ou incapacité de travail person-« nel de l'espèce mentionnée en l'article 309, le cou-« pable sera puni d'un emprisonnement de six jours « à deux ans et d'une amende de 16 à 200 francs, « ou de l'une de ces deux peines seulement. »

Nous ne donnons aux juges de paix que le paragraphe premier de l'article 311, laissant aux tribunaux correctionnels la répression du paragraphe 2 qui suppose la préméditation ou le guet-apens. Il nous a semblé que les coups et violences, lorsqu'ils avaient été portés sans préméditation et qu'ils n'avaient entraîné aucune incapacité de travail ne devaient point conduire leurs auteurs devant le tribunal correctionnel ; nous avons considéré que ces violences, en somme légères, ne comportaient pas le caractère infamant que présente toujours une comparution en police correctionnelle. Nous avons la conviction que si la répression se trouve ainsi légèrement atténuée, elle restera néanmoins exemplaire avec les peines que pourra prononcer le juge de paix.

Les statistiques ne peuvent nous donner d'indication utile, car elles comprennent, à tort, sous une même rubrique les infractions prévues et punies par les articles 309, 310 et 311 du Code pénal. Nous y voyons cependant qu'en 1900, ces trois articles ont donné lieu à 26,767 affaires englobant 36,952 individus. 289 seulement ont été condamnés à plus d'un an de prison et 16,946 ont été condamnés à une simple amende. Il est vraisemblable que les délinquants de l'article 311, paragraphe premier, rentrent en grande partie dans cette dernière catégorie.

Art. 311 du Code pénal.

« Tout individu qui aura fabriqué ou débité des « stylets, tromblons, ou quelque espèce que ce soit « d'armes prohibées par la loi ou par des régle-« ments d'administration publique, sera puni d'un « emprisonnement de six jours à six mois.

« Celui qui sera porteur desdites armes sera puni « d'une amende de seize à deux cents francs.

« Dans l'un et l'autre cas, les armes seront con-« fisquées. Le tout sans préjudice de plus forte « peine, s'il y échet, en cas de complicité de « crime. »

Les statistiques prévoient sous la même rubrique les articles 314 et 315 et la loi du 24 mai 1834 ; elles ne peuvent ainsi nous être d'aucune utilité. Mais il ne semble pas qu'on puisse soulever d'objections contre l'attribution de ce délit à la juridiction du juge de paix.

Art. 445 à 451 du Code pénal.

« ART. 445. — Quiconque aura abattu un ou plu-« sieurs arbres qu'il savait appartenir à autrui sera « puni d'un emprisonnement qui ne sera pas au-« dessous de six jours ni au-dessus de six mois, à « raison de chaque arbre, sans que la totalité puisse « excéder cinq ans.

« ART. 446. — Les peines seront les mêmes à « raison de chaque arbre mutilé, coupé ou écorcé « de manière à le faire périr.

« ART. 447. — S'il y a eu destruction d'une ou de « plusieurs greffes, l'emprisonnement sera de six « jours à deux mois, à raison de chaque greffe, « sans que la totalité puisse excéder deux ans.

« ART. 448. — Le minimum de la peine sera de « vingt jours dans les cas prévus par les articles « 445 et 446, et de dix jours dans le cas prévu par « l'article 447, si les arbres étaient plantés sur les « places, routes, chemins, rues ou voies publiques « ou vicinales ou de traverse.

« ART. 449. — Quiconque aura coupé des grains « ou des fourrages qu'il savait appartenir à autrui « sera puni d'un emprisonnement qui ne sera pas « au-dessous de six jours ni au-dessus de deux « mois. »

« ART. 450. — L'emprisonnement sera de vingt « jours au moins et de quatre mois au plus, s'il a « été coupé du grain en vert.

« Dans les cas prévus par le présent article et « les six précédents, si le fait a été commis en « haine d'un fonctionnaire public et à raison de ses « fonctions, le coupable sera puni du maximum de « la peine établie par l'article auquel le cas se « référera. Il en sera de même, quoique cette cir-« constance n'existe point, si le fait a été commis « pendant la nuit. »

« ART. 451. — Toute rupture, toute destruction « d'instruments d'agriculture, de parcs de bestiaux, « de cabanes de gardiens sera punie d'un empri-« sonnement d'un mois au moins, d'un an au plus. »

La simple lecture de ces articles montre qu'il s'agit de la destruction des arbres, des grains et fourrages et des objets mobiliers agricoles : délits essentiellement ruraux. C'est surtout pour ces sortes de délits que s'impose la juridiction du juge de paix. Vivant au milieu des populations des campagnes, il pourra mieux que tout autre juge, apprécier justement ces sortes d'infractions et il est assurément bien inutile d'imposer aux prévenus un déplacement souvent fort long au chef-lieu d'arrondissement.

Les articles 445 à 448 ont donné lieu en 1900 à 225 affaires englobant 279 prévenus; 15 affaires seulement ont été mises à l'instruction; 121 prévenus ont été condamnés à la prison et 128 à une amende.

Les articles 449 et 450 n'ont pas donné lieu à poursuite en 1900; du moins nous n'en trouvons pas la trace dans les statistiques.

Sur l'article 454, 8 poursuites dont aucune n'a été mise à l'instruction.

Art. 456 du Code pénal.

« Quiconque aura, en tout ou en partie, comblé
« des fossés, détruit des clôtures, de quelques
« matériaux qu'elles soient faites, coupé ou arra-
« ché des haies vives ou sèches; quiconque aura
« déplacé ou supprimé des bornes ou pieds cor-
« niers, ou autres arbres plantés ou reconnus pour
« établir les limites entre différents héritages, sera
« puni d'un emprisonnement qui ne pourra être au-
« dessous d'un mois ni excéder une année, et d'une
« amende égale au quart des restitutions et des
« dommages-intérêts, qui dans aucun cas ne pourra
« être au-dessous de cinquante francs. »

C'est encore un délit rural qui nécessitera assez souvent des enquêtes sur place pour lesquelles le juge de paix est tout particulièrement bien placé. C'est d'ailleurs lui qui est le juge ordinaire en matière de bornage.

Les statistiques nous donnent les résultats suivants pour l'année 1900: 3,098 affaires englobant 3,708 prévenus; 146 affaires seulement ont été mises à l'instruction, 1,530 prévenus ont été punis d'une simple amende.

Art. 458 du Code pénal.

« L'incendie des propriétés mobilières ou immo-
« bilières d'autrui, qui aura été causé par la vé-
« tusté ou le défaut soit de réparation, soit de
« nettoyage des fours, cheminées, forges, maisons
« ou usines prochaines, ou par des feux allumés
« dans les champs à moins de cent mètres des
« maisons, édifices, forêts, bruyères, bois, vergers,
« plantations, haies, meules, tas de grains, pailles,
« foins, fourrages ou tout autre dépôt de matières
« combustibles, ou par des feux ou lumières portés
« ou laissés sans précaution suffisante, ou par des
« pièces d'artifice allumées ou tirées par négligence
« ou imprudence, sera puni d'une amende de cin-
« quante francs au moins et de cinq cents francs
« au plus. »

Ce sont les incendies involontaires survenus par suite de négligence ou d'imprudence. Ils ont donné lieu en 1900 à 318 affaires englobant 371 prévenus. 38 affaires seulement ont été mises à l'instruction.

Art. 478, § 2 du Code pénal.

« Les individus mentionnés au n° 5 de l'article 475
« qui seraient repris pour le même fait en état de
« récidive seront traduits devant le tribunal de po-
« lice correctionnelle et punis d'un emprisonnement
« de six jours à un mois et d'une amende de seize
« francs à deux cents francs. »

Il s'agit des individus qui auront établi ou tenu dans les rues, chemins, places ou lieux publics des jeux de loterie ou d'autres jeux de hasard. L'article 475, n° 5, les punit d'une amende de six à dix francs. Le Code a voulu se montrer très sévère pour eux lorsqu'ils étaient en état de récidive et, comme le juge de paix ne pouvait appliquer qu'une amende de 15 francs ou un emprisonnement de 5 jours, il a voulu qu'ils fussent en ce cas traduits en police correctionnelle. Aujourd'hui nous donnons aux juges de paix le pouvoir de statuer sur certains faits punis de peines plus élevées il est donc naturel que l'article 478, § 2, rentre dans les limites de leur compétence.

Le titre II du décret du 26 septembre-6 octobre 1791 concernant la police rurale.

L'article premier de ce titre dispose que la police des campagnes est spécialement sous la juridiction des juges de paix et des officiers municipaux.

Malgré cette disposition générale, la jurisprudence a dû décider pour se conformer aux principes du Code d'instruction criminelle que tous les délits ruraux passibles d'une amende supérieure à 15 francs étaient de la compétence des tribunaux correctionnels; elle a même dû décider que tous les articles qui prévoyaient une amende égale ou double du préjudice causé, c'est-à-dire une amende indéterminée, rendaient les délinquants justiciables du tribunal correctionnel.

Cette jurisprudence, que les textes du Code avaient rendus nécessaire n'avait donné que de bien mauvais résultats. Il était bien pénible d'envoyer les auteurs de pareilles infractions devant la police correctionnelle et bien souvent les agents de police rurale préféraient fermer les yeux et ne pas verbaliser plutôt que d'arriver à une pareille répression.

Notre projet de loi remet toutes choses en l'état et rentre certainement dans l'intention du législateur de 1791 en décidant que toutes les infractions de la police rurale seront de la compétence des juges de paix.

253 affaires comportant 280 prévenus relativement aux délits ruraux ont été portées en 1900 devant les tribunaux correctionnels; 3 affaires seulement ont été mises à l'instruction, 33 prévenus ont été acquittés, 4 remis à leurs parents, 55 ont été condamnés à l'emprisonnement, 188 à l'amende.

« Les contraventions en matière des postes pré-
« vues par l'article 5 de l'arrêté du 27 prairial an IX,
« les articles 6 et 8 du décret du 24 août 1848, l'arti-
« cle unique de la loi du 16 octobre 1849, les arti-
« cles 5 et 9 de la loi du 4 juin 1859, l'article 9 de la
« loi du 25 janvier 1873, l'article 4 de la loi du
« 18 avril 1892. »

L'arrêté du 27 prairial an IX est relatif aux défenses faites aux entrepreneurs de voitures libres de transporter des lettres et journaux. Les articles 6 et 8 du décret du 24 août 1848 sont relatifs à la taxe des lettres et à la franchise postale accordée à certains fonctionnaires. La loi du 16 octobre 1849 punit les individus qui feraient usage de timbres-poste ayant déjà servi à l'affranchissement de lettres. La loi du 4 juin 1859 est relative au transport, par la poste, des valeurs déclarées; ses articles 5 et 9 punissent les infractions à cette loi et les déclarations frauduleuses. La loi de 1873 s'applique au même objet. La loi du 18 avril 1892 concerne le service des colis postaux.

Ce sont bien encore là des infractions qui peuvent sans danger être placées sous la juridiction des juges de paix. Elles ont donné lieu en 1900 à 167 poursuites qui n'ont abouti qu'à des condamnations à l'amende après que 6 affaires seulement avaient été mises à l'instruction.

Les infractions aux lois sur la pêche.

L'article 48 de la loi du 15 avril 1829 dispose que : « Toutes les poursuites exercées en réparation de délits pour faits de pêche seront portées devant les tribunaux correctionnels. »

Nous proposons de modifier cet article et de dire que tous ces faits seront portés devant les tribunaux de simple police. Toutes les infractions en matière de pêche seront aussi de la compétence des juges de paix, celles prévues par la loi de 1829 comme celles prévues par les lois postérieures, notamment par la loi du 31 mai 1865 (voir l'article 11 de cette loi).

Lors de la discussion, en 1891, devant la Chambre, les partisans de l'extension de la compétence pénale la plus limitée mettaient en avant les infractions de pêche comme celles même les premières à placer sous la juridiction des juges de paix.

Pendant l'année 1900, les poursuites en matière de pêche se sont élevées à 6,092 atteignant 8,597 prévenus. 34 affaires seulement ont été mises à l'instruction, 7,461 prévenus n'ont été condamnés qu'à une amende.

La loi du 3 mai 1884 sur la chasse.

« Art. 11. — Seront punis d'une amende de 16 à
« 100 francs : 1° Ceux qui auront chassé sans per-
« mis de chasse; 2° ceux qui auront chassé sur le
« terrain d'autrui sans le consentement du pro-
« priétaire. — L'amende pourra être portée au dou-
« ble si le délit a été commis sur des terres non
« dépouillées de leurs fruits, ou s'il a été commis
« sur un terrain entouré d'une clôture continue
« faisant obstacle à toute communication avec les
« héritages voisins, mais non attenant à une habi-
« tation. — Pourra ne pas être considéré comme
« délit de chasse le fait du passage des chiens
« courants sur l'héritage d'autrui, lorsque ces chiens
« seront à la suite d'un gibier lancé sur la propri-
« été de leurs maîtres, sauf l'action civile, s'il y a
« lieu en cas de dommage; 3° ceux qui auront
« contrevenu aux arrêtés des préfets concernant
« les oiseaux de passage, le gibier d'eau, la chasse
« en temps de neige, l'emploi des chiens lévriers,
« ou aux arrêtés concernant la destruction des
« oiseaux et celle des animaux nuisibles ou mal-
« faisants; 4° ceux qui auront pris ou détruit, sur
« le terrain d'autrui, des œufs ou couvées de fai-
« sans, de perdrix ou de cailles; 5° les fermiers de
« la chasse, soit dans les bois soumis au régime
« forestier, soit sur les propriétés dont la chasse
« est louée au profit des communes ou établis-
« sements publics, qui auront contrevenu aux clau-
« ses et conditions de leurs cahiers des charges
« relatives à la chasse. »

Nous ne donnons aux juges de paix que la répression des infractions prévues et punies par cet article 11. Tout le monde est unanime à demander pour
les juges de paix cette compétence. Certains voudraient aller plus loin et donner aux juges de paix
la répression de tous les délits de chasse. Nous
n'avons pas cru pouvoir aller aussi loin. Les autres
articles de la loi sur la chasse permettent d'appliquer des peines relativement rigoureuses avec cette
circonstance particulière que l'article 20 ne permet
pas d'appliquer l'article 463 du Code pénal sur les
circonstances atténuantes.

Nous n'avons pas voulu trop atténuer la répression en cette matière au moment où de très loua-
bles efforts sont faits pour repeupler nos campagnes de gibier et assurer ainsi de nouvelles ressources à beaucoup de communes.

La loi sur la chasse a donné lieu en 1900 à 14,300
poursuites atteignant 16,953 individus; mais nous
ne savons pas comment ces poursuites se répartis-
saient entre les différentes infractions.

L'article 1ᵉʳ de la loi du 19 juillet 1845 sur les
substances vénéneuses.

« Les contraventions aux ordonnances royales
« portant règlement d'administration publique, sur
« la vente, l'achat et l'emploi des substances véné-
« neuses, seront punies d'une amende de 100 francs
« à 3,000 francs, et d'un emprisonnement de six
« jours à deux mois, sauf application, s'il y a lieu,
« de l'article 463 du Code pénal. — Dans tous les
« cas, les tribunaux pourront prononcer la confis-
« cation des substances saisies en contravention. »

Ce sont bien là des contraventions. La loi elle-
même les appelle ainsi; le juge de paix doit en
connaître. Elle donne d'ailleurs lieu à très peu de
poursuites. Nous ne trouvons que 5 poursuites en
1900 avec 7 prévenus, une seule affaire a été mise à
l'instruction; 2 prévenus ont été condamnés à l'emprisonnement et 5 à l'amende.

La loi du 30 mai 1851 sur la police du roulage
et des messageries publiques.

Les infractions prévues par cette loi sont actuellement de la compétence des tribunaux de police,
des tribunaux correctionnels et des conseils de
préfecture. L'article 17 dit en effet : « Les contraventions prévues par les articles 4 et 9 sont jugées
par le Conseil de préfecture du département où le
procès-verbal a été dressé. Tous les autres délits
et contraventions prévus par la présente loi sont
de la compétence des tribunaux. »

Nous ne touchons pas à la compétence du Conseil de préfecture, mais nous proposons que tous
les autres délits et contraventions soient de la compétence des tribunaux de simple police. Nous proposons de modifier en ce sens l'article 17 de la loi.
Nous ne faisons ainsi que placer sous la juridiction
des juges de paix les infractions prévues par les
articles 6, 8, 10 et 11. La simple lecture de ces articles montre combien il est utile que ces infractions
rentrent dans la juridiction des juges de paix, ce
sont bien des contraventions comme toutes celles
prévues à la loi, mais pour lesquelles le législateur
a cru devoir infliger des peines supérieures aux
peines de simple police.

« Art. 6. — Toute contravention aux règlements
« rendus en vertu du troisième paragraphe de l'arti-
« cle 2 est punie d'une amende de 16 à 200 francs
« et d'un emprisonnement de six à dix jours. »

« Art. 8. — Tout propriétaire ou conducteur de
« voiture qui aurait fait usage d'une plaque portant
« un nom ou domicile faux ou supposé sera puni
« d'une amende de 50 à 200 francs et d'un emprison-
« nement de six jours au moins et de six mois au
« plus. — La même peine sera applicable à celui
« qui, conduisant une voiture dépourvue de plaque,
« aura déclaré un nom ou domicile autre que le
« sien ou que celui du propriétaire pour le compte
« duquel la voiture est conduite. »

« Art. 10. — Sera puni d'une amende de 16 à
« 100 francs, indépendamment de celle qu'il pour-
« rait avoir encourue pour toute autre cause, tout
« voiturier ou conducteur qui, sommé de s'arrêter
« par l'un des fonctionnaires ou agents chargés de
« constater les contraventions, refuserait d'obtem-
« pérer à cette sommation et de se soumettre aux
« vérifications prescrites. »

« Art. 11. — Les dispositions du livre III, titre 1ᵉʳ,
« chapitre III, section IV, paragraphe 2, du Code
« pénal, sont applicables en cas d'outrages ou de
« violences envers les fonctionnaires ou agents
« chargés de constater les délits et contraventions
« prévus par la présente loi. »

Ces articles ont donné lieu en 1900 à 191 poursuites. Une affaire a été mise à l'instruction. Elles ont
abouti à 1 acquittement, 187 condamnations à l'amende et 3 à l'emprisonnement.

Loi du 17 juillet 1880 sur les cafés, cabarets et
débits de boissons,

Les articles 4, 8 et 10 de cette loi prononcent des
peines supérieures à 15 francs d'amende et pouvant
même aller en cas de récidive jusqu'à un mois
d'emprisonnement. Ce sont uniquement des infractions de police qui doivent rentrer sous la juridiction des tribunaux de police.

En 1900, nous trouvons 467 affaires comprenant
481 prévenus, 4 affaires seulement ont été mises à
l'instruction et 4 prévenus condamnés à l'emprisonnement.

Loi du 20 juillet 1881 sur la police sanitaire des
animaux.

La loi prononce à juste titre des peines fort
graves dans cette matière qui présente une si
grosse importance pour nos populations agricoles.
C'est ainsi que les infractions sont passibles du
tribunal correctionnel. Il nous a semblé que le juge
de paix vivant à la campagne était mieux placé que
les juges du tribunal correctionnel pour apprécier
justement les infractions à ces lois et les réprimer
comme il convient. La seule lecture des articles qui
prescrivent ces pénalités montrera que le juge de
paix peut sans inconvénient les appliquer.

« Art. 30. — Toute infraction aux dispositions des
« articles 3, 5, 6, 9, 10, 11, § 2 et 12 de la présente
« loi sera punie d'un emprisonnement de six jours
« à deux mois et d'une amende de 16 à 400 francs. »

« Art. 31. — Seront punis d'un emprisonnement
« de deux mois à six mois et d'une amende de 100

« à 1,000 francs : — 1° Ceux qui, au mépris des
« défenses de l'Administration, auront laissé leurs
« animaux infectés communiquer avec d'autres ; —
« 2° Ceux qui auraient vendu ou mis en vente des
« animaux qu'ils savaient atteints ou soupçonnés
« d'être atteints de maladies contagieuses ; — 3°
« Ceux qui, sans permission de l'autorité, auront
« déterré ou sciemment acheté des cadavres ou
« débris des animaux morts de maladies contagieu-
« ses quelles qu'elles soient ou abattus comme
« atteints de la peste bovine, du charbon, de la
« morve, du farcin et de la rage ; — 4° Ceux qui,
« même avant l'arrêté d'interdiction, auront im-
« porté en France des animaux qu'ils savaient
« atteints de maladies contagieuses ou avoir été
« exposés à la contagion. »

« Art. 32. — Seront punis d'un emprisonnement
« de six mois à trois ans et d'une amende de
« 100 francs à 2,000 francs : 1° Ceux qui auront
« vendu ou mis en vente de la viande provenant
« d'animaux qu'ils savaient morts de maladies
« contagieuses quelles qu'elles soient, ou abattus
« comme atteints de la peste bovine, du charbon,
« de la morve, du farcin et de la rage ; — 2° Ceux
« qui se seront rendus coupables des délits prévus
« par les articles précédents, s'il est résulté de ces
« délits une contagion parmi les autres animaux. »

« Art. 33. — Tout entrepreneur de transports
« qui aura contrevenu à l'obligation de désinfecter
« son matériel sera passible d'une amende de
« 100 francs à 1,000 francs ; il sera puni d'un em-
« prisonnement de six jours à deux mois, s'il est
« résulté de cette infraction une contagion parmi
« les animaux.

« Art. 34. — Toute infraction à la présente loi,
« non spécifiée dans les articles ci-dessus, sera
« punie de 16 francs à 400 francs d'amende. Les
« contraventions aux dispositions du règlement
« d'administration publique rendu pour l'exécution
« de la présente loi seront, suivant les cas, passi-
« bles d'une amende de 1 franc à 200 francs, qui
« sera prononcée par le juge de paix du canton.

« Art. 35. — Si la condamnation pour infraction
« à l'une des dispositions de la présente loi remonte
« à moins d'une année, ou si cette infraction a été
« commise par des vétérinaires délégués, des gar-
« des champêtres, des gardes forestiers, des offi-
« ciers de police à quelque titre que ce soit, les
« peines peuvent être portées au double du maxi-
« mum fixé par les précédents articles. »

Les statistiques nous apprennent que cette loi a
donné lieu en 1900 à 680 poursuites atteignant 797
prévenus, 20 affaires ont été mises à l'instruction,
57 prévenus ont été acquittés, 42 condamnés à un
emprisonnement de moins d'un an et 678 à l'a-
mende.

L'article 5 de la loi du 15 novembre 1897 sur la
liberté des funérailles.

Cet article punit des peines des articles 199 et
200 du Code pénal, les personnes qui auront donné
aux funérailles un caractère contraire à la volonté
du défunt. La peine est pour une première infraction d'une amende de 16 à 100 francs. En cas de récidive la peine peut aller jusqu'à cinq ans d'empris-
sonnement et même à la détention. Aussi nous
n'accordons compétence aux juges de paix que
pour la première infraction.
Il est tout à fait normal que ce soit le juge de
paix qui connaisse de cette infraction ; car c'est
précisément lui, aux termes des autres articles de
la loi de 1887, qui est compétent pour statuer en cas
de contestation sur les conditions des funérailles.
La statistique ne nous donne pas d'indication sur
le nombre des poursuites en 1900 ; il n'y en a sans
doute eu aucune.

La loi du 8 août 1893 relative au séjour des
étrangers en France dont l'article 8 est ainsi
conçu ;..

« L'étranger qui n'aura pas fait de déclaration
« imposée par la loi dans le délai déterminé, ou qu'il

« refusera de produire son certificat à la première
« réquisition sera passible d'une amende de 50 fr.
« à 200 francs. — Celui qui aura fait sciemment une
« déclaration fausse ou inexacte sera passible
« d'une amende de 100 francs à 300 francs, et, s'il
« y a lieu, de l'interdiction temporaire ou indéfinie
« du territoire français. — L'étranger expulsé du
« territoire français, et qui y serait rentré sans
« l'autorisation du Gouvernement sera condamné
« à un emprisonnement de un à six mois. Il sera,
« après l'expiration de sa peine, reconduit à la
« frontière. — L'article 463 du Code pénal est appli-
« cable aux cas prévus par la présente loi. »

Cette loi a donné lieu à d'assez nombreuses poursuites en 1900. Nous y voyons 1,468 affaires avec
1,544 prévenus. 6 affaires seulement furent mises à
l'instruction, 65 prévenus furent acquittés, 4,478 furent condamnés à l'amende, un seul fut condamné
à l'emprisonnement. Ces résultats nous ont déterminé à confier aux juges de paix la répression de
ces infractions bien que des questions préjudiciel-
les et délicates puissent s'élever si les prévenus
contestent leur qualité d'étrangers et prétendent
être Français.

Loi du 22 juillet 1896 relative aux pigeons
voyageurs.

« Art. 4, § 1er. — Sera punie d'une amende de
« 100 francs à 500 francs toute personne en contra-
« vention aux prescriptions des articles 1 et 2. »

Ces articles 1 et 2 imposent aux personnes qui
ont un colombier de pigeons voyageurs d'en faire
la déclaration. C'est assurément aux juges de paix
que revient la connaissance des infractions à l'obligation de faire cette déclaration.
Le paragraphe 2 de cet article 4 punit d'un emprisonnement de trois mois à deux ans toute personne qui aura employé des pigeons voyageurs à
des relations nuisibles à la sûreté de l'État ; nous
avons pris soin de limiter au paragraphe premier
la compétence du juge de paix.
La loi du 22 juillet 1896 a donné lieu en 1900 à
40 poursuites, mais nous ne savons auquel des
deux paragraphes de l'article 4 elles s'appliquent.

Loi du 15 février 1898, relative au commerce
de brocanteur.

La loi prévoit une certaine quantité d'infractions
dont la répression est la compétence des tribunaux
de simple police. Seules les dispositions de l'article 2, toujours à raison des peines prononcées,
sont de la compétence du tribunal correctionnel.
Nous ramenons l'harmonie dans la loi en disant
que même ces infractions de l'article 2 seront
soumises aux juges de paix. Cet article 2 est
ainsi conçu : « Il est spécialement défendu aux
« personnes visées dans l'article premier d'acheter
« aucuns meubles, hardes, linges, bijoux, livres,
« métaux, vaisselles, en un mot, tout objet mobi-
« lier quelconque, d'enfants mineurs sans le con-
« sentement exprès et écrit des père, mère et
« tuteurs ni d'acheter d'aucune personne dont le
« nom et la demeure ne leur seraient pas connus,
« à moins que leur identité ne soient certifiée par
« deux témoins connus qui devront signer au re-
« gistre, sous peine d'un emprisonnement de cinq
« jours à un mois et d'une amende de cinq francs
« à deux cents francs ».

Nous l'avons déjà dit, mais nous le répétons, ce
que le projet de loi modifie, c'est seulement la
compétence *ratione materiæ* en ce qui concerne
le juge. Les délits déférés au juge de simple police
gardent leur caractère propre. Par suite, au point
de vue de la récidive, des incapacités dérivant de
la condamnation de l'inscription au casier judiciaire, du sursis à l'exécution de la peine, il n'est
rien changé à la législation existante.
Aucune modification non plus en ce qui concerne
la poursuite. L'organisation du ministère public
près le tribunal de simple police ne permet pas,
en effet, de lui confier l'exercice de l'action publique pour les infractions dont il s'agit.
Il peut y avoir lieu à arrestation préventive et

alors la conduite du prévenu devant le procureur de la République s'impose. Si le maintien de l'arrestation est nécessaire, le procureur de la République saisira le juge d'instruction, sinon il fera remettre l'inculpé en liberté après s'être assuré de son identité et il pourra même le faire citer parlant à sa personne, avant de le relâcher.

En dehors même des cas où l'arrestation peut avoir lieu, il arrive fréquemment que le procès-verbal doive être complété par une enquête et que le juge d'instruction doive être saisi. Il a paru nécessaire que l'exercice de l'action publique demeurât entre les mains du procureur de la République qui recevra les procès-verbaux et leur donnera la suite qu'ils comportent.

C'est lui, par conséquent, qui citera devant le tribunal de simple police, soit directement, soit après renvoi du juge d'instruction, et le ministère public près le tribunal de simple police se bornera à prendre telles réquisitions que de droit.

L'appel sera porté devant le tribunal correctionnel, et selon les principes établis par le Code d'instruction criminelle, le droit d'appel est accordé au prévenu, à la partie civile avec le délai ordinaire de dix jours, enfin au Procureur de la République, ministère public près la juridiction d'appel, avec un délai de un mois.

Nous avons cherché à grouper sous un même paragraphe les différents textes relatifs à la nouvelle attribution du juge de paix en matière pénale. Précisément le paragraphe 2 du chapitre premier, titre premier, livre 2 du Code d'instruction criminelle comprenant les articles 166 à 171, a été abrogé par la loi du 27 janvier 1873. Rien n'empêche donc d'utiliser les numéros disponibles pour les attribuer aux dispositions nouvelles. Ainsi aucun changement n'est apporté à l'économie des articles réglementant les tribunaux de simple police.

La compétence attribuée aux juges de paix à l'égard de certains délits entraîne deux autres modifications sans importance dans les dispositions du Code. Elles sont nécessaires pour éviter toute équivoque.

La première consiste à changer le titre du chapitre 2 et à substituer à ces mots : des tribunaux en matière correctionnelle, ceux-ci : des tribunaux de police correctionnelle.

La seconde, à modifier dans le même sens l'article 199 du Code d'instruction criminelle et à substituer au texte actuel celui-ci : « Les jugements rendus en premier ressort par les tribunaux de police correctionnelle pourront être attaqués par la voie de l'appel. » — L'ancien texte porte : en matière correctionnelle. La modification a donc simplement pour but d'établir la concordance entre les nouvelles réglementations. En effet, avec notre projet, le tribunal correctionnel ne sera plus le tribunal uniquement compétent pour connaître de tous les délits.

La Commission a cru devoir aussi apporter une addition à l'article 177 du Code d'instruction criminelle. Cet article, relatif aux contraventions qui sont de la compétence du tribunal de simple police, décide que le ministère public et les parties pourront se pourvoir en cassation contre les jugements rendus en dernier ressort par le tribunal de simple police.

Cette faculté laissée au ministère public de se pourvoir en cassation a donné lieu à certains abus. Le ministère public, dans l'état actuel de la législation, n'a pas le droit d'appeler des jugements de police, ce droit n'appartient qu'à la partie condamnée. Aussi, le ministère public, déçu de ne pouvoir faire appel, se laisse-t-il parfois aller à former des pourvois « ab irato » qui encombrent le rôle de la chambre criminelle de la Cour de cassation. Aussi, nous proposons que le ministère public près le tribunal de simple police ne puisse former de pourvoi que sur l'avis conforme du procureur de la République.

VI

Capacités nouvelles exigées des juges de paix.

Actuellement, tout candidat peut être nommé juge de paix pourvu qu'il soit français, âgé de 30 ans et

qu'il jouisse de ses droits civils et politiques. Pour être juge de paix, disait Thouret, rapporteur de la loi à l'Assemblée constituante, il suffira d'avoir les lumières de l'expérience, un bon jugement et l'habitude des contestations. »

De l'expérience, un bon jugement et l'habitude des contestations, c'était, nous semble-t-il, de très solides qualités et de celles qu'il suffirait assurément de rencontrer chez les juges de paix. Mais le rapporteur se bornait à indiquer les qualités qu'aurait dû avoir un juge de paix sans dire comment il serait possible de les reconnaître chez les candidats. Aussi, sous certains régimes disparus, les gouvernements se sont-ils fort peu occupés de s'assurer si les juges de paix avaient les qualités mentionnées par le rapporteur à l'Assemblée constituante ; c'était de toutes autres qualités qu'ils exigeaient de leurs candidats.

Quoi qu'il en soit, si l'on comprenait qu'en 1791 les juges de paix dont la compétence était si limitée pouvaient être choisis sans justification de capacités, cela ne peut plus se comprendre avec la quantité considérable de nouvelles fonctions que les lois diverses ont réservées aux juges de paix. Nous avons vu combien leur compétence s'était trouvée augmentée par la loi de 1838 ; depuis lors, il ne s'est pour ainsi dire guère passé d'années sans que des lois ne soient venues donner aux juges de paix une compétence plus étendue ou de nouvelles attributions. Nous citerons à titre d'exemple et en suivant l'ordre chronologique :

Loi du 4 juillet 1837 relative aux poids et mesures ;

Loi du 7 mars 1850 sur les moyens de contrôler les conventions entre patrons et ouvriers de tissage et de bobinage ;

Loi du 2 juillet 1850 relative aux mauvais traitements exercés envers les animaux domestiques ;

Loi du 22 février 1851 relative au contrat d'apprentissage ;

Décret organique du 2 février 1852 sur les élections et les listes électorales ;

Loi du 10 juin 1854 sur le libre écoulement des eaux provenant du drainage ;

Loi du 21 novembre 1872 sur le jury ;

Loi du 23 janvier 1873 sur l'ivresse ;

Loi du 7 juillet 1874 relative à l'électorat municipal ;

Loi du 23 décembre 1874 relative à la protection des enfants du premier âge ;

Loi du 3 juillet 1877 relative aux réquisitions militaires ;

Loi du 15 juillet 1878 sur le phylloxera et le doryphora ;

Loi du 29 juillet 1881 sur la presse ;

Loi du 8 décembre 1883 sur l'élection des juges consulaires ;

Loi du 20 juillet 1886 sur les caisses des retraites pour la vieillesse ;

Loi du 15 novembre 1887 sur la liberté des funérailles ;

Loi du 4 février 1888 sur la répression des fraudes dans le commerce des engrais ;

Loi du 4 avril 1889 sur le Code rural ;

Loi du 18 juillet 1889 sur le bail à colonat partiaire ;

Loi du 2 novembre 1892 et 30 mars 1900 sur le travail des enfants, des filles mineures et des femmes dans les établissements industriels ;

Loi du 27 décembre 1892 sur la conciliation et l'arbitrage en matière de grèves ;

Lois des 29 juin 1894 et 11 juillet 1896 sur les caisses de secours et de retraites des ouvriers mineurs ;

Loi du 30 novembre 1894 sur les habitations à bon marché ;

Loi du 12 janvier 1895 relative aux saisies-arrêts sur les petits salaires ;

Loi du 31 mars 1896 sur la vente des objets abandonnés ou laissés en gages par les voyageurs dans les hôtelleries ;

Loi du 1er avril 1898 sur les sociétés de secours mutuels ;

Loi du 8 avril 1898 sur le régime des eaux ;

Loi du 9 avril 1898 sur les accidents du travail ;

Loi du 18 juillet 1898 sur les warrants agricoles ;

Loi du 21 février 1900 sur les vélocipèdes ;

Loi du 19 avril 1901 relative aux dégâts du gibier ;

Loi du 15 février 1902 sur la protection de la santé publique.

La plupart de ces lois demandent pour leur application des connaissances si variées qu'il semble bien impossible de continuer à n'exiger aucune condition de capacité de nos juges de paix. Notre projet de loi en augmentant encore la compétence des juges de paix va rendre cette nécessité plus impérieuse.

Nous avons cru que les garanties exigées devaient être de deux sortes : d'une part, la justification d'un diplôme et en outre la justification d'un stage ou de l'exercice d'une profession pendant un certain temps.

Le diplôme exigé, c'est celui de licencié en droit ou à défaut, le certificat de capacité visé par l'article 12 de la loi du 22 ventôse an XII en ces termes : « Ceux qui auront été examinés et trouvés capables sur la législation criminelle, la procédure civile ou criminelle, obtiendront un certificat de capacité. » C'est ce certificat de capacité que la même loi dans son article 26 exige de ceux qui veulent être avoués près les tribunaux.

Ce certificat de capacité n'exige qu'une année d'études alors que le diplôme de licencié en droit en exige trois. Aussi nous demandons à ceux qui ne pourront produire que le certificat de capacité, la justification de l'exercice d'une profession pendant cinq ou dix années, tandis qu'aux licenciés en droit nous ne demandons qu'un stage de deux ans près d'un barreau ou dans une étude de notaire et d'avoué ou l'exercice de fonctions publiques pendant le même temps.

Quant aux professions qui pourraient avec la production du certificat de capacité, ouvrir la carrière de juge de paix, nous nous sommes montrés assez larges. Nous admettons qu'il suffira d'avoir été :

Pendant cinq ans :

Notaires ;
Avoués ;
Greffiers près les cours d'appel ou les tribunaux civils.

Pendant dix ans :

Magistrats consulaires dont deux ans comme Président ;
Receveurs de l'enregistrement ;
Greffiers des tribunaux de commerce ou de paix ;
Huissiers ;
Commis greffiers près les cours ou tribunaux civils ;
Clercs d'avoués dont cinq ans comme maîtres-clercs ;
Clercs de notaires dont cinq ans comme maîtres-clercs dans une étude de notaire d'arrondissement ou de cour d'appel ;
Suppléants de justice de paix ;
Maires ou adjoints d'une commune.

Pour ces derniers nous exigeons en plus qu'ils ne puissent être nommés dans leurs ressorts d'élection.

Nous maintenons que les juges de paix et les suppléants ne pourront être nommés avant l'âge de trente ans.

Nous proposons de décider par l'article 24 que les juges de paix pourront être nommés juges dans les tribunaux civils après un certain nombre d'années d'exercice et qu'ils pourront être nommés juges de paix honoraires.

VII

Augmentation du traitement des juges de paix.

Les juges de paix sont actuellement divisés en neuf classes avec des traitements variant de 1,800 à 8,000 francs.

Nous avons indiqué par avance en exposant les grandes lignes du projet que le traitement des juges de paix, surtout celui des juges de paix de la 9e classe était absolument insuffisant.

Ces juges de paix de 9e classe étant au nombre de 2,055, alors que les justices de paix de toutes les autres classes ne s'élèvent qu'à 800, on voit ainsi combien la réforme s'impose pour la grande majorité des juges de paix.

Nous avons estimé que tout juge de paix devait avoir un traitement minimum de 2,500 francs et nous avons pensé qu'il n'y avait plus lieu de laisser subsister un si grand nombre de classe.

Nous proposons de diviser les juges de paix en cinq classes et de leur allouer respectivement le traitement suivant :

Paris hors classe.....Fr.	8,000
1re classe.................	5,000
2e classe.................	3,500
3e classe.................	2,800
4e classe.................	2,500

Dans la 1re classe, nous rangeons tous les juges de paix siégeant dans une ville de plus de 80,000 habitants ainsi qu'à Versailles et dans les huit cantons du département de la Seine. Ces juges de paix de la 1re classe seront au nombre de 81.

Dans la 2e classe nous rangeons tous les juges de paix siégeant dans une ville de plus de 20,000 habitants ainsi que les juges de paix de Chambéry. Ces juges de paix seront au nombre de 158.

Dans la 3e classe nous rangerons deux catégories de juges de paix : ceux siégeant dans un chef-lieu administratif ou judiciaire dont la population est inférieure à 20,000 habitants ; et en outre tous les juges de paix dont le canton possède une population totale supérieure à 20,000 habitants. Ces juges de paix seront au nombre de 398 dont 295 pour la première catégorie et 103 pour la deuxième catégorie.

Nous avons voulu assimiler aux juges de paix siégeant dans les chefs-lieux judiciaires ceux dont le canton possède une population supérieure à 20,000 habitants. Il est en effet certain que les juges de paix dont le canton aura cette population seront beaucoup plus occupés que ceux des cantons moins peuplés.

Dans la 4e classe nous rangeons tous les autres juges de paix qui sont au nombre de 2,204.

L'augmentation de dépenses annuelles résultant de l'application de la nouvelle loi s'élèvera à 1,800,000 francs, dépense qui pourra être diminuée d'environ 250,000 francs quand la chancellerie aura réuni en une seule les justices de paix siégeant dans la même ville, comme lui permet de le faire la loi du 26 février 1901. Il lui sera facile, nous l'espérons, de supprimer ainsi au moins une centaine de justices de paix.

Cette nouvelle charge sera sans doute lourde pour le budget. La Commission n'a cependant pas pensé que ce résultat devait arrêter la réforme. Il lui a paru qu'aucune dépense ne serait plus justifiée que celle-là. Les contribuables ne se plaindront pas des conséquences financières d'une loi si juste, si nécessaire et dont l'application apportera tant d'économies aux plaideurs par la suppression des frais de procédure.

Nous avons, en conséquence, l'honneur de vous soumettre la proposition de loi suivante.

V. compte rendu, pages 19 et suivantes.

SÉNAT

RAPPORT

Fait au nom de la Commission chargée d'examiner la proposition de loi, adoptée par le Sénat, modifiée par la Chambre des Députés, concernant : 1° la **Compétence des Juges de Paix ;** 2° la **Réorganisation des Justices de Paix,** par M. Jules GODIN, sénateur. (1)

Pour la discussion de ce Rapport au Sénat, voir p. 155.

Messieurs,

La question de la compétence des juges de paix revient à nouveau devant vous et nous sommes en droit d'espérer que la volonté des deux Chambres pourra enfin faire aboutir une réforme si ancienne et si ardemment désirée.

La Chambre des Députés, en ce qui touche la compétence civile, a accepté dans ses principales dispositions le projet que vous aviez voté. On peut donc considérer que de ce côté l'accord est près d'être réalisé.

Mais le projet qui vous est soumis contient des dispositions nouvelles dont l'importance ne vous échappera pas.

Le projet du Sénat, en vue d'une solution rapide de cette question ne touchait qu'un point celui de la compétence civile. Celui de la Chambre des Députés y ajoute des dispositions organiques sur les justices de paix et des articles relatifs à l'organisation et à la compétence d'une justice de paix correctionnelle.

Le Sénat avait considéré que ce qui regardait la compétence civile était surtout d'une solution urgente.

La Chambre des Députés a tenu à traiter la question dans son ensemble et par suite à y joindre la compétence pénale et l'organisation.

Après avoir examiné toutes les questions soulevées par un projet aussi vaste, votre Commission vous propose de ne retenir à l'heure actuelle que les dispositions relatives à la compétence civile et à l'organisation des justices de paix.

Celles qui touchent à la juridiction pénale, aussi délicates que complexes, demandant une étude approfondie, nous avons estimé que l'urgence du vote des autres parties nous imposait l'obligation de les traiter de suite pour en faire un examen immédiat et un rapport particulier.

Telles sont dans leur ensemble les propositions auxquelles nous nous sommes arrêtés.

Nous ajouterons que nous avons divisé la loi en deux titres, la loi se composant en effet de deux parties distinctes.

Compétence civile.

Nous croyons inutile de revenir sur les considérations générales qui militent en faveur d'une augmentation de la compétence des juges de paix. Le projet du Sénat et celui de la Chambre des Députés s'accordent sur ce point.

La Chambre des Députés a seulement apporté aux dispositions que vous avez votées un certain nombre de modifications que nous allons examiner successivement.

Article premier. — L'article premier du projet de la Chambre des Députés est identique à l'article premier du projet du Sénat. Rappelons seulement qu'en matière civile, il porte pour les actions personnelles et mobilières la compétence des juges de paix à 300 francs en dernier ressort et à 600 francs en premier ressort.

Art. 2. — L'article 2 est la reproduction de l'article 2 de la loi de 1838 avec la seule substitution du chiffre 300 au chiffre 100.

Les anciens projets en proposaient la suppression à cause de son peu d'utilité. Il avait paru inutile d'étendre dans des cas aussi rares que ceux prévus par cet article la compétence des juges de paix au delà des limites fixées par l'article premier.

La Chambre des Députés l'a maintenu, et nous croyons qu'il peut être accepté sans inconvénient. Nous vous proposons de le compléter en y reportant le paragraphe 6 de l'article 6.

Cette disposition se rapporte aux réclamations relatives au transport des lettres et valeurs chargées ou recommandées.

Pour les lettres chargées, la loi du 4 juin 1859 a décidé que, en cas de contestations, l'action en responsabilité (contre l'Administration des Postes) est portée devant les tribunaux civils.

La loi du 15 janvier 1873, relative aux lettres et objets recommandés ainsi qu'aux articles déclarés, ne dit rien de la compétence. Mais les auteurs penchent à y appliquer le même principe.

Il ne faut pas oublier que la loi de 1873 a élevé à 10,000 francs le montant des valeurs déclarées que peut transporter la poste. Y a-t-il lieu de donner compétence au juge de paix jusqu'à une somme aussi importante ? Votre Commission ne l'a pas pensé et elle a classé ces contestations dans la catégorie de celles que le juge de paix peut juger jusqu'au chiffre de 1,500 francs, soit le taux du dernier ressort des tribunaux de première instance.

De là le transport de cette prescription de l'article 6 à l'article 2.

Nous ferons à ce paragraphe qu'une seule modification. Elle concerne la détermination du juge de paix qui peut être saisi. Nous appliquons ici la dis-

---

(1) Cette commission est composée de MM. Demôle, *Président ;* Théodore Girard, *Secrétaire ;* Antony Ratier, Tillaye, Maxime Lecomte, Legrand, Jules Godin, Eugène Guérin, Regismanset.

position votée par la Chambre des Députés en matière de colis-postaux.

Art. 3. — Dans l'article 3 correspondant à l'article 2 du projet du Sénat, le projet de la Chambre des Députés contient deux modifications aux dispositions que vous avez votées.

Il s'agit, dans cet article, des contestations sur les baux et leur exécution.

Le Sénat avait limité la compétence des juges de paix aux baux de 400 francs au maximum. La Chambre des Députés a augmenté ce chiffre et l'a porté à 600 francs.

Le projet du Sénat avait écarté de la compétence des juges de paix les contestations sur l'inexécution des clauses et conditions du bail. La Chambre des Députés les a inscrites dans la loi.

Nous vous proposons d'accepter le chiffre de 600 francs admis par la Chambre des Députés. Mais, en ce qui touche les contestations sur l'inexécution des clauses et conditions du bail, nous estimons que les attribuer au juge de paix serait apporter au principe posé dans l'article premier de la loi une modification trop grave.

Il faut, en effet, remarquer que l'article 3 a pour but de donner au juge de paix, en matière de baux, une compétence spéciale plus étendue que la compétence générale de l'article premier.

Or, la formule adoptée par la Chambre des Députés aboutit en réalité à placer dans la compétence des juges de paix toutes les contestations entre propriétaires et locataires à l'occasion d'un bail, quelle que soit la valeur de la location.

On a pensé que, lorsqu'il s'agissait simplement d'assurer l'exécution des baux et l'application des droits dont le principe n'est pas contesté, la juridiction du juge de paix pouvait être substituée à celle du tribunal dans une large mesure.

Ajoutons que la plupart des baux sont des actes sous seings privés. Il faut pouvoir permettre aux parties, en cas d'inexécution pure et simple, d'arriver à obtenir facilement la formule exécutoire. Forcer le demandeur à saisir le tribunal était une complication inutile.

Tels sont les motifs de cette extension spéciale de compétence.

Toutes les espèces que vise l'article voté par le Sénat supposent une exécution d'un contrat qui n'est pas contesté. On comprend alors la simplification de la juridiction, quel que soit le chiffre du litige.

Mais si le contrat lui-même est discuté, si ses clauses sont contestées, il n'y a plus de motifs pour déroger au principe posé par l'article premier et pour étendre spécialement dans ces cas la juridiction du juge de paix. On est alors en face de contestations souvent difficiles qu'il n'y a pas de raisons de soustraire à la règle générale.

Tel est le motif qui nous fait supprimer les mots que nous venons d'indiquer.

Art. 4. — L'article 4 du projet, correspondant à l'article 3 de celui du Sénat, n'a été modifié par la Chambre des Députés que sur un point. Il s'agit encore des contestations entre propriétaires et locataires.

Relativement aux indemnités réclamées par le locataire ou fermier pour non-jouissance provenant du fait du propriétaire, le projet du Sénat ajoutait : « Lorsque le droit à une indemnité n'est pas contesté ». La Chambre des Députés a supprimé ces mots, étendant ainsi la compétence du juge de paix à la discussion du contrat lui-même.

Cette disposition, analogue à celle que nous venons de signaler dans l'article précédent, doit recevoir la même solution. Il n'y a plus là contestation sur un chiffre, sur une quotité d'indemnité. Il s'agit de procès touchant au fond du droit des parties et pour lesquels, par conséquent, il n'y a pas lieu de déroger à la règle générale établie dans l'article premier.

Nous vous proposons donc de maintenir dans les limites de l'article premier la compétence relative aux contestations sur les questions de principe qui peuvent présenter des difficultés sérieuses.

Art. 5. — Dans le dernier paragraphe de l'article 5 (article 4 du projet du Sénat), la Chambre des Députés a supprimé ce qui concerne les bureaux de nourrices à Paris. Nous vous proposons d'accepter cette suppression.

Mais nous devons apporter au texte voté une modification. Depuis 1896 est intervenue la loi de 1898 sur les accidents du travail. Elle a attribué au juge de paix une compétence particulière en cette matière. Il faut donc ajouter la mention de cette loi aux exceptions déjà portées dans le 1° de notre article : nous vous proposons d'y ajouter : et aux lois sur les accidents du travail.

Art. 6. — Sauf ce qui a été dit à l'article 2, nous proposons de maintenir l'article 6 tel qu'il a été voté par la Chambre des Députés.

En ce qui concerne les colis postaux, il est aujourd'hui de jurisprudence que l'action d'un particulier même contre une Compagnie de chemins de fer est une action administrative (Cass., 11 février 1884) et qu'elle doit être suivie devant le Ministre (Conseil d'Etat, 20 février 1891 et 20 décembre 1894), juge de droit commun en matière administrative.

Cette législation n'a cessé de soulever les protestations les plus légitimes. Il y a lieu de rendre à la justice ordinaire le jugement de ces procès.

Art. 7. — L'article 6 du Sénat (7 de la Chambre des députés) a été l'objet de plusieurs modifications.

Dans le 1° relatif aux pensions alimentaires, le taux de la compétence du juge de paix a été porté de 500 à 600 francs. La Chambre des Députés, quant aux causes de pensions alimentaires a supprimé la mention des articles 205, 206, 207. Le Sénat en effet avait établi cette juridiction uniquement pour les pensions alimentaires basées sur les articles 205, 206 et 207, ainsi que l'avaient fait les projets antérieurs. La Chambre des Députés a supprimé cette restriction. Enfin, elle a indiqué dans le texte que, dans le cas où il y aurait plusieurs défendeurs, le demandeur aurait le choix du tribunal qu'il saisirait.

Nous vous proposons d'accepter deux de ces dispositions. Le chiffre de 600 francs nous avait paru trop élevé. A titre de transaction, nous vous demandons de l'adopter, ainsi que la solution donnée par la Chambre des Députés à la question de compétence.

Mais votre Commission croit qu'il est préférable de maintenir la mention des articles 205, 206 et 207. Les autres pensions alimentaires ne proviendront principalement que de donation ou testament ou de jugement et, dans ces cas il s'agirait de questions délicates, il y aurait à interpréter une donation ou un testament ou à assurer l'exécution d'une décision judiciaire, l'attribution au juge de paix d'une compétence spéciale plus étendue ne s'expliquerait pas.

La Chambre des Députés a ajouté à cet article deux paragraphes.

Le premier est relatif aux constructions, réparations et travaux énoncés en l'article 655 du Code civil.

Il s'agit des réparations et reconstructions des murs mitoyens. Ces reconstructions ou réparations qui sont de peu d'importance dans les campagnes peuvent dans les villes représenter des intérêts très sérieux et très complexes.

Votre Commission a pensé que pour des procès de cette nature il n'y avait pas lieu de déroger à la règle générale de l'article premier qui donne compétence au juge de paix jusqu'à 600 francs.

Enfin le 5° ajouté par la Chambre des Députés vise les droits de place perçus par les communes et leurs concessionnaires.

On a dit qu'il s'agissait d'appréciation de contrats administratifs. Mais il faut remarquer la restriction apportée par le texte lui-même. L'article dit : « A moins qu'il y ait contestation sur l'interprétation de l'article ou des articles servant de base à la poursuite ».

Il s'agit donc uniquement des demandes en payement pour lesquelles une juridiction simple et prompte est nécessaire.

Art. 8. 9 et 10. — Ces articles ont été adoptés par la Chambre des Députés tels qu'ils avaient été votés par le Sénat.

Art. 11. — Dans l'article 11 relatif aux demandes reconventionnelles, la Chambre des Députés a ajouté un paragraphe à l'article voté du projet du Sénat.

Dans le cas où la demande est inférieure au chiffre du dernier ressort, le défendeur, par une demande reconventionnelle plus élevée, peut rendre l'affaire susceptible d'appel.

La disposition nouvelle décide que si la demande reconventionnelle est exclusivement fondée sur la demande principale, quel qu'en soit le chiffre, le juge de paix décidera en dernier ressort. Nous vous proposons d'accepter cette disposition.

Art. 12, 13 et 14. — Ces articles reproduisent les articles correspondants du projet voté par le Sénat.

Art. 15. — L'article 15 permet au juge de paix d'autoriser les femmes mariées à ester devant eux.

Il y ajoute la même autorisation pour les mineurs dans les cas prevus à l'article 5, c'est-à-dire quand il s'agit de salaires.

Cette disposition a pour but de permettre à l'ouvrier, même mineur, de se faire payer les salaires auxquels il a droit. Elle répond actuellement à une nécessité et rentre dans l'esprit de notre législation sur le travail,

Nous en avons seulement modifié la forme, afin d'éviter l'application de nos règles sur la tutelle et les complications qu'elle entraine ; nous donnons au juge de paix un droit absolu d'autorisation.

Art. 16 et 17. — Le Sénat avait adopté un article ainsi conçu : « Les juges de paix connaissent des actions en payement des frais faits devant eux ».

A la Chambre des Députés, dans la séance du 19 janvier, M. Clémentel a fait observer que les mots : « frais faits devant eux », ne pouvaient, d'après lui, s'appliquer qu'aux frais de juridiction contentieuse et il a proposé la rédaction qui est l'article 17.

Puis, le rapporteur ayant accepté, le Président a mis aux voix la disposition nouvelle, qui est adoptée, et le Président ajoute : l'amendement prend place dans la rédaction du projet de loi.

Il parait donc y avoir une erreur dans la transmission et l'un des articles devrait être supprimé.

Quoi qu'il en soit et quoique le texte que le Sénat avait voté ne pût guère permettre d'hésitation, afin d'éviter toute équivoque, nous vous proposons de réunir les deux articles en un seul, ainsi rédigé : « Les juges de paix connaissent des actions en payement des frais faits ou exposés devant leur juridiction ». Cette rédaction supprimera toute difficulté, en admettant qu'il ait pu s'en élever.

Compétence pénale.

Les articles de la proposition de loi relatifs à la compétence pénale des juges de paix soulèvent des questions aussi complexes que délicates.

Sur ce point, trois systèmes avaient été soutenus.

Le premier, le plus simple, consistait à réduire les pénalités de certains faits contraventionnels et à les ramener à être des contraventions de police. On augmenterait ainsi la juridiction du tribunal de paix, sans modifier ni l'organisation du tribunal de police, ni la procédure. On lui donnerait seulement à juger des contraventions nouvelles.

Dans un second système, on attribue au juge de paix la connaissance de certaines contraventions dont la pénalité dépasse les limites fixées pour les contraventions de police.

Les amendements présentés à la Chambre des Députés par M. de Castelnau indiquent un certain nombre de contraventions dits délits contraventionnels dont le jugement pourrait ainsi être attribué au juge de paix. Cette solution a été repoussée par la Chambre des Députés, qui s'est ralliée au troisième système.

Il consiste à attribuer au juge de paix, non seulement la connaissance des contraventions, mais le jugement d'un certain nombre de délits. On crée ainsi en réalité un nouveau tribunal correctionnel, dont il faut régler l'organisation, la procédure et la compétence.

La juridiction du juge de paix est en effet à l'heure actuelle restreinte à une catégorie de faits nettement définis, les contraventions de police, « les fautes contre la simple police » comme les appelait Treilhard dans l'exposé des motifs du Code pénal. Le tribunal, la procédure en peuvent être organisés dans des conditions simples appropriées à la nature des actes poursuivis.

De parquet permanent il n'y en a pas. Un commissaire de police là où il y en a, à son défaut, un maire, un adjoint ou un conseiller municipal assiste le juge de paix et joue le rôle de ministère public. (1)

Sur les 2,846 justices de paix (chiffre donné par le Ministre de la Justice), il existe 2,358 cantons (chiffre fourni par le Ministre de l'Intérieur) où il n'y a pas de commissaire de police. Les fonctions de ministère public y sont tenues par un suppléant du juge de paix, par un maire, un adjoint, suivant les moments. Comment une organisation semblable pourrait-elle fonctionner pour un tribunal correctionnel chargé de statuer sur de nombreux délits ? Nous donnons en annexe le nombre des affaires qui seraient transportées au juge de paix ; on voit qu'il est considérable.

D'autre part, les faits sont constatés par des procès-verbaux dressés par les agents compétents ; l'instruction avec ses formalités nécessaires n'existe pas.

Le magistrat chargé de juger est, à l'heure actuelle, en face d'une constatation de fait pur et simple. Il ne s'occupe ni de ses causes ni de la volonté qui l'a produit. Il n'a à apprécier ni l'intention criminelle ni la moralité de l'inculpé. Aucune excuse ne peut être admise par le juge, à moins que la loi elle-même ne l'ait spécialement autorisée. C'est la matérialité de l'acte qu'il juge. Il se borne à en enregistrer l'existence et à appliquer la loi dans les limites restreintes qui lui sont fixées.

Tels sont les principes fondamentaux qui ont présidé à l'organisation actuelle.

La proposition, adoptée par la Chambre des Députés, transforme complètement cette situation. Elle aboutit à faire du juge de paix un véritable juge correctionnel chargé d'instruire et de juger de véritables délits, ayant à apprécier la criminalité et la moralité des inculpés et à appliquer par suite des pénalités bien plus élevées. On voit combien de questions, question d'organisation, question de procédure, question de compétence, soulève cette extension de juridiction.

Cette partie de la proposition pouvait-elle sans inconvénient être jointe à la loi que nous proposons ?

La première constatation à faire est la modification profonde que cette organisation nouvelle fait subir à la juridiction du juge de paix. C'est une transformation qui soulève dans les milieux judiciaires beaucoup de préventions et beaucoup d'hésitations.

Est-il bon ? N'est-il pas dangereux pour l'institution elle-même des juges de paix d'opérer un semblable changement ? La composition actuelle de ce corps de magistrats permet-elle une pareille extension ? Quelle augmentation de travail en résulterait pour les juges de paix ? Comment cette augmentation pourrait-elle se concilier avec leurs occupations actuelles ?

Ces questions sont trop graves pour ne pas nécessiter une enquête sérieuse.

Cette enquête s'impose également si on entre dans les mesures d'application que nécessitent les dispositions adoptées par la Chambre des Députés.

Prenant au tribunal correctionnel une partie de ses attributions, il faut d'abord organiser le tribunal nouveau. Etant donnés le principe que l'action

---

(1) Aux termes de l'article 144 du Code d'instruction criminelle : « Les fonctions du ministère public, pour les « faits de police, seront remplies par le commissaire du « lieu où siègera le tribunal. S'il y a plusieurs commissai- « res de police au lieu où siège le tribunal, le procureur « général près la Cour d'appel nommera celui ou ceux « d'entre eux qui feront le service. En cas d'empêchement « du commissaire de police du chef-lieu ou s'il n'en existe « point, les fonctions du ministère public seront remplies, « soit par un commissaire résidant ailleurs qu'au chef-lieu, « soit par un suppléant du juge de paix, soit par le maire « ou l'adjoint du chef-lieu, soit par un des maires ou « adjoints d'une autre commune du canton, lequel sera « désigné à cet effet par le procureur général pour une « année entière et sera, en cas d'empêchement, remplacé « par le maire, par l'adjoint ou par un conseiller municipal « du chef-lieu de canton. »

publique appartient au Ministère public ainsi que les règles relatives à l'instruction, un parquet permanent s'imposera auprès du juge de paix.

Quelle organisation nouvelle faudrait-il créer et quelle dépense entraînerait-elle ? C'est ce qui est à rechercher.

D'autre part, il faut étudier comment la procédure nouvelle pourra être encadrée dans les règles de la procédure actuelle. A ce point de vue, il faut reprendre une à une toutes les dispositions de notre procédure actuelle.

Enfin, quant aux délits mêmes à faire juger par le juge de paix, si on veut procéder à une réforme aussi profonde, il faut étudier et examiner dans le Code pénal et dans les lois spéciales les infractions qui pourraient légitimement être attribuées à la nouvelle juridiction.

Toutes ces questions, les dispositions adoptées par la Chambre des Députés ne les résolvent pas d'une manière suffisante. Les articles de procédure que contient la proposition laissent de côté trop de dispositions et demandent une revision qui entraîne l'étude de toute notre procédure criminelle, procèsverbaux, instruction, compétence, voies de recours, et ne pourraient être appliqués sans une refonte.

Pour arriver à une solution, il faut donc une enquête spéciale auprès des autorités judiciaires, une étude approfondie de ce projet et la rédaction d'un texte dont l'application ne puisse donner lieu à des difficultés.

Le motif principal qui domine cette réforme parait être la pensée de réduire les pénalités excessives qui frappent un certain nombre de délits. Nous nous associons à cette pensée fort juste. Nous est-il possible de la réaliser dans une loi sur la compétence des juges de paix ? Ne mérite-t-elle pas d'être examinée en elle-même et traitée à part. Dans tous les cas, ne retarderait-elle pas singulièrement une réforme qui parait attendue avec patience ?

Telles sont les objections qui s'opposent à une solution immédiate; mais, pour répondre à la pensée de la Chambre des Députés, votre Commission a décidé de procéder à une étude de cette question. Aussi le premier acte qui s'imposait était-il de demander aux autorités judiciaires de déterminer les conditions dans lesquelles peut être accomplie une réforme de cette nature. Nous avons prié M. le Garde des Sceaux de les consulter.

Dans ces conditions, nous ne pouvions faire subir aux autres parties de la réforme le retard qui résulterait de cette étude nouvelle et nous vous proposons de disjoindre cette partie du projet et d'en remettre la discussion au moment où nous aurons pu vous apporter les résultats de nos travaux.

Organisation.

Tous les projets présentés à la Chambre des Députés et votés par elle, destinés à augmenter la compétence des juges de paix, contenaient des dispositions relatives à l'organisation des justices de paix. Ces dispositions ont paru, en effet, le corollaire des précédentes.

Si, en 1896, le Sénat avait écarté toutes modifications de cette nature, c'était dans le but de permettre un vote rapide d'un projet restreint.

Aujourd'hui que la question se pose à nouveau, il est difficile d'en repousser l'examen et l'application. L'augmentation de compétence entraînant l'obligation d'une valeur professionnelle plus grande et d'une responsabilité plus étendue a pour corollaire des garanties nouvelles de capacité à l'entrée et conduit à la nécessité d'une amélioration dans la situation des juges de paix.

A l'heure actuelle, aucune condition de capacité n'est exigée pour ces fonctions cependant si délicates. Il suffit d'être âgé de 30 ans accomplis et de jouir de ses droits civils et politiques. D'autre part, les juges de paix sont des magistrats amovibles.

Or, depuis un certain nombre d'années, leurs attributions n'ont cessé de s'accroître.

Dans toutes les lois nouvelles, on leur a donné une compétence plus étendue et on a cherché à substituer leur juridiction simple, d'accès facile et peu coûteux à celle des tribunaux. (1)

---

(1) Voir la liste des principales lois qui ont donné au juge de paix des attributions nouvelles, le rapport de la Chambre des Députés les a énumérées p. XXIV et XXIX.

Le juge de paix n'est plus seulement le magistrat conciliateur chargé d'arrêter les procès et d'inspirer les solutions amiables dans les contestations. Nous sommes loin de l'époque où Thouret disait : « La compétence du juge de paix doit être bornée « aux choses de convention très simple et de la plus « petite valeur et aux choses de fait qui ne peuvent « être bien jugées que par l'homme des champs qui « vérifie sur le lieu même l'objet du litige et qui « trouve dans son expérience des règles de déci- « sion plus sûres que la science des formes et des « lois n'en peut fournir aux tribunaux sur ces ma- « tières. »

Les choses depuis cette époque et surtout dans ces dernières années ont bien changé. Le tribunal du juge de paix est celui auquel on cherche à faire ressortir le plus d'affaires possibles. Il a un rôle d'administration judiciaire dont l'importance grandit chaque jour.

Si nous ajoutons qu'il est seul, exposé aux obscurités que les parties, volontairement ou non, jettent dans les affaires, obligé de faire la clarté et de décider dans des conditions souvent difficiles et sans l'aide des lumières de personne, on comprend combien il importe de demander des garanties pour remplir ces délicates fonctions.

Mais l'augmentation de la compétence a comme corollaire une amélioration dans la situation qui lui est faite. Il est donc nécessaire en même temps d'améliorer les traitements.

Aujourd'hui ces traitements résultent d'anciens textes modifiés par quelques dispositions nouvelles; leur fixation est quelque peu arbitraire. Le fait certain est, pour les classes inférieures, leur insuffisance. Aussi tous les projets qui, depuis vingt-cinq ans, ont été successivement déposés au Parlement ont tous admis le principe d'une augmentation. Celui qui a été voté par la Chambre des Députés reproduit les dispositions proposées en 1885 dans le projet présenté par M. Brisson, alors Garde des Sceaux.

Les dépenses qui résultent de ces augmentations ont été chiffrées dans le rapport de M. Vallé en 1894 et dans une note du Ministère à environ 1,800,000 francs. Mais il y a lieu d'en déduire la réduction résultant de la réunion de deux cantons en un seul et les conséquences d'une modification que nous vous proposons d'apporter aux traitements des deux dernières classes, modification qui amènera une économie nouvelle. La dépense totale parait devoir être d'environ 1,500,000 francs.

Telle est la dépense approximative qui résulterait de la transformation proposée. Nous l'examinerons tout à l'heure pour plus de détails ; mais nous tenons à dire que sur la question de principe votre Commission vous propose d'entrer dans les vues de la Chambre des Députés.

Art. 17. — L'article 17 (23 de la Chambre) maintient le principe qu'il y a une justice de paix dans chaque canton. Il maintient également le nombre de deux suppléants par justice de paix. Cependant le paragraphe 3 apporte à cette disposition une modification. « A Paris, dit-il, il pourra être créé cinq suppléants nouveaux. »

Ces dispositions augmentaient très sensiblement le nombre des justices de paix du département de la Seine, puisqu'à l'heure actuelle il n'y en a que huit pour vingt-un cantons et elles entraînaient la création de treize justices de paix nouvelles.

Cette augmentation ne se trouvait pas dans le projet préparé par la Commission de la Chambre. Elle a été votée sur un amendement de M. Weber, et les arguments qui ont entraîné la Chambre des Députés peuvent se résumer ainsi :

1° Le département de la Seine, qui ne comprenait antérieurement que huit cantons, a été divisé par la loi du 13 avril 1893 en vingt et un cantons administratifs nouveaux, sans que le nombre des justices de paix ait été modifié ;

2° La population des huit circonscriptions judiciaires conservées s'est développée dans des proportions telles qu'il en est résulté un surcroît considérable d'affaires à juger pour les magistrats. C'est ainsi, notamment, que la justice de paix de Charenton embrasse les trois cantons de Charenton, Nogent et Saint-Maur, dont la population est respectivement de 51,000, de 31,000 et de 34,000 habitants, soit ensemble 116,000 justiciables; que celle de Courbevoie comprend les cantons de

Courbevoie avec 61,000 habitants, d'Asnières avec 51,000 et de Puteaux avec 40,000, au total 152,000 ; et que celle de Neuilly comporte 179,000 justiciables répartis entre les quatre cantons de Neuilly, de Levallois-Perret, de Boulogne et de Clichy ;

3° La loi sur les accidents du travail a causé une augmentation très sensible du travail des juges de paix, en raison du grand nombre d'usines installées dans la banlieue de Paris ;

4° Enfin, le Conseil général de la Seine et les Conseils municipaux de la plupart des communes du département ont, à plusieurs reprises, manifesté le vœu de voir instituer une justice de paix au chef-lieu de chacun des nouveaux cantons et protesté contre l'insuffisance de la loi du 21 mars 1896, qui autorise simplement le juge de paix à tenir des audiences supplémentaires dans les communes du canton autres que le chef-lieu.

Votre commission, après avoir examiné cette question, n'a pas cru devoir maintenir l'augmentation des justices de paix du département de la Seine.

On a fait valoir que les nouveaux cantons créés récemment sont en réalité des circonscriptions électorales destinées à augmenter le nombre des représentants de la banlieue dans le sein de l'Assemblée départementale. Si on admettait ce chiffre de 21 juges de paix, chaque juge de paix aurait en moyenne juridiction sur 45,000 habitants environ. Or, les 20 juges de paix de Paris ont sous leur juridiction en moyenne 135,000 habitants. Celui du 11° arrondissement en a même 239,141. Six de ces cantons ne comportent qu'une seule commune. D'autre part, les communes suburbaines se composent presque toutes, les plus peuplées surtout, d'une population ouvrière qui a peu recours au juge de paix surtout pour les appositions de scellés, les conseils de famille, etc.

Les huit juges de paix actuels suffisent à leur tâche, qui est facilitée par l'autorisation de tenir des audiences foraines.

Il faut ajouter que la dépense entraînée par ces créations se monte à environ 80,000 francs, sans compter les dépenses imposées aux communes, qui viennent s'ajouter aux charges nouvelles qu'entraînerait le vote de la loi. Telles sont les considérations qui ont amené votre Commission à repousser la disposition votée par la Chambre des Députés.

En ce qui touche le nombre des juges de paix suppléants à Paris, la disposition fixant à cinq l'augmentation admise par la loi nous a paru pouvoir donner lieu à des difficultés. Il a semblé plus rationnel d'autoriser le Gouvernement à augmenter le nombre des suppléants là où il sera nécessaire.

Art. 18. — L'article 18 détermine les conditions de nomination des juges de paix. On exige soit certaines études, soit l'exercice de certaines fonctions, soit un certain stage.

Les conditions fixées sont celles qui ont déjà été formulées dans les projets antérieurs.

Nous nous bornerons à y faire quelques modifications de détail de nature à préciser certains points.

Nous avons placé les receveurs d'enregistrement parmi ceux auxquels cinq ans de stage sont nécessaires.

Pour les notaires et greffiers des cours et tribunaux, nous avons admis la possibilité de les nommer juges de paix même lorsqu'ils n'auront pas le certificat de capacité.

Enfin, il a été signalé à votre Commission qu'il paraissait naturel de cumuler les années de service pour les fonctionnaires qui auraient occupé moins de cinq ans des unes et moins de dix ans des autres.

Art. 19. *(nouveau)* — Votre Commission a fait un article spécial de l'avant-dernier paragraphe de l'article 24 du projet de la Chambre des Députés. La question qu'il traite est en effet absolument distincte de l'article 24.

Nous avons supprimé le dernier paragraphe de l'article 24 de la Chambre des Députés, qui modifie la loi organique sur l'élection des sénateurs, et vise l'élection du juge de paix comme délégué sénatorial. Cette disposition n'était guère à sa place dans une loi sur la compétence des juges de paix.

Art. 20. — L'article apporte une modification

sérieuse à la situation des juges de paix en leur donnant une certaine inamovibilité.

Cette disposition a été adoptée à la Chambre des Députés après un long débat, sur la proposition de M. Sembat. Il vise le cas de révocation et fixe les conditions dans lesquelles elle peut être prononcée.

Il ne touche pas à la question du déplacement et laisse intact le droit du Garde des Sceaux de changer de poste un juge de paix.

Votre Commission a pensé que cette garantie partielle, donnée aux juges de paix, devait être acceptée et elle vous en propose l'adoption.

Art. 21. — L'article 21 donne la faculté de nommer juges ou juges suppléants dans les tribunaux de première instance les juges de paix licenciés en droit.

Cette disposition sera pour les juges de paix un encouragement.

Mais votre Commission vous propose de supprimer le dernier paragraphe afin d'unifier les conditions pour la nomination dans les tribunaux civils.

Art. 22. — L'article 22 est une disposition bienveillante qui se justifie d'elle-même.

Art. 23. — L'article 23 fixe le traitement des juges de paix.

Le système qui a été voté par la Chambre des Députés est celui qui avait été proposé par M. Brisson, Garde des Sceaux en 1885, et qui avait été déjà voté en 1891, lors de la discussion de la proposition Labussière.

Nous avons indiqué sommairement les motifs qui justifiaient cette augmentation de traitement.

Votre Commission vous propose sur ce point une modification. Les chiffres adoptés étaient ceux-ci :

Paris	Fr.	8,000
1re classe		5,000
2e classe		3,500
3e classe		2,800
4e classe		2,500

Il a semblé à votre Commission que cette échelle des traitements était défectueuse. De la 4e à la 3e classe l'augmentation est de 300 francs, alors qu'elle est de 700 francs de la 3e à la 2e classe.

Nous vous proposons à porter à 3,000 francs le traitement de la 3e classe et de ramener à 2,400 celui de la 4e. La différence entre les classes sera ainsi égalisée.

Cette modification aura un autre avantage. Elle réduira de 140,000 francs le coût de la réforme.

Une des questions qui doivent préoccuper le Parlement est le coût que représentera la modification des traitements que nous vous proposons.

Sur ce point nous avons demandé au Ministère une étude précise de la question et nous publions en annexe (voir annexe 6) la lettre et les états qui nous ont été remis.

Le total de la dépense actuelle des justices de paix est porté à...................Fr. 8,343,100

Le total, d'après la loi votée par la Chambre des Députés, sera de,........ 10,228,850

Différence.......Fr. 1,885,750

Mais de cette différence il y a lieu de déduire trois chiffres :

1° La Commission propose en effet de modifier le montant des traitements de la 3e et de la 4e classe en portant la première à 3,000 francs, la seconde à 2,400 francs. Il résulte de là une économie de 140,100 francs ;

2° D'autre part, votre Commission propose de ne pas créer les treize justices de paix du département de la Seine, ce qui produit une économie sur les traitements des juges et des greffiers de 76,050 francs.

3° Il y a lieu d'y ajouter l'économie résultant de la réunion de certains cantons, soit 94,500 francs.

C'est un total de 310,650 francs. Si nous déduisons cette somme de.................Fr. 310,650 du montant de l'augmentation indiquée, soit...........................Fr. 1,885,750 nous trouvons que le montant de l'augmentation de la dépense résultant du vote du projet de votre Commission est de...................................Fr. 1.575,100

La question qui se pose est celle de savoir si une pareille augmentation doit faire ajourner une réforme si utile et si désirée. Nous n'hésitons pas à répondre affirmativement, car l'augmentation de la compétence des juges de paix entraîne une amélioration de leur situation. Il appartiendra au Gouvernement d'étudier comment le côté financier pourra être résolu.

Art. 24. — Cet article donne la faculté de maintenir un juge de paix dans un canton en lui donnant un avancement qu'il mérite. On applique là un principe utile établi déjà au profit de diverses fonctions administratives.

Art. 25. — Cet article autorise les avocats et les avoués à plaider devant les juges de paix sans procuration.

Cette modification fait cesser un état de chose défectueux.

Art. 31 (*de la Chambre*). — La Chambre avait adopté un article qui déclarait la loi applicable aux Antilles et en Algérie. Mais la disposition relative à l'inamovibilité ne concorde pas avec l'organisation actuelle de la magistrature algérienne et coloniale. Aussi il a paru préférable à votre Commission de laisser au Gouvernement le soin d'apprécier s'il devait appliquer la loi coformément aux sénatus-consultes de 1854 et de 1865.

Art. 26. — L'application des limites d'âge aux juges de paix impose l'établissement d'une disposition transitoire.

Beaucoup de juges de paix entrés tard dans la carrière n'ont pas droit à la retraite à 70 ans. Leur situation doit être respectée, et il y a souvent intérêt à les conserver à leur poste. C'est pour empêcher une application immédiate de cette prescription que nous avons inséré dans la loi une disposition qui leur permet ou d'attendre qu'ils aient atteint le temps de service nécessaire pour la retraite ou d'obtenir une retraite proportionnelle.

Art. 33. — L'article 33 n'est qu'une disposition abrogative.

CHAMBRE

RAPPORT

Fait au nom de la Commission de la réforme judiciaire et de la législation civile et criminelle chargée d'examiner la proposition de loi, adoptée par le Sénat, adoptée avec modification par la Chambre des Députés, modifiée par le Sénat, concernant : 1° la **Compétence des Juges de Paix;** 2° la **Réorganisation des Justices de Paix** (urgence déclarée), par M. Jean CRUPPI, député. (1)

Pour la discussion de ce Rapport à la Chambre, voir p. 217.

MESSIEURS,

La proposition de loi concernant la compétence des juges de paix et la réorganisation des justices de paix a été votée par le Sénat le 24 mars 1905.

Le tableau comparatif ci-dessous, mettant en parallèle le texte voté par la Chambre le 9 février 1904 et celui voté par le Sénat le 24 mars 1905, vous permettra de constater les différences qui existent entre ces deux textes.

V. *Annexe n° 2467, Chambre des Députés, documents parlementaires, session 1905.*

La proposition, telle qu'elle avait été votée par la Chambre des Députés, s'attachait à résoudre quatre ordres de questions :

1° Extension de la compétence civile des juges de paix ;

2° Organisation de leur compétence pénale ;

3° Nouvelles conditions de capacité exigées pour être juge de paix ;

4° Augmentation des traitements.

En ce qui concerne l'extension de la compétence civile et l'augmentation des traitements, les deux Chambres sont d'accord. Sauf quelques modifications de détail que le Sénat a apportées et quelques lacunes qu'il a comblées, les deux textes votés sont identiques et la Chambre sans difficulté acceptera le texte sorti des délibérations de la Haute Assemblée.

La seule addition qui présente une certaine importance est dans le nouvel article 15 par lequel le Sénat a très heureusement décidé que les juges de paix seraient compétents pour procéder à la distribution par contribution des sommes saisies lorsqu'elles n'excèdent pas 600 francs.

Le Sénat a prononcé la disjonction de tous les articles se rapportant dans le texte voté par vous à l'extension de la compétence pénale. La disjonction a été prononcée sans débat, de sorte que nous avons dû rechercher dans le rapport les motifs qui ont déterminé la Haute Assemblée. Nous y voyons que la Commission ne s'est pas montrée en principe hostile à l'extension de la compétence pénale, mais qu'elle a pensé que la proposition sur ce point demandait une étude particulière et qu'il était indispensable, avant d'adopter cette réforme, de recueillir un certain nombre de renseignements et de documents nouveaux. Sans examiner le mérite de ces considérations, votre Commission a jugé, sur ce point comme sur tous les autres, qu'elle devait, dans l'intérêt d'une réforme générale impatiemment attendue par le pays, sacrifier certaines idées qu'elle avait eu la satisfaction de voir adopter par la Chambre, et auxquelles le temps, les recherches nouvelles, les améliorations nécessaires dans le personnel, prêteront, comme l'a pensé le Sénat, une force décisive.

Seule, la partie de la proposition relative aux conditions de capacité et de recrutement soulève de réelles difficultés et serait de nature à provoquer une divergence des plus sérieuses entre les deux Chambres. Cette divergence réside d'ailleurs tout entière dans l'article 19 de la proposition du Sénat, lequel énumère les conditions de capacité qui dorénavant seront exigées des candidats aux fonctions de juges de paix.

Le projet de la Chambre des Députés avait posé en principe absolu que tous les candidats devraient justifier d'un diplôme, soit du diplôme de licencié en droit, soit du certificat de capacité.

Le Sénat n'a pas voulu se ranger à ce système ; il a entendu admettre comme candidats, à côté de ceux qui ont des diplômes, ceux qui, n'en ayant pas, possèdent cependant une certaine expérience ou une certaine pratique des affaires.

La Chambre, dans la pensée que nous avons exprimée déjà et en vue d'aboutir sans délai voudra, nous l'espérons, se rallier au texte adopté par le Sénat.

Cette disposition serait pourtant de nature à soulever de graves critiques ; il serait facile de montrer combien certaines catégories de candidats admises par le Sénat offriront peu de garanties au point de vue de la connaissance des affaires et du droit.

Une telle solution, nous ne saurions le dissimu-

---

(1) Cette Commission est composée de MM. Cruppi, *président*; Puech, Chastenet, Lauraine, *vice-présidents*; Jeanneney, Colin, Grosjean, Gabriel Baron (Bouches-du-Rhône), Larquier, Aldy, Albert Sarraut, Catalogne, *secrétaires*; Dunaime, Pasqual, Peret, Emile Constant (Gironde), Lucien Bertrand (Drôme), Boutard, Devins, Alphonse Chautemps (Indre-et-Loire), Andrieu, Pradet-Balade, Morlot, Castillard, Emile Chauvin, Déribéré-Desgardes, Aubry, Buyat, Paul Bertrand (Marne), Le Bail, Chaigne, Proust, Desjardins.

ler, a soulevé, au sein de votre Commission, d'assez vives critiques. Et ces critiques paraissaient fondées même à ceux qui ont donné à votre rapporteur le mandat formel de soutenir sans aucun changement le texte adopté par le Sénat.

La pensée dominante qui a guidé votre Commission et sur laquelle nous ne saurions trop insister est celle-ci :

Depuis plus d'un demi siècle, chaque législature a vu éclore et échouer des projets relatifs à l'extension nécessaire, pour les petits justiciables, de la compétence des magistrats de paix. Cette compétence, au point de vue civil, sera acquise dès demain et sur des bases très raisonnables, si le projet du Sénat est adopté par vous. Cette compétence sera dévolue à des juges mieux rétribués et, quelles que soient à cet égard les modifications peut-être discutables introduites par la Haute Assemblée, à des juges mieux recrutés sous le rapport des diplômes ou de l'expérience acquise.

Il ne faut pas, à notre avis, qu'un tel résultat, partiel il est vrai, mais si important et si populaire échappe à cette législature où tant d'efforts ont été faits pour l'obtenir.

A côté de cette sérieuse difficulté, nous trouvons dans le projet du Sénat une autre disposition qui exige, à notre avis, une explication.

Entre la délibération de la Chambre des Députés et celle du Sénat, un décret du 14 février 1905, conformément d'ailleurs aux conclusions de notre premier rapport, a modifié et réorganisé le certificat de capacité en droit. Le Sénat a fait dans son projet une catégorie spéciale pour les candidats qui justifieraient de ce nouveau diplôme tout en laissant une place dans une autre catégorie à ceux qui justifieraient du certificat tel qu'il était anciennement organisé.

Il était indispensable de prévoir cette double catégorie puisque pendant longtemps encore nous aurons des candidats justifiant de l'ancien certificat de capacité et que nous n'aurons que dans quelques années un certain nombre de candidats justifiant du nouveau certificat.

Mais il est bien entendu que l'ancien certificat va disparaître et qu'il ne sera plus délivré concurremment avec le certificat tel qu'il est organisé par le décret de 1905; il faudra donc, dans l'avenir, que les candidats qui figurent dans la troisième catégorie prévue par le Sénat et qui n'ont pas aujourd'hui d'ancien certificat subissent les épreuves du nouveau certificat.

Nous nous trouverons alors en présence de cette anomalie que ceux qui auront obtenu le certificat de capacité devront aux termes du paragraphe 3 de l'article 19, avoir été pendant cinq ans notaires pour être juges de paix, mais qu'il leur suffira, aux termes du paragraphe 2 du même article, d'un stage de trois ans chez un notaire.

Il aurait été préférable de fondre en une seule les deuxième et troisième catégories prévues par le projet du Sénat et d'indiquer qu'à titre transitoire ceux qui auront obtenu l'ancien certificat auront les mêmes avantages que ceux qui justifieront du nouveau, ou plus simplement encore il aurait suffi de réserver les mêmes avantages à tous ceux qui produiront le certificat de capacité en droit sans faire de distinction entre l'ancien et le nouveau.

La Commission des réformes judiciaires n'a pas voulu pour cette simple mise au point exposer le projet à un nouveau retour devant le Sénat, elle tient par-dessus tout, nous ne saurions trop le répéter, à ce que la loi soit promulguée immédiatement.

PROPOSITION DE LOI

RELATIVE A LA

Compétence des Juges de Paix

SÉNAT

M. JULES GODIN, rapporteur.

COMPTE-RENDU « IN EXTENSO

Séauce du 9 juillet 1896.

(1re DÉLIBÉRATION.)

M. le président. L'ordre du jour appelle la 1re délibération sur la proposition de loi de M. Jules Godin et plusieurs de ses collègues, sur la compétence des juges de paix.

Quelqu'un demande-t-il la parole pour la discussion générale.

M. Jules Godin, *rapporteur.* Je la demande, monsieur le président.

M. le président. La parole est à M. le rapporteur.

M. le rapporteur. Messieurs, je prie le Sénat de m'autoriser à lui présenter quelques courtes observations sur le projet qui arrive en ce moment en discussion.

La question de la compétence des juges de paix est certainement une des réformes qui sont soumises au Parlement depuis le plus long temps. Elle date de 1864. C'est en 1864, sous l'empire, que pour la première fois on a mis cette question à l'étude, et depuis les événements de 1870 toutes nos législatures, sans exception, ont été saisies d'une proposition d'extension de la compétence des juges de paix.

La première date de 1878. Après une étude approfondie de la question, il est arrivé au projet ce qui est arrivé à tous ceux qui se sont succédé dans les Chambres. La Chambre les étudiait, les commissions faisaient un rapport, et avant que la question pût venir en discussion, l'Assemblée se séparait. Une seule fois la Chambre des députés a pu discuter une de ces propositions qui avait été étudiée et rapportée ; c'était en 1891. A cette époque, le projet a été l'objet d'une 1re délibération ; mais la 2e délibération n'a pu venir en temps utile et la Chambre s'est séparée sans pouvoir se prononcer définitivement. Nous sommes donc en présence de cette situation que six fois de suite la Chambre a été saisie de cette proposition et que jamais le Sénat n'a pu délibérer sur une loi votée par la Chambre.

C'est dans ces conditions que nous nous sommes demandé, avec un certain nombre de nos collègues, s'il n'y avait pas lieu d'accélérer sur ce point le travail législatif.

La législature actuelle a repris la proposition de ses devancières, elle l'a étudiée et rapportée. Mais malheureusement, il faut bien le reconnaître,

l'ordre du jour de la Chambre est tellement chargé, qu'on ne sait pas quand cette proposition sera définitivement votée et à quelle époque les deux délibérations pourront être terminées. Dès lors, pour accélérer un peu le travail parlementaire, pour arriver à faire aboutir, si possible, le projet, il nous a paru que le moyen le meilleur et le plus pratique était précisément d'en saisir immédiatement le Sénat pour lui permettre d'étudier la question et d'aborder les solutions qui lui paraîtraient préférables.

Je crois qu'en le faisant nous avons répondu non seulement à un intérêt parlementaire, mais à la pensée même de la Chambre des députés. En ce moment nous voyons, en effet, s'y produire le désir d'accélérer ses travaux. Ainsi j'ai sous les yeux une proposition qui vient d'être faite à la Chambre relativement à la création de commissions parlementaires mixtes ; elle a été déposée par l'honorable M. Bozérian, il y a deux mois. Voici, messieurs, quelques lignes de l'exposé des motifs qui vous démontreront précisément l'utilité qu'il y a pour le Sénat à pouvoir se saisir de certaines questions qui sont à l'étude à la Chambre et à les examiner en même temps que l'autre Chambre.

L'honorable M. Bozérian s'exprime en ces termes :

« Si l'on n'est pas d'accord sur la suite que comportent les diverses propositions de revision des lois constitutionnelles dont la Chambre se trouve actuellement saisie, tout le monde cependant est obligé de reconnaître que le régime parlementaire tel qu'il fonctionne rend à peu près impossible un grand nombre de réformes toujours promises et jamais réalisées. Nous sommes donc loin de nier le mal, mais nous pensons qu'on pourrait y remédier en modifiant nos méthodes de travail qui sont absolument défectueuses. Les causes de cette insuffisance sont multiples et il nous suffira d'en indiquer quelques-unes. »

Et plus loin, il ajoute ceci :

« Cédant en outre à des impulsions qui peuvent être imprudentes tout en étant généreuses, la Chambre ne se préoccupe pas assez de savoir si les dispositions votées par elle ont ou non des chances d'être acceptées par le Sénat. Il en résulte des renvois interminables d'une Assemblée à une autre ; puis, lorsqu'on est sur le point d'aboutir, la Chambre arrive à l'expiration de son mandat et tout est à recommencer. »

C'est précisément pour répondre à ce but et pour indiquer l'opinion dominante au Sénat sur cette question de la compétence des juges de paix que nous avons déposé notre proposition.

Elle a, du reste, depuis bien des années, fait l'objet d'une étude complète, et, il faut bien le dire, une des causes principales de l'échec de toutes les propositions et de tous les projets qui se sont succédé n'est pas seulement la lenteur du travail parlementaire. Cette cause n'est même que secondaire: le véritable motif des retards subis par ces propositions c'est l'extension qu'on a voulu donner à la réforme de la compétence des juges de paix.

En effet, messieurs, dans toute création d'une organisation judiciaire, nous nous trouvons en face de trois questions distinctes : 1° la question d'organisation de la juridiction ; 2° la question de la compétence ; et 3° les questions de procédure ou du mode d'action devant la juridiction.

Les réformes que l'on a voulu apporter à la compétence des juges de paix devaient uniquement toucher cette question.

Ce que l'on veut, ce que l'on demande, c'est que les juges de paix puissent juger un certain nombre de petits procès pour lesquels, à l'heure actuelle, il est nécessaire de saisir les tribunaux de première instance.

Or, dans tous les projets qui se sont succédé, qu'a-t-on fait? On a mêlé la question d'organisation à la question de compétence ; on a voulu réorganiser les justices de paix ; on a voulu modifier le mode de nomination, les conditions pour être appelé au poste de juge de paix. Et alors, qu'en est-il résulté? C'est que les questions d'organisation ont dominé la question de compétence elle-même. De plus, cette question de compétence trop étendue a soulevé une autre question bien plus grave, celle de l'organisation des tribunaux de première instance, c'est-à-dire l'organisation judiciaire toute entière ; si l'on étend par trop en effet la compétence des juges de paix, on met en péril l'existence des tribunaux peu occupés. Dans ces conditions, il est incontestable que si l'on suit ce courant, si on dépasse une certaine mesure, on se trouve lier cette question de compétence à une série d'autres questions qui l'embarrassent, qui l'entravent et qui sont la cause véritable de l'échec auquel on est arrivé jusqu'à présent.

C'est précisément pour dégager la question de compétence de tous ces obstacles qui l'ont arrêtée jusqu'alors que notre proposition a été déposée. Nous avons tenu à faire une proposition plus simple et plus restreinte ; nous nous sommes bornés, en touchant à la loi de 1838, à faire concorder la loi de 1838 avec la situation actuelle.

Si, en effet, on se reporte à la date de 1838, il est incontestable que la compétence de 100 francs en dernier ressort, de 200 francs en premier ressort, que la loi a établie, équivaut, à l'heure actuelle, à deux fois et demi ou trois fois la valeur des chiffres fixés à cette date.

Si l'on venait à refaire aujourd'hui la loi de 1838, en voulant attribuer aux juges de paix une compétence semblable, proportionnée à celle qu'elle a établie, on donnerait certainement aux juges de paix une compétence en dernier ressort de 250 à 300 francs et de 500 à 600 francs en premier ressort.

Eh bien, là est uniquement la réforme que nous proposons au Sénat. Cette réforme a été adoptée à l'unanimité par votre commission ; aucun amendement ne s'est produit.

Je crois qu'elle répond à la pensée même du Sénat, et c'est dans ces conditions, messieurs, que nous vous demandons de l'adopter en première lecture, réservant pour la deuxième lecture les questions qui pourraient se poser. (*Approbation sur divers bancs. — Bruit.*)

M. Adolphe Cochery. Le ministre de la justice n'est pas là !

M. le président. Qu'elqu'un demande-t-il encore la parole pour la discussion générale ?...

M. Adolphe Cochery. Il faudrait que le ministre de la justice fût présent. Accepte-t-il les propositions de la commission? Nous n'en savons rien.

Au banc de la commission. Mais nous sommes d'accord avec le Gouvernement.

M. Tillaye. Personne ne proteste !

M. Léopold Faye. Il me semble impossible de discuter en l'absence du ministre.

M. Adolphe Cochery. J'insiste. Il s'agit d'une question très grave, et la présence de M. le garde des sceaux est indispensable. (*Bruit.*)

M. le président. Il ne suffit pas de protester, monsieur Cochery. Faites-vous une proposition ferme ?

M. Adolphe Cochery. Je propose formellement d'attendre M. le ministre de la justice avant de commencer la délibération ou de l'ajourner à une autre séance.

M. le président. M. Cochery propose d'ajourner la discussion à une autre séance. (*Exclamations. — Mouvements divers.*)

Je consulte le Sénat.

(La suite de la délibération est renvoyée à une prochaine séance.)

Séance du 17 novembre 1896.

(SUITE DE LA 1re DÉLIBÉRATION.)

M. le président. L'ordre du jour appelle la suite de la 1re délibération sur la proposition de loi de M. Godin et plusieurs de ses collègues sur la compétence des juges de paix.

Personne ne demande la parole pour la discussion générale ?...

Je donne lecture de l'article 1er :

« Les juges de paix connaissent, en matière civile, de toutes actions personnelles ou mobilières, en dernier ressort jusqu'à la valeur de 300 francs, et à charge d'appel jusqu'à la valeur de 600 francs ».

(L'article 1er mis aux voix est accepté.)

M. le président. « Art. 2. — Les juges de paix connaissent sans appel jusqu'à la valeur de 300 francs et à charge d'appel à quelque valeur que la demande puissse s'élever :

« Des actions en paiement des loyers ou fermages ;

« Des congés ;

« Des demandes en résiliation de baux fondées sur le défaut de paiement des loyers ou fermages, soit sur l'insuffisance des meubles garnissant la maison, ou de bestiaux et ustensiles nécessaires à l'exploitation, prévue par les articles 1752 et 1766 du code civil, soit enfin sur la destruction de la totalité de la chose louée, prévue par l'article 1722 du code civil ;

« Des expulsions de lieux ;

« Des demandes en validité et en nullité ou mainlevée de saisies-gageries pratiquées en vertu des art. 819 et 820 du code de procédure civile, ou de saisies-revendications portant sur des meubles déplacés sans le consentement du propriétaire, dans le cas prévu aux articles 2102, paragraphe 1er du code civil et 819 du code de procédure civile, à moins que dans ce dernier cas, il n'y ait contestation de la part d'un tiers ;

« Le tout lorsque les locations verbales ou écrites n'excédent pas annuellement 400 francs.

« Si le prix principal du bail se compose en totalité ou en partie de denrées ou prestations en nature appréciables d'après les mercuriales, l'évaluation de ces denrées ou prestations sera faite sur les mercuriales du jour de l'échéance, lorsqu'il s'agira du paiement des fermages ; dans tous les autres cas, elle aura lieu suivant les mercuriales du mois qui aura précédé la demande.

« S'il comprend des prestations non appréciables d'après les mercuriales, ou s'il s'agit de baux à colons partiaires, le juge de paix déterminera la compétence en prenant pour base du revenu de la propriété le principal de la contribution foncière de l'année courante multiplié par cinq ». —(Adopté.)

« Art. 3. — Les juges de paix connaissent sans appel jusqu'à la valeur de 300 francs et à charge d'appel à quelque chiffre que la demande puisse s'élever :

« Des réparations locatives des maisons ou fermes mises par la loi à la charge des locataires ;

« Des indemnités réclamées par le locataire ou fermier pour non-jouissance provenant du fait du propriétaire, lorsque le droit à une indemnité n'est pas contesté ;

« Des dégradations et pertes dans les cas prévus par les articles 1732 et 1735 du code civil ».

M. Grivard propose d'ajouter aux dispositions dont je viens de donner lecture, un paragraphe additionnel ainsi conçu :

« Néanmoins le juge de paix ne connaît des pertes causées par incendie ou inondation que dans les limites posées par l'article 1er de la présente loi. »

La parole est à M. Grivart.

M. Grivart. Messieurs, je m'excuse auprès du Sénat d'interrompre pour un moment le cours jusqu'ici silencieux des votes. Mais le changement que, par mon amendement, je propose d'apporter à l'article 3 en discussion, me paraît d'une sérieuse importance, et il ne me semble pas possible d'en ajourner la discussion jusqu'à la 2e lecture.

L'art. 3 soumis à votre vote n'est, dans sa partie principale, que la reproduction littérale de l'article 4 de la loi du 25 mai 1838, actuellement en vigueur. Cet article établit que les juges de paix connaissent des dégradations et pertes dans les cas prévus par les articles 1732 et 1735 du code civil, mais il ajoute :

« Néanmoins, les juges de paix ne connaissent des pertes causées par incendie ou inondation que dans les limites posées par l'article 1er de la présente loi ».

Dans quel but cette limitation a-t-elle été apportée au principe de la compétence du juge de paix reconnue pour les pertes et dommages que la chose louée peut subir du chef du locataire ou de ceux dont le locataire répond ? Le législateur de 1838 a pensé qu'en cas d'incendie et d'inondation un dommage considérable pouvait être causé à la chose louée, donnant naissance à une action de grande importance. Il a estimé d'un autre côté que le fait générateur du dommage, et pouvant donner ouverture à l'action, était souvent un fait d'appréciation délicate, difficile, de nature à faire naître de graves incertitudes, et il lui a semblé qu'il serait tout à fait excessif d'attribuer au juge de paix un contentieux d'une aussi grande importance, soulevant des questions d'une grande complexité.

Or, que fait la commission ? Elle nous propose de voter la première partie de l'article 4 de la loi de 1838, mais elle fait disparaître la limitation, et, après avoir posé en règle que le juge de paix connaîtra des dégradations et des pertes, dans les cas prévus par les articles 1732 et 1735, la commission supprime la restriction qui avait été à si juste titre apportée au principe par la loi en vigueur.

La conséquence est, je le crois, indéniable : c'est que, lorsqu'il se produira un incendie ayant entraîné la perte de la chose louée, quelle que soit l'importance de dommage, quelle que soit la nature des questions qui peuvent s'élever dans les rapports du bailleur et du preneur, le juge de paix sera compétent...

M. Buffet. C'est inadmissible !

M. Grivart. ... il sera compétent sans limite. Ce n'est pas forcer l'hypothèse que d'imaginer qu'un incendie a causé la destruction d'un immeuble qui avait une valeur de 100,000, de 200,000, de 500,000 franc. Une action en responsabilité sera intentée par le bailleur contre le locataire — ou contre les locataires, s'il y a des locations multiples — et le juge de paix sera compétent sans limites pour connaître de l'action portée devant lui !

Rien ne me semble plus dangereux que d'élargir de cette manière, on peut dire démesurée, la compétence des juges de paix. Vous êtes en présence d'un juge unique dont le recrutement, qu'on me permette de le dire, se fait parfois comme à l'aventure et au petit bonheur... (*Très bien ! à droite*); duquel on n'exige aucune garantie personnelle, car dans notre loi d'organisation judiciaire, il y a cette anomalie singulière que, tandis que pour les huissier, avoué ou avocat, des aptitudes professionnelles sont rigoureusement exigées, rien n'est demandé au candidat juge de paix. A ce juge, juge unique qui n'a pas l'inamovibilité, qui ne justifie, vis-à-vis du justiciable et de l'opinion, d'aucune aptitude acquise, d'aucune garantie professionnelle, vous allez déférer le jugement de contestations de la plus grande importance et de la plus grande complication !

On me dira : Les questions d'incendie, celles d'inondation qui peuvent s'agiter au point de vue des pertes subies, dans les rapports de bailleur et de locataire, sont des questions tout à fait simples; il y a, à la charge du locataire, une présomption de faute ; le juge de paix n'aura donc jamais à apprécier autre chose que l'importance, que l'intensité du dommage.

Messieurs, ce serait déjà beaucoup, ce serait trop. N'est-ce donc rien qu'un litige qui, en supposant que le principe de la responsabilité soit acquis, consiste dans la fixation d'une indemnité qui peut s'élever jusqu'au chiffre le plus considérable ? Mais de plus j'ajoute que, s'il existe dans la loi, article 1734 du code, une présomption de responsabilité à la charge du locataire, particulièrement dans le cas d'incendie, cette responsabilité n'est pas inflexible ; cette présomption de faute peut être combattue ; la loi a ouvert encore assez largement la porte au locataire pour lui permettre de démontrer, en dépit de la présomption, qu'il n'a commis aucune faute et qu'il n'est pas responsable.

Il suit de là que, dans la plupart des cas d'action en indemnité pour cause d'incendie, des questions d'une nature infiniment délicate s'élèvent dans les rapports du demandeur et de ceux contre lesquels il procède : il s'agit non seulement de vérifier l'étendue du dommage, mais d'apprécier les causes du sinistre, causes qui peuvent être complexes, qui sont souvent obscures et de la nature la plus incertaine.

Dans ces conditions, comment la commission a-t-elle pu songer à se départir de la réserve prudente inscrite dans la loi en vigueur ?

Me dira-t-on : mais le juge de paix, auquel nous allons donner le pouvoir de prononcer une condamnation sans limite, qui pourra s'élever à 500,000 francs et même à un chiffre supérieur, ne statuera qu'en premier ressort ?

Je le sais bien ; mais, messieurs, c'est déjà quelque chose, c'est beaucoup même qu'un jugement. Un jugement, par lui-même, constitue un préjugé. J'ajoute que, pour faire tomber le jugement, il faut un appel ; que l'appel est soumis à des conditions de formes et de délais qui ont un caractère irritant, et qu'en matière d'appel une omission, qui n'est pas toujours celle du plaideur, peut avoir pour conséquence de ruiner irréparablement sa cause.

Ceci est déjà grave ; mais de plus quelle va être la conséquence de cette étrange disposition inscrite dans l'article 2 du nouveau projet ?

La conséquence, c'est que l'appel, en une matière de très haute importance, sera souverainement jugé par le tribunal de première instance ; et vous arriverez à ce résultat singulier que, tandis qu'en thèse générale vous ne permettez au tribunal de première instance de se prononcer définitivement, souverainement, que jusqu'à la limite de 1,500 francs, vous lui accorderez le pouvoir de dire droit d'une manière souveraine et définive dans des litiges qui présentent une importance extrêmement considérable, et qui, je ne saurais trop le dire, — l'expérience le démontre à tous ceux qui ont la connaissance des choses judiciaires, — soulèvent des questions contentieuses des plus difficile à juger.

Et puis, messieurs, une seconde considération qui ne doit pas être négligée : Cette compétence sans limite du juge de paix, vous l'établissez quand il s'agit de l'action en indemnité portée par le propriétaire bailleur contre son ou ses locataires ; mais vous maintenez le droit commun dans les autres cas d'incendie, — je veux dire dans les autres cas de demandes en dommages-intérêts fondés sur l'incendie. Si le propriétaire, au lieu d'agir contre le preneur, s'adresse à un tiers, à un voisin, à un étranger, à un quidam, avec ou sans indice de malveillance, pourrait être soupçonné d'avoir déterminé l'incendie, c'est le tribunal civil qui est seul maintenu compétent. Eh bien, voici la complication qui va naître et le risque qui apparaîtra. En matière d'incendie, à l'origine surtout, souvent il y a beaucoup d'obscurité, beaucoup d'incertitude sur les causes génératrices du sinistre.

Il arrive très souvent que plusieurs responsabilités peuvent être entrevues sans qu'il soient possible au demandeur d'en dégager aucune d'une manière sûre.

Dans ces circonstances, que fait, sous l'empire de la législation en vigueur, le demandeur prudent ? Il assigne à la fois devant une juridiction commune et unique tous ceux auxquels on peut par présomption imputer la responsabilité de l'événement. Si le locataire, dans ses pourparlers avec le propriétaire, se défend en disant que ce n'est pas chez lui que le feu a pris naissance, mais qu'il a été communiqué par la maison voisine, le bailleur assignera concurremment devant le tribunal de première instance tous ceux qu'il soupçonne à des degrés divers d'avoir pu participer à l'événement ; et le tribunal civil, après les instructions et les investigations nécessaires, fera le départ des responsabilités et prononcera

Or, avec le projet de la commission, il y aura deux juridictions concurremment compétentes et dont aucune ne pourra, par une seule et même décision, déterminer les diverses responsabilités.

Le bailleur sera tenu d'assigner son locataire devant le juge de paix, et s'il veut se réserver un recours, au moins éventuel, contre le voisin que le locataire signale comme étant le véritable auteur du sinistre, c'est devant le tribunal civil qu'il devra l'appeler.

A l'inconvénient de la multiplicité des procédures s'ajoutera, ce qui est beaucoup plus grave, le risque de la contradiction des décisions.

Deux juridictions indépendantes seront saisies ; l'une d'elles, le juge de paix par exemple, décidera que le locataire n'a commis aucune faute, que le sinistre engage une responsabilité qui n'est pas la sienne, par exemple celle des voisins ; puis le tribunal civil saisi par une action indépendante, examinant peut-être d'une manière moins superficielle l'état des faits, mieux instruit, mieux renseigné, dira que c'est le locataire qui a causé tout le mal et que le voisin qu'on appelle devant lui est exempt de toute faute et par suite de toute responsabilité.

Voilà ce que je me permets de signaler à la commission. Elle a pris, relativement aux contradictions possibles de décisions à l'occasion de procès portés devant le juge de paix, des précautions qui peut-être sont bonnes ; elle les a inscrites dans les articles 7 et 8 de son projet ; mais relativement au cas qui m'occupe, qui a une importance exceptionnelle, qui comme gravité dépasse, je le crois, de beaucoup tous les autres cas prévus et réglés par la commission, non seulement la commission ne fait rien pour prévenir le danger de la contradiction des décisions, mais elle fait tout pour rendre ce péril possible et inévitable.

Un dernier mot. Il me sera permis de signaler à la commission qu'il y a dans son projet quelque chose de bien inconséquent et de bien illogique. Lorsqu'un incendie a détruit une maison, deux actions naissent ou peuvent naître ; l'une en faveur du locataire, l'autre en faveur du propriétaire. Le locataire est fondé, s'il prétend qu'il n'est pas responsable du sinistre, à demander la résiliation du bail ; il n'y a plus de maison, il est juste que le contrat soit résilié. Mais en face de cette action il y en a une autre qui peut se dresser, c'est celle du propriétaire, imputant au locataire d'avoir, par sa faute ou par la faute de celui dont il répond, déterminé le sinistre. Le premier cas est assurément le cas le moins grave ; rien n'est plus facile lorsqu'une maison a été détruite par le feu que de constater que l'immeuble n'existe plus et que par suite il y a ouverture à résiliation du bail. Ce litige fondé sur l'action du locataire, dirigé contre le propriétaire, vous l'attribuez au juge de paix....

(*M. le rapporteur fait un geste de dénégation.*)

Mais je vous demande pardon, monsieur le rapporteur, c'est la disposition même que vous avez présentée.

M. Jules Godin, *rapporteur*. Je vous répondrai tout à l'heure.

M. Grivart. Je lis votre article :

« Les juges de paix connaissent sans appel, et des demandes en résiliation de baux fondées soit sur le défaut de paiement des loyers ou fermages, soit sur l'insuffisance des meubles garnissant la maison, ou de bestiaux et ustensiles nécessaires à l'exploitation, prévue par les articles 1752 et 1766 du code civil, soit enfin sur la destruction de la totalité de la chose louée, prévue par l'article 1722 du code civil ».

Cet article 2 vient d'être adopté sans observations par le Sénat. Seulement vous ajoutez que le juge de paix n'est compétent qu'à la condition que l'importance de la location soit modique, que le prix du bail ne soit pas supérieur à 400 francs.

Dans ce cas, où l'action est sans gravité ou n'est que d'une gravité relative, dans ce cas où il est possible de vérifier aisément l'action, de constater sûrement les faits de nature à entraîner la résiliation du bail, l'immeuble étant détruit, vous n'accorderez la compétence au juge de paix que si le bail n'est pas supérieur à 400 francs. Et, au contraire, quant à l'action du propriétaire tendant au paiement d'une indemnité parce que sa maison, dit-il, a été détruite par la faute du locataire, action qui peut se chiffrer par plusieurs centaines de mille francs, par votre article 3 que je combats, et auquel je vous demande d'apporter une modification, cette action sera toujours portée devant le juge de paix.

M. Tallayre. Mais non ! c'est l'article 1733 et non l'article 1732 qui est visé.

M. Grivart. Je vous demande pardon. L'article 1733 règle la question de présomption de faute ; mais quant au principe du droit du propriétaire, il est inscrit dans les articles 1732 et 1735. Les articles 1733 et 1734 se bornent à créer à la charge du locataire des présomptions de faute vis-à-vis du propriétaire, présomptions à l'égard desquelles la preuve contraire est dans une certaine mesure admise. Mais quant au principe de la responsabilité, quant à l'obligation de réparer le dommage, il est inscrit dans l'article 1732 qui vise personnellement le locataire et dans l'article 1735 qui s'applique à la faute de ceux dont il répond.

Aussi bien, l'article 4 de la loi de 1838 que l'on vous propose d'amender, d'une manière malheureuse, à mon avis, est aussi précis que possible. Il dit :

« Des dégradations et pertes, dans les cas prévus par les art. 1732 et 1735 du code civil... »

Et on a jugé nécessaire d'ajouter :

« Néanmoins, le juge de paix ne connaît des pertes causées par un incendie ou inondation que dans les limites posées par l'article 1er de la présente loi ».

Le législateur envisageait donc que l'article 1732 comprenait tous les cas de pertes : et pour éviter que le juge de paix fût, contre toute raison, investi d'une compétence illimitée en cette matière, il avait jugé absolument nécessaire d'inscrire dans le final de l'article le principe d'une limitation.

Vous faites disparaître la limitation. La conséquence, c'est que toutes les fois qu'il s'agira d'une perte provenant d'incendie ou d'inondation, le locataire devra être assigné devant le juge de paix qui prononcera en dernier ressort et on aura le spectacle de cette chose énorme : un juge unique, amovible, duquel on n'exige aucune garantie professionnelle au point de vue de l'administration de la justice, de l'aptitude à juger, appelé à venir trancher un litige de la plus haute importance, et un tribunal civil qui, en principe, n'est souverain que jusqu'à concurrence de 1,500 francs, disant le dernier mot sur un différend dont l'importance peut être incalculable.

Je ne crois pas que le Sénat puisse accepter la proposition de la commission et je lui demande de voter mon amendement. (*Très bien ! Très bien ! à droite.*)

M. Jules Godin, *rapporteur*. Je demande la parole.

M. le président. La parole est à M. le rapporteur.

M. le rapporteur. Messieurs, M. Grivart vient de déposer en séance un amendement qui a pour but de mettre dans la loi tout simplement ce qui y est déjà.

Quelle est, en effet, la situation ? Dans l'art. 3 nous visons les dégradations locatives et nous disons qu'elles sont de la compétence du juge de paix dans les termes de la loi de 1838.

Cette loi, sur ce point, visait les deux articles 1732 et 1735 ; puis, dans une disposition additionnelle, elle établissait qu'en matière d'incendie et d'inondation la compétence du juge de paix est limitée aux termes de l'article 1er, c'est-à-dire que sur ce point elle établit la même compétence qu'en matière personnelle.

Quand le Gouvernement, la Chambre des députés et la commission se sont trouvés en face de cette disposition, ils ont reconnu qu'elle était absolument inutile. En effet, aux termes de l'art. 3, nous attribuons la compétence aux juges de paix, en premier ressort jusqu'à 300 francs, et, à charge d'appel, à quelque chiffre que la demande puisse s'élever, pour les dégradations et pertes, dans les cas prévus par les articles 1732 et 1735 du code civil. — Remarquez tout de suite que le texte exclut les articles 1733 et 1734 — L'article 1732 est ainsi conçu :

« Le locataire répond des dégradations ou des pertes qui arrivent pendant sa jouissance, à moins qu'il ne prouve qu'elles ont eu lieu sans sa faute. »

Ainsi, l'article 1732 vise les dégradations qui surviennent dans un appartement ou dans une maison habitée par un locataire. La loi établit que le locataire sera, en principe, responsable de ces dégradations, sauf à lui à prouver qu'elles ont été occasionnées par cas fortuit ou force majeure. L'article 1732, qu'a en vue l'amendement de M. Grivart, s'applique-t-il à l'incendie ? Nullement.

L'incendie est visé par l'article 1733, et il y a une différence complète entre les deux hypothèses. Au point de vue de l'incendie, le locataire est responsable directement et personnellement, il en est responsable dans tous les cas; il faut qu'il prouve qu'il est dans une des deux hypothèses spéciales prévues par l'article pour faire disparaître sa responsabilité. Par conséquent, lorsque nous visons l'article 1732 dans notre loi, nous ne visons pas l'incendie, qui est réglée par l'article 1733. L'incendie rentre dans la règle générale de la compétence; c'est précisément ce que nous demande M. Grivart.

Donc, vous voyez bien que, d'une manière générale, l'incendie rentrant dans la règle de compétence ordinaire, nous n'avons en rien modifié le principe de la loi de 1838.

En ce qui concerne l'inondation, la situation est la même. L'inondation n'est pas une dégradation dans le sens prévu par l'article 1732. Dès lors, s'il survient une contestation entre le locataire et le propriétaire au sujet d'un accident de ce genre, du moment où la loi que nous faisons n'attribue pas de compétence spéciale au juge de paix, il est bien évident que l'action sera une action personnelle ordinaire qui est dans les attributions soit du juge de paix, soit du tribunal civil, suivant les conditions dans lesquelles la demande se présente, suivant l'importance de la somme réclamée.

Nous restons donc, tant en matière d'inondation, qu'en matière d'incendie, sous la règle générale de la compétence ordinaire.

Vous le voyez, messieurs, la suppression que la commission propose n'a aucune conséquence juridique. Elle n'avait qu'un but, celui de faire disparaître une disposition inutile et qui ne pourrait que créer des difficultés.

Nous sommes, en définitive, absolument d'accord avec l'honorable M. Grivart, et, s'il nous en avait parlé à la commission, nous lui aurions donné l'interprétation que je viens de porter à la tribune, interprétation incontestable, qui ne peut donner lieu, je le répète, à aucune controverse, par l'application même des articles spécialement visés par le texte de la loi.

Dans ces conditions, je crois qu'il n'y a qu'une chose à faire : adopter le texte de la commission et repousser l'amendement de M. Grivart, dont le besoin ne se fait vraiment pas sentir.

M. Buffet. Quel inconvénient y a-t-il à adopter cet amendement?

M. Grivart. Je demande à répondre en quelques mots.

M. le président. La parole est à M. Grivart.

M. Grivart. Messieurs, je ne peux qu'être très satisfait, au fond, des explications qui viennent de nous être données par M. le rapporteur; mais, il importe que la loi soit claire et que, en dépit des déclarations qui viennent de se produire, elle ne puisse donner lieu à aucune fâcheuse interprétation

Or, qu'on me permette de le dire, si j'avais gardé le silence, et si l'amendement n'avait pas été présenté, si je n'avais pas de cette manière provoqué les déclarations que vous avez entendues, il était inévitable que l'article nouveau proposé par la commission aurait été interprété en ce sens que tout le contentieux, en matière d'incendie et d'inondation. .

M. Eugène Guérin. Les deux articles sont nommément indiqués; ce n'est pas possible.

M. Darlan, *garde des sceaux, ministre de la justice et des cultes.* Il n'est question dans l'article en discussion que des articles 1732 et 1735 du code civil, et le cas que vous visez, monsieur le Sénateur, est celui de l'article 1733.

M. Grivart. Monsieur le garde des sceaux veuillez bien considérer que l'article 1732 a l'application la plus générale, qu'il a trait à tous les dommages entraînant perte de la chose, quelle qu'en soit la nature, l'origine. En voici le texte :

« Art. 1732. — Il répond des dégradations ou des pertes qui arrivent pendant sa jouissance, à moins qu'il ne prouve qu'elles ont eu lieu sans sa faute.»

Ne dites pas que le cas de responsabilité en matière d'incendie n'est prévue et déterminée que par les articles 1733 et 1734; ces articles n'ont pas posé le principe de la responsabilité; ils ont uniquement pour but d'établir une présomption de faute, en la réglementant, à la charge du locataire.

C'est vrai, en matière d'incendie, bien que les art. 1733 et 1734, inscrit dans le code à seule fin de créer une présomption légale de faute et d'en déterminer l'étendue, aient visé le cas d'incendie; mais c'est plus manifeste encore quand il s'agit d'inondation.

Vous ne trouverez nulle part le cas d'inondation particulièrement visé dans nos articles, et cependant il n'est certainement pas resté en dehors des prévisions du législateur.

La loi a certainement admis que la perte par suite d'inondation pourrait donner lieu à une action en indemnité de la part du bailleur. Cette inondation, cause de destruction de l'usine, est-elle le résultat d'un cas fortuit ou d'une faute de l'usinier? C'est la question qui sera posée devant le juge. Mais lorsque le bailleur viendra demander le paiement d'une indemnité pour destruction de la chose par inondation, il se fondera sur l'article 1732 ou sur l'article 1735 et non sur une autre disposition de la loi; il n'y en a pas, et c'est si vrai que le législateur de 1838 ayant visé, comme vous le faites, les seuls articles 1732 et 1735, a cru nécessaire d'ajouter cette disposition limitative dont vous demandez le retranchement :

« Néanmoins, le juge de paix ne connaît des pertes causées par l'incendie ou l'inondation que dans la limites des dispositions de l'article 1er de la présente loi. »

Si en visant les articles 1732 et 1735, il n'avait pas entendu prévoir et régler le cas d'incendie ou d'inondation, s'il les avait supposés étrangers au principe de l'article 1732, il n'aurait pas proposé la restriction dont je viens de parler.

Or, que faites-vous ? Vous nous demandez sans phrases, sans explications. — du moins dans le rapport qui ne donne aucun motif à cet égard, — vous nous demandez de supprimer le paragraphe final, de faire disparaître la phrase limitative. La conséquence pour tout esprit non prévenu, pour tout juge qui s'inspirera du texte, c'est que vous avez entendu faire modifier la loi en vigueur, et donner à la compétence des juges de paix une extension qu'elle ne lui accordait pas.

Je crois donc encore nécessaire de compléter l'article 3 du projet de la commission par l'addition restrictive empruntée à l'article correspondant de la loi de 1838.

J'estime, messieurs, que la suppression opérée au projet proposé, non seulement ne présente aucune utilité, mais qu'elle pourrait avoir de graves inconvénients. (*Très bien! à droite.*)

M. le rapporteur. Je demande la parole.

M. le président. La parole est à M. le rapporteur.

M. le rapporteur. Je demande pardon au Sénat d'insister sur une question aussi technique, aussi juridique que celle qui nous occupe en ce moment, mais véritablement toute la base du raisonnement de l'honorable M. Grivart repose sur la confusion qu'il fait entre l'article 1732 et l'article 1733 du code civil.

L'un vise les dégradations locatives, l'autre l'incendie. Nous avons visé dans le projet les dégradations locatives, pourquoi?

Parce qu'il est tout naturel de porter devant le

juge de paix les contestations qui peuvent s'élever sur ces dégradations.

On l'a toujours demandé : la juridiction du juge de paix est, en effet, la plus simple et la plus facile pour ces contestations, mais nous n'avons jamais voulu que l'incendie put être renvoyé devant le juge de paix dans tous les cas. Du moment où la compétence pour l'incendie dépassera celle du juge de paix, c'est-à-dire dans le cas où l'immeuble aura une certaine valeur, nous admettons parfaitement, et c'est le texte même de la loi que nous proposons. que ce n'est pas le juge de paix qui sera compétent pour statuer sur le litige, mais le tribunal de première instance.

Dans ces conditions, je crois que le principe même qu'admet M. Grivart ressort du texte même que nous soumettons à l'approbation du Sénat, et nous ne pouvons pas lui demander d'adopter cet amendement, qui nous paraît absolument inutile.

M. Buffet. Pourquoi cette disposition figurait-elle dans la loi et pourquoi voulez-vous la retrancher?

M. le président. Il n'y a pas de désaccord sur les trois premiers paragraphes; je les mets aux voix.

(Les trois premiers paragraphes sont adoptés.)

M. le président. Ici se place le paragraphe additionnel de M. Grivart, dont je donne une nouvelle lecture :

« Néanmoins, le juge de paix ne connaît des pertes causées par incendie ou inondation que dans les limites posées par l'article 1er de la présente loi. »

La commission repousse la proposition de M. Grivart.

M. Tillaye. Monsieur le président, l'amendement de M. Grivart pourrait être accepté, s'il retranchait de son texte le mot « incendie ». L'incendie est prévu par les articles 1733 et 1734.

M. Grivart. Messieurs, je persiste à penser qu'il est plus sûr, et en tous cas plus clair de maintenir le texte de la loi en vigueur, et qu'il n'y a vraiment aucun intérêt à le modifier.

M. le président. Le Sénat va prononcer. Je suis saisi d'une demande de scrutin public.

A droite. Elle est retirée.

M. le garde des sceaux. Après l'échange d'observations qui vient d'avoir lieu à la tribune du Sénat, il me semble qu'aucun doute ne saurait subsister.

Quoi qu'il en soit, le Gouvernement ne voit aucun inconvénient à ce que l'amendement additionnel de M. Grivart, bien qu'il lui paraisse inutile, soit cependant adopté par le Sénat. (*Très bien!* à droite.)

M. le rapporteur. La commission ne s'y oppose pas.

M. le président. La demande de scrutin public est retirée. Je mets aux voix la disposition additionnelle proposée par M. Grivart.

(La disposition additionnelle est adoptée.)

M. le président. Je mets aux voix l'ensemble de l'article 3.

(L'article 3 est adopté).

M. le président. « Art. 4. — Les juges de paix connaissent également sans appel jusqu'à la valeur de 300 francs et à charge d'appel à quelque valeur que la demande puisse s'élever :

« 1° Des contestations relatives aux engagements respectifs des gens de travail au jour, au mois et à l'année, et de ceux qui les emploient; des maîtres, domestiques ou gens de service à gages; des maîtres ou patrons et de leurs ouvriers ou apprentis, sans néanmoins qu'il soit dérogé aux lois et règlements relatifs à la juridiction commerciale, à celle des prud'hommes et au contrat d'apprentissage;

« 2° Des contestations relatives au paiement des nourrices, sauf ce qui est prescrit par les lois et règlements d'administration publique, à l'égard des bureaux de nourrices de la ville de Paris et de toutes les autres villes. » — (Adopté.)

« Art. 5. — Les juges de paix connaissent encore sans appel jusqu'à la valeur de 300 francs, et à charge d'appel à quelque valeur que la demande puisse s'élever :

« 1° Des actions pour dommages faits au champs, fruits et récoltes, soit par l'homme, soit par les animaux domestiques, soit par le gibier, dans les conditions prévues aux articles 1382 et 1384 du code civil;

« 2° Des actions relatives à l'élagage des arbres ou haies et au curage soit des fossés, soit des canaux servant à l'irrigation des propriétés, ou au mouvement des usines, lorsque les droits de propriété ou de servitude ne sont pas contestés;

« 3° Des actions civiles pour diffamation verbales ou pour injures publiques ou non publiques, verbales ou par écrit, autrement que par la voie de la presse; des mêmes actions pour risques et voies de fait, le tout lorsque les parties ne se sont pas pourvues par la voie criminelle;

« 4° De toutes les demandes relatives aux vices rédhibitoires dans les cas prévus par la loi du 2 août 1884, soit que les animaux qui en sont l'objet aient été vendus, soient qu'ils aient été acquis par tout autre mode de transmission. » — (Adopté.)

« Art. 6. — Les juges de paix connaissent à charge d'appel :

« 1° Des demandes en pensions alimentaires n'excédant pas en totalité 500 francs par an, et formées en vertu des articles 205, 206 et 207 du code civil;

« 2° Des entreprises commises dans l'année sur des cours d'eau servant à l'irrigation des propriétés et au mouvement des usines et moulins, sans préjudice des attributions de l'autorité administrative dans les cas déterminés par les lois et règlements; des dénonciations de nouvelle œuvre, complaintes, action en réintégrande et autres actions possessoires fondées sur des faits également commis dans l'année;

« 3° Des actions en bornage et de celles relatives à la distance prescrite par la loi, les règlements particuliers et l'usage des lieux, pour les plantations d'arbres ou de haies, lorsque la propriété ou les titres qui l'établissent ne sont pas contestés;

« 4° Des actions relatives aux constructions et travaux énoncés dans l'article 674 du code civil, lorsque la propriété ou la mitoyenneté du mur ne sont pas contestées. » — (Adopté.)

« Art. 7. — Lorsque plusieurs demandes formulées par la même partie contre le même défendeur seront réunies dans une même instance, le juge de paix ne prononcera qu'en premier ressort si leur valeur totale s'élève au-dessus de 300 francs, lors même que quelqu'une de ces demandes serait inférieure à cette somme.

« Il sera incompétent sur le tout si ces demandes excèdent, par leur réunion, les limites de sa juridiction. » — (Adopté.)

« Art. 8. — La demande formée par plusieurs demandeurs ou contre plusieurs défendeurs collectivement et en vertu d'un titre commun sera jugée en dernier ressort, si la part afférente à chacun des demandeurs ou à chacun des défendeurs dans la demande n'est pas supérieure à 300 francs; elle sera jugée pour le tout en premier ressort si la part d'un seul des intéressés excède cette somme : enfin le juge de paix sera incompétent sur le tout si cette part excède les limites de sa juridiction.

« Le présent article n'est pas applicable au cas de solidarité soit entre les demandeurs, soit entre les défendeurs. » — (Adopté.)

« Art. 9. — Les juges de paix connaissent de toutes les demandes reconventionnelles ou en compensation qui, par leur nature ou leur valeur, sont dans les limites de leur compétence, alors même que ces demandes réunies à la demande principale excéderaient les limites de leur juridiction.

« Ils connaissent, en outre, comme la demande principale elle-même, des demandes reconventionnelle en dommages et intérêts fondées exclusivement sur la demande principale, à quelque somme qu'elles puissent monter. » — (Adopté.)

« Art. 10. — Lorsque chacune des demandes principales reconventionnelles ou en compensation sera dans les limites de la compétence du juge de paix en dernier ressort, il prononcera sans qu'il y ait lieu à appel.

« Si une de ces demandes n'est susceptible d'être jugée qu'à charge d'appel, le juge de paix ne prononcera sur toutes qu'en premier ressort.

« Si la demande reconventionnelle, ou en compensation, excède les limites de sa compétence, il pourra, soit retenir le jugement de la demande principale, soit renvoyer sur le tout les parties à se pourvoir devant le tribunal de première instance, sans préliminaire de conciliation. » — (Adopté.)

« Art. 11. — Les juges de paix connaissent des actions en validité et en nullité d'offres réelles, autres que celles concernant les administrations de l'enregistrement ou des contributions indirectes, lorsque l'objet du litige n'excède pas les limites de leur compétence. » — (Adopté.)

« Art. 12. — Les juges de paix connaissent des demandes en validité, nullité et mainlevée de saisies sur les débiteurs forains pratiquées pour des causes rentrant dans les limites de leur compétence.

« En cette matière, comme en matière de saisie-gagerie et de saisie-revendication, si les saisies ne peuvent avoir lieu qu'en vertu de la permission du juge dans les cas prévus par les articles 2102 du code civil, 819 et 822 du code de procédure civile, cette permission sera accordée par le juge de paix du lieu où la saisie devra être faite toutes les fois que les causes de la saisie rentreront dans sa compétence.

« S'il y a opposition pour des causes qui, réunies, excéderaient cette compétence, le jugement en sera déféré aux tribunaux de première instance. » — (Adopté.)

« Art. 13. — Les juges de paix connaissent des demandes en validité, en nullité et en mainlevée de saisies-arrêts et oppositions — autres que celles concernant les administrations de l'enregistrement et des contributions indirectes — ainsi que des demandes en délaration affirmative lorsque les causes des saisies n'excèdent pas les limites de leur compétence.

« En cette matière, la permission exigée à défaut de titre par l'article 558 du code de procédure civile sera délivré par le juge de paix du domicile du débiteur et même par celui du domicile du tiers saisi, sur requête signée de la partie ou de son mandataire. » — (Adopté.)

« Art. 14. — Les juges de paix peuvent autoriser une femme mariée à ester en jugement devant leur tribunal, lorsqu'elle n'obtient pas cette autorisation de son mari entendu ou dûment appelé. » — (Adopté.)

« Art. 15. — Les juges de paix connaissent des actions en paiement des frais faits devant eux. » — (Adopté.)

« Art. 16. — Sont abrogés les articles 1 à 10 de la loi du 25 mai 1838 ainsi que toutes les dispositions contraires à celles de la présente loi. » — (Adopté.)

M. le président. — Je consulte le Sénat sur la question de savoir s'il entend passer à une 2ᵉ délibération.

(Le Sénat décide qu'il passera à une 2ᵉ délibération.)

Séance du 4 décembre 1896

(2ᵉ DÉLIBÉRATION.)

M. le président. L'ordre du jour appelle la 2ᵉ délibération sur la proposition de loi de M. Jules Godin et de plusieurs de ses collègues, sur la compétence des juges de paix.

Nous sommes saisis, messieurs, de deux amendements, l'un de M. Bérenger, l'autre de M. Denoix; tous les deux sont qualifiés articles additionnels.

M. Jules Godin, *rapporteur de la commission.* Je demande la parole.

M. le président. La parole est à M. le rapporteur.

M. le rapporteur. Messieurs, l'honorable M. Bérenger m'a demandé de faire connaître au Sénat quelle avait été la décision de la commission sur l'amendement présenté par lui à titre d'article additionnel, parce qu'il compte le développer avant d'aborder la discussion même de la proposition de loi.

Je puis lui dire que, après l'avoir entendu, après avoir entendu le Gouvernement, et d'accord avec ce dernier, la commission à l'unanimité vous demande de repousser en principe l'amendement de M. Bérenger. Telle est la solution que nous avons adoptée.

M. Bérenger. Quelle est la raison de cette décision?

M. Buffet. Pour quels motifs?

M. Jules Godin. Quand l'honorable M. Bérenger aura exposé les motifs et la portée de son amendement, la commission s'expliquera.

M. le président. La parole est à M. Bérenger.

M. Bérenger. Messieurs, bien que l'amendement que je vais avoir l'honneur de développer devant le Sénat ait été distribué sous le titre d'article additionnel, je crois qu'il convient de vous faire connaître, dès le début de la délibération, son objet et les motifs sur lesquels il repose.

Il est inspiré, en effet, par la pensée que, si la compétence des juges de paix devant être augmentée dans la mesure très notable indiquée par la proposition qui vous est soumise, il est indispensable, non pas de transformer le juge, mais au moins d'augmenter ses garanties de capacité et d'indépendance. (*Très bien, à droite.*)

L'amendement est en conséquence une disposition préjudicielle bien plutôt qu'une disposition accessoire.

Il peut se faire, en effet, qu'un certain nombre de membres du Sénat, — et je suis de ce nombre, — aient la pensée de ne voter la proposition qu'autant que les garanties que je réclame seraient accordées. (*Très bien, à droite.*)

Je viens donc faire connaître dès maintenant les raisons, suivant moi, décisives de ma demande; Qu'il me soit toutefois permis de faire précéder ma discussion de quelques observations sur la loi elle-même.

Je ne suis pas, messieurs, hostile à l'extension de la compétence des juges de paix. C'est une opinion très répandue, à mon sens très fondée, qu'il y aurait intérêt, pour un certain nombre d'affaires placées actuellement en dehors de leur juridiction, à rapprocher ainsi le justiciable du juge, à diminuer les frais d'instance, — qui sont à peu près nuls devant le juge de paix, — et à activer la solution des affaires.

Mais je vous demande s'il appartient bien au Sénat, en présence des nombreux travaux déjà faits sur la question à la Chambre des députés, de se saisir de la question.

Un grand nombre de propositions ont, en effet, été déposées dans l'autre Chambre, sur ce même sujet. Le Gouvernement en a lui-même présenté plusieurs. La Chambre des députés les a longuement étudiées. Cette étude a donné lieu à quatre rapports très approfondis et très savants. Le dernier de ces rapports, fait par M. Vallé, est même actuellement à l'ordre du jour de la Chambre qui peut en ordonner la discussion.

Je me demande si, dans ces conditions, nous sommes bien autorisés, nous Sénat, à nous saisir d'une question qui, depuis dix ans, fait l'objet des études constantes de l'autre Chambre, et y a même donné lieu à un premier vote.

Un sénateur à gauche. Mais si cela dure encore dix ans!

M. Bérenger. Est-ce une bonne méthode de travail, que de nous saisir ainsi d'une proposition modifiée, écourtée, en l'enlevant à l'autre Chambre au risque de faire contester la correction du procédé et d'établir des décisions contradictoires?

L'honorable M. Godin, dans le désir très légitime assurément de voir enfin aboutir une question dont l'étude a duré si longtemps...

M. Jules Godin, *rapporteur.* Je ne suis pas seul.

M. Bérenger. ...n'a pas fait autre chose, en effet, que de nous apporter une sorte d'extrait de la proposition dont la Chambre des députés est actuellement saisie.

Je ne crois pas, je le répète, messieurs, que ce soit une bonne méthode de travail que d'enlever ainsi à l'ordre du jour de l'autre Chambre une question sur laquelle elle est prête à délibérer. Je me demande ce que le Sénat penserait si la situation inverse venait à se produire et si, au moment de discuter un projet important, nous voyons la Chambre s'en saisir, faire de quelques-unes de ses dispositions une proposition spéciale et chercher à nous gagner de vitesse.

M. Edouard Millaud. C'est une émulation très honorable !

M. Bérenger. J'en serais, pour ma part, fort ému et je ne pense pas que le Sénat puisse faire ce qu'il considérerait assurément comme incorrect de la part de la Chambre des députés.

Je crois donc que nous ferions sagement de nous dessaisir du projet et d'attendre que la Chambre ait statué sur la proposition plus complète qu'elle peut dès à présent discuter.

Nous le devrions d'autant mieux, qu'il semble que la proposition, après avoir subi les mutilations auxquelles M. Godin et les signataires de la proposition l'ont soumise, ne soit vraiment plus en état d'être discutée utilement.

On a, en effet, retranché du projet de la Chambre ce qui en faisait le principal intérêt, je veux dire les règles d'organisation qui mettaient le juge en état de recevoir le complément considérable d'attributions qu'on propose aujourd'hui. Ces règles, c'étaient les garanties mêmes de capacité que je reprends aujourd'hui.

Est-il en effet possible de séparer ces deux questions, la compétence de la juridiction et la capacité du juge ? Il m'est impossible de le comprendre. Je ne crois pas davantage possible, et c'est ma deuxième observation, de procéder par fractionnement ainsi qu'on nous le propose, à la réforme de notre organisation judiciaire.

Cette organisation constitue, en effet, un ensemble qui ne peut être envisagé séparément dans les trois éléments qui la composent, je veux dire dans les trois ordres de juridictions entre lesquelles elle a distribué les affaires contentieuses.

Elle a établi dans une étroite solidarité la compétence des juges de paix, celles des tribunaux de première instance et celle des cours d'appel.

J'admets parfaitement qu'il y ait à l'heure actuelle des modifications à apporter aux règles déterminant leurs attributions réciproques. Je ne crois pas impossible d'enlever à la compétence des tribunaux de première instance un certain nombre d'affaires pour en saisir les juges de paix ; je comprends également qu'on puisse en certains points modifier les attributions des cours d'appel.

Je comprends, en un mot, une autre distribution des affaires entre les trois ordres de juridiction, mais ce que je ne conçois plus, c'est que, s'adressant à un seul des éléments de cette organisation, on entende modifier sa compétence, l'augmenter, ce qui comporte le dépouillement de la juridiction supérieure de toutes les affaires qu'on lui donne, sans rechercher, sans même se demander qu'elle sera l'influence de cette modification sur les juridictions voisines.

Dire qu'elle sera nulle est impossible.

Quel est, en effet, le but de la proposition de loi ? C'est, — la commission le reconnaît — de tripler les attributions actuelles du juge de paix. Jusqu'à présent, en vertu de la loi de 1838, le juge de paix jugeait sans appel jusqu'à 100 francs, et à charge d'appel suivant la nature des affaires soit jusqu'à 200 francs, soit jusqu'à 1,500 francs, soit même toutes les affaires, quelle que fût leur importance.

Au-dessus de ce taux, le tribunal de première instance avait sa juridiction établie sans appel sur les affaires de moins de 1,500 francs, et à charge d'appel à l'infini.

La cour venait ensuite avec le jugement des affaires du tribunal de première instance susceptibles d'appel.

On veut, par la proposition, que les attributions des juges de paix soient triplées. Qu'est-ce à dire ? Sinon que toutes les affaires nouvelles dont ils vont profiter vont être enlevées aux tribunaux de première instance.

Ceci est grave, assurément, car on peut se demander ce que deviendra la juridiction ainsi réduite.

Nous avons déjà un certain nombre de tribunaux peu occupés. On a souvent fait la proposition d'en supprimer quelques-uns, et je suis fort éloigné d'être hostile à ce projet. Mais encore, si on doit le faire, faut-il le faire directement avec réflexion et maturité. Il ne faut pas que cette extrémité, qui sera très douloureuse pour un grand nombre d'arrondissements, devienne la conséquence inatendue d'une mesure prise peut-être sans une réflexion suffisamment mûrie à la suite d'un vote indirect.

Une autre conséquence non moins grave du projet qui nous est soumis, c'est qu'un très grand nombre d'affaires vont changer de nature. A l'heure actuelle toutes les affaires d'une importance de plus de 100 francs, jusqu'à la limite extrême de la compétence du juge de paix, ne sont jugées par lui qu'au premier degré ; elles sont susceptibles d'appel et l'appel est porté devant le tribunal. Désormais, au moins de 100 à 300 francs, le juge de paix jugera ces affaires sans appel, et par conséquent, non seulement le tribunal en sera dépouillé, mais en même temps, un très grand nombre de justiciables seront privés de l'avantage de l'appel. La question n'a-t-elle pas quelque gravité ?

Quant aux affaires supérieures à 300 francs, une grande quantité, si je ne me trompe, n'iront plus au tribunal civil qu'en appel, ce qui menace de changer gravement la compétence du tribunal civil au risque d'en faire, de tribunal de première instance qu'il était, un véritable tribunal d'appel. Ce sont là messieurs, des modifications trop considérables pour qu'elles puissent être votées sans être l'objet d'une étude d'ensemble et de dispositions claires et précises.

Vous ne pouvez mesurer, à propos de la petite fraction de notre organisation judiciaire qu'on vous demande de modifier, la répercussion inévitable que la proposition de loi peut avoir sur les parties, assurément plus importantes, plus considérables de notre sytème judiciaire.

C'est pour ce motif qu'il me semblerait prudent d'ajourner le vote de la proposition jusqu'à ce que la commission, ou plutot jusqu'à ce que le gouvernement — car ces questions sont d'une si haute gravité, elles exigent un ensemble de vue telles, que je crois que le gouvernement seul est en mesure d'en proposer la solution. — ...

M. Buffet. Parfaitement.

M. Bérenger. ... jusqu'à ce que, dis-je, la commission ou le Gouvernement nous ait apporté un projet d'ensemble sur la réforme de notre organisation judiciaire. Et certes, ce projet d'ensemble ne serait pas aussi difficile qu'on pourrait le supposer ; la commission, en quelques articles, a tracé la compétence des juges de paix, et c'était peut-être la partie la plus difficile de sa tâche. Il ne faudrait qu'un nombre de dispositions restreint, pour fixer ensuite celle des tribunaux et des cours d'appel.

Voilà, messieurs, ma première conclusion. Je prie le Sénat de vouloir bien ajourner la proposition, de la repousser, s'il le préfère, quant à présent, jusqu'à ce que nous soyons saisis d'un projet d'ensemble qui nous permette de mieux apprécier les conséquences des réformes qui nous sont demandées.

Mais je ne veux pas me borner là. J'ai dit que je n'étais point hostile au projet en lui-même, que je ne le combattrais que par rapport aux conséquences qu'il pourrait produire. Je n'ai donc pas de critique particulière à faire des dispositions qu'il renferme.

Plus hardi que la commission, je serais même disposé, entrant dans un sujet qu'elle n'a pas abordé, à donner en dehors des attributions civiles un pouvoir plus grand au juge de paix.

Il ne juge en simple police que les faits qualifiés contraventions, et encore ne les juge-t-il pas toutes, car un grand nombre sont, à l'heure actuelle, portées par des lois spéciales, devant le tribunal correctionnel. Je serais disposé à lui attribuer toutes les contraventions.

Je trouve même qu'on porte devant les tribunaux correctionnels beaucoup d'autres faits, dits délictueux, qu'il y aurait avantage, à raison du caractère infamant que l'opinion publique attache aux condamnations prononcées par cette juridiction, à porter ces faits devant un tribunal moins solennel, en réservant à la juridiction correctionnelle les seuls délits qui entraînent improbité.

Je m'entendrais donc fort bien avec la commission sur le fond de la question.

J'irais même volontiers plus loin qu'elle, mais à une condition : c'est que, du moment où le juge aura une tâche plus difficile, et que ses devoirs seront accrus, d'une part, on exige de lui des conditions de capacité sérieuses ; et que, de l'autre, on accorde, non à lui, bien que la question soit, en ce qui le concerne, très importante, mais aux justiciables, des garanties suffisantes de son indépendance. C'est, messieurs, le but de mon amendement.

La commission, après m'avoir fait l'honneur de

m'entendre, l'a, nous a dit tout à l'heure M. le rapporteur, repoussé. Pour quelle raison ? Il n'a pas cru devoir nous la faire connaître.

Si je suis bien renseigné, ce ne serait pas qu'elle l'ai trouvé mauvais, mais simplement qu'elle n'a pas cru qu'il dût trouver place dans une proposition relative à la compétence.

(M. le rapporteur fait un geste d'assentiment.)

La commission ne s'est donc prononcée ni pour ni contre ; elle n'a pas examiné l'amendement au fond, ce qui peut me laisser l'espoir que, si elle avait à l'étudier, elle pourrait peut-être l'accepter.

Dans ces conditions, je me demande si je ne serais pas autorisé, acceptant la décision prise, à retirer ma proposition comme amendement, et à la déposer comme proposition de loi ; et, comme je considère que les deux objets sont absolument solidaires, qu'il n'est pas possible d'augmenter la compétence sans augmenter les garanties que doit offrir le juge, à demander au Sénat de suspendre sa décision sur la proposition actuelle jusqu'à ce que la commission lui apporte un rapport sur ma demande nouvelle, afin que les deux sujets dont la connexité est si évidente puissent être jugés à la fois.

Mais je craindrais que la commission ne vît là une tactique destinée à tourner sa résolution et je préfère l'attaquer dès à présent de front.

Pour quelle raison peut-on trouver que, dans un projet destiné à augmenter la compétence d'un juge, il ne soit pas légitime de s'occuper de ses garanties de capacité et d'indépendance ?

Y a-t-il donc quelque contradiction entre ces deux objets ? Est-ce qu'ils ne sont pas étroitement liés ? Est-ce qu'il n'est pas naturel, quand vous venez m'annoncer que, désormais, je devrai changer de juge, que ma première préoccupation soit de savoir si celui que vous me réserverez m'offrira les mêmes garanties ?

Je ne saurais trop le dire, il y a une solidarité étroite entre les deux questions et, permettez-moi d'ajouter que je le crois avec tous les précédents.

Plusieurs propositions ont, en effet, je l'ai dit déjà, été déposées à la Chambre des députés ; elles ont été très longement étudiées ; elle ont donné lieu à de très remarquables rapports. J'ai sous les yeux deux de ces rapports, les derniers, et je vois dans chacun d'eux que les commissions de la Chambre des députés ne se sont pas bornées, comme celle du Sénat, à poser les règles de la compétence ; au contraire, elles ont été amenées par la logique à y ajouter des dispositions à peu près semblables à celle que je vous propose d'adopter comme article additionnel ; et si, je ne me trompe, le dernier projet du Gouvernement avait fait de même.

Ouvrez le rapport de M. Labussière et vous trouverez ceci :

« Nul ne peut être nommé juge de paix s'il n'est licencié en droit, ou si... »

Il est même plus exigent que moi sur les équivalences.

Ouvrez le rapport de M. Vallé, ce sont les mêmes conditions. Pourquoi donc ce que vos prédécesseurs dans cette étude ont trouvé légitime et logique, vous paraît-il impossible à faire ?

Dès lors, il m'est impossible de considérer la décision de la commission autrement que comme une fin de non-recevoir commode opposée à un amendement un peu embarrassant.

J'arrive au fond de l'amendement. Comment ne pas le voter ?

On change gravement la juridiction ; ce changement n'est-il pas assez important pour comporter également le changement du juge ? Là est toute la question. Or, comment pourrait-on contester que la juridiction est gravement modifiée ?

Parcourez la proposition : les attributions qu'elle confère au juge de paix sont, — la commission le reconnaît elle-même, je l'ai déjà dit, — un triplement de ses attributions actuelles. Ne serait-ce pas déjà suffisant ? Mais elle a une conséquence bien plus étendue encore. C'est un triplement dans l'importance des affaires ; je prétends que ce sera beaucoup plus en fait dans leur nombre. Ce n'est à la vérité qu'une conjecture ; nos statistiques ne nous donnent pas à cet égard des documents suffisants, mais j'invoque, messieurs, votre propre jugement.

Ne voyez-vous pas par ce qui se passe autour de vous, que les contestations de moins de 100 francs sont rares relativement à celles de 200 et 300 francs ?

Pourquoi ? Parce que, pour une somme aussi minime, on hésite à saisir le juge, qu'on préfère s'arranger, qu'on atermoie, et qu'un jour finit par arriver où, la passion qu'on mettait dans la contestation s'étant amortie, on finit par y renoncer. Mais quand l'intérêt est supérieur, fût-il de 200, de 300 francs seulement, c'est autre chose : la somme en vaut la peine, et d'ailleurs l'animation est plus grande, et plus souvent on va jusqu'au juge.

Les affaires nouvelles seront, en conséquence, à la fois plus importantes et plus nombreuses.

Et puis, ce n'est pas seulement le triplement de la juridiction qu'on nous propose de décider : dans les derniers articles de la loi, il y a un certain nombre de matières, les saisies si je ne me trompe, qui échappaient jusqu'à présent au juge de paix et que vous mettez dans ses attributions ; je n'y vois pas d'inconvénient, mais c'est encore une augmentation de quelque importance.

Enfin, d'autre part, le résultat de toutes ces modifications n'est-il pas de mettre dans les attributions du juge unique des affaires actuellement jugées par un tribunal de trois magistrats ?

Dans ces conditions, les garanties de capacité et d'indépendance qu'offrent les juges de paix actuels sont-elles suffisantes ? Je ne le crois pas.

Je dois naturellement, messieurs, être très sobre sur ce sujet, et je devrais me borner à faire appel à vos impressions personnelles. Mais il est un fait qui frappe d'abord. Quelles sont les garanties exigées aujourd'hui par la loi ? Je suis convaincu qu'un certain nombre de vous les ignorent et qu'ils seront étonnés d'apprendre combien elles sont nulles.

A l'heure actuelle, tout citoyen français âgé de trente ans, jouissant de ses droits civils et n'ayant pas de casier judiciaire, peut être nommé juge de paix,... juge de paix n'importe où, dans une grande ville aussi bien que dans un bourg sans importance. De grade, on n'en demande aucun, pas même le grade de bachelier...

M. Monis. Ce serait bien inutile !

M. Bérenger. ... pas même une attestation quelconque du moindre savoir juridique, pas même la justification d'une pratique quelconque des affaires, à quelque degré que ce soit. Le ministre est absolument libre de prendre le juge de paix où il veut, pourvu, je le répète, qu'il n'ait pas de casier judiciaire et qu'il ait trente ans accomplis ; ai-je besoin de dire que cette étrange latitude n'est point faite pour garantir les meilleurs choix ?

Je ne veux pas exagérer. Il n'est pas douteux qu'il y a malgré cela, dans le personnel des juges de paix, d'excellents éléments, et je regrette qu'on ne puise pas plus souvent, parmi ceux-là, pour fortifier le cadre des tribunaux de première instance, — M. le garde des sceaux à commencé à le faire et je l'en loue. — Il y a aussi, à côté de bons magistrats, beaucoup d'éléments assurément suffisants, mais, qui est-ce qui oserait dire qu'au-dessous de ces éléments excellents et de ces éléments simplement suffisants, il n'y en a pas d'autres qu'on regrette de voir exercer des fonctions judiciaires ? Comment en pourrait-il être autrement, quand il ne faut ni grade ni pratique ? N'est-ce pas la porte ouverte aux fruits secs des autres carrières et aux déclassés ?

Et c'est dans ces conditions que vous jugeriez inutile de demander d'autres garanties ?

Je ne pourrais le comprendre.

Je considère comme essentiel qu'une disposition analogue à celle que la Chambre des députés a voté une fois déjà soit ajoutée à la proposition de loi actuelle. Celle que je propose sur ce point, est la suivante :

« Nul ne peut être nommé juge de paix s'il n'est licencié en droit, ou s'il n'a exercé pendant cinq ans au moins les fonctions d'avoué, de notaire ou de greffier près d'une juridiction civile. »

La nomenclature est peut-être un peu étroite, et je suis convaincu qu'on pourrait sans inconvénient l'étendre. Je n'ai pas indiqué notamment les suppléants de juge de paix, qu'il serait injuste d'exclure de la possibilité d'être nommés juges de paix après un certain temps de judicature. Il en est de même des juges consulaires.

J'ai dû me restreindre, voulant laisser à la commission le soin de se prononcer sur la diversité de situations. La commission ayant refusé de le faire, et l'amendement pouvant, à mon sens, être avantageusement complété, je me bornerai à demander au Sénat de le renvoyer à la commission.

Permettez-moi de revenir sur une objection qu'on m'a faite et que je ne veux pas laisser sans réponse.

On m'a dit : Des licenciés en droit, vous n'en trouverez point, si vous n'augmentez pas les traitements. L'objection est sérieuse. J'y réponds : Que M. le Garde des sceaux persévère dans la pratique excellente qu'il a inaugurée, qu'il appelle souvent les juges de paix d'une capacité reconnue aux siéges vacants des tribunaux de première instance, et la disette qu'on craint sera conjurée. Ne voit-on pas de nombreux licenciés s'empresser de demander des places de simples juges suppléants, peut-être pas, à la vérité, dans les résidences infimes...

M. Demôle. On ne les demande guère.

M. Bérenger. ...mais partout où il y a un travail sérieux, sans aucune espérance de traitement, ni aucune garantie d'échanger un jour une modeste situation contre un siége de juge.

N'en doutez pas : lorsqu'il sera reconnu que les justices de paix ouvriront la porte de la magistrature, les demandes ne vous feront pas défaut. On pourrait, d'ailleurs, avec les équivalences au titre de licencié faire encore d'excellents choix.

A cela il serait bien désirable que pût s'ajouter l'appât de traitements plus élevés. Mais, — et c'est encore une des objections que je fais à la proposition de loi — ne va-t-elle pas compromettre l'espoir qu'on avait fondé à cet égard sur un projet que, pour ma part, j'appelais de tous mes vœux ? Ce projet, dont M. le Garde des sceaux vient de reproduire la disposition principale dans le projet de loi qu'il a déposé récemment sur l'organisation judiciaire; ce projet, dis-je, donnait au Gouvernement.la faculté de diminuer le nombre des justices de paix par la suppression de quelques-unes d'entre elles, et il semblait que ces suppressions dussent avoir pour effet de permettre d'augmenter les traitements des juges de paix maintenus.

M. Darlan, *garde des sceaux, ministre de la justice.* Le projet fait profiter, en effet, les juges de paix maintenus du bénéfice réalisé par la suppression du traitement des autres.

M. Bérenger. Quelle espérance conserver de faire aboutir ce projet avec une proposition de loi qui va dans une si large mesure augmenter les attributions de ces magistrats ?

J'arrive maintenant, messieurs, à la seconde partie de mon amendement.

Il ne suffit pas que le magistrat soit capable ; il faut encore que l'on soit assuré de son indépendance.

Assurer l'indépendance du juge de paix n'est pas une chose absolument facile, il faut le reconnaître.

On n'a pas pour ce qui le concerne la possibilité de recourir au moyen qui, bien qu'imparfait, est, dans toutes les législations, considéré comme le meilleur pour mettre le juge d'un degré plus élevé au-dessus du soupçon. Je veux dire l'inamovibilité.

Il faut sans doute, pour le juge unique, peut-être plus exposé aux fautes et aux défaillances que le juge encadré dans un tribunal, une action disciplinaire plus étroite, je le reconnais, et je ne réclame pas pour lui cette suprême garantie.

Mais est-il impossible de garantir sa situation dans une certaine mesure ? Je ne le pense pas. Ce que je viens vous proposer n'est pas d'ailleurs une nouveauté ; c'est une proposition déjà faite par des écrivains compétents en cette matière et par de savants magistrats.

Ce que je demande, c'est d'établir au profit du juge de paix — je devrais dire au profit des justiciables, qui ont un tel besoin de pouvoir compter sur son indépendance, — d'établir, dis-je, la possibilité de se défendre contre les influences et les attaques auxquelles il a si souvent à résister.

A combien de dangers de cette nature n'est-il pas exposé ? Et qu'a-t-il pour se défendre ? Actuellement rien. Son seul protecteur est le magistrat du parquet sous l'autorité duquel il est placé, et au-dessus de lui le ministre ; et c'est souvent une véritable sauvegarde pour lui.

Mais qu'arrivera-t-il, si l'influence — influence politique le plus souvent — qui le menace s'est

exercée sur ceux-là mêmes qui seuls peuvent le défendre ? Est-il rare que ce soit à eux qu'on s'adresse pour le dénoncer, pour obtenir au moins son déplacement ? (*Très bien ! à droite.*)

Combien M. le garde des sceaux ne reçoit-il pas de ces plaintes ? A-t-il toujours confiance en elles ? Lui est-il cependant toujours possible d'y résister ?

A l'heure actuelle, le juge de paix est à peu près sans défense. Il est étrange qu'on ait laissé subsister jusqu'à présent une semblable situation. Il faut qu'elle cesse, si une compétence plus étendue doit être votée.

Ce que je demande est d'ailleurs aussi simple que facile à réaliser. Il faut désormais que le juge de paix ne puisse pas être révoqué ou disgracié sans avoir été admis à présenter sa défense devant le tribunal de première instance, réuni en chambre du conseil. Mon amendement est ainsi formulé :

« Aucun juge de paix ne peut être révoqué ni déplacé sans son consentement, qu'après avis du tribunal de première instance donné en la chambre du conseil, l'intéressé entendu ou dûment appelé. »

Vous le voyez, ce n'est pas l'inamovibilité, ce n'est même pas une garantie qui puisse être gênante pour le pouvoir, dont la simple obligation de réunir le tribunal de première instance en chambre du conseil pour entendre l'intéressé avant d'exercer contre lui quelques rigueurs ne peut nullement entraver l'action. Mieux que cela, elle la fortifierait en lui donnant la garantie d'une interrogation faite et d'un avis éclairé du tribunal.

On m'a demandé à la commission si la décision du garde des sceaux devrait être conforme à l'avis du tribunal ?

L'amendement ne le dit pas et pour cause.

Exiger une décision conforme, c'eût été remettre le pouvoir disciplinaire entre les mains du tribunal. Ce n'est pas ma pensée.

J'aime à croire que le Sénat trouvera ma proposition empreinte d'une prudence suffisante, qu'elle lui semblera à la fois ménager suffisamment les droits de l'autorité ministérielle et donner aux justiciables une garantie dont ils ne sauraient désormais se passer.

Ce n'est pas, en réalité, autre chose que l'organisation du droit de défense contre les attaques injustes. Comment une Assemblée aussi pénétrée de l'esprit de justice que le Sénat pourrait-elle refuser à des magistrats assurément intéressants le degré de protection qu'en définitive tout citoyen a le droit de réclamer.

Voilà, messieurs, l'économie de mon double amendement.

Si j'ai voulu le faire apprécier par le Sénat dès le début de la discussion, c'est, je le répète, que je considère son adoption comme une condition à tel point liée à l'ensemble des propositions qui vous sont soumises, que je ne croirais pas possible de les voter, s'il était rejeté.

Je me borne du reste, en vue de rendre possible l'amélioration de ses dispositions, à demander son renvoi à la commission. (*Très bien! très bien! sur divers bancs.*)

M. Jules Godin, *rapporteur.* Je demande la parole.

M. le président. La parole est à M. le rapporteur.

M. le rapporteur. Messieurs, l'honorable M. Bérenger a reconnu, au cours des explications qu'il a présentées au Sénat, que son amendement n'avait en réalité qu'un seul et unique but : empêcher aujourd'hui le vote d'une proposition parfaitement délimitée, parfaitement délimitée, étudiée par une commission spéciale nommée, proposition qu'elle vous présente d'accord avec le Gouvernement.

Il vous a dit, en effet, que si la commission pouvait se mettre d'accord avec lui, sur certaines des idées qu'il soutient, il retirerait son amendement, mais qu'il le présenterait alors comme proposition spéciale, et qu'il demanderait au Sénat d'ajourner le vote sur le projet actuellement soumis à vos délibérations jusqu'à ce que la commission l'ait examiné et rapporté. C'est précisément contre ce procédé de travail parlementaire que nous venons nous élever et que nous demandons au Sénat de se prononcer. Il y a donc — le Sénat le voit — dans l'amendement de M. Bérenger, deux questions : une question de forme et de procédé parlementaire, et une question de fond.

Je demande au Sénat la permission de dire, tout d'abord, quelques mots sur la question de fond.

Le Sénat sait quelle est la législation actuelle sur la compétence des juges de paix.

La loi de 1838, d'une manière générale, a fixé cette compétence en matière civile à 100 francs en dernier ressort, et à 200 francs à charge d'appel. Le Sénat sait également que, depuis 1838, dans le pays tout entier, on n'a cessé de demander l'extension de cette compétence; on l'a demandée dans les délibérations des conseils généraux, dans des pétitions nombreuses adressées aux Chambres.

A-t-on demandé également une réorganisation des justices de paix? A-t-on émis des vœux pour une modification de l'organisation actuelle des juges de paix? Non, ni une pétition, ni une délibération quelconque d'un conseil général n'a visé ces points de vue. Voici ce que disait dans la discussion qui a eu lieu en 1891, à la Chambre des députés, le rapporteur de la commission en réponse à une observation portée à la tribune :

« Je sais bien qu'on prétend que ce n'est pas l'extension de la compétence des juges de paix que réclame l'opinion publique depuis si longtemps.

« Messieurs, quelle erreur. Si les faits parlent, l'historique du projet se charge de la réponse.

« J'ai demandé qu'on me fît un relevé des pétitions adressées aux Chambres depuis 1876 seulement et renvoyées par nos commissions à l'attention du ministre de la justice ; la liste en est longue, elle tient presque deux pages complètes. »

M. Buffet. Qu'est-ce que cela signifie ?

M. le rapporteur. Mais, monsieur Buffet, comment voulez-vous que le pays manifeste une opinion quelconque, si ce n'est par les procédés parlementaires que la loi l'autorise à employer ?

M. Buffet. Je ne vois pas l'opinion du pays dans les fantaisies de quelques personnes qui adressent des pétitions aux Chambres. Cela n'a aucune portée.

M. le rapporteur. Permettez-moi de vous dire que lorsqu'il s'agit de la compétence des juges de paix, je ne crois pas que les pétitions envoyées aux Chambres soient des questions de fantaisie.

Si des pétitions sur des matières aussi spéciales sont envoyées aux Chambres, c'est assurément parce que, dans un certain milieu, l'opinion publique est d'avis qu'il y a là une réforme à opérer.

Voici ce qu'ajoutait le rapporteur :

« Que demandent les pétitionnaires ? Que demandent les conseils électifs des départements ? Une augmentation pure et simple du traitement des juges de paix et des conditions de capacité ? Non; mais en première ligne, l'extension de la compétence des juges de paix. »

M. Audren de Kerdrel. Ce sont deux idées corrélatives !

M. le rapporteur. Ce sont deux idées corrélatives, c'est possible, mais ce que nous demandons au Sénat, c'est de dire que ce sont deux idées qu'il faut absolument séparer si on veut donner satisfaction à l'opinion publique sur ce point...

M. le marquis de Carné. Il y a le sens commun qui réclame !

M. le rapporteur. ......C'est là le procédé parlementaire que nous demandons au Sénat d'appliquer.

Et, en effet, l'expérience est faite.

Depuis quelle époque la question est-elle soumise aux Chambres? Depuis cinquante-cinq ans !

Il y a quarante ans, M. Brisson, dans un rapport au Corps législatif sur la loi de 1855, indiquait déjà la nécessité d'augmenter la compétence des juges de paix. En 1861, le gouvernement de l'empire soumit au conseil d'État un projet dans ce sens. Depuis 1878, toutes les Chambres ont été saisies de la question. Pourquoi n'a-t-on pas abouti ?

Dans les premiers projets, il n'était question que de compétence. Mais peu à peu — et là est malheureusement le procédé parlementaire que nous voyons appliquer aujourd'hui encore — qu'est-il arrivé ? C'est qu'à cette question de compétence civile, on est venu joindre les questions d'organisation, c'est que se laissant aller à toujours étendre les projets, d'une compétence modérée et sobre qui était possible avec l'organisation actuelle, on est arrivé à proposer des extensions qui se répercutaient sur l'organisation judiciaire elle-même.

L'étendue même de toutes ces propositions les empêchait naturellement d'aboutir.

Donc depuis vingt ans la question est à l'étude ; aussi le point sur lequel le Sénat est appelé à se prononcer aujourd'hui est celui de savoir s'il entend...

M. Monis. La question est depuis longtemps à l'étude ; ce n'est pas une raison pour la mal résoudre.

M. le rapporteur. Je, m'expliquerai sur la question de fond tout à l'heure. J'examine en ce moment les causes qui ont empêché tous les projets d'aboutir. Or, elles résident, suivant moi, dans cette habitude qu'ont prise les Chambres de joindre à une question déterminée toutes celles qui y sont corrélatives et de ne pas les sérier comme il conviendrait de le faire si on veut les résoudre.

Ainsi, dans la loi qui nous occupe il y a une question de compétence au point de vue civil ; il y a une question d'organisation, il y a une question de compétence au point de vue pénal. Ce sont là cependant des matières différentes. Par exemple, nous allons être saisis tout à l'heure d'un amendement relatif aux contraventions de police. Il y a peut-être là une question très intéressante à étudier.

M. Franck Chauveau. Les deux questions se tiennent.

M. Buffet. Tout se tient.

M. le rapporteur. Incontestablement, tout se tient, si on veut tout mettre dans une loi. Or, je le répète, qu'arrive-t-il? C'est qu'en procédant ainsi, on n'aboutit jamais à rien voter définitivement.

Regardez, messieurs, ce qui s'est passé pour la loi sur les accidents du travail. On a voulu y introduire toutes les questions qui pouvaient se rattacher à une semblable législation. Au lieu de poser quelques principes, on a fait une loi en un nombre considérable d'articles et elle a fini par être arrêtée par les discussions des Chambres.

Il en est exactement de même dans cette matière. Si on veut arriver à une solution, il est nécessaire de sérier les questions, de rendre les réformes plus simples, plus modestes, et de ne les joindre à aucune autre.

Or, en quoi consiste la proposition que la commission vous présente ? Elle limite, regardez-le bien, à 300 francs, la compétence des juges de paix en dernier ressort, et elle porte à 600 francs leur compétence au premier ressort. Elle propose, en un mot, de tripler la compétence des juges de paix.

L'honorable M. Bérenger nous dit : C'est trop. Comment se fait-il alors qu'en 1838 on ait élevé à 100 francs la compétence en dernier ressort, et à 200 francs la compétence à charge d'appel? (*Bruit à gauche.*) Si vous vous reportez à la valeur des choses à cette époque, si vous étudiez la question au point de vue économique, si vous consultez sur ce point les hommes compétents, tous vous répondront que 100 francs, en 1838, équivalent à peu près à 300 francs d'aujourd'hui. (*Dénégations sur plusieurs bancs.*)

M. Buffet. C'est un raisonnement inacceptable !

M. Demôle. Avant 1838, c'était 50 francs en dernier ressort, et 100 francs en premier ressort.

M. le rapporteur. C'est pour cela précisément que la loi de 1838 avait déjà augmenté la compétence à 100 et 200 francs. Eh bien, depuis cette époque, la valeur des choses ayant augmenté, nous pouvons également, sans changer pour ainsi dire l'état des choses posé à l'origine, augmenter proportionnellement la compétence des juges de paix.

M. Fresneau. Les traitements n'ont pas été triplés, cependant !

M. Monis. Triplez alors le traitement des juges de paix! (*Rires approbatifs.*)

M. le rapporteur. J'y serais tout disposé.

Ce qu'il s'agit de savoir, c'est si, aujourd'hui, le chiffre de 300 francs que nous indiquons ne constitue pas un chiffre proportionnel à la baisse de valeur actuelle des choses et si, en adoptant cette augmentation de la compétence, ce n'est pas en réalité un simple retour à la loi de 1838 que nous proposons, puisque, encore une fois, la baisse de la valeur des choses fait que 300 francs à l'heure actuelle représentent bien 100 francs en 1838.

M. Buffet. Alors les traitements que vous n'avez pas élevés se trouvent réduits des deux tiers actuellement ?

M. le président. Veuillez vous abstenir d'interrompre, monsieur Buffet.

M. le rapporteur. Permettez-moi de vous dire, mon cher collègue, que la question des traitements est une question absolument différente. Il s'agit de savoir ce que jugera le juge de paix ; il s'agit de savoir quel chiffre sera attribué à sa compétence. Si M. Buffet veut proposer une augmentation...

M. Buffet. Je conteste complètement votre point de départ.

M. le rapporteur. Si vous voulez proposer l'augmentation du traitement des juges de paix, faites-le.

M. Buffet. Pas du tout ! Je n'ai pas parlé de cela.

M. le président. Veuillez garder le silence, monsieur Buffet.

M. Buffet. Je suis bien obligé de parler, puisque l'orateur me pose une question. (*Interruptions.*)

M. le rapporteur. Mais je ne vous interroge pas, monsieur Buffet : je ne fais que répondre à une interruption. Il paraît que c'est moi qui me suis interrompu moi-même. (*Sourires.*)

D'un autre côté, notre proposition porte-t-elle atteinte à la situation actuelle des tribunaux ? Non. L'honorable M. Bérenger nous disait tout à l'heure que nous allions enlever aux tribunaux une grande quantité d'affaires. C'est une erreur ; et voici les chiffres que je puis donner au Sénat.

Le nombre des affaires dites sommaires, devant les tribunaux, représente 44 p. 100 de celles qui leur sont soumises. Or, si nous en enlevons quelques-unes, le tiers ou le quart tout au plus aux tribunaux, c'est exclusivement parmi les affaires sommaires. Vous voyez donc que c'est à peine 10 à 12 p. 100 des affaires actuellement soumises aux tribunaux de première instance que nous ferons passer devant les juges de paix.

Il est impossible d'ailleurs d'arriver à un chiffre absolument exact, parce que les statistiques ne nous donnent pas le nombre des affaires qui sont jugées par les tribunaux d'après leur chiffre ; mais, des indications que je viens de donner au Sénat, il résulte nécessairement que c'est à peine un septième ou un huitième des affaires soumises à l'heure actuelle aux tribunaux qui seront dorénavant soumises aux juges de paix.

Par conséquent, de ce côté, nous n'augmentons que dans une limite très raisonnable, très étroite, la compétence des juges de paix.

On peut être disposé à aller plus loin, nous le comprenons, mais la question est de savoir si cela est possible dans notre organisation judiciaire actuelle.

M. Monis. La question d'organisation se pose donc en même temps que la question de compétence.

M. le rapporteur. Non, dans notre proposition elle ne se pose pas.

M. Monis. Si ! puisqu'elle vous arrête !

M. le rapporteur. Elle ne m'arrête pas le moins du monde !

Je vous dis : en conservant l'organisation actuelle, nous pouvons porter la compétence des juges de paix au point où nous proposons aujourd'hui de la fixer ; je vous dis ensuite que, si vous vouliez aller au delà de la limite que nous vous proposons, nous nous trouverions en face de deux questions : 1° nous arriverions à toucher à la compétence des tribunaux de première instance ; nous arriverions à porter atteinte à leur existence ; 2° nous soulèverions cette question des tribunaux d'arrondissement qui est l'écueil certain contre lequel se sont brisés toutes les propositions et tous

les projets qui ont eu pour objet la réorganisation judiciaire.

Tel est le motif pour lequel nous n'avons pas voulu toucher à ce point.

En second lieu, messieurs, si l'on veut donner, comme on l'a proposé, la compétence aux juges de paix jusqu'à 1,500 francs, il est évident que l'on soulève également la question du traitement des juges de paix. On est obligé de relever leur situation, et alors on s'engage dans des questions financières qui compliquent singulièrement le problème.

M. Bérenger. Vous leur donnez également cette compétence ; seulement vous ne la leur donnez pas sans appel. Ils n'en auront pas moins toutes ces affaires-là à juger.

M. le rapporteur. Mais non ! nous limitons la compétence à 300 francs en dernier ressort.

M. Bérenger. En dernier ressort, oui ; mais en premier ressort ?

M. le rapporteur. Nous la limitons à 600 francs, en premier ressort.

M. Bérenger. Non !

M. le rapporteur. C'est le texte même de la proposition !

M. le garde des sceaux. Ce sont des compétences spéciales. L'article 1er porte : 600 francs à charge d'appel, 300 francs en dernier ressort.

M. le rapporteur. M. Bérenger fait une confusion entre l'article 1er de la proposition et les articles suivants. Voici l'art. 1er, qui ne laisse de place à aucun doute :

« Les juges de paix connaissent, en matière civile, de toutes actions purement personnelles ou mobilières, en dernier ressort jusqu'à la valeur de 300 francs, et à charge d'appel jusqu'à la valeur de 600 francs. »

C'est la seule modification que nous apportons à la loi de 1838.

Il y a ensuite, dans cette loi, une série de dispositions spéciales qui attribuent, dans certaines matières particulières, compétence au juge de paix. Mais nous ne touchons pas à ces dispositions. Voici ce que nous nous bornons à faire : nous avons dit que le juge de paix avait compétence jusqu'à 300 francs, nous faisons accorder ces articles avec la modification que nous avons fait subir à l'article 1er. Voilà uniquement ce que nous faisons. Par conséquent, nous ne modifions pas en réalité la loi de 1838.

Vous le voyez donc bien, messieurs, notre proposition est aussi simple, aussi spéciale et aussi réduite que possible.

La question qui se pose devant le Sénat, est celle de savoir s'il entend, étant données les propositions nombreuses, étant donnés les vœux émis de tous côtés pour une augmentation de la compétence des juges de paix, s'il veut faire quelque chose qui ne porte pas atteinte aux tribunaux de première instance, qui ne touche pas à notre organisation judiciaire, qui puisse permettre aux juges de paix de juger sans qu'on puisse critiquer leur juridiction, en un mot, s'il veut, répondant au sentiment public, voter une amélioration qui est réclamée instamment depuis de longues années.

Telle est la question que vous avez à résoudre, et votre commission vous propose de voter cette proposition de loi, parce que la Chambre en sera saisie lorsqu'elle pourra l'examiner, et je suis convaincu qu'il résultera de l'accord des deux Chambres une solution prochaine et définitive.

Si vous ne la votiez pas, ce serait un renvoi indéfini et nous verrions se continuer les atermoiements qui se produisent depuis si longtemps.

Il y a vingt ans que la question est à l'étude ; depuis vingt ans, on n'est arrivé à aucune solution, depuis vingt ans nous montrons, dans cette matière, l'impuissance législative la plus complète.

Aussi, messieurs, sans insister davantage sur le fond de l'affaire dans cette espèce de discussion générale, sauf à y revenir quand l'amendement de M. Bérenger viendra en discussion, je me borne, en ce moment, à demander au Sénat de passer à la discussion des articles et de repousser, quand il sera temps, l'amendement de M. Bérenger.

M. Bérenger. Monsieur le président, je crois

qu'il est indispensable que le Sénat soit consulté sur l'amendement que j'ai présenté et je vous demanderai, avant la discussion des articles de la proposition de loi, de vouloir bien mettre aux voix la question du renvoi de cet amendement à la commission.

M. le président. Nous sommes en 2ᵉ délibération. Il n'y a donc pas à voter sur le passage à la discussion des articles ; mais M. Bérenger demande qu'il soit procédé au vote sur le principe de son amendement avant qu'on ne délibère sur la série des articles proposés par la commission. C'est une question préjudicielle.

Je suis saisi d'une demande de scrutin public.

M. Monis. Je demande la parole.

M. le président. La parole est à M. Monis.

M. Monis. Je demande pardon au Sénat d'intervenir dans cette discussion. En le faisant, je romps avec une pensée qui m'est chère. J'estime, en effet, que le code de procédure appelle des réformes urgentes ; mais je crois que ces réformes doivent être si profondes et si complètes qu'elles ne pourront être introduites dans notre législation qu'avec le concours de ceux qui ne sont pas spécialistes. (*Hilarité.*)

C'est à ce point de vue que je suis obligé de m'excuser d'intervenir dans cette discussion.

Messieurs, le Sénat ne saurait, à mon avis, accepter à la légère les propositions qui lui sont faites. La commission nous convie à porter la main sur une des plus belles institutions de la Révolution française, et avant de voter cette loi que l'honorable rapporteur nous présentait tout à l'heure comme si modeste, il faut que le Sénat se fasse une opinion sur une question préjudicielle.

Il faut se demander ce qu'est un procès et quel caractère on entend donner à l'institution du juge de paix.

Un procès — j'en parle pour l'avoir constaté bien souvent — est un véritable fléau (*Mouvements divers*), et le premier effort du législateur doit tendre, non pas à organiser les moyens et les règles d'après lesquels ce procès pourra se dérouler en justice, mais à éteindre la source même du litige ; et c'est pourquoi le législateur s'est grandement honoré par cette création d'un tribunal de paix et de conciliation.

M. Biré. C'est bien loin, cela !

M. Monis. C'est là, messieurs, une grande et belle conception. J'entendais dire que nous semblons l'avoir perdue de vue. C'est, au contraire, un rappel à ces idées de pacification que je viens apporter à la tribune. Est-il nécessaire d'insister sur la nécessité d'arriver à éteindre la source des litiges, cette cause de tant de maux ? Vous le savez, ce n'est pas seulement son argent, sa propriété que le plaideur s'expose à abandonner par lambeaux, c'est aussi sa tranquillité et cette douce confiance qui devrait toujours régner entre voisins. (*Sourires sur quelques bancs.*) Le procès, une fois jugé, renaît de ses cendres ; c'est la haine qui s'établit là où des relations pacifiques devraient exister. N'est-il pas vrai que le premier effort de la justice doit tout d'abord tendre à concilier les plaideurs ?

Si vous me faites cette concession, j'aurai bientôt partie gagnée quand je vous inviterai à rechercher quel doit être le caractère du juge.

Devra-t-il être un juge civil, homme distingué par le savoir, réunissant les connaissances que l'on proclamait tout à l'heure nécessaires, pouvant discerner d'une façon exacte le droit et dire la justice immédiatement ?

Devra-t-il être, au contraire, un homme de plus modeste origine, choisi dans un milieu où la connaissance du droit est moins répandue, mais qui aura sur ses concitoyens assez d'autorité morale pour leur faire comprendre que, suivant l'antique adage, un mauvais arrangement vaut mieux qu'un bon procès ?

Il faut prendre parti et faire ce choix avant de faire aboutir la réforme qui vous est proposée. Si vous conservez le juge de paix tel que l'a conçu le législateur révolutionnaire, vous en ferez cet homme des champs — l'expression est classique — qui sera choisi par vous uniquement pour son jugement, pour ses vertus pratiques, pour la considération dont il est entouré. Vous pourrez alors conserver l'organisation actuelle et vous n'aurez pas besoin de la renforcer par les précautions que vous indiquait l'honorable M. Bérenger.

En effet, messieurs, si l'on enferme les attributions du juge de paix dans ces modestes limites, si on ne lui demande rien qui ne soit à la hauteur de ses vertus et de ses lumières, il est manifestement protégé par la considération dont il jouit ; et s'il pouvait arriver qu'il fût en butte aux ingérences dont on parlait tout à l'heure en termes voilés, il serait suffisamment défendu par l'estime de tous ses concitoyens.

Il n'y a pas, sur ce point, d'organisation à créer.

Mais à ce magistrat conciliateur, il est clair que vous ne pourrez confier que des litiges de peu d'importance, lorsqu'il jugera en dernier ressort. Voilà pourquoi le législateur de 1838 a fixé une limite qu'il me semble difficile de dépasser, lorsqu'il a donné au juge de paix le droit de statuer en dernier ressort jusqu'à 100 francs, et à charge d'appel jusqu'à 200 francs.

Si, au contraire, vous voulez étendre la compétence du juge de paix, il cessera d'être un conciliateur, et vous serez amenés, par la force des choses, à en faire, ainsi que je le disais, un magistrat civil. (*Dénégations sur un grand nombre de bancs.*)

Vous lui demanderez fatalement plus de garanties ; par suite, vous lui ferez une situation plus belle, plus indépendante ; vous mettrez, en un mot, son traitement en rapport avec les nouveaux services que vous exigerez de lui. Et, s'il en est ainsi, cette question ne prime-t-elle pas celle de la compétence ? (*Approbation sur quelques bancs.*)

M. le marquis de Carné *et plusieurs sénateurs à droite.* C'est évident !

M. Monis. M. le rapporteur nous disait : il y a une raison pour laquelle il faut en toute hâte, sans plus hésiter, voter en bloc le projet de la commission : cette raison, c'est que, depuis cinquante années, des personnages bien pensants ont occupé leurs loisirs à envoyer aux deux Chambres leurs opinions sur la question. (*Sourires.*)

C'est un argument qui, je le déclare, me touche fort peu.

Il y a une seconde raison : c'est que depuis vingt ans au moins, chaque fois que la loi sur la compétence des juges de paix a été apportée à cette tribune, elle s'est, dit M. le rapporteur, heurtée à cette question préjudicielle de l'organisation de la justice de paix.

Mais, s'il en est ainsi, mon cher rapporteur, nous pouvons constater la régularité, la constance d'une loi absolument naturelle et contre laquelle nos lumières personnelles ne prévaudront pas. Si, depuis vingt ans qu'on a cherché à augmenter la compétence, on a toujours dit : déterminons d'abord le caractère du juge, c'est qu'il y a une raison à cela. Et puisque je conçois le juge de paix comme un homme des champs, permettez-moi de vous dire, en employant son langage : « Cette raison, c'est qu'il ne faut pas mettre la charrue devant les bœufs ». Vous voulez nous faire adopter toute une série de dispositions qui augmentent la compétence du juge ; je vous réponds : « Avez-vous ce juge ? »

Voulez-vous étendre la compétence en conservant le personnel actuel ? C'est une chose impossible, et, par conséquent, la question préjudicielle à laquelle se heurtera votre commission pour la vingtième fois depuis vingt ans, comme toutes celles qui l'ont précédée, est celle-ci « Quelle est la conception que le législateur entend se faire des fonctions du juge de paix ? Comment le juge de paix sera-t-il recruté ? Quelles garanties devra-t-il offrir ? Comment s'assurer qu'il possède toutes les lumières dont il a besoin en face des justiciables ? » Cette question une fois posée, tout sera facile ; nous aurons pris parti et il n'y aura plus aucune difficulté, sauf peut-être sur quelques détails. Mais la question préjudicielle se pose nécessairement ; il faut que vous disiez comment vous définissez les fonctions de votre juge, quelles garanties de capacité et d'indépendance vous exigerez de lui. Le reste viendra après.

Voilà pourquoi, messieurs, je viens appuyer énergiquement devant vous le renvoi à la commission de l'amendement de M. Bérenger. Je le demande parce que le renvoi à la commission aura simplement cette signification qu'avant d'aborder une loi sur la compétence des juges de paix, le Sénat entend préalablement être fixé sur l'organisation des nouvelles justices de paix.

M. Bérenger *et plusieurs sénateurs à gauche et au centre.* C'est cela ! très bien !

M. Monis. Autrement, je n'accorde aucune autre signification à ce renvoi, attendu qu'en ce qui me concerne je ne partage aucune des préoccupations de l'honorable et éminent auteur de la disposition additionnelle. Je suis en effet partisan du juge de paix conciliateur et, très éloigné, par suite, d'exiger de lui les garanties particulières dont il est question dans l'amendement. Je n'ai pas besoin pour mon juge, qui éteint les litiges et dont le rôle vraiment utile est de faire office de conciliateur, du titre de licencié en droit, et encore moins du titre de bachelier.

Plusieurs membres. Eh bien, alors, il n'y a pas besoin de modifier la loi de 1838 !

M. Monis. Je n'ai que faire de tout cela ; je ne veux qu'un homme de sagesse et d'expérience, un homme de vertu qui puisse faire comprendre à tous que la paix est le premier de tous les bienfaits. (*Mouvements en sens divers.*)

Voilà ce que je lui demande. Je vais même plus loin, car je veux m'expliquer avec franchise sur cet amendement ; je regretterais vivement qu'on fît du juge de paix ce magistrat civil dont nous parlions. C'est qu'en effet plus votre juge de paix sera fort en droit, moins il conciliera de procès. (*Rumeurs au centre.*)

M. Tillaye. Et pourquoi donc ?

M. Monis. En effet, quand ce magistrat des champs verra entrer dans son humble demeure deux plaideurs rustiques, s'il ne connaît que peu de droit, il n'éprouvera pas d'autre sentiment que le regret de voir plaider ses deux voisins, et il sacrifiera tout à la pensée de les mettre d'accord.

Si, au contraire, il est, je ne dis pas bachelier, mais licencié en droit, et s'il connaît les règles du code, il saura, à la première apparence, celui des deux plaideurs qui doit *gagner* son procès et, payant, malgré lui, son tribut à sa propre science, il ne pourra pas décemment faire des efforts multiples pour obtenir de celui qui, dans sa pensée, doit gagner un procès imperdable, l'abandon d'une prétention aussi sûre. (*Mouvements divers.*)

Voilà pourquoi il faut qu'au point de vue pratique vous choisissiez. Ou vous voulez un conciliateur, et vous pouvez le recruter comme il se recrute aujourd'hui. Ou vous voulez un juge civil, et alors il vous faut, au préalable, une organisation nouvelle vous assurant des garanties nouvelles, et il faut que cette organisation soit la préface nécessaire de la loi qui sera présentée.

M. le garde des sceaux. Je demande la parole.

M. le président. La parole est à M. le garde des sceaux.

M. le garde des sceaux. Messieurs, l'honorable M. Monis paraît s'être éloigné du terrain véritable de la discussion.

Quelle était la question posée au Sénat ? Il s'agissait de savoir si, oui ou non, on devait renvoyer à la commission l'amendement de l'honorable M. Bérenger. Je demande au Sénat la permission de rentrer dans la question et de m'opposer au renvoi demandé.

Du projet de loi déjà étudié par la Chambre des députés, la commission du Sénat a détaché tout ce qui avait trait à la compétence civile du juge de paix ; elle a, si je ne me trompe, voulu montrer dans quelles limites le Sénat consentirait à augmenter cette compétence civile, et déterminer le terrain transactionnel sur lequel elle appelait tous les partisans de la réforme à se grouper.

Le Sénat votera tout à l'heure sur ce point.

La discussion à laquelle s'est livré M. Monis portait, non sur l'amendement de l'honorable M. Bérenger, mais sur l'ensemble de la loi soumise à vos délibérations ; il a rouvert la discussion générale, alors que la question à trancher par le Sénat en ce moment est uniquement celle du renvoi à la commission de l'amendement de M. Bérenger.

Je demande au Sénat de ne point voter ce renvoi pour deux raisons :

D'abord, parce que les conditions d'admission, réclamées par M. Bérenger, doivent avoir nécessairement pour corollaire l'augmentation des traitements. On aura beau édicter théoriquement que telles conditions, tels grades, tels titres seront exigés des candidats à une justice de paix, on fera œuvre vaine si l'on n'offre pas aux hommes pourvus de pareilles qualités une situation pécuniaire en rapport avec elles. Le moyen pratique de relever le niveau des juges de paix et d'appeler dans cette carrière des hommes sérieusement instruits dans la science du droit consiste à leur assurer une situation qui répondra aux titres exigés, c'est-à-dire un traitement assez élevé. Agir autrement, ce serait, je le crains, s'exposer à ne trouver aucun candidat consentant à accepter une justice de paix dans un canton rural, si des liens de famille ou la situation de ses biens ne l'y appellent point. (*Protestations sur divers bancs.*)

En second lieu, parce que l'on ne peut, dans la situation actuelle des juges de paix assurer à ceux-ci, soit l'inamovibilité, soit la quasi-inamovibilité proposée par M. Bérenger.

Le juge de paix, en effet, n'est pas seulement un magistrat chargé de concilier les parties ou de trancher des procès ; il remplit également les fonctions d'officier de police judiciaire et il est auxiliaire du procureur de la République, aux termes des articles 48 et 49 du code d'instruction criminelle.

A ce titre, il participe à l'exercice de l'action publique ; il reçoit des instructions qu'il est tenu de remplir et on ne comprendrait pas que ses négligences ne pussent être réprimées, ou ses résistances vaincues immédiatement. (*Très bien.*)

Il doit, comme le procureur de la République, rester soumis à une discipline, exercée directement par le ministre de la justice.

La demi-inamovibilité, proposée en faveur des juges de paix, ne pourrait être accordée que si on renfermait ces magistrats dans leurs fonctions de juges, ce qui priverait les parquets d'auxiliaires précieux et indispensables, sinon dans les villes, du moins dans les campagnes. (*Nouvelles marques d'approbation.*)

C'est pour ces raisons que je demande au Sénat de vouloir bien ne pas voter le renvoi de l'amendement de M. Bérenger à la commission.

M. Buffet. Alors il ne faut pas augmenter la compétence des juges de paix.

M. le président. Je consulte le Sénat sur le renvoi à la commission qui est demandé par M. Bérenger.

Il a été déposé sur le bureau une demande de scrutin.

Elle est signée de MM. Jules Godin, Tillaye, Dellestable, Guyot-Lavaline, Emile Gayot, Dufoussat, Girard, Adolphe Cochery, Coste, Ranc.

Il va être procédé au scrutin.

(Les votes sont recueillis. — MM. les secrétaires en opèrent le dépouillement.)

M. le président. Voici le résultat du scrutin

Nombre des votants	256
Majorité absolue	129
Pour	66
Contre	190

Le Sénat n'a pas adopté.

M. le président. Je dois maintenant mettre aux voix l'amendement au fond.

M. Bérenger. Je le retire, monsieur le président.

M. le président. M. Bérenger retirant son amendement, je donne lecture du texte proposé par la commission :

« Art. 1er. — Les juges de paix connaissent, en matière civile, de toutes actions purement personnelles ou mobilières, en dernier ressort jusqu'à la valeur de 300 francs, et à charge d'appel jusqu'à la valeur de 600 francs. »

Personne ne demande la parole ?...

Je mets aux voix l'article 1er.

(L'article 1er est adopté.)

M. le président. « Art. 2. — Les juges de paix connaissent sans appel jusqu'à la valeur de

300 francs, et à charge d'appel à quelque valeur que la demande puisse s'élever :

« Des actions en payement des loyers ou fermages ;

« Des congés ;

« Des demandes en résiliation de baux fondées soit sur le défaut de payement des loyers ou fermages, soit sur l'insuffisance des meubles garnissant la maison, ou de bestiaux et ustensiles nécessaires à l'exploitation, prévue par les articles 1752 et 1766 du code civil, soit enfin sur la destruction de la totalité de la chose louée, prévue par l'article 1722 du code civil ;

« Des expulsions de lieux ;

« Des demandes en validité et en nullité ou mainlevée de saisies-gageries pratiquées en vertu des articles 819 et 820 du code de procédure civile, ou de saisies-revendications portant sur des meubles déplacés sans le consentement du propriétaire, dans le cas prévu aux articles 2102, paragraphe 1ᵉʳ du code civil, et 819 du code de procédure civile, à moins que, dans ce dernier cas, il n'y ait contestation de la part d'un tiers ;

« Le tout lorsque les locations verbales ou écrites n'excèdent pas annuellement 400 francs.

« Si le prix principal du bail se compose en totalité ou en partie de denrées ou prestations en nature appréciables d'après les mercuriales, l'évaluation de ces denrées ou prestations sera faite sur les mercuriales du jour de l'échéance, lorsqu'il s'agira du payement des fermages ; dans tous les autres cas, elle aura lieu suivant les mercuriales du mois qui aura précédé la demande.

« S'il comprend des prestations non appréciables d'après les mercuriales, ou s'il s'agit de baux à colons partiaires, le juge de paix déterminera la compétence en prenant pour base du revenu de la propriété le principal de la contribution foncière de l'année courante multiplié par cinq. » — (Adopté.)

« Art. 3. — Les juges de paix connaissent sans appel jusqu'à la valeur de 300 francs et à charge d'appel à quelque chiffre que la demande puisse s'élever :

« Des réparations locatives des maisons ou fermes mises par la loi à la charge des locataires ;

« Des indemnités réclamées par le locataire ou fermier pour non-jouissance provenant du fait du propriétaire, lorsque le droit à une indemnité n'est pas contesté ;

« Des dégradations et pertes dans les cas prévus par les articles 1732 et 1735 du code civil ;

« Néanmoins le juge de paix ne connaît des pertes causées par incendie ou inondation que dans les limites posées par l'article 1ᵉʳ de la présente loi. » — (Adopté.)

« Art. 4. — Les juges de paix connaissent également sans appel, jusqu'à la valeur de 300 francs, et à charge d'appel à quelque valeur que la demande puisse s'élever :

« 1º Des contestations relatives aux engagements respectifs des gens de travail au jour, au mois et à l'année, et de ceux qui les emploient ; des maîtres, domestiques ou gens de services à gages ; des maîtres ou patrons et de leurs ouvriers ou apprentis, sans néanmoins qu'il soit dérogé aux lois et règlements relatifs à la juridiction commerciale, à celle des prud'hommes et au contrat d'apprentissage ;

« 2º Des contestations relatives au payement des nourrices, sauf ce qui est prescrit par les lois et règlements d'administration publique, à l'égard des bureaux de nourrices de la ville de Paris et de toutes les autres villes. » — (Adopté.)

« Art. 5. — Les juges de paix connaissent encore sans appel jusqu'à la valeur de 300 francs, et à charge d'appel à quelque valeur que la demande puisse s'élever :

« 1º Des actions pour dommages faits aux champs, fruits et récoltes, soit par l'homme, soit par les animaux domestiques, soit par le gibier, dans les conditions prévues aux articles 1382 et 1384 du code civil ;

« 2º Des actions relatives à l'élagage des arbres ou haies et au curage soit des fossés, soit des canaux servant à l'irrigation des propriétés ou au mouvement des usines, lorsque les droits de propriété ou de servitude ne sont pas contestés ;

« 3º Des actions civiles pour diffamations verbales ou pour injures publiques ou non publiques, verbales ou par écrit, autrement que par la voie de la presse ; des mêmes actions pour rixes et voies de fait, le tout lorsque les parties ne se sont pas pourvues par la voie criminelle :

« 4º De toutes les demandes relatives aux vices rédhibitoires dans les cas prévus par la loi du 2 août 1884, soit que les animaux qui en sont l'objet aient été vendus, soit qu'ils aient été acquis par tout autre mode de transmission. » — (Adopté.)

« Art. 6. — Les juges de paix connaissent à charge d'appel :

« 1º Des demandes en pensions alimentaires n'excédant pas en totalité 500 francs par an et formées en vertu des articles 205, 206 et 207 du code civil ;

« 2º Des entreprises commises dans l'année sur les cours d'eau servant à l'irrigation des propriétés et au mouvement des usines et moulins, sans préjudice des attributions de l'autorité administrative dans les cas déterminés par les lois et règlements ; dénonciations de nouvel œuvre, complaintes, action en réintégrande et autres actions possessoires fondées sur des faits également commis dans l'année ;

« 3º Des actions en bornage et de celles relatives à la distance prescrite par la loi, les règlements particuliers et l'usage des lieux, pour les plantations d'arbres ou de haies, lorsque la propriété ou les titres qui l'établissent ne sont pas contestés ;

« 4º Des actions relatives aux constructions et travaux énoncés dans l'art. 674 du code civil, lorsque la propriété ou la mitoyenneté du mur ne sont pas contestées. » — (Adopté.)

« Art. 7. — Lorsque plusieurs demandes formulées par la même partie contre le même défendeur seront réunies dans une même instance, le juge de paix ne prononcera qu'en premier ressort, si leur valeur totale s'élève au-dessus de 300 francs, lors même que quelqu'une de ces demandes serait inférieure à cette somme.

« Il sera incompétent sur le tout, si ces demandes excèdent, par leur réunion, les limites de sa juridiction. » — (Adopté.)

« Art. 8. — La demande formée par plusieurs demandeurs ou contre plusieurs défendeurs collectivement et en vertu d'un titre commun sera jugée en dernier ressort, si la part afférente à chacun des demandeurs ou à chacun des défendeurs dans la demande n'est pas supérieure à 300 francs ; elle sera jugée pour le tout en premier ressort, si la part d'un seul des intéressés excède cette somme ; enfin le juge de paix sera incompétent sur le tout, si cette part excède les limites de sa juridiction.

« Le présent article n'est pas applicable au cas de solidarité soit entre les demandeurs, soit entre les défendeurs. » — (Adopté.)

« Art. 9. — Les juges de paix connaissent de toutes les demandes reconventionnelles ou en compensation qui, par leur nature ou leur valeur, sont dans les limites de leur compétence, alors même que ces demandes réunies à la demande principale excéderaient les limites de leur juridiction.

« Ils connaissent, en outre, comme de la demande principale elle-même, des demandes reconventionnelles en dommages et intérêts fondées exclusivement sur la demande principale, à quelque somme qu'elle puisse monter. » — (Adopté.)

« Art. 10. — Lorsque chacune des demandes principales reconventionnelles ou en compensation sera dans les limites de la compétence du juge de paix en dernier ressort, il prononcera sans qu'il y ait lieu à appel.

« Si une de ces demandes n'est susceptible d'être jugée qu'à charge d'appel, le juge ne paix ne prononcera sur toutes qu'en premier ressort.

« Si la demande reconventionnelle, ou en compensation, excède les limites de sa compétence, il pourra, soit retenir le jugement de la demande principale, soit renvoyer sur le tout les parties à se pourvoir devant le tribunal de première instance, sans préliminaire de conciliation. » — (Adopté.)

« Art. 11. — Les juges de paix connaissent des actions en validité et en nullité d'offres réelles, autres que celles concernant les administrations de l'enregistrement ou des contributions indirectes, lorsque l'objet du litige n'excède pas les limites de leur compétence. » — (Adopté.)

« Art. 12. — Les juges de paix connaissent des

demandes en validité, nullité et mainlevée de saisies sur débiteurs forains pratiquées pour des
causes rentrant dans les limites de leur compétence.

« En cette matière, comme en matière de saisie-
gagerie et de saisie-revendication, si les saisies ne
peuvent avoir lieu qu'en vertu de la permission
du juge dans les cas prévus par les articles 2102
du code civil, 819 et 822 du code de procédure civile, cette permission sera accordée par le juge de
paix du lieu où la saisie devra être faite toutes les
fois que les causes de la saisie rentreront dans sa
compétence.

« S'il y a opposition pour des causes qui, réunies,
excéderaient cette compétence, le jugement en
sera déféré aux tribunaux de première instance. »
— (Adopté.)

« Art. 13. — Les juges de paix connaissent des
demandes en validité, en nullité et en mainlevée
de saisies-arrêt et oppostions — autres que celles
concernant les administrations de l'enregistrement
et des contributions indirectes — ainsi que des
demandes en déclaration affirmative lorsque les
causes des saisies n'excédent pas les limites de
leur compétence.

« En cette matière, la permission exigée à
défaut de titre par l'article 558 du code de procédure civile sera délivrée par le juge de paix du
domicile du débiteur et même par celui du domicile du tiers saisi, sur requète signée de la partie
ou de son mandataire.

M. le rapporteur. Je demande la parole.

M. le président. La parole et à M. le rapporteur.

M. le rapporteur. Messieurs, la commission
a apporté à la rédaction de cet article une modification qu'elle vous prie de vouloir bien adopter.

L'article 13 vise « les demandes en validité, en
nullité en mainlevée de saisies-arrêts et oppositions », et fait exception pour les saisies concernant les administrations de l'enregistrement et des
contributions indirectes. Nous vous proposons
d'ajouter à ces exceptions celles qui résultent de
la loi du 12 janvier 1895 sur les saisies-arrêts des
salaires. Cette loi organise une procédure spéciale
en matière de saisie de salaires, et il ne faut pas
qu'on puisse supposer que le projet actuel en
abroge les dispositions. Il y a donc lieu d'ajouter
à la fin du second alinéa de l'article 13, ces mots :
« Sans préjudice de l'application de la loi spéciale
du 12 janvier 1895 sur la saisie-arrêt des salaires. »

M. le garde des sceaux. « Et des petits traitements » ; c'est le titre même de la loi.

M. le rapporteur. Parfaitement !

M. le président. L'art. 13 serait alors ainsi
conçu :

« Art. 13. — Les juges de paix connaissent des
demandes en validité, en nullité et en mainlevée de
saisies-arrêts et oppositions — autres que celles
concernant les administrations de l'enregistrement
et des contributions indirectes — ainsi que les
demandes en déclaration affirmative lorsque les
causes des saisies n'excédent pas les limites de
leur compétence, sans préjudice de l'application
de la loi spéciale du 12 janvier 1895 sur la saisie-
arrêt des salaires et des petits traitements.

En cette matière, la permission exigée à défaut
de titre par l'art. 558 du code de procédure civile
sera délivrée par le juge de paix du domicile du
débiteur et même par celui du domicile du tiers
saisi, sur requète signée de la partie ou de son
mandataire. »

Personne ne demande la parole ?...

Je mets aux voix l'art. 13 ainsi modifié.

(L'article 13 est adopté.)

M. le président. « Art. 14. — Les juges de
paix peuvent autoriser une femme mariée à ester
en jugement devant leur tribunal, lorsqu'elle n'obtient pas cette autorisation de son mari entendu
ou dûment appelé. » — (Adopté.)

« Art. 15. — Les juges de paix connaissent des
actions en payement des frais faits devant eux. »
— (Adopté.)

M. Denoix propose d'ajouter un article additionnel ainsi conçu :

« Les juges de paix connaîtront des délits de
chasse, de pêche, de vagabondage et de mendicité. » (Très bien ! très bien !)

La parole est à M. Denoix.

M. Denoix. Messieurs, orsque j'ai eu l'honneur
de déposer l'article additionnel dont M. le président vient de donner lecture, je ne m'étais pas
suffisamment pénétré de l'esprit qui a dicté le rapport élaboré par la commission chargée de
l'étude de la proposition de loi ; je n'avais pas suffisamment saisi l'intention de la commission de
faire des séries dans l'ensemble de la réforme
relative à l'extension de la compétence des juges
de paix, et je m'étais alors tout naturellement
demandé si l'on pouvait véritablement faire cette
réforme considérable, très attendue du pays,
comme l'a dit M. le rapporteur, sans étendre en
même temps, dans une certaine mesure, la compétence des juges de paix en matière correctionnelle.

C'est pénétré de cette idée que le Sénat devait
faire autant que possible une loi à peu près complète, que j'avais déposé cet amendement. Mais
après les explications, plus détaillées que celles
que renferme le rapport, que M. le rapporteur a
bien voulu me donner dans une entrevue que nous
avons eu hier soir, j'ai parfaitement compris qu'il
était difficile d'obtenir un tout bien lié, un ensemble bien défini de la réforme relative à l'extension
de la compétence des juges de paix.

Je viens donc ici, sans risquer de compromettre
le résultat final, non pas défendre mon amendement, car j'ai l'intention de le retirer, mais tout en
ne le maintenant pas, demander au Sénat de faire
en sa faveur, ou du moins en faveur de l'esprit
qui l'a dicté, une manifestation sympathique.

Il me semble, en effet, vain, tout au moins
incomplet, d'étendre la compétence des juges de
paix en matière civile jusqu'à une somme assez
élevée, sans l'étendre dans une assez forte proportion au point de vue correctionnel.

Sans vouloir faire ici le tableau d'une question
que tout le monde connaît, sans rappeler l'exagération qu'il y a à faire comparaître en police correctionnelle certaines catégories de délinquants, et
sans insister sur la gravité des conséquences qui
s'attachent à une comparution devant la juridiction
correctionnelle, gravité presque toujours peu en
rapport avec le délit lui-même, je ne puis m'empêcher de trouver excessive la création d'un casier
judiciaire pour des délits aussi peu comprome-
ttants que ceux qui concernent la chasse, la pêche,
le vagabondage et la mendicité.

Je retirerais donc très volontiers mon amendement, à la condition que le Sénat prorogeât les
pouvoirs de la commission actuelle ou nommât
une commission nouvelle.

Etant donnée la rapidité avec laquelle ont marché la discussion et le vote de la loi actuelle, nous
pouvons espérer que la commission, animée de la
même vitesse, nous apportera prochainement un
rapport sur la seconde partie de la question touchant à la compétence des juges de paix en matière criminelle.

Pourquoi ne pas la saisir en même temps de la
question du personnel, qui a fait l'objet de l'amendement de notre honorable collègue M. Bérenger,
qui touche plus spécialement au recrutement du
personnel ?

Sous cette réserve, je retire mon amendement,
et je demande au Sénat de vouloir bien prendre en
considération la résolution suivante :

« Le Sénat décide que les pouvoirs de la commission sont prorogés et qu'elle est invitée à présenter un rapport sur l'extension de la compétence
des juges de paix en matière correctionnelle. »

M. le garde des sceaux. Je demande la
parole.

M. le président. La parole est à M. le garde
des sceaux.

M. le garde des sceaux. Messieurs, je suis
de ceux qui pensent que les délits que l'on peut
appeler contraventionnels doivent être soumis aux
juges de paix, et enlevés à la police correctionnelle qui, quoi qu'on fasse, leur imprime un caractère infamant qu'il n'ont pas.

Déjà, lors de la 1re délibération de la loi sur la
compétence des juges de paix à la Chambre des
députés, le 21 février 1891, dans la discussion d'un

amendement de M. Ponthois, j'ai indiqué mes sentiments sur ce point.

J'ai dit, si mes souvenirs sont précis, que les juges de paix devraient connaître notamment de certans délits de chasse et de pêche, de certaines contraventions à la police des chemins de fer et à la police du roulage, de certains délits forestiers, etc.

Mais j'ajoutais que mêler des questions relatives à la compétence contraventionnelle aux questions relatives à la compétence civile, ce serait faire du désordre législatif.

Ce que je pensais alors je le pense encore aujourd'hui.

Je demande à M. Denoix de vouloir bien retirer son amendement, parce qu'il ne vient pas à sa place et, pour rassurer l'honorable M. Denoix sur les sentiments qui m'animent, je demande au Sénat la permission de l'informer que je prépare un projet de loi sur cette matière. (*Très bien! très bien!*)

M. Denoix. Je retire mon amendement.

M. le président. M. Denoix retire son amendement. M. Drouhet a la parole.

M. Drouhet. Je demande au Sénat, au nom de mes honorables collègues, MM. Allègre et Isaac et au mien, de vouloir bien rendre la loi qui lui est soumise applicable aux colonies, et je propose l'article additionnel suivant :

« La présente loi est applicable aux colonies des Antilles et de la Réunion. »

M. le rapporteur. La commission accepte l'article additionnel, car il faut une loi pour que la modification que nous apportons à la compétence des juges de paix soit appliquée aux Antilles et à la Réunion.

M. Drouhet. L'organisation judiciaire dans ces colonies est la même que dans la métropole.

M. le président. M. Drouhet propose l'article additionnel suivant :

« La présente loi est applicable aux colonies des Antilles et de la Réunion. »

Cet article additionnel est accepté par la commission.

Je consulte le Sénat.

(L'article additionnel est adopté.)

M. le président. Je mets aux voix l'ensemble de la proposition de loi.

(La proposition de loi est adoptée.)

PROPOSITIONS DE LOI

RELATIVES A LA

Compétence des Juges de Paix

ET A LA

RÉFORME DES JUSTICES DE PAIX

CHAMBRE

M. JEAN CRUPPI, rapporteur.

COMPTE-RENDU « IN EXTENSO »

Séance du 16 juin 1903.

(1ʳᵉ DISCUSSION.)

M. le président. L'ordre du jour appelle la 1ʳᵉ délibération sur : 1° la proposition de loi, adoptée par le Sénat, sur la compétence des juges de paix ; 2° la proposition de loi de M. Jean Cruppi, sur la réforme des justices de paix.

Sur divers bancs. A jeudi !

M. Jean Cruppi, *rapporteur.* Je demande la parole.

A droite. Il n'y a personne au banc du Gouvernement.

M. le président. La parole est à M. le rapporteur.

M. Jean Cruppi, *rapporteur.* Je suis convaincu que la Chambre ne voudra pas, au moment où vient en discussion une proposition de loi dont le principe est approuvé et dont les résultats sont attendus depuis si longtemps par le pays, retarder encore ce débat. J'insiste pour la discussion immédiate. (*Très bien! très bien! à gauche et à l'extrême gauche.*)

M. Audigier. Il faut envoyer chercher M. le garde des sceaux.

M. Mirman. Nous sommes majeurs, nous n'avons pas besoin du garde des sceaux.

M. le comte de Lanjuinais. Je demande qu'on prévienne M. le garde des sceaux et qu'on suspende la séance en attendant son arrivée.

M. le président. M. le garde des sceaux est retenu en ce moment au Sénat. (*Exclamations à droite.*) Mais M. le rapporteur insiste pour que la discussion commence immédiatement.

M. le rapporteur. J'insiste auprès de la Chambre pour qu'elle commence aujourd'hui la discussion générale. (*Très bien! très bien! à gauche.*)

A droite. A Jeudi.

M. de Grandmaison. Il est impossible de discuter une loi de cette importance en l'absence de M. le garde des sceaux.

M. le président. On demande le renvoi de la discussion. (*Rumeurs à gauche.*)

Je vais consulter la Chambre.

Il y a une demande de scrutin...

M. Lasies. On renonce au renvoi.

M. le président. Persiste-t-on à demander le renvoi? (*Non! non!*)

La parole est à M. Lepelletier dans la discussion générale.

M. Edmond Lepelletier. Messieurs, je suis désolé de prendre la parole en l'absence de M. le garde des sceaux. Mais il s'agit d'une loi d'une haute importance, que le parti républicain attend depuis longtemps et nous avons des considérations générales à vous soumettre, en dehors de tout parti pris politique, qui nous permettent de laisser à M. le garde des sceaux le temps de prendre part aux délibérations de l'autre Assemblée.

M. Mirman. Ce sera à lui d'appliquer la loi; mais il n'est pas chargé de la faire. Nous sommes ici pour cela.

M. Edmond Lepelletier. La réforme des justices de paix est à l'ordre du jour, on peut le dire, depuis l'avènement de la République. Même au corps législatif impérial, on s'en était préoccupé.

M. Lasies. Et si on avait laissé faire, il y a longtemps qu'elle aurait abouti. (*Mouvements divers.*)

M. Edmond Lepelletier. Cette réforme, pour n'avoir pas, dans le pays, grand retentissement, pour n'avoir pas été préparée par des campagnes, soit de presse, soit de conférences, pour n'avoir produit aucune agitation, n'en est pas moins attendue impatiemment par les justiciables. Et cela parce que le juge de paix est un magistrat populaire et sympathique dans notre pays, et que, à quelques exceptions près, mérite cette sympathie et cette popularité. Et cependant, il faut reconnaître que les difficultés du recrutement ont empêché dans bien des cas de trouver des magistrats possédant vis-à-vis de leurs justiciables une autorité, une compétence, et, si je puis dire, un prestige suffisant pour assurer à cette magistrature modeste et laborieuse, le rang qu'elle doit avoir dans l'opinion.

Le code range à tort les justices de paix parmi les tribunaux inférieurs. On devrait les désigner sous le nom de tribunaux de premier degré. Mais c'est là un point qui n'est pas touché par la réforme actuelle.

Le projet qui nous est soumis est double. Il se compose d'abord du texte apopté par le Sénat, et ensuite d'un projet beaucoup plus complet, qui émane de la Commission de réforme judiciaire et de son éminent président M. Cruppi.

J'aurai des objections à faire contre les conclusions et contre les considérants de ce rapport, mais cependant je dois déclarer tout d'abord que je ne suis pas ici pour faire de l'obstruction à la loi. Je suis en mesure d'en discuter les effets et la portée car j'ai eu l'honneur de siéger pendant onze ans à la justice de paix, je suis peut-être le seul dans ce cas à la Chambre.

Je crois que nous devons voter le projet tel qu'il nous est présenté. Ce projet est attendu, je le répète, par l'opinon qui l'approuve dans son principe, dans sa portée, sans se préoccuper des détails et des difficultés de sa confection. Mais s'il n'y a pas lieu de faire obstruction, cependant il nous sera permis d'essayer de l'amender, de le compléter, de l'améliorer. C'est là le but des amendements que j'aurai l'honneur de défendre au cours de la discussion, si toutefois la Chambre, comme nous l'espérons, décide de passer à la discussion des articles.

La réforme des justices de paix est de deux sortes. Elle comporte à la fois des extensions de compétence et une extension d'honoraires, on pourrait même dire des salaires, car les juges de paix de la dernière classe, — et ce sont les plus nombreux, — gagnent à peine le salaire d'un manœuvre. Cette dernière classe touche 142 francs par mois, c'est-à-dire un traitement qui, non seulement suffit à peine pour vivre, mais qui n'assure même pas la dignité d'existense et la tranquillité d'esprit nécessaires à un magistrat. On me répondra que l'on choisit d'anciens notaires, d'anciens fonctionnaires, d'anciens magistrats qui ont déjà des retraites.

Mais, pour ma part, j'estime que lorsque la République nomme un fonctionnaire, elle doit fournir à ce fonctionnaire, qu'elle a jugé utile, un salaire qui lui permette de vivre selon sa condition, selon les nécessités de la vie. Or, l'augmentation du salaire des juges de paix n'a pas coïncidé avec l'augmentation du prix des vivres, avec la cherté croissante de toutes choses, car ce salaire est le même qu'en 1838, c'est-à-dire le même qu'à une époque où l'argent avait beaucoup plus de valeur.

Les arguments qu'on peut invoquer pour solliciter l'extension de la compétence des juges de paix sont les mêmes que ceux qu'on peut invoquer pour l'augmentation de leurs salaires.

L'argent a diminué de valeur depuis soixante-cinq ans, pour les justiciables comme pour les juges. Sur ce point encore, je suis entièrement d'accord avec M. le rapporteur. Cette augmentation ne grèvera pas énormément le Trésor, si l'on veut joindre à la loi une réforme ou plutôt un remaniement des justices de paix actuelles.

Avant même de discuter les amendements je vous signalerai un moyen facile de maintenir à peu près sans changement les charges du Trésor tout en augmentant les honoraires des juges de paix. Il consiste à diminuer le nombre des juges, mais en étendant leur compétence territoriale, en réunissant des cantons judiciaires susceptible d'être juxtaposés et combinés, d'après les facilités de communication.

En ce qui concerne le taux de la compétence, la question est assez délicate. Dans tous les programmes républicains, dans toutes les discussions où a été agitée cette question de l'extension de la compétence, on est allé radicalement jusqu'à la somme de 1,500 francs. Sans vous faire un cours de procédure, je vous rappelle que les affaires civiles se divisent en deux classes : la première qui va jusqu'à 1,500 francs, qui est du ressort des tribunaux de première instance et qui n'est pas sus-

ceptible d'appel, ce qu'on nomme les affaires dites sommaires ; la seconde, les affaires qui dépassent en principal 1,500 francs et qui sont susceptibles d'être portées devant une seconde juridiction. Ce sont les affaires dites ordinaires. Certaines affaires sont exceptionnellement, bien que le taux de la demande dépasse 1,500 francs, rangées parmi les affaires sommaires, non scsceptibles d'appel.

On a donc proposé, dans presque teus les projets antérieurs, que la compétence des juges de paix fût portée d'un seul coup à 1,500 francs. En recrutant les juges de paix dans les conditions prévues par les conclusions du rapport, c'est-à-dire en choisissant des hommes qui auraient fait un stage dans les greffes, dans les études d'avoués ou de notaires, qui auraient été suppléants de juges de paix ou obtenu les diplômes de docteur, de licencié ou même de gradué en droit, on peut, je crois, confier à un juge de paix, à un juge inférieur, la mission de statuer sur des affaires allant jusqu'à 1,500 francs. Mais cependant les objections sont nombreuses.

D'abord il y a l'objection du juge unique. Il existe un adage sur ce point : juge unique, juge inique. Ce n'est pas absolument exact : l'iniquité peut parfois se trouver même dans le nombre, mais enfin on estime que des affaires d'une certaine importance ne peuvent être confiées à un seul juge qui pourrait être influencé, circonvenu, abusé ou de parti pris. Nous pourrions répondre à ceux qui refusent la compétence jusqu'à 1,500 francs que toutes les affaires soumises à la juridiction du juge de paix ne s'élèveront pas jusqu'à ce chiffre, qu'il n'y en aura qu'un nombre relativement restreint, comme dans le tribunal civil. Ces affaires pourraient être jugées dans une audience spéciale, dite de grande compétence, qui aurait lieu par exemple une fois par mois au chef-lieu de canton judiciaire, et où le juge de paix siègerait assisté de ses deux assesseurs, les suppléants recrutés dans les mêmes conditions de capacité, de compétence et d'expérience que lui, avec cette seule différence que leurs fonctions seraient gratuites, pourraient constituer un tribunal de trois personnes jugeant avec les mêmes garanties que les tribunaux de première instance, les affaires jusqu'à 1,500 francs.

Nous ne pensons pas qu'il y ait lieu de s'arrêter à cette objection et nous estimons qu'on pourrait sans danger étendre jusque là la compétence des juges de paix, car cette extension est justifiée par la compétence même que la loi précitée exige des magistrats chargés de statuer sur les affaires soumises à cette juridiction.

Mais nous nous heurtons ici à des objections spéciales et très importantes, à des objections d'intérêts. Il y a d'abord la toute puissance corporation des officiers ministériels qui n'admettrait pas que, du jour au lendemain, on supprimât les tribunaux d'arrondissement. Car, en effet, si nous étendions la compétence des juges de paix jusqu'à 1,500 francs, ce serait la mort des tribunaux d'arrondissement.

Il faut tenir compte non seulement des avoués, des intérêts de ceux qui ressortissent du tribunal, mais aussi des intérêts des petites villes qui se trouveraient comme décapitées, si on leur enlevait les tribunaux qui font leur gloire, sinon toujours leur fortune.

Les tribunaux des petits arrondissements, dans nombre de cas, ne sont par leur situation même, ni bien importants, ni bien utiles, et les juges y occupent des fonctions qui souvent ne leur rendent pas la pareille.

Le tribunal de Forcalquier a jugé ving-deux affaires dans l'exercice dernier. Celui de Sisteron en a jugé un peu plus, une trentaine. Un autre tribunal, dans la même région, en a jugé soixante. Il est bien évident que ces tribunaux pourraient sinon être supprimés en totalité, tout au moins être condensés et dotés d'une juridiction plus étendue comme territoire.

Cette augmentation de la compétence des juges de paix jusqu'à 1,500 francs est une réforme accessoire que nous aurons à discuter soit par une proposition spéciale ultérieure, soit par amendement quand on discutera la réforme judiciaire des tribunaux de première instance. Je me garde actuellement de soulever ce long débat ; je le note en passant afin que la Chambre y revienne ultérieurement, au moment opportun.

Je tiens avant tout à ce que le projet actuel soit voté. Pour cela nous réservons la question de la compétence portée à 1,500 francs; elle comporte trop d'intérêts à examiner et j'admets donc la compétence telle qu'elle a été proposée par M. le rapporteur, c'est-à-dire la compétence jusqu'à 300 francs en premier ressort et à 600 francs à charge d'appel, dans les conditions indiquées.

Sur la compétence civile, je n'ai donc rien à dire, sous le bénéfice des observations qui précèdent et des souhaits à une extension plus considérable; mais j'ai une proposition fort importante à présenter en ce qui concerne la compétence commerciale.

Le rapport refuse au juges de paix la juridiction commerciale. C'est une question qui a été depuis longtemps soulevée.

Portalis, dans la préparation du code au conseil d'État, l'a examinée et il s'est prononcé contre. Son argument assez fort est celui-ci : on ne peut pas créer deux sortes de juridictions commerciales; si on laisse aux juges de paix la compétence sur certaines affaires dites de commerce, comme un certain nombre de ces affaires ne seront jugées qu'en premier ressort, le tribunal de commerce se trouverait appelé, dans certains cas, à faire fonction de tribunal d'appel, ce qui serait contraire à tous les principes, ce qui serait la confusion des juridictions.

Je propose autre chose : je distingue, dans les affaires, dites commerciales, celles qui sont vraiment commerciales. Je crois que peut-être un jour on pourra aborder à la tribune la question de l'utilité du maintien des tribunaux de commerce qui constitue en somme une juridiction pour ainsi dire complémentaire se confondant souvent avec la juridiction ordinaire, car toutes les affaires importantes ou presque toutes, vont en appel, et cette juridiction, qui semblait devoir être toute paternelle, presque corporative et surtout affranchie de ce cortège rapace d'hommes d'affaires qui entourent les plaideurs au civil, a trouvé le moyen, au mépris de la loi qui interdit absolument le ministère d'avoué devant la juridiction consulaire, de constituer une corporation d'avoués, qu'elle nomme, qu'elle favorise et qu'on appelle les agréés. Ce sont des avoués commerciaux dont les charges valent à Paris beaucoup plus cher que celles des avoués de première instance et d'appel.

Mais il y a deux sortes d'affaires commerciales. Il y a les véritables procès commerciaux où sont engagés des intérêts de négoce, des intérêts maritimes, qui roulent sur des discussions de contrats, sur des litiges en matière d'assurances ou de sociétés; ces procès peuvent justifier la présence au tribunal de personnages portant la robe ou la toque, investis extraordinairement du droit de rendre des jugements et qui, dans la vie civile, sont des commerçants, faisant régulièrement actes de commerce ou l'ayant fait, ayant même acquis dans leur profession une certaine notoriété et une capacité incontestable. Pour ces affaires, sans aucun doute, le tribunal de commerce est utile, et cependant son utilité cesse d'être souveraine dans les procès dépassant 1,500 francs. Le juge de paix n'a rien à voir dans ces litiges relatifs aux actes commerciaux, quelle que soit l'importance du litige.

Mais il est une grande quantité d'affaires dites commerciales qui, actuellement, sont tranchées par une décision du tribunal de commerce et qui n'ont en soi rien de commercial. Je veux parler de ces affaires où l'une des parties, le débiteur, n'est nullement commerçant et qui sont représentées à la barre par une traite, par un billet, par un effet, ayant pour cause uniquement soit une fourniture de denrées ou d'objets pour l'usage personnel, soit des prêts d'argent non commerciaux, soit encore des règlements de travaux privés et qui roulent sur de très petites sommes. Ces petites affaires devraient être soumises aux juges de paix, car elles sont éminemment de sa compétence et ce sont des affaires qui appellent essentiellement la conciliation.

Je veux enlever au tribunal de commerce le jugement de tous ces petits procès, où il n'y a pas l'ombre de discussion juridique, où il ne peut pas y avoir d'argumentation de droit, où aucune opposition sérieuse ne peut être apportée puisqu'il s'agit d'une dette constante, reconnue, d'une fourniture faite et établie par acceptation d'un billet souscrit par une personne qui a reçu livraison de la marchandise et qui ne le conteste pas, ou bien d'une traite acceptée par elle.

M. Julien Goujon (Seine-Inférieure). Cela peut toujours être contesté à l'audience. Les plaideurs ont jusqu'au dernier moment le droit de contestation.

M. Fabien-Cesbron. La juridiction consulaire entraine très peu de frais.

M. Edmond Lepelletier. Je pose en fait, que, dans la pratique, il n'y a que l'inscription de faux qui puisse faire contester à l'audience un billet présenté pour lequel on réclame jugement et qui est ainsi conçu : « A telle date je paierai à l'ordre de M..... la somme de..... valeur reçue en marchandises. »

M. Julien Goujon (Seine-Inférieure). Il n'y a pas que l'inscription de faux. Le billet peut avoir été souscrit par un mineur, par un incapable.

M. Simonet. Ou par une femme mariée non autorisée.

M. Edmond. Lepelletier. S'il s'agit d'un billet souscrit par un mineur ou un incapable, l'exception est de droit, sans aucun doute; mais croyez-vous qu'un juge de paix, qui se prononce avec des garanties de capacité que la loi projetée impose, ne sera pas à même de déclarer que ce billet, étant souscrit par un mineur, par un interdit, par une femme mariée, sans l'autorisation de son mari, par une personne dotée d'un casier judiciaire, n'est pas valable ?

M. Julien Goujon (Seine-Inférieure). C'est le fond du droit.

M. Edmond Lepelletier. C'est très rare, en tous cas.

M. Simonet. C'est une exception de droit, mais elle ne soulève pas de discusssion juridique.

M. Edmond Lepelletier. Mais même en admettant que ce soit une pure question de droit, un juge de paix n'est-il pas aussi apte à la trancher qu'un ancien fabricant de bronze, par exemple, siégeant au tribunal de commerce ? Parmi les juges de paix, il y a un nombre considérable d'hommes de la basoche, de diplômés en droit.

Ces cas sont d'ailleurs exceptionnels. A chaque audience du tribunal de commerce, dans les villes importantes, il se rend de nombreux jugements qui sont ânonnés, bredouillés, tout à fait de pure forme, adjugeant le bénéfice des conclusions de la demande, ne nécessitant aucun effort juridique, puisqu'ils reposent sur un titre incontesté et incontestable, sur une signature non déniée. Ils sont rendus par défaut la plupart du temps, car le débiteur ne se présente pas : il n'est pas en mesure de payer; il cherche seulement à gagner du temps. Le jugement commercial n'est qu'une sanction de l'obligation qu'il a souscrite, en vertu de laquelle on va lui faire un commandement et le saisir. Que fait le débiteur ? Il revient devant le tribunal de commerce après avoir fait défaut et la procédure recommence sur l'opposition, ce qui fait que le but du législateur qui est, devant la justice consulaire, d'éviter des frais, n'est pas atteint : pour payer 25 à 50 francs, on fait 60 et jusqu'à 100 francs de frais, quand le procès est enlevé rapidement.

Au contraire, devant la juridiction du juge de paix, qui est éminemment conciliante, je le répète, le juge accordera des délais, il facilitera un arrangement et évitera la procédure. Si le débiteur est de mauvaise foi, ou se trouve dans l'impossibilité absolue de payer, la situation sera la même que devant le tribunal de commerce, avec cette différence que le débiteur n'aura que son billet à payer avec quelques frais et qu'il n'aura pas subi cet épouvantable impôt sur la misère qu'on appelle frais de justice. (*Très bien! très bien!*)

Ma proposition est donc assez simple pour que je n'aie pas à la développer.

« Les juges de paix connaîtront sans appel jusqu'à 300 francs et à charge d'appel jusqu'au taux de la compétence en dernier ressort des tribunaux de première instance, des demandes en paiement des lettres de change et billets à ordre dont le débiteur, tiré, souscripteur, accepteur ou endosseur, n'aura pas la qualité de commerçant ou lorsque ces valeurs représenteront des fournitures d'objets de consommation ou d'usage personnel, le remboursement de dettes civiles, le règlement de travaux de services ou de comptes n'ayant pas le caractère d'une opération de commerce.

« S'il se trouve, parmi les endosseurs, des commerçants, le jugement du tribunal de paix pourra être déféré au tribunal de commerce à l'effet d'obtenir la déclaration de faillite de ces commerçants, conformément aux dispositions des articles 118, 140, 187, 437 et 440 du code de commerce. »

Voici le système. Je veux enlever au tribunal de commerce, pour la conférer aux juges de paix, la juridiction des non-commerçants, des petits employés, des paysans, des petites gens en somme qui souscrivent, les uns pour l'acquisition d'instruments de travail, les autres pour des fournitures de vin, de vêtements, de mobilier, la réparation d'un mur, pour des travaux de peinture, de menuiserie, pour des services et des journées, de petits billets et qui sont à l'échéance, pour différentes causes dans l'impossibilité de payer; on les condamne au tribunal de commerce et ils ont à supporter des frais disproportionnés. Le tribunal de commerce ne concilie jamais; tout ce qu'il peut accorder, c'est un délai insuffisant de vingt-cinq jours à ces débiteurs pour se mettre en mesure de payer et se tirer d'affaire.

Vous examinerez cette question quand nous passerons à la discussion des articles, mais je crois que l'extension de la juridiction commerciale des juges de paix dans les conditions et dans les limites que j'indique est nécessaire et bonne. M. le rapporteur a demandé, du reste, dans certains cas que le juge de paix soit compétent en matière commerciale; il n'y a donc pas là de question de principe : il admet cette compétence supplémentaire pour les contestations entre voituriers et voyageurs, entre hôteliers et locataires. Nous devons y ajouter une cause de procès de plus en plus fréquente, les contestations relatives au cyclisme qui se multiplient : il est bon que ces affaires soient déférées aux juges de paix pour être jugées rapidement sur place et sans grands frais.

J'attire également l'attention de la Chambre sur une autre proposition que je lui soumettrai, qui n'est plus de l'ordre commercial, mais de l'ordre civil.

Elle est ainsi conçue :

« Toute saisie-arrêt pratiquée, soit en vertu de titres authentiques ou privés, dans les termes de l'article 557 du code de procédure civile, soit par permission du juge, conformément à l'article 558 du code de procédure civile et à l'article 13 de la présente loi, dans la limite de la compétence, ne pourra être signifiée au tiers saisi avant d'avoir été précédée d'une tentative de conciliation ou d'arrangement amiable devant le juge de paix du domicile du saisi.

« Le créancier, sans attendre l'exploit de dénonciation, devra, dans cette comparution en conciliation, faire connaître le nombre des oppositions qu'il compte pratiquer et désigner les tiers saisis afin de permettre au débiteur de produire ses dires et contestations.

« L'évaluation des frais et accessoires n'entrera pas dans le montant de la créance pour détermination de la compétence.

« Le juge de paix pourra, dans la limite de sa compétence, accorder, à titre alimentaire, une réduction de la somme saisie.

« L'article 566 du code de procédure civile est abrogé. »

La saisie-arrêt est une procédure excessivement violente et abusive. L'un des abus qu'elle présente — je ne veux pas faire ici la critique de notre code de procédure, elle viendra à son heure — consiste en ce que le juge — prenons le cas où il n'y a pas de titre, mais l'abus est le même quand il y a titre — rend une ordonnance sur une requête qu'on lui présente. Il autorise M. X..., par exemple, comme créancier, à former opposition sur M. Z..., débiteur pour telle somme. Le juge évalue sans doute la somme, pour le montant de laquelle, frais compris, il autorise l'opposition, sans fixer les endroits où elle sera faite. Cette saisie-arrêt est parfois très nuisible, très dangereuse; elle frappe sournoisement, sans prévenir l'intéressé, sans qu'il y ait un arrangement possible; elle va quelquefois désorganiser les affaires d'un homme, paralyser les rentrées d'un petit négociant à la veille de son échéance, frapper l'employé, en indisposant contre lui son patron et l'exposer à un renvoi ainsi que le fait se

produit dans les grandes administrations publiques.

Cette saisie-arrêt se pratique avec une brutalité indigne de notre temps; des voies éloquentes se sont élevées autrefois pour protester et obtenir la suppression de la contrainte par corps, ce vieux leg du droit ancien, de la loi des douze tables, qui regardait l'*œs alienum* comme une chose tellement sacrée qu'elle donnait au créancier le corps de son débiteur comme gage.

Après avoir supprimé la contrainte par corps, on devrait aujourd'hui, sinon abolir, tout au moins modérer la procédure de la saisie-arrêt telle qu'elle est pratiquée; car si le juge limite la somme, il ne limite pas les endroits où l'on peut opérer la saisie-arrêt. En vertu d'un titre, sans permission du juge, la faculté de frapper d'opposition est sans limite, et le créancier en est seul juge. Ce créancier peut multiplier les oppositions, les signifier à tort ou à travers, et j'ai été moi-même témoin de ce fait, pendant le Seize-Mai, époque assez dangereuse pour les journaux républicains. Un journal s'était vu frapper d'opposition dans tous les bureaux de poste de France pour le recouvrement d'une somme très minime. On le paralysait, on le tuait, avec la permission du juge.

Il y a là un grave abus. La saisie-arrêt devrait être limitée, non seulement quant à la somme pour laquelle elle est faite, mais encore tant qu'aux endroits où elle peut être pratiquée.

Si un débiteur doit 1,000 francs, il n'est pas nécessaire qu'une opposition soit formée entre les mains de 30 personnes lui devant cette même somme de 1,000 francs, en admettant qu'elle la lui doivent, ce que l'opposant n'est nullement tenu d'établir.

En confiant au juge de paix l'examen de la saisie-arrêt des sommes d'argent, je ne fais que rentrer dans l'application de cette loi bienfaisante, que vous avez votée sur la saisie-arrêt des salaires ouvriers; j'en généralise seulement l'application. Evidemment, cette loi qui fonctionne admirablement comporte parfois de légers inconvénients pour les tiers saisis, les patrons; mais les services qu'elle a rendus et rendra encore montre qu'on peut limiter et modérer la saisie-arrêt et améliorer la procédure terrible de l'opposition, sans danger, et sans désarmer trop le créancier. Je propose donc que le juge de paix connaisse de toutes les demandes de saisie-arrêt dans la limite de la compétence que vous allez établir.

On ira devant lui, avant de former une opposition. Il pourra interroger le débiteur et lui dire : « Voici monsieur qui est porteur d'un titre contre vous et à qui je vais délivrer une ordonnance de saisie; on va saisir votre salaire chez votre patron, vos appointements dans la maison ou l'administration où vous travaillez, on va vous créer des embarras dans vos affaires si vous êtes commerçant; arrangez-vous. »

Et neuf fois sur dix on prendra des arrangements bien préférables à ce qui se produit par l'intermédiaire d'hommes d'affaires qui gardent toujours une partie des sommes arrêtées dans leurs doigts poisseux.

Par conséquent je propose que la conciliation, qui est au seuil de tous les procès préliminaires, qui a été sagement mise au début des instances par le législateur ancien, je propose qu'elle soit introduite dans le genre de procès où elle a le plus de raison d'être, où elle peut rendre le plus de services, car bien des fois c'est par un coup de colère que le créancier met une opposition dont il ne calcule pas les ravages et la portée. Bien des fois, s'il était mis en présence de son débiteur, devant le juge de paix, il se calmerait, s'arrangerait, et s'il ne s'arrangeait pas, comme le juge serait toujours là, le créancier aurait toujours le temps de poursuivre, mais il ne frappera pas un homme comme par derrière avec cet article funeste et lâche du code de procédure. Je demande donc que le juge de paix — vous examinerez aussi ce point — soit compétent pour une tentative de conciliation en matière d'opposition sur des créances ne dépassant pas sa compétence, en principal, sans intérêts ni accessoires ajoutés, et qu'il soit également compétent pour réduire au titre alimentaire le montant de la saisie-arrêt.

J'abrège, pour ne pas abuser des instants de la Chambre. La délibération, je crois, va continuer, car vous ne pouvez point ne pas passer à la discussion des articles, et par conséquent on reviendra sur les arguments que j'ai l'honneur de présenter.

Je propose également un remaniement des justices de paix actuelles, ainsi conçu :

« Un remaniement des juridictions de paix sera fait, dans le délai d'un an de la promulgation de la présente loi, par décret d'administration publique, après consultation des conseils généraux.

« Ce remaniement territorial pourra réunir les justices de deux ou plusiers cantons sises, soit dans la même ville, soit en des communes différentes, et modifier les juridictions existantes d'après la facilité des communications par voie ferrée, sans tenir compte des anciennes divisions politiques, administratives ou judiciaires, d'après les moyens de communication et selon les centres de population, de commerce, d'industrie et de marchés.

« Il sera nommé des suppléants en nombre suffisant pour répondre aux besoins de la juridiction ainsi étendue ou modifiée.

« Ces suppléants, recrutés et nommés comme les juges de paix ayant les mêmes prérogatives, mais non rétribués, auront droit à l'indemnité de transport quand ils procéderont à des opérations en dehors de leur résidence, laquelle ne devra jamais être au siège de la justice de paix. Cette obligation sera rigoureuse, afin de mettre le suppléant à proximité des officiers ministériels et agents du fisc pour les légalisations, les appositions de scellés et les affirmations de procès-verbaux. Aucune indemnité ne sera due pour le transport au siège. »

Le fonctionnement de nos justices de paix est basé sur nos anciennes cartes routières. On avait placé le chef-lieu des justices de paix dans les cantons en tenant compte des moyens de communication routiers. Or, il est bien évident que sur de nombreux points du territoire, les anciennes routes ne représentent plus les moyens de communication les plus rapides et les plus fréquentés. Il faut tenir compte des lignes de chemins de fer et des nouveaux moyens de transport qui relient les communes entre elles ; le justiciable ne doit pas se déranger, mais le juge peut se déplacer. Il est très facile, là où il y a un réseau de voies ferrées, d'étendre la circonscription des juges de paix ; la réforme ne serait ni coûteuse ni difficile ; au contraire, elle pourrait produire des économies.

Les chemins de fer ont rapproché les distances que les juges de paix ne pouvaient franchir autrefois qu'à l'aide de patathes ou à pied. Par conséquent, le remaniement des circonscriptions est élémentaire et s'impose. Nous pourrons faire comme l'Angleterre où les juges de paix sont payés à des prix autrement élevés que les nôtres. Le moindre magistrat anglais a 25,000 francs par an, au lieu de 142 francs par mois, le salaire d'un cantonnier, alloué à un juge de paix français de la dernière classe, la plus nombreuse.

Le juge d'un comté se transporte ; nous pourrions donner à nos juges de paix la même faculté en leur attribuant une légère indemnité kilométrique lorsqu'ils sortiraient du lieu où ils siègent ; le Trésor pourrait supporter cette augmentation de charges. Elle serait largement compensée par la diminution du nombre des juges.

Je soumets également ce point à votre bienveillante attention, et j'espère que vous voudrez bien incorporer cette réforme dans la loi en l'étudiant et en prenant l'avis des conseils généraux qui sont mieux postés pour savoir si le déplacement de telle justice de paix serait nuisible ou non aux intérêts locaux et si on peut fondre deux justices de paix en une seule.

J'arrive à mes deux derniers amendements. Il y en a un sur lequel, d'accord avec M. le président de la commission, je n'insisterai pas ; je l'écarte. Cependant, je crois devoir en dire un mot ; il est important qu'on en parle, ne fût-ce que pour l'avenir ; c'est un jalon qu'il faut planter. Il s'agit de la répression du vagabondage. Je demande qu'elle soit confiée aux juges de paix, au moins dans une certaine limite, c'est-à-dire que tout vagabond arrêté par la gendarmerie ou par un agent soit interrogé par le juge de paix, et selon le cas, relaxé immédiatement ou bien envoyé devant le procureur de la République. Ce magistrat lui appliquerait alors les redoutables articles du code actuellement en vigueur, ou bien, retenant le délinquant, le juge

de paix prononcerait contre lui une peine de simple police.

La commission ne paraît pas éloignée d'accepter cette disposition ; pour ne pas surcharger la discussion de la loi on m'a demandé de ne pas insister ; je m'incline, mais je crois qu'il y a urgence à s'occuper des vagabonds et des chemineaux ; c'est une question d'utilité sociale et d'humanité de ne pas confondre plus longtemps l'honnête homme sans travail, frappé par la maladie ou le chômage avec le mendiant de profession. Il peut y avoir une discussion très importante, sur la définition du vagabondage et de la mendicité. M. Cruppi a fait autrefois un rapport excellent sur ce sujet : je regrette qu'on ne l'ait pas discuté.

Il faut évidemment étudier ce grave problème. La mendicité n'est pas un délit lorsqu'elle est imposée par le besoin. Si nous nous interrogions, si nous descendions au plus profond de notre conscience, si nous nous demandions ce que nous ferions, nous trouvant sur une route, sans argent, le ventre creux, ne sachant où chercher du travail et de la nourriture, nous nous rendrions compte qu'il n'y a que deux choses à faire : voler ou accepter l'aumône.

La mendicité est un délit relatif, selon les circonstances, les métiers, les personnes. Il faut atteindre le mendiant professionnel et secourir, aider le mendiant occasionnel.

Je sais bien que vous aurez des asiles et des établissements hospitaliers ; mais ils ne sont pas encore construits ; cependant il y a urgence à ne pas considérer comme un criminel l'homme qui est surtout coupable de misère.

J'arrive à mon dernier amendement. Il emprunte un certain intérêt à des événements récents et retentissants. Il n'a pas fait l'objet de fréquentes discussions à la Chambre, mais on en a souvent parlé au conseil municipal. Il est ainsi conçu :

« Les tribunaux de simple police à Paris et dans les autres villes et communes où ils n'en connaissent pas déjà, connaîtront des infractions aux arrêtés préfectoraux, municipaux et règlements de police concernant le racolage sur la voie publique, les actes dits d'insoumission, le logement par les hôteliers-logeurs des femmes se livrant à la prostitution, et généralement de tous les faits, délits et contraventions dont la police dite des mœurs s'arrogeait la répression.

« Toute personne arrêtée ou poursuivie pour une infraction de ce genre sera déférée au tribunal de simple police.

« La condamnation sera prononcée en vertu du paragraphe 15 de l'article 471 du code pénal ; elle comportera toutefois avec l'amende l'emprisonnement dans la limite de la compétence.

« La maladie n'étant pas un délit, aucune condamnation ne pourra être requise pour cause d'état sanitaire contre les femmes arrêtées pour scandale sur la voie publique, racolage ou tout autre cause.

« En attendant la revision des règlements de police sur la prostitution, les juges de paix auront seuls qualité pour apprécier les actes dits d'insoumission et pour statuer sur la demande de radiation d'inscription au livre de la police des mœurs. »

La question de la police des mœurs est grosse de complications. Je ne demande pas qu'on supprime absolument toute surveillance et toute répression, mais je vous propose de déclarer que, lorsqu'un délit est commis, lorsqu'il y a lieu de prononcer une pénalité que la société juge utile pour sa préservation, sa défense ou même pour ce qu'on a appelé la vindicte publique, cette pénalité soit infligée et appliquée uniquement par un magistrat.

Actuellement des peines allant de trois jours à quatre mois de prison sont prononcées sans discussion, sans plaidoirie, presque sans interrogatoire, sur une simple constatation d'identité et sur le vu d'un rapport de police quelquefois verbal, par un chef de bureau qui peut être un excellent fonctionnaire, mais auquel la loi ne reconnaît pas la qualité de magistrat. Il y a là un fait dont vous, législateurs, vous devez constater la gravité. Tous les jours, à Paris et dans les grandes villes la loi est violée, car le code pénal dispose, et c'est le cas d'usurpation de fonctions, qu'aucune personne non investie par la loi ne peut ordonner l'arrestation ou l'emprisonnement d'une autre. Quand ce fait se produit, c'est ce qu'on appelle la séquestration arbitraire. Tous les jours des chefs de bureau fonctionnent comme magistrats et ordonnent des incarcérations dans une maison horrible et dans des conditions très dures. Vous me direz que les personnes frappées par ces magistrats bureaucrates ne sont pas très intéressantes. C'est possible, mais la loi n'en est pas moins violée, et, quand il s'agit du respect de la loi, nous n'avons pas à nous préoccuper de savoir si ceux qu'elle atteint sont intéressants, sympathiques ou honorables, nous n'avons qu'à voir si la loi est respectée ou violée.

Il y a en outre des abus graves qui passionnent l'opinion publique et l'indisposent contre les services policiers, cependant nécessaires dans les grandes agglomérations; je veux parler des contraventions aux arrêtés préfectoraux interdisant le racolage et visant la prostitution dite insoumise ou clandestine. Ce sont là des mesures arbitraires. La prostitution clandestine constitue une véritable fourmilière dans Paris. J'ai là des chiffres, je ne veux pas vous en accabler. Il y a environ 5,000 et quelques inscrites. (Interruptions.)

Le sujet est très grave. La police des mœurs n'est pas précisément un sujet folâtre. Si vous aviez vu cette horrible maison qu'on nomme Saint-Lazare, la façon dont les argousins y mènent le bétail féminin, vous ne ririez pas, c'est la honte de la civilisation. Je ne demande ni l'immunité ni l'impunité pour ces malheureuses, je demande pour elles la justice, le droit commun car, après tout, ce sont des femmes et des citoyennes.

Dans les bonnes années, celles où la police a raflé beaucoup de monde et inscrit beaucoup de mineures, il y a environ déjà 5,000 femmes soumises aux règlements sanitaires, inscrites par conséquent, car le but de la police des mœurs, c'est l'inscription sur le registre infâme des insoumises; sa justification apparente, c'est la préservation des hommes par une visite sanitaire des femmes arrêtées. C'est là une précaution dérisoire et ridicule autant que barbare. Il y a approximativement à Paris 150,000 femmes se livrant à la prostitution, plus ou moins haute, et 5 à 6,000 seulement sont soumises à cet examen sanitaire. La bonne garantie que voilà! Elle est totalement illusoire puisque cet examen sanitaire n'a lieu qu'une fois par semaine. (Très bien! très bien!)

Vous admettrez bien qu'après la visite du médecin la femme peut recevoir, et par suite propager la contagion à laquelle on veut opposer un obstacle aussi problématique; si cette précaution était utile, comme la quarantaine des navires, elle pourrait être défendue, mais dans les grandes villes elle est dangereuse en même temps qu'illusoire pour ceux qu'elle veut protéger, c'est qu'à cette poursuite sanitaire s'adjoint une poursuite pénale. La malheureuse qui est reconnue malade est immédiatement condamnée à la prison, et quelle prison! On la punit d'une infortune dont elle est la première victime. Aussi les femmes atteintes de ce mal punissable s'empressent de le dissimuler et de se dérober le plus qu'elles peuvent à la visite.

Si cette maladie était traitée comme toutes les autres, si l'on s'affranchissait de ce vieux préjugé du moyen âge, si on cessait de la considérer comme un délit, et si on la traitait comme une fluxion de poitrine ou comme toute autre affection, la femme serait la première intéressée à se soigner et ceux qui vivent dans son entourage l'engageraient à le faire. Pourquoi dissimule-t-elle son mal et permet-elle ainsi à la contamination de se répandre? C'est parce que, pour elle, la maladie est la préface de la prison. (Très bien! très bien!)

Dans beaucoup de localités que M. le garde des sceaux, s'il était présent, pourrait nous indiquer, le juge de paix est compétent en cette matière de la répression des actes commis par les filles soumises, racolage, scandale. En confiant à tous les juges de paix les attributions pénales très nombreuses et très étendues que veut leur donner M. le rapporteur, vous ferez sagement et humainement d'ajouter à titre d'indication, pour arriver à une réglementation plus parfaite et plus complète de la police des mœurs, qu'une femme ne pourra être arrêtée sur la voie publique que pour des faits considérés comme délictueux et qu'elle devra être amenée non pas devant un employé de bureau mais devant un magistrat.

Ce magistrat l'entendra, la condamnera s'il croit devoir le faire. Si, comme cela arrive bien souvent, elle est seulement poursuivie par la malveillance de certains agents ou par la dénonciation d'autres personnes, le juge la mettra en liberté.

Je vous demande surtout, c'est là le point important, de déclarer, en adoptant la compétence pénale du juge de paix, que la maladie ne sera jamais un délit, ne sera jamais une cause d'emprisonnement.

Telles sont les considérations générales que je tenais à présenter. Je vous demande de voter la loi.

Vous adopterez ou vous rejetterez les propositions que j'ai eu l'honneur de vous soumettre, vous en êtes les maîtres; je vous demande surtout de procéder en hâte, de donner au pays une justice populaire à bon marché, dans les meilleures conditions à la fois de compétence, de capacité, de rétribution pour les juges, de modération dans les frais pour les justiciables.

Mais rappelez-vous bien que, en ce qui concerne la modération des frais de justice, nous ne pourrons aboutir que par une refonte complète du code de procédure. Ce projet n'est qu'une étape. Nous éclairons seulement la route; il faudra en arriver à la réforme entière. Vous pouvez la faire, mais d'accord, non pas seulement avec M. le garde des sceaux, mais aussi avec M. le ministre des finances. Les abus de frais de justice ne tiennent pas seulement aux juridictions : juges de paix, juges civils, juges d'appel ou commerciaux; ils ne tiennent pas seulement à la procédure, aux officiers ministériels. Les avoués, les notaires, les huissiers, si abhorrés de tous, et qui ne sont trop souvent que les trop zélés agents de perception du fisc, ne sont pas seuls les auteurs de cette exaction judiciaire. (Très bien! Très bien!) Les frais de justice constituent un abus constant de la puissance financière du pays. On recouvre ainsi des impôts en chargeant les officiers ministériels de la perception, et ces impôts sont recouvrés de la façon la plus arbitraire, la plus onéreuse, la plus injuste aussi, étant disproportionnés.

Une des premières réformes qui s'imposeront sera d'établir la proportionnalité des timbres des actes judiciaires comme elle existe pour les timbres des effets commerciaux. Il est injuste, en effet, qu'une assignation portant sur 1 million ne paye pas plus de timbre que si elle se porte sur 15 francs. (Très bien! très bien! sur divers bancs.)

Ces réformes sont à l'ordre du jour. Je ne veux pas les aborder dans cet exposé rapide. Je connais la vie des juges de paix, les services que rendent ces magistrats. L'amélioration de leur sort est équitable et elle leur est due. Je vous demanderai de prendre mes amendements en considération dans les termes où je les ai résumés devant vous.

En tous cas, si vous ne croyez pas devoir introduire les réformes que je vous propose, votez la loi telle qu'elle est, votez-la rapidement. Le pays vous en sera reconnaissant. (Applaudissements sur divers bancs.)

M. Roger-Ballu. Je demande la parole.

M. le président. La parole est à M. Roger-Ballu.

M. Roger-Ballu. Je prie la Chambre de remettre la suite de cette importante séance. (Interruptions à gauche.) Il est inadmissible que cette réforme si importante, qui intéresse tout notre régime judiciaire, soit discutée en l'absence de tout représentant du Gouvernement, ce que je considère, quant à moi, comme une véritable désertion. (Très bien! très bien! au centre et à droite. — Exclamations à gauche.)

M. Henry Ferrette. Certainement! C'est une incorrection.

M. Roger-Ballu. J'insiste donc. La Chambre estimera de sa dignité de ne pas discuter plus longtemps. (Très bien! très bien! à droite et au centre.)

M. le président. Personne ne demande plus la parole dans la discussion générale?...

M. Perroche. J'étais inscrit; mais cette discussion est venue tellement à l'improviste qu'il m'est impossible de soumettre à la Chambre les documents que j'avais l'intention de lui communiquer.

A gauche. La question était à l'ordre du jour.

M. Perroche. On pouvait supposer que plusieurs séances seraient nécessaires pour discuter et voter les propositions qui figuraient avant celle-ci à l'ordre du jour ; on ne les a ni discutées, ni votées.

Hier encore j'ai demandé à M. le président de la commission si la discussion qui nous occupe viendrait prochainement — je fais appel à ses souvenirs, et m'a fait cette réponse : il est à craindre que cette loi ne puisse être discutée qu'à la rentrée.

Alors j'ai pensé, monsieur le président, que, mieux que personne, vous pouviez me renseigner et j'ai complètement négligé de me pourvoir de documents. (*Mouvements divers.*)

M. Jean Cruppi, *président et rapporteur de la commission.* Mon cher collègue, permettez-moi de vous dire que depuis trente ans il est à craindre tous les jours que la discussion ne vienne pas. C'est pour cela que, lorsque le rapporteur a été avisé que la discussion de cette loi pourrait venir aujourd'hui, il a réuni ses dossiers et insisté, d'accord je crois avec la Chambre et avec l'opinion, pour que cette discussion suive son cours. (*Très bien ! très bien ! à gauche.*)

M. Guilloteaux. C'est pourquoi il est inadmissible que le Gouvernement ne soit pas représenté.

M. Perroche. Nous désirons tous que la discussion suive son cours. Mais serait-ce trop demander pour que M. le ministre de la justice soit présent pour suivre la discussion ? Le ministre de la justice est comme moi, il est certain qu'il n'a pas prévu que cette discussion pourrait venir aujourd'hui, c'est l'excuse de son absence et c'est pourquoi je crois qu'il serait bon de renvoyer la suite de la discussion à la prochaine séance. (*Très bien ! très bien ! sur divers bancs.*)

M. Julien Goujon. Je demande la parole.

M. le président. La parole est à M. Julien Goujon.

M. Julien Goujon. J'étais un de ceux qui ont le plus vivement insisté pour que la loi actuelle vienne en discussion. Je pensais, en effet, qu'on avait renvoyé le commencement de cette discussion à une date ultérieure, notre ordre du jour pourrait être primé par d'autres propositions.

Maintenant le danger auquel la plupart d'entre nous ont cherché à obvier en demandant la discussion immédiate n'existe plus.

M. le comte du Périer de Larsan. Elle est amorcée

M. Julien Goujon. Elle est amorcée, comme le dit avec raison notre honorable collègue, et la loi sera discutée.

L'autre objection qu'on a faite, tout à l'heure, est celle-ci : Tous les députés doivent savoir par la distribution du feuilleton quels sont les projets qui viendront en discussion.

Ce qui est vrai pour les députés est vrai également pour le ministre de la justice, il a dû être averti au même titre que nous que cette discussion pouvait venir aujourd'hui et sa place devait être ici au milieu de nous.

C'est une véritable loi organique qui va être discutée. Elle se divise en deux parties ; c'est d'abord une refonte complète, au point de vue de la compétence, de la loi de 1838 ; c'est également une réforme non moins complète, au point de vue financier, puisqu'il s'agit de la nomination du personnel ; et, pour cela, nous devrions avoir l'avis du ministre de la justice et peut-être même celui de M. le ministre des finances. (*Très bien ! très bien !*)

Nous nous bornerons à la présence d'un commissaire du Gouvernement ; mais mon collègue M. Cruppi sait mieux que personne, qu'elles peuvent être les difficultés d'application que nous pouvons avoir dans l'élaboration de cette loi délicate ; et je suis sûr qu'il sera d'accord avec nous sur la nécessité de la présence d'un représentant du Gouvernement. (*Très bien ! très bien ! au centre et à droite.*)

M. le président et rapporteur de la commission. La commission est — je m'empresse de le dire — aux ordres de la Chambre et mon collègue M. Goujon sait à merveille qu'il ne peut y avoir aucune pensée de surprise dans notre esprit ; nous

avons uniquement le désir de faire aboutir une réforme impatiemment attendue. (*Très bien ! très bien ! sur divers bancs.*)

M. Savary de Beauregard. C'est un désir que nous partageons tous.

M. le rapporteur. ... et comme nous connaissons le péril de l'ordre du jour de la Chambre, nous nous hâtons. C'est là notre seule pensée.

On a montré une autre préoccupation, celle de l'absence du Gouvernement en ce moment, mais je viens d'apprendre que M. le ministre de la justice, que j'ai fait prévenir, arrive à l'instant. Nous pourrions donc poursuivre la discussion des premiers articles sur lesquels il n'y a pas d'amendements. (*Très bien ! très bien ! à gauche.*)

(*A ce moment, M. Vallé, garde des sceaux, ministre de la justice, entre dans la salle des séances, et prend place à son banc.*)

M. Julien Goujon. Je suis d'avis que nous devons, tout au moins aujourd'hui, entamer la discussion générale ; mais je ne suis plus d'accord avec M. Cruppi lorsqu'il prétend que nous allons pouvoir aborder et voter les premiers articles de la loi, car c'est à propos de ces articles que les questions les plus graves vont pouvoir être agitées.

Nous ne nous sommes pas fait inscrire, plusieurs amis et moi, et nous n'avons pas déposé d'amendements sur ces premiers articles, parce que nous ne pensions pas que cette loi d'affaire viendrait en discussion avant la solution des lois politiques qui nous sont proposées ; mais nous sommes en présence d'une loi qui comprend un nombre considérable d'articles, qui au point de vue civil et commercial, peut soulever de grosses difficultés. Il ne serait pas convenable, à mon sens, que nous engagions le débat sur l'article 1er avant que nos collègues aient en main leur dossier. (*Très bien ! très bien ! au centre.*)

M. le président. Personne ne demande plus la parole ?...

La discussion générale est close.

M. le rapporteur. La commission demande à la Chambre de vouloir bien déclarer l'urgence et passer à la discussion des articles.

M. le président. Personne ne demande la parole ?...

Je mets aux voix la déclaration d'urgence.

(*L'urgence est déclarée.*)

M. le président. Je consulte la Chambre sur la question de savoir si elle entend passer à la descussion des articles.

(*La Chambre consultée, décide de passer à la discussion des articles.*)

M. le président. Je donne lecture de l'article 1er :

« Art. 1er. — Les juges de paix connaissent, en matière civile, de toutes les actions purement personnelles ou mobilières, en dernier ressort jusqu'à la valeur de trois cents francs, et à charge d'appel jusqu'à la valeur de six cents francs. »

Quelqu'un demande-t-il la parole sur l'article 1er ?...

M. Julien Goujon. Je demande la parole.

M. le président. La parole est à M. Julien Goujon.

M. Julien Goujon (Seine-Inférieure). Je demande à appuyer la demande de renvoi. L'article 1er qui nous est proposé est celui qui est en tête de la loi de 1838, loi qui constitue aujourd'hui encore le régime critiquable de nos justices de paix. Mais, depuis 1838, le législateur — je ne dis pas cela pour moi — a beaucoup marché (*On rit*) ; des lois très nombreuses sont intervenues, qu'il conviendrait de mettre en harmonie avec les textes que la commission a conservés.

Je vois en effet, par exemple, dans l'article 1er du projet de la commission, que « les juges de paix connaissent en matière civile, de toutes les actions purement personnelles ou mobilières, en dernier ressort jusqu'à la valeur de 300 francs, et, à charge d'appel, jusqu'à la valeur de 600 francs. »

Je ne discute pas, quant à présent, le taux de la compétence. D'autres orateurs soulèveront sans doute cette question ; c'est sur le principe même de l'article 1er que j'appelle votre bienveillante attention. Je vais vous citer un cas qui vous montrera qu'elle est l'étendue de cet article 1er qu'on nous demande de discuter et de voter un peu *ex abrupto*. Depuis la loi de 1838, par exemple, la République a fait une grande loi, qui s'appelle la loi de 1881 sur la liberté de la presse. Or, quel est actuellement le régime de la presse au point de vue de la compétence? Vous savez que la plupart des délits de la loi de 1881 — c'est le droit commun — sont soumis à la grande juridiction criminelle, c'est-à-dire à la cour d'assises. Un certain nombre d'autres délits sont soumis aux tribunaux correctionnels; mais les actions civiles peuvent être détachées et être portées devant les tribunaux civils. La loi de 1881 a-t-elle touché à la loi de 1838? On n'a pas pensé, à cette époque, à la loi de 1838, et les tribunaux ont eu à se prononcer dans le sens que je vais avoir l'honneur de vous indiquer.

Votre article 1er, par expression générale, dit : Les juges de paix connaissent en matière civile de toutes les actions purement personnelle ou mobilière, en dernier ressort, jusqu'à la valeur de 300 francs, et, à charge d'appel, jusqu'à la valeur de 600 francs.

Or, une action dérivant d'un fait de presse, qui doit être enlevée, vous le savez tous, à la juridiction de paix, pourra néanmoins être portée devant la justice cantonale; il suffira que le demandeur ne réclame de dommages-intérêts excédant 600 francs pour que le juge de paix soit juge unique d'un délit de presse. Je trouve cette conséquense très grave, et j'estime que cela demande réflexion. Généralement, les personnes qui sont le plus gravement diffamées ne veulent pas laisser croire au public — parce que tel n'est pas leur sentiment — que ce qu'elles poursuivent, c'est une réparation matérielle. Ce qu'elles veulent indiquer à l'opinion, c'est qu'elles désirent venger aux yeux du monde, leur honneur, et elles mettent une certaine coquetterie à ne rien demander au point de vue pécuniaire, en réclamant seulement 1 franc de dommages-intérêts.

Avec votre texte, vous arrivez à ce résultat que qui que ce soit, même, avec la nouvelle législation qui se prépare, un fonctionnaire, vous entendez bien ? qui sera attaqué dans la presse, qui croira que ces attaques constituent une diffamation ou une injure, pourra porter son action civile devant le juge de paix. Il lui suffira de négliger ce qui a trait à l'exercice de ses fonctions.

M. Edmond Lepelletier. Après l'action pénale !

M. Julien Goujon (Seine-Inférieure). Aujourd'hui, oui ; mais demain, il n'est plus obligé de s'adresser d'abord aux juges de répression !

M. Louis Puech. Mais il y a la question de compétence *ratione materiæ*.

M. Julien Goujon (Seine-Inférieure). Pardon. La question de compétence *ratione materiæ* n'existe pas ici. Le texte dit « toute action personnelle ou mobilière. » Il faut donc que vous fassiez une réserve.

Mais si vous ne faites pas dans l'article 1er la réserve qui est inscrite dans l'article 5 de la loi de 1838, et qui figure dans l'article 6 de votre propre proposition, vous soumettez à la petite juridiction cantonale les délits de presse les plus intéressants, les plus difficiles à juger, et vous livrez la presse — permettez-moi de vous le dire — au seul contrôle d'un agent dont vous connaissez le recrutement, soit au point de vue des capacités soit au point des opinions.

Eh bien ! je dis qu'il y a là une difficulté. Et c'est tellement vrai, messieurs, que j'en trouve l'indication dans ce passage de l'article 6 du projet de la commission :

« Les juges de paix connaissent encore sans appel jusqu'à la valeur de 300 francs... » — retenez bien ce point, messieurs — « et à charge d'appel à quelque valeur que la demande puisse s'élever :

« 1°... 2°... 3° Des actions civiles pour diffamations verbales ou pour injures publiques ou non publiques, verbales ou par écrit, autrement que par voie de la presse, des mêmes actions, etc... »

Donc, vous-même, monsieur Puech, vous n'avez rien innové; vous avez servilement copié les deux articles de la loi de 1838, comme s'il ne s'était rien produit de nouveau depuis cette époque. Je ne vous accuse donc pas d'avoir repris un texte.

M. Perroche. L'origine du texte remontant à 1867, il était impossible à ce moment de tenir compte de lois qui ont été votées depuis.

M. Julien Goujon (Seine-Inférieure). La question a été jugée par la cour d'appel de Paris et la cour de cassation. Il en résulte que les délits, même commis par les voies de la presse, peuvent être portés devant les juges de paix, pourvu que l'action personnelle-mobilière n'excède pas la compétence de l'article 1er. (*Très bien! Très bien!*) Et votre article 6 vise simplement les injures verbales ou par écrit, mais à quelque degré que cela pouvait s'étendre au point de vue de la compétence.

Voilà un premier point que je devais soumettre à votre approbation. Pris au dépourvu, j'ai peut-être manqué de clarté dans mes explications. (*Non! Non!*) Quoi qu'il en soit, je pourrais vous indiquer d'autres exemples, soit au point de vue des salaires des gens de service, soit au point de vue des congés qui peuvent être donnés aux ouvriers, soit enfin au point de vue commercial comme vient de le dire M. Lepelletier; il y a une grosse question que vous aurez à résoudre, celle de savoir si les affaires commerciales peuvent être portées devant les juges de paix lorsque les parties sont d'accord. Voilà une question importante qui pourra être soulevée utilement.

Je demande donc à la Chambre, puisque la discussion est amorcée, qu'elle pourra se développer dans toute son ampleur et qu'il ne doit pas y avoir de surprise, ainsi que le disait M. Cruppi, de vouloir bien renvoyer à la prochaine séance la suite de la discussion. (*Très bien! très bien! sur divers bancs.* — *Mouvements divers.*)

M. le président. La parole est à M. Puech.

M. Louis Puech. Messieurs, l'honorable M. Goujon vient de faire à l'article 1er deux reproches.

Le dernier a plutôt la forme d'une question. Il consiste à demander si, aux termes de l'article 1er et au cas où deux plaideurs commerçants en tomberaient d'accord, le juge de paix pourrait être compétemment saisi.

M. Julien Goujon (Seine-Inférieure). Mais nous ne discutons pas le fond ; il ne s'agit en ce moment que des difficultés qui pourrait naître...

M. Louis Puech. Sans doute. Mais il est bien entendu que vous demandez le renvoi de la discussion à cause de difficultés considérables que l'article 1er présenterait, selon vous ? Or, si je démontre que ces difficultés n'existent pas, votre demande de renvoi n'aura plus aucune espèce de raison et il n'y aura pas lieu d'ajourner.

Sur le deuxième point que vous soulevez il n'y a pas de difficulté sérieuse; en tous cas, il serait très facile, par un amendement que vous pouvez rédiger immédiatement ou par une explication demandée à M. le rapporteur d'établir que les parties même commerçantes pourront, lorsqu'elles en seront d'accord, proroger la compétence du juge de paix.

Ce serait là rester dans le droit commun puisque vous savez que les tribunaux civils ont plénitude de juridiction et qu'ils peuvent juger commercialement lorsque les deux parties sont d'accord pour ne pas décliner leur compétence. Il n'y a donc pas de difficulté et il n'y a pas lieu de demander le renvoi sur ce point spécial.

L'autre difficulté, celle que M. Goujon a signalé au début de ses observations, serait beaucoup plus grave, si le raisonnement de notre honorable collègue était fondé en fait; mais le principe même de son raisonnement et les faits juridiques sur lesquels il s'appuie me paraissent tout à fait contestables. (*Mouvement divers.*)

Ici, je vous demanderai toute votre attention, monsieur Goujon, afin que nous puissions nous mettre d'accord si c'est possible.

La préoccupation de M. Goujon est des plus sérieuses. Pour ma part, je ne voterais pas l'article 1er si son objection était fondée. Voici, si je ne me trompe — car une question bien posée est une question moitié résolue — l'objection telle que la présente notre honorable collègue.

M. Goujon nous dit : si vous acceptez l'article 1er

tel qu'il est présenté par la commission, un délit de presse dont un fonctionnaire public demandera la réparation pourra être porté devant le juge de paix. Suis-je bien d'accord avec vous en fait, monssieur Goujon ?

M. Julien Goujon (Seine-Inférieure). Parfaitement !

M. Louis Puech. La question ainsi posée est très importante puisque précisément en ce moment il y a un projet de loi, voté par le Sénat, qui sépare l'action civile de l'action criminelle en matière de presse, même quand il s'agit d'une personne investie d'un mandat public, que ce projet pendant devant nous n'a pas encore été voté par la Chambre, et que si l'article 1er impliquait le vote du projet du Sénat en ce qui concerne les juges de paix, ce serait une atteinte à la loi sur la presse et qu'il serait vraiment inconcevable qu'on ne l'étendît pas du même coup aux tribunaux civils.

Vous saisissez tous la difficulté, messieurs, mais il me semble que la difficulté que soulève M. Goujon manque en fait, et voici pourquoi. Les personnes diffamées se divisent en deux catégories bien distinctes. Il y a d'abord les simples particuliers qui peuvent séparer les deux actions, l'action criminelle et l'action civile, qui peuvent par conséquent poursuivre à leur choix la réparation du préjudice soit devant les tribunaux civils : justice de paix ou tribunal, soit devant la juridiction correctionnelle. Ce point ne fait aucun doute sous l'empire de la législation actuelle. L'article 1er ne soulève donc aucune difficulté en ce qui concerne ceux qui ne sont pas fonctionnaires publics ou assimilés : ceux-là peuvent aujourd'hui et pourrront demain saisir soit le juge de paix, soit le tribunal correctionnel. A leur égard, rien de changé, sauf le taux de la compétence devant le juge de paix.

Reste les fonctionnaires publics ou assimilés.

M. Henry Ferrette. Et la jurisprunence ?

M. Louis Puech. Si M. Goujon m'apporte une jurisprudence aux termes de laquelle un fonctionnaire public peut actuellement et pourra demain diviser son action et poursuivre devant le juge de paix ou le tribunal civil sans que son adversaire puisse, en vertu de la loi de 1881, décliner la compétence, je reconnaîtrai que l'objection de notre honorable collègue est fondée. Si au contraire — ce dont je suis convaincu — cette jurisprudence n'existe pas et que pas plus aujourd'hui que demain, quand vous aurez voté l'article 1er, le fonctionnaire public ne puisse pas traduire son diffamateur soit devant le juge de paix, soit devant le tribunal civil parce que la loi de 1881 s'y oppose, l'objection de M. Goujon manque en fait. Or le fonctionnaire public qui poursuivrait au civil se verrait opposer utilement un déclinatoire de compétence parce qu'en cette matière la juridiction de la cour d'assises est *ratione materiæ ;* c'est une compétence d'ordre public. Le juge de paix devrait même se dessaisir d'office.

Il n'y a donc pas de difficulté sur l'article 1er même au point de vue des fonctionnaires et relativement aux délits de presse.

Par conséquent, les deux difficultés que soulevait notre honorable collègue n'existent pas. Dès lors, il n'y a pas de renvoi à demander, il n'y a qu'à passer outre et poursuivre la discussion d'un article de loi qui est en somme extrêment simple, qui a déjà été voté par le Sénat et qui n'innove que sur le taux de la compétence. (*Très bien ! très bien ! à gauche et sur divers bancs.*)

M. le président. La parole est à M. le rapporteur.

M. le rapporteur. La Chambre a été peut-être quelquefois — je ne le crois pas pour mon compte, — téméraire dans ses impatiences, mais ce n'est pas assurément aujourd'hui qu'elle méritera un tel reproche, alors qu'il s'agit de discuter l'article 1er de la la proposition de loi que nous lui soumettons. Cet article 1er est ainsi conçu :

« Art. 1er. — Les juges de paix connaissent, en matière civile, de toutes actions purement personnelles ou mobilières, en dernier ressort jusqu'à la valeur de 300 francs, et à charge d'appel jusqu'à la valeur de 600 francs. »

Vous savez, messieurs, qu'actuellement les juges de paix en matière personnelle et mobilière ne sont compétents que jusqu'à 100 francs en dernier ressort, et jusqu'à 200 francs à charge d'appel ;

Depuis 1838, il n'y a pas un jurisconsulte, il n'y a pas un homme d'affaires, il n'y a pas un député, quel que soit son parti, qui n'ai dit : « Mais enfin, il faudrait augmenter un peu et d'une façon raisonnable en matière personnelle et mobilière la compétence des juges de paix, ne fût-ce que pour compenser la dépréciation du signe monétaire de 1838. » (*Très bien ! très bien !*) — Et alors, voici ce qui s'est passé.

En 1891, après que vingt rapporteurs avaient infructueusement renouvelé l'effort que je fais en ce moment à la tribune, après que quarante fois, sur les cinq heures du soir, des obstacles imprévus avaient surgi, un homme obtint un très grand résultat, et je l'en félicite : c'est l'honorable garde des sceaux actuel, M. Vallé qui a fait voter par la Chambre l'article 1er d'un projet sur la compétence des juges de paix, article qui était très hardi, — car, messieurs, nous reculons en ce moment, nous sommes beaucoup plus modestes en 1903 qu'on ne l'était en 1891 !

Écoutez en effet ce qui a été voté en 1891 :

« Les juges de paix connaissent en matière civile de toutes actions purement personnelles ou mobilières en dernier ressort, jusqu'à la valeur de 300 francs, et à charge d'appel, jusqu'à la valeur... » — non pas : » de 600 francs », mais de 1,500 francs.»

Et alors un cri a été jeté, je ne dirai pas par la France entière, mais par la plupart des officiers ministériels ; ils ont dit : le juge de paix compétent jusqu'à 1,500 francs ! mais c'est la ruine de nos charges ! (*Applaudissements et rires à gauche et sur divers bancs*) et un mouvement de résistance s'est organisé si vigoureux que, quatre ans après, en 1896, l'honorable garde des sceaux qui est en ce moment à son banc était battu au Sénat — non pas en personne, mais dans ses idées — puisqu'on revenait à ce projet si simple, si modéré, si mitigé, si timide et si insuffisant, à mon gré, qui consiste, en matière personnelle et mobilière, à limiter la compétence des juges de paix à 300 et à 600 francs.

Depuis lors, les législatures se sont succédées. En 1898, je suis arrivé parmi vous, messieurs, non pas jeune, mais plein d'illusions. J'ai fait mon rapport sur les justices de paix, je me suis dit : il faut être sage. Si je commets les imprudences que le téméraire M. Vallé a commises, si je demande l'extension de la compétence jusqu'à 1,500 francs, je compromets le succès d'une proposition qui m'est chère (*Sourires*) ; il faut que j'accepte les chiffres votés par le Sénat. J'irais plus loin peut-être, j'aurais plus de témérité, mais il convient d'être modeste si je veux conserver mes chances d'aboutir.

C'est alors que j'ai demandé en 1899, sans y réussir, ce que je demande en 1903, ce qui était réclamé dès 1840 en France. Je vous demande d'adopter cet article 1er qui, au point de vue de la compétence civile civile est le pivot de la loi, et qui n'a jamais soulevé et ne peut soulever aucune difficulté sérieuse. (*Très bien ! très bien !*)

Or, nous n'avons pas de chance ; car enfin, aujourd'hui, mon âme de rapporteur a frémi (*Rires*). Une bonne fortune de séance amenait la discussion du projet sur les justices de paix ; quand tout à coup le redoutable M. Goujon s'est dressé (*Nouveaux rires*), et comme il est très habile et très ingénieux et qu'on pourrait discuter pendant cinq cents ans la loi des justices de paix sans que le texte le satisfît jamais, même s'il l'avait rédigé... (*Rires et applaudissements à gauche et à l'extrême gauche.*)

M. Julien Goujon. Je demande à en faire l'expérience ; je propose le renvoi à cinq cents ans. (*On rit.*)

M. le rapporteur. Avec tous nos collègues, je souhaiterais comme vous, que ce fût possible.

M. Goujon vous demande de ne pas voter sur cet article 1er. Je vous supplie de le voter et je vais donner satisfaction à M. Goujon. Il soulève deux difficultés...

M. Julien Goujon. A titre d'exemple, elles ne sont pas précisées.

M. le rapporteur. Vous demandez, mon cher collègue, si j'ai bien compris, qu'il puisse y avoir, dans cette matière, une prorogation de compétence, c'est-à-dire que, lorsque les deux parties sont d'accord, elles puissent, même en matière commerciale, se présenter devant le juge de paix et être jugées par lui.

Il y a là, au point de vue des principes du droit une certaine difficulté. Si les deux parties peuvent se présenter devant le tribunal civil en toute matière et proroger sa compétence, c'est qu'il a la plénitude de juridiction, tandis que le juge de paix a une juridiction exceptionnelle.

Je ne combats pas votre idée, mais d'accord avec M. Lepelletier, auteur d'un des amendements, je vous indique qu'elle trouvera place non pas à l'article 1er, mais à l'article 2. Ce n'est pas que je l'accepte au nom de le commission, j'indique seulement que la discussion que vous soulevez trouvera naturellement place à l'article 2, à côté de l'amendement de M. Lepelletier qui propose d'attribuer aux juges de paix une compétence commerciale.

En ce qui concerne le second point, relatif à la difficulté que vous avez soulevée en matière de presse, laissez-moi vous dire, sans vouloir fatiguer la Chambre, que je suis absolument de l'avis formulé tout à l'heure par M. Puech, mais cependant je vous engage et j'engagerais la commission à ne pas tenter d'improviser en séance un texte délicat.

C'est une pratique déplorable et c'est ainsi que nous arrivons parfois à faire des lois difficiles à exécuter et à interpréter. Je me permets de vous dire : « Laissez passer l'article 1er qui pose le principe général, le principe admis par le Sénat et par tout le monde »; vous formulerez ensuite un amendement, une disposition nouvelle.

Nous réfléchirons au problème que vous soulevez, nous y réfléchirons à loisir, avec l'intérêt qui s'attache aux questions qui sont posées par vous avec tant d'autorité. Mais en ce moment, je supplie la Chambre de faire, à propos de cette loi des justices de paix qui est urgente, un acte utile et d'heureuse méthode, en dégageant l'article 1er des difficultés qui ne se rapportent pas au principe général qu'il consacre et en votant ses dispositions qui constituent le pivot de la loi.

M. le président. La parole est à M. Julien Goujon.

M. Julien Goujon (Seine-Inférieure). Nous ne serions pas loin de nous entendre, M. Cruppi et moi, si, dans cet article 1er, il voulait insérer les mots suivants : « sauf les réserves ci-après »...

M. le rapporteur. La commission n'y saurait consentir.

M. Julien Goujon. ...mais il ne m'est pas possible de laisser passer votre article 1er. Si en effet, vous le votez, il ne sera plus possible de voter l'article 6.

M. le rapporteur. Mais si !

M. Louis Puech. Il n'y a pas désaccord.

M. Julien Goujon (Seine-Inférieure). « Les juges de paix, dit l'article 1er, connaissent en matières civiles, de toutes les actions purement personnelles ou mobilières... » — même de diffamation, n'est-ce pas ? commises par des particuliers par la voie de la presse — ...« en dernier ressort jusqu'à la valeur de 300 francs et à charge d'appel jusqu'à la valeur de 600 francs... »

M. le rapporteur. Oui !

M. Julien Goujon (Seine-Inférieure). Vous admettez donc que si une personne attaquée dans un journal agit devant le juge de paix, si elle ne demande pas plus de 300 francs de dommages-intérêts, le juge de paix est compétent même en dernier ressort.

M. le rapporteur. Parfaitement !

M. Julien Goujon (Seine-Inférieure). Si j'ai affaire à un autre juge de paix qui va juger non plus sur l'article 1er, mais sur l'article 6, que va-t-il arriver ? L'article 6 dit : « Les juges de paix connaissent sans appel jusqu'à la valeur de 300 francs... 3° des actions civiles pour diffamations verbales ou pour injures publiques et non publiques, verbales ou par écrit, autrement que par la voie de la presse ».

M. Louis Puech. Il n'y a pas de contradiction.

M. Julien Goujon (Seine-Inférieure). Il n'y aurait pas contradiction si j'apportais une demande supérieure à 300 francs et si je demandais la compétence sans limites du juge de paix. Mais je limite ma demande à 300 francs. Si vous faites jouer l'article 1er, le juge de paix est compétent en matière de presse; si vous faites jouer l'article 6, il devient incompétent (*Interruptions.*)

Il me semble qu'il ne peut y avoir de discussion sur ce point. Je n'ai pas déposé d'amendement, j'ai voulu simplement indiquer qu'il pourrait y avoir là une difficulté naissante.

J'arrive à la question soulevée par notre honorable collègue M. Puech.

Lorsque j'ai parlé pour la première fois de la question de la compétence en matière de presse, j'ai fait deux parts; j'ai d'abord parlé de tous les citoyens qui peuvent avoir à introduire une action devant un tribunal; j'ai parlé ensuite des fonctionnaires pour lesquels il y a une tendance très marquée à accorder la compétence civile en dehors des cours d'assises et même des tribunaux civils.

M. Léonce de Castelnau. Je demande la parole.

M. Julien Goujon (Seine-Inférieure). M. Puech me dit : « Vous n'avez pas de jurisprudence établissant que les juges de paix sont compétents pour statuer en matière de diffamation ou d'injures à l'égard des fonctionnaires. » Evidemment non; je n'ai pas cette jurisprudence. La loi qui est en préparation et qui modifie la loi de 1881, n'est pas encore faite.

M. le rapporteur. C'est la même.

M. Julien Goujon (Seine-Inférieure). Vous ne savez pas comment sera la loi. Je ne parle pas de la loi de 1838 ni de celle que nous faisons; je parle de la proposition tendant à modifier le régime de la presse au regard des hommes publics.

En ce qui concerne le droit, au point de vue général, je vais donner pour les particuliers à mon collègue et confrère M. Puech la jurisprudence qu'il exige. Si j'ouvre le code de la presse de Barbier, à la page 377, j'y lis ceci :

« En vertu de la règle générale de compétence écrite dans l'article 1er de la loi du 25 mai 1838, les juges de paix connaissent de toutes actions en dommages et intérêts résultant d'infractions quelconques à la loi sur la presse, en dernier ressort jusqu'à la valeur de 100 francs et à charge d'appel, jusqu'à la valeur de 200 francs.

« En outre, aux termes de l'article 5, paragraphe 5 de la même loi, les juges de paix connaissent sans appel, jusqu'à la valeur de 100 francs, et à charge d'appel, à quelque valeur que la demande puisse s'élever des actions civiles pour diffamation verbale et pour injures publiques ou non publiques, verbales ou par écrit, autrement que par la voie de la presse.

« Il résulte de ces dispositions que les juges de paix sont, à l'exclusion des tribunaux civils d'arrondissement, compétents pour connaître :

« 1° Des actions civiles pour diffamations ou injures, même commises par la voie de la presse, quand la demande n'excède pas la valeur de 200 francs; l'article 5, paragraphe 5 de la loi de 1838, en attribuant aux juges de paix le droit de statuer dans certains cas de diffamation ou d'injures jusqu'à concurrence d'un taux particulier, laisse, en effet, subsister en dehors de ces cas (diffamation écrite ou imprimée, injures imprimées) la règle générale de compétence édictée par l'article 1er pour toutes actions purement personnelles. »

M. Louis Puech. Nous sommes d'accord.

M. Julien Goujon (Seine-Inférieure). Vous voyez donc que j'avais raison. Quand on a fait la loi de 1881, on n'a pas songé à soustraire la presse à la compétence de la justice de paix parce qu'on pensait la loi de 1838 était suffisante. Cette loi disait que le juge de paix ne connaîtra des injures et diffamations que si elles sont commises autrement que par la voie de la presse. On n'avait pas réfléchi alors à l'article 1er que les tribunaux ont depuis fait jouer; c'est cette doctrine que vous consacreriez aujourd'hui si vous ne faisiez pas la réserve nécessaire.

Sur le fond de la question, nous sommes d'accord, puisque MM. Cruppi et Puech admettraient bien que le juge de paix ne pourra pas statuer en matière de presse lorsque l'affaire dépassera le taux de sa compétence en dernier ressort; mais lorsqu'il ne s'agira que de 300 francs, je demande que vous mettiez en harmonie votre article 6 et votre article 1er parce qu'ils sont contradictoires.

M. le président. La parole est à M. de Castelnau.

M. Léonce de Castelnau. Je voudrais faire une seule observation sur la considération si intéressante que vient de nous présenter l'honorable M. Goujon.

Si j'ai bien compris, M. Goujor trouve dans la loi actuelle une disposition qui n'est pas, dit-il, dans la loi de 1838, en ce qui concerne la possibilité pour un demandeur victime d'une diffamation par la voie de la presse, d'en poursuivre la réparation civile devant le juge de paix. Qu'il me permette de lui dire qu'il se trompe.

D'après la loi de 1838, lorsqu'un particulier diffamé voulait restreindre sa demande en dommages et intérêts au taux du juge de paix, il pouvait aller devant ce magistrat. Aujourd'hui il en est exactement de même.

Il n'y a rien de changé dans la loi nouvelle à la loi de 1838; le taux de la compétence seul est supérieur.

M. Goujon veut-il que l'on change d'une façon complète ce régime et que dorénavant le juge de paix ne puisse plus connaître d'une action en dommages et intérêts intentée au civil à raison d'une diffamation commise par la voie de la presse? S'il le veut, il suffira qu'il présente un amendement sur l'article 6.

Quant au danger si grand qu'il signalait tout à l'heure en ce qui regarde l'action au civil intentée par un fonctionnaire diffamé devant le juge de paix, ce danger n'existe pas; il a été écarté, en effet, par l'article 46 de la loi de 1881.

Cet article déclare « que l'action civile résultant des délits de diffamation prévus par les articles 30 et 31 — c'est-à-dire des délits de diffamation contre les fonctionnaires — ne peut être prononcée séparément de l'action publique qui est de la seule compétence de la cour d'assises. »

Il n'y a donc rien à craindre de la nouvelle loi en ce qui concerne les poursuites civiles intentées par un fonctionnaire devant le juge de paix à raison de diffamations écrites commises contre lui; ces poursuites ne sont pas possibles.

Quant à la réparation civile du délit de diffamation écrite commis contre un particulier, par action devant le juge de paix, je n'y vois pas le danger qui frappe l'honorable M. Goujon. Que s'il persiste dans sa manière de voir, à cet égard, il lui sera facile de présenter un amendement particulier, je le répète, sur l'article 6, amendement qui déclarerait que dorénavant ce mode d'action n'est plus possible.

Pour moi, je l'avoue, je voudrais purement et simplement laisser l'action civile intentée pour délit de presse, réglée par le régime de la loi actuelle, comme elle l'était par le régime de la loi de 1838, c'est-à-dire que je voudrais qu'il fût libre à un particulier diffamé par le journal d'aller pour la réparation civile devant le juge cantonal, s'il réduit sa demande à la compétence de ce magistrat. (*Très bien! très bien!*)

M. Julien Goujon (Seine-Inférieure). Permettez-moi, messieurs, de répondre un dernier mot. (*Interruption à gauche.*)

J'ai la prétention de connaître un peu les choses dont je parle, laissez-moi échanger quelques idées; si je me trompe, vous tâcherez de me persuader et je me rallierai très volontiers à vos idées. (*Parlez! parlez!*)

M. de Castelnau me fait une objection. S'armant de la loi de 1838 et de la loi de 1881, telles qu'elles ont fonctionné au moment de leur codification, il dit que les fonctionnaires ne rentrent pas dans la catégorie des gens diffamés ou injuriés que je prévois et que je veux soustraire à la juridiction des juges de paix.

Il est certain que, dans l'état actuel, le fonctionnaire diffamé par un journal est obligé de poursuivre au criminel. Mais on a déposé une proposition demandant que le fonctionnaire puisse isoler l'action civile et poursuivre, non plus en cour

d'assises mais au civil seulement. La loi qui sera votée sur la compétence en matière de diffamation des fonctionnaires fera-t-elle cette réserve qu'on agira au civil devant les tribunaux de première instance ou *ad libitum* devant le tribunal civil et devant le juge de paix? Vous n'en savez rien.

Nous allons dans tous les cas arriver à ceci : qu'un fonctionnaire diffamé à l'occasion même de ses fonctions fera ce qu'il fait constamment aujourd'hui : il prétendra que la diffamation qui l'atteint le touche à la fois comme homme public et comme homme privé; qu'il néglige les attaques dirigées contre l'homme public et que c'est l'homme privé qui se plaint seul et qui agit.

Eh bien! le juge de paix devenant compétent nous n'allons plus avoir ce débat public sur la façon dont le fonctionnaire aura rempli sa mission (*Exclamations à gauche*), débat public que vos amis et vous-mêmes avez exigé, M. Pelletan notamment et M. Floquet, lorsqu'on a rédigé la loi de 1881.

C'est une discussion générale qui a lieu en ce moment. Lorsque nous passerons aux articles nous pourrons déposer des amendements. Je ne l'ai pas fait, mais quand j'aurai entendu le pour et le contre je verrai si c'est nécessaire.

Quoi qu'il en soit j'accepte de reporter cette discussion aux articles dont je parle; mais je voudrais — cela n'engage à rien — que la commission mît dans son article 1er : « sauf les exceptions ci-après. » (*Très bien! très bien! au centre.*)

M. Louis Puech. Tout le raisonnement de M. Goujon implique, et c'est là l'erreur, que nous avons innové quelque chose...

M. Julien Goujon (Seine-Inférieure). Mais non; je dis au contraire que vous avez copié servilement et qu'il y a une modification à apporter à votre texte.

M. Louis Puech. La vérité c'est que l'article 1er du projet voté par le Sénat et que nous vous soumettons est le texte même de la législation existante, c'est-à-dire de la loi de 1838. L'article 6 dont parle encore M. Goujon et qui porte extension de compétence en premier ressort d'une façon indéfinie pour certaines catégories d'actions seulement reproduit encore la loi de 1838 et le régime actuel. On n'a modifié que les chiffres.

C'est là, monsieur Goujon, si vous voulez me permettre de vous le dire, c'est là, malgré votre grande expérience dans toutes les questions juridiques, c'est là votre erreur. Vous êtes parti du pied gauche (*On rit*), vous avez pensé que nous avions innové et en réalité nous n'avons innové en rien.

M. Julien Goujon (Seine-Inférieure). C'est ce que je vous reproche.

M. Louis Puech. Vous avez cru que le fonctionnaire public pourrait se réfugier dans le prétoire du juge de paix pour éviter la cour d'assises; c'est une erreur matérielle. Cela peut arriver à tout le monde, cela vous arrive aujourd'hui, cela m'arrivera peut-être demain.

Il ne faut pas nous en vouloir de signaler cette erreur et, je vous en prie, laissez voter purement et simplement l'article 1er. (*Très bien! très bien!*)

M. le président. Personne ne demande plus la parole sur l'article 1er?

Je le mets aux voix.

(L'article 1er, mis aux voix, est adopté.)

Voix nombreuses. A jeudi!

M. le président. J'entends demander la remise de la suite de la discussion à jeudi. (*Oui! oui!*)

M. le rapporteur. La commission est aux ordres de la Chambre.

M. le président. Je mets aux voix le renvoi de la suite de la discussion à jeudi.

(Le renvoi est prononcé.)

Séance du 18 juin 1903

(2e DÉLIBÉRATION.)

M. le président. L'ordre du jour appelle la suite de la discussion : 1° de la proposition de loi, adoptée par le Sénat, sur la compétence des juges de paix ; 2° de la proposition de loi de M. Jean Cruppi sur la réforme des justices de paix.

La Chambre s'est arrêtée, dans sa dernière séance, à l'article 2.

Je donne lecture de cet article :

« Art. 2. — Les juges de paix prononceront sans appel jusqu'à la valeur de 300 francs, et à charge d'appel jusqu'au taux de la compétence en dernier ressort des tribunaux de première instance :

« Sur les contestations entre les hôteliers, aubergistes ou logeurs et les voyageurs ou locataires en garni, pour dépense d'hôtellerie et perte ou avarie d'effets déposés dans l'auberge ou dans l'hôtel ;

« Entre les voyageurs et les voituriers ou bateliers, pour retards, frais de route et perte ou avarie d'effets accompagnant les voyageurs ;

« Entre les voyageurs et les carrossiers ou autres ouvriers, pour fournitures, salaires et réparations faites aux voitures de voyage. »

La parole est à M. Cuneo d'Ornano.

M. Cuneo d'Ornano. Je dois m'excuser de n'avoir pas assisté au débat qui a eu lieu mardi ; je ne m'attendais pas à ce que la loi vint en discussion, étant donné qu'elle n'était pas en ordre très utile.

Dans cette séance de mardi, cependant, l'article 1er a été voté, presque sans discussion, bien qu'il contint un principe que j'avais l'intention de combattre, le principe qui permet que le juge de paix, juge unique, statue en dernier ressort jusqu'à un certain chiffre en litige.

Aujourd'hui, je n'aurais pas pris la parole sur l'article 2, qui décide que : « les juges de paix prononceront sant appel jusqu'à la valeur de 300 francs, etc. », si, dans la même séance de mardi, sur une proposition de loi aussi importante, on n'avait prononcé l'urgence, c'est à dire la suppression d'une 2° délibération.

Je ne puis pas revenir sur l'article 1er ; vous avez voté sans discussion sur ce point.

J'estime toutefois déplorable et contraire aux principes de la Révolution française, de décider qu'un juge de paix, si honorable soit-il et si compétent que vous le fassiez, mais juge unique, statuant seul, sans le contrôle d'assesseurs, prononce en dernier ressort sur quoi que ce soit.

Si ce juge unique n'a pas la crainte d'une juridiction d'appel qui viendra reviser sa sentence, si sa décision est suspecte ou inspirée par une passion quelconque, vous maintenez ou créez la pire justice.

Dans un débat mémorable à l'Assemblée constituante en 1790, nos pères de la Révolution avaient décidé qu'il y aurait deux degrés de juridiction. Certes il ne faut pas revenir aux degrés de juridiction trop nombreux qui existaient en certains temps ou en certains pays et qui présentaient des inconvénients que je connais, mais les deux degrés de juridiction sont indispensables surtout lorsqu'il s'agit d'un tribunal composé d'un juge unique.

Voilà pourquoi je voulais combattre, dans l'article 1er, cette disposition qui autorise en certains cas le juge de paix, juge unique, à statuer en dernier ressort, c'est-à-dire sans appel.

Je sais bien que vous limitez cette compétence en dernier ressort à une somme très minime ; mais il y a des procès très graves et où les passions de la population rurale sont très ardentes, portant sur des chiffres très minimes. En donnant le droit de juger sans appel à un juge unique, qui peut être remplacé par un juge suppléant souvent mêlé à toutes les compétitions électorales du canton, vous faites une œuvre qui n'est pas une œuvre de justice impartiale et saine.

Comme il est impossible de revenir en ce moment sur l'article 1er, qui maintient le principe du juge de paix, juge unique, statuant parfois en dernier ressort, je n'ai qu'un recours, c'est d'annoncer à la commission et à la Chambre que, lorsque le règlement me le permettra, c'est-à-dire après le vote des articles, je prierai la Chambre de retirer l'urgence, de décider une seconde délibération, afin que les arguments, que la Chambre n'aura pas pu entendre à une première lecture, puissent être développés dans une seconde délibération. (Très bien ! très bien ! sur divers bancs à droite.)

J'annonce mon intention afin d'être d'une parfaite loyauté à l'égard de la commission, et afin d'expliquer pourquoi je ne combattrai pas ces mots « les juges de paix prononceront sans appel », qui viennent dans l'article 2 et vont venir dans les articles suivants.

Mais, j'espère que la commission réfléchira à l'objection grave qui s'impose à elle — je connais trop la compétence de ses membres pour en douter — et qu'elle se demandera si l'on peut maintenir, dans une loi moderne, ce principe autorisant un juge unique, un suppléant même de ce juge à statuer seul en dernier ressort, sur quelque chiffre que ce soit.

M. Vallé, *garde des sceaux, ministre de la justice.* Mais non, jusqu'à 300 francs seulement.

M. Cuneo d'Ornano. Je dis que je critique cet arbitraire, ce pouvoir absolu, sans appel, sur quelque chiffre qu'il porte. L'objection est aussi forte, au point de vue moral, si petit que soit le chiffre du litige.

J'approuve la proposition de loi sur beaucoup de points. Je suis d'accord avec vous quand vous voulez relever la situation matérielle et morale des juges de paix ; mais je ne voterai certainement pas cette loi si vous autorisez le juge de paix, ou son suppléant, si minime que soit le chiffre de la contestation, à statuer, comme juge unique, sans appel possible.

M. Andrieu. Mais c'est ce qui existe déjà en vertu de la loi de 1838.

M. Cuneo d'Ornano. Je le sais parfaitement ; mais vous voulez faire une loi de progrès, de réforme, offrant toutes les garanties désirables de bonne justice ? Eh bien ! je vous demanderai uniquement de revenir au principe proclamé par la Révolution française, c'est-à-dire aux deux degrés de juridiction. (Très bien ! sur divers bancs à droite.)

M. Edmond Lepelletier. Ce serait une aggravation de frais et une perte de temps, voilà tout !

M. Lamendin. Nous sommes étonnés, monsieur Cuneo d'Ornano, de vous voir vous réclamer de la Révolution.

M. Bouhey-Allex. Il ne faut s'étonner de rien ! (Rires à gauche.)

M. Cuneo d'Ornano. Notre grande Révolution ?... Et si je vous disais que toute ma famille — mon grand-père notamment, le colonel Cuneo d'Ornano, qui a reçu sept blessures pour la défense des frontières de la République — a publiquement combattu pour elle ? Je demande si tous les vôtres en ont fait autant ? (Applaudissements à droite et sur divers bancs.)

M. le président. Personne ne demande plus la parole ?...

Je mets aux voix le paragraphe 1er de l'article 2.

(Le paragraphe 1er de l'article 2, mis aux voix, est adopté.)

M. le président. Nous passons au paragraphe 2 :

« Sur les contestations entre les hôteliers, aubergistes ou logeurs et les voyageurs ou locataires en garni, pour dépense d'hôtellerie et perte ou avarie d'effets déposés dans l'auberge ou dans l'hôtel. »

M. Georges Berry propose d'ajouter à ce paragraphe les mots : « sur les contestations entre les commerçants et leurs clients. »

La parole est à M. Georges Berry.

M. Georges Berry. Messieurs, vous savez quelle est la législation actuelle. Un commerçant ayant à plaider contre un client qui ne le paye pas, est obligé de l'assigner devant le tribunal civil où il attend deux ou trois ans avant de pouvoir se faire rendre justice, tandis que l'acheteur qui est en désaccord avec un commerçant a le droit de le traduire devant le tribunal de commerce, et au bout de deux ou trois jours il obtient satisfaction.

Il y a là une situation qui met le commerçant en état d'infériorité vis-à-vis de son client. Je voudrais y porter remède dans une certaine mesure. C'est pourquoi je serais très heureux de vous voir décider que les négociants pourront poursuivre leurs débiteurs devant le juge de paix jusqu'à concurrence de la somme de 1,500 francs ; en d'autres termes je demande que vous portiez la compétence des juges de paix à 1,500 francs en premier ressort pour les contestations entre les commerçants et leurs clients.

M. Louis Puech. Les clients non commerçants ?

M. Georges Berry. Assurément, mais permettez-moi de terminer mes explications. Votre loi pourrait ainsi hâter le remboursement de leurs créances aux commerçants lorsqu'ils se trouvent en présence de clients peu enclins à s'acquitter; de cette façon vous leur tiendriez compte des frais qu'ils sont obligés de faire pour engager un procès devant le tribunal civil et des charges qui leur incombent pendant qu'ils attendent la solution de ce procès : frais de loyers, d'impôts, éclairage des magasins, charges qui les mènent quelquefois jusqu'à la faillite avant que leur procès ne soit résolu. Est-il donc impossible de leur donner la satisfaction que je réclame pour eux et de leur permettre, comme à d'autres catégories de citoyens, tant que la dette dont ils demandent le payement n'excédera pas 1,500 francs, de se présenter devant le juge de paix où ils pourront se procurer en quelques heures le jugement qu'ils désirent ?

Les commerçants, vous le savez, se trouvent depuis de nombreuses années dans une situation peu enviable : ils sont obligés de lutter énergiquement contre une crise qui n'est pas niable. Aidez-les un peu en faisant disparaître, quand l'occasion se présente, une partie des inégalités qui existent entre les commerçants demandeurs et les clients engageant une action judiciaire.

Si vous nous apportiez un texte qui fît ressortir au tribunal de commerce les procès engagés par le client contre le commerçant comme ceux engagés par le commerçant contre le client, je n'insisterais pas pour l'adoption de mon amendement. Mais si vous ne faites pas cela, je vous demande au moins de faciliter au commerçant le moyen d'obtenir ce qui lui est dû.

J'espère que la Chambre voudra bien, en votant ma proposition, s'intéresser à une classe de citoyens dignes de toute la sollicitude des représentants du pays. (*Très bien! très bien! sur divers bancs.*)

M. le président. La parole est à M. le rapporteur.

M. Jean Cruppi, *rapporteur.* La commission prie la Chambre de ne pas prendre en considération l'amendement de M. Georges Berry qui aurait pour résultat d'abord l'échec du travail tout entier de la commission, dont il bouleverse l'économie, et en second lieu la suppression complète d'un des principes du code de commerce. Les procès entre les commerçants et leurs clients sont le plus souvent des litiges commerciaux; nous ne voulons pas toucher au principe de la juridiction consulaire pour les motifs que j'aurai l'occasion d'examiner tout à l'heure à propos de l'amendement de M. Lepelletier. (*Très bien! très bien!*)

M. le président. La parole est à M. Puech.

M. Louis Puech. Messieurs, le premier reproche que l'on peut adresser à l'amendement de M. Berry est de n'être pas suffisamment précis. Notre honorable collègue veut-il dire qu'il y aura une extension de compétence dans les litiges entre les commerçants et leurs clients, soit commerçants, soit non commerçants ? ou seulement...

M. Georges Berry. Entre les commerçants et tous leurs clients qu'ils soient commerçants ou non !

M. Louis Puech. Tous, dites-vous ? Mais en ce qui concerne les clients commerçants, c'est-à-dire, pour les contestations entre commerçants il faudrait, si on acceptait l'amendement, réduire dans une proportion notable les affaires portées actuellement devant le tribunal de commerce, et l'honorable rapporteur de la loi vient d'indiquer les motifs pour lesquels la commission n'avait pas voulu toucher à la juridiction consulaire. Vous verrez, quand nous en serons arrivés à l'article touchant précisément cette juridiction, quelles raisons péremptoires vous interdisent d'y porter atteinte.

Si, au contraire, on prend la seconde hypothèse, celle qui se rapporte aux litiges entre commerçants et leurs clients non commerçants, on peut dire que l'amendement n'a pas de portée appréciable, en ce sens que ce que vous demandez, monsieur Berry, existe dans une très large mesure.

M. Georges Berry. Nullement !

M. Louis Puech. Je vous demande pardon ! En effet, le commerçant, qui assigne son client non commerçant, est obligé de le citer devant le juge de paix ou le tribunal civil...

M. Andrieu. Parfaitement !

M. Louis Puech. Au contraire, le client non commerçant qui assigne le commerçant a le choix entre les deux juridictions. Il peut donc aussi suivre devant le juge de paix. Le juge de paix se trouvera ainsi saisi de la plupart des litiges entre commerçants et leurs clients non commerçants.

Pour les cas qui restent en dehors et qui devront aller devant le tribunal de commerce, on ne peut pas vraiment les enlever à cette juridiction. L'article qui traite ce point va venir tout à l'heure en discussion; M. le rapporteur donnera les arguments péremptoires qui militent en faveur du maintien sur ce point de la juridiction commerciale. (*Très bien! très bien! à gauche.*)

M. le président. La parole est à M. Georges Berry.

M. Georges Berry. Je crois que la commission n'a pas compris la portée de mon amendement.

J'ai dit que le commerçant ne pouvait assigner son client que devant le tribunal civil.

M. Louis Puech. Devant le juge de paix !

M. Georges Berry. Oui, si la demande est inférieure à 600 francs; c'est entendu. Mais au-delà de ce chiffre, il ne peut assigner son client que devant le tribunal civil.

Dans ces conditions, il lui faut attendre deux ou trois ans pour obtenir satisfaction.

Au contraire, si c'est le client qui poursuit le commerçant, il a le droit d'aller soit devant le juge de paix, soit devant le tribunal de commerce; et alors, dans aucun cas, il n'a besoin d'attendre longtemps pour se faire rendre justice, il obtient un jugement en quelques jours. Eh bien, je dis qu'il y a là une inégalité choquante que vous pouvez faire disparaître en partie en portant devant le juge de paix des litiges jusqu'à 1,500 francs, que le procès soit fait par un client au commerçant ou par le commerçant à son client.

Je demande, au nom du commerce, l'adoption de cette disposition et je ne crois pas que la Chambre puisse s'associer à l'objection que M. Puech vient de faire valoir. (*Très bien! très bien! sur divers bancs.*)

M. le rapporteur. La commission repousse l'amendement.

M. le président. Je consulte la Chambre sur la prise en considération de l'amendement de M. Berry, qui a été présenté au cours de la délibération.

(La Chambre, consultée, ne prend pas l'amendement en considération.)

M. Edmond Lepelletier. J'ai déposé une addition au paragraphe 2 de l'article 2, monsieur le président.

M. le président. Je dois d'abord appeler la Chambre à statuer sur le paragraphe 2. Votre amendement viendra ensuite.

M. Julien Goujon (Seine-Inférieure). Je demande la parole sur le paragraphe même.

M. le président. La parole est à M. Goujon.

M. Julien Goujon (Seine-Inférieure). Messieurs, je vous demande la permission de présenter quelques très courtes observations sur le deuxième paragraphe de l'article 2 de la loi qui vous est proposée.

Au cours de la dernière séance, lorsqu'on a discuté l'article 1er, un débat assez vif s'est engagé entre la commission et moi à l'occasion d'un principe que j'avais cru devoir poser et qui était celui-ci. Je vous disais : il ne s'agit pas de copier servilement une loi ancienne, il faut autant que possible la mettre en harmonie avec la législation nouvelle qui a pu intervenir depuis la confection de l'ancienne loi. Depuis la loi de 1838, en effet, un nombre assez considérable de monuments législatifs sont intervenus, et il est de toute nécessité, de toute urgence d'en tenir compte dans la confection de la loi actuelle. (*Très bien! très bien! au centre.*)

La raison, vous la connaissez, messieurs, c'est que la mémoire de nos juges de paix n'est pas très meublée au point de vue juridique; leur bibliothèque ne l'est guère plus que leur mémoire, et souvent il arrive encore aujourd'hui que dans un grand nombre de cantons des juges de paix appliquent des lois depuis longtemps abrogées ou tombées en désuétude.

M. le garde des sceaux, ministre de la justice. Il y a aussi des tribunaux qui se trompent! Nous en avons des exemples récents.

M. Julien Goujon (Seine-Inférieure). Oui, ils se trompent, mais dans l'interprétation de la loi. Il y a aussi des agents de la sûreté qui se trompent lorsqu'ils arrêtent des chanoines! (*On rit.*) Tout le monde se trompe!

M. le garde des sceaux. Si on a arrêté un faux chanoine, c'est que Dorval a déclaré lui-même qu'il était le chanoine Rosemberg. Et pour qu'on s'y trompe bien, il a signé son interrogatoire « Rosemberg ».

M. le président. Revenons, messieurs, à la discussion de la loi. (*Très bien!*)

M. Julien Goujon (Seine-Inférieure). Je disais qu'il importait de faciliter la tâche de nos modestes magistrats cantonaux et de mettre dans la loi tout ce qui doit y figurer. Or, si je lis le paragraphe 2 de l'article 2, je vois que la commission n'a pas tenu compte des lois qui ont été votées depuis 1838, et si nous votions le paragraphe 2 tel qu'il nous est proposé, nous verrions demain les juges de paix violer de la meilleure foi du monde le code civil lui-même.

Je m'explique. Cet article 2 contient la disposition suivante : « Les juges de paix prononceront sans appel jusqu'à la valeur de 300 francs, et à charge d'appel jusqu'au taux de la compétence en dernier ressort des tribunaux de première instance » — ce qui veut dire 1,500 francs. — Les juges de paix vont donc juger en premier ressort jusqu'à concurrence de 1,500 francs... « des contestations entre les hôteliers, aubergistes ou logeurs et les voyageurs ou locataires en garni, pour dépense d'hôtellerie et perte ou avarie d'effets déposés dans l'auberge ou dans l'hôtel? » Vous entendez sans doute, avec toute la jurisprudence, qu'il ne s'agit pas simplement des bagages du voyageur, de ses malles, de ses habits, de ses échantillons, si c'est un voyageur de commerce, mais de tous les effets mobiliers qu'il a déposés dans l'hôtel. L'aubergiste est donc responsable notamment des valeurs et de l'argent que le voyageur a introduits dans l'hôtel.

Sous l'empire de la loi de 1838, le juge de paix était compétent pour statuer jusqu'à 1,500 francs; aujourd'hui vous persistez à admettre que le juge de paix restera compétent jusqu'à 1,500 francs.

En introduisant cette disposition dans la loi, vous revenez sur une loi qui fut votée en 1889 et qui limite la responsabilité des aubergistes et des hôteliers à 1,000 francs lorsque le dépôt en argent n'a pas été fait entre les mains de l'hôtelier. Vous voyez donc que, sur ce point, vous commettriez une grave imprudence si vous ne modifiez pas votre texte.

L'on a tort, lorsqu'on se trouve en présence d'une loi que l'on réforme, de ne pas tenir compte de la jurisprudence intervenue ni des monuments législatifs qui ont été dressés; il faut autant que possible mettre le texte nouveau d'accord avec toutes les interprétations nouvelles pour éviter les contestations. Cela ne fera pas l'affaire des avocats ni surtout des hommes d'affaires qui pullulent dans les prétoires des petites justices de paix, mais cela fera l'affaire des plaideurs et surtout de ceux qui sont chargés d'appliquer la loi.

Je demande donc d'ajouter au paragraphe 2 l'addition suivante :

« Sauf les cas prévus par la loi du 18 avril 1889. »

Le juge de paix sera ainsi compétent jusqu'à 1,500 francs pour statuer sur les litiges relatifs au dépôt d'effets ou de gages chez l'aubergiste; mais, s'il s'agit d'argent, il ne sera responsable que jusqu'à 1,000 francs, à moins que le dépôt n'ait été fait entre les mains de l'aubergiste. Indiquez donc, pour que le juge de paix le sache, que la loi de 1889 est intervenue. (*Très bien! très bien!*)

Sur cet article 2, j'ai déposé un autre amendement...

M. le rapporteur. Voulez-vous me permettre de répondre d'abord sur ce premier point?

Il n'est nullement dans la pensée de la commission de faire échec à une loi antérieure, et notamment à la loi du 18 avril 1889. Le juge de paix ne pourra dépasser dans ses condamnations le montant fixé par cette loi. M. Goujon oublie d'ailleurs que le second paragraphe qu'il critique comprend autre chose que l'objet de la loi de 1889. Nous édictons une règle générale; nous disons que, sous la réserve de l'appel, le juge de paix sera compétent, mais bien entendu dans la limite des chiffres fixés par les lois précédentes. Notre praragraphe comprend en outre, les contestations pour dépenses d'hôtellerie qui ne sont pas limitées par la loi de 1889. Il ne peut pas y avoir de doute, notre projet ne touche pas à la loi de 1889. Dans tous les cas, il suffira des déclarations de la commission. (*Dénégations sur divers bancs.*)

M. Julien Goujon. Je comprends tout ce que l'amour-propre paternel peut avoir de blessé lorsqu'on cherche à revenir sur ce qui a été fait. Je comprends que notre honorable collègue, M. Cruppi, soit inquiet lorsqu'au seuil d'une discussion comme celle-ci il voit déposer un certain nombre d'amendements qui peuvent, pense-t-il, retarder l'application d'une loi à laquelle il a si intelligemment et avec tant de dévouement collaboré. (*Très bien! très bien!*) Mais il comprendra mieux que personne qu'il ne nous est pas permis de nous contenter de simples déclarations pour que la loi puisse être ainsi interprétée.

Il est un principe, monsieur Cruppi, que vous oubliez, c'est qu'en matière de justice de paix, il n'y a pas de loi de compétence. Les juges de paix n'ont pas de compétence, voilà la règle. Ils ne sont compétents que pour les choses spéciales qui sont mises dans leurs attributions.

M. Péret. Avec votre raisonnement, mon cher collègue, si la loi de 1889 venait à être modifiée, il faudrait alors retoucher l'article 2 de ce projet.

M. Julien Goujon. Nous allons y arriver. Il est de jurisprudence qu'une loi nouvelle abroge une loi ancienne. Si donc votre loi parle contrairement à la loi de 1889, vous l'abrogez sur ce point.

M. le rapporteur. Mai non.

M. Julien Goujon. Pardon! Ces dispositions contradictoires ne peuvent pas se concilier.

M. Louis Puech. En disant que la compétence des juges de paix ira jusqu'à 1,500 francs, cela ne veut pas dire que ceux qui ne peuvent demander que 1,000 francs devant le juge de paix pourront demander 1,500 francs.

M. Vallé. *garde des sceaux, ministre de la justice.* Ils pourront demander 1,500 francs, ils n'obtiendront que 1,000 francs.

M. Julien Goujon. Voulez-vous, monsieur le garde des sceaux, avoir la complaisance de relire l'amendement que j'ai déposé?

M. le garde des sceaux. Je ne l'ai pas.

M. Julien Goujon. Par conséquent, ne protestez pas, puisque vous ne le connaissez pas. J'ai mis simplement à la fin de ce paragraphe — devant lequel je m'agenouille comme vous, si vous voulez — j'ai mis : « sauf la réserve introduite dans la loi de 1889. » C'est un avertissement, c'est une clarté que je mets dans votre projet de loi. (*Applaudissements.*)

M. Louis Puech. Il n'est pas possible de mettre cela dans la loi.

M. le rapporteur. La Chambre décidera.

M. Julien Goujon. Savez-vous ce qui arrivera si mon amendement n'est pas adopté? c'est que nous aurons quantité de·procès. (*Interruptions à gauche.*)

Ouvrez le code de procédure et voyez toutes les décisions contradictoires intervenues à propos de la loi de 1889. Il y en a toute une série. Voulez-vous empêcher cet état de choses de se perpétuer? Pour moi j'estime qu'une porte doit être ouverte ou fermée et qu'il faut modifier votre texte en conséquence.

Je persiste dans mon amendement.

M. le rapporteur. La commission repousse l'amendement.

M. le président. M. Goujon avait déposé un premier amendement au paragraphe 2, tendant à ajouter après les mots «... voyageurs ou locataires en garni... » les mots « leurs répondants ou cautions ».

Je lui donne la parole.

M. Julien Goujon. Cet amendement est simple : j'espère qu'il ne soulèvera pas d'objections ardentes.

M. le rapporteur. C'est une loi de paix; ne croyez pas que nous y mettions aucun amour-propre.

M. Julien Goujon. Aux termes de ce paragraphe, les juges de paix sont compétents sur les contestations entre hôteliers, aubergistes ou logeurs et les voyageurs ou locataires en garni.

Cette disposition a son intérêt pour les petites bourses, par exemple pour les ouvriers qui, travaillant dans une commune, sont obligés de se loger ou de se nourrir chez les aubergistes. C'est pour eux que la loi sera bienfaisante.

Mais les ouvriers sont parfois conduits dans ces auberges par le patron et l'aubergiste réclame la caution du patron, il lui demande de répondre pour ses ouvriers. Je demande que l'application bienfaisante de votre loi s'étende aux cautions comme elle s'étend au débiteur principal.

M. le rapporteur. La commission accepte l'amendement avec plaisir.

M. le président. En conséquence le paragraphe 2 serait ainsi rédigé :

« Sur les contestations entre les hôteliers, aubergistes ou logeurs et les voyageurs ou locataires en garni, leurs répondants ou cautions, pour dépense d'hôtellerie et perte ou avarie d'effets déposés dans l'auberge ou dans l'hôtel. »

Je mets aux voix ce paragraphe.

(Le paragraphe 2, mis aux voix, est adopté.)

M. le président. D'autre part, M. Goujon propose d'ajouter à ce paragraphe les mots : « sauf, dans ce dernier cas, la restriction résultant de la loi du 18 avril 1889. »

M. le rapporteur. La commission repousse l'amendement.

M. le président. Cet amendement est soumis à la prise en considération.

Je consulte la Chambre.

(Après une épreuve déclarée douteuse par le bureau, la Chambre, par assis et levé, ne prend pas l'amendement en considération.)

M. le président. Nous arrivons au troisième paragraphe :

« Entre les voyageurs et les voituriers ou bateliers, pour retards, frais de route et perte ou avarie d'effets accompagnant les voyageurs; »

M. Julien Goujon. Depuis la loi de 1838 nous avons eu des chemins de fer. Est-ce qu'en matière de chemins de fer, et d'indemnités à leur réclamer, nous devons aller devant le juge de paix ou devant le tribunal de commerce?

M. le rapporteur. La question est prévue à l'article 7.

M. Julien Goujon. Permettez! il s'agit ici des voituriers. Je ne dépose pas d'amendement, je ne veux pas avoir l'air de faire de l'opposition à la loi; je pose simplement la question, tranchez-là vous-même.

M. le rapporteur. Sans aucun doute, dans les termes du droit commun.

M. Julien Goujon. Quel est le droit commun ?

La justice de paix n'est pas la juridiction de droit commun : c'est la juridiction d'exception.

M. le rapporteur. Le juge de paix sera compétent dans les limites de la compétence fixée par notre loi.

M. Julien Goujon. Vous faites rentrer dans la loi de 1838 les chemins de fer? Alors je suis d'accord avec vous. Vous ne voulez pas l'ajouter, mais c'est entendu.

M. Le Bail. Il ne peut y avoir de difficultés; si c'est la compagnie des chemins de fer qui appelle le voyageur devant le tribunal, ce sera le juge du paix qui sera compétent; si, au contraire, c'est le voyageur qui appelle la compagnie, c'est-à-dire un commerçant, devant le tribunal, le juge de paix pourra encore être compétent.

M. Louis Puech. Mais où voyez-vous que les compagnies de chemins de fer interviennent dans cet article?

M. Julien Goujon. Elles interviennent comme transporteurs.

M. le président. Quel est l'avis de la commission et celui du Gouvernement?

M. le rapporteur. Nous sommes d'accord avec M. Goujon. Les voituriers comprennent les compagnies de chemins de fer.

M. le garde des sceaux. Il n'y a pas d'exception dans la loi pour les compagnies de chemins de fer; par conséquent, c'est le droit commun.

M. Léonce de Castelnau. On pourrait mettre dans le paragraphe les mots : entrepreneurs de transports au lieu de « voituriers ». Ce serait plus clair.

M. le rapporteur. « Voituriers » est le mot d'usage ; ne le changeons pas, il se comprend.

M. Maurice Colin. Il n'est pas possible de consacrer un privilège de juridiction pour les compagnies de chemins de fer; elles sont comprises dans le terme général de « voituriers ».

M. Charles Benoist. On pourrait éviter toute contestation en employant le terme plus général d'entrepreneurs de transports, qui embrasse tout.

M. Maurice Colin. Voituriers est le terme consacré.

M. Julien Goujon. Ce mot rappelle les vieilles pataches. Modernisez donc votre loi!

M. le rapporteur. Il est bien entendu qu'il n'y a pas de privilège pour les compagnies de chemins de fer; mais on nous demande de substituer au mot « voituriers » le mot « entrepreneurs de transports par terre ou par eau ». La commission ne voit pas d'inconvénient à accepter cette modification.

M. le président. Le texte serait le suivant : « Entre les voyageurs et les voituriers ou bateliers et les entrepreneurs de transports par terre ou par eau, pour retards, etc... »

Un membre au centre. Le mot « bateliers » pourrait être supprimé.

M. le rapporteur. Voilà l'inconvénient des improvisations de séance. On a toujours entendu, dans la jurisprudence, que le mot « voiturier » s'appliquait à toutes les entreprises que vous entendez viser. Maintenant que nous sommes en présence du mot « bateliers » on propose de le supprimer. Mais on me fait observer à juste titre qu'il peut y avoir des bateliers qui ne soient pas des « entrepreneurs de transports » et qui méritent de figurer cependant dans le texte : il y a donc lieu de maintenir le mot.

M. Julien Goujon (Seine-Inférieure). Vous avez raison en ce sens que l'article dit « entre les voyageurs et les voituriers, etc., pour frais de route et perte ou avarie d'effets « accompagnant » les voyageurs.

M. le rapporteur. C'est pourquoi il vaut mieux conserver le mot « bateliers ».

M. Bouveri. J'appelle l'attention de M. le président de la commission sur ce fait que de très grandes compagnies ont des bateliers, payés pour le transport d'une ville à une autre; ces bateliers, qui sont de simples ouvriers, ne peuvent être rendus responsables, car en grande majorité ils ne sont pas solvables.

Les compagnies les considèrent en général comme des entrepreneurs de transports; mais, en réalité, ils ne sont pas responsables parce qu'ils sont insolvables, je demande, dans ce cas, qui vous pourrez poursuivre.

M. le rapporteur. C'est parce que nous ne ne voulons pas faire de confusion que nous avons maintenu le mot.

M. Bouveri. Il faudrait dire : « bateliers patentés ».

M. le président. Le texte est donc le suivant :

« Entre les voyageurs et les entrepreneurs de transports par terre ou par eau, les voituriers ou bateliers, pour retards, frais de route et perte ou avarie d'effets accompagnant les voyageurs; »

Je mets aux voix le paragraphe, ainsi rédigé.

(Le paragraphe 3, mis aux voix, est adopté.)

M. le président. Nous passons au quatrième paragraphe :

« Entre les voyageurs et les carrossiers ou autres ouvriers pour fournitures, salaires et réparations faites aux voitures de voyage. »

M. Perroche propose de modifier ce texte ainsi qu'il suit :

« Entre les voyageurs et les carrossiers, mécaniciens ou autres ouvriers pour fournitures, salaires ou réparations faites aux voitures automobiles, motocycles, bicyclettes et autres véhicules de voyage. »

La parole est à M. Perroche.

M. Perroche. L'article 2 de la loi de 1838 attribuait déjà aux juges de paix la compétence spéciale admise dans le projet de la commission, pour les différends entre les voyageurs et les carrossiers ou autres ouvriers pour fournitures, salaires et réparations faites aux voitures de voyage. Dans le projet qu'il a voté en 1896, le Sénat n'avait pas cru devoir adopter cette rédaction sous prétexte que les vieilles diligences avaient été remplacées à peu près partout par les chemins de fer. La commission actuelle de la Chambre, au contraire, a maintenu, avec raison je crois, ce texte de la loi de 1838; et c'est à ce texte que je propose d'ajouter quelques mots afin, comme le disait tout à l'heure notre collègue M. Goujon, de moderniser le projet de loi.

En effet, s'il n'y a plus de diligences et si on ne voyage plus en berline comme autrefois, on voyage souvent en automobile, en motocyclette et même modestement à bicyclette. J'ai inséré cette énumération dans mon amendement et j'ai ajouté les mots « et autres véhicules de voyage », car nous ne savons pas le genre de locomotion que nous réservent les progrès de l'avenir.

Il est d'autant plus nécessaire de donner une compétence particulière aux juges de paix pour statuer sur les différends entre les voyageurs et les mécaniciens, que, vous le savez, avec les véhicules à moteurs dont je viens de parler, les accidents sont fréquents, les pannes plus fréquentes encore. Il arrivera donc souvent qu'on aura recours aux ouvriers, aux mécaniciens des villages qu'on traversera, et il pourra s'élever des contestations entre eux et les voyageurs lors du règlement de la facture; c'est le juge de paix qui, dans ces circonstances, serait compétent en dernier ressort jusqu'à 300 francs, et en premier ressort à quelque somme que s'élève le litige. (*Très bien! très bien!*)

M. le président. La parole est à M. le rapporteur.

M. le rapporteur. Nous sommes tout à fait disposés avec notre honorable collègue à moderniser la terminologie de la loi; mais enfin il ne faut pas créer des difficultés d'interprétation sous prétexte de compléter la loi. Il est facile, d'ailleurs, d'éviter ces difficultés tout en élargissant la portée de notre texte. Nous vous proposons de dire, avec la loi de 1838 : « entre les voyageurs et les carrossiers ou autres ouvriers pour fournitures, salaires et réparations faites aux voitures de voyage ».

Nous ne demandons pas mieux, comme le propose M. Perroche, d'adjoindre au mot « carrossiers » le mot « mécaniciens », mais tout en maintenant le mot « ouvriers ».

En effet, le mécanicien est un ouvrier; si nous voulions spécifier, on serait fondé à nous demander par exemple pour les chauffeurs une désignation spéciale et nous entrerions alors dans des distinctions dangereuses. Nous maintenons donc le mot le plus général, c'est-à-dire « ouvriers ».

En second lieu, M. Perroche propose d'ajouter les mots « automobiles, motocycles, bicyclettes ». Il nous semble impossible de procéder par énumération et de distinguer entre ces divers véhicules, ce qui semblerait exclure l'invention de demain. Nous vous proposons, là encore, d'adopter l'expression la plus générale en ajoutant au texte primitif les mots « et autres véhicules de voyage ».

Le texte que nous soumettons à la Chambre serait alors ainsi conçu :

« Entre les voyageurs et les carrossiers ou autres ouvriers pour fournitures, salaires et réparations faites aux voitures et autres véhicules de voyage. »

M. Perroche. Je me rallie à la rédaction proposée par M. le rapporteur.

M. le président. Je mets aux voix le paragraphe 4 ainsi rédigé, comme le propose la commission :

« Entre les voyageurs et les carrossiers ou autres ouvriers, pour fournitures, salaires et réparations faites aux voitures et autres véhicules de voyage. »

(Le paragraphe 4, mis aux voix, est adopté.)

M. le président. Nous arrivons maintenant à un article additionnel de M. Lepelletier ainsi conçu :

« Les juges de paix connaîtront sans appel jusqu'à 300 francs et à charge d'appel jusqu'au taux de la compétence en dernier ressort des tribunaux de première instance, des demandes en payement de lettres de change et billets à ordre dont le débiteur, tiré, souscripteur, accepteur ou endosseur, n'aura pas la qualité de commerçant ou lorsque ces valeurs représenteront des fournitures d'objets de consommation ou d'usage personnel, le remboursement de dettes civiles, le règlement de travaux, de services ou de comptes n'ayant pas le caractère d'une opération de commerce.

« S'il se trouve, parmi les endosseurs, des commerçants, le jugement du tribunal de paix pourra être déféré au tribunal de commerce à l'effet d'obtenir la déclaration de faillite de ces commerçants, conformément aux dispositions des art. 118, 140, 187, 437 et 440 du code de commerce.»

La parole est à M. Lepelletier.

M. Edmond Lepelletier. Tout à l'heure, M. Georges Berry semblait indiquer le désir des commerçants de voir les juges de paix intervenir dans le règlement des contestations entre eux et leurs clients. D'un autre côté, M. le rapporteur nous a déclaré que la commission n'avait point l'intention de toucher à la justice consulaire.

Je crois qu'il serait juste et convenable, puisque nous faisons une loi sur la juridiction de paix et que nous en étendons la compétence, de statuer sur le point délicat de savoir s'il y a intérêt à déférer aux tribunaux de commerce un non commerçant.

Les tribunaux de commerce ont été institués pour juger des litiges qui, par leur caractère, paraissent devoir exiger des magistrats une compétence professionnelle, un savoir technique exclusif du savoir juridique. On a voulu par cette institution, que des procès relatifs à des contrats roulant sur des opérations commerciales pour l'appréciation desquelles l'expérience commerciale est plus nécessaire que l'expérience du jurisconsulte, fussent confiés à des juges commerciaux, c'est-à-dire à des commerçants en exercice ou à d'anciens négociants. Rien à dire en ce qui concerne les affaires véritablement commerciales et pour l'examen desquelles la compétence professionnelle est logique et utile.

Mais, dans la pratique, il se trouve qu'un grand nombre des affaires déférées aux tribunaux de commerce ne sont pas des litiges commerciaux, mais des demandes en payement de billets à ordre ou de traites acceptées représentant des fournitures personnelles faites à des non commerçants, à des personnes non justiciables du tribunal de commerce. Ces litiges n'exigent de la part de ceux qui doivent les trancher aucune compétence technique et professionnelle; ce sont des demandes en payement résultant des fournitures de vêtements, de vins, de facture de petits travaux, d'argent prêté, de dettes civiles en un mot. Aux termes du code de commerce, il suffit qu'il y ait la signature d'un seul commerçant, sur l'endos, pour que le tribunal de commerce devienne compétent. Or, dans la pratique, il y a toujours, entre les parties, une banque, dont la signature, notamment celle du Crédit lyonnais ou de la Société générale ou de toute autre banque chargée de l'encaissement, pour qu'aussitôt l'affaire soit portée au tribunal de commerce.

Ces litiges ne comportent pas de discussion et il n'y a aucun inconvénient à les porter devant le juge de paix qui en connaîtra aussi bien que le juge commercial. Une signature est apposée au bas de l'effet; en admettant que la traite n'ait pas été acceptée, il y aura un protet faute d'acceptation et la créance ne pourra être contestée que comme dette civile. La juridiction commerciale sur laquelle je n'ai pas à m'expliquer ici en général est, en ces matières, sommaire et rapide, mais contestable dans son principe et coûteuse; en outre elle est excessivement rigoureuse. Elle est rigoureuse parce que le juge commercial ne concilie jamais; saisi de la demande, il prononce la condamnation immédiatement, tout au plus accorde-t-il un délai de vingt-cinq jours, si le défendeur se présente; s'il ne se présente pas, le débiteur est l'objet d'un jugement par défaut, qui peut être, il est vrai, frappé d'opposition entraînant un délai, un répit de trois semaines, mais il en résulte néanmoins, pour de petites créances, des frais considérables et un délai insuffisant.

Lorsqu'on se présentera au contraire devant le juge de paix, en réclamation du payement de fournitures de denrées ou de légers prêt d'argent, celui-ci tentera une conciliation, ou accordera des délais permettant au débiteur de se libérer. Je ne veux pas abuser des instants de la Chambre et je la prie de décider que les contestations relatives à de petites dettes, contractées par un non-commerçant, seront enlevées à la juridiction commerciale pour être portées devant le juge de paix. (*Très bien! très bien! sur divers bancs.*)

M. le président. La parole est à M. le rapporteur.

M. le rapporteur. Messieurs, la question posée par notre honorable collègue M. Lepelletier est des plus intéressantes. Elle n'est pas soulevée pour la première fois en ce moment, car, en 1838 même, il a été, à un certain moment, question d'étendre la compétence des juges de paix au point de vue commercial.

Nous avons voulu, après y avoir beaucoup réfléchi, laisser absolument intacte la juridiction consulaire:

Nous pensons d'abord qu'en ce qui concerne les tribunaux de commerce, il n'y a vraiment pas autant d'intérêt à faire la réforme que nous préconisons aujourd'hui pour les tribunaux civils. Pourquoi? Parce que devant ce tribunal il n'y a pas l'intermédiaire obligatoire de l'officier ministériel, il y a plus de rapidité et moins de frais que devant le tribunal civil.

Une autre considération nous a également frappé, la voici:

En définitive la juridiction consulaire est, en ce moment, acceptée par tous les commerçants et il ne semble pas que ceux-ci, ni les chambres de commerce aient créé un mouvement d'opinion dans le sens de la réforme qu'on sollicite.

M. Vallé, *garde des sceaux, ministre de la justice.* Au contraire!

M. le rapporteur. Nous demandons à la Chambre de réaliser les réformes souhaitées par l'opinion — nous le croyons du moins — mais nous ne voulons pas aller à l'encontre de cette opinion, surtout pour trancher, par voie d'amendement, une des questions les plus graves du code de commerce, comme celle de la lettre de change.

Comment voulez-vous, en effet, que nous attribuions aux juges de paix la connaissance des litiges touchant le payement des lettres de change, sans détruire l'économie d'un titre tout entier du code de commerce?

Pour tous ces motifs, je supplie mon honorable collègue qui a eu et qui aura des interventions si utiles au cours de cette discussion, de prendre acte de ce qui vient d'être dit et de retirer lui-même son amendement. Sur ce point la commission ne croit pas pouvoir s'associer à sa proposition qui, sans être mauvaise, est au moins mal placée dans un projet sur l'organisation et la compétence des juges de paix.

M. Edmond Lepelletier. Je consens à retirer mon amendement mais je tiens à faire une déclaration en tenant compte des observations de M. le rapporteur. En déposant mon amendement je n'avais pas seulement en vue l'intérêt des commerçants, mais l'intérêt de tous les citoyens traitant une affaire avec des commerçants. Or, la majorité des citoyens français se trouvait intéressée par le payement des petites valeurs à comparaître devant le juge de paix au lieu d'être citée devant le tribunal, car s'il n'y a pas d'avoués près le tribunal de commerce, il y a des agréés et des hommes d'affaires, des mandataires qui sont tout aussi coûteux.

M. le comte d'Elva. Les avoués ne sont pas toujours aussi avides que vous voulez bien le dire. Je les ai fréquemment trouvés honnêtes. (*On rit.*)

M. le président. L'amendement est retiré. Le quatrième paragraphe demeure donc tel qu'il a été adopté.

Je mets aux voix l'ensemble de l'article 2 avec les modifications qui y ont été apportées au cours de la discussion.

(L'ensemble de l'article 2, mis aux voix, est adopté.)

M. le président. « Art. 3. — Les juges de paix connaissent sans appel jusqu'à la valeur de 300 francs, et à charge d'appel à quelque valeur que la demande puisse s'élever :

« Des actions en payement de loyers ou fermages;

« Des congés;

« Des demandes en résiliation de baux fondées soit sur le défaut de payement des loyers ou fermages, soit sur l'inexécution des clauses et conditions du bail, soit sur l'insuffisance des meubles garnissant la maison, ou de bestiaux et ustensiles nécessaires à l'exploitation, prévus par les articles 1752 et 1766 du code civil, soit enfin sur la destruction de la totalité de la chose louée, prévue par l'article 1722 du code civil;

« Des expulsions des lieux;

« Des demandes en validité et en nullité ou mainlevée des saisies-gageries en vertu des articles 819 et 820 du code de procédure civile, ou de saisies-revendications portant sur des meubles déplacés sans le consentement du propriétaire, dans les cas prévus aux articles 2102, paragraphe 1er, du code civil, et 819 du code de procédure civile, à moins que, dans ce dernier cas, il n'y ait contestation de la part d'un tiers;

« Le tout lorsque les locations verbales ou écrites n'excèdent pas annuellement 400 francs.

« Si le prix principal du bail se compose en totalité ou en partie de denrées ou prestations en nature appréciables d'après les mercuriales, l'évaluation de ces denrées ou prestations sera faite sur les mercuriales du jour de l'échéance, lorsqu'il s'agira du payement des fermages; dans tous les autres cas, elle aura lieu suivant les mercuriales du mois qui aura précédé la demande.

« S'il comprend des prestations non appréciables d'après les mercuriales, ou s'il s'agit de baux à colons partiaires, le juge de paix déterminera la compétence en prenant pour base du revenu de la propriété le principal de la contribution foncière de l'année courante multiplié par cinq. »

Il n'y a pas d'amendement sur les premiers paragraphes de l'article jusqu'aux mots : « 1752 et 1766 du code civil. » Je mets aux voix la première partie du premier paragraphe :

« Les juges de paix connaissent sans appel jusqu'à la valeur de 300 francs... »

(Cette première partie, mise aux voix, est adoptée.)

M. le président. Je mets aux voix la seconde partie du premier paragraphe :

« ...et à charge d'appel à quelque valeur que la demande puisse s'élever. »

(Cette seconde partie du premier paragraphe est adoptée.)

M. le président. Je mets aux voix le paragraphe suivant :

« Des actions en payement des loyers ou fermages. »

(Ce paragraphe est adopté.)

M. le président. Je mets aux voix le troisième paragraphe :

« Des congés. »

Ce paragraphe est adopté.)

M. le président. Il y a sur le quatrième paragraphe un amendement de M. Chastenet qui consiste à remplacer les mots :

« Soit enfin sur la destruction de la totalité de la chose louée, prévue par l'article 1722 du code civil », par ceux-ci :

« Soit enfin, etc... dans les cas prévus par les articles 1722 et 1729 du code civil. »

La parole est à M. Chastenet.

M. Guillaume Chastenet. Je demande pardon à la commission de lui présenter un amendement improvisé en cours de séance, mais si l'observation est juste, peut-être la Chambre m'excusera-t-elle de la lui présenter tardivement.

L'article 3 est ainsi conçu :

« Les juges de paix connaissent etc... des demandes en résiliation de baux fondées soit sur le défaut de payement des loyers ou fermages, soit sur l'inexécution des clauses et conditions du bail, soit sur l'insuffisance des meubles garnissant la maison, ou de bestiaux et ustensiles nécessaires à l'exploitation prévue par les articles 1752 et 1766 du code civil, soit enfin sur la destruction de la totalité de la chose louée prévue par l'article 1722 du code civil. »

L'article 1722, on le voit, prévoit la destruction totale de la chose louée, mais il prévoit aussi la destruction partielle.

Lorsqu'il y a destruction totale, l'article 1722 dispose que la résiliation aura lieu de plein droit ; par conséquent, il semble qu'il ne soit pas très utile d'aller devant le juge de paix. En outre, lorsque la chose louée est détruite totalement, la résiliation résulte de la force même des choses. Je crois donc que la disposition qui vous est proposée ne porte pas, mais elle pourrait être utilement élargie ; il faudrait viser tout simplement l'article 1722, qu'il s'agisse de perte totale ou qu'il s'agisse de perte partielle et je demanderai à la Chambre de joindre à l'article 1722 l'article 1729 ainsi conçu :

« Si le preneur emploie la chose louée à un autre usage que celui auquel elle a été destinée, ou dont il puisse résulter un dommage pour le bailleur, celui-ci peut, suivant les circonstances, faire résilier le bail. »

Je crois qu'il y a la même raison de procédure rapide et économique pour décider dans les cas prévus par l'article 1729 et dans les cas prévus par l'article 1722. Je demande donc que cette fin de paragraphe : « soit enfin sur la destruction de la totalité de la chose louée prévue par l'article 1722 du code civil » soit remplacée par les mots suivants : « soit dans les cas prévus par les articles 1722 et 1729 du code civil ».

M. Edmond Lepelletier. C'est une très grosse question de droit.

M. Guillaume Chastenet. Pas le moins du monde.

M. Vallé, *garde des sceaux, ministre de la justice.* Je demande la parole.

M. le président. La parole est à M. le garde des sceaux.

M. le garde des sceaux. Messieurs, aux termes de la loi de 1838 et dans ses limites, le juge de paix est compétent, en matière de résiliation de bail, mais seulement lorsque la demande s'appuie sur le non-payement des loyers. Toutes les commissions qui se sont occupées de l'extension de la compétence des juges de paix ont voulu faire rentrer dans cette compétence plusieurs autres causes de résiliation ; toutefois elle n'ont voulu y comprendre que les cas qui ne soulevaient aucune difficulté et pour lesquels le juge de paix n'avait à faire, pour ainsi dire, qu'une simple constatation.

En conséquence, on a décidé que le juge de paix serait compétent lorsqu'il y aurait inexécution des clauses du bail, insuffisance de meubles ou destruction de la totalité de la chose louée.

Mais il reste, en dehors, de nombreuses espèces où la demande en résiliation de bail peut soulever des difficultés ; la destruction partielle, en particulier donne lieu tantôt à une résiliation de bail, tantôt à une indemnité, sous forme de diminution du loyer, ce qui parfois embarrasse le juge, comme il ne faut pas étendre à l'excès la compétence des justices de paix et leur donner à connaître des affaires par trop délicates, dans tous les projets et propositions de loi, on a laissé en dehors de leur juridiction les contestations relatives à la destruction partielle, la différence de la destruction totale qui exige une simple visite de lieux.

On a fait de même pour les actions en indemnité basées sur les réparations quand elles ont duré plus de quarante jours ou sur celles qui rendent la maison inhabitable ; de même pour les procès intentés quand la chose louée a été employée à un autre usage que celui auquel elle est destinée ; de même quand la résiliation est demandée pour abandon de la culture et lorsque le preneur ne cultive pas en bon père de famille.

La commission actuelle a pensé comme ses devanciers que toutes ces difficultés seraient plus aisément solutionnées par les tribunaux de première instance que par les juges de paix, en quoi elle a agi avec prudence et sagesse, et j'engage la Chambre à accepter ses décisions.

M. Guillaume Chastenet. Malgré les observations de M. le garde des sceaux, je maintiens mon amendement. M. le garde des sceaux, au sujet de l'article 1722, vient de dire qu'au cas de perte partielle de la chose louée, il pourrait y avoir à se prononcer sur des indemnités d'une évaluation délicate et qui pourraient dépasser la compétence du juge de paix.

En cela, il me paraît aller directement à l'encontre du texte même de l'article 1722. Dans aucun cas il ne peut y avoir lieu à indemnité.

Voici, en effet, ce que dit l'article 1722 :

« Si, pendant la durée du bail, la chose louée est détruite en totalité par cas fortuit, le bail est résilié de plein droit ; si elle n'est détruite qu'en partie, le preneur peut, suivant les circonstances, demander ou une diminution du prix ou la résiliation même du bail. Dans l'un et l'autre cas, il n'y a lieu a aucun dédommagement. »

Vous le voyez, monsieur le garde des sceaux, dans aucun cas le juge de paix ne peut avoir à se prononcer sur une demande en indemnité. Je prétends que l'article 1722 prévoit des difficultés courantes. S'il faut avoir recours aux tribunaux ordinaires, la procédure sera coûteuse et d'un abord difficile. C'est pourquoi j'insiste.

Je prie M. le président de vouloir bien consulter la Chambre sur mon amendement.

M. Louis Puech. La commission ne croit pas devoir accepter l'amendement de M. Chastenet...

M. Guillaume Chastenet. Etes-vous rapporteur de la commission ?

M. Louis Puech. Non, mais j'ai bien le droit de parler.

M. Guillaume Chastenenet. Parlez alors en votre nom et non pas en celui de de la commission.

M. le rapporteur. La commission, tout en comprenant la pensée de M. Chastenet et l'intérêt doctrinal qui s'attache aux observations qu'il vient de formuler vous demande, après réflexion, de maintenir son texte qui est celui que le Sénat a voté en 1896. En effet, les articles 1722 et 1729 spécialement visés par M. Chastenet présentent des difficultés de solution délicate qui nous paraissent rentrer davantage dans le cadre des discussions qui peuvent avoir lieu devant le tribunal civil. Pour ces motifs nous demandons le maintien de notre texte.

M. Louis Puech. Je pense que la Chambre n'attache que l'importance qu'elle mérite à l'observation personnelle que m'adresse mon collègue et ami M. Chastenet. Je lui apprends, puisqu'il a conçu des scrupules sur mon droit de parler au nom de la commission que c'est M. le président de la commission lui-même qui m'avait prié de répondre, ne pouvant se lever et parler constamment. Vous consentirez, je l'espère, monsieur Chastenet, à ce que je vous réponde en quelques mots.

Non ! la commission n'accepte pas votre amendement et voici pourquoi. En toute cette matière, elle n'a voulu soumettre au juge de paix que des cas très simples, laissant au tribunal la connaissance des cas plus compliqués. Comme le Sénat, dont elle vous soumet le texte, la commission a seulement détaché de l'article 1724 le seul cas où la chose louée a été intégralement détruite par cas fortuit. Pourquoi ? Parce qu'il s'agit là de faits matériels que le juge de paix n'a qu'à constater.

Au contraire, dans le cas de destruction partielle, les questions sont plus complexes et plus délicates. Il s'agit alors de savoir si la part détruite supprime ou diminue seulement la jouissance du locataire, il s'agit de savoir s'il y a lieu à simple indemnité ou à résiliation de bail. La question est bien plus difficile. Telle est la conception spéciale qui a guidé la commission. La Chambre appréciera. Nous ne sommes pas, je le répète, les auteurs du texte : il a été voté par le Sénat. Quoi qu'il en soit, c'est ainsi qu'on a toujours conçu la compétence du juge en cette matière.

Pour l'article 1728, la difficulté est encore bien plus grande : il s'agit du locataire qui a modifié plus ou moins la destination de la chose louée ; les procès de ce genre sont très fréquents et pleins de difficultés ; c'est par exemple un marchand de vins ou un épicier qui ajoutent à leur commerce une crèmerie, un café, ou qui modifient la disposition des lieux loués ; que sais-je, les cas sont infiniment nombreux. Il y a là des questions d'un ordre encore plus délicat et plus complexes que ceux de l'article 1722. Il y a donc des raisons encore plus grandes de rejeter l'amendement en ce qui concerne l'article 1728 qu'en ce qui concerne la deuxième partie de l'art. 1722.

Tels sont les motifs que M. le président de la commission m'a prié d'exposer à la Chambre. La Chambre me pardonnera de l'avoir fait. Nous nous en rapportons d'ailleurs à sa sagesse. (*Très bien ! très bien !*)

M. Guillaume Chastenet. Je persiste à croire que l'appréciation des cas prévus aux articles 1722 et 1728 n'est pas plus délicate que celle de toutes autres affaires. Dans l'espèce que nous discutons, il s'agit généralement d'intérêts peu élevés qui demandent des résolutions rapides et une procédure économique.

Il me paraît en outre mauvais d'établir une compétence différente pour chacun des deux cas prévus par l'article 1722 du code civil : perte totale ou perte partielle. S'il y a difficulté sur le point de savoir si la perte est totale ou partielle vous faites dépendre la compétence d'une appréciation de fait, et du fond du débat lui-même.

La chose étant détruite, il est bien évident que la jouissance ne peut s'exercer sur elle et que, par conséquent, le bail est résilié par la force même des choses. (*Mouvements divers.*)

M. le rapporteur. La commission maintient son texte.

M. le président. Il n'y a pas de contestation sur cette première partie du quatrième paragraphe :

« Des demandes en résiliation de baux fondées soit sur le défaut de payement des loyers ou fermages, soit sur l'inexécution des clauses et conditions du bail, soit sur l'insuffisance des meubles garnissant la maison, ou de bestiaux et ustensiles nécessaires à l'exploitation, prévus par les articles 1752 et 1766 du code civil. ... »

Je mets aux voix cette partie du quatrième paragraphe.

(Ce texte, mis aux voix, est adopté.)

M. le président. M. Chastenet propose de remplacer la dernière partie du paragraphe par les mots : « ...soit dans les cas prévus aux articles 1722 et 1728 du code civil. »

Je consulte la Chambre sur la prise en considération de cet amendement.

(L'amendement n'est pas pris en considération.)

M. le président. Je mets aux voix la dernière partie du quatrième paragraphe « ...soit enfin sur la destruction de la totalité de la chose louée, prévue par l'article 1722 du code civil. »

(Cette dernière partie du quatrième paragraphe est adoptée. — L'ensemble du quatrième paragraphe est mis aux voix et adopté.)

M. le président. Je mets aux voix le cinquième paragraphe :

« Des expulsions des lieux ; »

(Le cinquième paragraphe, mis aux voix, est adopté.)

M. le président. Je rappelle les termes du sixième paragraphe :

Des demandes en validité et en nullité ou mainlevée des saisies-gageries en vertu des articles 819 et 820 du code de procédure civile, ou de saisies-revendications portant sur des meubles déplacés sans le consentement du propriétaire, dans les cas prévus aux articles 2102, paragraphe 1er du code civil, et 819 du code de procédure civile, à moins que, dans ce dernier cas, il n'y ait contestation de la part d'un tiers. »

Personne ne demande la parole ? ...

Je mets ce paragraphe aux voix.

(Ce paragraphe, mis aux voix, est adopté.)

M. le président. Je donne lecture du septième paragraphe :

« Le tout lorsque les locations verbales ou écrites n'excèdent pas annuellement 400 francs. »

Sur ce paragraphe il y a un amendement de MM. Guilloteaux, Lamy et Forest ainsi conçu :

« Le tout lorsque les locations verbales ou écrites n'excèdent pas annuellement 600 francs. »

La parole est à M. Guilloteaux.

M. Guilloteaux. Messieurs, je demande à la Chambre la permission de présenter une très courte observation sur l'article 3 dont je relis le texte :

« Les juges de paix connaissent sans appel jusqu'à la valeur de 300 francs, et à charge d'appel à quelque valeur que la demande puisse s'élever.

« Des actions en payement des loyers ou fermages ;

« Des congés ;

« Des demandes en résiliation de baux fondées soit sur le défaut de payement des loyers ou fermages, soit sur l'inexécution des clauses et conditions du bail, soit sur l'insuffisance des meubles garnissant la maison, ou des bestiaux ou ustensiles nécessaires à l'exploitation, prévus par les articles 1752 et 1766 du code civil, soit enfin sur la destruction de la totalité de la chose louée, prévue par l'article 1722 du code civil... »

Cet article concerne principalement les cultivateurs, les régions agricoles, les baux ruraux et vise les rapports entre propriétaires, fermiers, etc. Représentant d'une région essentiellement agricole, je crois qu'il serait extrêmement pénible pour les cultivateurs, dont les baux s'élèvent en général dans nos régions jusqu'à la somme de 600 francs d'être divisés en deux catégories, l'une pouvant jusqu'à 400 francs, aller en justice de paix et l'autre, jusqu'à 600 francs, obligée de se rendre au chef lieu d'arrondissement, ce qui créerait dans les campagnes de grandes difficultés. Puisque nous sommes en train d'étendre la compétence des juges de paix, j'ai l'honneur de demander à la Chambre de vouloir bien élever leur compétence en matière de bien ruraux de 400 à 600 francs. (*Très bien ! très bien !*)

M. le rapporteur. La commission accepte l'amendement.

M. le président. Je mets aux voix le septième paragraphe ainsi modifié :

« Le tout, lorsque les locations verbales ou écrites n'excèdent pas annuellement 600 francs. »

(Le septième paragraphe, mis aux voix, est adopté.)

M. le président. Je donne lecture du huitième paragraphe.

« Si le prix principal du bail se compose en totalité ou en partie de denrées ou prestations ture appréciables d'après les mercuriales, l'évaluation de ces denrées ou prestations sera faite sur les mercuriales du jour de l'échéance, lorsqu'il s'agira du payement des fermages ; dans tous les autres cas, elle aura lieu suivant les mercuriales du mois qui aura précédé la demande. »

Personne ne demande la parole sur ce paragraphe ?...

Je le mets aux voix.

(Le paragraphe 8 est adopté.)

M. le président. Nous passons au paragraphe 9 et dernier de l'article 3 :

« S'il comprend des prestations non appréciables d'après les mercuriales, ou s'il s'agit de baux à colons partiaires, le juge de paix déterminera la compétence en prenant pour base du revenu de la propriété, le principal de la contribution foncière de l'année courante multiplié par cinq.

Je mets aux ce paragraphe.

(Ce paragraphe est adopté.)

(L'ensemble de l'article 3 est mis aux voix et adopté.)

M. le président. Je donne lecture de l'article 4·

« Art. 4. — Les juges de paix connaissent sans appel jusqu'à la valeur de 300 francs, et à charge d'appel à quelque chiffre que la demande puisse s'élever :

« Des réparations locatives des maisons ou fermes mises par la loi à la charge des locataires ;

« Des indemnités réclamées par le locataire ou fermier pour non-jouissance provenant du fait du propriétaire :

« Des dégradations et pertes dans les cas prévus par les articles 1732 et 1735 du code civil.

« Néanmoins, le juge de paix ne connaît des pertes causées par incendie ou inondation que dans les limites posées par l'article premier de la présente loi. »

Il n'y a pas d'amendement sur les deux premiers paragraphes de cet article.

Je les mets aux voix.

(Les deux premiers paragraphes, mis aux voix, sont adoptés.)

M. le président. Sur le troisième paragraphe il y a un amendement de M. Ollivier qui consiste à ajouter au texte de la commission les mots : « lorsque le droit à une indemnité n'est pas contesté. »

La parole est à M. Ollivier.

M. Louis Ollivier. Mon amendement n'est que la reproduction du texte adopté par le Sénat en 1896 et par la Chambre en 1891. Je crois qu'en vous présentant le texte actuel, M. le rapporteur ne s'est pas dissimulé les difficultés et les inconvénients qu'il pouvait présenter, car dans son rapport, après cette phrase : La loi de 1838 ainsi que les projets votés au Sénat et à la Chambre, n'accordaient cette compétence que lorsque le droit à une indemnité n'était pas contesté »; je lis les observations suivantes :

« La commission de la dernière Chambre avait décidé de supprimer cette distinction sur un amendement de plusieurs de nos collègues. Votre commission des réformes judiciaires a maintenu cette suppression. Nous ne nous sommes pas dissimulé que la question était beaucoup plus délicate à trancher lorsque le principe même de l'indemnité était contesté; nous avons cependant pensé que nos juges de paix seraient parfaitement compétents pour apprécier une question de non-jouissance et nous avons voulu aussi éviter que les propriétaires puissent arriver à décliner sûrement la compétence du juge de paix en contestant toujours le principe de l'indemnité. «

Je me permets de ne pas être à ce sujet de l'avis de la commission. Dans bien des circonstances, ces procès de non-jouissance soulèvent des questions dont la solution est fort délicate; je ne parle pas seulement des baux urbains et des baux ruraux, quoique cependant, là aussi, les difficultés pourront être considérables lorsqu'il s'agira d'exploitations importantes. Mais la loi ne fait aucune distinction, et il arrivera que, lorsque des locataires d'un immeuble industriel intenteront des actions en dommages et intérêts pour non-jouissance, le juge de paix aura à trancher les questions les plus importantes, car il aura non seulement à apprécier le préjudice direct, mais encore le préjudice indirect allégué par le locataire et résultant

par exemple du chômage, des pertes de clientèle et de toutes autres circonstances pouvant légitimer une demande de dommages et intérêts. Il y aura certainement là des questions très complexes et très difficiles à élucider.

Tout à l'heure M. Puech, en combattant un amendement de M. Chastenet, faisait remarquer qu'on avait voulu que les juges de paix n'eussent à juger que des procès relativement simples. Ils ne devraient donc point avoir à statuer sur les procès dont je parle, car ils seront loin d'être faciles à juger.

La commission déclare qu'elle a surtout voulu éviter que l'on puisse décliner la compétence des juges de paix en recourant à une subtilité de procédure consistant à contester le fond du droit par déclaration. Je réponds que l'argument n'a peut-être pas une valeur absolue puisque, dans l'article 7, la commission accepte cette distinction que je fais après le Sénat et la Chambre de 1891 et qu'elle condamne dans son article 4.

L'article 7, en effet, déclare que le juge de paix n'est compétent pour les actions de bornage que lorsque le droit n'est pas contesté. L'article 7 ajoute également : « Le juge de paix connaîtra des actions relatives aux constructions et aux travaux énoncés dans l'article 674 du code civil, lorsque la propriété ou la mitoyenneté du mur ne sont pas contestées. »

Dans la plupart des cas, il sera bien plus facile de discuter et de trancher une misérable question de bornage ou de mitoyenneté de mur que de statuer sur le fond du droit dans les espèces que j'ai indiquées.

Dans le premier cas, le juge de paix pourra en effet et devra même la plupart du temps recourir à une expertise et y trouvera les éléments de sa conviction, tandis qu'il devra seul interpréter des contrats ou des engagements souvent fort compliqués dans les procès que vous lui déférez par votre article 4, sans limiter sa compétence.

Messieurs, la distinction que j'indique et que je demande à la Chambre d'adopter, n'a rien de contraire à l'esprit général de la loi nouvelle. Je vous rappelle encore qu'elle a été déjà faite par le Sénat. Je crois que vous ferez œuvre de sagesse en restreignant sur ce point la compétence des juges de paix que vous étendrez vraiment beaucoup trop. (*Très bien! très bien! sur divers bancs.*)

M. le rapporteur. La commission ne se dissimule pas que cette question peut paraître au premier abord assez délicate. Cependant elle a maintenu la décision prise par la commission de la dernière législature et comme le disait M. Ollivier, elle a supprimé, dans le projet du Sénat, les mots : « lorsque le droit à une indemnité n'est pas contesté. »

Il est clair que ces indemnités réclamées par le locataire ou par le fermier pour non-jouissance, pourront donner lieu à certaines difficultés et, je le répète, soulever des questions d'une solution délicate. Nous comprenons le texte du Sénat et le scrupules de notre honorable collègue; mais nous avons obéi à un principe qui a toujours été le nôtre dans notre délibération. Nous ne voulons pas que, par une sorte de ruse et de subterfuge, aussi bien lorsqu'il s'agira de demandes reconventionnelles que lorsqu'il s'agit actuellement de l'article 4, on puisse échapper à la juridiction tutélaire et conciliatrice du tribunal de paix en contestant systématiquement le principe de l'indemnité.

Qu'adviendrait-il si votre amendement était adopté? C'est qu'en rétablissant le texte du Sénat on armerait beaucoup trop le propriétaire contre le locataire, parce que le propriétaire contestera toujours le droit à l'indemnité pour échapper à la juridiction rapide du juge de paix. Je peux dire sans rien exagérer que c'est au petit locataire que vous voulez surtout étendre votre bienveillance en lui évitant les frais et les lenteurs de la justice; or, c'est en définitive contre le petit locataire que se retournerait le membre de phrase voté par le Sénat. C'est pour ce motif que nous l'avons supprimé.

Enfin, pour tout ce qui est relatif au bornage, notre honorable collègue, dont la compétence est toute particulière, sait fort bien qu'il y a là une question de propriété immobilière sans analogie avec la nôtre.

M. Louis Ollivier. La plupart des questions de

propriété dont vous parlez sont beaucoup moins graves à trancher que celles que vous voulez soumettre aux juges de paix par votre nouvel article.

M. le rapporteur. La commission maintient son texte.

M. le président. L'amendement de M. Ollivier consistant dans une addition, je mets aux voix le texte de la commission, dont je donne une nouvelle lecture :

« Des indemnités réclamées par le locataire ou fermier pour non-jouissance provenant du fait du propriétaire.

(Ce texte, mis aux voix, est adopté.)

M. le président. Je mets aux voix la prise en considération de l'amendement de M. Ollivier, consistant à ajouter à l'article les mots : « lorsque le droit à une indemnité n'est pas contesté. »

(L'amendement n'est pas pris en considération.)

M. le président. Nous passons au quatrième alinéa :

« Des dégradations et pertes dans les cas prévus par les articles 1732 et 1735 du code civil. »

Personne ne demande la parole ?...

Je mets au voix ce texte.

(Ce texte, mis aux voix, est adopté.)

M. le président. Cinquième et dernier alinéa :

« Néanmoins, le juge de paix ne connaît des pertes causées par un incendie ou inondation que dans les limites posées par l'article 1er de la présente loi. »

Personne ne demande la parole ?...

Je mets aux voix le 5e alinéa.

(L'alinéa, mis aux voix, est adopté.)

M. le président. Je mets aux voix l'ensemble de l'article 4.

(L'article 4, mis aux voix est adopté.)

M. le président. Nous arrivons à l'article 5 :

« Les juges de paix connaissent également sans appel jusqu'a la valeur de 300 francs, et à charge d'appel à quelque valeur que la demande puisse s'élever :

1° « Des contestations relatives aux engagements respectifs des gens de travail au jour, au mois et à l'année, et de ceux qui les emploient ; — des maîtres, domestiques ou gens de service à gages ; des maîtres ou patrons et de leurs ouvriers ou apprentis, sans néanmoins qu'il soit dérogé aux lois et aux règlements relatifs à la juridiction commerciale, à celle des prud'hommes et au contrat d'apprentissage ;

« 2° Des contestations relatives au payement des nourrices. »

MM. Lamy et Guilloteaux proposent d'ajouter à l'article 5 le paragraphe suivant, qui figure sous le n° 5° à l'article 7 :

« Des contestations relatives à l'indemnité afférente à la perte, à l'avarie, à la spoliation d'un colis postal, ainsi qu'aux retards apportés à leur livraison. La demande pourra être portée soit devant le juge de paix du domicile de l'expéditeur, soit de celui du destinataire, au choix de la partie la plus diligente. »

M. le rapporteur. En ce qui concerne les colis postaux, une discussion s'établira naturellement au paragraphe 5 et dernier de l'article 7. Il me semble qu'il vaudrait mieux réserver à ce moment la question de savoir si on maintiendra ce qui est relatif aux colis postaux à l'article 7 ou à l'article 5, ou enfin à l'article 6 comme le demandent d'autres collègues.

M. le président. Il conviendrait alors de réserver le vote sur l'ensemble de l'article, car l'addition proposée par MM. Lamy et Guilloteaux est commandée par le premier paragraphe de l'article 5.

La différence qui existe entre les articles 5 et 7, consiste en ce que l'article 5 admet la compétence jusqu'à 300 francs et, à charge d'appel, à quelque valeur que la demande puisse s'élever ; tandis que l'article 7 établit la compétence toujours à charge d'appel.

M. le rapporteur. C'est exact.

M. le président. M. Guilloteaux peut discuter ce point en ce moment ; je lui donne la parole.

M. Guilloteaux. Messieurs, vous savez combien dans nos campagnes et dans nos petits bourgs sont fréquentes les contestations relatives aux colis postaux. Ce sont des chicanes continuelles entre la gare et la population. Il serait intéressant que toutes ces petites contestations fussent portées devant les juges de paix et que celui-ci fût compétent dans la mesure indiquée par l'article 5, c'est-à-dire sans appel jusqu'à la valeur de 300 francs. La question ne me paraît pas très grave, tout en étant très utile !

M. le rapporteur. Nous n'y faisons pas d'objection.

M. Maurice Sibille. Le fond de la question est engagée et je demande à m'expliquer sur ce point.

M. Andrieu. Pour la clarté de la discussion, du moment que nous traitons la question du transfert du paragraphe concernant les colis postaux, il serait, je crois, plus naturel de commencer par décider si, oui ou non, on va supprimer ce paragraphe.

M. le président. La procédure la plus expédiente consisterait à réserver le vote sur l'ensemble de l'article 5.

M. le rapporteur. Parfaitement ; la question soulevée engage le fond.

M. le président. Nous reviendrons alors après le vote de l'article 7 sur cette question.

Si la Chambre le veut bien, l'article 5, tel qu'il a été rédigé par la commission, est adopté sous réserve de l'addition éventuelle d'un paragraphe, après examen de l'article 7. (*Assentiment.*)

Je donne lecture de l'article 6 :

« Art. 6. — Les juges de paix connaissent encore sans appel jusqu'à la valeur de 300 francs, et à charge d'appel à quelque valeur que la demande puisse s'élever :

« 1° Des actions pour dommages faits aux champs, fruits et récoltes, soit par l'homme, soit par les animaux, dans les conditions prévues aux articles 1382 et 1384 du code civil ;

« 2° Des actions relatives à l'élagage des arbres ou haies et au curage soit des fossés, soit des canaux servant à l'irrigation des propriétés ou au mouvement des usines, lorsque les droits de propriété, ou de servitude ne sont pas contestés ;

« 3° Des actions civiles pour diffamation verbales ou pour injures publiques ou non publiques, verbales ou par écrit, autrement que par la loie de la presse, des mêmes actions pour rixes ou voies de fait, le tout lorsque les parties ne se sont pas pourvues par la voie criminelle ;

« 4° De toutes demandes relatives aux vices rédhibitoires dans les cas prévus par la loi du 2 août 1884, soit que les animaux qui en sont l'objet aient été vendus, soit qu'ils aient été échangés, soit qu'ils aient été acquis par tout autre mode de transmission. »

Le premier paragraphe n'étant pas contesté, je le mets aux voix.

(Ce paragraphe est adopté.)

M. le président. Sur le 1°, M. le garde des sceaux demande la parole.

M. le garde des sceaux. Je désire présenter une observation sur le 1°.

Ce paragraphe vise les quasi-délits desquels il peut résulter des dommages aux champs et qui proviennent soit du fait de l'homme, soit du fait de son proposé, soit du fait des animaux dont il a la garde.

Or, ces différents quasi-délits sont prévus dans le code civil par les articles 1382, 1383, 1384 et 1385, et le texte proposé par la commission ne vise que les articles 1382 et 1384. Je suis convaincu qu'il y a là une erreur et qu'il conviendrait de mettre dans le texte : « prévus aux articles 1382 à 1385 du code civil. »

M. Edmond Lepelletier. On pourrait dire : « prévus aux articles 1382 et suivants. »

M. le rapporteur. C'est là une mauvaise formule ; il vaut mieux dire « prévues par les articles 1382 à 1385 du code civil. »

M. le président. La commission propose de

mettre : «... prévues par les articles 1382 à 1385 ». C'est cette rédaction que je mets aux voix.

(Le 1°, ainsi rédigé, mis aux voix, est adopté.)

M. le président. Sur le 2°, il n'y a pas d'observations.

Je le mets aux voix,

(Ce paragraphe est adopté.)

M. le président. Sur le 3° MM. Lamy, Guilloteaux et Forest, proposent un amendement tendant à supprimer le mot « verbales » après le mot « diffamations ».

M. Raoul Péret. La commission adopte l'amendement. Pour que le texte soit clair, elle demande que cet article soit rédigé ainsi :

« 3° Des actions civiles pour diffamations ou pour injures publiques ou non publiques, qu'elles soient verbales ou par écrit.. »; le reste du paragraphe demeure sans changement.

M. le président. Ces derniers mots s'appliquent au mot « diffamations »?

M. Raoul Péret. Oui, monsieur le président; c'est pourquoi nous demandons qu'il y ait une virgule après les mots « publiques ou non publiques ».

M. le président. La parole est à M. Guilloteaux.

M. Guilloteaux. La question est intéressante. Il s'agit simplement de modifier un ancien texte qui s'est trouvé reproduit dans la nouvelle rédaction; la proposition de notre honorable collègue M. Péret, me donnant satisfaction, je n'ai qu'à remercier la commission de la modification qu'elle accepte.

M. le rapporteur. La commission accepte en effet la rédaction proposée.

M. le président. Le paragraphe serait donc ainsi libellé :

« 3° Des actions civiles pour diffamations ou pour injures publiques ou non publiques, qu'elles soient verbales ou par écrit, autrement que par la voie de la presse, des mêmes actions pour rixes ou voies de fait, le tout lorsque les parties ne se sont pas pourvues par la voie criminelle. »

Je mets aux voix ce paragraphe ainsi rédigé.

(Ce paragraphe, ainsi rédigé, mis aux voix, est adopté.)

M. le président. M. Harriague Saint-Martin propose une addition au 4° de l'article.

Ce paragraphe est ainsi conçu :

« 4° De toutes demandes relatives aux vices rédhibitoires dans les cas prévus par la loi du 2 août 1884, soit que les animaux qui en sont l'objet aient été vendus, soit qu'ils aient été échangés, soit qu'ils aient été acquis par tout autre mode de transmission. »

M. le rapporteur. M. Harriague Saint-Martin demande à y ajouter : «... et, d'une façon générale, de toute demande relative à la vente ou à l'échange d'animaux dans les foires et marchés. »

Il vaut mieux ne pas improviser ce texte en séance, je demande le maintien du texte primitif.

M. le président. M. Harriague Saint-Martin maintient-il son amendement?

M. Harriague Saint-Martin. Monsieur le président, je n'insiste pas.

M. le président. L'amendement n'est pas maintenu.

Je mets aux voix le paragraphe tel qu'il est proposé par la commission.

(Le paragraphe, mis aux voix, est adopté.)

M. le président. Je crois qu'il vaut mieux réserver le vote sur l'ensemble de l'article 6, la question soulevée par M. Guilloteaux pouvant revenir. (*Assentiment*).

Nous arrivons à un article additionnel présenté par M. Pichery et qui prendrait le n° 6 *bis*. Il est ainsi conçu :

« Les juges de paix connaissent de toutes les demandes en réparation du dommage causé aux récoltes par le gibier, en dernier ressort si la demande n'est pas supérieure à 500 francs, à charge d'appel si elle excède ce chiffre, quel qu'en soit le montant, ou si elle est indéterminée. »

La parole est à M. Pichery.

M. Pichery. Cette disposition n'est pas nouvelle, elle a fait l'objet de nombreux projets de loi, et je demande à la Chambre la permission de relire l'exposé des motifs présenté par M. Jean Dupuy, ministre de l'agriculture :

« Trop souvent, il faut bien le reconnaître, les chasseurs sont tentés d'user de tous les degrés de juridiction pour retarder la solution des procès et de compliquer la procédure dans l'espoir de lasser leurs adversaires ou de les entraîner à des frais égaux, sinon supérieurs à l'indemnité réclamée. Nous proposons, en conséquence, de porter à 500 francs la compétence des juges de paix, statuant en dernier ressort sur les affaires de l'espèce. »

Cette proposition a été adoptée par le Sénat. La Chambre a cru devoir restreindre la compétence des juges de paix à 300 francs. Je lui demande de revenir sur cette décision et de fixer à 500 francs en dernier ressort la compétence des juges de paix. En agissant ainsi, elle prendra la défense des petits agriculteurs qui attendent l'amélioration de leur sort.

M. le président. La parole est à M. le rapporteur.

M. le rapporteur. Notre honorable collègue M. Pichery représente avec beaucoup de zèle et de soin — je l'en félicite — un pays de chasse, la Sologne, mais il me permettra de lui dire qu'il est un peu trop gourmand. (*On rit.*)

La loi du 19 avril 1901 sur les dégâts causés par le gibier, a donné compétence aux juges de paix sur toutes les demandes en réparation du dommage causé aux récoltes par le gibier en dernier ressort jusqu'à 300 francs, à charge d'appel à quelque valeur que le dommage puisse s'élever. On songeait déjà en 1901 à étendre la compétence des juges de paix, la question faisait l'objet de vos délibérations, aussi a-t-on mis par avance la loi de 1901 en harmonie avec la législation nouvelle des justices de paix. Et lorsque la loi sur les justices de paix consacre la loi de 1901, M. Pichery voudrait qu'on allât plus loin. Il voudrait qu'on modifiât la loi de 1901 et qu'on dérangeât l'économie des compétences de notre projet pour substituer dans un cas spécial le chiffre de 500 francs à celui de 300 francs.

C'est pour cela que je lui disais qu'il était un peu gourmand et que sa demande était un peu exagérée. Il faut, en ce qui concerne le gibier, qu'on reste dans les termes de la loi de 1901 et dans les règles de compétence que nous votons aujourd'hui.

M. Pichery. Je rappelle à M. le rapporteur que la loi actuelle est une dérogation à la loi de 1838. Je lui rappelle aussi qu'elles ont été les raisons qui ont décidé la Chambre à réduire la compétence à 300 francs. Voici le rapport de M. du Périer de Larsan :

« Mais la commission a estimé que fixer à 500 francs, c'est-à-dire à plus du triple de ce qui existe en droit commun, la compétence du juge de paix en dernier ressort, alors surtout qu'en cas de demandes collectives c'est le montant de chacune d'elle, et non l'ensemble, qui fixe la compétence, c'était enlever au défendeur la garantie légale qui est due à tout citoyen, et, pour un litige pouvant être très important, l'exposer sans recours possible à la décision d'une juridiction qui peut, à son insu sans doute, subir la pression d'influences locales cherchant à peser sur ses jugements. »

Ces raisons ne nous paraissent pas suffisantes. Je maintiens mon amendement.

M. le rapporteur. La commission le repousse.

M. le président. L'amendement est soumis à la prise en considération.

Je consulte la Chambre.

(L'amendement n'est pas pris en considération.)

M. Pichery. Je fais remarquer que c'est la droite qui a repoussé l'amendement.

M. le président. Je donne lecture de l'article 7 :

« Les juges de paix connaissent à charge d'appel :

« 1° Des demandes en pension alimentaire n'excédant pas en totalité 500 francs par an. S'il y a plusieurs défendeurs à la demande en pension alimentaire, ils pourront être cités devant le tribunal de paix du domicile de l'un d'eux au choix du demandeur;

« 2° Des entreprises commises dans l'année sur les cours d'eau servant à l'irrigation des propriétés et au mouvement des usines et moulins, sans préjudice des attributions de l'autorité administrative dans les cas déterminés par les lois et règlements : dénonciations de nouvel œuvre, complaintes, actions en réintégrande et autres actions possessoires fondées sur des faits également commis dans l'année ;

« Des actions en bornage et de celles relatives à la distance prescrite par la loi, les règlements particuliers et l'usage des lieux, pour les plantations d'arbres ou de haies, lorsque la propriété ou les titres qui l'établissent ne sont pas contestés ;

4° Des actions relatives aux constructions et travaux énoncés dans l'article 674 du code civil, lorsque la propriété ou la mitoyenneté du mur ne sont pas contestées ;

5° Des contestations relatives à l'indemnité afférente à la perte, à l'avarie, à la spoliation d'un colis postal, ainsi qu'aux retards apportés à leur livraison. La demande pourra être portée soit devant le juge de paix du domicile de l'expéditeur, soit de celui du destinataire, au choix de la partie la plus diligente.

« Un arrêté ministériel fixera les délais de livraison impartis aux compagnies pour livraison des colis postaux. »

M. Clémentel. Je voudrais présenter une observation sur le paragraphe 1er.

M. le Président. M. Péret propose un amendement tendant à rédiger le 1° de l'article de la façon suivante :

« 1° Des demandes en pension alimentaire n'excédant pas en totalité 600 francs par an... »

La parole est à M. Péret.

M. Raoul Péret. Je demande que le chiffre de 500 francs soit porté à 600 francs. D'une part, ce chiffre est facilement divisible, il correspond à une pension de 50 francs par mois ; d'autre part, il correspond au taux de la compétence en dernier ressort fixée par l'article 1er de la loi.

La commission d'ailleurs accepte mon amendement.

M. le rapporteur. Parfaitement ! La commission accepte.

M. Clémentel. Je me proposais de présenter la même observation, monsieur le président, et je suis heureux de m'y associer. (*Très bien ! très bien !*)

M. le président. Le 1° de l'article 7 serait ainsi rédigé :

« Les juges de paix connaissent à charge d'appel :

« 1° Des demandes en pension alimentaire n'excédant pas en totalité 600 francs par an. S'il y a plusieurs défendeurs à la demande en pension alimentaire, ils pourront être cités devant le tribunal de paix du domicile de l'un d'eux au choix du demandeur. »

Je mets aux voix ce texte.

(Ce texte, ainsi rédigé, mis aux voix, est adopté.)

M. le président. « 2° Des entreprises commises dans l'année sur les cours d'eau servant à l'irrigation des propriétés et au mouvement des usines et moulins, sans préjudice des attributions de l'autorité administrative dans les cas déterminés par les lois et règlements : dénonciations de nouvel œuvre, complaintes, actions en réintégrande et autres actions possessoires fondées sur des faits également commis dans l'année. »

Je mets cette rédaction aux voix.

(Cette rédaction, mise aux voix, est adoptée.)

M. le président. « 3° Des actions en bornage et de celles relatives à la distance prescrite par la loi, les règlements particuliers et l'usage des lieux, pour les plantations d'arbres ou de haies, lorsque la propriété ou les titres qui l'établissent ne sont pas contestées. »

Je mets ce texte aux voix.

(Ce texte, mis aux voix, est adopté.)

M. le président. « 4° Des actions relatives aux constructions et travaux énoncés dans l'article 674 du code civil, lorsque la propriété ou la mitoyenneté du mur ne sont pas contestées. »

Je mets aux voix cette rédaction.

(Cette rédaction, mise aux voix, est adoptée.)

M. le président. Ici s'intercalerait un amendement de MM. Gaffier et de Castelnau, ainsi conçu :

« 4 *bis*. Des actions relatives aux reconstructions et réparations des murs mitoyens lorsque le principal de l'impôt foncier de chacun des immeubles contigus ne dépasse pas 20 francs et lorsque la mitoyenneté n'est pas contestée. »

La parole est à M. Gaffier.

M. Gaffier. Des difficultés peuvent s'élever au sujet de réparations de murs mitoyens même quand la mitoyenneté n'est pas contestée. Ainsi dans nos campagnes, il y a des murs entre champs ou jardins contigus ; on n'est pas toujours d'accord sur les réparations à faire s'élevant à peine à 5 ou 10 francs. Il faut porter le litige devant le tribunal civil qui n'étant pas sur les lieux, ne peut juger lui-même, et nomme un expert ; il y a lieu à enquête, à rapport d'expert, et les frais s'élèvent à 500 ou 600 francs. De telles actions devraient être portées devant le juge de paix. On m'a objecté : à Paris et dans les grandes villes, alors même que la mitoyenneté n'est pas contestée, les difficultés relatives à des murs mitoyens, à de simples réparations peuvent s'élever à des sommes importantes, il serait excessif de confier ces actions à la justice de paix. J'ai donc eu soin de limiter la portée de mon amendement et je ne demande la compétence du juge de paix que quand le principal de l'impôt foncier des deux immeubles contigus ne dépassera pas 20 francs.

On peut fixer une autre limitation ; mais il est excessif d'obliger les propriétaires à se rendre devant le tribunal civil quand il s'agit de réparations insignifiantes. Je crois d'ailleurs qu'une grande partie de la commission est disposée à accepter notre amendement. (*Très bien ! très bien !*)

M. le rapporteur. Je signale de nouveau le danger des improvisations en séance. Voici un amendement dont le principe est assurément intéressant ; mais qu'elle est sa base ? La Chambre se trouve ainsi appelée à statuer sur un amendement sans avoir réfléchi à sa portée. Le juge de paix, nous dit-on, sera compétent lorsque le principal de l'impôt foncier de chacun des immeubles contigus ne dépassera pas 20 francs ; mais qu'entendez-vous par chacun des immeubles ? Comment la base d'appréciation sera-t-elle établie ?

J'estime que nous ne pouvons pas voter immédiatement le texte qui nous est proposé par M. Gaffier en cours de délibération, sans que nous ayons pu l'examiner de près. (*Très bien ! très bien ! sur divers bancs.*)

M. Gaffier. Je demande dans tous les cas le renvoi à la commission de notre amendement.

J'en appelle à tous ceux de mes collègues qui ont plaidé devant les tribunaux et qui ont été consultés souvent sur des difficultés analogues.

Les questions de murs mitoyens sont multiples et complexes. Un chaperon vient à tomber, par exemple, on est d'accord sur la mitoyenneté mais pas sur la réparation à faire ou sur le coût de ces réparations.

Eh bien, ces actions-là, en l'état actuel de notre législation, sont portées devant le tribunal civil ; mais le tribunal ne décide rien par lui-même, il nomme un expert ; il résulte de tout cela des frais énormes, les plaideurs en ont pour 500 ou 600 francs au minimum.

Je crois que le cas que je signale doit être prévu dans la loi que nous élaborons en ce moment ; j'insiste donc pour le renvoi à la commission.

M. le président. Je consulte la Chambre sur la prise en considération de l'amendement de MM. Gaffier et de Castelnau.

(La Chambre, consultée, prend l'amendement en considération.)

M. le président. La commission présentera son rapport ultérieurement.

Nous poursuivons l'examen de l'article.

« 5° Des contestations relatives à l'indemnité afférente à la perte, à l'avarie, à la spoliation d'un colis postal, ainsi qu'aux retards apportés à leur livraison. La demande pourra être portée soit devant le juge de paix du domicile de l'expéditeur, soit de celui du destinataire, au choix de la partie la plus diligente.

« Un arrêté ministériel fixera les délais de livraison impartis aux compagnies pour livraison des colis postaux. »

La parole est à M. le garde des sceaux.

M. le garde des sceaux. J'ai reçu ce matin, au moment même où j'allais me rendre à la Chambre, une lettre de M. le sous-secrétaire d'Etat des postes et des télégraphes me faisant savoir que le régime des colis postaux ne peut résulter que d'un accord à intervenir entre les compagnies de chemins de fer et l'Etat. M. le sous-secrétaire d'Etat des postes ajoute que pour fixer les termes de cet accord il a nommé, il y a déjà un certain temps, une commission chargée de statuer sur les responsabilités en cas de retard et sur les modifications à apporter aux règles de compétence.

M. le sous-secrétaire d'Etat demande en conséquence que la Chambre ne statue pas sur ce cinquième alinéa. Je crois donc que ce texte pourrait être réservé jusqu'à ce que M. le sous-secrétaire d'Etat puisse venir ici compléter les explications un peu sommaires contenues dans la lettre qu'il m'a fait parvenir. (*Très bien ! très bien !*)

M. le président. La parole est à M. Sibille.

M. Maurice Sibille. J'ai eu l'honneur de présenter à la Chambre un rapport sur les conventions entre l'Etat et les compagnies de chemins de fer. J'avais l'intention, messieurs, de vous rappeler quelques dispositions de ces conventions, et je désirais également signaler à votre attention une convention internationale.

Etant donnés les engagements ainsi pris par l'Etat, il me paraît difficile, ainsi que l'a dit M. le sous-secrétaire d'Etat des postes et des télégraphes, de donner par une loi compétence aux juges de paix pour statuer sur les contestations relatives à la perte et aux avaries des colis postaux.

Je suis prêt à fournir des explications à la Chambre.

M. le président. La parole est à M. le rapporteur.

M. le rapporteur. Il est bien entendu que du moment que M. le sous-secrétaire d'Etat, alors qu'il s'agit d'une question délicate et difficile, demande que l'alinéa 5° soit réservé, la commission ne s'y oppose pas, mais elle fait toutes ses réserves sur ce que vient de dire M. Sibille ; elle pense plus que jamais que le Parlement, c'est-à-dire la loi, a le droit de régler certaines situations, malgré les conventions qui ont pu intervenir entre l'Etat et les compagnies de chemins de fer. (*Mouvements divers.*) Mais la chose est certaine, messieurs ! (*Très bien ! très bien ! à gauche.*)

M. le président. En conséquence, le 5° est réservé.

Le dernier paragraphe peut être adopté. (*Assentiment.*)

Il n'y a pas d'opposition ?...

Le paragraphe septième et dernier de l'article est adopté.

Nous sommes obligés de réserver le vote sur l'ensemble de l'article 7 jusqu'à ce que la Chambre ait statué sur le 5°.

M. le rapporteur. Parfaitement, d'autant plus que l'amendement de MM. Gaffier et de Castelnau, portant sur cet article, a été pris en considération.

M. le président. Nous passons à l'article 8.

« Art. 8. — Lorsque plusieurs demandes formulées par la même partie contre le même défendeur seront réunies dans une même instance, le juge de paix ne prononcera qu'en premier ressort, si leur valeur totale s'élève au-dessus de 300 francs, lors même que quelqu'une de ces demandes serait inférieure à cette somme.

« Il sera incompétent sur le tout, si ces demandes excèdent, par leur réunion, les limites de sa juridiction. »

Personne ne demande la parole sur cet article ?

Je le mets aux voix.

(L'article 8, mis aux voix, est adopté.)

M. le président. « Art. 9. — La demande formée par plusieurs demandeurs ou contre plusieurs défendeurs collectivement et en vertu d'un titre commun sera jugée en dernier ressort, si la part afférente à chacun des demandeurs ou à chacun des défendeurs dans la demande n'est pas supérieure à 300 francs : elle sera jugée pour le tout en premier ressort, si la part d'un seul des intéressés excède cette somme ; enfin le juge de paix sera incompétent sur le tout, si cette part excède les limites de sa juridiction.

« Le présent article n'est pas applicable au cas de solidarité soit entre les demandeurs, soit entre les défendeurs. » — (Adopté.)

« Art. 10. — Les juges de paix connaissent de toutes les demandes reconventionnelles ou en compensation qui, par leur nature ou leur valeur, sont dans les limites de leur compétence, alors même que ces demandes réunies à la demande principale excéderaient les limites de leur juridiction.

« Ils connaissent, en outre, comme de la demande principale elle-même, des demandes reconventionnelles en dommages-intérêts fondées exclusivement sur la demande principale, à quelque somme qu'elles puissent monter. » — (Adopté.)

« Art. 11. — Lorsque chacune des demandes principales reconventionnelles ou en compensation sera dans les limites de la compétence du juge de paix en dernier ressort, il prononcera sans qu'il y ait lieu à appel.

« Si une de ces demandes n'est susceptible d'être jugée qu'à charge d'appel, le juge de paix ne prononcera sur toutes qu'en premier ressort.

« Néanmoins il statuera en dernier ressort si seule la demande reconventionnelle en dommages-intérêts fondée exclusivement sur la demande principale dépasse sa compétence en premier ressort.

« Si la demande reconventionnelle ou en compensation excède les limites de sa compétence, il pourra, soit retenir le jugement de la demande principale, soit renvoyer sur le tout les parties à se pourvoir devant le tribunal de première instance, sans préliminaire de conciliation. » — (Adopté.)

« Art. 12. — Les juges de paix connaissent des actions en validité et en nullité d'offres réelles, autres que celles concernant les administrations de l'enregistrement ou des contributions indirectes, lorsque l'objet du litige n'excède pas les limites de leur compétence. » — (Adopté.)

« Art. 13. — Les juges de paix connaissent des demandes en validité, nullité et mainlevée de saisies sur débiteurs forains pratiquées pour des causes rentrant dans les limites de leur compétence.

« En cette matière, comme en matière de saisie-gagerie et de saisie-revendication, si les saisies ne peuvent avoir lieu qu'en vertu de la permission du juge dans les cas prévus par les articles 2102 du code civil, 819 et 822 du code de procédure civile, cette permission sera accordée par le juge de paix du lieu où la saisie devra être faite toutes les fois que les causes de la saisie rentreront dans sa compétence.

« S'il y a opposition pour des causes qui, réunies, excéderaient cette compétence, le jugement en sera déféré aux tribunaux de première instance. » — (Adopté.)

M. le président. « Art. 14. — Les juges de paix connaissent des demandes en validité, en nullité et en mainlevée de saisies-arrêts et oppositions, — autres que celles concernant les administrations de l'enregistrement et des contributions indirectes, — ainsi que les demandes en déclaration affirmatives, lorsque les causes des saisies n'excèdent pas les limites de leur compétence, sans préjudice de l'application de la loi spéciale du 12 janvier 1895 sur la saisie-arrêt des salaires et des petits traitements.

« En cette matière, la permission exigée à défaut de titre par l'article 558 du code de procédure civile sera délivrée par le juge de paix du domicile du débiteur et même par celui du domicile du tiers saisi, sur requête signée de la partie ou de son mandataire. »

M. Lepelletier propose une addition à cet article ; mais ces deux paragraphes qui forment cet article n'étant pas contestés, je mets aux voix tout d'abord l'article 14, tel qu'il est proposé par la commission.

(L'article 14, mis aux voix, est adopté.)

M. le président. Le paragraphe additionnel proposé par M. Lepelletier est ainsi conçu :

« Toute saisie-arrêt pratiquée, soit en vertu de titres authentiques ou privés, dans les termes de l'article 557 du code de procédure civile, soit par permission du juge, conformément à l'article 558 du code de procédure civile et à l'article 14 de la présente loi, dans la limite de la compétence, ne pourra être signifiée au tiers saisi avant d'avoir été précédée d'une tentative de conciliation ou d'arrangement amiable devant le juge de paix du domicile du saisi.

« Le créancier, sans attendre l'exploit de dénonciation, devra, dans cette comparution en conciliation, faire connaître le nombre des oppositions qu'il compte pratiquer et désigner les tiers saisis afin de permettre au débiteur de produire ses dires et contestations.

« L'évaluation des frais et accessoires n'entrera pas dans le montant de la créance pour détermination de la compétence.

« Le juge de paix pourra, dans la limite de sa compétence, accorder, à titre alimentaire, une réduction de la somme saisie.

« L'article 566 du code de procédure civile est abrogé. »

La parole est à M. Lepelletier.

M. Edmond Lepelletier. Cet article additionnel a pour but de remédier autant que possible aux abus que présente dans la pratique la procédure de saisie-arrêt. Je demande que, dans la limite de la compétence, c'est-à-dire lorsqu'il ne s'agira pas de sommes supérieures à la compétence que vous avez fixée par la loi, aucune saisie-arrêt ne puisse être faite sans avoir été précédée d'une tentative de conciliation.

Vous savez que la loi a sagement mis au début de toute instance l'obligation pour celui qui veut traîner un débiteur devant les tribunaux civils, de se présenter devant le juge de paix et de tenter d'abord ce qu'on appelle le préliminaire de conciliation. Il est établi par l'article 48 du code de procédure civile. Très souvent, malheureusement, surtout dans les grandes villes, le président du tribunal dispense les créanciers de cette formalité. C'est un grand tort; mais enfin la loi autorise le président à dispenser du préliminaire de conciliation sous le prétexte d'urgence. Nous n'avons pas à examiner cette réforme qui viendra ultérieurement avec les autres, quand nous renverserons le vieil édifice du code de procédure civile. Mais pour le moment je demande que la mission du juge de paix, qui est avant tout conciliatrice, s'exerce en matière de saisie-arrêt. C'est là surtout qu'il est besoin de conciliation.

La saisie-arrêt, telle qu'elle est pratiquée, est abusive, je le disais l'autre jour dans la discussion générale; c'est une procédure sournoise et des plus extensibles; le créancier s'en sert comme si la permission qu'on lui avait donnée était en quelque sorte élastique. Ainsi, soit en vertu d'un titre, soit en vertu d'une permission du juge, bien qu'il n'ait qu'une créance de 1,000 francs à recouvrer, il peut frapper dans dix, vingt, trente, quarante mains pour cette somme de 1,000 francs.

Des abus considérables de cette sorte se pratiquent tous les jours. Très souvent la malveillance ou l'irritation du créancier, qui cherche à nuire à son débiteur, n'y est pas étrangère. Tout cela s'apaiserait devant le juge de paix.

J'insiste donc pour que ce principe de la conciliation, que le législateur a sagement mis au début de toute poursuite, soit appliqué à la saisie-arrêt, qui est une poursuite prêtant éminemment à la conciliation. (*Très bien! très bien!*)

M. le rapporteur. Je ne crois pas qu'il soit possible d'accepter le très intéressant amendement de M. Lepelletier. En effet, nous serions vraiment à l'égard du débiteur d'une bienveillance excessive si nous l'adoptions.

Que se passerait-il en effet? Si j'avais l'intention de former une saisie-arrêt, je devrais tout d'abord me rencontrer en conciliation avec mon débiteur et le prévenir de mes intentions. Je lui dirais : je vais saisir-arrêter entre les mains d'un tel les sommes qu'il vous doit. Sur cet avis, mon débiteur ne manquerait pas d'aller trouver le sieur et de lui dire : Libérez-vous bien vite entre mes mains, je causerai ensuite avec mon créancier de l'opposition qu'il veut faire. (*On rit.*)

Il me semble impossible, pour ce motif décisif, d'accepter l'amendement, si humain d'ailleurs, de M. Lepelletier. (*Très bien! très bien!*)

M. Edmond Lepelletier. Je maintiens mon amendement parce qu'il y a là une question de justice sociale, d'humanité et de défense des faibles et des petits contre des créanciers qui sont souvent fort peu intéressants, qui sont des cessionnaires poussés par des hommes d'affaires.

Je demande à la Chambre d'adopter mon amendement.

M. le président. Je mets aux voix le paragraphe additionnel de M. Lepelletier.

(Ce paragraphe additionnel, mis aux voix, n'est pas adopté.)

M. le président. « Art. 15. — Les juges de paix peuvent autoriser une femme mariée à ester en justice devant leur tribunal, lorsqu'elle n'obtient pas cette autorisation de son mari entendu ou dûment appelé. »

M. Andrieu propose d'ajouter à cet article un paragraphe additionnel, ainsi conçu ;

« Ils peuvent aussi dans les cas prévus à l'article 5 de la présente loi, autoriser les mineurs à ester en justice devant eux lorsqu'ils ne peuvent être assistés de leur père ou tuteur. »

Je mets d'abord aux voix le texte présenté par la commission pour l'article 15.

(L'article 15, mis aux voix, est adopté.)

M. le président. La parole est à M. Andrieu sur son addition.

M. Andrieu. Je soutiendrai très brièvement mon amendement, accepté d'ailleurs, si je ne me trompe, par la commission et le Gouvernement. Il consiste en ceci : L'article 5 de la proposition de loi que nous discutons en ce moment traite la question de compétence accordée aux juges de paix en matière de contestations relatives aux engagements respectifs des gens de travail au jour, au mois ou à l'année et de ceux qui les emploient; des maîtres, domestiques ou gens de service à gages; des maîtres ou patrons et de leurs ouvriers ou apprentis, et du payement des nourrices.

Le texte que je propose, comme vous pouvez le constater, ne vise que ce genre de contestations entre ouvriers et patrons, domestiques ou maîtres. Or, il peut se produire le fait suivant : Un ouvrier, un domestique, pour les besoins de son existence, est obligé de quitter sa famille, sa commune, son département pour suivre son patron ou son maître, souvent fort loin de son domicile. S'il s'élève entre ceux-ci une contestation et les parties vont devant le juge de paix, il est actuellement nécessaire que le père ou le tuteur de cet ouvrier ou de ce domestique soit présent ou représenté par un mandataire, d'où frais supplémentaires à la charge de ces personnes, dont la situation est modeste, alors qu'en fait le mineur est toujours émancipé.

Ces conséquences n'ont pas échappé au moment de la discussion de la loi sur les conseils de prud'hommes, juridiction qui s'occupe de cas analogues à ceux visés par l'article 5 de la proposition de loi que nous discutons.

Aussi à la suite des rapports, déposés par notre regretté collègue M. Dutreix, et par M. Charles Ferry sous la dernière législature, la Chambre a adopté sans aucune difficulté, pour les conseils de prud'hommes, la disposition suivante :

« Les mineurs, qui ne peuvent être assistés par leur père ou leur tuteur, peuvent être autorisés, par le conseil de prud'hommes, à concilier, demander ou défendre devant lui. »

C'est le texte même que la commission du Sénat a adopté dans l'article 37 du projet sur lesdits conseils de prud'hommes. Ce n'est pas d'ailleurs une obligation que je vous prie d'édicter pour les juges de paix, d'accorder cette autorisation, mais une faculté dont ils pourront user, s'ils le jugent nécessaire.

Mon amendement concerne une des classes plus intéressantes des citoyens, celle des travailleurs, des domestiques, obligés de quitter leur famille, leur domicile pour gagner leur pain.

Mettez-les à même de défendre leurs intérêts sans frais supplémentaires en disproportion avec leurs ressources. La mesure ne peut soulever aucune difficulté au point de vue des principes juridiques. (*Très bien! très bien!*)

M. le rapporteur. La commission accepte l'amendement.

M. le président. Je mets aux voix l'amendement de M. Andrieu.

(L'amendement, mis aux voix, est adopté.)

M. le président. En conséquence, l'article 15 se compose des deux paragraphes qui viennent d'être successivement adoptés.

Je mets aux voix l'ensemble de cet article.

(L'ensemble de l'article 15, mis aux voix, est adopté.)

« Art. 16. — Les juges de paix connaissent des actions en payement des frais faits devant eux. » — (Adopté.)

M. le président. Nous revenons au 5° de l'article 7 relatif aux colis postaux, qui a été réservé :

« 5° Des contestations relatives à l'indemnité afférente à la perte, à l'avarie, à la spoliation d'un colis postal, ainsi qu'aux retards apportés à leur livraison. La demande pourra être portée soit devant le juge de paix du domicile de l'expéditeur, soit de celui du destinataire, au choix de la partie la plus diligente. »

La parole est à M. le sous-secrétaire d'État des postes et des télégraphes.

M. Alexandre Bérard, *sous-secrétaire d'État des postes et des télégraphes.* Sur le fond, je n'ai aucune observation à présenter à la proposition déposée par la commission; je ne voulais faire qu'une seule réserve. A l'heure actuelle, à la suite du dépôt sur le bureau de la Chambre de diverses propositions relatives au régime des colis postaux, une commission extraparlementaire a été nommée pour préparer une nouvelle convention entre l'administration et les grandes compagnies de transport. Je ne doute pas que cet accord puisse se faire. J'avais à signaler à la Chambre cet état de choses à l'occasion du vote du projet de loi relatif aux justices de paix. Mais, je le répète, en théorie, je ne vois aucun inconvénient à ce que la Chambre adopte la proposition présentée par la commission. *(Très bien! très bien!)*

M. Aldy. Alors vous ne demandez pas l'ajournement de la question ?

M. le sous-secrétaire d'État des postes et des télégraphes. Au contraire, je suis persuadé que l'entente s'établira avec les grandes compagnies de transport. J'ai cru seulement de mon devoir de soumettre la question à la Chambre sans faire une opposition de principe à l'adoption du projet.

M. le président. La parole est à M. Sibille.

M. Maurice Sibille. Je n'ai pas demandé la parole pour développer un amendement, mais pour signaler à la Chambre les difficultés très graves et très sérieuses que peut soulever l'application du texte de la commission.

Il me paraît nécessaire que le Gouvernement et la commission précisent le sens et la portée du dernier paragraphe de l'article 7, et démontre que cet article 7, dont je ne combats pas le principe, n'est pas en contradiction, d'une part, avec une convention internationale et, d'autre part, avec une convention intervenue entre l'État et les compagnies de chemins de fer.

La création du service des colis postaux est l'œuvre d'une convention internationale qui s'est réunie en 1880 sous la présidence de M. Cochery. Depuis vingt-deux ans, une convention facilite entre la France et divers pays l'échange des petits colis et de nombreux transport sont effectués avec rapidité, sans grands frais.

C'est l'administration des postes et des télégraphes qui a la haute direction et la responsabilité de ce service; c'est elle qui est redevable envers les administrations postales des autres pays de tous les droits qui peuvent être exigés; c'est elle qui, seule, par l'intermédiaire d'un bureau international, a le droit de provoquer l'amélioration dans le service.

Lorsqu'en 1880 intervint la convention internationale, il fut convenu tout d'abord que ce service des colis postaux serait fait par les administrations postales elles-mêmes. Mais en France, l'administration des postes n'était pas en mesure de se charger de la réception, du transport et de la distribution de nombreux petits colis. Sur la demande, je crois, du Gouvernement français, on a inséré dans le protocole final de la convention une clause d'après laquelle tout pays a la faculté de s'entendre avec les compagnies de chemins de fer et les compagnies de navigation pour assurer le service des colis postaux. Dans ce protocole, il a d'ailleurs été bien spécifié que l'administration des postes servirait seule d'intermédiaire entre les compagnies et les administrations postales étrangères.

Puis, le Gouvernement reconnu après avoir signé cette convention internationale, qu'il était vraiment impossible de faciliter des échanges entre la France et des pays étrangers et de ne pas faciliter des échanges entre les divers départements de France. Et la création de colis postaux intérieurs fut décidée presque en même temps que celle des colis postaux internationaux.

Pour assurer ces deux services, l'administration des postes et des télégraphes entra en pourparlers avec de grandes sociétés privées. Aux termes d'une convention intervenue entre l'État, d'une part, et les grandes compagnies de chemins de fer, les compagnies maritimes subventionnées, d'autre part. Ces compagnies ont été substituées en ce qui concerne le transport des colis postaux aux avantages et aux obligations résultant pour le Gouvernement français des conventions et règlements internationaux et elles ont promis leur concours à l'administration des postes pour le service des colis postaux internationaux et des colis postaux intérieurs.

Ainsi les transports des colis postaux sont effectués par des compagnies de chemin de fer, des compagnies de navigation et aussi, il ne faut pas l'oublier, par les courriers et les bureaux de l'administration des postes.

Les responsabilités qui peuvent incomber aux compagnies ont été limitées, d'une part, par la convention internationale de 1880, et, d'autre part, par différentes conventions spéciale entre l'État et ces compagnies. En cas de perte ou d'avarie, le montant réel de la perte ou de l'avarie est seul dû sans que l'indemnité puisse dépasser 15 francs.

Il convient d'ajouter que, depuis quelques années, les déclarations de valeur sont acceptées jusqu'à 500 francs moyennant un droit égal à celui perçu pour les lettres avec valeur déclarée.

Les délais de transport sont déterminés, contrairement à ce que laisserait supposer le dernier paragraphe du texte de la commission. Les transports doivent en effet être effectués par les trains postes ou autres en usage pour le service des colis de grande vitesse.

M. Jean Bourra. C'est une erreur.

M. Maurice Sibille. Je ne comprends pas l'interruption car j'indique seulement ce qui est prévu dans la convention; relisez les textes des conventions, vous verrez que je ne commets pas d'erreur.

En ce qui concerne la compétence, il a été formellement stipulé que toutes les contestations relatives à la perte, à l'avarie ou au retard dans la livraison seraient soumises à la juridiction administrative.

M. Louis Ollivier. Et tous les tribunaux civils sont incompétents.

M. Maurice Sibille. Qu'arrive-t-il à l'heure actuelle ?

En cas de perte ou d'avarie, on adresse une réclamation à M. le ministre du commerce, des postes et des télégraphes, et c'est le ministre qui fait droit à cette réclamation.

En 1899 le nombre des colis avariés ou perdus s'est élevé 94,473, c'est-à-dire à 1.81 par 1,000 colis, et on a distribué pour pertes ou avaries la somme assez élevée de 1 million 68,133 fr. 70.

Quand le réclamant estime que le ministre n'a pas bien apprécié les faits qui lui étaient soumis, il a, conformément aux principes généraux de notre droit, la faculté de s'adresser au conseil d'État. Il résulte d'une note de l'administration des postes et des télégraphes que, depuis vingt ans, il n'y a pas eu dix pourvois devant le conseil d'État.

M. Tournade. Comment voudriez-vous qu'on s'adresse au conseil d'État pour des litiges de 25 à 30 francs.

M. Maurice Sibille. Je veux seulement rappeler des faits déjà signalés à la Chambre dans un rapport très complet présenté au nom de la commission du budget par notre honorable collègue M. Sembat.

M. Jean Bourrat. Vous me permettrez de vous rappeler que le procès intenté par M. Rivoire à la compagnie de Paris-Lyon-Méditerrannée au sujet de la perte d'un colis postal fut introduit en 1895 et que le jugement ne fut rendu que le 23 novembre 1901. Il y eût 830 francs de frais et honoraires.

M. Louis Ollivier. Cela ne prouve rien.

M. Jean Bourrat. Si le juge de paix avait eu le droit d'interpréter la loi, le jugement aurait été rendu au bout de deux mois.

M. Maurice Sibille. La commission propose de modifier les règles de compétence, et de décider que les juges de paix seront compétents à charge d'appel « pour toutes contestations relatives à l'indemnité afférente à la perte, à l'avarie, à la spoliation d'un colis postal, ainsi qu'aux retards apportés à leur livraison ». Elle ajoute que « la demande pourra être portée soit devant le juge de paix du domicile de l'expéditeur, soit de celui du destinataire, au choix de la partie la plus diligente ».

La commission paraît ainsi attribuer aux juges de paix la connaissance des contestations relatives à la perte, à l'avarie, au retard de livraison des colis postaux internationaux. Eh bien ! que dit la convention internationale de 1880 ? L'article 11 est ainsi conçu : « *Art. 11.* — L'obligation de payer l'indemnité incombe à l'administration dont relève le bureau expéditeur. Est réservé à cette administration le recours contre l'administration responsable, c'est-à-dire contre l'administration sur le territoire ou dans le service de laquelle la perte ou l'avarie a eu lieu. »

Prenons un cas qui se présente souvent.

Un colis postal est expédié d'Allemagne en France ; le destinataire estime qu'il y a eu avarie et formule une plainte. D'après l'article 11 que je viens de citer, qui est responsable ? Qui doit tout d'abord examiner le bien fondé de la réclamation ? C'est évidemment le service postal allemand, celui qui a reçu le colis, sauf recours contre l'administration postale française. Que doit-il se passer à l'heure actuelle ? L'administration française transmet la réclamation du destinataire français à l'administration allemande ; elle soutient, s'il y a lieu, la plainte et transmet à l'expéditeur français l'indemnité accordée par l'administration allemande.

Peut-on, par une loi, modifier ce mode de règlement établi par une convention internationale ?

Telle est la première question que je pose au Gouvernement et à la commission.

Quand il s'agit des colis postaux intérieurs, le juge compétent est désigné par l'article 10 de la convention internationale, dont il importe de rappeler les termes :

« Toutes les contestations auxquelles pourraient donner lieu entre l'administration des compagnies et les tiers l'exécution et l'interprétation de la présente convention ainsi que de la convention internationale et du règlement d'exécution auquel elle se réfère, sont jugées par les tribunaux administratifs. »

On a prétendu pendant quelque temps que cette disposition n'était applicable qu'aux difficultés entre une compagnie de chemin de fer et l'administration des postes et des télégraphes.

Mais les cours d'appel et la cour de cassation ont jugé que le service des colis postaux était un service administratif soumis à des règles particulières ; que des compagnies privées étaient chargées de ce service administratif sous le contrôle de l'administration des postes et télégraphes, et que l'article 10 de la convention de 1880 approuvée par une loi attribuait à la juridiction administrative la connaissance de tous les litiges entre les simples particuliers et les compagnies privées chargées d'un service administratif. Je citerai dans ce sens un arrêt de la chambre civile de la cour de cassation du 11 février 1884 et un arrêt de la cour d'appel de Paris du 27 août 1884.

M. Louis Ollivier. La jurisprudence est unanime.

M. Maurice Sibille. Parfaitement.

Cependant il y a eu contre l'attribution à la jurisprudence administrative de ces litiges entre des particuliers et des compagnies privées des protestations très vives de plusieurs chambres de commerce. Elles ont demandé, les unes que les contestations fussent soumises aux tribunaux de commerce, les autres qu'elles fussent soumises aux juges de paix.

Sur cette question, M. Sambat a présenté, au nom de la commission du budget de 1902, un rapport fort intéressant. L'administration des postes et télégraphes avait remis à notre collègue une très longue note insérée dans le rapport. L'administration y fait l'éloge de la juridiction administrative. *(Interruption à l'extrême gauche.)* Je ne discute pas, veuillez le remarquer ; j'expose simplement des faits pour poser des questions.

L'administration a prétendu que, dans le cours d'une année, près de cent mille réclamations avaient été admises et que plus d'un million avait été distribué aux réclamants. L'administration a ajouté que si les réclamants avaient été obligés de s'adresser à des juges de paix, ils n'auraient pas obtenu davantage et auraient exposé des frais. Enfin, elle a soutenu que toute modification aux conventions de 1880, notamment à la disposition relative à la compétence, implique la conclusion d'un accord nouveau avec les compagnies de chemins de fer et de navigation.

Notre honorable collègue M. Sembat, étudiant et appréciant la note de l'administration, estime que « le point de vue de l'administration est faux ». Mais il ajoute : « La question est d'une haute gravité ; elle dépasse le service public des postes et des télégraphes et s'étend, sous des formes diverses, à tout le monopole d'Etat ».

M'adressant à M. le sous-secrétaire d'Etat, je lui demande s'il accepte, s'il s'approprie la note remise il y a deux ans par son administration à la commission du budget ? A-t-il passé avec les compagnies de chemins de fer et de navigation cette convention nouvelle que son administration déclarait absolument nécessaire pour changer les juridictions ? Peut-il affirmer que, si le texte de la commission est adopté, les compagnies de chemins de fer et de navigation n'auront pas le droit de dénoncer la convention intervenue entre l'Etat et elles en 1881 ?

D'un autre côté, la commission nous propose de permettre d'interjeter appel de toutes les décisions du juge de paix. Je vous ai montré que, pour perte ou avarie d'un colis postal, on ne peut pas, en général, demander plus de 15 francs. Convient-il d'autoriser un appel dans de si petites affaires ? N'allez-vous pas mettre les commerçants dans l'impossibilité de faire prévaloir leurs droits ?

M. Bourrat. Je demande la parole.

M. Maurice Sibille. S'ils sont menacés, après un petit procès en justice de paix, d'un procès devant le tribunal civil, ne reculeront-ils pas devant les faux frais et les honoraires d'avocats ?

M. le garde des sceaux. Il y a un amendement qui va vous donner satisfaction.

M. Maurice Sibille. Si, sur ce point, on me donne satisfaction, je n'insiste pas.

M. le rapporteur. Vous aurez satisfaction par le rattachement du 5° à l'article 6.

M. Guilloteaux. Parfaitement !

M. Maurice Sibille. Il ne me reste plus qu'à examiner la dernière disposition :

« Un arrêté ministériel fixera les délais de livraison impartis aux compagnies pour livraison des colis postaux. »

Est-ce un arrêté du ministre des postes, du ministre des travaux publics ou du ministre de la justice.

M. le sous-secrétaire d'Etat. Ce n'est pas admissible.

M. le rapporteur. En ce qui concerne le dernier paragraphe : « Un arrêté ministériel fixera, etc. » M. le sous-secrétaire d'Etat vient de faire observer à la commission que ce paragraphe ne rentrait pas dans le cadre de la loi ; il demande que le parahraphe soit retiré et la commission y consent sans difficulté.

M. Maurice Sibille. Je résume alors les observations que je viens de présenter en posant à la commission et au Gouvernement les deux questions suivantes :

Le droit d'appeler devant le juge de paix du domicile du destinataire n'est-il pas en contradiction avec la convention internationale qui stipule que l'obligation de payer l'indemnité incombe à l'administration dont relève le bureau expéditeur d'un colis postal international ?

Est-il possible d'accorder au juge de paix compétence dans les constatations soulevées à la suite d'un retard ou d'une perte de colis postal intérieur sans violer la clause de la convention de 1880 entre l'Etat et les compagnies de chemins de fer ou de navigation, clause qui réserve à la juridiction administrative la connaissance de toutes ces contestations ?

M. le rapporteur. Je demande la parole.

M. le président. La parole est à M. le rapporteur.

M. le rapporteur. Il est bien entendu que la commission, ainsi que je l'ai dit tout à l'heure, donne satisfaction à M. le sous-secrétaire d'Etat en retirant le dernier paragraphe.

En ce qui concerne le fond nous insistons pour que la Chambre veuille bien accepter notre texte et voici pourquoi :

Le public, à juste titre, réclame les juges de droit commun pour statuer sur les litiges relatifs aux colis postaux.

Ce n'est pas que le ministre, qui est considéré jusqu'ici comme le seul juge compétent au gré des compagnies, ne soit un juge excellent et je lui rends hommage ; mais il arrive que dans la pratique, lorsque c'est le ministre avec recours au conseil d'Etat qui constitue le tribunal compétent, il y a des lenteurs, des délais dont tout à l'heure M. Bourrat nous donnait un exemple en ce qui concerne l'affaire Rivoire. Il y a, de plus, des frais considérables qui atteignent plusieurs centaines de francs pour chaque affaire et qui sont bien de nature à faire reculer un réclamant qui n'a droit qu'à 15 ou 30 francs de dommages-intérêts.

Aussi ne faut-il pas être surpris que pendant la dernière législature comme au cours de celle-ci, plusieurs de nos collègues aient insisté pour que le juge de paix soit enfin compétent en ce qui concerne ces procès.

Pendant la dernière législature, M. Jouart et M. Raiberti ont déposé une proposition de loi, et je ne sais comment il se fait que les compagnies de chemins de fer, toujours attentives à la satisfaction du public et à la rapidité du transport des colis, aient fait une opposition absolue et constante au texte que nous proposons aujourd'hui. En réalité, il s'agit de substituer à la juridiction administrative du ministre avec recours au conseil d'Etat, avec ses lenteurs et ses difficultés, la juridiction rapide, expéditive et sans frais du juge de paix.

M. Jean Bourrat. Permettez-moi d'ajouter que toutes les chambres de commerce ont été unanimes pour se prononcer en faveur de la compétence du juge de paix, en matière de colis postaux.

M. le rapporteur. On a posé deux questions. Je vais y répondre immédiatement. Tout à l'heure M. Sibille disait : La question soumise à la Chambre est réglée par les conventions, et il s'agit de savoir si vous pouvez faire échec aujourd'hui aux conventions en ce qui concerne le transport des colis soit à l'intérieur, soit à l'extérieur ; c'est bien là la question ?

M. Maurice Sibille. Parfaitement.

M. le rapporteur. Je réponds : Nous ne modifions rien aux conventions, mais dans l'intérêt de tiers qui n'y ont pas été parties, dans l'intérêt public des expéditeurs, nous déterminons, dans la plénitude du droit qui appartient au législateur, la juridiction qui connaîtra des dommages et intérêts pouvant être dus à la suite du transport des colis postaux.

Je n'insiste pas davantage en présence des marques d'assentiment que je recueille, et je demande avec instance à la Chambre de vouloir bien voter un texte qui a été sollicité à plusieurs reprises par nos collègues et qui sera extrêmement utile au public. *(Applaudissements.)*

M. le président. La parole est à M. Sibille.

M. Maurice Sibille. La question qui s'élève est une question de droit et je crois que je serai d'accord avec mon honorable contradicteur en ajoutant que c'est une question de droit extrêmement délicate.

Vous dites ceci : nous pouvons, par une loi, modifier ces conventions, et au surplus, dites-vous, la convention qui existe entre l'Etat et les compagnies de chemins de fer n'a pas pu enlever aux tiers la faculté de s'adresser aux tribunaux ordinaires. Je me permettrai d'opposer à la thèse soutenue par mon très savant contradicteur un arrêt de la cour d'appel de Paris.

Voici ce qu'on lit dans cet arrêt de la cour d'appel de Paris et j'appelle l'attention de la commission et du Gouvernement sur les termes dans lesquels il est conçu :

« Pour le transport des colis postaux la juridiction administrative a été expressément réservée et cette disposition formelle et sans restriction aucune s'applique non seulement aux contestations dans lesquelles l'administration est partie mais encore à celles qui peuvent s'élever entre les compagnies substituées à l'administration et les tiers pour tout ce qui concerne le service du transport des colis postaux.

« La convention du 2 novembre 1880 impose aux compagnies un service postal avec abaissement de tarif exclusif de toute idée de spéculation commerciale, et il est rationnel que celles-ci puissent se prévaloir — comme l'Etat lui-même — du bénéfice d'une juridiction plus expéditive et moins dispendieuse que celle des tribunaux ordinaires alors surtout qu'aux termes de l'article 3 de la loi du 2 mars 1881 et de l'article 7 du décret du 17 avril 1881 l'indemnité pour l'avarie ou la perte d'un colis postal ne peut dépasser la somme de 15 francs. »

Ainsi, vous le voyez, la cour d'appel de Paris a déclaré que les conventions de 1883 donnaient aux compagnies de chemins de fer le bénéfice d'une juridiction spéciale. Il me semble impossible, comme le reconnaissait il y a deux ans l'administration des postes et télégraphes, que vous puissiez changer la compétence sans faire, avec les compagnies de chemins de fer et de navigation, une nouvelle convention. Si je suis bien renseigné, et d'après ce que nous a dit tout à l'heure M. le ministre de la justice lui-même, on a envisagé la question à l'administration des postes et télégraphes, et une commission spéciale serait chargée de préparer une convention nouvelle entre l'Etat et les compagnies de chemins de fer. M. le sous-secrétaire d'Etat me fait un signe affirmatif. Nous sommes d'accord. Vous reconnaissez qu'on ne peut pas modifier la compétence sans faire une convention nouvelle.

M. Alexandre Bérard, *sous-secrétaire d'Etat des postes et des télégraphes.* En ce moment nous négocions avec les compagnies en vue d'une modification, sur divers points, du régime des colis postaux ; mais je ne crois pas que cela puisse empêcher en principe le Parlement de voter une loi fixant la juridiction. *(Très bien ! très bien ! sur de nombreux bancs.)*

M. Maurice Sibille. Quand l'Etat a fait une convention avec les compagnies de chemins de fer, l'Etat ne peut pas par une loi modifier les clauses de cette convention. Cela n'a jamais été contesté jusqu'à ce jour.

On s'est plaint, avec raison, des conventions de 1883 intervenues entre l'Etat et les compagnies de chemins de fer. J'ai pour mon compte, non pas dans un rapport, mais dans trois ou quatre, signalé les conséquences déplorables, imprévues en 1883, qu'entraîne l'article 16 des conventions.

M. Jean Bourrat. Vous les trouvez mauvaises ? Alors, votez le rachat !

M. Maurice Sibille. On m'a toujours répondu ; on ne peut pas modifier par une loi les conventions de 1883. La commission et le Gouvernement maintiennent-ils aujourd'hui qu'il est possible de modifier par une loi les clauses d'une convention entre l'Etat et des compagnies privées ? L'Etat lui-même, à mon avis, doit plus encore qu'un simple particulier donner l'exemple du respect des contrats.

Permettez-moi aussi de demander ce qui arrivera lorsque le service aura été fait, non pas seulement par une compagnie de chemins de fer, mais comme cela se produit dans certaines localités, par l'administration des postes elle-même. Je prie M. le sous-secrétaire d'État de vouloir bien me dire qui pourra être assigné en pareil cas ? C'est un agent de l'État, c'est un employé des postes et des télégraphes qui aura remis le colis. Qui pourra-t-on assigner ? Pourra-t-on appeler, devant le juge de paix, le ministre du commerce sens autre formalité ?

Un membre de la commission me fait un signe affirmatif. Est-ce aussi l'avis du Gouvernement ?

M. le président. La parole est à M. Aldy.

M. Aldy. Messieurs, les conventions dont on nous parle et qui feraient obstacle à l'adoption du texte de la commission se divisent en trois catégories de dispositions distinctes : les unes nous lient avec les nations contractantes, les autres sont intervenues entre l'État et les compagnies. Les autres enfin règlent les rapports des compagnies avec le public. Les deux premières catégories de dispositions ne sont nullement mises en jeu par le texte dont la commission vous propose l'adoption.

En somme il s'agit d'une question de compétence; il s'agit de savoir comment, dans notre pays, des intérêts d'ordre exclusivement privé pourront être défendus et pourront recevoir une satisfaction légitime. Est-il possible que la convention internationale soit mise en jeu par une proposition qui vise exclusivement la compétence ? Est-on obligé, dans les autres pays, en matière de perte ou de spoliation de colis postal, de s'adresser à l'autorité administrative ? S'adresse-t-on, au contraire, à la juridiction de droit commun ? Je crois qu'il serait bien difficile d'affirmer qu'il existe sur ce point, entre les diverses nations signataires de la convention qu'on nous oppose, des accords et des engagements pour indiquer que, dans tous les pays, on observera les mêmes règles de compétence. Ce côté de la convention n'est donc pas mis en cause.

Pourra-t-on dire que les propositions de la commission intéressent les conventions intervenues entre l'État et les compagnies de chemins de fer. Ceux qui soutiennent cette thèse affirment que les compagnies de chemins de fer se sont substituées à l'État, à l'État exerçant un service public. On pourrait leur répondre que l'État doit être considéré à un double point de vue suivant qu'il exerce un service dont il a exclusivement le monopole, ou lorsque, au contraire, il crée des institutions parallèlent à des institutions privées de même nature, telles que les opérations de banque, les caisses d'épargne, le transport des colis.

Il y aurait, à mon sens, à faire une distinction très grande suivant qu'il s'agit du ministre des postes et des télégraphes chargé d'assurer le transport des lettres et des divers papiers, service pour lequel il existe un monopole d'État; ou, au contraire, lorsque l'État crée des entreprises qui sont concurrencées par des entreprises privées et qui concurrencent celles-ci. Alors l'État n'a plus un monopole; il devient un entrepreneur ordinaire de transports, un directeur de caisse d'épargne et, dans ce cas, il doit être soumis aux juges de droit commun.

Je ne veux pas demander quelle solution serait apportée à une question posée dans ces termes; car ce n'est pas ce qui nous préoccupe aujourd'hui. J'ai voulu simplement répondre à ceux qui prétendent que lorsque les compagnies de chemins de fer remplacent l'État pour le service des colis postaux, elles remplissent un service public, leur donnant droit à une juridiction d'exception.

Pour me placer au point de vue plus spécial de la question, je dirai : lorsque les conventions sont intervenues entre l'État et les compagnies de chemins de fer, les compagnies de chemins de fer sont devenues un entrepreneur ordinaire. Quiconque est lésé par la faute de cet entrepreneur doit pouvoir, dans les limites ordinaires du droit commun, actionner cet entrepreneur, c'est-à-dire les compagnies, devant les juges de droit commun.

Je sais bien qu'on a pris dans les conventions et dans les lois qui ont approuvé ces conventions, certaines dispositions d'après lesquelles on pourrait soutenir qu'il faut aller devant la juridiction administrative.

M. le président de la commission vous a expliqué ce qu'il en était — et chacun sait ce qu'il en est — de cette juridiction administrative.

En réalité on n'a pas de juge; mais faut-il se placer au point de vue où nous mettrait la législation existante ? Ce que nous voulons aujourd'hui, c'est changer la loi, ce qui aura pour effet de modifier également la jurisprudence.

Il n'y a donc pas à examiner ici cette jurisprudence qu'on invoque et qui s'est créée sur les dispositions que vous connaissez; le seul point que nous ayons à rechercher est celui-ci : est-il possible, sans porter atteinte aux conventions intervenues entre l'État et les compagnies de chemins de fer, de transformer cette compétence spéciale, qu'on prétend créée par les lois qui ont approuvé les conventions de 1880 et de 1892 ? Je crois que la question ne se pose même pas et que les appréhensions manifestées par notre honorable collègue seront écartées par la Chambre. Les compagnies de chemins de fer ne sauraient être admises à soutenir que lorsque les conventions sont intervenues, l'État fût lié vis-à-vis d'elles; pour les questions de compétence qui viendraient à se poser elles ne pouvaient escompter que ces conventions réagiraient sur le droit absolu de l'État de régler ces questions qui sont une matière d'ordre public.

Après tout, que feraient les compagnies, si elles refusaient d'accepter la disposition nouvelle sur la compétence ? Leur argumentation consisterait à dire qu'en les actionnant devant une juridiction autre que la juridiction administrative, on les exposerait à supporter des frais plus onéreux.

C'est bien le point de vue auquel on redoute de voir se placer les compagnies. Il serait vraiment étrange que les compagnies puissent être admises à soutenir un tel système. Que soutiendraient-elles en définitive ? Qu'il faut leur permettre de perdre les colis postaux, de les avarier dans les conditions qui seraient, en cas de procès, les plus économiques pour elles !

Voilà ce que la Chambre, certainement, ne voudra pas. Elle ne voudra pas que les compagnies organisent à leur profit le droit de perdre les colis qui leur sont confiés.

La question se posant ainsi, il n'y a pas d'appréhension à avoir. Le vote de la disposition proposée ne mettra pas le Gouvernement dans une situation délicate vis-à-vis des compagnies. Et pourquoi ? Parce qu'il faudrait, pour que les compagnies soient fondées à se plaindre, qu'elles soient lésées dans leurs droits; elles ne seront pas lésées parce qu'on aura édicté des dispositions permettant aux expéditeurs et aux destinataires des colis postaux de faire supporter à ces compagnies les conséquences de leur négligence et de leur incurie.

C'est pour cela que nous pouvons, je crois, adopter sans crainte le texte de la commission. Cette question de compétence laisse intacte toute convention pouvant concerner nos relations internationales; et en ce qui concerne les conventions avec les compagnies, le Gouvernement n'a jamais renoncé en faveur des compagnies au droit absolu de soumettre par des lois sur la compétence, à la juridiction de droit commun, les différends entre le public et les grandes compagnies. (*Applaudissements.*)

M. le président. La parole est à M. le sous-secrétaire d'État des postes et des télégraphes.

M. Alexandre Bérard, *sous-secrétaire d'État des postes et des télégraphes.* Je tiens à dissiper les scrupules de notre honorable collègue M. Sibille, et je lui répète ce que je disais il y a un instant : en ce moment l'administration des postes négocie une nouvelle convention avec les compagnies de transport; et nous pouvons espérer que toutes les difficultés s'aplaniront. (*Très bien ! très bien.*)

M. Maurice Sibille. Je prends acte des déclarations du Gouvernement qui me donnent complète satisfaction. Il est certain que si une convention nouvelle modifie celle de 1881, une loi pourra, après cette convention nouvelle, changer les règles actuelles de compétence.

M. le rapporteur. Le texte est donc maintenu.

M. le président. M. le sous-secrétaire d'État demande-t-il qu'on réserve la question jusqu'à ce qu'une nouvelle convention soit intervenue ?

M. le sous-secrétaire des postes et des

télégraphes. Je demande qu'on supprime les deux dernières lignes du paragraphe.

M. le président. La parole est à M. Guilloteaux.

M. Guilloteaux. On me fait remarquer à juste titre que l'article 5 se rapporte surtout aux personnes et l'article 6 aux choses. Dans ces conditions, je ne demande pas mieux, d'accord avec M. le président de la commission, que l'alinéa 5 de l'article 7 ainsi conçu :

« Les contestations relatives à l'indemnité afférente à la perte, à l'avarie, à la spoliation d'un colis postal, ainsi que les retards apportés à leur livraison, etc. », soit reporté à la fin de l'article 6, de façon que les juges de paix puissent connaître de ces questions sans appel jusqu'à la valeur de 300 francs et à charge d'appel à quelque valeur que la demande puisse s'élever.

M. le rapporteur. La commission accepte cette modification.

M. le président. La commission, d'accord avec le Gouvernement et avec l'auteur de l'amendement, demande que la Chambre se prononce sur le paragraphe 5 de l'article 7 et reporte ce paragraphe à la suite de l'article 6.

M. Léonce de Castelnau. Il est entendu que les contestations relatives à l'indemnité afférente à la perte, à l'avarie, à la spoliation des colis sont de la compétence du juge de paix, même dans le cas où l'Etat est le transporteur ?

M. le rapporteur. Ce sont les compagnies de chemins de fer qui transportent.

M. Maurice Sibille. Mais qui assignera-t-on en pareil cas ?

M. le garde des sceaux. Le directeur de la compagnie.

M. le rapporteur. Si c'est la compagnie qui fait transporter un paquet, c'est elle qui est responsable.

M. Maurice Sibille. Si c'est un employé des postes, c'est l'administration qui sera responsable ?

M. Léonce de Castelnau. Si l'avarie se produit entre le bureau de poste et le domicile du destinataire, par le fait d'un agent de l'Etat, c'est l'Etat qui sera responsable. Faudra-t-il l'assigner devant le juge de paix ?

M. Louis Ollivier. C'est l'Etat qui est débiteur, ce n'est pas la compagnie !

M. Bignon. C'est de plus en plus clair.

M. Léonce de Castelnau. Lorsqu'en cas de contestation sur la perte ou l'avarie d'un colis postal, c'est l'Etat qui est responsable par le fait qu'il a effectué lui-même le transport ou qu'il l'a fait effectuer par ses mandataires, compagnies ou autres, devra-t-on l'assigner, lui, devant le juge de paix ?

M. le rapporteur. On assignera le directeur de la compagnie.

M. Léonce de Castelnau. Mais c'est l'Etat et non la compagnie qui est personnellement responsable et qui doit être assigné. Eh bien ! je demande devant quelle juridiction on devra assigner l'Etat et quel est le fonctionnaire qui devra recevoir la citation comme le représentant.

Sur divers bancs. Le renvoi à la commission.

M. Léonce de Castelnau. Il est absolument indispensable que ce point très délicat de droit soit élucidé ; je m'associe à la demande de renvoi...

M. Tournade. Lorsqu'il n'y a pas d'adjudicataire pour assurer le service des colis postaux jusqu'à domicile, lorsque, autrement dit, il n'y a pas de correspondance établie, si le facteur veut bien apporter les colis, il le peut, mais il n'y est pas tenu et c'est la gare destinataire qui est responsable ; l'Etat n'est donc pas en cause.

M. Louis Ollivier. C'est une erreur. Je demande le renvoi à la commission pour que ce point soit fixé.

M. le rapporteur. La difficulté qui vient d'être soulevée par notre honorable collègue, M. de Cas-

telnau, est sérieuse ; dans ces conditions, la commission, qui veut avant tout apporter des textes toujours réfléchis et visant tous les cas, ne demande pas mieux que d'examiner à nouveau le dernier paragraphe de l'article 16 ; elle apportera le plus rapidement possible à la Chambre le résultat de son travail.

M. le président. Il n'y a pas d'opposition au renvoi à la commission ?...

Il est ordonné.

M. Fernand de Ramel. Il faut que la commission indique d'une façon précise sur qui pèse la responsabilité et qui on doit assigner.

Voix diverses. A demain ! A mardi !

M. le rapporteur. La commission ne s'oppose pas à ce que la suite du débat soit renvoyée à demain.

M. le président. Je ferai observer que la Chambre a décidé que les interpellations qui devaient avoir lieu vendredi dernier seraient remises à demain.

A gauche. A mardi !

M. le président. Mardi il y a la nomination de la commission du budget ; mais il est probable que cette nomination sera terminée à quatre heures. La Chambre pourrait donc renvoyer la suite de la discussion sur les justices de paix à mardi, quatre heures, après la nomination de la commission du budget. (*Très bien ! très bien !*)

Il n'y a pas d'opposition ?...

Il en est ainsi ordonné.

Séance du 28 janvier 1904.

(3e DISCUSSION.)

M. le président. L'ordre du jour appelle la suite de la discussion : 1° de la proposition de loi, adoptée par le Sénat, sur la compétence des juges de paix ; 2° de la proposition de loi de M. Jean Cruppi sur la réforme des justices de paix.

La Chambre s'était arrêtée, le 18 juin dernier, à l'article 17 de la proposition de loi, mais elle avait réservé le vote sur l'ensemble des articles 5, 6 et 7.

La parole est à M. le rapporteur.

M. Jean Cruppi, *rapporteur.* Je ne monte pas à la tribune pour engager la discussion, mais simplement pour indiquer à la Chambre le point auquel elle est arrivée dans sa délibération et les étapes qui lui restent encore à franchir pour parvenir au terme de la loi.

Vous savez que les propositions dont vous êtes saisis à l'occasion de la réforme des justices de paix se rattachent à quatre idées principales.

Votre commission a voulu, d'abord, étendre dans des limites raisonnables la compétence civile des juges de paix ; ensuite, leur constituer une certaine compétence pénale, et, comme ces magistrats cantonaux auront ainsi, au point de vue pénal et au point de vue civil, des attributions nouvelles, la commission a voulu modifier, dans une certaine mesure, leur recrutement en augmentant leur capacité générale et, enfin, leur allouer des relèvements de traitement qu'elle considère, avec l'opinion tout entière, comme nécessaires et justes. (*Très bien ! très bien !*)

Voilà les quatre idées dont nous poursuivons l'accomplissement.

Pendant les deux séances consacrées à la loi des justices de paix, et comme vous l'indiquait M. le président, les seize premiers articles, c'est-à-dire ceux qui englobent tout ce qui est relatif à la compétence civile, ont été adoptés sauf une réserve : les art. 5, 6 et 7 ont été adoptés dans leurs paragraphes mais non dans leur ensemble. Pourquoi ? Pour deux motifs : notre honorable collègue M. Gaffier avait proposé, en séance, un amendement sur lequel la commission s'expliquera et dont le but est d'accorder aux juges de paix, compétence quant aux contestations prévues par l'article 655 du code civil, contestations relatives à la réparation et à la construction de mur mitoyen quand la propriété ou la mitoyenneté n'est pas contestée.

L'amendement de M. Gaffier a été pris en considération par la Chambre, il s'agit aujourd'hui de statuer définitivement sur son sort, et il figurera à l'article 7 dont l'ensemble n'est pas adopté.

Deuxième point : la discussion relative aux colis postaux s'est engagée sur un texte qui vous était proposé par la commission. Des observations ont été échangées au cours de vos dernières séances entre notre honorable collègue M. Sibille, M. le sous-secrétaire d'Etat des postes et des télégraphes et M. le ministre de la justice.

A la suite de ces observations et sur une question qui avait été posée, si je ne me trompe, par notre collègue M. de Castelnau sur le point de savoir qui devait être assigné dans le cas où le juge de paix serait compétent, la Chambre a renvoyé ce texte à la commission. La commission l'a examiné, elle vous proposera une rédaction nouvelle.

Vous voyez donc que sur cette question de la compétence civile, tout est jugé par vous sauf ces deux points, amendement de M. Gaffier et question des colis postaux.

Quand vous aurez achevé cet examen, vous vous trouverez en présence d'un autre amendement se rattachant à la compétence civile, présenté par notre collègue M. de Ramel, que je ne vois pas encore à son banc, et qui a pour but d'étendre le recours en cassation contre toutes les décisions des juges de paix en dernier ressort. Vous savez qu'aujourd'hui ce recours n'est permis que lorsque les juges ont commis un excès de pouvoir. M. de Ramel voudrait que ce recours en cassation fût admis également pour violation de la loi. Tel est l'objet de cet article intercalé entre les articles 16 et 17.

Nous rencontrerons enfin, pour terminer l'examen des questions se rapportant à l'extension de la compétence civile, un amendement que vient de m'annoncer notre honorable collègue, M. Clémentel, relatif aux frais exposés non pas devant le juge de paix mais devant sa juridiction. Il englobe par là la juridiction gracieuse aussi bien que contentieuse.

Voilà ce que j'appellerai la première partie de votre délibération.

Cela fait, vous vous engagerez, avec l'article 17, dans la question de la compétence pénale, c'est-à-dire dans les nouvelles attributions au point de vue pénal que votre commission propose d'accorder aux juges de paix.

Dans la troisième partie — ici j'arrive aux textes qui n'ont pas été discutés, et je n'entrerai dans aucun détail — vous examinerez la question du recrutement, celle du traitement des juges de paix, et vous aurez ainsi terminé une loi salutaire et véritablement attendue par le pays. (*Applaudissements à gauche.*)

M. le président. Voici le texte de l'article 5 dont tous les paragraphes ont été votés dans une précédente séance :

« Art. 5. — Les juges de paix connaissent également, sans appel, jusqu'à la valeur de 300 francs et à charge d'appel à quelque valeur que la demande puisse s'élever ;

« 1° Des contestations relatives aux engagements respectifs des gens de travail au jour, au mois et à l'année, et de ceux qui les emploient ; des maîtres, domestiques ou gens de service à gages ; des maîtres ou patrons et de leurs ouvriers ou apprentis, sans néanmoins qu'il soit dérogé aux lois et règlements relatifs à la juridiction commerciale, à celle des prud'hommes et au contrat d'apprentissage ;

« 2° Des contestations relatives au payement des nourrices. »

Le vote sur l'ensemble de l'article 5 avait été réservé.

Tous les paragraphes de cet article ayant été successivement adoptés par division, et aucune disposition additionnelle n'étant présentée, je mets l'ensemble aux voix.

(L'ensemble de l'article 5, mis aux voix, est adopté.)

M. le président. Nous passons à l'article 6. J'en donne une nouvelle lecture pour la clarté du débat.

Les cinq premiers paragraphes ont été adoptés par division le 18 juin dernier. J'en rappelle le texte :

« Art. 6. — Les juges de paix connaissent encore, sans appel jusqu'à la valeur de 300 francs et à la charge d'appel à quelque valeur que la demande puisse s'élever :

« 1° Des actions pour dommages faits aux champs, fruits et récoltes, soit par l'homme, soit par les

animaux, dans les conditions prévues par les articles 1382 à 1385 du code civil ;

« 2° Des actions relatives à l'élagage des arbres ou haies et au curage soit des fossés, soit des canaux servant à l'irrigation des propriétés ou au mouvement des usines, lorsque les droits de propriété ou de servitude ne sont pas contestés ;

« 3° Des actions civiles pour diffamations ou pour injures publiques ou non publiques, qu'elles soient verbales ou par écrit, autrement que par la voie de la presse, des mêmes actions pour rixes ou voies de fait, le tout lorsque les parties ne se sont pas pourvues par la voie criminelle.

« 4° De toutes demandes relatives aux vices rédhibitoires dans les cas prévus par la loi du 2 août 1884, soit que les animaux qui en sont l'objet aient été vendus, soit qu'ils aient été échangés, soit qu'ils aient été acquis par tout autre mode de transmission. »

Avant de mettre aux voix l'ensemble de l'article 6 qui avait été réservé, je fais connaître que, pour donner satisfaction à l'amendement de MM. Lamy et Guilloteaux, la commission propose d'introduire ici, en numérotant 5°, un paragraphe qui figurait primitivement à la fin de l'article 7.

En voici le texte :

« Des contestations entre les compagnies ou administrations de chemins de fer et les expéditeurs ou les destinataires, relatives à l'indemnité afférente à la perte, à l'avarie, à la spoliation d'un colis postal du service continental intérieur ainsi qu'aux retards apportés à la livraison. Ces indemnités ne pourront excéder les tarifs prévus aux conventions intervenues entre les compagnies et l'Etat. La demande pourra être portée soit devant le juge de paix du domicile de l'expéditeur soit de celui du destinataire au choix de la partie la plus diligente. »

Après les mots « retards apportés à la livraison » M. Bonnevay propose d'ajouter « quel que soit le transporteur. »

M. Maurice Colin me remet un amendement qui est ainsi conçu :

« 5° Des contestations entre les compagnies, administrations ou entreprises de transports et les expéditeurs ou destinataires...

« Ajouter un dernier alinéa :

« Seront considérés, à ce point de vue, comme appartenant au service continental intérieur, les colis postaux échangés entre la France continentale, la Corse, l'Algérie et la Tunisie. »

M. le rapporteur. Voulez-vous me permettre de constater tout d'abord que, sur la rédaction, au point de vue matériel, un accord s'est établi entre le Gouvernement et la commission.

Au texte que nous présentons, nous apportons deux modifications :

Au commencement du 5° : « Des contestations entre les compagnies ou administrations de chemins de fer... », nous ajoutons, avant les mots « et les expéditeurs, » les mots « ou tous autres transporteurs. »

A la sixième ligne, « ces indemnités ne pourront excéder les tarifs prévus aux conventions intervenues entre les compagnies et l'Etat, » nous intercalons entre les mots « compagnies » et les mots « et l'Etat » ceux-ci « ou autres transporteurs concessionnaires. »

M. le président. Vous donnez ainsi satisfaction à la première partie de l'amendement de M. Colin ?

M. le rapporteur. Parfaitement, monsieur le président.

M. Maurice Colin. J'ai satisfaction sur ce point.

M. Maurice Sibille. Je demande la parole.

M. Maurice Colin. Je la demande également.

M. le président. La parole est à M. Sibille.

M. Maurice Sibille. La commission avait tout d'abord proposé d'attribuer aux juges de paix le droit de statuer sur les contestations relatives à l'indemnité afférente à la perte, à l'avarie, à la spoliation d'un colis postal ainsi qu'au retard apporté à la livraison.

Sans nous opposer à cette extension de compétence, nous avons établi que des traités avec différentes puissances rendaient difficile, sinon impossible, l'application de ce principe nouveau aux colis 'nternationaux ; nous avons aussi rappelé qu'aux termes de conventions spéciales entre l'État et les compagnies de chemins de fer, toutes les contestations relatives aux colis postaux devraient être soumises à la juridiction administrative.

La commission et le Gouvernement ont bien voulu reconnaître la valeur et la justesse des observations que nous avions présentées. Cependant le texte qui nous est soumis peut soulever des difficultés d'interprétation et il nous paraît nécessaire de provoquer de la part du Gouvernement et de la commission quelques explications.

Les juges de paix, dit l'article 6 de la proposition de loi, connaissent sans appel jusqu'à la valeur de 300 francs et, à la charge d'appel, à quelque valeur que la demande puisse s'élever des contestations entre les compagnies ou administrations de chemins de fer ou autres entreprises de transport et les expéditeurs ou les destinataires relatives à l'indemnité afférente à la perte, à l'avarie, à la spoliation d'un colis postal du service continental intérieur.

Contrairement à ce qu'avait cru tout d'abord la commission, les colis postaux ne sont pas toujours expédiés par l'intermédiaire de compagnies de chemins de fer. Ainsi, à Paris, un traité est intervenu le 31 mars 1892, entre l'administration des postes et télégraphes et MM. Rozières et Gonon, pour le transport des colis postaux à l'intérieur de Paris ; ce traité a été confirmé par décret du 1er septembre 1892. La rectification qui vient d'être opérée au texte primitif de la commission permettra évidemment d'appeler devant le juge de paix les entrepreneurs de transports de colis postaux à l'intérieur de Paris.

Mais des compagnies maritimes subventionnées sont tenues d'effectuer le service des colis postaux ; des transports sont opérés par la voie de mer entre Marseille et la Corse, entre la France et l'Algérie ou la Tunisie entre deux ou trois de nos grands ports et les colonies françaises.

Les compagnies maritimes subventionnées pourront-elles être appelées devant le juge de paix du domicile de l'expéditeur et devant le juge de paix du domicile du destinataire ?

M. Léonce de Castelnau. Je demande la parole.

M. Maurice Sibille. Il convient d'ajouter que des colis postaux, en Algérie, sont transportés par des compagnies de chemins de fer entre certaines localités algériennes, par exemple entre Constantine et Alger. Les contestations relatives à ces transports seront-elles soumises au juge de paix malgré les mots « colis postal du service continental intérieur. »?

D'un autre côté, la commission propose de soumettre au juge de paix les réclamations relatives aux retards apportés à la livraison. Est-il bien entendu qu'on ne porte pas atteinte aux principes admis par l'administration ? Permettez-moi de vous rappeler ces principes.

Les colis postaux, à l'heure actuelle, sont transportés par les trains en usage pour le service des colis de grande vitesse et dirigé par le même itinéraire. Leur expédition, leur transmission d'une compagnie à une autre et leur livraison ont lieu dans les délais les plus courts, fixés par les règlements généraux pour les transports de la grande vitesse. S'ils sont transportés par des compagnies de navigation, ils le sont aux conditions de l'itinéraire réglementaire des compagnies.

La législation spéciale des colis postaux n'accorde d'ailleurs pas d'indemnité en cas de retard accidentel d'un colis postal. Ces colis jouissent d'un tarif réduit auquel correspond une responsabilité réduite. Toutefois, lorsque le retard a eu manifestement pour effet d'occasionner l'avarie du contenu, de rendre impossible l'usage de l'objet envoyé en colis postal, une indemnité est due, mais cette indemnité est fixée par l'arrêté à 15 francs pour les petits colis, 25 francs pour les colis de 3 à 5 kilogr. et 40 francs pour les colis de 5 à 10 kilogr.

Enfin, messieurs, le dernier paragraphe de l'article 6 est ainsi conçu :

« La demande pourra être portée soit devant le juge de paix du domicile de l'expéditeur soit de celui du destinataire au choix de la partie la plus diligente. »

Eh bien ! supposons qu'un colis postal soit expédié de Marseille gare du réseau de Paris-Lyon-Médi-

terranée à Varades, chef-lieu du canton de la Loire-Inférieure, qui est desservi par la compagnie d'Orléans. L'expéditeur pourra-t-il appeler devant le juge de paix de Marseille la compagnie d'Orléans ?

Le destinataire à Varades pourra-t-il, lui aussi, assigner soit la compagnie d'Orléans, soit la compagnie Paris-Lyon-Méditerranée ? On me dit que telle n'est pas la pensée de la commission ; l'expéditeur devrait s'adresser dans l'espèce seulement à la compagnie qui a reçu les colis, c'est-à-dire la compagnie Paris-Lyon-Méditerranée et le destinataire, ne pourrait envoyer une assignation qu'à la compagnie chargée de remettre le colis, c'est-à-dire à la compagnie d'Orléans.

Je demande alors à la commission dans quelles conditions ce destinataire du canton de Varades pourra assigner la compagnie d'Orléans. A Varades, il n'y a qu'une petite gare ; l'huissier du canton pourra-t-il assigner la compagnie d'Orléans en la personne du chef de gare de Varades ?

M. le rapporteur. Voulez-vous me permettre une explication ?

M. Maurice Sibille. Volontiers !

M. le rapporteur. Les compagnies de chemin de fer ont longtemps émis la prétention de ne pouvoir être assignées, en la personne de leurs administrateurs ou directeurs, qu'à leur siège social ; mais une jurisprudence nouvelle considère, comme succursales, un certain nombre de gares.

M. Maurice Sibille. C'est entendu !

M. le rapporteur. Il s'agit de savoir si la gare à laquelle l'assignation doit être délivrée et que le chef de gare peut recevoir au nom de la compagnie, est ou non une succursale.

Permettez-moi de vous dire que ce sont là des questions d'application quotidienne de la jurisprudence et qu'elles ne peuvent pas être tranchées par des textes.

M. Prache. Nous sommes ici en matière de justice de paix.

M. le rapporteur. Je comprends à merveille que vous ayez posé la question de savoir si les compagnies peuvent être assignées hors de leur siège social. Je vous réponds que, suivant une jurisprudence acquise, elles peuvent être assignées, soit à leur siège social soit aux gares considérées comme succursales. Vous avez donc là, il me semble, toute satisfaction.

M. Julien Goujon. Il y a des gares principales !

M. Maurice Sibille. Laissez-moi vous rappeler que nous nous occupons de petites contestations soumises à des juges de paix. Cette règle qui a été posée par la cour de cassation et que je connais bien pourra singulièrement embarrasser les huissiers des petits chefs-lieux de canton et je constate que presque toujours ils seront dans l'impossibilité d'assigner la compagnie dans le canton où ils résident, puisque, d'après la cour de cassation, on ne peut porter l'assignation qu'au siège social, c'est-à-dire Paris, ou dans une grande gare, dans une gare où les opérations soient assez importantes pour qu'on puisse dire : la compagnie a là une succursale.

M. Edmond Lepelletier. C'est absolument arbitraire !

M. Maurice Sibille. Ainsi d'après les déclarations de M. le rapporteur, on sera très souvent obligé d'assigner les compagnies au siège social, c'est-à-dire à Paris..

Je m'excuse d'être descendu dans de petits détails.

M. Prache. Il faut ou supprimer ou compléter le texte de la loi.

M. Maurice Sibille. Mais il y a là des questions qui vont être posées aussitôt après le vote de la loi devant les avoués, les avocats, les huissiers et tous les juges de paix de France.

Comme le texte ne tranche pas toutes les difficultés, il me paraît utile qu'un commentaire aussi complet que possible soit dès aujourd'hui fourni à la Chambre soit par le représentant du Gouvernement soit par le rapporteur de la commission. (*Très bien ! très bien ! au centre et sur divers bancs.*)

M. le président. La parole est à M. Colin.

M. Maurice Colin. L'honorable M. Sibille vient de soulever toute une série de questions qui se posent actuellement devant les tribunaux en matière de bagages de voyageurs, égarés, avariés ou spoliés.

Les mêmes questions, pour lesquelles M. Sibille demande une solution explicite, sont déjà posées et résolues par la jurisprudence, et par conséquent il me semble absolument inutile qu'en matière de colis postaux nous fassions intervenir une décision explicite, étant données toutes les décisons de la jurisprudence qui existent déjà en ce qui concerne les déclarations faites par des voyageurs pour des bagages égarés ou avariés. Il est évident que les solutions qui doivent intervenir en matière de colis postaux ne peuvent être différentes de celles qui sont intervenues et qui ont prévalu en matière de bagages égarés ou spoliés.

M. Léonce de Castelnau. Je demande la parole.

M. Julien Goujon. Mais dans la discussion de la loi sur les accidents du travail, nous avons tenu compte de ces questions de compétences !

M. le président. La parole est à M. de Castelnau.

M. Léonce de Castelnau. Messieurs, après l'honorable M. Sibille, je demande à la commission certaines décisions, certaines précisions au sujet du paragraphe 5 de l'article 6, relatif aux colis postaux.

A la dernière séance de la Chambre où s'est discutée la loi sur la compétence des juges de paix, je m'étais permis de demander comment devrait procéder l'assignation pour perte ou avarie d'un colis postal quand c'est l'Etat qui est directement responsable. L'Etat peut être directement responsable de la perte ou de l'avarie d'un colis postal. Vous savez, messieurs, que d'après la loi ou la convention de 1892, le service est étendu aux localités non pourvues de gares et desservies par les courriers postaux. Dans ces localités, les colis sont reçus directement dans les bureaux de poste desservis par le courrier, et, dans ce cas, le contrat intervient directement entre l'Etat et l'expéditeur; par conséquent, c'est l'administration qui est directement en cause en cas d'avarie ou de perte de colis.

De plus, dans ces mêmes localités qui sont dépourvues de gare, la remise peut être faite à domicile par les ouvriers postaux, ou bien, quand il n'y a pas de courrier postal desservant la localité où se trouve le destinataire, le colis est laissé au bureau de poste; c'est là que le destinataire va le chercher. Mais dans cette circonstance encore, il y a lieu d'envisager la responsabilité de l'Etat dans le cas de perte ou d'avarie survenue au colis.

Dans ces conjonctures, comment devra-t-on assigner l'Etat? Je sais bien que votre texte dit, d'une façon générale : « Des contestations entre les compagnies ou administrations, etc... » mais il faut préciser ce mot « administrations ». Quand il s'agira d'assigner l'Etat, quel est le fonctionnaire qui le représentera? Est-ce le préfet qu'on assignera devant le juge de paix, ou bien un agent de l'administration des postes?

M. le rapporteur. L'agent de l'administration des postes ! Mais cela se fait tous les jours.

M. Léonce de Castelnau. Il faudrait le dire dans le texte.

M. le rapporteur. On n'a pas à mettre cela dans un texte de la loi.

M. Léonce de Castelnau. Il faudrait tout au moins dire qu'on assignera « selon les formes ordinaires ». Autrement votre texte reste vague ; on ne saura pas qui assigner quand ce sera l'Etat qui sera responsable d'un dommage. Dites qu'on assignera le préfet ou le receveur des postes, mais dites-le clairement. Quel inconvénient y aurait-il à rendre plus net votre texte?

M. le rapporteur. On ne peut pas mettre dans le texte de la loi des distinctions qui résultent de lois générales. M. le sous-secrétaire d'Etat est assigné tous les jours devant les tribunaux. (*Très bien ! très bien !*)

M. Léonce de Castelnau. Dans la personne de qui est-il assigné? Est-en sa propre personne?

M. le rapporteur. C'est le receveur des postes qui recevra l'assignation.

M. Léonce de Castelnau. Il est bien entendu, alors, que c'est le receveur du bureau expéditeur ou celui du bureau destinataire qui devra recevoir l'assignation quand ce sera l'Etat qui sera directemeut responsable?

M. le rapporteur. Sans aucun doute !

M. Léonce de Castelnau. Alors je n'insiste pas. C'était ce point que je désirais voir préciser. (*Très bien ! très bien !*)

M. le président. La parole est à M. le sous-secrétaire d'Etat des postes et des télégraphes.

M. Alexandre Bérard, *sous-secrétaire d'Etat des postes et des télégraphes.* Le Gouvernement accepte le texte proposé par la commission, mais il est de mon devoir de présenter à la Chambre quelques observations relatives à cette question et à la situation des compagnies concessionnaires du transport des colis postaux.

Vous savez, messieurs, que le service des colis postaux est un service d'Etat, mais que, en vertu d'une convention de 1892, l'Etat a remis le soin d'en effectuer le transport et la distribution aux diverses compagnies et autres entrepreneurs de transport.

Jusqu'à ce jour, étant donnée la nature de ce service, ces concessionnaires se trouvent en face de la juridiction administrative.

Nous sommes en train de discuter avec ces concessionnaires de nouvelles conventions.

En effet, plusieurs propositions de loi tendant à créer un nouveau régime pour les colis postaux ayant été déposées sur le bureau de la Chambre, une commission formée de représentants de l'Etat, de représentants des compagnies et de membres de chambres de commerce s'est occupée d'établir de nouvelles conventions.

J'ajoute que l'Etat et les compagnies de transport par voie ferrée se sont mis d'accord sans difficulté.

Les compagnies de chemins de fer, qui sont les principaux transporteurs de colis postaux, ont accepté avec bon vouloir et empressement les conditions nouvelles en vue de donner des avantages considérables au public.

En ce qui concerne la compétence judiciaire, la commission avait élaboré un texte, arrêté d'accord avec les intéressés, ainsi conçu :

« L'article 17 de la convention du 15 janvier 1892 est modifié comme suit :

» Les contestations entre les compagnies ou administration de chemins de fer et les expéditeurs ou les destinataires, au sujet des colis postaux du service continental intérieur, seront portées devant les mêmes tribunaux judiciaires que ceux qui statuent sur les litiges concernant les transports ordinaires de marchandises.

» Toutes les autres contestations seront jugées par les tribunaux administratifs. »

M. Cuneo d'Ornano. Même pour les retards ?

M. le sous-secrétaire d'Etat des postes et des télégraphes. Ce texte est en opposition directe, vous le voyez, avec le texte qui est actuellement soumis à la Chambre par la commission. Il est évident que si la Chambre et le Sénat adoptent le texte nouveau qui est proposé en ce moment au Parlement, celui sur lequel nous sommes d'accord avec les grandes compagnies transporteurs de colis postaux ne trouvera plus son application, que l'accord intervenu disparaîtra et que les avantages obtenus seront remis en question.

Je m'empresse de dire que le texte proposé par la commission adopté par le Parlement, j'agirai auprès des compagnies pour qu'elles maintiennent, bien entendu, les accords sur lesquels nous nous sommes entendus dernièrement, avec la modification législative visant la compétence judiciaire. Seulement je devais soumettre la question au Parlement, étant donné surtout que, avec juste raison, au mois de juin dernier, notre honorable collègue, M. Sibille avait fait entrevoir à la Chambre la difficulté en face de laquelle se trouverait l'Etat si le Parlement modifiant la compétence judiciaire en ce qui concerne les colis postaux, arrivait par là même à faire rompre les accords pouvant être intervenus directement entre les diverses compagnies de l'Etat.

Ce premier point étant réglé — et j'espère que les compagnies n'hésiteront pas à signer le nouvel accord avec la modification de compétence qui me paraît devoir être adopté par le Parlement — je réponds à notre honorable collègue M. Sibille en ce qui concerne les colis postaux internationaux.

Le texte proposé par la commission les laisse en dehors, et je crois qu'il est impossible de ne pas agir ainsi. En effet, nous avons des conventions avec les divers Etats au sujet du transport des colis postaux, et nous ne pouvons certainement pas, par une loi d'ordre intérieur sur la compétence, modifier ces conventions.

En ce qui concerne les compagnies maritimes, c'est-à-dire le transport des colis postaux pour l'Algérie, la Corse et les colonies, le texte proposé les laisse également de côté; mais notre honorable collègue M. Colin propose de les y faire rentrer.

Je fais observer à la Chambre que, sur ce point, si nous sommes entrés en pourparlers avec les compagnies maritimes, nul accord n'est encore intervenu. Il est bien entendu que la même question que je soulevais tout à l'heure au sujet des transporteurs continentaux se présente pour les transporteurs maritimes.

Mais à cet égard je ne puis pas dire si nous arriverons à un accord quelconque, si nous parviendrons à obtenir des concessions différentes des compagnies avec lesquelles nous sommes engagés à l'heure actuelle. C'est pour cela que je crois qu'il serait prudent de laisser de côté la question des colis postaux pour l'Algérie, la Corse et les colonies.

Pour les colis postaux continentaux, je suis persuadé que les choses se régleront sans aucune difficulté. (*Très bien! très bien!*)

M. Maurice Colin. Je demande la parole.

M. Cuneo d'Ornano. Je la demande également.

M. le président. La parole est à M. Colin.

M. Maurice Colin. Messieurs, il me semble absolument impossible d'admettre les explications qui viennent d'être présentées à la Chambre par l'honorable sous-secrétaire d'Etat des postes et des télégraphes.

De ces explications, qui répondent à la demande formulée par M. Sibille, il résulte très nettement que les innombrables colis postaux qui sont tous les jours échangés entre la France, l'Algérie, la Tunisie et la Corse ne seront pas appelés à bénéficier de la loi nouvelle que vous allez voter.

Je veux bien admettre que les colis postaux du service international restent en dehors des prévisions de la loi. Du reste, cela semble tout naturel étant donné qu'à l'étranger nous n'avons pas de juges de paix dont il puisse s'agir de régler la compétence.

Mais ce qui me semble tout à fait inadmissible c'est que l'Algérie, la Tunisie, la Corse, qui sont en relations constantes avec notre pays, ne soient pas appelées à bénéficier du régime nouveau que nous allons introniser. Il serait extraordinaire que les compagnies dont a parlé M. le sous-secrétaire d'Etat songent à la continuation d'un régime qui, en fait, organise l'irresponsabilité des transporteurs. (*Très bien! très bien!*)

Voilà pourquoi le public se plaint depuis longtemps; c'est qu'en effet il ne peut arriver à se faire rendre justice. Quand les colis sont spoliés, quand ils arrivent en retard ou quand ils se perdent, le public ne sait pas sur qui en faire retomber la responsabilité, ou tout au moins il lui est singulièrement difficile d'arriver jusqu'au tribunal devant lequel il pourra porter ses plaintes.

Je demande d'une façon instante à la Chambre de vouloir bien décider que si les colis postaux du service international sont exclus de la disposition nouvelle, on y comprenne les innombrables colis postaux qui sont échangés entre la France continentale et l'Algérie, la Corse ou la Tunisie. (*Très bien! très bien!*)

Je m'étonnais, tout à l'heure, monsieur le sous-secrétaire d'Etat, de vous entendre dire : « Les compagnies n'accepteront pas. » Mais c'est invraisemblable! Est-ce qu'une compagnie, quel que soit le contrat qu'elle ait passé avec l'Etat, a le droit de se soustraire à une loi de compétence? Est-ce que, quand nous modifions une loi de compétence, cette modification ne s'impose pas d'une façon générale et à tous les intéressés, quels qu'ils soient? Une compagnie peut-elle donc avoir droit à une compétence qui, en fait, organise son irresponsabilité? (*Très bien! très bien! à gauche.*)

Je demande à la Chambre de se prononcer sur l'amendement que j'ai eu l'honneur de lui soumettre. Cet amendement une fois voté, les compagnies de navigation et de chemins de fer passeront, s'il y a lieu, avec M. le sous-secrétaire d'Etat des postes de nouveaux traités et de nouveaux accords qui évidemment, messieurs, tiendront compte de la modification heureuse que vous aurez apportée à la législation, mais il serait vraiment inadmissible que l'application de cette législation soit préalablement soumise à l'approbation des compagnies intéressées. (*Très bien! très bien! à gauche.*)

M. le rapporteur. La commission accepte l'amendement.

M. le président. Il y a plusieurs modifications apportées au texte. Je le relis en entier, monsieur le rapporteur, pour éviter toute erreur.

M. le rapporteur. Parfaitement, monsieur le président.

M. le président. « 5° Des contestations entre les compagnies ou administrations de chemins de fer ou tous autres transporteurs... »

Cette rédaction donne satisfaction à la fois au début de l'amendement de M. Colin et à l'amendement de M. Bonnevay.

M. le rapporteur. Parfaitement.

M. le président. « ... et les expéditeurs ou les destinataires relatives à l'indemnité afférente à la perte, à l'avarie, à la spoliation d'un colis postal du service continental intérieur ainsi qu'aux retards apportés à la livraison. Ces indemnités ne pourront excéder les tarifs prévus aux conventions intervenues entre les compagnies ou autres transporteurs concessionnaires et l'Etat. La demande pourra être portée soit devant le juge de paix du domicile de l'expéditeur, soit devant celui ... » — je crois qu'il vaut mieux répéter les mots : « le juge de paix du domicile. »

M. le rapporteur. Parfaitement, monsieur le président.

M. le président. « ... soit devant le juge du domicile du destinataire, au choix de la partie la plus diligente. »

Ici se placerait l'amendement de M. Colin.

M. le rapporteur. Qui formerait un nouvel alinéa du paragraphe 5.

M. le président. Puis il y a un amendement de M. Sibille qui formerait un 6°

M. Maurice Sibille. C'est une autre question.

M. le président. « 5° ... Seront considérés, à ce point de vue, — dit M. Colin, — comme appartenant au service continental intérieur, les colis postaux échangés entre la France continentale, la Corse, la Tunisie et l'Algérie. »

M. le rapporteur. La commission a accepté l'amendement.

M. le président. Ce paragraphe est accepté par la commission.

Je mets aux voix le paragraphe 5° tel que je viens de le lire, y compris l'addition de M. Colin.

(Le paragraphe 5°, ainsi rédigé, est adopté.)

M. le président. Voici maintenant le 6° proposé par M. Sibille :

« 6° Des contestations à l'occasion des correspondances et objets recommandés et des envois de valeur déclarée grevés ou non de remboursement. »

M. Maurice Sibille. C'est la disposition que la Chambre a adoptée en votant le projet de loi relatif aux transports par la poste dans le service intérieur. Je crois bon d'insérer cette disposition dans la loi sur la compétence, parce que ceux qui la consulteront trouveront ainsi les divers cas où le juge de paix peut statuer.

M. le rapporteur. Il n'y a pas d'opposition à la proposition de M. Sibille : c'est le texte que vient d'adopter la commission.

M. Cuneo d'Ornano. Je demande la parole,

M. le rapporteur. Vous présenterez votre observation sur l'article 7.

M. Cuneo d'Ornano. Il me semble cependant qu'elle serait mieux à sa place sur l'article 6; mais je n'insiste pas.

M. le président. Je mets aux voix le paragraphe 6° proposé par M. Sibille et accepté par la commission.

(Le paragraphe 6°, mis aux voix, est adopté.)

M. le président. Personne ne demande plus la parole sur l'article 6?...

Je mets aux voix l'ensemble de l'article 6.

(L'ensemble de l'article 6, mis aux voix, est adopté.)

M. le président. Nous passons à l'article 7. Bien que les cinq premiers paragraphes aient été adoptés j'en donne de nouveau lecture :

Art. 7. — Les juges de paix connaissent, à charge d'appel :

» 1° Des demandes en pension alimentaire n'exédant pas en totalité 600 francs par an. S'il y a plusieurs défendeurs à la demande en pension alimentaire, ils pourront être cités devant le tribunal de paix du domicile de l'un d'eux au choix du demandeur;

» 2° Des entreprises commises dans l'année sur les cours d'eau servant à l'irrigation des propriétés et au mouvement des usines et moulins, sans préjudice des attributions de l'autorité administrative dans les cas déterminés par les lois et règlements : dénonciations de nouvel œuvre, complaintes, actions en réintégrande et autres actions possessoires fondées sur des faits également commis dans l'année ;

» 3° Des actions en bornage et de celles relatives à la distance prescrite par la loi, les règlements particuliers et l'usage des lieux, pour les plantations d'arbres ou de haies, lorsque la propriété ou les titres qui l'établissent ne sont pas contestés;

» 4° Des actions relatives aux constructions et travaux énoncés dans l'article 674 du code civil, lorsque la propriété ou la mitoyenneté du mur ne sont pas contestées. »

C'est ici que, pour donner satisfaction à l'amendement de MM. Gaffier et de Castelnau, la commission propose d'introduire un paragraphe nouveau qui serait ainsi rédigé :

» 5° Des actions relatives aux constructions, réparations et travaux énoncés dans l'article 655 du code civil, lorsque le principal d'impôt foncier de chacun des immeubles contigus ne dépasse pas 20 francs, et lorsque la propriété ou la mitoyenneté du mur ne sont pas contestées. »

La parole est à M. Andrieu.

M. Andrieu. Le texte du paragraphe 5 (nouveau) proposé par la commission de la réforme judiciaire est le même que celui de l'amendement qui avait été présenté au mois de juin dernier par MM. Gaffier et de Castelnau. La Chambre avait, si je ne me trompe, pris cet amendement en considération, et la commission l'a fait sien. Mais je crois qu'il y aurait lieu de supprimer la phrase suivante : « lorsque le principal d'impôt foncier de chacun des immeubles contigus ne dépasse pas 20 francs ».

Voici pourquoi : les litiges soumis dans l'espèce à la juridiction du juge paix se rapportent aux réparations et aux constructions de murs mitoyens « lorsque, dit le texte, la propriété ou la mitoyenneté de mur ne sont pas contestés. » Ces précisions démontrent qu'au point de vue juridique aucune difficulté sérieuse ne peut s'élever et que la seule question à juger par le juge de paix sera pour chacun des intéressés la fixation du quantum, de la réparation ou de la construction du mur mitoyen. Au contraire le texte proposé soulève, en outre de cette fixation du quantum, une question assez délicate, celle pour le juge de paix d'examiner s'il est réellement compétent.

En effet, sur ce point sa compétence est limitée par les termes suivants : « Lorsque le principal de l'impôt foncier de chacun des immeubles contigus ne dépasse pas 20 francs... »

Quels seront les immeubles contigus?

Si le mur ne sépare, par exemple, que deux maisons contiguës, pas la moindre difficulté; mais si ce mur fait partie d'un ensemble d'immeubles, il s'agira de savoir si le principal de l'impôt foncier repose sur cet ensemble d'immeubles ou seulement sur les immeubles spécialement contigus au mur en question.

Il y a là, je crois, une question de compétence qui sera soulevée chaque fois qu'une affaire de cette nature sera portée devant ce magistrat. Le litige qui lui est soumis est, par lui-même, aisé à résoudre; il s'agit simplement de la fixation d'un quantum de dépenses à supporter par chacun des propriétaires intéressés.

M. Prache. Croyez-vous que les questions de mitoyenneté n'aient pas d'importance à Paris?

M. Andrieu. Je répète qu'en pareille matière la difficulté juridique du litige sera sans importance en ce sens qu'il s'agira simplement de fixer le quantum dû par l'un ou l'autre des propriétaires intéressés.

J'ajoute qu'à un moment donné, la commission de la réforme judiciaire avait supprimé le passage en question. Dans ces conditions je prié la Chambre de vouloir bien le supprimer également. (*Très bien ! très bien !*)

M. le président. La parole est à M. Léonce de Castelnau.

M. Léonce de Castelnau. Je voudrais expliquer pourquoi mon honorable collègue et ami M. Gaffier et moi avons présenté cet amendement. Notre premier texte ne comportait pas de restriction à la compétence du juge de paix dans la connaissance des litiges en matière de réparation ou de reconstruction des murs mitoyens.

Mais on nous a fait observer que ces litiges pouvaient soulever dans les grandes villes des difficultés très graves et engager des sommes considérables; c'est alors que, pour faire accepter notre texte par la Chambre et par la commission, nous avons limité la compétence des juges de paix au seul cas où la valeur en principal de l'impôt foncier frappant les immeubles contigus ne dépasserait pas vingt francs.

Si la Chambre et la commission n'éprouvent plus le scrupule qu'elles avaient au mois de juin dernier, nous ne demandons pas mieux que de faire disparaître de notre texte cette restriction, mais je crois qu'il aurait danger à attribuer compétence complète aux juges de paix à raison des sommes considérables sur lesquelles peuvent porter des litiges de cette nature dans de grandes villes comme Paris, Lyon, Bordeaux, etc.

Voilà pourquoi nous avions limité la compétence au chiffre de 20 francs du principal d'impôt foncier frappant des immeubles contigus.

M. Prache. J'appuie les observations que vient de présenter mon honorable collègue M. de Castelnau. J'avais moi-même, lors de la rédaction de l'amendement de M. Gaffier, fait observer qu'à Paris les travaux de réfection ou de réparation des murs mitoyens, même quand la propriété ou la mitoyenneté ne sont pas contestées, donnent lieu à des différends très difficiles à résoudre. Il y a à rechercher si ces travaux étaient nécessaires, ce qui a pu les rendre nécessaires et à qui des deux voisins doit en incomber la charge ou dans quelle mesure on peut les faire supporter aux deux. Si les deux immeubles séparés par un mur mitoyen ne sont pas de même hauteur, il y aura à établir l'indemnité de surcharge. Le tribunal de la Seine est obligé de confier presque toujours, je dirai même toujours, à des experts, l'examen de toutes ces questions. Car des difficultés de cette nature sont très difficiles à trancher.

M. Andrieu. C'est à charge d'appel.

M. Prache. Peut-être pourrait-on donner satisfaction à M. Andrieu en ajoutant aux mots « immeubles contigus » le mot « bâtis »; de sorte que lorsqu'il s'agira d'un mur séparant deux grandes propriétés qui ne seront pas couvertes de bâtiments, le juge de paix pourra être compétent.

M. Andrieu. Ce que propose l'honorable M. Prache ne peut nous donner satisfaction car l'ensemble des immeubles contigus peuvent être des immeubles bâtis. Je prends l'exemple suivant :

Une maison, un hangar, des écuries peuvent former un ensemble complet tandis que le mur à reconstruire, par exemple, ne concerne que le hangar. Le principal de l'impôt foncier s'appliquera t-il à tous ces immeubles bâtis ou simplement au hangar ? C'est là une question de compétence assez délicate, qui peut se produire très souvent.

J'ajoute que l'article 7, où se trouve le paragraphe 5, que la commission a accepté, prévoit que les instances portées devant le juge de paix sont toutes à charge d'appel, à quelque somme que puisse s'élever la demande elle-même.

Dans ces conditions, il semble qu'il ne peut y auoir de difficulté.

M. le rapporteur. La commission accepte la proposition de M. Andrieu, c'est-à-dire la suppression au paragraphe 5 des mots : « lorsque le principe d'impôt foncier de chacun des immeubles contigu ne dépasse pas 20 francs. »

M. le président. M. le rapporteur propose de rédiger ainsi l'amendement de MM. Gaffier et de Castelnau.

« 5° Des actions relatives aux constructions, réparations et travaux énoncés dans l'article 655 du code civil, lorsque la propriété ou la mitoyenneté du mur ne sont pas contestées.

M. le rapporteur. C'est cela.

M. le président. Il n'y a pas d'opposition ?...
Cette partie de l'amendement est adoptée.
MM. de Castelnau et Prache proposent le maintien des mots : « ...lorsque le principal d'impôt foncier de chacun des immeubles contigus ne dépasse pas 20 francs » qui figuraient dans l'amendement.

M. Léonce de Castelnau. Je ne propose rien, monsieur le président; j'ai simplement indiqué pourquoi nous préférions cette rédaction.

M. le président. Alors il n'y a plus de difficulté si vous consentez à la suppression de ces mots.

M. Léonce de Castelnau. J'y consens volontiers.

M. Prache. Je les reprends, monsieur le président.

M. Paul Beauregard. Je serais heureux qu'on nous assurât qu'en supprimant ces mots nous n'allons pas introduire dans le 5° alinéa de l'article 7 une clause qui serait tout à fait en contradiction avec l'esprit général du texte. L'esprit général est indiqué dans le 1°, aux termes duquel une limite est fixée à la compétence. Vous ne voulez pas que la compétence dépasse un certain chiffre ; or, on affirme que, à Paris, les questions relatives aux murs mitoyens peuvent soulever des litiges d'une importance assez considérable. Il nous faut un texte qui se tienne et nous devons éviter d'attribuer aux juges de paix une compétence extrêmement étendue dans certains cas exceptionnels, puisque nous nous mettrions ainsi en contradiction avec le caractère général que nous voulons tous donner à la loi.

M. Maurice Viollette. Les jugements sont à charge d'appel.

M. le rapporteur. Il est certain que l'amendement de notre collègue M. Gaffier a eu une très belle fortune puisque la commission hésitait, il y a quelques mois, à l'adopter et qu'aujourd'hui elle l'étend. Il s'agit de savoir quelle est l'importance de cette extension.

M. Paul Beauregard. C'est cela !

M. le rapporteur. « Lorsque le principal d'impôt foncier de chacun des immeubles contigus ne dépasse pas 20 francs », telle était la limitation proposée par nos honorables collègues, MM. de Castelnau et Gaffier.

L'amendement ainsi limité avait déjà une portée considérable ; il comprenait les immeubles contigus acquittant leur impôt foncier de 20 francs, c'est-à-dire des immeubles d'un revenu de 500 francs environ ; ce revenu étend la réforme à la propriété rurale presque tout entière.

MM. de Castelnau et Gaffier n'ont pas hésité à admettre ce principe. Pourquoi ? Parce que le juge de paix en ces matières ne sera jamais compétent que lorsque la propriété ou la mitoyenneté du mur ne seront pas contestée.

C'est cette disposition rassurante qui nous permet d'admettre l'extension proposée par M. Andrieu. Il est vrai qu'à Paris, les questions de mitoyenneté font naître des procès importants, mais lorsque la propriété est contestée...

M. Prache. Pas même contestée.

M. le rapporteur. ...lorsque la mitoyenneté est contestée.

Mais, dans le cas que nous prévoyons, à quelles difficultés spéciales pourriez-vous vous heurter ?

J'ajoute qu'il s'agit ici d'une catégorie d'instances dont le juge de paix ne peut jamais connaître qu'à charge d'appel.

Ce sont là les considérations qui ont déterminé votre commission à accepter l'extension.

M. le président. La parole est à M. Prache.

M. Prache. M. le rapporteur n'a pas parlé des procès où surgiront les difficultés que j'ai fait entrevoir tout à l'heure. Elles apparaîtront dans de nombreux litiges où presque jamais la propriété ni la mitoyenneté ne seront contestées et qui devront, par conséquent, être portés devant les juges de paix. Il s'agira d'apprécier la nécessité des réparations ou des reconstructions à effectuer et déduire qui les doit payer et dans quelle mesure ; il s'agira aussi de déterminer le préjudice causé par les travaux et qui ne saurait légalement être imposé, à raison des circonstances, aux voisins. Il est difficile à un homme qui n'est pas du métier de se prononcer sur tous ces points.

Il y a de plus à retenir cette considération que les immeubles séparés par le mur mitoyen n'ont pas toujours la même hauteur. Une question de surcharge viendra encore se greffer sur les autres, voilà toute une série de questions que les juges eux-mêmes sont presque toujours obligés de soumettre à l'examen et à l'étude des experts et qu'ils ne tranchent qu'en dernier ressort !

A gauche. Pas en dernier ressort !

M. Prache. Entendons-nous, je ne vise pas en ce moment le droit d'appel ; je veux dire : en dernière analyse, si vous aimez mieux, c'est-à-dire qu'ils ne tranchent qu'après que les experts ont donné leur avis. On ne construit pas avec quelques milliers de francs le mur mitoyen qui sépare des immeubles de cinq ou six étages. Cela coûte très cher et par conséquent la discussion portera toujours sur de gros chiffres. Voilà les observations auxquelles l'honorable rapporteur n'a pas répondu.

M. le président. La parole est à M. le garde des sceaux.

M. Vallé, *garde des sceaux, ministre de la justice.* Pour mon compte personnel, je préférerais qu'on s'en tînt au texte primitif qui avait été élaboré par l'honorable M. Gaffier. En stipulant que le juge de paix ne pourra être compétent que si le principal d'impôt foncier de chacun des immeubles contigus ne dépasse pas 20 francs — Il s'agira des immeubles d'une valeur de 10,000 francs environ — on donnerait à peu près satisfaction à tous les intérêts ruraux. C'est presque toujours le juge de paix qui connaîtra des contestations de cette nature s'élevant à la campagne. Mais dans les grandes villes, et à Paris notamment, les reconstructions des murs mitoyens, même lorsque la propriété n'est pas contestée, peuvent donner lieu à de très grosses difficultés. Les litiges roulent souvent sur des chiffres considérables. Et si on feuilletait les recueils de jurisprudence on verrait que de nombreuses décisions ont été rendues, soit en première instance, soit en appel, qui soulevaient des questions de toute nature. Je me rappelle notamment avoir vu plaider, à propos de la reconstruction d'un mur mitoyen, la question de savoir — c'était une congrégation qui faisait bâtir — si la congrégation était ou non autorisée et si, par conséquent, elle avait ou non qualité pour plaider. (*Exclamations à droite.*)

Je vous cite cet exemple parce que c'est une affaire qui a causé quelque bruit. J'entends bien que pareille question ne se posera pas souvent, surtout maintenant. Mais je tenais à vous faire voir que la réparation ou la reconstruction des murs mitoyens dans les grandes villes, outre qu'elle engage de gros intérêts, soulève parfois les difficultés les plus délicates à trancher.

Par conséquent, du moment où les intérêts ruraux sont respectés, je crois qu'il vaut beaucoup mieux que les propriétaires des grandes villes aient pour eux la garantie qu'offre la science des magistrats composant nos tribunaux.

C'est pourquoi j'insiste pour que l'on s'en tienne au texte qui avait été primitivement arrêté. (*Très bien! très bien!*)

M. Gaffier. Je demande la parole.

M. le président. La parole est à M. Gaffier.

M. Gaffier. Je suis l'auteur principal de l'amendement qui est en discussion. Je déclare que j'accepte volontiers la suppression proposée par M. Andrieu, la suppression de la limitation que j'avais primitivement indiquée. Il est vrai que M. Prache a soutenu que des procès très importants pourraient être engagés sur des questions de mitoyenneté et qu'il pouvait y avoir quelque inconvénient, quelque danger, à confier la solution de ces procès au juge de paix.

Si des procès très important sont soulevés sur cette question, je ne crois pas qu'ils soient de la compétence du juge de paix, pour une raison bien simple, c'est que ces procès mettront alors en question l'étendue de la mitoyenneté. Or, toutes les fois que l'étendue du droit de mitoyenneté sera en jeu, il est bien entendu que le juge de paix ne sera pas compétent, d'après le texte même de l'article qui vous est soumis par la commission.

M. Prache. Ce n'est pas à cela que j'ai fait allusion.

M. Gaffier. Quand il s'élèvera un procès important en matière de mitoyenneté, soyez certain qu'on ne sera pas d'accord sur l'étendue même du droit de mitoyenneté. C'est ce droit qui sera en contestation et alors le tribunal civil sera seul compétent. Il n'y a donc aucun danger à laisser aux juges de paix la compétence en ce qui concerne les litiges relatifs aux murs mitoyens toutes les fois que la mitoyenneté ne sera pas contestée.

J'insiste pour que la Chambre accepte la modification proposée par M. Andrieu.

M. le président. Je mets aux voix les mots : « ...lorsque le principal d'impôt foncier de chacun des immeubles contigus ne dépasse pas 20 francs. »

(Ces mots, mis aux voix, ne sont pas adoptés.)

M. le président. Le paragraphe 5 est maintenu tel qu'il a été rédigé.

J'en donne lecture :

« Des actions relatives aux constructions, réparations et travaux énoncés dans l'article 655 du code civil lorsque la propriété ou mitoyenneté du mur ne sont pas contestées. »

Comme conséquence du texte nouveau introduit à la fin de l'article 6, la commission propose de ne pas maintenir l'ancien paragraphe 6° non plus que le paragraphe dernier qu'elle avait déjà retirés dans la séance du 18 juin.

Pour la clarté, je lis ces paragraphes qui seront supprimés si personne ne les reprend :

« 6° Des contestations relatives à l'indemnité afférente à la perte, à l'avarie, à la spoliation d'un colis postal, ainsi qu'au retard apporté à leur livraison. La demande pourra être portée soit devant le juge de paix du domicile de l'expéditeur, soit de celui du destinataire, au choix de la partie la plus diligente.

« Un arrêté ministériel fixera les délais de livraison impartis aux compagnies pour livraison des colis postaux. »

M. le rapporteur. Mais, monsieur le président, ce texte a été adopté et joint à l'article 6.

M. Cuneo d'Ornano. C'est pourquoi tout à l'heure j'avais demandé la parole sur l'article 6.

M. le rapporteur. La question est tranchée.

M. Cuneo d'Ornano. J'avais bien fait de demander la parole tout à l'heure sur le paragraphe 5° de l'article 6 puisque la commission ne maintient pas les paragraphes que M. le président vient de lire.

Je n'insiste cependant pas ; mais je demande à M. le rapporteur de répondre aux deux questions que je voulais lui poser.

La rédaction adoptée dans l'article 5, qui se substitue aux paragraphes que nous allons supprimer dans l'article 6 s'appliquera-t-elle à la compétence, même en ce qui concerne les responsabilités des chemins de fer de l'Etat ?

M. le rapporteur. Bien entendu.

M. le garde des sceaux. Cela s'applique à l'Etat et *a fortiori* aux chemins de fer de l'Etat.

M. Cuneo d'Ornano. C'est entendu. Voilà qui est acquis.

Je demande en second lieu qui fixera le délai de livraison ? A quel texte faudra-t-il se reporter pour connaître le délai maximum de livraison des colis postaux ? Les paragraphes que l'on supprime de l'article 7 visaient le cas, tandis que le paragraphe incorporé à l'article 6 n'en dit rien. C'est pourquoi tout à l'heure je voulais poser la question sur l'article 6 ; seulement le paragraphe ayant disparu je ne sais ni où, ni comment, poser ma question.

J'espère que M. le président et rapporteur de la commission voudra bien me dire à quel texte on devra se référer pour les responsabilités en cas de retard dans la livraison des colis postaux. A quel délai commencera le retard ?

M. le rapporteur. Il ne peut pas y avoir de difficulté.

D'abord, je ferai observer à M. Cuneo d'Ornano qu'il est entré en séance longtemps après la discussion qui s'est engagée entre M. Sibille et M. le sous-secrétaire d'Etat des postes et des télégraphes. Nous avons rattaché à l'article 6 l'ancien paragraphe 6 de l'article 7 qu'il fallait bien reproduire pour ordre dans notre impression à l'article 7.

Maintenant, j'en viens à la question que vous voulez bien me poser. Vous vous préoccupez du cas non pas de perte, de spoliation ou d'avarie des colis postaux, mais du délai de livraison et du retard. Je réponds que d'après la convention nouvelle dont nous a parlé M. le sous-secrétaire d'Etat, les délais pour l'expédition et la livraison des colis postaux circulant à l'intérieur de la France continentale seront ceux des colis de grande vitesse. Les délais pour l'expédition des colis postaux déposés dans les bureaux de poste et pour le transport entre ces bureaux et les gares, par l'intermédiaire des couriers chargés des dépêches sont fixés par l'administration et affichés dans les bureaux de poste. Pour l'échange des colis entre les courriers de la poste d'une part, et les gares ou correspondants des chemins de fer d'autre part, les délais sont ceux d'expédition et de remise des colis de grande vitesse. Enfin les colis à distribuer à domicile, par les soins des courriers, sont livrés le plus tôt possible et au plus tard dans le délai de vingt-quatre heures après l'arrivée du courrier. La convention fixe en outre les indemnités.

M. Maurice Sibille. Je dois ajouter que j'ai rappelé dans mes explications les règles qui sont actuellement appliquées et que notamment, d'après une décision du conseil d'Etat du 23 novembre 1900, la législation spéciale des colis postaux n'accorde pas en principe d'indemnité pour retard accidentel d'un colis postal ; les colis postaux jouissent en effet d'un tarif réduit et ce tarif correspond à une responsabilité réduite.

M. Cuneo d'Ornano. C'est pourquoi j'avais voulu poser la question à M. le sous-secrétaire d'Etat.

J'avais eu l'honneur de l'interroger sur ce point au cours de la discussion du budget et il m'avait répondu qu'il proposerait à la Chambre une solution de cette difficulté. Actuellement, et M. Sibille l'a rappelé, lorsqu'on livre les colis postaux en retard, fût-ce de deux, trois, six mois, le destinataire ne sait pas à qui s'adresser, il ne sait pas quelle responsabilité trouver, quelle compétence invoquer. Or, vous créez bien une compétence par votre article puisqu'il porte que, en cas de retard dans la livraison d'un colis postal, le juge de paix sera compétent.

Mais, encore une fois, j'ai peur que la question ne reste un peu indécise. Lorsqu'il il y a perte, lorsqu'il y a avarie, le cas est clair, mais en ce qui concerne le retard, il faut un délai et je ne sais pas encore — je voudrais qu'on me l'indiquât

— quel est le texte législatif qui fixe les délais de livraison?

M. Maurice Colin. Ce sont les conventions.

M. Maurice Sibille. Les colis postaux sont transportés par les trains en usage pour le service des colis de grande vitesse et dirigés par le même itinéraire.

Leur expédition, leur transmission d'une compagnie à une autre, leur livraison ont lieu dans les délais les plus courts, fixés par les règlements généraux pour les transports.

M. Cuneo d'Ornano. Quel est le document que vous lisez, mon cher collègue.

M. Maurice Sibille. Ce sont les règles posées par l'administration et admises par la jurisprudence.

M. Cuneo d'Ornano. J'aurais voulu que M. le sous-secrétaire d'Etat nous indiquât quels seront les textes applicables. Vous nous les indiquez vous-même avec une autorité qui me suffit; je m'incline et je n'insiste pas. Mais la question valait la peine d'être soulevée et tranchée.

M. Tournade. Au sujet de ces retards, je crois bien me rappeler qu'au moment de la discussion du budget, la question a été posée à M. le sous-secrétaire d'Etat et qu'il a répondu qu'elle était à l'étude et qu'elle ferait l'objet d'une communication à la Chambre. C'est cette communication que nous attendons.

M. Cuneo d'Ornano. Mais elle est faite et j'en donne acte.

M. Tournade. Actuellement, il est certain qu'il n'y a pas d'action à intenter, sauf à l'Etat, pour les retards des colis postaux, ce dont tout le commerce se plaint.

M. le rapporteur. L'avantage de la loi actuelle, c'est de permettre d'intenter une action dans ce cas.

M. le président. Dans tous les cas, ce n'est pas là une question de compétence et nous réglons des questions de compétence.

M. Cuneo d'Ornano. Alors on revient sur ce que je croyais avoir acquis! Tout à l'heure je faisais état de l'opinion de M. le sous-secrétaire d'Etat des postes et des télégraphes qui, ainsi que le rappelait notre collègue, avait répondu ici, pendant la discussion du budget, à une séance dont il serait facile de vous indiquer la date, que la question des retards dans la livraison des colis postaux allait être tranchée et que prochainement il donnerait connaissance à la Chambre de la décision qui devait intervenir. Si M. le président de la Chambre n'avait pas ajouté ce mot final qui nous fait revenir en arrière...

M. le président. J'ai simplement fait remarquer que cette question n'était pas à sa place dans la discussion actuelle.

M. le rapporteur. Nous ne pouvons pas introduire cela dans une loi de compétence.

M. Cunéo d'Ornano. Je reprends alors le texte qui formait, dès l'origine du projet le dernier paragraphe de l'article 7 et qui était ainsi conçu : « Un arrêté ministériel fixera les délais des livraisons impartis aux compagnies pour livraison des colis postaux. » Et je prie la Chambre de l'ajouter à l'article en discussion.

M. le garde des sceaux. On ne peut pas mettre une pareille disposition dans une loi de compétence.

M. Maurice Colin. La question posée par M. Cunéo d'Ornano n'est pas ici à sa place. Nous avons seulement à indiquer le juge devant lequel on portera la question de savoir quelle est l'indemnité à laquelle on aura droit en cas de retard, mais, à propos de cette question de compétence des juges de paix, nous n'avons pas à dire quand il y aura ou non retard. Lorsqu'on aura à se plaindre d'un retard, on ira devant le juge de paix. Mais la question de savoir si un retard existe ou non n'a pas sa place dans la loi que nous discutons.

M. Cunéo d'Ornano. Je demande précisé-ment qu'on ajoute à l'article le texte que je propose et qui figurait dans le texte primitif présenté par la commission elle-même.

Par la proposition en discussion, vous ne tranchez pas seulement des questions de compétence puisque vous allez délibérer aussi sur la question de la nomination des juges de paix, de leur âge, de leur organisation.

Je reprends donc, comme amendement à ajouter à cet article, le paragraphe qui y était inséré, et qui consiste en ces mots : « Un arrêté ministériel fixera les délais de livraison impartis aux compagnies pour livraison des colis postaux. »

Je prie la Chambre d'adopter ce texte, qui figurait, d'ailleurs, dans la première rédaction que la commission nous présentait. (*Très bien ! très bien ! sur divers bancs.*)

M. le rapporteur. La commission repousse l'amendement.

M. le président. Je mets aux voix l'amendement de M. Cunéo d'Ornano.

(L'amendement, mis aux voix, n'est pas adopté.)

M. Cunéo d'Ornano. La responsabilité des nombreuses difficultés qui se produisent en cas de retards dans la livraison des colis postaux incombera désormais à ceux d'entre vous, messieurs, qui ont repoussé mon amendement.

M. le président. Le paragraphe 6° et le suivant demeurent donc supprimés.

MM. Jehanin et Cloarec proposent d'ajouter à l'article 7 les mots :

« Des demandes en payement des droits de place perçus par les communes ou leurs concessionnaires, à moins qu'il n'y ait contestation sur l'interprétation de l'article ou des articles servant de base à la poursuite. L'affaire sera jugée devant le juge de paix du lieu où la perception est due ou réclamée. »

La parole est à M. Cloarec.

M. Cloarec. Messieurs, l'amendement que j'ai présenté avec mon collègue M. Jehanin a pour but de permettre à certaines communes de récupérer une partie des droits qu'elles perdent continuellement.

Lorsqu'un litige peu important — relatif par exemple à des sommes de 50 centimes, 1 fr., 2 fr. — s'élève entre une commune ou son concessionnaire et un particulier, l'action ne peut être portée devant le juge de paix. Ce sont les tribunaux civils qui sont compétents, ainsi que le décide un arrêt de la cour de cassation du 15 mars 1898.

Je demande que le juge de paix soit appelé à juger cette demande en payement de droits, à la condition qu'il ne puisse statuer sur le principe même des articles en cause.

Et dans l'amendement proposé nous dirons bien : « A moins qu'il n'y ait contestation sur l'interprétation de l'article ou des articles servant de base à la poursuite. »

Je dis « de l'article ou des articles » parce qu'on peut quelquefois être poursuivi en vertu de deux ou trois articles d'un cahier des charges; il y a donc tout intérêt à ce que le juge de paix statue sur ces questions quelquefois peu importantes.

M. le président. La parole est à M. Colin.

M. Maurice Colin. La question que soulève M. Cloarec est la suivante : actuellement autant que mes souvenirs me servent, car M. Cloarec vient de présenter son amendement à l'instant même, actuellement quand un droit de place ou de stationnement est réclamé soit par une commune, soit par son concessionnaire, on est obligé de porter la question devant les tribunaux civils qui la jugent sur mémoire, c'est-à-dire sans plaidoirie. L'amendement de notre collègue M. Cloarec aurait pour résultat de faire porter la question devant les juges de paix, et le tribunal civil ne devrait être saisi qu'autant qu'il y aurait contestation sur l'interprétation, sur le sens véritable des textes qu'il y a lieu d'appliquer. Quand il n'y a pas contestation ni sur le sens ni sur la portée de ces textes, le juge de paix pourrait être compétent.

Il y a parfois, dans les hypothèses que signale M. Cloarec des réclamations portant sur des droits de 50 centimes, de 1 fr., de 2 fr. Actuellement on est obligé de porter ces litiges devant le tribunal

.vil, qui statue sur ..moire. On s'adresserait alors au juge de paix seulement, je le répète, je ne parle ici qu'avec mes souvenirs et je ne suis pas absolument certain de la solution que j'indique à la Chambre ; M. Cloarec a déposé son amendement à l'instant même et je regrette de ne pas pouvoir répondre d'une façon très certaine

M. le rapporteur. La commission n'a pas délibéré. Elle vient d'entendre pour la première fois, le texte de l'amendement, elle demande qu'il lui soit renvoyé..

M. Charles Bos. Alors il faut réserver le vote de l'article.

M. le président. Le renvoi est de droit puisqu'il est demandé par la commission.

L'amendement est renvoyé à la commission et l'article 7 est encore une fois réservé.

La Chambre ayant statué sur les articles qui avaient été réservés, sauf sur l'article 7, nous reprenons la discussion à l'article 17.

Avant d'appeler cet article, je vais mettre en délibération deux amendements, présentés, l'un, par M. de Ramel, l'autre, par M. Clémentel, et qui seraient destinés à prendre place dans la loi à la suite de l'article 16.

M. de Ramel propose d'intercaler entre l'article 16 et l'article 17 un article nouveau ainsi conçu :

« Les jugements définitifs rendus par les juges de paix en matière civile peuvent être attaqués par le recours en cassation pour excès de pouvoir et violation de la loi, dans le délai d'un mois à dater de la signification.

« Les pourvois seront formés et notifiés comme il est dit à l'article 42 de la loi du 3 mai 1841 sur l'expropriation ; les mêmes amendes et indemnités que dans les recours contre les décisions du jury seront applicables.

« Ils seront jugés par l'une ou l'autre chambre de la cour de cassation suivant règlement intérieur sans qu'il y ait lieu de rendre préalablement un arrêt d'admission.

« Le ministère d'avocat ne sera pas obligatoire. »

M. le rapporteur. La commission repousse l'amendement.

M. le président. L'amendement est-il soutenu ?

M. Léonce de Castelnau. M. de Ramel est absent, on pourrait réserver son amendement qui est très important.

M. le rapporteur. Vous pouvez le reprendre et le soutenir.

M. Léonce de Castelnau. Je le reprends et je demande à la commission de vouloir bien indiquer les motifs pour lesquels elle le repousse.

M. le rapporteur. Je suis à la disposition de la Chambre.

M. le président. La parole est à M. le rapporteur.

M. le rapporteur. Messieurs, voici l'objet de l'amendement de notre honorable collègue M. de Ramel.

Vous savez que les décisions rendues par les juges de paix ne peuvent être aujourd'hui déférées à la cour de cassation qu'en cas d'excès de pouvoir. Notre collègue voudrait que les jugements définitifs rendus par les magistrats de paix en matière civile pussent être attaqués par le recours en cassation non seulement pour excès de pouvoir comme c'est la règle actuellement, mais encore pour violation de la loi.

Qu'est-ce à dire ?

Cela signifie que toutes les décisions des juges de paix pourront être l'objet d'un pourvoi en cassation au même titre que les décisions rendues par les tribunaux civils.

Votre commission a dû demander son avis au Gouvernement qui repousse l'amendement ; je crois que M. le ministre de la justice a bien voulu consulter sinon la cour de cassation elle-même du moins ses chefs, lesquels ont fait ressortir les inconvénients de la mesure proposée.

Il est en effet incontestable, d'une part, que la cour de cassation se trouverait encombrée par un très grand nombre de pourvois si vous admettiez les recours en cassation pour violation de la loi ; et d'autre part, il est non moins incontestable que l'on engagerait les petits plaideurs, pour de petits procès, à des frais qui seraient encore considérables.

M. Louis Boutard. Les frais de justice les ruineraient.

M. Charles Bos. Cet amendement est la négation même de la justice de paix.

M. le rapporteur. M. de Ramel a bien prévu cette situation puisqu'il a voulu appliquer à l'instruction de ces pourvois les règles de la loi de 1841 qui diminueront, il est vrai, l'amende et l'indemnité.

Mais si vous voulez faire un calcul très simple à opérer, vous constaterez que même avec les formalités réduites de la loi de 1841, la dépense peut atteindre 150 fr. d'une part et 37 fr. de l'autre ; en sorte que ce pourvoi constituerait une prime pour les petits plaideurs riches et serait au contraire défavorable aux plaideurs pauvres. Pour ces divers motifs, nous ne croyons pas pouvoir accepter l'amendement.

J'ajoute que jamais il n'a été question de l'admettre. Lorsque la loi de 1790 a, d'une façon générale, réglé la situation des juges de paix, elle a eu bien soin d'écarter d'une manière absolue l'admission des demandes en cassation pour les motifs que je viens d'indiquer à la Chambre et qui, je crois, gardent encore aujourd'hui toute leur force. *(Applaudissements à gauche et au centre).*

M. Jules Auffray. Je demande la parole.

M. le président. La parole est à M. Auffray.

M. Jules Auffray. En l'absence de M. de Ramel, je désire répondre en quelques mots très brefs aux observations présentées par M. le rapporteur.

Les deux raisons qu'il a fait valoir ne me semblent pas convaincantes.

Que la cour de cassation reçoive un plus grand nombre de pourvois, peu importe au point de vue de l'intérêt général. La cour de cassation a pour but — et elle remplit très bien son rôle — d'éclaircir la jurisprudence et de la fixer. Si on lui soumet un plus grand nombre de cas, elle est là encore une fois pour régler les litiges qui lui sont soumis

La deuxième considération qu'a fait valoir M. le rapporteur me paraît beaucoup plus sérieuse.

M. le rapporteur nous fait observer que cette disposition ouvrira la porte de la cour de cassation, avec les frais qu'un pourvoi entraîne, à un grand nombre de petites affaires. L'observation serait très juste si, dans votre projet de loi, vous n'étendiez pas avec raison la compétence des juges de paix non seulement à un grand nombre de petites affaires mais à un grand nombre d'autres affaires plus importantes au point de vue soit du chiffre, soit du principe.

Nous savons combien il est sage de faire intervenir la juridiction suprême pour fixer le droit, même sur les petites affaires.

Quand à la question des frais, il faut avouer que lorsqu'un plaideur même malheureux se risquera à aller jusqu'à la cour de cassation, où la moindre affaire peut coûter 400 ou 500 fr. au civil, c'est qu'évidemment il y aura un gros intérêt et non seulement un intérêt de chicane.

M. Charles Bos. C'est la négation même de la justice de paix qui est une juridiction arbitrale.

M. Maurice Colin. Vous parlez des cas où la compétence des juges de paix est étendue, et vous voulez que, dans ces cas, la cour de cassation puisse être saisie. Mais dans tous ces cas, le juge de paix ne statue pas en dernier ressort et un appel est possible contre son jugement. Le pourvoi en cassation se formera alors contre des jugements intervenus sur l'appel.

M. Jules Auffray. Si l'amendement de M. de Ramel ne porte pas sur les jugements en dernier ressort, mes observations perdent une partie de leur valeur, je suis le premier à le reconnaître. Cependant il y a toujours des cas de pur droit qu'il est intéressant de faire soumettre à la cour de cassation.

M. Maurice Colin. Mais rien n'est changé à la législation actuelle au point de vue des décisions contre lesquelles le pourvoi est possible.

M. Jules Auffray. Je lis l'amendement de M. de Ramel :

« Les jugements définitifs rendus par les juges de paix en matière civile peuvent être attaqués par le recours en cassation pour excès de pouvoir et violation de la loi, dans le délai d'un mois à dater de la signification. »

L'amendement — M. Cruppi le faisait très bien observer tout à l'heure — étend les limites du pouvoir de la cour de cassation aux jugements rendus en violation de la loi. Or, les jugements définitifs rendus par les juges de paix ne sont soumis au recours en cassation que pour excès de pouvoir ; de même, c'est pour excès de pouvoir seulement qu'un certain nombre d'arrêtés sont soumis au conseil d'Etat.

M. de Ramel vous demande d'ajouter « et violation de la loi », c'est-à-dire d'appliquer la règle générale aux jugements définitifs rendus par les juges de paix. (*Très bien ! très bien ! à droite.*)

M. Louis Boutard. Plus les justiciables auront affaire aux juges, plus ils seront dépouillés.

M. le président. La parole est à M. le garde des sceaux.

M. le garde des sceaux, *ministre de la justice.* Le Gouvernement, d'accord avec la commission, repousse l'amendement de M. de Ramel, qui vient d'être soutenu par M. Auffray.

Cet amendement peut être ainsi précisé : toutes les fois que les juges de paix auront prononcé en dernier ressort, le pourvoi en cassation sera possible, non seulement pour excès de pouvoir, mais encore pour violation de la loi.

Jusqu'ici — et intentionnellement — on s'est toujours écarté d'un pareil système.

La loi de 1790, comme l'a très bien rappelé l'honorable M. Cruppi, interdisait tout pourvoi contre les jugements rendus en dernier ressort par les juges de paix et défendait à la cour de cassation d'admettre les demandes.

En l'an VIII, on accorda aux plaideurs des justices de paix le pourvoi en cassation, mais seulement pour incompétence ou excès de pouvoir.

Enfin la loi de 1838, qui régit la matière aujourd'hui, supprima le pourvoi pour incompétence et maintint seulement le pourvoi pour excès de pouvoir.

Il ne reste donc maintenant que les pourvois en cassation pour excès de pouvoir, qui sont d'ailleurs très rares. C'est ainsi qu'au moment de la discussion de la loi de 1838, on constatait que dans les cinq années précédentes, trois pourvois seulement avaient été formés. Autant dire qu'il n'y en a pas.

M. Jules Auffray. Il n'y en jamais eu précisément, parce que la faculté de pourvoi est limité à l'excès de pouvoir, qui est très rare.

M. le garde des sceaux. C'est ce que j'explique. Je dis qu'en réalité, le pourvoi ne fonctionne pas. Il n'y a pas lieu de modifier cet état de choses. Voici pourquoi :

Nous étendons la compétence des juges de paix en dernier ressort parce que, la fortune mobilière ayant considérablement augmenté depuis 1838, le signe monétaire n'a plus plus aujourd'hui la même valeur qu'à cette époque. On a toujours été d'accord, toutes les fois qu'on a parlé devant le Parlement d'étendre la compétence des juges de paix, pour reconnaître que ce qui valait 100 fr. en 1838 en vaut 300 aujourd'hui. Donc si les chiffres changent, l'évaluation reste la même. Il ne s'agit que de petits procès, de petits litiges. Ce ne serait véritablement pas décent de permettre à certains justiciables de faire, à leur occasion, des frais hors de proportion avec leur importance. Quel est donc le justiciable qui pourrait se pourvoir en cassation ? Evidemment, d'après l'amendement de M. de Ramel, l'affaire renvoyée devant la cour de cassation ne passerait pas et par la chambre des requêtes et par la chambre civile ; elle n'irait qu'à l'une ou l'autre chambre, suivant un règlement intérieur.

Il n'en est pas moins vrai que le plaideur qui succomberait serait tenu de payer une amende de 150 fr. et une indemnité de 75 fr. Et si l'on allait directement devant la chambre civile, il faudrait ajouter à ces frais les honoraires de l'avocat.

La conséquence, c'est que les riches seuls pourraient se pourvoir, et qu'en fait les plaideurs pauvres ne le pourraient pas. (*Très bien ! très bien !*)

J'ajoute, messieurs, une dernière considération. A l'époque où l'on n'exigerait des juges de paix aucune capacité juridique particulière, on interdisait les pourvois ; aujourd'hui que vous allez imposer aux nouveaux juges de paix des titres, des diplômes qui seront une garantie de leurs capacités juridiques il me semble qu'il y aurait quelque illogisme à changer l'état de choses actuel et à instituer un recours qu'on n'a pas autorisé jusqu'à présent. (*Très bien ! très bien !*)

M. Jules Auffray. M. le garde des sceaux nous a présenté deux observations ; la première, très intéressante, est exacte. Elle consiste à dire que le recours en cassation ne serait ouvert qu'aux justiciables aisés et riches et resterait fermé aux justiciables pauvres.

Mais il serait très facile de remédier à cet inconvénient réel en appliquant au recours en cassation les règles suivies en conseil d'Etat. Vous savez qu'au conseil d'Etat, les petites cotes inférieures à 30 fr. en matière de contributions, sont dispensées de la demande sur papier timbré, du ministère des avocats et, bien entendu, puisque nous sommes en matière civile, ne donnent pas lieu à l'amende. Rien ne vous empêche, en pareil cas, pour ouvrir le recours à la cour de cassation, de supprimer tout ou partie de l'amende et de supprimer le ministère des avocats.

La réforme est facile et vous ouvrez ainsi la porte de la juridiction suprême à un certain nombre de plaideurs qui peuvent avoir un intérêt majeur à faire reviser même un petit jugement.

Je passe à la seconde considération. M. le garde des sceaux dit : les juges de paix présenteront désormais plus de garanties de capacité. Je répondrai que les conseils de préfecture depuis un certain nombre d'années, offrent également plus de garanties de capacité et que cette considération n'a pas empêché la loi d'ouvrir un recours même pour les réclamations inférieures à 30 fr.

Par conséquent, ne fermez pas à ces petits litiges, les portes de la cour de cassation qui est, encore une fois, la régulatrice suprême et qui, sur des questions de droit soulevées même à l'occasion de contestations inférieures à 300 fr., peut avoir à dire son dernier mot.

M. le président. Je mets aux voix l'amendement, repoussé par la commission et par le Gouvernement.

(L'amendement, mis aux voix, n'est pas adopté.)

M. le président. Nous passons à l'amendement de M. Clémentel, tendant à ajouter un article 16 *bis* ainsi conçu :

« Les juges de paix connaissent des actions en payement des frais exposés devant leur juridiction. »

La parole est à M. Clémentel.

M. Clémentel. Il ne s'agit que d'une modification de texte, mais qui me paraît assez importante.

Le texte de l'article 16 stipule que « les juges de paix connaissent des actions en payement des frais faits devant eux ». Les mots « frais faits devant eux » ne peuvent s'appliquer qu'aux frais de juridiction contentieuse, alors qu'il est à côté d'elle une très large juridiction gracieuse, affaires de conseil de famille, actes notariés, warrants, ventes mobilières, pour lesquelles les justiciables seraient obligés d'aller devant le tribunal civil.

Je demande en conséquence que la Chambre veuille bien adopter l'article 16 *bis* qui, vraisemblablement, au Sénat sera fondu avec l'article 16 et qui sera ainsi conçu :

« Les juges de paix connaissent des actions en payement des frais exposés devant leur juridiction. »

Ce texte s'applique aux deux juridictions, gracieuse et contentieuse.

J'espère que la commission voudra bien accepter cette modification. (*Très bien ! très bien !*)

M. le rapporteur. La commission n'y voit pas d'inconvénient.

M. le président. La commission accepte l'amendement.

Je le mets aux voix.

(L'amendement, mis aux voix, est adopté.)

M. le président. L'amendement prend place dans la rédaction du projet de loi.

Nous arrivons à l'article 17.

« Art. 17. — Le paragraphe 2 du chapitre 1er du titre 1er du livre II du code d'instruction criminelle et les articles 166 à 171 sont rétablis ainsi qu'il suit :

« § 2. — *De la juridiction du juge de paix comme juge de certains délits.*

« *Art. 166.* — Le juge de paix est juge en premier ressort des délits dont la connaissance lui est spécialement attribuée par la loi.

« *Art. 167.* — La citation est délivrée soit à la requête du procureur de la République, soit à la requête de la partie civile.

« Si le tribunal de simple police saisi à la requête de la partie civile se déclare incompétent par application de l'article 19 de la présente loi, la citation sera cependant interruptive de prescription et les frais seront mis à la charge de l'État.

« *Art. 168.* — Les dispositions du paragraphe 1er du présent chapitre, relatives aux forme et délai de la citation et à la procédure, à l'exception toutefois de l'article 152, sont applicables à la poursuite et au jugement des délits spécialement déférés au juge de paix.

« *Art. 169.* — Les jugements rendus par le juge de paix en cette matière pourront, dans tous les cas, être attaqués par la voie de l'appel.

« L'appel sera porté au *tribunal de police correctionnelle.*

« *Art. 170.* — La faculté d'appeler appartiendra aux parties prévenus et responsables, à la partie civile quant à ses intérêts civils seulement, au procureur de la République près le tribunal de première instance.

« *Art. 171.* — L'appel sera interjeté et jugé dans les formes et conditions établies par le paragraphe 3 du présent chapitre. Toutefois l'appel du procureur de la République devra être formé dans le délai d'un mois au greffe du tribunal de première instance. »

La parole est à M. le rapporteur.

M. le rapporteur. Ici, messieurs, la commission éprouve le besoin impérieux de faire appel à votre bienveillante attention, en même temps qu'à vos volontés réformatrices. Elle en éprouve le besoin, dis-je, car on lui a fait connaître qu'arrivée à la discussion de la compétence pénale, elle approchait du cap des tempêtes, comme si la réforme qu'elle vous propose n'était pas la plus simple, la plus modeste et la plus réservée, en même temps que la plus utile.

Il y a deux ou trois jours, messieurs, quelques-uns de nos collègues ont bien voulu proposer à ma signature une motion qui avait pour objet de fêter le centenaire du code civil. Je me suis permis de leur répondre que tout en rendant hommage à la vitalité et à l'imposante grandeur de nos codes, le meilleur moyen de célébrer leur centenaire était d'entreprendre avec fermeté et vigilance, l'œuvre de leur réforme. (*Applaudissements.*) En vous apportant l'idée de la création d'une nouvelle compétence pénale du juge de paix, nous allons, je crois, faire un pas dans cette voie ou du moins vous proposer un système qui, en apparence, peut sembler hardi surtout à des légistes. Comme je fais partie de leur groupe, les légistes me permettront bien de médire d'eux entre nous. (*Sourires.*) Chez les légistes, on est méticuleux, on est scrupuleux, ce qui est bien, mais on est aussi un peu misonéiste et par trop conservateur ; dès qu'un texte nouveau se présente, comme dans nos cervelles bien fournies de textes, de commentaires et d'interprétations, tous les textes adjacents ou rivaux apparaissent, ce sont presque des cris d'horreur. Ne touchez pas, dit-on, à l'arche sainte, aux principes admis. Si vous portez sur eux une main téméraire, le temple va s'écrouler ! (*On rit.*) Il semble que lorsqu'un rapporteur s'engage dans ce défilé des Thermopyles où il est guetté par tant d'adversaires bien armés, ses responsabilités sont d'autant plus lourdes et d'autant plus graves et qu'on est d'autant plus sévère et même cruel à son égard qu'il est juriste lui-même. C'est donc pour ainsi dire en accusés que nous nous présentons

devant vous ; mais il y a une nuance : nous nous présentons en accusés sûrs de se justifier et de n'être pas condamnés, parce que la réforme que nous proposons méritera d'être vraiment populaire et qu'elle est depuis longtemps et justement réclamée.

Ce n'est pas en effet la première fois qu'on a eu l'idée d'attribuer aux juges de paix une compétence pénale, très modeste d'ailleurs. Les hommes qui, dans le parti républicain, ont voulu cette réforme, qui l'ont voulue alors qu'ils étaient au pouvoir et qu'ils occupaient la place de M. le garde des sceaux Vallé, ces hommes étaient Goblet, Cazot, Martin Feuillée. Voilà les initiateurs, dans les Chambres républicaines, de l'idée d'extension de la compétence pénale des juges de paix.

La justification théorique — je veux aller très vite et ne pas abuser de votre attention (*Parlez ! parlez !*) de cette extension de la compétence pénale, il me sera bien facile de vous la fournir. On nous objecte que le juge unique, qui a des adversaires dans ce pays-ci, ne peut véritablement pas statuer sur des infractions même légères dès qu'elles ont le caractère d'un délit.

Ici je fais appel à ce que vous savez de notre code pénal de 1810, si vieilli, si surannée. Qu'est-ce donc qu'une contravention, qu'un délit, qu'un crime ? Ces trois idées correspondent-elles à des distinctions réelles ? Répondent-elles à diverses catégories de responsabilités morales établies par le législateur ? Pas le moins du monde ; on a purement et simplement établi trois listes : La liste des contraventions, celle des délits et celle des crimes, listes arbitraires qui n'ont pas résisté à l'épreuve du temps, à l'expérience et à la critique des philosophes et des jurisconsultes. Vous voyez aujourd'hui, dans la classe des crimes, des faits qui mériteraient d'être des délits, et, dans la classe des délits, des faits qui mériteraient d'être qualifiés criminels. Il n'est ni surprenant, ni révolutionnaire de se dégager un peu de ces classifications et de considérer parmi les délits ceux qui ont un caractère tellement léger qu'on peut les remettre même a un juge unique.

Le juge unique — vous entendez bien que je ne vais pas m'engager dans cette grande discussion, je ne vais pas chercher à faire l'apologie, ou la critique du juge unique...

M. Cuneo d'Ornano. Juge unique !

M. le rapporteur. Je sais, monsieur Cuneo d'Ornano que l'idée du juge unique a particulièrement le don de vous effaroucher comme jurisconsulte ; vous avez déposé des amendements très intéressants, que nous discuterons mais laissez-moi vous dire que le juge de paix tel qu'il est, avec l'énorme extension de ses attributions et de sa compétence que tous les gouvernements lui ont accordée depuis sa création, c'est-à-dire depuis 1791, ce juge unique n'a jamais été sérieusement critiqué. Ce juge unique c'est précisément parce qu'il est seul qu'il a un sentiment plus profond et plus réel de sa responsabilité. (*Applaudissements.*)

Croyez-vous que dans les juridictions où jugent plusieurs magistrats il n'y ait pas souvent en réalité un juge unique ? (*Nouveaux applaudissements.*) Croyez-vous que ce juge unique dont je parle ne soit pas d'autant plus dangereux qu'il se dissimule derrière des collègues qui semblent délibérer et opiner tandis qu'ils ne délibèrent pas et n'opinent pas et que lui seul décide ?

Quant à moi, je préfère le juge unique qu'on voit au juge unique qu'on ne voit pas.

Est-ce à dire que nous voudrions commettre des imprudences et donner une compétence trop étendue à ce juge unique, à ce juge pénal ? Non, tout est une question de mesure.

On nous a dit encore, au point de vue des critiques générales adressées à notre projet : Mais votre juge de paix est complètement insuffisant !

Comment, insuffisant ! Vous, messieurs, vous déclareriez ce juge de paix insuffisant pour juger les petites infractions pénales, dont je vais parler ? Mais c'est vous, ce sont vos prédécesseurs qui, depuis vingt ans, avec un acharnement louable, comblez des attributions les plus compliquées, les juges de paix, tous les jours, sans la moindre opposition ni à gauche, ni à droite, ni au centre ?

S'agit-il de la matière des grèves, des difficultés entre le capital et le travail ! Vite, vous constituez le juge de paix arbitre, vous lui donnez les missions judiciaires et sociales les plus délicates et lorsqu'il s'agirait de lui laisser juger quelques malheureux petits délits arrachés aux classifications anciennes du code pénal, tout à coup, des scrupules s'élèveraient en vous ? Je ne comprends pas. (*Très bien ! très bien ! à gauche.*)

Il y a autre chose. On parle constamment de l'insuffisance des juges de paix. (*Mouvements divers.*)

Oui j'entends un soupir caractéristique que ce mot a arraché à la conscience d'un de mes honorables collègues ; mais prenez-y garde M. le garde des sceaux pourra vous éclairer bien mieux que je ne le ferai moi-même.

Y a-t-il vraiment tant de plaintes contre les juges de paix ?

M. le lieutenant-colouel Rousset. Beaucoup moins que contre les tribunaux de première instance.

M. le rapporteur. M. le ministre de la justice reçoit-il un grand nombre de plaintes justifiées contre ce personnel de magistrats auquel je tiens, pour mon compte, à rendre hommage ?

Voyons-nous beaucoup de magistrats de paix manquer gravement à leur devoir en se mêlant à nos luttes politiques, aux querelles de notre vie publique ?

M. le garde des sceaux. Il n'y en a pas à proprement parler.

M. le rapporteur. Ces mots me suffisent...

M. le baron de Boisslieu. Les juges de paix sont des agents électoraux. (*Réclamations à gauche.*)

M. Emile Villiers. Tous les fonctionnaires sont des agents électoraux.

M. le rapporteur. Le mot que vient de prononcer M. le garde des sceaux me suffit. Je crois pouvoir dire, au point où j'en suis de cette discussion très simple, que le juge de paix n'est pas insuffisant pour accueillir la légère compétence pénale que lui accorde le projet et qu'il ne faut pas la lui refuser sous ce prétexte qu'il est un juge unique.

Le principe établi, votre commission s'est trouvée en présence de certaines difficultés de méthode et d'exécution. Comment, en effet, réaliser le principe admis de la compétence pénale ?

Ici, messieurs, je vous demande la permission d'entrer dans quelques détails que je rendrai aussi peu arides que possible, quoiqu'ils aient un caractère juridique ; je tâcherai de me faire bien comprendre.

Dans le code pénal, à côté des crimes et des délits, il y a ce qu'on appelle les contraventions ; un titre spécial du code pénal prévoit trois classes de contraventions. Qu'est-ce qu'une contravention ? C'est un fait de très légères pénalité qui est toujours de la compétence du juge de paix et qui ne se caractérise que par cette circonstance qu'il peut être puni au maximum de cinq jours de prison et 15 francs d'amende.

Certains jurisconsultes, un professeur de la faculté de droit de Paris notamment, avaient pensé que, pour réaliser notre extension de la compétence pénale du juge de paix, nous ferions bien de créer une quatrième classe de contraventions et de grouper dans cette quatrième classe, — je ne discute pas, j'expose aussi clairement que possible une idée en somme intéressante — d'y grouper, dis-je, tous les faits qui, étant des délits, pourraient, par suite de certaines circonstances, se voir diminués dans votre appréciation et se réfugier dans une quatrième classe de contraventions.

Ce système ingénieux a été formulée par M. Garçon — je peux le nommer à cette tribune — il avait même été repris par notre honorable collègue, M. Jeanneney, dans un contre-projet et je ne dois pas vous cacher à la Chambre qu'il avait paru séduire certains membres de la commission ; cependant la commission a renoncé à accepter ce système dans une pensée de simplicité. Très ingénieux en apparence, il aboutissait à de graves complications.

Il y avait d'abord quelque singularité à créer une catégorie de pénalités que vous me permettrez de qualifier d'amphibies. Tel fait dont nous allons parler tout à l'heure aurait constitué en même temps

un délit, c'est-à-dire un fait de pénalité caractérisé d'une façon générale par l'intention coupable et une contravention entrant dans une quatrième classe de faits caractérisés par l'absence d'intention coupable.

Il y avait dans ce système quelque chose de singulier qui nous heurtait et nous tourmentait. Il était de plus tout à fait dangereux d'appliquer les règles des contraventions à certains délits, et c'est là l'objection qui nous a paru capitale. Du moment que ces délits devenaient des contraventions, il aurait fallu, au point de vue du cumul des peines et de la prescription, nous placer dans les termes du code pénal au point de vue des contraventions. Nous ne l'avons pas voulu, nous avons adopté un procédé que nous considérons comme beaucoup plus pratique et plus simple ; je l'indique en deux mots. Il est formulé dans l'art. 17 de notre projet rétablissant au code d'instruction criminelle un article 166 ainsi conçu :

« Le juge de paix est juge en premier ressort des délits dont la connaissance lui est spécialement attribuée par la loi. »

Nous avons voulu faire purement et simplement un transport de compétence, de juridiction, sans changer rien aux règles essentielles, sans froisser aucun principe, sans toucher à l'arche sainte du code pénal, sans nous exposer aux objections que la récidive, le cumul des peines, la prescription pourraient faire naître et développer.

Nous avons dit : ici il y a des délits qualifiés tels et soumis au tribunal correctionnel. Nous les enlevons à ce tribunal parce qu'ils sont légers et nous les déférons au juge de paix tels qu'ils sont, avec les règles des délits. Voilà notre premier principe.

Seulement, le principe étant posé et établi, il fallait nous demander quels seraient les faits de pénalité que nous pourrions ainsi déférer au juge de paix considéré comme juge de police, quels seraient les délits que nous allions lui remettre ? Ici nous nous sommes naturellement préoccupés non pas seulement d'un programme empirique, d'une sorte de liste et d'une sorte d'énumération ; nous avons cherché un principe général, nous l'avons découvert aisément dans la pensée de tous les criminalistes modernes, dans votre pensée, messieurs, dans la pensée de ceux qui veulent aujourd'hui transformer sur d'autres bases le code pénal et l'animer d'un souffle nouveau.

Qu'est-ce qui vous préoccupe le plus quand vous avez à introduire certaines idées d'humanité dans le code pénal ? C'est la situation du délinquant primaire.

Qu'est-ce que c'est que le délinquant primaire, au sens de notre loi et des explications que nous devons vous fournir ?

C'est le délinquant dont le casier est vierge, c'est le délinquant qui n'a jamais encouru aucune condamnation ni à la prison, ni à l'amende.

Je ne me trompe pas en disant que ce délinquant primaire, depuis quelques années, notamment depuis la loi de 1891 due à l'initiative de M. le sénateur Bérenger, est l'objet de votre part d'une sollicitude spéciale et justifiée.

Pourquoi cette sollicitude est-elle justifiée ? Parce que vous ne voulez plus de ces codes qui étaient des tarifs aveugles de pénalités, parce que vous voulez considérer l'individu avec sa moralité et sa responsabilité particulières et que, dans l'application d'une peine, lors d'une première infraction, vous cherchez avant tout le reclassement social de l'individu. (*Applaudissements à gauche et à l'extrême gauche.*)

Alors, messieurs, vous voyez comment, avec un pareil point de départ, notre système va être simple et facile.

Nous allons dire : Voilà certaines infractions — nous les spécifierons dans un instant — voilà certaines infractions qui, à raison du maximum actuel des peines qu'elles comportent, sont les petites infractions du code pénal et des lois spéciales.

Voilà, par exemple, des infractions — et je me place ici à un point de vue qui a bien son intérêt, au point de vue des populations rurales, — voilà des infractions qui, en dehors de la petite amende ou du petit emprisonnement qu'elles entraînent, comportent un supplément de peine véritablement effroyable.

Vous le savez tous, lorsque dans nos campagnes.

dans les cantons, les petites communes, un minus-cule délit a été commis pour la première fois par un paysan, il faut que ce malheureux qui a été cité, non seulement se rende à ses frais au chef-lieu d'arrondissement, mais perdre aussi des journées de travail. Vous savez aussi combien la comparution devant le tribunal correctionnel est par elle-même infamante et déshonorante. (*Très bien ! très bien ! sur les mêmes bancs à gauche et à l'extrême gauche.*)

Alors, dans une pensée sainement démocratique, lorsque nous nous trouverons en présence de certains petits délits, en présence d'un délinquant primaire dont le casier est vierge, nous allons lui dire ceci :

La loi pénale depuis quelques années vous accordait déjà cette mesure bienfaisante et salutaire du sursis, c'est la loi de 1891, la loi Bérenger. Nous allons vous donner quelque chose de plus : il y a au canton une magistrature paternelle, bienveillante, vous méritez d'être traduit devant elle parce que c'est votre première infraction, nous n'allons pas faire de vous un individu aigri par une condamnation devant un tribunal correctionnel, nous allons vous donner un premier avertissement par l'intermédiaire du magistrat de paix qui ainsi justifie bien son nom et qui vous donnera un avertissement.

Dans notre conception, voilà le point de départ de la nouvelle compétence pénale. (*Nouveaux applaudissements à gauche et à l'extrême gauche.*)

Mais il ne suffit pas de déclarer que le délinquant primaire profitera seul des dispositions nouvelles. Il faut encore limiter avec soin, avec une extrême prudence, les pouvoirs du juge de paix en tant que juge de certains délits.

Est-ce que vous allez permettre au juge de paix d'appliquer aux infractions qui lui seront déférées le maximum des peines correctionnelles édictées par le code pénal ? Oh ! cela a été jugé par beaucoup de bons esprits comme étant absolument révolutionnaire.

Il y a certains délits — non pas ceux du code rural de 1791 ; je vous montrerai en ce qui les concerne et cela prouvera que notre œuvre est bienfaisante, que la loi de 1791 avait déclaré que ces délits étaient de la compétence des juges de paix ; c'est par un véritable abus de pouvoir que le législateur, en 1810, les avait enlevés à la compétence des juges de paix ; nous ne ferons que les lui rendre — mais il y a certains délits ruraux : abatage d'arbres ou autres infractions qui comportent dans le code pénal des pénalités très élevées, de deux, trois ou quatre années de prison.

Vous voyez combien nous nous exposerions à la critique en permettant aux juges de paix de prononcer de telles peines. On nous objecterait : Comment ! c'est à ce juge de paix insuffisant, juge unique, amovible, que vous allez confier la liberté des citoyens à ce point qu'il pourra prononcer des peines de plusieurs années de prison ?

Je pourrais bien répondre à cette argumentation que le code pénal de 1810 — je ne serai pas démenti par ceux de mes collègues qui sont familiarisés avec l'étude du droit criminel — a manqué le but avec des pénalités tout à fait exagérées, surannées qui ne sont jamais appliquées aujourd'hui ; pénalités si rigoureuses que leur maximum ne se présente jamais à la pensée du juge. Je pourrais répondre qu'après m'être soigneusement reporté aux statistiques criminelles de ces dernières années, il me serait facile de montrer que certains délits punis par une condamnation à de nombreuses années de prison, ne sont jamais punis en fait que par des condamnations à l'amende. (*Assentiment.*)

Il n'en est pas moins vrai que cette objection a de la force, une puissance réelle. Je reconnais — car il faut être sincère devant vous — qu'elle pourrait être sérieusement présentée. Alors qu'avons-nous fait ?

Nous avons heureusement complété, je crois, notre système en disant : d'une part, le juge de paix ne sera compétent que lorsqu'il s'agira d'un délinquant primaire et, d'autre part, ce juge de paix qui peut infliger aujourd'hui des amendes de 1 à 15 francs et la prison de un à cinq jours, ne pourra infliger, par rapport aux délits que nous lui soumettrons, que des pénalités dont le maximum sera de dix jours de prison et 100 francs d'amende. Il me semble dès lors que nous avons construit et

que nous vous donnons un système parfaitement homogène, rentrant dans l'esprit des lois que vous aimez à adopter parce que ce sont des lois véritablement humaines. (*Applaudissements.*)

Nous avons dit : Voilà de petits faits de pénalité, des faits qui causent, principalement dans nos campagnes, un surcroît de châtiment à cause des déplacements et à cause de la nature de la comparution, nous les détachons du tribunal correctionnel et nous les soumettons au juge de paix en lui disant : vous ne serez compétent que s'il s'agit d'un délinquant qui a son casier vierge et vous ne pourrez infliger que dix jours de prison ou 100 francs d'amende.

Ces deux principes admis — et la Chambre comprend que je veux simplement en ce moment faire un exposé général aussi clair que possible sans entrer dans la discussion des textes — nous avons à rechercher quels seraient les délits qui seraient fournis au juge pénal.

Et ici deux méthodes s'offraient à nous. Nous pouvions faire une simple énumération, un catalogue de ces délits, ou bien poser un principe général à l'aide duquel serait réglée notre organisation.

Nous avons combiné ces deux méthodes : d'une part, nous avons énoncé un principe général, et, d'autre part, nous avons fait une énumération.

Au point de vue du principe qu'avons-nous établi ? Tous les délits punis par le code pénal ou par les lois spéciales de 100 francs d'amende ou d'un mois de prison au maximum tout naturellement doivent aller au juge de paix, s'il s'agit d'un délinquant primaire, et le juge de paix ne pourra dans ce cas, appliquer des peines dépassant dix jours de prison ou 100 francs d'amende.

En second lieu, nous avons fait une énumération. Nous avons choisi un très petit nombre de délits dans le code pénal et quelques lois spéciales et nous avons dit qu'ils rentreraient dans la compétence du juge de paix. Nous avons agi, en la circonstance, avec une telle prudence et une telle réserve que lorsqu'il s'est agi, comme vous le verrez tout à l'heure, de régler la procédure, nous avons voulu que la citation devant le tribunal de police, en dehors des droits de la partie civile, ne pût être donnée que par le procureur de la République, par le parquet. C'est le procureur de la République qui saisira le juge de paix, qui l'investira du droit de juger, dans les limites que nous traçons. A cet égard, et au point de vue des règles à suivre devant le juge de paix comme juge de certains délits, nous avons profité de quelques numéros vacants dans le code d'instruction criminelle pour instituer une procédure entourée de garanties dont j'expliquerai plus tard le mécanisme. Nous avons dit, par exemple, que les décisions du magistrat en cette matière seraient toujours sujettes à l'appel.

Je me résume, car je ne veux pas abuser de l'attention de la Chambre, et ma seule pensée était de lui exposer les principes qui nous ont guidés.

Nous reprenons une idée ancienne, une idée que nous croyons juste et populaire ; nous reprenons l'idée des républicains éminents dont je parlais tout à l'heure : elle consiste à donner à ce juge de paix, qui va être mieux recruté, mieux payé, et qui sera par conséquent d'un niveau intellectuel plus élevé ; nous allons lui donner en même temps qu'une compétence civile qui s'étend en principe à 600 francs une certaine compétence pénale dans la mesure très restreinte que j'ai indiquée.

Et maintenant je m'arrête. J'attends les amendements et j'attends les objections. La Chambre contient tant d'esprits exercés sur ces matières que, comme le code et les lois spéciales sont vastes, la commission sait d'avance qu'elle va être obligée de recevoir de pied ferme je ne dirai pas une averse, mais une avalanche de questions et de considérations juridiques. (*On rit.*) Mon honorable collègue M. Beauregard, qui assiste à cette séance se doute déjà que jamais, devant lui, un élève de licence ou de doctorat n'a subi un examen aussi rigoureux, dans tous les détails, que celui que la commission va subir. (*Nouveaux rires.*) Elle le subira de très bonne grâce. Elle est convaincue d'avoir fait non une œuvre idéale, mais une œuvre bonne et salutaire. Elle a pris ses responsabilités en faisant une réforme délicate et sage qu'elle veut faire aboutir.

Nous avons pris, je le répète, nos responsabilités ;

à vous, messieurs, de prendre les vôtres en nous aidant. (*Applaudissements à gauche et au centre.*)

M. le président. La parole est à M. Beauquier sur l'article 17.

M. Charles Beauquier. J'avais déposé divers amendements ; je les retire, pour m'en tenir à un seul : celui tendant à supprimer le paragraphe relatif à l'article 11 de la loi de 1844 sur la chasse.

M. le président. La parole est à M. Beauregard.

M. Paul Beauregard. Messieurs, M. le rapporteur vient de nous exposer, dans son ensemble, le système auquel s'est rattaché la commission.

Je déclare que dans son ensemble je ne suis nullement l'adversaire de ce système. J'ai approuvé M. le rapporteur lorsqu'il nous a dit que nous ne devions pas rester enfermés dans des classifications qui, très bonnes au moment où elles sont établies, peuvent évidemment aujourd'hui recevoir certaines corrections.

J'ai regretté seulement que, s'étant promis de faire ainsi preuve d'une grande largeur d'esprit, la commission et son rapporteur ne soient pas allés jusqu'au bout.

Quel est, en somme, le système qui nous est présenté ? On nous propose un abaissement de pénalité pour un certain nombre de délits qui sont en effet des délits de droit commun ; puis, en même temps qu'un abaissement de pénalités, on propose un changement de compétence. Je vous avoue que j'aurais voulu plus ; à mon sens, du moment qu'on changeait la compétence, il fallait modifier aussi la classification.

Je suis tout à fait d'accord avec la commission pour diminuer la pénalité des petits délits ; je ne demande pas mieux que d'en confier l'examen au juge de paix, mais du moment que ce sera le juge unique qui sera appelé à prononcer des peines, je voudrais que celles-ci ne pussent pas avoir le caractère grave des peines qui créent le casier judiciaire. (*Très bien ! très bien !*)

Dans ces conditions le système qui changeait le nom et qui du délit faisait une simple contravention, laissez-moi vous le dire, ce système arrangeait tout ; vous aviez ainsi une réforme très large, vous aboutissiez au but poursuivi et il n'y avait plus d'objections. (*Applaudissements au centre et sur divers bancs à gauche.*)

M. le garde des sceaux. Ce n'est pas possible !

M. le président. La parole est à M. Jeanneney qui a présenté un amendement tendant à remplacer l'article 17 par les dispositions suivantes :

« Les articles 465, 466, 467 du code pénal sont modifiés ainsi qu'il suit :

« Art. 465. — L'emprisonnement pour contravention de police ne pourra être moindre d'un jour, ni excéder dix jours... (le reste sans modification).

« Art. 466. — Les amendes pour contravention pourront être prononcées depuis 1 franc jusqu'à 100 francs inclusivement... (le reste sans modification).

« Art. 467. — La loi du 26 mars 1891 sur l'atténuation et l'aggravation des peines est applicable aux peines prononcées par les tribunaux de police. »

M. Jeanneney. Plusieurs dispositions de l'amendement que j'avais eu l'honneur de déposer ont reçu du texte nouveau de la commission une satisfaction assez large pour que désormais je le considère comme sans objet dans son ensemble. Je le retire.

M. le président. L'amendement est retiré.

M. Jules Auffray. Monsieur le président, avant d'entrer dans la discussion des textes, je voudrais, me plaçant au même point de vue que M. Beauregard, présenter quelques observations générales. Je serai très bref.

M. le président. Vous avez la parole.

M. Jules Auffray. Je suis, comme M. Beauregard, partisan dans son ensemble de la réforme proposée par l'honorable rapporteur, qui l'a fait d'ailleurs en excellents termes ; seulement je ne suis pas tout à fait de l'avis de M. le rapporteur sur un point, et pas tout à fait de l'avis de M. Beauregard sur l'autre (*Mouvements divers.*), ce qui montre une fois de plus qu'il y a beaucoup de diversité dans les esprits.

Le point sur lequel je diffère d'avec M. Beauregard est celui-ci. Notre honorable collègue vous dit : c'est entrer dans notre pensée d'humanité que de transformer certains petits délits en contraventions.

Je l'arrête — et je fais ici toutes mes excuses au professeur de droit (*Sourires*) — pour lui faire cette observation :

Il est incontestable qu'au point de vue du casier judiciaire, il est intéressant de transformer de petits délits en simples contraventions, c'est-à-dire de les voir exclus du casier judiciaire, mais il est certain qu'au point de vue de l'intention, il serait très grave de transformer tous les petits délits en contraventions.

Vous savez tous, messieurs, — car quel est celui d'entre vous qui n'a pas eu ou qui se flatte de ne jamais avoir de contravention ? (*On rit.*) — vous savez tous qu'on ne peut pas discuter, au point de vue de l'intention, une contravention, si grosse soit-elle, tandis qu'au point de vue du délit, si petit qu'il soit, on peut discuter l'intention. Par conséquent, les délits contraventionnels sont précisément des délits dans lesquels on ne peut pas discuter l'intention ; ce sont des contraventions qu'on a transportées au tribunal correctionnel à cause de l'importance de la condamnation, mais dans lesquelles les tribunaux correctionnels ne peuvent pas ne pas condamner — même si le contrevenant n'avait pas l'intention de commettre une infraction. Il faut que tout délit où l'intention est à examiner, garde son caractère de délit.

Voilà où je suis en désaccord d'avec M. Beauregard.

Les points sur lesquels je suis en désaccord avec M. le rapporteur de la commission, sont les suivants :

Entrant dans son ordre d'idées, je me demande s'il ne serait possible de donner aux juges de paix la connaissance, quelle que soit l'importance de la condamnation, de tout ce qu'on est convenu d'appeler les délits contraventionnels, c'est-à-dire dans lesquels on ne peut pas discuter l'intention.

D'autre part, lorsque M. Cruppi parlait du juge unique — j'avoue que je ne suis pas du tout de ceux qui sont embarrassés par le juge unique — j'étais d'accord avec M. le rapporteur pour reconnaître que très souvent dans les tribunaux, même les plus attentifs, les trois juges s'en rapportent au président ou à celui qui a étudié l'affaire. Seulement, ce qui me préoccupe c'est l'état d'esprit du juge de paix, non pas au point de vue politique, — j'envisage la question tout différemment, — mais au point de vue de ce qu'il a l'habitude de juger au point de vue professionnel. Par suite précisément de la multiplicité des affaires sur lesquelles il est appelé à se prononcer et dans lesquelles il n'a pas à examiner, il n'a pas le droit d'examiner l'intention, c'est chez lui fatalement une habitude, une tournure d'esprit de condamner dès que la matérialité du fait est reconnue ; eh bien, j'ai un peu peur que, entraîné par la force de l'habitude, il ne juge les délits qui vont être de sa compétence comme des contraventions, sans examiner l'intention, c'est-à-dire qu'il ne condamne toujours, fût-ce au minimum.

Voilà pour moi où est le péril dans la proposition, d'ailleurs bonne, qui vous est faite par la commission.

J'en ai terminé, messieurs, avec cette observation générale.

Je présenterai d'autres observations au cours de la discussion. (*Très bien ! très bien ! sur divers bancs.*)

M. le président. M. Perroche propose de remplacer l'article 17 du projet de la commission par les dispositions ci-après :

« Art. 17. — Les articles 130, 160, 172, 178, 192 du code d'instruction criminelle sont modifiés et les articles 166 à 171 du même code rétablis ainsi qu'il suit :

« Art. 130. — Si le délit est reconnu de nature à être puni de peines correctionnelles, le juge d'instruction renverra le prévenu au tribunal de police correctionnelle ou au tribunal de simple police... »

« Art. 160. — *Si le fait est un délit de la compétence du tribunal de police correctionnelle ou un crime,* le tribunal renverra les parties devant le procureur de la République. »

Art. 166. (Texte de la commission.)

Art. 167. (Texte de la commission.)

Art. 168. — Ajouter à cet article le paragraphe suivant :

« *Toutefois les délais de citation seront de trois jours francs et ceux d'opposition de cinq jours, outre un jour par trois myriamètres, conformément aux articles 184 et 187 du code d'instruction criminelle.* »

Art. 169. — Ajouter à cet article les mots suivants :

« *... qui statuera suivant les règles établies par l'art. 215.* »

Art. 170. (Texte de la commission.)

Art. 171. (Texte de la commission.)

Art. 172. — « Les jugements rendus en matière de police pourront être attaqués par la voie de l'appel, *quelle que soit la peine prononcée.* »

Art. 178. — Ajouter au texte de l'article ce qui suit :

« *... Ils* (les juges de paix) *seront tenus en outre dans les quinze jours qui suivront la prononciation du jugement concernant un délit d'en envoyer un extrait au procureur de la République.* »

« Art. 192. — Si le fait n'est qu'une contravention de police *ou un délit de la compétence des tribunaux de police* et si la partie publique... »

La parole est à M. Perroche pour développer son amendement.

M. Perroche. Messieurs, les réformes proposées par la commission relativement à la compétence des juges de paix nécessiteront des changements de rédaction dans les anciens textes, afin de les mettre en harmonie avec les nouvelles dispositions du projet. J'ai relevé dans le code d'instruction criminelle des articles qui me paraissent devoir subir des modifications ou des additions. Ils sont peu nombreux et je vais les passer en revue aussi rapidement que possible.

Article 130. — Il est ainsi conçu : « Si le délit est reconnu de nature à être puni par des peines correctionnelles, le juge d'instruction renverra le prévenu au tribunal de police correctionnelle. »

Il est une addition qui s'impose, c'est celle-ci : « *... ou au tribunal de simple police* », puisque dans l'avenir les tribunaux de simple police pourront juger un certain nombre de délits spéciaux.

M. le rapporteur. Cette disposition n'était peut-être pas indispensable, elle est néanmoins très utile et la commission est toute disposée à l'admettre. (*Très bien ! très bien !*)

Nous sommes donc d'accord en ce qui concerne l'article 130.

M. le garde des sceaux. L'accord s'établira sur d'autres articles encore.

M. Perroche. Je passe immédiatement à l'article 160.

« Article 160. — Si le fait est un délit qui emporte une peine correctionnelle ou plus grave, le tribunal renverra les parties devant le procureur de la République. »

Autrement dit, le juge de paix est invité à se dessaisir toutes les fois que les faits de la cause portée devant lui après les débats apparaîtront comme constituant des crimes ou des délits...

M. le rapporteur. Cela va de soi, mais nous ne voyons pas d'objection à admettre votre précision.

M. le président. Alors les nouveaux articles 130 et 160 prennent place dans le texte de la commission ?

M. le garde des sceaux et M. le rapporteur. Parfaitement.

M. Perroche. Art. 169...

M. le rapporteur. Vous oubliez l'article 168 qui est important.

M. le garde des sceaux. C'est celui qui concerne les délais de citation et d'opposition.

M. Perroche. En effet, au secrétariat général de la présidence, l'ordre des articles tel que je l'avais conçu a été modifié et c'est ce qui explique la confusion que je commets entre ces deux articles.

« Art. 168. — Ajouter à cet article le paragraphe suivant :

« *Toutefois, les délais de citation seront de trois jours francs et ceux d'opposition de cinq jours, outre un jour par trois myriamètres, conformément aux articles 184 et 187 du code d'instruction criminelle.* »

Dans le texte de cet article 168 la commission nous proposait d'adopter pour les délits spéciaux qui sont jugés correctionnellement par le juge de paix le délai de vingt-quatre heures pour la citation et de trois jours francs pour l'opposition.

Je demande au contraire à la Chambre d'accepter les délais beaucoup plus larges, plus libéraux qui sont actuellement en usage devant le tribunal correctionnel, à savoir trois jours francs pour la citation et cinq jours après la signification du jugement pour l'opposition. (*Très bien ! très bien !*)

M. le rapporteur. Il y a là un supplément de garantie pour le justiciable. La commission l'accepte.

M. le garde des sceaux. Il est bien entendu que ces délais ne s'appliquent qu'aux délits qui seront dorénavant soumis au juge de paix, et que pour les autres contraventions les délais actuels subsistent ?

M. le rapporteur. C'est bien entendu.

M. Perroche. Parfaitement.

M. Léonce de Castelnau. Vous allez rompre l'unité de procédure devant les tribunaux de simple police. Dans certains cas, le délai de citation sera de vingt-quatre heures, et dans d'autres cas, il sera de trois jours.

M. Perroche. Du moment que vous changez la pénalité, ce qui est plus grave, vous pouvez bien changer la procédure.

M. Léonce de Castelnau. Il serait beaucoup plus simple d'établir l'unité de procédure devant le tribunal, en disant que dorénavant toutes les citations procéderont à trois jours, sauf le droit pour le juge de paix, qu'il tient de l'article 146, d'abréger les délais dans les cas urgents et de faire comparaître les parties, en vertu d'une cédule, à jour et à heure indiqués.

M. le rapporteur. Il n'y a aucun motif pour modifier les règles de la citation en matière de contravention et il n'y a aucun obstacle à ce que le juge de police qui sera saisi des deux catégories d'infractions différentes fixe un ou trois jours pour le délai de la citation.

M. Léonce de Castelnau. Alors il y aura la citation à vingt-quatre heures et la citation à trois jours.

M. Perroche. Je vais répondre d'un mot à notre honorable collègue M. de Castelnau en lui faisant remarquer que la défense d'une simple contravention ne demande pas la même préparation que la défense pour un délit.

Pour une contravention vous serez cité devant le juge de paix par simple avertissement. Vous pourrez même ne pas comparaître et vous faire représenter par un mandataire, tandis que quand il s'agit d'un délit, il y a des précautions à prendre parce que ce délit laissera un casier judiciaire ; celui qui est condamné pour simple contravention n'en sera pas doté. (*Très bien ! très bien !*)

M. Léonce de Castelnau. Je suis ici de votre avis, mais je voudrais que la même règle s'appliquât à tous les délits punis par le juge de paix.

M. Perroche. Le principe est de toucher le moins possible au code d'instruction criminelle.

M. le rapporteur. D'ailleurs nous avons accepté l'amendement.

M. Perroche. Ici permettez-moi une parenthèse à propos des droits de la défense.

Si l'on avait voté l'article 168 tel qu'il nous était présenté par la commission, c'eût été selon moi porter une atteinte des plus graves aux droits de la défense ; on serait allé à l'encontre du but qu'on poursuit. L'esprit du projet de loi et certainement l'intention de la Chambre c'est de favoriser celui qu'on a appelé ici le prévenu primaire et de frapper au contraire celui que j'appellerai le prévenu secondaire. On se propose d'établir une procédure spéciale pour ceux qui n'ont pas encore été condamnés par la police correctionnelle et de laisser le cours de la justice s'accomplir normalement pour ceux qui ont déjà un casier judiciaire.

Mais qu'arrive-t-il — c'est une question qui me préoccupe et dont j'ai entretenu ce matin la commission qui ne semble pas y attacher la même importance que moi — qu'arrivera-t-il lorqu'un prévenu primaire, comparaissant devant le juge de paix, demandera un avocat d'office? Comment sera-t-il fait droit à cette réclamation? Car enfin vous ne pouvez pas répondre par un refus, au prévenu besogneux, au prévenu indigent, pour me servir du mot légal, qui demandera à être défendu; autrement la situation que vous lui faites devant le tribunal de simple police sera moins avantageuse que celle du prévenu traduit en police correctionnelle.

A l'extrême gauche. Mais non!

M. Perroche. A aucune époque de notre histoire, même dans les temps les plus troublés, on n'a jamais refusé devant la juridiction criminelle ou correctionnelle un défenseur au prévenu qui le demandait.

M. Maurice Violette. Là où il y a un barreau, oui! mais dans les chefs-lieu de canton il n'y a pas de barreau.

M. Perroche. Comment alors sera-t-il pourvu à sa défense? Vous pouvez d'autant moins priver d'un défenseur le prévenu qui comparaît devant un juge de paix que vous lui enlevez une garantie considérable, l'inamovibilité du magistrat de première instance.

La Chambre appréciera, je lui soumets cette observation. (*Très bien! Très bien!*)

M. Cachet. Le prévenu a le droit d'appel, vous le savez bien.

M. Perroche. Comment! vous lui accordez la faveur d'aller devant le juge de paix avec l'espoir qu'il sera obligé de faire appel! Cette objection est la justification de ma critique.

M. le rapporteur. Permettez-moi une simple observation.

Nous avons commencé l'examen successif des alinéas de votre amendement; voudriez-vous y revenir? La question de l'inamovibilité fait l'objet d'amendements spéciaux; il vaut mieux, au point de vue d'une bonne méthode de travail, les discuter successivement. Je dis cela dans l'intérêt même de vos amendements.

Voulez-vous reprendre l'article 168 qui a été adopté par la commission?

M. Perroche. Sur cet article j'ai donné des explications, M. le rapporteur aussi; le Gouvernement l'accepte, la Chambre n'a plus qu'à se prononcer.

M. Jules Auffray. Sur l'article 168, monsieur le président, j'ai à demander à M. le rapporteur une explication.

L'article 168 porte:

« Les dispositions du paragraphe 1er du présent chapitre, relatives aux forme et délai de la citation et à la procédure, à l'exception toutefois de l'article 152, sont applicables à la poursuite et au jugement des délits spéciaux déférés au juge de paix. »

Qu'elle est la portée des mots « à l'exception toutefois de l'article 152 »?

M. le rapporteur. Je comprends votre préoccupation:

L'explication est bien simple. L'article 152 permet, en matière de contravention, qu'on se présente par fondé de pouvoirs. Comme nous donnons des délits, nous ne pouvons pas permettre qu'on se fasse représenter, c'est pourquoi nous avons inséré cette exclusion.

M. Perroche. Et on autorise les avocats à accepter une procuration pour plaider devant le juge de paix!

M. le président. La commission accepte l'amendement de M. Perroche. Il consiste à ajouter à l'article 168 le paragraphe suivant:

« Toutefois les délais de citation seront de trois jours francs et ceux d'opposition de cinq jours, plus un jour par trois myriamètres, conformément aux articles 184 et 187, du code d'instruction criminelle. »

Je mets aux voix cet amendement.

(L'amendement, mis aux voix, est adopté.)

M. Perroche. A l'article 169, je propose d'ajouter: « ... qui statuera suivant les règles établies par l'article 215. »

M. le rapporteur. Nous acceptons.

M. Perroche. J'arrive à l'article 172. Mon amendement porte:

Art. 172. — Les jugements rendus en matière de police pourront être attaqués par la voie de l'appel « quelle que soit la peine prononcée. »

J'ai pensé qu'il était peut-être utile, juste, logique en tous cas, de profiter de l'occasion qui se présente à nous pour introduire dans l'article 172 une réforme analogue qui est réclamée depuis longtemps. M. Boitard, un des prédécesseurs de l'honorable M. Beauregard, que je vois à son banc, critiquait déjà la disposition de cet article 172 dont je vais vous donner lecture, en disant qu'elle était contraire à toutes les règles du droit commun et je crois que dans sa pensée il sous-entendait: contraire à toutes les règles du sens commun.

Voici cet article 172:

« Les jugements, rendus en matière de police, pourront être attaqués par la voie de l'appel, lorsqu'ils prononceront un emprisonnement ou lorsque les amendes, restitutions et autres réparations civiles, excéderont la somme de 5 francs, outre les dépens. »

Autrement dit, quand le juge de paix vous condamne à 6 francs d'amende, vous pouvez aller en appel; s'il ne vous condamne qu'à 5 francs d'amende, son jugement est définitif.

Autrement dit encore, le juge de paix a cette faculté — qui n'appartient qu'à lui, c'est sa supériorité sur nos autres juridictions — de décider qu'il jugera en dernier ressort ou qu'il se soumettra au contrôle d'un tribunal d'appel, suivant son bon plaisir.

Cela est exorbitant. J'ai copié tout à l'heure à la bibliothèque les critiques qu'a faites à ce sujet l'honorable M. Faustin-Hélie; mais il n'est pas nécessaire d'être un jurisconsulte de cette envergure pour pouvoir critiquer avec son simple bon sens une juridiction semblable.

Comment! vous allez devant le juge de paix — c'est un juge du dernier degré en ce sens qu'il connaît des infractions les plus légères — et vous n'auriez pas, devant lui, les garanties que vous trouveriez devant le tribunal correctionnel ou toute autre juridiction pénale?

En effet, devant le tribunal correctionnel, devant le conseil de préfecture, quelque minime que soit la condamnation, on peut toujours aller en appel, tandis que l'appel pour le juge de paix est subordonné au jugement qu'il convient à ce magistrat de prononcer contre nous.

Tout à l'heure, on faisait l'éloge des juges de paix et je m'y associais de grand cœur car j'ai des raisons pour cela; mais il y a à côté du juge de paix, pour le remplacer, son suppléant qui est certainement un homme très honorable, mais qui n'est pas un magistrat, qui n'a pas la tradition et qui le plus souvent, remplit également des fonctions électives; c'est un maire, c'est un conseiller général, quelquefois même un député. Comment voulez-vous que cet homme puisse impartialement juger ses adversaires de la veille qu'il ont combattu ou condamner, ce qui serait plus dur encore, des amis qui l'ont soutenu? (*Applaudissements.*)

M. le rapporteur. La commission va commettre un acte de faiblesse. C'est un acte de faiblesse parce que votre amendement, excellent en soi, ne devrait pas trouver place dans notre loi, puisqu'il s'agit de contraventions — on nous fera peut-être cette critique — mais vous avez tellement raison que nous vous rendons les armes. (*Applaudissements et rires.*)

M. Perroche. J'en suis d'autant plus flatté que je connais la valeur de mon contradicteur.

Je viens à l'article 178.

M. le rapporteur. Vous l'avez abandonné, mon cher collègue, ainsi que l'article 192.

M. Perroche. Il ne me reste donc plus qu'un article, celui concernant le droit d'évocation en matière d'appel.

Dans un des articles du texte nouveau, la commission décide qu'on appliquera aux justices de paix les règles du paragraphe 3 du présent chapitre, c'est-à-dire les règles applicables actuellement à l'appel d'un jugement statuant sur une simple contravention.

Je demande au contraire qu'on adopte les règles prescrites par l'article 215 du code d'instruction criminelle et qui sont relatives aux appels des tribunaux correctionnels portés devant la cour. Il y a, en effet, entre ces deux procédures, une différence considérable que je vais vous indiquer :

Lorsque le tribunal correctionnel est saisi, comme juridiction d'appel, d'un jugement interlocutoire rendu par le juge de paix — un jugement d'incompétence, par exemple, — le tribunal correctionnel ne peut pas évoquer le fond s'il infirme ce jugement interlocutoire dans le cas où l'affaire n'est pas en état de recevoir une solution définitive et immédiate.

Si nous sommes devant la cour, celle-ci peut au contraire évoquer le fond en toute circonstance et statuer définitivement; quant au tribunal d'appel correctionnel, j'insiste sur ce point, il ne peut, dans la circonstance, statuer sur le fond que par un seul et même jugement et à cette condition expresse que l'affaire soit en l'état. Si un supplément d'information est nécessaire, ce tribunal d'appel est obligé de renvoyer les parties devant un autre tribunal de simple police.

C'est la procédure de l'article 473 du code civil, usitée en matière civile, qu'on applique en matière correctionnelle pour les appels des contraventions de simple police. Vous signaler la différence qui sépare les deux procédures, c'est vous montrer tous les inconvénients de celle adoptée par le projet et vous amener à vous prononcer dans le sens que j'indique, c'est-à-dire à décider que l'article 215 du code d'instruction criminelle sera rendu applicable, dans l'espèce, au lieu de l'article 173 du même code.

Vous voyez en effet les inconvénients de ce renvoi du jugement du tribunal correctionnel devant un autre tribunal de police; il y a là des lenteurs, des complications, des retards, il y a des frais qui incomberont au prévenu et si le prévenu ne peut pas les payer, ce qui arrive malheureusement très souvent, c'est l'État qui en prendra la charge.

M. le rapporteur. Nous sommes d'accord sur le fond. Vous voulez donner au tribunal correctionnel le droit qui appartient à la cour d'évoquer quand les formes prescrites n'ont pas été observées. Nous acceptons. (*Applaudissements.*)

M. le garde des sceaux. Dans les termes de l'article 215?

M. Perroche. Parfaitement!

Plusieurs membres au centre. Vous avez un succès complet sur toutes les parties de votre amendement.

M. Perroche. Tout le mérite en revient à la commission qui a bien voulu accepter mes propositions. Je n'ai plus qu'à descendre de la tribune. (*Vifs applaudissements.*)

M. le président. En conséquence, les diverses parties de l'amendement de M. Perroche acceptées par la commission prennent place dans l'article 17.

M. Rudelle propose d'ajouter à l'article 166 ces mots : « Dans ce cas — c'est-à-dire dans le cas où il juge en premier ressort d'un délit — le juge siégeant aura deux assesseurs ayant voix délibérative. Ces assesseurs seront choisis, en même temps que leurs deux suppléants, au sort, tous les trois mois, sur la liste du jury cantonal. Ils sont soumis aux mêmes règles que les autres jurés. »

La parole est à M. Rudelle.

M. Rudelle. Je suis, comme la plupart d'entre vous, partisan de l'extension de la compétence des juges de paix; mais, en matière criminelle, j'estime que cette extension peut comporter, pour le juge de paix lui-même, certains inconvénients auxquels mon amendement a pour objet de remédier.

En effet, l'extension de la compétence du juge de paix en matière criminelle doit être compensée par certaines garanties. Ces garanties, je les trouve non pas dans l'approbation que personne ne refusait tout à l'heure aux juges de paix actuels, qui sont évidemment animés des meilleures intentions, mais dans le système tel qu'il résultera des modifications apportées par la commission au mode de procéder des tribunaux de simple police.

Je propose de placer ce magistrat paternel, mais amovible, soumis, bien-entendu, aux pressions qui, en dehors de lui et à son insu, peuvent s'exercer sur son esprit, dans une situation qui le mette à l'abri des tentatives dont il peut être l'objet et, pour cela, je mets à côté de lui deux assesseurs tirés au sort, comme des jurés. C'est un petit jury que je constitue dans le tribunal de simple police. (*Exclamations sur divers bancs.*) Nous verrons tout à l'heure de quelle façon la nomination de ces assesseurs pourra avoir lieu sans entraîner trop d'inconvénients.

J'entendais tout à l'heure des exclamations quand j'ai prononcé le mot de jury. En matière criminelle, j'estime que le jury est un instrument essentiellement démocratique... (*Très bien! très bien! à droite.*)

M. Gabriel Deville. Il est démocratique en toutes matières.

M. Rudelle. ... et je pense que le jury devrait faire partie de toutes les juridictions pénales. Je ne suis pas de ceux qui le redoutent et j'applaudis de toute mon énergie quand j'entends faire son apologie; je fais au contraire des réflexions amères quand j'entends apporter des restrictions, à la tribune même, contre le mode de fonctionner du jury. Je suis donc partisan du jury. Bien entendu, en matière de simple police, il ne s'agit pas de créer un jury analogue au jury criminel de la cour d'assises; il s'agit de créer un jury qui, pour cette juridiction essentiellement paternelle, aurait quelque chose d'également paternel.

En 1790, lorsqu'on a créé les justices de paix, le juge de paix ne siégeait pas seul : il devait être assisté de ses deux suppléants. Ce système avait un inconvénient puisque le suppléant étant, bien entendu, chargé de prendre la place du juge empêché de siéger, il suffisait ou d'une maladie ou d'une autre cause d'absence, pour que le tribunal ne pût pas fonctionner.

Dans l'espèce qui nous occupe et que je livre à vos méditations, cet inconvénient n'existe plus. Dans chaque canton, il y a ce qu'on appelle le petit jury cantonal qui est chargé de statuer en matière d'expropriation, par exemple sur les indemnités qui peuvent être dues pour l'agrandissement ou l'amélioration des chemins vicinaux, etc.... En général, il siège à quatre membres sous la présidence du juge de paix.

Le tribunal de simple police siège ordinairement une fois par quinzaine, c'est-à-dire deux fois par mois. Eh bien, tous les trois mois on tirerait au sort sur la liste du jury cantonal deux citoyens, deux assesseurs qui assisteraient le juge de paix dans sa juridiction de simple police.

M. Babaud-Lacroze. Il faudra les payer, autrement vous n'en trouverez pas.

M. Rudelle. Ils seront payés bien entendu comme les jurés actuels. On leur donnera une indemnité de déplacement, et comme ils habitent le canton cette indemnité ne sera pas considérable.

M. Emile Villiers. Auront-ils la compétence voulue pour statuer sur les affaires qui leurs seront soumises ?

M. Rudelle. Ils l'auront certainement. Vous admettez sans doute que les citoyens que vous appelez à juger en matière criminelle ont compétence lorsqu'il s'agit de juger des infractions quel que soit le caractère. L'intelligence des citoyens qui feront partie de ces jurys sera à mon avis suffisante, et je ne crois pas que sur ce point l'objection puisse porter.

M. Maurice Viollette. En matière criminelle, l'accusé a une garantie : c'est la récusation. Dans votre système, il me paraît difficile que vous puissiez avoir une liste de jurés suffisamment longue pour que le droit de récusation puisse s'exercer. Si l'on constitue un jury, il me paraît indispensable de donner aux prévenus le droit de récusation.

M. Rudelle. Le droit de récusation s'exerce encore bien moins quand on se trouve en face d'un juge unique qui peut être votre adversaire politique et devant lequel on est obligé de s'incliner! (*Très bien! très bien! à droite.*)

M. Maurice Viollette. Le juge de paix, juge unique a beaucoup plus de garantie d'être neutre qu'un citoyen qui vient d'être tiré au sort à l'instant et qui vit dans le milieu et dans l'ambiance politiques. Si vous voulez faire accepter votre système, organisez-le de telle sorte que le droit de récusation puisse s'exercer.

M. Rudelle. Je vous ai dit que ce petit jury cantonal serait composé de deux titulaires et de deux assesseurs. Si vous voulez que la récusation s'exerce à l'égard de l'un deux, puisque vous avez deux assesseurs suppléants qui peuvent prendre sa place, votre objection disparaît complètement. Il y a un pays voisin où un tribunal de même nature fonctionne de manière à donner satisfaction à tous les intérêts. C'est ce qu'on appelle le tribunal des échevins en Alsace. Le juge de paix fonctionne, assisté d'un maire et d'un adjoint, et à trois ils constituent un tribunal d'échevins qui juge et statue sur les contraventions de police et les faits soumis à la juridiction du tribunal de simple police. Ce qui se fait dans un pays voisin peut se faire également chez nous. Je crois qu'on trouverait là des conditions d'impartialité qui mettraient le tribunal à l'abri de toute espèce de soupçon, conditions qui doivent militer en faveur de la thèse que je soutiens et vous faire adopter l'amendement que je viens de défendre devant vous. (*Très bien! très bien!*)

M. le rapporteur. Je demande la parole.

M. le président. La parole est à M. le rapporteur.

M. le rapporteur. Messieurs, les deux amendements de M. Rudelle se rapportent à une idée que je considère pour mon compte comme extrêmement intéressante. C'est, comme il l'indiquait tout à l'heure, l'idée de l'échevinage. Mais cette idée de l'échevinage qui a trouvé des applications récentes en Allemagne, qui en a eu de très nombreuses...

M. Charles Benoist. C'est une institution très ancienne en Allemagne.

M. le rapporteur. ... et qui est très ancienne en effet. Cette idée était en faveur au moment de la Révolution française — nous savons comment et dans quels textes — et je la considère, quant à moi, comme extrêmement féconde, lorsqu'il s'agit de la réforme du jury.

Nous sommes en effet quelques uns dans ce pays qui souffrons de la séparation artificielle que l'on a organisée entre le jury et le magistrat, le jury étant censé ne pas connaître la loi et l'application de la peine, le magistrat ne pouvant pas donner des indications indispensables au jury.

Les jurés et les magistrats ne se rencontrent — s'ils se rencontrent jamais — que dans des conditions et des circonstances irrégulières qui pourraient éveiller la défiance. Aussi, lorsque l'on se préoccupe de la réforme du jury correctionnel, on songe tout naturellement à l'échevinage, c'est-à-dire à l'attribution d'un grand nombre de délits aujourd'hui qualifiés crimes à une nouvelle juridiction pénale qui siégerait à l'arrondissement, qui serait confiée à un juge entouré d'échevins, statuant avec lui, délibérant avec lui et donnant ce que le jury ne nous donne pas, c'est-à-dire des jugements motivés. (*Très bien! très bien! à gauche.*)

Dans ces conditions l'idée de l'échevinage m'intéresse profondément.

Mais il s'agit pour les juges de paix d'aller chercher dans leur canton deux assesseurs, deux échevins pour juger les petits délits que nous allons lui remettre et qui entraînent à deux ou trois jours de prison ou quelques francs d'amende, alors il me semble que le principal reproche qu'on puisse faire à l'amendement petit de M. Rudelle — et le c'est le motif pour lequel la commission le repousse — est qu'il ne dépasse pas singulièrement le but que nous nous proposons d'atteindre et la portée de notre réforme. En réalité, il se réfère à des projets et à des institutions plus vastes et non pas à l'institution très simple, très modeste de nous voulons créer.

J'entendais dire à l'un de nos collègues de gauche, pendant que M. Rudelle était à la tribune : Où les trouverez-vous, ces assesseurs?

C'est là la véritable objection. Quand tout-à-l'heure des observations nous seront faites au point de vue du recrutement des suppléants des juges de paix et des incompatibilités qu'il faudrait établir, la commission sera bien obligée de vous dire qu'elle n'a pas de personnel sous la main ; qu'il lui est très difficile de trouver les suppléants du juge de paix. Je crois à plus forte raison que vous trouveriez difficilement des assesseurs. J'ajoute que je ne crois pas que le moment soit venu d'introduire en France cette institution intéressante de l'échevinage. (*Applaudissements à gauche.*)

M. le président. Je mets aux voix l'amendement de M. Rudelle.

(L'amendement, mis aux voix, n'est pas adopté.)

M. le président. Personne ne demande plus la parole sur l'article 17?...

Je le mets aux voix.

(L'article 17, mis aux voix, est adopté.)

M. le rapporteur. La commission a délibéré sur le texte de l'amendement de MM. Jehanin et Cloarec, tendant à ajouter un paragraphe 6 à l'article 7, dont l'ensemble avait été réservé.

Cet amendement est ainsi conçu : « Des demandes en payement des droits de place perçus par les communes ou leurs concessionnaires, à moins qu'il y ait contestation sur l'interprétation de l'article ou des articles servant de base à la poursuite. L'affaire sera jugée devant le juge de paix du lieu où la perception est due ou réclamée. »

Notre collègue a dit que ces droits de place donnaient lieu à des demandes qui devaient être tranchées par les tribunaux sur mémoires et qu'il en résultait pour les commune des inconvénients. Nous avons voulu vérifier, nous avons vérifié. Notre collègue avait raison ; nous acceptons l'amendement.

M. le président. Je mets aux voix l'amendement de MM. Jehanin et Cloarec dont M. le rapporteur vient de donner lecture.

(L'amendement, mis aux voix, est adopté.)

M. le président. Je mets maintenant aux voix l'ensemble de l'article 7 qui avait été réservé.

(L'ensemble de l'article 7, mis aux voix, est adopté.)

M. le président. « Art. 18. — Il est ajouté à l'article 177 du code d'instruction criminelle le paragraphe ci-après :

« Toutefois le ministère public près le tribunal de police ne pourra se pourvoir que sur l'avis conforme du procureur de la République. Il aura, à cet effet, un délai de dix jours francs pour faire sa déclaration. »

Personne ne demande la parole?...

Je mets aux voix l'article 18.

(L'article 18, mis aux voix, est adopté.)

M. le président. Entre les articles 18 et 19, MM. Pavie et Galy-Gasparou proposent d'introduire un texte nouveau qui est ainsi conçu :

« Les juges de paix connaîtront sans appel de tous les procès-verbaux dressés par les agents forestiers, gardes champêtres et autres officiers de la police judiciaire dans les forêts domaniales, communales, d'établissements publics et particulières, pour les délits et contraventions concernant l'extraction et l'enlèvement des différents produits énumérés aux articles 144 et 199 du code forestier et l'enlèvement ou la coupe des bois morts ou secs, sans limite de dimension, et des bois verts jusqu'à 4 décimètres de tour à 1 mètre du sol. Les contrevenants ne seront punis que des peines portées à l'article 475 du code pénal. »

La parole est à M. Galy-Gasparrou pour soutenir l'amendement.

M. Galy-Gasparrou. La Chambre voudra bien reconnaître que le code forestier, qui date de 1827, n'est plus en harmonie avec les principes de notre droit public ; il renferme des dispositions qui se sont inspirées de l'ordonnance des eaux et forêts d'août 1669 ; il édicte des pénalités hors de proportion avec l'importance des infractions commises ; il transforme en délits les moindres contraventions et les soustrait à la compétence des juges de paix qui devraient en connaître.

Les peines semblent dater du moyen-âge : voilà près de quatre-vingts ans qu'elles n'ont pas été modifiées. C'est une loi presque barbare que les juges, à leur grand regret, sont obliger d'appliquer.

À qui toutes ces rigueurs sont-elles réservées ? Aux pauvres paysans qui peinent en moyenne quinze heures par jour pour subvenir à leurs besoins et donner du pain à leur famille.

Les habitants des villes ne connaissent pas ce terrible instrument de répression qui traîne en prison de braves gens sans ressources pour expier de simples peccadilles.

Quelle est, en effet, le plus souvent, la faute commise ?

Ici c'est l'enlèvement du bois sec gisant sur le sol que ramassent ces malheureux en vue de se défendre contre les froids et l'hiver.

Là, c'est un sac d'herbe qu'un enfant emporte pour servir au repas de l'unique vache de la maison.

Plus loin, c'est un honnête cultivateur qui, trouvant dans la forêt publique le morceau de bois propre à faire le manche d'un instrument aratoire, a cru pouvoir se l'approprier.

Quelquefois, c'est la vache laitière elle-même qui, mal surveillée par son petit gardien distrait ou égaré dans le brouillard, s'est introduite sur le terrain domanial ou communal et a tondu de la largeur de sa langue cette herbe du sol pour lequel le père de famille paye une part d'impôts.

Nos agriculteurs sont simplistes et ont de l'équité une conception absolue : ils ne pourront jamais comprendre qu'on ait le droit d'exiger d'eux 100 francs quand le dommage causé, objet du procès-verbal peut à peine être évalué à 1 ou 2 francs.

Nous avons dans nos montagnes, loin des endroits habités, des forêts de mélèzes et de sapins ; mais nous avons aussi des bois de pins et de hêtres.

Ces bois de hêtres et de pins ne sont utilisables que pour le chauffage : la valeur commerciale en est nulle ou à peu près à cause des frais d'exploitation ou de transport.

Pourtant si le paysan y porte la main, s'il coupe des branches ou des tiges, soit pour réparer la toiture de sa chaumière endommagée par la neige, soit pour chauffer l'unique pièce qui lui sert de logis, il payera le même prix que le malandrin qui, par esprit de dévastation ou dans le but d'en faire de l'argent, les aurait coupées dans les forêts des environs de Paris.

L'administration forestière reconnaît elle-même que le code forestier n'est plus compatible avec nos mœurs, car elle réduit des condamnations de 50 à 500 francs par voie de transaction, à 6 et 25 francs en comptant restitution, amende et frais d'enregistrement.

Mais en somme c'est l'arbitraire et ne pensez-vous pas qu'il vaudrait mieux le remplacer, si bienveillant qu'il soit, par une disposition légale ?

Il importe que la répression soit en rapport avec le préjudice causé. Voilà pourquoi nous avons pensé qu'il fallait profiter de la loi sur l'extension de la compétence des juges de paix pour rendre à leurs juges naturels un certain nombre de contraventions forestières sans importance que l'on peut appeler : vétilles forestières.

Notre amendement n'affaiblira en rien la répression des délits et ne compromettra pas la conservation de nos forêts : nous laissons aux tribunaux les vrais délits. Les délinquants qui vont couper des arbres en pleine végétation et de belle venue pour en faire du commerce, nous les abandonnons sans regret à leurs juges actuels.

En simple police le contrevenant sera puni d'une façon plus expéditive, plus équitable, avec moins de frais et la leçon n'en sera pas moins efficace.

Vous rendrez ainsi plus facile, plus profitable l'action du service forestier parce qu'elle sera plus aisément acceptée par nos populations rurales.

On a souvent critiqué la sévérité des agents forestiers. La cause en est exclusivement dans la loi qu'ils ont à appliquer.

Il faut avoir vécu au milieu de ces populations intéressantes de nos montagnes pour savoir combien pèsent lourdement sur elles certaines dispositions du code forestier ; il importe de les aider par tous les moyens dans la lutte si âpre qu'elles soutiennent pour l'existence.

L'empire, par un décret en date du 14 mai 1854, donna aux juges de paix de l'Algérie la connaissance des délits forestiers dans tous les cas où l'amende n'excéderait pas 150 francs.

N'est-ce pas nous faire injure que de nous imposer à nous, habitants de la métropole, un traitement moins favorable que celui qui est appliqué aux arabes ? Je voudrais bien savoir quels arguments on peut invoquer pour justifier une aussi blessante distinction.

Je termine, messieurs, en faisant appel à tous les hommes de cœur de cette Chambre, c'est-à-dire à tous nos collègues.

En acceptant notre amendement vous réparerez une injustice et ferez œuvre utile. Nos paysans de la montagne vous en sauront gré et se rappelleront qu'ils doivent à la République cette amélioration de leur sort.

Avant de descendre de cette tribune, permettez-moi d'adresser un pressant appel aux jurisconsultes de cette Chambre et au Gouvernement afin que le code forestier soit entièrement refondu et que ses articles soient imprégnés désormais de cet esprit d'humanité dont se sont inspirés les auteurs des lois récentes qui font un si grand honneur aux Chambres républicaines.

Je prierai donc respectueusement notre éminent collègue, M. le ministre de l'agriculture, de vouloir bien nommer au plus tôt une commission chargée de jeter les bases du nouveau code impatiemment attendu dans toutes les régions forestières de la France (*Très bien ! très bien ! à gauche et sur divers bancs.*)

M. le président. La parole est à M. le rapporteur.

M. le rapporteur. L'amendement de notre collègue nous suggère d'abord une observation que la Chambre va comprendre. Les articles 17 et 18 sont votés. M. Galy-Gasparrou demande à la Chambre d'introduire un article intercalaire 18 *bis* qui viserait les délits forestiers. Or, à l'article 19, nous avons, sous le 1°, inscrit l'exception suivante : « délits soumis aux juges de paix à l'exception notamment des délits forestiers. » C'est du moins le principe qu'a adopté la commission.

Notre collègue M. Jeanneney veut supprimer cette exception et modifier ce passage. Il me semble donc que M. Galy-Gasparrou est en accord, au moins dans une certaine mesure, avec M. Jeanneney et que son amendement pourra être repris lors de la discussion de l'article 19. (*Très bien ! très bien !*)

M. Galy-Gasparrou. Nous avions présenté notre amendement comme article additionnel.

M. le rapporteur. Non ! vous le présentez comme article 18 *bis*. Ce n'est pas un article additionnel, c'est un article intercalaire entre les articles 18 et 19.

M. Galy-Gasparrou. Je vous demande pardon, c'est bien un article additionnel.

M. le rapporteur. Vous ne pouvez pas présenter comme un article additionnel à l'article 18 un amendement dont la place naturelle et dans les règles relatives à la constitution de la compétence du juge de paix comme juge de police, par conséquent à l'article 19. Ce que vous voulez, c'est donner aux juges la connaissance des délits forestiers.

Un de nos honorables collègues, M. Jeanneney, a présenté sur l'article 19 un amendement analogue au vôtre.

Nous ne le critiquons pas en ce moment, mais nous vous demandons de joindre vos observations à celles que présentera M. Jeanneney sur l'article 19.

M. Galy-Gasparrou. Je demande alors qu'elles soient reportées à ce moment.

M. le rapporteur. C'est entendu

M. le président. Je donne lecture de l'article 19 :

« Art. 19. — Sont de la compétence du tribunal du juge de paix comme juge de police, à la condition que l'inculpé n'ait pas subi de condamnations antérieures à la prison ou à l'amende pour crimes et délits de droit commun :

« 1° Tous les délits prévus par le code pénal ou par des lois spéciales dont la peine n'excède pas au maximum un mois d'emprisonnement et 500 francs d'amende ou l'une de ces deux peines seulement, à l'exception des infractions déférées aux tribunaux de police correctionnelle par la loi du 29 juillet 1881, des délits forestiers, des délits de douane, d'octroi et de contributions indirectes ;

« 2° Les infractions prévues et punies par :

« Les articles 311, paragraphe 1er, 445, 446, 447, 448, 449, 450, 451, 452, 453, 454, 455 et 456 du code pénal ;

« Le titre II du décret des 28 septembre, 6 octobre 1791 sur la police rurale ;

« Les articles 30, 33 et 34 de la loi du 21 juillet 1881 sur la police sanitaire des animaux ;

« L'article 52 de la loi du 3 juillet 1877 sur les réquisitions militaires ;

« L'article 8 de la loi du 30 mai 1851 sur la police du roulage et des messageries publiques.

« Dans tous les cas prévus au présent article, le prévenu sera puni d'une amende de 1 à 100 francs et pourra l'être d'un emprisonnement de un à dix jours. »

M. de Castelnau propose de rédiger ainsi l'article 19 :

« Sont de la compétence du tribunal du juge de paix comme juge de police les infractions prévues et punies :

« 1° Par le titre II du décret des 28 septembre, 6 octobre 1791 sur la police rurale ;

« 2° L'article 11 de la loi du 3 mai 1844 sur la chasse ;

« 3° L'article premier de la loi du 19 juillet 1845 sur la vente des substances vénéneuses ;

« 4° Les articles 21, paragraphe 1er, de la loi du 15 juillet 1845 et 39 de la loi du 11 juin 1880 (Chemins de fer et tramways) ;

« 5° L'article 45 de la loi du 9 septembre 1848 relative aux heures de travail dans les manufactures ;

« 6° L'article 52, paragraphe 1er, de la loi du 3 juillet 1877 (Recensement des chevaux) ;

« 7° Les articles 4, 8 et 10 de la loi du 17 juillet 1880 sur les cafés, cabarets et débits de boissons ;

« 8° La loi du 23 décembre 1874, articles 7, 9 et 11, paragraphe 2 (Placement des enfants en nourrice) ;

« 9° Articles 30, 33, 34 (Police sanitaire des animaux), loi du 21 juillet 1881 ;

« 10° Article 5 de la loi du 15 novembre 1887 sur la liberté des funérailles, sauf le cas de récidive ;

« 11° La loi du 8 août 1893, article 3, relative au séjour des étrangers en France et à la protection du travail national ;

« 12° L'article 4, paragraphe 1er, de la loi du 22 juillet 1896 relative aux pigeons voyageurs ;

« 13° L'article 2 de la loi du 15 février 1898 relative au commerce de brocanteur ;

« 14° La loi des 16-21 octobre 1849, article unique, sauf le cas de récidive ; article 9 de la loi du 4 juin 1859 ; article 5 de la loi du 25 janvier 1873 ; article 4 de la loi du 18 avril 1892. »

La parole est à M. de Castelnau.

M. Léonce de Castelnau. J'ai l'intention de soumettre à la Chambre quelques observations relatives au nouveau système pénal imaginé par la commission pour donner au juge de paix un véritable ressort correctionnel portant sur certains délits. Ces observations font l'objet de mon amendement.

Ce que je trouvais grave dans le système de la commission, c'est que notamment elle défère au juge de paix la connaissance de faits qui, étant donnée la façon dont le texte est rédigé, constituent et restent de vrais délits soumis à la juridiction des tribunaux de simple police. Je vois là un inconvénient très grave, je vous l'avoue. J'y vois un déclassement de faits, un bouleversement de peine qui rompent l'harmonie et l'équilibre du code pénal et qui ne nous paraît pas acceptable. Quelques-uns de mes collègues et moi, notamment MM. Beauregard, Charles Benoist, Bouctot et Marot, avons rédigé un amendement qui corrige en partie ce qu'a de défectueux le système imaginé par la commission. On vient de nous faire connaître que celle-ci serait disposée à l'accepter.

M. le rapporteur. Il faudrait d'abord qu'elle le connût.

M. Léonce de Castelnau. En voici le texte :

« Les condamnations prononcées par le juge de paix en application de l'article précédent ne porteront d'autres effets, notamment en ce qui concerne le casier judiciaire, que ceux qu'emportent les simples contraventions. »

M. le rapporteur. La commission délibérera sur cet amendement.

M. Léonce de Castelnau. La commission accepte cet amendement duquel il résulte que les délits déférés aux juges de paix deviennent en ce qui concerne les effets de la condamnation, de vraies contraventions. Je retire volontiers mes observations et mon propre amendement à l'article 19.

Pour qu'il n'y ait de doute dans l'esprit de personne, je relis le texte de l'amendement que j'ai signé avec MM. Beauregard, Charles Benoist, Bouctot et Marot.

« Les condamnations prononcées par le juge de paix en application de l'article 19 ne porteront d'autres effets, notamment en ce qui concerne le casier judiciaire, que ceux qu'emportent les simples contraventions. »

M. le garde des sceaux. Il n'y a pas de casier judiciaire en matière de contravention.

M. Léonce de Castelnau. Je vous demande pardon. Il n'y a pas, en effet, de casier judiciaire en matière de contravention. Mais si les faits que vous déférez au juge de paix restent, d'après votre texte, les délits, il doit y avoir incontestablement un casier judiciaire.

M. le garde des sceaux. C'est d'autant plus nécessaire que celui qui peut être condamné devant le juge de paix en vertu de la nouvelle loi sera un délinquant primaire ; s'il récidive, il ira en police correctionnelle.

M. Léonce de Castelnau. Donc il y aura casier judiciaire et application de l'article 58 du code civil.

En ce qui concerne les délits de même nature commis par le même délinquant, nous demandons par notre amendement que ces faits déférés au juge de paix perdent leur caractère de délits, deviennent des contraventions, car nous n'admettons pas que le juge de paix connaisse et juge des délits.

Si le fait que vous déférez au juge de paix reste dans la manière dont votre texte est conçu, il est incontestable qu'il y a lieu à casier judiciaire et à application de l'article 58 du code pénal, car ce même délinquant revient à raison d'un délit de même nature devant le tribunal correctionnel. C'est ce que nous ne voulons pas. Nous voulons que le fait reste fait contraventionnel.

M. le rapporteur. Vous présentez dans ce moment-ci, en séance, un amendement intéressant qui soulève plusieurs questions. Certains membres de la commission demandent que l'amendement soit renvoyé à la commission qui, l'article 19 étant réservé, donnera son avis.

M. le président. La présidence ne le connaît même pas.

M. Léonce de Castelnau. J'en donne de nouveau lecture : « Les condamnations prononcées par le juge de paix en application de l'article précédent ne porteront d'autres effets, notamment en ce qui concerne le casier judiciaire, que ceux qu'emportent les simples contraventions. »

Je retire les observations que je voulais présenter sur l'article 19, en présence de cet amendement qu'on me disait être adopté par la commission.

M. le rapporteur. Il est renvoyé à la commission.

M. Léonce de Castelnau. Si l'amendement est repoussé, je me permettrai de reprendre mes observations.

M. le président. L'amendement est renvoyé à la commission.

Monsieur de Castelnau, que deviennent alors vos amendements à l'article 19 ?

M. Léonce de Castelnau. Je les retire momentanément, attendu l'avis de la commission sur l'amendement qui lui est renvoyé, sauf à reprendre, après que j'aurai connu cet avis, les observations que je voulais présenter.

M. le président. M. Perroche propose de rédiger comme suit le premier paragraphe de l'article 19 :

« Sont de la compétence du tribunal du juge de paix comme juge de police, à la condition que le prévenu ne soit pas détenu et n'ait pas subi de condamnations antérieures à la prison ou à l'amende pour crimes et délits de droit commun... »

La parole est à M. Perroche.

M. Perroche. Messieurs, j'ai retiré mon amendement à raison de la modification apportée par la commission à son texte. Mais, si vous voulez bien me le permettre, puisque je me trouve à la tribune, je vais parler sur cet article 19...

M. le rapporteur. Parlez-vous sur l'amendement que vous avez retiré !

M. Perroche. Non. Je désire présenter de simples observations sur le paragraphe 1ᵉʳ et comme conclusion je déposerai un amendement.

M. le rapporteur. Quel en est le texte ?

M. Perroche. Je vous le communiquerai; ensuite je demanderai de nouveau la parole pour le développer.

Sur divers bancs. A demain !

M. le Président. J'indique à la Chambre qu'il y a sur le 1ᵒ de l'article 19 d'abord un amendement de M. Jeanneney auquel doit se joindre celui de M. Galy-Gasparrou, puis un amendement que M. Perroche se réserve de rédiger.

Voix nombreuses. A lundi !

M. le président. J'entends demander le renvoi de la suite de la discussion a lundi.

Il n'y a pas d'opposition ?...

La suite de la discussion est renvoyée à la séance de lundi.

Séance du 1ᵉʳ février 1904.

(4ᵉ DISCUSSION.)

M. le président. L'ordre du jour appelle la suite de la discussion : 1ᵒ de la proposition de loi, adoptée par le Sénat, sur la compétence des juges de paix ; 2ᵒ de la proposition de loi de M. Jean Cruppi sur la réforme des justices de paix.

La Chambre s'est arrêtée, jeudi dernier, à l'article 19. La commission présente une nouvelle rédaction du paragraphe 1ᵒ de cet article.

Je donne lecture du texte tout entier.

« Art. 19. — Sont de la compétence du tribunal du juge de paix comme juge de police, à la condition que l'inculpé n'ait pas subi de condamnations antérieures à la prison ou à l'amende pour crimes et délits de droit commun :

« 1ᵒ Tous les délits prévus par le code pénal ou par des lois spéciales dont la peine n'excède pas au maximum un mois d'emprisonnement et 500 francs d'amende ou l'une de ces deux peines seulement, à l'exception des infractions déférées à des juridictions spéciales, des infractions déférées aux tribunaux de police correctionnelle par les articles 427 et 423 du code pénal, la loi du 29 juillet 1881 sur la presse, la loi du 8 août 1893 sur le séjour des étrangers, la loi du 16 août 1897 sur le commerce du beurre et la fabrication de la margarine, des délits forestiers, des délits de douane, d'octroi, de contributions indirectes et des délits commis par les fonctionnaires publics ;

« 2ᵒ Les infractions prévues et punies par :

« Les articles 311, paragraphe 1ᵉʳ, 445, 446, 447, 448, 449, 450, 451, 452, 453, 454, 455 et 456 du code pénal;

« Le Titre II du décret des 28 septembre-6 octobre 1791 sur la police rurale ;

« Les articles 30, 33 et 31 de la loi du 21 juillet 1881 sur la police sanitaire des animaux ;

« L'article 52 de la loi du 3 juillet 1877 sur les réquisitions militaires ;

« L'article 8 de la loi du 30 mai 1851 sur la police du roulage et des messageries publiques.

« Dans tous les cas prévus au présent article, le prévenu sera puni d'une amende de 1 à 100 francs et pourra l'être d'un emprisonnement de un à dix jours. »

Il y a sur cet article un amendement de M. Perroche ainsi conçu :

« Remplacer cet article par le texte de l'article 20 du projet primitif de la commission en le modifiant de la façon suivante :

« Supprimer le paragraphe 2 dudit article 20 (ancien) et le compléter comme suit :

« Les articles 249, 257, 311 § 2, 314, 320, 337, 338, 339, 457, 458 du code pénal ;

« L'article 21 de la loi du 15 juillet 1845 sur la police des chemins de fer ;

« Les articles 8 et 16 de la loi du 1ᵉʳ juillet 1901 sur les associations ;

« L'article 52 de la loi du 3 juillet 1877 sur les réquisitions militaires ;

« L'article 8 de la loi du 30 mai 1851 sur la police du roulage ;

« Les délits forestiers dont la peine n'excédera pas un mois de prison et lorsque l'amende et la réparation du délit n'excéderont pas ensemble la somme de 300 francs. »

La parole est à M. Perroche.

M. Perroche. Messieurs, la théorie qui consiste à régler la compétence des juridictions pénales d'après la moralité présumée de l'inculpé, c'est-à-dire suivant qu'il a déjà été ou non condamné, est assurément très séduisante, mais j'estime qu'il n'est pas pratique et que son application donnerait lieu à certaines difficultés. Permettez-moi de vous en indiquer quelques-unes.

M. Jean Cruppi, *rapporteur.* Voulez-vous rappeler le texte de votre amendement ?

M. Perroche. Je reprends l'article 20 de votre précédent rapport, en retranchant quelques articles du code pénal visés par lui et contenant des pénalités très graves, en y ajoutant d'autres articles du même code dont les peines sont assez légères, comme celles encourues à la suite de blessures accidentelles, en y comprenant enfin certaines lois spéciales comme celle relative aux contraventions de chemins de fer. Telle est l'économie de mon amendement.

Aux termes de l'article 19 du projet de loi en discussion, le prévenu de certains délits spéciaux devra être renvoyé devant le tribunal de simple police toutes les fois qu'il n'aura pas été condamné antérieurement à une peine d'emprisonnement ou d'amende pour crime ou délit de droit commun.

Une première difficulté se présente. Comment la partie civile, qui n'a pas le droit de réclamer le casier judiciaire de son adversaire, pourra-t-elle savoir si celui-ci a été condamné dans les conditions édictées par la loi ? La commission, je dois le reconnaître, a prévu cette objection et elle l'a résolue par avance dans l'article 167 nouveau du code d'instruction criminelle qui est ainsi conçu :

« Si le tribunal de simple police saisi à la requête de la partie civile se déclare incompétent par application de l'article 19 de la présente loi, la citation sera cependant interruptive de prescription et les frais seront mis à la charge de l'Etat. »

Telle est l'hypothèse envisagée par ce texte. Une partie civile traduit son adversaire devant le tribunal de simple police, croyant que le prévenu n'a jamais été condamné. La vérification du casier judiciaire établit que c'est une erreur : ce prévenu n'est plus primaire ; il n'a plus sa virginité judiciaire ; alors le juge de paix devra se déclarer incompétent et décider que la citation est nulle. Mais quoique nulle, cette citation produira néanmoins des effets : elle interrompra la prescription, ce qui est très grave.

D'autre part, les frais engagés jusqu'à ce moment dans l'affaire seront mis à la charge du Trésor public, c'est-à-dire des contribuables.

Cette solution renferme une double exception au principe de notre droit commun. En effet, jusqu'à présent une citation déclarée nulle pour avoir été donnée devant un tribunal incompétent ne pouvait interrompre la prescription. D'autre part, jamais aucun texte de notre législation ne s'est permis de mettre à la charge de l'Etat des frais exposés par un plaideur.

L'hypothèse inverse pourra se produire devant le tribunal correctionnel dans les conditions que voici. Une partie civile, supposant que son adversaire a déjà subi une condamnation pour crime ou délit de droit commun, l'assigne devant le tribunal correctionnel. Dès le début des débats, grâce au casier judiciaire, on constate que ce prévenu appartient à la catégorie des prévenus primaires; il n'a jamais été condamné ou il a été réhabilité, en un mot son casier judiciaire est intact. Ce prévenu, évidemment, conclura devant le tribunal correctionnel à la nullité de la citation et demandera son renvoi devant le juge de paix, toutes choses que les magistrats du tribunal correctionnel seront contraints de lui accorder.

Ce cas, vous le voyez, présente avec le précédent, les plus grandes analogies; cependant la commission l'a réglé différemment.

Devant le tribunal correctionnel la citation donnée incompétemment n'interrompra plus la prescription et les frais resteront à la charge de la partie civile au lieu d'être supportés par le Trésor public. Pourquoi cette différence entre deux situations identiques? Dans le premier cas, la commission s'écartait du chemin tracé par les règles du droit commun; dans le second, au contraire, elle fait une saine application des principes; suivant le sens historique, elle est sortie de la légalité pour rentrer dans le droit.

Cette situation équivoque, créée par les textes que je viens d'indiquer, aura dans la pratique de graves inconvénients.

M. Jean Cruppi. *rapporteur.* Je vous rappelle que les dispositions dont vous parlez sont votées.

M. Perroche. L'article 19 n'est pas voté.

M. le rapporteur. Ces matières sont réglées par l'article 17 qui vise l'article 167.

M. Perroche. Cet article 167 a une répercussion sur l'article 19.

M. Vallé, *garde des sceaux, ministre de la justice.* Vous discutez l'article 167 qui a été voté à l'avant-dernière séance.

M. Perroche. Je ne le discute pas, je l'apprécie à l'occasion de l'article 19 dont il est une conséquence et avec lequel il se confond en quelque sorte sur ce point spécial.

M. le garde des sceaux. Pas du tout! Actuellement, il s'agit de la compétence.

M. Perroche. Il s'agit en effet de la compétence du tribunal de simple police, et je m'efforce de démontrer les inconvénients qui résulteront de la compétence attribuée aux juges de paix par le projet de la commission.

Dans la pratique, pour éviter la difficulté que je viens de signaler, au lieu de poursuivre devant le tribunal correctionnel, même quand on sait pertinemment que le défendeur a déjà été condamné on assignera toujours devant le juge de paix. La partie civile, en effet, ne courra aucun risque si elle se trompe: sa citation sera valable et interrompra la prescription; elle ne payera pas les frais qu'elle aura exposés; c'est le Trésor public qui les supportera.

Mais la situation sera plus désavantageuse pour le prévenu. Il sera obligé de parcourir toute la gamme des juridictions pénales: cité devant le juge de paix, il sera mené — gratuitement il est vrai, puisque les frais seront à la charge de l'Etat — devant le tribunal correctionnel; s'il est acquitté ou condamné à une peine légère, il sera peut-être ensuite conduit jusqu'en cour d'appel. On ajoute indirectement un degré de juridiction à ceux que nous avons déjà.

L'inconvénient principal du système que je combats se trouve dans cet article 19 auquel j'arrive pour n'en plus sortir.

Cet article, dans son dernier paragraphe, contient une sanction très grave sur laquelle doit s'arrêter un instant l'attention de la Chambre. Il est ainsi conçu :

« Dans tous les cas prévus au présent article, le prévenu sera puni d'une amende de 1 à 100 francs et pourra l'être d'un emprisonnement de un à dix jours. »

Parmi les cas prévus par les paragraphes précédents, il en est d'une extrême gravité et qui peuvent entraîner des condamnations allant jusqu'à cinq années d'emprisonnement.

Voici par exemple le délit qui consiste à arracher des arbres ou à les mutiler de telle façon qu'ils en périront. Ce délit, quand il s'applique à un certain nombre d'arbres, peut entraîner cinq ans d'emprisonnement.

M. le garde des sceaux. Il faut abattre une forêt pour cela !

M. Perroche. Il suffit d'abattre une rangée de peupliers ou de les inciser de façon à les faire périr.

On peut faire la même constatation pour d'autres délits : celui qui par exemple consiste à tuer sans nécessité, volontairement, un animal domestique, ou encore les délits prévus par l'article 449 et qui concerne les prévenus qui coupent des grains et des fourrages appartenant à autrui, qui brisent des clôtures, comblent des fossés, ou arrachent des haies, des bornes, des pieds corniers afin de s'approprier une partie du terrain appartenant au voisin.

Les auteurs de semblables délits seront jugés par le juge de paix et passibles d'une peine n'excédant pas dix jours de prison; le malheureux, au contraire, qui, pressé par le besoin, aura volé un pain ou commis un larcin de peu d'importance, comparaîtra devant le tribunal correctionnel et pourra être condamné à cinq ans de prison.

Je me demande la raison d'une semblable différence de traitement.

Voici l'explication que l'on nous en donne. On nous fait observer que cette peine de dix jours d'emprisonnement ne pourra s'appliquer qu'à un prévenu primaire, c'est-à-dire à celui qui n'a encore jamais été condamné et à qui vraisemblablement les tribunaux n'auraient pas donné plus de dix jours de prison. Cela ne me paraît pas très vraisemblable. Quoi qu'il en soit, je crois que des considérations d'un ordre supérieur commandent de ne pas faire entrer dans la compétence des juges de paix des délits aussi graves et surtout de ne pas abaisser des peines de cinq ans d'emprisonnement à dix jours de prison.

C'est qu'en effet le maintien de la pénalité peut contenir certaines mauvaises natures. (*Mouvements divers.*) Oui, il y a des gens, je vous assure qui restent dans le chemin du devoir et qui peut-être en sortiraient s'ils avaient la certitude qu'ils ne pourront encourir que que dix jours de prison au maximum devant le juge de paix.

M. Jaurès. C'est quelque chose !

M. Perroche. Je ne demande pas l'application de ces pénalités dans toute leur rigueur; mais j'en voudrais le maintien dans la loi parce que, je le répète, il en est qui ne sont contenus que par la crainte du châtiment. On l'a dit il y a longtemps : « La crainte du gendarme est le commencement de la sagesse. » (*Interruptions à l'extrême gauche.*)

Ce que je critique, c'est la théorie adoptée par la commission concernant les prévenus primaires. Si cette conception est exacte, si elle est logique et digne de trouver place dans notre législation, il faut en appliquer les principes jusqu'au bout.

Vous dites que celui qui n'a jamais été condamné en police correctionnelle ou en cour d'assises ne mérite pas de subir la déconsidération qui s'attache à une comparution en police correctionnelle, et vous l'envoyez devant le juge de paix. Alors, pourquoi devant le tribunal correctionnel laisseriez-vous confondus sur le même banc les prévenus qui n'ont été l'objet que d'une ou deux condamnations assez peu importantes pour des délits qui ne portent pas atteinte à l'honorabilité de ceux qui les ont commis, avec ces prévenus qualifiés « chevaux de retour », qui ont été condamnés à des peines très graves et nombreuses? (*Très bien! très bien! sur divers bancs.*) Il faudrait faire une seconde catégorie qui serait celle des prévenus tertiaires que l'on enverrait en cour d'assises.

Il faut mesurer la compétence des juridictions pénales non d'après la qualité des personnes qui sont traduites devant elles, mais d'après la nature et la gravité des faits sur lesquels ces juridictions sont appelées à statuer. (*Très bien! très bien!*)

Il y a, je crois, un rapport qui sera bientôt déposé et qui fera l'application du principe que je soutiens : c'est le rapport concernant les conseils de guerre. Pourquoi ne voulez-vous pas qu'en temps de paix un militaire soit traduit devant un conseil de guerre ? Parce que vous voulez supprimer les tribunaux spéciaux pour les personnes. Les auteurs du projet sur la justice militaire veulent que les tribunaux considèrent la nature des délits et non la qualité des prévenus.

Dans le même ordre d'idées, il y a une vingtaine d'années la Chambre a voté une loi — je regrette pour mon compte que le Sénat n'ait pas encore cru devoir la discuter — la Chambre, dis-je, a voté une loi abrogeant les articles 479 et suivants du code d'instruction criminelle. Aux termes de ces articles, les magistrats et les officiers de police judiciaire ne peuvent pas être poursuivis suivant les règles communes; quand ils ont commis un délit, ils ne peuvent être poursuivis que devant la cour d'appel par le procureur général et jamais à la requête de la partie civile. Les gouvernements ultérieurs trouvant ce procédé excellent pour éviter à certains hauts fonctionnaires d'être traduits devant la justice de leur pays, comme les justiciables ordinaires, on l'a étendu aux préfets, aux évêques, aux inspecteurs d'académie et autres dignitaires. (*Très bien! très bien! sur divers bancs.*)

La distinction établie par la loi entre les prévenus primaires et ceux qui ne le sont pas dérive du même principe. La Chambre, qui a voté l'abrogation des articles 479 et suivants et qui supprimera sans doute les conseils de guerre, ne voudra pas adopter un projet de loi qui est en opposition avec les tendances précédemment manifestées par le Parlement.

Je n'insiste pas davantage, messieurs, sur mon amendement. Je n'en ai discuté que les grandes lignes. Mon collègue M. de Castelnau, qui a déposé un amendement analogue, vous indiquera les délits qu'il y aurait lieu d'ajouter à l'article 19 et ceux qu'il serait convenable de retrancher du texte de la commission (*Très bien! très bien! sur divers bancs.*)

M. le président. La parole est à M. le rapporteur.

M. le rapporteur. Les observations de M. Perroche auraient pour résultat de faire revenir la Chambre sur le principe qu'elle a paru admettre.

Ces observations se divisent en deux parties ou plutôt comprennent deux sortes de critiques : certaines s'adressent à la procédure de l'article 17 que la Chambre a approuvée; les autres, plus graves, auraient pour effet de substituer au système que j'ai l'honneur de défendre et qui m'a semblé mériter l'approbation de la Chambre un système nouveau que j'explique en deux mots.

Toute l'économie de notre proposition de loi est fondée sur ceci : nous donnons d'abord au juge de paix, comme juge pénal, tout d'abord, d'une façon générale et en vertu du principe que nous posons, la connaissance des infractions commises par le délinquant primaire, à la condition qu'il s'agisse de délits dont les peines atteignent au maximum un mois d'emprisonnement et 500 francs d'amende. Ensuite nous faisons une énumération de délits spécialement attribués au juge de police, sous la même condition qu'il s'agisse d'un délinquant primaire.

M. Perroche, sans contester la portée de la réforme au point de vue de la compétence pénale, voudrait que nous ne fissions qu'une énumération. Ce serait détruire tout le système de la commission, ce qui équivaudrait à un échec de la loi.

M. Perroche ne veut certainement pas arriver à ce résultat; il a collaboré lui-même à la loi par divers amendements qui ont été acceptés par la commission. Je dois avertir la Chambre que l'adoption de l'amendement de notre collègue équivaudrait à l'échec d'une proposition qui a été accueillie avec faveur et que la Chambre voudra certainement voter. (*Très bien! très bien! à gauche.*)

M. Perroche. Je serais certainement un ingrat si dans le fond de ma pensée je voulais faire échec à la loi, si je nourrissais des sentiments d'hostilité irréductible contre le projet d'une commission qui jusqu'à présent a fait si bon accueil à mes amendements.

Je désire, au contraire, faire aboutir le projet en l'améliorant, et je croyais que nous pourrions nous rencontrer sur un terrain transactionnel en demandant à la commission de revenir à l'article 20

élaboré par la commission dans son premier rapport. (*Mouvements divers.*)

L'article 19 qu'on nous présente aujourd'hui était l'article 20 dans la première rédaction de la commission. Je ne fais que critiquer le texte nouveau et je demande à la commission de revenir avec moi à son premier texte. Cet article 20 contenait certains délits entraînant des pénalités considérables. Cette circonstance avait provoqué certaines hésitations dans l'esprit de beaucoup de membres de la Chambre; la commission s'en est émue et, craignant un échec, elle a modifié l'article 20 et l'a remplacé par l'article 19.

Il s'agissait de savoir quelles attributions on donnerait aux juges de paix en matière pénale. Le vrai principe, celui dont on a fait l'application en premier lieu, reposait sur cette considération : la justice de paix est un tribunal d'exception : nous allons en conséquence mettre dans les attributions exceptionnelles des juges de paix la connaissance de certains délits. Voilà le principe auquel je voudrais qu'on voulût bien revenir.

Je n'ai pas voulu entrer dans les détails. M. de Castelnau, je le répète, vous indiquera quels sont les délits qu'il voudrait voir retrancher de l'article 19 et ceux qu'il voudrait y voir ajouter. Selon moi toute la question se résume ainsi : la commission veut-elle revenir au principe posé dans son rapport, ou au contraire persiste-t-elle dans cette théorie absolument nouvelle, qui ne se trouve dans aucun texte législatif jusqu'à présent, et qui diviserait les prévenus en deux catégories nouvelles, les primaires et ceux qui ne le sont pas?

M. le rapporteur. Nous nous sommes suffisamment expliqués. C'est le principe même de la loi qui est en question. La commission repousse l'amendement.

M. Vallé. *garde des sceaux, ministre de la justice.* La commission s'est préoccupée de savoir quels seraient les délits qu'on pourrait dorénavant attribuer à la compétence des juges de paix et voici comment elle a procédé.

D'abord elle a établi que les délits n'entraînant pas une peine supérieure à un mois de prison ou 500 francs d'amende seraient, en bloc, renvoyés devant le juge de paix. Ensuite elle a énuméré un certain nombre de délits qu'elle a également fait rentrer dans la compétence des magistrats cantonaux.

Quand je me suis trouvé en présence de ce bloc — celui des infractions punies de moins d'un mois de prison — j'ai voulu examiner un à un les articles du code pénal prévoyant des délits qui, aujourd'hui renvoyés devant la juridiction correctionnelle iront après le vote de la loi devant le tribunal de simple police. J'ai étudié aussi tous les délits prévus par des lois spéciales et qui subiraient le même sort.

J'ai considéré que quelques-uns de ces délits ne pouvaient pas être enlevés aux tribunaux correctionnels. Et après m'en être entretenu longuement avec M. le président de la commission de la réforme judiciaire, nous avons d'un commun accord décidé d'éliminer tous les délits punis soit par le code pénal, soit par des lois spéciales, qui pourraient donner lieu à de trop grandes difficultés devant le juge de paix, et de maintenir seulement ceux qui, ne comportant aucune question délicate, seront d'un examen facile pour ce magistrat. (*Très bien! très bien.*)

M. le président. La parole est à M. Millevoye

M. Lucien Millevoye. Nous voterons le projet de la commission; nous ne voulons pas faire échec à la loi qui, d'ailleurs, nous paraît contenir des dispositions excellentes. Mais je voudrais faire une réserve et appeler l'attention de la Chambre sur un principe qui, je crois, gagnera à être expliqué et même généralisé dans les lois que nous serons appelés à voter à l'avenir.

Il nous semble que la procédure en matière de délits est singulièrement rapide, qu'il s'agisse de délits portés devant les tribunaux correctionnels ou de ceux qui vont être portés devant les juges de paix, surtout lorsqu'il y a flagrant délit. Nous connaissons les inconvénients, je dirai même les abus graves qui résultent, dans ce dernier cas, de cette procédure véritablement foudroyante qui prend le malheureux au moment même où il vient de commettre son délit, qui le fait juger dans un délai trop rapide et qui suspend quelquefois jusqu'aux garanties de la défense; car si nous avions à entrer dans le détail, vous verriez, messieurs, que la défense est souvent absolument illusoire.

M. Lamendin. C'est la cour martiale civile!

M. Lucien Millevoye. Je demande donc à M. le rapporteur de vouloir bien nous dire quelles sont les garanties, les précautions — surtout pour l'avenir — qu'il voudra inscrire dans cette loi même ou dans celles qui interviendront ultérieurement, afin d'assurer la pleine garantie de la liberté individuelle et, j'ajouterai, les garanties de la justice.

M. le garde des sceaux. Les délits dont il s'agit en ce moment ne comportent pas de détention préventive.

M. Lucien Millevoye. L'objection que me fait M. le garde des sceaux souligne encore l'importance de mes observations. Qu'il n'y ait pas de détention préventive, en quoi cela diminue-t-il l'inconvénient des procédures trop rapides et des jugements trop hâtifs? Est-ce que cela doit empêcher les garanties que je voudrais voir inscrites dans la loi, en sorte que les juridictions répressives, qu'il s'agisse des tribunaux de première instance ou des juges de paix, ne se prononcent qu'en pleine connaissance de cause? *Très bien! très bien! sur divers bancs.)*

M. Larquier. Mais les juges de paix n'ont pas et n'auront pas la connaissance des flagrants délits.

M. le président. La parole est à M. de Castelnau.

M. Léonce de Castelnau. Messieurs, pas plus que mon collègue et ami M. Perroche, je ne suis un adversaire de la loi et je ne cherche à la faire échouer. Je crois même avoir prouvé, lors de ma première intervention au mois de juin, dans la très faible limite de mes forces, que j'en étais partisan, et je me suis permis de défendre certains articles.

Mais il faut que la Chambre se rende compte que nous touchons maintenant à une des questions les plus délicates que puisse soulever le projet actuel: je veux parler de l'attribution au juge de paix d'un ressort pénal. Ici, tout est évidemment grave et délicat, car il s'agit de notre système pénal lui-même; il s'agit de l'intérêt du justiciable et en même temps de l'ordre et de la hiérarchie de nos diverses juridictions répressives.

La commission de la réforme judiciaire a eu l'excellente idée, en élargissant la compétence du juge de paix, de lui attribuer un ressort pénal plus étendu que celui qu'il tient du principe même de son institution. Je ne peux, en principe et *a priori*, qu'approuver cette pensée qui pourrait être le commencement d'une simplification de tout notre régime répressif; mais le système imaginé par la commission pour la réalisation de sa pensée ne peut-il soulever aucune espèce de critique et doit-il être accepté par vous, d'ores et déjà, entièrement et complètement? C'est ce que je vais me permettre de discuter en quelques mots aussi brefs que possible que vous entendrez, je l'espère, malgré l'aridité du sujet. *(Parlez! parlez!)*

Comme le disait tout à l'heure M. le garde des sceaux, plusieurs voies s'offraient à la commission pour la réalisation de ce projet. Deux, notamment, lui étaient ouvertes:

Ou bien elle pouvait avant tout et par dessus tout, comme on le disait, respecter en principe ce que vous me permettrez d'appeler notre droit criminel commun, c'est-à-dire ne rien toucher à la gradation des faits répressifs, à l'échelle des pénalités prononcées par le code, partant ne rien toucher aux principes de l'ordre même et de la hiérarchie des juridictions.

Voilà une première solution qui, *a priori*, restreignait la réforme, il faut le reconnaître. Elle la réduisait, en effet, à déférer purement et simplement au juge de paix, juge naturel de la contravention, c'est-à-dire du fait matériel d'infraction à une loi ou à un règlement de police, en dehors de toute espèce de mauvaise foi ou d'intention de nuire de la part du délinquant, elle réduisait, dis-je, la réforme à déférer au juge de paix toute la série des délits purement contraventionnels, créés par des lois spéciales, punis par ces lois de peines pécuniaires en général supérieures aux peines correctionnelles, et déférés, par suite, fort à tort selon moi, aux juges correctionnels: tels sont, par exemple, les délits de chasse après l'ouverture, mais sans permis, les délits de pêche, les infractions à la loi sur les débits de boissons quand on vient à les ouvrir sans déclaration, l'insertion dans une lettre, de matières d'or et d'argent ou de billets de banque non déclarés, les infractions à la loi sur le recensement des chevaux, etc.

Dans ce système, qui consistait simplement à étendre le ressort pénal du juge de paix aux délits purement contraventionnels, rien, absolument rien n'était changé à l'harmonie du code pénal, puisque, en définitive, on ne renvoyait au juge de police que des faits ayant la nature de simples contraventions, punis cependant de peines correctionnelles par des lois spéciales.

Ou bien la commission pouvait être plus hardie: sans toucher à l'échelle ni à la qualité des peines, elle pouvait distraire, comme le disait M. le garde des sceaux, du bloc des délits de droit commun, certains petits délits particulièrement fréquents et les déférer au juge de paix, sans se préoccuper du maximum de la peine prononcée contre eux par le code pénal. Tel était le système auquel s'était tout d'abord arrêtée la commission: ce système attribuait aux juges de paix les délits de coups et et blessures simples, de port d'armes prohibées, d'abattage d'arbres, de coupages de grains et fourrages en vert, de destruction d'instruments agricoles, de parcs de bestiaux, ou d'animaux domestiques, etc., etc.

J'aurais voulu y joindre — je l'avais demandé par un premier amendement — le délit de mendicité simple et le délit de filouterie d'aliments. Mais des scrupules se sont élevés parmi les membres de la commission et même parmi certains membres de la Chambre. On s'est dit qu'on allait déférer aux juges de paix des faits punissssables d'un maximum de peine de six mois, huit mois et quelquefois un an de prison, et que cela n'était pas acceptable. On pouvait répondre que dans tous les cas la voie de l'appel était ouverte contre les sentences du juges de paix et qu'il y avait là une garantie suffisante contre toute exagération de peines de la part du juge unique, d'autant que le délinquant n'aurait jamais comparu devant lui en état de détention préventive.

Cependant ces scrupules ont prévalu; et alors à quel système s'est arrêtée la commission pour créer ce ressort pénal? Elle s'est arrêtée au système de l'amendement de M. Jeanneney à peu près c'est-à-dire qu'elle a pris certains délits — ceux d'abord qui ne sont punis que d'un maximum d'emprisonnement de un mois et de 500 francs d'amende ou de l'une de ces deux peines seulement — il n'y en a pas beaucoup dans le code pénal — et certains autres délits tels que les coups et blessures simples, l'abatage d'arbres, le coupage de grains et fourrages, la mutilation d'arbres, la destruction d'animaux domestiques, etc., etc. Elle a réduit le maximum de toutes ces peines à 100 francs d'amende et à 10 jours de prison, et ensuite elle a déféré tous ces délits ainsi déclassés, quant à leur répression, au juge de paix.

Sans vouloir passer ici pour un zélateur de ce que M. le rapporteur de la commission a appelé avec ironie « l'arche sainte » du code pénal, permettez-moi, messieurs, de vous faire remarquer qu'à propos d'une loi spéciale concernant les juges de paix, vous renversez d'une façon arbitraire non seulement le principe même de toute l'organisation pénale, mais l'économie et l'équilibre du code pénal. En effet, au lieu de mesurer, selon le principe ordinaire de toute organisation répressive, la taille et la nature de la juridiction aux faits qu'il s'agit de réprimer et aux peines qu'il s'agit de prononcer, vous mesurez la peine que vous édictez et que vous modifiez à la juridiction qui devra la prononcer. Ce n'est plus la peine qui détermine la juridiction, c'est la juridiction qui, d'une façon arbitraire, va déterminer la peine. De plus, vous abaissez arbitrairement le maximum d'emprisonnement à dix jours; vous auriez pu tout aussi bien l'abaisser à cinq jours ou, au contraire, le porter à quinze jours.

Voilà donc une première brèche faite au principe de l'organisation pénale: vous abaissez la peine proportionnellement à la juridiction à laquelle vous donnez la compétence; eh bien! c'est une réforme qui ne me paraît ni sage ni prudente.

Et puis, vous allez troubler toute l'harmonie du code pénal. Il faut bien observer, en effet, que le code pénal n'a pas distribué d'une façon arbitraire et hasardeuse les diverses peines qu'il prononce entre les divers faits qui sont réprimés. Non, il y a un certain équilibre, une certaine harmonie entre toutes les peines prononcées. Vous ne pouvez pas y faire une brèche, abaisser certaines peines pour remettre les délits qu'elles répriment à une nouvelle juridiction sans troubler cette harmonie, sans rompre cet équilibre d'une façon vraiment regrettable.

En voici des exemples. Le maximum de la peine encourue désormais par celui qui aura abattu et volé des arbres, détruit des plants et des greffes, ravagé des fourrages en grains ou en vert, empoisonné ou mis à mort méchamment des animaux domestiques, ce maximum sera inférieur au minimum de la peine encourue par le chasseur en temps prohibé, minimum qui est de deux mois de prison. Voilà une première anomalie.

En voici d'autres. Pour certains délits, le maximum de la peine que vous édictez est inférieur au minimum de celle que prononçait le code pénal pour les mêmes faits. Vous édictez, par exemple, une peine maxima de dix jours de prison pour le coupage des fourrages en grains et en vert, alors que le minimum prévu par le code pénal était de vingt jours. Vous édictez une peine de dix jours d'emprisonnement au maximum pour un délit grave, celui de destruction d'instruments agricoles, de parcs à bestiaux, de cabanes de gardiens, etc., et le code pénal frappait ces mêmes délits d'une peine d'un mois de prison au minimum. Enfin, tandis que celui qui met à mort un animal domestique est puni par le code pénal d'un emprisonnement qui peut aller jusqu'à un an, vous ne le punissez désormais que de dix jours de prison au maximum.

Permettez-moi de vous faire observer que ce défaut de proportion, que cet écart formidable entre le maximum de la peine que vous édictez aujourd'hui et le minimum de la peine édictée hier par le code pénal condamne complètement votre système; car, remarquez-le, alors que la qualité du fait abstrait reste la même, il n'est pas possible qu'un fait qui, hier, pouvait être puni d'un an de prison au maximum, ne soit puni aujourd'hui que de dix jours de prison.

Il n'est pas possible que le destructeur d'arbres, que le ravageur de récoltes, que le destructeur d'animaux domestiques ait encouru un minimum de prison inférieur à l'emprisonnement qu'encourt le chasseur en temps prohibé. Cela est contraire à toutes les données du bon sens et de la raison; vous ne pouvez adopter un tel système.

Donc, dès l'instant où vous ne voulez pas faire ce qu'avait fait la commission tout d'abord, c'est-à-dire détacher du bloc des délits certains faits et les déférer au juge de paix, quel que soit le maximum de la pénalité prononcée, garantis que vous êtes contre toute exagération par le caractère même de cette juridiction et par le droit d'appel; dès l'instant, dis-je, où vous renoncez à ce système, vous ne pouvez légiférer comme vous le faites sans faire brèche à toute l'harmonie et à tout l'équilibre du code pénal, ce qui n'est pas acceptable.

Quant à moi je ne verrais qu'un moyen de concilier le respect du code pénal avec une extension raisonnable de la juridiction du juge de paix: ce serait de lui déférer purement et simplement tous les délits contraventionnels créés et punis par des lois spéciales. Remarquez qu'il y en a un certain nombre et que presque tous ces délits ne sont punis, sauf dans un ou deux cas, que d'une peine pécuniaire.

Et n'allez pas être effrayés par le *quantum* de la peine pécuniaire que pourrait prononcer le juge de paix, car en matière civile vous lui avez donné compétence, dans certains cas, quels que soient la valeur et le chiffre de la demande. Si donc en matière civile il a compétence, quels que soient le chiffre et la valeur de la demande, il peut avoir également compétence au point de vue pénal quel que soit le chiffre de la demande, quand il s'agit de délits purement contraventionnels. Ces délits sont énumérés dans l'amendement que j'ai eu l'honneur de soumettre à la commission, et aussi en partie dans l'amendement de M. Jeanneney et dans le projet de la commission lui-même.

Je voudrais que vous borniez le ressort pénal du juge de paix à cette simple compétence, que vous ne touchiez en rien au code pénal, que vous n'alliez pas abaisser arbitrairement des peines, ce qui produit dans l'équilibre de ces peines les résultats étrangers que je vous ai signalés tout-à-l'heure.

Bornez-vous à renvoyer au juge de paix les faits dont, en vertu du principe de son institution, il peut connaître, c'est-à-dire des faits purement contraventionnels, des faits matériels qu'il suffit de constater sans avoir à faire aucune incursion dans le domaine de l'intention mauvaise, de la mauvaise foi du délinquant, des faits qu'il s'agit de constater, dis-je, purement et simplement pour prononcer quasi-automatiquement une condamnation.

A mon sens, le ressort pénal du juge de paix devrait être étendu aux purs délits contraventionnels. Tel est l'amendement que j'ai eu l'honneur de soumettre à la commission et que je défends devant la Chambre. Je le recommande à toute sa bienveillance. (*Applaudissements au centre et à droite.*)

M. le rapporteur. Pour les raisons que j'ai indiquées tout à l heure en réponse à M. Perroche, la commission, d'accord avec le Gouvernement, repousse l'amendement.

M. le président. Je mets aux voix l'amendement de M. Perroche...

A droite. Nous en demandons une nouvelle lecture.

M. le président. M. Perroche propose de remplacer l'article 19 par le texte de l'ancien article 20 du projet primitif de la commission en en supprimant le second paragraphe et en y faisant certaines additions. L'article serait par suite ainsi conçu:

« Sont de la compétence des juges de paix les infractions prévues et punies par :

« Le titre II des décrets des 26 septembre-6 octobre 1791 sur la police rurale ;

« L'article 5 de l'arrêté du 27 prairial an IX, les articles 6 et 8 du décret du 24 août 1848, et l'article unique de la loi du 16 octobre 1849, les articles 5 et 9 de la loi du 4 juin 1859, l'article 9 de la loi du 25 janvier 1873 et l'article 4 de la loi du 18 avril 1892, relatifs aux contraventions postales ;

« L'article 11 de la loi du 3 mai 1844 sur la police de la chasse ;

« L'article 1er de la loi du 19 juillet 1845 sur la vente des substances vénéneuses ;

« Les articles 4, 8 et 10 de la loi du 17 juillet 1880 sur les cafés, cabarets et débits de boissons ;

« Les articles 30 à 36 de la loi du 21 juillet 1881, sur la police sanitaire des animaux ;

« L'article 5 de la loi du 15 novembre 1887 sur la liberté des funérailles, sauf le cas de récidive ;

« L'article 3 de la loi du 8 août 1893 relative au séjour des étrangers en France et à la protection du travail national ;

« L'article 4, paragraphe 1er, de la loi du 22 juillet 1896 relative aux pigeons voyageurs ;

« L'article 2 de la loi du 15 février 1898 relative au commerce de brocanteur ;

« Les articles 249, 257, 311, paragraphe 2, 314, 320, 337, 338, 339, 457, 458 du code pénal ;

« L'article 21 de la loi du 15 juillet 1845 sur la police des chemins de fer ;

« Les articles 8 et 16 de la loi du 1er juillet 1901 sur les associations ;

« L'article 52 de la loi du 3 juillet 1877 sur les réquisitions militaires ;

« L'article 8 de la loi du 30 mai 1851 sur la police du roulage ;

« Les délits forestiers dont la peine n'excédera pas un mois de prison et lorsque l'amende et la réparation du délit n'excéderont pas ensemble la somme de 300 francs.

M. Perroche. L'amendement ne peut être soumis qu'à la prise en considération, puisqu'il n'a pas été distribué.

M. le président. Je consulte la Chambre sur la prise en considération de l'amendement de M. Perroche.

Il y a une demande de scrutin signée de MM. Paschal Grousset, Bachimont, Augé, Raymond Leygue, Antoine Gras, Charonnat, Malizard, Deville, Bienvenu Martin, Aldy, Cardet, Louis Martin, Bagnol, Krauss, Ferrere, Octave Vigne, Sauzède, Dasque, Bepmale, etc.

Le scrutin est ouvert.

(Les votes sont recueillis. — MM. les secrétaires en font le dépouillement.)

M. le président. Voici le résultat du dépouillement du scrutin :

Nombre des votants.......... 566
Majorité absolue.............. 281
   Pour l'adoption....... 208
   Contre................ 352

La Chambre des députés n'a pas adopté.

Nous passons à un amendement de M. de Castelnau ainsi conçu :

« Rédiger ainsi le nouvel article 19 :

« Sont de la compétence du tribunal du juge de paix comme juge de police les infractions prévues et punies :

« 1° Par le titre II du décret des 28 septembre-6 octobre 1791 sur la police rurale ;

« 2° L'article 11 de la loi du 3 mai 1844 sur la chasse ;

« 3° L'article 1er de la loi du 19 juillet 1845 sur la vente des substances vénéneuses ;

« 4° Les articles 21, paragraphe 1er, de la loi du 15 juillet 1845 et 39 de la loi du 11 juin 1880 (chemins de fer et tramways) ;

« 5° L'article 45 de la loi du 9 septembre 1848 relative aux heures de travail dans les manufactures ;

« 6° L'article 52, paragraphe 1er, de la loi du 3 juillet 1877 (recensement des chevaux) ;

« 7° Les articles 4, 8 et 10 de la loi du 17 juillet 1880 sur les cafés, cabarets et débits de boissons ;

« 8° La loi du 23 décembre 1874, articles 7, 9 et 11, paragraphe 2 (placement des enfants en nourrice) ;

« 9° Articles 30, 33, 34 (police sanitaire des animaux), loi du 21 juillet 1881 ;

« 10° Article 5 de la loi du 15 novembre 1887 sur la liberté des funérailles, sauf le cas de récidive ;

« 11° La loi du 8 août 1893, article 3, relative au séjour des étrangers en France et à la protection du travail national ;

« 12° L'article 4, paragraphe 1er, de la loi du 22 juillet 1896 relative aux pigeons voyageurs ;

« 13° L'article 2 de la loi du 15 février 1898 relative au commerce de brocanteur ;

« 14° La loi des 16-21 octobre 1819, article unique, sauf le cas de récidive ; article 9 de la loi du 4 juin 1859 ; article 5 de la loi du 25 janvier 1873 ; article 4 de la loi du 18 avril 1892. »

M. le rapporteur. La commission, d'accord avec le Gouvernement, repousse l'amendement.

M. Léonce de Castelnau. Je le retire.

M. le président. L'amendement est retiré.

Nous passons au texte de la commission, dont je donne une nouvelle lecture :

« Art. 19. — Sont de la compétence du tribunal du juge de paix comme juge de police, à la condition que l'inculpé n'ait pas subi de condamnations antérieures à la prison ou à l'amende pour crimes et délits de droit commun :

« 1° Tous les délits prévus par le code pénal ou par des lois spéciales dont la peine n'excède pas au maximum un mois d'emprisonnement et 500 francs d'amende ou l'une de ces deux peines seulement, à l'exception des infractions déférées à des juridictions spéciales, des infractions déférées aux tribunaux de police correctionnelle par les articles 427 et 428 du code pénal, la loi du 29 juillet 1881 sur la presse, la loi du 8 août 1893 sur le séjour des étrangers, la loi du 16 août 1897 sur le commerce du beurre et la fabrication de la margarine, des délits forestiers, des délits de douane, d'octroi, de contributions indirectes et des délits commis par les fonctionnaires publics... »

M. Jeanneney propose de substituer aux mots : « ... à l'exception... des délits forestiers », ceux-ci : « ... à l'exception... des délits commis dans les bois soumis au régime forestier. »

La parole est à M. Jeanneney.

M. Jeanneney. L'un des amendements que j'ai déposés concernait les délits de douane, d'octroi et de contributions indirectes ; je l'ai retiré. J'en avais prévenu M. le président. L'autre a trait aux délits forestiers. C'est pour le soutenir que je suis à la tribune.

Mais tout d'abord je voudrais présenter, sur le premier alinéa de l'article 19, une observation d'ordre orthographique.

La Chambre sait que le bénéfice de la juridiction exceptionnelle du juge de paix profite seulement au délinquant qui n'a pas subi de condamnation antérieure. Or, dans le texte que j'ai sous les yeux, les mots « condamnations antérieures » sont écrits au pluriel, ce qui donne à penser que même après deux condamnations on profitera encore de la juridiction du juge de paix.

M. le rapporteur. Il y a dans ce texte, effectivement, une erreur matérielle. Les mots « condamnation antérieure » doivent être lus au singulier.

M. Jeanneney. Je l'ai d'autant mieux compris ainsi que ce texte me paraissait être la reproduction de l'article 1er de la loi de 1891 sur l'atténuation et l'aggravation des peines où les mots « condamnation antérieure » sont écrits au singulier.

Voilà donc une erreur matérielle rectifiée.

Je m'explique maintenant sur mon amendement. Et tout d'abord j'exprime un étonnement que je sais partagé par quelques-uns de nos collègues.

Le 1° de l'article 19 en ce moment en discussion propose, vous le savez, de renvoyer en bloc devant le juge de paix l'ensemble des plus petits délits du code pénal et des lois spéciales. C'est là une innovation à laquelle, ai-je besoin de le dire, je souscris pleinement. J'en ai été l'un des promoteurs devant la commission.

Mon regret étonné est de voir que, sa résolution à peine prise, la commission tout aussitôt — sans nous en fournir d'ailleurs la moindre explication — en a retiré le bénéfice aux plus petits d'entre les petits délits, je veux dire aux délits forestiers. Or j'ose dire qu'il n'y en a pas pourtant pour lesquels la nature des choses, la logique et même le simple bon sens commandent le plus impérieusement la compétence du juge de paix. (Très bien ! très bien !)

Il semblait même que, sur ce point, depuis longtemps, l'opinion unanime se fût faite. Parmi toutes les propositions qui, depuis vingt ans, ont été soumises au Parlement et qui réclament l'extension de la compétence pénale du juge de paix, il n'en est pas une dans laquelle les délits forestiers n'aient été compris. J'ajoute que, quand, au nom du Gouvernement, les prédécesseurs de M. le garde des sceaux, M. Cazot en 1881, M. Martin-Feuillée en 1883, déposèrent des projets de loi sur la matière, c'est encore en premier rang que nous y voyons figurer les délits forestiers et non pas avec les restrictions, la prudence, la timidité du projet actuel, mais sans conditions et réserves d'aucune sorte.

De fait, quant à leur caractère juridique, ces délits appartiennent à cette espèce de délits qu'on nomme communément contraventionnels, c'est-à-dire à ces délits pour lesquels l'intention criminelle n'a pas à être recherchée par le juge, dont le rôle est de dire simplement si une infraction matérielle a été commise ; délits ainsi semblables aux simples contraventions dont le juge de paix est le juge normal. (Très bien ! très bien !)

D'autre part et quant à leur objet, les délits forestiers sont de la classe des délits qu'on a appelés ruraux, pour lesquels, d'après le rapport même de l'honorable M. Cruppi, « la compétence du juge de paix s'impose ». Chacun comprend en effet que le juge de paix, vivant au milieu de nos populations rurales, en connaissant bien les mœurs et les usages, est en mesure, mieux que qui que ce soit, d'apprécier justement, vite, sans déplacement ni frais les infractions de ce genre.

Tout à l'heure, messieurs, sous le paragraphe 2 on vous proposera de renvoyer spécialement au juge de paix la connaissance de toute une série de délits ruraux prévus par les articles 445 et suivants du code pénal. C'est une disposition que j'avance j'accepte, au moins pour la plupart de ces délits. Mais il me sera permis de faire observer qu'il n'est pas possible de trouver en leur faveur une seule raison qui ne s'applique aussi aux délits forestiers. Il y en aura même une de plus, dans un instant, à savoir la série des contradictions choquantes auxquelles vous seriez conduits et que je vous demande la permission de vous signaler.

Voici, par exemple, l'article 445 du code pénal qui prévoit l'abatage ou la mutilation d'arbres et qui punit ce délit d'une peine d'emprisonnement pouvant aller jusqu'à cinq ans. Vous donnez la connaissance de ce délit au tribunal de police et le maximum de la peine se trouve abaissé à dix jours.

Il y a, d'autre part, dans le code forestier un article 194 qui, lui, prévoit entre autres le fait d'avoir coupé ou arraché un jeune plant dans les bois et le punit de la peine, bien inférieure à celle de l'article 445, de un mois d'emprisonnement au maximum. Le texte de la commission laisse ce délit, pourtant infiniment moins grave que le précédent, à la connaissance du tribunal correctionnel. C'est un résultat inadmissible.

Et si vous voulez un exemple plus frappant encore, vous le trouverez dans le rapprochement de l'article 458 du code pénal avec l'article 148 du code forestier.

L'article 458 punit l'incendie involontaire de maisons ou de forêts d'une amende maximum de 500 francs. En vertu de la disposition que vous venez d'adopter, ce délit sera renvoyé devant le tribunal de simple police, et le maximum de l'amende sera de 100 francs.

L'article 148 du code forestier prévoit, lui, le fait d'avoir seulement porté ou allumé du feu à moins de 200 mètres d'une forêt — sans que, d'ailleurs, le feu y ait été communiqué — et il le punit seulement de 200 francs d'amende au maximum ; ce fait va demeurer soumis au tribunal correctionnel et le maximum de l'amende demeurera de 200 francs ! Est-ce que de telles constatations ne doivent pas toucher la commission ? (*Très bien ! très bien !*)

M. le rapporteur. Vous avez, dans votre amendement, maintenu l'exception en ce qui concerne les délits commis dans les bois soumis au régime forestier?

M. Jeanneney. Oui, et je comptais vous en dire les raisons.

M. le rapporteur. Dans ces termes, la commission accepte l'amendement.

M. Jeanneney. Dans ces conditions, j'accepte, moi, très volontiers, de quitter la tribune, car j'ai satisfaction. (*Très bien ! très bien !*)

M. le président. Nous passons à l'amendement présenté par MM. Beauquier, Levraud, Couyba, Peureux, et tendant à ajouter : « à l'exception des délits de chasse. »

La parole est à M. Beauquier.

M. Charles Beauquier. Messieurs, je ne me dissimule pas que je viens remplir un rôle ingrat, car, au lieu de demander une diminution de sévérité dans la répression des délits de chasse, je viens au contraire protester contre l'indulgence avec laquelle ces délits vont être traités par les juges de paix.

Je parle au nom, je puis le dire, de la grande majorité des chasseurs de France, qui ne sont pas moins de 400,000 comme vous le savez sans doute. Or, presque tous sont d'accord pour déplorer que la compétence des délits stipulés à l'article 11 de la loi de 1844 ait été attribuée aux juges de paix. Comment ! on se plaint déjà partout, à l'heure actuelle, de la trop grande indulgence des tribunaux correctionnels en ce qui concerne les braconniers et ce serait le moment qu'on choisirait pour déférer leurs méfaits à la justice paternelle des juges de paix !

Je me place simplement au point de vue de la conservation du gibier. Il est un fait indiscutable, c'est qu'il n'y a plus de gibier en France, excepté dans les grandes chasses princières des environs de Paris ; mais la petite chasse, la chasse banale est absolument dépeuplée. D'un bout de la France à l'autre on n'entend que des doléances à ce sujet.

Ce dépeuplement tient certainement à des causes diverses, mais la principale, de l'avis unanime, c'est l'absence de répression et la trop grande indulgence des tribunaux correctionnels. (*Réclamations sur divers bancs à gauche.*) A l'heure actuelle cette absence de répression et cette trop grande indulgence font du braconnage une profession presque licite, n'encourant aucune sanction pénale. C'est

un fait qu'on ne saurait nier et je ne suppose pas que, même de ce côté de la Chambre (*la gauche*), on s'intéresse aux braconniers ; je crois que le petit chasseur rural est beaucoup plus intéressant que le braconnier qui, les trois quarts du temps, exerce un métier absolument immoral.

C'est donc contre le braconnage que je m'élève et j'ai conscience de parler au nom des petits chasseurs.

M. le rapporteur m'objectera sans doute qu'il a choisi dans la loi de 1844, les délits de chasse qui, justement, ont le moins d'importance pour les enlever à la juridiction correctionnelle.

Ces délits insignifiants sont énumérés, dit le rapport, dans l'article 11 de cette loi.

J'admets que dans cet article figurent quelques délits peu graves que je verrais volontiers déférer aux juges de paix. Mais est-ce un délit sans importance que la chasse sans permis ?

Vous savez que malheureusement on peut dire que dans les campagnes la moitié des chasseurs chassent sans permis. Et pourquoi ? Parce que les gardes champêtres ne dressent jamais de procès-verbaux et qu'on est assuré de l'impunité. (*Exclamations à l'extrême gauche.*)

A droite. C'est exact.

M. Charles Beauquier. Messieurs, je vous affirme que si je suis monté à cette tribune malgré l'état déplorable de ma voix c'est uniquement parce que j'ai un devoir à remplir : j'ai reçu mission de nombreuses sociétés de chasse d'élever une protestation contre un article de loi qui leur paraît devoir favoriser le braconnage et provoquer une destruction encore plus complète du gibier.

C'est, je le répète, dans l'intérêt des petits chasseurs que je demande le maintien de la compétence des tribunaux correctionnels.

La commission assimile à une simple contravention la chasse sans permis. Mais dans nos campagnes ils abondent les chasseurs sans permis ! Quand ils seront sûrs de bénéficier pour la première infraction de l'indulgence du juge de paix, quand il faudra avoir été pris deux fois chassant sans droit pour être déféré au tribunal correctionnel, vous verrez dans quelle proportion vont diminuer les permis de chasse. Actuellement il est déjà très rare de voir un garde champêtre ou un gendarme demander à un chasseur son permis de chasse. Je suis un vieux chasseur ; pendant toute mon existence on ne me l'a peut-être pas demandé trois fois.

Je me cite en exemple pour montrer combien est illusoire la répression du braconnage et comment, avec la loi nouvelle, elle le deviendra encore davantage.

Que la juridiction du juge de paix soit paternelle, c'est incontestable ; M. le rapporteur, en différents passages de son rapport, a reconnu cette indulgence proverbiale et s'en est applaudi. Certes, je m'en applaudirais avec lui si elle n'avait pas pour conséquence de consacrer pour ainsi dire la destruction effrénée du gibier.

Je cueille dans l'article 11 de la loi de 1844 un autre délit que vous attribuez encore à la compétence des juges de paix ; c'est peut-être le plus grave, et à vos yeux il est insignifiant. Au moment où a été promulguée la loi de 1844, ce délit n'existait pour ainsi dire pas ; je veux parler de la destruction ou de l'enlèvement des œufs et couvées.

Vous savez qu'à l'heure actuelle, s'étend sur toute la France un vaste réseau de braconnage en vue de rechercher partout et d'enlever les œufs de perdrix ; on les fait couver et on vend les jeunes perdreaux aux riches chasseurs des environs de Paris. C'est par cette pratique que s'opère la plus grande destruction du gibier indigène. Eh bien ! ce délit si grave, si menaçant, si dangereux pour le repeuplement naturel, ce délit vous l'attribuerez à la compétence du juge de paix, à ce tribunal indulgent, à ce tribunal paternel, comme vous le qualifiez vous-même.

Je n'insisterai pas davantage ; j'en ai assez dit, j'en ai même trop dit dans l'état où se trouve mon larynx. J'ai voulu simplement au nom des chasseurs, au nom de la conservation du gibier, faire entendre ma protestation. Je vous en prie, n'affaiblissez pas encore la répression. Elle est déjà insuffisante.

Certes, M. le rapporteur nous a fait une concession en accordant que pour la première fois seulement ces délits seraient portés devant le juge de juge de paix et qu'en cas de récidive ils iraient en correctionnelle. C'est une concession, mais les chasseurs ne s'en contentent pas parce qu'ils craignent qu'une fois la porte ouverte à l'indulgence la totalité de la loi sur la chasse ne soit un jour déférée à la compétence du juge de paix. (*Applaudissements sur divers bancs.*)

M. le président. La parole est à M. le rapporteur.

M. le rapporteur. Les disciples de Saint-Hubert sont trop nombreux et trop importants dans cette Assemblée et dans la France entière pour que j'essaie de me dérober aux explications qu'ils attendent de moi et aux assurances que la commission ne leur refusera pas.

Cette explication est d'ailleurs utile pour moi-même, car je n'ai pas à dissimuler à mes collègues que je suis depuis quelques jours voué à l'exécration publique par des sociétés non seulement de chasseurs, mais de pêcheurs qui vont jusqu'à me dire : « C'est sans doute dans une pensée électorale que vous voulez favoriser le braconnage. Mais vous vous trompez, ajoute-t-on ; il y aura contre vous une telle levée de cannes à pêche que vous n'y résisterez pas. » (*On rit.*)

Il faut donc que je m'explique.

La commission ne veut nullement favoriser le braconnage, comme le reconnaissait tout à l'heure dans sa parfaite bonne foi, notre honorable collègue, M. Beauquier. Si la loi de 1844 tombe sous le coup de la réforme que nous soumettons à la Chambre, c'est de la façon la plus simple et la plus inoffensive.

S'agit-il donc de favoriser le braconnage ? Grand Dieu ! rassurez-vous, monsieur Beauquier ; cela n'est pas du tout dans nos intentions. La loi de 1844 prévoit dans ses articles 12 et 13 des délits graves et les punit de peines sévères. Ces articles n'ont rien à voir avec la loi actuelle. L'article 11, au contraire, prévoit de légères infractions ; eh bien ! sans que nous édictions rien de spécial quand à la chasse, mais par le jeu même du principe causé, cet article 11 qui punit certains délits d'un emprisonnement d'un mois au maximum et de 500 francs d'amende, tombera sous le coup de notre réforme.

Rassurez-vous donc, disciples de Saint-Hubert ; vous n'iriez pas dans votre sévérité légitime jusqu'à vouloir que celui qui commet une première faute soit condamné à des peines relativement graves. (*Très bien ! très bien ! à gauche.*) Il n'est question ici que de celui qui a commis l'infraction la plus légère, et pour la première fois. Ce n'est pas encore un braconnier, un délinquant d'habitude. On lui donnera, à sa première faute, un avertissement salutaire. Après cet avertissement, s'il y a récidive, il sera sévèrement puni.

Telle est la portée de la réforme. Que les sociétés de chasseurs et de pêcheurs se rassurent, et que M. Beauquier veuille bien retirer son amendement en présence des explications rassurantes que nous venons de lui donner.

M. le garde des sceaux. D'ailleurs la pénalité restera la même ; la juridiction seule changera.

M. Guillaume Chastenet. Quelques-uns de mes amis et moi nous voterons l'amendement si éloquemment développé par M. Beauquier lorsque la commission de la chasse dont il fait partie aura daigné rapporté la proposition de loi tendant à donner aux conseils généraux le droit d'établir le permis hebdomadaire ou le permis dominical. (*Interruptions à droite.*) Cette proposition de loi, en démocratisant la chasse, porterait un rude coup au braconnage. (*Très bien ! très bien ! à gauche.*)

M. Charles Beauquier. Je veux répondre brièvement aux paroles certainement ironiques de mon collègue et ami M. Chastenet. Alors que je viens protester contre une trop grande indulgence dans la répression des délits de chasse, il propose lui de rendre la chasse libre dans toute la France ! Le permis hebdomadaire doublerait, décuplerait le nombre des chasseurs et comme on se plaint déjà de la rareté du gibier, ce permis hebdomadaire en amènerait la disparition complète. Aussi c'est avec la dernière énergie que je combattrai

cette proposition comme je l'ai déjà fait à plusieurs reprises.

Sur divers bancs. Le régime de la chasse n'est pas en question.

M. le président. Je mets aux voix l'amendement de M. Beauquier.

(L'amendement, mis aux voix, n'est pas adopté.)

M. le président. J'ai reçu au cours de la discussion un amendement de M. Audiffred qui doit être soumis à la prise en considération ; il tend à ajouter les mots : « ...des délits de pêche ».

La parole est à M. Audiffred.

M. Audiffred. L'amendement que j'ai présenté était conçu dans le même esprit que celui de M. Beauquier et concernait la pêche ; mais après les explications de M. le rapporteur Cruppi et le vote de la Chambre, il ne me reste plus, je crois, qu'à prendre acte des déclarations de M. le rapporteur et à retirer l'amendement. (*Très bien ! très bien !*)

M. le président. L'amendement est retiré.

L'amendement de M. Déribéré-Desgardes a reçu satisfaction.

Je mets aux voix le paragraphe 1er de l'article 19 avec la modification résultant de l'amendement de M. Jeanneney accepté par la commission :

« Art. 19. — Sont de la compétence du tribunal du juge de paix comme juge de police, à la condition que l'inculpé n'ait pas subi de condamnation antérieure à la prison ou à l'amende pour crimes et délits de droit commun :

« 1º Tous les délits prévus par le code pénal ou par des lois spéciales dont la peine n'excède pas au maximum un mois d'emprisonnement et 500 francs d'amende ou l'une de ces deux peines seulement, à l'exception des infractions déférées à des juridictions spéciales, des infractions déférées aux tribunaux de police correctionnelle par les articles 427 et 428 du code pénal, la loi du 29 juillet 1881 sur la presse, la loi du 8 août 1893 sur le séjour des étrangers, la loi du 16 août 1897 sur le commerce du beurre et la fabrication de la margarine, les délits commis dans les bois soumis au régime forestier, des délits de douane, d'octroi, de contributions indirectes et des délits commis par les fonctionnaires publics. »

(Le paragraphe 1er, mis aux voix est adopté.)

M. le président. Ici se place un amendement de M. de Castelnau ainsi conçu :

« Le juge de paix connaîtra, en outre, du délit de mendicité simple, prévu par les articles 274 et 275 du code pénal, et exercé par le mendiant dans le canton de sa résidence, et du délit de filouterie d'aliments, prévu par l'article 401, paragraphe 4, du même code.

« L'individu arrêté en flagrant délit pour l'un ou l'autre de ces faits sera immédiatement conduit devant le juge de paix qui le traduira, sans désemparer à son audience, suivant les formes indiquées par l'article 3 de la loi du 1er juin 1863. Si l'inculpé le demande, ou si l'affaire n'est pas en état de recevoir jugement, le juge peut en ordonner le renvoi au lendemain en mettant l'inculpé en liberté. »

La parole est à M. de Castelnau.

M. Léonce de Castelnau. Puisque la Chambre a admis la compétence du juge de paix pour certains délits, je voudrais joindre à l'énumération de la commission deux délits qui sont très communs et qui me paraissent bien être de la compétence du magistrat cantonal : je veux parler du délit de mendicité simple et de celui de filouterie d'aliments qui consiste à se faire servir un repas dans un établissement et à partir sans payer.

D'après le décret de 1793 qui l'a créé, le délit de mendicité simple était de la compétence du juge de paix. Il me semble que ce délit doit être attribué à la compétence de ce magistrat, car il n'y a rien de plus triste que de voir ces groupes de mendiants que l'on promène d'un bout de l'arrondissement à l'autre pour les faire juger par le tribunal correctionnel.

On attend qu'ils soient assez nombreux et ils comparaissent en brochette sur le banc de la police correctionnelle ; c'est un spectacle lamentable ! Il vaudrait beaucoup mieux que le mendiant primaire, qui a mendié sans circonstances aggravantes, fût d'abord déféré au juge de paix ; celui-ci est bien mieux désigné que le magistrat correctionnel pour apprécier la situation dans laquelle se trouve ce malheureux.

Au surplus, l'attribution de ce délit au juge de paix permettrait d'amorcer la réforme qu'on poursuit depuis longtemps et qui avait été déjà réalisée par le décret de 1793.

Aux termes de ce décret, toute personne qui se présentait devant le juge de paix pouvait réclamer le mendiant et lui éviter toute condamnation en se chargeant de pourvoir à son entretien. Cela n'est pas possible devant le tribunal correctionnel et serait possible devant le juge de paix.

Je ne vois aucun motif qui s'oppose à ce que le mendiant ne soit pas tout d'abord déféré au juge de paix. On dira que le mendiant est habituellement en état de détention préventive; mais le juge de paix peut le déférer à son tribunal et le juger immédiatement. Si le juge a besoin de vingt-quatre heures pour se procurer le casier judiciaire de l'inculpé, il n'a qu'à le mettre en liberté; une circulaire peut organiser un mode d'hospitalisation du mendiant dans l'hospice cantonal jusqu'au lendemain. (*Mouvements divers.*)

A gauche. Et s'il n'y a pas d'hospice?

M. Léonce de Castelnau. Il y aura toujours moyen de pourvoir à l'existence momentanée du mendiant.

Je demande à la commission d'accepter que ce mendiant primaire, quand il n'y a pas de circonstances aggravantes, soit jugé par le juge de paix qui connaîtrait également du délit de filouterie d'aliments, délit très commun, pour lequel il est parfaitement inutile de renvoyer un homme devant la police correctionnelle. (*Très bien ! très bien ! sur de divers bancs.*)

M. le président. La parole est à M. le rapporteur.

M. le rapporteur. La commission, je vous prie de le croire, messieurs, s'est associée et s'associe en principe à la sollicitude que témoigne notre honorable collègue M. de Castelnau aux mendiants et aux vagabonds...

M. Léonce de Castelnau. Aux mendiants, mais non aux vagabonds.

M. le rapporteur. ... et à ceux qui ont commis le délit de filouterie d'aliments. Si nous repoussons cet amendement, je dois en donner les motifs.

Nous considérons que le vagabondage et la mendicité — je vous demande la permission en ce moment, pour la facilité de mon raisonnement, d'assimiler ces deux délits — constituent dans nos idées modernes et surtout en ce qui concerne certaines catégories de mendiants et de vagabonds, beaucoup moins une infraction qu'un délit social (*Très bien ! très bien ! à gauche*), qu'un *habitus* social. Nous estimons qu'il y a à ce sujet toute une législation très urgente à faire. Quant à moi, j'avais pendant la dernière législature déposé une proposition de loi qui avait pour but de distinguer, entre ces diverses catégories de mendiants, le malheureux chômeur involontaire, qui est traduit devant les tribunaux et qui cependant n'a pas commis de délit, le vieillard, l'infirme, puis au contraire le véritable délinquant, non pas le délinquant accidentel, mais le récidiviste, qui ne veut pas travailler, quoiqu'il ait trouvé du travail. Voilà la distinction que tout le monde admet.

Comment voulez-vous que, par un paragraphe incident dans une loi comme celle-ci, nous saisissions le juge de paix? Mais précisément parce que la mendicité constitue beaucoup moins un délit qu'un état, cet état difficile à vérifier.

Vous avez voté, il y a quelques jours, une loi d'assistance aux vieillards, loi très intéressante qui est au Sénat et, sur ma proposition la Chambre a bien voulu exonérer de toute pénalité les vieillards et les infirmes qui seraient en état de vagabondage et de mendicité. Comment voulez-vous que cette catégorie de délinquants soit reconnue, vérifiée, étudiée par le juge de paix? Ce n'est pas possible.

Nous repoussons donc l'amendement de M. de Castelnau, non pas qu'il ne soit inspiré par des idées très utiles, très généreuses et très fécondes, mais parce que la question qu'il vise doit faire l'objet d'un ensemble de dispositions législatives.

Nous en prenons texte — je dois le dire au nom de la commission — pour demander à la Chambre de veiller à ce que, le plus vite possible, cette question de la mendicité et du vagabondage soit étudiée: elle est urgente, en raison de son double aspect; d'abord il s'agit d'établir une répression nécessaire, car le mendiant et le vagabond, quand ils sont des délinquants endurcis, constituent un véritable danger dans nos campagnes et une épouvante pour le paysan ; à ce point de vue des mesures s'imposent à brève échéance.

Mais, d'autre part, tous ceux qu'on appelle des mendiants et des vagabonds, qui peuvent aussi commettre des filouteries d'aliments et qui ne sont que des malheureux, des chômeurs involontaires, des déshérités de la vie, ceux-là appellent le plus vite possible l'exécution à leur égard de vos devoirs d'assistance sociale, devoirs auxquels vous ne sauriez manquer. (*Applaudissements.*)

M. Lucien Millevoye. Messieurs, je m'associe aux applaudissements qui ont souligné les déclarations de M. le rapporteur ; je demande cependant s'il n'y aurait pas intérêt à voter l'amendement de M. de Castelnau.

Dans le sens même des idées développées par M. le rapporteur et par M. de Castelnau, si j'ai bien compris la pensée de l'un et de l'autre, une jurisprudence abusive s'est établie, lorsqu'il s'agit de l'interprétation de la loi sur la mendicité et le vagabondage.

Nous avons recueilli les échos des plaintes et des récriminations qu'elle soulève, à propos d'un jugement tout récent d'un certain tribunal et nous en entendons un nouvel écho, particulièrement intéressant, à l'occasion de la discussion actuelle. Incontestablement, la jurisprudence a fait de la loi une machine à broyer les malheureux vagabonds, et cela sans discernement, en vertu d'une sorte de tradition judiciaire devenue aujourd'hui intolérable et qui constitue une honte, un scandale social. (*Très bien ! à gauche.*)

La modification immédiate de cette jurisprudence par l'extension sur ce point de la compétence du juge de paix, serait un acheminement vers une réforme si justement indiquée par M. le rapporteur et que la Chambre, j'en suis convaincu, est disposée à voter. Aussi, tout en m'associant aux déclarations de M. le rapporteur, je prie la Chambre d'adopter l'amendement de M. de Castelnau. (*Très bien ! très bien ! sur divers bancs.*)

M. Jaurès. Pour ces sortes de délits, le juge de paix, surtout dans les campagnes, sera plus sévère parce qu'il sera l'écho des terreurs des paysans!

M. Léonce de Castelnau. Le juge de paix, dans les campagnes, appréciera d'une façon beaucoup plus exacte l'état social de ces malheureux dont parle M. le rapporteur que les juges correctionnels devant lesquels on les amène de baigade en brigade.

Vous permettrez ainsi, messieurs, d'éviter le spectacle navrant de ces pèlerinages de mendiants traînés ainsi devant la justice correctionnelle.

Le juge de paix sera beaucoup plus compétent, et, à tous égards, meilleur juge.

En attendant que la réforme indiquée par M. le rapporteur soit accomplie, le texte de mon amendement donnerait satisfaction à tous ceux qui s'intéressent au sort de ces malheureux ; il marquerait un pas, modeste d'ailleurs, dans la voie d'une réorganisation impatiemment attendue.

M. le président. La parole est à M. Lepelletier.

M. Edmond Lepelletier. Je suis l'auteur d'un amendement visant précisément cette question importante du vagabondage et de la mendicité. J'en établissais les conditions et j'en soumettais l'examen au juge de paix, non pas dans la crainte qu'il ne fût ou trop sévère ou trop indulgent, mais seulement parce que le juge de paix se trouve à proximité de l'endroit où la constatation du délit sera faite et qu'il est inutile d'infliger aux malheureux mendiants ou vagabonds souvent coupables seulement d'avoir faim, le pèlerinage jusqu'au chef-lieu d'arrondissement. Le juge de paix peut sur chaque cas prendre les renseignements nécessaires pour statuer en connaissance de cause.

Si on veut engager un débat sur la question, je suis aux ordres de la Chambre. Quoi qu'il en soit, je prends acte de l'opinion de la commission, approuvant les bonnes promesses de son rapporteur.

M. le président. Je mets aux voix l'amendement de Castelnau repoussé par le Gouvernement et la commission.

(Après une épreuve déclarée douteuse, l'amendement n'est pas adopté.)

M. le président. Je donne lecture du 2° de l'article 19.

« 2° Les infractions prévues et punies par :

« Les articles 311, paragraphe 1er, 445, 446, 447, 448, 449, 450, 451, 452, 453, 454, 455 et 456 du code pénal... »

La parole est à M. de Castelnau.

M. Léonce de Castelnau. Je voudrais demander quelques explications à M. le rapporteur. L'article 445 du code pénal est ainsi conçu :

« Quiconque aura abattu un ou plusieurs arbres qu'il savait appartenir à autrui sera puni d'un emprisonnement qui ne sera pas au-dessous de six jours ni au-dessus de six mois, à raison de chaque arbre, sans que la totalité puisse excéder cinq ans.»

Vous punissez maintenant ce délit d'un emprisonnement de un à dix jours; mais cette peine sera-t-elle applicable à raison de chaque arbre abbatu ou s'appliquera-t-elle quelle que soit la quantité d'arbres renversés ou mutilés?

M. le rapporteur. Le dernier paragraphe de l'article 19 est rédigé de telle sorte que le juge de paix ne pourra jamais prononcer une peine supérieure à une amende de 1 à 100 francs et à un emprisonnement de un à dix jours quel que soit le nombre d'arbres abattus.

M. Léonce de Castelnau. Voilà donc un délit pour lequel le maximum de la peine était fixé à cinq ans d'emprisonnement et vous réduisez ce maximum à dix jours!

M. Maurice Viollette. Pour le délinquant primaire seulement. En cas de récidive c'est le tribunal correctionnel qui sera compétent.

M. Paul Beauregard. Je demande la parole.

M. le président. La parole est à M. Beauregard.

M. Paul Beauregard. Je ne suis nullement l'adversaire du projet de loi; j'ai même l'intention de proposer à la Chambre des dispositions qui, je crois, rendront d'une façon plus complète la pensée de la commission.

J'ai voté le paragraphe précédent; je compte voter ceux qui suivent, mais je ne voterai pas celui-ci. Voici pourquoi.

Il me paraît que vraiment la commission est allée trop loin. Songez, messieurs, que l'article 311 du code pénal, premier paragraphe, vise des coups et blessures entraînant l'incapacité de travail jusqu'à vingt jours. En un mot, il vise bel et bien le coup de couteau; si, au lieu de frapper le bras, il avait frappé la poitrine, nous serions en présence d'un crime!

M. Jaurès. Alors c'est toujours l'échafaud?

M. Paul Beauregard. Il y a plus : on vient de vous montrer que les abatages d'arbres, qui sont un des délits ruraux les plus dangereux...

M. le garde des sceaux. Et les moins fréquents.

M. Paul Beauregard. Non, pas les moins fréquents, monsieur le garde des sceaux. Bien que je ne sois pas un rural, je crois être sur ce point, mieux renseigné que vous; j'ai bien peur que ce ne soit là un des délits les plus redoutés dans les campagnes. On le commet la nuit, il porte une atteinte très grave à l'intérêt de celui qui en est victime et peut causer sa ruine. Je ne saurais oublier qu'aux termes du code actuel ce délit peut entraîner jusqu'à cinq ans de prison.

Je suis entièrement d'accord avec vous pour diminuer la peine, mais je ne puis admettre qu'on l'abaisse à dix jours. Vous conviendrez en effet que la chute est un peu trop violente!

La commission a réduit également à dix jours toutes les pénalités, en cas de délit primaire, lorsqu'il y a empoisonnement d'animaux, de bestiaux, par exemple.

M. le garde des sceaux. Ce point est abandonné.

M. le rapporteur. A la demande de M. le garde des sceaux, l'article 452 est retiré de l'énumération.

M. Paul Beauregard. Je l'ignorais. J'en félicite la commission et plus encore M. le garde des sceaux; il y avait là quelque chose de vraiment excessif. Ce délit est très fréquent dans les campagnes.

M. le rapporteur. Peut-être allez-vous maintenant voter le paragraphe?

M. Paul Beauregard. Sur ce point j'ai satisfaction mais il reste encore les deux points dont j'ai parlé tout à l'heure, et sur lesquels je regrette que vous nous demandiez plus que nous ne pouvons vous vous accorder. Il aurait fallu modifier le projet soit en tant qu'il vise l'article 341, soit en ce qui concerne les abatages d'arbres.

Je ne peux pas improviser un texte en cours de séance; je me bornerai à ne pas voter l'article. Je tenais à m'en expliquer devant la Chambre. (*Très bien! très bien! au centre.*)

M. le garde des sceaux. Je demande la parole.

M. le président. La parole est à M. le garde des sceaux.

M. le garde des sceaux. J'ai une observation à présenter en ce qui concerne l'article 311 du code pénal. L'extension de la compétence des juges de paix a été établie à la suite d'une collaboration intime entre le Gouvernement et la commission. Nous nous sommes mis d'accord sur la plupart des points; il en est un cependant sur lequel le désaccord subsiste : il s'agit des délits de l'article 311. Je voudrais que la Chambre fût juge entre le Gouvernement et la commission.

L'article 311 punit d'une peine de six jours à deux ans de prison ceux qui ont porté des coups ou fait des blessures, exercé des violences ou des voies de fait entraînant une incapacité de travail inférieure à vingt jours. S'il y a eu préméditation, la peine est alors de deux à cinq ans de prison.

La commission propose de réduire, d'un seul trait de plume, la peine à dix jours lorsqu'elle est, aujourd'hui, de six jours à deux ans.

Remarquez qu'une blessure qui occasionne une incapacité de travail de moins de vingt jours peut dénoter cependant des sentiments très pervers même chez un délinquant primaire. J'ajoute que ce délinquant a pu blesser dans la même rixe plusieurs personnes.

Mais il y a en outre la question de préméditation. J'entends bien que la commission nous dit : Quand il y aura préméditation le tribunal correctionnel sera compétent. On ne saura pas toujours a priori, s'il y a ou non préméditation. C'est souvent à la suite des débats oraux devant le juge, à l'audience, que la question de préméditation sera tranchée. Si le juge de paix reconnaît qu'il y a préméditation, il se déclarera incompétent et renverra le prévenu devant le tribunal de police correctionnelle. Mais dans ce cas, la préméditation aura pour ainsi dire été déjà établie à l'encontre du prévenu.

Je persiste donc à penser qu'il ne faudrait pas soumettre l'article 311 à la compétence du juge de paix. Cependant un nouveau paragraphe de cet article pourrait décider que toutes les fois qu'il y a eu violences ou coups n'ayant pas entraîné d'incapacité de travail le juge de paix serait compétent; mais lorsqu'au contraire les coups auront été portés avec une telle violence qu'il en sera résulté une incapacité de travail de un à vingt jours, je crois qu'il y a dans ce fait un délit qu'il convient de laisser à la compétence du tribunal correctionnel, (*Applaudissements.*)

M. le rapporteur. La commission, très reconnaissante à la Chambre d'avoir accepté le principe de la compétence pénale, n'apportera aucun amour-propre à la discussion de l'article 311.

Mais il importe que la Chambre soit mise exactement en présence des faits.

Ce que nous avons voulu, c'est que, dans le cas d'une rixe rurale, par exemple, alors qu'il s'agit d'un échange de coups, de violences peu graves, un soir de fête, les jeunes gens qui s'y sont livrés ne soient pas appelés au chef-lieu pour comparaître devant le tribunal de police correctionnelle.

Il est d'ailleurs à noter que le législateur s'est toujours préoccupé de cette situation. L'article 605 du code du 3 brumaire, toujours en vigueur, dispose qu'en cas de voie de fait, de violences légères, à la condition qu'il n'y ait personne de blessé ni de frappé...

M. le garde des sceaux. « Ni de frappé ! »

M. le rapporteur..... les délinquants seront renvoyés devant le juge de police.

Nous avons voulu étendre un peu cet article.

Voici en deux mots l'historique de la question :

Par une loi votée en 1863, on a ajouté à l'article 311, les mots « violences et voies de fait » qui ne s'y trouvaient pas et qui visaient le cas de maladie ou d'incapacité de travail.

On s'est demandé si l'introduction de ces mots n'avaient pas pour effet d'abroger l'article 605. La cour de cassation a répondu par la négative. On a voulu maintenir au juge de police, au juge de paix une certaine compétence au cas de rixes légères. C'est dans la même pensée que votre commission a fait figurer l'article 311, paragraphe 1er dans son énumération.

Avons-nous atteint le but? La question, je le reconnais, est assez délicate, car, depuis six mois, nous la discutons avec les jurisconsultes les plus distingués. Bien souvent j'ai été moi-même mis sur la sellette. On nous reprochait, au sujet de notre premier texte, de donner au juge de paix un pouvoir exorbitant : celui de condamner à une peine de deux ans de prison.

Vainement avons-nous objecté qu'il s'agissait là d'un maximum qui n'était jamais appliqué ; vainement avons-nous invoqué les statistiques, desquelles il résulte que, dans le cas de l'article 311, paragraphe 1er, c'est une simple peine d'amende qui est le plus souvent appliquée. On nous a répondu que le juge de paix conservait malgré tout le droit de condamner à des peines graves, et qu'il suffisait d'une telle possibilité pour que notre texte fût repoussé.

Le texte nouveau semble bien écarter ces préoccupations. En effet, il ne s'agit plus pour le juge de paix d'appliquer l'article 311, paragraphe 1er que lorsque le délinquant comparaît pour la première fois, et le juge ne peut condamner qu'à dix jours de prison ou 100 francs d'amende.

Cependant, M. le garde des sceaux a encore de grands scrupules; il veut bien nous objecter le caractère de gravité de certaines rixes, et nous signaler le danger qu'il y aurait à permettre au juge de police de prononcer des condamnations à raison de blessures ayant occasionné une incapacité de travail sérieuse.

Je répondrai qu'il est possible au Gouvernement et à la commission de se rencontrer sur un terrain de conciliation. Il suffirait, en effet, pour calmer toutes les appréhensions d'ajouter à l'article 311 un paragraphe 2 qui viserait uniquement les coups, les violences et les voies de fait n'ayant entraîné aucune incapacité de travail. Le coupable serait, en ce cas, puni d'une amende de 16 francs à 500 francs, et d'un mois de prison au plus. M. le garde des sceaux aurait ainsi satisfaction.

M. le garde des sceaux. J'accepte.

M. le rapporteur. Seulement, — car il faut tout dire — ce serait toucher au code pénal — et nous nous l'étions interdit. La Chambre toutefois est souveraine et c'est à elle qu'il appartient de dire si elle entend commencer la réforme d'ensemble du code pénal par une modification introduite dans l'article 311. (*Très bien, très bien !*)

M. Larquier. Messieurs, je constate que vous aller créer, à côté du juge de paix, pour ainsi dire, une nouvelle juridiction, celle du médecin qui signera le certificat. Suivant qu'il aura constaté par ce certificat qu'il y a ou qu'il n'y a pas incapacité de travail, les coups et blessures seront ou non de la compétence des juges de paix. Vous voyez,

par suite, l'importance que prendra cette attestation qui est toujours rédigée sur les dires non contrôlés de l'intéressé.

M. Edmond Lepelletier. C'est ce qui existe actuellement.

M. Larquier. Le système de la commission est beaucoup plus précis ; j'estime que la Chambre devrait l'adopter. (*Très bien ! très bien !*)

M. le rapporteur. M. Larquier s'est un peu mépris sur mes paroles. J'ai dû faire un exposé pour être complet. La commission, consultée, maintient son texte. (*Très bien ! très bien ! à gauche !*)

M. le garde des sceaux. La commission n'est pas, sur ce point, d'accord avec le Gouvernement.

M. Louis Ollivier. Je demande à la Chambre d'accepter l'amendement suivant, qui n'est que la reproduction des paroles de M. le garde des sceaux.

« L'article 311, paragraphe 1er, quand les coups et blessures n'auront entraîné aucune incapacité de travail... »

M. Léonce de Castelnau. En présence de cette différence de rédaction et du sentiment de la Chambre, qui ne me paraît pas être favorable au renvoi du délit de l'article 311, tel qu'il est spécifié dans ce texte, devant le juge de paix ; en présence surtout de la difficulté soulevée au sujet de l'article 445, je demanderai le renvoi à la commission, afin qu'elle revienne avec une rédaction plus nette.

M. Andrieu. Il vaudrait mieux supprimer purement et simplement de l'énumération l'article 311 paragraphe 1 du code pénal que de voter l'amendement de M. Ollivier. Il n'est guère, en effet, de cas de coups et blessures prévus à cet article, qui n'emporte avec lui une incapacité de travail plus ou moins longue. (*Réclamations à droite et au centre.*)

M. Louis Ollivier. C'est inexact.

M. Jaurès. On pourra toujours le dire.

M. Andrieu. Les délits de cette nature, qui sont soumis au tribunal correctionnel, comportent presque toujours une incapacité de travail d'une journée au minimum.

M. Louis Ollivier. Mais non !

M. Andrieu. Désormais, il y aura, au surplus, dans presque tous les cas, un certificat de médecin constatant l'incapacité de travail.

Ce certificat sera plus ou moins sérieux ; mais il suffira pour renvoyer le prévenu devant le tribunal correctionnel.

Dans ces conditions, aucun des cas prévus par l'article 311 ne sera soumis à la compétence des juges de paix. Ce n'est pas sans doute ce que veulent la commission et la Chambre.

M. le rapporteur. La commission maintient dans son énumération l'article 311, paragraphe 1er.

M. le président. La parole est à M. Bertrand.

M. Paul Bertrand (Marne). J'ai été frappé par les observations, qui m'ont paru très sérieuses, de M. le garde des sceaux et de l'honorable M. Beauregard.

Cependant je reconnais avec M. le président de la commission que, notamment dans nos campagnes, peut-être par la faute des parquets, il y a trop souvent des actes de violences légères qui font renvoyer leurs auteurs devant les tribunaux de police correctionnelle.

Chacun sait, par exemple, qu'une simple querelle de village, venant peut-être à la suite de libations un peu exagérées, une simple bousculade amènent les délinquants en police correctionnelle.

C'est donc avec satisfaction que je vois l'article 311, paragraphe 1er, rentrer dans la compétence des juges de paix.

Mais je crains que si nous votons le texte tel que la commission l'a proposé, le Sénat, en présence des légitimes scrupules de M. le garde des sceaux ne supprime purement et simplement de la nomenclature des délits pour lesquels seront compétents les tribunaux de paix statuant en matière de simple police, ceux visés par l'article 311, paragraphe 1er.

Si, au contraire, nous acceptons l'invitation qui nous est faite par M. le président de la commission lui-même, c'est-à-dire si nous nous rallions à ces mots : « à la condition que ces coups et blessures légères n'aient occasionné aucune incapacité de travail... »

M. Jaurès. Ce sera illusoire, car on dira toujours qu'il y a incapacité de travail.

M. Louis Ollivier. Mais non !

M. Paul Bertrand (Marne. ...nous arriverons à donner satisfaction aux préoccupations qui nous animent et nous n'auront plus pour adversaire M. le garde des sceaux.

Mais, au lieu de modifier un article du code pénal dans une loi sur les justices de paix, ce qui, même au point de vue de la procédure parlementaire, me paraît assez difficile, je me permets d'appuyer l'amendement de notre collègue, M. Ollivier, ainsi conçu :

« L'article 311, paragraphe 1er : quand les coups et blessures n'auront entraîné aucune incapacité de travail. » (*Très bien ! très bien !*)

M. le président. Je mets aux voix la prise en considération de l'amendement de M. Ollivier.

Il y a une demande de scrutin signée de MM. Jaurès, Lamendin, Basly, Bouveri, Mollard, Bertaux, Raymond Leygue, Théron, Casimir Lesage, Deville, Beauquier, Antoine Gras, Cardet, Chanoz, Albert Sarraut, Bagnol, Godet, etc.

Le scrutin est ouvert.

(Les votes sont recueillis. — MM. les secrétaires en font le dépouillement.)

M. le président. Voici le résultat du dépouillement du scrutin :

Nombre de votants	546
Majorité absolue	274
Pour l'adoption	283
Contre	263

La Chambre des députés a adopté.

L'amendement étant pris en considération, il est renvoyé à la commission.

M. le rapporteur. La commission le rapportera dans quelques instants.

M. le président. Le vote de la 1re partie du 2e de l'article 19 est, en conséquence, réservé.

Nous nous trouvons en présence de l'amendement de M. Gabriel Deville, tendant à ajouter :

« Les règlements, ordonnances et arrêtés auxquels se réfère le paragraphe 15 de l'article 471 du code pénal, sauf les ordonnances de police du 6 novembre 1778, du 8 novembre 1780 et du 21 mai 1784. »

La parole est à M. Gabriel Deville.

M. Gabriel Deville. Messieurs, l'amendement que j'ai déposé rentre tout à fait dans la compétence pénale des juges de paix, mais je tiens à dissiper immédiatement une équivoque qu'il a créée dans l'esprit de beaucoup de mes collègues.

Parce que les ordonnances que je vise parlent des filles et femmes prostituées, on s'est imaginé que mon amendement concernait cette catégorie de personnes. Il n'en est rien. Que l'on pense ce que l'on voudra du régime actuel de la prostitution, il n'est touché d'aucune manière, ni en bien, ni en mal, par l'amendement que j'ai l'honneur de présenter ; que mon amendement soit rejeté ou accepté, le régime de la prostitution sera exactement ce que, à tort, ou à raison, il est aujourd'hui.

Ce qui m'intéresse uniquement, ce sont les petits commerçants parisiens qui, eux, sont frappés à propos des filles et femmes prostituées.

Le petit commerce parisien réclamant depuis longtemps l'abrogation des trois ordonnances que je vise, j'ai vu, messieurs, dans la loi que nous faisons et qui règle la compétence pénale des juges de paix une occasion de vous demander l'abrogation de ces trois ordonnances.

L'une d'elles, celle du 6 novembre 1778, dans son article 5, vise les logeurs ; les deux autres, celle du 8 novembre 1780, dans son article 14, et celle du 21 mai 1784, dans son article 7, visent les débitants de boissons.

Ces trois ordonnances sont toujours en vigueur d'après les arrêts de la cour de cassation : il y a

notamment un arrêt du 1er décembre 1866, pour la première ordonnance, en ce qui touche ses prescriptions et prohibitions. Cet arrêt n'admet qu'une modification, c'est en ce qui concerne les pénalités : il déclare que les peines aujourd'hui applicables sont celles du paragraphe 15 de l'article 471 du code pénal.

Le dernier arrêt de la cour de cassation, qui décide que les deux autres ordonnances sont toujours en vigueur, est du 17 avril 1902.

En vertu de ces vieilles ordonnances, il est interdit à un logeur, à un débitant de boissons, de recevoir chez lui une fille ou une femme prostituée. Les logeurs cependant sont à l'heure actuelle dans une situation meilleure que les débitants : par une circulaire du 25 octobre 1883 le préfet de police a invité ses agents, en ce qui concerne les logeurs, et les logeurs seulement, à ne réprimer que le délit d'habitude. On ne dresse plus de contravention si le logeur ne donne pas habituellement asile aux filles et femmes prostituées. Il y a là une tolérance heureuse en fait, mais ce n'est qu'une tolérance. Un jugement du tribunal de la Seine du 25 août 1890 déclare que l'ordonnance à propos de laquelle on a consenti cette tolérance reste toujours en vigueur, une simple circulaire ne pouvant modifier cette ordonnance.

Si on peut donc appliquer contre les logeurs l'article 5 de cette ordonnance, pourquoi ne pas appliquer cet article en entier ? On en prend le passage qui convient, on laisse les autres de côté. Je le comprends, mais il y a là une part d'arbitraire que je voudrais voir disparaître. En effet, immédiatement après l'injonction « de ne souffrir dans leurs hôtels, maisons et chambres aucunes gens sans aveu, femmes, ni filles de débauche se livrant à la prostitution », l'article ajoute ; « de mettre les hommes et les femmes dans des chambres séparées et de ne souffrir dans des chambres particulières que des hommes et des femmes prétendus mariés, qu'en représentant par eux des actes en forme de leur mariage ou en s'en faisant certifier par écrit par des gens notables et dignes de foi, le tout à peine de 200 livres d'amende. » C'est aujourd'hui, nous le savons, la peine qu'édicte l'article 471 du code pénal qui a été substituée à celle-là.

Tel est l'article 5 dans son entier. La police a pris la partie qui touche spécialement les logeurs pour le fait de recevoir des femmes ou des filles prostituées et a supprimé — je l'en loue d'ailleurs — l'obligation de mettre les hommes et les femmes dans des chambres séparées, à moins qu'ils ne présentent leurs titres de mariage. Vous savez que cela ne se fait plus dans les hôtels parisiens. Seulement, il y a là une façon de jouer avec les textes contre laquelle je proteste.

Les débitants de boissons, eux, ne jouissent pas de la même tolérance que les logeurs. En vertu des ordonnances de 1780 et de 1784, il suffit qu'une fille ou une femme prostituée — que rien dans son costume ne signale nécessairement comme telles, entre même accidentellement dans un débit, bien que le débitant ignore sa qualité, bien que — je vais vous lire un considérant d'un arrêt de la cour de cassation — l'on constate que la présence de cette fille ou de cette femme ne se rattache à aucun acte de prostitution, pour que la présence de cette fille ou de cette femme, venant demander un simple renseignement ou prendre une consommation, soit la cause d'une contravention au préjudice du débitant.

Toutes les semaines nous voyons des débitants passer devant le tribunal de simple police pour ce fait. Et notez qu'on ne les prévient pas sur le moment. Ils reçoivent un papier plusieurs jours après que les agents ont vu entrer ces filles chez eux ; on leur dit : « A telle date vous avez reçu une femme prostituée », et ils sont condamnés.

M. Albert Congy. C'est l'arbitraire des agents des mœurs.

M. Gabriel Deville. Les syndicats corporatifs de Paris ont voulu faire juger la question. Ils sont allés en cassation.

Voici ce que dit un considérant de l'arrêt de la cour du 17 avril 1902 :

« En vertu de ce texte... » — celui de l'article 14 de l'ordonnance de 1780 et de l'article 7 de l'ordonnance de 1784 — « ... le fait par un débitant de boissons de recevoir dans son débit une fille soumise suffit, à lui seul, pour le constituer en contravention sans qu'il y ait à rechercher s'il se rattache à la réalisation d'un acte de prostitution. »

C'est vraiment monstrueux ! Et notez que par suite de la tolérance que je vous ai signalée tout à l'heure en faveur des logeurs, il arrive ce cas bizarre : A Paris, où beaucoup de débitants sont en même temps logeurs, s'il y a un couloir ou une porte spéciale pour entrer dans l'hôtel, la fille peut prendre une chambre, et, dès l'instant qu'il n'y a pas délit d'habitude de la part du logeur, il est indemne. Mais si la fille est obligée de passer par le débit pour pénétrer dans l'hôtel, il y a contravention pour le débitant logeur. Voilà à quelles conséquences bizarres on arrive !

D'autre part, le fait que je vous ai signalé tout à l'heure pour l'ordonnance de 1778 se reproduit pour l'ordonnance de 1780. Cette ordonnance défendait aux débitants de recevoir les filles, mais elle défendait aussi autre chose : elle défendait, par son article 1er, de procurer « aux filles et femmes de débauche les hardes et vêtements dont elles se parent ».

Cet article, on ne l'applique plus aux marchands de vêtements, tandis qu'on en applique un identique aux marchands de boissons. Pourquoi ? C'est aussi monstrueux dans un cas que dans l'autre.

Je profite de ce que nous faisons une loi sur la compétence des juges de paix pour vous demander l'abrogation de ces trois ordonnances.

M. Albert Congy. Vous avez parfaitement raison ! C'est scandaleux !

M. Gabriel Deville. Je crois qu'on ne m'opposera aucune objection de fond. On m'opposera une objection de forme, ce que je me permettrai d'appeler un argument de symétrie.

M. le rapporteur m'a dit : « Nous faisons une loi sur l'extension de la compétence des juges de paix et vous nous demandez l'abrogation des trois ordonnances qu'ils appliquent, c'est-à-dire une sorte de restriction de leurs pouvoirs. »

Je crois sérieusement que pour une bonne chose comme celle que je vous propose il ne faut pas reculer devant l'esprit « méticuleux » et « scrupuleux » des légistes, que M. le rapporteur à lui-même condamné à cette tribune.

D'ailleurs, à propos d'un amendement de M. Perroche, jeudi dernier, l'honorable M. Cruppi disait : « La commission va commettre un acte de faiblesse ; c'est un acte de faiblesse parce que votre amendement, excellent en soi, ne devait pas trouver place dans notre loi » — c'est exactement l'argument que l'on m'opposera — « puisqu'il s'agit de contravention. On nous fera peut-être cette critique, mais vous avez tellement raison que nous vous rendons les armes. »

J'espère que M. le rapporteur ne voudra pas être moins aimable, non pas pour moi, mais pour les débitants parisiens victimes d'une réglementation odieuse et surannée, qu'il ne l'a été l'autre jour pour M. Perroche. J'ai confiance en lui et j'espère qu'il ne me mettra pas dans la nécessité de déposer une demande de scrutin. (Applaudissements.)

M. le président. M. Lepelletier a déposé un amendement sur le même sujet. La Chambre pourrait en entendre le développement et statuer ensuite sur les deux amendements. (Assentiment.)

Cet amendement est ainsi conçu :

« Les tribunaux de simple police à Paris et dans les autres villes et communes où ils n'en connaissent pas déjà connaîtront des infractions aux arrêtés préfectoraux, municipaux et règlements de police concernant le racolage sur la voie publique, les actes dits d'insoumission, le logement par les hôteliers-logeurs des femmes se livrant à la prostitution, et généralement de tous les faits, délits et contraventions dont la police dite des mœurs s'arrogeait la répression.

« Toute personne arrêtée ou poursuivie pour une infraction de ce genre sera déférée au tribunal de simple police.

« La condamnation sera prononcée en vertu du paragraphe 15 de l'article 471 du code pénal ; elle comportera toutefois avec l'amende l'emprisonnement dans la limite de la compétence.

« La maladie n'étant pas un délit, aucune condamnation ne pourra être requise pour cause d'état sanitaire contre les femmes arrêtées pour scandale sur la voie publique, racolage ou tout autre chose.

« En attendant la revision des règlements de police sur la prostitution, les juges de paix auront seuls qualité pour apprécier les actes dits d'insoumission et pour statuer sur la demande de radiation d'inscription au livre de la police des mœurs. »

La parole est à M. Lepelletier.

M. Edmond Lepelletier. Messieurs, je crois que l'opinion publique attendais avec une certaine impatience la réforme des justices de paix en ce qui concerne surtout la compétence civile. Elle éprouve moins d'impatience pour la compétence pénale ; certaines inquiétudes se sont mêmes manifestées à cet égard. J'espère qu'elles se dissiperont au cours de la discussion. Puisqu'on a donné aux juges de paix des attributions pénales qu'ils n'avaient pas, qu'on les leur a données par surcroît, par extension de la loi, il semble tout d'abord qu'on aurait dû commencer par attribuer à la juridiction de police toutes les infractions de police et, par conséquent, celles de la police des mœurs.

Sans examiner des faits particuliers, vous vous rappelez que dernièrement, à cette tribune, M. le président du conseil, sur l'interpellation de M. Paul Meunier, relative à deux arrestations scandaleuses, a répondu, avec une très grande hauteur de vues — il ne s'agissait pas là d'un sujet touchant à la politique — et déclaré qu'il n'avait pas la prétention de traiter la question au fond, qu'il convenait d'en réserver l'étude. Voici d'ailleurs le texte même de ces paroles :

« M. Meunier a voulu attirer mon attention sur cette question. Je puis vous assurer que je l'étudierai avec tout le sérieux qu'elle mérite, car elle intéresse la dignité et la liberté des personnes, en même temps que la sûreté et la salubrité publiques. »

C'est exact. Aujourd'hui nous allons, à propos de la justice de paix, traiter la question, non pas au point de vue occasionnel, au point de vue d'un accident de la rue, mais au point de vue général et périodique. Cependant si je voulais, moi aussi, apporter des faits précis, comme lorsqu'on a discuté l'incident Forissier où les agents des mœurs avaient eu la main assez malheureuse en arrêtant non seulement une honnête femme — cela leur arrive souvent — mais la fiancée, devenue la femme d'un rédacteur de la *Lanterne* (*Sourires*), je pourrais vous citer un fait récent qui a eu son dénouement la semaine dernière devant la cour d'appel de Lyon. Cette cour a rendu un arrêt très important, visant un point de fait tout particulier, mais rappelant un principe absolu de notre droit.

Une certaine dame Fabre, caissière d'un café, s'est trouvée tout d'un coup arrêtée dans l'établissement par trois agents de la police des mœurs ; voici le sommaire de ce procès, tel que le rapporte le *Temps* :

« Le 21 mai 1902, Mlle Antoinette Fabre, gérante de café à Lyon, était arrêtée dans l'intérieur de l'établissement par trois agents du service des mœurs. Le crime de Mlle Fabre, au dire des agents, était d'avoir adressé à l'un deux, plusieurs heures auparavant, une œillade provocatrice.

« Maintenue en état d'arrestation, malgré les protestations du propriétaire du café, elle fût, le lendemain matin, soumise aux formalités de la visite sanitaire, puis relâchée. Elle introduisit aussitôt contre les trois agents devant le tribunal civil de Lyon, une demande en dommages-intérêts fondée sur le préjudice qui lui avait été causé. »

Les agents des mœurs avaient soulevé une exception d'incompétence. Ils soutenaient que les arrestations opérées par le service des mœurs constituent des actes administratifs dont les tribunaux judiciaires ne peuvent connaître. Vous verrez, messieurs, l'intérêt de mettre dans la loi une disposition établissant à cet égard la juridiction compétente, celle des juges de paix.

Le tribunal civil de Lyon n'avait pas voulu rendre de jugement, en disant qu'il attendait l'avis du conseil d'État. Appel fut porté devant la cour de Lyon et cette cour, jugeant avec un grand sens, avec humanité aussi, a rendu un arrêt déclarant que le tribunal de première instance avait eu tort. Voici les termes mêmes de cet arrêt :

« La cour d'appel de Lyon, réformant sur ce point le jugement de première instance, déclare qu'aucune disposition législative ou réglementaire ne donne aux agents du service des mœurs le droit d'arrestation préventive en dehors des conditions et des garanties de droit commun, que les textes étant clairs et précis, il n'y a pas lieu de les interpréter, mais de les appliquer... »

Si nous avons, dans cette affaire si pénible pour la pauvre femme qui en fut victime, un arrêt de la cour de Lyon, tous les jours se produisent des arrestations et des faits excessivement douloureux pour ceux qui en sont victimes, mais dont aucune juridiction n'est saisie. Bien des plaintes ne sont pas portées. On ne peut s'adresser aux tribunaux dans bien des cas. Saisir les magistrats est souvent impossible aux victimes des agents des mœurs.

Je n'insiste pas en ce moment sur ce sujet parce que je ne vous demande pas de réformer la police des mœurs : une commission est chargée d'étudier la question ; je veux circonscrire le débat sur son terrain juridique. Je ne demande pas qu'on réforme aujourd'hui tout cet ensemble d'ordonnances, de règlements et de lois remontant à l'ancien régime ; j'approuve entièrement ce qu'a dit M. Gabriel Deville en ce qui concerne les ordonnances singulières, datant du lieutenant de police Lenoir, sur les hôteliers et l'obligation pour eux de demander aux voyageurs leur contrat de mariage. Il y a d'autres textes dont l'abrogation est urgente : je citerai notamment l'ordonnance, édictée en 1878 par le préfet de police Albert Gigot, toujours en vigueur, défendant par exemple aux filles de se promener en cheveux — c'est le chapeau obligatoire (*On rit*) — et leur interdisant l'accès des établissements publics. Ce serait la ruine pour les établissements et pour le public parfois une vexation.

Mais là n'est pas la question. On a soulevé ce débat à la tribune à l'occasion de différents scandales. A propos de l'un d'eux, Gambetta a déclaré assez dédaigneusement que c'était là une question de voirie. Soit ! qu'il soit bien grave d'assimiler des êtres humains à des objets de voirie. L'opinion de Gambetta doit être retenue cependant en ce sens que c'est le juge compétent pour les affaires de voirie qui doit statuer en matière de police des mœurs. Or, qui est compétent en matière de voirie ? C'est le juge de paix. Et quelle est, aux yeux de l'administration, la juridiction compétente à l'égard des filles publiques ? Ce sont des messieurs qui sont, l'un chef de bureau, l'autre sous-chef, le troisième commissaire interrogatoire, tous fonctionnaires de la police. De sorte que la question se pose ainsi : Un agent de police, quels que soient son grade et sa fonction, est-il un magistrat ? A-t-il le droit de prononcer des peines d'emprisonnement ? Le juge de paix a déjà le droit d'en prononcer ; vous allez étendre son pouvoir, le charger de statuer sur maintes affaires jusqu'ici soumises au juge correctionnel ; pourquoi ne pas lui attribuer les jugements que rend indûment le bureau de police ?

Actuellement, il y a tous les jours des délinquantes. Je ne prétends pas qu'elles soient intéressantes, mais enfin elles ne sont coupables que d'infractions à des règlements, à des arrêtés préfectoraux concernant la circulation, le trottoir, la viabilité, le respect des passants et la décence des allures ; elles sont déférées à un tribunal qui n'existe en vertu d'aucune loi, à un tribunal illégal, qui se compose de fonctionnaires, d'employés usurpant le rôle de magistrats, et condamnées à un emprisonnement qui n'est jamais moindre de huit jours et peut aller jusqu'à deux et trois mois.

Le juge de paix est un magistrat considéré, un homme instruit, qui souvent possède des diplômes ; il a l'expérience des affaires, la confiance de ceux qui le nomment et de ses justiciables, et cependant vous hésitiez tout à l'heure à étendre ses pouvoirs en matière de délits forestiers, de délits de pêche, de délits de chasse. Ici il s'agit de milliers d'êtres humains, coupables seulement d'infractions qui quelquefois même n'existe que dans l'imagination des agents. Leurs chefs leur ont dit : « Vous mollissez, vous vous amusez, on n'arrête plus assez ! il nous faut du nombre ! faites nous du nombre ! » Alors, pour montrer leur zèle, ces hommes se livrent à ces chasses odieuses qu'on appelle des rafles. La plupart du temps, ces pauvres femmes pourchassées ne sont coupables que d'être tombées sous la griffe des agents. Ce sont là des faits que toute la presse démocratique a dénoncés depuis longtemps. (*Très bien ! très bien ! sur divers bancs.*)

C'est au moment où l'on discute le point de savoir s'il ne faut pas ajouter à la compétence des juges de paix, sur laquelle vous délibérez, et où l'on cherche à limiter les délits qui sont actuellement du domaine des agents des mœurs et de la police, qu'il convient de retirer à la police le droit de prononcer des pénalités aussi graves que l'emprisonnement — et quel emprisonnement et dans quelles conditions, dans quelles maisons ! — contre des êtres coupables d'infractions à des ordonnance de police.

Je pourrais vous lire des consultations d'hommes éminents comme M. Batbie — qui fut un très mauvais ministre, mais un excellent professeur de de droit — qui constatait que ces arrestations étaient complètement illégales et arbitraires ; comme Faustin Hélie, le savant jurisconsulte qui a déclaré que c'était sans droit que les fonctionnaires de la police s'érigeaient en magistrats. Personne ne peut constater le bien fondé de l'opinion de ces juristes émérites.

Vous avez aujourd'hui, messieurs, l'occasion de solutionner un problème qui, pour ne pas toucher directement l'ensemble de la société, a cependant une répercussion considérable sur l'orde social. Car, messieurs, quand bien même il n'y aurait qu'une seule femme innocente parmi tant de malheureuses arrêtées, pour celle-là vous devriez agir et retirer à la police un pouvoir qu'elle n'a aucun droit de posséder.

Son rôle est de surveiller la voie publique, de maintenir l'ordre et la décence dans les rues. Lorsqu'il se produit des violences ou des rixes, c'est le tribunal de droit commun qui est saisi, c'est la juridiction correctionnelle qui est compétente ; mais lorsqu'il y a simplement infraction à des arrêtés préfectoraux ou municipaux, à des règlements de police, je demande que le juge de paix remplisse le rôle qui incombe actuellement aux fonctionnaires de l'administration. Remarquez bien que dans plusieurs villes de France les choses se passent ainsi ; mais dans d'autres grandes villes et, notamment à Paris, il n'en est pas de même.

Examinez donc, messieurs, cette question de la compétence des juges de paix en matière d'infractions à des règlements de police spéciaux, dits de police des mœurs. Je crois que, par là, vous aurez accompli une bonne besogne et fait œuvre utile. Vous diminuerez le nombre des scandales trop fréquents et vous empêcherez le maintien d'un abus monstrueux, contre lequel protestent du fond du cœur tous ceux qui s'intéressent à la question que je traite en ce moment.

Car la presse, depuis longtemps, dénonce ces faits attristants tels que l'arrestation entraînant l'inscription de filles mineures ; depuis longtemps cette pratique ne devrait plus exister. (*Interruption sur divers bancs.*)

Je ne cherche pas à passionner la discussion, ni à diriger des attaques contre le préfet de police ; je suis en effet un partisan de l'institution même de la surveillance des filles et d'un règlement sur les prostituées.

Il faut réformer la police des mœurs, mais on ne peut pas la supprimer. Lorsque les personnes soumises à cette police ou arrêtées par elle commettent des infractions ou sont exposées à des pénalités, étant donnés les textes qu'on m'a appris à étudier et à respecter, je voudrais que leur condamnation fût prononcée, en vertu de la loi, non pas par un employé, par un fonctionnaire, si élevé que soit son rang, mais par un magistrat.

La question des filles mineures est d'une haute importance. C'est aujourd'hui un véritable scandale. Savez-vous qu'il y en a plus de 1,200 arrêtées chaque année ? Pourquoi ces filles mineures ne sont-elles pas conduites devant le juge de paix ? Voilà la question. Le juge de paix examinerait si la jeune fille a été poussée dans la rue par des parents dénaturés, par de mauvais conseils, par l'influence des milieux ou par ces grands recruteurs de la prostitution qui s'appellent la faim, le froid ou le dénûment. Le juge de paix aurait plus d'humanité que ces pourchasseurs de gibier féminin qui ne voient dans leur profession qu'une seule chose, le moyen de se montrer rigoureux, sévères, de moyen de se montrer rigoureux, sévères, de manière à s'attirer les félicitations de leurs chefs. Je ne les calomnie pas ; ce sont des hommes qui très souvent ont été de bons sous-officiers, mais qui ont la poi-

gne trop dure. Ils ne voient partout que des délinquantes, même lorsqu'il s'agit de mineures de douze,
treize ou quatorze ans, car on arrête à cet âge ces
petites bouquetières, ces petites filles qu'on rencontre sur les trottoirs de Paris.

Croyez-vous que pour elles ce soit une bonne
juridiction que celle de policiers qui voient partout
des délinquantes ? Ne croyez-vous pas qu'il faudrait
commettre un magistrat véritable, notamment pour
examiner cette question si grave de l'inscription
des filles mineures et afin qu'on ne les rejette pas à
tout jamais dans la boue ? Ne croyez-vous pas qu'il
serait meilleur de les faire comparaître devant un
magistrat régulier qui examinerait les faits, qui
ferait au besoin une enquête et statuerait ensuite
par un jugement décidant si la fille doit être envoyée
dans un établissement d'hospitalisation, si elle doit
être rendue à ses parents avec une semonce, ou
enfin, si elle doit être mise en correction ? Voilà
une circonstance très grave où la compétence du
juge de paix est indispensable.

Cette question qui semble, au premier abord,
n'intéresser que la classe la moins sympathique de
la société, constitue un grand problème social que
tous les philosophes, que nombre d'esprits éminents
pour lesquels, de ce côté-ci de la Chambre (*la gauche*), nous n'avons que du respect et de la sympathie,
que des hommes comme Victor Hugo ont étudié
et sur lequel ils ont attiré l'attention et la pitié de
tous les honnêtes gens.

Le jour où Victor Hugo a plaidé la cause de
cette malheureuse Fantine, victime de la ténacité
et de la rigueur professionnelle d'un agent de police,
on a pu croire qu'il grandissait, avec son génie
habituel, Javert, qu'il en faisait un être exceptionnel.
Eh bien ! pas du tout. Javert est partout ! On le
rencontre à chaque instant, parce que s'il est des
agents aimant leur profession, ce sont bien les
chasseurs des mœurs ; ils l'aiment un peu comme
les chasseurs d'autre gibier, et aussi parce que
cette profession est pour eux une source de profits
et de satisfactions qui disparaîtraient le jour où la
justice interviendrait. La plupart de ces agents des
mœurs ont pour maîtresses des femmes qu'ils ont
chargés de surveiller. (*Mouvements divers.*) Le
fait est exact et connu de tous. Que se passe-t-il
alors ? C'est qu'ils cherchent à éviter la concurrence
et pour cela ils tâchent de recevoir des dénonciations afin de toujours remplir Saint-Lazare. Le juge
de paix investi de pouvoirs suffisants, à qui ces
agents amèneraient la délinquante, examinerait si
le délit dont on l'accuse est grave ou non, s'il mérite
quinze jours ou deux mois de prison, ou si au contraire l'indulgence et le sursis s'imposent.

J'ai fini sur ce grave sujet. Je demande que M. le
rapporteur veuille bien ne pas considérer mon
amendement comme un obstacle au vote de la loi.
On pourrait l'ajouter comme article aux dispositions pénales déjà adoptées puisqu'on a déjà donné
aux juges de paix de nouvelles attributions, sans
compromettre l'ensemble de la loi. Je vous en
indique qui devraient être de la compétence du
juge de paix depuis longtemps puisque les infractions que je demande qu'on lui défère sont quali-
fiées d'infractions à des arrêtés de police. (*Applaudissements sur divers bancs.*)

M. le rapporteur. Messieurs, je voudrais
répondre quelques mots d'abord à mon honorable
collègue M. Lepelletier et ensuite à M. Deville.

Dans un amendement très intéressant et extrêmement étendu, M. Lepelletier vous propose de
confier au juge de paix toute la police des mœurs
ainsi que la connaissance des délits et des contraventions dont la police des mœurs s'arroge la
répression.

La commission repousse l'amendement, parce
qu'il y a, en ce moment, au ministère de l'intérieur,
une commission extraparlementaire composée de
tous ceux qui, avec un vif désir d'aboutir, étudient
cette question de la police des mœurs. (*Exclamations sur divers bancs.*)

Mais, messieurs, permettez-moi de vous indiquer
que le premier acte de cette commission, alors que
M. Lepelletier voudrait donner la connaissance de
délits relevant de la police des mœurs au juge de
paix a été de voter à une énorme majorité le texte
suivant : « La prostitution des femmes ne peut être
considérée comme un délit inscrit au code pénal. »

Il semble donc difficile, étant données l'orienta-

tion de ces travaux et la réglementation générale
à laquelle elle va parvenir, de distraire certains
textes et de confier au juge de paix la compétence
de délits relevant de la police des mœurs. C'est
pour ces motifs que nous repoussons l'amendement
de M. Lepelletier.

J'arrive à l'amendement présenté par notre
honorable collègue M. Deville.

Il s'agit ici d'ordonnances de police des 6 novembre 1778, 8 novembre 1780 et 21 mai 1784.

Il est absolument impossible d'accepter l'amendement dans sa teneur actuelle. M. Deville nous
demande d'ajouter à l'énumération de l'article 20
les mots suivants : « Les règlements, ordonnances
et arrêtés auxquels se réfère le paragraphe 15 de
l'article 471 du code pénal, sauf les ordonnances
de police du 6 novembre 1778, du 8 novembre 1780
et du 21 mai 1784. » Nous ne pouvons pas ajouter
ce texte. Les juges de paix sont en effet déjà compétents, puisqu'il s'agit de contraventions.

Mais, expliquant sa pensée, M. Deville nous dit
qu'il voudrait, par son texte, aboutir à l'abrogation
de ces ordonnances.

M. Gabriel Deville. C'est cela.

M. le rapporteur. Je réponds à notre collègue,
que nous sommes d'accord sur le principe, mais
qu'il serait véritablement étrange, dans une loi sur
la compétence des juges de paix, d'aller chercher
certains textes et de les abroger, sans qu'en définitive ils se rattachent en quoi que ce soit à l'ordre
d'idées que la Chambre examine.

Mais j'ai une autre réponse à lui faire qui me
touche bien davantage et que je soumets à notre
collègue qui se ralliera, je l'espère, à notre
manière de voir.

Ces ordonnances de police concernant les logeurs
et les débitants doivent-elles être abrogées par
une loi ? Nous ne le pensons pas. Ce sont des
règlements de police. Il suffirait d'un décret ou
plutôt d'un règlement de police pour les modifier.
Par conséquent, tout en étant d'accord avec
M. Deville, en principe, sur l'appréciation de ces
ordonnances surannées, nous lui demandons de
retirer son amendement et d'y substituer un projet
de résolution invitant le Gouvernement à faire
prendre, par le préfet de police, les mesures nécessaires pour que ces ordonnances soient abrogées
dans la forme où elles peuvent l'être. (*Interruptions au centre.*)

M. Ribot. Ce sont des ordonnances législatives.

M. le rapporteur. Si ce sont des ordonnances
législatives, ma première objection subsiste. Il est
bien difficile de les supprimer et de les abroger par
une loi qui est étrangère à leur matière. (*Très
bien ! très bien ! sur divers bancs.*)

M. le président. La parole est à M. Deville.

M. Gabriel Deville. Ce que je prévoyais est
arrivé. M. le rapporteur reconnaît le bien fondé de
mon amendement en principe, mais il me fait une
objection de forme.

Je ne suis pas suffisamment versé dans l'étude
du droit pour discuter avec lui la question d'abrogation ; mais il me semble que précisément on n'est
pas d'accord sur le pouvoir qui peut abroger ces
vieilles ordonnances.

M. Ribot. C'est le pouvoir législatif.

M. Renault-Morlière. Evidemment

M. Charles Benoist. La loi seule peut le faire.

M. Gabriel Deville. M. Ribot, M. Renault-
Morlière, M. Charles Benoist me disent que c'est
la loi ; nous sommes donc d'accord, et c'est parce
que c'est ma manière de voir que j'ai déposé mon
amendement.

Puisque nous sommes d'accord sur ce point, je
vous demande à vous, législateurs, de ne pas renvoyer cette abrogation à plus tard et de faire un
petit accroc à la forme, si toutefois il y a accroc,
ce que je conteste ; l'important, c'est d'abroger ces
ordonnances.

Le préfet de police, dans la plénitude de ses
pouvoirs, prendra ensuite tel arrêté qu'il voudra,
mais vous aurez réalisé une réforme vraiment
moderne. On ne verra plus appliquer cette réglementation vieillie dont je me plains : il n'y aura
plus dans le même article d'une ordonnance une

partie appliquée et une autre qui, arbitrairement, ne le sera pas, comme c'est le cas dans la circonstance qui nous occupe. (*Très bien! très bien!*)

M. le rapporteur. Puisque la commission est d'accord en principe avec vous, puisque la Chambre tout entière semble vous approuver au lieu d'accrocher à notre loi, passez-moi cette expression, des textes qui y sont absolument étrangers, pourquoi ne déposeriez-vous pas une proposition de loi spéciale qui serait immédiatement renvoyée à la commission?

Vous pourriez faire voter cette proposition au commencement d'une séance, à condition qu'il n'y ait pas débat.

M. Gabriel Deville. Ce n'est pas certain.

M. le rapporteur. Vous pourriez dans tous les cas solliciter le bénéfice de l'urgence.

M. Georges Berry. Cette proposition ne viendrait pas en discussion avant la fin de la législature!

M. Gabriel Deville. Mon amendement vise la compétence pénale des juges de paix. Or, comme nous faisons une loi réglant la compétence pénale, si — pour employer l'expression de M. le rapporteur — j'accroche ma proposition à cette loi, je l'y accroche avec quelque raison et je suis bien dans la matière en discussion. Je n'étends pas la compétence des juges de paix, je vous le concède; mais je me préoccupe de compétence puisque je demande que cette compétence ne s'étende plus aux trois ordonnances dont j'ai parlé, ordonnances qui, vraiment, ne sont plus d'accord avec nos mœurs et qui, de la façon dont elles sont appliquées, constituent l'arbitraire le plus caractérisé. En effet, on prétend qu'elles existent toujours et on applique certaines parties d'un de leurs articles en laissant de côté les autres.

J'insiste donc pour que la Chambre veuille bien trancher cette question, qui est capitale pour le petit commerce parisien. Il y a des condamnations, je ne dirai pas tous les jours — je ne veux rien exagérer — mais certainement toutes les semaines.

L'abrogation que je vous prie de voter constitue une des revendications que le petit commerce a mises dans son programme. Je vous demande de trancher la question dans le sens qu'il désire.

Ce n'est pas là une question politique mais une question d'opportunité. Nous pouvons la trancher favorablement; faisons-le. (*Très bien! très bien! sur divers bancs.*)

Dans ces conditions, je pense que la Chambre voudra bien accepter mon amendement, et je dépose une demande de scrutin. *Très bien! très bien! sur divers bancs.*)

M. le président. La parole est à M. le garde des sceaux.

M. le garde des sceaux. Le Gouvernement ne peut s'associer à l'amendement proposé par l'honorable M. Deville. Il s'agit, en effet, de rayer d'un trait de plume tous les règlements et toutes les ordonnances qui visent la prostitution..

M. Gabriel Deville. Pas du tout!

M. le garde des sceaux. Pardon, vous demandez l'abrogation de l'ordonnance de 1778, qui contient deux parties, l'une concernant les filles publiques et l'autre, les hôteliers; puis l'abrogation de l'ordonnance de 1780 qui vise plus particulièrement les cabaretiers et enfin l'abrogation de l'ordonnance de 1784 **sur les filles de débauche.**

Par conséquent, j'ai raison de dire que c'est toute la réglementation de la prostitution qui disparaîtrait avec l'abrogation de ces ordonnances. Vous nous demandez de voter une semblable mesure alors que le ministre de l'intérieur n'a pas été consulté et avant que la question n'ait pu être examinée par les grandes commissions de cette Chambre; car ce n'est pas seulement la commission des réformes judiciaires dont il faudrait connaître l'opinion, mais ce sont aussi les commissions qui s'occupent de l'hygiène sociale.

Il n'est pas possible de supprimer ainsi toute une législation à propos d'une question de compétence. Que cette législation soit mauvaise, qu'elle soit

ancienne, surannée, qu'elle donne lieu à des abus, je ne le discute pas. Je connais ces abus car, dans une précédente législature, j'avais reçu le mandat de préparer un rapport sur la question de la prostitution; d'autres préoccupations et la fin même de cette législature ont interrompu nos travaux.

Dès ce moment, je considérais la question de la réglementation comme très complexe; mais j'étais d'accord avec le ministre de l'intérieur et le préfet de police pour admettre que l'abrogation de ces vieilles ordonnances devait être précédée de l'élaboration d'une nouvelle législation. Or, l'honorable M. Deville nous demande de supprimer ces ordonnances, mais il ne nous propose aucun texte de remplacement, de sorte que, si la Chambre votait son amendement, il n'y aurait plus à Paris aucune réglementation concernant le régime des mœurs. Dans ces conditions, le Gouvernement repousse l'amendement.

M. le président. La parole est à M. Puech.

M. Louis Puech. Il n'est pas exact que les deux ordonnances visées réglementent seulement la prostitution. Mais je veux bien l'admettre un instant pour les besoins de la discussion; je veux bien supposer que l'amendement doive être limité à l'abrogation des articles de ces ordonnances relatifs non à la prostitution mais aux débitants et aux hôteliers.

N'oubliez pas, messieurs, que l'amendement tendant à l'abrogation de ces articles a été renvoyé à la commission, il y a de longs mois; que la commission a pu l'étudier et l'a étudiée à loisir. Or, le président de la commission, qui en est en même temps le rapporteur, est au fond d'accord avec nous pour constater la nécessité de cette abrogation. L'accord, sur ce point, de M. le rapporteur avec nous est un fait acquis sur lequel il ne peut pas y avoir contestation.

D'autre part, M. le garde des sceaux sait bien qu'à maintes reprises des corporations particulièrement intéressantes sont allées le trouver pour demander cette abrogation. Au fond il n'a pas contesté la légitimité de leur revendication. Il n'y a donc plus qu'une question de forme.

Mais il est un moyen de donner satisfaction et aux scrupules de M. le garde des sceaux et à M. le rapporteur qui trouve dans la place que nous donnons à notre amendement un défaut d'harmonie. C'est de renvoyer l'amendement à l'examen de la commission. Celle-ci vérifiera encore une fois les divers articles et donnera à l'amendement une autre place.

Je signale, à titre d'indication, que le dernier article du projet porte abrogation d'un certain nombre de dispositions de loi antérieures. Il suffirait donc d'ajouter aux dispositions nominativement désignées comme devant être abrogées, les articles des ordonnances de police du 8 novembre 1780 et du 21 mai 1781 dont nous demandons l'abrogation.

Ces ordonnances n'ont pas besoin d'être ici appréciées et jugées à nouveau. Vous les connaissez tous, messieurs, vous en connaissez les inconvénients; vous savez de quelle façon on les interprète; leur esprit comme leurs termes ne sont plus de notre temps et elles donnent lieu dans leur application à des abus intolérables.

Que M. le préfet de police, en vertu des pouvoirs qui lui sont confiés par des lois, prenne des arrêtés au regard des hôteliers et des débitants, personne n'y contredit; mais qu'on applique à ces honorables commerçants des ordonnances qui datent de plus d'un siècle et qui visent des situations et des mœurs qui sont aujourd'hui tout différents ce n'est vraiment pas admissible.

J'espère donc être d'accord avec l'honorable rapporteur et président de la commission, en demandant que l'amendement soit renvoyé à la commission, pour être joint au dernier article du projet de loi.

La commission s'inspirera en même temps des observations de M. le garde des sceaux.

M. le rapporteur. Sur un point tout au moins nous allons nous trouver d'accord avec M. Puech. Il est bien entendu que l'amendement de M. Deville ne peut pas trouver sa place au point de la loi où nous en sommes arrivés. Je prie notre collègue de vouloir bien le retirer et rédiger un article addi tionnel à l'article 27, c'est-à-dire à l'article spécial aux abrogations; la commission l'examinera. (*Très bien! très bien!*)

M. Gabriel Deville. J'accepte la proposition de M. le rapporteur, mais je tiens absolument à dire que mon amendement ne concerne en rien le régime de la prostitution. Je n'ai pas voulu m'en occuper.

Veuillez ne voir du reste, messieurs, aucune critique ni dans mon esprit, ni dans mes paroles, contre l'amendement de M. Lepelletier. Mon amendement est tout à fait différend du sien. Son amendement concerne la prostitution et il est absolument en dehors de la question que je traite.

L'arrêt de la cour de cassation qui constate qu'une des ordonnances sur cette matière toujours en vigueur dit en effet que l'on n'a pas à rechercher s'il y a eu ou non acte se rattachant à la prostitution. Il en résulte que pour les débitants, les seuls dont je m'occupe, l'infraction est constituée par le fait seul de la présence d'une femme prostituée dans leur petit établissement; ce n'est pas la femme qui est punie, c'est le débitant. En outre, vous savez très bien — et je m'abstiendrai de citer aucun nom — qu'il y a à Paris des établissements très côtés auxquels on se garde bien d'appliquer ces ordonnances. Elles ne sont appliquées qu'aux malheureux, aux petits commerçants, et cela contribue encore, si possible, à les rendre plus odieuses.

J'espère que la commission me donnera satisfaction au fond et j'accepte la procédure qu'elle nous propose. (*Très bien! très bien! à l'extrême gauche.*)

M. le président. La parole est à M. le garde des sceaux.

M. le garde des sceaux. Je voudrais préciser la question. J'avais répondu tout à l'heure à la fois à M. Lepelletier et à M. Deville, mais l'honorable M. Deville ne paraît se préoccuper que de la partie de l'ordonnance qui vise les cabaretiers et les hôteliers.

M. Gabriel Deville. C'est cela.

M. le garde des sceaux. Or, les infractions commises par les cabaretiers et les hôteliers à ces vieilles ordonnances relèvent déjà du tribunal de simple police. Je rappelle à la Chambre que nous élaborons une loi de compétence, mais que, à cette occasion, nous ne recherchons pas les textes du code pénal et des lois spéciales qu'il conviendrait de modifier. M. Deville a dès maintenant satisfaction au point de vue de la compétence.

Mais il nous demande davantage: c'est dans cette voie que le Gouvernement ne peut le suivre. Il nous dit: Je sais que la compétence de ces contraventions appartient au juge de paix, mais c'est la pénalité même édictée par les ordonnances que je veux faire abolir.

Messieurs, j'estime que cette abrogation ne peut être inscrite dans une loi comme celle que nous préparons.

M. Charles Bos. Il me paraît que les explications de M. le garde des sceaux sont un peu insuffisantes. Nous nous trouvons bien en présence d'une loi sur la compétence des juges de paix, mais avec l'introduction d'une compétence pénale qui ne figure pas dans les attributions actuelles de cette juridiction.

Etant donnée cette modification, cette aggravation de la compétence aux points de vue civil et pénal, il me paraît tout à fait naturel que l'amendement de M. Deville trouve ici sa place. Je ne comprends pas du tout l'objection de M. le garde des sceaux.

M. le garde des sceaux. Actuellement les juges de paix sont compétents pour connaître de ces infractions. Mais vous demandez que ces pénalités soient abrogées. C'est alors une réforme de la loi pénale, ce n'est plus une réforme de la loi de compétence que vous voulez faire. (*Mouvements divers.*)

M. Louis Puech. Il ne s'agit pas ici d'une question de compétence. Actuellement ces contraventions sont de la compétence du juge de police; demain, après le vote du projet, elles seront, comme aujourd'hui, de la compétence du juge de police, qui, au lieu d'être un juge de paix spécial, sera le juge de paix ordinaire, celui du canton en province, à Paris, celui de l'arrondissement. Mais la compétence ne sera pas changée.

Nous ne demandons pas non plus la suppression d'une pénalité. Il n'est pas question de pénalité dans notre amendement, mais de la contravention elle-même telle qu'elle a été créée et déterminée par une législation antédiluvienne. C'est une contravention qui n'est plus de notre âge, et nous vous en demandons instamment la suppression.

Vous savez en quoi cette contravention consiste. Voici un exemple.

Un individu entre chez un marchand de vin dans un quartier populeux en compagnie d'une fille soumise. Le débitant leur sert une consommation au comptoir. Il est traduit devant le tribunal de simple police, condamné pour ce fait, la première fois à l'amende, la seconde fois à l'emprisonnement.

Cela ressemble à je ne sais plus quelle vieille loi romaine qui frappait les citoyens d'une sorte d'interdiction de vivre, par la défense faite à quiconque de leur servir et de leur donner quoi que ce soit, même du pain, même de l'eau. Au surplus, une telle contravention peut être constamment commise de la meilleure foi du monde par le débitant le plus honnête.

M. le garde des sceaux me fait signe qu'il est de mon avis. Alors comment une pure question de forme pourrait-elle retenir la Chambre?

Dans beaucoup d'autres circonstances où le le sujet n'était pas plus intéressant, la Chambre a bien passé outre à des questions de forme ou d'harmonie dans les textes. Pourquoi ne le ferait-elle pas aujourd'hui, alors que mon collègue M. Deville et moi acceptons de transformer l'amendement comme je l'ai indiqué et de le transporter au dernier article du projet?

M. le président. L'amendement sera discuté à l'article 27 concernant les abrogations. (*Assentiments.*) Reste à statuer sur l'amendement de M. Lepelletier.

M. Edmond Lepelletier. M. le garde des sceaux a répondu à la fois à M. Deville et à moi-même. Cependant, il y a une grande différence entre nos deux amendements. M. Deville demande des abrogations, des suppressions, que d'ailleurs j'approuve. Quant à moi, Messieurs, je vous demande de donner à la compétence des juges de paix toute l'ampleur possible. On peut admettre que l'on renvoie à une discussion ultérieure ou à la fin du débat une loi nouvelle ou une abrogation; mais il n'y a pas de sujet plus actuel que de savoir si les infractions de police doivent être jugées par le juge de police, puisqu'on discute en ce moment les attributions de ce juge.

M. le garde des sceaux a donné beaucoup d'extension à ma proposition quand il a prétendu que je modifiais complètement la législation sur la police des mœurs. Il n'en est rien; je laisse à la commission qui a été instituée à cet effet, aux autorités compétentes le soin de réglementer, d'administrer, d'abroger les décrets et ordonnances, de conserver non seulement tout ce qui importe à la sécurité des habitants, à la tranquillité des passants, mais encore tout ce qui intéresse les mesures sanitaires. Je n'y touche pas aujourd'hui; cependant il est monstrueux que la maladie soit considérée comme un délit à notre époque et que parce qu'une malheureuse femme est malade, on la maintienne en prison pendant des mois, alors que celui qui l'a contaminée n'a pas été inquiété.

L'application des mesures sanitaires dont vous parlez devrait être réciproque; or, cette réciprocité n'est pas possible.

Sans vouloir remuer plus longtemps ce bourbier social, je me borne à vous dire: Vos agents arrêtent des délinquantes auxquelles ils reprochent d'avoir commis des infractions de simple police. Qui est juge de ces infractions? Est-ce la cour de cassation, le tribunal correctionnel ou la cour d'assises? Non, c'est le juge de simple police. Conduisez donc ces délinquantes et ces délinquants devant ce juge de police. Je ne vois pas quelle objection M. le rapporteur peut m'opposer. Je ne touche pas à l'ensemble des règlements concernant la prostituiton; vous les modifierez, messieurs, vous les amenderez si vous voulez ; je vous demande seulement, puisque vous discutez sur la compétence des juges de paix, d'être logiques.

Je m'adresse à tous mes collègues qui ont lu des récits plus ou moins émouvants et qui se sont passionnés pour des histoires dramatiques analogues à celle de Manon Lescaut, et je leur recommande de se prononcer pour ou contre le maintien du régime actuel en décidant d'abord que le juge de paix sera compétent pour juger les infractions constatées par la police. Nous verrons après.

M. le rapporteur. La commission, d'accord avec le Gouvernement, repousse l'amendement.

M. le président. Je vais mettre aux voix l'amendement. Il y a une demande de scrutin. (*Exclamations.*)

Est-elle retirée ?

M. Edmond Lepelletier. Pas du tout ! On va se compter. On verra ceux qui sont partisans du maintien de l'arbitraire de la police.

Sur plusieurs bancs. Quel est le texte de l'amendement ?

M. le président. L'amendement est ainsi conçu :

« Les tribunaux de simple police à Paris et dans les autres villes et communes où ils n'en connaissent pas déjà connaîtront des infractions aux arrêtés préfectoraux, municipaux et règlements de police concernant le racolage sur la voie publique, les actes dits d'insoumission, le logement par les hôteliers logeurs des femmes se livrant à la prostitution, et généralement de tous les faits, délits et contraventions dont la police dite des mœurs s'arrogeait la répression.

« Toute personne arrêtée ou poursuivie pour une infraction de ce genre sera déférée au tribunal de simple police.

« La condamnation sera prononcée en vertu du paragraphe 15 de l'article 471 du code pénal ; elle comportera toutefois avec l'amende l'emprisonnement dans la limite de la compétence.

« La maladie n'étant pas un délit, aucune condamnation ne pourra être requise pour cause d'état sanitaire contre les femmes arrêtées pour scandale sur la voie publique, racolage ou tout autre chose.

« En attendant la révision des règlements de police sur la prostitution, les juges de paix auront seuls qualité pour apprécier les actes dits d'insoumission et pour statuer sur la demande de radiation d'inscription au livre de la police des mœurs. »

Sur divers bancs. La division.

M. Edmond Lepelletier. Soit, je consens à la division. Je demande à la Chambre de voter d'abord sur les trois premiers paragraphes, c'est-à-dire jusqu'aux mots : « La maladie n'est pas un délit... »

Elle dira ainsi si elle veut que le paragraphe 15 de l'article 471, qui punit les infractions aux arrêtés municipaux et préfectoraux, soit appliqué à ces sortes de délits.

M. le président. M. Lepelletier demande la division ; la division est le droit.

Je mets aux voix la première partie de l'amendement jusqu'aux mots : « La maladie n'étant pas un délit... »

Il y a une demande de scrutin signée de MM. Louis Brindeau, Cornudet, Bouctot, Proust, Paul Beauregard, Marot, Prache, Audiffred, La Chambre, Duquesnel, Audigier, Anthime-Ménard, Jacquey, Boury, Bonnevay, Quilbeuf, Berthoulat, etc.

Le scrutin est ouvert.

(Les votes sont recueillis. — MM. les secrétaires en font le dépouillement.)

M. le président. Voici le résultat du dépouillement du scrutin :

Nombre des votants.......... 436
Majorité absolue.............. 219

    Pour l'adoption....... 101
    Contre................ 335

La Chambre des députés n'a pas adopté.

Monsieur Lepelletier, maintenez-vous la seconde partie de votre amendement ?

M. Edmond Lepelletier. Je la retire, monsieur le président.

M. le président. La commission a rapporté l'amendement de M. Ollivier, qui a été pris en considération. Elle propose la rédaction suivante :

« 2° Les infractions prévues et punies par :

« L'article 311, § 1er, lorsque les blessures ou les coups, ou autres violences ou voies de fait n'auront occasionné aucune maladie ou incapacité de travail personnel, les articles 445, 446, 447, 448, 449, 450, 451, 453, 454, 455 et 456 du code pénal... »

Personne ne demande la parole ?...

Je mets aux voix cette rédaction.

(La rédaction, mise aux voix, est adoptée.)

M. le président. Nous arrivons à un amendement de M. La Chambre, ainsi conçu :

« L'article 18 de la loi du 9 janvier 1852 relatif à la pêche côtière est modifié ainsi qu'il suit :

« Toutes les poursuites exercées en réparation des délits pour faits de pêche seront portées devant les tribunaux de simple police. »

La parole est à M. La Chambre.

M. le rapporteur. Voulez-vous me permettre, mon cher collègue, de vous faire remarquer que votre amendement a reçu satisfaction ?

M. La Chambre. Oui, mais en partie seulement.

M. le rapporteur. Il reçoit satisfaction en vertu du principe général de la loi. Les articles 5, 6, 7, 8 et 9 de la loi de 1852 tombent sous le coup de la nouvelle loi. Je crois donc que vous avez obtenu satisfaction.

M. La Chambre. Pour les délinquants primaires seulement.

M. le rapporteur. Oui.

M. La Chambre. C'est là la question qui nous divise.

Je crois nécessaire d'exposer à la Chambre la portée de l'amendement que j'ai déposé sur l'article 21 ancien, quels sont les points sur lesquels le nouveau texte de la commission lui donne satisfaction et aussi quelles restrictions il y apporte.

Dans son très intéressant rapport, notre honorable collègue M. Cruppi rappelle que lors de la discussion en 1891 devant la Chambre, les partisans de l'extension de la compétence pénale la plus limitée mettaient en avant les infractions de pêche comme étant les premières à placer sous la juridiction des juges de paix.

Dès le début, la commission a proposé cette réforme pour les délits de pêche fluviale, mais il en est d'autres qui méritent encore plus votre attention : ce sont les délits de pêche côtière maritime. Mon amendement a trait à ces derniers.

Tandis que la pêche fluviale est exercée au profit de l'État ou des riverains, la pêche maritime au contraire est libre, sans fermage ni licence, et commune à tous les marins français, tant en pleine mer que sur les grèves. Le décret-loi du 9 janvier 1852 proclame ce principe fondamental et règle seulement l'exercice de la pêche de la manière à prévenir les abus qui pourraient se commettre et à empêcher la dévastation des fonds. En poursuivant l'application des règlements de pêche, l'administration de la marine a pour but non pas de défendre une propriété de l'État, mais uniquement de protéger les pêcheurs contre leurs propres entraînements.

Tirant de la mer leur gagne-pain journalier, ceux-ci exploitent une richesse qui est en quelque sorte le bien commun de tous les pêcheurs ; si leur arrive parfois de faire un emploi abusif, c'est à la communauté, et à eux-mêmes par conséquent, qu'ils portent préjudice. La loi le reconnaît si bien, que le produit des amendes, au lieu de faire retour au Trésor, comme dans les délits de pêche fluviale, est au contraire versé à la caisse des invalides de la marine, d'où il ressortira ensuite pour être distribué aux marins à titre de pension.

Aussi, en raison de ces considérations qui devraient porter à l'indulgence, les peines édictées par la loi de 1852 apparaissent aujourd'hui comme bien sévères ; elles varient, selon les cas, de 25 à 250 francs d'amende et de 1 à 30 jours de prison. (*Très bien ! très bien ! sur divers bancs au centre et à droite.*)

Pourquoi faut-il que la rigueur en soit encore augmentée par une comparution véritablement désobligeante, humiliante même, devant la police correctionnelle? Les faits poursuivis ont en effet un caractère bien plutôt contraventionnel que délictueux. Ils sont désignés dans les textes sous le nom de contraventions. Ce sont en réalité de véritables infractions à une loi de police qui doivent rentrer sous la juridiction des tribunaux de simple police.

Au centre. C'est très logique !

M. La Chambre. Ce changement de juridiction présenterait aussi d'autres avantages. Il entraînerait une diminution sensible des frais de justice qui viennent aggraver si lourdement la condamnation. La moindre amende de 25 francs ne s'élève pas actuellement à moins de 38 fr. 20. Si l'on tient compte en outre de la perte de temps, des frais de déplacement que nécessite la comparution devant le tribunal du chef-lieu d'arrondissement, souvent fort éloigné du port de pêche, voilà l'amende plus que doublée.

Enfin l'examen de ces délits n'exige pas une science juridique très étendue mais en revanche il réclame souvent une connaissance des cantonnements, des endroits de pêche réservée et des termes de marine qu'un magistrat fort éclairé peut très bien ne pas posséder au même degré qu'un simple juge de paix dans le canton et familiarisé avec la vie maritime. (*Très bien ! très bien ! à droite et au centre.*)

Aujourd'hui, en comprenant, comme je l'ai demandé, la loi de 1852 dans les lois spéciales visées à l'article 19, la commission donne satisfaction — je tiens à le constater — à une partie essentielle de mon amendement qui tend à déférer aux juges de paix tous les délits de pêche côtière.

Cependant je ne puis pas souscrire à la condition introduite dans le nouveau texte « que l'inculpé n'aura pas subi de condamnation antérieure », car elle ne saurait se justifier, en matière de pêche maritime. Dans certains quartiers, en effet, où les difficultés nautiques sont particulièrement grandes, quel est le marin qui dans sa carrière n'a pas, au moins une fois et même sans le savoir, commis une infraction aux règlements ? Vous ne pouvez pas, à mon avis, le déclarer forclos à tout jamais du bénéfice de cette réforme. (*Très bien ! très bien ! sur les mêmes bancs.*)

C'est sur cette situation de fait qui a appelé mon attention et qui m'a déterminé à ne pas établir de distinction entre les délinquants primaires ou autres pour faits de pêche maritime seulement.

Je demande donc à la Chambre de se prononcer sur mon amendement dans le sens que je viens d'indiquer. (*Très bien! très bien! à droite et au centre.*)

M. le président. La parole est à M. le rapporteur.

M. le rapporteur. Messieurs, notre honorable collègue a bien voulu reconnaître qu'il avait satisfaction ; mais il voudrait que nous allions un peu plus loin. Cela est impossible à la commission. On ne comprendrait pas la distinction arbitraire établie entre la pêche d'eau douce et la pêche maritime.

Il a été dit tout à l'heure que les contraventions de la pêche fluviale, qui tombent sous le coup de la loi et dans la sphère d'action de son principe général, appartiendraient au juge de police. Il faut que la même disposition s'applique à la pêche côtière et à la pêche maritime.

Il n'y a, je le répète, aucune raison de différencier la pêche fluviale de la pêche maritime. La commission insiste donc pour que l'amendement soit repoussé, mais je prie la Chambre de vouloir bien constater qu'elle lui a donné satisfaction dans une très large mesure. (*Très bien! très bien! à gauche.*)

M. le président. La parole est à M. Hémon.

M. Louis Hémon. La Chambre me permettra d'insister d'un mot pour l'adoption de l'amendement présenté par notre honorable collègue.

Il s'agit ici — qu'on veuille bien le remarquer — non pas, comme dans les votes précédents, de convertir un délit en contravention, mais de rendre une contravention à son juge naturel qui est le juge de simple police.

Si jamais rectification de ce genre a été justifiée c'est dans ces cas de règlements maritimes dont la complexité déroute même les érudits des tribunaux. (*Très bien! très bien ! au centre et à droite.*)

Il est certain qu'étant donnée l'accumulation des règlements maritimes, il ne suffit pas des circonstances atténuantes que la Chambre a bien voulu admettre l'année dernière, sur ma proposition, pour tempérer la rigueur de ces règlements qui édictent des pénalités allant jusqu'à 100 francs d'amende et jusqu'à dix jours de prison, il faut en outre que le magistrat qui jugera ces contraventions en matière de rôles d'équipage qu'un marin n'est jamais sûr de ne pas commettre cent fois dans sa vie, soit un magistrat paternel qui ne se préoccupe pas de savoir s'il est en face d'une première ou d'une dixième contravention. (*Très bien! très bien!*) C'est pourquoi je soutiens l'amendement de M. La Chambre et je vous demande, messieurs, de l'adopter. (*Très bien ! très bien!*)

M. le rapporteur. Je suis bien obligé alors de préciser et de dire que toutes les lois sur la pêche maritime sont dans la sphère d'action de la loi nouvelle. Les articles 5, 6, 7, 8, 9 sont les seuls qui contiennent des pénalités et ils vont appartenir au juge de paix, c'est-à-dire au juge de police. Vous avez donc satisfaction pleine et entière. Seulement vous demandez en outre que nous donnions au juge de police les dispositions de l'article 11 de cette loi, c'est-à-dire celles qui concernent les récidivistes. Nous ne pouvons pas le faire, puisque c'est le principe de notre loi de laisser de côté les récidives et de ne nous attacher qu'à la première infraction. Ce que vous demandez, c'est non pas une disposition qui résulte de l'application de la loi, mais une faveur toute spéciale et exceptionnelle, en dehors du cadre de notre loi ; nous ne pouvons pas l'accorder. (*Applaudissements à gauche.*)

M. le président. Je mets aux voix l'amendement de M. La Chambre.

(Une première épreuve a lieu et est déclarée douteuse par le bureau.)

A gauche. Nous demandons le scrutin.

M. le président. Le scrutin étant demandé, après une épreuve douteuse, est de droit.

Le scrutin est ouvert.

(Les votes sont recueillis. — MM. les secrétaires en font le dépouillement.)

M. le président. Voici le résultat du dépouillement du scrutin :

> Nombre des votants........... 530
> Majorité absolue............. 266
>
> Pour l'adoption....... 235
> Contre................ 295

La Chambre des députés n'a pas adopté.

Nous arrivons à l'amendement de M. Rudelle, qui est ainsi conçu :

« Les contraventions en matière de police des chemins de fer prévues par les articles 61 à 68 de l'ordonnance du 15 novembre 1846 et punies par l'article 21 de la loi du 15 juillet 1845 seront portées devant les tribunaux de simple police. »

La parole est à M. Rudelle.

M. Rudelle. Il me semble que d'après la nouvelle rédaction de la commission mon amendement reçoit complète satisfaction. Si par hasard je me trompais, je prierais M. le président de la commission de vouloir bien me le dire.

M. le rapporteur. Je dois à la vérité de dire que cette satisfaction est très partielle. C'est seulement l'article 11 de la loi de 1845 qui tombe sous l'application de la loi.

M. Rudelle. Je demandais, par mon amendement, que toutes les contraventions punies par l'article 21 de la loi de 1845 soient portées devant les tribunaux de simple police. Or, cet article 21 édicte simplement des amendes ; les articles 61 à 68 de l'ordonnance se référant à l'article 21 de la loi de 1845, il semble que mon amendement reçoit complète satisfaction.

M. le rapporteur. Mais non !

M. Rudelle. Nous n'avons pas entre les mains le texte que la commission a adopté dans sa délibération de ce matin ; ce n'est que par hasard que nous avons eu connaissance de quelques-unes des dispositions nouvelles ; nous ne pouvons donc pas savoir si, en définitive, nous avons eu ou non satisfaction ; c'est à vous de nous le dire.

M. le rapporteur. Je demande la parole.

M. le président. La parole est à M. le rapporteur.

M. le rapporteur. Je ne m'attendais pas à ce mécontentement de la part de l'honorable auteur de l'amendement.

Vous avez présenté, monsieur Rudelle, un amendement ainsi conçu :

« Les contraventions en matière de police des chemins de fer prévues par les articles 61 à 68 de l'ordonnance du 15 novembre 1846 et punies par l'article 21 de la loi du 15 juillet 1845 seront portées devant les tribunaux de simple police. »

Vous me demandez si vous avez satisfaction ; mais vous devez le savoir aussi bien que moi ! D'après le jeu naturel de la loi et en vertu du principe que nous avons posé, la contravention tombera sous le coup de la loi et dans sa sphère d'application s'il s'agit de pénalités n'excédant pas un mois de prison et 500 francs d'amende. (*Très bien ! très bien !*)

M. Rudelle. Alors jai satisfaction. Mais je ne pouvais connaître vos textes, puisqu'on ne nous les a pas distribués !

M. le président. Je mets alors aux voix les paragraphes suivants du texte de la commission :

« Le titre II du décret des 28 septembre-6 octobre 1791 sur la police rurale ;

« Les articles 30, 33 et 34 de la loi du 21 juillet 1881 sur la police sanitaire des animaux ;

« L'article 52 de la loi du 3 juillet 1877 sur les réquisitions militaires ;

« L'article 8 de la loi du 30 mai 1851 sur la police du roulage et des messageries publiques. »

(Cette partie de l'article, mise aux voix, est adoptée.)

M. le président. Nous arrivons à un amendement de M. Perroche, tendant à l'addition suivante :

« Les articles 8 et 16 de la loi du 1er juillet 1901 relative aux associations et congrégations. »

La parole est à M. Perroche.

M. Perroche. Etant donné le texte précédemment voté par la Chambre, l'amendement n'a plus de raison d'être.

M. le rapporteur. Mais si ! Voulez-vous me permettre de fournir quelques explications à la Chambre ?

M. Perroche. Volontiers.

M. le rapporteur. L'amendement de M. Perroche est ainsi conçu :

« Ajouter le paragraphe suivant :

« Les articles 8 et 16 de la loi du 1er juillet 1901 relative aux associations et congrégations. »

En ce qui concerne l'article 8, M. Perroche a satisfaction, et cet article tombe sous le coup de la loi. En effet, cet article est ainsi conçu : « Seront punis d'une amende de 16 à 200 francs et, en cas de récidive, d'une amende double, ceux qui auront contrevenu aux dispositions de l'article 5. »

L'article 5 de la loi du 1er juillet 1901 est l'article qui prescrit la publicité ; toute association qui voudra obtenir la capacité juridique est tenue, comme vous le savez, messieurs, de faire une déclaration préalable ; il s'agit d'un délit contraventionnel.

Voici maintenant le deuxième paragraphe de l'article 8 de la même loi :

« Seront punis d'une amende de 16 à 5.000 francs et d'un emprisonnement de six jours à un an, les fondateurs, directeurs ou administrateurs de l'association qui se serait maintenue ou reconstituée illégalement après le jugement de dissolution. »

Des deux paragraphes de cet article 8, le premier tombe mécaniquement sous le coup de la loi, ce qui prouve, entre parenthèses, que notre principe est bon, puisque ce paragraphe a trait à une contravention matérielle. Par contre, l'autre paragraphe, à raison de la pénalité ; il ne tombe pas sous le coup de la loi.

Il faudrait que, par une disposition spéciale de l'amendement, la Chambre l'y fît tomber.

Quant à l'article 16 de la loi du 1er juillet 1901, il est ainsi conçu :

« Toute congrégation formée sans autorisation sera déclarée illicite.

« Ceux qui en auront fait partie seront punis des peines édictées à l'article 8, paragraphe 2.

« La peine applicable aux fondateurs ou administrateurs sera portée au double. »

Nous répondons à M. Perroche : Vous avez satisfaction en ce qui concerne le premier paragraphe de l'article 8. Mais en ce qui concerne le second paragraphe de l'article 8 et l'article 16, le projet ne vous donne pas satisfaction, et la commission repousse l'amendement.

M. Perroche. La question est posée. La Chambre la résoudra. Il s'agit simplement de savoir si les prévenus primaires dont nous nous sommes entretenus tout à l'heure, qui auront encouru, en mutilant, en abattant des arbres, une peine de cinq années d'emprisonnement, seront traités avec plus d'indulgence que les personnes désignées dans les articles 8 et 16 de la loi du 1er juillet 1901, qui ne pouvaient encourir au maximum qu'un an de prison. (*Très bien ! très bien ! sur divers bancs.*)

M. le garde des sceaux. Le Gouvernement repousse l'amendement.

M. le président. Je mets aux voix l'amendement de M. Perroche.

Il y a une demande de scrutin signée de : MM. Cère, Balitrand, Chanoz, Camille Lesage, Antoine Gras, Trouin, Beauquier, Gouzy, Audrieu, Jeannenez, Théron, Clément, etc.

Le scrutin est ouvert.

(Les votes sont recueillis. — MM. les secrétaires en font le dépouillement.)

M. le président. Voici le résultat du dépouillement du scrutin :

Nombre de votants...................	573
Majorité absolue...................	287
Pour l'adoption...........	235
Contre...................	338

La Chambre des députés n'a pas adopté.

Nous nous trouvons en présence d'un amendement de M. de Castelnau, ainsi conçu :

« Les juges de paix connaîtront, en outre, du fait de dégradation ou de mutilation de monuments et statues, prévu et puni par l'article 257 du code pénal, leurs destruction et enlèvement restant dans la compétence du tribunal correctionnel. »

M. Léonce de Castelnau. Mon amendement n'a plus de raison d'être, l'article 257 n'ayant pas été compris par la commission dans l'énumération des délits déférés à la compétence des juges de paix.

M. le président. Je donne lecture du dernier alinéa de l'article 19 :

« Dans tous les cas prévus au présent article, le prévenu sera puni d'une amende de 1 à 100 francs et pourra l'être d'un emprisonnement de un à dix jours. »

Il y a un amendement de MM. Larquier et Péret ainsi conçu :

« Rédiger ainsi le dernier paragraphe de l'article 19 :

« Dans tous les cas prévus au présent article, le prévenu sera puni d'une amende de 1 à 100 francs et d'un emprisonnement de un à dix jours, ou de l'une de ces deux peines seulement. »

La parole est à M. Larquier.

M. Larquier. L'amendement que j'ai déposé a pour but d'apporter un peu plus de précision et en même temps de mettre les dispositions de la loi en harmonie avec les textes du code pénal qui sont visés dans les paragraphes précédents de l'article 19.

M. le rapporteur. L'amendement a été examiné et accepté par la commission.

M. Larquier. J'avais l'intention d'y ajouter la disposition suivante, dont je donne lecture pour provoquer les observations de M. le président de la commission — je crois qu'elles sont nécessaires.

J'aurais désiré qu'à la suite de mon amendement que la commission accepte, on ajoutât : « ...sans que la peine prononcée puisse être supérieure à celle fixée par les textes de lois susvisées. »

En effet, les magistrats de paix qui auront à appliquer la loi pourraient penser qu'en tout état de cause, ils auraient la faculté d'appliquer le maximum des peines édictées par l'article 19, c'est-à-dire prononcer une peine de 1 à 100 francs d'amende ou de un à dix jours de prison ou l'une de ces deux peines seulement. Ce n'est évidemment pas la portée donnée par la commission au dernier paragraphe de l'article 19.

Il résulte des explications données au cours de la discussion par l'honorable rapporteur que le juge de paix ne pourra jamais appliquer une peine supérieure à celle fixée dans les textes qu'il va avoir à appliquer. Par exemple si la loi ne prévoit qu'une peine d'amende, il est bien entendu qu'il ne pourra prononcer l'emprisonnement, même dans les limites où la loi nouvelle lui en donne la faculté.

Dans ces conditions, je ne crois pas qu'il soit nécessaire de soumettre le complément de mon amendement au vote de la Chambre.

M. le rapporteur. La commission maintient les déclarations qu'elle vient de faire à la Chambre.

M. le président. La parole est à M. Viollette.

M. Maurice Viollette. Je voudrais attirer l'attention de la Chambre sur le point que l'honorable M. Larquier vient déjà de signaler.

Il me semblait que la rédaction de ce dernier paragraphe : « Dans tous les cas prévus au présent article, le prévenu sera puni d'une amende de 1 à 100 francs et d'un emprisonnement de un à dix jours, ou l'une de ces deux peines seulement » pouvait donner lieu à des confusions tout à fait regrettables au cas, par exemple où la loi spéciale ou l'article du code pénal aurait édicté des peines moindres que celles prévues dans ce dernier article.

Voici par exemple l'article 11 de la loi sur la chasse de 1884 qui tombe bien dans l'article 19. L'article 11 ne prévoit qu'une peine de un à dix jours. Si l'on adopte votre rédaction, on pourra appliquer l'amende de 1 à 100 francs, mais aussi l'emprisonnement de un à dix jours.

Sur divers bancs. Mais non !

M. Maurice Viollette. Vous dites non, c'est entendu ; mais êtes-vous bien sûrs que le juge interprétera le texte conformément à l'intention que vous manifestez? La lettre de la loi constitue un préjugé contre l'interprétation que vous manifestez par voie d'interruption.

C'est pour rendre le texte plus clair que je dépose l'amendement suivant :

« Dans tous les cas où le code pénal et les lois spéciales prévoient des pénalités moindres, ce seront ces dernières seules qui seront appliquées. L'article 463 du code pénal sera toujours applicable. »

M. le rapporteur. Nous ne voyons pas d'inconvénients à cette précision qui n'était peut-être pas indispensable, mais qui est dans l'esprit de la loi.

M. le président. Je mets d'abord aux voix le dernier alinéa de la rédaction de la commission.

(Cet alinéa est adopté.)

M. le président. Je mets aux voix maintenant l'amendement de M. Viollette, qui est accepté par la commission.

(L'amendement, mis aux voix, est adopté.)

M. Maurice Viollette. Je voudrais encore attirer l'attention de la commission sur un point. Quand on rédige un texte pénal on ne saurait être trop précis et c'est encore une précision qu'il faut apporter ici.

Vous dites à l'article 19 :

« Sont de la compétence du tribunal de paix comme juge de police, à condition que l'inculpé n'ait pas subi de condamnation antérieure à la prison ou à l'amende pour crimes et délits de droit commun... »

Je vous adresse la question suivante, monsieur le rapporteur : S'il y a une première condamnation effacée par la loi de sursis ou par le jeu de la loi de réhabilitation de droit, serons-nous en présence d'un délinquant primaire ou serons-nous au contraire en présence d'un délinquant secondaire?

Si, comme je le crois, et comme le bon sens me porte à le croire, nous nous trouvons en présence d'un délinquant primaire, il serait nécessaire, pour faire disparaître toute espèce de doute sur ce point, de le mentionner de la façon la plus

expresse par un paragraphe où il serait dit — et je vous laisse le soin de corriger la rédaction si elle vous paraît défectueuse — que tous ceux qui auront été condamnés avec le bénéfice de la loi de sursis et pour lesquels le bénéfice de cette loi sera acquis et que tous ceux qui auront été réhabilités en vertu de la loi sur la réhabilitation de droit, seront considérés comme délinquants primaires.

M. le rapporteur. Je crois que l'observation très intéressante de M. Viollette pourrait être utilement produite à l'article 20, car c'est à l'article 20 que nous nous préoccupons des questions de casier judiciaire.

Mais je tiens à lui répondre immédiatement, pour lui donner satisfaction, qu'il n'y a pas de doute. Nous voulons que le casier soit vierge, c'est-à-dire qu'il ne porte ni condamnation à l'amende, ni condamnation à la prison. Par conséquent, la réhabilitation ou l'amnistie effaçant tout, le casier est vierge. Y a-t-il eu sursis, au contraire? La condamnation est portée.

Mais si vous le voulez bien, nous examinerons ces questions dont la solution est très simple, au moment où notamment il sera question de l'amendement de M. de Ramel sur la loi de sursis.

M. Maurice Viollette. Je m'en remets à la commission du soin de trouver une rédaction qui sera ajoutée à l'article 20, sauf bien entendu, à en demander la modification si elle ne me paraît pas présenter suffisamment de garanties.

M. le président. Avant de mettre aux voix l'ensemble de cet article, je donne la parole à M. Bertrand.

M. Paul Bertrand (Marne.) Avant de voter sur l'ensemble de l'article 19, j'ai à adresser à M. le président de la commission, que j'ai d'ailleurs prévenu, une très courte question. Il ne s'agit pas de modifier le texte, mais de préciser un point qui n'est pas sans intérêt, au sujet de la procédure civile en matière des délits qui seront renvoyés en simple police.

Ma question vise le paragraphe 1er de l'article 19 qui est ainsi conçu :

« Sont de la compétence du tribunal du juge de paix comme juge de police, à condition que l'inculpé n'ait pas subi de condamnation antérieure à la prison ou à l'amende pour crimes et délits de droit commun... »

Je me suis entretenu de la question avec d'autres membres de la commission et j'ai constaté que l'interprétation n'était pas unanime sur ce point; c'est pourquoi il me paraît utile de fixer la jurisprudence et la procédure dans l'hypothèse suivante.

Trois délinquants sont poursuivis pour avoir ensemble commis la même contravention ou le même délit ; deux d'entre eux n'ont pas de casier judiciaire, le troisième en a un.

M. le marquis de la Ferronnays. Et s'il y a un ami du Gouvernement! (*Exclamations à gauche.*)

M. Paul Bertrand (Marne.) Dans cette hypothèse, les deux prévenus qui n'ont pas de casier judiciaire iront-ils en simple police, et celui qui a un casier en police correctionnelle? ou tous trois iront-ils soit en police correctionnelle, soit en simple police? Cela a un intérêt même pour la partie civile qui voudrait intervenir.

M. Louis Puech. Il me semble que la question est tranchée par les principes généraux du droit en matière pénale.

Toutes les fois qu'il y a compétence du tribunal correctionnel à côté de celle du tribunal de simple police, c'est ce dernier qui se trouve dessaisi. Il suffirait que M. le garde des sceaux voulût bien faire une déclaration dans ce sens pour dissiper toute équivoque.

M. Paul Bertrand (Marne.) Il faut, en effet, que ce point soit précisé.

M. Léonce de Castelnau. Actuellement, le délinquant, déjà condamné, qui ressortit au tribunal supérieur, entraîne tous ses complices devant la juridiction correctionnelle.

M. le président. La parole est à M. le garde des sceaux.

M. le garde des sceaux. Il est bien certain que dans le cas que l'honorable M. Bertrand vient de citer, lorsque dans une même information il y a un délinquant primaire et d'autres délinquants ayant déjà subi des condamnations, c'est le tribunal correctionnel qui doit juger l'affaire tout entière; mais si le tribunal applique les pénalités ordinaires aux inculpés qui sont déjà pourvus d'un casier judiciaire, en ce qui concerne les délinquants primaires les juges ne pourront leur appliquer que les pénalités réduites prévues par la présente loi. (*Très bien! très bien!*)

M. Perroche. Lorsque le prevenu primaire sera un mineur âgé de moins de seize ans, ayant agi sans discernement, le juge de paix aura-t-il la faculté de l'envoyer dans une maison de correction jusqu'à vingt et un ans?

M. Louis Puech. Il me semble que la question de notre collègue M. Perroche est sérieuse et mérite une réponse. Il n'est pas douteux que le mineur qui aura commis un délit, frappé par la loi d'une peine dont le maximum n'excede pas un mois et qui sera, nous le supposons, un prévenu primaire, devra être jugé par le juge de simple police, le juge de paix, suivant les termes de la loi nouvelle.

La question se pose donc de savoir si le juge de paix aura ou non le droit d'envoyer ce mineur en correction. A mon sens, il aura ce droit. Mais il est bon que la commission réponde sur ce point et dise quelle a été son intention.

M. le rapporteur. Comme l'indique notre honnorable collègue M. Puech, la question mérite en effet une réponse. La commission répond donc qu'il ne lui paraît pas douteux que le juge de paix pourra envoyer en correction les mineurs acquittés comme ayant agi sans discernement.

M. Perroche. Il faudrait peut-être le dire dans le texte, car c'est très grave.

M. le rapporteur. La commission répond à M. Perroche qu'à son avis le juge de paix pourra envoyer en correction et nous ne croyons pas que ce pouvoir du juge de paix soulève de sérieuses difficultés.

En effet, depuis quelques années, et grâce à un mouvement très bienfaisant, la situation des mineurs devant la justice est l'objet d'une très grande sollicitude. Beaucoup d'œuvres ont été créées et — cela est à leur honneur — par les magistrats eux-mêmes. Par exemple, le comité de défense des enfants traduits en justice fonctionne à Paris de la manière la plus sérieuse, la plus utile et la plus pratique.

Lorsque la loi sera votée, des mesures seront à prendre; M. le garde des sceaux, qui est en communication avec ces œuvres et avec leurs directeurs, pourra donner des instructions à ses procureurs de manière que le fonctionnement de la loi soit aussi utile que possible à ces mineurs. J'ajoute d'ailleurs qu'avec la faculté d'appel qui appartiendra toujours aux procureurs, ceux-ci pourront surveiller de très près toutes les décisions intéressant les mineurs.

Je répète qu'il ne me paraît pas douteux que le juge de paix puisse envoyer en correction. (*Très bien! très bien!*)

M. Perroche. Je crois qu'il faudrait le spécifier dans le texte. La loi limitant la compétence du juge de paix à dix jours de prison, il me paraît nécessaire de lui donner en termes exprès la faculté de prononcer le renvoi dans une maison de correction quand il s'agira des mineurs acquittés comme ayant agi sans discernement.

M. le rapporteur. Il est véritablement inutile de mettre cette disposition dans la loi; cela va de soi comme tout ce qui concerne les peines accessoires. Nous ne pouvons pourtant pas dire dans la loi que le juge de paix est compétent pour les peines accessoires comme la confiscation. Ce sont là les principes généraux du code pénal. C'est en vertu de ces principes généraux que le juge de paix qui est compétent pour les peines accessoires sera compétent pour l'envoi en correction qui n'est pas, à proprement parler, une peine.

Il est donc inutile de surcharger le texte.

M. le président. Personne ne demande plus la parole...?

Je mets aux voix l'ensemble de l'article 19.

(L'ensemble de l'article 19, mis aux voix est adopté.)

M. le président. Je pense que la Chambre est d'avis de renvoyer la discussion à la prochaine séance? (*Assentiment.*)

Séance du 4 février 1904.

(5ᵉ DISCUSSION.)

M. le président. L'ordre du jour appelle la suite de la discussion : 1° de la proposition de loi, adoptée par le Sénat, sur la compétence des juges de paix; 2° de la proposition de loi de M. Jean Cruppi sur la réforme des justices de paix.

La Chambre a voté lundi dernier l'ensemble de l'article 19.

Avant de passer à l'article 20, je mets en délibération un certain nombre d'amendements destinés, s'ils étaient adoptés, à prendre place entre les articles 19 et 20.

Le premier de ces amendements est celui de M. Beauregard.

J'en donne lecture :

« Art. 20 *bis*. — Dans les cas ci-dessus prévus, le procureur de la République doit mettre immédiatement en liberté l'inculpé arrêté en flagrant délit et contre lequel il aurait décerné un mandat de dépôt, dès qu'il reconnaît que cet inculpé se trouve dans les conditions requises pour l'application de la présente loi.

« Si le procureur de la République n'a pu se procurer les renseignements nécessaires dans le délai de vingt-quatre heures, il est tenu de déférer, sans délai, l'inculpé au tribunal correctionnel, afin que cet inculpé puisse, s'il le juge utile, demander sa mise en liberté provisoire.

« Cette comparution n'aura pas pour effet de saisir le tribunal du fond même de l'infraction.

(Art. 20 *ter*. — S'il y a instruction commencée, le juge d'instruction devra mettre l'inculpé en liberté aussitôt qu'il aura constaté que le tribunal correctionel est incompétent.

(Art. 20 *quater*. — L'article 192 du code d'instruction criminelle est modifiée comme suit :

« Si le fait n'est qu'une contravention de police, et si la partie publique, ou la partie civile, ou le prévenu interpellé à peine de nullité, n'a pas demandé le renvoi, le tribunal appliquera la peine et statuera, s'il y a lieu, sur les dommages-intérêts. Dans ce cas, son jugement sera en dernier ressort. »

La parole est à M. Beauregard.

M. Paul Beauregard. Le texte que j'ai l'honneur de proposer à la Chambre est un peu développé, mais il me suffira, pour l'exposer, de présenter de très courtes observations.

Je suis préoccupé du droit qu'il me paraît nécessaire de réserver à l'inculpé pour lequel vous créez la compétence spéciale du juge de simple police, d'être mis en liberté provisoire dès que l'on aura dûment constaté qu'il est délinquant primaire et que, par conséquent, les conditions d'application de la loi se trouvent réalisées.

Or, à l'heure actuelle, voici quelle est la situation : aux termes de la loi de 1863, si, par exemple, il y a flagrant délit, l'inculpé est amené devant le procureur de la République qui le met sous mandat de dépôt. Dans les vingt-quatres heures, le procureur de la République doit réunir le tribunal afin que l'inculpé puisse demander sa mise en liberté provisoire qui, d'ailleurs, lui est régulièrement refusée.

La loi est satisfaite; mais voici ce qui est grave. A partir de ce moment le procureur de la République, quelque conviction qu'il puisse acquérir ne peut plus, à sa volonté, mettre l'inculpé en liberté provisoire.

J'ai pensé qu'un texte était nécessaire pour lui donner ce droit. Cette faculté, je ne l'accorde pas seulement au procureur de la République en cas de flagrant délit, je la réserve aussi au juge d'instruction dans le cas où une instruction a été ouverte. (*Très bien! très bien! au centre et sur divers bancs à gauche.*)

Mon texte va encore plus loin. J'estime que la procédure de 1863 a un effet singulièrement nuisible, étant donnée la loi que nous discutons : le tribunal correctionnel devant lequel le prévenu a été traduit dans le délai de vingt-quatre heures, pour lui permettre de requérir sa mise en liberté provisoire, ce tribunal, messieurs, se trouve saisi, non seulement de la demande de mise en liberté, mais du fond même de l'affaire.

Dans ces conditions, lorsque le procureur de la République ayant reçu le casier judiciaire de l'inculpé se sera assuré que le prévenu est bien un délinquant primaire, il lui semble bien qu'il lui faudra — ce qui est bien inutile — revenir devant le tribunal correctionnel afin que celui-ci se déclare incompétent!

Je voudrais éviter toutes ces complications. Je réserve au procureur de la République et au juge d'instruction le droit, même lorsqu'il y a eu une première comparution devant le tribunal correctionnel, de mettre le prévenu en liberté du moment qu'ils se sont rendus compte que les conditions d'application de votre loi se trouvent réalisées.

En même temps je pose en principe que la comparution devant le tribunal correctionnel ne saisit pas cette juridiction du fond de l'infraction. J'arrive ainsi à bien établir le droit que certainement vous voulez tous réserver à l'inculpé d'être mis en liberté provisoire et à simplifier la procédure. Vous avez diminué beaucoup la peine et vous l'avez ramenée à des proportions telles que le maintien en détention provisoire me paraîtrait tout à fait illogique. Je crois donc que mon texte donne satisfaction aux deux intérêts en vue desquels je l'ai rédigé. (*Très bien! très bien! au centre et sur divers bancs à gauche.*)

D'autre part, messieurs, je vous propose un troisième article additionnel qui me paraît nécessaire pour le bon fonctionnement de votre loi et qui, en même temps, vous donnera l'occasion de corriger une véritable bizarrerie de notre droit criminel. Voici, en effet, le texte de l'article 192 du code d'instruction criminelle : — je prends cet article tel qu'il existe actuellement dans notre code, mais je fais cette réserve que vous l'aviez déjà quelque peu modifié au cours de cette discussion; il va sans dire que je n'entends nullement revenir sur la modification que vous avez adoptée; je n'en tiens pas compte en ce moment simplement parce que je n'en ai pas le texte sous les yeux. L'article dit:

« Si le fait n'est qu'une contravention de police — et nous supposons que de ce fait le tribunal correctionnel a été saisi — et si la partie publique ou la partie civile n'a pas demandé le renvoi, le tribunal statuera, etc. » C'est-à-dire que, lorsque par erreur on a amené devant le tribunal correctionnel un individu qui n'est coupable que d'une contravention et qui par conséquent aurait dû être poursuivi en simple police, si la partie civile ou la partie publique ne protestent pas, le tribunal correctionnel pourra juger. Je n'y vois aucun inconvénient en principe, puisque le tribunal correctionnel est un tribunal supérieur du même ordre. Mais il me paraît excessif de ne pas réserver au prévenu lui-même le droit de protester et de réclamer le tribunal spécialement compétent dans l'espèce.

En conséquence, je vous demande de corriger le texte de l'article 192 en vue de remédier à cet inconvénient. Cette correction est nécessaire pour le bon fonctionnement de la loi actuelle; que deviendrait-elle, en effet, le jour où le tribunal correctionnel pourrait juger au lieu du juge de paix, sans que le prévenu eut le droit de réclamer la juridiction du juge de paix ? Je propose de lui réserver ce droit. Après les mots « Et si la partie publique ou la partie civile... » je demande d'ajouter « ou le prévenu interpellé, à peine de nullité ».

Je veux en un mot qu'on interroge le prévenu, qu'on lui demande si, oui ou non, il entend réclamer son renvoi devant le juge de simple police et cette interpellation, je l'exige, à peine de nullité. Vous savez, en effet, que souvent les individus que l'on amène devant les tribunaux sont un peu intimidés, qu'ils n'ont pas toujours l'intelligence aussi

claire qu'il le faudrait, on peut craindre qu'ils n'osent pas réclamer; il faut donc qu'on les mette à l'aise en leur posant formellement la question.

Voilà les textes que j'ai l'honneur de proposer à la Chambre. Je crois qu'ils entrent tout à fait dans l'esprit qui a dirigé la réforme, qu'ils en sont même le complément indispensable. (*Très bien! Très bien!*)

M. le président. La parole est à M. Larquier.

M. Larquier. Je tiens à soumettre quelques observations à la Chambre sur les deux articles 20 *bis* et 20 *ter* proposés par M. Beauregard. La préoccupation de notre honorable collègue est d'entourer de nouvelles garanties la liberté individuelle.

Éclairé par la pratique, j'estime que ces nouvelles garanties ne sont pas nécessaires. L'inculpé, en état d'arrestation bénéficie déjà en effet des prescriptions de l'article 113 du code pénal. De plus, en se plaçant dans l'hypothèse même que visait, il y a un instant, l'honorable auteur de l'amendement, on peut remarquer qu'il n'y a pas là une situation nouvelle, le cas se présentant déjà fréquemment dans la pratique : par exemple, lorsque le procureur de la République est appelé à examiner le cas d'un individu qui est à la fois inculpé de vagabondage et de voies de fait, ce dernier délit se réduisant, après enquête, à des violences légères et à une contravention de simple police, nous nous trouvons, avec la loi actuelle, dans l'hypothèse même examinée par M. Beauregard. L'inculpé est amené au parquet; le procureur de la République l'interroge et s'aperçoit que, seule, la contravention pour violences légères peut être à juste titre relevée contre lui. Il le met immédiatement en liberté. A-t-il décerné un mandat de dépôt? Il en donne mainlevée.

Mais M. Beauregard envisage également le cas où la comparution de l'inculpé à la barre a pu saisir le tribunal.

En pratique, que va-t-il se passer? Le procureur de la République, sans se préoccuper — c'est peut-être là une irrégularité — de la comparution à la barre et de la saisine du tribunal, mettra immédiatement en liberté l'inculpé, tout en le faisant citer pour la contravention de violences légères devant le tribunal de simple police.

On m'objecte que le tribunal qui a interrogé le prévenu et l'a maintenu dans les liens du mandat de dépôt, reste saisi et doit statuer. En réalité, nul n'a intérêt à provoquer cette décision, pas plus l'inculpé qui est en liberté que le ministère public qui l'a fait citer devant la juridiction compétente en matière de contravention.

Je n'ai trouvé aucun arrêt de jurisprudence sur ces hypothèses, la doctrine seule paraît s'en être préoccupé ; vous la trouverez résumée dans Dalloz, au Supplément, au mot : Procédure criminelle.

« Il n'est pas douteux, en pareil cas, que si le tribunal a été saisi à tort par conduite immédiate à la barre, il ne peut juger l'affaire, à moins que le prévenu n'y consente. Tous les auteurs sont d'accord qu'en cette première hypothèse il y a lieu, pour le tribunal, de se dessaisir pour « impropriété de la saisine et de renvoyer le ministère public à se pourvoir. »

Vous le voyez, les garanties données à la liberté individuelle par la loi sont suffisantes.

Il en est de même si une information a été ouverte, au cours de laquelle le juge d'instruction reconnaît que les délits relevés contre le détenu ne constituent que des contraventions. L'inculpé est aussitôt mis en liberté sauf à comparaître plus tard devant le juge de simple police.

Sous l'empire de la législation actuelle, devant le procureur de la République comme devant le juge d'instruction, la liberté individuelle est entièrement garantie.

La Chambre doit donc, à mon avis, repousser comme inutiles et l'article 20 *bis* et l'article 20 *ter* que M. Beauregard nous propose. (*Très bien! très bien!*)

M. le président. La parole est à M. le rapporteur.

M. Cruppi, *rapporteur.* Votre commission, messieurs, a examiné l'amendement de M. Beauregard. Ce texte se rapporte à deux questions différentes : D'abord notre honorable collègue se préoccupe des cas où l'inculpé pourra être renvoyé devant le juge de police, en état de détention préventive. M. Larquier vient de montrer que la commission n'a pas pu découvrir une circonstance pratique où ce cas se produirait. L'inculpé sera toujours non détenu, ne fût-ce que par application de l'article 113 du code d'instruction criminelle, article que M. Beauregard connaît mieux que personne.

Néanmoins, comme il s'agit ici d'une question de liberté individuelle et que nous voulons que les principes soient surabondamment établis dans notre loi, nous sommes tout disposés à proposer à la Chambre un texte extrêmement simple sur lequel nous nous sommes mis d'accord avec le Gouvernement et avec l'auteur de l'amendement et qui ne laissera place à aucune équivoque.

Il est ainsi conçu :

« Dans les cas ci-dessus prévus, le procureur de la République ou le juge d'instruction doit mettre immédiatement en liberté l'inculpé contre lequel aurait été décerné un mandat de dépôt, dès qu'il reconnaît que cet inculpé se trouve dans les conditions requises pour l'application de la présente loi »

M. Paul Beauregard. J'accepte cette rédaction !

M. Perroche. Quand le prévenu n'aura pas de domicile fixe, le mettra-t-on en liberté ? C'est un marchand ambulant par exemple qui n'est pas vagabond mais qui n'a pas de domicile fixe, qui peut-être n'est pas Français, le mettrez-vous en liberté ?

M. le rapporteur. M. Perroche reconnaîtra avec moi que les délits dont il est question dans le projet seront, quatre-vingt-dix-neuf fois sur cent, des délits commis par des domiciliés. Notre honorable collègue se reporte, si je le comprends bien, à l'hypothèse d'un marchand ambulant qui n'a pas de domicile, mais qui présente des garanties ; il a de l'argent et peut au besoin fournir une caution.

Eh bien, cet inculpé sera dans les conditions de la loi ; il sera mis en liberté, je n'y vois aucun inconvénient.

M. Paul Beauregard. Mon amendement avait un double objet, d'abord établir le droit à la liberté provisoire dans les délits que nous visons. Sur ce point, la commission me donne complète satisfaction.

D'autre part, je voudrais une explication. Je crains que le tribunal qui devra toujours recevoir l'inculpé dans les vingt-quatre heures pour au besoin le mettre en liberté, ne se saisisse du fond. On m'affirme qu'il n'y a pas d'inconvénient à cela dans la pratique. Je n'en suis pas convaincu, mais je n'ai pas sur cette question de connaissances pratiques assez étendue pour pouvoir insister beaucoup ; j'accepte donc le texte proposé par la commission d'accord avec le Gouvernement.

M. Larquier. Je complète ce que j'ai dit : En pratique, ce texte n'a aucun intérêt. La liberté individuelle est garantie. La commission croit devoir accepter un texte qui donnerait un surcroît de garanties ; je répète que son projet ne résout pas la question. Du moment que l'inculpé a comparu à la barre, le tribunal sera saisi et devra toujours prendre une décision sur cette question. Il faudrait, pour que le texte fût complet et pratique, qu'on ajoutât que dans ce cas le tribunal ne serait pas saisi de la question au fond. Sinon votre amendement n'est pas pratique et ne présente aucun intérêt. La commission croit cependant devoir accepter un texte qui s'en rapproche ; je ne crois pas que l'un ou l'autre soit pratique.

M. Paul Beauregard. ... dans tous les cas celui de la commission est inco...

M. Larquier. Cela ne se passe jamais en pratique.

M. le rapporteur. La commission maintient son texte.

Je demande la permission de m'expliquer sur le second point de l'amendement de M. Beauregard : il suppose que le fait n'est qu'une contravention et que le prévenu n'a pas demandé le renvoi ; alors le tribunal applique la peine et statue.

La préoccupation de M. Beauregard est la suivante : il veut que le prévenu soit interpellé, c'est-à-dire que son attention soit appelée spécialement sur ce point qu'il peut demander le renvoi. S'il ne le demande pas, le tribunal statuerait.

Cette préoccupation nous paraît légitime ; elle ne modifie pas le texte et présente un surcroît de garanties ; la commission l'accepte.

M. le président. Le nouvel article serait alors ainsi rédigé :

« Art. 19 *bis*. — Dans les cas ci-dessus prévus, le procureur de la République ou le juge d'instruction doit mettre immédiatement en liberté l'inculpé contre lequel aurait été décerné un mandat de dépôt, dès qu'il reconnaît que cet inculpé se trouve dans les conditions requises pour l'application de la présente loi

« Si le fait n'est qu'une contravention de police, et si la partie publique, ou la partie civile, ou le prévenu interpellé à peine de nullité, n'a pas demandé le renvoi, le tribunal appliquera la peine et statuera, s'il y a lieu, sur les dommages-intérêts. Dans ce cas, son jugement sera en dernier resort ».

Je mets ce texte aux voix.

(Ce texte, mis aux voix, est adopté.)

M. le président. Un autre article additionnel est présenté par M. Lepelletier ; il est ainsi conçu :

« Les articles 269, 270, 271 du code pénal prévoyant et punissant le vagabondage, et les articles 274, 275 dudit code, prévoyant et punissant la mendicité, sont modifiés ainsi qu'il suit :

« Le vagabondage est un délit. Les vagabonds sont les gens qui n'ont ni domicile certain ni moyen de subsistance et qui n'accusent habituellement ni métier ni profession.

« La mendicité n'est un délit que lorsque celui qui s'y livre est apte au travail, ou qu'il a des ressources suffisantes dissimulées, ou lorsqu'il y a menaces, violences, groupement ou association, port d'armes apparentes ou cachées, simulation de plaies ou d'infirmités, exhibition d'enfants étrangers ou exploitation de la mendicité enfantine.

« Le vagabondage et la mendicité sont punis, selon les cas, de peine de simple police ou de pénalités correctionnelles.

« Tout vagabond ou mendiant arrêté, soit sur la réquisition des particuliers, soit d'office par les agents de l'autorité, sera conduit devant le juge de paix, lequel décidera si le vagabond ou le mendiant doit être relaxé, s'il doit être par lui jugé en audience de police comme contrevenant à la présente loi, ou s'il doit être mis à la disposition du procureur de la République, ou enfin s'il doit être conduit dans la plus prochaine maison départementale de refuge ou dans tout autre asile à proximité.

« L'ouvrier sans travail se déplaçant pour en trouver, l'indigent infirme ou invalide devenu mendiant ou vagabond accidentel pourront être munis d'une carte d'identité délivrée par la mairie de leur dernier domicile, visée au greffe de la justice de paix et valable pendant un mois. Cette carte pourra être renouvelée.

« Le vagabond ou mendiant accidentel arrêté porteur de cette carte sera immédiatement relaxé s'il n'est prévenu d'autre infraction.

« Les dispositions du code pénal seront applicables aux individus reconnus coupables de vagabondage ou de mendicité par le juge de paix et mis par lui à la disposition du procureur de la République.

« Les jugements rendus par le juge de paix en matière de vagabondage ou de mendicité seront en dernier ressort. La récidive entraînera le renvoi en police correctionnelle. »

La parole est à M. Lepelletier.

M. Edmond Lepelletier. M. de Castelnau a présenté un amendement dans le même sens qui a été rejeté, bien qu'il l'ait défendu d'une façon fort habile et très juridique.

J'estime cependant qu'on peut reprendre la question. Ce problème du vagabondage est, en effet, très important ; mais, d'accord avec M. le rapporteur de la commission, je me réserve de discuter cette question au moment où sera déposé un projet de loi spécial sur le vagabondage et la mendicité.

M. le rapporteur. Vous retirez votre amendement ?

M. Edmond Lepelletier. Je le retire comme je viens de vous le dire : mais c'est là une question très importante et je ne voudrais pas que ce retrait fût un enterrement. Il faut absolument qu'un jour nous nous préoccupions de ce problème de la répression du vagabondage et de la législation de la mendicité, qui est d'une extrême importance

M. le président. L'article additionnel est retiré. Monsieur de Castelnau, vous avez sans doute entendu les raisons pour lesquelles M. Lepelletier a retiré un amendement analogue au vôtre. Maintenez-vous votre amendement?

M. Léonce de Castelnau. Mon amendement a été discuté au cours de la dernière séance et repoussé.

M. Edmond Lepelletier. Nous voudrions que M. le rapporteur prît l'engagement de reprendre sa proposition sur la répression du vagabondage et sur la mendicité.

M. le comte de Pomereu. Comme mon collègue M. Lepelletier, j'estime qu'il est grand temps que le Gouvernement se préoccupe de la question du vagabondage et de la mendicité. Puisque, incidemment, dans le projet que nous discutons, cette question intervient, je me permettrai de rappeler à la Chambre que le rapporteur, l'honorable M. Cruppi, avait rédigé et déposé, dans la dernière législature, une proposition très étudiée, très complète sur le vagabondage : cette proposition est devenue caduque, et depuis le commencement de cette nouvelle législature, il n'en a plus été parlé. Au nom de nos compagnes toujours menacées par l'affluence des vagabonds, souvent étrangers, je demande à M. Cruppi s'il ne serait pas disposé à reprendre son intéressante proposition qui a, pour la sécurité de nos cultivateurs et de leurs biens, une incontestable importance.

M. Edmond Lepelletier. C'est dans ce but que j'avais déposé mon amendement

M. le rapporteur. Je reprendrai ma proposition. (*Très bien! très bien! sur un grand nombre de bancs.*)

M. le président. Ici se place l'article additionnel présenté par MM. Pavie et Galy-Gasparrou. En voici le texte :

« Les juges de paix connaîtront sans appel de tous les procès-verbaux dressés par les agents forestiers, gardes champêtres et autres officiers de la police judiciaire dans les forêts domaniales, communales, d'établissements publics et particulières, pour les délits et contraventions concernant l'extraction et l'enlèvement des différents produits énumérés aux articles 144 et 199 du code forestier et l'enlèvement ou la coupe des bois morts ou secs, sans limite de dimension, et des bois verts jusqu'à quatre décimètres de tour à un mètre du sol. Les contrevenants ne seront punis que des peines portées à l'article 475 du code pénal. »

M. le rapporteur. M. Pavie est souffrant. M. Galy-Gasparrou s'était chargé de soutenir cet amendement, mais il n'a pas encore pu arriver à la séance.

M. le président. Nous arrivons alors à un amendement présenté par M. Perroche, ainsi conçu :

« Art. 19 bis. — L'article 640 du code d'instruction criminelle est modifié ainsi qu'il suit :

« L'action publique et l'action civile pour une contravention ou un délit prévu par la loi des 26 septembre-6 octobre 1891 sur la police rurale seront prescrits après une année révolue... »

La parole est à M. Perroche.

M. Perroche. Je demande à donner de ma place de très courtes explications concernant cet amendement. Les contraventions ou plutôt les délits contraventionnels punis par la loi de 1791, que vient d'indiquer M. le président, sont prescrits au bout d'un mois. Cette prescription très courte offrait déjà un grave inconvénient lorsque ces délits étaient portés devant le tribunal correctionnel ; cet inconvénient sera plus grave encore lorsque l'on traduira le contrevenant devant la justice de paix.

En effet, dans un parquet chargé, par exemple, il arrivait quelquefois qu'on laissait expirer le délai d'un mois avant d'avoir lancé la citation ; la prescription était acquise, on ne pouvait plus exercer de poursuites. Devant le juge de paix, cette situation pourra se produire plus fréquemment. Voici pourquoi. C'est qu'avant d'assigner, on envoie un simple avertissement qui n'interrompt pas la prescription et le ministère public pourra plus facilement se laisser surprendre par l'expiration des délais.

Les contraventions en général sont prescrites au bout d'un an. Je demande qu'on applique la prescription des contraventions prévues par le code pénal aux délits prévus par la loi de 1791.

Tel est le but de mon amendement. Il est très simple et je crois que la Chambre le votera sans autre explication.

M. le rapporteur. La commission repousse cet amendement, dont le principe, si je ne me trompe, a été déjà écarté. Ce que nous avons voulu, c'est ne modifier en rien le caractère des différents délits que nous avons déférés au juge de police. Il faut y rester fidèles en matière de prescription comme sur tout autre sujet. S'il en était autrement, nous risquerions de créer le désordre.

C'est pour ce motif que nous repoussons l'amendement.

M. le président. Je mets l'amendement aux voix.

(L'amendement, mis aux voix, n'est pas adopté.)

M. le président. Je donne lecture de l'article 20 :

« Art. 20. — Les condamnations prononcées par le juge de paix par application de l'article précédent seront portées aux bulletins n° 1 n° 2 du casier judiciaire et ne figureront jamais au bulletin n° 3. »

Personne ne demande la parole sur l'article ?..

Je le mets aux voix.

(L'article 20, mis aux voix, est adopté.)

M. le président. M. Perroche propose un paragraphe additionnel ainsi conçu :

« La loi de sursis pourra être appliquée par les juges de paix en matière de délits et de contraventions. »

M. de Ramel a déposé le paragraphe additionnel suivant :

« La suspension d'appel pourra être ordonnée par le jugement de condamnation en matière de délit et de simple contravention ; en ce cas, les dispositions des articles 1, 2, 3, 4 de la loi du 26 mars 1891 seront applicables. »

La parole est à M. Perroche.

M. Perroche. Actuellement, la loi de sursis est applicable devant toutes les juridictions sauf devant le juge de paix. Je vous demande de profiter de la discussion de ce projet de loi pour étendre le bénéfice de cette mesure de faveur aux prévenus de beaucoup les plus intéressants qui passent en justice de paix.

M. le garde des sceaux. C'est incontestablement une mesure de bienveillance que nous propose de prendre M. Perroche, mais elle a des conséquences que je dois faire connaître à la Chambre. Elle pourra se retourner parfois contre les contrevenants eux-mêmes et elle aura certainement une répercussion importante sur les frais de justice.

En effet, sous le régime actuel, le casier judiciaire n'existant pas pour les contraventions, un contrevenant peut subir dans les cantons différents et, à la rigueur, dans un même canton, plusieurs condamnations, sans que les peines de la récidive lui soient appliquées. Si vous accordez aux contraventions la loi de sursis, comme le bénéfice de cette loi n'est accordé que dans certaines conditions, qu'il faut connaître, force sera bien d'établir pour le contrevenant un casier judiciaire.

Est-ce là le cadeau que vous voulez lui faire?

M. Jaurès. Il vaut toujours mieux ne pas subir la peine.

M. le garde des sceaux. J'arrive à une autre objection. L'organisation du casier judiciaire ne se fera pas sans dépenses.

Le premier bulletin — le bulletin n° 1 — qui doit être envoyé au tribunal de l'arrondissement dans lequel est né le contrevenant, coûte 0 fr. 40. Lorsque le juge de paix fera venir le bulletin n° 2, copie du bulletin n° 1, pour savoir si le contrevant a été ou non condamné précédemment, cela coûtera 0 fr. 25, au total une dépense de 0 fr. 65.

Or, messieurs, comme chaque année il y a 455,813 inculpés de contraventions, c'est une dépense nouvelle d'environ 300,000 francs qu'il faudra inscrire désormais au budget de mon département.

M. Jaurès. La loi Bérenger vaut bien cela.

M. le garde des sceaux. Il reste enfin une dernière considération.

Si vous voulez appliquer la loi de sursis aux contraventions, il faut préciser les conditions de son application.

Le législateur de 1891 a pris le soin de faire concorder le délai de sursis qu'il accordait aux délinquants avec le délai qui leur était imposé pour la prescription de la peine.

Il faudrait procéder de la même façon, me semble-t-il, pour étendre aux contraventions le principe du sursis.

Or, le délai pour la prescription de la peine en matière de contravention étant de deux années, c'est ce même délai que logiquement il faudra adopter pour le sursis des condamnations de simple police. (*Très bien! très bien!*)

M. le président. Je ne suis pas saisi de cette nouvelle rédaction.

M. le garde des sceaux. Je n'apporte aucun texte à la Chambre. M. Perroche ayant proposé un amendement, je me borne à présenter à la Chambre quelques observations à son sujet.

M. Léopold Fabre. Le prévenu aimera mieux avoir un casier judiciaire que faire huit jours de prison.

M. le président. La parole est à M. Lepelletier.

M. Edmond Lepelletier. Je désirerais présenter une observation, résultant de mon expérience personnelle.

Pendant onze ans, j'ai eu à prononcer un certain nombre de condamnations. (*Exclamations et mouvements divers.*) Je remplissais les fonctions de juge de police, par conséquent j'avais à appliquer la loi. (*Très bien! très bien!*)

Je vous apporte, je le répète, le fruit de l'expérience. La loi de sursis ne peut être appliquée aux contraventions qu'à la condition que vous dressiez un état des contraventions auxquelles elle pourra l'être. Quel est en effet le but de cette loi si humaine ? C'est de permettre à un homme de se relever, en ne l'écrasant pas sous le poids d'une première faute. La loi a prévu le cas où cet homme n'a pas été amendé par la terreur d'un châtiment tout proche et est retombé dans la faute. Il y a là un fait de circonstances, un fait, qui, pour ainsi dire dépend de l'âme humaine. Voilà pourquoi on peut appliquer la loi Bérenger, bien qu'elle n'ait peut-être pas produit tous les effets qu'on en attendait (*Très bien! très bien!*) aux délits relevant du tribunal correctionnel et aux crimes justiciables de la cour d'assises.

Mais, en matière de contravention de police, il se produirait ce fait anormal que, bien souvent, un homme se trouverait sous le coup de la répétition de la loi, sans qu'il y ait en rien de sa faute. On est condamné, en simple police, pour le fait d'un domestique qui a simplement oublié d'allumer une lanterne.

M. Cachet. Raison de plus pour accorder la loi de sursis!

M. Edmond Lepelletier. Raison de plus pour donner la loi de sursis, c'est entendu, si jamais ces négligences ne devaient se reproduire. Si le sursis accordé devait empêcher le délinquant de retomber dans la faute. Êtes-vous sûr que le sursis amènera cet amendement et que le domestique oublieux ou négligent ne recommencera pas son infraction ?

Si vous appliquez la loi de sursis, vous serez obligés, en cas d'une seconde poursuite, d'appliquer des peines très sévères et disproportionnées avec des délits aussi minimes que ceux dont je parle.

M. Perroche. Je demande la parole.

M. Edmond Lepelletier. Il faut alors modifier la loi et dire que dans le second, troisième et quatrième cas, elle n'aura pas la gravité qu'elle comporte ordinairement.

La plupart de ces contraventions de police entraînent des amendes excessivement légères, avec le sursis, on multipliera les négligences, ce qui peut être dangereux pour la circulation des routes, en ce qui concerne une foule d'obligations de police et de réglementations qui sont maintenues à grand peine.

Dans la circonscription où j'ai exercé les fonctions de juge de police, il y avait 50 à 100 de ces procès-verbaux par mois pour des contraventions encourues principalement par des maraîchers qui circulent sur la grande route de Paris et se dirigent vers la porte Maillot.

La loi Bérenger peut donc être une loi très heureuse, susceptible de rendre de grands services à la société, en ce sens que, lorsqu'un malheureux a été condamné une première fois, la société lui tend une main secourable pour le relever et cherche à l'empêcher de tomber une seconde fois; mais elle ne doit pas être appliquée pour les contraventions aussi minimes que celles dont je parle, exemple pour un tapis secoué par une fenêtre, pour un pot de fleurs laissé sur un éventaire et vis-à-vis d'un maraîcher qui, après une journée de labeur, se rend dans la nuit aux Halles et dort dans sa voiture. En effet, quoique vous fassiez, vous n'obtiendrez jamais qu'un malheureux qui, épuisé par un travail très dur, se met en route à sept heures du soir et n'arrive aux Halles que dans la nuit, ne dorme pas dans sa voiture. Vous arriverez peut être à le tenir un instant éveillé en lui faisant une contravention, mais je ne crois pas que la loi de sursis soit applicable ni profitable dans ces différents cas. (*Très bien! très bien!*)

M. le président. La parole est à M. Perroche.

M. Perroche. Messieurs, il s'agit de bien s'entendre et je crains qu'une confusion ne se soit glissée dans notre discussion. Il ne faut pas oublier que désormais les juges de paix seront saisis de deux sortes de contraventions ou plutôt de deux sortes de méfaits : d'abord des contraventions simples dont ils connaissent déjà; ensuite des délits spéciaux que nous avons mis, ces jours derniers, dans leurs attributions. Pour ce qui est de ces derniers délits, il est incontestable, à mon avis, que le casier judiciaire fonctionnera comme auparavant.

M. le garde des sceaux. Bien entendu, il y a un article spécial sur ce point.

M. Perroche. J'ai dit « à mon avis » parce qu'une parole prononcée tout à l'heure par M. le garde des sceaux, me faisait craindre qu'il n'en soit pas ainsi.

M. le garde des sceaux. Mais si !

M. Perroche. Il est entendu que le casier judiciaire fonctionnera, en ce qui touche ces délits spéciaux, comme pour les délits qui sont restés de la compétence des tribunaux correctionnels.

M. le garde des sceaux. Parfaitement!

M. Perroche. La question visée par mon amendement ne peut donc être que relative aux simples contraventions.

On m'a opposé plusieurs objections financières, mais je ne demanderai pas, pour cette raison, le renvoi de mon texte à la commission du budget.

On m'a objecté que la délivrance du bulletin n° 1 coûterait 40 centimes et que celle du bulletin n° 2 reviendrait à 25 centimes, ce qui occasionnerait une dépense à peu près égale au minimum de l'amende.

On m'a objecté encore que les contraventions se prescrivent par deux ans et qu'on ne pourrait pas faire bénéficier de la loi Bérenger une peine qui se trouvait prescrite avant le délai de cinq ans édicté par la loi de sursis.

Sur ce point, évidemment, il y aurait lieu de modifier le texte de cette loi; M. le garde des sceaux a proposé, je crois, dans ce sens, un texte de loi qu'il se propose de nous présenter.

M. le garde des sceaux. Si la Chambre décide qu'il y a lieu d'appliquer la loi de sursis aux contraventions, j'estime qu'il faudrait voter un article qui indiquerait dans quelles conditions le bénéfice du sursis devait être octroyé.

M. le rapporteur. Voulez-vous que nous tâchions de nous mettre d'accord ?... Voici l'explication qui peut nous y conduire.

Lorsque l'amendement Perroche a été déposé, il visait d'une part les délits, de l'autre les contraventions et demandait l'application de la loi de 1891 aux uns et aux autres. La commission a dit tout de suite qu'en ce qui concerne les délits il n'était pas besoin de préciser davantage, que la chose était toute naturelle. Personne n'a jamais contesté qu'avec notre texte la loi de 1891 fût applicable aux délits déférés au juge de paix.

Voilà donc un point réglé.

Restait une innovation qui, il faut bien le dire, est un peu en dehors du cadre de notre loi puisque nous ne faisons pas une loi ayant pour objet de modifier le régime des contraventions, mais une loi conférant aux magistrats de police la connaissance de certains délits. Donc, l'amendement réduit aux contraventions constituait un texte étranger par son économie même à la loi que nous discutions. Qu'a fait la commission ? Elle a voulu déclarer et elle déclare qu'elle n'est pas en principe défavorable à l'application de la loi de sursis en toute matière pénale. Mais M. le garde des sceaux et plusieurs de nos collègues viennent de faire entendre des observations dont nous ne saurions méconnaître la justesse.

D'une part, M. le Ministre de la justice objecte au point de vue financier les dépenses nouvelles dont l'extension de la loi de sursis aux contraventions serait la source. D'autre part, on nous dit, sans peut-être nous convaincre, que cette extension serait pour les contrevenants un médiocre cadeau. En présence de ces critiques, la Chambre jugera peut-être qu'il y a lieu de réserver son examen à l'heure, d'ailleurs prochaine, où la proposition spéciale déposée par plusieurs de nos collègues, et tendant au même objet que les amendements Perroche et de Ramel, viendra en discussion.

M. Perroche. Dans ces conditions, je retire mon amendement.

M. Léonce de Castelnau. Il faudrait dire que la loi de sursis est applicable aux délits jugés par le juge de paix.

M. le rapporteur. Mais cela est bien entendu !

M. le garde des sceaux. Il n'y a aucun doute. L'addition que demande M. de Castelnau est absolument inutile.

Nous ne modifions présentement ni le code pénal, ni les lois spéciales. La Chambre a seulement décidé que certains délits jugés par le tribunal de police correctionnelle seraient désormais de la compétence du tribunal de simple police, mais il est bien entendu que le juge de paix pourra appliquer aux délinquants l'article 463 du code pénal ainsi que les dispositions de la loi de sursis.

M. Jaurès. Autrement la loi que nous faisons serait une aggravation !

M. le garde des sceaux. Parfaitement.

M. Léonce de Castelnau. L'observation que vient de faire M. le garde des sceaux d'accord avec M. le rapporteur, me suffit.

Il est bien entendu que la loi de sursis sera applicable aux délits jugés par le juge de paix.

M. le rapporteur. Absolument.

M. le président. Les amendements sont retirés.

M. Adrien Veber propose un paragraphe additionnel ainsi conçu :

« En matière de loyers et fermages, dans les cas prévus par l'article 819 du code de procédure civile la permission du juge de paix, pour faire saisir-gager, devra toujours être demandée. »

Ce texte est soumis à la prise en considération.

La parole est à M. Veber.

M. Adrien Veber. Messieurs, l'amendement, que j'ai déposé a surtout pour but de venir au secours des petits locataires des grandes villes. Très souvent, les huissiers font une saisie conservatoire sans nécessité. Mon amendement a un but démocratique puisque je ne m'oppose pas aux saisies, mais je demande que le juge de paix soit consulté non après, mais avant que la saisie ait eu lieu, de façon qu'on n'en opère pas d'inutiles qui augmentent les frais qui sont à la charge des contribuables.

Avant d'opérer une saisie, le juge de paix pourra appeler les parties en conciliation et accorder un délai de payement avant la saisie.

Il évitera ainsi à beaucoup de personnes intéressantes des frais inutiles occasionnés souvent non pas par les propriétaires, mais par les gérants qui, pour s'éviter une surveillance, en chargent les huissiers. Tel est le sens de mon amendement. (*Très bien ! très bien ! à gauche.*)

M. le rapporteur. La commission, sans méconnaître en quoi que ce soit l'utilité de l'amendement présenté par notre honorable collègue, se permet de lui faire observer qu'il ne peut pas trouver sa place ici.

En effet, messieurs, vous avez déjà réglé tout ce qui concerne la compétence civile par les seize premiers articles de la proposition que nous discutons. En ce moment, vous allez vous occuper des questions de capacité, et vous venez de statuer sur la compétence pénale ; on ne comprendrait vraiment pas que par un détour, ingénieux sans doute, nous revenions à ce sujet de la compétence civile qui a déjà été traité.

Je demande donc à mon honorable collègue M. Veber qui tout à l'heure va avoir à s'expliquer sur un amendement très utile en ce qui concerne le nombre des juges de paix du département de la Seine, de vouloir bien retirer l'amendement dont il s'agit en ce moment, en prenant acte de notre déclaration, à savoir que loin d'en méconnaître l'utilité, nous constatons qu'il y a un grand intérêt à ce qu'il fasse l'objet d'une proposition de loi spéciale.

M. Adrien Veber. Vous savez, Messieurs, quel sort est réservé aux propositions de loi spéciales. D'habitude, ces propositions, si intéressantes qu'elles soient, vont dormir dans la poussière des archives des commissions.

Vous nous dites, monsieur le rapporteur, que mon amendement ne vient pas à sa place ; j'en conviens avec vous, mais est-ce une raison pour en faire pâtir les justiciables ? Au surplus, la loi va retourner au Sénat, et rien n'empêchera de placer ce texte à l'endroit où il devrait figurer dans la loi. (*Très bien ! très bien ! sur divers bancs.*)

La Chambre peut donc voter mon amendement sans aucun inconvénient.

M. le rapporteur. La commission repousse l'amendement.

M. le président. Je consulte la Chambre sur la prise en considération de l'amendement qui est repoussé par la commission.

(La Chambre, consultée, ne prend pas l'amendement en considération.)

M. le président. Je mets aux voix l'ensemble de l'article 20.

(L'ensemble de l'article 20, mis aux voix, est adopté.)

M. le président. Nous passons à l'article 21.

« Art. 21. — Il y a dans chaque canton un juge de paix et deux suppléants, sauf l'application des dispositions de l'article 41 de la loi du 26 février 1901, pour les communes divisées en plusieurs cantons.

« Lorsque les justices de paix de deux ou plusieurs cantons auront été réunies sous la juridiction d'un juge de paix, les greffes de ces justices de paix pourront être également réunis par décret du Président de la République en cas de vacance par décès, démission ou destitution de l'un des titulaires. »

Sur cet article, il y a d'abord un amendement de M. Gouzy, qui est ainsi conçu :

« Au lieu des mots : « Il y a dans chaque canton un juge de paix et deux suppléants », dire :

« Il y a pour deux ou plusieurs cantons un juge de paix, et autant de fois deux suppléants qu'il y a de cantons dans la juridiction du juge de paix. »

L'amendement est soumis à la prise en considération.

La parole est à M. Gouzy.

M. Paul Gouzy. Messieurs, à la fin de son rapport l'honorable M. Gruppi, après avoir constaté que la réforme coûtera 1,500,000 francs par an, ajoute ces mots : « Les contribuables ne se plaindront pas des conséquences financières d'une loi si juste, si nécessaire, et dont l'application apportera tant d'économie aux plaideurs par la suppression des frais de procédure. »

Que la loi soit juste, quelle soit nécessaire, ce

n'est pas moi qui ai envie de le contester, car je vais la voter tout à l'heure. Mais quand M. Cruppi dit que les contribuables ne se plaindront pas, il me permettra de le trouver singulièrement optimiste. Je suis sûr au contraire que les contribuables se plaindront!

Et j'ajoute qu'ils auront bien raison de se plaindre. Nous promettons toujours des réformes à nos électeurs, et nous sommes heureux quand nous pouvons en faire une comme celle que nous demande aujourd'hui l'honorable M. Cruppi et qui est excellente ; mais nous leur promettons aussi des économies! (*Très bien.*) Si chaque fois que nous leur apportons une réforme, même bonne, nous la leur faisons payer par un supplément de dépenses, ils ne tarderont pas à demander qu'on renonce aux réformes! (*Rires approbatifs.*)

Messieurs, je n'admettrais cette augmentation de dépense que si elle était absolument indispensable. Mais tel n'est pas le cas.

Dans l'industrie, dans le commerce et aussi dans les administrations publiques de certains pays moins routiniers que le nôtre, la règle est d'avoir peu d'employés, de les faire beaucoup travailler et de les très bien payer. En France, au contraire, nous aimons mieux avoir des nuées de fonctionnaires qui ne font rien et que nous faisons mourir de faim. C'est vrai *Très bien! sur divers bancs.*)

Je ne crois pas que ce soit le meilleur système. (*Très bien! très bien!*)

Parmi ces fonctionnaires qui n'ont rien à faire, et aussi parmi ceux qui meurent de faim, les juges de paix, qui seront maintenant de 4ᵉ classe et qui étaient de 9ᵉ classe jusqu'à présent, me paraissent — selon une expression actuelle — détenir le record.

Les juges de paix de 9ᵉ classe ont à peu près deux heures de travail par semaine, tout au plus — je crois que j'exagère — c'est-à-dire cent heures par an.

Eh bien! quoi qu'ils soient très peu payés puisqu'ils n'ont que 1,800 francs, il est certain que si on compare leurs traitements non pas aux besoins que ces traitements sont censés satisfaire et auxquels d'ailleurs ils ne satisfont pas du tout, mais au travail qu'ils sont censés rémunérer, on constate qu'ils sont payés 18 francs l'heure — plus que les ministres! (*Mouvements divers. — On rit.*)

M. le lieutenant-colonel Rousset. Vous ne comptez que les heures d'audience. Mais ils ont autre chose à faire!

M. Paul Gouzy. L'honorable rapporteur me dira : « Nous avons augmenté leur travail. » Oui, vous l'avez augmenté. Mais remarquez que toutes les fois que, de ce côté de la Chambre (*la gauche*), nous demandons qu'on abaisse à huit heures par jour le travail des ouvriers, on ne manque pas de nous accuser de vouloir favoriser leur paresse. Quand, au contraire, un fonctionnaire, par hasard, par exception, dans un jour de débauche, fournit trois ou quatre heures de travail dans sa journée tout le monde le plaint (*On rit*), lui se plaint encore plus! et volontiers se prend la tête à deux mains, comme s'il se sentait guetté par la méningite! (*Nouveaux rires.*)

Eh bien, j'affirme à mon honorable collègue M. Cruppi que, même après la réforme qu'il nous apporte, les juges de paix n'auront pas à craindre la méningite!

On peut m'objecter qu'ils auront quelque peine à desservir deux cantons à cause de la distance. Non! A Paris, les magistrats qui habitent à Passy ne sont pas beaucoup plus près du Palais de justice que ne le sera le juge de paix du canton voisin, si mon amendement est accepté.

M. le lieutenant-colonel Rousset. Mais à Paris, il y a des moyens de communication qu'on n'a pas dans les campagnes!

M. Paul Gouzy. J'ai connu des juges de paix qui n'habitent pas dans leur canton et qui vont une fois par semaine, pendant une deux heures, trois quarts d'heure, tenir leur audience dans le canton voisin de celui où ils résident. Eh bien! ce qu'ils font aujourd'hui pour leur plaisir, je demande qu'ils le fassent dorénavant dans l'intérêt public.

Savez-vous quel sera le résultat? M. Cruppi nous déclare que la réforme coûtera 1,800,000 francs. Moi, je dis, que si l'amendement que je présente

est adopté, la réforme donnera 600,000 francs d'économie — à supposer que vous vouliez laisser les traitements comme ils sont.

Or, je serais d'avis d'employer le produit de cette économie à améliorer encore un peu plus le traitement des juges de paix de façon à pouvoir choisir des hommes d'une certaine valeur, (*Très bien! très bien! sur divers bancs.*)

J'ai fait le calcul. Si nous employons l'économie que nous réaliserons en ne gardant qu'un juge de paix par deux cantons, nous pouvons élever à 3,300 francs le traitement des juges de paix de 3ᵉ classe et à 3,100 ou 3,000 francs celui des juges de paix de 4ᵉ classe. Nous aurons, par ce moyen, des hommes qui travailleront, ce qui vaut mieux pour leur dignité, et qui seront mieux payés, ce qui vaut mieux et pour leur dignité et pour leur valeur, et nous n'encourrons pas le reproche d'apporter toujours des réformes qui coûtent de l'argent. (*Très bien! très bien!*)

J'espère que, bien qu'elle ait repoussé tout d'abord mon amendement, la commission l'acceptera, et je suis sûr que tous les républicains de la Chambre voudront le voter. (*Applaudissements sur divers bancs.*)

M. le président. La parole est à M. le garde des sceaux.

M. le garde des sceaux. L'honorable M. Gouzy nous a dit qu'il était un partisan très résolu de la réforme que nous accomplissons en ce moment, mais il a apporté pour la soutenir un amendement qui ne me paraît pas être en harmonie avec la proposition en discussion.

Il ne voit le juge de paix qu'à l'audience et il calcule le nombre d'heures qu'il passe dans son prétoire : il arrive à cette conclusion, si je l'ai bien compris, qu'avec un traitement de 1,800 francs, le juge de paix fait des heures de travail qui lui sont payées 17 ou 18 francs.

L'envisager par ce côté, ce n'est pas apprécier dans son ensemble l'institution des justices de paix. Lorsqu'elles ont été organisées par la Révolution, c'était pour doter chaque canton non pas d'un juge, mais d'un conciliateur, d'un homme paternel, familial, qui ouvre sa porte à tout le monde et qui concilie les procès, mieux que cela, qui les prévienne et qui soit beaucoup plus le conseil des justiciables que leur juge. (*Très bien! très bien!*)

Voilà quel a été le but du législateur. A-t-il été atteint? Vous allez en juger :

La statistique de l'année 1899 nous apprend que sur 783,715 affaires en conciliation portées devant eux, et dans leur cabinet, 447,798 ont été conciliées. A l'audience, les citations en conciliation se sont élevées à 19,324; les conciliations ont été de 6,026.

Vous le voyez, dans son cabinet, le juge de paix a concilié plus de la moitié des affaires qui lui étaient soumises.

Si le juge de paix a ce pouvoir de conciliation, s'il a cette influence heureuse sur les justiciables, comment l'acquiert-il? C'est parce qu'il est dans le canton, parce qu'il est connu de ses justiciables, parce qu'on le voit, qu'on le rencontre, qu'on pénètre dans son cabinet toutes les fois qu'on le veut. Il peut dans ces conditions donner de sages conseils qui sont la plupart du temps écoutés et suivis.

Si vous mettez deux cantons sous la juridiction d'un même juge de paix, qu'arrivera-t-il? Il ne pourra pas habiter l'un et l'autre canton à la fois, mais seulement l'un deux. Son influence continuera à s'exercer dans le canton où il résidera, mais pas dans le canton voisin. Un canton sera favorisé aux dépens de l'autre.

Au surplus, l'honorable M. Gouzy croit-il qu'on pourra ainsi réaliser une économie sensible?

Rapporteur en 1894 d'un projet sur la réforme des justices de paix, j'ai dû, à ce titre, examiner un amendement analogue à celui que nous discutons en ce moment. Et j'ai voulu savoir alors la quantité de cantons qu'on pourrait réunir sous la juridiction d'un seul juge de paix. Il fallait — naturellement — que les cantons fussent limitrophes et que leur population ne fût pas trop dense. Je me souviens que des documents recueillis au ministère de la justice, il ressortait que 457 cantons seulement pourraient être privés de leur juge de paix. Mais il ne faut pas oublier que le juge de paix qui aurait à se transporter dans le canton voisin recevrait une indemnité, ce qui diminuerait singulièrement l'économie.

En tous cas, pareille réforme ferait brèche à l'institution des juges de paix; les justiciables n'auraient plus à côté d'eux le conseil qu'ils trouvent dans le magistrat cantonal.

Et puis, dernière conséquence, vous connaissez les attributions nombreuses du juge de paix : il préside les conseils de famille, il appose les scellés, il délivre les actes de notoriété, il fait des instructions judiciaires, etc...

Si vous étendez le ressort de sa juridiction, comment trouvera-t-il le temps de remplir sa première mission, celle de conciliateur ? Gardez-vous, messieurs d'affaiblir par ce moyen une institution que nous tenons de la Constituante et qui a donné les résultats si bienfaisants que je signalais tout à l'heure à la Chambre. (*Très bien! très bien!*)

M. le président. La parole est à M. Gouzy.

M. Paul Gouzy. M. le garde des sceaux a fait tout à l'heure de la théorie, revenons à la pratique. Il a dit que je ne voyais les juges de paix qu'à l'audience; mais je suppose que les juges de paix se voient eux-mêmes ailleurs qu'à l'audience. Or, j'apporte ici la parole de presque tous les juges de paix de mon arrondissement. Ils sont les premiers à reconnaître qu'ils n'ont pas deux heures de travail par jour.

M. Ribot. C'est certain!

M. Audiffred. C'est très vrai.

M. Paul Gouzy. M. le garde des sceaux a tout à l'heure cité des chiffres. Pendant qu'il les lisait j'ai fait un petit calcul. Les juges de paix, a-t-il dit, ont jugé un très grand nombre d'affaires ; mais si l'on divise ce nombre d'affaires par le nombre de jours, cela ne représente pas une affaire par jour; il y en a 266 par an.

Vous voyez donc que le travail ne sera pas encore énorme.

M. le garde des sceaux nous dit encore: Mais les juges de paix seront loin de leurs justiciables.

Non! ils ne seront peut-être pas à leur porte, mais ils ne seront pas loin pour cela, et ils iront parfaitement rendre la justice là où ils devront la rendre. D'ailleurs, en fait, un grand nombre de juges de paix n'habitent pas leur canton; ceux-là trouvent bien le moyen de rendre la justice, à moins que vous n'admettiez qu'ils n'aient aucune valeur!

M. le garde des sceaux nous a parlé aussi de l'organisation primitive des juges de paix. Au moment où le juge de paix a été créé par la Révolution, il n'avait pas du tout le rôle que nous voulons lui donner aujourd'hui; il n'était même pas avocat, il ne savait pas les lois et il se bornait, dans tous les cas, à concilier.

Au contraire, le juge de paix, tel que nous le faisons, a des titres juridiques, il n'est plus le juge de paix de la Révolution. Il faut choisir entre l'un ou l'autre.

Si vous voulez le juge de paix de la Révolution, soit! — quoi que ce ne soit pas ce que je demande revenons-y; mais si vous voulez un magistrat, donnez-lui un travail convenable pour assurer sa dignité et des appointements suffisants pour qu'il ne meurent pas de faim. (*Très bien! très bien! à gauche et au centre.*)

M. le marquis de Rosanbo. Comme l'honorable M. Gouzy, j'estime que les juges de paix n'ont pas aujourd'hui, partout, un très grand travail à accomplir. Mais tout à l'heure, M. le garde des sceaux, répondant à M. Gouzy, ne lui a pas donné la raison principale pour laquelle le ministère ne pouvait accepter son amendement : c'est qu'il perdrait un fonctionnaire sur deux et qu'il a besoin de ses fonctionnaires et de ses agents électoraux. (*Très bien! très bien! à droite.*) — *Exclamations ironiques à gauche.*)

Les juges de paix sont des agents électoraux, M. le garde des sceaux ne le contestera pas, je pense. J'ai eu dernièrement l'occasion de lui écrire une lettre à laquelle je n'ai jamais reçu de réponse.

Mais comme je suis un peu méfiant, j'avais envoyé, étant retenu en Bretagne, un ami qui a siégé autrefois dans cette Assemblée et qui est aujourd'hui au Sénat, auprès de M. le garde des sceaux pour lui conter ceci :

Le 20 novembre dernier, les élections ont eu lieu en Bretagne, dans la première circonscription de Lannion...

M. le garde des sceaux. J'ai été interpellé par M. le Provost de Launay sur ce sujet.

M. de Rosanbo. ... pour nommer un député en remplacement de notre regretté collègue M. Henri Derrien.

Dans une des mairies de la circonscription, un homme connu pour ses opinions opposées aux miennes, se présente pour voter; le maire, un de mes adversaires politiques, lui dit qu'il ne pouvait voter parce qu'il n'était pas inscrit sur la liste électorale. L'homme insiste; nouveau refus du maire.

Mais comme le juge de paix, un bon agent électoral, se trouvait dans la salle du scrutin, il insista auprès du maire pour que celui-ci acceptât le vote de l'homme en question. Le maire lui exprima ses regrets de ne pouvoir se conformer à ce désir; mais le juge de paix, qui était à ses côtés, se mit à dire : « Considérant... considérant que..., etc., ordonnons à M. le maire de.. de recevoir le bulletin de cet homme. » Et le bulletin fut accepté. Il le fut si bien que M. le garde des sceaux, saisi de l'incident quelques jours après, dut déplacer le juge de paix et l'envoyer dans un poste du Morbihan.

Mais comme ce serviteur, peut-être maladroit mais assurément zélé, vint probablement se plaindre au ministère de la justice, il fut nommé à nouveau de son poste du Morbihan — je ne sais lequel — à un autre poste des Côtes-du-Nord, non loin de ma circonscription.

Est-ce exact, monsieur le garde des sceaux? (*Très bien! très bien! à droite. — Mouvements divers.*)

M. le président. La parole est à M. le rapporteur.

M. le rapporteur. La commission doit être très reconnaissante à M. de Rosanbo de son intervention, car il vient de montrer le véritable danger de l'amendement de notre collègue M. Gouzy. (*Très bien! très bien! et rires à gauche.*)

Contrairement à l'avis exprimé par notre collègue et ami M. Gouzy, je pense que les républicains devront repousser son amendement, et voici pourquoi ; deux questions sont engagées : celle du traitement et celle des occupations des juges. Permettez-moi de les traiter en deux mots.

D'abord la question des traitements. Monsieur Gouzy, connaissez-vous beaucoup d'ouvriers qui se contentent aisément du salaire de 4 fr. 75 par jour ? C'est là ce que touchent les juges de paix actuels ; ils composent un véritable prolétariat judiciaire. (*Très bien! très bien!*

Et il m'a semblé, et il avait semblé jusqu'ici à tout le monde, que, donner à ces modestes magistrats, au lieu de 1,800 francs par an, un traitement minimum de 2,500 francs, ce n'était pas là risquer de lapider les deniers publics. Je n'en dirai pas davantage sur ce point. (*Très bien! très bien! à l'extrême gauche.*)

Sur le second, je ferai deux observations :

Nous poursuivons aujourd'hui pour la première fois — et c'est ce qui fait l'importance de votre œuvre, permettez-moi de vous le dire — une œuvre de décentralisation cantonale très vraie, très sérieuse et très profonde. A ces cantons déshérités, vous allez reconstituer une vie intéressante, une vie nouvelle par cette extension de la compétence. (*Applaudissements à gauche et à l'extrême gauche.*)

Que demain, par suite de certaines circonstances, le Gouvernement soit amené à certains groupements de justices rurales; c'est possible, c'est même désirable, et je suis pour mon compte si peu opposé à cette idée, qu'en 1901, étant rapporteur du budget du ministère de la justice, j'ai demandé et obtenu le vote qui permet au Gouvernement de fondre et de grouper les justices de paix urbaines. Mais comment voulez-vous, monsieur Gouzy, que votre amendement soit accepté dans les termes où vous le proposez? Je demande la permission de le lire à la Chambre : « Il y a pour deux ou plusieurs cantons... »

M. Paul Gouzy. J'ai réduit à deux le nombre des cantons.

7

M. le rapporteur. Soit; vous le réduisez en ce moment et vous dites :

« Il y a pour deux cantons un juge de paix et autant de fois de suppléants qu'il y a de cantons dans la juridiction du juge de paix. »

Cette disposition, ainsi présentée, n'est pas suffisamment étudiée et mûrie. Dans tel arrondissement, le groupement des justices rurales sera possible et pratique, dans d'autres, elle aboutirait à des impossibilités. Il faut se garder des improvisations en pareille matière, peser toutes les conséquences d'une idée d'ailleurs intéressante en elle-même. J'ajoute qu'il serait bizarre de décréter la disparition d'un nombre indéterminé et mal précisé de justices rurales à l'heure même où vous venez d'accroître leur importance.

Enfin, messieurs, est-ce que la faveur manifestée par une partie de la Chambre ne révèle pas certains desseins d'hostilité à l'égard de la loi toute entière ? *(Très bien! très bien! à gauche.)*

C'est une question que l'on peut se poser. Quant à la commission, elle repousse l'amendement.

M. Paul Gouzy. L'honorable rapporteur vient de nous dire que nous pourrions faire cette réforme plus tard ; si on peut la faire plus tard, on peut la faire tout de suite.

Quant à l'hostilité dont il a parlé, elle n'existe pas. Tous les arguments qu'il a plu à un de nos collègues de fournir n'ont — je puis bien le dire — aucun rapport avec la question. Il reste simplement que nous proposons une réforme qu'on nous déclare être bonne, qui l'est, mais qui se chiffre par près de 2 millions de dépenses supplémentaires. Nous pouvons donc la faire sans qu'il en coûte rien ; j'insiste pour que nous la fassions ainsi car alors, elle serait excellente. *(Très bien! très bien! sur divers bancs.)*

M. Raoul Péret. Il faut ajouter que ce n'est pas au moment où nous augmentons la besogne des juges de paix, par l'extension de leur compétence, qu'on en doit réduire le nombre. *(Très bien! très bien! sur divers bancs.)*

M. le président. La parole est à M. Lepelletier.

M. Edmond Lepelletier. Les arguments présentés pour l'augmentation ou la diminution des juridictions de paix actuellement existantes traduisent deux opinions tout à fait contradictoires : On entend des voix disant : les juges de paix remplissent des fonctions qui ne leur rendent pas la pareille ; ces juges de paix ne sont pas occupés. C'est vrai pour un certain nombre de justices de paix. Mais, en revanche, pour un nombre considérable d'entre elles, les occupations des juges de paix sont très sérieuses, surtout aux environs des grands centres et dans les départements très peuplés où le parquet de chaque tribunal correctionnel se décharge sur les juges de paix des enquêtes et de ce que nous appelons les commissions rogatoires.

M. Paul Gouzy. Ce ne sont pas des juges de paix de 4ᵉ classe.

M. Edmond Lepelletier. Je parle des juridictions très chargées et je vous demande donc de prendre en considération ce fait.

Je suis l'auteur d'un amendement ayant pour but l'étude d'un remaniement complet des circonscriptions actuelles, basé sur des intérêts politiques — la politique devrait être étrangère à ce débat — mais sur la facilité des moyens de locomotion.

Lorsque la loi de 1838 a été faite, les chemins de fer n'existaient pas, et aujourd'hui, nous devrions imiter par certain côté l'exemple de l'Angleterre. Je ne demande pas qu'on limite en ce qui concerne les émoluments de certains magistrats qui vont jusqu'à 250,000 francs par an. *(Exclamations)*, mais le traitement ordinaire est de 12,500 francs. En France, ils touchent 112 francs par mois !

Il faudrait tenir compte d'un côté de l'importance de certains cantons auxquels on ne toucherait pas et de l'autre du peu d'affaires traitées dans certaines régions où la population est peu dense.

Est-il besoin par exemple d'avoir un juge de paix à Rambouillet et un autre à Versailles ?

Rambouillet étant à une demi-heure de Versailles, le juge de paix de Versailles ne peut-il se transporter à Rambouillet ? Les justiciables n'ont pas à aller à la justice, c'est la justice qui doit aller à eux ; et, avec les moyens de locomotion multipliés qui existent actuellement, les circonscriptions ne devraient pas rester telles qu'elles ont été établies par la loi de 1838. Il y aurait là une économie et en même temps, vous enlèveriez aux justices de paix peu occupées le peu d'affaires qu'elles ont pour le reporter sur le juge de paix mieux payé d'un canton important. Tel est le sens de mon amendement. *(Très bien! très bien!)*

M. Jules Auffray. Je demande la parole.

M. le président. Il s'agit seulement d'une prise en considération, et j'ai déjà laissé prendre bien souvent la parole...

M. Jules Auffray. Messieurs, la politique est venue malheureusement troubler le débat. Je voudrais le ramener sur le seul terrain qui lui convienne, sur le terrain pratique et judiciaire.

Je tiens à vous rappeler que les 23 et 24 février 1891, un républicain M. Maurice Faure, comme l'honorable M. Gouzy, faisait voter par la Chambre l'article suivant :

« Le Président de la République peut, par décret le conseil d'Etat entendu, réunir deux ou plusieurs cantons sous la juridiction d'un seul juge de paix. »

M. le rapporteur. C'est la pratique actuelle ; nous ne l'avons jamais contesté.

M. le garde des sceaux. Il s'agissait alors des cantons urbains.

M. Jules Auffray. La discussion du 23 février a porté sur tous les cantons. La preuve, c'est que le 23 février M. Maurice-Faure signalait, notamment, plus de trois cents justices de paix en province, urbaines ou rurales, qui rendaient moins de trente jugements par an. Je crois qu'un amendement de ce genre donnerait satisfaction à tout le monde puisque, encore une fois, c'est le pouvoir exécutif, c'est le Gouvernement qui resterait juge de l'opportunité de la mesure.

M. Paul Gouzy. En présence de l'insistance de la commission, je retire mon amendement et je le transforme en projet de résolution. *(Très bien! très bien!)*

M. le président. Il sera statué sur ce projet de résolution après le vote de la loi.

M. Jules Auffray. Je reprends alors, à titre d'amendement, la disposition votée par la Chambre le 23 février 1891.

M. le garde des sceaux. Elle n'a pas été votée par le Sénat !

M. Jules Auffray. Je le reconnais, cette disposition est caduque ; elle a été votée seulement par la Chambre, au cours d'une discussion. En voici le texte :

« Le Président de la République peut, par décret, le conseil d'Etat entendu, réunir deux ou plusieurs cantons sous la juridiction d'un seul juge de paix. »

M. le président. Votre amendement, monsieur Auffray, sera soumis à la prise en considération, comme l'aurait été celui de M. Gouzy, puisque vous le déposez au cours de la délibération.

M. Auffray soumet à la prise en considération l'amendement suivant :

« Le Président de la République peut, par décret, le conseil d'Etat entendu, réunir deux ou plusieurs cantons sous la juridiction d'un seul juge de paix. »

M. Cazeneuve. Mais c'est dit tout au long dans l'article 21 !

M. le président. Je le sais bien, mais je ne puis empêcher de présenter des textes.

M. le garde des sceaux. Il est exact qu'en 1891 la question a été soulevée, mais elle n'a été tranchée que par la loi de finances de février 1901. Cette loi, dans son article 41, a décidé que lorsqu'il y avait plusieurs justices de paix dans le même canton, par conséquent dans les communes urbaines, elles pourraient être réunies sous la juridiction d'un seul juge de paix. Mais ce texte est resté incomplet, car on n'y a pas prévu la suppression du greffier de la justice de paix disparue. La disposition que je viens de rappeler reçoit son application toutes les fois qu'il est possible de réunir deux justices de paix dans une même ville ; mais elle ne s'applique pas aux justices de paix rurales.

M. Jules Auffray. Je suis tout à fait d'accord avec M. le garde des sceaux, la question a été tranchée en 1901 et précisément on a donné au Président de la République, pour les villes, par décret, le conseil d'Etat entendu, la faculté que je vous demande d'étendre aux cantons ruraux.

En un mot, je vous demande d'étendre aux cantons ruraux ce que vous avez voté, en 1891, d'une façon générale et ce que vous avez décidé, en 1901, pour les cantons urbains.

M. le rapporteur. La commission repousse la prise en considération de l'amendement.

M. le président. Je consulte la Chambre sur la prise en considération de l'amendement de de M. Jules Auffray.

(L'amendement n'est pas pris en considération).

M. le président. MM. Adrien Veber, Meslier, Féron, Coutant (Jules), Maujan, Gervais et Walter ont déposé un amendement ainsi conçu :

Compléter comme suit cet article :

« Il y a dans chaque canton — y compris ceux du départemement de la Seine — un juge de paix et deux suppléants... »

La parole est à M. Veber.

M. Adrien Veber. Le conseil général de la Seine a toujours réclamé autant de justices de paix que de cantons suburbains dans le département de la Seine, et les pouvoirs publics, la Chambre et le Sénat lui-même, n'ont jamais contesté le bien fondé des réclamations de ces populations suburbaines. La seule objection que l'on pourrait faire, en effet, à notre amendement trouve sa réponse dans une déclaration qui a été faite au Sénat en 1896.

Cette objection, c'est qu'une loi de 1896 a permis, dans le département de la Seine des audiences foraines, et autorisé, par conséquent, les juges de paix à se déplacer, et à tenir des audiences dans d'autres communes que le chef-lieu de leur canton. On a ainsi donné en partie satisfaction à la population; mais c'est une satisfaction absolument insuffisante.

En 1890, le Sénat hésita à voter cette loi provisoire sous prétexte que bientôt la réforme des justices de paix allait venir en discussion et que ce serait le moment de donner satisfaction aux populations dont je parle.

Cependant la loi fut votée grâce à l'insistance du garde des sceaux et du rapporteur qui démontrèrent l'urgence d'un régime transactionnel et transitoire.

Bref, en attendant la réforme des justices de paix, la loi de 1896 fut et est restée une satisfaction provisoire donnée aux justiciables. Je ne saurais trop insister sur le caractère transitoire de la mesure qui a autorisé la tenue d'audiences dites foraines dans la banlieue de Paris.

Le conseil général de la Seine et toutes les communes de la banlieue ont, depuis que la Chambre examine le projet de réforme des justices de paix, émis des vœux en faveur de l'adoption de l'amendement que j'ai eu l'honneur de déposer au nom de tous mes collègues suburbains. Je vous demande de vouloir bien l'adopter.

Permettez-moi d'ajouter que depuis quelque temps déjà, la loi sur les accidents du travail a considérablement augmenté le travail des justices de paix de la banlieue. (*Très bien ! très bien ! à gauche.*) Le nombre des accidents du travail est, en effet, énorme dans la banlieue et il va toujours croissant. Le travail des juges de paix a donc beaucoup augmenté du fait seul de cette loi. Vous venez aujourd'hui d'augmenter leur compétence en la portant jusqu'à 1,500 francs ; ils seraient véritablement débordés si vous n'accordiez pas une justice de paix par canton et les justiciables ne seraient pas sûrs d'obtenir la justice prompte qu'ils sont en droit d'attendre de cette institution. (*Applaudissements à l'extrême gauche.*)

M. le président. La parole est à M. le rapporteur.

M. le rapporteur. La commission, d'accord avec le Gouvernement, accepte l'amendement. En

effet, une situation particulière résulte de circonstances spéciales au département de la Seine. Originairement, il n'y avait, dans ce département en dehors de Paris, que huit cantons ; c'est pourquoi il n'y a que huit justices de paix. Mais aujourd'hui, depuis la loi du 13 avril 1893, il y a vingt et un cantons qui tous ont une population très dense. Ainsi la justice de paix actuelle de Charenton comprend trois cantons nouveaux : celui de Charenton, celui de Nogent et celui de Saint-Maur, dont la population respective est de 51,00, 31,000 et 34,000 habitants, soit au total 116,000 habitants ; la justice de paix actuelle de Courbevoie comprend : le canton de Courbevoie, 61,000 habitants ; le canton d'Asnières, 51,000 habitants ; le canton de Puteaux, 40,000 habitants ; au total, 132,000 habitants ; la justice de paix actuelle de Neuilly — ces chiffres ont, je crois, quelque intérêt — comprend le canton de Neuilly, avec 37,000 habitants ; le canton de Levallois-Perret avec 58,000 habitants, celui de Boulogne avec 44,000 habitants, celui de Clichy avec 39,000, au total 179,000 habitants. Il est bien clair qu'il y a là un accroissement de population entraînant un accroissement de travail très considérable. Aussi la commission, d'accord avec le Gouvernement, ne peut qu'accepter l'adjonction proposée par M. Veber. (*Très bien ! très bien !*)

M. le président. L'amendement est accepté par le Gouvernement et la Commission.

Personne ne demande la parole?...

Je mets aux voix l'addition proposée par M. Veber.

(L'addition, mise aux voix, est adopté.)

M. le garde des sceaux. Je fais observer que nous réservons la question du traitement qui se posera à l'article 24.

Nous déciderons alors quel traitement sera accordé aux juges de paix de la Seine.

M. le président. Après les mots : « Il y a dans chaque canton, y compris ceux du département de la Seine, un juge de paix et deux suppléants... » M. Cuneo d'Ornano propose de dire : « et trois suppléants. »

La parole est à M. Cuneo d'Ornano.

M. Cuneo d'Ornano. J'avais demandé l'augmentation du nombre des suppléants afin de justifier et de rendre applicable un autre amendement que j'ai déposé sur le même article et dont je prierai M. le président de vouloir bien donner lecture.

M. le président. Voici le texte de l'amendement n° 40 déposé par M. Cuneo d'Ornano sur le même article :

« Dans tous les cas où ils statue en dernier ressort, le juge de paix devra, si les parties n'y renoncent, être assisté de deux suppléants comme assesseurs. »

M. le rapporteur. Monsieur Cuneo d'Ornano, les deux amendements se lient dans votre pensée ?

M. Cuneo d'Ornano. Je demande qu'il y ait trois suppléants afin que le juge de paix puisse facilement en avoir deux comme assesseurs dans tous les cas où vous l'autorisez à juger en dernier ressort.

Ces amendements reposent sur cette idée qu'à mon sens, il est regrettable et dangereux de remettre à un juge unique le soin de statuer en dernier ressort. Dans des cas où il s'agit des sommes importantes à nos yeux, mais considérables souvent pour les intéressés, vous constituez un juge unique jugeant sans appel. C'est lui accorder une omnipotence que je trouve redoutable et pour les justiciables et pour le juge lui-même. Il me semble qu'on ne peut confier à un homme la mission de statuer seul sur des intérêts qui divisent ses concitoyens. Il s'agit d'une somme minime, mais je répète que, dans les villages, un litige de 200 ou 300 francs est quelquefois considérable pour les plaideurs et peut engager tout un avenir, au point de vue de la propriété et des relations.

Dans ces conditions, j'estime qu'il y a danger à charger le juge unique de juger sans appel. Vous avez déjà décidé dans les articles antérieurs que dans certains cas le juge de paix statuera en dernier ressort ; je ne peux pas revenir sur ces articles, mais je propose à la Chambre de décider que le juge de paix, lorsqu'il jugera en dernier ressort, devra être assisté de deux suppléants. Je viens de dire que pour être sûr d'avoir toujours deux assesseurs, il faut qu'il ait trois suppléants.

Remarquez que l'institution des juges de paix avait été conçue par la Révolution elle-même avec l'assistance de deux suppléants ; le juge de paix jugeait avec le concours de deux assesseurs ; il n'est devenu juge unique que plus tard. Il ne faut donc pas croire que les principes de la Révolution instituant les justices de paix soient violées par mon amendement qui, au contraire, rétablit l'état de choses primitif.

Dans son rapport si bien fait, M. Cruppi a énuméré un certain nombre de pays, notamment l'Allemagne et la Suède où le juge de paix n'est jamais autorisé à juger en dernier ressort ; il considère comme des modèles ces législations étrangères ; il déclare que la France est en arrière sur ces pays. J'ai donc pensé que la commission abonderait dans mon sens.

Je n'insiste pas davantage. Si la commission repousse mon amendement et me démontre par de bonnes raisons qu'il vaut mieux laisser au juge unique la mission de statuer sans appel jusqu'à concurrence de 300 francs — somme considérable pour les petits plaideurs — je retirerai mon amendement.

M. le marquis de la Ferronays. Ne le retirez pas.

M. Cuneo d'Ornano. Je demanderai, au contraire, qu'il soit mis aux voix si les arguments que la commission m'opposera sont contraires à l'esprit de réforme qui a inspiré, je le répète, un certain nombre de législations étrangères que le rapport de la commission invoque presque comme modèles. (*Très bien ! très bien ! sur divers bancs à droite.*)

M. le président. La parole est à M. le rapporteur.

M. le rapporteur. Avec les deux amendements de M. Cuneo d'Ornano nous revenons un peu en arrière. Mais il y a là une idée extrêmement intéressante qui a été déjà développée sous une forme un peu différente par notre honorable collègue M. Rudelle : il s'agit, soit sous la forme de l'échevinage, soit sous la forme choisie par M. Cuneo d'Ornano, d'entourer le juge de paix d'assesseurs qui délibéreront et jugeront avec lui.

M. Cuneo d'Ornano. Quand il juge sans appel.

M. le garde des sceaux. Comment le sera-t-on ?

M. Cuneo d'Ornano. C'est la loi qui l'indique.

M. le garde des sceaux. Vous savez que c'est une question qui ne se pose qu'à l'audience.

M. Cuneo d'Ornano. Cela dépend du chiffre de la demande.

M. le garde des sceaux. Il faudrait déranger les suppléants du juge de paix chaque fois qu'il y aura une question douteuse.

M. le rapporteur. Je ne crois pas que nous devions soulever les passions politiques à propos de ce très simple amendement qui répond, je le répète, à une idée des plus intéressantes et des plus fécondes. Mais, aux yeux de la commission, cette idée ne peut avoir d'application actuellement. Vous vous heurterez à toutes sortes d'obstacles : il faudra découvrir les membres de ces tribunaux de canton. Où trouverez-vous ces suppléants nombreux que réclame l'amendement ? Croyez-vous que ces fonctions actives et gratuites seront recherchées ?

Le recrutement des suppléants, déjà si ardu, sera-t-il possible ? Les Français sont-ils si empressés aux œuvres du concours civique, aux fonctions du jury, par exemple ?

M. Lucien Millevoye. Ce serait une excellente éducation civique.

M. le rapporteur. Je suis absolument de votre avis. Il serait utile de créer l'éducation civique, mais il ne faut pas le faire prématurément et notre honorable collègue M. Cuneo d'Ornano, par voie d'improvisation un peu risquée a fait allusion

à l'institution des juges de paix pendant la Révolution, il a raison ; primitivement le juge était entouré d'assesseurs. Pourquoi a-t-on été obligé de renoncer à cette institution ? Parce qu'elle n'a pas réussi, l'histoire nous l'apprend.

M. Cuneo d'Ornano. Parce que la Révolution était finie, au moins en ce qui concerne les réformes de cette nature.

M. le rapporteur. Il ne faut pas renouveler aujourd'hui la même expérience. Aussi, tout en rendant hommage à ce qu'il y a d'intéressant dans l'idée de M. Cuneo d'Ornano, nous repoussons son amendement. (*Très bien ! très bien ! à gauche.*)

M. le président. La parole est à M. Cuneo d'Ornano.

M. Cuneo d'Ornano. Mon amendement s'explique si bien par lui-même qu'il suffit d'en donner lecture pour que la Chambre puisse le voter.

J'insiste sur un seul point, la difficulté de trouver trois suppléants. Je ne savais pas que le fonctionnarisme fût en telle défaveur.

M. Edmond Lepelletier. Ces fonctions sont gratuites.

M. Cuneo d'Ornano. Je croyais que toutes les fois qu'on cherchait un fonctionnaire on en trouvait dix.

M. Chaigne. C'est une erreur.

M. Cuneo d'Ornano. Vous avez toutes facilités de donner à vos suppléants le ruban violet, le Mérite agricole et autres distinctions honorifiques qui serviront au moins à quelque chose. J'ajoute qu'il y a là un moyen de créer une école des juges de paix.

Mon amendement ne soulève pas les mêmes objections que celui de M. Rudelle ; je ne vous demande pas de désigner spécialement les assesseurs, ils seront trouvés si, au lieu de nommer deux suppléants, vous en nommez trois.

M. le rapporteur de la commission a, d'ailleurs, reconnu lui-même tout l'intérêt de cette idée, dont je ne suis pas l'inventeur ; elle est mise en pratique dans la plupart des législations étrangères que vous invoquez comme modèles.

Je demande à la Chambre de voter mon amendement. Il ne compromet en rien l'équilibre de la loi, il ne porte que sur les cas où le juge de paix, juge unique, est autorisé par les précédents articles à juger sans appel, en dernier ressort. C'est dans ce sens que je lui donne deux suppléants comme assesseurs. Je vous prie, messieurs, d'adopter cet amendement si l'idée vous paraît intéressante et juste.

M. le président. Je mets aux voix l'amendement de M. Cuneo d'Ornano.

(L'amendement, mis aux voix, n'est pas adopté.)

M. le président. Je mets aux voix le premier paragraphe de l'article 21 (ancien 23) :

« Il y a dans chaque canton, y compris ceux du département de la Seine, un juge de paix et deux suppléants, sauf l'application des dispositions de l'article 41 de la loi du 26 février 1901 pour les communes divisées en plusieurs cantons. »

(Ce paragraphe, mis aux voix, est adopté.)

M. le président. Nous arrivons au second paragraphe de l'article 21, qui est ainsi conçu :

« Lorsque les justices de paix de deux ou plusieurs cantons auront été réunies sous la juridiction d'un juge de paix, les greffes de ces justices de paix pourront être également réunis par décret du Président de la République en cas de vacance par décès, démission ou destitution de l'un des titulaires. »

Personne ne demande la parole sur ce paragraphe ?

Je le mets aux voix.

(Le paragraphe, mis aux voix, est adopté.)

M. le président. M. Auffray propose d'ajouter à l'article un paragraphe ainsi conçu :

« À Paris il pourra être créé cinq suppléants nouveaux qui seront rétribués à raison de 2,500 francs par an. Leur répartition sera faite entre les arrondissements par décret du Président de la République, le conseil d'État entendu. »

M. le rapporteur. La commission ne connaît pas le texte de cet amendement.

M. le président. Il est soumis à la prise en considération.

La parole est à M. Auffray.

M. Jules Auffray. Voici la portée de l'amendement. Je m'en suis expliqué en séance avec le Gouvernement qui, je crois, n'y est pas hostile.

L'amendement consiste — je vous en indiquerai tout à l'heure les raisons — à créer à Paris cinq suppléants rétribués a raison de 2,500 francs. Ces suppléants seront répartis entre les arrondissements par décret du Président de la République, le conseil d'Etat entendu.

Dès le 13 décembre 1900, le prédécesseur de M. le garde des sceaux actuel déclarait à la Chambre, après deux observations de M. Bompard, que les justices de paix de Paris devraient être dédoublées. Je ne vais pas jusque-là. Mais je fais remarquer — et la commission aura, je crois, des chiffres intéressants à fournir à la Chambre en ce qui concerne Paris, comme elle en a déjà fourni sur le département de la Seine — je fais remarquer que dans un certain nombre d'arrondissements de Paris la besogne du juge de paix est véritablement écrasante et au dessus des forces humaines.

Tout à l'heure M. le rapporteur vous indiquait que certains ressorts de justices de paix suburbaines comptent 150,000 et 160,000 justiciables. Or, pour me borner à l'exemple le plus topique, dans le dix-huitième arrondissement, il y a 253,590 justiciables pour une seule justice de paix.

Aujourd'hui, avec l'extension que vous donnez, et avec raison, à la compétence des juges de paix, vous allez peut-être — je ne crois pas exagérer en le disant — doubler les affaires dont ils auront à connaître.

Dans ces conditions, êtes-vous sûrs qu'à Paris tous les juges de paix pourront accomplir la tâche qu'ils ne peuvent déjà accomplir dans certains arrondissements.

Surchargés d'une besogne nouvelle, ils ne pourront pas se transporter eux-mêmes à domicile pour les appositions et levées de scellés ; est-ce que déjà, malgré la loi et la raison de l'impossibilité où l'on est de l'appliquer, ce ne sont pas parfois les greffiers qui remplissent ces formalités importantes et qui, dans l'intérêt des familles, doivent être entourées de garanties les plus minutieuses ?

Est-ce que dès maintenant, dans certains arrondissements populeux de Paris, le juge de paix peut toujours assister aux délibérations de conseils de famille où son avis et même sa seule présence sont souvent si nécessaires ; est-ce que tout ou partie des délibérations ne sont pas — par la force des choses — tenues simplement en présence du greffier ?

Ce n'est pas tout. Dans un trop grand nombre d'affaires, à Paris, les juges de paix ne pouvant pas juger eux-mêmes, sont obligés de nommer des experts ; n'ayant pu juger, ils ne peuvent pas davantage vérifier sérieusement le travail de ces experts, ils jugent donc sur leurs rapports.

En réalité, vous entourez de garanties de plus en plus sérieuses la mission des juges de paix et vous aboutissez à faire souvent juger des affaires délicates par des experts qui sont loin de présenter toujours les mêmes garanties.

Tels sont les multiples inconvénients auxquels nous vous proposons de remédier par notre amendement :

Il y aura lieu de nommer cinq suppléants dont le travail devant être considérable sera rétribué à raison de la somme bien minime de 2,500 francs.

Quant à leur répartition, elle sera faite par le garde des sceaux qui fera rendre un décret par le Président de la République, après que le conseil d'Etat aura été entendu. Il n'y a rien là que de très conforme à la réforme que vous venez d'adopter pour la banlieue ; je vous demande de l'adopter pour Paris. (*Très bien! très bien! sur divers bancs.*)

M. le garde des sceaux. Il est bien certain que quelques-unes des justices de paix de Paris sont un peu surchargées. On s'est déjà demandé si on les soulagerait par voie de dédoublement ou par un autre moyen. La question du dédoublement a été étudiée au ministère de la justice et elle a été écartée pour des raisons budgétaires.

La question des suppléants peut effectivement se poser pour ces arrondissements, je le reconnais, mais je ne crois pas qu'il soit nécessaire, si on augmente le nombre des suppléants, de les rétribuer. Ce poste de suppléant de juge de paix à Paris est fort recherché : toutes les fois qu'une vacance se produit, je ne manque pas de recevoir nombre de sollicitations.

Lorsque la loi sera en vigueur, s'il apparaît qu'effectivement il n'y a pas assez de suppléants dans certains arrondissements, il sera facile d'en nommer de nouveaux. Je suis même convaincu qu'étant donnés les concours qui s'offrent, il ne sera pas nécessaire de recourir à la rétribution pour assurer leur recrutement (*Très bien! très bien! à gauche.*)

M. Jules Auffray. Je supprime très volontiers la rétribution ; mais voyez-vous un inconvénient à augmenter le nombre des suppléants ?

M. le garde des sceaux. En principe je ne m'y oppose pas.

M. Jules Auffray. C'est une mesure qui s'impose. A l'heure actuelle, vous êtes tenu par la loi.

M. le rapporteur. Je demande la parole.

M. Lamendin. Si vous supprimez la rétribution, vous fermez la porte à ceux qui n'ont pas de fortune.

M. Jules Auffray. Je demande l'augmentation du nombre des suppléants. La question n'est pas nouvelle, elle a été abordée un grand nombre de fois ; tous les gardes des sceaux successifs ont estimé que la mesure s'imposait. Quant à la rétribution, je n'insiste pas, pour faciliter l'adoption de mon amendement.

M. le garde des sceaux. S'il s'agit non d'augmenter, par la loi, le nombre des suppléants, mais de laisser au Gouvernement la faculté de cette augmentation là où la nécessité s'en fera sentir et sous la réserve que les suppléants ne seront pas rétribués, je ne vois aucun inconvénient à l'adoption de l'amendement.

M. le rapporteur. Si le Gouvernement n'y voit pas d'inconvénient, la commission n'en voit pas davantage.

M. Louis Puech. Il faudrait limiter le nombre des suppléants.

M. Jules Auffray. Nous en demandons cinq qui seraient répartis par décret rendu par le Président de la République, le conseil d'Etat entendu.

M. le président. L'amendement de M. Auffray serait donc ainsi conçu : « A Paris, il pourra être créé cinq suppléants nouveaux; leur répartition sera faite entre les arrondissements par décret du Président de la République, le conseil d'Etat entendu. »

M. Louis Puech. L'intervention du conseil d'Etat n'est pas nécessaire.

M. Jules Auffray. L'avis du conseil d'Etat serait une garantie d'examen de plus ; cela mettrait d'ailleurs votre texte en harmonie avec la procédure ordinaire en cette matière ; mais si la Chambre estime que cette garantie n'est pas indispensable, je ne m'oppose pas à la suppression des mots : « ... le conseil d'Etat entendu. »

M. Georges Berry. Il faut laisser au ministre le droit de fixer le nombre. Pourquoi le limiter à cinq ?

M. Jules Auffray. Parce que, d'après le nombre des affaires dans les différents arrondissements, il paraît résulter des chiffres du ministère que cinq suffiront.

M. le président. L'amendement est soumis à la prise en considération.

La commission fait-elle cet amendement sien ?

M. le rapporteur. Oui, monsieur le président, dans ces termes-là.

M. Louis Puech. Je demande la division, monsieur le président.

M. Edmond Lepelletier. Je demande qu'on laisse au Gouvernement la latitude de créer des suppléants là où besoin en sera.

M. le président. Alors amendez l'amendement de M. Auffray et remettez-moi un texte.

M. Edmond Lepelletier. On pourrait dire : « ... il pourra être créé des suppléants nouveaux. »

M. Louis Puech. Puisque M. Auffray a renoncé à la dernière partie de son amendement et qu'il se borne à demander la création de cinq juges de paix suppléants, dans les conditions où sont nommés les autres suppléants dans toute la France, aux termes de la loi, je ne fais plus aucune objection à l'adoption de l'amendement ainsi limité.

M. Edmond Lepelletier. Je demande qu'on supprime de l'amendement le chiffre 5, parce qu'il y a des études à faire pour déterminer quelles sont les justices de paix les plus chargées.

M. Charles Benoist. Il s'agit, non pas de la nomination de cinq suppléants, mais de la répartition des sièges de suppléants et de la création de l'emploi : ce qui est très différent.

Si le pouvoir exécutif crée ces emplois, sans en référer au conseil d'Etat, on accusera M. le président de la République, puiqu'il faut le nommer, de faire de la politique.

M. le garde des sceaux. Je demande que les suppléants soient nommés dans les conditions ordinaires.

M. Jules Auffray. Il est incontestable que, dans toutes les questions législatives soumises à la Chambre, il y a deux aspects : le côté politique et le côté administratif et législatif. Si nous envisagions toujours — je fais cette déclaration en mon nom personnel et je ne prétends engager aucun de mes collègues — si nous ne considérions jamais que le côté politique qui peut toujours se poser, jamais nous ne ferions rien, parce qu'il est incontestable que, dans la pensée d'un grand nombre d'entre nous, on espère d'un côté aujourd'hui, de l'autre demain, se servir des juges de paix.

M. le rapporteur. Je proteste au nom de la commission.

M. Maurice Viollette. Parlez pour vos amis.

M. Jules Auffray. M. Viollette m'engage à ne point parler de ses amis, je le veux bien, je me borne donc à dire qu'il y a un certain nombre de personnes qui dans chaque question ne veulent envisager que le côté politique. Je dis que si toujours on se plaçait à ce point de vue, jamais on ne chercherait, par une collaboration commune, à faire ici œuvre utile et saine de bons législateurs. Par conséquent je laisse de côté les considérations politiques ; il m'est absolument indifférent que le Gouvernement, quel qu'il soit, nomme, sous sa responsabilité et par simple décret du Président de la République, cinq suppléants de juges de paix de plus à Paris. J'ajoute que ce ne seront pas cinq agents électoraux de plus. Si vous vouliez qu'à ce point de vue j'examine la question, je dirais que des agents électoraux à Paris entre les mains du Gouvernement, on sait ce qu'en vaut l'aune : ils ne servent généralement qu'à faire battre les candidats qu'ils soutiennent. Parmi toutes les questions qui nous sont soumises, il n'en est pas de plus intéressante que celle des juges de paix, de leur organisation nouvelle, de l'extension de leurs attributions. Il faut nous élever au-dessus des considérations politiques pour trancher des questions de ce genre, et ce qu'une loi peut être une arme de combat, il ne s'ensuit pas que nous n'ayons pas le devoir de lui donner, au point de vue de son objet et des règles de la bonne administration, la meilleure assiette possible.

Mon amendement, qui consiste à donner au Gouvernement, sous sa responsabilité, le droit de répartir dans les arrondissements cinq suppléants de juges de paix, n'a rien de dangereux à aucun point de vue et ne présente que des avantages.

M. le président. La commission accepte l'amendement. Je le mets aux voix en ces termes :

« A Paris, il pourra être créé cinq suppléants nouveaux. Leur répartition sera faite entre les arrondissements par décret du Président de la République. »

(L'amendement, mis aux voix, est adopté.)

M. le président. L'amendement de M. Lepelletier se trouve supprimé.

M. Edmond Lepelletier. Oui, monsieur le président.

M. le président. Je mets aux voix l'ensemble de l'article 21.

(L'ensemble de l'article 21, mis aux voix, est adopté.)

M. le président. Nous arrivons à l'article 22, ainsi conçu :

« Art. 22 (ancien 24). — A partir de la promulgation de la présente loi, pourront seuls être nommés juges de paix :

« 1° Les licenciés en droit justifiant ou d'un stage de deux années au moins soit près d'un barreau, soit dans une étude de notaire ou d'avoué, ou de l'exercice pendant deux ans de fonctions publiques ;

« 2° Et ceux qui, à défaut de licence en droit, auront obtenu le certificat de capacité prévu par l'article 12 de la loi du 22 ventôse an XII relative aux écoles de droit et qui en outre auront été :

« Pendant cinq ans :

« Notaires, avoués, greffiers près les cours d'appel ou les tribunaux civils ;

« Pendant dix ans :

« Magistrats consulaires dont deux ans au moins comme présidents de tribunal ou présidents de section ;

« Receveurs ou fonctionnaires d'un ordre au moins égal dans l'administration de l'enregistrement ;

« Greffiers près les tribunaux de commerce ou de paix, huissiers, commis greffiers près les cours ou tribunaux civils, clercs d'avoué pouvant justifier de cinq ans d'exercice comme maîtres clercs, clercs de notaire pouvant justifier de cinq ans d'exercice comme maîtres clercs dans une étude de notaire, suppléants de justice de paix, maires ou adjoints, ces derniers à la condition d'être nommés en dehors du canton où ils exercent leurs fonctions électives.

« Les juges de paix et leurs suppléants ne pourront être nommés avant l'âge de vingt-sept ans accomplis. »

Il y a, sur cet article, un amendement de M. Perroche, ainsi conçu :

« Seuls pourront être nommés juges de paix les candidats qui auront subi les épreuves d'un examen professionnel dont les conditions seront déterminées par un règlement d'administration publique. »

M. Perroche. Je suis d'accord avec M. le rapporteur sur ce premier point, à savoir que les candidats juges de paix devront désormais être munis du diplôme de licencié en droit ou de capacitaire, mais je me sépare de la commission en exigeant en outre un examen professionnel et voici pourquoi.

La production d'un diplôme de licencié ou de capacitaire est certainement de nature à établir que le candidat possède des notions théoriques de droit suffisantes, parce qu'il a subi devant la faculté de droit des examens que nous devons supposer sérieux. Mais à côté de ces connaissances théoriques, il y a les connaissances pratiques qui sont peut-être plus utiles encore. Pour celle-là, le projet de loi se contente d'un stage ou de l'exercice de certaines fonctions déterminées pendant un temps qui est limité soit à cinq ans, soit à dix ans.

Ces garanties ne me paraissent pas suffisantes car nous savons tous que les certificats de stage sont généralement délivrés par complaisance.

Quant aux fonctions prévues par le projet de loi, la plupart d'entre elles n'ont aucun rapport avec les affaires de justice de paix.

Vous avez, par exemple, celles de magistrats consulaires, greffiers du tribunal de commerce, maires, adjoints...

Des maires, des adjoints, surtout à la campagne ! J'aimerais mieux que la loi autorisât la nomination des secrétaires de mairie, qui, généralement, font toute la besogne.

M. Fabien-Cesbron. Nous le demandons.

M. Perroche. Je n'avais pas connaissance de cet amendement.

M. Camuzet. Les maires de campagne concilient autant d'affaires que les juges de paix.

M. Perroche. Certainement, mais ils ne pourraient peut être pas juger convenablement les affaires qu'ils ne parviennent pas à concilier.

Les juges de paix ont, dans leurs attributions modestes, des questions très difficiles à résoudre ; les actions possessoires, par exemple, se présentent sous des formes très variées et soulèvent généralement des questions de droit très complexes.

M. Simonet. C'est l'étude du droit qui leur donnera cette compétence, ce n'est pas la pratique.

M. Perroche. Je demande un examen professionnel précisément pour savoir si on a étudié le droit et si on sait l'appliquer.

M. Simonet. Qu'on exige un diplôme.

M. Perroche. Cet examen professionnel n'est pas une nouveauté dans notre législation, ce n'est pas une mesure anormale.

Pour un grand nombre de profession on l'exige. Les officiers ministériels, les avoués, les avocats, les greffiers, ont souvent leur diplôme de licencié ou de docteur en droit et pourtant on leur impose un examen préalable. Il est même assez étrange que l'on exige des simples auxiliaires du tribunal des garanties plus complètes que celles que l'on impose à ceux qui ont la mission plus haute, plus délicate, terrible quelquefois, de tenir les balances de la justice. (*Très bien ! très bien !*)

Il ne faut pas que les fonctionnaires, magistrats ou autres, viennent faire l'apprentissage de leurs fonctions au détriment des justiciables ou des administrés. (*Applaudissements sur divers bancs.*)

Le supplément de garantie que je réclame est d'autant plus nécessaire que le juge de paix se trouve dans un isolement particulier. Devant le tribunal, des débats contradictoires s'établissent entre les avocats et les avoués. Si les débats ne jettent pas toujours beaucoup d'éclat sur l'affaire, ils mettent toujours un peu de lumière dans la question. Le juge de paix, au contraire, est abandonné à lui-même ou bien les défenseurs qui se présentent devant lui sont complètement inexpérimentés. Dans ces conditions, il est à craindre je ne dirai pas que des injustices, mais que des erreurs judiciaires, toujours regrettables, ne soient commises par ces tribunaux mal éclairés par une défense incomplète et véritablement insuffisante.

M. le comte du Périer de Larsan. Le tribunal est composé de trois personnes, le juge de paix est seul.

M. Perroche. Je viens précisément de constater son isolement. Le juge de paix ne peut recourir qu'à ses propres lumières et n'est pas secondé par le concours des défenseurs.

J'espère que pour ces motifs la Chambre voudra bien voter mon amendement. (*Très bien ! très bien !*)

M. Léonce de Castelnau. Pour les suppléants, c'est absolument la même chose !

M. le président. La parole est à M. le rapporteur.

M. le rapporteur. Mes explications vont peut-être donner, dans une certaine mesure, satisfaction à notre honorable collègue M. Perroche. Aussi bien, au point où nous sommes parvenus, dois-je, expliquer quelle a été la pensée de la commission en ce qui touche les textes relatifs aux conditions de capacité et au recrutement des magistrats.

Vous venez de créer un juge de paix qui a une compétence civile un peu plus étendue et qui a une certaine compétence pénale.

Il s'agit de savoir si vous voulez maintenir, au point de vue des conditions générales de capacité, le juge de paix actuel tel qu'il est, avec les seules conditions qui lui soient imposées, c'est-à-dire la qualité de Français, l'âge de trente ans et la jouissance des droits civils et politiques, ou bien, si vous voulez, à cette juridiction nouvelle, à cette extension de compétence, à cette fonction un peu plus délicate, faire correspondre une capacité plus élevée.

La pensée de la commission est bien nette : ce que nous avons voulu et ce que nous voulons, d'accord — j'en ai la conviction — avec la Chambre tout entière, c'est d'abord un juge indépendant. (*Très bien ! très bien !*) Nous voulons un juge qui soit en dehors des luttes politiques et au-dessus d'elles. (*Applaudissements.*)

M. le général Jacquey. C'est très joli en théorie, mais cela n'existe pas en réalité !

M. le rapporteur. C'est là une déclaration dont nos collègues, quelles que soient leurs opinions, n'ont pas le droit de sourire, parce que la commission croit avoir laborieusement fait son œuvre et son devoir avec des intentions droites. (*Très bien ! très bien !*)

M. Lucien Millevoye. Alors il faut changer la déclaration du garde des sceaux !

M. le rapporteur. Nous voulons de véritables magistrats, des juges indépendants, des juges intelligents et instruits...

M. le général Jacquey. ... et de bon sens.

M. le rapporteur. Aujourd'hui, messieurs, il est cependant assez remarquable que, sans exiger aucune condition de capacité, on soit arrivé à constituer un personnel qui, sur beaucoup de points et quoi qu'on en dise — cela a été indiqué l'autre jour par M. le garde des sceaux — est au-dessus de bien des critiques et de bien des soupçons.

Mais enfin nous reconnaissons qu'à la loi nouvelle doit correspondre un surcroît de capacité. Que pouvions-nous faire ? Qu'avons-nous fait ? Ici je vous demande de m'écouter avec attention. Je n'entre pas dans la discussion ; je veux, pour ainsi dire, simplifier et déblayer le chemin devant les amendements qui se produiront et je donne quelques indications pratiques sur ce que nous avons voulu faire, sur notre pensée, bonne ou mauvaise.

Comment obtenir ce personnel de juges de paix un peu meilleur ? Nous exigeons d'abord pour une première catégorie de candidats aux fonctions de juge de paix qu'ils soient licenciés en droit. N'est-ce pas là une bonne garantie ? (*Mouvements divers.*)

J'entends bien qu'on peut sourire de la licence en droit.

Voix nombreuses. Personne n'en sourit.

M. le rapporteur. Et l'on a raison de ne pas sourire, car le grade de licencié correspond, en effet, à une certaine éducation générale, à une certaine culture qui est nécessaire aux magistrats et qui nous aidera à constituer une bonne première catégorie de candidats. (*Très bien ! très bien !*)

Pour une seconde catégorie, il fallait nous préoccuper de ceux qui, sans être licenciés en droit, avaient des titres sérieux à la candidature, à raison de l'exercice de certaines fonctions. Il s'agit d'officiers ministériels, de certains Français ayant occupé des fonctions électives comme celles de maire ou d'adjoint et qui peuvent utilement prétendre à la fonction de juge de paix. Nous leur avons imposé, suivant des classifications qui seront étudiées tout à l'heure, un stage de cinq ans ou de dix ans dans ces fonctions.

Mais la pensée essentielle de la loi, celle sur laquelle je prie la Chambre de vouloir bien réfléchir et de porter toute son attention, car cette pensée sera combattue par quelques amendements que la commission entend repousser ; cette idée maîtresse de la commission a été celle-ci : nous demandons que ceux qui auront été magistrats consulaires dont deux ans au moins comme présidents de tribunal ou présidents de section, ou receveurs ou fonctionnaires d'un ordre au moins égal dans l'administration de l'enregistrement, ceux qui pendant dix ans auront été greffiers ou clercs dans une étude de notaire ou d'avoué, puissent être candidats, mais à la condition essentielle qu'ils présentent en outre une garantie de capacité, d'aptitude professionnelle.

M. Emile Villiers. Et pour les suppléants des juges de paix, quelles sont les garanties professionnelles ?

M. le rapporteur. Si vous voulez bien me faire crédit de quelques minutes, je vais y arriver.

Tous ceux qui sont compris dans cette deuxième catégorie, nous ne les admettons à être candidats que si à côté de leur stage dans telle ou telle fonction, telle ou telle profession, ils ont encore et par surcroît subi cet examen professionnel dont je vais parler.

M. Emile Villiers. Très bien !

M. le rapporteur. Cet examen professionnel, c'est le certificat de capacité prévu par l'article 12 de la loi du 22 ventôse an XII sur les écoles de droit et exigé des candidats aux fonctions d'avoué.

Ici peut-être certains collègues ne réprimeront-ils pas le sourire qu'ils n'ont pas ébauché en ce qui concerne la licence. Ils auraient peut-être tort dans ce sens que ce certificat qui consiste dans la prise de quatre inscriptions et dans un examen oral sur les matières du droit civil, de la procédure civile et du droit pénal, cet examen suppose déjà un effort assez considérable de la part de celui qui l'a subi. D'ailleurs — c'est là une des pensées essentielles de la commission et nous serions heureux que la Chambre nous approuvât — nous avons estimé et nous croyons encore qu'au vote de la loi nouvelle doit correspondre un remaniement dans les matières de cet examen de capacité et qu'il faudrait en faire un véritable et pratique examen professionnel. (*Très bien ! très bien ! sur divers bancs.*)

Voilà alors ce que j'ai fait au nom de la commission. J'ai eu l'honneur d'entretenir de ce sujet M. le ministre de l'instruction publique qui voudra bien, j'en ai l'assurance, conférer de cette question du remaniement de l'examen de capacité avec les représentants de nos facultés de droit et il n'est pas douteux qu'après le vote de notre proposition il sera très facile à M. le ministre de constituer sur des bases nouvelles l'examen de capacité et d'en faire un véritable examen professionnel en vue de la préparation aux fonctions de juge de paix.

M. Albert Congy. C'est une réforme qui ne sera pas votée avant quinze ans !

M. le rapporteur. Elle sera réalisée avant quinze ans, mon cher collègue, elle le sera dans quelques mois, parce qu'il y a là une nécessité qui s'impose et parce que la réforme dont je parle peut être effectuée par un simple arrêté ministériel.

Tel est donc le système que la commission vous propose.

Veuillez rapprocher les garanties professionnelles qui seront dorénavant requises pour l'accès aux fonctions de juge de paix de celles qui sont exigées actuellement des candidats à la magistrature des tribunaux ou des cours. Vous constaterez ainsi l'importance de nos innovations.

Il suffit aujourd'hui de remplir certaines conditions d'âge, d'être licencié en droit et d'avoir pendant deux années suivi le barreau pour pouvoir prétendre aux fonctions judiciaires les plus élevées.

Or, qu'avons-nous fait en ce qui concerne les juges de paix ? N'avons-nous pas exigé de sérieuses et véritables garanties en excluant tout candidat en dehors des deux catégories dont j'ai tracé le cadre : d'abord les licenciés en droit, ensuite ceux qui auront exercé des fonctions publiques, ou bien qui auront été juges consulaires, notaires, avoués, premiers ou maîtres clercs, etc., etc. ; mais à la base du système — c'est là la clef de la réforme — ceux-là seuls dans cette seconde catégorie auront subi l'examen du certificat de capacité lequel, dans notre esprit, doit être un véritable examen professionnel.

Voilà, messieurs, non le détail, mais l'économie d'ensemble du projet dans cette partie. Je supplie la Chambre de ne pas désorganiser, par des amendements improvisés, cet ensemble qui a sa cohésion et qui donne satisfaction à tous ceux qui peuvent légitimement prétendre aux fonctions de juges de paix. J'entends bien qu'il peut y avoir des impatiences et que certaines personnes voudraient échapper à l'obligation de l'examen que nous créons. Mais c'est là que la commission doit intervenir avec toute son énergie pour repousser des prétentions de cette nature, afin que dans leur ensemble les garanties modestes, mais réelles, qui sont nécessaires au bon fonctionnement de la loi, soient adoptées par la Chambre, ainsi que nous l'espérons. (*Applaudissements.*)

M. Perroche. Je voudrais répondre aux dernières paroles prononcées par l'honorable rapporteur.

M. Cruppi a cru que je voulais faire admettre dans la loi l'examen professionnel, afin de créer une troisième catégorie de juges de paix : ceux qui n'auraient pas leur diplôme de licence ou leur brevet de capacité.

Il n'en est rien. A mon sens, l'examen professionnel aura pour but de contrôler les connaissances pratiques du candidat, car je prétends que la condi-

tion du stage est insuffisante. Nous le savons tous, on se fait inscrire dans les études de notaires ou d'avoués, tout en faisant son droit et on n'y va jamais ; puis, lorsqu'on a besoin d'un certificat, au bout de deux ou trois ans de ce prétendu stage, le notaire ou l'avoué chez lesquels on est inscrit ne peuvent vous le refuser.

On devient ainsi stagiaire, par ce seul fait qu'on a été inscrit dans une étude.

M. Simonet. C'est ainsi qu'on devient juge !

M. Perroche. Parfaitement, et même conseiller à la cour.

Je voudrais que cette mesure que je propose à l'égard des juges de paix puisse être appliquée lorsque nous réorganiserons les tribunaux — ce qui ne saurait tarder si j'en crois M. le rapporteur. Je voudrais qu'on exigeât des magistrats des examens professionnels toutes les fois qu'ils franchissent un échelon de la hiérarchie judiciaire. En cela nous ne ferions qu'imiter, monsieur le garde des sceaux, ce qui se passe dans une administration voisine de la vôtre, et qui, dans bien des cas, lui est peut-être supérieure, je veux parler de l'administration de l'enregistrement et des domaines. Là, des épreuves professionnelles sont imposées aux candidats receveurs, inspecteurs et même aux directeurs, à un âge où généralement on ne songe plus à préparer d'examens.

Les directeurs des domaines sont obligés de passer des examens à l'âge de quarante-cinq ou de cinquante ans comme de simples débutants ; aussi a-t-on, dans cette administration, un personnel d'élite.

J'ajouterai une remarque qui peut s'adresser à d'autres administrations encore, c'est que toutes ces garanties de capacité, le législateur ne les a prises que pour les fonctionnaires du fisc, pour ceux qui sont chargés de recouvrer l'impôt sous quelque forme que ce soit ; dans l'administration des contributions indirectes et des contributions directes, par exemple, à tous les degrés de la hiérarchie il faut subir un examen ; mais aussi ce sont ceux qui sont chargés de faire rentrer l'impôt dans les caisses de l'État, tandis que pour le magistrat qui tient entre ses mains l'honneur des citoyens et l'intérêt des familles, il lui suffit d'être le protégé d'un député. (*Applaudissements au centre et à droite. — Mouvements divers.*)

M. le rapporteur. La commission repousse l'amendement.

M. le président. Je mets aux voix l'amendement de M. Perroche.

(L'épreuve a lieu à main levée. Elle est déclarée douteuse par le bureau.)

A gauche. Nous réclamons le scrutin. (*Réclamations à droite.*)

M. le président. Après une épreuve douteuse, lorsque le scrutin est demandé, il est de droit. C'est le règlement.

Le scrutin est ouvert.

(Les votes sont recueillis. — MM. les secrétaires en font le dépouillement.)

M. le président. Voici le résultat du dépouillement du scrutin :

```
Nombre de votants..............   570
Majorité absolue...............   286
     Pour l'adoption...........   343
     Contre....................   328
```

La Chambre des députés n'a pas adopté.

M. Charles Benoist. Il est vraiment curieux que ce soient les absents qui fassent la majorité ! (*Bruit à gauche.*)

M. le président. Sur le 1° de l'article 22, M. Ripert a déposé un amendement.

« Je rappelle les termes du 1° de l'article 22 : A partir de la promulgation de la présente loi, pourront seuls être nommés juges de paix :

« 1° Les licenciés en droit justifiant ou d'un stage de deux années au moins soit près d'un barreau, soit dans une étude de notaire ou d'avoué, ou de l'exercice pendant deux ans de fonctions publiques. »

Dans ce texte, M. Ripert propose de remplacer les mots : « ou de l'exercice pendant deux ans de fonctions publiques », par les mots : « ou de l'exercice de fonctions administratives. »

M. le rapporteur. M. Ripert m'a prévenu qu'il abandonnait son amendement.

M. le président. L'amendement est retiré.

Je mets aux voix le premier paragraphe de l'article 22.

(Le paragraphe 1er, mis aux voix, est adopté.)

M. le président. MM. Charonnat, Proust, Gellé et Rose proposent d'ajouter au 1° de l'article 22, après les mots « fonctions publiques » le texte suivant : « Les notaires, avoués, gseffiers près les cours d'appel et tribunaux civils justifiant de dix années d'exercice. »

Ils proposent en outre la suppression du second paragraphe du 2° de l'article 22, qui est ainsi conçu:

« Pendant cinq ans :

« Notaires, avoués, greffiers près les cours d'appel ou les tribunaux civils. »

La parole est à M. Charonnat.

M. Charonnat. Messieurs, plusieurs de mes amis et moi avons déposé sur l'article 22 un amendement tendant à dispenser les notaires, avoués et greffiers près les cours d'appel et des tribunaux civils qui désirent poser leur candidature à une justice de paix, de produire le certificat de capacité exigé par cet article 22.

Nous pensons qu'un homme qui a exercé les fonctions de notaire pendant dix ou quinze ans peut exercer les fonctions de juge de paix dans d'aussi bonnes conditions que celui qui n'a d'autre titre que le certificat de capacité.

Comment ! Voilà un notaire qui a exercé pendant vingt ans, et il ne pourra se faire nommer juge de paix ? Vous l'éliminez par la seule raison qu'il n'a pas le brevet de capacité ! Nous estimons que c'est là une exclusion par trop rigoureuse.

Nous avions compris dans notre amendement non seulement les notaires, mais aussi les avoués. C'était par erreur, car les avoués sont obligés d'avoir le certificat de capacité, mais les notaires et les greffiers de tribunaux civils peuvent ne pas avoir ce certificat.

M Borguet. Ils passeront l'examen, voilà tout !

M. Charonnat. Mais lorsqu'on a été notaire pendant dix, quinze ou vingt ans, il est bien difficile de passer l'examen exigé pour l'obtention du brevet de capacité. (*Mouvements divers.*)

Au centre. Au contraire!

M. Charonnat. C'est absolument certain. Quoi qu'il en soit, nous demandons par notre emendement qu'on ajoute au paragraphe 1er de l'article 22, après les mots « …fonctions publiques » ces autres mots : « …les notaires et les greffiers près les cours d'appel et tribunaux civils justifiant de dix années d'exercice. »

M. Lamendin. Ajoutez-y les conseillers prud'hommes!

M. le président. Il y a un autre amendement précisément dans ce sens, monsieur Lamendin.

MM. Charonnat, Proust, Gellé et Rose proposent d'ajouter au 1° de l'article 22, ces mots :

« …les notaires, greffiers près les cours d'appel et tribunaux civils justifiant de dix années d'exercice. »

La parole est à M. le rapporteur.

M. le rapporteur. La Chambre et notre ami M. Charonnat lui-même comprendront, je l'espère, que la commission s'en tienne très énergiquement au principe posé tout à l'heure et qu'elle considère comme essentiel. Nous demandons que les notaires, les avoués, les greffiers près les cours d'appel ou près les tribunaux civils qui seront légitimement candidats aux fonctions de juges de paix, quand ils auront été pendant cinq ans dans les fonctions que j'énumérais tout à l'heure, nous demandons s'ils n'ont pas de grade juridique, qu'ils veuillent bien faire l'effort qui est nécessaire pour subir l'examen professionnel et je vous disais, messieurs, que c'est là la clef de voûte de la loi dans sa seconde partie.

Lorsqu'un homme de quarante ou quarante-cinq ans croit pouvoir exercer les fonctions de juge de paix et qu'il a assez d'intelligence, de souplesse d'esprit pour être notaire ou greffier, il doit en avoir également assez pour s'initier à un programme et pour subir un examen professionnel. Il y a là dans

tous les cas une garantie incontestable. Mais de ce que quelqu'un a été pendant un certain temps — pendant cinq ans — magistrat, officier ministériel, greffier près d'un tribunal, il ne s'ensuit pas nécessairement qu'il ait une capacité suffisante pour être magistrat de paix.

Je vous demande donc, messieurs, de maintenir le principe, et je vous le demande d'autant plus instamment que si vous faites une exception pour la catégorie visée par M. Charonnat, la porte va être ouverte à toutes les exceptions, et dès lors, nous allons être débordés.

Vous voulez faire une loi qui ait un caractère véritablement démocratique, vous voulez que les magistrats cantonaux soient intelligents, instruits, qu'ils aient une capacité professionnelle sérieuse. Maintenez donc les barrières si sages que nous avons posées. Nous vous le demandons avec insistance. (*Très bien! très bien!*).

M. le président. Je mets aux voix l'amendement de M. Charonnat.

(L'amendement mis aux voix, n'est pas adopté.)

Voix nombreuses. A lundi !

M. le rapporteur. Si la Chambre désire renvoyer la suite de la discussion à lundi, la commission n'insiste pas pour la continuation du débat.

M. le président. Il n'y a pas d'opposition au renvoi de la suite de la discussion à lundi ?...

Il en est ainsi ordonné

Séance du 8 février 1904.

(6e DISCUSSION)

M. le président. L'ordre du jour appelle la suite de la discussion : 1° de la proposition de loi, adoptée par le Sénat, sur la compétence des juges de paix ; 2° de la proposition de loi de M. Cruppi sur la réforme des justices de paix.

Dans la séance de jeudi dernier, la Chambre a adopté les deux premiers alinéas de l'article 22. La fin de l'article est ainsi conçu :

« 2° Et ceux qui, à défaut de licence en droit, auront obtenu le certificat de capacité prévu par l'article 12 de la loi du 22 ventôse an XII, relative aux écoles de droit et qui, en outre auront été :

« Pendant cinq ans :

« Notaires, avoués, greffiers près les cours d'appel ou les tribunaux civils ;

« Pendant dix ans :

« Magistrats consulaires dont deux ans au moins comme présidents de tribunal ou présidents de section ;

« Receveurs ou fonctionnaires d'un ordre au moins égal dans l'administration de l'enregistrement;

« Greffiers près les tribunaux de commerce ou de paix, huissiers, commis greffiers près les cours et tribunaux civils, clercs d'avoués pouvant justifier de cinq ans d'exercice comme maîtres clercs, clercs de notaire pouvant justifier de cinq ans d'exercice comme maîtres clercs dans une étude de notaire, suppléants de justices de paix, maires ou adjoints, ces derniers à la condition d'être nommés en dehors du canton où ils exercent leurs fonctions électives.

« Les juges de paix et leurs suppléants ne pourront être nommés avant l'âge de vingt-sept ans accomplis. »

MM. Antoine Gras et Lucien Bertrand (Drôme) ont présenté un amendement ainsi conçu :

« Pourront également être nommés juges de paix ceux qui, à défaut du certificat de capacité prévu par l'article 12 de la loi du 22 ventôse an XII, auront été :

« Pendant quinze ans :

« Notaires ou greffiers près les tribunaux civils;

« Pendant vingt ans :

« Magistrats consulaires, dont deux ans au moins comme présidents du tribunal ou présidents de section ;

« Receveurs ou fonctionnaires d'un ordre au moins égal dans l'administration de l'enregistrement;

« Greffiers près les tribunaux de commerce ou de paix, huissiers, commis greffiers près les cours ou tribunaux civils, clercs d'evoués pouvant justifier de cinq ans d'exercice comme maitres clercs, clercs de notaires pouvant justifier de cinq ans d'exercice comme maitres clercs dans une étude de notaire, suppléants de justice de paix, maires ou adjoints, ces derniers à la condition d'être nommés au dehors du canton où ils exercent leurs fonctions électives.»

La parole est à M. Antoine Gras.

M. Antoine Gras. Messieurs, notre amendement tend à faire décider que de nombreuses années de pratique peuvent remplacer pour le candidat juge de paix le diplôme appelé certificat de capacité. En d'autres termes, nous soutenons que, pour avoir de bons magistrats de paix, il faut les recruter le plus possible parmi les gens d'expérience.

Je sais que la commission est résolue à repousser notre amendement; vous me permettrez cependant, en quelques mots, de le justifier.

La Chambre a adopté, dans sa dernière séance, un texte d'après lequel pourront seuls être nommés juges de paix : « 1° les licenciés en droit justifiant ou d'un stage de deux ans au moins soit près d'un barreau, soit dans une étude de notaire ou d'avoué, ou de l'exercice pendant deux ans de fonctions publiques, et 2° ceux qui, à défaut de la licence en droit, auront obtenu le certificat de capacité prévu par l'article 12 de la loi du 22 ventôse an XII et qui auront pratiqué en même temps pendant cinq ans ou pendant dix ans, selon la catégorie à laquelle ils appartiennent.

Nous proposons d'ajouter un paragraphe d'après lequel pourront être nommés également juges de paix ceux qui, à défaut du certificat de capacité, auront été pendant quinze ans notaires, greffiers près les tribunaux civils ou pendant vingt ans juges consulaires, greffiers de commerce, de paix, huissiers, commis-greffiers, clercs de notaire et d'avoué, etc.

En effet, tous ceux qui dans cette chambre — et ils sont nombreux — ont fait leurs études de droit, savent que le certificat de capacité s'obtient après une année d'études, ou plutôt après une année consacrée soi-disant à l'étude du code de procédure civile, du code pénal et du code d'instruction criminelle. L'examen qui en est la suite et comme le couronnement est des plus faciles. Je ne sache pas qu'un seul candidat eut échoué. Il faut avoir bien peu travaillé, être bien faible ou avoir une malchance peu commune pour ne pas y réussir. C'est dire que le certificat appelé pompeusement certificat de capacité n'offre pas de garanties sérieuses de capacité.

Néanmoins, je ne ferai nulle difficulté de reconnaitre qu'il a une certaine valeur théorique ; les systèmes et théories ingénieusement enseignés à l'école de droit par des professeurs émérites ont leur importance. Mais si un peu de théorie c'est bien au point de vue de la gymnastique de l'esprit et du développement intellectuel, en général beaucoup de pratique c'est encore mieux au point de vue de l'entente des affaires et de la solution de difficultés qui surgissent entre justiciables.

A ce propos, qu'il me soit permis d'ajouter cette vérité indéniable : lorsque nous sortons de l'école de droit avec la licence en droit, voire même avec le doctorat, nous ne sommes aptes ni à donner des conseils utiles, ni à plaider convenablement une affaire, ni à rédiger un acte quelconque, si simple soit-il.

M. Ripert. C'est exagéré !

M. Antoine Gras. En aucune façon. Il faut de longues années de pratique comme avocat, avoué, notaire, greffier, clerc de notaire ou d'avoué, etc., avant d'en arriver là.

M. Julien Goujon. Il faut d'abord oublier tout ce qu'on a appris. (*On rit*).

M. Antoine Gras. Bien entendu ! A plus forte raison en est-il de même, vous en conviendrez, quand on n'a obtenu que le certificat de capacité. Donc, pour moi, c'est la pratique, pratique de la vie en général, pratique des affaires en particulier, qu'il convient d'envisager, surtout quand il s'agit de nommer un juge de paix dont le rôle est tout de bon sens, de pratique et de conciliation. (*Très bien ! très bien ! à l'extrême gauche.*)

C'est pourquoi nous estimons que quinze ans de pratique comme notaire ou greffier près les tribunaux civils et vingt ans de pratique comme magistrat consulaire, greffier près les tribunaux de commerce ou de paix, huissier, commis greffier près les cours ou tribunaux civils, clerc de notaire ou d'avoué, etc., sont de nature à suppléer largement le certificat de capacité ou en constituent tout au moins l'équivalent.

Eu adoptant cet amendement, vous permettez à nombre de praticiens qui n'ont eu ni les moyens ni la possibilité d'aller à la conquête d'un vague diplôme dans telle ou telle faculté où l'on étudie souvent tout autre chose que le droit, et qui n'en sont pas moins très compétents, de faire bénéficier les justiciables de leur longue expérience et de leur connaissance des affaires. (*Applaudissements à l'extrême gauche.*)

M. le président. La parole est à M. le rapporteur.

M. Jean Cruppi, *rapporteur.* La commission demande à la Chambre de vouloir bien maintenir le principe qu'elle a adopté en repoussant, à la dernière séance, l'amendement de M. Charonnat.

Cet amendement posait en effet exactement le même principe que celui de notre honorable collègue M. Gras.

M. Bepmale. Je demande la parole.

M. le rapporteur. Voici quel est notre principe — que la Chambre a d'ailleurs adopté. Nous créons deux catégorie parmi les candidats aux fonctions de juges de paix : d'abord les licenciés en droit, puis la catégorie de ceux qui, n'étant pas licenciés en droit, ont fait un certain stage, par exemple, dans des fonctions d'officiers ministériels comme avoués, comme notaires. A cette seconde catégorie de candidats nous avons voulu imposer, quel que fût le groupe dont ils feraient partie et la durée de leur stage dans une fonction, un examen professionnel.

Cet examen professionnel s'appelle aujourd'hui le certificat de capacité, mais j'ai dit à la tribune — la Chambre voudra bien s'en souvenir — que certainement, dans la pensée du Gouvernement et en particulier dans la pensée de M. le ministre de l'instruction publique qui va, je l'espère, nommer une commission à cet effet, le programme de cet examen de capacité doit être remanié de façon à en faire un véritable examen professionnel. (*Très bien ! très bien !*) J'estime qu'il y a là, étant donnée l'extension de la compétence civile et pénale, une garantie utile, sérieuse et indispensable qu'il faut maintenir en ce qui concerne les divers groupes de la deuxième catégorie.

Je demande donc à la Chambre de rester fidèle à la solution qu'elle a adoptée dans sa dernière séance. (*Très bien ! Très bien !*)

M. le président. La parole est à M. Bepmale.

M. Bepmale. Je demande à la Chambre d'adopter l'amendement de notre collègue M. Gras. Il me parait en effet qu'on crée pour une catégorie particulière de gens au courant des choses du droit une situation véritablement exceptionnelle.

Chacun sait que les juges de paix ont, à l'heure actuelle, à juger les matières les plus délicates. (*C'est vrai ! très bien ! sur divers bancs*), sinon les plus difficiles du droit. A ces matières vous ajoutez, messieurs, toute une série de contestations qui échappent actuellement à leur compétence. Mais est-ce que vous exigez du juge de paix une pratique spéciale de toutes ces affaires délicates? Non, vous vous contentez de la licence en droit ou du certificat de capacité réservé aujourd'hui aux très rares candidats qui l'abordent et vous négligez toute cette catégorie d'hommes d'affaires qui, dans des cas exceptionnels, sont obligés d'abandonner leur profession. Ainsi un avoué qui perd du jour au lendemain l'usage de la parole...

M. Massabuau. Mais l'avoué est capacitaire en droit !

M. Bepmale. ... un notaire, qui lui n'a pas besoin d'être capacitaire en droit et qui, pour une raison ou pour une autre, sera obligé d'abandonner sa profession, ne pourra pas être juge de paix. Je me demande en vérité pourquoi.

Je sais bien ce que nous répond l'honorable rapporteur : Nous instituons un nouvel examen ; nous allons reviser les conditions de cet examen; nous allons établir un nouveau programme et les candidats pourront passser cet examen.

Croyez-vous, messieurs, qu'un homme âgé de quarante, quarante-cinq ou cinquante ans, se résoudra, pour devenir juge de paix à passer sur ses vieux jours l'examen de capacité en droit? (*Très bien! très bien! sur divers bancs.*) Pour ma part, je ne le crois pas; je pense que la véritable préparation aux fonctions de juge de paix, c'est la pratique dés affaires; je considère qu'un homme qui pendant quinze ans, ainsi que le propose l'amendement, a été notaire, c'est-à-dire qui a vu défiler dans son cabinet des gens qui avaient des litiges, qui a été appelé à s'entremettre dans des discussions parfois un peu aigres, qui est arrivé à concilier les parties — et il ne faut pas perdre de vue que le rôle principal du juge de paix est précisément de concilier les parties — (*Très bien! très bien!*) est mieux en mesure d'arriver à de bons résultats que le jeune homme, tout frais émoulu de l'école de droit, qui n'aura d'autre bagage juridique que la licence en droit et qui — nous savons, messieurs, ce que sont les connaissances pratiques que donne la licence, — du jour au lendemain, mis en présence des parties qui apporteront à la défense de leurs intérêts une âpreté d'autant plus grande que ces intérêts seront plus minimes, ne saura arriver à les concilier.

C'est pour ces raisons, messieurs, que je vous demande d'adopter l'amendement de notre collègue M. Gras. (*Applaudissements sur divers bancs.*)

M. Massabuau. Je désire poser une question à M. le rapporteur.

Je suis pleinement de son avis; je ne voterai pas l'amendement, car j'estime qu'un examen est nécessaire. Mais après les paroles que vient de prononcer notre honorable collègue M. Bepmale, je suis tout naturellement amené à penser que si le notaire démissionnaire, par exemple, doit passer un examen pour pouvoir être nanti d'une justice de paix, il doit en être de même pour le notaire en exercice, désigné pour juger ses concitoyens comme suppléant du juge de paix.

Si un examen est imposé aux juges de paix titulaires, il devra l'être également aux suppléants. C'est sous le bénéfice de cette réserve que je voterai avec la commission. Les justiciables doivent avoir les mêmes garanties, qu'ils soient jugés par le juge de paix ou par son suppléant. (*Très bien! très bien! sur divers bancs.*) — *Mouvements divers.*)

Un membre à gauche. Mais on ne trouve plus de juges de paix suppléants!

M. le président. La parole est à M. le garde des sceaux.

M. Vallé, *garde des sceaux, ministre de la justice.* Le Gouvernement est d'accord avec la commission.

Étant donnée l'étendue nouvelle de la compétence des juges de paix, il faut que les candidats offrent toutes les garanties, et l'une des meilleures est celle d'un diplôme.

Nous exigeons des candidats aux fonctions de juge de paix soit le diplôme de licencié en droit, avec une certaine pratique des affaires, soit le certificat de capacité avec l'expérience que donne l'exercice d'une profession pendant un certain temps; et l'on est plus ou moins sévère pour la durée de cet exercice, suivant que la profession se rapproche elle-même plus ou moins de la pratique des affaires judiciaires.

On nous dit que le recrutement ne pourra se faire parce que les notaires, les avoués, les huissiers, ne voudront pas se soumettre à l'examen du certificat de capacité. C'est une erreur. D'abord la question ne se pose pas pour les avoués, puisqu'ils sont tous ou licenciés, ou capacitaires en droit. Mais je ne vois pas comment un notaire qui aura exercé pendant cinq ans ne pourrait pas préparer l'examen de capacitaire.

J'ajoute que le notaire peut très bien connaître un certain genre d'affaires, mais qu'il n'est pas au courant de toutes les questions de droit pénal et de droit civil qui se posent devant le juge de paix. (*Très bien! très bien!*)

Nous insistons donc pour le maintien de l'exigence du certificat de capacité. Soyez bien persuadés, messieurs, qu'à l'avenir tous ceux qui, n'étant pas licenciés en droit voudront être notaires ou greffiers, se prémuniront au préalable, dans la prévision d'obtenir un jour une justice de paix, de ce diplôme, ce qui ne pourra nuire ni à leurs connaissances professionnelles ni à leur carrière. (*Très bien! très bien!*)

On nous demande d'exiger pour les juges suppléants les mêmes garanties que pour les juges de paix. Je ferai d'abord observer qu'il arrive assez rarement que les suppléants tiennent l'audience à la place des juges de paix. (*Mouvements divers.*)

M. de l'Estourbeillon. Pardon! Cela arrive à chaque instant.

M. le garde des sceaux, *ministre de la justice.* D'ailleurs si vous exigez que les suppléants soient, eux aussi, licenciés en droit ou capacitaires, comme ils ne sont pas rétribués je déclare qu'il sera matériellement impossible d'en trouver un nombre suffisant. (*Très bien! très bien!*)

M. le président. La parole est à M. Julien Goujon.

M. Julien Goujon. Je désirerais obtenir de l'honorable rapporteur une déclaration un peu plus explicite que celle qu'il nous a faite à la dernière séance.

Il est certain que le brevet de capacité dont on a parlé jusqu'à présent n'a rien qui le recommande au point de vue pratique.

Je vois, en effet, figurer dans le programme du brevet de capacité un certain nombre d'articles du code de procédure civile, du code pénal, du code d'instruction criminelle : or ces articles sont ceux avec lesquels les juges de paix n'ont jamais commerce. Le brevet de capacité, tel qu'il est institué aujourd'hui, est non seulement insuffisant, mais d'une utilité tout à fait contestable; j'ajoute qu'il n'est d'aucune utilité pour les candidats aux justices de paix. Il serait donc de toute nécessité que dans le programme du brevet de capacité on préparât le candidat à répondre aux commentaires des lois concernant les justices de paix, notamment celles relatives à la compétence civile et criminelle. Le programme du brevet de capacité, tel qu'il est actuellement établi, ne mentionne pas cette matière, et je demande à M. le rapporteur, ainsi qu'à M. le garde des sceaux, si la commission, d'accord avec le Gouvernement, a l'intention d'introduire dans le nouveau programme ces questions pratiques sur lesquelles j'ai l'honneur d'appeler leur bienveillante attention. (*Très bien! très bien!*)

M. Maurice Colin. Je demande la parole.

M. le président. La parole est à M. le rapporteur.

M. le rapporteur. Je vais préciser pour répondre aux observations de notre honorable collègue M. Goujon, les déclarations que j'ai déjà eu l'honneur de faire à la Chambre.

Le certificat de capacité comprend aujourd'hui quatre inscriptions et un examen oral comprenant quatre interrogations et portant sur des matières qui, je le reconnais, ne sont pas spéciales aux fonctions, ni à la juridiction des magistrats de paix, mais, j'ai dit ici, il y a quelques jours, que, dans les facultés de droit, on est depuis longtemps partisan d'un remaniement du programme du brevet de capacité en vue d'en faire l'examen professionnel que la Chambre paraît souhaiter.

J'ai eu l'occasion d'entretenir M. le ministre de l'instruction publique de cette situation, je lui ai même écrit à ce sujet au nom de la commission des réformes judiciaires, et M. le ministre de la justice qui est ici présent pourra confirmer ce que je vais dire. Je crois que M. le ministre de l'instruction publique peut opérer, sans le secours des Chambres, ce remaniement, qu'il peut transformer l'examen de capacité en un véritable examen professionnel par un simple arrêté ministériel; je puis vous affirmer qu'il est sur le point de constituer une commission qui, d'accord avec les facultés de droit fera le remaniement de cet examen. C'est donc un véritable examen professionnel qui sera à la base de notre réforme.

Et qu'on ne nous dise pas que cet examen professionnel créera un obstacle invincible pour les hommes honorables et les praticiens sérieux qui désireront devenir juges de paix. Quand ils voudront, en effet, à trente-cinq ou quarante ans, s'engager dans cette carrière, il leur sera aisé, s'ils ont l'esprit assez souple pour être magistrats, de faire preuve de ces qualités en franchissant le degré de capacité et en subissant l'examen. J'ajoute que les hommes prévoyants et avisés pourront, dès le début de la carrière, passer cet examen et se munir ainsi, en vue de l'avenir, du certificat de capacité. (*Très bien! très bien!*)

M. le président. Personne ne demande la parole?...

Je mets aux voix l'amendement de MM. Gras et Bertrand, repoussé par la commission et par le Gouvernement

Il y a une demande de scrutin signée de MM. Chanoz, Deville, Reymond Leygue, Aristide Briand, Krauss, Basly, François Fournier, Cadenat, Théron, Bertaux, de Pressensé, Cardet, Pajot, Casimir Lesage, Jaurès, Antoine Gras, Clément, Sarrault, Petitjean, etc.

Le scrutin est ouvert.

(Les votes sont recueillis. — MM. les secrétaires en font le dépouillement).

M. le président. Voici le résultat du dépouillement du scrutin :

Nombre des votants	523
Majorité absolue	262
Pour l'adoption	104
Contre	419

La Chambre des députés n'a pas adopté.

Je relis le paragraphe 2°.

« Et ceux qui, à défaut de licence en droit, auront obtenu le certificat de capacité prévu par l'article 12 de la loi du 22 ventôse an XII relative aux écoles de droit... »

Ici M. Colin propose d'ajouter les mots :

« ... ou le certificat de législation musulmane et algérienne délivré par l'école de droit d'Alger. »

Cet amendement est soumis à la prise en considération.

La parole est à M. Colin.

M. Maurice Colin. Messieurs, si je demande l'assimilation du certificat de législation musulmane et algérienne au diplôme de capacité en droit, c'est qu'il s'agit d'un diplôme qui, pour ceux qui ne sont pas licenciés, demande deux années d'études. La première année porte à peu près exactement sur les mêmes matières que le diplôme de capacité en droit; la seconde année porte sur la législation algérienne et la législation musulmane.

C'est un diplôme qui est exigé de tous ceux qui désirent obtenir un poste d'officier ministériel en Algérie.

Un avoué qui aura exercé en Algérie pendant vingt-cinq ans et qui est nanti de ce certificat ne peut entrer dans les justices de paix en Algérie parce que, pour être juge de paix en Algérie, il faut être licencié en droit. Si, comme fin de carrière, cet officier ministériel ambitionne un poste de juge de paix en France, il est absolument naturel de ne pas l'obliger à passer l'examen de capacité en droit, alors qu'il est nanti d'un titre plus difficile à obtenir. Mais pour cela il est indispensable d'assimiler le diplôme qu'il a obtenu au diplôme de capacité en droit. Ce diplôme, je le répète, est plus difficile à obtenir, car tandis que la capacité en droit ne demande qu'une année d'étude et quatre inscriptions, il exige deux années d'études, huit inscriptions, et la première de ces deux années d'études contient les mêmes matières que la capacité en droit.

Aussi je n'hésite pas à demander à la Chambre de vouloir bien mettre sur la même ligne que le brevet de capacité en droit le certificat de législation musulmane et algérienne délivré par l'école de droit d'Alger. (*Très bien! très bien!*)

M. le rapporteur. L'amendement de M. Colin est très intéressant, mais il est inutile qu'il prenne place dans le texte de la loi. Un remaniement va bientôt être opéré dans les matières du certificat de capacité; on pourra à ce moment examiner la question soulevée par M. Colin, et établir l'assimilation entre l'examen professionnel pour la France et l'examen professionnel pour l'Algérie. (*Très bien! très bien!*)

M. le garde des sceaux. La faculté de droit d'Alger pourra donner à ce diplôme le titre de certificat de capacité.

M. Maurice Colin. Dans ces conditions, je n'insiste pas.

M. le président. Je mets aux voix la première partie du paragraphe 2°.

(La première partie de ce paragraphe est adoptée.)

M. le président. Je continue la lecture du paragraphe.

« ...et qui en outre auront été :

« Pendant cinq ans :

« Notaires, avoués, greffiers près les cours d'appel ou les tribunaux civils ;

« Pendant dix ans :

« Magistrats consulaires dont deux ans au moins comme présidents de tribunal ou présidents de section ;

« Receveurs ou fonctionnaires d'un ordre au moins égal dans l'administration de l'enregistrement... »

Ici, M. Auffray propose d'ajouter les mots :

« ...du domaine et conservateurs des hypothèques. »

« La parole est à M. Auffray.

M. Jules Auffray. Je crois que le Gouvernement et la commission sont d'accord avec moi.

M. le rapporteur. Notre honorable collègue M. Auffray propose, après les mots : « Receveurs ou fonctionnaires d'un ordre au moins égal dans l'administration de l'enregistrement, d'ajouter ces mots :

« ...du domaine et conservateurs des hypothèques. »

L'amendement de M. Auffray est inutile. Il n'est pas douteux, en effet, que les receveurs du domaine et les conservateurs des hypothèque font partie de l'administration de l'enregistrement; les conservateurs des hypothèques ont même un grade supérieur aux receveurs alors que nous ne réclamons qu'un grade égal dans l'administration de l'enregistrement.

M. Auffray a donc satisfaction.

M. Jules Auffray. Je retire mon amendement.

M. le président. Je mets aux voix la rédaction de la commission.

(La rédaction de la commission est adoptée.)

M. le président. M. Rudelle propose de rédiger ainsi qu'il suit les deux derniers paragraphes de l'article 22 :

« Conseillers prud'hommes pouvant justifier de trois années de fonctions comme président ou vice-président ; greffiers près les tribunaux de commerce ou de paix, huissiers, commis greffiers près les cours ou tribunaux civils, clercs d'avoués pouvant justifier de trois ans d'exercice comme premiers clercs, clercs de notaire pouvant justifier de trois ans d'exercice comme premiers clercs dans une étude de notaire, suppléants de juges de paix ayant au moins cinq ans de fonction en cette qualité, maires ou adjoints d'une commune lorsqu'ils auront occupé ces fonctions pendant cinq ans au moins.

« Pendant les trois années qui suivront la cessation de leurs fonctions, les anciens officiers ministériels, les maires et adjoints, ne pourront être nommés juges de paix dans les cantons où ils auront exercé leurs précédentes fonctions. Les juges de paix et leurs suppléants ne pourront être nommés avant l'âge de vingt-cinq ans accomplis. »

La parole est à M. Rudelle.

M. Rudelle. Messieurs, mon amendement avait été déposé avant la nouvelle rédaction de la commission et par conséquent l'énumération qui résulte du nouveau texte donne satisfaction à la plupart des demandes que j'avais formulées. Il y a cependant une catégorie qui n'est pas indiquée dans l'énumération de la commission et sur laquelle j'appelle votre attention.

On peut être nommé juge de paix après avoir, pendant dix ans, exercé les fonctions de magistrat consulaire, dont deux ans au moins comme président du tribunal ou président de section. Il est tout naturel que ceux qui ont l'habitude de la justice puissent devenir juges de paix. Je vous demande, dans cet ordre d'idées, de vouloir bien accorder la même faveur aux conseillers prud'hommes qui, pendant trois années, auront exercé les fonctions de président ou de vice-président. (*Très bien ! très bien !*)

M. le garde des sceaux. Le Gouvernement accepte, d'accord avec la commission.

M. Rudelle. Du moment que le Gouvernement accepte ce premier point de mon amendement, je n'ai plus qu'une observation à présenter, en ce qui concerne l'âge.

L'article 22 du nouveau texte de la commission se termine de la manière suivante :

« Les juges de paix et leurs suppléants ne pourront être nommés avant l'âge de vingt-sept ans accomplis. »

Or, on peut être député, conseiller général conseiller municipal à vingt-cinq ans ; on peut être juge d'un tribunal de première instance à vingt-cinq ans. On se demande pourquoi, alors que toutes ces fonctions qui nécessitent une certaine maturité d'esprit et une certaine capacité, peuvent être exercées par des hommes de vingt-cinq ans, on exige pour les juges de paix un minimum de vingt-sept ans. Il y a évidemment là une anomalie, une bizarrerie, que je signale. On la ferait disparaître en rétablissant l'âge de vingt-cinq ans pour les fonctions de juge de paix comme pour celles dont je viens de donner l'énumération.

M. le rapporteur. Sur les deux observations qui viennent d'être faites par M. Rudelle, voici la réponse de la commission.

M. Rudelle demande que les mots « conseillers prud'hommes pouvant justifier de trois années de fonctions comme président ou vice-président » soient ajoutés à notre texte.

D'accord avec le Gouvernement, la commission accepte l'addition, d'autant plus volontiers qu'à tous ces groupes, à toutes ces catégories, nous avons imposé, comme la Chambre vient de le décider pour la seconde fois, la nécessité de l'examen professionnel qui constitue un obstacle indispensable aux ambitions non justifiées.

Le second point traité par M. Rudelle est celui de savoir à quel âge on peut être candidat aux fonctions de juge de paix. Je demande à la Chambre si elle veut discuter cette question immédiatement ou plus tard.

Il y a plusieurs amendements sur ce point, notamment un de M. Marot. Je suis prêt à répondre à M. Rudelle si la Chambre le désire.

M. le président. En effet, il y a sur cette question toute une série d'amendements.

M. Rudelle. J'accepte l'ajournement en ce qui concerne l'âge. Les observations que je viens de présenter à ce sujet resteront assurément dans la mémoire de mes collègues et je n'aurai pas besoin de les rappeler.

M. le rapporteur. Il serait, en effet, plus logique que la question de l'âge vînt à la fin de l'article.

M. le président. La commission accepte l'adjonction, proposée par M. Rudelle, des mots : « Conseillers prud'hommes pouvant justifier de trois années de fonctions comme président ou vice-président... »

Je mets aux voix cette addition.

(L'addition est adoptée.)

M. le président. Je continue la lecture du paragraphe 2° :

« ... greffiers près les tribunaux de commerce ou de paix, huissiers, commis greffiers près les cours ou tribunaux civils... »

Ici M. Léopold Fabre propose d'ajouter les mots :

« ... commis greffiers près les tribunaux de commerce ou de paix... »

M. Léopold Fabre. Je retire mon amendement.

M. le président. Je mets aux voix le texte de la commission.

(Le texte est adopté.)

M. le président. Je poursuis : « ... clercs d'avoué pouvant justifier de cinq ans d'exercice comme maîtres clercs, clercs de notaire pouvant justifier de cinq ans d'exercice comme maîtres clercs dans une étude de notaire... »

M. Julien Goujon. (Seine-Inférieure). Les clercs d'agréé sont-ils compris dans l'énumération ?

M. le rapporteur. Non.

M. Charles Bos. Les agréés sont de simples avocats.

M. le président. M. Berteaux a déposé un amendement ainsi conçu :

« ... clercs d'avoué pouvant justifier de deux ans d'exercice comme premiers clercs dans une étude de notaire, suppléants de justice de paix, maires ou adjoints d'une commune à la condition d'être nommés en dehors de leurs ressorts d'élection. »

La parole est à M. Berteaux.

M. Maurice Berteaux. Mon amendement a pour but de permettre l'accès des fonctions de juge de paix à toute une série de clercs de notaire qui en seraient exclus par le texte adopté par la commission.

En effet, vous le savez, messieurs, dans la plupart des grandes villes, et notamment à Paris, les fonctions de maîtres clercs dans les études de notaires sont occupées par des maîtres clercs professionnels qui ont renoncé à traiter et qui y restent souvent pendant dix, douze ou quinze ans et même davantage, de telle sorte que bien peu de premiers clercs régulièrement inscrits arrivent à obtenir le titre de maîtres clercs et que le plus souvent c'est parmi les premiers clercs et non les maîtres clercs que se recrutent les notaires eux-mêmes.

De plus, à côté des maîtres clercs professionnels, il y a toute une catégorie de clercs qui, sans avoir le titre de maître clerc, remplissent néanmoins des fonctions très délicates et très importantes. Tels sont les clercs hors rang, maîtres clercs adjoints, clercs liquidateurs et clercs aux sociétés. Ces clercs ont passé par les fonctions de premier clerc, mais ils les ont abandonnées à d'autres au bout de deux ou trois ans pour remplir des fonctions mieux rémunérées, mais sans qu'aucun titre y corresponde. Les uns et les autres offrent toutes les garanties professionnelles nécessaires et il serait injuste de leur interdire les fonctions de juge de paix.

C'est pour leur permettre, au contraire, d'y accéder, que je vous propose, messieurs, de substituer les mots « premiers clercs » à ceux de « maîtres clercs » dans le texte que nous présente la commission.

Nous établirons ainsi une concordance nécessaire entre ce texte et le texte même des lois relatives à l'organisation du notariat, celles du 25 ventôse an XII et du 12 août 1902, qui l'une et l'autre emploient, dans des circonstances analogues, les mots « premiers clercs » et non les mots « maîtres clercs ». (*Très bien ! très bien !*)

M. le président. Vous proposez également, monsieur Berteaux, de mettre « deux ans » au lieu de « cinq ans » ?

M. Maurice Berteaux. Oui, monsieur le président.

M. le rapporteur. La commission a examiné l'amendement de M. Berteaux et elle l'a trouvé très juste. Il arrive en effet que des clercs qui ont suivi tous les degrés, obtenu toutes les inscriptions, à un moment donné renoncent à acheter une charge, restent à l'étude, instruisent des affaires importantes et jouent dans l'office un rôle considérable ; mais comme ils ne sont plus maîtres clercs, ils se trouveraient privés du bénéfice de la loi. Aussi, messieurs, acceptant l'amendement de M. Berteaux, la commission vous propose la rédaction suivante :

« ... clercs d'avoué ou de notaire pouvant justifier de deux ans d'exercice comme premiers, principaux ou maîtres clercs dans une étude, etc... »

M. le président. MM. Haudricourt, Gellé, Proust, Rose et Bouctot, ont présenté l'amendement suivant :

« Supprimer les mots :

« Clercs de notaire pouvant justifier de cinq années d'exercice comme maîtres clercs dans une étude de notaire ».

Et les remplacer par les mots suivants :

« Clercs de notaire pouvant justifier de leur stage accompli et de cinq années d'inscription postérieure, hors cadres, dans une étude de notaire. »

M. le garde des sceaux. C'est bien compliqué !

M. le président. La parole est à M. Haudricourt.

M. Haudricourt. Les clercs de notaire dont je parle et auxquels faisait allusion tout à l'heure notre honorable collègue, M. Berteaux, sont des clercs qui ont accompli tout leur stage, qui ont eu leur inscription de premier clerc, mais n'ont pas encore pu traiter d'une étude ou y ont renoncé. Ils sont restés dans l'étude où ils se trouvaient, mais sans y avoir d'inscription. Ils y occupent des fonctions extrêmement importantes, comme vous le disait l'honorable M. Berteaux ; on les appelle des clercs hors rang ou hors cadres et ils sont ainsi désignés parce qu'ils n'ont pas d'inscriptions.

Il ne serait pas équitable, je crois, de les traiter moins favorablement que les premiers clercs ayant encore l'inscription puisque leurs connaissances sont au moins égales.

M. le gade des sceaux. Ils ont été premiers clercs. Cela suffit.

M. Maurice Berteaux. On pourrait peut-être donner satisfaction au désir de notre honorable collègue, en même temps qu'à celui que j'ai exprimé, en rédigeant l'amendement de la façon suivante :

« ... comme étant ou ayant été premiers principaux ou maîtres clercs dans une étude. »

M. le garde des sceaux. Je crois qu'on tend à charger beaucoup trop le texte de la loi par ces multiples qualificatifs. La dernière loi sur le notariat, celle du 12 août 1902, parle simplement des premiers clercs ; inscrivons donc dans la loi qu'il suffira d'avoir été premier clerc pendant deux ans pour pouvoir être juge de paix.

Cette formule s'applique à la fois à ceux qui sont premiers clercs encore en fonctions et à ceux qui, ayant été premiers clercs pendant deux années, n'en remplissant plus les fonctions. Les mots « premiers clercs » donnent, je crois, satisfaction à M. Berteaux, tout en allégeant le texte de la proposition.

M. Julien Goujon. Les premiers clercs auront simplement à prouver qu'ils sont restés deux ans dans l'étude.

M. Maurice Berteaux. J'accepte d'autant plus volontiers cette rédaction que c'est exactement celle que j'ai proposé dans mon amendement.

M. le rapporteur. Alors nous sommes d'accord sur la rédaction suivante :

« ... clercs d'avoué ou de notaire pouvant justifier de deux ans d'exercice comme premiers clercs... »

M. Haudricourt. J'accepte la proposition de M. le rapporteur, puisqu'il réduit à deux ans la durée d'exercice nécessaire.

M. le président. Je mets aux voix la nouvelle rédaction proposé par la commission.

(La rédaction est adoptée.)

M. le président. Nous passons aux mots suivants :

« ... suppléants de justices de paix... »

MM. Anthime Ménard et Lamy demandent la suppression de ces mots.

La parole est à M. Lamy.

M. Lamy. Messieurs, nous avons déposé, un certain nombre de mes collègues et moi, un amendement qui avait pour but d'exiger pour la nomination des suppléants de justice de paix les mêmes conditions ou à peu près que pour la nomination des juges de paix.

M. Julien Goujon. Ce n'est pas possible.

M. Lamy. Voici qu'elle était notre intention en déposant cet amendement. Nous avons pensé que les suppléants de justice de paix, ayant en somme les mêmes pouvoirs, les mêmes droits et les mêmes responsabilités que les juges de paix eux-mêmes...

M. le garde des sceaux. Ils n'ont pas le traitement.

M. Lamy... il convenait d'exiger d'eux à peu près les mêmes conditions.

M. le garde des sceaux nous a tout à l'heure déclaré qu'on manquerait de suppléants dans ces conditions ou du moins qu'il serait très difficile de trouver des personnes réalisant les garanties de capacité suffisantes pour être nommées suppléants. C'est pourquoi, dans notre amendement, nous avons demandé que les maires et les adjoints d'une commune puissent être nommés suppléants, même dans leur ressort d'élection, sans avoir besoin de justifier du certificat de capacité prévu par l'article 12 de la loi du 22 ventôse an XII. Si vous adoptez notre manière de voir, il y aura lieu de supprimer de l'article 22 les mots « suppléants de justice de paix » qui n'auraient plus de raison d'être.

En exigeant pour la nomination d'un suppléant, les mêmes conditions que pour celle d'un juge de paix, la qualité de suppléant devra cesser d'être un privilège pour être nommé juge de paix. Evidemment nous subordonnons la suppression de ces mots à l'adoption de la fin de notre amendement portant sur le dernier paragraphe de l'article 22. Pour être nommé juge suppléant, il faudrait donc en principe les mêmes conditions que pour être nommé juge de paix ; mais on n'exigerait pas d'abord la capacité en droit, ensuite on pourrait nommer un maire ou un adjoint même dans son ressort d'élection. Dans un canton ou dans une commune on trouvera toujours des adjoints ou des maires réalisant les conditions que nous exigeons. *(Très bien ! très bien ! sur divers bancs.)*

M. le rapporteur. La commission ne peut pas accepter l'amendement, elle le repousse.

Nous considérons comme parfaitement juste que des suppléants de juge de paix, qui ont occupé leur poste pendant dix ans et qui sont pourvus du brevet de capacité, puissent être candidats aux fonctions de juge de paix.

M. Edmond Lepelletier. La commission ne pourraient-elle pas trouver le moyen d'établir une division entre les suppléants de juge de paix ? Ne pourrait-elle pas considérer d'abord ceux qui appartiennent à un ressort très occupé et qui sont astreints à une besogne fort importante et ensuite ceux qui, étant attachés à des justices de paix beaucoup moins importantes, ne sont pas tenus de posséder les mêmes capacités juridiques ?

M. le rapporteur. C'est au Gouvernement à établir cette distinction. Nous ne nommons pas les juges de paix, nous indiquons les capacités exigées des candidats ; le Gouvernement désignera les plus méritants.

M. Edmond Lepelletier. Je désirerais que le Gouvernement tînt compte de cette distinction à titre d'indication. En effet, le recrutement peut être très difficile à assurer dans les localités de peu d'importance et très facile au contraire dans les grandes villes possédant un barreau et comptant de nombreux avocats.

A mon avis, il serait utile, lorsqu'on appliquera la loi, d'indiquer qu'une grande différence sera établie entre les candidats suppléants selon l'importance du ressort et que le diplôme de licencié sera exigé seulement pour les ressorts de 1re classe et non pour les ressorts subalternes.

M. Julien Goujon. La distinction proposée par M. Lepelletier n'aurait aucun résultat dans la pratique et voici pourquoi : les juges suppléants de justices de paix ne siègent que très accidentellement et seulement dans les affaires urgentes d'une solution facile ; quant aux autres affaires, elles sont jugées par le juge de paix lui-même.

M. le garde des sceaux. Il est exact que dans les justices de paix très chargées, comme les justices de paix des grandes villes, à Paris, à Lyon, à Marseille etc., les suppléants doivent présenter des garanties de capacité que l'on ne peut pas exiger des suppléants des justices de paix cantonales ; mais il est aussi très vrai de dire que toutes les fois qu'il s'agit de nommer un suppléant dans ces grandes cités, il est d'usage de choisir, pour remplir ces fonctions, soit des avocats inscrits au tableau, soit des avoués, soit d'anciens officiers ministériels. C'est dire, messieurs, qu'on nomme des hommes qui non seulement sont licenciés en droit ou capacitaires, mais encore possède une longue pratique des affaires. Ils font d'ailleurs d'excellents juges de paix suppléants et la chancellerie s'est depuis longtemps imposé comme un devoir de choisir les suppléants dans ces conditions. *(Très bien ! très bien !)*

M. le président. Je mets aux voix les mots : « suppléants de justice de paix. »

(Ces mots sont adoptés.)

M. le président. La fin de l'alinéa est ainsi conçue :

« ... maires ou adjoints, ces derniers à la condition d'être nommés en dehors du canton où ils exercent leurs fonctions électives. »

M. Joseph Brisson propose, par amendement, de substituer à ces derniers mots ceux-ci : « ... en dehors de l'arrondissement où ils exercent et ont exercé leurs fonctions électives. »

L'amendement est soumis à la prise en considération.

La parole est à M. Joseph Brisson.

M. Joseph Brisson. Messieurs, la commission, en vous proposant de nommer juges de paix les maires et les adjoints, en dehors seulement du canton où ils auront exercé leurs fonctions, a voulu donner une garantie aux justiciables. Je viens vous demander d'étendre encore cette garantie en décidant qu'ils ne pourront être nommés juges de paix qu'en dehors même de l'arrondissement où ils auront été investis de leur mandat.

M. Jules Auffray. La loi ne parle pas seulement du passé, elle dit aussi : « où ils exercent ». Mon observation confirme votre thèse.

M. Joseph Brisson. Par mon amendement, je demande qu'ils ne puissent être nommés juges de paix qu'en dehors de l'arrondissement où ils auront été investis de leur mandat ou bien où ils sont encore investis de leur mandat.

Cet amendement, du reste, n'a rien d'excessif, car nous ne devons pas perdre de vue que nous concédons, dans la circonstance, une véritable faveur aux maires et adjoints en leur accordant par la loi la possibilité d'être nommés juges de paix à cette seule condition qu'ils seront pourvus du certificat de capacité en droit.

Je dis que nous leur concédons une faveur. En effet, pour l'ensemble des autres citoyens l'obligation de la licence en droit est absolue, et absolue aussi par conséquent l'obligation d'avoir les grades universitaires qui l'accompagnent.

Je ne m'élève pas contre la nomination des maires comme juges de paix. Je proteste d'autant moins là contre que je comprends parfaitement qu'on veuille récompenser les hommes qui ont consacré gratuitement une partie de leur existence à leurs concitoyens. Il n'en est pas moins vrai que nous devons, dans la mesure du possible, essayer de sauvegarder les intérêts mêmes des justiciables.

Je m'excuse devant la Chambre de faire descendre la discussion des hauteurs juridiques où elle s'est tenue depuis quelque temps, mais je dois dire les choses telles qu'elles sont, et comme je crains que mon argumentation n'ait pas, sur la Chambre, une bien grande influence, je demande la permission de rappeler les éloquentes paroles que prononçait l'honorable président de la commission dans la séance du 3 février dernier. M. Cruppi disait :

« La pensée de la commission est bien nette. Ce que nous avons voulu et ce que nous voulons, d'accord, j'en ai la conviction, avec la Chambre tout entière, c'est d'abord un juge indépendant. Nous voulons un juge qui soit en dehors des luttes politiques et au-dessus d'elles. »

Que M. Cruppi me permette de lui dire que, aujourd'hui comme toujours, à quelque parti qu'ils appartiennent, les maires font de la politique ; ils se mêlent à nos luttes électorales ; au plus fort de la mêlée ils signent souvent des appels qui dépassent même les limites de leur commune. Dans la bagarre, ils contractent d'ardentes inimitiés ; ils se créent en même temps des amitiés très chaudes. Il n'est pas bon qu'inimitiés et amitiés se rencontrent dans le prétoire même de la justice. (*Très bien ! très bien ! sur divers bancs.*)

L'honorable rapporteur, je le sais, compte sur le Gouvernement pour ne faire que des choix excellents ; il espère que le Gouvernement saura discerner les hommes qui auront le caractère assez noble, le cœur assez haut placé pour dépouiller sous la robe du magistrat la défroque de l'homme politique.

Mais, quoi qu'on fasse, les hommes politiques sont toujours accessibles aux sentiments ou de rancune ou de reconnaissance.

Je vais même plus loin et je prends maintenant une hypothèse qui fera peut-être sourire, mais qui, tout invraisemblable qu'elle soit, pourra se réaliser quelques fois ; j'admets que le choix du Gouvernement soit excellent ; que ce maire nommé magistrat dans le milieu même où il aura évolué comme homme politique, soit pénétré, imprégné de la grandeur de sa mission ; il pourra arriver quelquefois que le souci même de la hauteur de sa tâche l'incite, dans une admirable recherche d'impartialité, à favoriser celui-là même qui, hier encore, était son adversaire.

Oh ! je sais bien que ce fait ne se présentera que très rarement et que nous aurons à enregistrer bien plus souvent des procédés contraires, mais nous n'en devons pas moins envisager tous les inconvénients que pourront amener, à un moment donné, les nominations mêmes que nous préparons.

Et puis la loi du 16 ventôse an XII n'est pas abrogée ! Je sais bien que cette loi n'est pas d'une application constante, j'ajoute même qu'elle n'est peut-être jamais appliquée, mais enfin elle existe et nous devons en tenir compte. Or, que dit cette loi ?

« En cas d'empêchement légitime d'un juge de paix et de ses suppléants, le tribunal de première instance dans l'arrondissement duquel est située la justice de paix renverra les parties devant le juge de paix du canton le plus voisin. »

En vertu de l'article 22, les plaideurs pourront être appelés à comparaître devant celui-là même dont à un moment donné ils auront été les administrés, qu'ils auront peut-être combattu de toutes leur force ou soutenu de tout leur dévouement, au moyen de cotisations versées au comité qui soutenait la candidature de celui qui aujourd'hui est leur juge.

Je n'insiste pas sur l'utilité qu'il y a à ne pas nommer sans déplacement des hommes politiques que vous aurez transformés en magistrat, je veux dire par là qu'il sera bon de les éloigner ou plutôt de les nommer en dehors des régions où ils ont agi, où ils se sont comportés en hommes politiques.

Mon amendement n'a rien qui puisse entraver le recrutement des juges de paix et empêcher le Gouvernement de récompenser des hommes qui auront bien mérité de leur pays ; il met simplement en garde, il protège les magistrats eux-mêmes contre les défaillances, les entraînements inhérents à la nature humaine, il donne une garantie de plus aux justiciables (*Très bien ! très bien ! à droite.*)

Aujourd'hui nous concédons un véritable privilège aux maires et aux adjoints ; en compensation de cette carrière nouvelle que nous assurons à leur ambition bien légitime, nous avons le droit de poser des conditions (*Applaudissements sur divers bancs.*)

M. le président. La parole est à M. le garde des sceaux.

M. le garde des sceaux. Je suis d'accord avec l'honorable M. Brisson pour reconnaître que celui qui est encore investi de fonctions électives peut difficilement rendre la justice à ceux qui sont ses électeurs.

Aussi, en 1884, a-t-on décidé que les magistrats des cours d'appel ne pourraient recevoir aucun mandat électif dans le ressort de leur juridiction. On a appliqué le même principe aux magistrats des tribunaux de première instance en leur interdisant les fonctions de conseiller général, de conseiller d'arrondissement ou de maire dans l'arrondissement de leur tribunal.

Qu'on se montre aujourd'hui aussi exigeant pour les juges de paix et qu'on ne permette pas qu'ils soient élus dans le canton où ils tiennent l'audience, rien de plus naturel. Mais pourquoi étendre la mesure jusqu'à la limite de l'arrondissement, pour eux qui ne connaissent que les justiciables d'un seul canton ? Cela serait vraiment excessif.

J'ajoute que l'honorable M. Brisson est loin d'être le premier à s'être préoccupé de la question. Il y a sept ans, en effet, en 1897, la Chambre a voté la motion suivante : « La Chambre, désirant que le Gouvernement s'abstienne de nommer des magistrats dans les circonscriptions où ils ont exercé des fonctions électives, passe à l'ordre du jour. »

Et depuis sept ans, je puis dire qu'on a respecté la volonté de la Chambre.

M. Lasies. Je vous demande pardon. Je vous citerai un exemple au contraire.

M. le garde des sceaux. Non, monsieur Lasies, vous ne m'en apporterez pas! J'ai consulté mon honorable prédécesseur pour savoir si cette motion avait été observée par lui; il m'a répondu qu'à l'exception d'un cas, dans lequel sa bonne foi avait été surprise, il ne se souvenait pas de l'avoir méconnue.

En ce qui me concerne, je puis affirmer que je me suis toujours conformé au désir de cette Assemblée, et je doute fort que l'honorable M. Lasies...

M. Lasies. Faisons un pari, si vous voulez. (*On rit.*)

M. le garde des sceaux. Non, monsieur Lasies, vous ne me citerez pas une nomination faite à l'encontre de la motion que je rappelais il y a un instant.

Maintenons donc l'incompatibilité pour le canton, c'est mon avis, mais n'allons pas au delà; le besoin ne s'en fait pas sentir.

M. le rapporteur. La commission maintient son texte.

M. Jules Auffray. Je comprends bien l'observation de M. le garde des sceaux; elle donne satisfaction à la plupart des cas. Mais voici un point particulier où sa théorie est en défaut.

Aux termes de l'article 1er de la loi du 16 ventôse an XII « en cas d'empêchement légitime d'un juge de paix et de ses suppléants, le tribunal de première instance dans l'arrondissement duquel est située la justice de paix renverra les parties devant le juge de paix du canton le plus voisin ». Il peut donc arriver, en cas d'empêchement du juge de paix ordinaire...(*Interruptions.*)

M. Louis Martin. Un canton a toujours plusieurs cantons voisins.

M. Jules Auffray. La portée de mon observation est celle-ci, mon cher collègue.

Il n'y a pas deux cantons également voisins, l'article suivant de la loi dr ventôse précisant qu'on calcule l'éloignement d'après les distances de chef-lieu à chef-lieu. Il serait extraordinaire qu'il y eût deux chefs-lieux de canton également distants d'un troisième. Il faut donc préciser ce point.

Je demande que M. le garde des sceaux, en présence de ce texte, fasse une déclaration qui aura beaucoup plus de poids dans sa bouche que dans celle de n'importe qui de nos collègues.

On fait observer qu'en pareil cas l'esprit de la loi s'oppose à ce qu'on puisse renvoyer l'affaire devant un juge de paix qui exerce ou aurait exercé les fonctions électives de maire ou d'adjoint dans le canton où résidera l'une des parties. Je demande à M. le garde des sceaux de déclarer que, dans ce cas, le tribunal devra renvoyer devant la justice de paix d'un autre canton.

M. le garde des sceaux. C'est une déclaration qu'il ne me coûte pas de faire. Je trouve très juste que le tribunal qui aura à déterminer le canton ne renvoie pas l'affaire précisément dans le canton où le juge de paix se trouverait être le maire ou l'adjoint de l'une des parties, et il est bien certain que dans ce cas le tribunal ne devra pas choisir le canton où se rencontrerait pareille incompatibilité. (*Très bien! très bien à gauche.*)

M. Jules Auffray. Je prends acte des déclarations très nettes de M. le garde des sceaux : le tribunal, en pareil cas, ne pourra pas, ne devra pas choisir le juge de paix du canton où ce juge sera ou aura été maire ou adjoint.

M. le marquis de Rosanbo. On ne tiendra pas compte de cette déclaration.

M. le président. La commission maintient son texte, qui est ainsi conçu :

« ...maires ou adjoints, ces derniers à la condition d'être nommés en dehors du canton où ils exercent leurs fonctions électives. »

M. Joseph Brisson propose après les mots : « ...maires ou adjoints, ces derniers à la condition d'être nommés en dehors... » de mettre ceux-ci : « ...de l'arrondissement où ils exercent ou ont exercé leurs fonctions électives ».

M. Marot. Mais le canton est fixé par la loi de même de ventôse an XII. Cette loi dit que c'est le canton le plus voisin et que la distance est réglée d'après celle des chefs-lieux de canton.

M. le président. Je mets l'amendement aux voix.

Il y a une demande de scrutin signée de MM. Deville, Lamendin, Basly, Krauss, Jaurès, Cadenat, Petitjean, Chaoz, Pajot, Delaune, de Pressensé, Cardet, Clément, Charonnat, Saraut, Antoine Gras, Bertaux, Casimir Lesage, etc.

Le scrutin est ouvert.

(Les votes sont recueillis. — MM. les secrétaires en font le dépouillement.)

M. le président. Voici le résultat du dépouillement du scrutin :

Nombre des votants... 559
Majorité absolue... 280

Pour l'adoption... 175
Contre... 384

La Chambre des députés n'a pas adopté.

M. Laniel propose d'ajouter après les mots « ...où ils exercent » ceux-ci « ...où auront exercé depuis moins de deux ans leurs fonctions électives ».

M. le rapporteur. La commission accepte.

M. le garde des sceaux. Nous sommes d'accord.

M. le président. La commission et le Gouvernement acceptent cet amendement.

Je le mets aux voix.

(L'amendement, mis aux voix, est adopté.)

M. le président. Le texte sera donc ainsi rédigé :

« maires ou adjoints, ces derniers à la condition d'être nommés en dehors du canton où ils exercent ou auront exercé depuis moins de deux ans leurs fonctions électives. »

M. Fabien-Cesbron propose d'ajouter « les secrétaires de mairie ».

La parole est à M. Fabien-Cesbron.

M. Fabien-Cesbron. Mon amendement a pour but d'ajouter à la liste des personnes qui peuvent être promues aux fonctions de juge de paix, une catégorie de fonctionnaires des plus intéressants.

A l'une de nos dernières séances, notre collègue M. Perroche se plaignait que la commission eût classé les maires et adjoints parmi les citoyens aptes à remplir ultérieurement les fonctions de juge de paix. Il disait : j'aimerais mieux voir figurer dans le classement les secrétaires de mairie.

Mon amendement donne satisfaction à l'honorable M. Perroche...

M. Perroche. Je demande la parole.

M. Fabien-Cesbron. En réalité, quelles objections sérieuses la commission peut-elle m'opposer? Je respecte avant tout le principe de l'examen de capacité si cher à M. le rapporteur. Les secrétaires de mairie devront y avoir satisfait. A ce point de vue, il y a donc assimilation complète entre les secrétaires de mairie et toutes les autres personnes désignées dans le classement de l'article 22.

La commission consent à ce que les maires et adjoints de n'importe quelle commune puissent être nommés juges de paix, à la condition qu'ils aient satisfait à l'examen professionnel ou à l'examen capacitaire et qu'ils aient exercé leurs fonctions pendant dix ans. Or, vous le savez, dans la plupart des petites communes, le secrétaire de mairie a des connaissances au moins aussi étendues que le maire. Dans les petites communes de cinq cents ou même mille habitants, en réalité, le secrétaire de mairie est autant que le maire lui-même mêlé à l'administration...

M. le comte du Périer de Larsan. C'est l'instituteur.

M. Fabien-Cesbron. Vous comprenez ce que je veux dire par là.

Il est aussi souvent consulté que le maire dans les difficultés de famille et il est fréquemment appelé à concilier les parties.

La plupart du temps ce sont les instituteurs qui remplissent ces fonctions. Sur ce point, mon amendement ne soulèvera aucune difficulté de votre part, messieurs, car les instituteurs trouveront dans cette mesure un encouragement très légitime et très appréciable. (*Très bien! très bien! sur divers bancs.*)

M. le rapporteur. Assurément, les secrétaires de mairie sont souvent des hommes très distingués et très utiles ; mais nous ne pouvons pas accueillir l'amendement de notre collègue parce que nous ouvririons la porte à une foule de revendications dont quelques-unes sont d'ailleurs très légitimes. Mais il a fallu adopter un principe et s'y tenir.

Les maires et les adjoints figurent dans nos listes parce qu'ils exercent des fonctions électives. Nous ne pouvons pas admettre les secrétaires de mairie qui sont de simples employés. Si ces honorables auxiliaires des maires veulent devenir juges de paix, ils devront subir l'examen de la licence en droit.

M. Perroche. Je demande à expliquer les paroles que j'ai prononcées dans une précédente séance et qui me semble n'avoir pas été comprises par notre honorable collègue M. Fabien-Cesbron.

Je n'ai pas entendu critiquer la capacité des maires de campagne, car, ce faisant, j'aurais attaqué un grand nombre de mes collègues et je me serais frappé moi-même. J'ai voulu dire simplement que les fonctions de maire n'avaient pas un rapport suffisant avec les attributions des juges de paix pour que l'exercice de ces fonctions communales, pendant un certain nombre d'annés, puisse faire acquérir les connaissances pratiques nécessaires à un juge de paix.

J'ajoutais que le secrétaire de mairie serait peut-être mieux qualifié que le maire sous ce rapport. (*Réclamations sur divers bancs*), non pas que je le considère supérieur au maire par l'intelligence ou l'instruction, mais parce que, s'occupant plus activement de l'expédition des affaires de la mairie il est à même d'acquérir une plus grande expérience administrative. Un maire ne peut pas en effet se consacrer avec la même assiduité que le secrétaire à l'examen de tous les détails de la gestion municipale. (*Très bien! très bien!*)

M. le président. L'amendement est soumis à la prise en considération.

Je consulte la Chambre.

(La Chambre, consultée, ne prends pas l'amendement en considération.)

M. le président. M. Bepmale me fait parvenir à l'instant l'amendement suivant :

« Ajouter : Les secrétaires des parquets de première instance et des parquets généraux. »

M. Bepmale a la parole.

M. Bepmale. Messieurs, l'objection soulevée contre les secrétaires de mairie ne me paraît pas s'appliquer aux secrétaires attachés aux parquets et aux parquets généraux. Ces fonctionnaires sont au service de la justice depuis de longues années, ils connaissent la pratique des affaires civiles et criminelles. Leurs appointements sont très modestes ; ils seraient bien aises, après quelques années de service, d'obtenir un poste de juge de paix. Pour mon compte personnel, tous ceux que j'ai vu arriver aux fonctions de juge de paix ont fait d'excellents magistrats. J'espère que la commission voudra bien accepter mon amendement.

M. le rapporteur. La commission ne peut pas l'accepter.

M. le président. Je consulte la Chambre sur la prise en considération de l'amendement.

(L'amendement n'est pas pris en considération.)

M. le président. Nous arrivons à une autre série d'amendements.

M. Anthime-Ménard propose un amendement ainsi conçu :

« Supprimer dans la deuxième partie du paragraphe 2° de l'article 22 les mots : « suppléants de juges de paix », et ajouter un paragraphe ainsi conçu :

« 3° Les anciens suppléants de justice de paix comptant dix ans d'exercice. »

La parole est à M. Anthime-Ménard.

M. Anthime-Ménard. L'amendement que j'ai l'honneur de proposer tend à exonérer de l'obligation du brevet de capacité les suppléants de justices de paix ayant dix ans d'exercice.

Je sais bien qu'à une précédente séance M. Cruppi faisait de ce brevet de capacité « la clef de voûte » de la loi. Qu'il me permette de lui dire que, dans son désir de faire voter son projet sans aucune modification, il devient injuste à son éggard.

Ce projet s'appuie sur une base plus large et plus sérieuse : c'est l'extension de la compétenc des juges de paix ; puis, comme conséquence de cette extension, des exigences plus grandes et toutes les naturelles au point de vue de la capacité de ces fonctionnaires. Mais ces exigences sont une pure question de fait ; M. le garde des sceaux le faisait ressortir lui-même, au début de cette séance quand répondant à l'auteur d'un autre amendement, il disait que les exigences de la loi, au point de vue de la capacité professionnelle, doivent être plus ou moins grandes selon qu'elles s'appliquent à des candidats appartenant à des professions comportant des connaissances plus ou moins étendues, dans l'ordre de celles qui sont nécessaires aux juges de paix.

J'admets ce principe et, par conséquent, les deux catégories prévues par le projet de loi : d'abord, celle des licenciés en droit ; ensuite, celles de toutes les professions qui, par leur nature, supposent certaines connaissances, certaines aptitudes générales en matière de droit, mais qui cependant ne garantissent pas, par elles seules, les capacités spéciales nécessaires aux fonctions de juge de paix. Or, les suppléants de juges de paix ne remplissent pas seulement des fonctions analogues ; c'est la profession même qu'ils exercent — et depuis dix ans — qu'il s'agit de leur confier en qualité de titulaires. Je me demande comment vous pourriez dire à un suppléant de juge de paix : Désormais, vous n'êtes plus capable de remplir, à titre de juge de paix titulaire, ces fonctions que vous avez remplies dans le passé, pendant dix ans, à titre de suppléant.

Est-ce que les affaires jugées par les suppléants de juges de paix n'exigent pas, au regard des plaideurs, des juges tout aussi capables que les juges de paix eux-mêmes ? Est-il vrai de dire que, dans nos cantons ruraux au moins, les affaires de justice de paix jugée par des suppléants sont toujours de très petites affaires ? Est-ce que très souvent, par suite d'absence ou de maladie du juge de paix, les causes les plus importantes de l'année judiciaire ne sont pas solutionnées par les suppléants ?

Il est évident que le législateur a reconnu toute la capacité professionnelle nécessaire aux suppléants par le fait même qu'il leur a confié ces fonctions. Quel besoin y-a-t-il donc d'exiger d'eux désormais qu'ils passent, en outre un examen ? Le leur avez-vous imposé pour siéger dans les affaires qu'ils ont jugées ?

Que si vous voulez exiger cet examen pour l'avenir, sous prétexte que le projet actuel ayant pour but d'étendre leur compétence doit se montrer plus exigeant pour leurs capacités juridiques, vous devez entrevoir qu'il faudrait logiquement et par *a fortiori* obliger les juges de paix actuellement en fonctions à passer, eux aussi, cet examen : car le même motif s'applique encore plus complètement à eux : leur compétence sera étendue et leur responsabilité agrandie.

J'ajoute qu'à côté de cette considération, qui est la première à envisager, parce qu'elle intéresse les plaideurs et le bon exercice de la justice, il y en a une autre qui a aussi importance, bien qu'elle vise plutôt l'intérêt particulier des suppléants. Ceux-ci remplissent des fonctions gratuites. Ce sont des gens qui, de bonne volonté, ont accepté des fonctions non rémunérées et souvent assujettissantes ; les uns les ont acceptées sans autre désir que celui d'une récompense honorifique : ils ne sont pas en question ; mais combien y en a-t-il qui ont pu accepter cette suppléance dans l'espoir légitime d'être, après huit ou dix années d'exercice, titularisés à leur tour ?

Vous les avez laissés pendant de longues années exercer gratuitement ces fonctions, vous leur avez reconnu une capacité suffisante et brusquement, rétroactivement puis-je dire, vous venez, en exigeant un examen qui ne leur était pas imposé jusqu'ici, détruire les espérances qu'ils pouvaient concevoir ou en rendre la réalisation extrêmement difficile !

Je crois que, sans bouleverser l'économie du projet de loi, sans porter atteinte à l'ensemble de ses dispositions, il serait très facile de distraire les suppléants de juges de paix ayant dix années d'exercice de la catégorie des candidats dont on exige le brevet de capacité en droit, et de les inscrire dans une catégorie à part.

Tel est le sens de mon amendement. (*Très bien! très bien! à droite et sur divers bancs au centre.*)

M. le rapporteur. La commission demande à la Chambre de repousser l'amendement de M. Anthime-Ménard et de maintenir le principe qu'elle a deux fois affirmé.

M. le président. Je consulte la Chambre sur la prise en considération de l'amendement de M. Anthime-Ménard.

(L'amendement n'est pas pris en considération.)

M. le président. MM. Louis Martin, Ferrero et Octave Vigne présentent deux amendements tendant à ajouter à l'article les paragraphes suivants :

« 3° Et ceux qui, à défaut de licence en droit ou de certificat de capacité, auront été pendant cinq ans juges de paix. »

« 4° Et, à titre transitoire, pendant les cinq années qui suivront la promulgation de la présente loi, les suppléants et anciens suppléants des justices de paix comptant plus de quinze années de suppléance. »

La parole est à M. Louis Martin.

M. Louis Martin (Var). Les deux amendements que j'ai l'honneur de soumettre à la Chambre sont l'un et l'autre des amendements transitoires car ils tendent tous les deux à régler une situation qui prendra fin à un moment donné par l'application régulière de la loi.

Je me suis préoccupé d'abord de la situation des anciens juges de paix qui ne remplissent pas exactement toutes les conditions de la loi, qui ont quitté momentanément la magistrature et qui désireraient y revenir, je me suis occupé aussi des juges de paix actuellement en exercice qui ne sont pas non plus dans les conditions de la loi, qu'on laisse sur leur siège mais qui ne pourraient plus y être replacés s'ils venaient à quitter.

Il y aurait lieu de ne pas entamer la situation de ces magistrats. Je ne demande pas qu'ils soient réintégrés de plein droit dans leurs fonctions, car je demande que les juges de paix ne puissent bénéficier de l'amendement que je propose qu'à la condition d'avoir pendant cinq ans exercé leur magistrature. Cette condition remplie, si le parquet estime que leur capacité, leur probité, leur honorabilité sont au-dessus de tous reproche, qu'ils ont offert toutes les garanties pendant cinq ans et plus, on appréciera en haut lieu, en consultant leurs notes, leur passé, si, oui ou non, ils peuvent remplir sous l'empire de la loi nouvelle les fonctions qu'ils remplissaient précédemment.

Je le demande avec d'autant plus de force qu'à l'heure présente vous déclarez que les magistrats actuellement investis resteront sur leur siège. C'est entendu. Vous avez raison. Mais si ce titre de magistrat ayant exercé pendant cinq ans n'est pas à lui seul une garantie suffisante, il est évident que les juges de paix nouveaux, ceux que vous allez nommer, se trouveront dans une situation morale très supérieure par rapport à leurs collègues actuellement en fonctions et que la considération de ceux-ci se trouvera au contraire énormément diminuée aux yeux des justiciables.

Je comprends que vous exigiez pour tous ceux qui veulent entrer dans la carrière ou la licence en droit ou le certificat de capacité et d'autres conditions, parce qu'il faut que vous ayez des garanties avant de leur conférer le droit de régler les litiges de leurs concitoyens. Ici, vous avez la garantie d'une magistrature qui déjà s'est exercée pendant cinq ans au moins ; vous avez les notes des chefs. Par conséquent, je dis : s'il y a des magistrats qui, pour des raisons que je n'ai pas à apprécier, ont quitté la magistrature ou qui viennent la quitter, permettez à leurs chefs de les présenter à l'agrément du garde des sceaux, et si de l'examen de leur dossier, il résulte que ces magistrats peuvent être replacés sur leur siège, permettez au garde des sceaux de les réinvestir. Telles sont les raisons qui m'ont dicté le premier de mes amendements.

Le second vise la situation des suppléants actuels.

Je ne reviendrai pas sur ce qui a été dit tout à l'heure par l'honorable M. Anthime-Ménard. Je n'ai cependant pas voté la prise en considération de son amendement. Il me semblait qu'il allait, en effet, beaucoup trop loin, que la loi était pour ainsi dire mise en échec, que son principe même était battu en brèche, si le seul fait d'avoir été suppléant pendant dix ans procurait de plein droit et à toujours l'accès à la candidature.

Mais je vous demande, messieurs, à titre transitoire, pendant les cinq années seulement qui suivront la promulgation de la loi, de permettre aux suppléants ayant exercé pendant quinze ans d'être proposés encore à la signature de M. le garde des sceaux. Il est évident qu'aujourd'hui un grand nombre de citoyens remplissent ces fonctions gratuites, onéreuses quelquefois et ennuyeuses souvent, de suppléants de juge de paix parce qu'ils ont la conviction — disons franchement les choses — de se créer ainsi des titres pour être nommés à cette fonction, à titre définitif, un jour donné.

Vous modifiez aujourd'hui la loi ; vous imposez d'autres conditions de capacité. C'est très bien. Mais ne brisez pas du jour au lendemain les espérances de ces suppléants qui, pendant quinze ou vingt ans, vous ont donné leur temps, et permettez au chef du parquet de pouvoir, s'il y a lieu, les proposer pendant les cinq années qui suivront la promulgation de la loi. Au bout de ces cinq ans, l'application de la loi recevra son plein et entier effet. (*Très bien! très bien! à l'extrême gauche.*)

M. Anthime-Ménard. C'est une question de bonne foi.

M. le président. La parole est à M. le garde des sceaux.

M. le garde des sceaux. L'adoption de la proposition de M. Louis Martin ferait une nouvelle brèche au principe de la loi, principe que la commission et le Gouvernement entendent sauvegarder et que la Chambre elle-même a maintenu jusqu'à présent à plusieurs reprises.

Les personnes dont parle l'honorable M. Martin sont incontestablement intéressantes ; mais si l'on fait pour elles l'exception sollicitée, c'est le principe lui-même qui est atteint. (*Mouvements divers.*)

Que nous dit-on, en effet ? Vous pourrez réintégrer dans la magistrature cantonale des juges de paix qui l'auront quittée ; pour ceux-là vous n'aurez pas à demander le certificat de capacité en droit.

Laissez-moi vous dire tout d'abord, messieurs, que ces cas sont extrêmement rares. Depuis près de deux ans que je suis au ministère de la justice, je ne crois pas avoir réintégré plus de deux juges de paix. Et puis ceux qui sollicitent cette réintégration demandent généralement un poste un peu supérieur à celui de la dernière classe.

Certes ils sont, en général, dignes à tous points de vue de l'obtenir ; mais s'ils sont tels, s'ils sont laborieux, s'ils veulent se remettre aux choses du droit, il leur sera très facile, avant de faire leur demande de réintégration de se munir du certificat de capacité. (*Mouvements divers.*)

En ce qui concerne les suppléants, si dans certaines villes importantes ils s'occupent de la justice de paix et vont parfois jusqu'à siéger à la place du juge lui-même, la plupart du temps, il n'en est pas ainsi, surtout dans les petites communes. On pourrait citer un grand nombre de suppléants qui, nommés depuis des années, n'ont jamais été appelés à suppléer leur juge de paix. (*Exclamations sur divers bancs.*)

A droite. C'est une erreur.

M. le garde des sceaux. Dans ces conditions il est sage de s'en tenir à l'exigence du certificat de capacité. Le principe est salutaire et excellent pour le recrutement de la magistrature cantonale et nous ne voyons pas l'utilité d'accepter un amendement qui le méconnaîtrait, en faveur de quelques cas tout à fait exceptionnels. (*Très bien! très bien!*)

M. le président. L'amendement est soumis à la prise en considération.

M. le rapporteur. La commission, d'accord

avec le Gouvernement, repousse la prise en considération.

M. le président. Je consulte la Chambre sur la prise en considération.

(Deux épreuves successives sont déclarées douteuses par le bureau.)

M. le président. Il va être procédé au scrutin. Le scrutin est ouvert.

(Les votes sont recueillis. — MM. les sociétaires en font le dépouillement.)

M. le président. Voici le résultat du dépouillement du scrutin :

    Nombre des votants..........   551
    Majorité absolue..............   579

        Pour l'adoption.......   229
        Contre...............   322

La Chambre des députés n'a pas adopté.

MM. Louis Martin, Ferrero et Octave Vigne ont déposé un second amendement ainsi conçu :

3° Et, à titre transitoire, pendant les cinq années qui suivront la promulgation de la présente loi, les suppléants et anciens suppléants des justices de paix comptant plus de quinze années de suppléance. »

M. le rapporteur. Je fais observer à mon honorable collègue qu'il n'y a vraiment aucun motif pour abandonner le principe que la Chambre a adopté. Les juges suppléants qui voudront être candidats aux fonctions de juges de paix n'auront qu'à subir l'examen prescrit. Il ne faut pas, pendant cinq ans, exciter des candidatures qui n'offriront pas toutes les garanties professionnelles que nous réclamons.

M. Louis Martin. Je ne demanderais pas mieux que de vous donner satisfaction, monsieur le rapporteur, mais vraiment cette situation des suppléants me paraît très intéressante; si leur droit devait s'exercer d'une manière absolue, je comprendrais votre résistance; mais le droit dont il s'agit ici ne s'exercera que sous réserve de l'appréciation et des chefs du parquet et du garde des sceaux. Dans ces conditions, il me sem le qu'il n'y a aucun péril à redouter. *(Très bien! très bien! sur divers bancs.)*

M. le président. Je consulte la Chambre sur la prise en considération.

(L'épreuve est déclarée douteuse par le bureau.)

Plusieurs membres. Nous demandons le scrutin.

M. le président. Le scrutin, étant réclamé après une épreuve douteuse, est de droit, aux termes du règlement.

Le scrutin est ouvert.

(Les votes sont recueillis. — MM. les secrétaires en font le dépouillement.)

M. le président. Voici le résultat du dépouillement du scrutin :

    Nombre des votants..........   523
    Majorité absolue..............   262

        Pour l'adoption.......   158
        Contre...............   365

La Chambre des députés n'a pas adopté.

Nous arrivons au dernier paragraphe de l'article 22. Il est ainsi conçu :

« Les juges de paix et leurs suppléants ne pourront être nommés avant l'âge de vingt-sept ans accomplis. »

M. Andrieu a déposé un amendement tendant à ce que les juges de paix et leurs suppléants ne puissent être nommés avant l'âge de vingt-cinq ans accomplis.

M. le rapporteur. C'est sur cet amendement que la commission, à titre de transaction, a accepté l'âge de vingt-sept ans. M. Andrieu a donc satisfaction.

M. Maurice Viollette. M. Andrieu m'a chargé de déclarer qu'il acceptait l'âge de vingt-sept ans.

M. le président. D'autres de nos collègues, notamment M. Marot, proposent l'âge de trente ans.

M. Marot. Je demande qu'on revienne au texte primitif de la commission. Il me semble que ce n'est pas le moment, alors qu'on augmente la compétence des juges de paix, de diminuer les garanties d'expérience que nous devons exiger d'eux.

M. le garde des sceaux. On augmente aussi les garanties de capacité.

M. Fabien-Cesbron. Cette fonction devrait être une retraite, et non une carrière.

M. Marot. La Révolution, qui favorisait pourtant les jeunes, avait fixé la limite à trente ans.

M. le garde des sceaux. La question n'a pas grand intérêt. On exige de la plupart des candidats qu'ils aient exercé pendant cinq ans les fonctions de notaire, d'avoué, etc. D'autre part, on ne peut pas être nommé notaire ou avoué avant vingt-cinq ans. Cela rétablit à peu près, en fait, l'âge de trente ans pour la nomination des juges de paix.

M. le comte de Lanjuinais. Alors disons trente ans : ce sera plus simple.

M. le garde des sceaux. Pour d'autres candidats vous exigez dix ans ; seuls donc, les licenciés en droit justifiant d'un stage de deux ans, ou de l'exercice pendant le même temps d'une fonction publique, bénéficient de la réduction apportée par la commission à l'âge requis aujourd'hui pour être nommé juge de paix.

M. Louis Ollivier. C'est une excellente pépinière.

M. le garde des sceaux. Vous permettez à un licencié en droit de faire partie du tribunal de première instance dès l'âge de vingt-cinq ans; nous sommes plus exigeants pour le poste de juge de paix ; nous ne l'y nommerons qu'à l'âge de vingt-sept ans, pour être sûrs qu'il aura quelque peu acquis l'expérience de la vie nécessaire à un magistrat conciliateur avant tout.

Par conséquent nous ne pouvons donner satisfaction à l'honorable M. Marot et le Gouvernement prie la Chambre de voter le texte de la commission.

M. le rapporteur. Je voudrais indiquer à la Chambre les raisons qui ont déterminé la commission.

On peut être aujourd'hui président du tribunal de la Seine, conseiller dans une cour à l'âge de vingt-sept ans, si l'on est licencié en droit. Ne serait-il pas excessif d'exiger un âge plus avancé de nos candidats aux fonctions de juges de paix?

D'ailleurs, dans toutes les propositions de loi — et je les ai soigneusement relevées — qui ont été déposées sur les justices de paix depuis trente, quarante et cinquante ans, c'est toujours l'âge de vingt-sept ans qui a été visé à titre de transaction. Nous nous sommes rattachés à cette indication que nous estimons tout à fait fondée et absolument sage. D'une part, il faut exiger de la maturité d'esprit de celui qui doit être un magistrat de paix ; d'autre part il faut que ceux qui veulent entrer dans cette fonction soit assurés de pouvoir y poursuivre leur carrière et il ne faut pas les décourager par une limite d'âge trop avancée.

D'ailleurs, est-ce qu'un juge de vingt-cinq ans ne tranche pas en référé les questions les plus délicates ?

Nous proposons l'âge de vingt-sept ans comme une limite raisonnable vraiment justifiée et répondant à toutes les objections.

M. le président. Je consulte la Chambre sur la prise en considération de l'amendement de M. Marot, qui propose l'âge de trente ans.

(Deux épreuves sont successivement déclarées douteuses par le bureau.)

M. le président. Il va être procédé au scrutin.

Le scrutin est ouvert.

(Les votes sont recueillis. — MM. les secrétaires en font le dépouillement.)

M. le président. Voici le résultat du dépouillement du scrutin :

Nombre des votants........ .. 548
Majorité absolue.............. 275

Pour l'adoption....... 214
Contre................ 334

La Chambre des députés n'a pas adopté.

Je mets aux voix le dernier paragraphe de l'article 22.

(Le dernier paragraphe est adopté.)

M. le président. Nous arrivons à un amendement de M. Péronneau qui propose d'ajouter ces mots : « ... ni rester en fonctions après l'âge de soixante—dix ans révolus ».

La parole est à M. Péronneau.

M. Péronneau. Messieurs, mon amendement a pour but d'étendre aux juges de paix la limite d'âge à laquelle sont soumis les magistrats de première instance et d'appel. A l'égard de ces magistrats la loi est inflexible : ils sont relevés d'office de leurs fonctions le jour où ils entrent dans leur soixante et onzième année. Je demande l'application de cette règle aux juges de paix.

Si, par une mesure de prudence et de sagesse qui n'a jamais été critiquée, que je sache, la loi a voulu que ceux qui ont le redoutable honneur de tenir dans leurs mains la fortune, la considération, la liberté des citoyens, soient en pleine possession de toute leur activité intellectuelle et physique, si elle a tenu à protéger les justiciables contre les atteintes de l'âge chez le juge, contre l'affaiblissement de son entendement, de sa mémoire, en un mot de toutes ses facultés, cette presomption légale qu'elle a édictée à l'encontre des magistrats des tribunaux supérieurs et opposable à plus forte raison aux juges de paix.

En effet, les magistrats des tribunaux supérieurs ne jugent jamais seuls; isolément, ils n'ont aucuns pouvoirs; ils ne siègent et ne délibèrent qu'au nombre minimum de trois dans les tribunaux, de cinq dans les cours; de plus la procédure écrite et les plaidoiries facilitent singulièrement leur tâche. Le danger auquel la loi a voulu parer est donc autrement grave et sérieux lorsqu'il s'agit du juge de paix, juge unique qui n'a pour se guider que ses propres lumières, qui ne peut et ne doit compter que sur lui-même.

M. Déribéré-Desgardes. C'est là un argument en faveur de l'admission aux fonctions de juge de paix à l'âge de trente ans seulement.

M. Péronneau. Je ne dis pas le contraire, mon cher collègue, et si je n'ai pas accepté la limite d'âge de vingt-sept ans, c'est que j'estime qu'avec les garanties de capacité qu'on exige maintenant des candidats aux justices de paix, très peu pourront arriver à ces fonctions avant trente ans.

J'estime qu'aucun magistrat, et surtout aucun juge de paix, ne doit être nommé avant l'âge où la maturité d'esprit est complète, ni être maintenu en activité après l'âge où les facultés déclinent.

Je disais, messieurs, que si la loi considérait qu'il y avait de graves inconvénients à laisser un magistrat septuagénaire participer simplement à un délibéré où son avis peut être discuté et combattu, *a fortiori* ne doit-on pas laisser un juge de paix du même âge délibérer tout seul.

Passé l'âge de soixante-dix ans le juge du siège pourrait encore à la rigueur supporter les fatigues de sa charge. Que lui demande-t-on en somme? De suivre les débats du fond d'un bon fauteuil sans dormir trop ostensiblement. (*On rit.*) Le juge de paix, lui, est astreint au contraire à une toute autre dépense d'activité physique. En dehors du service des audiences — et je ne parle pas des audiences foraines qui se multiplient de plus en plus — il est appelé pour des causes multiples à des déplacements incessants. Tantôt c'est une affaire possessoire, tantôt une action en bornage qui nécessitent son transport sur les lieux, ou bien c'est une opposition ou une levée de scellés qui, pour une seule cause, exigent deux opérations et par suite deux voyages.

Vous savez, aussi, messieurs, que très souvent les parquets délèguent les magistrats cantonaux pour procéder à des enquêtes sur place et que les juges d'instruction ne se gênent guère, lorsqu'ils reculent personnellement devant un transport, à se décharger, par commission rogatoire, de la corvée sur le juge de paix. (*Très bien! très bien!*)

M. Julien Goujon. La loi sur les accidents du travail à également augmenté leur besogne!

M. Péronneau. Parfaitement, mon cher collègue. La loi sur les accidents du travail exige déjà, de la part des juges de paix, des déplacements nombreux, et le jour prochain — je l'espère du moins — où cette loi sera étendue à tous les travailleurs, où elle sera applicable notamment aux accidents agricoles, le rôle du juge de paix ne sera pas, je vous l'affirme, une sinécure.

Dans les cantons les moins chargés d'affaires, il ne se passera pas de semaine sans que, plusieurs fois plutôt qu'une, le juge de paix soit obligé de se transporter par tous les temps et par tous les chemins d'un endroit à l'autre de son canton pour remplir sa mission judiciaire. Peut-on décemment exiger une telle somme de travail et de fatigue d'un vieillard de soixante-dix ans et plus?

Je n'insiste pas davantage. Je crois avoir démontré suffisamment, quoique très sommairement, la nécessité, au moment où nous revisons la loi organique des justices de paix, de protéger le justiciable contre les conséquences presque inévitables du grand âge chez le juge.

Je ne dis plus qu'un mot pour répondre à des objections qui pourraient se produire, mais qui, loin d'affaiblir la thèse que je soutiens, me paraîtraient plutôt de nature à la fortifier.

On dira peut-être que du momoment où le juge de paix ne devait statuer que sur des affaires de peu d'importance, il n'y a pas les mêmes motifs de le soumettre à la limite d'âge que pour les magistrats appelés à juger de grosses affaires.

Messieurs, alors même que nous ne toucherions pas à la compétence des juges de paix, cette raison serait déjà bien mauvaise, car si les grosses affaires échappent aux juges de paix, les gros plaideurs leur échappent aussi. Le juge de paix est, par excellence, le juge des petites gens, des humbles, le juge du paysan, de l'ouvrier; pour tous ceux qui ne vivent que de leur travail, un petit procès devant le juge de paix est souvent plus lourd de conséquences qu'un gros litige entre plaideurs riches. Les intérêts de ces travailleurs pour lesquels l'enjeu d'un procès devant le juge de paix dépasse quelquefois tout leur avoir, ne méritent-ils pas d'être entourés d'autant de garanties, je dirais volontiers de plus de garanties, que les intérêts des plaideurs fortunés?

Donc, dans l'état actuel de la législation, l'argument est sans valeur; mais il en aura moins encore maintenant que nous étendons dans une très large mesure la compétence civile des juges de paix, que nous soumettons à leur juridiction une quantité considérable de litiges dont ils ne connaissait pas jusqu'ici et qu'à cette compétence civile déjà considérablement étendue nous ajoutons par surcroît une compétence pénale.

Eh quoi! désormais le juge de paix pourra infliger jusqu'à 100 francs d'amende et dix jours d'emprisonnement; il disposera dans ces proportions comme juge unique de la bourse, de la réputation et de la liberté des gens et vous pourriez consentir à laisser ce pouvoir entre des mains débiles !

M. le rapporteur. Voulez-vous me permettre un mot?

M. Péronneau. Très volontiers!

M. le rapporteur. Votre amendement qui est très intéressant aurait causé le plus vif chagrin à Bergasse et Thouret, rapporteurs à l'Assemblée constituante, qui voulaient que le juge de paix fût un vieillard sensible et respecté. (*Sourires*).

Nous ne nous plaçons pas au même point de vue et étant donné l'extension de la compétence que nous allons voter, la commission et le Gouvernement acceptent la limite de soixante-dix ans. (*Très bien! très bien!*)

M. le garde des sceaux. C'est le même âge que pour les magistrats.

M. Péronneau. Dans ces conditions, je n'ai rien à ajouter. (*Applaudissements à gauche et à l'extrême gauche.*)

M. le président. Je mets aux voix l'amendement de M. Péronneau.

(L'amendement, mis aux voix, est adopté.)

M. le président. M. Cuneo d'Ornano propose d'ajouter les mots suivants :

« Ni dans le canton où ils sont investis d'un mandat de conseiller général ou de conseiller d'arrondissement. »

La parole est à M. Cuneo d'Ornano.

M. Cuneo d'Ornano. Messieurs, l'amendement que je présente vous paraît sans doute surabondant, car peut-être croyez-vous que les suppléants de juges de paix, qui remplacent ceux-ci dans toutes leurs attributions le cas échéant, ne peuvent pas être conseillers généraux ou conseillers d'arrondissement du canton où ils exercent leurs fonctions de suppléants

M. le garde des sceaux. Un conseiller général ne peut pas être nommé juge de paix dans le canton qu'il représente comme conseiller général.

M. Cuneo d'Ornano. Certaines personnes croient que le magistrat cantonal ne peut pas être en même temps un élu cantonal...

M. le garde des sceaux. Mais non !

M. Cuneo d'Ornano. Je dis que certaines personnes peuvent croire que c'est la législation actuelle.

Plusieurs membres. Il y a beaucoup de suppléants qui sont conseillers généraux.

M. Cuneo d'Ornano. C'est un fait que les suppléants du juge de paix est très souvent un élu du canton ; c'est un magistrat cantonal, il rend la justice à tous les justiciables du canton, moins souvent que le juge de paix, je l'admets, mais avec les mêmes attributions, avec une compétence aussi étendue. Donc, si vous étendez la compétence du juge de paix titulaire, vous étendez par là même celle du suppléant et celui-ci va se trouver, soit comme conseiller d'arrondissement, soit comme conseiller général, le juge de ses électeurs.

M. Germain Périer. Vous ne trouverez plus de conseillers généraux, si l'on adopte votre amendement.

M. Cuneo d'Ornano. J'ai toujours vu qu'on trouvait des candidats. On en trouve beaucoup plus qu'il n'en faut, surtout quand il s'agit de combattre les miens. (*On rit.*)

M. le garde des sceaux. Vous croyez qu'en ce qui concerne les suppléants de juge de paix, il y a pléthore ?

M. Cuneo d'Ornano. Je ne me demande pas, monsieur le garde des sceaux, si vous ferez votre recrutement plus ou moins facilement : nul n'est obligé d'être conseiller d'arrondissement ou suppléant du juge de paix.

J'ai dit et je répète qu'étendant les attributions des juges de paix, il faut aussi que vous étendiez celles des suppléants des juges de paix, puisque le suppléant est fait pour prendre la place du juge de paix, lorsque celui-ci est malade, en congé ou absent pour tout autre raison.

M. Sabaterie. Vous oubliez que le suppléant du juge de paix n'est pas rétribué.

M. Cuneo d'Ornano. Que m'importe ? Je ne mesure pas les convictions à la bourse.

M. Julien Goujon. Les juges consulaires non plus, ne sont pas payés.

M. Cuneo d'Ornano. Au surplus, qu'ils soient ou non rétribués, cela n'a aucun rapport avec la thèse que je soutiens.

Si vous admettez qu'il ne soit ni naturel ni admissible qu'un même homme soit à la fois le juge de ses électeurs et l'élu de ses justiciables, il doit vous paraître que la situation est absolument identique pour le suppléant et pour le juge de paix : car lorsque le suppléant juge, il est juge de paix.

M. Sabaterie. Mais le maire occupe bien parfois le siège du ministère public.

M. Cuneo d'Ornano. L'office du ministère public m'importe peu, attendu qu'il ne rend pas de jugements. Que ce soit le commissaire de police ou le maire, je n'en ai cure.

Du reste, toutes ces observations n'auraient pour but que de me pousser à étendre les incompatibilités : laissez-moi sur le terrain où je me suis placé pour obtenir une réponse de la commission et du Gouvernement.

Je défie que l'on établisse une différence. Quand on est à l'audience, que ce soit le juge de paix titulaire, ou le suppléant, les jugements rendus sont les mêmes, les attributions dont dispose le juge sont identiques.

Trouvez-vous naturel, normal que l'homme qui occupe le siège, qu'il soit titulaire ou suppléant, puisse juger tous les électeurs de son canton ? Croyez-vous que cette justice sera impartiale ? Je ne veux pas abuser des citations, mais j'ai ici le rapport de M. Vallé, du 17 mars 1891, où il s'élève contre cette confusion du rôle judiciaire et des fonctions électorales.

M. le garde des sceaux. Il ne s'agissait pas des suppléants !

M. Cuneo d'Ornano. Il s'agit des juges de paix ; mais je vous ai expliqué que les fonctions sont les mêmes. Lorsque vous êtes appelé à comparaître devant un juge de paix en votre qualité d'électeur du canton, vous préoccupez-vous de savoir si c'est le juge de paix titulaire ou le suppléant qui siège ?

A gauche. Aux voix !

M. Cuneo d'Ornano. Si vous êtes décidés d'avance à accepter mon amendement, il est certain que j'ai tort d'insister ; mais si vous ne l'acceptez pas, laissez-moi l'expliquer. (*Bruit.*)

Voulez-vous faire des juges de paix des agents électoraux ! (*Réclamations à gauche.*)

J'ai sous les yeux un article de journal qui date du 4 février dernier — vous voyez qu'il ne m'a pas déterminé à présenter mon amendement puisque je l'ai déposé le 22 juin de l'année dernière — et qui rend compte de la réunion d'un comité cantonal au sujet d'une élection au conseil d'arrondissement.

La réunion est présidée par le conseiller général, ce qui est tout naturel, et par le second suppléant du juge de paix. Mais de qui pose-t-on la candidature ? Du premier suppléant du juge de paix !

Vous voulez faire de la justice de paix une magistrature de conciliation, impartiale entre les intérêts qui viennent à la barre ; vous voulez que le magistrat soit indépendant de toutes compétitions, de toutes les rivalités, qu'il soit, par conséquent, un homme neutre en quelque sorte au point de vue des luttes électorales ; mais non au point de vue des opinions, car vous choisissez des hommes partageant celles du Gouvernement actuel.

Je ne suis pas en peine à ce sujet : les magistrats partagent aujourd'hui l'opinion du Gouvernement ; le Gouvernement changerait demain, que demain les mêmes hommes partageraient aussitôt l'opinion du nouveau Gouvernement. Et tel est leur devoir, selon vous, puisque vous dites que le fonctionnaire doit avoir les opinions du ministère ; vous les obligez donc évidemment à changer d'opinions toutes les fois que vous changez le ministère.

Je cite, pour préciser, quelques mots très intéressants que prononçait M. Fallières dans la discussion du 11 mai 1891 :

« Il n'est pas possible, disait-il, que les mêmes motifs existent pour régler d'une façon identique l'éligibilité aux deux assemblées, soit au conseil général, soit au conseil d'arrondissement. S'il y a un inconvénient à laisser les magistrats s'engager dans la lutte électorale, il faut les empêcher de se présenter aussi bien au conseil d'arrondissement qu'au conseil général. »

Ce que je dis s'applique à tous les magistrats de la justice de paix ; qu'ils rendent la justice comme juges titulaires ou comme juges suppléants, c'est la même justice qu'ils rendent, ils sont investis des mêmes attributions ; vous étendez également la compétence : ce magistrat est le juge de ses électeurs.

M. le garde des sceaux et la commission acceptent-ils l'amendement ?

M. le garde des sceaux. Pas du tout !

M. Cuneo d'Ornano. Alors, évidemment, vous tenez à laisser à vos juges de paix suppléants le droit et presque à leur imposer le devoir de poser leur candidature dans le même canton, au siège de conseiller d'arrondissement. Dans ces conditions, c'est vous qui mêlez la magistrature aux passions électorales. (*Réclamations à l'extrême gauche*,) c'est vous qui entendez faire de votre magistrat un candidat privilégié, ayant l'avantage de dire aux électeurs qui ne voteraient pas pour lui : « Je vous retrouverai peut-être à la justice de paix et je me rappellerai alors quel a été votre vote. » (*Très bien! très bien à droite.* — *Exclamations à l'extrême gauche.*)

Je suis très heureux de voir mes collègues de l'extrême gauche notamment approuver cette idée que le juge de paix suppléant peut user de sa qualité de magistrat pour appuyer sa candidature à des fonctions électives. (*Dénégations à l'extrême gauche.*)

M. Chamerlat. On n'a jamais parlé de cela!

M. Cuneo d'Ornano. Je désire, messieurs de l'extrême gauche, vous laisser la responsabilité de votre vote, afin qu'on sache comment vous entendez assurer l'indépendance de la magistrature vis-à-vis des passions et des luttes électorales, et pour qu'on ne puisse se tromper sur vos sentiments, je dépose une demande de scrutin. Il est bien évident que si vous admettez que le juge suppléant peut être conseiller d'arrondissement dans son canton, vous admettez qu'il peut se servir de sa fonction judiciaire auprès des électeurs mêmes dont il sollicite les suffrages, ce qui constitue au premier chef et s'est appelé dans tous les temps et lorsque vous parliez d'autres magistrats, de la corruption électorale, de la corruption judiciaire.

M. Bepmale. Les suppléants sont-ils payés?

M. Baudé Qu'est-ce que cela fait? Ils n'en exercent pas moins leur influence électorale.

M. le garde des sceaux. L'amendement de l'honorable M. Cuneo d'Ornano comprend deux parties : il demande tout d'abord qu'on ne puisse pas nommer juge de paix dans un canton celui qui, dans ce même canton, est conseiller général ou conseiller d'arrondissement. Sur ce point, il n'y a pas de difficulté.

Je ne crois pas qu'il y ait un seul conseiller général qui soit juge de paix dans le canton où il a été élu.

M. Marot. Je vous demande pardon. Je connais, entre autres, un sénateur conseiller général qui est en même temps suppléant du juge de paix de son canton.

M. Cuneo d'Ornano. Nous parlons des juges suppléants.

M. le garde des sceaux. Votre amendement vise les juges de paix et leurs suppléants.

M. Cuneo d'Ornano. Pardon!

M. le garde des sceaux. Je l'ai sous les yeux et je constate que vous parlez aussi bien des juges de paix que des suppléants.

Pour les juges de paix, vous avez satisfaction, et nous sommes d'accord. Reste la question des juges suppléants. Vous ne voulez pas que le juge suppléant puisse être en même temps conseiller général ou conseiller d'arrondissement de la région où il sera appelé à juger.

M. Cuneo d'Ornano. C'est cela!

M. le garde des sceaux. C'est sous la République qu'on pense à créer cette incompatibilité; sous les précédents régimes, jamais on n'y avait songé.

M. de l'Estourbeillon. Il n'est jamais trop tard pour bien faire.

M. Fabien-Cesbron. Si vous suivez les errements des autres régimes, ce n'est pas la peine d'être en république.

M. le garde des sceaux. J'ai bien le droit de constater un fait historique, indéniable.

Quel argument donne-t-on pour soutenir que le suppléant du juge de paix ne pourra être en même temps conseiller général ou conseiller d'arrondissement? On prétend qu'il peut être appelé à juger et à voir en face de lui soit ses électeurs, soit des personnes qui auraient voté contre lui ou lui seraient hostiles.

J'ai déjà dit et je ne saurais trop répéter que dans les cantons ruraux il est plutôt rare qu'un suppléant de juge de paix siège... (*Interruptions à droite.*)

M. de l'Estourbeillon. Cela arrive, au contraire, constamment.

M. Louis Ollivier. Pendant les congés des juges de paix, les suppléants ne siègent-ils pas? Ces congés sont d'un mois.

M. le garde des sceaux. De plus, toutes les fois qu'un suppléant siège et qu'un procès trop important ou trop délicat est appelé devant lui, il ne manque pas de renvoyer l'affaire à l'audience que présidera le juge de paix en personne. (*Très bien! très bien à gauche et à l'extrême gauche.*) C'est donc tout à fait exceptionnellement que le suppléant prendra une décision dans un litige important.

M. le lieutenant-colonel du Halgouet. C'est une erreur.

M. le garde des sceaux. Enfin, si vous ne voulez pas confier à celui qui est investi d'un mandat électif le rôle de juge de paix suppléant, qui prendrons-nous? Les notaires? On le disait avec raison tout à l'heure, ils ont une clientèle. Les avoués? Ils en ont une aussi. Les négociants? De même. Tous surveillent avec un soin jaloux cette clientèle, et je ne leur en fais pas un reproche.

Mais nous risquerions fort alors de ne plus trouver dans le canton, comme suppléants, que des candidats n'ayant dans la région aucun intérêt personnel.

J'ai bien peur qu'ils n'aient en même temps aucun titre à la fonction, et dans ces conditions j'estime qu'il n'est pas possible d'adopter l'amendement qui vient d'être proposé. (*Très bien! très bien!*)

M. le président. Je consulte la Chambre sur la prise en considération de l'amendement de M. Cuneo d'Ornano.

Il y a une demande de scrutin signée de MM. de La Ferronnays, Jules Gailot, Gibiel, de Pomereu, Camille Fouquet, Rauline, du Roscoat, de Rosanbo, de Saint-Martin, Forest, le baron Gérard, Albert de Benoist, de Pins, Pain, Ginoux-Defermon, de Montalembert, La Chambre, etc.

Le scrutin est ouvert.

(Les votes sont recueillis. — MM. les secrétaires en font le dépouillement.)

M. le président. Voici le résultat du dépouillement du scrutin :

> Nombre des votants 527
> Majorité absolue.............. 264
>
> Pour l'adoption........ 117
> Contre................. 380

La Chambre des députés n'a pas adopté.

Nous arrivons à un amendement de M. Ollivier ainsi conçu :

« Les juges de paix et leurs suppléants ne pourront être nommés avant l'âge de vingt-sept ans accomplis et qu'après avoir été portés sur une liste de candidats arrêtée chaque année par une commission composée du garde des sceaux, président, du directeur du personnel, du premier président et du procureur général près la cour de cassation, sur les présentations faites par les chefs des cours d'appel. »

La parole est à M. Ollivier.

M. Louis Ollivier. L'amendement que je viens demander à la Chambre de vouloir bien adopter apportait à l'origine deux modifications au projet en discussion.

La commission proposait de ne nommer les juges de paix qu'à partir de l'âge de trente ans; il m'avait semblé qu'il n'y avait aucune raison sérieuse d'exiger une limite d'âge aussi élevée pour la nomination de ces magistrats, alors que les présidents — dont la compétence en référé est bien plus étendue — et les conseillers de cour d'appel peuvent être nommés à partir de vingt-sept ans.

La commission a bien voulu se ranger à mon avis sur ce point, et je l'en remercie. Mais elle n'a pas voulu retenir la seconde partie de mon amendement, assurément la plus importante.

M. le rapporteur disait avec très juste raison qu'il désirait voir désormais les juges de paix instruits, intelligents et indépendants.

M. Duclaux-Monteil. Qu'ils soient surtout indépendants!

M. Louis Ollivier. Surtout indépendants! Je suis convaincu que cette qualité leur sera beaucoup plus précieuse que les deux autres ; elle aura certainement la préférence des justiciables.

Le meilleur moyen de permettre aux candidats d'acquérir cette vertu, c'est de ne pas les provoquer, lorsqu'ils cherchent à entrer dans leur carrière, à se préoccuper avant tout des recommandations politiques ; il ne faut pas qu'ils puissent croire que les influences des uns ou des autres leur seront plus profitables que leurs mérites personnels.

L'entrée des autres fonctions administratives comporte des examens, tandis que les nominations dans la magistrature sont jusqu'ici du moins laissées à l'arbitraire gouvernemental. Il est très difficile, je le reconnais, d'imposer un examen absolument professionnel ; il faudrait établir un concours de bon sens, et les programmes d'examens seraient quelquefois difficile à préciser. Je préfère le système d'élimination de la commission ; mais il reste à le compléter. Dans les catégories qu'elle a instituées il y a un choix à faire. Le choix serait fait de façon bien plus impartiale par une commission que par le ministre de la justice qui aura quelquefois les plus grandes difficultés à se soustraire aux influences politiques.

Cette préoccupation qui m'a inspiré, a également suggéré à l'un de nos collègues de la gauche, M. Simonet, un amendement qui vient très heureusement compléter celui que je cherche à défendre.

M. Simonet n'a point spécialement réglementé l'entrée dans la magistrature cantonale, il a voulu en régler l'avancement. Il vous demande en effet de décider qu' « un juge de paix ne pourra être promu à une classe supérieure que s'il compte deux ans de services, au moins, dans la classe immédiatement précédente, au cas où il justifiera du diplôme de licencié ou de docteur en droit, et trois ans dans le cas contraire, et s'il est présenté, en outre, par les chefs de la cour de son ressort ».

Messieurs, ni mon collègue ni moi ne proposons rien de bien nouveau ; nous vous demandons plutôt de consacrer des usages, des traditions dont l'utilité est reconnue par le ministère de la justice et qui ont fait l'objet de circulaires envoyées par les différents gardes des sceaux.

Voici une circulaire du 27 septembre 1895 qui ne vous semblera pas sans intérêt dans la discussion actuelle, elle est la meilleure justification de l'amendement que je vous propose d'adopter.

« Monsieur le procureur général — écrivait à cette date le ministre de la justice dont je suis heureux d'invoquer l'opinion — depuis longtemps, l'administration de la justice souffre des critiques que soulèvent les conditions dans lesquelles s'opère le recrutement du corps judiciaire et l'avancement de ses membres. Abandonnée à l'autorité exclusive du ministre, la nomination des magistrats, quels que soient le soin et le respect qu'y apporte la chancellerie, est frappée d'une sorte de suspicion par cela seul qu'elle dépend d'une volonté unique que l'on peut croire accessible à des influences diverses.

« De là naissent chez les intéressés des ambitions illimitées se traduisant en sollicitations sans mesure et la pensée se répand que le mérite et les droits acquis comptent moins que la protection dans le choix des candidats.

« Il m'a paru que, sans attendre l'examen par les Chambres des propositions de loi dont elles sont saisies et qui ont pour but de soumettre à des règles fixées et rigoureuses l'entrée et la promotion dans la carrière judiciaire, il était possible de remédier à la plupart des inconvénients signalés en entourant de garanties nouvelles l'avancement accordé aux magistrats.

« Pour obtenir ce résultat, je crois devoir limiter moi-même le pouvoir dont je suis le dépositaire. Ce sera rendre confiance à la partie du personnel qui peut se croire victime d'oublis injustes et modérer l'impatience de celle qui semble trop attendre de la faveur. »

M. Duclaux-Monteil. Quel est le ministre qui a signé cette circulaire?

M. Louis Ollivier. Je vais le nommer.

Après ces déclarations si suggestives, le ministre décide qu'il y aura désormais des listes de présentation qui seront dressées par le premier président et le procureur général au moment de la rentrée des cours d'appel ; ces listes seront transmises dans les premiers jours de décembre au ministère de la justice où une commission de classement sera instituée ; celle-ci sera composée du premier président, du procureur général de la cour de cassation, de deux conseillers à cette cour qui seront le doyen et le dernier inscrit sur la liste du rang et, en outre, des trois directeurs du ministère de la justice, présidence du garde des sceaux. Vous le voyez, ma proposition ne fait que résumer cette circulaire.

J'ajoute que le ministre qui a voulu réaliser les progrès qu'elle indique, fait remarquer qu'il ne s'est inspiré lui-même que de propositions déjà soumises à la Chambre.

On me demandait le nom du ministre qui l'a signée : c'est M. Trarieux, dont la majorité ne suspectera pas les tendances.

Dans ces conditions, je ne vois pas comment le Gouvernement pourrait aujourd'hui s'opposer à l'adoption de mon amendement. Remarquez-le, en effet, messieurs, je m'efforce de laisser à M. le garde des sceaux toute son autorité ; au lieu d'introduire dans la commission deux conseillers à la cour de cassation, le doyen et le plus jeune, dont l'indépendance pourrait quelquefois lui déplaire, je la compose du premier président, du procureur général de la cour de cassation et du directeur du personnel au ministère de la justice. Le garde des sceaux en est président.

Vous avouerez que le garde des sceaux n'a point à se plaindre des atteintes portées à ses prérogatives. Il aura certes une influence considérable sur le procureur général et sur son directeur ; à eux trois, ils feront la majorité ; le premier président ne sera jamais à redouter.

Je sais fort bien que malgré tout je n'empêcherai pas les recommandations politiques. Mais, comme la liste sera arrêtée au commencement de l'année, il sera possible de limiter des influences qui, à l'heure actuelle se reproduisent chaque jour.

La liste arrêtée par la commission sera publiée au *Bulletin officiel* et le garde des sceaux pourra répondre, lorsqu'on viendra le solliciter trop fréquemment, qu'il n'a pas le droit de choisir en dehors de la liste dressée et acceptée par la commission et publiée.

Telles sont, messieurs, les conditions dans lesquelles se présente l'amendement que j'ai déposé et que j'ai soumis une première fois à la commission. Je vous demande de l'adopter dans l'intérêt même du bon fonctionnement de la loi qui vous est proposée. (*Applaudissements à droite.*)

M. le rapporteur. La commission a limité le droit du Gouvernement en imposant aux candidats aux fonctions de juge de paix de sérieuses garanties professionnelles. Elle ne croit pas devoir aller plus loin. Mérite-elle, à cause de cette décision, de sérieux reproches? Je ne le crois pas : en effet depuis la création des justices de paix en France, c'est-à-dire depuis 1790, cette juridiction a été successivement augmentée en 1838, en 1855 ; enfin et surtout elle a été l'objet d'innombrables projets relatifs à l'extension de la compétence. Or, ni la Restauration, ni le Gouvernement de Juillet, ni le second empire, ni les gouvernements quelconques qui ont proposé des extensions de compétence souvent plus considérables que celle que vous venez de réaliser, ne sont entrés dans la voie où voudrait nous engager M. Ollivier. Nous avons fait plus qu'on n'a jamais fait ou tenté jusqu'ici en exigeant des garanties de capacité sérieuses. Je propose à la Chambre de s'en tenir là. (*Très bien! très bien! à gauche.*)

M. le garde des sceaux. J'ajoute qu'on ne nomme jamais un juge de paix sans consulter le procureur de la République de la région où réside le candidat.

M. Villiers. On le consulte sur les opinions politiques du candidat.

M. Louis Ollivier. On ne suit pas son avis.

M. le garde des sceaux. C'est une erreur; son avis a une réelle importance. Vous devez le savoir, monsieur Ollivier, puisque vous avez été magistrat.

M. Louis Ollivier. J'ai bien souvent regretté

qu'on ne suivit pas les propositions du chef de la cour.

M. le garde des sceaux. M. le rapporteur vous a dit que nous imposons dorénavant des garanties de capacité qui n'ont jamais été imposées. Votre proposition tend à restreindre les prérogatives du garde des sceaux ; elle n'a donc aucune utilité. C'est ce qu'appelle une proposition de défiance ; je ne puis l'accepter. (*Très bien ! très bien ! à gauche. — Mouvements divers.*)

M. Louis Ollivier. Je demande la parole.

M. le président. La parole est à M. Ollivier.

M. Louis Ollivier. Je tiens à éviter toute équivoque. Je n'ai obéi à aucun sentiment de défiance vis-à-vis des gardes des sceaux en général, et de M. Vallé en particulier.

M. le garde des sceaux. Je ne parle pas pour moi personnellement.

M. Louis Ollivier. Mais s'ils ont toujours eu les meilleures volontés, ils n'ont pas toujours pu réaliser leurs excellentes intentions. Les gardes des sceaux proposent, mais il arrive parfois que les députés disposent.

Je sais bien que la chancellerie demande des propositions au premier président et au procureur général ; le premier président et le procureur général demandent également des propositions aux présidents des tribunaux, mais vous savez aussi bien que moi, monsieur le garde des sceaux, que vous êtes sollicité constamment de ne pas en tenir compte.

Cette situation ne date pas seulement d'aujourd'hui, je veux bien reconnaître qu'elle nous a été « léguée par les régimes antérieurs ».

Je me rappelle cet argument de M. Camille Pelletan au cours de la discussion de 1883 sur la magistrature. Faisant remarquer que l'inamovibilité n'était pas une garantie d'indépendance : « Demandez leur opinion, disait-il à ces anciens ministres de la justice de l'Empire, qui se plaignaient avec tant d'âpreté des quémandeurs inamovibles qui assiégeaient les antichambres de leurs cabinets. »

Les temps ont changé, messieurs, mais les mœurs n'ont guère varié, si j'en crois M. Trarieux lui-même.

N'avez-vous pas été obligé, monsieur le ministre, de fixer un jour d'audience pour recevoir MM. les députés et MM. les sénateurs ?

J'y suis allé une fois ; c'était une grande naïveté de ma part, étant donné que je fais partie de la minorité, mais ce n'était pas pour vous demander une faveur. Je n'allais pas vous demander un avancement pour l'un de mes amis, j'allais vous demander sa mise à la retraite !

Eh bien, j'ai trouvé là vingt-sept de mes honorables collègues qui étaient inscrits avant moi ; je n'avais plus qu'une chose à faire, me retirer ; c'est ce que j'ai fait et je me suis gardé de revenir vous troubler.

Non, mon amendement n'est inspiré par aucune idée de méfiance à votre égard, monsieur le garde des sceaux. Quel inconvénient voyez-vous, si vous reconnaissez que l'idée est bonne — et elle l'est effectivement, puisque M. Trarieux a voulu l'appliquer — quel inconvénient voyez-vous à l'inscrire dans la loi ? (*Très bien ! très bien ! à droite.*) Je vous l'avoue, je ne m'explique pas du tout votre opposition. Vous devriez plutôt m'appuyer. (*Très bien ! très bien ! à droite.*)

M. le rapporteur. La commission repousse l'amendement.

M. Etienne Flandin (Yonne). La Chambre ne croirait-elle pas utile de renvoyer l'amendement à la commission de la réforme judiciaire ? Celle-ci pourrait en lier l'étude à celle d'une proposition de loi que j'ai eu l'honneur de déposer sur les conditions de nomination et d'avancement des magistrats, proposition de loi que la commission de réforme judiciaire d'une précédente législature avait adoptée.

M. le rapporteur. La commission de la réforme judiciaire n'a ni à demander, ni à accepter le renvoi de l'amendement. Elle a examiné la proposition fort intéressante de M. Flandin, mais dont l'objet est tout autre que celui du projet en discussion : elle concerne le recrutement et l'avancement dans la magistrature, alors qu'il s'agit en ce moment des juges de paix.

La commission repousse l'amendement et prie la Chambre de ne pas l'adopter. (*Très bien ! très bien ! à gauche.*)

Plusieurs membres au centre. Nous demandons le renvoi à la commission.

M. le président. On demande le renvoi ; il a la priorité.

M. Louis Puech. Il me semble que le renvoi dans l'espèce ne s'explique pas. Un renvoi se comprend au cours de la discussion d'une loi spéciale, quand la commission a pour mission d'examiner l'amendement et de le rapporter au cours de la discussion de cette même loi. Mais ici, on semble considérer que l'amendement de notre collègue M. Ollivier ne doit pas s'appliquer à cette loi, qu'il doit s'incorporer à un autre projet de loi pendant devant la même commission. Un moyen très simple est de le faire renvoyer par une autre voie. Il ne doit pas se produire une sorte de malentendu.

A gauche. C'est évident.

M. Louis Puech. Entendez-vous par le renvoi que la commission reprenne l'amendement ?

Voix nombreuses. Non ! non !

M. Louis Puech. Alors il n'y a pas lieu de prononcer le renvoi. (*Très bien ! très bien !*)

M. Louis Ollivier. Je préfère que la Chambre statue tout de suite sur mon amendement.

M. Perroche. Quand j'ai demandé l'introduction dans la loi de la loi de sursis, la Chambre a disjoint et prononcé le renvoi devant la commission. Qu'on fasse de même.

M. le président. Je veux bien mettre aux voix la disjonction, mais je ne crois pas que M. Ollivier la préfère au renvoi.

M. Louis Ollivier. Je maintiens mon amendement. J'aime beaucoup mieux, si je ne dois pas réussir, être battu immédiatement que de voir mon amendement renvoyé devant une commission, ce qui équivaudrait à un enterrement de première classe. (*Très bien ! très bien !*)

M. le président. Insiste-t-on pour le renvoi ?

M. Etienne Flandin (Yonne). J'insiste, monsieur le président.

M. le président. Puisqu'on insiste, je consulte la Chambre sur le renvoi à la commission de l'amendement de M. Ollivier.

(Le renvoi n'est pas ordonné.)

M. le président. Je mets maintenant aux voix l'amendement.

Il y a deux demandes de scrutin :

La 1re est signée de MM. de la Ferronnays, de Pomereu, de Lanjuinais, Fabien-Cesbron, Jules Jaluzot, Camille Fouquet, de Diou, de Pins, du Halgouet, de la Rochethulon, de l'Estourbeillon, Denys Cochin, Cuneo d'Ornano, de Benoist, Cibiel, Lemire, Jules Brice, Gayraud, etc. ;

La 2e est signée de MM. Chanoz, Basly, Deville, Lamendin, Aristide Briand, Raymond Leygue, de Pressensé, Jaurès, Cadenat, François Fournier, Petitjean, Théron, Berteaux, Cardet, Pajot, Lesage, Debaune, Antoine Gras, Sarraut, Charonnat, etc.

Le scrutin est ouvert.

(Les votes sont recueillis. — MM. les secrétaires en font le dépouillement.)

M. le président. Voici le résultat du dépouillement du scrutin :

Nombre des votants 553
Majorité absolue 277

    Pour l'adoption 179
    Contre 371

La Chambre des députés n'a pas adopté.

Nous nous trouvons maintenant en présence d'un amendement de M. Simonet ainsi conçu :

« Un juge de paix ne pourra être promu à une classe supérieure que s'il compte deux ans de services, au moins, dans la classe immédiatement précédente, au cas où il justifiera du diplôme de licencié ou de docteur en droit, et trois ans dans le cas contraire, et s'il est présenté, en outre, par les chefs de la cour de son ressort. »

M. Simonet. Je le retire, monsieur le président.

M. le président. Nous arrivons à une disposition additionnelle de MM. Marot et J. Thierry, ainsi conçue :

« Les fonctions politiques électives sont incompatibles avec celles de juge de paix titulaire ou suppléant, dans le département où se trouve le canton de la juridiction de ce magistrat.

« Cette incompatibilité ne prendra fin que six mois après la cessation des fonctions de juge de paix ou de suppléant de juge de paix. »

M. Félix Marot. Cet amendement est retiré, monsieur le président, et remplacé par le nouveau texte que j'ai présenté.

M. le président. Voici le texte nouveau proposé par M. Marot :

« Le juge de paix titulaire est inéligible, dans son ressort, à la délégation sénatoriale.

Ne peuvent être suppléants de justice de paix : les sénateurs dans leur département, les députés dans la circonscription, les conseillers généraux et d'arrondissement dans leur canton.

« Les fonctions de juge de paix titulaire et de conseiller général sont incompatibles dans le même département. »

La parole est à M. Marot.

M. Félix Marot. J'avais présenté un autre amendement que j'ai retiré, sur les observations de pratique qui m'ont été présentées par la commission. J'ai tenu compte dans une certaine mesure de ces objections et ai cherché à faire la nouvelle rédaction plus précise en même temps que plus limitée. Il est vrai que la partie la plus importante de ce nouvel amendement concernait les suppléants de juges de paix; la Chambre s'étant prononcée à ce sujet, je n'y insiste pas, tout en regrettant, pour ma part, que la modification demandée n'ait pas été acceptée.

Les juges suppléants n'ont pas seulement à juger leurs électeurs; comme les juges titulaires ils ont à se prononcer en dernier ressort sur les listes électorales et sont amenés ainsi à établir eux-mêmes les propres listes dont ils peuvent avoir à se servir. M. le garde des sceaux parlait de la clientèle des notaires, des commerçants. Mais le conseiller général peut avoir aussi une profession, il peut être lui aussi un commerçant et avoir à juger ainsi non seulement ses électeurs, mais encore sa clientèle. L'inconvénient ne fait donc ainsi qu'être augmenté.

La Chambre s'est prononcée. Je n'insiste pas.

Il reste deux questions de moindre importance. D'abord, la délégation sénatoriale. Dans le ressort du juge de paix il existe une incompatibilité pour tous les mandats électifs, sauf celui de délégué sénatorial. Il y a eu des contestations qui sont relevées dans le livre de M. Pierre. Cela n'a pas un grand intérêt, mais on pourrait le mettre dans la loi puisqu'il s'agit d'un mandat électif.

M. le rapporteur. La commission n'y voit pas d'inconvénient.

M. le garde des sceaux. Je ne crois pas que jamais un juge de paix ait été nommé délégué sénatorial.

M. Félix Marot. Si, monsieur le garde des sceaux, en particulier dans les élections de la Nièvre, en 1879. Il y a même eu à ce sujet un rapport au Sénat de M. Bozérian, concluant au rejet de la contestation, cette inéligibilité ayant été omise dans la loi.

Reste cette troisième partie de l'amendement : « Les fonctions de juge de paix titulaire et de conseiller général sont incompatibles dans le même département. »

Dans le premier amendement je visais toutes les fonctions électives. Devant les observations de la commission, j'ai modifié mon texte primitif pour m'en tenir simplement au mandat de conseiller général.

Il m'a semblé que la fonction principale du conseiller général étant une fonction de contrôle sur l'administration préfectorale, il ne pouvait

l'exercer en toute indépendance, alors qu'il était, d'une part, juge de paix dans le même département, c'est-à-dire magistrat — et plus fonctionnaire que magistrat — révocable du jour au lendemain, révocable *ad nutum,* officier de police judiciaire, par conséquent tout à fait entre les mains de cette administration que, par son mandat de conseiller général, il était appelé à contrôler.

Il m'a semblé que l'indépendance du conseiller général n'était pas ainsi suffisamment garantie et qu'on pourrait étendre l'incompatibilité qui existait dans le ressort à tout le département.

M. le rapporteur. Il faut arriver ici à des précisions. Les observations de M. Marot se divisent en deux parties; d'abord, les fonctions politiques électives sont incompatibles avec celles de juge de paix titulaire ou suppléant, dans le département où se trouve le canton.

M. Félix Marot. J'ai retiré cette partie de mon amendement, sous le bénéfice des observations de la commission, pour m'en tenir au seul mandat électif de conseiller général.

M. le rapporteur. La commission repousse cette partie de l'amendement. Elle accepte la première partie comportant incompatibilité des fonctions de délégué sénatorial avec celles du juge de paix dans le ressort même où il exerce.

M. le président. C'est-à-dire la rédaction suivante : « Le juge de paix titulaire est inéligible dans son ressort, à la délégation sénatoriale »

M. le garde des sceaux. Entendons-nous bien! Un juge de paix peut-être conseiller général ailleurs que dans son canton — dans le même département.....

M. le lieutenant-colonel du Halgouet. Alors il sera délégué sénatorial de droit !

M. le garde des sceaux. ...et il serait inadmisssible que le juge de paix élu conseiller général perdit son droit de délégué sénatorial (*Très bien! très bien!*)

M. Marot. Non, il est bien entendu que cette incompatibilité ne s'étend qu'au ressort de sa juridiction.

M. le rapporteur. C'est cela.

M. le président. D'ailleurs, je crois que le mot « inéligible » tranche la question. (*Assentiment.*)

(Ce premier paragraphe, mis aux voix, est adopté.)

Je mets aux voix le premier paragraphe de l'amendement, dont j'ai déjà donné lecture, et qui est accepté par la commission et le Gouvernement.

M. le président. Nous passons au deuxième paragraphe de l'amendement, qui est ainsi conçu :

« Ne peuvent être suppléants de justice de paix: les sénateurs dans leur département, les députés dans leur circonscription, les conseillers généraux et d'arrondissement dans leur canton. »

M. Marot. Je ne maintiens pas cette partie, monsieur le président, puisque la Chambre s'est déjà prononcée sur ce point.

M. le président. Nous arrivons alors au troisième paragraphe, dont voici le texte :

« Les fonctions de juge de paix titulaire et de conseiller général sont incompatibles dans le même département. »

M. le rapporteur. La commission repousse cette partie de l'amendement.

M. le président. Je mets aux voix ce paragraphe.

(Ce paragraphe, mis aux voix, n'est pas adopté.)

M. le président. Je mets aux voix l'ensemble de l'article 22.

(L'ensemble de l'article 22, mis aux voix est adopté.)

M. le président. Nous arrivons à la question de l'inamovibilité des juges de paix sur laquelle il y a trois amendements : le premier, de M. Audigier; le deuxième, de M. Cuneo d'Ornano, et le troisième, de M. de Castelnau.

Voix nombreuses. A demain !

M. le président. On demande le renvoi de la suite de la délibération à une prochaine séance.

Je consulte la Chambre.

(Après une épreuve douteuse, la Chambre consultée par assis et levés, se prononce pour le renvoi.)

Séance du 9 février 1894.

7e DISCUSSION.

M. le président. L'ordre du jour appelle la suite de la discussion : 1° de la proposition de loi, adoptée par le Sénat, sur la compétence des juges de paix ; 2° de la proposition de loi de M. Jean Cruppi sur la réforme des justices de paix.

La Chambre a voté hier l'ensemble de l'article 22.

Avant de passer à l'article 23, je vais mettre en délibération trois amendements destinés, s'ils sont adoptés, à prendre place entre les articles 22 et 23.

Le premier de ces amendements, présenté par M. Audigier, est ainsi conçu :

« Les juges de paix sont inamovibles. »

La parole est à M. Audigier.

M. Audigier. Mon amendement n'a nullement pour but de critiquer la loi en discussion ; partisan de ses dispositions principales, voyant en elle le prélude des réformes judiciaires si impatiemment attendues par le pays, je me joins à la plupart de mes collègues pour rendre hommage à la commission qui l'a préparée avec tant de soin et dans un si bon esprit. (*Très bien! très bien!*)

Je demande à la Chambre de compléter, de consacrer en quelque sorte l'œuvre de la commission en conférant l'inamovibilité aux juges de paix.

Avec raison, selon moi, la Chambre a adopté hier l'article 22 ; après avoir étendu la compétence des juges de paix, elle a augmenté dans une large mesure les garanties de capacité que ces magistrats offriront désormais à leurs justiciables, par leur culture générale, par leur savoir et aussi par l'autorité de services déjà rendus et qui, je l'espère, seront scrupuleusement contrôlés.

La capacité professionnelle, c'est beaucoup, mais ce n'est pas encore assez. Il importe de garantir aux justiciables l'intégrité absolue et au-dessus de tout soupçon des véritables magistrats que vous venez de créer. Si vous voulez que leur juridiction rende, selon le vœu même de la commission, — j'emploie ses expressions — « une justice populaire, forte et indépendante », si vous voulez les mettre à l'abri de toutes les influences, il n'y a qu'un moyen : c'est de les rendre inamovibles. (*Très bien! très bien!*) au centre et à droite. — (*Mouvements divers à l'extrême gauche.*)

Je sais bien que mon amendement sera repoussé par les partisans, dans l'avenir, de l'élection des juges selon le mode de souveraineté populaire ; je sais qu'il sera repoussé aussi par ceux que découragent certains magistrats arrivistes de nos jours, et qui pensent comme jadis Benjamin Constant que « dès qu'il y a possibilité d'avancement, l'inamovibilité n'est qu'illusoire! »

Je dis en toute franchise aux premiers que l'élection serait la mort de la magistrature, et je dis au second : Oui, c'est vrai, il y a des magistrats qui regardent toujours la place au-dessus d'eux et qui, étant inamovibles, sont toujours en mouvement pour avancer. (*Sourires.*) Mais ils sont encore l'exception, et je connais précisément tels juges de paix qui donnent à tels présidents, à tels conseillers, pour l'honneur de la magistrature française, l'exemple de la droiture, du savoir et du désintéressement (*Très bien! très bien! sur divers bancs au centre et à droite. — Mouvements divers.*)

Je ne vais pas, messieurs, refaire le procès de l'amovibilité et de l'inamovibilité, rassurez-vous! Mais des deux systèmes je suis bien convaincu, pour ma part, que celui qui est seul capable de restaurer le pouvoir judiciaire dans ce pays, de lui laisser le sentiment de sa dignité et d'assurer son indépendance vis-à-vis d'un pouvoir exécutif, malgré les apparences, de plus en plus faibles chaque jour, et en face d'un pouvoir législatif absorbant sans cesse les deux autres, jusqu'à devenir tyrannique, je suis bien persuadé, dis-je, qu'en dépit de ses inconvénients, c'est le système de l'inamovibilité.

Les libéraux doivent se souvenir qu'avant 1789, si la résistance put s'organiser contre l'arbitraire du pouvoir royal, c'est que le Parlement inamovible put courageusement et patiemment organiser le combat pour le droit.

Ce combat pour le droit doit toujours pouvoir être soutenu. Dans une démocratie, si grande et si intelligente qu'elle puisse être, il n'y a pas de liberté vraie pour les citoyens tant que les pouvoirs n'y sont pas divisés, tant que le principe sauveur de la séparation des pouvoirs n'y est point respecté par tous et sauvegardé pour tous. Toute loi fut-elle la plus claire, la plus ferme, la plus égale pour tous, la plus humaine, la plus juste en un mot, n'est que par fiction l'expression de la volonté générale.

La loi n'est jamais obéie sans murmure ; nous le voyons tous les jours et même dans cette enceinte, ne l'a-t-on pas entendu qualifier aussi bien à l'extrême droite qu'à l'extrême gauche, de scélérate ?

C'est pourquoi il est absolument d'ordre public que jamais l'équité des magistrats ne puisse être mise en doute. Tous les justiciables doivent être persuadés que le plus petit des juges ne relève que de sa conscience probe et libre. On l'a dit, messieurs, il y a bien longtemps quand l'intégrité des magistrats est garantie, sa puissance est telle qu'elle peut rendre supportables même les lois les plus mauvaises.

Aucun magistrat n'a plus besoin que le juge de paix d'inspirer confiance en son intégrité. Il ne faut à aucun prix qu'il puisse être soupçonné à un moment quelconque d'être capable de devenir un agent politique. Vous savez déjà combien on s'élève souvent, de tous côtés, contre une tendance qui existe et qui consiste à faire de ces magistrats de l'ordre judiciaire de véritables sous-préfets cantonaux, même des commissaires de police spéciaux chargés de remplacer et quelquefois de surveiller, de brimer les conseillers généraux, les conseillers d'arrondissement et les maires non favorables à telle ou telle politique suivie par tel ou tel ministère.

Il ne faut pas oublier que le juge de paix dont vous venez d'augmenter singulièrement les attributions, n'est pas seulement un magistrat établi dans un canton pour juger sommairement et à peu de frais les affaires de son ressort ; il est surtout établi et il reste établi pour amener la conciliation des parties sur les affaires plus graves qui ne sont pas de son ressort ; il peut, par son expérience, son tact, son instruction, réduire au moindre mal le fléau des procès, et pour cela il est celui de tous les magistrats qui a peut-être le plus besoin d'autorité morale. La mission de conciliateur, que lui a donnée la loi de 1790, que lui ont maintenue des lois de 1838 et de 1855, reste bien, si je ne me trompe, dans la nouvelle loi, son attribution principale, essentielle, son attribution la plus noble et la plus délicate, celle qui lui a fait confier par le code civil la présidence du conseil de famille, celle qui l'a fait instituer par les lois modernes — sur les enfants assistés, par exemple, sur les accidents du travail, etc. — le protecteur né des faibles, celle qui en fait avant tout, selon l'expression même de M. Cruppi, un juge paternel.

Telles sont brièvement, messieurs, les raisons de mon amendement.

Vous le savez, messieurs, les juges de paix belges et hollandais, les préteurs italiens, les juges cantonaux d'Allemagne, les magistrats qui correspondent en Angleterre à nos juges de paix sont inamovibles.

Puisque vous avez augmenté les attributions — et vous les avez augmentées beaucoup — des juges de paix, je crois que vous avez fait tomber l'objection principale contre l'inamovibilité que faisait M. le rapporteur de 1888 sur la proposition de loi de M. Labussière relative au mode de recrutement et au traitement de ces magistrats. En effet, ce n'est pas seulement parce que les juges de paix remplissent quelques fonctions administratives que M. Labussière demandait qu'on ne leur donnât point l'inamovibilité ; c'est parce que, disait-il, « les affaires dont ils connaissent, comme juges, sont de telle nature ou de si faible importance qu'elles ne peuvent faire élever contre eux le soupçon de partialité ou de complaisance envers le pouvoir ». Ce soupçon, il faut le dire très franchement, existe aujourd'hui.

Si la Chambre, suivant la commission, ne veut pas aller jusqu'à l'inamovibilité, je lui demande la permission de lui rappeler que dans le projet de 1871 sur les propositions de loi de MM. Arago et Bérenger il y avait un article 53 qui donnerait déjà une demi-satisfaction aux partisans de l'inamovibilité. Il était ainsi conçu :

« Les juges de paix et leurs suppléants ne peuvent être révoqués ou déplacés contre leur gré que sur avis consultatif... » pour ma part, si on reprenait ce texte, j'aimerais mieux « sur avis conforme » — « ... d'une commission composée d'un président de Chambre de la cour d'appel et de trois conseillers. »

Je n'insiste pas sur ce point. Je crois que deux de nos honorables collègues, M. de Castelnau et M. Ollivier ont déposé des amendements dans ce sens et je crois aussi que plusieurs membres de la commission seraient favorables à une disposition analogue. M. Cruppi lui-même a soutenu, en 1892, l'intervention de la cour d'appel.

Quoi qu'il en soit, j'insiste surtout sur un point. Onze constitutions ou chartes ont successivement organisé en France la séparation des pouvoirs selon le principe de la Déclaration des droits de l'homme et du citoyen et si la Constitution de 1875 n'affirme pas assez l'indépendance du pouvoir judiciaire, elle laisse reposer néanmoins sur le principe tutélaire de la séparation des pouvoirs tout l'édifice républicain.

Jamais il ne fut plus nécessaire de respecter ce principe à une heure où la confusion des pouvoirs s'aggrave tellement chaque jour que le pays en souffre mortellement. Il serait extrêmement salutaire, à mon humble avis, que, dans une loi organique, la Chambre manifestât son respect pour l'indépendance réciproque des pouvoirs et mît le juge de paix à l'abri de toutes les influences.

Quant à moi, je voudrais que le véritable magistrat que vous venez de créer eût en germe le pouvoir que quelques-uns de nos éminents collègues proposent de donner aux très hauts magistrats de la cour suprême, dont je souhaite comme eux l'institution. Je voudrais que le magistrat du plus petit canton de France pût dire au plus humble des citoyens se présentant devant lui sous l'égide de la loi et sollicitant de lui une sentence impartiale : Du moment que tu respectes la loi, la loi respecte tes libertés essentielles. Tu ne dois être opprimé par personne, ni par un homme, ni par une famille, ni par une secte, ni par une assemblée, ni même par la multitude, car la république m'a donné les pouvoirs et l'indépendance nécessaires pour te protéger contre tous les abus, ces abus fussent-ils commis par le Gouvernement lui-même, obligé de gouverner pour un parti et ne pouvant plus gouverner pour la nation tout entière librement, également, fraternellement. (*Applaudissements sur divers bancs au centre et à droite.*)

M. le président. La parole est à M. le garde des sceaux.

M. Vallé. *garde des sceaux, ministre de la justice.* La Chambre des députés doit examiner une série d'amendements qui ont pour objet, les uns, d'étendre aux juges de paix le bénéfice de l'inamovibilité, les autres, de déterminer les conditions de leur révocation. Ces conditions sont telles qu'elles équivalent en fait à une véritable inamovibilité.

Dès maintenant, je tiens à dire que le Gouvernement repousse toutes ces propositions. (*Très bien ! très bien ! à gauche. — Rumeurs à droite.*)

L'honorable M. Audigier nous a dit que les juges de paix du royaume de Belgique étaient inamovibles. Chaque peuple, messieurs, a des institutions judiciaires conformes à ses traditions. En France, tous les Gouvernements qui se sont succédé depuis la Révolution ont toujours refusé de conférer l'inamovibilité aux magistrats cantonaux.

M. le comte de Lanjuinais. Ce n'est pas une raison !

M. le garde des sceaux. Je vais vous en donner d'autres.

M. Louis Ollivier. Vous modifiez complètement leur compétence.

M. le garde des sceaux. La constitution de l'an VIII, qui consacrait pour la première fois dans notre droit public le principe d'une magistrature nommée à vie, avait néanmoins décidé que les juges de paix seraient investis de leurs fonctions pour un temps limité.

La charte de 1814 stipulait expressément que les juges de paix, quoique nommés par le roi, n'étaient pas inamovibles.

En 1838, lorsque le législateur a étendu la compétence civile des juges de paix, la question s'est posée de décider si les juges de paix seraient inamovibles.

Les gardes des sceaux de la monarchie de Juillet ont toujours refusé de modifier sur ce point l'œuvre de la Constituante, et le Parlement a repoussé les amendements qui tendaient à créer l'inamovibilité de ces magistrats.

Plus de trente lois nouvelles — elles sont énumérées dans le rapport de l'honorable M. Cruppi — ont élargi la compétence des juges de paix. Jamais il n'a été question, au cours de la discussion de ces lois, de conférer l'inamovibilité aux magistrats chargés de les appliquer.

Enfin, en 1891, lors de la discussion du projet de loi sur les juges de paix, qui étendait cependant la compétence des juges cantonaux pour les litiges jusqu'à la somme de 1,500 francs, la question de leur inamovibilité a été posée par l'honorable M. Gauthier.

Au cours de ce débat, M. le garde des sceaux Fallières s'opposa à l'adoption de cette proposition, la Chambre des députés la repoussa à une grande majorité.

Il est impossible, messieurs, en l'état de notre législation, de conférer l'inamovibilité aux magistrats cantonaux.

Si des juges de paix ont en effet des fonctions judiciaires à remplir, ils sont en outre investis de fonctions de police qui en font les auxiliaires des procureurs de la République et les juges d'instruction. Or, les procureurs de la République et les juges d'instruction sont amovibles. En raison même de cette organisation il est impossible de décider que les juges de paix sont inamovibles, alors que leurs supérieurs hiérarchiques resteraient amovibles.

Messieurs, l'honorable M. Audigier vous a dit que le principe de l'inamovibilité était inscrit dans toutes les constitutions et dans toutes les chartes.

M. Audigier. Je n'ai pas dit cela !

M. le garde des sceaux. Il a ajouté que, loin de le restreindre, il fallait l'étendre. Puisque M. Audigier fait appel à l'histoire, je me permets de lui rappeler que si ce principe a été inscrit dans la plupart de nos constitutions, les Gouvernements monarchiques surtout ne l'ont pas respecté, même à l'égard des magistrats des cours souveraines. Lisez notamment le sénatus-consulte du 12 octobre 1807, concernant l'ordre judiciaire : vous y verrez à l'article premier qu'à partir de cette date « les provisions qui instituent les juges à vie ne leur seront délivrées qu'après cinq années d'exercice de leurs fonctions et si, à l'expiration de ce délai, Sa Majesté empereur et roi reconnaît qu'ils méritent d'être maintenus dans leur place. »

Napoléon Ier, après avoir inscrit le principe de l'inamovibilité dans les constitutions de l'empire, décidait bientôt que cette inamovibilité ne serait conférée aux magistrats qu'après cinq années d'exercice de leurs fonctions et après que le Sénat aurait donné un avis favorable à leur investiture.

Sous la première restauration, la Charte disait que : les magistrats investis par le roi seraient inamovibles. Dès son avènement Louis XVIII remplaça plusieurs conseillers à la cour de cassation par des magistrats royalistes.

Pendant les Cent jours, tous les magistrats nommés sous la première restauration, quoique inamovibles, furent révoqués par l'empereur.

Dès le retour des bourbons, après Waterloo, malgré le principe de la Charte, le roi décida de conférer une nouvelle investiture à tous les magistrats. Cette investiture se fit attendre pendant cinq années et durant cette période des centaines de magistrats inamovibles furent révoqués de leurs fonctions.

Sous la monarchie de Juillet, le roi exigea des magistrats le serment de fidélité, et comme de nombreux magistrats légitimes refusèrent de prêter serment au nouveau régime, ils furent remplacés par des magistrats orléanistes.

M. Louis Ollivier. Ce n'est pas ce qu'on a fait de mieux !

M. le garde des sceaux. Sous le second empire, l'empereur, par l'exigence du serment, arriva à éliminer les magistrats qui lui étaient hostiles. Voilà comment l'inamovibilité a été respectée par les régimes monarchiques. (*Très bien! très bien! à gauche. — Interruptions à droite et au centre.*)

M. Louis Ollivier. Il s'agissait alors de l'investure.

M. le garde des sceaux. J'estime qu'il est inutile d'étendre aux juges de paix le principe de l'inamovibilité. Bien qu'amovibles, ces magistrats, sous le gouvernement républicain, conservent leur complète indépendance de juges.

J'ajoute enfin que l'enseignement de l'histoire nous montre que l'inamovibilité ne les protégerait pas contre les défiances d'un autre gouvernement. (*Applaudissements à gauche. — Mouvements divers.*)

M. le président. La parole est à M. Gourd.

M. Gourd. Messieurs, je voudrais par quelques courtes observations qui ne sont pas de nature à passionner le débat, appuyer l'amendement que vous a présenté l'honorable M. Audiglier et que M. le garde des sceaux vient de combattre.

Le 2 mars 1899, au cours de la discussion générale sur le budget de la justice, notre très distingué collègue M. Cruppi, rapporteur du projet qui nous est actuellement soumis, faisait de la condition des juges de paix une description très intéressante, très saisissante, dont je vous demande la permission de vous rappeler les traits essentiels :

« Nous continuerons à voir, disait M. Cruppi, des juges de paix quelquefois recrutés au hasard de la politique. (*Applaudissements.*)

« *M. Coutant.* Dites « toujours »!

« *M. Julien Dumas.* Des conseillers d'arrondissement non réélus.

« *M. Cruppi.* ...des juges de paix quelquefois soumis pour leur avancement à des caprices parlementaires; quelquefois dépourvus d'instruction juridique; mal défendus contre les influences diverses qui les assiègent de toutes parts et récompensés d'un labeur qui est parfois nul et parfois excessif par un salaire dérisoire.

« ...L'importance de cette question du traitement est capitale, car un traitement honorable est doublement nécessaire au juge, au point de vue de sa dignité et au point de vue de **son indépendance.** (*Très bien! très bien!*)

« Je dis « l'indépendance du juge », et je ne veux pas avoir prononcé ce mot, sans soutenir d'une façon très ferme qu'il faut désormais soustraire le magistrat de paix à toutes les influences politiques. (*Très bien! très bien!*)

« Il n'est pas tolérable que des hommes qui ont l'honneur et la charge de juger leurs concitoyens attendent leur sécurité, leur vie, leur traitement, leur pain de chaque jour ou les bonnes chances de leur carrière des hommes influents de la politique. (*Applaudissements.*) Il y a là une véritable plaie, et, en voyant l'approbation qui m'est donnée par la Chambre, de tous les côtés, par tous les partis, je dis au Gouvernement, je dis à M. le garde des sceaux que le moment est venu pour lui de porter le fer et le feu dans cette plaie. »

A plusieurs reprises, et dans son très intéressant rapport, et ces jours derniers, dans la discussion qui est instituée devant vous, M. Cruppi, probablement avec l'approbation de la commission, a encore insisté sur la nécessité de garantir aux juges de paix une indépendance et une impartialité absolues.

Quelle condition le rapporteur, la commission et le Gouvernement font-ils maintenant aux juges de paix?

La compétence de ceux-ci est accrue. Elle était déjà considérable au moins par le nombre des affaires sur lesquelles ils ont été appelés à se prononcer. Savez-vous, messieurs, que de 1896 à 1900, ils ont jugé, au civil, en moyenne, par an, 331,860 affaires litigieuses, procès proprement dits, dans lesquels, pour le dire en passant, 40 p. 100 de leurs décisions étaient infirmées en appel. Dans l'exercice de leur juridiction pénale, au cours de la seule année 1901, la dernière dont nous ayons le compte rendu officiel, ils ont statué sur le sort de 425,950 inculpés, se déclarant incompétents pour 310, acquittant 15,553, condamnant 382,875 à l'amende et 28,212 à l'emprisonnement. Cette compétence déjà considérable, vous l'accroissez grandement. Si je l'envisage uniquement au point de vue des limites nouvelles que vous lui donnez, vous la doublez pour le dernier ressort, vous la triplez pour le premier ressort au civil, et vous la portez au sextuple au pénal. Évidemment cette extension d'attributions n'ajoute rien à l'indépendance, à l'impartialité du magistrat ; elle rend simplement plus nécessaires encore des garanties de l'une et de l'autre.

Déjà, dans ses attributions actuelles, le juge de paix en a pour l'exercice desquelles on pourrait désirer que l'une et l'autre fussent dès à présent plus fortement protégées. Je n'en veux citer que deux qui touchent de plus près à la politique. Vous savez la part considérable qu'a le juge de paix dans l'établissement de la liste annuelle du jury criminel auquel doivent être soumis les plus importants des procès de presse. D'autre part, la législature précédente a fait des lois, la Chambre actuelle va en faire, et elle aura raison, pour prévenir ou réprimer les irrégularités, les fraudes électorales. On ne sait pas assez que les fraudes parfois les plus délicates, les plus graves, non toujours les plus faciles à discerner, se commettent dans la confection même de la liste électorale. Or, le juge de paix est compétent pour statuer sur tous les appels contre les décisions des commissions municipales. Le nombre de ces appels ne cesse de croître et, à mesure que les partis plus fortement organisés surveilleront davantage les opérations des commissions, il grandira sans doute encore, multipliant dans le prétoire les débats les plus passionnés. Les juges de paix statuèrent, en 1890, sur 1,411 appels seulement. Ils en virent le nombre s'élever à 3,674 en 1893, puis de 1896 à 1900, année moyenne, à 5,256 par an. Ils n'en confirmaient d'ailleurs que 46 p. 100 en 1890, 52 p. 100 en 1893, et de 1896 à 1900, année moyenne, 45 p. 100 par an, pendant que leurs propres décisions frappées de pourvois en cassation étaient annulées par la cour suprême dans la proportion de 35 p. 100 d'abord, et de 21 p. 100 en dernier lieu.

Je le répète, l'extension de la compétence n'est manifestement pas une garantie d'indépendance et d'impartialité. Déjà dans leur juridiction actuelle les juges de paix devraient voir leur indépendance, leur impartialité mieux protégées; à plus forte raison dans l'exercice des attributions plus étendues que vous allez leur donner.

Vous avez augmenté la capacité des juges de paix en les soumettant à diverses conditions d'aptitude. Depuis quand, je vous prie, l'intelligence et l'instruction d'un homme donnent-elles la mesure de sa vertu professionnelle ? (*Applaudissements sur divers bancs au centre et à droite.*)

Sans doute son instruction et son intelligence aideront le juge à bien juger, s'il le veut...

M. Charpentier. Mais c'est de votre côté qu'est venue la proposition !

M. Gourd. Elle a été adoptée par la commission et le Gouvernement; et il m'importe fort peu de savoir de quel côté elle est venue. (*Très bien! très bien! au centre.*)

M. Charpentier. La proposition à laquelle je fais allusion avait pour objet d'augmenter les garanties professionnelles à demander aux juges de paix et elle est venue de votre côté, puisqu'elle émanait de M. Perroche.

M. Louis Ollivier. Mais on ne s'en plaint pas !

M. Perroche. Monsieur Charpentier, je n'ai jamais proposé de donner au juge de paix l'inamovibilité, et la meilleure preuve c'est que je voterai contre l'amendement de M. Audiglier.

M. Charpentier. Mais vous avez bien demandé des garanties professionnelles de capacité ?

M. Perroche. Parfaitement !

M. Gourd. Je ne critique nullement, messieurs — et c'est ma réponse à M. Charpentier — les garanties professionnelles dont il parle. Je disais toutefois, je pense et je persiste à dire que si l'intelligence et l'instruction permettent au juge de mieux juger quand il le veut, elles le laissent libre de ne le pas vouloir. Je crains même que, sans autres garanties, une intelligence et une instruction plus grandes parfois simplement à mieux voir le profit éventuel de sa servilité et à se montrer plus habilement servie. *(Applaudissements sur divers bancs au centre et à droite. — Bruit à gauche.)*

M. Gabriel Deville. C'est du paradoxe.

M. Gourd. Vous augmentez le traitement du juge de paix. Par là, je le reconnais, vous garantissez dans une certaine mesure son indépendance et son impartialité ; vous le défendez contre la tentation de vendre la justice ; vous le protégez contre la puissance de l'argent. L'avez-vous défendu contre les caprices, les passions, les rancunes, ou les intérêts des puissants de ce jour ? En aucune façon. *Très bien ! très bien ! au centre.)* Prenez garde ! Peut-être augmentez-vous, au contraire, leur mainmise sur lui. Plus vous lui avez fait une situation agréable, avantageuse, enviable, plus il voudra, sinon l'améliorer encore, du moins la conserver, et, s'il est révocable au gré du Gouvernement, moins il restera inaccessible à la pression de ce dernier ou à celle des hommes auxquels ce dernier voudra complaire. *(Applaudissements à droite. — Dénégations à gauche.)* Par l'augmentation du traitement, vous n'avez donc encore rien fait de décisif.

Alors que reste-t-il à faire ? Mais tout simplement ce qu'un certain nombre d'autres nations ont fait.

M. Cruppi loue hautement dans son rapport l'œuvre d'un certain nombre de nations étrangères qui, par leur système de juridictions analogues à celles de nos justices de paix, ont, suivant lui, tracé la voie à la France et lui ont donné l'exemple.

Qu'ont-elles fait, en conférant à des magistrats peu différents de nos juges de paix des attributions tantôt à peine étendues, tantôt identiques, tantôt même moins considérables ? J'en pourrais probablement trouver d'autres encore, je ne veux citer que cite M. Cruppi lui-même : l'Angleterre, l'Allemagne, la Belgique, la Hollande, l'Autriche, l'Italie. Qu'ont-elles fait, disais-je ? Si elles ont donné aux magistrats analogues à nos juges de paix des traitements relativement élevés, elles leur ont aussi conféré le bénéfice de l'inamovibilité.

Comment, cette garantie que des nations qui ne manquent, je suppose, ni d'intelligence, ni de sens pratique, ont jugé nécessaire, serait-elle moins désirable chez nous ? *(Très bien ! très bien ! au centre et à droite.)*

Je passe, sans insister, sur un argument que M. le garde des sceaux désavouerait certainement lui-même, et tout le premier. Personne ne viendra dire ici que les juges de paix doivent être dans la main du Gouvernement l'instrument docile de ses caprices, de ses faveurs ou de ses rancune.

M. le lieutenant-colonel du Halgouet. On ne le dit pas, mais on le pense.

M. Gourd. Emploiera-t-on encore cet argument dont le Gouvernement, le rapporteur et la commission me paraissent avoir singulièrement abusé hier, et qui consiste à dire qu'il n'y a pas lieu de faire ce que n'ont pas fait les Gouvernements précédents ? Poussez un peu plus loin l'argument, le projet de loi tombe tout entier. Ne faites rien du tout si les Gouvernements précédents ont fait tout ce qu'il y avait à faire ! *(Très bien ! très bien ! au centre et à droite.)*

La vérité est qu'il y a quelque chose à faire, et rien n'importe plus, précisément, que de garantir l'indépendance du juge à tous les degrés.

Vous en pouvez croire les publicistes les plus considérables des pays qui connaissent et pratiquent le mieux la liberté, comme la Suisse, l'Angleterre, l'Amérique : cette indépendance doit être aussi fortement garantie et même garantie plus fortement encore dans une république démocratique contre les entreprises des partis que contre la volonté d'un seul dans une monarchie. *(Très bien ! au centre.)*

Dira-t-on que le juge de paix est surtout un magistrat conciliateur et que, pour l'exercice de sa mission de conciliateur, il n'a aucun besoin du bénéfice de l'inamovibilité ?

Ce serait peut-être d'abord une pétition de principe ; mais il y a une autre réponse à faire. A supposer que les juges de paix aient été, au début, surtout des magistrats conciliateurs, ils semblent ne l'être plus que dans une mesure très restreinte. Je vous disais tout à l'heure que de 1896 à 1900 ils avaient jugé, au civil, en moyenne 331,860 procès par an, et statué, au pénal, en 1901, sur le sort de 425,960 inculpés. Comparez à ces chiffres celui des affaires conciliatoires proprement dites, celles dans lesquelles le préliminaire, la tentative de conciliation a effectivement eu lieu. Il était, année moyenne, de 50,892 seulement par an, entre 1876 et 1880, et il vient de tomber à 25,367 en 1900 !

Dira-t-on que ce sont des petites affaires que celles qui sont soumises aux juges de paix. Ce ne sont certes pas des petites affaires pour le plus grand nombre des justiciables, même sous la législation actuelle, que celles dont l'intérêt pécuniaire atteint 100 francs en dernier ressort, 200 francs à charge d'appel au civil, ou dont l'issue, au pénal, peut être soit une amende quelconque, soit surtout un emprisonnement de cinq jours. *(Très bien ! très bien ! au centre.)*

A plus forte raison ne seraient-ce pas pour eux de petites affaires, celles dont la sanction pourrait être, d'après le projet de loi, l'emprisonnement élevé à un mois, ou dont l'intérêt pécuniaire au civil serait porté au double ou au triple.

Non, il ne faut pas dire que ces affaires soient de petites affaires ; pour le plus grand nombre des justiciables, ce sont les seules affaires. *(C'est vrai ! très bien !)* Et il n'y a pas de raison pour qu'ils ne soient pas protégés dans celle-là comme d'autres plus riches ou plus puissants le sont dans des litiges plus importants. *(Très bien ! très bien !)*

Dira-t-on que les juges de paix sont nommés sans aucune garantie de capacité, pris en quelque sorte à l'essai et, dès lors, nécessairement amovibles ? Ils étaient nommés, sans garantie de capacité, mais ils vont ne plus l'être. Donc l'argument tombe.

Les juges de paix, dira-t-on peut-être encore, sont des officiers de police judiciaire et, par conséquent, doivent rester dans la main du pouvoir exécutif. C'est l'argument sur lequel M. le garde des sceaux a, me semble-t-il, le plus insisté.

Faut-il nécessairement que les juges de paix doivent être amovibles ? En aucune manière. Ils partagent leurs attributions d'officiers de police judiciaire avec de nombreux autres fonctionnaires qui, eux, resteront amovibles ; mais ils ne partagent avec personne leur fonction principale, essentielle qui est de juger au civil et au pénal certains litiges.

Or, il suffit que l'inamovibilité soit une garantie de l'exercice impartial de leur fonction essentielle de juger, pour qu'elle doive leur être conférée.

M. Gabriel Deville. Elle est antidémocratique.

M. Louis Ollivier. C'est une erreur absolue.

M. Gourd. Inamovibles, au surplus, ils n'échapperont pas dans l'exercice de leurs attributions soit de juges, soit d'officiers de police judiciaire, au contrôle disciplinaire auquel n'échappent pas, sous la législation en vigueur, les autres magistrats inamovibles.

Une question d'ordre très pratique me paraît pouvoir préoccuper un bon nombre de mes collègues : comment serait réglée la situation des titulaires actuels ?

Je ne partage pas, messieurs, sur les titulaires actuels, l'opinion qui est peut-être celle de beaucoup d'entre vous. Je fais, sans la critiquer outre mesure, chez les autres, la part la plus large aux animosités, aux préventions de l'esprit de parti, auxquelles on cède facilement et dont je voudrais, pour ma part, essayer de me défendre. Je ne m'associe ni aux éloges de ceux qui prétendent que tous les juges de paix actuels sont excellents, ni aux critiques de ceux qui disent que tous sont détestables ; je crois simplement qu'il y en a d'excellents, de médiocres et de mauvais.

Aux excellents, le bénéfice de l'inamovilité n'enlèvera certainement rien de leurs qualités. Quant aux médiocres et aux mauvais, je suis assez disposé à croire qu'il les disposera plus facilement à entendre la voie de leur conscience. (*Très bien ! très bien ! au centre et à droite.*)

Je ne vois donc aucune raison décisive de ne pas déclarer inamovibles même les juges de paix qui sont actuellement en fonctions.

L'inamovibilité est nécessaire à tous les juges.... (*Applaudissements sur les mêmes bancs.*)

M. Gabriel Deville. A aucun !

M. Gourd.....à tous sans exception, et — je le dis très nettement, au risque d'étonner quelques-uns de nos collègues — s'il y a un juge à qui plus qu'à tout autre l'inamovibilité soit nécessaire, c'est le juge de paix.

J'entends encore notre honorable collègue M. Péronneau nous parlant hier avec une émotion communicative, de ces justiciables du juge de paix qui sont les ouvriers, les paysans, dont presque tous les procès sont de la compétence de ce magistrat. Je l'entends nous disant que le juge de paix est par dessus tout le juge des petits. C'est par dessus tout au juge des petits que le bénéfice de l'inamovibilité est absolument nécessaire. (*Applaudissements au centre et à droite.*)

Je demande à la Chambre de clore ces courtes observations par deux citations. L'une, qui ne déplaira probablement pas à nos collègues en centre, est de nature, je crois, à rallier les suffrages de nos collègues de la droite. L'autre, agréable à nos collègues du centre, sera probablement plus agréable encore à nos collègues de la gauche et de l'extrême gauche.

« Je ne craindrai pas, disait Pasquier à la Chambre des députés dans la séance du 20 novembre 1815, de venir après tant d'illustres autorités, assurer devant vous qu'il n'y a pas de richesses, qu'il n'y a point d'honneur, qu'il n'y a point de frein qui, à l'égal de l'inamovilité, puisse mettre le juge à l'abri des séductions qui doivent l'environner si souvent. Otez cette barrière, point de responsabilité réelle ; le juge paraît ou disparaît de la scène du monde à son gré ou au gré du puissant qui le poursuit ou le protège... »

Et plus loin :

« Revenant à cette indépendance de la magistrature, à laquelle j'attache un si haut prix ; je dis qu'elle ne peut naître que de l'inamovibilité qui, à elle seule, et par la marche naturelle des choses, aurait le privilège de rendre incessamment bons des magistrats même médiocres auparavant... »

Notre honorable collègue M. Cruppi a mis le projet de la commission sous le haut patronage de Gambetta dont il a cité les paroles que je vais lire :

« Je désirerais que le juge de paix devînt un magistrat d'une compétence de plus en plus grande, que sa juridiction devînt très étendue. Je voudrais que cette magistrature de paix, une des plus merveilleuses inventions de 1790 et 1791 devînt pour ainsi dire la préoccupation dominante du Gouvernement et que l'on s'attachât surtout à élever, à grandir en considération, en influence, en autorité et en crédit le juge de paix qui vit au milieu de nos populations démocratiques. »

Je me permets de compléter cette citation et de recommander à l'attention de mon collègue et ami M. Cruppi et à celle de la Chambre entière le passage suivant du célèbre discours de Romans :

« A coup sûr, je ne voudrais pas d'un juge qui fût révocable à merci, qui fût un instrument dans les mains des gouvernants, qui n'eût d'autres jugements à rendre que des ordres à exécuter. Ce juge me ferait horreur, et il ne soulèverait que mon dégoût et mes protestations. »

Sous des formes différentes, Pasquier et Gambetta ont exprimé la même idée essentiellement juste : l'inamovibilité et la garantie indispensable de l'indépendance et de l'impartialité du juge, quel qu'il soit. Je serais heureux que le souvenir de Gambetta et de Pasquier nous rapprochât et nous confondît dans un vote unanime pour rendre inamovibles les juges de paix. (*Applaudissements*

au centre et à droite. — L'orateur, en retournant à son banc, reçoit des félicitations de ses amis.)

M. le président. La parole est à M. le rapporteur.

M. Jean Cruppi, *rapporteur.* Je demande à la Chambre la permission de répondre brièvement aux observations présentées avec tant de talent par mon honorable collègue, M. Gourd. La commission voudrait maintenir ce débat dans le cadre de la loi utile, mais très modeste qu'elle a l'honneur de vous présenter. Ce n'est pas à dire qu'elle veuille fuir devant les responsabilités et se dérober au problème que l'on vient de poser devant vous. Je crois pour mon compte — et c'est là, je le pense, le sentiment de beaucoup de mes collègues sur tous les bancs de cette Chambre — je crois que l'heure de discuter la question de l'inamovibilité n'est pas venue.

M. Maurice Binder. Elle ne sonnera jamais si on ne la provoque pas un peu.

M. le rapporteur. Je crois qu'un moment viendra — et je le rappelle de tout mon cœur — ou à propos de l'organisation générale de la magistrature, à propos de conditions nouvelles dans l'avancement et dans le recrutement, conditions qu'il faut constituer dans le Parlement, la question de l'inamovibilité se posera. A ce moment, on fera son éloge et on fera sa critique. Les uns vous diront que l'inamovibilité ne serait une garantie véritable que si en même temps qu'elle ôte tout sujet de crainte, elle ôtait tout sujet d'espérance ; ils vous diront que telle qu'elle existe aujourd'hui, comme elle permet beaucoup d'espérance à ceux qui en sont investis, elle ne constitue bien souvent qu'une garantie illusoire, du moins chez les hommes qui n'ont pas la véritable indépendance ; car, vous le savez, — c'est un mot extrêmement juste, et je ne serais sur ce point contredit par personne, l'indépendance est un état de l'âme que la loi ne communique pas. (*Applaudissements à gauche.*)

Ce jour-là, les raisons pour ou contre l'inamovibilité seront, je le répète, discutées devant vous. Mais aujourd'hui, à l'heure actuelle — et c'est le devoir de la commission de vous ramener à l'objet même que nous discutons — je me permets d'interroger les deux orateurs favorables à l'inamovibilité des juges de paix qui se sont succédé à la tribune et de leur dire : Vous êtes bien obligés de convenir que tous les gouvernements qui ont précédé celui-ci et qui ont successivement ou étendu ou voulu étendre la compétence des juges de paix, n'ont jamais songé à leur conférer l'inamovibilité. (*Très bien ! très bien ! à gauche.*)

Au centre. Ils ont eu tort !

M. le rapporteur. J'ose dire que vous chercheriez vainement dans les assemblées parlementaires depuis cent ans, parmi les partisans les plus acharnés de l'inamovibilité des juges, vous ne trouverez pas un seul membre du Parlement, pas un seul ministre qui ait été partisan de l'inamovibilité des juges de paix.

C'est une idée absolument nouvelle qui n'a jamais été soutenue et ni défendue dans ce pays. (*Interruptions à droite.*)

M. Louis Ollivier. Votre loi aussi est nouvelle.

M. le rapporteur. Permettez-moi de continuer cette discussion avec tout le calme et la bonne foi qu'elle mérite ; je ne cherche pas à passionner le débat ; nous discutons des idées.

Vous allez m'approuver quand je dirai que vous ne pouvez utilement soutenir la thèse de l'inamovibilité des juges de paix que si la loi nouvelle contient des innovations très considérables et si elle constitue un juge d'une compétence beaucoup plus étendue que le juge d'hier.

M. Anthime-Ménard. Cette compétence est très étendue.

M. le rapporteur. Nous sommes forcément d'accord sur ces prémisses. Vous admettrez bien d'autre part, qu'on n'a jamais demandé d'inamovibilité et vous êtes obligés de reconnaître, je le répète, que si vous la réclamez aujourd'hui, ce ne peut être que parce que nous aurions étendu très largement la compétence du juge de paix.

M. Louis Ollivier. Parfaitement !

M. le rapporteur. C'est sur ce point que la commission et que son rapporteur tiennent à vous répondre. La vérité — et vous la connaissez, vous qui avez suivi ce débat avec une attention absolue — la vérité est que la réforme que nous faisons est extrêmement modeste. Je me place successivement au point de vue civil et au point de vue pénal.

Au point de vue de la compétence civile ne vous souvenez-vous pas de tant de projets antérieurs qui donnaient au juge de paix, à charge d'appel, la compétence même des tribunaux de première instance, c'est-à-ire la compétence jusqu'à 1,500 francs ? A ce moment, qui donc dans la Chambre, a proposé l'inamovibilité ?

Et pourtant, au point de vue civil, on allait beaucoup plus loin, en 1891 par exemple, qu'on n'ose aller aujourd'hui.

Ce n'est donc pas ce que nous faisons au point de vue de la compétence civile qui justifie le discours de mon honorable collègue M. Gourd, puisque tout le monde a bien voulu reconnaître qu'étendre la compétence du juge de paix en matière civile, à 300 et à 600 francs, c'est tout simplement compenser la dépréciation du signe monétaire depuis 1838. Voilà ma réponse en ce qui concerne la compétence civile. Elle est nette, je pense : ce n'est pas à raison de cette extension de compétence civile que l'on peut réclamer l'inamovibilité.

Va-t-on m'objecter qu'au point de vue de la compétence pénale nous avons fait de graves innovations, que nous avons fait là quelque chose de considérable ? Jugez-en ! Si vous voulez bien comparer les lois spéciales et les très rares articles du code pénal que nous déférons au juge de paix aux lois spéciales qui lui donnaient déjà compétence en matière de police vous verrez que nous sommes restés tout à fait dans le même esprit et que nous ne déférons au juge de paix que les délits les plus légers et qui ont tous un caractère contraventionnel. Non seulement, nous ne lui donnons compétence que de cette façon très restreinte, mais encore nous limitons son pouvoir de répression à dix journées de prison. (*Mouvements divers*).

Au centre. Vous trouvez que ce n'est rien ?

M. le rapporteur. Voulez-vous que je vous donne une réponse contre laquelle vous ne soulèverez aucune objection ? Savez-vous à quelle peine un juge de police aujourd'hui, avec la compétence qu'il a déjà, peut condamner ? A trois, quatre, cinq cents jours de prison. (*Interruptions à droite.*)

Ignorez-vous que le juge de police aujourd'hui peut infliger trois cents jours de prison ?

M. Louis Ollivier. Citez un seul exemple en fait !

M. le garde des sceaux. A Paris, cela se voit.

M. le rapporteur. Mais tous les députés de la Seine et les représentants des grandes villes industrielles vous diront que les juges de police infligent jsouvent au même contrevenant des centaines de jours de prison. Vous ne pouvez réellement pas l'ignorer, et cela s'explique parce que le juge de paix n'est pas arrêté, en matière de contravention, par le non-cumul des peines; c'est ainsi que le juge de police peut prononcer des peines dont le total apparaît comme redoutable. Or, par notre loi, nous allons lui donner le pouvoir de prononcer une peine qui ne pourra excéder dix jours; ici, en effet, en matière de délits, il sera arrêté par le principe du non-cumul des peines. Nous ne faisons donc que prolonger la compétence pénale du juge de paix de la façon la plus réservée, la plus simple, la plus modeste. Tel est le caractère de notre réforme.

Je conclus donc en vous demandant : est-ce parce que nous avons fait cette réforme si simple, si modeste, que vous voudriez aujourd'hui donner l'inamovibilité aux juges de paix ? Ceux-là même qui la proposent ne peuvent croire que cette assemblée adopterait une telle mesure. Ne serait-ce pas excessif, hors de proportion avec le but que nous voulons atteindre ? Nous n'avons pas à nous engager, je le répète, dans des considérations qui seront plus tard et très utilement exposées

quand nous discuterons l'organisation judiciaire de ce pays qu'il faut réformer, qu'il faut refaire, en créant — c'est bien ma pensée — des magistrats absolument indépendants, au-dessus des partis, au-dessus de la politique. Mais aujourd'hui, à l'occasion de cette réforme très simple, très modeste, le principe de l'inamovibilité n'est pas, ne peut pas être légitimement réclamé, et c'est pourquoi la commission vous demande de repousser l'amendement. (*Applaudissements à gauche.*)

M. Audigier. Quel moyen d'assurer leur indépendance proposez-vous alors ?

M. Louis Ollivier. Messieurs, je viens répondre en très peu de mots à deux objections qui nous ont été présentées, l'une par M. Cruppi, l'autre par M. le garde des sceaux.

J'ai été assez surpris d'entendre tout à l'heure M. le rapporteur vous dire que l'heure n'était pas venue de statuer sur l'inamovibilité des juges de paix. Comment ! l'heure n'est pas venue ! M. le rapporteur, dans son très remarquable rapport, nous a cité comme exemples les législations étrangères. Or, dans toutes ces législations, lorsqu'on a augmenté la compétence des juges de paix on leur a en même temps et par les mêmes lois conféré l'inamovibilité. Il en résulte qu'à l'étranger, tout au moins, on a trouvé naturel de tout décider à la fois.

M. le rapporteur. Vous faites allusion l'ayant trouvé dans mon rapport, à l'exemple de l'Allemagne. Vous oubliez que ce sont là des institutions qui ne peuvent être comparées aux nôtres parce qu'elles sont essentiellement différentes : le juge de bailliage en Allemagne ne peut être assimilé à notre juge de paix, il a des pouvoirs très étendus ; il peut condamner à plusieurs mois de prison et il siège entouré d'assesseurs.

Au centre. Et le préteur italien ?

M. le rapporteur. Le préteur italien est lui aussi, un magistrat tout différent de notre juge de paix. Cela est si vrai qu'en Italie, dans chaque commune, il y a un conciliateur, alors qu'au canton siège un magistrat, le préteur, dont la juridiction est très étendue.

M. Louis Ollivier. Je ne fais allusion monsieur le rapporteur, qu'aux exemples cités par vous-même, sous réserve des exceptions que vous indiquez.

Mais revenons à nos magistrats français si vous le voulez. Vous ne trouvez pas opportun en ce moment de discuter la garantie essentielle de l'indépendance ?

Mais, en 1902, vous avez présenté une très intéressante proposition, où vous repreniez le projet d'une commission parlementaire soumis à la Chambre. Que vois-je dans la proposition que vous avez soumise à la Chambre en lui demandant de l'adopter ?

Après différents articles augmentant également la compétence des juges de paix, un article 20 ainsi conçu :

« Art. 20. — Les juges de paix ne pourront être révoqués qu'après avis de la cour d'appel et après avoir été entendus par elle. » (*Applaudissements à droite.*)

Il me semble que, le jour où vous avez déposé ce projet, vous avez considéré vous-même — permettez-moi de vous le faire remarquer — que l'heure était au contraire bien venue de déterminer en même temps que les limites de la compétence cantonale, les conditions d'indépendance que devraient présenter les juges de paix.

M. Marcel Sembat. Cela ne constitue pas l'inamovibilité, le point est très important. Entre la révocation *ad nutum*, et l'inamovibilité, il y a place pour une disposition qui garantirait l'indépendance du juge de paix.

M. le rapporteur. M. Ollivier ne propose pas tout à fait l'inamovibilité, et M. Audigier institue l'inamovibilité complète. Les deux questions ne doivent pas être confondues.

M. Louis Ollivier. Je suis monté à la tribune pour abréger la discussion en la faisant porter à la fois sur tous les amendements présentés.

Je réponds à M. Sembat que l'amendement que j'ai déposé et sur lequel la Chambre sera appelée à voter, lui donnera satisfaction. En effet, l'amendement que nous avons signé M. de Castelnau et moi est ainsi conçu :

« A partir du jour de l'application de la présente loi, les juges de paix ne pourront être révoqués que sur avis de la cour d'appel délibérant en assemblée générale et après avoir été entendus par elle. »

Vous remarquerez qu'il est exactement la reproduction de l'article 20 de la proposition de loi rapportée par la commission que présidait M. Cruppi en 1902.

J'arrive au second argument qui, je vous l'avoue, m'a peut-être encore plus surpris dans la bouche de M. le garde des sceaux.

M. le garde des sceaux vous a tenu ce langage : « il n'y a pas lieu de rétablir l'inamovibilité, pas plus en droit qu'en fait. Il y a certaines propositions » — il faisait évidemment allusion à celle que j'ai eu l'honneur de présenter — « qui tendent à rétablir l'inamovibilité en fait ; je ne veux pas plus de celle-ci que de celles-là, parce que si je remonte dans le passé je constate que toutes les constitutions successives ont violé le principe de l'inamovibilité. »

Je ne veux pas reprendre, en ce moment, l'historique de cette question ; il me serait peut-être cependant assez facile de démontrer en me reportant à la discussion fort intéressante qui s'est déroulée ici en 1883 que c'est au contraire, pour la première fois, à cette date que le principe de l'inamovibilité fut réellement violé. En effet, quand l'inamovibilité avait été touchée par les gouvernements précédents elle ne l'avait été que lorsque des pouvoirs nouveaux avaient voulu donner une investure nouvelle aux magistrats qu'ils entendaient conserver, mais pendant toute la durée de ces gouvernements le principe de l'inamovibilité est resté la règle et la garantie des magistrats.

Quoi qu'il en soit, ce n'était pas dans ces précédents historiques qu'il fallait aller chercher un exemple à suivre. Il eût été infiniment plus logique de la part de M. le garde des sceaux, parlant au nom des principes républicains, au lieu de vouloir se modeler sur les régimes monarchiques, de s'inspirer de la doctrine républicaine.

Il me suffira de quelques citations très courtes pour vous édifier sur les théories qu'entendait soutenir le parti républicain en 1883 lorsqu'il voulut procéder à l'épuration de la magistrature.

M. Martin Feuillée, le garde des sceaux d'alors, fit cette déclaration précieuse au moment de porter, pour la première fois, après treize années de pouvoir, la main sur le principe de l'inamovibilité :

« Pas plus que l'honorable M. Ribot, pas plus que l'honorable M. Goblet, le Gouvernement ne veut une magistrature qui serait à la merci du pouvoir exécutif. »

Et le rapporteur de la loi faisait cette autre déclaration que vous voudrez bien retenir :

« Ceux de nos collègues qui, en 1880, demandaient la suppression de l'inamovibilité avaient-ils la pensée, comme ceux qui l'ont votée en 1852, que le magistrat pût être comme les fonctionnaires purement administratifs, comme les sous-préfets, les préfets, entièrement dans la main du ministre ? Nullement.

« Parmi les républicains qui ont voté la suppression de l'inamovibilité ou qui l'ont réclamée dans la presse et dans le pays, pas un seul n'a en cette pensée et toujours il a été absolument entendu qu'il serait fait au magistrat, par des institutions particulières, une situation qui le mettrait à l'abri des conséquences que pourrait avoir l'accomplissement de ses devoirs, mais qui, en même temps, le laisserait soumis aux lois générales du pays. »

Ces déclarations étaient unanimement approuvées à gauche. L'inamovibilité était rétablie pour l'avenir et ce n'était que dans le cas d'une faute quelconque, commise dans l'exercice de leurs fonctions que les magistrats pouvaient se voir désormais déférés à une sorte de chambre de discipline composée de magistrats de la cour de cassation.

Messieurs, à l'heure actuelle, je vous demande en réalité simplement de reprendre cette législation en ce qui concerne les juges de paix. Et pour ne pas vous laisser sous l'impression de l'opinion de M. le garde des sceaux près de laquelle la mienne pourrait vous sembler bien légère, vous me permettrez, en dernier lieu, de lui opposer celle de l'un de ses collègues du ministère sur la même question.

Celui auquel je fais allusion, ne voulait pas, lui non plus, de l'inamovibilité, mais il essayait au moins de la remplacer par une autre garantie et voici comment il s'exprimait :

« Supprimer l'inamovibilité, ce serait réformer la base de l'institution, ce serait subsister à l'irresponsabilité ordinaire la responsabilité comme la règle du corps judiciaire ; et cette responsabilité ne peut être évidemment établie que de deux façons : ou devant le Gouvernement — et tout le monde proteste contre une telle pensée — ou devant les électeurs, devant la nation. C'est ainsi que ces deux idées, suppression de l'inamovibilité et élection des juges sont absolument inséparables. » Qui émettait cette opinion ? C'était M. Camille Pelletan. (*Exclamations et rires à droite.*)

Je crois avoir répondu suffisamment aux objections de M. le garde des sceaux. Si vous adoptez mon amendement, vous ferez simplement aux juges de paix une situation équivalente à celle des magistrats. Vous resterez dans la logique des principes que vous avez voulu consacrer, puisque vous entendez faire des juges de paix de véritables magistrats : ils auront une compétence incontestablement très étendue, ils jugeront seuls et leur responsabilité sera fort lourde.

Dans les tribunaux, le nombre des magistrats et le secret des délibérations ne permettent à personne de savoir comment les juges ont délibéré et voté. Ici tout le monde saura quelle a été l'appréciation personnelle des juges de paix.

Ils seront forcément en butte à toutes sortes de difficultés et ils pourront être l'objet de nombreuses dénonciations.

Si vous n'adoptez pas l'amendement de notre honorable collègue M. Audigier, que pour ma part je trouve excellent, je vous demanderai donc subsidiairement d'accepter l'amendement que j'ai eu l'honneur de déposer. (*Applaudissements à droite.*)

M. le président. La Chambre est en présence de deux amendements, l'un, de M. Audigier, l'autre, de M. Cuneo d'Ornano, qui sont tous les deux libellés de la façon suivante :

« Les juges de paix sont inamovibles. »

Je mets aux voix ce texte.

Il y a trois demandes de scrutin, signées :

La 1re, de MM. Delory, Dufour, Cadenat, Vaillant, Bénézech, Cardet, Bouveri, Thivrier, Bourrat, Isoard, Octave Vigne, Selle, Gabriel Baron, Paul Constans, Desfarges, Walter, Sembat, Cornet, Jules Coutant, Dejeante, etc.

La 2e, de MM. Proust, Cornudet, Paul Beauregard, Lechevallier, Audiffred, Bonnevay, La Chambre, Prache, Duquesnel, Quilbeuf, Anthime-Ménard, Audigier, Jacquey, Roury, etc.

La 3e, de MM. de la Ferronnays, de Pins, de Lanjuinais, du Halgouet, de l'Estourbeillon, de Pomereu, Camille Fouquet, Fabien-Cesbron, de La Rochethulon, Denys Cochin, Henry Cochin, Cayraud, Lemire, Cuneo d'Ornano, etc.

Le scrutin est ouvert.

(Les votes sont recueillis. — MM. les secrétaires en font le dépouillement.)

M. le président. Voici le résultat du dépouillement du scrutin :

Nombre des votants	567
Majorité absolue	284
Pour l'adoption	160
Contre	407

La Chambre des députés n'a pas adopté.

MM. de Castelnau et Ollivier présentent un amendement ainsi conçu :

« A partir du jour de l'application de la présente loi, les juges de paix ne pourront être révoqués ou déplacés que sur avis de la cour d'appel délibérant en assemblée générale et après avoir été entendus par elle. » (*Très bien ! très bien ! à droite et au centre.*)

M. Louis Ollivier. Je consens très volontiers à supprimer les mots « ou déplacés. »

Tout d'abord, notre amendement ne portait que le mot « révoqués »; nous nous en tenons à cette première rédaction.

M. le président. La parole est à M. le garde des sceaux.

M. le garde des sceaux. Réduit à ses proportions l'amendement devient, à mon avis absolument inutile. En fait, jamais un juge de paix n'a été révoqué sans qu'on eût consulté les chefs de cours. (*Interruptions à droite.*)

M. Henri Savary de Beauregard. Insérez cette disposition dans la loi; ce sera plus sûr.

M. le garde des sceaux. Pourquoi alors faire la cour d'appel tout entière juge de la question de savoir si un magistrat cantonal doit ou non être révoqué?

Il y a en France un conseil supérieur de la magistrature qui est la cour de cassation; il n'est pas possible que toutes les cours d'appel soient transformées en conseils secondaires de la magistrature.

Permettez-moi, messieurs, une dernière observation. Des juges de paix commettent des fautes professionnelles; pour ceux-là, il n'y aurait aucun inconvénient à consulter la cour d'appel; mais d'autres adressent, par exemple, au Gouvernement des lettres injurieuses. S'il faut dans ce dernier cas également les déférer à la cour d'appel, vous risquez peut-être de voir celle-ci faire échec au Gouvernement. Car si la cour d'appel, qui est inamovible, n'estime pas que la révocation du magistrat cantonal s'impose, il y aura dans sa décision comme une sorte de censure d'un acte du Gouvernement. (*Applaudissements à gauche. — Interruptions à droite.*)

M. de Grandmaison. Le cas est le même avec la cour de cassation.

M. le lieutenant-colonel du Halgouet. Vous ne pouvez pas ériger l'infaillibilité du Gouvernement en dogme.

M. le garde des sceaux. J'explique ma manière de voir; je n'envisage pas la question croyez-le bien, au seul point de vue du Gouvernement actuel. Le problème sera le même pour tous les gouvernements. Je le répète : en fait, on demande toujours l'avis des chefs de cours avant de révoquer un juge de paix. La mesure qu'on propose maintenant me paraît donc inutile. (*Très bien! très bien! à gauche.*)

M. le président. La parole est à M. Perroche.

M. Perroche. Je prends l'exemple cité par M. le garde des sceaux, celui d'un magistrat qui écrit des lettres injurieuses au Gouvernement. Ce magistrat a commis un délit prévu et puni par l'article 223 du code pénal. Vous auriez le droit de le poursuivre pour outrages.

M. le garde des sceaux. La lettre peut être injurieuse sans constituer un délit.

M. Perroche. Et s'il était condamné, sa révocation s'imposerait, car personne n'admettra jamais qu'un magistrat condamné à une peine correctionnelle pour un fait semblable puisse être maintenu dans ses fonctions.

M. le garde des sceaux a dit que le Gouvernement serait dans une situation de dépendance vis-à-vis de la cour lorsqu'elle n'émettrait pas un avis favorable à la proposition de révocation d'un magistrat.

Mais la même situation se présente toutes les fois qu'un Gouvernement poursuit un prévenu quelconque devant un tribunal qui prononce un acquittement. Le Gouvernement subit dans la circonstance un échec semblable à celui que vous redoutez. (*Très bien! très bien! au centre et à droite.*)

M. le président. La parole est à M. Ollivier.

M. Louis Ollivier. M. le garde des sceaux vient de vous dire que l'amendement n'était pas dangereux mais qu'il était inutile; eh bien, s'il n'est qu'inutile — et je prétends qu'il ne l'est pas — quel inconvénient y a-t-il à le mettre dans la loi!

M. le garde des sceaux vous a dit ensuite : Il y aurait inconvénient à ce que la cour d'appel fût appelée à statuer parce que dans certaines circonstances, elle pourrait placer le Gouvernement dans une situation d'infériorité. Mais le fait se produit pour la cour de cassation : elle est également composée de magistrats inamovibles et si vous traduisez un magistrat devant la cour de cassation avec le désir de le faire révoquer et que la cour de cassation vous donne tort, vous subissez un échec. Par conséquent votre argument ne porte pas. (*Très bien! très bien! à droite et sur divers bancs au centre.*)

M. le président. Avant de mettre aux voix l'amendement de MM. Castelnau et Ollivier, je fais connaître à la Chambre que MM. Sembat, Charpentier et Simonet présentent l'amendement suivant, qui est soumis à la prise en considération :

« Les juges de paix ne pourront être révoqués que sur l'avis d'une commission composée de deux conseillers à la cour du ressort, un magistrat du tribunal de première instance, deux conseillers généraux, deux conseillers d'arrondissement, un juge de paix et un conseiller prud'homme, nommés par le garde des sceaux. »

La parole est à M. Sembat.

M. Marcel Sembat. Je voudrais exprimer l'opinion de ceux de nos collègues qui pensent que, d'une part, il n'y a pas lieu, ainsi que M. Gourd nous le proposait tout à l'heure, d'établir l'inamovibilité du juge de paix, mais qui cependant, d'autre part, estiment qu'il faut modifier le système actuel. Nous sommes d'avis qu'il y aurait lieu d'instituer une commission. M. Ollivier a parlé d'exiger l'avis de la cour d'appel. Mais voici, pour nous, la difficulté : à l'heure présente — notez bien que je ne prétends pas traduire l'opinion de mes collègues de la droite, mais la mienne — il y a beaucoup de cours d'appel de l'esprit desquelles nous nous défions. (*Exclamations au centre et à droite. — Très bien! très bien! à gauche et à l'extrême gauche.*)

M. Henri Michel (Bouches-du-Rhône). Et non sans raison!

M. Gayraud. Nous professons le même sentiment à l'égard des autres cours d'appel.

M. Marcel Sembat. J'ai l'habitude d'exprimer à cette tribune mes opinions en toute franchise. Aussi je vous déclare que je ne suis pas partisan de l'inamovibilité ni des juges de paix ni des autres magistrats. Rendez-vous donc compte de cet état d'esprit que vous pouvez condamner, mais qui est le nôtre. Quand vous nous proposez de consulter la cour d'appel sur la révocation des juges de paix, nous vous répondons que nous ne pouvons accepter, parce que les conseillers des cours d'appel sont inamovibles, parce que ce sont des magistrats dont nous avons parfois des raisons de nous défier.

M. Julien Goujon (Seine-Inférieure). Ces déclarations ont au moins le mérite de la franchise.

M. Marcel Sembat. On pourrait, me semble-t-il, créer pour le juge de paix une garantie en instituant une commission qui se composerait de magistrats...

M. Julien Goujon (Seine-Inférieure). Demandez tout de suite l'élection des juges.

M. Marcel Sembat... soit de la cour d'appel, soit du tribunal de première instance.

Il serait possible également de faire figurer dans cette commission un juge de paix. Voilà la base de l'institution.

Nous avions pensé en outre qu'il était bon que quelques représentants des corps électifs y fussent introduits. Si vous n'êtes pas partisans de cette adjonction, vous la rejetterez; mais il me semble possible de rallier une majorité dans cette Chambre sur le principe lui-même, qui consiste à soumettre la révocation des juges de paix à l'avis conforme d'une commission. Cette révocation, actuellement, comme l'a dit M. le garde des sceaux, ne s'exerce pas et ne doit pas s'exercer en pratique *ad nutum*, puisque, en fait, le parquet général est consulté. Nous préférons régler législativement cette matière et exiger l'avis préalable d'une commission désignée par le garde des sceaux lui-même et composée de manière à donner toutes garanties.

Cette commission constituerait le moyen terme entre l'inamovibilité dont nous ne voulons pas et la révocation capricieuse et arbitraire dont nous ne voulons pas davantage. Notre amendement écarterait l'intervention de la cour d'appel parce qu'elle ne serait qu'un succédané de l'inamovibilité ; mais il éviterait en même temps cette révocation *ad nutum* qui nous paraît dangereuse et que nous ne consentons pas à maintenir dans la loi. Voilà pourquoi nous demandons la création d'une commission que vous composerez comme vous l'entendrez, mais qui nous paraît indispensable. (*Très bien ! très bien ! à l'extrême gauche et à gauche.*)

M. le président. La parole est à M. Lepelletier.

M. Edmond Lepelletier. Permettez-moi de faire une simple rectification à une assertion de M. le garde des sceaux. Elle ne le vise pas, car il s'agit de faits antérieurs à son arrivée au pouvoir.

J'ai été révoqué le 24 décembre 1899 sans avertissement aucun, sans qu'on m'ait donné un motif quelconque, sans que j'aie été entendu, sans que la cour d'appel ait été pressentie. J'ai appris ma révocation au moment où j'allais tenir l'audience, le matin même, par un journaliste qui est venu me demander si mon successeur qui avait été désigné et dont le nom figurait au *Journal officiel*, occupait bien la justice de paix de Marly-le-Roy.

J'ai été frappé — je le suppose car on ne m'a fourni aucune explication et l'on n'a rien formulé contre moi — parce que j'avais déplu, m'a-t-on dit, à M. Bulot, en participant, ce dont je revendiquais la responsabilité, à une cérémonie patriotique qui a lieu tous les ans dans la commune de Bougival, où je réside et où en 1870, des Français ont été fusillés par les Prussiens. Chaque année, nous nous assemblons sur la colline pour célébrer cet anniversaire.

Je ne me plains pas de cette révocation, elle me fournit un argument pour défendre la cause des juges de paix et pour demander que ces magistrats si utiles ne soient pas livrés aux caprices d'adversaires politiques influents. Je saisis cette occasion pour proposer qu'ils soient déférés à un tribunal ou à une commission, peu m'importe. Je suis donc tout disposé à voter l'amendement de M. Sembat, à la condition toutefois d'écarter de cette commission les membres appartenant à des corps élus.

Il ne faut pas, je le répète, que les juges de paix soient à la merci des caprices de leurs adversaires ; si on les révoque, ils ont le droit d'être entendus et de connaître les motifs avouables pour lesquels ont les frappe. (*Très bien ! très bien ! sur divers bancs.*)

M. le président. Je mets aux voix l'amendement de MM. de Castelnau et Ollivier.

Il y a une demande de scrutin, signée de MM. Allard, Compayré, Octave Vigne, Vaillant, Sembat, Cornet, Delory, Meslier, Clovis Hugues, Dufour, Bouveri, Jules Coutant, Thivrier, Ferrero, Bénézech, Selle, etc.

Le scrutin est ouvert.

(Les votes sont recueillis. — MM. les secrétaires en font le dépouillement.)

M. le président. Voici le résultat du dépouillement du scrutin :

Nombre des votants.............. 569
Majorité absolue.................. 285

　　　Pour l'adoption.......... 241
　　　Contre.................... 328

La Chambre des députés n'a pas adopté.

Je donne lecture de l'amendement de MM. Sembat, Charpentier et Simonet, soumis à la prise en considération :

« Les juges de paix ne pourront être révoqués que sur l'avis d'une commission composée de deux conseillers à la cour du ressort, d'un magistrat du tribunal de première instance, de deux conseillers généraux, de deux conseillers d'arrondissement, d'un juge de paix et d'un conseiller prud'homme nommés par le garde des sceaux. »

La parole est à M. Sembat.

M. Marcel Sembat. Plusieurs de nos collègues estiment que cette commission est trop compliquée ; d'autre part, je suis infiniment désireux de rester d'accord avec M. le rapporteur et avec M. le garde des sceaux, de façon à ne pas retarder le vote de la loi.

M. Edmond Lepelletier. Alors vous allez retirer votre amendement et je le reprendrai.

M. Marcel Sembat. Je ne sais pas, messieurs, quels sont ceux d'entre nous qui s'imaginent qu'il est facile d'improviser un texte en séance, chose à laquelle je suis, pour ma part, fort opposé ; si je m'y résigne, c'est parce qu'il nous est impossible, par conviction, de rejeter purement et simplement la proposition qui tend à donner une garantie d'indépendance aux juges de paix.

Voilà pourquoi nous essayons, avec beaucoup de difficultés, d'élaborer un texte qui donne satisfaction à tout le monde, qui ne soit pas une pure manifestation de notre désir, mais soit accepté par la commission.

Je tiens compte, en outre, d'une objection qu'on nous a faite. L'adoption de notre amendement nécessiterait la nomination, nous a-t-on fait remarquer, d'une commission spéciale pour chaque ressort ; il vaudrait mieux peut-être, en effet, instituer une commission centrale statuant sur toutes les affaires du même genre. En ce sens, nous proposons, MM. Charpentier, Simonet et moi, la rédaction suivante qui sera, je l'espère, acceptée par la commission et par M. le garde des sceaux : « Les juges de paix ne pourront être révoqués que sur l'avis d'une commission nommée par le garde des sceaux et composée du procureur général à la cour de cassation, de deux conseillers à la cour de cassation et de trois directeurs au ministère de la justice. »

Voilà la proposition que nous faisons. Si le Gouvernement et la commission veulent bien l'accepter, la discussion sera fort abrégée ; nous n'avons pas, je le répète, l'intention de retarder le vote de la loi, mais nous voulons donner des garanties sérieuses d'indépendance aux juges de paix. (*Très bien ! très bien !*)

M. Edmond Lepelletier. Adjoignez au moins un juge de paix aux membres de cette commission.

M. le président. L'amendement de MM. Sembat, Charpentier et Simonet serait ainsi conçu ;

« Les juges de paix ne pourront être révoqués que sur l'avis d'une commission nommée par le garde des sceaux et composée du procureur général à la cour de cassation, de deux conseillers à la cour de cassation et des trois directeurs au ministère de la justice. »

Cet amendement est soumis à la prise en considération.

M. Louis Ollivier. Je demande qu'après les mots : « les juges de paix... » on ajoute ceci : « après avoir été entendus. »

M. Maurice Sibille. Je désire poser une question à l'auteur de l'amendement.

Cette commission sera, dans sa pensée, composée de six membres. Qu'arrivera-t-il au cas où trois de ses membres se prononceraient pour la révocation et les trois autres contre ?

M. le rapporteur. Le garde des sceaux tranchera le différend.

M. le garde des sceaux. Le président de la commission aura voix prépondérante.

M. Maurice Sibille. D'un côté mon collègue M. Cruppi me répond que M. le garde des sceaux statuera sans se préoccuper d'un avis qui n'aura pas pu être émis. D'un autre côté, M. le ministre prétend que la voix du président de la cour de cassation sera prépondérante. Il faut s'entendre. Que se passera-t-il dans les circonstances qui viennent d'être précisées ?

M. le garde des sceaux. Je vous ai dit : la voix du président sera prépondérante.

Sur divers bancs à droite et au centre.) Nous demandons le renvoi à la commission.

M. le président. La parole est à M. Sembat.

M. Marcel Sembat. Messieurs, la solution la plus rationnelle eût été, selon moi, que la commission se retirât pendant un quart d'heure pour délibérer et rapporter un texte. (*Très bien ! très bien !*) Mais elle tient avant tout à aboutir immédiatement. Puisque plusieurs de nos collègues semblent trouver que l'élément administratif a une trop large part dans cette commission, je propose alors de dire...

M. Ribot. Encore une modification !

Marcel Sembat. Mais, monsieur Ribot, je n'en suis pas responsable ! — ... de dire : « ... du procureur général près la la cour de cassation et de trois conseillers à la cour de cassation ». (*Très bien ! très bien !*) De cette façon, l'élément judiciaire domine dans la commission, où de plus, comme le faisait très bien remarquer M. Sibille, il y a une majorité certaine ; enfin c'est la une rédaction qu'accepte, je crois, la commission.

M. Louis Ollivier. Je me rallie absolument à la proposition de M. Sembat.

M. le président. Je consulte la Chambre sur la prise en considération de l'amendement.

(*L'amendement est pris en considération.*)

M. le rapporteur. La commission accepte l'amendement au fond.

M. Paul Bertrand (Marne). Je damande la parole.

le président. La parole est M. Paul Bertrand.

M. Paul Bertrand (Marne). Je n'ai qu'une très courte observation à présenter. J'ai voté bien volontiers la prise en considération de l'amendement, car je trouve que notre collègue, M. Sembat, a fait voter un principe d'une portée considérable et je lui en suis pour ma part profondément reconnaissant. Mais je demande à la Chambre de vouloir bien taire pour les suppléants ce qu'elle a décidé pour les juges de paix.

Les juges suppléants ont la même étendue de pouvoirs...

M. Julien Goujon. Et ils sont investis de la même manière.

M. Paul Bertrand (Marne)... ils sont soumis à toutes les prescriptions de la loi que nous venons de voter, et je demande pour eux les mêmes garanties d'indépendance. Il est très regrettable qu'un juge suppléant soit aujourd'hui révoqué ou même remplacé par la simple lecture du *Journal officiel* sans qu'il ait été parfois ni prévenu, ni interrogé. Ceux de nos collègues qui lisent le *Journal officiel* peuvent en ce moment constater une nouvelle catégorie : « M. X... est nommé a la place de M. Z.... révoqué », ou « M. A.., est nommé à la place de M. B... », sans motif aucun à l'appui et l'intéressé apprend indirectement soit par la voie des journaux, soit par ses compatriotes, qu'il n'est plus juge de paix, sans qu'on lui ait fait connaître ce qu'on avait à lui reprocher. (*Très bien ! très bien ! au centre et à droite.*)

Je demande donc à la Chambre d'ajouter : « Il en sera de même pour les suppléants. »

M. le rapporteur. La commission accepte l'amendement de M. Sembat, mais elle ne croit pas pouvoir accepter le nouvel amendement de M. Bertrand pour le motif suivant.

On a toujours considéré que les garanties devaient être la conséquence des conditions d'aptitude et de capacité. Les garanties que vous venez de voter en ce qui concerne les juges de paix ne sont pas requises en ce qui concerne leurs suppléants. Nous avons dû nous montrer moins sévères en ce qui concerne le recrutement des suppléants, la justification de leurs aptitudes, parce que ce recrutement est très difficile ; il semble juste et naturel que le garde des sceaux possède en ce qui concerne ces suppléants le droit le plus étendu. (*Exclamations à droite et au centre. — Très bien ! très bien ! à gauche.*)

M. Bepmale. Je voudrais que la commission précisât. La disposition qu'elle nous propose et sur laquelle nous allons statuer sera-t-elle applicable aux juges de paix nommés à l'avenir ou sera-t-elle applicable aux juges de paix actuellement en fonctions ?

Sur divers bancs au centre et à droite. A tous !

M. le garde des sceaux. Elle sera applicable à tous indistinctement !

M. Gaston Galpin. Et les rétribués, qu'en ferez-vous ?

M. Paul Bertrand (Marne). Je répondrai d'un mot à l'observation de M. le rapporteur.

Il ne s'agit pas des conditions de capacité pour les suppléants et M. le rapporteur ne peut pas contester que le juge suppléant qui siège de fait en tant que juge de paix ait la même autorité et que les jugements qu'il rend ont toute la valeur qui appartiennent au jugement rendu par un juge de paix.

Nous cherchons avant tout à assurer la dignité et l'indépendance de ces magistrats.

M. le rapporteur. Nous le cherchons avec vous !

M. Paul Bertrand (Marne). Le juge suppléant n'a rien à voir avec les conditions de capacité requises pour le recrutement des juges de paix. Je prie instamment la Chambre d'adopter mon amendement. (*Très bien ! très bien ! au centre.*)

M. Louis Ollivier. D'après M. le rapporteur, le magistrat poursuivi sera entendu par la commission ?

M. le rapporteur. Certainement.

M. Louis Ollivier. Il y aurait alors lieu d'ajouter à l'amendement les mots « et après avoir été entendu. »

M. le président. Voici l'amendement tel qu'il est accepté par la commission :

« Les juges de paix ne pourront être révoqués que sur l'avis d'une commission nommée par le garde des sceaux et composée du procureur général à la cour de cassation, de trois conseillers à la cour de cassation et de trois directeurs au ministère de la justice. »

M. Louis Ollivier. Je demande qu'on ajoute : « ... et après avoir été entendus ! »

M. le président. M. Ollivier demande d'ajouter les mots : « Et après avoir été entendus. »

M. le garde des sceaux. Oui ! S'ils le demandent !

M. Louis Ollivier. Parfaitement !

M. le rapporteur. La commission accepte.

M. le lieutenant-colonel Rousset. Qui payera les frais de voyage ? (*Mouvements divers.*)

M. le président. Je mets aux voix au fond l'amendement de MM. Sembat, Charpentier et Simonet tel que je viens d'en donner lecture, en y ajoutant ces mots : « et après avoir été entendus s'ils le demandent. »

(*L'amendement, mis aux voix, est adopté.*)

M. le président. Ce texte formera l'article 22 *bis*.

M. Paul Bertrand propose d'ajouter à ce texte les mots :

« Il en sera de même pour leurs suppléants. »

M. le garde des sceaux. Le Gouvernement repousse l'amendement. (*Exclamations au centre et à droite.*)

Je ferai remarquer à la Chambre qu'elle s'est absolument refusée hier, malgré les nombreuses sollicitations dont elle a été l'objet, à faire l'assimilation entre le suppléant et le juge de paix. On lui demande aujourd'hui de revenir sur sa détermination et d'exiger pour la révocation des suppléants les conditions réclamées pour celle des juges titulaires. Je crois, messieurs, que cela n'est pas possible. Vous savez comment se recrutent les suppléants...

M. Fabien-Cesbron. Bien mal, hélas !

M. Bepmale. Pas plus mal que les juges de paix.

M. le garde des sceaux. La Chambre n'a pas accepté le principe de l'incompatibilité entre les fonctions électives et les fonctions de suppléant de justice de paix. Eh bien ! dès lors que le suppléant peut être un maire, un adjoint, un homme politique, il faut, le cas échéant, qu'on puisse le révoquer, sans être obligé au préalable de consulter la commission siégeant au ministère de la justice. (*Mouvements divers.*)

M. le président. Je mets aux voix l'amendement de M. Bertrand.

Il y a deux demandes de scrutin, signées :

La 1re, de MM. Lamendin, Deville, Basly, Chanoz, Krauss, Jaurès, Raymond Leygue, de Pressensé, Aristide Briand, François Fournier, Berteaux, Cadenat, Petitjean, Cardet, Pajot, Debaune, Sarraut, Charonnat, etc.

La 2e, de MM. Bouctot, Beauregard, Proust, Lechevallier, Duquesnel, Jacquey, Audigier, de Boury, Quilbeuf, Prache, Audiffred, Bonnevay, La Chambre, Cornudet, Anthime-Ménard, etc.

Le scrutin est ouvert.

(Les votes sont recueillis. — MM. les secrétaires en font le dépouillement.)

M. le président. Voici le résultat du dépouillement du scrutin :

> Nombre des votants.......... 564
> Majorité absolue.............. 283
>
>   Pour l'adoption....... 219
>   Contre............... 315

La Chambre des députés n'a pas adopté.

Nous arrivons à l'article 23, pour lequel la commission propose un nouveau texte ainsi conçu :

« L'article 61 de la loi du 20 avril 1810 est modifié ainsi qu'il suit :

« Pourront être nommés juges ou juges suppléants dans les tribunaux de première instance, même s'ils n'ont pas suivi le barreau pendant deux ans, les juges de paix pourvus du diplôme de licencié en droit qui auront exercé leurs fonctions pendant deux ans et les juges de paix qui auront exercé leurs fonctions pendant dix ans, s'ils ont le certificat de capacité. »

Cette nouvelle rédaction me paraît donner satisfaction à l'amendement de M. Andrieu.

M. le rapporteur. Parfaitement. La nouvelle rédaction de la commission a précisément pour but de donner satisfaction à cet amendement.

M. le président. Personne ne demande la parole?...

Je mets aux voix l'article 23.

(L'article 23, mis aux voix, est adopté.)

M. le président. Le dernier paragraphe de l'article 23 primitif forme un article 23 *bis*.

« Art. 23 *bis*. — Les anciens juges de paix pourront être nommés juges de paix honoraires, après vingt ans d'exercice comme suppléants ou comme titulaires, ou si des infirmités graves et permanentes leur donnent des droits à une pension de retraite.

« Le titre de juge de paix honoraire sera purement honorifique. »

Il y a, sur cet article, un amendement de M. Clémentel tendant à ajouter après :

« Leur donnent droit à une pension de retraite », les mots :

« ... Les greffiers des tribunaux de paix et de police pourront être nommés greffiers honoraires après vingt années d'exercice.

« Les années d'exercice des juges de paix en qualité de greffiers ou des greffiers en qualité de juges de paix compteront pour le calcul du temps requis pour obtenir l'honorariat.

« Les titres de juge de paix honoraire et de greffier honoraire seront purement honorifiques. »

La parole est à M. Clémentel.

M. Clémentel. La commission et le Gouvernement acceptent, je crois, la première partie de mon amendement. Pour ne pas prolonger le débat, je consens à supprimer le second paragraphe.

Le premier paragraphe, qui constitue la partie essentielle de mon amendement, fixe à vingt ans le temps de service nécessaire pour conférer l'honorariat aux greffiers de paix. Si la Chambre repoussait ma proposition les greffiers de paix seraient les seuls, dans tout le monde judiciaire, à ne pouvoir obtenir l'honorariat qu'après trente années de services. En effet, les notaires, les avoués, et à partir du vote de la loi, les juges de paix pourront y prétendre après vingt ans.

Il s'agit là d'une mesure de justice; j'ai la conviction que M. le garde des sceaux et la commission voudront bien s'y associer en acceptant mon amendement. (*Très bien! très bien!*)

M. le rapporteur. La commission accepte le premier paragraphe de l'amendement de M. Clé-

mentel, sous la réserve que notre collègue renonce au second paragraphe.

M. Clémentel. Parfaitement.

M. le rapporteur. Quant au troisième paragraphe, il faudrait le réserver, car il y a un autre amendement que la commission est disposée à accepter.

M. le président. Alors ces mots « Les greffiers des tribunaux de paix et de police pourront être nommés greffiers honoraires après vingt années d'exercice » prennent place dans la rédaction de la commission?

M. le rapporteur. Parfaitement.

M. le président. Le second paragraphe de l'amendement est retiré.

Le troisième paragraphe de l'amendement de M. Clémentel est ainsi conçu :

« Les titres de juge de paix honoraire et de greffier honoraire seront purement honorifiques. »

M. Simonet, par un amendement, demande la suppression du dernier paragraphe de l'article 23 *bis*:

« Le titre de juge de paix honoraire sera purement honorifique. »

La parole est à M. Simonet.

M. Simonet. Je ne soulève en somme qu'une simple question de forme. L'honorariat ne peut constituer qu'une distinction honorifique ; le dernier membre de phrase de l'article 23 *bis*, en discussion, me paraît alourdir inutilement le texte de la loi ; j'en demande la suppression pure et simple.

M. Julien Goujon. C'est en effet une superfétation.

M. le président. La parole est à M. Clémentel.

M. Clémentel. J'ai proposé ce dernier paragraphe uniquement parce que la commission l'avait elle-même inséré dans son texte et parce que j'ai voulu me rapprocher de ce texte autant que possible. J'ai pensé qu'elle l'avait fait pour bien préciser que l'honorariat ne conférera aucun droit, que ce sera purement une distinction honorifique. Mais je n'y attache pas d'autre importance et si la commission qui, la première, l'avait proposé l'abandonne, je l'abandonne également.

M. le rapporteur. Nous acceptons la suppression de ces mots : « Les titres de juges de paix honoraire et de greffier honoraire seront purement honorifiques » d'autant plus que, s'ils étaient maintenus, on pourrait croire qu'ils abrogent la décision de la chancellerie du 15 juillet 1851 qui décide que les magistrats honoraires — les juges de paix sont du nombre — ont droit au port du costume et à certaines distinctions.

M. Clémentel. Je retire le troisième paragraphe de mon amendement.

M. le président. En conséquence, les mots « Le titre de juge de paix honoraire sera purement honorifique » sont supprimés à la fin de l'article.

Je mets aux voix l'article 23 *bis*, avec l'addition du premier paragraphe de l'amendement de M. Clémentel, qui est accepté par la commission.

(L'article 23 *bis*, ainsi complété, est adopté.)

M. le président. Nous arrivons à un nouvel article proposé par MM. Puech, Marcel Sembat, Aldy et Charles Bos, et qui est ainsi conçu :

« Bénéficieront de plein droit de l'assistance judiciaire devant les justices de paix les justiciables porteurs d'un certificat d'indigence à eux délivré par le maire sur le vu de l'extrait du rôle des contributions ou d'un certificat du percepteur de leur commune portant qu'ils ne sont pas imposés. »

La parole est à M. Puech.

M. Louis Puech. Messieurs, à l'heure actuelle, le bénéfice de l'assistance judiciaire n'existe qu'en théorie devant les juridictions de paix. En pratique, en fait, devant les juges de paix, l'assistance judiciaire n'existe pas. (*C'est vrai! — Très bien!*) En effet, quand il s'agit d'affaires portées devant le juge de paix, le plaideur, surtout le défendeur qui veut l'assistance, est obligé de transmettre sa demande au procureur de la République qui la transmet lui-même au bureau de l'assistance judiciaire, lequel informe, puis délibère, puis transmet sa délibération.

Cela dure des mois, plus de temps qu'il ne faut pour juger l'affaire. Ainsi il est bien incontestable qu'à Paris, à cause de l'encombrement des affaires, et qu'en province, parce que le bureau d'assistance judiciaire est au chef-lieu de l'arrondissement, c'est-à-dire, partout en France, le bénéfice de l'assistance judiciaire n'existe pas, en fait, à l'heure actuelle, devant les juridictions de paix. Eh bien ! nous avons voulu par notre amendement créer un état de fait absolument contraire, et nous avons dit en termes absolus que l'assistance judiciaire devant les juridictions de paix appartiendrait de plein droit, sans l'intermédiaire des bureaux, à tout plaideur, quel qu'il fût, demandeur ou défendeur, qui se présenterait porteur d'un certificat d'indigence délivré par le maire. (*Très bien ! très bien ! sur divers bancs.*)

Y aurait-il de gros inconvénients à accepter cet amendement dans les termes absolus où il est présenté ? C'est possible. Nous-mêmes, qui en sommes les auteurs, nous nous inclinons devant certaines objections très sérieuses qui nous ont été faites par M. le garde des sceaux. On nous a fait observer notamment qu'il n'y aurait plus de frein aux petits procès, que les gens saisissent la juridiction des juges de paix pour n'importe quel motif puisqu'ils pourraient le faire sans frais, et que le certificat exigé par nous serait souvent donné par complaisance.

Il y a là une part de vérité. Nous l'avions tout d'abord senti nous-mêmes. Comme d'autre part nous ne voulons pas retarder le vote de la loi, voici ce que je propose au nom de mes collègues signataires de l'amendement et en mon nom : Si M. le garde des sceaux veut bien reconnaître qu'en fait la situation est bien celle que nous indiquons, à savoir, d'une part, qu'il n'y a à proprement parler à l'heure actuelle d'assistance judiciaire devant la juridiction de paix, et d'autre part qu'il est indispensable de remédier à cet état de choses à très brève échéance et d'assurer à ces justiciables, qui sont les plus intéressants parce qu'ils sont les plus malheureux, des moyens efficaces d'obtenir l'assistance judiciaire, si, dis-je, M. le garde des sceaux veut bien reconnaître cette situation et cette nécessité et prendre l'engagement — il sait dans quel sens je prononce ce mot, qui dans ma bouche n'a rien de blessant — de faire sien, par exemple, le projet Million sur la réorganisation de l'assistance judiciaire devant les tribunaux de paix, et de le présenter à très brève échéance devant la Chambre, de façon que nous puissions le voter à très bref délai, nous retirerons notre amendement. Mais nous ne le retirerons qu'à la condition que je viens d'indiquer, car notre amendement est, en principe, tellement juste que la Chambre, j'en suis persuadé, le voterait si nous le maintenions. (*Très bien ! très bien !*)

M. Henry Bagnol. Je demande la parole.

M. le président. La parole est à M. Bagnol.

M. Henry Bagnol. Nous sommes d'autant mieux d'accord avec notre honorable collègue M. Puech que nous avons l'intention de demander d'étendre le bénéfice de l'assistance judiciaire aux ouvriers plaidant devant les conseils de prud'hommes ou même devant les tribunaux de commerce, car ils sont obligés quelquefois de faire des frais considérables qui sont tout à fait en disproportion avec leurs ressources. (*Très bien ! très bien !*)

M. le président. La parole est à M. le garde des sceaux.

M. le garde des sceaux. Depuis que la loi sur l'extension de la compétence des juges de paix est à l'ordre du jour, il a toujours été entendu qu'elle devait être suivie d'une loi sur l'organisation de l'assistance judiciaire devant les justices de paix. En 1895, la proposition de loi de M. Million fut suivie immédiatement d'une autre proposition du même auteur tendant à organiser l'assistance judiciaire.

La proposition de loi est toujours là ; le Gouvernement est tout disposé à l'étudier, à la dégager des formalités un peu encombrantes qu'elle contient et à apporter très prochainement à la Chambre un projet de loi extrêmement simple qui, j'espère, donnera satisfaction à tout le monde. (*Très bien ! très bien !*)

M. Louis Puech. Devant l'assurance de M. le

garde des sceaux qu'il reprendra à une date très prochaine la proposition de loi de M. Million après l'avoir demandée, nous retirons notre amendement.

M. Maurice Binder. Quand un projet de loi sera-t-il déposé ?

M. le rapporteur. La commission de la réforme judiciaire me charge de dire à la Chambre qu'elle prend l'engagement de rapporter ce projet dès qu'il lui sera soumis.

M. Maurice Binder. Mais dans quel délai ?

M. le rapporteur. Nous ferons tout notre possible pour aller vite.

M. le président. L'amendement est retiré. Nous passons à l'article 24.

« Art. — 24. — A Paris, le traitement des juges de paix est maintenu à 8,000 francs, en outre de 1,500 francs, qu'ils reçoivent par an à titre d'indemnité pour un secrétaire.

« Les juges de paix en résidence dans les autres cantons recevront :

« 1° Dans les villes dont la population atteint 80,000 habitants, à Versailles et dans les cantons du département de la Seine, 5,000 francs ;

« 2° Dans les villes dont la population atteint 20,000 habitants et à Chambéry, 3,500 francs ;

« 3° Dans les chefs-lieux judiciaires ou administratifs dont la population est inférieure à 20,000 habitants, ainsi que dans les cantons dont la population totale dépasse 20,000 habitants, 2,800 francs.

« 4° Dans les autres cantons, 2,500 francs. »

Il y a plusieurs amendements sur cet article.

Je donne lecture tout d'abord de l'amendement de MM. Rudelle, Henry Ferrette et de Benoist, qui est ainsi conçu :

« Rédiger ainsi cet article :

« Les juges de paix sont répartis en quatre classes :

« La 4° classe de début comporte un traitement annuel de 2,400 francs ;

« La 3° comporte un traitement annuel de 2,800 francs ;

« La 2° comporte un traitement annuel de 3,600 francs ;

« La 1re comporte un traitement annuel de 5,400 francs.

« Ils sont promus au choix et sur place par décrets rendus sur la proposition du ministre de la justice, qui, toutefois, est autorisé à faire telles permutations qu'il jugera convenable et quand elles lui seront imposées par les besoins du service.

« Les juges de paix passent de droit dans la 3° classe au bout de cinq ans de services ; ils ne peuvent être nommés au choix dans cette 3° classe qu'au bout de trois ans de services dans la quatrième.

« Les juges de paix des troisième, deuxième et première classes ne peuvent être nommés au choix dans une classe supérieure qu'au bout de cinq ans de services dans chaque classe. Ils passent de droit dans la classe immédiatement supérieure au bout de dix ans de services dans chaque classe suivant la 4° classe.

« A Paris, en sus de leur traitement, les juges de paix reçoivent 1,500 francs par an pour leur secrétaire et 1,500 francs en plus à titre d'indemnité de résidence, soit une indemnité totale de 3,000 francs par an.

« Dans les villes dont la population atteint 80,000 habitants, à Nice, à Versailles, dans les cantons du département de la Seine et dans les cantons de Seine-et-Oise limitrophes du département de la Seine, les juges de paix reçoivent une indemnité de résidence de 1,000 francs par an en sus de leur traitement.

« Dans les villes dont la population atteint 20,000 habitants, à Chambéry, dans tous les cantons du département de Seine-et-Oise non limitrophes du département de la Seine et dans les seuls cantons des autres départements dont la population totale dépasse 25,000 habitants, les juges de paix reçoivent une indemnité de résidence de 600 francs par an, en sus de leur traitement.

« Toutefois cette indemnité de résidence ne pourra se confondre avec aucune autre indemnité d'aucune sorte et sera supprimée en cas d'allocations payées par les communes aux juges de paix.

« Il ne pourra être apporté de modifications aux dispositions précédentes que par une loi. »

M. Henry Ferrette. Je demande la parole.

M. le président. La parole est à M. Ferrette.

M. Henry Ferrette. Je voudrais expliquer en quelques mots le sens de l'amendement que M. Rudelle. M. de Benoist et moi avons déposé sur l'article 24. Je crois — et je suis certain que la Chambre tout entière sera de mon avis — je crois que la commission n'a pas suffisamment tenu compte dans son projet des protestations que l'on a si souvent formulé contre l'avancement arbitraire des fonctionnaires.

En réalité, le texte de la commission ne fait que reproduire les anciens errements.

Au centre. Elle les aggrave !

M. Henry Ferrette. En effet, elle les aggrave.

La commission propose dans son article 24 de décider ce qui suit :

« A Paris, le traitement des juges de paix est maintenu à 8,000 francs, en outre de 1,500 francs qu'ils reçoivent par an à titre d'indemnité pour un secrétaire.

« Les juges de paix en résidence dans les autres cantons recevront :

« 1° Dans les villes dont la population atteint 80,000 habitants, à Versailles et dans les cantons du département de la Seine, 5,000 francs.

« 2° Dans les villes dont la population atteint 20,000 habitants et à Chambéry, 3,500 francs ;

« 3° Dans les chefs-lieux judiciaires ou administratifs dont la population est inférieure à 20,000 habitants, ainsi que dans les cantons dont la population totale dépasse 20,000 habitants, 2.800 francs.

« 4° Dans les autres cantons, 2,500 francs. »

Que résulte-t-il de cet article, qui ne modifie pas l'ancien état de choses et qui introduit simplement quelques améliorations dans le taux des traitements ?

C'est qu'un juge de paix qui aura toute la compétence nécessaire, qui offrira toutes les garanties d'indépendance et d'intelligence pourra rester toute sa vie dans une justice de paix de dernière classe, soit qu'il n'ait pas suffisamment de protection, soit que, pour des raisons personnelles, il ne veuille pas changer de poste.

M. Louis Hémon. J'ai déposé un amendement sur ce point.

M. Henry Ferrette. Je m'en félicite, monsieur Hémon. L'appui que vous nous donnerez nous fera triompher.

Vous comprenez, messieurs, que cet état de choses est lamentable ; nous avons tous déploré que non seulement chez les juges de paix, mais qu'aussi chez les magistrats du second degré, parmi les juges de première instance, des hommes très distingués resteraient pendant toute leur vie dans un tribunal de 3° classe, aux appointements de 3,000 francs.

Ce que nous demandons, M. Rudelle et moi, à la Chambre, c'est d'adopter un nouvel article qui substitue à l'arbitraire et au favoritisme les considérations plus élevées du mérite, de l'ancienneté, de la cherté de la vie dans certaines villes importantes.

Les juges de paix, dans notre système, seraient nommés au début dans les postes de la dernière classe au traitement de 2,400 francs ; lorsqu'ils y auraient passé un certain temps, ils pourraient avancer, soit au choix, soit à l'ancienneté, soit en restant sur place, soit en changeant de résidence.

Cette innovation peut paraître hardie ; vous conviendrez que la répartition du traitement des juges de paix eu égard seulement au nombre d'habitants du canton ou de la ville qu'ils habitent est assez arbitraire. La cherté de la vie ne diffère pas beaucoup entre des cantons de 18,000 habitants et des cantons de 25,000 habitants.

C'est ce qu'on déjà considéré les ministres de l'instruction publique et de l'intérieur qui ont pris, ces années précédentes, des dispositions réglementaires qui ressemblent beaucoup à celles que je voudrais voir adopter par la Chambre.

Pour les préfets, sous-préfets, secrétaires généraux, conseillers de préfecture...

M. Perroche. Et pour les instituteurs.

M. Henry Ferrette... et pour les instituteurs, comme le fait observer mon collègue M. Perroche, pour tous ces fonctionnaires on a substitué à l'avancement par changement de résidence l'avancement sur place au choix ou à l'ancienneté et aussi pour les professeurs de lycées, de collèges, proviseurs et censeurs.

Et n'est-ce pas préférable, dans l'intérêt de tous ? Le magistrat, le juge de paix qui s'est consacré à ses fonctions avec beaucoup de loyauté, de talent et de dévouement peut être attaché à sa résidence par des amitiés ou des relations de famille ou par le souci de ne pas s'imposer des frais coûteux de déménagement ; il sera obligé de renoncer à tout avancement, tel que cet avancement est organisé par votre projet. Et, au contraire, n'est-ce pas la plus belle récompense qu'on puisse donner, l'acte le plus démocratique qu'on puisse faire, que lui accorder son avancement sur place au choix ou à l'ancienneté ?

Je tiens à dire d'ailleurs, pour tranquilliser ceux de nos collègues qui n'auraient pas lu notre amendement que nous ne tenons d'une façon absolue ni à la durée du stage, ni au chiffre du traitement que nous avons indiqué dans notre texte. (*Très bien ! très bien !*) Si la commission se rangeait à l'opinion qui me parait celle de la Chambre tout entière — car je vois des signes d'approbation aussi bien sur les bancs de l'extrême gauche que sur les bancs du centre et de la droite — si la commission, dis-je, voulait bien adopter ce principe de l'avancement sur place, de l'avancement au choix et de l'avancement automatique j'accepterais qu'elle voulût bien nous faire des propositions nouvelles en tenant compte des considérations budgétaires. (*Très bien ! très bien ! sur divers bancs.*)

M. le président. La parole est à M. le rapporteur.

M. le rapporteur. Il ne semble pas que l'idée très intéressante de notre collègue M. Ferrette puisse être adoptée par la commission. Elle aurait, au point de vue financier, des conséquences sérieuses ; elle aurait en outre le désavantage de surexciter le goût assez naturel du Français pour toute sorte d'avancement.

Voici ce que nous avons voulu faire.

Nous nous trouvions en présence de neufs classes de juges de paix : les plus nombreux d'entre eux — ils sont 3,000 en France — se trouvent dans la 9° classe ; leur traitement est de 1,800 francs, c'est-à-dire 1,710 francs avec la retenue, soit moins de 5 francs par jour. C'est là la classe dont la situation précaire nous a particulièrement émus. Nous avons voulu restreindre le nombre de classes, le faire passer de neuf à cinq et donner aux juges de paix du rang le plus modeste — c'est ce qui nous a préoccupés surtout — un traitement sortable qui permette à ces magistrats de vivre et de ne pas souffrir ce que l'un d'eux appelle, dans une lettre que j'ai reçue et qui est véritablement émouvante, « la misère en redingote. »(*Très bien ! très bien !*)

Nous avons donc établi cinq classes, au lieu de neuf : dans la dernière, les juges de paix sont pourvus d'un traitement de 2,500 francs ; viennent ensuite, la 3° classe avec 2,800 francs ; la 2°, avec 3,500 francs ; la 1°, avec 5,000 francs, et Paris avec le traitement de 8,000 francs.

Nous ne croyons pas qu'il soit utile de compliquer cette hiérarchie pour faire naître et pour multiplier des espérances nouvelles. Il y a dans les nouvelles catégories de traitements de quoi satisfaire les ambitions légitimes. Je crois de plus en plus qu'il faut faire au juge de paix un sort convenable, qu'il faut l'attacher à sa fonction dans le lieu où il l'exerce avec une rétribution convenable et faire en sorte que sa véritable satisfaction soit dans le sentiment de sa dignité, la conscience qu'il a du respect qu'il inspire et non dans l'espoir d'avancer. (*Très bien ! très bien ! à gauche.*)

M. le président. La parole est à M. Hémon.

M. Louis Hémon. Les explications dans lesquelles vient d'entrer l'honorable M. Ferrette m'amènent à m'expliquer moi-même plus tôt que je ne pensais sur un amendement que j'ai déposé et que j'avais conçu comme comme une addition à l'article 24, qui est en discussion. Je me hâte d'indiquer la portée que je lui attribue: je voudrais qu'il fut permis à un magistrat cantonal, si telle est son idée, de prolonger son séjour dans un canton ou même d'y accomplir sa carrière tout entière sans abdiquer pour cela ses droits à une amélioration matérielle de situation.

A Dieu ne plaise que je veuille, comme semble m'en accuser M. le rapporteur, développer le goût de l'avancement dans l'une de nos administrations françaises, où il est déjà bien assez développé ! Le goût de l'avancement existera toujours, quoi qu'on fasse. Ce que j'envisage dans cette question, ce n'est pas l'intérêt des magistrats, c'est celui des cantons. (*Très bien! très bien au centre et sur divers bancs.*)

Tous, messieurs, dans les cantons que vous représentez, vous avez pu, à maintes reprises, vous convaincre combien la durée du séjour dans la même résidence est, pour un magistrat, une condition précieuse de compétence et d'autorité. (*Très bien! très bien!*)

C'est une condition de compétence; car la compétence d'un magistrat cantonal ne se compose pas seulement de je ne sais quels papiers, diplômes ou certificats professionnels, tendant à établir son savoir en droit; elle est fondée sur des assises plus solides, sur la connaissance exacte du pays où il vit, de son esprit, de ses mœurs locales, et permettez-moi d'ajouter — en recommandant ceci à votre attention — sur la connaissance approfondie de ces usages locaux qui tiennent à peu près autant de place que le code civil dans les sentences des juges de paix. (*Applaudissements.*)

Quand un juge de paix en est arrivé à avoir l'expérience de tout cela, il est bien près d'être un juge de paix accompli.

C'est à ce moment que la loi future dit à ce juge de paix qui a le goût de l'avancement — car dans une hiérarchie on est forcé de l'avoir — qui a en même temps des titres, un passé qui le recommandent pour l'avancement : « Si tu veux obtenir satisfaction, il faut que tu quittes ta résidence pous te faire nommer ailleurs ! »

Qu'arrive-t-il ? Il y a double préjudice; d'abord pour le canton qui perd un juge de paix expérimenté; ensuite pour l'autre canton où ce juge de paix va être contraint de recommencer un autre apprentissage local. (*Applaudissements.*)

Voilà comment le goût de l'avancement, que vous ne supprimerez pas, parce qu'il est inhérent à la nature humaine, produit, dans l'organisation actuelle, les plus fâcheux effets. Ne convient-il pas d'y mettre ordre, en décidant que le magistrat peut attendre l'avancement sur place, au lieu d'être obligé de courir après lui?

M. le rapporteur témoignait, il y a un instant, quelque appréhension que la réforme n'entraînât de dangereuses conséquences au point de vue financier.

Peut-être pouvait-il faire d'une façon plausible cette réponse à l'honorable M. Ferrette, qui n'avait peut-être pas assez précisé les conditions dans lesquelles il demandait l'avancement sur place. Quant à moi, j'ai bien pris soin de préciser, et voici le texte de mon amendement :

« Après sept années passées dans la même résidence, les juges de paix compris dans les deux dernières catégories... » Pas dans les autres qui ne me semblent pas avoir besoin de cette amélioration...

M. Louis Puech. Qu'entendez-vous par « les deux dernières ? » Est-ce les deux supérieures ou les deux inférieures ?

M. Louis Hémon. Les deux inférieures. Vous ne m'auriez pas fait cette objection, si vous aviez considéré quelle est la place que doit prendre cet amendement dans le texte futur. C'est un article 24 *bis* qui vient à la suite des derniers mots de l'article 24 énonçant les catégories à établir dans les justices de paix.

Les deux dernières de ces catégories, ce sont les 3ᵉ et 4ᵉ classes aux traitements de 2,800 francs et de 3,500 francs. Donc, quand je dis qu'après sept années passées dans la même justice de paix, un juge de dernière classe peut être élevé au traitement supérieur, il s'agit du passage du juge de paix de 2,500 francs à 2,800 francs et du juge de paix de 2,800 francs à 3,500 francs. L'amendement

ne va pas plus loin, parce que je crois que dans les catégories supérieures il n'est pas besoin de ces traitements supplémentaires pour grossir le traitement principal qui est suffisant.

Telle est l'économie de mon amendement; il répond, je crois, à une idée juste et d'exécution facile. Car ce n'est pas sérieusement, je pense, que M. le rapporteur affectait tout à l'heure de s'inquiéter des conséquences financières de la proposition en discussion. Je n'imagine pas bien comment quelques dizaines de juges de paix venant demander un avancement de 300 francs après sept années de services pourraient compromettre l'équilibre du budget national.

Rien n'empêche donc que vous adoptiez un principe que vous approuvez tous, j'en suis sûr, dans votre for intérieur. Un juge de paix rendra d'autant plus de services qu'il les rendra dans la résidence de son choix; ce sera véritablement alors *the right man in the right place,* et vous pourrez vous dire que vous aurez réalisé en beaucoup d'endroits cette situation judiciaire heureuse entre toutes : un canton qui convient à son juge de paix et un juge de paix qui convient à son canton. (*Applaudissements.*)

M. le président. La parole est à M. Rudelle.

M. Rudelle. Après les explications de notre collègue M. Hémon et étant donnée l'adhésion qu'il apporte aux idées que j'ai émises dans mon amendement, je le retire pour me rallier au texte de M. Hémon que je trouve beaucoup plus clair que le mien et plus pratique au point de vue des résultat que je désire obtenir. (*Très bien ! très bien!*)

M. le président. Je mets aux voix le premier paragraphe de l'article 24 :

« A Paris, le traitement des juges de paix est maintenu à 8,000 francs, en outre de 1,500 francs qu'ils reçoivent par an à titre d'indemnité pour un secrétaire. »

M. le rapporteur. Je signale une erreur matérielle. La rédaction « ...en outre de 1,500 francs... » constitue une faute de français. La commission propose le texte suivant :

« A Paris, le traitement des juges de paix est maintenu à 8,000 francs ; ils recevront en outre 1,500 francs par an à titre d'indemnité pour un secrétaire. »

M. le président. Personne ne demande la parole?

Je mets aux voix ce texte, tel que M. le rapporteur vient de le lire.

(Ce texte, mis aux voix est adopté.)

M. le président. Nous passons au paragraphe suivant :

« Les juges de paix en résidence dans les autres cantons recevront :

« 1º Dans les villes dont la population atteint 80,000 habitants, à Versailles et dans les cantons du département de la Seine, 5,000 francs. »

La parole est à M. le rapporteur.

M. le rapporteur. Je prie la Chambre de bien vouloir retenir l'observation que je dois produire ici. L'article 24 est ainsi conçu :

« Les juges de paix en résidence dans les autres cantons recevront :

« 1º Dans les villes dont la population atteint 80,000 habitants, à Versailles et dans les cantons du département de la Seine, 5,000 francs. »

Nous avons rédigé ce texte au moment où dans les cantons du département de la Seine il n'y avait que huit juges de paix et où, par conséquent, la population était tellement considérable qu'une situation spéciale devait être faite à ces juges de paix ; mais nous avons du modifier notre texte à la suite de l'adoption de l'amendement de M. Veber portant qu'il y aurait désormais vingt et un juges de paix, soit un juge de paix par chaque canton.

Comme le chiffre de la population se trouve ainsi diminué dans chacun de ces cantons, la commission, d'accord avec le Gouvernement, a estimé que les cantons du département de la Seine devaient rentrer dans la règle générale et nous vous proposons en conséquence la rédaction suivante :

« Dans les villes dont la population atteint 80,000 habitants, et à Versailles. »

M. Adrien Veber. Je demande la parole.

M. le président. La parole est à M. Veber.

M. Adrien Veber. Je demande le rétablissement du texte primitif de la commission, car je ne comprendrais pas que la Chambre portât préjudice à des personnes alors qu'elle entend faire une réforme générale.

Aujourd'hui, en effet, les juges de paix de la banlieue touchent, à cause des audiences foraines, qui leur sont payées en supplément, presque autant et quelquefois plus que les juges de paix de Paris. Je citerai notamment le juge de paix de Neuilly dont les appointements globaux s'élèvent à environ 9,500 francs, somme représentant le traitement d'un juge de paix de Paris.

Si vous adoptiez le texte modifié que la commission vous propose, le résultat serait de diminuer de plus de moitié le traitement actuel de ces juges de paix.

M. le rapporteur. Cela correspond à une diminution de travail.

M. Adrien Veber. Soit, mais alors dans quelques années vous seriez obligés d'augmenter à nouveau leurs traitements parce que loin de diminuer, leur travail va aller en croissant à cause du développement progressif de la population et de l'industrie. Au surplus, même aujourd'hui, l'augmentation de travail résultant de l'augmentation de la compétence sera égale, sinon supérieure à la diminution de travail qui sera la conséquence de la division de leurs cantons.

J'ajoute que je ne comprends pas l'exception que vous faites en faveur de Versailles dont la population n'atteint pas 80,000 habitants. Si vous maintenez les justices de paix de cette ville au nombre de celles qui recevront l'indemnité de 5,000 francs, vous devez également y maintenir les communes suburbaines de la Seine; car il n'y a aucune raison d'accorder un traitement de faveur aux juges de paix de Versailles et de le refuser à celui de Neuilly, d'Asnières ou de Charenton.

Il y a d'autant moins de raisons de le faire que la vie est au moins aussi chère dans la banlieue parisienne qu'à Paris même. Il est, en effet, de notoriété publique que les denrées alimentaires coûtent davantage dans la banlieue qu'à Paris, et qu'il y a une tendance à l'égalisation des prix du logement.

Chacun sait que l'on vend aux Halles les denrées alimentaires meilleur marché qu'on ne les vend dans les petites communes de la banlieue. Si on accorde les traitements supérieurs à Paris et à Versailles, il n'y a aucune raison pour ne pas les accorder aux juges de paix de la banlieue parisienne.

Les raisons d'avancement peuvent également être invoquées. N'est-il pas intéressant pour tous les députés de la province de maintenir comme postes réels d'avancement les justices de paix des cantons de la Seine ?

Il ne serait donc pas juste que vous rameniez au chiffre de 3,500 francs le traitement des juges de paix de la banlieue qui deviendrait ainsi égal à celui des juges de paix qui habitent une ville de province de 20,000 habitants. Personne ne pourrait soutenir raisonnablement que dans une ville de 20,000 habitants la vie ne coûte pas meilleur marché qu'à Saint-Denis, Neuilly ou Charenton.

J'ajoute qu'il est une autre raison pour laquelle il ne serait pas logique de ramener le traitement à ce chiffre de 3,500 francs, c'est que les juges de paix de la banlieue touchent actuellement 3,600 franc. Non seulement donc vous ne supprimeriez les indemnités qu'ils reçoivent pour leurs audiences foraines, indemnités qui ne constituent peut-être pas au sens strict des droits acquis, mais encore vous amoindririez le traitement consolidé. Pourquoi toucheriez-vous au traitement qui leur a été reconnu par l'Etat et qui a toujours été de 3,600 francs ? Je crois qu'après ces explications la Chambre voudra bien maintenir les cantons du département de la Seine sur le même pied que ceux des villes de 80,000 habitants. ((*Très bien ! très bien ! à gauche.*)

Il n'y a, je l'ai démontré, aucune raison pour que les juges de paix de la banlieue ne touchent pas autant que les juges de paix de Versailles, alors surtout qu'ils ont plus de travail que ces derniers, puisque l'industrie est beaucoup plus développée dans la banlieue qu'à Versailles (*Très bien ! très bien ! à l'extrême gauche.*)

Je demande à la Chambre d'accepter mon amendement, c'est-à-dire de rétablir le texte primitif de la commission. (*Très bien ! très bien ! sur divers bancs.*)

M. le président. La parole est à M. le rapporteur.

M. le rapporteur. Messieurs, la commission ne méconnaît nullement la valeur des raisons que vient d'exposer notre honorable collègue M. Veber. Il y a, c'est exact, des droits acquis et qui méritent dans une large mesure d'être respectés. Mais, d'autre part, nous avons l'obligation de vous faire connaître exactement la situation et de vous en montrer les conséquences au point de vue financier.

Actuellement, les huit cantons du département de la Seine comprennent huit juges de paix qui touchent chacun 3,600 francs de traitement. Il est vrai qu'ils reçoivent en réalité des traitements supérieurs. Mais pourquoi ? Parce qu'ils ont un surcroît tout particulier de travail à accomplir. Ils sont, en effet, obligés d'aller tenir des audiences foraines dans les différents cantons où il n'y a pas de justices de paix. Pour cette tâche supplémentaire, ils touchent des indemnités particulières qui peuvent élever leur traitement à 8,000 ou 9,000 francs.

Avec la nouvelle loi, ils n'iront plus tenir ces audiences foraines et, par conséquent, ils n'auront plus que leur traitement fixe qui sera de 3,500 francs ou 2,800 francs, c'est-à-dire qu'ils perdront 100 ou 800 francs. (*Réclamations sur divers bancs.*)

Je parle des huit cantons existant actuellement et non des treize qui seront créés plus tard.

Je pense, dans ces conditions, être d'accord en fait avec l'honorable M. Veber.

La Chambre voudra-t-elle tenir compte des droits acquis qui sont certainement lésés ? Alors il y aura peut-être une ventilation à faire ; il faudra réserver les droits des huit juges de paix actuellement en fonctions et qui ont pu légitimement compter sur une situation meilleure. Mais pour les treize juges de paix à nommer dans l'avenir; la Chambre dira s'il convient de faire en leur faveur un sacrifice financier.

M. Adrien Veber. Alors supprimez Versailles de votre énumération.

M. le rapporteur. Je vais m'expliquer sur ce point, mon cher collègue; permettez-moi d'achever mon raisonnement, je ne vous combats pas, je tâche d'expliquer nettement la situation.

Il y aura du fait des nouvelles créations un surcroît de dépenses. Faut-il aller plus loin ? Sur ce point je vais dire quel est l'avis de la commission. La commission est obligée de demander au gouvernement ce qu'il pense de cette situation et de s'en rapporter à lui.

Quant à Versailles, le projet actuel, comme les projets antérieurs, a tenu compte de sa situation particulière, de la cherté de la vie dans cette ville. Il n'y a point là de question de principe et nous acceptons par avance la décision de l'Assemblée.

M. le président. La parole est à M. le garde des sceaux.

M. le garde des sceaux. Je tiens à faire observer à la Chambre que la population, dans les cantons du département de la Seine, est extrêmement dense. Elle varie entre 30,000 habitants — canton de Nogent-sur-Marne, et 60,000 habitants — canton de Saint-Denis — en général, elle est de 45, 50 et 55,000 habitants.

Or, il est à remarquer que dans une ville de plus de 80,000 habitants et où plusieurs cantons existent sans être réunis sous la juridiction d'un seul juge de paix, chacun de ces cantons ne dépasse pas 50,000 habitants.

Et puisqu'on donne 5,000 francs aux juges de paix de ces villes de 80,000 âmes, qui n'auront pas plus de 50,000 habitants sous leur juridiction, il n'y a pas de raison pour les refuser aux magistrats des cantons du département de la Seine, tout aussi populeux.

D'autre part, les juges de paix de Versailles — ils sont trois — qui touchent 5,000 francs ont respectivement un ressort de 29,000, de 16,000 et de 27,674 habitants.

Et là encore la population des cantons de la Seine subit avantageusement la comparaison. Si, par conséquent, vous donnez 5,000 francs aux juges de paix de Versailles, à moins que la Chambre ne se laisse arrêter par des considérations budgétaires — ce qui est son droit — il semble bien naturel d'octroyer le même traitement aux magistrats des cantons de la Seine dont le ressort sera souvent plus important. (*Très bien! très bien!*)

M. Adrien Veber. Je me rallie à l'avis du Gouvernement. (*On rit.*)

M. le rapporteur. Nous ne doutons pas que notre collègue ne se rallie à l'avis du Gouvernement puisque cet avis lui est favorable. La commission, de son côté, l'accepte.

Le texte serait alors ainsi modifié : « Dans les villes où la population atteint 80,000 habitants, à Versailles et dans les cantons du département de la Seine, 5,000 francs. »

C'est le rétablissement de l'ancien texte.

M. le président. MM. Cazeneuve, Krauss et Brunard proposent de porter ce traitement à 6,000 francs à Lyon et à Marseille.

M. Maurice Berteaux. Il me semble que nous pourrions régler, dès maintenant, par un vote de principe, la question du traitement des juges de paix de la Seine.

Les différentes propositions dont nous sommes saisis, si on ne les sériait pas, risqueraient d'aboutir à une certaine confusion où la Chambre aurait quelque peine à se reconnaître. (*Rires et interruptions.*)

Oui, messieurs, il y a sur cette question des traitements un enchevêtrement d'amendement qui rendra assez difficiles les votes que la Chambre aura à émettre.

Le principe du traitement de 5,000 francs qui vient d'être posé pour les juges de paix de la Seine et qui a l'acquiescement du ministre pourrait être dès maintenant adopté par la Chambre si M. le président veut bien le mettre aux voix. (*Très bien! très bien!*)

M. Adrien Veber. Je demande que la Chambre décide en principe de classer dans la première classe les justices de paix des villes dont la population est de 80,000 habitants, celles de Versailles et celles des cantons du département de la Seine.

M. Julien Goujon. Pourquoi les cantons du département de la Seine ?

M. le garde des sceaux. A cause de l'importance de la population.

M. Julien Goujon. La ville d'Elbeuf est une petite ville et cependant les cantons sont très populeux.

M. le président. La commission et le Gouvernement sont d'accord sur ce texte :

« Les juges de paix en résidence dans les autres cantons recevront :

« 1° Dans les villes dont la population atteint 80,000 habitants, à Versailles et dans les cantons du département de la Seine... »?

M. le rapporteur. Oui, monsieur le président.

M. le président. Je mets ce texte aux voix.

(Ce texte, mis aux voix, est adopté.)

M. le président. Nous arrivons à un amendement de M. Bertaux. Quoi qu'il en dise, une rédaction de M. Berteaux ne pourra pas rendre la discussion confuse.

M. Maurice Berteaux. Plus maintenant ; je vous remercie, monsieur le président.

M. le président. La parole est à M. Cazeneuve pour développer son amendement.

M. Cazeneuve. La décision que vient de prendre la Chambre m'amène à modifier légèrement mon amendement. La question des cantons de la banlieue de la Seine est tranchée. Je demande que l'on porte de 5,000 à 6,000 francs le traitement des juges de paix des villes dont la population dépasse 80,000 habitants...

M. Louis Puech. Notamment de Lyon.

M. Cazeneuve. Il y a dix-huit villes dans ce cas.

M. le rapporteur. Vous savez que l'amendement entraînera une augmentation de dépenses de 80,000 francs.

M. Cazeneuve. C'est justement parce que c'est une question budgétaire très importante que je réclame toute la bienveillante attention de la Chambre, les arguments que je vais apporter ayant un certain poids.

La loi du 21 juin 1845, qui n'est pas abrogée que je sache, a créé aux juges de paix une situation toue particulière : elle a supprimé tous les avantages accessoires dont ils jouissaient, les droits de vacation, par exemple. Dans son article 1er, elle dispose en effet :

« Les droits et vacations accordés aux juges de paix sont supprimés ; il ne leur sera alloué d'indemnité de transport que quand ils se rendront à plus de 5 kilomètres du chef-lieu de canton. »

Et l'article 2, — c'est là que j'appelle l'attention de la Chambre, — dispose :

« Dans les villes où siègent les tribunaux de première instance, le traitement des juges de paix sera le même que celui des juges de ces tribunaux.»

Or, je ne demande pas autre chose que cette assimilation, admise dans tous les projets de loi sur les justices de paix qui se sont succédé, dans le projet de M. Cazot, dans le projet de M. Goblet, dans le projet de Martin-Feuillée.

Ce traitement de 6,000 francs a toujours été accordé, dans tous les projets, aux juges de paix de 1re classe, ils ont toujours été assimilés aux juges de première instance.

En 1883, l'insuffisance des traitements des juges de première instance apparaissait telle aux yeux de tous, que la loi concernant le traitement de ces juges a augmenté leur traitement, qui a été porté à 6,000 francs.

L'article 9 de la loi du 21 août 1883 sur le traitement des juges de première instance disposait : « Les traitements des juges de paix et des greffiers près les tribunaux de commerce demeurent, jusqu'à ce qu'il en ait été ordonné autrement, fixés au chiffre auquel ils s'élèvent actuellement. »

La loi de 1845 n'était pas abrogée, elle était simplement suspendue. La preuve, c'est que dans la séance du 29 mai mai 1883, notre ancien collègue, M. Lelièvre, parlant de l'assimilation que je propose et de l'élévation du traitement des juges de paix, disait : « Il y a un ajournement, mais non pas mauvaise volonté. »

Lorsque M. Ferdinand Dreyfus, rapporteur de la loi Martin-Feuillée, présentait son projet, il acceptait cette assimilation et proposait de fixer à 6,000 francs le traitement des juges de paix.

Dix-neuf ans se passent. Vient le projet de l'honorable M. Cruppi. Il n'est plus question de cette assimilation, les juges de paix restent au traitement de 5,000 francs absolument comme il y a quarante ans. Je me demande si c'est équitable. Que s'est-il en effet passé depuis quarante ans ?

M. Cruppi le dit tout au long dans son rapport ; il montre que la pièce de cent sous ne vaut plus aujourd'hui ce qu'elle valait il y a quarante ans, il nous montre la cherté de la vie toujours croissante, et on peut ajouter que précisément dans les villes que je cite la population a considérablement augmenté, les cantons sont beaucoup plus populeux.

Est-ce simplement la loi actuelle qui augmente la compétence et la besogne des juges de paix ? N'oublions pas que depuis vingt ans nous avons voté des lois ouvrières qui donnent à ces magistrats une compétence au moins aussi étendue que celle que leur confère la loi actuelle. Ne savez-vous pas que précisément dans les dix-huit villes dont je peux citer les noms, la loi sur les accidents absorbe les juges de paix plusieurs jours par semaine et les amène à des appréciations souvent longuement mûries, toujours délicates à formuler ?

La loi sur la saisie-arrêt des salaires des ouvriers, votée en 1895, ne donne-t-elle pas aux juges de paix une responsabilité et une besogne considérable ?

Je ne parle pas des autres lois relatives à la déchéance de la puissance paternelle...

M. le garde des sceaux. On les augmente tous, les juges de paix.

M. Cazeneuve. Vous n'augmentez pas ces juges de paix, permettez-moi de vous le dire, et c'est précisément ce dont je me plains. La loi de 1845 n'est pas abrogée, or l'assimilation que je réclame a été votée il y a cinquante ans.

Du moment que le traitement des juges de première instance a été porté de 5,000 à 6,000 francs, vous devez augmenter celui des juges de paix.

Tous vos prédécesseurs sont d'ailleurs entrés dans cette voie.

J'allais oublier de rappeler la lourde tâche imposée aux juges de paix par la loi de 1892 sur les grèves, laquelle fonctionne dans les grandes villes, quoi qu'on en dise.

En effet, l'honorable M. Millerand, dans le projet de loi sur l'arbitrage obligatoire, s'est bien rendu compte que cette loi, qui prévoit l'arbitrage des juges de paix en matière de grève, ne jouait pas dans les grandes grèves qui éclatent dans de grandes organisations industrielles, mais il a, d'autre part reconnu, par les statistiques qu'il a su recueillir avec l'esprit de méthode et de précision que nous lui connaissons, que dans les petites industries où le nombre des ouvriers ne dépasse pas 40 ou 50, l'intervention conciliatrice des juges de paix est constante. Aussi, dans son projet de loi, il laisse aux juges de paix cette mission d'arbitrage. Il y a là un accroissement de responsabilité et de préoccupations considérable.

Vous faites l'assimilation, monsieur Cruppi, pour la Seine ; vous portez le traitement des juges de paix de la Seine à 8,000 francs tout comme celui des juges du tribunal de la Seine ; vous donnez à ces magistrats 1,500 francs pour un secrétaire ; vous améliorez donc leur situation et vous voulez que dans des grandes villes comme Toulouse, comme Marseille, comme Lille, comme Bordeaux, comme Lyon où nous avons des cantons extrêmement industriels, vous voulez, dis-je, laisser ces juges de paix à 5,000 francs d'appointements comme il y a quarante ans ? C'est absolument inadmissible ; d'autant plus que nous avons voté l'autre jour un article 21 qui précisément, dans les grandes communes, accorde au ministre la latitude de réunir plusieurs cantons sous la juridiction d'un seul juge de paix qui, par conséquent, tiendra des audiences foraines.

Certainement, vous userez de cet article par esprit d'économie. Je représente actuellement un canton qui compte 140,000 habitants et dans lequel le juge de paix connaît de 10 à 15,000 affaires par an. Ce canton sera probablement dédoublé à l'occasion d'un projet d'annexion qui viendra devant la Chambre ; mais chacun des nouveaux cantons aura 70,000 habitants. Est-ce que chacun de ses nouveaux cantons ne devrait pas avoir un juge de paix au traitement de 6,000 francs ?

Serait-il juste de laisser aux mêmes appointements qu'il y a quarante ans des juges de paix qui, par suite de lois ouvrières, par suite de l'extension de compétence que nous allons voter, par suite de la cherté croissante de la vie, se trouvent dans une situation différente d'autrefois ?

Je conclus à l'assimilation des juges de paix des dix-huit villes comprises dans les justices de paix de 1re classe aux juges des tribunaux de première instance, et à l'élévation de leur traitement de 5,000 à 6,000 francs. C'est respecter la loi de 1845 qui n'est pas abrogée, c'est voter ensuite une mesure équitable vis-à-vis de magistrats appelés à jouer un rôle si important dans nos milieux ouvriers. (*Très bien ! très bien !*)

M. le président. La parole est à M. le rapporteur.

M. le rapporteur. Les députés proposent les amendements ; la Chambre les vote et la France les paye. (*Applaudissements.*) C'est pour cette raison, que la commission, toutes les fois qu'il s'agit de lois qui ont une répercussion financière, montre une extrême réserve.

Nous avons fait pour la dernière classe des juges de paix ce qui était nécessaire. En ce qui concerne les traitements de 5,000 francs, nous considérons qu'ils sont suffisants, qu'ils sont convenables, et nous prions la Chambre de ne pas les augmenter. (*Nouveaux applaudissements.*)

M. le président. Je mets aux voix l'amendement de MM. Cazeneuve, Krauss et Brunard, tendant à porter de 5,000 à 6,000 francs le chiffre du traitement des juges de paix compris au paragraphe 1o de l'article 24.

(L'amendement, mis aux voix, n'est pas adopté.)

M. le président. M. Berteaux propose d'ajouter à cette première catégorie, la ville de Nice et les cantons de Seine-et-Oise limitrophes du département de la Seine.

La parole est à M. Berteaux.

M. Maurice Berteaux. Contrairement à ce que la Chambre pourrait supposer, ce n'est nullement une cause locale que je viens défendre devant elle. La mesure que je demande en faveur des juges de paix des cantons de Seine-et-Oise limitrophes du département de la Seine se justifie par des considérations d'ordre général que mes collègues apprécieront certainement et qui, je l'espère, détermineront leur conviction.

Conformément à ce que je vous ai demandé, messieurs, vous venez de décider que vous porteriez à 5,000 francs le traitement des juges de paix des cantons de la Seine en même temps que vous diminuiez dans une mesure appréciable l'étendue territoriale de leur juridiction.

Vous l'avez fait, messieurs, dans un sentiment de bienveillante équité à l'égard de ces magistrats si méritants, mais vous l'avez fait aussi et surtout dans l'intérêt supérieur d'une bonne administration de la justice qui veut que le juge soit placé dans une situation qui le mette à l'abri de la gêne.

Pour les mêmes raisons et en vertu des mêmes principes, je viens vous demander d'accorder le même traitement aux juges de paix des cantons de Seine-et-Oise limitrophes de la Seine.

Je vous demande avec d'autant plus de raison, que vous n'avez pas diminué, pour ces magistrats l'étendue territoriale de leur juridiction et que vous avez considérablement accru leur compétence et par suite la somme de travail qu'ils auront désormais à fournir.

A l'heure actuelle, la plupart des juges de paix des cantons de Seine-et-Oise limitrophes du département de la Seine ont un traitement annuel de 2,100 francs. Sur cette somme si modique ils ont à subir la retraite une retenue de 5 p. 100, si bien que leur traitement net est de 1,995 francs seulement. Si vous voulez comparer les conditions de l'existence dans les cantons de la Seine et dans les cantons de la Seine-et-Oise qui touchent le département de la Seine, vous verrez qu'elles sont sensiblement plus difficiles dans le département de Seine-et-Oise. Prenez les exemples que vous voudrez, prenez entre tant d'autres la justice de paix de Saint-Denis d'un côté et celle de Montmorency de l'autre ; comparez les conditions de la vie et vous arriverez à cette conclusion que, tandis que, dans la Seine la villégiature a disparu de plus en plus depuis des années, tandis que les villes s'y sont transformées, qu'elles sont devenues des cités industrielles où on a construit des maisons à de nombreux étages qui permettent à un juge de paix de se loger pour un loyer de 500 à 700 francs par an, il est matériellement impossible par contre au juge de paix de Montmorency, dans cette commune restée pays de villégiature, de se loger moyennant un loyer inférieur à 1,000 ou 1,200 francs.

Défalquez cette somme du traitement que vous donnez actuellement à ce magistrat ou même de celui que le système proposé par la commission lui procurerait et demandez-vous, messieurs, comment il est matériellement possible de faire face ainsi aux autres obligations de l'existence, qui, pour les mêmes raisons que j'ai déjà exposées, ne sont pas moins coûteuses dans nos cantons que dans ceux du département de la Seine. Demandez-vous aussi si une grande démocratie comme la nôtre a le droit de faire une situation aussi pénible à des hommes qu'elle investit de la mission élevée mais particulièrement difficile de rendre la justice à nos concitoyens. (*Très bien ! très bien !*)

D'ailleurs, pourquoi insisterai-je ? J'ai, pour abriter mon opinion, une autorité que je tiens à invoquer devant vous : c'est celle de l'honorable M. Cruppi, président et rapporteur de la commission.

Dans sa proposition primitive, l'honorable

M. Cruppi tenant compte spontanément des considérations que je viens d'exposer à la Chambre, avait de lui-même établi cette assimilation des traitements.

Alors, messieurs, je tiens à le rappeler, la proposition de M. Cruppi n'avait pas admis, comme le texte que la Chambre a voté, l'augmentation du nombre des juges de paix de la Seine.

Donc à ce moment le président-rapporteur de la commission, mû par un sentiment d'équité par la préoccupation de la bonne administration de la justice, m'accordait, sans que je le lui demande, la parité de traitement.

Comment la Chambre me refusait-elle une mesure aussi juste alors qu'elle vient elle-même, en augmentant le nombre des juges de paix de la Seine, de diminuer le nombre de leurs justiciables ? En effet, cette considération de la population des justices de paix devant laquelle d'ailleurs M. Cruppi ne s'était pas arrêté, vous ne pouvez plus l'invoquer, messieurs, aujourd'hui car la plupart des cantons de Seine-et-Oise ont une population supérieure à certains cantons de la Seine.

A côté du canton de Nogent que citait tout à l'heure M. le garde des sceaux, voyez en Seine-et-Oise le canton de Sèvres qui a exactement la même population, soit 30,000 habitants, voyez ceux du Raincy, de Boissy-Saint-Léger, de Montmorency, d'Argenteuil et de Saint-Germain qui ont une population plus nombreuse puisqu'elle s'élève respectivement à 33,000. 33,400, 37,000, 39,000, et 44,000 habitants. Comment dès lors, ne feriez-vous pas au moins une situation égale à des juges qui ont forcément à faire face à des occupations plus absorbantes et à un travail plus considérable et plus pénible ?

D'ailleurs, messieurs, si vous refusiez d'accepter ma proposition, ce n'est pas seulement vis-à-vis de leurs collègues de la Seine que vous constitueriez les juges de paix de Seine-et-Oise dans un état d'infériorité injustifiée, à tous égards, c'est encore vis-à-vis de leurs collègues dans leur propre département. Vous avez décidé — et je vous en remercie, — que les trois juges de paix de Versailles auraient un traitement de 5,000 francs.

Or ces magistrats ont une juridiction qui s'étend — M. le garde des sceaux nous a cité les chiffres — sur 29,000, 16,000 et 25,000 habitants, comment n'accorderiez-vous pas le même traitement à ceux qui dans le même département, dans les mêmes conditions générales d'existence ont un nombre de justiciables beaucoup plus considérable ? Alors surtout que les juges de ces cantons plus peuplés ont à assumer la charge de toutes ces commissions rogatoires que leurs collègues du chef-lieu ne connaissent pas.

Je m'arrête. J'espère que la commission et le Gouvernement voudront bien accepter mon amendement, et que la Chambre l'adoptera. En ce faisant la commission, le Gouvernement et la Chambre accompliraient une œuvre d'équité dont les juges de paix bénéficieraient certainement, mais dont bénéficieraient bien davantage les justiciables. qui ont tout à gagner à ce que les juges de paix puissent vivre à l'abri de la gêne grâce au traitement que la République leur doit. (*Applaudissements à gauche.*)

M. le président. La parole est à M. le garde des sceaux.

M. le garde des sceaux. Le Gouvernement doit faire connaître à la Chambre quelles seraient les conséquences budgétaires de l'amendement proposé par M. Berteaux.

Tout d'abord on retiendra que le département de Seine-et-Oise qui comprend 37 cantons, par suite du jeu naturel de la loi en discussion, reçoit déjà certaines satisfactions : les juges de paix des trois cantons de Versailles vont passer de 3,000 à 5,000 francs. Pour ceux des cantons limitrophes qui sont au nombre de 11, 3 verront leur traitement augmenté de 1,000 francs, et 8 de 700 francs ; enfin dans les cantons non limitrophes, qui ne se différencient pas des autres cantons de la France entière, l'augmentation du traitement du juge de paix oscillera entre 400 et 700 francs. Donc le département de Seine-et-Oise sera plutôt bien partagé.

Je reconnais que certains cantons ont une population élevée ; peut-être pour ceux-là une exception se justifierait-elle. Mais ici un choix judicieux s'imposerait.

Je prie donc la Chambre de réfléchir aux conséquences financières de l'amendement de M. Berteaux qui, s'il était accepté, pourrait, par voie d'analogie, en faire naître de nouveaux (*Très bien ! très bien !*)

M. le président. La parole est à M. Berteaux.

M. Maurice Berteaux. J'accepte très volontiers d'entrer dans l'ordre d'idées indiqué par M. le garde des sceaux. Nous pourrions prendre pour base le chiffre de la population du canton de Nogent-sur-Marne dont le juge de paix passe à 5,000 francs, et nous n'accorderions le même traitement qu'aux juges de paix des cantons de Seine-et-Oise qui ont au moins le même nombre d'habitants ; l'amendement serait ainsi rédigé : « pour les cantons de Seine-et-Ose dont la population atteint ou dépasse 3,000 habitants » (*Mouvements divers.*)

Voix nombreuses. Et les autres ?

M. Julien Goujon (Seine-Inférieure.) Je demande la parole.

M. Maurice Berteaux. Je croyais m'être fait comprendre par la Chambre, mais me voici obligé d'insister.

Vous savez parfaitement, mes chers collègues, que les conditions de la vie sont tout à fait différentes en province de celles que l'on rencontre dans la banlieue parisienne ; logement, nourriture, rien n'est comparable ; c'est parce qu'il y a ici une situation toute spéciale et qui ne se rencontre que dans les cantons limitrophes de la Seine et de Seine-Oise que je suis obligé de vous demander un traitement spécial et qui doit être le même pour les cantons de ces deux départements placés sensiblement dans des conditions semblables.

D'ailleurs pourquoi la Chambre n'accepterait-elle pas la procédure que j'ai eu l'honneur de lui indiquer tout à l'heure et qu'elle a bien voulu suivre jusqu'à présent ? Si certains de nos collègues ont, pour des localités particulières, placées dans des conditions exceptionnelles, des demandes à formuler, ils pourront les présenter plus tard ; leur droit restera entier, mais qu'ils veuillent bien commencer par rendre justice à une cause qui est, je crois, éminemment digne de leur intérêt.

Vous ne pouvez pas, messieurs, et vous ne devez pas vous déjuger. Vous accordez 5,000 francs de traitement aux juges de paix de la Seine, vous devez allouer la même somme aux juges de paix de Seine-et-Oise qui ont un nombre de justiciables égal ou même supérieur. Vous allouez 5,000 francs de traitement aux juges de paix de Versailles, vous devez accorder les mêmes émoluments aux juges des cantons du Raincy, de Boissy-Saint-Léger, de Montmorency, de Sèvres, d'Argenteuil et de Saint-Germain, dont tous ont un nombre de justiciables plus considérable et dont quelques-uns en ont plus du double. Vous le devez, parce qu'ils sont au point de vue des conditions de la vie, dans une situation toute semblable ; vous le devez surtout parce que les juges de ces cantons plus peuplés ont une besogne bien plus considérable qui tient non seulement au chiffre de la population, mais encore aux industries plus nombreuses dans le voisinage immédiat de la Seine, à ces questions d'accidents du travail, hélas ! si fréquentes, et à ce fait aussi que les juges de paix de ces cantons doivent être, en vertu de commissions rogatoires, à la disposition continuelle du parquet, pour les informations, les enquêtes et les instructions dont ils sont journellement chargés, toutes missions que leurs collègues de Versailles ne connaissent pas.

Il y aurait une véritable injustice à placer les juges de paix de ces cantons dans un état d'infériorité aussi injustifiée et il pourrait n'être pas sans danger, s'ils n'étaient animés d'un si haut sentiment de leur devoir, de les laisser dans une situation aussi précaire au moment même où vous étendez leur compétence, et où vous leur confiez des causes plus importantes à juger.

Notre amendement ne leur crée pas encore une situation bien brillante, mais nous leur assurons du moins l'indépendance matérielle. J'ai confiance, messieurs, que vous l'adopterez car la cause que je défends devant vous ne peut que vous paraître juste.

Pour répondre aux observations de M. le garde des sceaux, j'accepte bien volontiers, de laisser en dehors de mon amendement deux cantons de Seine-et-Oise limitrophes de la Seine qui n'ont pas une population comparable à celle des cantons de la Seine, et pour ne vous faire qu'une proposition contre laquelle ou ne puisse élever aucune critique, je vous demande, messieurs, de prendre pour base la population du canton de Nogent-sur-Marne dans la Seine, et d'accorder seulement le traitement de 5,000 francs que vous avez alloué déjà au juges de paix de ce canton, aux juges de paix des cantons limitrophes de Seine-et-Oise comptant au moins 30.000 habitants. (*Très bien! très bien! sur de divers bancs.*)

M. Julien Goujon (Seine-Inférieure). Je demande la parole.

M. le président. Votre amendement, monsieur Berteaux, serait donc ainsi conçu :

« Et dans les cantons de Seine-et-Oise, limitrophes du département de la Seine, qui comprennent plus de 30,000 habitants. »

M. Maurice Berteaux. C'est cela même, monsieur le président.

M. le président. La parole est à M. Julien Goujon.

M. Julien Goujon (Seine-Inférieure). Je viens appuyer de toutes mes forces la proposition qui vous est faite par notre collègue, M. Berteaux.

Je demanderai cependant que cette proposition ne soit pas limitée aux cantons de Seine-et-Oise qu'il vient de citer (*Exclamations sur divers bancs à gauche*), mais qu'elle s'étende, par voie de conséquence, à tous ceux qui se trouvent plus ou moins dans la même situation.

Avant de citer, à titre d'exemplaire, un canton, digne certainement d'attirer l'attention de la Chambre par la situation prépondérante qu'il occupe au point de vue industriel, je rappellerai qu'on a établi autrefois le traitement des magistrats en prenant pour base le chiffre de la population de la ville chef-lieu du département.

Lorsqu'on a créé les justices de paix, l'industrie était encore à l'état embryonnaire ; elle n'avait pas pris le développement qu'elle a atteint aujourd'hui. Depuis, les usines, au lieu de s'établir dans les villes qui étaient alors chefs-lieux de canton, ont dû franchir les barrières de l'octroi pour ne pas payer de droits sur les charbons, ou pour utiliser la force des cours d'eau, ce qui a déterminé la population industrielle à demeurer hors du chef-lieu de canton.

La ville que je veux citer, à titre d'indication, est la ville d'Elbeuf. Elle est, vous allez le voir, dans une situation bien singulière.

Toute la population industrielle d'Elbeuf réside généralement en dehors des barrières. La ville compte 19,500 âmes ; comme il lui manque quelques dizaines d'habitants pour avoir droit à une justice de paix de la classe supérieure, son juge de paix ne touche que 2,400.

Au contraire, la population des justiciables du canton, population tout ouvrière, s'élève à 39,800 habitants.

M. le garde des sceaux. Le juge de paix d'Elbeuf aura 2,800 francs. Le paragraphe 3 dit, en effet :

« Dans les chefs-lieux judiciaires ou administratifs dont la population est inférieure à 20,000 habitants, ainsi que dans les cantons dont la population totale dépasse 20,000 habitants, 2,800 francs. »

Votre juge de paix aura donc 700 francs d'augmentation.

M. Julien Goujon. Le juge de paix a moins à faire dans les grandes villes généralement habitées par des rentiers qui ont très peu de procès. Je ne vois pas pourquoi le juge de paix qui aura le bonheur d'habiter une grande ville touchera 5,000 francs, tandis que celui qui habitera par exemple aux portes de Rouen, dans un canton suburbain ayant une population de 39,000 habitants ne touchera que 2,800 francs. Ce dernier traitement est tout à fait insuffisant. Si donc vous acceptez l'amendement de M. Berteaux, il sera rationnel et juste que vous fassiez à Elbeuf le sort que vous aurez fait aux cantons de Seine-et-Oise.

M. le président. Je mets aux voix la première partie de l'amendement de M. Berteaux tendant à ajouter la ville de Nice.

(L'amendement, mis aux voix, n'est pas adopté.)

M. le président. M. Berteaux propose d'ajouter : « Et dans les cantons de Seine-et-Oise limitrophes du département de la Seine qui comprend plus de 30,000 habitants. »

Je mets cette addition aux voix.

(L'addition n'est pas adoptée.)

M. le président. M. Goujon n'insiste pas sans doute?

M. Julien Goujon. Je retire mon amendement, monsieur le président. S'il était adopté, M. Berteaux en serait jaloux. (*On rit.*)

M. Maurice Berteaux. J'ai un autre amendement, monsieur le président.

M. le garde des sceaux a formellement reconnu qu'il y avait lieu de tenir compte de la situation que j'ai exposée. Je propose à la Chambre, puisqu'elle a repoussé le chiffre de 5,000 francs, d'accepter au moins le chiffre de 3,500 francs. Je crois qu'il n'y a pas là d'exagération.

M. le président. Votre amendement vise alors la 2° catégorie. Je vais d'abord appeler la Chambre à statuer sur la première.

Je rappelle le libellé du 1° :

« 1° Dans les villes dont la population atteint 80,000 habitants, à Versailles et dans les cantons du département de la Seine, 5,000 francs. »

La Chambre a adopté ce texte, sauf le chiffre de 5,000 francs.

Je mets aux voix le chiffre de 5,000 francs

(Ce chiffre est adopté.)

M. le président. Je mets aux voix l'ensemble du paragraphe.

(L'ensemble du paragraphe 1° est adopté.)

M. le président. Le paragraphe 2° est ainsi conçu :

« 2° Dans les villes dont la population atteint 20,000 habitants et à Chambéry, 3,500 francs. »

Voix diverses. Pourquoi Chambéry?

M. le garde des sceaux. A cause du traité d'annexion de 1860.

M. le président. M. Berteaux propose d'ajouter : « ... et dans les cantons de Seine-et-Oise non limitrophes du département de la Seine dont la population totale dépasse 20,000 habitants, 3,500 francs. »

M. Julien Goujon (Seine-Inférieure). Je fais la même demande pour Elbeuf.

M. le président. Je mets aux voix l'amendement de M. Berteaux.

(L'amendement, mis aux voix, n'est pas adopté.)

M. Roch. Je demande la parole.

M. le président. Vous avez la parole.

M. Roch. Je propose un amendement qui aurait pour objet de généraliser la portée de celui de M. Berteaux qui intéresse le département de Seine-et-Oise seul.

M. le rapporteur. Il est repoussé.

M. Roch. C'est un autre amendement.

Je propose d'établir une nouvelle classe pour les cantons d'une population supérieure à 30,000 habitants dans toute la France. Les titulaires de cette classe toucheraient un traitement de 4,000 francs ; cela donnerait satisfaction aux observations présentées en faveur de juges de paix dont le traitement est insuffisant, eu égard au nombre considérable de leurs justiciables.

M. le rapporteur. La commission, d'accord avec le Gouvernement, repousse l'amendement.

M. le président. L'amendement est soumis à la prise en considération.

Je consulte la Chambre.

(L'amendement n'est pas pris en considération.)

M. le comte de Pomereu. Cet amendement était cependant fort juste !

M. le président. Je mets aux voix le paragraphe 2° :

« 2° Dans les villes dont la population atteint 20,000 habitants et à Chambéry, 3,500 francs ; » (Ce paragraphe est adopte.)

M. le président. « 3° Dans les chefs-lieux judiciaires ou administratifs dont la population est inférieure à 20,000 habitants, ainsi que dans les cantons dont la population totale dépasse 20,000 habitants, 2,800 francs. »

Sur ce paragraphe, M. Hémon a proposé un amendement ainsi conçu :

« 3° Dans les chefs-lieux judiciaires ou administratifs dont la population est inférieure à 20,000 habitants, ainsi que dans les cantons dont la population totale dépasse 20,000 ou dont le chef-lieu à une population agglomérée supérieure 5,000 habitants, 2,800 francs. »

La parole est à M. Hémon.

M. Louis Hémon. Messieurs, vous venez d'entendre les très intéressantes discussions auxquelles a donné lieu le règlement des traitements des premières classes de justices de paix. Je crois cependant que le côté le plus important de cette classification n'a pas encore été abordé.

Dans l'ancienne organisation, qui comporte, comme vous le savez, neuf classes, et dans l'organisation nouvelle, qui en comporte quatre, les premières classes sont des classes privilégiées — j'aurais pu dire des classes fermées, car, en fait, ce sont là des hauteurs inaccessibles à l'immense majorité des magistrats...

M. Larquier. C'est très exact! Cela constitue l'aristocratie des juges de paix.

M. Louis Hémon. L'intérêt de la réforme que vous allez faire se concentre véritablement dans les deux dernières classes qui, à elles seules, comptent 2,300 magistrats sur un total de 2,800.

C'est surtout sur la huitième des classes actuelles que je voudrais me permettre d'attirer votre attention. Il y a là 250 magistrats qui sont au traitement de 2,100 francs, tandis que les magisirats de la dernière classe, la neuvième, touchent un traitement de 1,800 francs.

Trois cents francs, c'est un avantage des plus modestes. Mais considérez qu'il répond à des ambitions non moins modestes, celles des magistrats, des centaines de magistrats qui, appartiennent à la 9° classe, tournent leurs vues d'avenir vers la 8° et sont résignés à ne pas aller au-delà.

Puis, cet avantage de 300 francs s'explique autrement. Il a toujours paru juste en effet d'attribuer une certaine compensation, une sorte d'indemnité de résidence, au séjour des juges de paix dans de petites villes de 3,000, de 5,000, de 10,000, de 15,000 habitants, parce qu'on a considéré que les conditions d'existence y sont forcément plus coûteuses que dans des chefs-lieux simplement ruraux.

Je ne sache pas que la classification qui existe ait donné lieu à des réclamations sérieuses. La commission, en tout cas, ne nous a pas expliqué les raisons déterminantes qui ont pu l'amener à répartir le personnel en quatre classes seulement au lieu de neuf. Il est visible, au contraire, — elle me permettra de le lui dire — il est visible que les neuf classes existantes étaient une base toute trouvée pour la réforme que vous allez faire. Puisque cette loi aura pour premier effet d'augmenter la somme de travail demandée à tous les magistrats, n'eût-il pas été simple et logique de leur accorder à tous une augmentation proportionnelle de traitement? Aucun d'eux, alors, n'eût été fondé à se plaindre de la part qui lui était faite dans la nouvelle organisation.

En admettant même qu'il fallût procéder autrement, je crois que la commission eût dû y regarder de plus près lorsqu'elle s'est trouvée en présence des magistrats qui composent la 8° classe actuelle et qu'il s'est agi de régler leur situation.

Que sont ces magistrats? C'est une élite; car ils sont parvenus au poste qu'ils occupent par la voie de l'avancement.

Eh bien ! si vous vouliez faire bonne justice à leur égard — et puisque vous demandez qu'ils fassent bonne justice dans leurs cantons, le moins est que vous leur rendiez auparavant bonne justice à eux-mêmes (*Très bien! très bien! au centre et à droite.*) il fallait leur tenir compte de leur passé, de leurs titres, de leur situation acquise; il fallait, pour cela, leur donner entrée dans votre 8° classe,

qui remplace la leur. Il le fallait, car c'est là seulement que se trouve une situation hiérarchique équivalente à celle qu'ils occupent aujourd'hui.

Comment s'expliquer que la commission ait méconnu cette règle de stricte justice? Elle a pris les magistrats de la 8° classe et en a fait deux parts. Les uns — ce sont les favorisés — ont été introduits dans la 3° classe nouvelle. Pourquoi? Uniquement parce que la population totale des cantons où ils résident atteignait ou dépassait 20,000 habitants. Les autres — ceux qu'on peut appeler les refusés — ont été rejetés par la commission dans la dernière classe, celle des débutants.

M. le rapporteur. Voulez-vous me permettre un mot?...

M. Louis Hémon. Très volontiers !

M. le rapporteur. Vous nous avez indiqué, à la commission, d'une façon très nette, très saisissante, comme vous le faites toujours, que vous étiez particulièrement impressionné par la situation du juge de paix de Concarneau.

M. Louis Hémon. Permettez !...

M. le rapporteur. J'ai fait observer que ce juge de paix, qui est de la 8° classe, bénéficiait cependant dans la nouvelle organisation, d'une augmentation de 400 francs. Il me semble donc qu'il y a satisfaction dans une mesure légitime.

M. le garde des sceaux. Il convient d'ajouter que ce magistrat juge vingt-quatre affaires par an!

M. Louis| Hémon. Je vous en prie, ne rabaissez pas la question à ces proportions. (*Très bien! très bien! au centre et sur divers bancs. — Bruit à l'extrême gauche*). Lorsque la commission a bien voulu m'admettre à comparaître devant elle, je me suis cru autorisé, en effet, à faire état d'un exemple particulier que je jugeais topique. C'était afin d'épargner à la commission les explications développées que j'ai le regret de fournir à la Chambre. La commission n'a pas cru devoir accueillir la défense que je faisais non pas d'une cause particulière, mais d'une thèse générale, à l'appui de laquelle j'invoquais un exemple particulier, et je suis bien forcé d'apporter la thèse tout entière ici. (*Très bien! très bien! sur les mêmes bancs au centre et à droite.*)

Veuillez le remarquer, d'ailleurs : je vous parle de classes et vous me parlez de traitement. Il ne faudrait pas confondre les deux choses, qui sont très distinctes, pour les besoins de votre raisonnement.

Le fait incontestable, c'est que vous faites rétrograder d'un poste d'avancement à un poste de début un certain nombre de magistrats. Vous leur infligez de la sorte une déchéance morale tout à fait immérité; vous leur faites perdre, en outre, tout le trajet qu'ils pensaient avoir accompli sur le chemin de l'avancement.

Parlons maintenant de traitement, puisque vous le voulez. Il est certain que vous n'allez pas jusqu'à diminuer le traitement des magistrats dont il s'agit; il n'eût plus manqué que cela! Mais ce que vous faites sonner si haut, c'est un supplément de traitement de 400 francs. Eh bien! je ne vous demande qu'une chose, c'est de comparer l'avantage que vous leur faites à celui que vous faites à des magistrats qui sont à côté d'eux.

M. le garde des sceaux. Lesquels?

M. Lous Hémon. Lesquels, monsieur le garde des sceaux? Je n'aurais pas cru l'énumération nécessaire, mais j'y vais entrer, puisque vous m'y obligez.

Je crois essentiel, avant tout, d'insister sur ce point: en portant à 2,500 francs le traitement de 2,100 francs dont jouissent les magistrats de la 8° classe, vous ne leur imposez pas moins une rétrogradation...

M le garde des sceaux. Mais non !

M. Louis Hémon. Permettez-moi de croire cependant que 400 francs d'augmentation ne sont pas tout.

M. le garde des sceaux. Ce sont les derniers qui sont avancés; eux, ne rétrogradent pas.

M. Louis Hémon. Vous rendez nécessaire un suppléant d'explications : La Chambre voudra bien me les pardonner.

Les magistrats de 8e classe qui sont rétrogradés dans la 4e classe actuelle n'ont pour compension qu'un avantage pécuniaire de 400 francs. Eh bien ! regardez à côté d'eux les juges de paix qui, étant actuellement de 8e classe, ont cette bonne fortune d'avoir vu le dénombrement de 1901 relever dans leur canton une population totale de 20,000 habitants ; ceux-là passent à la 3e classe d'emblée, c'est-à-dire qu'ils gagnent 700 francs, leur traitement étant porté de 2,100 francs à 2,800 francs. Mais regardez surtout derrière eux ceux qui sont actuellement dans la 9e classe ; c'est là que l'exemple devient concluant.

Voici un juge de paix de 9e classe ; c'est un nouveau venu, qui peut-être n'est entré dans la magistrature qu'en 1901. Mais il est entré à temps pour profiter de l'aubaine du dénombrement de 1901, qui a constaté dans son canton une population de 20,000 habitants. Par ce seul fait, il va passer de la 9e classe à la 3e et du traitement de 1,800 francs au traitement de 2,800. Il gagne donc à la fois un avancement de classe considérable et une augmentation de 1,000 francs !

Comment voulez-vous qu'un magistrat de 8e classe, vieilli dans le métier, se résigne à son sort, s'il fait cette comparaison ? Comment voulez-vous qu'il attache le même prix que vous à un supplément de traitement de 400 francs, alors que d'autres reçoivent 700 francs ou 1,000 francs ? Comment voulez-vous surtout qu'il se défende d'une impression d'amertume — je dirai presque d'humiliation — en voyant élevé à une classe supérieure tel de ses collègues qui était hier son inférieur et qui, pour gagner cette faveur exceptionnelle, n'a rien fait, rien que profiter d'un hasard heureux ?

Vous me demandiez des termes de comparaison : il me semble qu'en voilà d'assez significatifs !

Cette hiérarchie, dont je viens de montrer les inégalités, repose d'ailleurs sur une base singulièrement fragile, celle de la population totale du canton. Ici apparaît une innovation contre laquelle je dois vous mettre en garde, car elle peut aller dans ses conséquences beaucoup plus loin que vous ne pensez.

C'est la première fois qu'en matière d'organisation judiciaire cet élément nouveau entre en compte. Qu'il s'agisse des tribunaux de première instance ou des justices de paix, toutes les lois antérieures avaient réglé la situation des magistrats, non d'après la population de la circonscription judiciaire, mais d'après l'importance de la population agglomérée au chef-lieu.

La commission a-t-elle réellement voulu faire table rase des règles suivies avant elle ? Veut-elle résolument substituer un principe à un autre dans la classification des magistrats cantonaux ? Il est permis d'en douter, car son premier soin eût été sans doute de se montrer conséquente avec elle-même.

Si la base de la population cantonale est bonne, elle doit l'être partout. Or, veuillez lire l'article de la loi qui nous occupe, et vous comprendrez mes perplexités.

« Art. 24. — 1° Dans les villes dont la population atteint 80,000 habitants, à Versailles et dans les cantons du département de la Seine, 5,000 francs ;

« 2° Dans les villes dont la population atteint 20,000 habitants, et à Chambéry, 3,500 francs.

« 3° Dans les chefs-lieux judiciaires ou administratifs dont la population est inférieure à 20,000 habitants, 2,800 francs. »

Ainsi, par trois fois, au cours du même article, la commission consacre, comme base légale de la situation des magistrats, non pas la population du canton, mais celle du chef-lieu de canton. Par quelle inconséquence en vient-elle donc, dans le paragraphe final, à donner un démenti à toute la méthode qu'elle a suivie jusque-là ?

N'allez pas conclure de mes critiques que j'entends protester contre tout ce qui tend à modifier les errements du passé. Il ne m'eût pas paru déraisonnable qu'on tînt compte de la population cantonale pour fixer la situation des magistrats ; seulement cet élément de calcul demande à être combiné avec d'autres, si l'on veut obtenir des résultats qui répondent à la réalité. Il importe surtout que la population du chef-lieu ne soit pas traitée en quantité négligeable, car l'importance de cet élément saute aux yeux. Quand vous avez dans un canton une ville de 10 ou 15,000 habitants, composée d'une population industrielle ou maritime, il serait bien surprenant que les audiences civiles de la justice de paix et surtout celles de la simple police ne fussent pas plus remplies que dans un canton rural de 20,000 habitants.

On peut, dans l'ordre d'idées que j'indique, rechercher des combinaisons nouvelles qui donneront satisfaction à l'esprit de réforme. Mais ce qu'il n'est pas permis de faire, c'est d'adopter et de répudier tour à tour tel ou tel principe, dans le même article de loi. Ce qu'il n'est pas permis de faire non plus, c'est de s'emparer d'un principe nouveau, qui mériterait au préalable une étude approfondie, et de l'introduire par la petite porte, par une sorte de porte dérobée, dans notre législation.

Quoi qu'on en pense, d'ailleurs, et quelle que soit la variété des opinions en théorie, il y a une chose dont on n'a pas le droit de faire abstraction : ce sont les conséquences de fait. Je les ai tout à l'heure indiquées, en faisant ressortir la flagrante inégalité qu'on veut créer entre magistrats de même catégorie, au point de vue de la classification. Eh bien ! lorsqu'on touche pas une loi nouvelle à une organisation établie, dites-moi si le premier devoir du législateur n'est pas de ménager les intérêts du personnel existant et de sauvegarder les situations acquises à l'abri de l'ancienne loi.

Ce n'est pas seulement l'intérêt des magistrats qui est ici en question, c'est l'intérêt supérieur de la bonne administration de la justice, et cela s'aperçoit sans peine. Mettez en présence, dans la classe de début, deux justices de paix : l'une, située dans une ville de 5 ou 10,000 habitants, et comportant par là même un mouvement d'affaires sérieux, en même temps qu'une certaine cherté des vivres et du loyer ; l'autre offrant à son titulaire l'économique résidence d'un canton rural, avec la somnolence d'un prétoire à peu près inoccupé. Vers laquelle des deux pensez-vous qu'iront les préférences des candidats ? Il faudrait avoir une forte dose d'optimisme pour douter de leur choix. Les postes surchargés ne seront guère recherchés que par ceux qui n'en pourront espérer d'autres ; si bien que vous aurez abouti à ce résultat, certainement peu conforme à vos vues, qu'on trouvera le minimum de garanties là où il y aura le maximum de travail.

Messieurs, il est impossible que vous laissiez passer de telles anomalies dans une œuvre législative aussi considérable que celle-ci. Au moins ferez-vous disparaître la plus choquante en adoptant l'amendement que j'ai présenté, c'est-à-dire en conservant aux juges de paix dont j'ai soutenu la cause le poste d'avancement dont ils sont en poste d'avancement dont ils sont en possession aujourd'hui.

Il ne me reste plus qu'à m'excuser d'avoir pris tant de temps à la Chambre pour traiter devant elle une question de détail. Si le résultat doit être d'introduire un peu plus de justice et de meilleures conditions de hiérarchie dans la loi future, j'ose dire que ce sera pas tout à fait du temps perdu. (*Applaudissements au centre et sur divers bancs.*)

M. le garde des sceaux. Le Gouvernement et la commission repoussent l'amendement.

M. le président. M. Hémon propose d'intercaler ces mots dans le 3e entre « 2,000 habitants » et « 2,800 francs » : « ou dont le chef-lieu a une population agglomérée supérieure à 5,000 habitants. »

Je mets aux voix cet amendement.

(Une épreuve à main levée est déclarée douteuse par le bureau.)

Plusieurs membres à gauche. Nous demandons le scrutin !

M. le président. Le scrutin étant réclamé après une épreuve douteuse, il est de droit.

Le scrutin est ouvert.

(Les votes sont recueillis. — MM. les secrétaires en font le dépouillement.)

M. le président. Voici le résultat du dépouillement du scrutin :

Nombre des votants.......... 563
Majorité absolue.............. 282
   Pour l'adoption........ 247
   Contre................. 316

La Chambre des députés n'a pas adopté.

Je mets aux voix le paragraphe 3° qui demeure ainsi rédigé :

« 3° Dans les chefs-lieux judiciaires ou administratifs dont la population est inférieure à 20,000 habitants ainsi que dans les cantons dont la population totale dépasse 20,000 habitants, 2,800 francs. »

(Le paragraphe 3°, mis aux voix est adopté.)

M. le président. « 4° Dans les autres cantons, 2,500 francs. »

Il n'y a pas d'opposition ?...

Le paragraphe est adopté.

M. Anthime-Ménard. Avant le vote sur l'ensemble de l'article, je demande la permission de soumettre une observation à M. le rapporteur et et à M. le garde des sceaux. Le projet de loi actuel tel qu'il est voté jusqu'ici, ouvre la carrière du juge de paix à un certain nombre de fonctionnaires ayant appartenu aux régies financières. Il est évident que, dans la très grande majorité de ces cas, ce seront des fonctionnaires qui, après avoir pris leur retraite dans leur administration solliciteront une place de juge de paix. Dans leur pensée, par conséquent, le traitement de juge de paix qui sera souvent le traitement d'une des classes les plus modestes, doit être un complément de ressources se joignant à leur retraite.

Or actuellement, les retraites des administrations financières ne se cumulent pas avec les traitemnts afférents aux fonctions de juges de paix ; de sorte que les retraités de ces administrations qui auraient 2,000, 2,500 ou 3,000 francs de retraite, par exemple, perdraient cette retraite, s'ils étaient nommés juges de paix.

A gauche. Ils opteront !

M. le garde des sceaux. Ils ne sont pas obligés de devenir juge de paix.

M. Anthime-Ménard. Je ne pas qu'ils y soient obligés, mais puisque vous admettez que, dans certains cas, ces fonctionnaires pourront être nommés juges de paix, vous devez admettre qu'ils doivent au moins gagner comme juges de paix, autant qu'ils toucheraient comme retraités. *(Bruit.)*

Remarquez que cela ne modifie en rien la situation financière. Dans un cas comme dans l'autre, vous aurez toujours à la fois, à payer la retraite du fonctionnaire dépendant de l'administration des finances et le traitement du juge de paix. Mais dans le cas — c'est vous qui le prévoyez, puisque vous avez voté qu'ils peuvent être nommés juges de paix — dans le cas où vous trouveriez que, par suite de leurs mérites acquis, ces fonctionnaires retraités ont droit à un poste de juges de paix, il faut au moins que leur retraite puisse en cumuler avec le traitement de juge de paix ; sans cela, vous arriveriez à ce résultat que la disposition indiquant les conditions que doivent remplir les fonctionnaires pour être nommés juges de paix ne seraient jamais applicable. *(Mouvements divers.)*

M. le rapporteur. On ne cumule jamais une retraite avec un traitement. Les receveurs et autres fonctionnaires de l'enregistrement qui auront atteint l'âge de la mise à la retraite ne seront pas forcés d'être juges de paix ; ils n'auront qu'à opter s'ils veulent le devenir *(Très bien! très bien!)*

M. Anthime-Ménard. Cette nécessité d'opter équivaut pour eux à l'impossibilité de solliciter un poste de juge de paix, malgré le texte de la loi ; car ils n'y trouveraient jamais aucun profit pécuniaire.

M. le garde des sceaux. Si ces fonctionnaires veulent être juges de paix, ils opteront.

M. le président. Je mets aux voix l'ensemble de l'article 24.

(L'article 24, mis aux voix, est adopté.)

M. le président. La Chambre se rappelle qu'au début de la discussion de cet article MM. Rudelle et Ferrette, après avoir présenté un amendement, se sont ralliés à la rédaction de l'article nouveau présenté par M. Hémon est ainsi conçu :

« Après sept années passées dans la même résidence, les juges de paix compris dans les deux dernières catégories pourront, par décret être élevés sur place au traitement supérieur. »

Cet amendement a été défendu par M. Hémon. S'il est adopté, il prendra le n° 24 bis.

M. le garde des sceaux. Le Gouvernement repousse cet amendement à raison de ses conséquences budgétaires. C'est une pensée généreuse qui l'a dictée à ses auteurs ; mais il ne faut pas oublier qu'il y a près de 3,000 juges de paix, et qu'au bout de sept années d'exercice ils demanderont tous de l'augmentation sur place.

Si le principe est admis pour les juges de paix, les magistrats des tribunaun demanderont aussi à en bénéficier.

Voyez, messieurs, jusqu'où cela nous conduirait. L'honorable rapporteur disait tout à l'heure : « C'est la France qui paye ! » Je prie la Chambre de ne pas l'oublier. *(Applaudissements.)*

M. le rapporteur. La commission repousse l'amendement.

M. le président. La commission et le Gouvernement repoussent l'amendement.

La parole est à M. Hémon.

M. Louis Hémon. Je ne puis, pour répondre à M. le garde des sceaux, que m'en rapporter aux explications que j'ai données tout à l'heure. Je me suis efforcé précisément, de prendre les précautions nécessaires pour éviter qu'il fût fait abus ou texte de cet amendement en exigeant un séjour de sept ans au moins à la même résidence et un décret pour faire passer les magistrats intéressés à une classe supérieure. Encore faut-il remarquer que le bénéfice de la mesure est réservé aux magistrats des deux dernières classes. Il dépendra de M. le garde des sceaux et de ses successeurs d'user avec discrétion de cette disposition nouvelle de la loi.

Quant à croire que l'application de cette disposition additionnelle pourra jamais constituer un péril financier, comment prendre une pareille allégation au sérieux ? Dans les termes auxquels elle est strictement limitée, la proposition n'est faite pour effrayer personne : ce n'est pas pour si peu que M. le ministre de la justice ni même M. le ministre des finances peuvent craindre l'approche du déficit.

M. Henry Ferrette. Je demande la parole.

M. le président. La parole est à M. Ferrette.

M. Henry Ferrette. Je voudrais compléter d'un mot les explications de notre collègue M. Hémon : ce n'est pas une loi d'économie que nous faisons, puisque son principal article a pour but de relever les traitements des juges de paix.

Avec le projet de loi tel qu'on nous le présente, de même qu'avec la loi telle est appliquée aujourd'hui, on peut dire qu'il n'y a aucun avancement possible pour les magistrats de la dernière classe. Sans exagérer leur situation je puis dire qu'ils sont condamnés à végéter dans cette classe. Ce que nous vous demandons, et ce n'est pas une grosse dépense, M. Hémon vous l'a indiqué ; nous voulons permettre l'avancement automatique au choix et à l'ancienneté et sur place.

Je rappelle qu'avant même que la Chambre ne l'ait demandé, M. le ministre de l'intérieur et M. le ministre de l'instruction publique avaient appliqué depuis longtemps cette réforme aux préfets, sous-préfets, professeurs et instituteurs. Si vous voulez un avancement légitime, si vous ne voulez plus d'arbitraire et de favoritisme, vous n'avez qu'à voter l'amendement que M. Hémon et moi nous vous proposons. *(Applaudissements.)*

M. le président. Je mets aux voix l'amendement de M. Hémon, qui formera un article 24 bis s'il est adopté.

Il y a une demande de scrutin signée de MM. Lamendin, Cadenat, Isoard, Devill· Colliard, Allard, Dejeante, Bouveri, Vaillant, Raymond Leygue, Sembat, Meslier, Selle, Bénézech, de Pressensé, etc.

Le scrutin est ouvert.

(Les votes sont recueillis. — MM. les sociétaires en font le dépouillement.)

M. le président. Voici le résultat du dépouillement du scrutin :

Nombre des votants.............. 567
Majorité absolue................. 284

Pour l'adoption........... 312
Contre................... 255

La Chambre des députés a adopté.

« Art. 25 (ancien 27). — Les avocats régulièrement inscrits à un barreau sont dispensés de présenter une procuration devant les juges de paix.

« Les avoués près le tribunal de première instance sont dispensés de présenter une procuration devant les justices de paix de leur arrondissement. »

Personne ne demande la parole?...

Je mets aux voix l'article 25.

(L'article 25, mis aux voix est adopté.)

M. le président. Nous arrivons à un amendement additionnel de MM. Haudricourt, Clémentel, Sabaterie, Boni-Cysternes, Baudon, Gellé, Noël, Baudet, Audigier, Duquesnel, Maurice Bertaux, Etienne Flandin (Yonne) et de Pomereu, ainsi conçu :

« Dans le délai de trois mois, à partir de la promulgation de la loi, il sera procédé, par un décret rendu dans la forme des règlements d'administration publique, à la révision des chapitres 2 et 3 du livre Ier du décret du 16 février 1807, concernant la taxe des greffiers de paix, et des décrets de 1811 et de 1513, concernant les taxes des greffiers de simple police.)

La parole est à M. Haudricourt.

M. Haudricourt. Je ne retiendrai pas longtemps les instants de la Chambre; je voudrais simplement, en quelques mots, développer l'amendement que j'ai eu l'honneur de déposer. (*Parlez! parlez!*)

La Chambre est en train de voter une loi attendue depuis fort longtemps et qui a pour but l'organisation et l'extension de la compétence des juges de paix : or, il m'a semblé que l'une des conséquences nécessaires du vote de cette loi était la révision des tarifs des greffiers des justices de paix, ces précieux auxiliaires de nos magistrats cantonaux. J'ai donc déposé l'amendement que voici :

« Dans le délai de trois mois, à partir de la promulgation de la loi, il sera procédé, par un décret rendu dans la forme des règlements d'administration publique, à la révision des chapitres 2 et 3 du livre Ier du décret du 16 février 1807, concernant la taxe des greffiers de paix, et des décrets de 1811 et de 1813, concernant les taxes des greffiers de simple police. »

Le texte que je propose a simplement pour but de demander la mise en harmonie du tarif actuel des greffiers de la justice de paix avec la loi que vous votez.

Je ne propose point l'augmentation de ce tarif, je ne veux point savoir dans quel sens aura lieu cette révision, je prie simplement la Chambre d'ordonner qu'il y sera procédé.

En effet, messieurs, vous n'ignorez pas que la taxation des actes des greffiers de justices de paix, est actuellement réglée par les chapitres 2 et 3 du décret de 1807 et celle des actes des greffiers de simple police par les décrets de 1811 et de 1813, c'est-à-dire par des décrets qui datent de quatre-vingt-dix ans. Et à ce sujet voulez-vous me permettre de vous signaler une singulière anomalie?

Le décret du 16 février 1807 contenait un chapitre Ier qui concernait les taxes et vacations des juges de paix. Ce chapitre Ier a été abrogé par la loi du 21 juin 1845 qui a supprimé les droits et vacations accordés aux juges de paix pour les actes de juridiction gracieuse et les a remplacés par un traitement fixe, exclusif d'émoluments. Chose étrange! C'est le chapitre Ier supprimé qui continue à déterminer les émoluments alloués aux greffiers qui sont des deux tiers de la vacation allouée autrefois aux juges de paix, de sorte qu'on peut dire que le tarif des greffiers de justice de paix n'a pas de base.

Enfin, le tarif de 1807 est incomplet; il est muet sur la tarification de nombreux actes et je suis convaincu, messieurs, que vous voudrez porter un remède à cette situation en votant mon amendement.

M. le garde des sceaux. Nous sommes d'accord avec vous pour reconnaître qu'une fois la loi votée, il y aura lieu de faire un tarif en harmonie avec cette loi.

M. Haudricourt. Alors vous acceptez mon amendement?

M. le garde des sceaux. Parfaitement.

M. Buyat. Je demande la parole pour présenter quelques observations générales sur ce tarif.

M. le garde des sceaux. Mais il n'est pas encore établi et on ne l'établira qu'après le vote de la loi!

M. Buyat. Il est en préparation au ministère de la justice; et si mes renseignements sont exacts, comme j'ai lieu de le croire, puisque je les ai pris dans le travail qui a suivi le congrès général des greffiers de justices de paix, ce tarif augmente dans la proportion de 60 p. 100 le revenu des greffes de nos cantons ruraux et dans la proportion de 16 p. 100 celui des greffes des grandes villes. Je tiens à protester — et c'est pourquoi j'ai demandé la parole — et à présenter certaines observations contre ces tarifs qui augmentent à chaque instant les frais de justice qui pèsent déjà si lourdement sur le justiciable. (*Très bien! très bien! à gauche.*)

M. le garde des sceaux. Il est exact qu'une commission réunie au ministère de la justice il y a, je crois, trois ans, a élaboré un projet de révision des tarifs des greffiers de justices de paix; non pas d'ailleurs, dans la proposition singulièrement exagérée qu'indique M. Buyat. Le travail est terminé, mais il n'a pas été soumis au conseil d'Etat. Quand on y a procédé, il est évident que l'on n'a pu faire état de la loi actuelle sur l'extension de la compétence des juges de paix, puisqu'on ne savait pas ce que serait cette extension. C'est donc un projet à refaire entièrement le jour où la loi en discussion entrera en vigueur.

Je demande à la Chambre s'il est véritablement possible de discuter dès à présent un travail qui ne compte plus, et qui sera remanié entièrement dans six mois, dans un an ou plus peut-être? (*Mouvements divers.*)

M. Joseph Caillaux. S'il faut attendre que la loi soit promulguée pour faire un tarif nouveau applicable aux justices de paix, il est d'ores et déjà inutile de discuter une motion qui a pour objet de modifier un tarif qui ne peut être appliqué immédiatement.

J'ajoute que je vois un certain inconvénient à ce que la Chambre invite par motion le garde des sceaux à faire de nouveaux tarifs pour telle ou telle catégorie d'officiers ministériels, tarifs qui, généralement se traduisent par des augmentations de charges pour les contribuables du chef des frais de justice, sans que la Chambre soit exactement mise en présence des conséquences auxquelles peuvent aboutir les nouveaux tarifs. (*Très bien! très bien!*)

Je demande donc à la Chambre de vouloir bien réserver sa décision sur la motion qui lui est actuellement soumise.

M. Haudricourt. Ce n'est pas une motion, c'est un article que je demande au Gouvernement de laisser incorporer à la loi actuelle.

M. le rapporteur. C'est un amendement?

M. Haudricourt. Parfaitement.

M. le rapporteur. Il avait été bien entendu qu'on ne l'introduirait pas dans la loi. Nous étions d'accord sur ce point.

M. Haudricourt. Pourquoi ne l'intercalerait-on pas? Il y a des précédents.

M. Louis Puech. Mais puisque vous avez satisfaction!

M. Suchetet. Je demande le renvoi à la commission.

M. le rapporteur. Pourquoi? nous sommes d'accord pour considérer la proposition de M. Haudricourt comme une motion; notre collègue est disposé à retirer l'amendement.

M. le président. La parole est à M. Buyat.

M. Buyat. Je n'ai à soumettre à la Chambre que de très courtes observations qui me paraissent d'une utilité absolument incontestable.

Tout à l'heure, au cours des explications très brèves que j'ai données dans l'hémicycle, je n'ai pas pu exprimer toute ma pensée.

Je ne proteste pas contre l'augmentation du traitement des greffiers de nos cantons ruraux ; certains petits greffiers de ces cantons sont, en effet, dans une situation fort intéressante.

A l'extrême gauche. La plupart.

M. Buyat. ...mais ce qui m'a ému tout à l'heure, c'est la lecture d'un document qui est le résultat des travaux du congrès des greffiers de justices de paix. J'ai acquis, en effet, la conviction qu'il y a en ce moment au ministère de la justice un tarif tout préparé qui ne demande qu'à voir le jour, tarif qui augmente non seulement les émoluments des greffiers des petites justices de paix mais encore ceux des greffiers de justices de paix des chefs-lieux d'arrondissement et de département. C'est un tarif, je le dis d'avance, qui est inacceptable.

M. Maurice Viollette. Il n'existe plus.

M. le garde des sceaux. Il n'existe pas ; vous auriez dû m'avertir. J'aurais apporté le document dont vous parlez.

M. Buyat. Pardon, monsieur le garde des sceaux, ce n'est pas moi qui ait déposé l'amendement de M. Haudricourt.

J'ai simplement demandé à M. le président de m'inscrire et il n'est pas d'usage que nos collègues vous préviennent de leur intention d'intervenir dans la discussion.

M. le garde des sceaux. Comment voulez-vous que je vous réponde si je n'ai pas les documents ?

M. le rapporteur. Je répète que M. Haudricourt est d'accord avec nous pour retirer son amendement en se réservant de déposer une proposition de résolution ; ces observations pourront être présentées utilement au cours de la discussion de cette proposition.

M. Haudricourt. Je retire mon amendement à condition que vous acceptiez ma proposition de résolution.

M. le garde des sceaux. Il y a lieu de faire un tarif, nous le ferons.

M. Buyat. Je ne veux pas prolonger ce débat. Je tiens à prendre acte de ce que, dans le tarif qui est ou qui n'est pas en préparation au ministère de la justice, je l'ignore, on fera une différence très nette...

M. le garde des sceaux. Vous savez très bien que la proposition adoptée par le congrès des greffiers ne vient pas du ministère.

M. Buyat. ...on fera une différence très nette, dis-je, entre la situation des greffiers de nos cantons ruraux qui méritent toute notre sollicitude et toute notre sympathie et la situation des greffiers de chefs-lieux d'arrondissement et de département qui véritablement ne sont pas dans une situation nécessitant notre intervention bienveillante car ils ont déjà des émoluments bien suffisamment rémunérateurs.

On me permettra de dire, puisque je suis monté à la tribune sur cette question des tarifs qu'il est vraiment extraordinaire que par une voie détournée on fasse ainsi à chaque instant peser sur les justiciables de véritables impôts qui ne sont pas consentis et qui par conséquent sont odieux. *(Applaudissements sur divers bancs à gauche.)*

M. le président. L'amendement est retiré.

MM. Brindeau, Berry, Grousseau, Mirman, Rousset, Julien Goujon, Dulau et de Castelnau proposent un autre article additionnel ainsi conçu :

« Dans le délai de trois mois à partir de la promulgation de la loi il sera, concurremment avec la révision des taxes des greffiers de justices de paix, procédé, par un décret rendu dans la forme des règlements d'administration publique, à la révision des décrets du 24 mai 1854 et du 28 juin 1892 concernant les taxes des actes des greffiers des tribunaux civils de première instance. »

La parole est à M. Brindeau.

M. Louis Brindeau. L'amendement que j'ai l'honneur de présenter à la Chambre avec nos collègues MM. Georges Berry, Grousseau, Mirman, le lieutenant-colonel Rousset, Julien Goujon, Dulau et de Castelnau a pour but de parer à une des conséquences de la loi dont nous allons voter l'ensemble.

Tout à l'heure il s'agissait de greffiers de justice de paix ; il s'agit maintenant des greffiers de tribunaux civils dont le sort est en grande partie lié à la loi, puisqu'elle a sur leur situation une répercussion immédiate. On ne peut pas, en effet, prétendre que cette question soit au point de vue du fond étrangère à la loi qui nous occupe. En définitive, la loi aura un effet direct sur la situation des greffiers des tribunaux civils ; d'autre part, je lis dans l'article 23 de la loi que nous allons voter :

« Les juges de paix pourront être dans certaines conditions nommés juges ou juges suppléants dans les tribunaux de première instance. »

Cette loi touche donc sur certains points à l'organisation des tribunaux de première instance.

Quelles conséquences aura-t-elle sur la situation des greffiers de ces tribunaux ?

La loi nouvelle va augmenter évidemment dans une très large mesure le nombre des affaires qui vont être déférées aux justices de paix, et ce sera au détriment des greffiers des tribunaux civils.

Sans vouloir faire passer sous vos yeux de trop longues statistiques, je tiens à vous indiquer quelques chiffres : en matière civile, le greffe du tribunal de Dunkerque sera privé de 20 p. 100 des affaires ; celui de Clermont-Ferrand de 24 p. 100 ; celui de Reims de 20 p. 100 ; celui de Beauvais de 29 p. 100.

M. Louis Puech. Cette question est étrangère à la loi que nous votons. Ce n'est pas un amendement, mais une motion.

M. Louis Brindeau. Je vous demande pardon. C'est bien un amendement qui a une corrélation étroite avec la loi en discussion, j'ai le droit de le soutenir.

Je le ferai très brièvement, mais laissez-moi achever.

En matière correctionnelle les greffes de certains tribunaux, comme celui de Clermont, vont se trouver privés de 35 p. 100 des affaires.

Si vous votez la loi sans prendre aucune précaution en ce qui concerne les greffes des tribunaux civils, vous arriverez à exproprier les titulaires d'une partie de leurs affaires, sans indemnité. La demande que je formule est d'autant plus juste que les tarifs des greffiers des tribunaux civils n'ont pas été remaniés depuis très longtemps. Ces tarifs ont été établis par une loi de l'an VII et par le décret du 21 mai 1854. Ils ont été, il est vrai, remaniés en 1892, mais ce remaniement a eu pour contre-partie des charges équivalentes.

J'ajouterai que les greffiers des tribunaux civils, dont les traitements fixes varient de 1,200 à 2,100 francs, ont, dans les tribunaux importants, des charges considérables : ils sont obligés, notamment, de fournir à leurs frais des greffiers aux juges d'instruction et d'assurer le service de l'assistance judiciaire dont les affaires, très nombreuses, ne leur rapportent en général absolument rien.

La situation des greffiers est donc très intéressante et c'est pour la régler d'une façon équitable que j'ai présenté mon amendement. Si vous décidez par voie de projet de résolution qu'il y a lieu d'inviter le Gouvernement à reviser les tarifs des greffiers de justice de paix, comme conséquence et puisque la question forme un tout, je vous demanderai de voter un projet de résolution invitant le Gouvernement à faire un travail d'ensemble pour reviser, en même temps, les tarifs des greffiers de paix et ceux des greffiers des tribunaux civils.

Notre honorable collègue M. Haudricourt ayant consenti à transformer en projet de résolution l'amendement, très justifié, qu'il avait déposé, je retire également mon amendement et je le transforme en un projet de résolution conçu dans les mêmes termes. J'en demanderai le vote dès qu'il aura été statué sur celui de M. Haudricourt.

M. le président. L'amendement est retiré.

« Art. 26 (ancien 28). — La présente loi est applicable aux colonies de la Guadeloupe, de la Martinique et de la Réunion.

« Les juges de paix dits à compétence étendue conserveront, en Algérie, indépendamment des attributions que leur confère la présente loi, celles que leur a reconnues le décret du 19 août 1854 auquel force de loi est donnée.

« Les juges de paix d'Algérie et des autres colonies conserveront les traitements actuels.

M. Trouin a déposé un amendement tendant à rédiger comme suit cet article :

« La présente loi est applicable aux colonies de la Guadeloupe, de la Martinique, de la Réunion et à l'Algérie.

« Toutefois, en ce qui concerne l'Algérie, la présente loi ne sera intégralement applicable qu'aux justices de paix établies dans les chefs-lieux d'arrondissements judiciaires et actuellement régies, comme les justices de paix de la métropole, par la loi du 25 mai 1838. Les juges de paix dits à compétence étendue conserveront, indépendamment des attributions nouvelles que leur confère la présente loi, celles que leur a reconnues le décret du 19 avril 1854. En ce qui concerne les traitements, les juges de paix siégeant dans les chefs-lieux d'arrondissements judiciaires recevront un traitement égal à celui des juges du tribunal de première instance du même lieu ; les juges de paix à compétence étendue conserveront leurs traitements actuels. »

La parole est à M. Trouin.

M. César Trouin. J'ai déposé mon amendement pour compléter le texte de l'article 26 qui ne prévoit pas l'Algérie :

Je demande que la loi soit appliquée à l'Algérie ; qu'elle soit étendue surtout aux justices de paix des chefs-lieux d'arrondissements. L'article 26 prévoit l'application de la loi à la Martinique, la Réunion et la Guadeloupe ainsi qu'aux juges de paix à compétence étendue en Algérie, elle reste muette pour les juges de paix des chefs-lieux d'arrondissement.

Je demande qu'on applique la loi à l'Algérie et en même temps que les juges de paix d'Algérie soient assimilés, au point de vue du traitement, aux juges des tribunaux de première instance.

M. le président. La parole est à M. Colin.

M. Maurice Colin. Messieurs, mon collègue M. Trouin vous demande de décider que la loi sera applicable à l'Algérie. Le vote qu'il vous demande serait absolument inutile. Eh, en effet, la loi de 1838, qu'il s'agit de remplacer, est une loi commune à l'Algérie et à la France ; les modifications que nous apportons à cette loi s'appliquent donc de plein droit à l'Algérie aussi bien qu'à la métropole. Mais il est bien entendu que si cette loi est de plein droit applicable à l'Algérie, c'est sous réserve de toutes les dispositions spéciales qui existent en Algérie, et qui continueront à s'appliquer dans les mêmes conditions qu'actuellement.

Ce sont par exemple les dispositions qui touchent au recrutement des juges de paix, à leurs traitements, à l'organisation des tribunaux répressifs, à la situation d'une certaine catégorie de juges de paix qu'on appelle juges de paix à compétence étendue. Il est bien certain que toutes ces dispositions spéciales restent et resteront entièrement en vigueur en dépit du vote de la loi actuelle.

Par conséquent, et sur ce point aucun doute ne me paraît possible, la loi nouvelle s'appliquera de plein droit à l'Algérie sous réserve des institutions spéciales à l'Algérie. Mais il y aurait toutefois lieu d'appliquer à l'Algérie, et c'est là l'objet d'un amendement que j'ai déposé, les dispositions spéciales de la loi nouvelle qui concernent les traitements. Vous allez immédiatement en comprendre la raison. Les traitements actuels des juges de paix d'Algérie sont actuellement fixés par un décret de 1882. Ce décret institue quatre classes de juges de paix dont les traitements vont de 2,700 à 4,000 francs. Mais depuis longtemps on s'est accordé à reconnaître que ces traitements étaient insuffisants, et, depuis 1892, on s'est proposé de les relever progressivement en fixant le minimum à 3,000 francs et le maximum à 5,000 francs. Chaque année, dans le budget algérien, des fonds sont mis à la disposition du gouverneur général pour qu'il réalise progressivement cette amélioration de traitement. C'est ainsi que, dans le budget de 1904, un crédit de 45,000 francs est prévu pour permettre au gouverneur général soit de créer de nouveaux suppléants, soit d'élever le traitement des juges de paix. Mais cette augmentation de traitement ne se réalise que progressivement et en attendant que la réforme soit terminée, il importe de faire aux juges de paix d'Algérie une situation au moins égale au point de vue du traitement à celle que vous venez

de faire à leurs collègues de France. En effet, en Algérie, les juges de paix doivent être licenciés en droit ; ils ont en outre des fonctions extrêmement lourdes ; ils ont notamment la charge qui n'est pas mince de présider les tribunaux répressifs.

Il n'y a par conséquent aucune raison pour que les juges de paix en Algérie n'aient pas au moins une situation égale à celle de leurs collègues de France.

Pour vous donner un exemple, les juges de paix d'Alger notamment, qui a plus de 80,000 habitants, n'ont que 4,000 francs de traitement. Il est donc juste qu'on leur donne 5,000 francs comme aux juges de paix des villes de France ayant plus de 80,000 habitants.

C'est ainsi encore que, dans une ville d'Algérie qui a plus de 20,000 habitants, un juge de paix peut n'avoir que 2,700 francs. Il est absolument juste qu'il ait, comme ses collègues de France, 3,500 francs.

M. Sénac. Je demande la parole. (*Mouvements divers.*)

M. Maurice Colin. J'ai donc préparé un amendement pour remplacer celui de M. Trouin ; il a été accepté par le Gouvernement et par la commission. Il est ainsi conçu :

« Toutefois les juges de paix qui siègent dans les chefs-lieux des arrondissements judiciaires ou administratifs de l'Algérie devront recevoir au moins le traitement auquel ils auraient droit en France par application de l'article 24. »

M. Julien Goujon. C'est une augmentation.

M. Maurice Colin. Non, ce n'est pas une augmentation ; c'est l'extension aux juges de paix d'Algérie de la situation qui est faite aux juges de paix de France, parce qu'il importe que les juges de paix algériens ne soient pas, même provisoirement, sur un pied d'inégalité vis-à-vis de leurs collègues de France.

Je vous demande donc, messieurs, de voter cet amendement accepté, je le répète, par le Gouvernement et par la commission. (*Très bien ! très bien ! à gauche.*)

M. César Trouin. Après les explications données par mon collègue M. Colin, je ne puis que me rallier à son amendement. Mais je tiens à déclarer que, chaque fois que la mention « applicable en Algérie » n'a pas été insérée dans une loi, cette loi est restée lettre morte en Algérie.

Les fonds mis à la disposition du gouverneur général étaient distribués de telle sorte qu'ils constituaient une faveur accordée à tels ou tels juges de paix, bien en cour. Je préfère donc à mon amendement celui de mon collègue M. Colin, qui réglemente judicieusement l'avancement des juges de paix en Algérie.

M. Joseph Caillaux. Je ne vois nul inconvénient à ce que le traitement des juges de paix en Algérie soit augmenté dans de justes proportions. Mais il me sera permis de faire observer à nos collègues d'Algérie, aussi bien à M. Trouin qu'à M. Colin, qu'en réalité il appartient aux délégations financières, qui délibèrent sur le budget algérien, de statuer sur cette question ; ce n'est pas à la Chambre à augmenter les traitements des juges de paix d'Algérie. J'estime donc que leur amendement devrait être écarté pour cette raison qui me paraît essentielle. (*Très bien ! très bien ! sur divers bancs.*)

M. César Trouin. Les crédits afférents à la justice sont obligatoires et votés d'abord par la Chambre. Les délégations financières n'ont qu'à les approuver. C'est donc à la Chambre qu'il appartient de statuer sur le traitement à donner aux juges de paix.

M. Joseph Caillaux. Je demande à la Chambre la permission de retenir quelques instants son attention sur une question qui, en apparence, est très petite et qui, en réalité, est importante parce qu'elle ne tend à rien moins qu'à déterminer le point de savoir si nous devons, par des articles introduits dans les lois particulières, modifier dans leur esprit tout au moins des lois organiques. Il existe une loi organique qui a établi pour l'Algérie une organisation financière et administrative spéciale.

Cela posé, voici comment la question se présente :

on vient d'augmenter le traitement des juges de paix en France, un de nos collègues demande que cette augmentation soit appliquée à l'Algérie.

Je fais observer qu'il appartient aux délégations financières, lorsque le budget leur sera soumis, de déterminer dans quelle mesure elles jugent à propos d'augmenter les traitements des juges de paix. On me répond : les dépenses relatives à la justice sont obligatoires, le Parlement français est maître de les déterminer; par conséquent, il importe peu que nous augmentions le traitement des juges de paix, les délégations financières seront obligées de se conformer à notre vote.

Je réplique : il y a confusion entre deux questions différentes. Évidemment les délégations financières sont obligées de pourvoir aux frais de la justice, sinon le Gouvernement devrait les leur imposer et inscrire dans le budget, en leurs lieu et place, les crédits nécessaires à cet effet.

Je reconnais même que nous avons le pouvoir d'augmenter les frais de l'espèce. Mais ce que je prétends — et c'est le second aspect de la question — c'est que nous faisons des opérations contradictoires, si après avoir donné à une assemblée le pouvoir de délibérer sur son budget, de le régler comme elle l'entend, nous venons, sous prétexte que telle ou telle catégorie de dépenses est obligatoire, accroître ses charges sans que nous puissions augmenter en même temps — puisque nous nous sommes retiré ce pouvoir — les impôts dont le produit est nécessaire pour subvenir à ces dépenses.

C'est aussi inadmissible que si, demain, pour certaines communes de France, nous décidions que les salaires de tels officiers publics, exclusivement rémunérés par les communes, seraient augmentés aux frais des budgets communaux que nous mettrions peut-être ainsi dans l'impossibilité de supporter la dépense. (*Applaudissements sur divers bancs.*)

M. le garde des sceaux. Il est inadmissible de soutenir que les Chambres françaises n'ont pas le droit de régler le sort de certains fonctionnaires algériens. Le jour où une loi intervient pour augmenter les traitements des juges de paix, les délégations financières doivent prendre des mesures pour leur assurer les traitements nouveaux.

M. le président. La parole est à M. Colin.

M. Sénac. Je demande la parole.

M. Maurice Colin. Messieurs, je tiens à protester contre l'interprétation que mon honorable collègue, M. Caillaux, a donnée des lois qui régissent actuellement l'autonomie financière de l'Algérie et les rapports de celle-ci avec la France. Il est inadmissible de dire que, par le jeu de ces lois, le Parlement soit dessaisi de la question de savoir quels sont les magistrats qui doivent exister en Algérie, y rendre la justice au nom de la France et quel est le traitement qui doit leur être attribué.

Les assemblées algériennes sont évidemment libres de donner aux juges de paix algériens telles augmentations de traitement qu'il leur plaît de fixer, et je vous disais tout à l'heure qu'elles n'avaient pas attendu que nous fassions la loi actuelle pour reconnaître l'insuffisance du traitement que le décret de 1882 fixait pour les juges de paix.

Cela n'empêche pas que nous avons ici la prérogative incontestable de décider que les juges de paix d'Algérie auront un minimum de traitement que nous avons le droit de fixer. Sans doute, nous n'avons plus à voter les crédits destinés à payer ces traitements ; mais il est bien évident que lorsque les assemblées algériennes se trouvent en présence d'un vote du Parlement, elles doivent consentir les crédits nécessaires pour assurer l'exécution de ce vote.

Par conséquent, je maintiens l'amendement que j'ai déposé; il est en parfaite concordance avec les lois qui régissent actuellement les rapports de l'Algérie et de la France. (*Très bien! très bien!*)

M. le président. La parole est à M. Sénac.

M. Sénac. Je n'avais pas l'intention d'intervenir dans ce débat, mais puisque la question de l'autonomie algérienne est soulevée je viens dire que l'Algérie doit être soumise au même régime que la France entière; je viens dire et affirmer que d'après la Constitution de 1848, article 109, l'Algérie est

territoire français, qu'en vertu de ce même article 109, l'Algérie doit être gouvernée par des lois et non pas par des décrets. En conséquence, je vous demanderai jeudi prochain de revenir aux principes constitutionnels. Cette Constitution de 1848 n'a pas été abrogée et, à moins de fouler aux pieds les textes de loi, vous serez obligés de la respecter.

La loi que vous faites doit être applicable à l'Algérie. Le régime des décrets est inconstitutionnel ; il ne peut s'appuyer que sur une ordonnance de 1834.

Mais cette ordonnance de 1834 a été formellement abrogée par la Constitution de 1848. Aujourd'hui tout au moins, il n'y a qu'à laisser de côté cette question ; je me promets de la soulever à nouveau jeudi prochain. Je vous soumettrai des documents assez probants et assez précis pour que la situation soit bien entendue ainsi : la France et l'Algérie ne doivent faire qu'un seul bloc. (*Applaudissements*).

M. le président. Je mets aux voix l'amendement de M. Colin auquel s'est rallié M. Trouin et dont je donne de nouveau lecture :

« Toutefois, les juges de paix qui siègent dans les chefs-lieux des arrondissements judiciaires ou administratifs de l'Algérie devront recevoir au moins le traitement auquel ils auraient droit en France par application de l'article 24. »

Il y a une demande de scrutin signée de MM. Louis Brindeau, de Montjou, Audigier, Bouctot, Jules Brice, Chevalier, Marot, Drake, Cornudet, Gourd, Quilbeuf, Borgnet, L. Fabre, Bischoffsheim, Roger Ballu, Charles Benoist, etc.

Le scrutin est ouvert.

(Les votes sont recueillis. — MM. les secrétaires en font le dépouillement.)

M. le président. Voici le résultat du dépouillement du scrutin :

Nombre des votants	544
Majorité absolue	273
Pour l'adoption	101
Contre	443

La Chambre des députés n'a pas adopté.
Je mets aux voix l'article 26.
(L'article 26, mis aux voix, est adopté.)

M. le président. Ici se place un amendement de M. Perroche...

Sur divers bancs à droite et au centre. A jeudi!

A gauche. Non! non! Continuons!

M. le président. J'entends demander le renvoi de la discussion à jeudi...

M. le rapporteur. La commission prie la Chambre de continuer jusqu'au vote sur l'ensemble, sauf à remettre à jeudi la discussion des projets de résolution. (*Très bien! très bien! à gauche.*)

A droite. A jeudi!

M. le président. Puisqu'on insiste, je consulte la Chambre.

J'ai reçu une demande de scrutin, signée de MM. Isoard, Cadenat, Deville, Allard, Lamendin, Bouveri, Colliard, Dejeante, R. Leygue, Vaillant, Sembat, Meslier, Selle, Bénézech, de Pressencé, etc.

Le scrutin est ouvert.

(Les votes sont recueillis. — MM. les secrétaires en font le dépouillement.)

M. le président. Voici le résultat du dépouillement du scrutin.

Nombre des votants	535
Majorité absolue	268
Pour l'adoption	191
Contre	344

La Chambre des députés n'a pas adopté.

M. Émile Villiers. Nous avons perdu un quart d'heure !

M. Maurice Viollette. C'est de votre côté qu'on a insisté.

M. Ferdinand Bougère. C'est exact, mais ce sont les absents qui ont voté.

M. le président. M. Perroche propose un amendement ainsi conçu :

« La présente loi ne sera applicable qu'à dater de la mise en vigueur de la réforme éventuelle des tribunaux de première instance.

« Néanmoins, à partir de sa promulgation, les tribunaux de première instance statueront sur les litiges n'excédant pas 600 francs en se conformant aux règles de procédure et aux tarifs en usage devant les juges de paix. »

La parole est à M. Perroche.

M. Perroche. Je ne veux pas imposer à la Chambre les développements que comporte mon amendement. (*Parlez ! parlez ! à droite.*)

M. Prache. Au contraire ! développez-le dans tous ses détails !

M. Perroche. Je considère qu'il serait très utile d'introduire mon amendement dans la loi, mais étant données les dispositions actuelles de la Chambre, et la loi étant pour ainsi dire terminée, je ne veux pas en retarder le vote définitif ; cependant je me réserve de revenir ultérieurement sur cet amendement sous forme de projet de résolution. (*Très bien ! très bien !*)

M. le président. L'amendement est retiré.

MM. de Castelnau et Ollivier proposent une disposition transitoire ainsi conçue :

« La présente loi ne sera applicable, tant en France que dans les colonies, que deux ans après la promulgation, sous réserve de l'application immédiate, dès le jour où elle sera promulguée, des dispositions de l'article 24 qui règle les conditions d'aptitude aux fonctions de juge de paix. »

M. Louis Ollivier. Nous retirons notre amendement, mais nous demandons que M. le garde des sceaux, tienne compte de l'esprit qui l'a inspiré et que désormais on ne nomme les juges de paix que dans les conditions de capacité qui ont été indiquées par la loi.

M. le garde des sceaux. Dans la mesure où je pourrai le faire, bien entendu !

M. Louis Ollivier. En somme, nous transformons notre amendement en un vœu et demandons simplement que M. le garde des sceaux tienne compte, si c'est possible, des conditions de capacité indiquées par la loi. (*Très bien ! très bien !*)

M. le président. L'amendement est retiré.

Nous arrivons à l'article 27.

« Art. 27 (ancien 29). — Sont abrogés les articles 1 à 10 de la loi du 25 mai 1838 ainsi que toutes les dispositions contraires à celles de la présente loi. »

La parole est à M. Sibille.

M. Maurice Sibille. La Chambre me permettra de poser une question à la commission et au Gouvernement, pour assurer une bonne interprétation de la loi.

D'après le code d'instruction criminelle, les juges de paix sont actuellement officiers de police judiciaire : ils recherchent les crimes, les délits, les contraventions, rassemblent les preuves et livrent les auteurs aux tribunaux. Chaque jour ils reçoivent des dénonciations, recueillent des dépositions de témoins, dressent des procès-verbaux, procèdent enfin aux premières investigations. A l'heure actuelle, presque toutes les instructions, en matière de délits, sont faites par les juges de paix.

D'un autre côté, messieurs, les dispositions que vous avez votées étendent en matière pénale la compétence des juges de paix. Ces magistrats seront appelés à juger les auteurs de délits.

Mais la cour de cassation a toujours déclaré qu'il y avait incompatibilité absolue entre les fonctions de l'officier de police judiciaire qui recherche les coupables et celles du juge de paix qui condamne ou acquitte. (*Très bien ! très bien !*)

C'est là, a-t-on dit, un principe de droit naturel. Je suis donc amené à poser à la commission et au Gouvernement les questions suivantes : Le juge de paix qui aura dirigé une instruction pourra-t-il juger le prévenu ? Et si non, abroge-t-on les dispositions du code d'instruction criminelle d'après lesquelles les juges de paix sont officiers de police judiciaire ?

M. le rapporteur. Je vais fournir à mon honorable collègue M. Sibille l'explication qu'il provoque ; il était d'ailleurs nécessaire que la question fût posée et qu'il y fût répondu.

Les juges de paix sont aujourd'hui saisis comme officiers de police judiciaire par des commissions rogatoires qui leur viennent des parquets. Ces commissions rogatoires seront moins nombreuses désormais et cela sera excellent. On aura plus souvent recours à certains auxiliaires de justice. Il y a, en effet, en France 25,000 gendarmes qui, d'après la loi de 1854 notamment, ont qualité pour dresser des procès-verbaux sous la surveillance de leurs chefs, lesquels sont officiers de police judiciaire. Les gendarmes malheureusement, sont un peu devenus des bureaucrates et des porteurs de papiers relatifs au recrutement. (*C'est vrai ! très vrai !*) Par l'application de la loi, ils vont être rendus à leur rôle naturel. Les commissions rogatoires, au lieu d'être données aux juges de paix, seront données aux autres auxiliaires de justice et notamment à la gendarmerie. (*Réclamations sur divers bancs.*)

Les lois donnent parfaitement aux officiers de gendarmerie le droit de faire ces actes de police judiciaire ; il n'y a pas de doute sur ce point. Voilà ma réponse.

M. Maurice Viollette. Dès maintenant, il en est ainsi !

M. le rapporteur. Parfaitement.

Et il est bien entendu que si un juge de paix — ce qui ne se produira pas, en pratique, alors d'ailleurs que le tribunal de police sera presque toujours saisi par voie de citation directe — avait instrumenté comme officier de police judiciaire, ce ne serait pas lui, mais son suppléant qui siégerait. (*Très bien ! très bien !*)

M. le président. La parole est à M. Auffray.

Jules Auffray. Messieurs, je voudrais faire observer combien il est dangereux, au moment où vous étendez les compétences et où vous exigez des capacités juridiques plus grandes de ceux qui doivent exercer ces nouvelles attributions judiciaires, de confier des instructions souvent délicates à ces très braves gens, peut-être insuffisamment pourvus de connaissances judiciaires que sont les gendarmes.

M. Maurice Viollette. Cela se passe déjà comme cela dans les campagnes !

A droite. Nous le regrettons.

M. Jules Auffray. Nous savons fort bien que, dans un certain nombre de cas, il en est ainsi ; mais si vous retirez l'instruction préalable aux juges de paix afin que ceux-ci ne puissent pas siéger à la fois chargés de commission rogatoires et siéger comme juges, vous allez par là même multiplier les cas où les gendarmes rédigeront les procès-verbaux ; or, je fais appel à mon confrère Viollette, qui est, lui aussi, avocat à la cour d'appel, lorsque nous examinons les procès-verbaux rédigés par les gendarmes, ne regrettons-nous pas souvent que leurs auteurs ne soient pas entourés de connaissances juridiques plus complètes ?

Je répète qu'il est très dangereux de multiplier les cas où vous confierez les instructions préalables aux gendarmes.

M. Maurice Viollette. Leurs procès-verbaux valent bien ceux des gardiens de la paix, et même les procès-verbaux des commissaires de police ! (*Mouvements divers.*)

M. Perroche. Messieurs, je crois que la difficulté soulevée par l'honorable M. Sibille n'en est pas une. Les gendarmes peuvent être chargés des informations officieuses, ils n'ont pas qualité pour faire des instructions judiciaires...

M. Prache. Ils ne sont pas officiers de police judiciaire !

M. Perroche... il n'y a que l'officier de gendarmerie qui soit officier de police judiciaire.

Quant aux juges de paix, ils ne font des informations judiciaires qu'en vertu de commissions rogatoires ; mais alors ils ne sont que des mandataires, ils agissent pour le compte du juge d'instruction qui les a commis et — ce qui est capital dans l'espèce — ils ne prennent pas de décision, ils ne rendent pas l'ordonnance. (*C'est cela ! — Très bien !*)

Pourquoi le juge d'instruction est-il écarté du tribunal correctionnel dans les affaires dont il a connu ? C'est parce qu'il a déjà statué sur ces affaires par voie d'ordonnance ; le juge de paix, au contraire, a simplement pour mission d'instruire sans rendre de décision. Dans ces conditions, l'inconvénient que signalait tout à l'heure M. Sibille ne se présentera pas en droit. (*Très bien ! très bien !*)

M. le président. Je mets aux voix l'article 27 du projet de la commission.

(L'article 27, mis aux voix, est adopté.)

M. le président. MM. Gabriel Deville et Puech proposent d'ajouter aux abrogations les mots :

« L'article 5 de l'ordonnance de police du 6 novembre 1778, le paragraphe 2 de l'article 14 de l'ordonnance du 8 novembre 1780 et l'article 7 de l'ordonnance du 21 mai 1754. »

M. le garde des sceaux. Nous acceptons cette addition, d'accord avec la commission et avec M. le ministre de l'intérieur.

M. Gabriel Deville. Alors je n'ai rien à dire.

M. le président. Je mets aux voix l'amendement de M. Deville.

(L'amendement, mis aux voix, est adopté.)

M. le président. M. Paul Meunier propose la disposition additionnelle suivante :

« Article additionnel. — Est abrogée l'ordonnance royale du 20 avril 1813. »

Cet amendement serait soumis à la prise en considération.

M. Paul Meunier. Il ne me paraît plus possible de discuter en ce moment devant la Chambre la question très grave soulevée par l'amendement. Je me vois donc obligé d'en demander moi-même la disjonction.

M. le président. L'amendement est retiré.

Je mets aux voix l'ensemble de l'article 27 c'est-à-dire le texte de la commission, avec l'addition proposée par MM. Deville et Puech.

(L'ensemble de l'article 27, mis aux voix, est adopté.)

M. le président. Avant de consulter la Chambre sur l'ensemble de la proposition de loi, je donne la parole à M. Flandin (Calvados) pour expliquer son vote.

M. Ernest Flandin (Calvados). Au nom de quelques-uns de mes amis et au mien, je tiens à expliquer pour quelles raisons je ne voterai pas la loi qui vient d'être discutée devant la Chambre.

Je considère que cette loi est anti-démocratique parce qu'elle introduit dans notre système judiciaire deux sortes de juridictions : l'une réservée aux pauvres, l'autre réservée aux riches.

A gauche. Nous ne comprenons pas !

M. Ernest Flandin (Calvados). La justice des riches leur donnera la garantie des trois magistrats de carrière de nos tribunaux ; la justice des pauvres, au contraire, sera confiée à un seul juge trop souvent improvisé. (*Très bien ! très bien ! à droite.*)

La modeste épargne de l'ouvrier est plus sacrée encore à mes yeux que celle du capitaliste. Je ne puis pas admettre que la loi nouvelle crée en France une justice offrant moins de garanties pour les intérêts du travailleur que celle des tribunaux ordinaires qui seront réservés en fait et presque exclusivement aux privilégiés de la fortune.

A gauche. C'est exactement le contraire !

M. Ernest Flandin (Calvados). Dans ces conditions, un certain nombre de mes amis et moi, nous nous abstiendrons de voter la loi qui vous est soumise. (*Applaudissements sur divers bancs. — Mouvements divers.*)

M. le président. Je mets aux voix l'ensemble de la proposition de loi.

Il y a une demande de scrutin signée de MM. Lamendin, Cadenat, Allard, Deville, Édouard Vaillant, Dejeante, Meslier, Bénézech, Francis de Pressensé, Dasque, Colliard, Raymond Leygue, Marcel Sembat, Rouby, Bouveri, Selle, etc.

Le scrutin est ouvert.

(Les votes sont recueillis. — MM. les secrétaires en font le dépouillement.)

M. le président. Voici le résultat du dépouillement du scrutin :

Nombre des votants.......... 529
Majorité absolue............. 265

Pour l'adoption....... 510
Contre............... 19

La Chambre des députés a adopté.

Voix nombreuses. À jeudi !

M. le président. J'entends demander le renvoi de la suite de l'ordre du jour à jeudi.

Il n'y a pas d'opposition ?...

Le renvoi est ordonné.

Séance du 11 février 1904.

(8ᵉ DISCUSSION)

M. le président. Je rappelle à la Chambre qu'au cours de la délibération sur la réforme des justices de paix elle a réservé de se prononcer, après le vote sur l'ensemble de la proposition, sur les projets de résolution.

La parole est à M. Gouzy pour le dépôt d'un projet de résolution en faveur duquel il se propose de demander l'urgence et la discussion immédiate.

M. Paul Gouzy. Messieurs, à la prière de la commission et du Gouvernement j'ai retiré l'autre jour un amendement dont le principal objet était d'économiser à l'État 1,800,000 francs et d'augmenter le traitement des juges de paix sans nuire en rien à la justice.

Je n'ai pas tardé à regretter de l'avoir retiré quand j'ai assisté avant-hier au long défilé des députés qui sont venus à cette tribune essayer — et souvent avec succès — d'augmenter les 1,800,000 francs que coûtera déjà la réforme. Je l'ai regretté plus encore quand j'ai entendu M. le rapporteur, faisant la synthèse de la séance, dire :

« Les députés proposent des amendements, la Chambre les vote et le pays les paye. » En effet, le pays les paye. Or je voudrais précisément que le pays ne les payât pas ou du moins les payât moins cher. C'est pourquoi, d'accord du reste avec la commission, j'ai transformé mon amendement en un projet de résolution que je vais avoir l'honneur de lire à la Chambre :

« La Chambre invite le Gouvernement à étudier et à lui présenter dans le plus bref délai possible un projet de loi réduisant le nombre des juges de paix de telle sorte que le plus grand nombre possible de ceux de la 4ᵉ classe aient deux cantons sous leur direction, et à employer l'économie résultant de cette réforme à élever à 3,000 francs le minimum de traitement des juges de paix. (*Très bien ! très bien ! sur divers bancs.*)

Je n'ai rien à ajouter à ce que j'ai dit lorsque j'ai présenté mon amendement, sauf ceci : depuis l'autre jour j'ai reçu quatre lettres de juges de paix que je ne connais pas et qui sont de divers pays. Je dois déclarer loyalement que deux d'entre eux m'ont prouvé par des faits qu'ils avaient plus de travail que je ne le supposais : ceci prouve tout simplement que ces deux juges de paix ne devront pas être mis dans la dernière classe ; les deux autres m'ont remercié d'avoir déposé l'amendement que j'ai soutenu.

J'espère, en conséquence, sachant que la commission ne s'y oppose pas, que la Chambre voudra bien adopter mon projet de résolution. (*Applaudissements.*)

M. le président. La parole est à M. le garde des sceaux.

M. Vallé, *garde des sceaux, ministre de la justice.* Messieurs, à n'envisager la proposition de l'honorable M. Gouzy qu'au point de vue budgétaire, elle peut paraître séduisante. Quand autrefois déjà on voulut réunir deux justices de paix sous la juridiction d'un seul juge on prépara un travail en tenant compte du rapprochement des cantons et de la facilité des communications, et on arriva à cette conclusion que cent-cinquante-sept cantons pourraient être privés de leur magistrat cantonal).

Au centre. Ce n'est pas assez !

M. le garde des sceaux. Depuis, les facilités de communication ayant augmenté, on pourrait peut-être faire fusionner deux à deux quatre cents justices de paix. Ce serait donc une économie de traitement portant sur deux cents juges de paix.

La loi que vous venez de voter leur accordant 2,500 francs l'économie totale serait par conséquent de 500,000 francs ; mais il faut défalquer de cette somme environ 100,000 francs à verser à titre d'indemnité au juge de paix qui aurait à se transporter d'un canton à l'autre.

La proposition de l'honorable M. Gouzy se traduirait, en somme, par une diminution de dépenses de 400,000 francs. Voilà son beau côté. Passons maintenant à son revers. Il est indéniable que le juge de paix a dans son canton un rôle bienfaisant. Il arrange les discussions, transige les procès, et les statistiques sont là pour montrer que 60 p. 100 des affaires qui arrivent au cabinet du juge de paix s'y éteignent. J'ai déjà eu l'honneur de dire à la Chambre que, si le juge de paix parvenait à des résultats si heureux pour les justiciables, c'est qu'il habitait près d'eux ; que, les approchant, il connaissait leurs défauts, leurs qualités, et qu'il leur ouvrait facilement les portes de son cabinet.

Du jour où le ressort d'un juge de paix s'étendra jusqu'à deux cantons, sa bonne influence se fera sentir encore dans un canton peut-être, mais beaucoup moins dans le second. Un canton sera favorisé au détriment des justiciables de l'autre.

M. Louis Jourdan (Lozère.) Et ceux-ci se plaidront amèrement !

M. le garde des sceaux. J'ajoute que le canton qui sera marqué pour perdre son juge de paix ne manquera pas de faire une résistance énergique et que cela ne serait pas un des moindres inconvénients de la mise en pratique de la mesure proposée par l'honorable M. Gouzy.

En dernier lieu, rappelez-vous, messieurs, qu'on n'a jamais voulu, depuis que les juges de paix existent et en raison même du caractère de cette institution, qu'un juge de paix fût chargé de deux ou plusieurs cantons. Et je vous demande alors si c'est bien le moment d'abandonner ce principe après le vote d'une loi qui augmente la compétence civile et pénale du magistrat cantonal ?

J'estime, quant à moi, que mieux vaut s'en tenir à l'état de choses actuel, et décider que, dans l'intérêt même des justiciables, il y aura, en France, un juge de paix par canton. (*Applaudissements.*)

M. le président. La parole est à M. Gouzy.

M. Paul Gouzy. M. le garde des sceaux nous dit que l'action des juges de paix est très bienfaisante. Assurément. Eh bien, leur bienfaisance s'étendra sur deux cantons au lieu d'un ! (*Rires et applaudissements.*) Ils feront ce qu'ils font actuellement lorsqu'ils n'habitent pas le canton — ce qui est fréquent.

Il est certain que la mesure est inapplicable aux juges de paix chargés d'un très grand canton : un des juges de paix qui m'ont écrit est par exemple, dans un canton de 38,000 habitants ; évidemment je ne demande pas qu'on lui en donne un second ! Mais il y a beaucoup de cantons dont la population ne dépasse pas 4 à 5,000 habitants. Eh bien ! qu'un seul juge de paix soit chargé de ces cantons, il aura encore moins de justiciables que celui qui est en ce moment dans un canton de 38,000 habitants. Les raisons invoquées par M. le garde des sceaux ne sont vraiment pas sérieuses.

M. le président. Comme il y a eu rendez-vous pris, personne, je crois, ne conteste l'urgence et la discussion immédiate de ce projet de résolution ? (*Non ! non.*)

Je consulte la Chambre sur la déclaration d'urgence.

(La Chambre, consultée, déclare l'urgence — Elle ordonne ensuite la discussion immédiate.)

Personne ne demande la parole sur le projet de résolution de M. Gouzy ?...

Je le mets aux voix.

Il y a une demande de scrutin, signée de MM. Pajot, Debaune, Fitte, Rouby, Sauzède, Cazeneuve, Eugène Réveillaud, Casimir Lesage, Bos, Tournier, Ballande, Chamerlat, Perrin, Jumel, Bachimont, Charronnat, Bienvenu Martin, Deville, Villejean, J.-L. Breton et Cadenat.

Le scrutin est ouvert.

(Les votes sont recueillis. — MM. les secrétaires en font le dépouillement).

M. le président. Voici le résultat du dépouillement du scrutin :

<pre>
Nombre des votants........ .. 578
Majorité absolue.............. 290

      Pour l'adoption....... 258
      Contre............... 320
</pre>

La Chambre des députés n'a pas adopté.

M. le président. La parole est à M. Etienne Flandin pour déposer un projet de résolution en faveur duquel il demande le bénéfice de l'urgence.

M. Etienne Flandin (Yonne). J'ai voté, avec l'immense majorité de cette Chambre, la proposition de loi sur l'extension de la compétence des juges de paix ; j'en espère les plus heureux résultats pour l'organisation d'une justice plus expéditive et moins coûteuse ; mais ces résultats, on ne les atteindra qu'à la condition que le personnel, chargé d'appliquer la loi soit à la hauteur de sa mission. (*Très bien ! très bien !*)

En ce qui concerne l'avenir, je suis rassuré. Les garanties que vous exigez dans l'article 24 me donnent l'assurance que les justiciables trouveront des juges suffisamment expérimentés. Mais il y a une période inquiétante, c'est la période de transition. Lorsqu'on annonce qu'on va fermer une porte, tout le monde se précipite pour la franchir. Il est à prévoir que les candidats sûrs d'être évincés dans l'avenir vont redoubler d'efforts pour obtenir une nomination qu'ils seraient certains de se voir refuser dans quelques mois. (*Très bien ! très bien !*)

J'ai la conviction que M. le garde des sceaux, soucieux d'assurer le bon fonctionnement d'une loi au vote de laquelle il a si largement contribué s'efforcera de tout son pouvoir de résister à l'invasion.

Mais le pourra-t-il toujours ? Voilà pourquoi je lui demande d'accepter un projet de résolution qui, sans empiéter en aucune façon sur les prérogatives légitimes du pouvoir exécutif, « l'invite à s'inspirer, pour les nominations de juges de paix qu'il fera en attendant la promulgation de la loi, des garanties de capacité édictées par l'article 24 de la nouvelle loi ». (*Très bien ! très bien !*)

Je lui demande d'accepter ce projet de résolution pour doubler sa force de résistance de celle du Parlement. (*Applaudissements.*)

M. le président. La parole est à M. le garde des sceaux.

M. le garde des sceaux. Il est certain qu'en prévision de la mise en vigueur de la loi qui a été votée dans la dernière séance à une très grande majorité, je dois me préoccuper du recrutement des nouveaux juges de paix. Si, en même temps que je suis invité à ne plus nommer que des juges de paix remplissant les conditions exigées par la loi on m'autorisait à leur donner les nouveaux traitements je suis convaincu qu'il ne me serait pas difficile de trouver des candidats. Mais, on me parle des titres sans me parler des traitements. Et je me vois alors forcé de faire une réserve.

En examinant les dossiers des candidats qui sont à la chancellerie, j'ai pu constater qu'un certain nombre d'entre eux ont les diplômes, mais n'ont pas exercé leurs fonctions pendant la durée exigée par la nouvelle loi ; et que d'autres ont le stage voulu dans les fonctions indiquées à l'article 24, mais sans les diplômes.

Je ferai mes efforts pour ne nommer, à partir d'aujourd'hui, que ceux qui se trouveront dans l'une ou l'autre de ces deux catégories. (*Très bien ! très bien !*) Et de cette façon, lorsque la nouvelle loi sera promulguée, nous aurons déjà renouvelé en partie le personnel des justices de paix, en le rendant de plus en plus apte à remplir les fonctions nouvelles qui lui seront confiées. (*Très bien ! très bien !*)

M. Etienne Flandin. Les assurances que me donne M. le garde des sceaux me satisfont absolument et je l'en remercie. Je demande à la Chambre d'en prendre acte en votant mon projet de résolution, qui se trouve en complète concordance avec les déclarations de M. le ministre de la justice.

M. le président. Le projet de résolution est maintenu.

Je consulte la Chambre sur l'urgence.

(L'urgence est déclarée.)

M. le président. Je mets aux voix le projet de résolution de M. Etienne Flandin.

(Le projet de résolution, mis aux voix, est adopté.

M. le président. La parole est à M. Haudricourt pour déposer un projet de résolution en faveur duquel il demande le bénéfice de l'urgence.

M. Haudricourt. A la demande de l'honorable M. Cruppi, lors de la dernière séance, j'ai consenti à retirer l'amendement que j'avais déposé, concernant la révision du tarif des greffiers de justices de paix et à le transformer en un projet de résolution, ainsi conçu :

« La Chambre invite le Gouvernement à procéder dans le délai de trois mois à partir de la promulgation de la loi sur la réforme des justices de paix, par un décret rendu dans la forme des règlements d'administration publique, à la révision des chapitres 2 et 3 du livre 1er du décret du 16 février 1807 concernant la taxe des greffiers de paix et des décrets de 1811 et de 1813, concernant les taxes des greffiers de simple police. »

Je ne veux pas reprendre devant vous, messieurs, les arguments que j'ai développés ici lors de la discussion de mon amendement ; mais la Chambre me permettra de lui faire remarquer très brièvement que ma proposition n'a pas d'autre but que de mettre en harmonie avec la loi que vous avez votée avant-hier le tarif actuel des greffiers de justice de paix.

Je vous demande d'inviter le Gouvernement — d'ailleurs, accepte, je le crois, mon projet de résolution — à réviser ce tarif dans un délai de trois mois après la promulgation de la loi sur les justices de paix. Je n'insiste pas sur le délai de trois mois ; si vous le trouvez trop court, je suis tout disposé à donner un délai plus long à M. le garde des sceaux pour faire cette révision.

Je demande que ces tarifs de 1807, 1811 et 1813 soient mis en accord avec la loi que vous avez voté.

Plusieurs de mes collègues ont paru s'inquiéter et craindre que ma proposition n'eût pour conséquence une augmentation des frais de justice. Je tiens à les rassurer. Je n'ai point l'intention d'élever les frais de justice, et je suis complètement opposé à cette augmentation, sous quelque forme qu'elle se produise.

Mais ces tarifs de 1807 ont de nombreuses lacunes que je ne veux pas énumérer : certains actes n'y figurent pas ; de sorte que les juges de paix les taxent d'une façon arbitraire et très variable suivant les régions.

Je demande donc que le tarif de 1807 soit révisé, qu'il soit complété, qu'il soit rajeuni, et, si vous me permettez le mot, un peu modernisé. (*Très bien ! très bien! sur divers bancs.*)

M. le président. Je préviens la Chambre que M. Buyat propose une addition au projet de résolution de M. Haudricourt. Cette addition est ainsi conçue

« La révision des tarifs ci-dessus visés devant être opérée uniquement pour leur mise en harmonie avec la loi votée par la Chambre sur la compétence des juges de paix ne devra comporter aucune augmentation de frais à la charge des justiciables. »

M. Buyat. Je ne suis fait inscrire pour prendre part à la discussion, mais je désirerais parler après M. Brindeau, parce que j'ai l'intention de combattre le projet de résolution qu'il a déposé. Toutefois, je ne fais pas opposition à ce qu'on statue sur le projet de résolution de M. Haudricourt.

En montant seulement à la tribune pour combattre le quatrième projet de résolution, celui de M. Brindeau, j'éviterais d'y paraître deux fois.

M. le président. Pour la clarté du débat, il vaudrait mieux que vous prissiez la parole maintenant.

M. Buyat. Alors je demande la parole.

M. le président. La parole est à M. Buyat.

M. Buyat. J'avais demandé à présenter mes explications après M. Brindeau, parce que j'avais l'intention de combattre son projet de résolution qui tend à la révision des tarifs des greffiers d'instance.

Je lui répondrai sur ce point seulement tout à l'heure. Pour l'instant, je demande à la Chambre la permission de m'expliquer en quelques mots sur le projet de résolution de M. Haudricourt auquel je propose une addition. (*Parlez! parlez!*)

A la dernière séance j'ai déclaré que je ne m'opposais pas au relèvement du tarif des greffiers de nos cantons ruraux ; mais j'ai demandé qu'on établit une distinction très nette entre ces greffiers fort intéressants et les greffiers des grandes villes et spécialement ceux des chefs-lieux du département qui achètent leurs charges un prix relativement élevé et qui, à mon sens, ne sont pas dignes d'intéresser la Chambre parce que le nombre des jugements qu'ils expédient leur assure une très suffisante rémunération. (*Réclamations sur divers bancs.*)

M. Laurent Bougère. Toutes les catégories de citoyens doivent nous intéresser également.

M. Deléglise. Les greffiers de chefs-lieux d'arrondissement sont aussi intéressants que les greffiers des cantons ruraux.

M. Buyat. Je ne le nie pas, puisque j'ai surtout parlé des greffiers des grandes villes et spécialement de ceux des chefs-lieux de département.

Il y aurait, à mon sens, d'ailleurs, un moyen de régler cette question des tarifs : ce serait d'augmenter les traitements fixes des greffiers de justice de paix par vote budgétaire.

Je me méfie, en effet, beaucoup de ces révisions de tarifs qui augmentent d'une façon générale les frais de justice. Je me borne à rappeler à la Chambre que nous avons été obligés de déposer autrefois une demande d'interpellation que nous avons développée à cette tribune, au sujet du nouveau tarif des avoués. Eh bien ! je suis persuadé quant à moi, que toutes les fois qu'on révise les tarifs des frais de justice cette révision se traduit par des augmentations qui grèvent d'une façon très lourde les justiciables. (*Très bien! très bien au centre.*) C'est la raison pour laquelle, tout en ne m'opposant pas à l'adoption du projet de résolution de M. Haudricourt, j'ai déposé une addition stipulant que la revision devrait avoir pour but simplement et seulement la mise en harmonie des anciens tarifs avec la loi que nous avons faite sur les justices de paix, mais sans que cette mise en harmonie puisse en aucune façon grever le justiciable. (*Applaudissements à gauche.*)

M. le président. La parole est à M. le garde des sceaux.

M. le garde des sceaux, *ministre de la justice.* Messieurs, cette question de la révision des tarifs des greffiers de paix et des greffiers de simple police présente des aspects différents que mon devoir est de montrer à la Chambre. Evidemment, si on fait une révision, ce n'est pas pour accorder des tarifs inférieurs à ceux de 1807. Toute révision, comme le disait l'honorable M. Buyat, se traduira par une augmentation.

Nous sommes tous d'accord, messieurs, pour reconnaître que la situation des greffiers de paix est extrêmement intéressante. Que touchent-ils, en effet ?

Un traitement qui leur est payé par l'Etat, et des émoluments pour les différents actes de leur fonction.

Ce traitement, très modeste, est de 850 francs pour tous les greffiers de justice de paix de France, sauf pour ceux de Paris qui reçoivent 1,000 francs.

Quant aux émoluments, ils varient pour une bonne moitié des greffiers de paix de France, entre 50 francs et 400 francs.

Ajoutés à leurs 850 francs de traitement, cela fait une allocation annuelle de 1,000 à 1,200 francs en chiffres ronds.

Pour la plupart des autres, ces émoluments ne dépassent pas 1,000 francs. Quelques-uns se font jusqu'à 2,000 et 3,000 francs. Et à Paris, seulement, ce chiffre est dépassé.

D'autre part, les affaires en justice de paix ont sensiblement diminué.

M. Laurent Bougère. Tant mieux !

M. le garde des sceaux. Elles ont diminué précisément parce qu'on a permis aux juges de paix de concilier sur simples billets d'avertissement. Alors que les affaires portées à l'audience étaient, en 1835, de 516,720, elles n'étaient plus, en 1897, que de 343,417.

En outre, on use beaucoup moins des billets d'avertissements eux-mêmes depuis qu'on les a soumis au timbre par la loi de 1872 sur les impôts de guerre.

Aussi constate-t-on que de 2,017,605 en 1845, ils sont tombés à 1,388,271 en 1897. La conséquence de cette situation, c'est que pour nombre de greffiers, les émoluments sont devenus si insignifiants que leur vie n'est plus que bien difficilement assurée.

Mais, à un autre point de vue, il faut reconnaître qu'à toutes les époques on s'est refusé au relèvement des émoluments des greffiers de justice de paix. Sous la monarchie de Juillet trois ou quatre tentatives en ce sens furent faites qui restèrent infructueuses. En 1872 une proposition de même genre fut déposée par l'honorable M. Princeteau; elle n'aboutit pas. Une commission extraparlementaire instituée au ministère de la justice en 1873 eut comme conclusion un rapport qui est resté dans les cartons. En 1875 après l'augmentation du traitement des greffiers de paix Gambetta déposa un amendement tendant à élever aussi leurs émoluments; mais il fut obligé de le retirer.

En 1891, le projet de loi sur les justices de paix qui fut discuté au Parlement contenait un article aux termes duquel il devait être procédé à la revision des tarifs de greffiers de paix. Sur les observations de M. Fallières, l'article disparut.

Enfin, en 1901, une commission instituée au ministère de la justice élabora un projet de tarif qui était décroissant. Ce tarif accordait aux greffiers de paix de 4e classe des émoluments qui doublaient les anciens. Ceux de la 3e classe voyaient les leurs augmenter de un tiers à trois septièmes; ceux de la 2e classe étaient accrus d'un tiers environ; ceux de certaines grandes villes de un quart à un cinquième et ceux de Paris enfin de un septième.

Mais, messieurs, ce sont là des chiffres que j'exhume des cartons où ils sont encore.

Pourquoi toutes ces tentatives en faveur des greffiers, si peu rémunérés, comme vous l'avez vu, ont-elles échoué?

C'est parce que la question du rachat des greffes est constamment à l'étude, et que si vous augmentez les émoluments des greffiers des justices de paix, quelque bien fondé que ce soit, vous augmentez du même coup les charges du rachat lui-même.

Dans ces conditions, sollicité par les uns d'augmenter les émoluments des greffiers, sollicité par les autres de ne pas y toucher, je ne puis que me borner à vous présenter ces quelques observations, et à m'en rapporter à votre décision. (*Très bien! très bien !*)

M. le président. La parole est à M. Buyat.

M. Buyat. Je répondrai à M. le garde des sceaux que la Chambre vient de voter une loi sur la compétence des juges de paix qui étend singulièrement leurs attributions. Quel va être l'effet de cette loi en ce qui concerne les greffiers de ces justices de paix? Évidemment de les obliger à expédier beaucoup plus de jugements qu'avant, d'où une source nouvelle de profits. Voilà pourquoi je ne vois en aucune façon, l'utilité d'augmenter leur tarif.

Qu'on me permette d'ajouter que le revenu des greffes des justices de paix a déjà été augmenté à plusieurs reprises.

M. le garde des sceaux. Jamais!

M. Buyat. La Chambre n'ignore pas, en effet, que des lois nouvelles, sur les habitations à bon marché, sur les warants agricoles, sur la saisie des petits salaires et enfin sur les accidents du travail, ont augmenté dans des proportions considérables le travail et par conséquent les émoluments des greffiers de paix. Pour toutes ces raisons, je ne vois, encore une fois, aucune utilité de rema-

nier et d'augmenter leur tarif. (*Très bien! très bien! à gauche.*)

M. Bouctot. Leur travail a augmenté, mais non pas leurs émoluments.

M. Klotz. Nous demandons le renvoi à la commission.

M. Louis Puech. Je demande la parole au nom de l'honorable rapporteur M. Cruppi, qui est absent; il a été obligé de demander un congé, et il m'a prié de le remplacer. (*Parlez! parlez!*)

M. le président. Vous avez la parole.

M. Louis Puech. Ainsi que notre collègue M. Buyat le faisait remarquer tout à l'heure, les greffiers des justices de paix n'ont qu'à gagner à la loi que vous venez de voter et qui d'ailleurs n'est pas encore définitive. Je ne vois pas par conséquent, comment le fait même de l'adoption de cette loi pourrait justifier en leur faveur une modification des tarifs. Elle leur profite, elle augmente leurs émoluments, elle ne les diminue pas; par conséquent, si on demande une revision, ce n'est peut-être que pour les faire profiter d'une augmentation nouvelle. Cela paraît de toute évidence.

Or le sentiment, je puis dire unanime de la commission, c'est que les frais de justice n'augmentent pas, surtout en ce qui concerne le degré de juridiction dont nous nous occupons, c'est-à-dire les justices de paix. (*Très bien! très bien!*)

Si la Chambre adoptait le projet de résolution de M. Haudricourt qui, je viens de l'indiquer, selon moi n'a pas l'objet, il faudrait tout au moins qu'il fût corrigé par la motion présentée par notre collègue M. Buyat, stipulant que dans aucun cas les émoluments des greffiers de justice de paix ne seront augmentés, aux dépends des justiciables.

Mais alors, je le répète, la motion n'a pas d'objet, mais si M. Haudricourt n'y fait pas opposition, nous en demanderons le renvoi à la commission. C'est d'autant plus nécessaire que si certains greffiers peuvent être fondés à se plaindre, ce ne sont pas ceux des justices de paix, mais ceux des tribunaux de première instance qui vont être privés des émoluments qu'ils touchent aujourd'hui pour les affaires qui vont être enlevées à leurs tribunaux. C'est donc une étude d'ensemble qu'il y a lieu de faire à cet égard. (*Très bien! très bien! à gauche.*)

M. Haudricourt. J'ai fait tout à l'heure remarquer à la Chambre que je ne demandais pas que les tarifs fussent augmentés, mais seulement revisés et complétés.

M. Louis Puech. C'est la même chose!

M. Haudricourt. Si je le demande c'est parce qu'il y a aujourd'hui une série d'actes qui ne sont pas tarifés et que l'on ne peut pas maintenir cette situation.

M. Charles Bos. On les tarife par analogie.

M. Haudricourt. Il y a par exemple les actes d'adoption, les dépôts de rapports, etc., qui ne sont pas tarifés.

M. Louis Puech. J'entends bien l'objection que fait M. Haudricourt, à savoir qu'un certain nombre d'actes ne sont pas tarifés. Mais je voudrais que notre collègue nous explique comment, s'il fait tarifer ces actes qui ne le sont pas aujourd'hui, on pourra arriver à une diminution des frais de justice. C'est à une augmentation que l'on aboutira fatalement.

C'est pourquoi nous demandons le renvoi à la commission.

M. Haudricourt. Ma proposition tend simplement à la régularisation d'une situation.

M. Maurice Viollette. Si, comme le faisait remarquer très justement M. le garde des sceaux, les greffiers de paix ont une rémunération à peine suffisante pour vivre, cela tient surtout à une particularité dont on n'a pas assez tenu compte; en dehors du prix apparent de leur charge, qui est généralement de 5,000 ou 6,000 francs, ils ont tous à subir des contre-lettres de 10,000 à 15,000 francs.

M. Julien Goujon. Il ne nous est pas permis de tenir compte des contre-lettres. Vous le **savez** bien!

M. Maurice Viollette. L'intérêt qu'ils doivent payer pour le prix réel de leur charge absorbe le plus clair des revenus qu'ils en tirent.

Dans ces conditions, il serait bon, me semble-t-il, de se préoccuper de l'autre solution que présentait M. le garde des sceaux ; je veux parler du rachat de toutes les charges. Comme nous ne pouvons pas prendre immédiatement une position nette en cette matière, il me paraît nécessaire de renvoyer la proposition à la commission qui décidera s'il y a lieu de prononcer le rachat ou de reviser les tarifs et, dans ce dernier cas, dans quelle proportion.

M. le président. Le renvoi a la priorité.

M. Haudricourt. J'accepte le renvoi et je suis convaincu que la commission fera droit à ma demande. (*Très bien! très bien!*)

M. le président. Le projet de résolution de M. Haudricourt, ainsi que l'addition de M. Buyat,
sont renvoyés à la commission de la législation fiscale :

M. Brindeau avait demandé la parole pour déposer, avec ses collègues MM. Georges Berry, Groussau, Mirman, Rousset, Goujon, de Castelnau et Dulau, un projet de résolution ainsi conçu :

« La Chambre invite le Gouvernement à faire procéder, concurremment avec la revision des taxes des greffiers de justice de paix, à la revision des décrets des 24 mai 1854 et 28 juin 1892 concernant les taxes des greffiers de tribunaux civils de première instance. »

M. Brindeau accepte sans doute le renvoi à la commission de ce projet de résolution.

M. Louis Brindeau. J'accepte également le renvoi, monsieur le président.

M. le président. Il n'y a pas d'opposition au renvoi à la même commission de ce projet de résolution ?...

Le renvoi est ordonné.

TRANSMISSION AU SÉNAT

Séance du 11 février 1904.

M. le président. J'ai reçu de M. le président de la Chambre des députés la communication suivante :

» Paris, le 11 février 1904.

« Monsieur le Président,

« Dans sa séance du 9 février 1904, la Chambre des députés a adopté une proposition de loi, adoptée par le Sénat, modifiée par la Chambre des députés, concernant : 1° la compétence des juges de paix ; 2° la réorganisation des justices de paix.

« Le vote a eu lieu après déclaration de l'urgence.

« Conformément aux dispositions de l'article 141 du règlement de la Chambre, j'ai l'honneur de vous adresser une expédition authentique de cette proposition dont je vous prie de bien vouloir saisir le Sénat.

« Je vous serai obligé de m'accuser réception de cet envoi.

« Agréez, monsieur le président, l'assurance de ma haute considération.

« *Le président de la Chambre des députés,*

Henri BRISSON.

La Chambre des députés ayant déclaré l'urgence, le Sénat, aux termes de l'article 127 du règlement, doit être consulté sur la question d'urgence.

Ordinairement le Sénat ne statue à cet égard qu'après le dépôt du rapport ; veut-il attendre ce moment pour se prononcer sur l'urgence ? (*Adhésion.*)

La proposition de loi est renvoyée à l'ancienne commission.

Elle sera imprimée et distribuée.

PROPOSITION DE LOI

CONCERNANT LA

Compétence des Juges de Paix

SÉNAT

M. JULES GODIN, rapporteur

COMPTE-RENDU « IN EXTENSO »

Séance du 16 mars 1905.

(1re DÉLIBÉRATION.)

M. le président. L'ordre du jour appelle la 1re délibération sur la proposition de loi, adoptée par le Sénat, modifiée par la Chambre des députés, concernant : 1° la compétence des juges de paix ; 2° la réorganisation des justices de paix.

La Chambre des députés ayant déclaré l'urgence, le Sénat, aux termes de l'article 127 du règlement, doit être consulté sur l'urgence, qui est demandée par la commission, d'accord avec le Gouvernement.

Je la mets aux voix.

(L'urgence est déclarée).

M. le président. Avant d'aborder la discussion générale, je dois donner connaissance au Sénat d'un décret de M. le Président de la République ainsi conçu :

« Le Président de la République française,

« Sur la proposition du président du conseil, ministre des finances,

« Vu l'article 6, paragraphe 2, de la loi constitionelle du 16 juillet 1875 sur les rapports des pouvoirs publics, qui dispose que les ministres peuvent se faire assister, devant les deux Chambres, par des commissaires désignés pour la discussion d'un projet de loi déterminé,

« Décrète :

« Art. 1er. — M. Charles Laurent, conseiller d'Etat en service extraordinaire, directeur général de la comptabilité publique, est désigné, en qualité de commissaire du Gouvernement, pour assister le président du conseil, ministre des finances, au Sénat, dans la discussion de la proposition de loi adoptée par le Sénat, modifiée par la Chambre des députés, concernant : 1° la compétence des juges de paix ; 2° la réorganisation des justices de paix.

« Art. 2. — Le président du conseil, ministre des finances, est chargé de l'exécution du présent décret.

« Fait à Paris, le 11 février 1905.

« ÉMILE LOUBET.

« Par le Président de la République :

« *Le président du conseil, ministre des finances,*

« ROUVIER. »

« Le Président de la République française,

« Sur la proposition du garde des sceaux, ministre de la justice,

« Vu l'article 6, paragraphe 2, de la loi constitutionnelle du 16 juillet 1875 sur les rapports des pouvoirs publics, qui dispose que les ministres peuvent se faire assister, devant les deux Chambres, par des commissaires désignés pour la discussion d'un projet de loi déterminé,

« Décrète :

« Art. 1er. — M. Paillot, directeur des affaires civiles et du sceau au ministère de la justice, est désigné, en qualité de commissaire du Gouvernement, pour assister le garde des sceaux, ministre de la justice, devant le Sénat, dans la discussion de la proposition de loi, adoptée par le Sénat, modifiée par la Chambre des députés, concernant : 1° la compétence des juges de paix ; 2° la réorganisation des justices de paix.

« Art. 2. — Le garde des sceaux, ministre de la justice, est chargé de l'exécution du présent décret.

« Fait à Paris, le 16 mars 1905.

« ÉMILE LOUBET.

« Par le Président de la République :

« *Le garde des sceaux, ministre de la justice,*

« J. CHAUMIÉ. »

La discussion générale est ouverte.

La parole est à M. le rapporteur.

M. Jules Godin, *rapporteur.* Messieurs, au moment où s'ouvre la discussion de la proposition de loi sur la compétence des juges de paix, votre commission manquerait au premier de ses devoirs si, par l'organe de son rapporteur, elle ne venait préciser dans quelles conditions se présente à l'heure actuelle la proposition de loi qui vous est soumise. Je dois d'autant plus vous présenter un exposé de cette nature qu'il faut bien reconnaître que la proposition de loi sur la compétence des juges de paix est la réforme la plus ancienne qui existe dans le Parlement. Son origine, je puis le dire, se perd dans la nuit des temps, puisque la première proposition qui a été présentée au Parlement remonte à 1878, c'est-à-dire à près de trente ans ; elle émanait de deux de nos anciens collègues, MM. Floquet et Parent.

Depuis cette époque, on peut dire qu'elle n'a pas cessé un moment de retenir l'attention des Chambres. Malgré cela, nous en arrivons aujourd'hui seulement à la 1re délibération.

La proposition de MM. Floquet et Parent n'a pas abouti et les législatures se sont succédé sans même qu'un rapport ait été déposé ; mais la question avait une telle importance et elle occupait tellement l'attention du pays que le Gouvernement s'en est emparé et qu'en 1882 notre éminent collègue M. Cazot, alors garde des sceaux, en a saisi les Chambres, qu'en 1883 M. Martin-Feuillée, alors ministre de la justice, a déposé un nouveau projet, qu'en 1885 M. Henri Brisson, garde des sceaux, déposait également un autre projet. Depuis, la question de la réorganisation a été traitée dans les différents projets que nous rencontrons ultérieurement.

Malheureusement, ces différents projets ont eu le sort des projets de MM. Floquet et Parent ; ils sont restés en route et il faut arriver à l'année 1891 pour que, sous l'impulsion de notre président M. Fallières, alors garde des sceaux, on obtienne des Chambres une 1re délibération de la proposition. Mais M. Fallières a quitté le pouvoir, et cette 1re délibération est restée lettre morte. La législature de 1889 s'est terminée, le projet est tombé naturellement, et nous avons recommencé en 1893 le même travail de Pénélope. C'est alors, messieurs, qu'avec un certain nombre de mes collègues, en 1896, j'ai saisi le Sénat d'une proposition de loi.

Qu'elle était, en réalité, la vraie, la grande cause de ces échecs successifs — échecs marqués surtout par le recul des délibérations, car toutes les commissions et tous les gouvernements montraient certainement pour le projet une très grande ardeur, mais cette ardeur restait à l'état purement platonique — cette cause, c'était l'ampleur du projet lui-même. Tous les projets qui s'étaient succédé développaient la compétence du juge de paix dans des conditions qui avaient, au point de vue de notre organisation judiciaire, une répercussion sérieuse. Or vous savez tous, messieurs, quelle est la situation des tribunaux dans les petites villes. Ceux-ci ont un nombre d'affaires excessivement restreint et si on leur enlève encore le jugement d'une notable partie des affaires sur lesquelles ils ont encore à statuer pour les apporter au juge de paix, il est évident que, faute d'éléments d'activité, ils seront appelés forcément à disparaître. Or il y a, à côté d'eux, des intérêts sérieux.

Chaque tribunal d'arrondissement est pour le chef-lieu un élément de vie que les représentants de celui-ci tiennent à conserver. A côté de ce tribunal, il y a aussi tout l'ensemble des officiers ministériels, et des autres facteurs qui concourent à l'organisation même de la justice. Dans ces conditions, il est incontestable que si des tribunaux qui n'ont déjà qu'une existence presque apparente viennent à n'avoir plus d'affaires du tout à juger, la question se posera de leur suppression complète et absolue. C'était là la grande cause, la cause effective des échecs que nous constatons dans les délibérations des projets relatifs à l'extension de la compétence des juges de paix. C'est mus principalement par cette pensée que lorsque nous avons étudié notre projet, en 1896, nous avons tenu à faire, en quelque sorte — je demande pardon au Sénat de l'expression, — une cote mal taillée ; nous avons tenu à apporter à la compétence des juges de paix une augmentation qui fût assez sensible pour donner satisfaction à l'opinion publique, mais qui, néanmoins, ne fût pas tellement forte qu'elle enlevât aux tribunaux de première instance un grand nombre d'affaires et qu'elle arrivât à en réduire quelques uns à n'avoir plus qu'une existence apparente.

Notre projet de 1896 aboutissait, en réalité, à tripler la compétence des juges de paix ; c'était donc une amélioration sérieuse et elle répondait, en réalité, aux desiderata de l'opinion publique.

Une autre cause nous empêchait de trop étendre la compétence des juges de paix, au point de vue de la composition actuelle du corps de cette magistrature.

On hésitait à augmenter leur compétence d'une manière excessive et on se disait que leur donner le droit de juger des procès trop importants, c'était peut-être dépasser la mesure de ce qu'il fallait leur attribuer dans l'état d'organisation actuelle de ce corps.

Dans ces conditions, le Sénat a voté la proposition que nous lui avions soumise.

Ce premier vote du Sénat a eu un autre avantage. La Chambre des députés s'est trouvée saisie d'un projet indiquant les intentions du Sénat sur cette matière.

Je vous dirai franchement, messieurs, qu'à l'origine nous avions une prétention plus grande. Nous espérions, en présentant ce projet, pouvoir même le faire passer avant la fin de la législature. Avec un certain nombre de membres de la Chambre des députés, nous croyions pouvoir arriver à ce résultat.

Malheureusement, les événements se sont succédé, et la législature de 1894 a pris fin sans que le vote ait eu lieu à la Chambre des députés.

Dans la législature de 1898 on a fait comme dans les précédentes ; on a étudié l'affaire, mais on ne l'a pas discutée. La question est restée à l'état de rapport et la législature s'est terminée sans qu'aucune délibération ait eu lieu.

C'est alors que dans la législature de 1902 l'étude du projet a été reprise et que, grâce à l'énergie de la commission de la Chambre, on a pu arriver à une délibération et au vote du projet qui vous est soumis.

Messieurs, le projet voté par la Chambre des députés diffère sensiblement de celui-ci que vous avez adopté.

Au point de vue de la compétence civile, la Chambre a repris, dans ses grandes lignes, le projet que le Sénat avait voté. De ce côté, on peut dire qu'il y a entente entre la Chambre et le Sénat. Sauf quelques questions de forme ou d'ordre secondaire, je suis convaincu que les votes que le Sénat émettra sur ces détails seront ratifiés par la Chambre. Nous nous sommes efforcés de réaliser sur ce point un accord.

Mais le projet voté par la Chambre des députés comprend deux autres parties d'une importance capitale. La première est relative à la compétence pénale des juges de paix. Le projet de la Chambre établit pour les juges de paix une véritable compétence correctionnelle ; il transforme le juge de paix en tribunal correctionnel jugeant non seulement des contraventions, mais même des délits.

Le projet de la Chambre des députés contient une autre série de dispositions qui sont relatives à l'organisation. En ce qui concerne les questions d'organisation, nous vous proposons de les accepter telles, ou à peu près, que les a votées la Chambre des députés ; en ce qui concerne, au contraire, la question générale, il n'en est pas de même. Je vous indiquerai tout à l'heure les difficultés en face desquelles nous nous sommes trouvés et qui nous ont obligés de vous demander de disjoindre cette partie pour nous restreindre à voter la première partie, compétence civile, et la seconde, organisation judiciaire.

Je vous demande la permission de préciser dans quelles conditions se présentent devant vous chacune des trois parties qui vous sont soumises.

En ce qui concerne la compétence civile je ne dirai qu'un mot pour vous indiquer que la Chambre avait adopté dans ses grandes lignes la loi votée par le Sénat ; de ce côté il n'y avait que quelques modifications de détail. Certains amendements ont été proposés au Sénat qui vous permettront de discuter plus en détail la réforme, aussi je passe. Les deux Chambres sont d'accord sur les grandes lignes ; de ce chef nous pouvons considérer la réforme comme acquise.

En ce qui concerne la compétence pénale, il n'en est pas tout à fait de même. Nous avions repoussé toute augmentation de compétence de ce chef. La Chambre des députés, comme je vous le disais, s'est laissée entraîner à voter une proposition d'un ordre tout à fait général ; car ce n'est pas seulement une question de compétence, c'est encore une question de procédure d'instruction criminelle ; c'est une question d'organisation en même temps qu'une question de compétence. En cinq articles, la Chambre des députés a établi une justice de paix correctionnelle. L'idée même à laquelle répondait la Chambre des députés est certainement très juste et, à ce point de vue, nous ne pouvons qu'approuver les considérations qui avaient motivé ses résolutions.

Voici en quels termes — je vous demande la permission de vous lire ces quelques lignes — s'exprime l'honorable M. Cruppi, rapporteur de la proposition de loi à la Chambre des députés :

« Votre commission, après un examen approfondi et après avoir entendu le garde des sceaux et le directeur des affaires criminelles, a résolu d'admettre dans une certaine mesure l'extension de la compétence pénale des juges de paix. Elle a considéré que l'attribution au tribunal de simple police de la connaissance de certains délits présentait un intérêt considérable pour les justiciables. Le juge se trouvant placé plus près du justiciable, une économie de temps en résultera pour les prévenus et les témoins. Économie également très sensible sur le montant des frais, et qui profitera non seulement aux parties, mais aussi à l'État qui, en raison de l'insolvabilité des condamnés, garde à sa charge une part considérable des frais de justice criminelle. Enfin il a paru à la commission que la comparution devant le tribunal de simple police était moins pénible, moins infamante que devant le tribunal correctionnel et que cette sorte d'atténuation dans la répression était désirable pour certaines infractions. »

Il est incontestable que les considérations qu'indique M. Cruppi dans son rapport motivent et justifient l'idée à laquelle la Chambre a obéi. Nous serons les premiers à reconnaître que, depuis longtemps déjà, les principes sur lesquels le droit pénal est fondé sont sensiblement modifiés. A l'heure actuelle, on constate qu'il faut, au point de vue pénal, des modifications très profondes dans la législation; mais il faut reconnaître que la magistrature est déjà entrée très largement dans la voie que j'indique. Ainsi, elle applique maintenant, d'une manière générale, la loi de sursis, qui permet au tribunal, en face d'un condamné qui est appelé pour la première fois devant lui, de ne prononcer qu'une condamnation suspensive. De plus, en ce qui concerne la quotité des peines, tous ceux qui sont un peu au courant des affaires judiciaires savent dans quelle large limite les tribunaux arrivent à réduire, à l'heure actuelle, les condamnations. Plus l'on va, plus l'on se rend compte que c'est bien moins la sévérité de telle ou telle condamnation qui fait une réparation exemplaire que la sûreté de la poursuite. Ce qu'il faut, c'est poursuivre et punir tous les délits, et non punir très sévèrement certains délits.

Cette idée est certainement très juste, mais il faut reconnaître que de là à faire passer à la justice de paix un certain nombre de délits il y a loin et que l'organisation d'une justice de paix correctionnelle est absolument différente.

Quand nous avons été en face de cette organisation un peu sommaire qu'a votée la Chambre, nous avons dû chercher ce que nous pouvions faire.

En ce qui concerne ces attributions de contravention ou de délit aux justices de paix, trois systèmes sont en présence.

Le premier, de beaucoup le plus simple, consiste à attribuer au juge de paix un certain nombre de contraventions, en réduisant la pénalité qui les frappe à l'heure actuelle. Ainsi, par exemple, il y a beaucoup de contraventions passibles de plus de 16 francs d'amende et de plus de cinq jours de prison, on pourrait les descendre au-dessous de ce taux. Mais pour arriver à reconnaître à quelles contraventions il fallait appliquer ce système, on devait les examiner toutes, et vous voyez d'ici dans quel travail votre commission était obligée d'entrer.

Par le second système on donnait au juge de paix compétence pour juger des contraventions passibles de plus de cinq jours de prison et de 15 francs d'amende.

L'honorable M. de Castelnau, à la Chambre des députés, avait soutenu ce système; il avait même présenté un amendement comprenant un certain nombre de contraventions dont il donnait l'attribution au juge de paix.

Ici encore, messieurs, nous nous heurtions à une difficulté, et nous ne pouvions pas, sans nous entendre avec M. le garde des sceaux, et sans avoir fait une enquête sérieuse, faire un texte qui pût être considéré comme suffisant. Nous devions donc écarter ces deux premiers systèmes.

Reste le troisième, celui que la Chambre des députés avait adopté, celui qui attribue aux juges de paix un certain nombre de délits proprement dits.

Par exemple, pour vous faire toucher du doigt le projet, les coups et blessures qui sont passibles de six jours à deux ans d'emprisonnement, sont justiciables du juge de paix d'après le texte voté par la Chambre des députés.

Vous voyez tout de suite quelles questions va soulever une transformation semblable de la juridiction des juges de paix. Remarquez d'abord que le juge de paix est juge unique. On arrive donc à donner à ce juge unique le jugement d'un certain nombre de délits qui, à l'heure actuelle, ont, de par votre législation, la garantie de l'appréciation de trois ou de cinq juges.

C'était là une transformation grave de notre droit pénal.

J'ajouterai que les juges de paix ne paraissaient pas favorables le moins du monde à cette transformation.

Nous avons eu les échos de l'opinion, non pas d'un ou deux juges de paix, mais je puis le dire, des principaux d'entre eux. Ils nous ont fait observer que le juge de paix est surtout un juge de conciliation; c'est un magistrat qui est chargé de concilier les parties, de les entendre, de tâcher d'éteindre les procès. En ce qui concerne le droit pénal, il n'a qu'une seule attribution à l'heure actuelle : c'est de juger les contraventions de police, c'est-à-dire des faits qui sont constatés par des procès-verbaux, et sur lesquels le juge de paix n'a à connaître qu'une seule chose : le procès-verbal est-il exact, le fait est-il certain ? Quant aux questions d'intention, quant aux circonstances extérieures dans lesquelles le fait s'est produit, le juge de paix n'a pour ainsi dire pas à s'en occuper. Ainsi, par exemple, comme contravention de police : quelqu'un qui laisse tomber dans la rue un objet d'une fenêtre; il est incontestable que c'est un simple fait, le procès-verbal le constate. Le fait est-il certain ? Si le juge de paix le reconnaît, il applique l'amende très minime qu'il a à prononcer.

Dans ces conditions, vous le voyez, la situation du juge de paix est absolument différente de celle du juge correctionnel. Je puis vous assurer que nombre de juges de paix, qui ont de l'autorité, qui ont le sentiment de leur profession, qui occupent une situation importante, considèrent qu'on ne doit pas leur donner l'attribution des magistrats correctionnels jugeant des intentions, jugeant des délits.

Si de la théorie nous passons à l'application, il faut bien reconnaître que la proposition de la Chambre des députés soulevait un certain nombre de difficultés aussi bien au point de l'organisation que de la procédure et de la compétence.

En effet, dans notre droit, nous avons attribué l'action publique en matière correctionnelle ou en matière criminelle au ministère public, c'est-à-dire au procureur général ou au procureur de la République. Vous ne pouvez pas faire de poursuite criminelle sans avoir le ministère public qui, nanti de son action, la dirige et, devant le tribunal, remplit l'office de la partie publique.

En matière de justice de paix, il n'en est pas de même. Je vous demande la permission de mettre sous vos yeux l'article du code d'instruction criminelle qui vise le rôle du ministère public devant le tribunal de paix. Voici les termes mêmes de cet article :

« Les fonctions du ministère public, pour les faits de police… » — remarquez ces mots « pour les faits de police » — …sont remplies par le commissaire du lieu où siégera le tribunal. S'il y a plusieurs commissaires de police au lieu où siège le tribunal, le procureur général près la cour d'appel nommera celui ou ceux d'entre eux qui feront le service. En cas d'empêchement du commissaire de police du chef-lieu… » — et l'article ajoute — « …ou s'il n'en existe point… » — et vous allez voir tout à l'heure la conséquence de ces termes — « …les fonctions du ministère public sont remplies, soit par un commissaire résidant ailleurs qu'au chef-lieu, soit par un suppléant de juge de paix, soit par le maire ou l'adjoint du chef-lieu, soit par un des maires ou adjoints d'une autre commune du canton, lequel sera désigné à cet effet par le procureur général. »

M. Charles Riou. Ce n'est pas toujours facile !

M. le rapporteur. Non seulement ce n'est pas toujours facile, mais il paraît même très difficile de trouver quelqu'un pour remplir les fonctions de ministère public. Or, savez-vous dans combien de cantons il y a des commissaires de police qui puissent remplir réellement et effectivement les fonctions de ministère public ? Je l'ai demandé aux services de l'intérieur et de la justice. Sur 2,846 justices de paix, il y en a 2,358 qui n'ont pas de commissaire de police ; c'est-à-dire que sur 2,846 justices de paix, il y en a 488 où il y a un commissaire de police, et 2,358 où il n'y en a pas. Dans ces dernières, qui remplit les fonctions de ministère public ? C'est un maire, un adjoint, un suppléant, qui vient à l'audience au dernier moment, quand on a besoin de lui, qui ne s'occupe, et ne peut s'occuper, des affaires et qui refuserait de siéger s'il était obligé de faire fonction de ministère public correctionnel ; de telle sorte qu'au point de vue de l'application de la loi, il sera matériellement impossible de constituer une justice de paix correctionnelle, sans organiser à côté un ministère public permanent pour suivre les affaires devant le tribunal de paix.

J'ai fait faire, au ministère de la justice, le relevé du nombre des affaires correctionnelles qui seraient transmises aux juges de paix suivant le projet de la Chambre des députés. D'après les statistiques — je ne sais pas si elles sont absolument exactes, je n'en réponds pas d'une façon absolue mais c'est un à-peu-près — ces affaires dépassent 80,000. Il y a, par an, plus de 80,000 affaires qui, si le projet de la Chambre des députés était voté, seraient transférées aux juges de paix.

Ces 80,000 affaires ne se répartissent pas d'une manière égale entre toutes les justices de paix, de sorte que, dans nombre d'entre elles, il y aurait annuellement 300 ou 400 affaires et pas de ministère public pour les diriger.

Il n'est évidemment pas possible de consacrer par la loi une organisation pareille sans une étude préalable et approfondie.

Au point de vue de la procédure criminelle, il y a lieu, si on veut transférer au juge de paix un certain nombre de délits, de faire cadrer les attributions de ce magistrat et de celui qui jouera le rôle de commissaire de police, avec notre procédure criminelle.

La Chambre l'a quelque peu oublié. Si on promulguait la loi demain, on ne sait pas ce que pourrait faire le ministère public qui se trouverait en présence d'un cas de flagrant délit. Evidemment il ne pourrait pas appliquer la loi telle qu'elle a été votée par la Chambre.

En ce qui concerne la compétence elle-même, en ce qui concerne les délits, il y a, encore là, vous le comprenez, une étude approfondie à faire. La Chambre a retenu un certain nombre de faits délictueux : peut-être y a-t-il intérêt à réduire la pénalité de ces faits, mais autre chose est de réduire la pénalité de certains faits délictueux et autre chose de transférer à une autre juridiction le jugement de ces délits.

Je n'insiste pas davantage. Dans ces conditions, nous nous trouvions en face de deux solutions : ou bien il nous fallait retarder le vote de la loi, ou bien il nous fallait scinder la loi qui nous était renvoyée en deux parties, dont l'une pourrait être rapportée rapidement, je veux parler de celle qui concerne la question de la compétence civile et la question d'organisation, et l'autre qui devrait être examinée et remise à point par une étude nouvelle : je veux parler de la partie relative à la question pénale.

Votre commission, messieurs, en examinant cette situation, s'est ralliée à l'idée qu'il valait mieux séparer ces différents projets, tâcher de faire voter immédiatement par le Sénat, pour qu'il puisse l'être rapidement par la Chambre, le projet de la compétence civile et de l'organisation et demander à M. le garde des sceaux qui, j'en suis sûr, voudra bien s'y prêter, de faire étudier par les autorités judiciaires le projet qui a été adopté par la Chambre en ce qui concerne la question pénale. On pourrait ainsi voir ultérieurement dans quelles conditions il pourrait vous être présenté une proposition qui serait plus complète, plus précise et surtout mieux étudiée que celle que la Chambre des députés a votée.

Voilà, messieurs, dans quelles conditions se présentait la question pénale. Nous l'avons disjointe et nous croyons avoir rendu un réel service au projet en en allégeant provisoirement de ces dispositions. (*Approbation.*)

Reste la troisième partie : l'organisation. Tous les projets qui se sont succédé à la Chambre depuis l'origine ont compris une partie organisation.

Une des difficultés qui se présentaient, mes-sieurs, était la question financière. Heureusement, aujourd'hui, elle paraît en grande partie supprimée, parce que le Gouvernement et les commissions des finances et du budget ne font pas d'opposition aux projets qui vous sont soumis.

En ce qui touche l'organisation, il est deux questions principales sur lesquelles je dois appeler l'attention du Sénat : elles concernent, d'une part, les conditions de recrutement et, d'autre part, les conditions de traitement.

Pour le recrutement, au fur et à mesure que la compétence des juges de paix augmentait, il était tout naturel qu'un sentiment général fît naître le désir de voir imposer à ces magistrats certaines conditions pour leur entrée en fonctions.

A l'heure actuelle, de par la loi qui existe en ce moment, tout le monde peut être nommé juge de paix. Il n'y a absolument qu'une seule et unique condition imposée, celle d'être citoyen français et d'avoir trente ans d'âge. Hors de là, rien. On peut nommer juge de paix n'importe quelle personne.

Il est incontestable qu'aujourd'hui cette latitude laissée au garde des sceaux peut présenter des inconvénients.

A l'origine, quand, à la Constituante, on a, pour la première fois, voulu établir les justices de paix, on répondait à une pensée qui était un peu différente certainement de celle que nous avons aujourd'hui de cette magistrature.

Je vous demande la permission, pour bien vous montrer quelle était la situation, de vous relire de courts extraits de deux des rapports présentés à l'Assemblée constituante, l'un par Thouret, et l'autre par Duport, parce qu'ils caractérisent très nettement la pensée à laquelle a répondu la fondation même des justices de paix :

« ... L'établissement des juges de paix, dit Thouret, est généralement désiré ; il est demandé par le plus grand nombre de nos cahiers ; c'est un des plus grands biens qui puisse être fait aux utiles habitants des campagnes. La compétence de ces juges doit être bornée aux choses de convention très simples, et de la plus petite valeur, et aux choses de fait qui ne peuvent être bien jugées que par l'homme des champs, qui vérifie sur le lieu même l'objet du litige, et qui trouve, dans son expérience, des règles de décision plus sûres que la science des formes et des lois n'en peut fournir aux tribunaux sur ces matières. »

Et Duport ajoutait :

« ... Il ne me reste plus qu'à en examiner un, que votre comité vous a proposé, qui a paru mériter votre approbation et qui la mérite, en effet ; je veux dire l'établissement des juges de paix et des tribunaux de conciliation. Je ne parlerai pas longtemps sur ce projet que vous avez, messieurs, déjà si honorablement jugé. En effet, l'on ne saurait trop favoriser la décision des procès par arbitrage, et tous ces jugements qui conviennent à des hommes libres, puisqu'ils n'ont de force sur eux que par l'effet de leur confiance et de leur volonté.

« Je ne pense pas néanmoins que l'on doive faire entrer les juges de paix dans le système judiciaire proprement dit. Ce sont deux institutions, deux ordres de chose différents, qu'il ne faut ni mêler ni confondre dans le même individu. Ils sont également distincts dans leur but et surtout dans leurs moyens. Des arbitres sont des hommes qui, par l'estime et la confiance de leurs concitoyens, sont devenus propres à les concilier. Ce n'est pas d'après les lois qu'ils décident, mais d'après la pure et simple équité. Les motifs sur lesquels ils se déterminent ne sont pas tirés du droit civil ni des lois positives, mais du droit naturel et de la connaissance particulière qu'ils ont de la position et des circonstances des parties.

« Je propose donc aussi d'établir dans chaque canton, ainsi que dans chaque ville, un juge de paix dont la fonction sera de concilier et d'arranger toutes les affaires qui lui seront présentées. »

De là, naturellement, la disposition qui veut que les juges de paix soient choisis en dehors de toute autre préoccupation que celle du meilleur choix et que le garde des sceaux les apprécie suivant leurs mérites.

De là l'absence absolue de conditions quelconques en ce qui concerne la nomination des juges de paix.

Il faut bien reconnaître que cette conception du juge de paix, représentant l'homme des champs, est peut-être un peu idyllique, et qu'elle ne répond plus guère à la situation actuelle.

Aujourd'hui, on tend de plus en plus à faire du juge de paix un véritable magistrat. Dans toutes les lois nouvelles, dès qu'il y a une juridiction à établir, vous voyez immédiatement apparaître celle du juge de paix. C'est à lui qu'on va s'adresser.

M. Cruppi, dans son rapport, rappelle que depuis 1872, trente lois nouvelles ont attribué compétence aux juges de paix dans un certain nombre de matières. Je crois qu'il en a oublié quelques-unes et que le chiffre de trente devrait être sensiblement augmenté.

Par conséquent, on peut dire que tous les ans, et même plus souvent encore, la tendance générale est d'augmenter la compétence du juge de paix, et cela est naturel, parce que, précisément, c'est une juridiction simple, facile, facile d'accès surtout, peu dispendieuse et qui permet la solution rapide des procès; en sorte que ce courant va s'augmentant constamment; mais il en résulte nécessairement qu'il faut imposer aux juges de paix des conditions de nomination qui répondent à l'état actuel des choses.

J'ajoute qu'au point de vue judiciaire, tous ceux qui ont un peu la pratique de ces choses vous diront que la situation des juges de paix est certainement celle qui de toutes les magistratures est la plus difficile.

Un tribunal, une cour, ont devant eux et comme intermédiaires entre les justiciables et le siège les avoués et les avocats, qui viennent examiner les affaires, déposer des conclusions, préciser les points litigieux, élaborer à l'avance dans une certaine mesure les solutions et qui, ainsi, facilitent singulièrement le travail des magistrats.

Au contraire, quelle est la situation du juge de paix? Il est seul, tout seul dans le prétoire; il n'a personne ni pour l'éclairer, ni pour l'aider; il est en face des parties directement; il se trouve obligé de les questionner, d'examiner leurs prétentions, et tous ceux qui savent ce que sont les procès n'ignorent pas combien il est difficile d'arriver à tirer d'une partie les éclaircissements qui sont nécessaires, même pour savoir exactement quelle est la prétention qu'elle entend soutenir.

Eh bien! il faut que le juge de paix se débrouille tout seul; de telle sorte que s'il ne connaît rien au droit, aux procès, il doit être souvent bien embarrassé pour arriver, suivant une expression vulgaire, à tirer au clair les prétentions en face desquelles il se trouve. Plus on augmente la compétence du juge de paix, plus on rend sa position difficile. Il faut donc arriver — et c'est le vœu général — à préciser un certain nombre de conditions pour la nomination à ce poste.

La Chambre a voté sur ce point un article que nous avons modifié déjà à la demande de M. le garde des sceaux. Nous avons admis un certain nombre de fonctions comme rendant possible la nomination au poste de juge de paix, ce que n'avait pas fait la Chambre des députés. C'est une question de mesure; mais il est incontestable qu'actuellement le principe même des conditions dans lesquelles ils seront nommés est indispensable à établir.

A côté de cette question, il en est une autre : c'est celle du traitement. Il y a bien longtemps qu'elle a fait l'objet de demandes, de vœux et même de délibérations, mais on s'est toujours heurté à la question des dépenses. A l'heure actuelle, l'objection tirée des dépenses a disparu. On reconnaît qu'il est absolument impossible de ne pas donner aux juges de paix un traitement un peu plus convenable que celui auquel on les a condamnés jusqu'à présent. Un juge de paix de la dernière classe reçoit un traitement de 1,800 francs; il l'obtient à partir de l'âge de soixante-dix ou soixante-quinze ans.

Or un juge de paix est obligé d'avoir une tenue, une situation, qu'il lui est impossible d'occuper avec un traitement aussi faible. Aussi, messieurs, avons-nous accueilli avec bonheur l'élévation du taux que la Chambre des députés avait adopté. Nous avons fait une modification qui sera l'objet d'une discussion; par conséquent, je passe sur ce point et je me borne à indiquer le principe.

En dehors de ces deux questions principales concernant l'organisation, il en est deux autres que je vous signale et qui ont une assez grosse importance; elles sont relatives à l'inamovibilité partielle, établie par le vote de la Chambre des députés, et à la limite d'âge. En ce qui concerne ces deux points, je passe encore, parce qu'ils feront l'objet d'une discussion ultérieure. Je ne fais que vous les indiquer.

Vous voyez, messieurs, quelles sont les différentes parties du projet qui vous est soumis. La question de la compétence des juges de paix est, on peut le dire, la base de toutes les réformes judiciaires qui sont à l'étude à l'heure actuelle. On ne peut modifier l'organisation des tribunaux et celle des cours d'appel si, à la base, on n'a pas créé une organisation nouvelle des justices de paix. Par conséquent, le premier projet qui est à sanctionner est celui que nous vous demandons de voter aujourd'hui; il répond à une nécessité, dans les limites modérées que le Sénat a fixées en 1895, il ne dépasse pas ce que l'on peut raisonnablement établir. De plus, à l'heure actuelle, la Chambre des députés est d'accord avec le Sénat.

Dans ces conditions, messieurs, nous avons le légitime espoir que la réforme qui vous est proposée va pouvoir enfin se réaliser, et qu'elle permettra, pour l'avenir, l'étude des questions nouvelles qui sont en suspens et qui dépendent absolument du vote que nous vous demandons d'émettre. C'est dans ces conditions que se présente le projet qui vous est actuellement soumis. (*Très bien! très bien! et applaudissements sur divers bancs.*)

M. le président. La parole est à M. de Las Cases.

M. de Las Cases. Messieurs, la proposition de loi qui est soumise au Sénat comporte deux dispositions d'une nature distincte et différente. Elles s'occupe d'abord de l'extension de la compétence des juges de paix, et ensuite de la réorganisation des justices de paix.

Les deux questions, disai-je, sont distinctes et différentes. Elles sont cependant intimement liées l'une à l'autre. La seconde, en effet, est le corollaire nécessaire et indispensable de la première. Etendant la compétence des juges de paix, il est nécessaire que vous étendiez les garanties que cette justice peut donner aux justiciables.

Ces deux questions sont, l'une et l'autre, dignes de votre attention, je dirai plus, de vos méditations. Tout ce qui, en effet, est de nature à intéresser la justice doit intéresser un Parlement soucieux des intérêts des justiciables et de ceux du pays. (*Approbation sur divers bancs.*)

La justice est une des raisons pour lesquelles les sociétés se sont fondées, comme l'on s'exprimait au dix-septième siècle, et un historien l'a fort bien dit: on reconnaît le rang qu'une nation occupe dans l'échelle de la civilisation à la façon dont chez elle la justice est organisée et assurée. (*Très bien! très bien! à droite.*)

La réforme que la loi nouvelle vous propose est due à l'initiative du Sénat. Ce sera le Sénat et son rapporteur M. Godin qui l'auront fait aboutir. Elle n'est pas d'aujourd'hui, cette réforme! il y a quelque quarante ans qu'elle a été proposée pour la première fois, et elle a été discutée déjà dans cette Assemblée en 1896. Elle réussira, je crois, grâce à l'énergie de votre commission et de son rapporteur; j'ajoute, aussi, grâce à sa sagesse et à sa prudence.

En effet, la Chambre des députés avait ajouté à votre projet l'extension de la compétence pénale des juges de paix; c'était là une question pleine de difficultés. Un grand nombre d'entre vous, j'en suis sûr, auraient alors hésité.

M. Charles Riou. Très bien!

M. de Las Cases. Très heureusement, votre commission l'a écartée.

En effet, quand il s'agit de l'honneur et de la liberté des justiciables, une législation ne prend jamais trop de soins et de garanties. Or en présence du juge unique, charger ce juge unique d'appliquer des pénalités qui dans certains cas, pouvaient aller à plus d'une année de prison et même dans certains autres aboutir à la relégation, c'était évidemment excessif. D'autant plus, ainsi qu'on vous le disait très justement, que rien n'est préparé devant les justices de paix pour en faire des tribunaux correctionnels de premier degré. Il n'y a devant elles aucun organisme d'instruction et aucun ministère public, sinon sur le papier, et rien que sur le papier.

A la fois la société pourrait se trouver désarmée et les justiciables courir les plus grands risques.

Très sagement la commission du Sénat a fait table rase.

J'ajoute que le public, pas plus que les juges de paix, ne demandait cette extension de compétence pénale. (*Assentiment.*)

Au contraire, pour ce qui est de l'extension de la compétence civile, je ne crois pas qu'il puisse y avoir de grands risques et de bien grosses objections. Elle est la conséquence de la baisse de la valeur de l'argent. Il est évident qu'en 1905 un procès qui roule sur 600 francs n'est pas proportionnellement plus important que n'était en 1800 un procès qui roulait sur un chiffre de 300 francs. J'ajoute, sans entrer dans le détail, que vous avez laissé dans des limites très prudentes, très résonnables l'extension de la compétence en matière civile. Donc, aucune objection.

Je passe, et cependant une observation me vient à l'esprit: Pourquoi donc l'extension de la compétence des juges de paix est-elle si populaire? Car il n'est pas douteux que l'extension de la compétence civile des juges de paix est populaire. Elle nous est demandée par de nombreuses pétitions, par des vœux des conseils généraux et des conseils d'arrondissement; elle figure sur les professions de foi d'un certain nombre de députés. Pourquoi donc cette popularité? Parce que la justice de paix présente au justiciable, à l'ouvrier, à l'employé, au petit commerçant, au cultivateur si intéressant, au paysan de nos campagnes, un double avantage: c'est une juridiction qui est à la fois rapide et peu coûteuse.

Dès lors je me demande si la popularité de la justice de paix n'est pas, en réalité, une critique indirecte, mais une critique très réelle, de certains inconvénients de notre justice civile, et si elle ne doit pas, à ce point de vue, nous intéresser et attirer votre attention.

C'est que, en effet, la justice civile est à la fois trop lente et trop coûteuse. Notre justice civile et notre Code de procédure sont encore bien broussailleux, et il y a bien des risques souvent de voir la bonne foi sincère perdre son procès contre une chicane trop avisée. C'est ainsi que notre code de procédure, à l'heure actuelle, est vraiment trop lent. Lorsqu'il fut fondé, en 1807, il avait un avantage sur le passé: il était un progrès, comment dirai-je? Comme les diligences Laffitte et Gaillard étaient un progrès sur le coche et sur la chaise à porteurs. Seulement aujourd'hui, que voulez-vous, nous avons le chemin de fer et l'électricité, et en matière de procédure nous en sommes encore à Laffitte et Gaillard, aux vigilantes et aux pataches.

Il est donc tout naturel, à cet égard, que le pays se plaigne. Aujourd'hui, le temps, c'est de l'argent. Il faut qu'une solution soit bonne et étudiée; mais il faut aussi qu'elle vienne vite, et faute d'être rapide, elle court risque de manquer une partie de son effet.

J'ajoute également qu'elle est un peu coûteuse, notre justice civile. Nous avons, en France, un principe de droit public: la justice est gratuite. Il a son sens, je connais parfaitement son sens historique et son sens pratique et restreint; mais je me figure qu'un justiciable qui voit arriver la taxe des frais avec la longue énumération des citations, des ajournements, des constitutions, des conclusions, des grossoyers, et constate d'un œil effrayé le redoutable total; doit se dire: « C'est curieux, je croyais cependant qu'en France la justice était gratuite!» (*Très bien! très bien! et rires à droite.*)

C'est un principe qu'on aurait peut-être bien fait de ne pas insérer dans nos lois. Peut-être mieux, y aurait-on mis la fable de l'huître et des plaideurs, qui aurait été un excellent conseil pour les justiciables qui vont trop souvent en justice. (*Rires approbatifs.*)

M. Chaumié, *garde des sceaux, ministre de la justice.* Il y a cependant une différence: dans la fable c'est le juge qui s'approprie l'huître et la mange; dans les états de frais d'aujourd'hui, pas un sou ne revient aux magistrats.

M. de Las Cases. Pour celui qui, à l'heure actuelle, se trouve en face de la taxe, ce qui le préoccupe, c'est ce qui lui reste quand le procès est fini (*Très bien! à droite*); et très souvent, et dans une trop large mesure, il est bien certain que les frais sont disproportionnés avec l'intérêt en litige. C'est là une chose sur laquelle nous sommes si bien d'accord que, si je ne me trompe, en ce moment, il existe une commission qui a justement pour but de chercher à faire diminuer les frais de justice; je sais également que, jusqu'ici elle n'a pas réussi.

L'année dernière, il y a eu à cet égard une interpellation. On avait fait un essai, une sorte de mobilisation; elle avait été malheureuse; les plaideurs payaient plus cher qu'avant les réductions. (*Exclamations et rires.*)

M. Legrand. Je fais mes réserves!

M. Monis. Cela n'a pas été bien démontré; la proposition que j'ai présentée avait pour but de rendre toujours le tarif des frais proportionnel à l'importance du litige.

M. de Las Cases. Oui, monsieur Monis, je sais à merveille que c'est vous qui vous êtes préoccupé de cette question et que la commission était remplie de bonnes intentions, mais je sais aussi, car j'ai relu, avant de monter à cette tribune, la discussion du mois de juillet 1901, qu'il est résulté de cette discussion et des affirmations, j'allais dire des aveux du garde des sceaux d'alors, qu'évidemment les essais n'avaient pas été heureux. Il ont été si peu que la commission travaille encore et elle a raison de travailler, car ce sont là des questions qui méritent d'être examinées. Je sais aussi que ce sont là questions très difficiles, très délicates, dans lesquelles il y a des intérêts sérieux engagés, dans lesquelles il y a même des droits acquis respectables; mais je sais aussi que ce sont des questions qui doivent être tranchées et qui le seront le jour où l'on apportera de part et d'autre un peu de désintéressement et beaucoup de bonne volonté.

J'arrive immédiatement au seul point sur lequel je veuille insister: à l'organisation des justices de paix.

Quand votre commission vous a, en 1896, présenté le projet actuel, elle ne s'occupait pas de la réorganisation des justices de paix. On n'en parlait pas. M. Bérenger monta, en 1896, à cette tribune et fit remarquer que, du moment où l'on augmentait la compétence des juges de paix et les matières sur lesquelles ils allaient avoir à statuer, il fallait qu'on augmentât leur capacité et leur savoir juridique.

M. Gourju. Et leurs garanties.

M. de Las Cases. Et leurs garanties.

Je crois que l'idée en elle-même était parfaitement juste. Le Sénat, désireux d'aller vite et pressé d'aboutir, laissa de côté l'idée; il disjoignit la question. Mais la Chambre des députés la reprit. Elle vous propose, à l'heure actuelle, presque une loi organique des juges de paix.

Je crois que nous devons nous en réjouir; la question prend ainsi à la fois plus d'ampleur et plus d'intérêt. La réforme des juges de paix peut devenir le point de départ d'une autre réforme que beaucoup de personnes, j'allai dire que tout le monde désire, la réforme complète de l'organisation judiciaire.

La réforme de la magistrature est, comme la réforme des juges de paix, et plus encore peut-être que la réforme des juges de paix, une question qui, depuis longtemps, préoccupe d'excellents esprits. Le parti libéral s'y intéresse depuis plus de cinquante ans.

Un premier projet, dû à M. Odilon Barrot, fut discuté en 1849. Un second projet, à la préparation duquel M. Martel, nom qui est resté respecté au Sénat, avait pris une part considérable, allait être discuté en 1870, au moment de la guerre. Un troisième projet, dû à l'initiative de M. Dufaure — le nom de son auteur suffit à vous en indiquer l'esprit — allait être discuté en 1876 lorsqu'arrivèrent les événements du 16 mai. Ces trois projets très étudiés, très préparés, n'aboutirent ni les uns ni les autres. Il n'y eut de loi sur la réforme judiciaire que la loi de 1883; et je ne blesserai personne, quand j'affirmerai que cette loi de 1883 n'eut d'une réforme judiciaire que le nom. A quoi aboutit-elle, en effet? Uniquement à la diminution des conseillers devant les cours d'appel. Désormais on peut rendre un arrêt avec cinq juges, alors qu'autrefois il fallait sept juges.

Nous sommes encore régis, au point de vue de la nomination et de l'avancement des juges, par la loi de l'an VIII; nous n'avons pas fait un pas depuis l'an VIII.

Or si, en l'an VIII, ce que l'on cherchait surtout, c'était l'ordre dans l'autorité, il me semble qu'à l'heure actuelle on pourrait rechercher l'ordre dans la liberté. On n'a aucune garantie contre le pouvoir exécutif, soit qu'il s'agisse de la nomination des juges, soit qu'il s'agisse de leur avancement. Une seule chose est garantie aux juges c'est l'inamovibilité. Et mieux vaut ne pas trop regarder notre histoire judiciaire du dix-neuvième siècle ; nous verrions à peu près tous les gouvernements, sans distinction, s'efforcer directement ou indirectement, ouvertement ou hypocritement, de porter, dans certaines circonstances, atteinte au principe même de l'inamovibilité.

Il y a donc là des réformes qui s'imposent ; ces réformes, je les indique d'un mot : assurer et garantir d'une manière plus sérieuse contre l'exécutif la nomination des juges et, en même temps, leur avancement.

Depuis 1883, nous avons eu, dans les Chambres, un nombre considérable de projets en faveur de la réforme judiciaire. Je me garderai bien de les énumérer, de les indiquer même par le nom de leurs auteurs : ils sont trop ! permettez-moi seulement d'en citer un qui est dû à deux de nos très distingués collègues, M. Monsservin et M. Vidal de Saint-Urbain. Comme j'ai beaucoup étudié ce projet, et et comme j'y ai puisé une partie de mes idées, il me semble que si je n'en nommais pas les auteurs je commettrais un plagiat, un acte de concurrence déloyale (Sourires.)

De la réforme judiciaire, la réforme des juges de paix doit être, si je ne m'abuse, comme le premier pas ou mieux comme le premier étage du monument que nous élèverons. C'est pour cela qu'on est obligé, en parlant des juges de paix, d'entrer dans des idées générales.

Quand on élève un bâtiment, une construction, il faudra savoir quel sera le plan de l'édifice.

J'avoue que je désirerais, pour ma part, à la fois un bâtiment solide et une construction largement ouverte. Je voudrais que ce monument judiciaire fût de granit, afin que la magistrature pût résister à toutes les poussées, qu'il s'agisse de celles de la démagogie ou de celles du despotisme. (Très bien ! à droite.) Je voudrais en même temps le monument largement ouvert, de façon à ce que le pays tout entier pût voir ce qui s'y passe — ce qui est toujours d'un bon exemple — et aussi de manière à ce que les locataires du monument, c'est-à-dire les magistrats, puissent voir ce qui se produit au dehors et se rendre compte du mouvement des idées nouvelles, des besoins et des aspirations modernes, et, par une jurisprudence à la fois progressive et savante, préparer les évolutions nécessaires de la législation. (Nouvelles marques d'approbation.)

Et maintenant, je vais rechercher avec vous quelle doivent être les qualités d'une bonne magistrature, quelles doivent être les qualités du magistrat idéal.

Il me semble que nous serons tous d'accord pour reconnaître que les magistrats doivent avoir trois qualités : le savoir juridique, le caractère et l'indépendance.

Le savoir d'abord ; c'est indiscutable, n'est-ce pas ? Le magistrat est chargé d'appliquer la loi ; il ne peut pas appliquer la loi s'il ne la sait pas, et c'est une tâche difficile que de savoir la loi, d'abord parce que la loi n'est pas toujours claire et que, pour en comprendre le sens, la portée et l'esprit, il faut une initiation ; ensuite, parce que les lois sont multiples, et que nous sommes souvent d'une admirable fécondité législative.

Pour nos magistrats civils, les lois actuelles exigent à leur entrée dans la magistrature, certains titres universitaires. S'ils n'ont pas, le jour où ils entrent dans la magistrature, toute la science nécessaire, ils ont cependant la culture générale et très rapidement ils arrivent à être capables de remplir leur mission.

Je regrette toutefois, dans cet ordre d'idées, qu'on ait, pour des considérations que je crois d'ordre extrajudiciaire, laissé tomber en désuétude le concours de M. Dufaure ; il avait produit, de 1876 à 1879, d'excellents résultats : il avait poussé l'élite de la jeunesse vers la magistrature ; il était de nature à en relever le niveau intellectuel.

Quant aux juges de paix, messieurs, ici c'est vraiment presque incroyable. Quand on lit toute la série des lois qui, depuis 1789 jusqu'à la loi actu-elle exclusivement, règlent leurs conditions de capacité, on est stupéfait : aucune loi n'exige, pour la nomination de juge de paix, l'ombre d'une garantie de capacité quelconque. Le plus illettré, le plus ignorant peut au besoin être nommé juge de paix. (Très bien ! à droite.) Il n'y a pas, en Europe, au point de vue de notre législation s'entend, un pays plus arriéré que la France ; nous sommes presque, à cet égard, au niveau de la Turquie. Nous aurions, en vertu de notre loi, un corps de juges de paix déplorable que le législateur en serait coupable. Je m'empresse d'ailleurs de dire qu'il n'en n'est pas ainsi ; nous avons des juges de paix excellents, nous en avons d'autres qui sont médiocres, nous en avons d'autres qui sont absolument insuffisants.

M. Maurice Faure. Il en est de même pour les autres magistrats.

M. de Las Cases. Pardon ; vous n'avez pas, parmi les autres magistrats, d'hommes absolument insuffisants. Il y a pour eux des conditions de capacité, tandis que, pour les juges de paix, vous n'en imposiez jusqu'ici aucune.

Personnellement, je ne connais que des juges de paix excellents. Je compte parmi mes amis un certain nombre de juges de paix : tous sont des hommes de valeur, de science et de vertu.

Quand je parle de juges insuffisants, ce n'est donc pas mon témoignage que j'apporte ici, mais celui de magistrats qui, ayant eu des juges de paix sous leurs ordres, les ayants parfaitement connus et pratiqués, ont pu les apprécier.

La loi actuelle a donné lieu à des discussions très sérieuses dans deux grandes sociétés, que beaucoup d'entre nous connaissent : la société des études législatives et la société des prisons.

On a entendu là un grand nombre d'économistes, de jurisconsultes, d'avocats et de magistrats. Je ne citerai que les magistrats. Voici, par exemple, ce que dit du recrutement des juges de paix, M. Morizot-Thibault. M. Morizot-Thibault est substitut au tribunal de la Seine ; c'est un esprit des plus élevés et des plus indépendants. L'honorable M. Clémenceau, dans l'exposé des motifs de sa très intéressante proposition de loi sur la liberté individuelle, cite à plusieurs reprises l'opinion de ce magistrat ; il se retranche presque, si tant est qu'il en ait besoin, derrière son autorité.

Il me sera bien permis et j'aurai bien le droit de le faire à mon tour.

Voici ce que dit M. Morizot-Thibault :

« Les choix des juges de paix sont généralement assez mal inspirés. La chancellerie cède trop souvent aux sollicitations des députés ; et l'on voit des députés, dans leurs recommandations, s'inquiéter plus volontiers de leurs intérêts particuliers que de la bonne administration de la justice. (Très bien ! sur divers bancs.) C'est ainsi que j'ai vu nommer juge de paix un petit fermier qui savait à peu près correctement écrire son nom... C'est peut-être rare. Mais on rencontre de ces exceptions. »

Et il ajoute :

« M. Maestracci, aujourd'hui substitut du procureur de la république à Versailles, dans un article publié par la Revue parlementaire, cite notamment un juge de paix qui savait à peine correctement lire la formule de la prestation de serment.

Et voici, dans la même société, l'opinion de M. Régnault, procureur général à la cour d'Amiens :

« Dans l'état actuel de notre personnel judiciaire de juges de paix, à la façon dont ce personnel est recruté, il est absolument impossible de songer à l'extension soit de la compétence civile, soit de la compétence criminelle des juges de paix. Toutefois, en principe, je ne suis pas opposé à cette extension ; mais il faudrait, préalablement, un personnel de juges de paix sérieux, offrant toutes garanties, auquel on conférerait l'inamovibilité.

« Aujourd'hui, il m'est impossible, étant donnée ma situation de procureur général, de trahir dans une certaine mesure le secret professionnel ; mais, si on voyait ce qu'est ce personnel, on serait effrayé, et sûrement nous irions au-devant de déboires et de déceptions cruelles si le projet était voté par les Chambres. »

Et enfin — c'est ma dernière citation — M. Lefrançois, procureur général, s'exprime ainsi :

« Si l'on croit utile d'étendre la compétence des juges de paix, il faut commencer par avoir des magistrats et non pas, laissez-moi le dire en toute franchise, des juges de paix tels que nous les avons aujourd'hui. »

J'entends parfaitement, messieurs, l'objection qu'on me faisait tout à l'heure.

« Dans toute magistrature, à coté de magistrats excellents, nous en aurons fatalement et toujours de médiocres. »

C'est l'infirmité des choses humaines ; mais la loi peut être telle que nous évitions les magistrats notoirement insuffisants. (*Très bien! très bien! à droite.*) Nous éviterons ces magistrats si nous leur imposons certaines conditions de capacité, certaines conditions de savoir.

J'ajoute que ces conditions de capacité et le savoir sont nécessaire pour les juges de paix comme pour tous les autres magistrats. C'est, en effet, un rôle difficile que celui des juges de paix. Ils ont à trancher des questions très délicates. A la fin du dix-huitième siècle, on se faisait de ces magistrats une idée... comment dirai-je ?... idyllique et un peu florianesque ; le juge de paix était un vieillard sensible, un bon père de famille rendant la justice sous un chêne, une sorte de Salomon de village dont l'épée serait chargée de ne jamais rien trancher, mais au contraire de tout raccommoder : c'était un conciliateur.

Le juge de paix est et doit rester encore le conciliateur, mais il n'est plus et ne peut plus rester que cela.

Il a en effet un rôle contentieux considérable; à chaque instant, des lois nouvelles — M. Godin vous en donne un long résumé dans son rapport — augmentent sa compétence contentieuse.

Il a donc besoin de connaissances juridiques; il a donc besoin d'être un jurisconsulte émérite. Il le faut, car il a parfois à solutionner des questions difficiles, les questions possessoires, par exemple, qui sont toujours délicates.

Il le faut, parce qu'il est seul à les solutionner: il le faut, parce qu'il statue sur des procès qui lui sont souvent très mal expliqués ; il le faut, parce qu'il n'a pas, pour limiter le point du débat, le secours précieux des conclusions et des plaidoiries.

Dans cette société dont je parlais tout à l'heure, un de nos plus distingués collègues — M. Legrand ne va pas se reconnaître (*Sourires*) — disait : « J'ai été vingt ans juge de paix... »

M. Louis Legrand. Non, suppléant !

M. de Las Cases. « ...suppléant de juge de paix ; j'ai eu souvent de très grandes difficultés à trouver la solution. » Pour qu'un esprit aussi distingué, pour qu'un homme aussi rompu aux affaires que M. Legrand rencontrât dans l'exercice de ces fonctions de sérieuses difficultés, il fallait véritablement, messieurs, qu'il y en eût de très grandes, en effet. (*Très bien! très bien! et applaudissements sur un grand nombre de bancs.*)

Le savoir juridique est donc nécessaire aux juges de paix.

Je m'empresse d'ajouter qu'à cet égard votre projet de loi nous donne à peu près satisfaction. Vous avez posé en principe que pour être juge de paix il fallait être licencié en droit; à ce grade devraient s'adjoindre deux années de stage et d'application. C'est parfait. Vous avez pensé également que, dans certaines conditions, il y avait lieu de remplacer la science juridique par ce que j'appellerai la science pratique, et vous avez ouvert la porte à un certain nombre de praticiens qui, comptant cinq ou dix ans de pratique, peuvent, par là, remplacer ce qui manquerait à leurs études théoriques. Je n'ai à cet égard absolument rien à dire et je ne puis qu'approuver pleinement votre projet.

Mais permettez-moi d'ajouter que si vous augmentez les conditions de capacité et de culture des juges de paix, il est juste également que, vous adressant à des personnes qui auront fourni une somme de travail plus considérable, vous leur fassiez une situation meilleure. Il est juste que vous augmentiez leur traitement. A cet égard je dois exprimer un regret.

La Chambre des députés avait fixé le minimum de ce traitement à 2,500 francs; votre commission l'a réduit à 2,400 francs. J'aime les économies, je les adore, mais je n'adore pas les économies de bouts de chandelles (*On rit*), et j'avoue que je trouve celle-ci parfaitement excessive. Il me semble qu'il y a quelque mesquinerie à retrancher ainsi 100 francs à des juges de paix.

Notre magistrature est de toutes les magistratures de l'Europe celle qui est la moins payée, et je me rappelle encore M. Goblet citant à la tribune de la Chambre des députés le fait d'un magistrat mort littéralement de faim par suite de l'impossibilité de subvenir aux besoins de sa famille en raison de la médiocrité de son traitement. Malgré cela, notre magistrature a, pour ainsi dire, le respect et l'orgueil de sa pauvreté ; elle est au-dessus de tous les soupçons de vénalité, elle fait son devoir.

M. le garde des sceaux. Très bien !

M. de Las Cases. A nous de faire le nôtre. (*Approbation.*) Je me demande, messieurs, si nous le faisons, le jour où nous rognons ainsi 100 francs à de malheureux juges de paix auxquels on ne donne rien pour les transports et qui sont obligés, quand ils doivent aller au loin, d'aller à pied, parce qu'ils n'ont pas les moyens de prendre une cariole ou parce qu'ils seraient contraints d'emprunter celle d'un des plaideurs, ce qui serait parfaitement regrettable.

J'espère que la commission ne se refusera pas à rétablir le minimum voté par la Chambre des députés.

A côté de cette lacune, permettez-moi d'en citer une autre.

J'aurais voulu que, dans votre projet, il fût dit un mot des greffiers de justices de paix.

J'entendais un juge de paix dire que, lorsqu'il était embarrassé, il demandait conseil à son greffier. Le greffier est l'auxiliaire du juge de paix, le second juge de paix ; c'est un auxiliaire modeste de la justice, mais c'est un auxiliaire utile. Il est digne de toute notre sympathie, comme en est digne aussi tout ce qui intéresse la justice des petits, des cultivateurs et des laboureurs. (*Très bien! très bien!*)

M. le rapporteur. On fait quelque chose pour les greffiers en augmentant la compétence des juges de paix.

M. Monis. On fait même beaucoup pour eux, puisqu'on augmente les émoluments.

M. de Las Cases. Maintenant j'arrive, messieurs, à la deuxième condition, nécessaire, selon moi, au magistrat. Je dirai que le magistrat a besoin de caractère...

M. Aucoin. Cela ne se donne pas.

M. de Las Cases. ... et par là j'entends qu'il lui faut cette expérience avisée qui sait distinguer le vrai du faux, qui entre les différents chemins, entre les différents sentiers où les plaideurs veulent l'engager, sait trouver la ligne droite et s'y tenir.

J'ajoute qu'il lui faut également cette haute impartialité qui fait abstraction des personnes, qui ne se laisse influencer ni par le puissant, ni par le faible, ni par le riche, ni par le pauvre, ni par l'animosité, ni par l'amitié. Il faut que le magistrat sache dégager complètement les personnes qui sont devant lui pour ne voir que la cause : l'on représente toujours la justice avec un bandeau — elle ne connaît pas les plaideurs — et avec une balance — elle pèse seulement les raisons. (*Très bien!*)

J'ajoute, enfin, que le caractère consiste dans cette dignité de la vie, qui est une des conditions indispensables d'une bonne justice, parce qu'il faut que le magistrat impose le respect de ses décisions, par l'autorité de sa conduite et de sa vie.

Mon honorable collègue M. Aucoin, dont l'esprit est si avisé, me disait tout à l'heure : ces qualités, la loi ne les donne pas. Vous avez raison, car si une loi les donnait, permettez-moi de le dire, il faudrait, toutes les choses cessantes, la faire immédiatement pour tous les Français. (*Rires approbatifs.*)

Mais ce que la loi peut faire, c'est fermer la porte à ceux qui n'ont pas ces qualités (*Très bien! très bien! sur un grand nombre de bancs*) et l'ouvrir seulement à ceux qui les ont; ce que la loi peut faire, c'est édicter un certain nombre de dispositions qui ont pour but d'arriver à cet état. (*Nouvelle et vive approbation.*)

Jules Favre avait, à la fin de l'empire, déposé un projet de réorganisation judiciaire; il voulait faire nommer tous les magistrats par un corps électoral spécial. Ce corps électoral spécial se composait de magistrats, de quelques auxiliaires de la justice, d'avocats ou de professeurs de droit. Je crois qu'il était un peu restreint ; pour ma part, j'y ajouterais très volontiers un certain nombre de citoyens munis d'un mandat électif, tels que les conseillers généraux et les conseillers d'arrondissement.

Il y aurait là un corps électoral à la fois assez rapproché du candidat pour connaître ses qualités professionnelles et, en même temps, assez large et assez populaire pour répondre de son loyalisme et de sa modération dans les questions politiques.

M. le garde des sceaux. Et vous ouvririez à chaque vacance une période électorale !

M. de Las Cases. En aucune façon, monsieur le garde des sceaux ; le corps électoral dont je parle pourrait d'ailleurs se borner à dresser des listes de présentation sur lesquelles le garde des sceaux aurait à choisir les candidats.

Ne pourrait-on pas, dans une certaine mesure, appliquer cette règle même aux juges de paix ? Est-ce que, aujourd'hui, les juges de paix ne sont pas trop souvent influencés par la politique ? Est-ce que bien souvent quand un homme politique veut se rendre maître d'un canton ou se sent en déclin dans un canton, il ne pense pas à y faire nommer un juge de paix ?

Et ce juge de paix sera alors le prisonnier d'un homme, d'un parti plutôt que le défenseur de la justice.

Ces sollicitations politiques ne sont-elles pas une gêne pour le garde des sceaux lui-même ?

Voilà un ami politique qui vient lui demander dans son département la nomination d'un juge de paix ; il insiste d'une façon toute significative. Le candidat est peut-être médiocre ; mais le parlementaire appartient à un groupe avec lequel le ministre est en compte courant d'amabilité. (*On rit.*) Que fera le ministre ? Pour résister il faudrait être un héros. Si tous les ministres sont des héros par définition, je sais que leur héroïsme leur pèse.

J'en trouve la preuve dans les circulaires des gardes des sceaux qui ont pour but de mettre un terme à des sollicitations trop abondantes.

Voici, par exemple, la dernière circulaire. Je vous demande la permission de vous la lire ; elle émane de M. Trarieux et date de 1895. Elle est adressée aux procureurs généraux.

« Monsieur le procureur général, depuis longtemps l'administration de la justice souffre des critiques que soulèvent les conditions dans lesquelles s'opère le recrutement du corps judiciaire et l'avancement de ses membres. Abandonnée à l'autorité exclusive du ministre, la nomination des magistrats, quels que soient le soin et le respect qu'y apporte la chancellerie, est frappée d'une sorte de suspicion par cela seul qu'elle dépend d'une volonté unique que l'on peut croire accessible à des influences diverses.

« De là naissent chez les intéressés des ambitions illimitées se traduisant en sollicitations sans mesure et la pensée se répand que le mérite et les droits acquis comptent moins que la protection dans le choix des candidats.

« Il m'a paru, que sans attendre l'examen par les Chambres des propositions de loi dont elles sont saisies... » — on a bien fait, vous savez que les propositions de loi ne sont pas encore arrivées devant les Chambres — « ...et qui ont pour but de soumettre à des règles fixes et rigoureuses l'entrée et la promotion dans la carrière judiciaire, il était possible de remédier à la plupart des inconvénients signalés en entourant de garanties nouvelles l'avancement accordé aux magistrats.

« Pour obtenir ce résultat, je crois devoir limiter moi-même le pouvoir dont je suis le dépositaire. Ce sera rendre confiance à la partie du personnel qui peut se croire victime d'oublis injustes et modérer l'impatience de celle qui semble trop attendre de la faveur. »

Cette circulaire, pour être de 1895, et peut-être la dernière, n'est certainement pas la seule.

M. Théodore Girard. Il y en a une autre de M. Vallé.

M. de Las Cases. J'en ai relevé toute une série, dont je puis citer les auteurs : M. Dufaure en 1876, M. Cazot en 1880, voilà pour la République ; M. Ollivier en 1870, M. Delangle en 1859, M. Abbatucci en 1852, voilà pour l'empire ; M. Martin du Nord en 1848, voilà pour la monarchie de Juillet ; M. de Peyron-

net, le 24 décembre 1829, voilà pour la Restauration

Il s'est produit quelques changements en France, depuis M. de Peyronnet jusqu'à M. Trarieux ; mais il y a une chose qui n'a pas changé, c'est la sollicitation. (*Très bien ! très bien.*) Les circulaires ont essayé de garantir les ministres ; mais elles n'y ont pas réussi, parce que les circulaires sont comme les roses ; elles vivent l'espace d'un matin. (*Sourires.*)

Il n'y a qu'une loi qui puisse garantir les ministres. Je crois que si nous donnions cette loi à M. le garde des sceaux, qui nous est si sympathique, nous répondrions à un de ses vœux, peut-être caché, mais certainement réel.

Cette loi serait utile à la fois et aux ministres et aux parlementaires, objets de tant d'obsessions, aux magistrats eux-mêmes qui verraient le mérite remplacer la sollicitation, et aux justiciables qui auraient plus de confiance dans des magistrats qui devraient leur nomination au mérite, non à la faveur. (*Très bien ! très bien ! à droite.*) L'exécutif ne devrait avoir que très peu d'influence sur le judiciaire ; c'est un des principes de notre droit public que la séparation du pouvoir judiciaire et du pouvoir exécutif. Est-elle réelle, cette séparation, lorsque à la fois la nomination et l'avancement des magistrats sont à l'arbitraire de l'exécutif ? Evidemment non.

Cela est si vrai, qu'en 1790 on ne laissait pas le choix des juges au pouvoir exécutif, on faisait nommer les juges par le suffrage universel.

Je ne suis pas partisan de ce mode de nomination. Pourquoi ? C'est parce qu'à l'heure actuelle, dans la mêlée des partis, dans les agitations de notre démocratie, il y aurait grand lieu de craindre, comme le disait le garde des sceaux, que chaque nomination de juge provoquât l'ouverture d'une campagne électorale ; le juge deviendrait l'homme d'un parti, il ne serait pas dépendant d'en haut, il serait dépendant d'en bas, et il ne doit être dépendant, ni d'en haut, ni d'en bas. (*Marques d'approbation sur un grand nombre de bancs.*)

M. Victor Leydet. Est-ce qu'on était moins agité en 1790 ?

M. de Las Cases. On comprit si bien la faute commise en 1790 qu'à l'époque du Directoire on supprima la nomination des juges par le suffrage universel. On la remplaça par un système qui donnait au pouvoir exécutif le droit de nommer les magistrats, mais en limitant son droit aux candidats contenus dans certaines listes de présentation. Ce n'est que par une sorte d'usurpation de l'exécutif que le droit de présentation tomba plus tard en désuétude.

Ces idées sont-elles impraticables ? N'y a-t-il pas une quantité d'administrations dans lesquelles les nominations se font justement sur des listes de présentation ? Un pareil moyen donne d'excellents résultats.

Est-ce que l'exécutif a à se préoccuper du choix des juges ? Est-ce que cela rentre dans ses attributions ? Le pouvoir doit avoir le droit de nommer les fonctionnaires, parce qu'il lui faut comme fonctionnaires des hommes qui suivent sa politique et qui soient en communion d'idées avec lui ; mais les juges n'ont pas de politique à faire ; ils ne sont pas des fonctionnaires ; ils sont, ce qui est tout à fait différent, des arbitres. Mirabeau le disait excellemment, en 1789 : « Le juge, c'est un arbitre qui a à trancher des différends qui se soulèvent entre citoyens. »

Que si le différend est entre deux particuliers, quand l'Etat a assuré la capacité et l'honorabilité du juge, qu'a-t-il de plus à faire ? Et que si, au contraire, le débat est entre un particulier et l'Etat, c'est pour le coup qu'il faut que l'Etat n'ait pas nommé le juge parce qu'alors il serait juge et partie et la règle de la séparation des pouvoirs ne serait plus absolument qu'un leurre.

M. le marquis de Carné. Très bien ! très bien !

M. de Las Cases. Il y a une troisième qualité que doit posséder le juge, et c'est peut-être la plus importante : l'indépendance. Et ici, je dirai mon opinion tout entière. Il ne suffit pas que le juge soit en réalité indépendant ; il faut quelque chose de plus, il faut qu'il ait l'apparence de l'indépendance ; il faut que la loi soit telle qu'elle assure au juge l'indépendance et qu'elle dise et fasse dire bien haut à tous les justiciables que le juge est indépendant. Même dans les temps où le magistrat en France n'a pas été suffisamment indépendant, il est indiscutable qu'un grand nombre de magistrats ont trouvé dans le sentiment de leur honneur, de leur devoir professionnel, dans leur dignité d'homme, la force nécessaire pour ne pas s'incliner devant un ordre ou une insinuation du pouvoir.

Mais il ne suffit pas que les juges soient indépendants, il faut qu'ils paraissent indépendants; pourquoi? Parce que s'il en est autrement le plaideur qui perdra son procès se dira qu'il est victime de la politique, et que celui qui tient les juges est facilement considéré comme tenant également la justice. Il est donc nécessaire qu'il ait l'indépendance réelle et l'apparence de l'indépendance. Si j'ouvre la Constitution de l'an VIII, je trouve l'inamovibilité; c'est suffisant pour que le juge puisse remplir son devoir sans crainte d'être frappé, si ce devoir ne plait pas aux hommes du jour; ce n'est pas suffisant pour garantir toute son indépendance. A côté, en effet, de la crainte, il y a le désir d'avancement, qui peut avoir une influence. Dès l'an VIII un tribun assez inconnu exprimait cette idée sous une forme un peu rude, mais très vraie, il disait : « Rien ne sert de ne pouvoir être mù quand on désire être promu. » Royer-Collard d'une façon non moins lapidaire, mais plus compréhensible et plus complète disait :

« Pour que le juge se trouve suffisamment protégé contre sa propre faiblesse et contre le pouvoir il faut qu'il soit affranchi de la crainte et de l'espérance. »

Et voilà pourquoi je voudrais une magistrature soumise à des règles d'avancement qui réduiraient au minimum l'arbitraire du pouvoir exécutif.

La fièvre de l'avancement est une maladie de toutes les magistratures qui sont une carrière. La magistrature française n'y a pas échappé. Les circulaires dont je parlais tout à l'heure en sont la preuve et la démonstration absolues.

Il y a un grand nombre de magistrats qui s'émeuvent de cette situation. Ils trouvent que l'indépendance de la magistrature est entravée par ce fait qu'il n'y a aucune règle pour l'avancement, qu'elle est à la merci du pouvoir exécutif, et ils ont cherché le remède.

Ils ont remarqué qu'en Angleterre l'indépendance du magistrat est absolue parce qu'il y existe non pas simplement l'inamovabilité, mais encore l'immobilité.

En Angleterre, la magistrature n'est pas une carrière, le magistrat n'est pas un fonctionnaire; la magistrature y est une mission sociale, et, dans une mission sociale, il n'y a pas de rang, il n'y a pas de hiérarchie, il n'y a pas de 1re, de 2e, de 3e classe, il n'y a que des hommes qui remplissent un grand, un noble, un superbe ministère, celui de défendre la loi, de défendre les droits, de défendre les intérêts des particuliers, leur fortune, leur liberté et leur honneur. (Très bien ! très bien ! à droite.)

Ces mêmes magistrats se rappellent ce qui existait en France sous l'ancien régime; ils se rappellent que tous les hommes qui ont écrit sur la magistrature ancienne tiennent pour certain qu'en France, nos magistrats n'ayant rien alors à attendre du pouvoir, notre magistrature était la plus indépendante de l'Europe. Ils se demandent si, à l'heure actuelle, on pourrait en dire autant.

En 1881, devant toutes les chambres de la cour de Paris, réunies en audience solennelle, à une époque où les discours de rentrée n'étaient pas encore supprimés, M. l'avocat général Bouchez parla sur les réformes de la magistrature; c'était alors la question à l'ordre du jour. Il étudia l'indépendance de la magistrature, et savez-vous comment il s'exprima? Permettez-moi de vous lire quelques lignes de ce discours. Après avoir rappelé d'abord ce qu'était la magistrature, au point de vue de l'indépendance, sous l'ancien régime, l'éminent avocat général ajoute :

« Aujourd'hui peu s'en faut qu'on ne puisse retourner ... ce qu'on appliquait à nos anciens parlements ... dire qu'il n'y a pas de pays en Europe où les tribunaux ordinaires soient moins indépendants du gouvernement qu'en France. »

Ce sont des paroles qui viennent de la bouche autorisée d'un magistrat parlant devant d'autres magistrats. Pour qu'elles aient pu être prononcées par un tel homme devant de tels hommes, dans de telles circonstances, sans soulever l'ombre d'une protestation combien fallait-il que les auditeurs fussent convaincus de leur véracité.

Qu'a fait votre projet pour assurer aux juges de paix des garanties de recrutement et d'avancement? Absolument rien. C'est là une lacune regrettable. A la Chambre, on avait demandé l'inamovibilité et cette proposition a été repoussée; mais on a déclaré qu'un juge de paix ne pourrait plus, désormais, être révoqué qu'après l'avis d'une commission.

Seulement comme cette commission est entièrement à la discrétion de M. le ministre de la justice, et comme, d'autre part, le juge de paix peut être déplacé sans l'avis de personne. La garantie est minime.

M. Louis Legrand. J'ai déposé un amendement sur ce point.

M. de Las Cases. Je serai tout prêt à le voter, soyez en convaincu ; mais j'ai bien peur qu'il ne constitue encore qu'un palliatif insuffisant. J'avoue que, pour ma part, j'irai jusqu'à demander l'inamovibilité des juges de paix. Je voudrais que ceux que vous allez nommer, qui présenteraient plus de garanties de savoir, jouissent en retour de toutes garanties d'indédendance.

Pourquoi donc s'opposer à l'inamovibilité ? Est-ce parce que, comme on l'a dit, les juges de paix étant des magistrats de police judiciaire, se trouvent sous les ordres des procureurs de la République qui, eux, sont des magistrats amovibles? Mais, dans certaines circonstances, les maires sont aussi des officiers de police judiciaire ; faut-il, à cause de cela, les faire nommer par le ministre de la justice ?

Est-ce parce que leur amovibilité est une tradition du dix-neuvième siècle ?

Oui, c'est une tradition, et tous les gouvernemens ont tenu à conserver les juges de paix sous leur main. Pourquoi? Parce qu'il n'y avait aucune garantie de savoir exigée d'eux et que leur amovibilité était pour ainsi dire comme une soupape de sûreté contre les propres erreurs que pouvaient commettre les gouvernements en nommant des gens incapables.

J'ai entendu dire aussi qu'il n'y avait pas intérêt à faire les juges de paix inamovibles, parce qu'ils n'avaient à trancher que des litiges très minimes.

Je le sais, les juges de paix n'ont à connaître que de petites affaires, des procès de cultivateurs et ouvriers ; ils sont les juges des petits et des humbles. Mais la propriété des petits est aussi respectable que celle des grands, car elle est faite de labeur, d'épargne et d'honnêteté. (Très bien ! Très bien !)

Tous doivent avoir une même justice et je n'admets pas qu'il y ait deux classes de juges, des juges inamovibles pour les riches et des juges amovibles pour les pauvres.

Rien ne serait plus contraire à l'égalité devant la loi. Si je voulais apporter des autorités en faveur de l'inamovibilité des juges de paix, je vous donnerais l'opinion de nombreux magistrats et de nombreux jurisconsultes ; tous sont partisans de cette réforme.

Les législations étrangères, pour la plupart, ont déclaré le juge de paix inamovible. Il est inamovible en Allemagne, en Angleterre, en Autriche, en Italie, en Hollande, en Belgique. Partout cette amélioration a été acceptée par tous, justiciables et magistrats, comme un véritable bienfait.

L'inamovibilité du magistrat de canton me parait, quant à moi, plus nécessaire peut-être que l'inamovibilité des autres magistrats. Pourquoi donc ? C'est que, lorsque vous vous trouvez en présence de magistrats qui ont une haute situation, qui appartiennent à des corps puissants, qui ont une fortune personnelle, ils sont forcément plus indépendants.

Mais lorsque vous avez un juge isolé, quand vous avez un juge de paix qui ne fait partie d'aucun corps, qui est en lutte avec des difficultés locales, il a besoin plus que personne d'être protégé.

Il a, d'ailleurs, une haute mission à remplir, et pour l'aider dans cette haute mission, il faut lui donner la réalité et les apparences de l'indépendance. Vous vous rappelez tous le mot de M. Dufaure, j'allais dire notre Dufaure, qui rêvait, quand il serait vieilli, de finir ses jours comme juge de paix de son canton. Il se rendait ainsi parfaitement compte de la haute mission sociale du juge de paix. M. Dufaure n'a pas été juge de paix, parce qu'il est mort jeune, à quatre-vingt-cinq ans.

Si j'examine toutes les législations étrangères, et je l'ai fait avant de monter à cette tribune, si je les passe toutes en revue, je trouve que les réformes que je vous demande, réformes qui ont pour but de donner aux magistrats plus d'indépendance en même temps que plus de savoir, toutes existent dans les magistratures étrangères. Elles y ont été introduites par des lois récentes.

Lisant dernièrement le projet de M. Zanardelli j'y retrouvais les idées d'Odilon Barrot, de Jules Favre, de Martel, de Dufaure. Tous voulaient constituer une magistrature indépendante, une magistrature en aucune façon soumise aux fluctuations de la politique, une magistrature qui dût tout au mérite et rien à la faveur. Je reconnaissais tous ces principes appliqués et mis en œuvre dans les lois réformatrices de nos voisins.

C'était nous, comme toujours, c'était le génie français qui avait semé, et c'était la sagesse étrangère qui moissonnait. Ne serait-il pas temps de tirer parti des idées de nos penseurs ?

Ce que nous demandons, c'est une magistrature indépendante, devant tout à son mérite, rien au passe-droit ; c'est une magistrature de lumière et de grand air.

Le Gouvernement actuel nous a dit qu'il serait un gouvernement de grand air et de lumière : je le convie à faire pour la magistrature une œuvre de lumière, une œuvre de liberté et une œuvre de grand air. *(Très bien ! et vifs applaudissements à droite. — L'orateur, en retournant à son banc, reçoit les félicitations de plusieurs de ses collègues.)*

M. le président. Personne ne demande plus la parole pour la discussion générale ?...

La discussion générale est close.

Je consulte le Sénat sur la question de savoir s'il entend passer à la discussion des articles de la proposition de loi.

(Le Sénat décide qu'il passe à la discussion des articles.)

M. le président. Je donne lecture de l'article 1er :

« Art. 1er. — Les juges de paix connaissent, en matière civile, de toutes actions purement personnelles ou mobilières en dernier ressort jusqu'à la valeur de 300 francs et à charge d'appel jusqu'à la valeur de 600 francs. »

Il y a, sur cet article, un amendement de M. Darbot, ainsi conçu :

« Aucune cause civile ou commerciale ne peut être portée devant aucun tribunal, celui des prud'hommes excepté, sans que le juge de paix ait appelé les parties en conciliation, conformément à l'article 2 de la loi du 2 mai 1855.

« En cas de défaut du défendeur ou de nonconciliation des parties, le juge de paix délivrera permis de citer. L'huissier qui aura donné citation sans adjoindre à l'original le permis de citer, encourra une amende de 50 francs qui sera prononcée par le tribunal saisi par la citation.

« Si les parties sont conciliées, le juge de paix dressera procès-verbal de la conciliation, que les parties seront requises de signer, et qui, déposé au rang des minutes du greffe, aura force de jugement.

« Si les parties ne peuvent être conciliées, le juge dressera et déposera au rang des minutes un procès-verbal sommaire des dires, aveux et dénégations des parties sur les points de fait. Ce procès-verbal sera signé des parties, ou mention sera faite de leur refus ; il fera foi de son contenu.

« Des procès-verbaux de conciliation et de nonconciliation seront écrits par le greffier sur papier visé pour timbre. L'enregistrement sera perçu sur la première expédition, et mention en sera faite en marge du procès-verbal.

« Les juges de paix connaissent, en matière civile, de toutes actions purement personnelles ou mobilières, en dernier ressort, jusqu'à la valeur de 600 francs., et à charge d'appel jusqu'à la valeur de 1,200 francs. »

La parole est à M. Darbot.

M. Darbot. Messieurs, un de nos plus éminents collègues qui a, dans des circonstances mémorables, donné de son cœur et de son talent à la cause de la justice, disait récemment à la place que j'occupe : Nous devons aux hommes de travail, la justice, et aux hommes de la pensée, la liberté.

C'est sous les auspices d'une pensée aussi généreuse et aussi vraie, que j'ai fait effort sur moimême, pour demander la parole en vue de la solution du problème le plus difficile, le plus haut, qui puisse se poser devant une société organisée, entendant servir le progrès dans le sentiment du juste et du bien.

Je vous disais, il n'y a pas longtemps, qu'il y avait à mon sens deux justices qui, pour se confondre dans les actes des hommes, n'étaient pas moins distinctes dans leur origine et leurs manifestations. L'une est la justice des lois, l'autre est la justice des tribunaux.

La justice des lois, tout entière dans la dépendance du législateur, est ce qu'il l'a faite dans nos codes, et ce qu'il l'a fait chaque jour dans ceux-ci, en y ajoutant ou en y retranchant.

Cette justice-là n'est pas parfaite, depuis surtout que, poussés par une nécessité impérieuse, née de la concurrence étrangère, nous avons mis dans nos lois la protection qui, par la force des choses, ne va pas à ceux en ayant besoin.

Ce n'est pas le moment de parler de cette partielà, alors qu'il serait pourtant si utile de la façonner pour qu'elle soit en harmonie avec notre situation économique, et dans des conditions à pacifier les esprits et à éviter les troubles de la rue. Je ne dois parler que de la justice des tribunaux et j'y arrive.

La proposition de loi qui nous est soumise a surtout pour but d'étendre la compétence des juges de paix, et cette extension y prend corps dans son article 1er.

Cet article 1er élève la compétence du juge de paix, en dernier ressort de 150 francs à 300 francs, et à charge d'appel de 300 francs à 600 francs.

Pourquoi 300 francs et 600 francs au lieu de 150 et 300 francs ? Et arbitraire pour arbitraire, pourquoi pas 600 francs et 1,200 francs. Et mieux, pourquoi pas une compétence sans limites en premier ressort ?

Est-il possible de supposer qu'un juge soit capable d'apprécier un litige basé sur une valeur de 600 francs et incapable d'apprécier ce même litige, parce qu'il porte sur une valeur de 1,200 francs.

Et si quelqu'un me disait que la supposition est réelle et que le juge de paix est en sa place pour juger quand de petites sommes sont en jeu, et ne l'est plus quand le différend porte sur de grosses sommes, je protesterais de toutes mes forces, au nom de l'égalité devant la loi.

N'est-il pas vrai que si l'égalité doit être quelque part, c'est avant tout dans l'application de la justice ? Et pourtant il existe deux sortes de tribunaux et, partant, deux catégories de justiciables : les tribunaux de paix pour la masse des humbles et des déshérités, et les tribunaux civils pour les superbes et les riches ; les premiers n'ayant qualité que pour juger des faits comportant des valeurs inférieures à 300 francs sans appel et 600 francs à titre d'appel ; les seconds pour juger des faits comportant des valeurs supérieures à 600 francs.

Pourquoi ces divisions et ces inégalités ?

Du reste, pour soutenir ma thèse, je vais invoquer un précédent qui, tout seul, en dit plus que le plus beau raisonnement.

Dans un voyage que j'ai fait l'année dernière en Tunisie, j'ai appris que les juges de paix, dans ce pays de protectorat, jugeaient toutes actions personnelles ou mobilières jusqu'à 800 francs et que jamais personne ne s'était plaint de cette compétence étendue.

Or l'argent a deux fois plus de valeur en Tunisie qu'en France puisque son taux est de 3 à 4 francs ici, et d'au moins 6 à 8 francs là-bas ; preuve que ce n'est pas l'importance d'une affaire qui met en relief la valeur du juge.

Aussi bien je sens que pour combattre mon amendement, on m'opposera la question du juge unique comme étant de nature à placer le jugement rendu par ce juge unique au-dessous du jugement rendu par trois juges réunis.

Sur ce point ma conviction est profonde et bien réfléchie. J'estime que la responsabilité pesant sur une seule tête est telle, en la matière qui nous occupe, que la situation qui est faite à ce juge unique ne serait pas tenable longtemps, s'il ne jugeait pas avec suffisamment de savoir, et surtout avec la volonté d'être toujours juste. La justice du peuple aurait raison, un peu plus tôt, un peu plus tard, de ce juge inconscient.

Qu'au contraire il y ait dans les trois juges dans la même affaire un homme ambitieux et vindicatif, il pourra passer indéfiniment inaperçu, bien heureux encore si sa déloyauté ne lui sert pas de tremplin pour escalader des grades supérieurs.

Du reste, en cette matière, l'honorable rapporteur à la Chambre des députés, un magistrat, M. Cruppi, qui a fait ses preuves et témoigné de son savoir professionnel et de sa clairvoyance, a formulé son opinion, en des lignes si sensées et si vraies, que je veux mettre mon appréciation sous sa protection.

Voici sa réplique à l'occasion de l'article 17 : « Je sais, M. Cunéo d'Ornano, que l'idée du juge unique a particulièrement le don de vous effaroucher comme jurisconsulte ; mais laissez moi vous dire que le juge de paix tel qu'il est, avec l'énorme extension de ses attributions et de sa compétence que tous les gouvernements lui ont accordée depuis sa création, c'est-à-dire depuis 1791, ce juge unique n'a jamais été sérieusement critiqué. Ce juge unique, c'est précisément parce qu'il est seul qu'il a un sentiment plus profond et plus réel de sa responsabilité. (Applaudissements.)

« Croyez-vous que dans les juridictions où jugent plusieurs magistrats, il n'y ait pas souvent un juge unique ? (Applaudissements.)

« Croyez-vous que ce juge unique, dont je parle, ne soit pas d'autant plus dangereux qu'il se dissimule derrière des collègues qui semblent délibérer et opiner, tandis qu'ils ne délibèrent pas et n'opinent pas, et que lui seul décide ?

« Quant à moi, je préfère le juge unique qu'on voit au juge unique qu'on ne voit pas. »

Voilà pour le juge unique, voici pour le juge insuffisant ; c'est toujours M. Cruppi qui parle : « On vous a dit encore, au point de vue des critiques générales adressées à notre projet : mais votre juge de paix est complètement insuffisant !

« Comment, insuffisant ? Vous, messieurs, vous déclareriez ce juge de paix insuffisant ? Mais c'est vous, ce sont vos prédécesseurs qui, depuis vingt ans, avec un acharnement louable, comblez des attributions les plus compliquées les juges de paix, tous les jours, sans la moindre opposition, ni à gauche, ni à droite, ni au centre.

« S'agit-il de la matière des grèves, des difficultés entre le capital et le travail ? Vite vous constituez le juge de paix arbitre, vous lui donnez les missions judiciaires et sociales les plus délicates, et, tout à coup des scrupules s'élèveraient en vous ! Je ne vous comprends pas (Très bien ! très bien !)

« Il y a autre chose. On parle constamment de l'insuffisance des juges de paix. (Mouvements divers.) Oui, j'entends un soupir caractéristique que ce mot a arraché à la conscience d'un de mes honorables collègues ; mais prenez garde, M. le garde des sceaux pourra vous éclairer bien mieux que je ne le ferai moi-même.

« Y a-t-il vraiment tant de plaintes contre les juges de paix ? M. le ministre de la justice reçoit-il un grand nombre de plaintes justifiées contre ce personnel de magistrats auquel je tiens, pour mon compte, à rendre hommage ?

« Voyons-nous beaucoup de magistrats de paix manquer gravement à leurs devoirs en se mêlant à nos luttes politiques, aux querelles de notre vie publique ?

« *M. le garde des sceaux.* Il n'y en a pas à proprement parler.

« *M. le rapporteur.* Le mot que vient de prononcer M. le garde des sceaux me suffit. Je crois pouvoir dire, au point où j'en suis de cette discussion très simple, que le juge de paix n'est pas insuffisant. »

Que si malgré le sentiment de M. Cruppi, et si vous le supposez entaché d'exagération, les tribunaux de paix, avec le juge unique et le juge insuffisant, étaient au-dessous des tribunaux civils, avec leurs trois juges, et tous trois capables, ne sentez-vous pas quelle faute nous commettrions vis-à-vis de la démocratie en lui infligeant une justice douteuse et en réservant la justice éblouissante aux privilégiés de la fortune et des situations ?

N'est-il pas vrai que si l'égalité doit être et peut être quelque part, c'est dans l'application des lois, afin que tout justiciable bénéficie également de leurs bienfaits et subissent également leurs rigueurs ?

De deux choses l'une, ou la justice des tribunaux de paix vaut celle des juges civils, ou elle ne la vaut pas. Si elle la vaut, elle doit s'étendre sur toutes les actions personnelles ou mobilières qu'elle qu'en soit la valeur ; si elle ne la vaut pas, il est de toute nécessité de la supprimer le plus tôt possible, comme ayant déjà trop duré.

Nous vivons en France sous un régime ayant le suffrage universel à sa base, et il n'est pas bien, il n'est pas convenable que la République donne aux travailleurs une justice inférieure à celle qu'elle met au service des puissants du monde des affaires.

J'entends bien que les différends soumis aux juges de paix ne portent que sur des sommes peu importantes, quelques centaines de francs, et que, par suite, des erreurs de jugements ne sauraient avoir des conséquences graves. C'est là une idée qu'on peut formuler sans doute, mais qui perd toute justesse dès qu'on veut l'appliquer aux faits de la vie courante.

N'est-il pas vrai que 100 francs dans la poche d'un prolétaire qui n'a que son travail quotidien pour vivre et faire vivre les siens, ont plus de valeur que n'en ont 1,000 francs, je ne dirai pas dans la poche d'un millionnaire, mais seulement dans la poche d'une personne qui possède assez pour être à l'abri de la misère sur ses vieux jours ?

La question qui se pose à notre attention et appelle notre sollicitude n'est pas que dans le partage des affaires, suivant leur importance, entre les tribunaux de paix et les tribunaux civils ; elle est encore dans cette anomalie caractérisée par ce fait qu'une personne qui succombe dans un procès peut aller en appel si la somme engagée dans l'affaire dépasse 300 francs, et ne peut y aller si cette somme est inférieure à 300 francs.

Il y a là une inégalité choquante qu'on peut comprendre sous un gouvernement monarchique, mais qui jure sous un gouvernement démocratique.

Si l'appel est utile pour redresser des erreurs quand les sommes comprises dans l'affaire sont importantes, pourquoi ne le serait-il pas, dans une certaine proportion, quand les sommes sont faibles ? Et s'il a sa raison d'être, pourquoi ne pas l'admettre quelles que soient les sommes engagées dans l'affaire ?

Mais, messieurs, la question que soulève la réorganisation des juges de paix, est peut-être encore moins une question de compétence qu'une question de frais.

Il est vrai que la justice est gratuite en France, en ce sens que les juges sont payés par l'Etat ; mais les rouages mis en mouvement pour y arriver sont tellement coûteux, que parfois le justiciable est ruiné avant de l'obtenir.

Et c'est encore parce que les tribunaux de paix donnent la justice à bien meilleur compte que les tribunaux civils, que, ne pouvant espérer l'égalité complète des justiciables devant la loi, je m'en tiens à l'augmentation de la compétence des juges de paix, dans les conditions de mon amendement.

Je le répète, arbitraire pour arbitraire, le meilleur ou le moins mauvais est celui se rapportant aux chiffres les plus élevés, tout simplement parce que les frais de tout procès vont en diminuant au fur et à mesure qu'augmente la valeur du litige à juger et qu'arrive le moment où ces frais ne jurent plus à côté de cette valeur.

Il me semble, en raison de cette considération, qu'il serait possible de déterminer à partir de quel chiffre les affaires peuvent aller devant les tribunaux civils, sans que les frais du procès puissent nuire sensiblement à l'effet salutaire des jugements.

J'arrive à la partie de mon amendement que je crois la plus utile et la plus démocratique. Je fais allusion à la procédure en matière de conciliation devant les tribunaux de paix.

Il est indiscutable que les appels en conciliation sont un moyen de rendre la justice et de l'obtenir, sans bourse délier, au profit de la masse des justiciables.

Il ne saurait, en effet, faire de doute pour personne que les procès sont aujourd'hui coûteux au point qu'il n'y a plus que les gens très riches et les gens très pauvres qui peuvent plaider, c'est-à-dire se faire faire rendre justice : les premiers n'ayant pas à compter avec les billets de mille, et les autres pouvant avoir recours à l'assistance judiciaire.

Nos paysans le savent bien pour avoir entendu formuler cette vieille sentence qui court les rues de nos villages : un mauvais arrangement vaut mieux qu'un bon procès.

Il faut donc éviter les procès, et c'est les éviter que de les terminer aussitôt nés par la voie de la conciliation.

L'histoire judiciaire enseigne, en effet, que sur 100 causes portées en conciliation devant le juge de paix, on doit compter en moyenne : défaut 40 p. 100 ; non-conciliation, 25 p. 100 ; conciliation, 35 p. 100. En d'autres termes, les parties comparaissent, les juges de paix obtiennent la conciliation de 57 à 60 fois sur 100.

N'y a-t-il pas dans ces renseignements un éloge des mieux mérités des tribunaux de conciliation, et n'en sort-il pas l'indication précieuse qu'on ne saurait trop faire pour en étendre les bienfaits?

En vertu de l'article 17 de la loi du 25 mai 1838, modifié par la loi du 2 mai 1855, « il est interdit aux huissiers de donner aucune citation en justice, sans qu'au préalable le juge de paix ait appelé les parties devant lui au moyen d'un avertissement sur papier non timbré, rédigé et délivré par le greffier, au nom et sous la surveillance du juge de paix, et expédié par la poste, sous bance simple, scellée du sceau de la justice de paix, avec affranchissement ».

Il est fait exception à cette interdiction pour les causes « qui requièrent célérité et celles dans lesquelles le défendeur serait domicilié hors du canton ou des cantons de la même ville », et alors la citation, non précédée d'avertissement, « ne sera faite qu'en vertu d'une permission donnée sans frais par le juge de paix, sur l'original de l'exploit ».

Il est clair que le juge de paix a un pouvoir discrétionnaire très étendu, pour permettre au demandeur de se soustraire aux préliminaires de conciliation.

Par la force des choses, le juge de paix est obligé d'abuser de ce pouvoir, car le mot « célérité » dans la loi se prête, par son élasticité, à toutes situations dans lesquelles un demandeur peut se trouver. Et d'ailleurs, en 1855, lors de la promulgation de la loi qui nous occupe, il n'y avait que peu ou point de voies de communications, et c'était tout un voyage pour un paysan d'aller seulement au chef-lieu de son canton, et d'en revenir dans la même journée. Aujourd'hui, on va à cent lieues de son pays et on revient chez soi le même jour.

J'admets qu'il y ait des cas, et j'en connais, où la conciliation ne saurait précéder la citation. En voici un qui me vient tout de suite à la pensée, parce qu'il est fréquent et que j'ai été bien des fois mêlé aux pourparlers auxquels il donne lieu. Je veux parler de la vente d'un cheval atteint d'un vice rédhibitoire et faisant l'objet d'une action en rédhibition.

L'acheteur qui a un délai de neuf jours pour intenter cette action ne s'aperçoit souvent du vice reproché à l'animal dont il s'est rendu acquéreur qu'après sa possession pendant plusieurs jours ; et, comme avant de prendre une détermination, il est obligé de consulter son vétérinaire et son conseil, c'est tout juste s'il est prêt à lancer une assignation à son vendeur le huitième jour de l'achat, la veille de l'expiration du délai. Il est de toute évidence que dans son cas, les préliminaires de conciliation ne sauraient prévenir la citation.

Mais est-ce une raison pour renoncer aux avantages que peuvent procurer les préliminaires de conciliation? Évidemment non. Avec l'obligation de ces préliminaires, l'acheteur, en même temps qu'il fera assigner son vendeur, l'appellera en conciliation et les chances de conciliation seront augmentées par l'effet de la citation qui n'est plus à l'état de projet, mais est un fait accompli.

Non, la comparution en conciliation ne saurait nuire aux causes qui requièrent célérité, par cette raison que si, d'une part, elles sont conciliées, la solution sera acquise dans les meilleures conditions, et, d'autre part, si elles ne le sont pas, les plaideurs ont la ressource que donne le Code de procédure civile : « Dans les cas urgents, le juge donnera une cédule pour abréger les délais et

pourra permettre de citer même dans le jour et à l'heure indiqués.

Les innovations de mon amendement résident surtout dans cette particularité que si les parties sont conciliées, le procès-verbal de conciliation aura force de jugement, et si elles ne peuvent être conciliées, leurs dires, aveux, dénégations feront l'objet d'un procès-verbal sommaire dont le contenu fera foi devant les tribunaux.

En vertu de la législation courante, comment les choses se passent-elles?

Dans le cas d'une conciliation inscrite sur un registre *ad hoc*, l'extinction de la cause n'en est la conséquence qu'autant que l'accord intervenu est exécuté ; si l'accord n'est pas exécuté, pour arriver à l'extinction de la cause il faut recourir à la citation et obtenir un jugement. D'où perte de temps et d'argent.

Bien plus, comme l'appel en conciliation n'est pas interruptif de la prescription, il peut arriver que la conciliation n'ait d'autre résultat que de faire tomber l'action.

Un autre inconvénient de l'état de choses actuel résulte de ce fait que les aveux passés en conciliation étant extrajudiciaires ne peuvent valoir en justice, de sorte qu'un débiteur peut nier à l'audience une dette supérieure à 150 francs, qu'il aurait reconnue en conciliation.

Et la négation sera acceptée et l'affirmation laissée dans l'ombre, parce que, avec la loi du 2 mai 1855, s'il y a eu conciliation, le procès-verbal que pourra dresser le juge de paix, en vue de fixer les conditions de l'arrangement, aura force d'obligation privée et non de jugement.

C'est-à-dire que cette force d'obligation privée donnera au procès-verbal tous les inconvénients inhérents à ce genre d'obligation, inconvénients apparemment si graves que les parties n'y ont à peu près jamais recours, tandis qu'avec mon amendement ce procès-verbal aura tous les caractères d'un jugement.

Et en réalité, on ne peut assimiler une conciliation à une convention, ni en fait, ni en droit. Est-ce que le juge en conciliation n'a pas pour mission d'entendre les parties, de discerner de quel côté est le droit? N'a-t-il pas pour devoir de faire comprendre au demandeur que ses prétentions sont exagérées ou sans fondement? ou au défendeur que la demande est juste et fondée en totalité ou en partie? Et que si la cause venait à la barre, le jugement à intervenir serait dans tel sens et non dans tel autre?

En agissant comme je viens de dire, le juge de paix ne fait-il pas œuvre de juge, ne prononce-t-il pas virtuellement un véritable jugement? Et, je le demande, en quoi son intervention, dans ces conditions, peut-elle ressembler à celle d'un intermédiaire qui veut amener deux personnes à faire une affaire, et à la sceller par une convention?

Sans doute, le mot ne fait rien à la chose, mais voyez donc l'inconvénient de faire de l'acte de conciliation une convention. Les parties ont acquiescé à la décision du juge, et l'une se refuse à tenir ses engagements. D'où cette conséquence que l'autre est obligée, pour arriver à l'exécution de la décision du juge, de recourir à la citation, et à un jugement en audience publique.

Non seulement, cette obligation est coûteuse, mais encore elle peut placer l'une des parties dans telle situation qu'elle ait intérêt à ne pas se concilier.

Voici, par exemple, un locataire qui ne veut ni payer les termes arriérés, ni déménager; il est appelé en conciliation et la cause est conciliée. Le locataire doit partir à la fin du mois et payer par acomptes. Il ne paye pas et ne déménage pas, et voilà le propriétaire contraint de faire les frais d'une citation en justice de paix, et d'un jugement pour arriver à l'expulsion qu'il aurait obtenue, s'il avait refusé la conciliation, dans la huitaine de la comparution en conciliation.

Il peut donc y avoir dans les conditions de la jurisprudence actuelle, avantage à ne pas se concilier, tandis que sous l'empire de la conciliation ayant force de chose jugée, il y aurait toujours avantage à se concilier parce que le but serait toujours atteint : terminer les différends rapidement et avec le moins de frais possible.

J'ai peu de chose à dire de la procédure en cas de non-conciliation.

Sur ce point, mon amendement innove en ceci qu'il oblige à un procès-verbal de non-conciliation devant enregistrer les dires, les aveux, les dénégations des parties, et donner aux dénégations, aux aveux, aux dires, une valeur juridique pouvant toujours être invoquée utilement.

En fait, les avantages des procès-verbaux de non-conciliation seraient sensiblement les mêmes que ceux des procès-verbaux de conciliation, et ce que j'ai dit de ceux-ci s'applique à peu près à ceux-là.

J'ai dit dans mon amendement que l'huissier qui aurait cité en justice une partie non appelée préalablement en conciliation serait condamné à 50 francs d'amende. J'ai simplement voulu donner plus de force à l'article 2 de la loi du 2 mai 1855 en vertu duquel tout huissier qui aura cité sans le préliminaire de conciliation, doit supporter sans répétition les frais de la citation.

Il est aisé de comprendre que l'huissier, lors du règlement des frais d'une affaire dans laquelle il est intervenu, sait bien comprendre dans le compte définitif qu'il fournira, soit au demandeur, soit au défendeur, les frais de l'exploit qu'il ne devrait pas répéter.

Que si, au contraire, ce même huissier, en dehors de ces frais, est frappé d'une amende, il y a tout lieu de supposer qu'il prendra ses précautions pour ne pas la subir.

Messieurs, je me résume et je termine.

La préoccupation la plus vive, la plus absorbante qui puisse envahir nos esprits, est celle de donner au peuple, à la masse des justiciables, une justice égale, prompte, bon enfant et à bon marché.

Le jour où nous aurons fait de cette justice une entité vivante et agissante, et qu'à cet effet nous la mettrons dans les lois à la place de la protection, que les tribunaux la mettront dans leurs jugements sans frais, ce jour-là nous aurons accompli la plus grande, la plus noble, la plus salutaire des œuvres qu'il soit donné à des législateurs de réaliser.

Nous aurons, de ce fait, amené le capital et le travail à s'unir dans un labeur commun, en vue du développement du bien-être général, par la vie à bon marché.

Nous aurons décidé les producteurs et les consommateurs à se soumettre résolument à la loi tutélaire de l'offre et de la demande; les producteurs réglant leur activité sur les besoins des consommateurs.

Nous aurons fait perdre aux grèves leur caractère de fréquence et d'acuité, pour prendre celui des actes de l'homme qui a confiance dans la justice de son pays.

Nous aurons retardé à tout jamais la révolution économique dont nous sommes menacés.

Pour tout dire d'un mot, nous aurons fait pénétrer la quiétude dans les esprits et établi la paix dans les consciences. Et si ce n'était pas tout cela, si notre foi dans la justice ne répondait pas à toutes nos espérances, nous aurions toujours la légitime satisfaction, en travaillant avec le sentiment profond du juste et du bien, d'avoir bien mérité de nous-mêmes, de la République et du pays. (*Très bien! très bien! sur divers bancs.*)

M. le rapporteur. Je demande la parole.

M. le président. La parole est à M. le rapporteur.

M. le rapporteur. Messieurs, notre honorable collègue nous disait tout à l'heure, en montant à la tribune, qu'il n'était qu'un empirique. Je lui répondrai qu'il me semble, précisément, avoir posé, à propos de son amendement, une série de principes très généraux et très élevés; seulement, qu'il me permette de le lui dire, je ne crois pas que ce soit précisément le moment, quand nous discutons la loi sur la compétence des juges de paix, d'examiner les questions qu'il vient de soulever.

Je demande au Sénat la permission de lui lire seulement le premier paragraphe de l'amendement de notre collègue. Il verra tout de suite ce dont il s'agit; il s'apercevra que, comme dit le vieux proverbe : « *Non est hic locus* ».

Voici, en effet, le premier paragraphe de l'amendement de notre collègue :

« Aucune cause civile ou commerciale ne peut être portée devant aucun tribunal, celui des prud'hommes excepté, sans que le juge de paix ait appelé les parties en conciliation conformément à l'article 2 de la loi du 2 mai 1855. »

En d'autres termes, c'est la loi sur la procédure et l'article 48 du code de procédure civile que notre collègue nous demande de reviser.

Or ce n'est pas la loi sur la compétence des juges de paix qui peut modifier une telle législation. Si l'honorable M. Darbot veut qu'on étudie cette question qu'il dépose une proposition de loi; le Sénat l'examinera, nous nous rendrons compte de la valeur des principes qu'il a posés; mais, si, à propos de la loi sur la compétence des juges de paix, nous voulions examiner toutes les questions de procédure qui pourraient s'y rattacher de près ou de loin, il est incontestable que, malgré le grand désir que nous avons d'aboutir, nous devrions bientôt l'abandonner et que nous serions condamnés à renvoyer un peu trop aux calendes grecques le vote définitif des dispositions que nous vous proposons.

Aussi, messieurs, est-ce avec regret, mais avec une grande conviction que je demande au Sénat d'écarter l'amendement qui lui est soumis, de manière à rester dans les limites de la proposition de loi dont vous êtes saisis. (*Très bien! très bien!*)

M. le garde des sceaux, *de sa place.* Messieurs, le Gouvernement, comme la commission, vous demande de ne pas accepter l'amendement.

L'honorable M. Darbot me permettra de lui faire cette observation : il désire qu'avant tous les procès, une tentative de conciliation soit faite? C'est le vœu de la loi. La loi sur les justices de paix a organisé ce qu'on appelle le billet d'avertissement, qui conduit précisément à une tentative de conciliation, et le code de procédure exige qu'avant toute instance, une tentative de conciliation soit faite devant le juge de paix, sauf les exceptions que prévoit la loi.

Ces exceptions s'appliquent aux cas où l'affaire requiert célérité et où il ne faudrait pas, par une tentative de conciliation, compromettre certains droits; elle s'applique également à ceux où la conciliation ne pourrait pas aboutir, parce que la conciliation suppose qu'on peut transiger.

Il y a donc toute une série de cause qui ne sont pas, aux termes de la loi, susceptibles de conciliation. Dans ces cas, la conciliation serait inutile, et l'article 48 du code de procédure l'indique très nettement.

J'estime donc que notre législation a donné satisfaction au principe même dont M. Darbot s'est fait tout à l'heure l'éloquent interprète et qu'il n'est par conséquent pas nécessaire d'introduire une modification dans la loi : les exceptions qu'elle énumère se justifient d'elles-mêmes. (*Marques d'approbation.*)

M. Darbot. Je demande la parole.

M. le président. La parole est à M. Darbot.

M. Darbot. Je n'ai qu'un mot à dire. Je n'ai pas du tout entendu viser une loi de procédure, je n'ai visé que la loi de 1855 sur la compétence des juges de paix. Dans cette dernière, les conditions dans lesquelles les parties pourront être dispensées de la conciliation sont indiquées nettement.

Ce que je demande, c'est une légère modification à cette loi, de façon que le juge ne puisse jamais recourir aux exceptions que fournit le code de procédure pour supprimer le préliminaire de conciliation.

Il est question, par exemple, de compétence cantonale. Je suppose que devant un juge de paix se présente un justiciable qui, à propos d'une vente de bétail, prétende assigner son vendeur; si l'acheteur habite le canton voisin, le juge, pour ce seul motif, pourra lui donner la faculté d'assigner devant le tribunal. C'est exorbitant.

De cette façon, on arrive à supprimer la conciliation pour les trois quarts des affaires, qui sans cela y seraient astreintes.

Toutes peuvent y aller. Mais admettons qu'il y en ait qui ne le puissent pas, il y a le code de procédure civile qui permet de saisir le tribunal immédiatement par assignation. Mais la loi de 1855 fait davantage : elle désigne des circonstances dans lesquelles le juge de paix pourra donner la faculté d'assigner immédiatement sans passer par la conciliation. C'est cela que je voudrais modifier, parce que la situation d'aujourd'hui n'est pas celle de 1855.

Il n'y avait pas alors de chemins de fer, de routes, dans mon pays, du moins, et, pour aller d'un chef-lieu de canton à un autre il fallait deux ou même plusieurs jours : tandis qu'aujourd'hui où l'on fait quarante lieues en chemin de fer dans sa matinée ; on va et on revient dans le même jour. Les raisons qui obligeaient à permettre aux juges de paix de donner l'assignation avant la conciliation n'existent donc plus aujourd'hui.

Je vous demande de modifier une simple phrase, et si vous faisiez cela, je vous assure, monsieur le ministre de la justice, que vous supprimeriez peut-être 80 procès sur 100. Cela serait une belle œuvre, peut-être la plus belle de toute votre existence.

M. le président. Il y a autre chose dans l'amendement de M. Darbot. Dans le dernier paragraphe, il propose au Sénat de décider que les juges de paix connaîtront, en ce qui concerne les actions purement et simplement personnelles ou mobilières, en dernier ressort jusqu'à la valeur de 600 francs, et à charge d'appel jusqu'à la valeur de 1,200 francs.

Je fais cette observation pour que rien ne reste dans l'ombre et que le Sénat statue en pleine connaissance de cause. (*Très bien !*)

M. Tillaye. Ceci rentre dans le cadre de la loi, c'est une question de compétence.

M. le président. Seulement la commission propose 300 francs au lieu de 600 francs, et 600 francs au lieu de 1,200 francs.

M. le rapporteur. Je demande à compléter d'un mot les observations que j'ai présentées au Sénat. L'honorable M. Darbot nous propose une loi relative à la procédure devant les tribunaux civils. Les articles 48 et suivants de la loi de 1855 fixaient la procédure devant les tribunaux civils et le préliminaire de conciliation devant les tribunaux civils. Or nous n'examinons pas à l'heure actuelle la procédure devant les tribunaux civils. Si M. Darbot veut saisir le Sénat de la question, qu'il dépose une proposition de loi, elle sera discutée ; mais, en ce moment, nous faisons une loi sur la compétence. Restons dans la compétence des juges de paix, cela est indispensable si nous voulons faire une loi claire, complète et qui ne se réfère qu'à l'objet même sur lequel elle doit statuer.

En ce qui concerne l'observation que faisait M. le président, en effet le dernier paragraphe de l'amendement de M. Darbot dit ceci :

« Les juges de paix connaissent, en matière civile, de toutes actions purement personnelles ou mobilières, en dernier ressort jusqu'à la valeur de 600 francs et à charge d'appel jusqu'à la valeur de 1,200 francs. »

Qu'avons-nous proposé en 1896 ? Nous avons proposé de tripler la compétence des juges de paix, c'est-à-dire de porter leur compétence en dernier ressort à 300 francs, en premier ressort à 600 francs, c'est-à-dire que toute affaire au-dessous de 600 francs, irait devant le juge de paix.

La Chambre a adopté le même principe. Le Parlement est donc d'accord sur ce point. Ce qui avait fait précisément la difficulté pour arriver à une solution sur la compétence des juges de paix, c'était qu'auparavant, dans toutes les propositions qui avaient été adoptées, figuraient les chiffres de 1,200 ou 1,500 francs.

Ne vous le dissimulez pas, messieurs, si vous éleviez le chiffre de 600 francs que nous vous proposons, et que la Chambre des députés a adopté, on arriverait à soulever de nouvelles difficultés.

Dans ces conditions, nous vous demandons de maintenir votre premier vote, de confirmer celui de la Chambre, et d'écarter, sur ce point également la proposition de M. Darbot.

M. le président. Je consulte le Sénat sur l'amendement de M. Darbot.

(L'amendement n'est pas adopté.)

M. le président. Je consulte le Sénat sur la rédaction de la commission. Je relis le texte de l'article 1er :

« Art. 1er. — Les juges de paix connaissent, en matière civile, de toutes actions purement personnelles ou mobilières en dernier ressort jusqu'à la valeur de 300 francs, et à charge d'appel jusqu'à la valeur de 600 francs. »

Je mets aux voix l'article 1er.

(L'article 1er est adopté.)

M. le président. « Art. 2. — Les juges de paix prononcent sans appel jusqu'à la valeur de 300 francs, et à charge d'appel jusqu'au taux de la compétence en dernier ressort des tribunaux de première instance sur les contestations :

« 1° Entre les hôteliers, aubergistes ou logeurs et les voyageurs ou locataires en garni, leurs répondants ou cautions, pour dépense d'hôtellerie et perte ou avarie d'effets déposés dans l'auberge ou dans l'hôtel ;

« 2° Entre les voyageurs et les entrepreneurs de transport par terre ou par eau, les voituriers ou bateliers, pour retards, frais de route et perte ou avarie d'effets accompagnant les voyageurs ;

« 3° Entre les voyageurs et les carrossiers ou autres ouvriers, pour fournitures, salaires et réparations faites aux voitures et autres véhicules de voyage ;

« 4° Sur les contestations à l'occasion des correspondances et objets recommandés et des envois de valeur déclarée, grevés ou non de remboursement.

« Dans le cas du paragraphe 4, la demande pourra être portée soit devant le juge de paix du domicile de l'expéditeur, soit devant le juge de paix du domicile du destinataire, au choix de la partie la plus diligente. » — (Adopté.)

Nous arrivons à l'article 3, sur lequel il y a deux amendements. Le Sénat sera sans doute d'avis de renvoyer la suite de la délibération à demain. (*Adhésion.*)

Séance du 17 mars 1905.

(2e DÉLIBÉRATION)

M. le président. L'ordre du jour appelle la suite de la discussion de la proposition de loi, adoptée par le Sénat, modifiée par la Chambre des députés, concernant : 1° la compétence des juges de paix ; 2° la réorganisation des justices de paix.

Nous en sommes arrivés, messieurs, à l'article 3.

J'en donne lecture :

« Art. 3. — Les juges de paix connaissent sans appel jusqu'à la valeur de 300 francs, et à charge d'appel à quelque valeur que la demande puisse s'élever :

« Des actions en payement de loyers ou fermages ;

« Des congés ;

« Des demandes en résiliation de baux fondées soit sur le défaut de payement des loyers ou fermages, soit sur l'insuffisance des meubles garnissant la maison, ou de bestiaux et ustensiles nécessaires à l'exploitation d'après les articles 1752 et 1766 du code civil, soit enfin sur la destruction de la totalité de la chose louée, prévue par l'article 1722 du code civil ;

« Des expulsions de lieux ;

« Des demandes en validité et en nullité ou mainlevée de saisies-gageries pratiquées en vertu des articles 819 et 820 du code de procédure civile, ou de saisies-revendications portant sur des meubles déplacés sans le consentement du propriétaire, dans les cas prévus aux articles 2102, paragraphe 1er, du code civil et 819 du code de procédure civile, à moins que, dans ce dernier cas, il n'y ait contestation de la part d'un tiers ;

« Le tout lorsque les locations verbales ou écrites n'excèdent pas annuellement 600 francs.

« Si le prix principal du bail se compose en totalité ou en partie de denrées ou prestations en nature appréciables d'après les mercuriales, l'évaluation en sera faite sur les mercuriales du jour de l'échéance, lorsqu'il s'agira du payement des fermages ; dans tous les autres cas, elle aura lieu suivant les mercuriales du mois qui aura précédé la demande.

« S'il comprend des prestations non appréciables d'après les mercuriales, ou s'il s'agit de baux à colons partiaires, le juge de paix déterminera la compétence en prenant pour base du revenu de la propriété le principal de la contribution foncière de l'année courante multiplié par cinq. »

Il y a sur cet article deux amendements : l'un, de M. Dufoussat, qui propose de rédiger ainsi le quatrième paragraphe de cet article :

« De toutes les demandes en résiliation de baux écrits ou verbaux. »

L'autre, de M. Darbot, qui propose de supprimer les trois derniers paragraphes de cet article.

L'amendement de M. Dufoussat s'applique au quatrième paragraphe et les trois premiers ne soulevant pas de difficultés, je propose au Sénat de procéder par division et je le consulte immédiatement sur les trois premiers paragraphes.

(Ces paragraphes sont adoptés.)

M. le président. La parole est à M. Dufoussat pour développer son amendement.

M. Dufoussat. Messieurs, aux termes de l'article 3 du projet soumis à nos délibérations par la commission : « Les juges de paix connaissent sans appel jusqu'à la valeur de 300 francs et, à charge d'appel, à quelque valeur que la demande puisse s'élever :

« Des actions en payement de loyers ou fermages ;

« Des congés ;

« Des demandes en résiliation de baux fondées soit sur le défaut de payement des loyers ou fermages, soit sur l'insuffisance des meubles garnissant la maison, ou de bestiaux et ustensiles nécessaires à l'exploitation d'après les articles 1752 et 1766 du code civil, soit enfin sur la destruction de la totalité de la chose louée, prévue par l'article 1722 du code civil...

« Le tout lorsque les locations verbales ou écrites n'excèdent pas annuellement 600 francs. »

Mais le code civil prononce ou autorise la résiliation des baux en d'autres circonstances : Ainsi l'article 1722 (destruction partielle de la chose louée), l'article 1724 (privation complète de logement occasionnée par de grosses réparations), l'article 1729 (emploi de la chose louée à un usage auquel elle n'est pas destinée), l'article 1741 (perte de la chose louée ; inexécution des conditions du bail), l'article 1761 (cession de bail par un colon partiaire).

Ces articles présentent des cas de résiliation que le texte de la commission ne vise pas.

La limitation de la compétence du juge de paix aux trois cas indiqués pour les demandes en résiliation de baux est insuffisante. Aussi, dans l'intérêt des petits plaideurs, mon amendement étend cette compétence à toutes les demandes en résiliation de baux, écrits ou verbaux, dont le prix n'est pas supérieur à 600 francs.

Les garanties professionnelles exigées des juges de paix seront désormais équivalentes à celles dont la loi entoure la nomination des magistrats de première instance.

M. Théodore Girard. Pas tout à fait !

M. Dufoussat. Dès lors, quel serait l'inconvénient de conférer aux juges de paix le soin de trancher tous les procès en résiliation de baux, quand le prix annuel des locations ne dépasse pas 600 francs ?

L'honorable rapporteur objectera sans doute que mon amendement contient une dérogation au principe posé dans l'article 1er de la loi, à savoir que les juges de paix connaissent seulement de toutes les actions personnelles ou mobilières, et que placer dans leur compétence toutes les demandes en résiliation de baux, quelles qu'elles soient, c'est aboutir à leur soumettre toutes les contestations relatives à l'inexécution des conditions des baux.

Je réponds par avance que si mon amendement devait être la seule dérogation à l'article 1er, l'objection du rapporteur aurait assez de force pour faire écarter ledit amendement. Mais cet article 3 en discussion — de même que les articles 2, 4, 5 et 6 du projet, adoptés par la commission sénatoriale — contient d'autres modifications non moins graves au principe posé par l'article 1er.

Il n'y a vraiment aucune bonne raison pour écarter cet amendement qui étend la compétence des juges de paix à toutes les demandes en résiliation de baux, seulement dans le cas où les locations n'excèdent pas annuellement 600 francs.

Les petites locations bénéficieraient de la sorte d'une justice expéditive et peu coûteuse. C'est pourquoi je supplie le Sénat d'adopter ce modeste amendement. (Très bien ! très bien !)

M. Jules Godin, *rapporteur.* Je demande la parole.

M. le président. La parole est à M. le rapporteur.

M. le rapporteur. Messieurs, l'amendement de l'honorable M. Dufoussat soulève une question qui me permettra de vous montrer quelle est exactement la limitation que nous avons voulu établir pour la compétence des juges de paix. Pour établir cette délimitation dans notre loi, comme dans les lois antérieures sur cette question, comme dans la loi de 1838, comme dans la loi de 1855, nous posons dans l'article 1er le principe général. Cette limitation, à quel chiffre a-t-elle été fixée ? A 600 francs. Toute action personnelle qui est d'une valeur de 600 francs ou moins rentre dans la compétence du juge de paix.

Voilà le principe général que vous avez adopté en 1896, que la Chambre des députés avait approuvé ensuite, que vous avez adopté à nouveau dans la séance d'hier.

Donc, limitation à 600 francs pour toutes les actions personnelles quelles qu'elles soient. Mais, en dehors de cette limite, il peut y avoir un certain nombre de questions qu'il y a intérêt à soumettre au juge de paix, des actions dont l'intérêt est de plus de 600 francs. C'est l'objet des articles 2, 3, 4 et suivants de la loi.

Dans l'article 3 dont il est ici question, quel est l'objet que nous avons voulu viser ? Les baux. En matière de baux, il y a, en effet, un certain nombre de contestations simples qu'il y a intérêt à soumettre au juge de paix et que l'on peut attribuer à cette juridiction, quoique le chiffre de la contestation dont il s'agit soit supérieur à celui de la compétence des juges de paix. Seulement, vous comprenez que, comme cette disposition constitue une extension de compétence, il est indispensable que le chiffre ainsi que les causes de la contestation soient nettement déterminées.

Eh bien ! c'est ce que nous avons fait dans les différents paragraphes de l'article 3.

Nous avons admis ceci : d'abord qu'il s'agit de baux d'un montant de 600 francs par an au maximum, en second lieu, qu'il faut que la contestation soit comprise dans l'un des paragraphes que nous avons formulés.

A quoi tend l'amendement de l'honorable M. Dufoussat ? M. Dufoussat nous demande d'insérer dans l'article une disposition qui soumettrait aux juges de paix toutes les demandes en résiliation de baux écrits ou verbaux.

Or c'est précisément là ce que nous n'avons pas voulu. Notre pensée a été que les contestations sur les conventions, sur le contrat de bail lui-même ne fussent pas soumises au tribunal de paix en dehors de la limitation spécifiée dans l'art. 1er. Si on ouvre la porte sur ce point en admettant les contestations sur les baux, pourquoi ne pas admettre alors les contestations sur les ventes, sur les prêts, etc., en un mot les contestations sur tous les contrats quelconques. C'est l'extension indéfinie de la juridiction des juges de paix, c'est la négation même de l'article 1er que vous avez voté.

Dans ces conditions, messieurs, nous vous demandons de repousser cet amendement parce qu'il y a intérêt à restreindre dans des limites absolument précises, absolument précises et spécifiées, la compétence du juge de paix en sus de celle qui lui a été attribuée par l'article 1er.

C'est dans ces conditions, messieurs, je le répète, que nous vous demandons de rejeter l'amendement qui vous est proposé.

M. Chaumié, *garde des sceaux, ministre de la justice.* Je demande la parole.

M. le président. La parole est à M. le garde des sceaux.

M. le garde des sceaux. Messieurs, je suis d'accord avec la commission pour demander au Sénat de repousser l'amendement de M. Dufoussat.

L'honorable rapporteur vient de vous dire qu'il s'oppose à son adoption, parce qu'il sort du cadre dans lequel la commission s'était renfermée et qu'il amènerait le juge de paix à discuter les conventions.

Laissez-moi vous faire toucher du doigt les difficultés auxquelles le vote de cette proposition nous conduirait.

L'honorable M. Dufoussat nous a dit : « Le bail dont je parle ne dépasse certainement pas 600 francs. » Mais ce bail qui ne dépasse pas 600 francs peut avoir des répercussions considérables.

Je vous cite un exemple : un appartement de 600 francs peut exister dans une maison très vaste où il y a des loyers très chers; supposez que le locataire de ce petit appartement fasse un procès ayant pour objet de grosses réparations aux toitures ou à toute autre partie de l'immeuble, et qu'il demande la résiliation de son bail. Immédiatement, expertises, difficultés, complications, qui dépassent l'importance de la compétence des juges de paix et qui entraînent de longs et difficiles débats.

On peut encore supposer que ce locataire fasse par exemple un procès en résiliation pour abus de jouissance de la part des autres locataires, s'exposant ainsi à voir appeler devant le juge de paix en garantie ou en intervention ses colocataires. Il peut aussi se plaindre que le propriétaire de la petite boutique dans laquelle il fait un commerce, n'ait pas rempli l'obligation de garantie ou l'une des clauses du bail, parce qu'il a loué une autre partie de ses magasins à un commerce similaire; il peut naître bien d'autres difficultés de ce genre : la location de la plus petite partie d'un édifice entraîne des obligations qui peuvent s'étendre à l'immeuble tout entier. Dans ces cas, l'examen des clauses du bail nécessitera une expertise, voire même des enquêtes, en un mot toute une procédure qui dépassera de beaucoup ce qu'on a voulu laisser à la compétence des juges de paix.

M. Dufoussat. M. le garde des sceaux voudra bien me permettre de lui dire qu'il semble faire une confusion sur le sens réel et la portée de mon amendement. Je me suis sans doute mal exprimé.

Par mon amendement, je demande simplement que le juge de paix puisse statuer sur les demandes en résiliation de baux, dont le prix ne dépasse pas 600 francs; et, à mon sens, une résiliation prononcée par un juge de paix d'un petit bail, même d'appartement, ne pourrait avoir aucune répercussion sur la résiliation des baux des autres locataires de la maison.

En ce qui concerne les objections de M. le rapporteur, j'y avais répondu par avance en disant que je demandais une nouvelle dérogation à celles déjà admises au principe posé à l'article 1er par la commission elle-même dans plusieurs articles de la loi.

Le Sénat appréciera.

M. le garde des sceaux, *de sa place.* Je viens de vous dire, si je ne me trompe, que la résiliation d'un petit bail de moins de 600 francs pouvait entraîner l'examen de difficultés très longues et très coûteuses. En effet, je vous ai cité l'exemple d'une maison dans laquelle il peut se trouver un locataire d'un appartement de 600 francs, alors qu'il y en a d'autres payant un prix plus élevé. Le locataire de 600 francs dit au propriétaire : Je demande la résiliation de mon bail parce que je soutiens qu'il y a de grosses réparations à faire à la toiture. Or la toiture recouvre tout l'immeuble. Eh bien ! il va falloir alors des expertises, des enquêtes, etc. Parfois aussi ces locataires plus fortunés peuvent commettre des abus de jouissance et le locataire de 600 francs, dont le droit est aussi respectable que le leur, peut leur intenter un procès; je vous ai signalé d'un mot les répercussions très coûteuses et très difficiles que cette action pourrait entraîner. C'est pour cela que j'estime qu'elle n'est pas de la compétence des juges de paix. Autrement il faut supprimer les tribunaux civils et donner tout au juge de paix. (*Très bien! très bien!*)

M. le président. Je consulte le Sénat sur l'amendement de M. Dufoussat, qui consiste, je le répète, à remplacer le paragraphe 4 du texte de la commission par ces mots : « de toutes les demandes en résiliation de baux écrits ou verbaux ».

La commission et le Gouvernement repoussent l'amendement.

(L'amendement de M. Dufoussat, mis aux voix, n'est pas adopté.)

M. le président. Je consulte le Sénat sur le paragraphe, tel qu'il est rédigé par la commission.

(Le paragraphe est adopté.)

M. le président. Je consulte le Sénat sur les paragraphes 5 et 6.

(Ces paragraphes sont adoptés.)

M. le président. Nous arrivons, messieurs, au premier des trois derniers paragraphes dont M. Darbot demande la suppression.

M. le rapporteur. La commission s'oppose à la suppression.

M. le président. La commission demande le maintien de ces trois paragraphes.

Je consulte le Sénat sur le maintien de ces trois paragraphes.

(Les trois paragraphes sont adoptés.)

M. le président. Je consulte le Sénat sur l'ensemble de l'art. 3.

(L'article 3 est adopté.)

M. le président. « Art. 4. — Les juges de paix connaissent sans appel jusqu'à la valeur de 300 francs et à charge d'appel à quelque chiffre que la demande puisse s'élever :

« Des réparations locatives des maisons ou fermes mises par la loi à la charge des locataires;

« Des indemnités réclamées par le locataire ou fermier pour non-jouissance provenant du fait du propriétaire lorsque le droit à une indemnité n'est pas contesté;

« Des dégradations et pertes dans les cas prévus par les articles 1732 et 1735 du code civil.

« Néanmoins, le juge de paix ne connaît des pertes causées par incendie ou inondation que dans les limites posées par l'article 1er de la présente loi. »

Il y a, sur cet article, un amendement de M. Dufoussat, qui est ainsi conçu :

« Art. 4. (Texte rectifié de la commission.) — Rédiger ainsi le deuxième paragraphe de cet article :

« Des réparations quelconques mises soit par la loi, soit par les conventions, soit par l'usage des lieux, à la charge des bailleurs, locataires ou fermiers. »

Il va être procédé par division.

Il n'y a pas d'opposition au sujet du paragraphe 1er ?...

Je le mets aux voix.

(Le paragraphe 1er est adopté.)

La parole est à M. Dufoussat, qui demande la modification du paragraphe 2.

M. Dufoussat. Messieurs, l'article 4 qui est en discussion semble présenter plusieurs lacunes.

Il ne vise ni les réparations à la charge des locataires d'appartements, ni celles mises par la convention ou l'usage des lieux, tant à la charge des bailleurs qu'à celles des locataires.

Le paragraphe 2 stipule seulement au sujet des réparations locatives des maisons ou fermes mises par la loi à la charge des locataires. Et, s'il permet au bailleur de citer son locataire devant le juge de paix, il n'autorise pas le locataire à citer le bailleur devant la même juridiction, au cas où ce dernier refuse d'exécuter les réparations mises à sa charge par la loi, les conventions ou l'usage des lieux.

Si cet article n'est pas modifié, un bailleur pourra citer son locataire devant le juge de paix pour le contraindre à remplacer des vitres brisées par celui-ci; mais si le locataire veut obliger le bailleur à effectuer une réparation urgente à la toiture de l'immeuble loué, par exemple faire remettre quelques ardoises ou quelques tuiles, il faudra que le locataire s'adresse toujours au tribunal de première instance, plaide à grands frais et attende une solution durant plusieurs mois, sinon plusieurs années si l'affaire est portée devant le tribunal de la Seine. Comment expliquer des traitements si différents ?

L'équité exige que bailleurs et locataires soient placés sur le pied d'égalité et qu'il y ait réciprocité entre eux, en matière de réparations. Du moment où le bailleur peut citer devant le juge de paix son locataire pour l'obliger à faire certaines réparations, le locataire doit avoir la même faculté de citer devant la même juridiction son bailleur pour le contraindre à faire les réparations qui lui incombent.

Si l'on objecte que les demandes en réparations par les locataires ou fermiers contre les bailleurs se confondent avec les instances dans lesquelles les locataires réclament des indemnités pour non-jouissance provenant du fait du propriétaire, prévues par le paragraphe 3 de cet article, je réponds par avance que l'objection ne paraît pas fondée.

En effet, quand un bailleur refuse d'exécuter les réparations qui lui incombent, il y a défaut de jouissance, non par le fait de ce bailleur, mais bien par suite de son abstention, ce qui est tout différent.

Dans le premier cas, il joue un rôle actif ; dans le second, il oppose au locataire la force d'inertie.

Si notre commission estime que ce serait étendre outre mesure la compétence du juge de paix que de l'autoriser à interpréter les conventions d'un bail, je supprimerai volontiers la partie relative aux conventions, en laissant subsister les autres parties de l'amendement. Et dans ce cas l'amendement sera ainsi conçu :

« Des réparations mises soit par la loi, soit par l'usage des lieux à la charge tant des bailleurs que des locataires ou fermiers. »

Mon amendement a pour but d'établir l'égalité de traitement entre bailleurs et locataires, en ce qui regarde les réparations diverses au cours des baux. J'espère que le Sénat n'hésitera pas à l'adopter. (*Très bien ! très bien !*)

M. le président. La parole est à M. le garde des sceaux.

M. Chaumié. *garde des sceaux, ministre de la justice, de sa place.* Permettez-moi de répondre un mot de ma place.

Je crois que l'erreur de M. Dufoussat consiste en ceci : c'est qu'il dit « réparations quelconques », alors que l'article de la proposition de loi dit « réparations locatives ». Je reconnais avec lui qu'il peut y avoir une critique à formuler à ce sujet. En effet, les réparations locatives sont mises par la loi à la charge des locataires ; mais rien n'empêche, dans un bail et à titre de convention spéciale, de mettre les réparations locatives à la charge du bailleur.

S'il en est ainsi, je comprends à merveille que si l'on peut assigner devant le juge de paix le locataire pour des réparations locatives que la loi met à sa charge, celui-ci pourra, de son côté, assigner devant le juge de paix le bailleur, dans le cas où la convention aura mis ces mêmes réparations à la charge de ce dernier.

Si vous voulez accepter qu'à la rédaction : « des réparations locatives des maisons ou fermes mises par la loi à la charge des locataires... » — c'est le texte de la proposition — on ajoute : « ou, par la convention, à la charge du bailleur », je suis d'accord avec vous.

Seulement, vous dites dans votre amendement : « des réparations quelconques » ; alors nous rentrons dans l'examen dont je parlais tout à l'heure et c'est beaucoup plus vaste. Mais si, dans ces termes, vous voulez accepter la modification, elle me paraît légitime.

M. Dufoussat. J'accepte cette rédaction, monsieur le garde des sceaux, mais avant le vote de l'article 4, je fais remarquer que l'expression « propriétaire », du paragraphe 3, devrait être remplacée par celle plus générale et plus juridique de « bailleur », car certains sont bailleurs sans être propriétaires. Les tuteurs, les usufruitiers, par exemple, ont le droit de consentir des baux, bien qu'ils ne soient pas propriétaires.

M. le rapporteur, *de sa place.* Il y a une partie de l'amendement de M. Dufoussat, qui est exacte. Nous demandons que cet amendement soit renvoyé à la commission et nous vous présenterons un texte à la prochaine séance.

M. le président. La commission demande le renvoi.

Il n'y a pas d'opposition ?...

Le renvoi est ordonné.

En conséquence, l'article 4 est révisé.

M. le président. « Art. 5. — Les juges de paix connaissent également sans appel jusqu'à la valeur de 300 francs et à charge d'appel à quelque valeur que la demande puisse s'élever :

« 1° Des contestations relatives aux engagements respectifs des gens de travail au jour, au mois et à l'année, et de ceux qui les emploient ; des maîtres,

domestiques ou gens de services à gages ; des maîtres ou patrons et de leurs ouvriers ou apprentis, sans néanmoins qu'il soit dérogé aux lois et règlements relatifs, soit à la juridiction commerciale, soit à celle des prud'hommes, soit au contrat d'apprentissage ni aux lois sur les accidents du travail ;

« 2° Des contestations relatives au payement des nourrices. »

Je mets aux voix l'article 5.

(L'article 5 est adopté.)

M. le président. « Art. 6. — Les juges de paix connaissent encore, sans appel jusqu'à la valeur de 300 francs, et à charge d'appel à quelque valeur que la demande puisse s'élever :

« 1° Des actions pour dommages faits aux champs, fruits et récoltes, soit par l'homme, soit par les animaux, dans les conditions prévues par les articles 1382 à 1385 du code civil ;

« 2° Des actions relatives à l'élagage des arbres ou haies et au curage soit des fossés, soit des canaux servant à l'irrigation des propriétés ou au mouvement des usines, lorsque les droits de propriété ou de servitude ne sont pas contestés ;

« 3° Des actions civiles pour diffamations ou pour injures publiques ou non publiques, qu'elles soient verbales ou par écrit, autrement que par la voie de la presse ; des mêmes actions pour rixes ou voies de fait, le tout lorsque les parties ne sont pas pourvues par la voie criminelle ;

« 4° De toutes demandes relatives aux vices rédhibitoires dans les cas prévus par la loi du 2 août 1884, soit que les animaux qui en sont l'objet aient été vendus, soit qu'ils aient été échangés, soit qu'ils aient été acquis par tout autre mode de transmission ;

« 5° Des contestations entre les compagnies ou administrations de chemins de fer ou tous autres transporteurs et les expéditeurs ou les destinataires relatives à l'indemnité afférente à la perte, à l'avarie, au détournement d'un colis postal du service continental intérieur, ainsi qu'aux retards apportés à la livraison. Ces indemnités ne pourront excéder les tarifs prévus aux conventions intervenues entre les compagnies ou autres transporteurs concessionnaires et l'État.

« Seront considérés, à ce point de vue, comme appartenant au service continental intérieur, les colis postaux échangés entre la France continentale, la Corse, la Tunisie et l'Algérie.

« Dans le cas du paragraphe 5, la demande pourra être portée soit devant le juge de paix du domicile de l'expéditeur, soit devant le juge de paix du domicile du destinataire, au choix de la partie la plus diligente. »

Sur cet article, il y a un amendement de M. Darbot, ainsi conçu :

« Art. 6. — Rédiger comme suit le quatrième paragraphe de cet article :

« 4° De toutes demandes relatives aux vices rédhibitoires dans les cas prévus par la loi du 2 août 1884 et aux maladies contagieuses dans les cas prévus par la loi du 21 juillet 1881, devenue la loi du 21 juin 1898 du code rural, soit que les animaux qui en sont l'objet aient été vendus, soit qu'ils aient été échangés, soit qu'ils aient été acquis par tout autre mode de transmission. »

Je consulte d'abord le Sénat sur les trois premiers paragraphes, que cet amendement ne vise pas.

(Les trois premiers paragraphes de l'article 6, mis aux voix, sont adoptés.)

M. le président. M. Darbot n'est pas présent. Son amendement est-il appuyé ?...

L'amendement n'étant pas appuyé, je mets aux voix le paragraphe 4° de l'article 6.

(Le paragraphe 4° de l'article 6 est adopté.)

M. le président. Je mets aux voix les derniers paragraphes de l'article 6.

(Ces paragraphes sont adoptés.)

M. le président. Je consulte le Sénat sur l'ensemble de l'article 6.

(L'ensemble de l'article 6, mis aux voix, est adopté.)

M. le président. « Art. 7. — Les juges de paix connaissent, à charge d'appel :

« 1° Des demandes en pension alimentaire n'excédant pas en totalité 600 francs par an, fondées sur les articles 205, 206, 207 du code civil. S'il y a plusieurs défendeurs à la demande en pension alimentaire, ils pourront être cités devant le tribunal de paix du domicile de l'un d'eux au choix du demandeur;

« 2° Des entreprises comprises dans l'année sur les cours d'eau servant à l'irrigation des propriétés et au mouvement des usines et moulins, sans préjudice des attributions de l'autorité administrative dans les cas déterminés par les lois et règlements : dénonciation de nouvel œuvre, complaintes, actions en réintégrande et autres actions possessoires fondées sur des faits également commis dans l'année;

« 3° Des actions en bornage et de celles relatives à la distance prescrite par la loi, les règlements particuliers et l'usage des lieux, pour les plantations d'arbres ou de haies lorsque la propriété ou les titres qui l'établissent ne sont pas contestés;

« 4° Des actions relatives aux constructions et travaux énoncés dans l'article 674 du code civil, lorsque la propriété ou la mitoyenneté du mur ne sont pas contestées;

« 5° Des demandes en payement des droits de place perçus par les communes ou leurs concessionnaires, lorsqu'il n'y a pas contestation sur l'interprétation de l'article ou des articles servant de base à la poursuite. L'affaire sera jugée devant le juge de paix du lieu où la perception est due ou réclamée. »

Je mets aux voix les quatre premiers paragraphes de l'article 7.

(Les quatre premiers paragraphes sont adoptés.)

M. le président. Entre le 4° et le 5°, dans la rédaction de la Chambre des députés, se trouvait un 5° ainsi conçu :

« 5° Des actions relatives aux constructions, réparations et travaux énoncés dans l'article 655 du code civil, lorsque la propriété ou la mitoyenneté du mur ne sont pas contestées. »

La commission propose le rejet de cette disposition.

Personne ne demande la parole ?...

Je consulte le Sénat sur le 5° du texte voté par la Chambre des députés et dont la commission demande le rejet.

(Le paragraphe 5° de la Chambre des députés n'est pas adopté.)

M. le président. Je consulte le Sénat sur le cinquième paragraphe de l'article 7, rédaction de la commission.

(Ce paragraphe est adopté.)

M. le président. Je consulte le Sénat sur l'ensemble de l'article 7.

(L'article 7 est adopté.)

M. le président. « Art. 8. — Lorsque plusieurs demandes formulées par la même partie contre le même défendeur seront réunies dans une même instance, le juge de paix ne prononcera qu'en premier ressort, si leur valeur totale s'élève au-dessus de 300 francs, lors même que quelqu'une de ces demandes serait inférieure à cette somme.

« Il sera incompétent sur le tout, si ces demandes excèdent, par leur réunion, les limites de sa juridiction. » — (Adopté.)

« Art. 9. — La demande formée par plusieurs demandeurs ou contre plusieurs défendeurs collectivement et en vertu d'un titre commun sera jugée en dernier ressort, si la part afférente à chacun des demandeurs ou à chacun des défendeurs dans la demande n'est pas supérieure à 300 francs; elle sera jugée pour le tout en premier ressort, si la part d'un seul des intéressés excède cette somme ; enfin, le juge de paix sera incompétent sur le tout si cette part excède les limites de sa juridiction.

« Le présent article n'est pas applicable au cas de solidarité, soit entre les demandeurs, soit entre les défendeurs. » — (Adopté.)

M. le rapporteur. Je demande la parole.

M. le président. La parole est à M. le rapporteur.

M. le rapporteur. Monsieur le président, si vous voulez avoir l'obligeance de revenir à l'article 4? Nous sommes d'accord avec M. le garde des sceaux pour demander que le second paragraphe soit ainsi rédigé : « Des réparations locatives des

maisons ou fermes »; en supprimant les mots : mises par la loi à la charge des locataires ».

M. le garde des sceaux. Le terme est alors général. M. Dufoussat est d'accord avec la commission et le Gouvernement.

M. Dufoussat. J'accepte la rédaction que vient d'indiquer M. le rapporteur, mais j'ai une observation à faire au sujet de cet article 4.

Je demande la substitution du mot : « bailleur », au mot : « propriétaire », dans le troisième paragraphe, parce qu'on peut être bailleur sans être propriétaire; exemple : les tuteurs et les usufruitiers.

M. le président. Je mets d'abord aux voix le paragraphe 2, nouvelle rédaction de la commission, acceptée par M. le ministre et par M. Dufoussat.

(Le paragraphe 2 est adopté.)

M. le président. Sur quel paragraphe porte votre observation, monsieur Dufoussat?

M. Dufoussat. Sur le paragraphe 3.

M. le garde des sceaux. Monsieur le président, le paragraphe 3 du même article est ainsi conçu :

« Des indemnités réclamées par le locataire ou fermier pour non-jouissance provenant du fait du propriétaire. »

M. Dufoussat fait observer que le terme de bailleur serait plus juridique. (Approbation.)

M. le rapporteur. Nous l'acceptons.

M. le président. Le terme de bailleur est accepté.

Je mets aux voix le troisième paragraphe ainsi modifié.

(Le paragraphe 3 ainsi modifié est adopté.)

M. le président. Je consulte le Sénat sur le reste de l'article.

(Le reste de l'article, mis aux voix, est adopté.)

M. le président. Je mets aux voix l'ensemble de l'article 4.

(L'ensemble de l'article 4 est adopté.)

M. le président. Nous revenons, messieurs, à l'article 10.

« Art. 10. — Les juges de paix connaissent de toutes les demandes reconventionnelles ou en compensation qui, par leur nature ou leur valeur, sont dans les limites de leur compétence, alors même que ces demandes réunies à la demande principale excéderaient les limites de leur juridiction.

« Ils connaissent, en outre, comme de la demande principale elle-même, des demandes reconventionnelles en dommages-intérêts fondées exclusivement sur la demande principale, à quelque somme qu'elles puissent monter. » — (Adopté.)

« Art. 11. — Lorsque chacune des demandes principales reconventionnelles ou en compensation sera dans les limites de la compétence du juge de paix en dernier ressort, il prononcera sans qu'il y ait lieu à appel.

« Si une de ces demandes n'est susceptible d'être jugée qu'à charge d'appel, le juge de paix ne prononcera sur toutes qu'en premier ressort.

« Néanmoins, il statuera en dernier ressort si seule la demande reconventionnelle en dommages-intérêts fondée exclusivement sur la demande principale dépasse sa compétence en premier ressort.

« Si la demande reconventionnelle ou en compensation excède les limites de sa compétence, il pourra soit retenir le jugement de la demande principale, soit renvoyer sur le tout les parties à se pourvoir devant le tribunal de première instance, sans préliminaire de conciliation. » — (Adopté.)

« Art. 12. — Les juges de paix connaissent des actions en validité et en nullité d'offres réelles, autres que celles concernant les administrations de l'enregistrement ou des contributions indirectes, lorsque l'objet du litige n'excède pas les limites de leur compétence. » — (Adopté.)

« Art. 13. — Les juges de paix connaissent des demandes en validité, nullité et mainlevée de saisies sur débiteurs forains pratiquées pour des causes rentrant dans les limites de leur compétence.

« En cette matière, comme en matière de saisie-gagerie et de saisie-revendication, si les saisies ne peuvent avoir lieu qu'en vertu de la permission du juge dans les cas prévus par les articles 2102 du code civil, 819 et 822 du code de procédure civile, cette permission sera accordée par le juge de paix du lieu où la saisie devra être faite toutes les fois que les causes de la saisie rentreront dans sa compétence.

« S'il y a opposition pour des causes qui réunies, excéderaient cette compétence, le jugement en sera déféré aux tribunaux de première instance. » — (Adopté.)

« Art. 14. — Les juges de paix connaissent des demandes en validité, en nullité et en mainlevée de saisies-arrêts et oppositions — autres que celles concernant les administrations de l'enregistrement et des contributions indirectes — ainsi que des demandes en déclaration affirmative, lorsque les causes des saisies n'excédent pas les limites de leur compétence, sans préjudice de l'application de la loi spéciale du 12 janvier 1895 sur la saisie-arrêt des salaires et des petits traitements.

« En cette matière, la permisson exigée à défaut de titre par l'article 558 du code de procédure civile sera délivrée par le juge de paix du domicile du débiteur et même par celui du domicile du tiers saisi, sur requête signée de la partie ou de son mandataire. » — (Adopté.)

M. le président. M. Théodore Girard propose d'ajouter, après l'article 14, un nouvel article qui serait ainsi conçu :

« Les juges de paix seront seuls compétents pour procéder, à défaut d'entente amiable entre les créanciers opposants et le saisi, à la distribution par contribution des sommes saisies, lorsque les sommes à distribuer n'excéderont pas 600 francs de principal. Cette distribution sera faite dans les formes prévues par les articles 11 à 18 de la loi du 12 janvier 1895 et par le décret du 8 février suivant.

« Si les titres des créanciers produisants sont contestés et si les causes de la contestation excédent les limites de leurs attributions, les juges de paix surseoiront au règlement de la procédure de distribution jusqu'à ce que les tribunaux compétents se soient prononcés, et leur jugement soient devenu définitif. »

La parole est à M. Théodore Girard.

M. Théodore Girard. Messieurs, le Sénat vient de voter un article de loi qui donne pouvoir aux juges de paix d'autoriser les saisies-arrêts, de statuer sur les demandent en validité ou en mainlevée de ces mêmes saisies lorsque les causes de la demande rentrent dans la limite de leur compétence. J'ai pensé qu'il y avait intérêt à intercaler entre les articles 14 et 15 de la commission une nouvelle disposition qui permettrait de remédier à des inconvénients sérieux que la pratique a révélés et que je vais exposer en deux mots au Sénat.

Je ne crois pas, Messieurs, que mon amendement puisse être susceptible d'une bien grande contradiction, quand on connaîtra la pensée qui l'a inspiré.

Voici la question : lorsque des sommes ont été saisies-arrêtées, ou lorsque des prix de vente de meubles et objets mobiliers saisis sont frappés de plusieurs oppositions, si les créanciers opposants ne s'entendent pas pour une répartition à l'amiable, il doit être procédé à une distribution par contribution, dans les formes qui sont déterminées par les articles 656 et suivants du code de procédure civile.

Je ne ferai pas l'historique de cette procédure. Il me suffira de dire au Sénat qu'il faut requérir au greffe la nomination d'un juge, faire des sommations aux créanciers opposants, dresser des actes de production, rédiger des règlements provisoires et définitifs. Je n'ai pas besoin de dire que toute cette procédure ne se fait pas sans frais et que très souvent, les sommes à distribuer, lorsqu'elles sont peu élevées, sont absorbées, en grande partie par ces frais, quand elles ne le sont pas en totalité.

Il arrive même parfois que de petites sommes déposées à la caisse des dépôts et consignations sont perdues pour les intéressés, le créancier n'ayant nul avantage à provoquer l'ouverture d'une distribution dans laquelle il ne devrait rien toucher.

Le législateur s'est déjà préoccupé de cette situa-tion, et, en 1895, quand vous avez fait une loi sur la saisie-arrêt des petits salaires et des petits traite-ments, c'est-à-dire lorsque vous avez autorisé le saisie-arrêt jusqu'à concurrence du dixième seule-ment, vous avez organisé dans la même loi une pro-cédure de distribution et vous avez chargé les juges de paix de procéder à cette formalité. Elle se fait à peu près sans frais, dans tous les cas avec des frais beaucoup moins élevés que ceux que nécessite une distribution par contribution devant le tribunal civil, parce que les états de répartition. les convocations, les ordonnances, etc., sont enregistrés gratis.

J'ai pensé que ce précédent pouvait être invoqué et appliqué, que lorsque les sommes à distribuer entre les créanciers qui ne s'entendent pas ne s'éle-vaient pas à plus de 600 francs de principal, chiffre que nous venons de fixer pour déterminer en matière mobilière et en premier ressort la compétence des juges de paix, il y avait intérêt à faire procéder par les magistrats à ces petites distributions.

J'ai donc demandé par mon amendement que les juges de paix fussent compétents pour faire cette procédure lorsque le montant des sommes saisies n'excéde pas la limite de leurs attributions. L'avan-tage sérieux, l'avantage est certain ; il permet aux créanciers de toucher un dividende ; quelquefois même, quand les créances sont prélevées, il pourra rester un solde disponible au profit du saisi.

Je ne crois pas que, sur la première partie de mon amendement, il puisse y avoir de contestation sé-rieuse ; quand à la seconde partie, elle a fait, au banc de la commission, l'objet, je ne dirai pas de certaines difficultés, mais de certains scrupules...

M. Tillaye. De certaines réserves.

M. Théodore Girard. ...et cependant, il me semble qu'elle est corrélative à la première et qu'il est impossible de l'en séparer.

Voici en quoi consiste cette seconde partie : il peut arriver que, dans la distribution par contribu-tion faite devant le juge de paix, les titres des cré-anciers produisants soient contestés et que la con-testation qui roule sur ces titres s'élève à des sommes bien au-dessus de la compétence du juge de paix. Dans ces conditions, devons-nous réserver aux juges de paix le droit de statuer sur cette difficulté, dérogeant ainsi à toutes les règles de la juridiction et aux principes que nous venons de poser nous-mêmes dans la loi que nous modifions ? Devons-nous décider, au contraire, que les contestations seront renvoyées devant le tribunal compétent, sauf aux juges de paix à surseoir à la procédure de dis-tribution jusqu'à ce que le tribunal se soit pronon-cé ?

J'ai pensé, messieurs. que nous ne devions pas déroger aux règles de la juridiction, mais dire simplement que, lorsque les contestations rouleront sur des sommes dépassant de beaucoup la compé-tence des juges de paix, elles devront être soumises au tribunal civil, sauf aux juges de paix à régler ensuite la procédure de distribution.

Je crois cette seconde partie de mon amendement aussi justifiée que la première, et je prie le Sénat de vouloir bien l'adopter.

J'ai indiqué le but et la portée de cet amendement ; j'ai dit tout l'intérêt qu'il présentait, puisqu'il permet au créancier de ne pas voir absorber en frais une partie de l'actif sur lequel il peut compter. Dans ces conditions, je suis convaincu que le Sénat ratifiera la disposition que j'ai l'honneur de lui soumettre. (*Très bien ! très bien ! sur plusieurs bancs.*)

M. Louis Legrand. Je demande la parole pour présenter en mon nom personnel une observation.

M. le président. La parole est à M. Le-grand.

M. Louis Legrand. Mon observation ne porte pas, messieurs, sur le fond de la question que va dans un moment discuter M. le rapporteur ; il s'agit d'une simple modification de texte que je voudrais proposer ; c'est, en somme, un sous-amendement, et je crois qu'il convient que je le dépose avant que les explications sur le fond soient fournies.

M. Tillaye. C'est parfaitement juste.

M. Théodore Girard. Pour simplifier la ques-tion, je dois déclarer que je suis d'accord avec M Legrand sur la nouvelle rédaction qu'il propose et qui, du reste, ne se différencie pas beaucoup de la mienne.

M. Louis Legrand. Voici, monsieur le président, les modifications que je propose.

La première consiste en ceci : je demande que, dans le premier paragraphe, après les mots : « cette distribution sera faite », on intercale les mots suivants : « après le dépôt de la somme à distribuer, conformément à l'article 4 de l'ordonnance du 3 juillet 1816 ».

Voici la portée de l'observation, qui est reconnue juste par nos contradicteurs :

Les distributions par contribution ne peuvent être ouvertes que lorsque les fonds sont déposés à la caisse des dépôts et consignations. Il n'en est pas de même dans la loi de 1895, et c'est pour cela qu'il est utile de dire ici que ce dépôt continue à être nécessaire.

La seconde modification est celle-ci :

On dit : « Si les titres des créanciers produisants sont contestés, et si la cause de la contestation excède la limite de leurs attributions, les juges de paix... » A ces deux mots : « leurs attributions », je demande qu'on substitue ceux-ci : « leur compétence », parce que ce terme « leurs attributions » n'est peut-être pas très juridique.

M. Théodore Girard. J'accepte la modification proposée par notre collègue, c'est-à-dire la substitution des mots : « leur compétence » aux mots : « leurs attributions ».

Dans la première partie de l'amendement au lieu de se référer à l'ordonnance de 1816, il vaudrait mieux indiquer que la distribution ne pourra avoir lieu que lorsque les fonds auront été déposés à la caisse des dépôts et consignations. C'est du reste exactement la même chose.

M. le président. Dans ces conditions, nous ne nous trouvons plus en présence que d'un seul texte.

M. Théodore Girard. Oui, monsieur le président.

M. Louis Legrand Nous sommes d'accord.

M. Jules Godin, *rapporteur.* Je demande la parole.

M. le président. La parole est à M. le rapporteur.

M. le rapporteur. Vous voyez, messieurs, par les observations qui viennent d'être présentées, la complexité et la délicatesse de la question qui vous est soumise à l'heure actuelle. Je ne doute pas de la pensée de l'honorable M. Girard qui disait tout à l'heure avoir voulu éviter des frais. Eh bien ! qu'il me permette de le lui dire, je crois qu'au lieu d'éviter des frais, il va les augmenter et jeter les parties dans des complications, sous prétexte de simplifier la procédure actuelle.

Une première observation. Il s'agit, messieurs, de la procédure de distribution. C'est une question de procédure et non pas précisément une question de compétence ; or le Parlement est saisi de projets relatifs à ces questions de procédure. Que l'honorable M. Girard porte la question qu'il vient de soumettre au Sénat devant les commissions qui sont chargées d'examiner ces questions de procédure, et elles verront à examiner ce projet. Pour le moment, il me paraît difficile de statuer sur une matière aussi délicate que celle que soulève un amendement qui nous a seulement été distribué ce matin, et dont j'ai pris connaissance en arrivant au Sénat.

Que dit-il en effet ? Il propose de donner au juge de paix compétence en matière de distribution, lorsque les sommes à distribuer n'excèdent pas 600 francs. Mais les créances qui sont l'objet de la distribution peuvent être d'une importance considérable ; et l'honorable M. Girard, dans son amendement, est bien obligé de dire que, s'il s'agit d'une créance, quelle que soit son importance, ce n'est pas le juge de paix qui va statuer sur l'existence de cette créance-là, que ce sera le tribunal. Il est alors obligé de renvoyer au tribunal civil ; mais ne voyez-vous pas qu'il y a là précisément une prime à toutes les difficultés que peut soulever un mauvais plaideur ? Un créancier qui voudra soulever ces difficultés s'empressera de faire une contestation, et on sera obligé d'aller devant le tribunal ; il faudra

surseoir, et par suite, entamer deux procédures, trois procédures... Voilà l'économie de frais à laquelle vous arrivez.

Je crois qu'il serait plus prudent de renvoyer cette proposition aux commissions qui sont saisies des questions de procédure. Vous voyez dans quelles conditions se pose la question qui nous est soumise.

M. le président. La parole est à M. le garde des sceaux.

M. le garde des sceaux. Je demande au Sénat de vouloir bien adopter l'amendement de M. Girard avec les modifications indiquées par M. Legrand, et voici les considérations qui me déterminent.

Je suis préoccupé, comme M. Girard, de ne pas laisser dévorer en frais de petites sommes qui doivent être partagées entre les créanciers.

A cela M. le rapporteur de la commission fait une première objection ; il dit : Nous sommes ici en matière de compétence, et vous introduisez une question de saisie-arrêt, une question de distribution, c'est-à-dire de procédure.

Il me semble que l'article 14 qui précède attribue aux juges de paix la connaissance des demandes en validité, en nullité et en mainlevées des saisies-arrêts et oppositions...

M. Théodore Girard. Nous ne faisons continuellement que de la procédure dans cette loi.

M. le garde des sceaux. ... ce sont des modifications de compétence ou de procédure.

Si vous le voulez, la compétence peut être modifiée par rapport au fond, elle peut être par rapport à la procédure.

La première partie qui attribue au juge de paix compétence exclusive dans les distributions par contribution des petites sommes frappées d'opposition n'a pas soulevé de difficultés ; la procédure est simple, la solution est donnée sans retard, les frais sont très réduits grâce à la gratuité de l'enregistrement empruntée par le présent amendement à la loi de 1895.

Quant à la seconde partie, on vous a dit : Prenez garde, vous allez avoir accumulation de procès.

C'est là une erreur. L'introduction d'un procès devant le juge de paix est extrêmement peu coûteuse.

L'affaire engagée, deux solutions peuvent en effet se présenter ; s'il n'y a pas de contestations ou si celles-ci rentrent dans la compétence du juge de paix, la contribution suit son cours ; si, au contraire, l'importance des contestations excède les limites de leurs attributions, on va, et sur les seuls points contredits, ouvrir devant les tribunaux les mêmes procès qu'ils auraient jugés avec la procédure actuelle. Ce jugement devenu définitif, les juges de paix reprennent leur distribution avec la même procédure simple et sans frais.

On peut revenir ensuite devant le juge de paix. Ce n'est pas la première fois qu'une juridiction se dessaisit pour laisser apprécier par une autre une question qui n'est pas de sa compétence.

Je suppose, par exemple, un tribunal civil saisi d'une difficulté à propos de l'exécution d'un marché : acte administratif. L'exécution de ce marché, par exemple un bail pour une halle, pour une foire, est de la compétence des tribunaux civils. S'il naît une difficulté pour l'interprétation, cela rentre dans la compétence des tribunaux administratifs. Le tribunal civil saisi en retient le fond et renvoie pour l'interprétation devant le tribunal compétent. Il ne faut pas oublier qu'il arrivera très fréquemment que, devant le juge de paix, on se mettra d'accord, car il fera évidemment ce que fait le juge aux ordres et aux contributions devant un tribunal : avant de procéder au règlement, il essayera une tentative de conciliation. Il est très probable que les créanciers, une fois rassemblés et guidés par les conseils du juge de paix, se rendront rapidement compte qu'il est inutile et onéreux de faire des frais qui les empêcheraient de retirer le moindre bénéfice de leur action et que chacun prendra sa part.

M. Louis Legrand. *de sa place.* Je voudrais poser une question à M. le garde des sceaux au point de vue de l'interprétation du texte, sur lequel ne soulève d'ailleurs aucune difficulté.

La loi de 1895 dit que les procès-verbaux de distribution sont dispensés du timbre et de l'enregistrement, comme, en général tous les actes qui se rapportent à cette loi. Je vois bien que le texte proposé dit que la distribution se fera dans les formes prescrites par la loi de 1895, et qu'il vise tous les articles, y compris celui qui concerne le timbre et l'enregistrement.

Mais je demande si la formule de l'article qu'on propose est suffisante.

M. le rapporteur. Mais oui.

M. Louis Legrand. C'est la question que j'ai l'honneur de poser à M. le garde des sceaux.

M. le garde des sceaux. Elle me paraît suffisante.

M. le président. Puisque c'est vous qui êtes l'auteur de l'amendement, c'est à vous à vous poser la question.

M. Louis Legrand. Pardon, M. le président, je n'en suis pas l'auteur.

M. Théodore Girard. Elle me paraît suffisante du moment que je me réfère à un texte de loi qui exempte ces actes de l'enregistrement.

M. le président. Je donne lecture de l'amendement de M. Théodore Girard avec les modifications proposées par M. Legrand et acceptées par le Gouvernement.

« Les juges de paix seront seuls compétents pour procéder, à défaut d'entente amiable entre les créanciers opposants et le saisi, à la distribution par contribution des sommes saisies, lorsque les sommes à distribuer n'excéderont pas 600 francs de principal.

« Cette distribution sera faite, après le dépôt de la somme à distribuer à la caisse des dépôts et consignations dans les formes prévues par les articles 11 à 18 de la loi du 22 janvier 1895 et par le décret du 8 février suivant.

« Si les titres des créanciers produisants sont constés et si les causes de la contestation excédent les limites de leur compétence les juges de paix sursoieront au règlement de la procédure de distribution jusqu'à ce que les tribunaux compétents se soient prononcés, et leur jugement soit devenu définitif. »

Je consulte le Sénat sur cet amendement qui deviendra l'article 14 bis.

(L'amendement, mis aux voix, est adopté.)

M. le président. Je dis 14 bis afin de ne pas changer le numérotage des articles en ce moment, ce qui pourrait créer quelque confusion.

A la fin de la discussion, il sera établi un numérotage définitif. (*Assentiment.*)

Nous passons à l'article qui porte le n° 15 dans le projet de la commission.

J'en donne lecture.

« Art. 15. — Les juges de paix peuvent autoriser une femme mariée à ester en jugement devant leur tribunal, lorsqu'elle n'obtient pas cette autorisation de son mari entendu ou dûment appelé par voie de simple avertissement.

« Ils peuvent aussi, dans les cas prévus à l'article 5 de la présente loi, autoriser les mineurs à ester en justice devant eux.

« Dans tous les cas il sera fait mention dans le jugement de l'autorisation donnée. »

Personne ne demande la parole sur cet article ?...

Je le mets aux voix.

(L'article 15 est adopté.)

M. le président. « Art. 16. — Les juges de paix connaissent des actions en payement des frais faits ou exposés devant leur juridiction. » — (Adopté.)

M. le président. Ici se plaçaient cinq articles numérotés de 18 à 22, relatifs à la compétence pénale, votés par la Chambre des députés ; votre commission en demande la disjonction.

Personne ne demande la parole ?...

Je consulte le Sénat sur la proposition de disjonction.

(La disjonction est prononcée.)

M. le président.

TITRE II

DE L'ORGANISATION DES JUSTICES DE PAIX.

« Art. 17. — Il y a, dans chaque canton, un juge de paix sauf l'application des dispositions de l'article 41 de la loi du 26 février 1901 aux communes divisées en plusieurs cantons.

« A Paris il est créé deux places de juges de paix dont les titulaires seront seuls, avec des suppléants, chargés d'assurer le service du tribunal de police.

« Il pourra également, à Paris, être créé, par décret en conseil d'Etat, un poste de suppléant nouveau par justice de paix.

« Une nouvelle justice de paix sera créée dans chacune des circonscriptions de justice de paix du département de la Seine en dehors de Paris qui compteront plus de 100,000 habitants. La délimitation de ces circonscriptions sera faite par décret en conseil d'Etat. »

Il y a, sur cet article, trois amendements.

Le premier, qui est présenté par MM. Paul Strauss, Piettre, Alexandre Lefèvre, Expert-Bezançon, Poirrier, de Freycinet, Thuillier, Bassinet et Mascuraud, est ainsi conçu :

« Rédiger ainsi le premier paragraphe de cet article :

« Il y a, dans chaque canton, y compris ceux du département de la Seine, un juge de paix et deux suppléants, sauf l'application des dispositions de l'article 41 de la loi du 26 février 1901 pour les communes divisées en plusieurs cantons. »

Ensuite venaient deux amendements, l'un de M. Legrand, l'autre de MM. Bataille et Gomot, portant sur un deuxième paragraphe qui ne figure plus dans la nouvelle rédaction de la commission.

M. Louis Legrand. Oui, monsieur le président, mon amendement disparaît, parce que le texte sur lequel il était greffé a été supprimé.

M. le président. La parole est à M. Strauss.

M. Paul Strauss. Messieurs, l'amendement que mes collègues et moi avons déposé est extrêmement simple : il reproduit exactement le texte voté par la Chambre des députés et qui a pour objet de pas excepter du droit commun les cantons suburbains du département de la Seine. Ces cantons sont actuellement au nombre de 21 depuis 1893. Jusqu'à cette époque, le nombre de ces cantons était de 8 ; il a été porté pour les motifs les plus légitimes, à 21.

Au lendemain de ce remaniement administratif, on reconnut bien vite l'insuffisance des services d'administration judiciaire et notamment de justice de paix, et la loi de 1896 fut votée en vue d'autoriser les juges de paix des huit anciens cantons — les huit juges de paix actuels — à tenir en dehors du chef-lieu de circonscription des audiences foraines, soit pour la conciliation seulement.

Mais, dès ce moment — le rapport de notre honorable collègue M. Mir en fait foi — le caractère transitoire de la mesure apparaissait clairement ; et c'était uniquement pour ne pas attendre le projet de réorganisation d'ensemble des justices de paix qu'on avait recouru à ce que je me permettrai appeler une solution préparatoire. Les audiences foraines qui existent actuellement soit dans tous les chefs-lieux de canton, soit dans quelques communes telles que : Gennevilliers, les Lilas, Montrouge, Issy-les-Moulineaux, Choisy-le-Roi, ne répondent pas à tous les besoins. Il existe un certain nombre d'affaires : conseils de famille, enquêtes d'accidents du travail, répartitions après saisies-arrêts, et en général tous les actes de juridiction gracieuse qui obligent le justiciable à se transporter au chef-lieu de justice de paix. Ces déplacements sont assez pénibles dans l'étendue du département de la Seine qui forme, comme vous ne l'ignorez pas, une ceinture autour de Paris ; et en même temps, ils sont coûteux, puisqu'une indemnité de transport est payée par le justiciable, soit au juge de paix, soit au greffier, à raison de 5 francs à plus de 5 kilomètres pour le juge, et de 3 fr. 35 pour le greffier et de 6 francs au delà de 10 kilomètres.

C'est donc une taxe supplémentaire de 8 fr. 35 ou 10 francs en moyenne qui pèse assez lourdement sur la moitié des communes.

La population des ressorts actuels est assez considérable pour que l'amendement trouve en soi sa justification. Voici en effet la composition actuelle des ressorts :

Neuilly, 4 cantons, 4 communes, 179,503 habitants ;

Courbevoie, 3 cantons, 8 communes, 152,217 habitants ;

Saint-Denis, 3 cantons, 10 communes, 143,253 habitants ;

Charenton, 3 cantons, 12 communes, 116,995 habitants ;

Pantin, 2 cantons, 13 communes, 94,085 habitants ;

Villejuif, 2 cantons, 13 communes, 90,904 habitants ;

Sceaux, 2 cantons, 13 communes, 89,583 habitants ;

Vincennes, 2 cantons, 4 communes, 88,224 habitants.

Je ferai remarquer que ces chiffres ne sont même plus exacts à l'heure où je parle ; ils datent de 1901, et nul n'ignore ici la rapidité heureuse avec laquelle se fait le peuplement des communes de banlieue ; c'est à proprement parler, suivant une expression très juste et très pittoresque, un peuplement intensif.

La Chambre des députés, frappée des besoins à satisfaire, adopta donc l'amendement déposé et soutenu par M. Adrien Veber et par tous les députés de la Seine ; le garde des sceaux d'alors, l'honorable M. Vallé, d'accord avec la commission et avec son rapporteur, M. Cruppi, lui donna sa pleine adhésion.

Lorsque cet amendement fut soumis à la commission du Sénat, M. le rapporteur éleva contre lui certaines objections sur lesquelles il est revenu en partie avec beaucoup de bonne grâce, mais qui ne sont pas dirimantes, qu'il me permette de le lui dire.

En effet, l'honorable rapporteur compare la situation des cantons de la Seine à celle des arrondissements de Paris. Cette comparaison n'est pas exacte.

Il n'y a pas d'assimilation à faire entre une ville comme Paris, qui est une commune à population dense et agglomérée, et les cantons de sa ceinture suburbaine. Si l'on poussait le raisonnement jusqu'à ses conséquences extrêmes, il faudrait en faire autant pour Lyon, pour Marseille, pour Bordeaux, pour toutes les grandes villes et les cantons suburbains qui les entourent.

M. le rapporteur a dit à tort — je ne crois pas qu'il insiste sur cette objection — que les communes se verraient imposer une charge. Il n'en est rien : elles payent actuellement une indemnité pour l'audience foraine. La commune des Lilas a une dépense de 1,000 francs pour l'audience de conciliation ; pour l'audience complète, la dépense s'élève à 2,500 francs à Saint-Maur et à Nogent, et les facilités de local, surtout dans les mairies de nos communes suburbaines, sont assez grandes pour qu'en général il n'y ait pas de dépenses supplémentaires à prévoir de ce chef.

La commission a si bien compris qu'elle avait été un peu trop rigoureuse en voulant mettre en dehors du droit commun judiciaire les cantons du département de la Seine, qu'elle veut bien soumettre au Sénat un texte transactionnel. Je n'ai pas besoin de dire qu'en parlant du remaniement des cantons au point de vue judiciaire nous n'avons pas seulement en vue les intérêts si importants des justiciables, mais encore la bonne administration de la justice et je suis convaincu que cet argument est de nature à toucher M. le garde des sceaux.

Lorsque les juges de paix sont astreints à faire des audiences foraines — j'en ai le tableau sous les yeux — ils ne peuvent pas surveiller leur greffe, vaquer à un certain nombre d'occupations qui sont de leur compétence et quelques intérêts peuvent être négligés.

Le texte nouveau qui nous est proposé par la commission...

M. le rapporteur. Par M. le garde des Sceaux.

M. Paul Strauss. ... par le Gouvernement et la commission part d'un excellent sentiment, et j'en prends acte avec le plus grand plaisir. Mais c'est la reconnaissance de la justesse et de la légitimité même de notre amendement. En effet, quel est le texte transactionnel qui nous est proposé ?

« Une nouvelle justice de paix sera créée dans chacune des circonscriptions de justice de paix du département de la Seine en dehors de Paris qui compteront plus de 100,000 habitants. La délimitation de ces circonscriptions sera faite par décret en conseil d'État. »

M. le rapporteur a très discrètement objecté en passant — je connais sa bienveillance à cet égard — que si une justice de paix était créée dans chacun des cantons suburbains, on verrait des ressorts judiciaires inférieurs à ceux de Paris. Mais ce n'est pas aux arrondissements *intra muros* de Paris qu'il faut comparer nos cantons suburbains, c'est aux autres cantons de France. Les cantons du département de la Seine n'ont pas une physionomie distincte de ceux du département de Seine-et-Oise qui les avoisinent ; ce sont des cantons de droit commun qui doivent être pourvus de leur organe judiciaire. Et si l'on nous objecte la population, je prendrai comme exemple, non pas la moyenne, — les moyennes sont toujours trompeuses — mais le chiffre minimum, celui du canton le moins peuplé, le canton de Nogent-sur-Marne.

Ce canton a 30,515 habitants. Je le demande à M. le garde des sceaux et à vous aussi, monsieur le rapporteur — et je m'adresse à vous en pleine confiance parce que je connais vos sentiments d'équité — si l'on nous accorde satisfaction, aura-t-on fait une faveur à ce canton de la Seine ? Il y a, dans cette discussion, un malentendu que je vais m'efforcer de dissiper.

J'ai dit que le canton le moins peuplé du département de la Seine comptait 30,000 habitants. Le nombre total des cantons français était, en 1901, de 2,908. Savez-vous combien il y en a dont la population soit supérieure à ce chiffre ? On n'en compte pas plus de 176. Il y en a donc de l'autre côté 2,731 dont la population est moindre et que vous avez pourvus — très légitimement — et que vous continuez à pourvoir de leur organe judiciaire, c'est-à-dire de leur justice de paix.

Messieurs, en consultant les documents statistiques, si l'on s'en tenait à eux pour apprécier le bien-fondé de la réclamation des cantons, on verrait qu'il y a, dans les Basses-Alpes et dans les Hautes-Alpes, par exemple, des cantons assurément intéressants, méritants, mais dont la population est très faible ; je ne citerai que quelques exemples.

Arrondissement de Castellane, canton de Senez, 4 communes, 1,260 habitants ; arrondissement de Briançon, canton de la Grave, 2 communes, 1,415 habitants ; arrondissement de Gap, canton de Barcillonnette, 3 communes, 610 habitants ; arrondissement de Barcelonnette, canton d'Allos, 1 commune, 878 habitants. Par conséquent, même si nos cantons de la Seine n'avaient pas plus de 30,000 habitants — et ils dépassent pour la plupart ce chiffre — et même si l'un d'eux était réduit à une seule commune, il ne se trouverait pas dans une situation privilégiée ; au contraire, il l'emporterait encore, au point de vue du droit à obtenir une justice de paix, sur l'immense majorité des cantons français.

Quelle est aujourd'hui la jurisprudence ? Je ne parle pas des villes qu'on sectionne, je parle des cantons. Récemment, en 1901, le Parlement a voté une loi de sectionnement pour le canton de Lens, parce qu'il avait 94,000 justiciables. Je comprends que l'on pose comme limite aux cantons une population maximum de 100,000 habitants ; mais cette limite n'est pas applicable aux cantons complets existants, qui doivent avoir la plénitude de leur capacité civile, administrative et juridique.

Messieurs, aucune raison d'équité ne peut justifier la mesure d'exception prise à l'encontre des cantons du département de la Seine. Je suis persuadé que je ne ferai pas appel en vain à la commission, à la fois par des raisons de droit et par un argument de fait assez frappant.

En 1906 d'abord, en 1911 plus tard, par le fait même de l'accroissement de la population, plusieurs de ces cantons recevront satisfaction ; plusieurs circonscriptions judiciaires seront dédoublées ; en dernière analyse et dans quelques années, ce sera pour deux ou trois cantons, tout au plus, qu'on aura créé cette dérogation exceptionnelle au droit commun. Cette exception sera d'autant moins justifiée, qu'elle portera préjudice aux cantons plus particulièrement ruraux, en grande partie habités par des maraîchers et des horticulteurs, dont le peuplement se fait plus lentement que dans d'autres régions de la périphérie parisienne.

Messieurs, je vous demande de vouloir bien accueillir favorablement notre amendement, non seulement parce qu'il est juste, et pour les raisons d'équité distributive dont nous nous réclamons, mais aussi pour une raison de tactique parlementaire.

Depuis trop longtemps cette question de la compétence des juges de paix est en suspens devant le Parlement. Elle est venue devant la Chambre en 1890, le Sénat en est saisi aujourd'hui en 1905 ; or il n'est pas invraisemblable que même pour cette modeste proposition de création d'une justice de paix dans tous les cantons du département de la Seine, la commission de la Chambre, sur les vives instances des députés de la Seine, ne voudra pas se déjuger. Voulez-vous motiver et nécessiter un retour au Sénat de cette loi si essentielle, si fondamentale, si impatiemment attendue en France, pour un si minime désaccord ?

Aussi, je demande au Gouvernement et à la commission de vouloir bien accorder justice aux justiciables du département de la Seine. (*Très bien ! Très bien ! à gauche.*)

M. le président. La parole est à M. le garde des sceaux.

M. le garde des sceaux. Messieurs, si je ne me trompe, c'est au cours de la discussion de la proposition de loi à la Chambre des députés qu'un amendement fut présenté par l'honorable M. Veber, qui tendait à créer, dans la banlieue de la Seine, un nombre de juges de paix égal au nombre administratif des cantons du département.

Il résulte de là, si mes souvenirs sont exacts, que l'initiative de cette modification n'a pas été prise par la commission de la Chambre des députés et que, par conséquent, les craintes que manifestait M. Strauss à la fin de son discours me paraissent peut-être un peu vaines.

En réalité, de quoi s'agit-il ? Dans le département de la Seine, il y a vingt juges de paix à Paris et huit dans la banlieue. Ces juges de paix forment, dans l'ensemble des juges de paix de France, une catégorie spéciale. M. Veber a demandé et la Chambre des députés a accepté que, tout d'un coup, on augmentât dans la banlieue de la Seine, de treize le nombre des juges de paix, qui était jusque là de huit.

Lorsque appelé par la commission, qui avait repoussé cette augmentation, à examiner moi-même la question et à donner mon avis, j'ai voulu l'étudier, je me suis renseigné auprès du parquet général de la Seine. Des renseignements qu'il m'a fournis, il résulte que les juges de paix de la banlieue, malgré l'accroissement d'affaires qui résulte pour eux des diverses lois récentes étendant leur compétence, peuvent sans trop de difficulté faire face à leurs obligations, et que, dès lors, accueillir d'un coup cette demande de treize justices de paix nouvelles, c'était entreprendre une dépense considérable qui n'était point justifiée par les besoins.

N'y avait-il pas cependant quelque chose à faire ? Il m'a paru qu'il y avait lieu dans une certaine mesure de donner satisfaction aux doléances des représentants de la Seine.

Il est certain, en effet, que plusieurs des justices de paix suburbaines actuellement existantes comprennent dans leur ressort une population fort importante, qui s'accroît tous les jours.

Et si l'on songe à l'augmentation d'affaires que va entraîner l'extension de la compétence, il est à craindre que dans certaines de ces justices de paix il n'y ait des difficultés. On a songé alors à apporter la modification suivante, qui a été proposée par le Gouvernement à la commission et insérée par elle dans la nouvelle rédaction de l'article 17, à savoir que chacune des justices de paix de la banlieue de Paris, qui comprendrait, dans sa circonscription, plus de 100,000 habitants, serait divisée en deux. A l'heure actuelle, cela entraînerait donc la création de quatre justices de paix nouvelles. Tous les renseignements donnés et le relevé du fonctionnement du service amènent à penser que ces créations permettront de suffire aux nouveaux besoins que l'extension de la compétence des juges de paix créera.

C'est donc dans toutes les circonscriptions qui ont plus de 100,000 habitants que la division s'opérera, et, par conséquent, si les circonscriptions actuellement inférieures à 100,000 habitants s'augmentent par suite de l'afflux incessant de la population, lorsque le chiffre indiqué par la disposition sera atteint, automatiquement, pour ainsi dire, une nouvelle justice de paix sera créée.

Et il me paraît que les besoins légitimes des justiciables, seront ainsi satisfaits.

J'ajoute qu'on s'était préoccupé de ce fait qu'il devait y avoir une harmonie entre la désignation des cantons et la création des justices de paix. On disait : « Dans toute la France, chaque canton comporte une justice de paix. » Cela n'est pas absolument exact, car il y a une loi qui a décidé que deux cantons d'une même ville pouvaient n'avoir qu'un seul juge de paix.

J'ajoute qu'à Paris il y a, en réalité, quatre-vingts cantons, si l'on songe à la représentation administrative au conseil général, puisque, dans chacun des arrondissements, il y a quatre conseillers municipaux qui sont également conseillers généraux. Dès lors, il faudrait arriver à créer quatre-vingts juges de paix au lieu de vingt.

M. Paul Strauss. Je demande la parole.

M. le garde des sceaux. Certainement chacun de ces quatre-vingts juges de paix aurait affaire à une population très supérieure à celle de beaucoup de cantons en France. Je sais bien qu'on va me dire que la circonscription des juges de paix ruraux est étendue et qu'ils rencontrent, de ce chef, des difficultés particulières qui ne se trouvent pas à Paris ; mais il ne faut pas oublier aussi que l'augmentation du nombre des habitants entraîne forcément l'augmentation du nombre des affaires et que, lorsqu'on voit les juges de paix de Paris, grâce à la modification que nous proposons, pourront suffire à leurs obligations, on est porté à croire que le moyen terme proposé par le Gouvernement est sage, suffit à parer aux besoins actuels et qu'il n'y a pas lieu de le dépasser.

J'ai indiqué tout à l'heure au Sénat qu'en ce qui concerne Paris, une modification était proposée ; permettez moi de vous l'indiquer. La commission, d'accord avec le Gouvernement, vous demande la création dans Paris de deux nouveaux juges de paix qui seraient spécialement affectés à la simple police.

Cela aurait le double avantage, d'abord, de dégager les juges de paix actuels qui font à tour de rôle le service d'une charge très lourde ; puis de constituer, en matière de simple police, une unité de jurisprudence qui n'existe pas à l'heure actuelle.

Dans ces conditions, je crois que le Gouvernement et la commission avec lui proposent une extension suffisante pour les besoins actuels et qu'il n'y a pas lieu d'aller au delà. (*Très bien ! très bien ! sur divers bancs.*)

M. le président. La parole est à M. Strauss.

M. Paul Strauss. Je me permettrai d'insister très brièvement, parce que M. le ministre, sans le vouloir, a créé un malentendu ou une équivoque. Il n'est jamais entré dans la pensée de personne, soit ici, soit ailleurs, de revendiquer pour les quatre-vingts quartiers de Paris le droit à une justice de paix. Le traitement qui est fait à une ville, à une commune agglomérée est tout à fait distinct de celui des cantons.

Vous n'avez pas le droit, monsieur le ministre, en équité, de comparer des cantons, tels que ceux du département de la Seine, aux arrondissements intérieurs de Paris.

La population agglomérée de Paris, sur un trop étroit espace de 7,800 hectares environ, ne se trouve pas dans les mêmes conditions, soit au point de vue administratif, soit au point de vue de la facilité des moyens de transport, que nos cantons suburbains.

M. Charles Riou. Quel est votre amendement ?

M. Paul Strauss. Nous demandons, mes collègues de la Seine et moi, le droit commun, c'est-à-dire un juge de paix par canton. Nous ne voyons aucune raison qui s'y oppose ; il n'en pas sorti une de l'argumentation si bienveillante de M. le garde des sceaux.

M. Léonce de Nal. Tout cela n'est pas exprimé dans la loi.

M. Paul Strauss. Voulez-vous me permettre ? Nous avons déposé un amendement.

M. Léonce de Nal. On ne le connaît pas.

M. Paul Strauss. Je vais le lire avec grand plaisir.

M. le président. L'amendement que j'ai déjà lu est ainsi conçu :

« Il y a, dans chaque canton, y compris ceux du département de la Seine, un juge de paix et deux suppléants... »

M. Paul Strauss. Je dis, messieurs, que nous ne réclamons pas de faveur, nous demandons simplement l'application du droit commun. Je demande à la commission et surtout au Gouvernement de ne pas s'enfermer dans une formule un peu trop restreinte. En effet, si par la force même des choses et l'accroissement automatique et naturel de la population suburbaine, quelques-uns de nos cantons obtiennent satisfaction en 1906, au prochain recensement; si d'autres ont satisfaction en 1911, l'économie pour le Trésor sera minime — 15,000 ou 20,000 francs — elle est négligeable, elle n'autorise pas une dérogation aussi fâcheuse et aussi regrettable aux règles du droit commun.

Il s'agit aussi de considérer l'étendue, la superficie des cantons en cause.

Ainsi le ressort de la justice de paix de Charenton englobe 6,935 hectares, celui de Saint-Denis, 6,103 hectares, celui de Villejuif, 6,893 hectares.

En vérité, messieurs, je ne crois pas que, si M. le garde des sceaux en avait eu le loisir et la possibilité et si M. le procureur général, dont je connais de longue date la largeur d'esprit, avait pu instituer une enquête approfondie, ils eussent l'un et l'autre abouti aux mêmes conclusions.

Je sais comment se font ces sortes d'enquêtes. Si l'on se borne à interroger les juges de paix en fonctions ou les greffiers, il est à présumer, si j'en juge par l'écho d'observations qui sont venues jusqu'à moi, qu'ils ne seront pas favorables à la mesure. J'estime, pour ma part, que leurs inquiétudes ne sont pas justifiées.

Les juges de paix des cantons anciens trouveront d'abord une ample satisfaction et un dédommagement suffisant dans l'extension de leur compétence et l'augmentation de leur traitement, et il en sera de même pour les greffiers qui verront s'augmenter le chiffre de leurs émoluments. Au surplus, s'il y a quelque situation particulière qui appelle la bienveillance de M. le garde des sceaux, ce magistrat pourra être appelé à l'intérieur de Paris où il trouvera une situation équivalente ou supérieure.

Mais au-dessus des convenances des officiers ministériels, il y a les intérêts de la justice et des justiciables et surtout les principes de l'équité. Je vous prie de ne pas déroger aux règles du droit commun en ce qui concerne le département de la Seine pour un si mince objet et pour une économie si négligeable et de bien vouloir donner satisfaction aux doléances unanimes de ceux qui ont voix au chapitre et qui doivent être tout d'abord entendus, c'est-à-dire les justiciables de toutes les communes de la Seine.

M. le garde des sceaux. Je demande la parole.

M. le président. La parole est à M. le garde des sceaux.

M. le garde des sceaux. Messieurs, j'ai eu l'occasion d'indiquer, à propos d'autres discussions, que toutes les fois que je me trouvais en présence de l'intérêt évident des justiciables, j'estimerais que la crainte de dépenses faites pour que la justice fût meilleure était une considération, sinon négligeable, au moins d'ordre inférieur.

Si aujourd'hui je m'oppose à une dépense que je considère comme injustifiée dans les proportions où elle est indiquée, c'est qu'il me paraît en effet, messieurs, qu'elle est réellement excessive.

M. Strauss nous disait : L'honorable procureur général n'a certainement pas procédé d'une façon complète à son enquête. Voulez-vous me permettre de vous lire la dernière partie des conclusions de son rapport?

« Tous les juges de paix que j'ai successivement consultés ont été unanimes à formuler la même opinion... » (Sourires.)

M. Monis. Des orfèvres !

M. le garde des sceaux. Permettez-moi de vous dire, mon cher collègue, que ces orfèvres avaient au contraire intérêt à faire diviser leur circonscription puisque, avec un même traitement, ils auraient eu moitié moins de besogne.

L'avis des juges de paix était manifestement indépendant puisque eux seuls ne peuvent pas être atteints par les conséquences de la décision qui va être rendue. J'estime donc que lorsqu'ils viennent dire : Je peux suffire à la besogne, ils ont le droit d'être écoutés.

« Tous les juges de paix que j'ai successivement consultés, dit le procureur général, ont été unanimes à formuler la même opinion et dans l'intérêt du service ou même dans leur intérêt propre, même au prix de l'indemnité qui leur est allouée pour les audiences foraines, ils n'auraient pas manqué de demander que leur tâche fut allégée, si cette tâche excédait leurs forces ou leur dévouement professionnel.

« Mais en dehors de leur avis, qui emprunte aux arguments sur lesquels il se fonde et à l'expérience personnelle de chaque magistrat une autorité indéniable, je me suis rendu compte personnellement, en consultant des statistiques, les tableaux des distances et le mouvement de la population, que, dans aucun canton suburbain, la création d'une justice de paix nouvelle ne répondait actuellement à un intérêt général bien entendu. Des plaintes nombreuses parviennent au parquet contre les lenteurs des instances devant le tribunal où l'encombrement est réel et considérable. Si les justices de paix de la banlieue étaient surchargées et si les affaires n'y étaient pas expédiées avec la rapidité désirable, les justiciables se plaindraient; or ils ne protestent pas. »

M. Paul Strauss. Le conseil général de la Seine, les conseils d'arrondissement de Saint-Denis et de Sceaux et les conseils municipaux intéressés ne cessent de protester depuis 1893.

M. le garde des sceaux. Les conseils d'arrondissement protestent, mais le procureur général, au parquet duquel aboutissent les doléances des justiciables, constate au contraire que ceux-ci ne se plaignent pas et qu'il n'y a pas la lenteur tant signalée, au contraire, de la part d'un certain nombre de tribunaux beaucoup trop chargés.

J'ai pour devoir d'apporter ces documents et ces renseignements au Sénat. J'ai à la fois à défendre les intérêts des justiciables et, seul ici membre du Gouvernement, ceux du budget de l'Etat.

J'avais pensé cependant qu'il y avait lieu, à cause de l'augmentation d'affaires, conséquence de la nouvelle loi, d'apporter une modification, et c'est celle que j'ai soumise à la commission, qui d'ailleurs avait partagé la manière de voir du Gouvernement actuel.

En ce qui concerne l'observation de M. Strauss et son argument qui est de nature certes à impressionner le Sénat, puisqu'il se réclame du droit commun — je dis que cet argument ne porte pas. De tout temps, jusqu'à aujourd'hui, les justices de paix de Paris et de la banlieue...

M. Paul Strauss. Monsieur le ministre, voulez-vous me permettre de vous interrompre ? (Exclamations.)

M. le garde des sceaux. Je comprends, mon cher collègue, l'ardeur avec laquelle vous défendez un intérêt qui vous paraît juste et qui est en même temps celui des justiciables du département de la Seine. Je n'apporte ici aucune passion, et je crois mettre dans ma discussion toute la courtoisie possible. (Très bien ! très bien !)

A votre invocation du droit commun je réponds que les juges de paix de Paris, d'une part, et ceux de la banlieue, d'autre part, ont jusqu'à aujourd'hui constitué une classe spéciale : 1re classe de justice de paix, 20, ce sont ceux de Paris; 2e classe, ceux des grandes villes; 3e classe, uniquement composée des juges de paix de la banlieue. Qu'est-ce que cela veut dire ? Que jusqu'à présent, on a fait une situation à part pour le traitement et pour l'organisation aux juges de paix de Paris et à ceux de sa banlieue. Ils sont donc en dehors du droit commun et ne peuvent l'invoquer. (Très bien !)

J'ajoute qu'il n'y a pas eu de ma part un malentendu quand j'ai cité les quartiers de Paris qu'on peut assimiler à des cantons parce qu'ils ont un conseiller général. Je n'ai nullement prétendu que vous demandiez la création de 80 juges de paix à Paris.

J'ai simplement dit ceci : Vous invoquez une assimilation et vous dites : Tous les cantons ont une organisation administrative déterminée — et je ne pourrais pas affirmer si dans les cantons nouveaux il y a une assimilation absolue au point de vue de toutes les manifestations administratives; mais peu importe — je réponds : Vous avez dans Paris des quartiers qui ont un conseiller général et cependant vous ne faites pas l'assimilation.

Il y a donc une organisation spéciale qui ne doit recevoir de modifications que dans l'intérêt du service. Or le procureur général de la cour de Paris, dont la compétence ne peut être contestée après avoir examiné le fonctionnement du service m'a soumis l'avis que vous connaissez.

Le texte proposé par la commission donne d'ailleurs toute la satisfaction que l'on peut désirer, puisqu'il permet chaque fois que l'augmentation de la population, atteignant un chiffre déterminé, entraînera un nouvel accroissement des affaires, d'augmenter également le nombre des justices de paix. (*Très bien! très bien! à gauche.*)

M. Charles Riou. Quelle sera l'augmentation de la dépense?

M. le garde des sceaux. Les juges de paix de la banlieue de Paris touchent 3,600 francs par an.

M. Paul Strauss. *de sa place.* La dépense totale, si on adopte notre amendement, sera de 76,050 francs que des recettes d'ailleurs viennent atténuer. Par conséquent, en faisant droit à notre demande, vous avez immédiatement quatre juges de paix de plus et par la force des choses un cinquième. La situation topographique du canton judiciaire de Courbevoie exigera cette création supplémentaire.

Nos 21 cantons sont pourvus de tous les organes de la vie administrative : ils ont 23 percepteurs, 23 commissariats de police, 73 brigades de gendarmerie, 19 subdivisions de conducteurs des ponts et chaussées, etc. Si l'on se reporte à la définition classique du canton, je vois donc qu'ils ont tous les organes sauf celui-là. Quant au droit commun, jusqu'en 1893, la Seine avait 8 cantons et lorsque l'honorable M. Mir rapporta la loi tendant à créer des audiences foraines, il s'exprimait en ces termes :

« Quelques-uns de nos collègues se sont montrés hostiles au principe même du projet de loi qui est en entier contenu dans ce paragraphe 2 : ils en ont contesté l'utilité et discuté l'urgence. Y a-t-il un suffisant intérêt, ont-ils dit, à le détacher de l'ensemble du projet de réorganisation des justices de paix? Le Gouvernement nous a répondu qu'il avait reçu des demandes d'un grand nombre de communes de la banlieue de Paris et des autres grandes villes, et qu'il ne pouvait pas attendre le vote, encore éloigné, de la réorganisation d'ensemble.

« Il se trouve, notamment dans les arrondissements de Sceaux et de Saint-Denis, des centres dont l'importance s'est tellement développée depuis quelques années que la loi du 12 avril 1893 a dû porter de 8 à 21 le nombre restreint des justices de paix auxquelles ressortissent les agglomérations populeuses. Plusieurs communes de ce territoire, et particulièrement celles des chefs-lieux des nouveaux cantons administratifs, ont demandé que les juges de paix des anciens cantons judiciaires qui les avoisinent vinssent chez elles tenir des audiences supplémentaires, s'offrant d'ailleurs à supporter les indemnités de déplacement. Votre commission a pensé qu'il y avait lieu de leur donner satisfaction et d'approuver le principe du projet de loi. »

M. Léonce de Sal. Je demande à présenter une observation de ma place.

M. le président. La parole est à M. de Sal.

M. Léonce de Sal. *de sa place.* J'aurais voulu que le rapport de M. le procureur général s'inspirât surtout du nombre des affaires qui ont été jugées dans les justices de paix de la banlieue de Paris.

Or d'après les renseignements que j'ai personnellement, les justices de paix de la banlieue sont surchargées de travail.

M. Monis. Cela n'est pas douteux.

M. Léonce de Sal. L'opinion de M. le procureur général de la Seine sur ce point aurait pu entraîner mon vote.

Mais si l'on veut s'en tenir au produit des greffes de la banlieue de Paris, l'on voit qu'ils rapportent deux ou trois fois plus que ceux du centre de Paris.

Si le rapport de ces greffes est si considérable, cela tient au nombre et à la multiplicité des affaires, et, par conséquent, il convient de rentrer dans le droit commun et de rentre la justice à ceux qui, précisément, sont trop éloignés du centre de l'action judiciaire et veulent néanmoins obtenir justice.

Aujourd'hui, avec cette nouvelle proposition de loi, quelles sont les justices de paix appelées à voir le plus grand nombre d'affaires? Ce sont celles de la banlieue. Pour tous ces motifs, j'appuie l'amendement de M. Strauss.

M. Dominique Delahaye. Je demande la parole.

M. le président. La parole est à M. Delahaye.

M. Dominique Delahaye. Messieurs, je n'ai que deux mots à dire. J'ai été frappé par l'argumentation de M. Strauss demandant le droit commun quant au nombre des juges de paix. Cependant il m'a semblé qu'au point de vue du traitement ils n'étaient pas dans le droit commun, et j'ai été aussi très impressionné de l'argumentation fournie par M. le ministre. Me voici donc très perplexe.

Il m'a paru que M. Strauss, au point de vue du traitement, s'écartait du droit commun en ce qui concerne les juges de paix de la banlieue de Paris.

Je me demande s'il n'y a pas là une contradiction : d'une part, pour obtenir de nous un certain nombre de juges de paix, on invoque le droit commun; d'autre part, pour obtenir leur traitement on en sort. Ne serait-il pas possible de trouver une conciliation entre ces deux solutions?

Vous pourriez faire, par exemple, une cote mal taillée entre 13 et 4 nouveaux de juges de paix attribués à la banlieue? Voilà la solution que je propose.

M. le président. Je consulte le Sénat sur l'amendement de M. Strauss et de plusieurs de ses collègues.

Le texte du premier paragraphe de l'article 17 serait ainsi rédigé :

« Il y a, dans chaque canton, y compris ceux du département de la Seine, un juge de paix et deux suppléants, sauf l'application des dispositions de l'article 41 de la loi du 26 février 1901 pour les communes divisées en plusieurs cantons. »

Il a été déposé sur le bureau une demande de scrutin signée de MM. Paul Strauss, Piettre, Poirier, Velten, Mascuraud, Vilar, Alexandre Lefèvre, Expert-Bezançon, plus deux signatures illisibles.

Il va être procédé au scrutin.

(Les votes sont recueillis. — MM. les secrétaires en opèrent le dépouillement.)

M. le président. Il y a lieu à pointage.
(Il est procédé à cette opération.)

M. le président. Voici, messieurs, le résultat du scrutin :

Nombre des votants 266
Majorité absolue.............. 134

   Pour l'adoption 135
   Contre................ 131

Le Sénat a adopté.

Ici se plaçait, dans les dispositions votées par la Chambre des députés, un paragraphe ainsi conçu :

« Lorsque les justices de paix de deux ou plusieurs cantons auront été réunies sous la juridiction d'un juge de paix, les greffes de ces justices de paix pourront être également réunis par décret du Président de la République en cas de vacance par décès, démission ou destitution de l'un des titulaires. »

La commission du Sénat avait primitivement adopté ce texte, et c'est à ce texte que M. Legrand avait proposé une disposition additionnelle; et ce n'est qu'au cas où le Sénat maintiendrait le texte de la Chambre des députés, qu'il demanderait à développer sa disposition additionnelle.

Est-ce dans le même esprit que M. Gomot a déposé son amendement?

M. Gomot. Oui, monsieur le président; je me joins à M. Legrand.

M. le président. Je consulte tout d'abord le

Sénat sur le paragraphe voté par la Chambre des députés et dont la commission demande le rejet.

(Le paragraphe voté par la Chambre des députés n'est pas adopté.)

M. le président. En conséquence, sont retirés les amendements proposés éventuellement par MM. Legrand, Bataille et Gomot.

Je poursuis :

« A Paris, il est créé deux places de juge de paix dont les titulaires seront seuls, avec des suppléants, chargés d'assurer le service du tribunal de police. » — (Adopté.)

« Il pourra également, à Paris, être créé, par décret en conseil d'Etat, un poste de suppléant nouveau par justice de paix. » — (Adopté.)

Nous arrivons à une disposition finale, qui me paraît inutile. Elle est caduque par suite de l'adoption de l'amendement.

M. le rapporteur. Oui, monsieur le président. Elle est supprimée.

M. le président. Je consulte le Sénat sur l'article 17.

M. Gourju. Monsieur le président, je me permets de faire observer que dans le texte nouveau qui nous a été distribué aujourd'hui même au nom de la commission, il s'est glissé un certain nombre de lacunes qui, certainement, sont l'effet d'oublis et n'ont rien de commun avec une résolution préméditée. Par exemple, dans le premier alinéa de l'article 17 dont nous allons être appelés à voter l'ensemble, il est dit qu'il y a dans chaque canton un juge de paix ; il n'est pas question de suppléants. Je ne dirai pas que la commission a l'intention de supprimer d'un trait de plume tous les suppléants des juges de paix de France...

M. Théodore Girard. Ce n'est pas possible.

M. Gourju. ...mais comme c'est le dernier état du texte qui nous est proposé, il est nécessaire qu'on s'explique là-dessus.

M. le président. Le premier alinéa de l'article 17 est à l'heure actuelle remplacé par le texte de l'amendement de M. Paul Strauss, que le Sénat a adopté.

M. Théodore Girard. Il n'a jamais été question de supprimer les suppléants.

M. Gourju. Vous avez oublié de le dire dans votre nouveau texte.

M. le président. Je consulte le Sénat sur l'ensemble de l'article 17.

(L'article 17, mis aux voix, est adopté.)

M. le président. « Art. 18. — A partir de la promulgation de la présente loi, pourront seuls être nommés juges de paix :

« 1° Les licenciés en droit justifiant, ou d'un stage de deux années au moins, soit près d'un barreau, soit dans une étude de notaire ou d'avoué, ou de l'exercice, pendant deux ans, de fonctions publiques ;

« 2° Ceux qui auront obtenu le brevet de capacité organisé par le décret du 14 février 1905 et qui justifieront en outre d'un stage de deux années au moins dans une étude de notaire ou d'avoué ou de l'exercice pendant deux ans de fonctions publiques ;

« 3° Ceux qui, à défaut de licence en droit, auront obtenu le certificat de capacité prévu par l'article 12 de la loi du 22 ventôse an XII, relative aux écoles de droit et qui, en outre, auront été :

« Pendant cinq ans :

« Notaires, avoués, greffiers, près les cours d'appel ou les tribunaux civils, de commerce ou de paix, receveurs ou fonctionnaires d'un ordre au moins égal dans l'administration de l'enregistrement ;

« Pendant dix ans :

« Magistrats consulaires, dont deux ans au moins comme présidents de tribunal ou présidents de section ;

« Conseillers prud'hommes pouvant justifier de trois années de fonctions comme présidents ou vice-présidents ; greffiers près les tribunaux de commerce ou de paix ; huissiers, commis greffiers près les cours ou tribunaux civils ; clercs d'avoué ou de notaire pouvant justifier de deux ans d'exercice comme premiers clercs dans une étude ; sup-

pléants de justice de paix, maires ou adjoints, ces derniers à la condition d'être nommés en dehors du canton où ils exercent ou auront exercé ou sollicité, depuis moins de deux ans, des fonctions électives.

« 4° Les notaires, avoués, greffiers près les cours d'appel ou les tribunaux civils, de commerce ou de paix, les receveurs ou fonctionnaires d'un ordre au moins égal dans l'administration de l'enregistrement qui auront exercé leurs fonctions pendant dix ans.

« Les magistrats, officiers ministériels ou fonctionnaires mentionnés dans les paragraphes 2 et 3 ci-dessus qui auront exercé plusieurs de ces fonctions pourront en ajouter la durée pour remplir les conditions exigées par ces paragraphes. »

M. Victor Leydet. Monsieur le président, c'est un nouveau texte. Celui que vous venez de lire n'est pas conforme, je crois, à la rédaction qui nous a été distribuée.

M. le président. J'ai donné lecture du nouveau texte de la commission concernant les articles 17 et 18 et qui a été distribué aujourd'hui même.

M. le rapporteur. Je demande la parole.

M. le président. La parole est à M. le rapporteur.

M. le rapporteur. Voici pourquoi, messieurs, nous avons dû faire distribuer un nouveau texte qui ne diffère de l'ancien que par un paragraphe. M. le garde des sceaux nous a demandé de faire une addition aux paragraphes que nous avions accepté et qui sont conformes à ceux de la Chambre des députés.

En effet, en vertu d'un décret du 14 février 1905, le certificat de capacité en droit a été transformé, et à l'heure actuelle il constitue certainement une épreuve très sérieuse ; on exige huit inscriptions, deux années de droit. M. le garde des sceaux nous a demandé d'assimiler le certificat de capacité à la licence en droit, et cela nous a obligé à faire un paragraphe spécial visant le brevet de capacité tel qu'il a été réglé par le décret du 15 février 1905 ; de sorte que le *secundo* de notre paragraphe vise le certificat de capacité, et alors nous avons dû mettre un *tertio* et un *quarto* qui sont en réalité le *secundo* et le *tertio* de l'ancien article.

Voilà la seule modification qui a été apportée au texte de l'article que j'ai remis immédiatement à l'impression, il a été distribué ce matin.

Plusieurs sénateurs. Nous l'avons en main.

M. le président. Il y a cinq amendements sur cet article.

M. Monis. J'ai demandé à m'expliquer sur l'ensemble de l'article.

M. le président. Je vais vous donner la parole, mais laissez-moi d'abord poser la question.

M. Monis. Parfaitement.

M. le président. Il y a sur le premier paragraphe un amendement de M. Chabrié, ainsi conçu :

« Après les mots :

« 1° Les licenciés en droit »,

« Ajouter :

« ...ou les élèves diplômés des écoles de notariat, prévus par l'article 36 de la loi du 12 août 1902, qui justifieront, etc. »

Sur le paragraphe 2 un amendement de M. Philippe Berger, ainsi rédigé :

« Au paragraphe 2, après : « Pendant cinq ans », ajouter à l'énumération : « ou ceux qui auront antérieurement exercé pendant le même laps de temps les fonctions de juges de paix » ;

Sur l'ancien paragraphe 3°, devenu 4° un amendement de M. Leydet, dont voici les termes :

« Rédiger comme suit le troisième paragraphe de cet article :

« Les maires ou adjoints, les conseillers généraux, les membres des tribunaux de commerce, les membres des conseils de prud'hommes...

« Le reste comme au paragraphe. »

Sur le même paragraphe, un amendement de MM. Bataille, Gomot et Lintilhac, dont voici le texte :

« Rédiger comme suit le troisième paragraphe de cet article :

« Les notaires, avoués, greffiers près les cours d'appel ou les tribunaux civils, greffiers de justice de paix, receveurs ou fonctionnaires d'un ordre au moins égal dans l'administration de l'enregistrement qui auront exercé leurs fonctions pendant dix ans. »

Enfin, en second amendement de M. Philippe Berger, ainsi conçu :

« En tête du dernier paragraphe, ajouter :

« Les anciens juges de paix. »

La parole est à M. Monis.

M. Monis. Je demande au Sénat la permission de lui présenter quelques courtes observations sur l'ensemble de l'article 18. Il a pour but de déterminer les personnes dont la candidature pourra être acceptée aux fonctions de juge de paix. Elles sont divisées en deux catégories : celles qui apportent la garantie d'un diplôme de droit, et celles qui apportent au contraire la garantie de l'expérience qu'elles ont puisée dans l'exercice de certaines fonctions.

Examinons la première catégorie :

« A partir de la promulgation de la présente loi, pourront seuls être nommés juges de paix :

1° Les licenciés en droit justifiant, ou d'un stage de deux années au moins, soit près d'un barreau, soit dans une étude de notaire ou d'avoué, ou de l'exercice, pendant deux ans, de fonctions publiques ;

« 2° Ceux qui auront obtenu le brevet de capacité organisé par le décret du 14 février 1905 et qui justifieront en outre d'un stage de deux années au moins dans une étude de notaire ou d'avoué ou de l'exercice pendant deux ans de fonctions publiques.

Le premier diplôme vous est très connu ; le second a été tout à l'heure l'objet des louanges du rapporteur ; n'en disons pas de mal, souhaitons qu'on en puisse dire du bien un jour ; mais ce diplôme est tout neuf ; l'enseignement n'a été créé que le 14 février 1905 ; cet enseignement n'a encore reçu aucune espèce de sanction ; je souhaite qu'il tienne toutes les promesses qu'on fait en son nom ; dans tous les cas, les personnes qui auront ces deux diplômes, le diplôme de licencié et le diplôme de capacité nouveau modèle, seront tenues de justifier en outre d'un stage de deux ans, soit comme avocat, soit dans une étude de notaire ou d'avoué ou de l'exercice pendant deux ans de fonctions publiques.

Avant d'aller plus loin, définissons les fonctions publiques, ou plutôt donnons-en l'énumération, ce qui est plus facile. On doit considérer comme exerçant des fonctions publiques « les dépositaires du pouvoir exécutif, le Président de la République, les ministres, les préfets, les sous-préfets, les maires ; les dépositaires du pouvoir judiciaire, les membres de la cour de cassation, des cours d'appel, des tribunaux de tous les degrés ; les officiers de police judiciaire ; les membres de la cour des comptes, du conseil d'État et des conseils de préfecture ; les membres du corps diplomatique, ceux du corps enseignant ; les officiers de terre et de mer ; les agents chargés de l'assiette et de la perception des impôts, ceux qui sont chargés de la surveillance et de la direction des travaux publics, etc. »

Dans cette longue énumération, je ne veux appeler l'attention du Sénat que sur les maires. Les personnes qui nous occupent et qui auront l'un ou l'autre de ces deux diplômes devront en outre justifier d'un stage de deux ans ou de l'exercice pendant deux ans des fonctions de maire.

J'ajoute qu'après avoir demandé l'exercice de ces fonctions, pendant deux ans, le texte n'impose aucune espèce de condition sur le lieu où ces fonctions de maire auront été occupées par l'impétrant ;

« 3° Ceux qui, à défaut de licence, auront obtenu le certificat de capacité — il s'agit de l'ancien certificat — prévu par l'article 12 de la loi du 22 ventôse an XII.

A ceux-ci, messieurs, on va demander d'ajouter à leur modeste diplôme un stage plus prolongé ; il faut qu'ils aient été :

« Pendant cinq ans :

« Notaires, avoués, greffiers près les cours d'appel ou les tribunaux civils, de commerce ou de paix, receveurs ou fonctionnaires d'un ordre au moins égal dans l'administration de l'enregistrement ;

« Pendant dix ans :

« Magistrats consulaires, dont deux ans au moins comme présidents de tribunal ou présidents de section ;

« Conseillers prud'hommes pouvant justifier de trois années de fonctions comme présidents ou vice-présidents ; greffiers près les tribunaux de commerce ou de paix ; huissiers, commis greffiers près les cours ou tribunaux civils ; clercs d'avoué ou de notaire pouvant justifier de deux ans d'exercice comme premiers clercs dans une étude ; suppléants de justice de paix, maires ou adjoints, ces derniers à la condition d'être nommés en dehors du canton où ils exercent ou auront exercé ou sollicité, depuis moins de deux ans, des fonctions électives. »

Si je reprends cette double énumération des personnes qui auront un stage de cinq et de dix ans, je trouve cette anomalie incontestable que le greffier du tribunal de commerce pourra être nommé juge de paix quand il aura cinq ans de fonctions et qu'au contraire le président du tribunal de commerce devra justifier de dix années de fonctions, dont deux ans dans les fonctions de président.

Vous savez, messieurs, ce qu'est la carrière consulaire, vous savez comment elle se fait pas à pas, comment on y entre par les fonctions de juge suppléant, comment, après avoir subi deux élections, on est obligé d'aller se retremper dans la vie commerciale, dans la vie privée, pendant une année, comment ensuite on aborde les fonctions de juge en titre, comment on peut être deux fois réélu, comment on peut se voir imposer, après ces deux mandats, une seconde année à passer dans la retraite, comment, enfin, comme couronnement de la carrière, on devient président du tribunal de commerce. Il faut, messieurs, pour ce *curriculum vitœ*, plus de dix ans, il en faut même souvent douze ou quinze. Il faut jouir de l'estime de tout un arrondissement, il faut avoir en mains les intérêts les plus considérables, il faut avoir été appelé par la confiance de ses pairs à traiter des affaires commerciales qui sont d'une tout autre importance que celles qui passent devant les justices de paix. Pour ce président, dix ans de stage ; pour le greffier du tribunal de commerce, pour ce fonctionnaire passif, inerte, qui prête seulement son porte-plume au président et qui n'a d'autre fonction que d'écrire sous sa dictée...

Un sénateur au centre. C'est une erreur !

M. Monis. ... et qui, de plus, exerce des fonctions qui sont rétribuées, cinq ans seulement. Dois-je ajouter, messieurs, que l'honneur même de ces fonctions consulaires, qui prennent tant de temps, tant de soins à ces magistrats, qui ne sont inférieures à aucune espèce de point de vue, c'est d'être gratuites ?

Pour avoir une idée de l'importance même de l'œuvre accomplie par ces magistrats consulaires, vous n'avez qu'à jeter un coup d'œil sur les comptes de la justice civile et commerciale ; vous constaterez que déjà depuis une longue période d'années les jugements venant des tribunaux de commerce, qui sont frappés d'appel, sont constamment consacrés auprès des cours ; 65 p. 100 sont confirmés. Au contraire, les tribunaux civils, où se trouvent des magistrats pourvus des diplômes auxquels on fait tant de crédit et tant de confiance dans cette loi, n'obtiennent la même consécration que dans la proportion de 61 p. 100.

Vous êtes donc en face d'hommes justifiant d'une capacité incontestable, rendant de très grands services à la société et les rendant gratuitement. Eh bien ! il leur faudra un stage de dix années, tandis qu'un greffier, un subalterne qui remplit des fonctions qui ne sont nullement désintéressées, pourra, au bout de cinq ans, obtenir les fonctions de juge de paix. (*Très bien !*)

M. Victor Leydet. Sans diplôme, il pourra être nommé au bout de dix ans.

M. Monis. J'allais arriver précisément à cette anomalie, bien plus forte encore.

J'ai rapidement examiné tout à l'heure cette catégorie des candidats qui sera munie du parchemin ; mais il y en a une autre qui n'aura pas ce parchemin.

L'article 18 dit :

« Pourront être nommés les notaires, avoués, greffiers près les cours d'appel ou les tribunaux civils, les receveurs ou fonctionnaires d'un ordre au moins égal dans l'administration de l'enregistrement, qui auront exercé leurs fonctions pendant dix ans. »

Ainsi, cette fois, voici le greffier du tribunal de commerce, qui aura été dix ans greffier et qui n'aura aucun diplôme, qui primera le président du tribunal de commerce, qui, lui, ne sera jamais juge de paix s'il n'est orné de l'un des parchemins que vous demandez à tous !

Oui, messieurs, le président du tribunal de commerce ne pourra pas être juge de paix du tout, s'il n'a pas l'un des trois parchemins que vous demandez, mais le greffier, son subordonné, son auxiliaire, pourra l'être. Mais il y a un autre auxiliaire qui pourrait l'être bien mieux, c'est le greffier du juge de paix.

Or il y a des justices de paix qui sont infimes, il y a des greffiers d'une ignorance notoire ; eh bien ! avec dix ans d'exercice de ces fonctions, voilà un homme qui pourra être nommé juge de paix, et au contraire, un président de tribunal de commerce ne pourra pas l'être.

Il suffit d'indiquer ces défectuosités pour avoir le droit de demander à la commission d'y réfléchir et de les faire disparaître.

M. Théodore Girard. Il vaudrait mieux leur donner du bon sens que des parchemins.

M. Monis. Vous avez bien raison. Je ne suis pas de ceux qui font un crédit illimité aux parchemins.

Mais voyez : vous comprenez dans la même catégorie le notaire, l'avoué, le greffier près les tribunaux d'appel ou les tribunaux civils ; or les greffiers près les tribunaux d'appel n'auront jamais eu sous les yeux une affaire ressemblant à celles qui sont jugées par les juges de paix, tandis que le greffier du juge de paix aura vu du moins quelque chose ; le greffier d'appel n'aura, lui, jamais rien vu. Il faudrait, pour qu'il en fût autrement, que le litige pût franchir trois degrés de juridiction, ce qui est impossible en France.

Ce que je veux faire remarquer, c'est que, dans l'énumération des fonctions auxquelles vous faites crédit après dix ans, ne figurent pas ces fonctions gratuites qui honorent profondément ceux qui les remplissent, qui témoignent autant de leur capacité que de leur désintéressement : je veux parler des fonctions de maire.

Je n'ai pas la prétention de soutenir que le recrutement de la magistrature, tel que vous le comprenez, doit s'exercer exclusivement dans cette classe : je ne veux même pas prétendre que ce recrutement ne sera pas exceptionnel, je l'admets ; mais le fait d'avoir exercé ces fonctions vous désigne à la confiance du pays. Cela est tellement vrai que, dans les deux premiers paragraphes, vous exigez des capacitaires du second degré, des licenciés en droit, qu'ils aient exercé des fonctions publiques comme complément de garanties.

Au contraire, vous décidez que « ne pourront plus être juges de paix des maires... »

Je trouve cette décision très fâcheuse, je la trouve presque injurieuse.

Que l'on considère que parmi eux il peut y avoir des sujets exceptionnels, j'en tombe d'accord ; mais pouvons-nous faire cette injure à ceux qui ont le droit d'être candidats de leur interdire l'accès du siège de juge de paix ?

Pouvons-nous le faire, nous sénateurs, représentants des communes, nous qui sommes, comme on l'a dit, le grand conseil des communes (*Très bien ! — Applaudissements à gauche*), nous qui savons mieux que personne que notre démocratie pacifique et laborieuse repose sur la bonne foi, sur la bonne volonté, sur le dévouement de ces modestes serviteurs absolument désintéressés ?

Nous ne pouvons pas le faire.

Il y a, messieurs, quelque chose de plus singulier. On a ajouté à la condition de maire quelque chose d'étrange : quand il aura le parchemin il pourra être pris avec dix ans de services, mais dans quelles conditions ? A là condition d'être nommé en dehors du canton où il exerce ou aura exercé ou sollicité, depuis moins de deux ans, des fonctions électives.

Ainsi, dans ce pays de suffrage universel, qui doit avoir à la base de ses institutions le suffrage universel libre, vous commencez par frapper d'une sorte de discrédit l'homme qui aura été l'élu de ses concitoyens. Pourquoi ?

Parce qu'il s'est jeté dans la lutte la plus modeste, je ne dis pas même parce qu'il a été élu, car, s'il l'a été, où trouvez-vous le droit de contester le verdict rendu en sa faveur ? Le seul fait d'avoir sollicité un mandat, d'avoir été candidat, le frappe d'une suspicion, et nous arrivons à un résultat bien étrange. Je disais tout à l'heure à l'honorable M. de Las Cases, dont le discours si éloquent nous a tant intéressés : Prenez garde ! cette loi que vous louez un peu trop facilement, elle n'aurait pas permis à M. Dufaure, que vous faisiez vôtre — car vous disiez « notre Dufaure » — d'être juge de paix.

M. Maxime Lecomte. Il était au moins licencié en droit ?

M. Monis. L'honneur de M. Dufaure a été d'être profondément aimé et estimé de ses concitoyens. Il a été, jusqu'à son dernier jour, conseiller général du canton de Cozes, dans la Charente-Inférieure ; eh bien ! il n'aurait pas pu être juge de paix de son canton ! N'est-ce pas vraiment extraordinaire ?

Où donc est l'origine de cette chose nouvelle, de cette suspicion contre le suffrage universel, de ce discrédit jeté sur les meilleurs d'entre nous ? Dans une discussion à la Chambre des députés, en 1896, je crois, on eut à examiner d'un seul coup un solde de vieilles interpellations à propos de la Corse.

Elles étaient nombreuses, elles s'étaient entassées : c'était la liquidation formidable de tous les incidents électoraux de la Corse.

Devant l'étalage à la tribune de choses véritablement étranges, un politicien — c'était M. Marcel Habert — se leva pour présenter une motion par laquelle la Chambre des députés invitait désormais le Gouvernement à ne pas nommer juges de paix ceux qui auraient sollicité une fonction publique. Ce fut une affaire d'impression due exclusivement à la révélation de ces choses de Corse, qui ne ressemblent en rien aux choses du continent.

Certainement, on peut s'être lancé dans la vie politique en y apportant de mauvaises impulsions ; on peut y avoir puisé la rancune contre un adversaire, c'est possible, mais celui qui aura manifesté des sentiments de cette nature sera écarté par le garde des sceaux, lors même qu'il aurait un diplôme.

Prenez garde que, dans une loi de cette nature, toutes les fois que vous créez des catégories, que vous restreignez le choix libre du garde des sceaux, vous diminuez sa responsabilité et, par là même, les garanties du justiciable.

Supposez vos juges de paix inamovibles nommés dans des catégories parmi lesquelles le garde des sceaux ne pourra pas choisir : pourra-t-il être responsable de ces choix qui étaient inévitables ? Si, au contraire, vous lui laissez toute liberté, par le fait même, sa responsabilité sera engagée ; quand il fera choix d'un personnage quel qu'il soit, quelque couleur qu'il ait portée dans la bataille, quand il fera choix d'un de ces personnages malheureux qui sont un objet de haine pour tout le monde et qui ne sauraient parler au nom de la justice, l'un de nous montera à cette tribune et interpellera M. le garde des sceaux responsable.

Où donc est le danger pour la liberté ? Au moins vous n'aurez pas inscrit dans la loi, par avance, ce discrédit que ne mérite pas le maire. De tous les fonctionnaires, c'est celui qui se rapproche le plus de la justice.

Aux termes des articles 9 et 11 de notre code d'instruction criminelle, il est officier de police judiciaire. Il a même été juge autrefois, mais il est resté officier de police judiciaire et, par conséquent, il est en contact immédiat et direct avec l'autorité qui réside au chef-lieu, avec le procureur de la République.

M. Gourju. Il est lui-même ministère public devant le tribunal de simple police.

M. Monis. Très souvent, en effet, mais il est toujours officier de police judiciaire, il est même placé au troisième rang dans la hiérarchie organisée par l'article 9 du code d'instruction criminelle.

Je dis, messieurs, que nous ferons plus de confiance au suffrage universel, que nous ne ferons pas à ceux qui nous envoient dans cette Chambre cette injure implicite de les disqualifier. Qu'on choisisse parmi eux avec discernement, qu'on ne prenne parmi eux que l'élite, mais, au moins, qu'on ne leur fasse pas l'injure de leur dire : Après que vous avez servi avec dévouement, avec désintéressement, on ne vous fait pas même l'honneur d'examiner votre candidature ! (*Très bien ! très bien ! et vifs applaudissements sur un grand nombre de bancs à gauche.*)

M. le président. Le Sénat veut-il commencer l'examen des amendements ?

Voix nombreuses. A mardi !

M. le président. J'entends demander le renvoi de la discussion à mardi.

M. Victor Leydet. Continuons; il y en a pour un quart d'heure !

M. le président. Je consulte le Sénat sur le renvoi à la prochaine séance de la suite de la discussion.

(Le renvoi est ordonné.)

Séance du 21 mars 1905.

(3ᵉ DÉLIBÉRATION.)

M. le président. L'ordre du jour appelle la suite de la discussion de la proposition de loi, adoptée par le Sénat, modifiée par la Chambre des députés, concernant : 1° la compétence des juges de paix; 2° la réorganisation des justices de paix.

Nous en étions restés à l'article 18.

La parole est à M. Garreau.

M. Garreau. Messieurs, je ne veux pas m'élever contre la loi, que je voterai. Je la trouve excellente dans son principe et dans la plupart de ses dispositions. Je viens simplement, en quelques mots, solliciter de la commission et du Gouvernement certaines explications que je juge nécessaires avant le vote du 1ᵉ et du 2° de l'article 18 qui est en discussion.

Cet article exige des licenciés en droit candidats à une justice de paix, des gradués porteurs du brevet organisé par le décret du 11 février 1905, ou un stage de deux ans dans un barreau, ou un stage de deux ans dans une étude d'avoué ou de notaire, ou bien l'exercice, pendant deux ans, de fonctions publiques.

Il est donc très intéressant de savoir quelles sont les fonctions publiques dont l'exercice pendant deux ans peut conférer un droit à la magistrature cantonale.

Dans le discours très applaudi que notre honorable collègue M. Monis a prononcé à la séance de vendredi dernier, il a plaidé très chaleureusement et très justement la cause des maires et des présidents de tribunaux de commerce; il a montré ce qu'il pouvait y avoir de rigoureux et d'excessif dans les exigences auxquelles les soumet la loi nouvelle, et il a en même temps rappelé fort à propos à cette tribune ce qu'il faut entendre par fonctions électives.

Au lieu de nous apporter une définition des fonctions publiques, se souvenant sans doute, comme le sage, que *omnis definitio periculosa*, il a produit, ce qui vaut mieux, une énumération très complète et très détaillée de tous ceux qui, d'après Dalloz et au sens légal du mot, doivent être considérés comme des fonctionnaires publics.

Je ne veux pas revenir sur cette énumération, mais je viens demander à la commission et au Gouvernement s'ils s'approprient l'énumération qu'a faite à cette tribune M. Monis et s'ils considèrent notamment que les membres de l'enseignement public, qui sont incontestablement des fonctionnaires publics et figurent à cette énumération, dès lors qu'ils seront porteurs de l'un ou l'autre des diplômes exigés par la loi nouvelle, pourront prétendre légitimement aux fonctions de juge de paix, sans qu'on puisse leur opposer une fin de non-recevoir tirée du texte.

Je me permets de faire remarquer que le texte est général, absolu dans ses termes, et qu'il ne comporte ni exception ni distinction.

Il est de la plus haute importance, le Sénat le comprend, que, sur un point aussi essentiel de la loi, ne puisse planer aucun doute, aucune incertitude, aucune équivoque, et que, au lendemain même de son application, les fonctionnaires qui seront candidats à une justice de paix ne puissent pas se demander s'ils rentrent dans les conditions exigées par la loi pour être nommés juges de paix.

D'un autre côté, le paragraphe 2 de l'article 18 de la loi en discussion me paraît présenter une lacune sur laquelle je me permets également d'appeler très respectueusement l'attention de la commission.

Si la loi assimile dans une certaine mesure, au point de vue des conditions exigées pour la nomination aux fonctions de juge de paix, les gradués en droit, porteurs du brevet exigé par la loi du 14 février 1905, aux licenciés en droit, à plus forte raison, me semble-t-il juste et raisonnable qu'on fasse bénéficier de la même disposition et de la même assimilation les bacheliers en droit qui, vous ne l'ignorez point, sont nantis d'un diplôme qui vaut incontestablement mieux que le brevet nouvellement organisé, puisqu'il suppose nécessairement chez ceux qui en sont nantis le diplôme de bacheliers ès lettres et suppose aussi qu'ils ont suivi avec succès pendant deux ans les cours d'une faculté de droit.

Je demande à la commission de vouloir bien réparer cette lacune que j'ai constatée dans la loi nouvelle, et je ne doute pas qu'elle n'apporte ici des déclarations me donnant satisfaction complète sur les deux points visés par ma question. (*Très bien !*)

M. Jules Godin, *rapporteur.* Je demande la parole.

M. le président. La parole est à M. le rapporteur.

M. le rapporteur. Messieurs, je demande au Sénat la permission de répondre quelques mots aux deux questions qui viennent d'être posées, et aussi aux observations qui ont été présentées avec tant d'ardeur, dans la dernière séance, par notre honorable collègue M. Monis.

M. Monis a prononcé une véritable philippique contre les dispositions adoptées par la Chambre des députés et présentées par la commission, relatives aux conditions de nomination des juges de paix.

L'honorable M. Monis a soutenu très énergiquement, très vivement, les intérêts des candidats, c'est-à-dire d'un certain nombre de personnes occupant des situations diverses.

Je lui ferai remarquer que le point de vue auquel la Chambre des députés et le Gouvernement se sont placés, celui que nous avons adopté, est un peu différent, et que, selon nous, la première des conditions à envisager, quand il s'agit de fixer les conditions de nomination de juges de paix, c'est l'intérêt des justiciables. (*Très bien !*)

Nous créons une justice, nous organisons le fonctionnement d'un tribunal : Quelle est la première considération qui doit nous guider? C'est de donner au justiciable les garanties qu'il est en droit de demander. Les candidats peuvent être très intéressants, mais le premier point à examiner c'est l'intérêt des justiciables.

C'est à ce point de vue que nous devons envisager les conditions mises par la loi à la nomination des juges de paix. (*Nouvelles marques d'approbation.*)

L'honorable M. Monis s'est placé, lui, à un point de vue différent, dans ce que j'appelais tout à l'heure sa philippique.

En effet, ce qu'il a demandé, en réalité, c'est la suppression de l'article 18; il a affirmé que la garantie à donner aux justiciables était la liberté du garde des sceaux.

Qu'il me permette de lui dire — en sa qualité d'ancien garde des sceaux il sait bien quelle est la situation — que vouloir prendre comme garantie pour les justiciables la liberté absolue du garde des sceaux paraît peu admissible.

Peut-être notre collègue est-il parti de considérations très élevées. A ses yeux, le garde des sceaux doit être considéré comme un homme rigide, inflexible, ne cédant jamais aux influences; mais ce qu'il faut considérer surtout, c'est la réalité. A cette rigidité, à cette inflexibilité qu'il suppose devoir être l'apanage d'un garde des sceaux, nous estimons, nous commission, comme la Chambre des députés et le Gouvernement, qu'il y a lieu de donner un appui, un tuteur, et ce tuteur, ce sont des dispositions légales qui limitent la faculté de nomination.

Si vous ne la limitez pas, vous courez évidemment le risque de mettre souvent le garde des sceaux en face de difficultés semblables à celles dans lesquelles il se trouve à l'heure actuelle.

Etant données les difficultés de la situation faite au juge de paix, étant donnée l'extension de compétence qu'on donne à ce magistrat qui se trouve là seul en face des justiciables, mêlé non seulement à la justice, mais à l'administration, puisqu'il est non seulement magistrat, mais officier de police judiciaire, étant donné le droit qu'on lui attribue de juger des procès d'une réelle importance, la question qui se pose est celle-ci : y a-t-il lieu de restreindre le droit absolu qu'a aujourd'hui le Gouvernement de choisir le juge de paix comme il le veut?

Messieurs, la Chambre des députés a fixé des conditions. Votre commission s'est ralliée à son avis. D'accord avec le Gouvernement, nous vous demandons de poser en principe que le juge de paix devra être pris dans un certain nombre de catégories.

Ce principe, tout ce qu'a dit l'honorable M. Monis ne me paraît pas de nature à le battre en brèche.

Quant aux conditions mêmes à fixer, on se trouve en face d'une difficulté.

En général, dans les différentes carrières, quelles sont les conditions imposées?

On demande la production d'un diplôme, d'un certificat de certaines études; et, à côté, on fait passer un examen.

Dans certaines administrations, on demande la licence en droit, ou bien un baccalauréat et un examen. Le diplôme, on le produit; l'examen, on le passe ou on ne le passe pas. Dans ces conditions, la nomination est soumise à des conditions absolument précises.

Pour la magistrature proprement dite, vous avez, d'un côté, la licence en droit; de l'autre, deux ans de stage au barreau. Deux ans de stage, on les compte, le diplôme se produit; les conditions de nomination sont nettes.

Quand il s'agit de nommer les juges de paix, il n'en est pas de même; on ne peut pas exiger d'une façon absolue un diplôme ni instituer un examen.

Ce qu'il faut, c'est établir certaines conditions qui présentent, pour les justiciables, les garanties que celui-ci a le droit de demander; et, d'autre part, comme il n'y a pas de conditions fixes à établir, on comprend toute la difficulté d'une détermination. Il faut poser le principe; mais il ne faut pas ensuite se laisser aller à l'abandonner, pour ainsi dire, en admettant tant d'exceptions, que le principe lui-même disparaisse par suite de toutes les exceptions adoptées. Il faut admettre un certain nombre de conditions, les établir d'une manière aussi précise que possible afin que le candidat nommé aux fonctions de juge de paix, présente des garanties suffisantes que la fonction sera remplie comme la loi, comme les justiciables demandent qu'elle le soit.

La Chambre des députés avait exigé, d'une manière absolue, un diplôme quelconque, soit la licence en droit, soit le certificat de capacité. Avec la licence en droit, on demande certaines conditions complémentaires; avec le certificat de capacité, on admet qu'un certain nombre de personnes, magistrats consulaires, greffiers, maires, etc., puissent être nommées juges de paix.

Devant la commission du Sénat, la question s'est posée de savoir s'il fallait exiger d'une manière absolue, pour tous les candidats, un diplôme, certificat de capacité ou licence en droit.

Sur les observations qui lui ont été présentées, la majorité de la commission a admis qu'on pourrait, en dehors du diplôme, arriver à être nommé juge de paix quand on aurait rempli certaines fonctions qui peuvent justifier cette nomination.

Je demande au Sénat la permission d'examiner successivement et en quelques mots les différentes dispositions que nous avons adoptées.

Pour la licence en droit, nous avons admis, comme la Chambre des députés, que le stage et l'exercice de certaines fonctions publiques donneraient droit d'être nommé juge de paix au bout de deux ans.

Tout à l'heure l'honorable M. Garreau nous a demandé quel était le sens des mots « fonctions publiques ». L'honorable M. Monis en avait parlé l'autre jour; le terme « fonctions publiques » est un terme juridique qui a son interprétation très nette; la série des arrêts de la cour de cassation, l'interprétation donnée par les jurisconsultes aux mots « fonctions publiques » ne sont pas douteuses, et sur ce point il ne saurait y avoir de difficulté. Je ne veux pas faire l'énumération de ces fonctions; l'honorable M. Monis en a fait une; elle est incomplète parce que le nombre des fonctions publiques est considérable; mais, je le répète, le point essentiel est que le terme ne puisse pas, au point de vue qui nous occupe, donner matière à difficultés. Le terme « fonctions publiques » est employé par nos lois dans certaines dispositions. Ce sont ces dispositions que nous appliquons; c'est le sens précis et net de ce texte que nous adoptons. Dans ces conditions, je ne crois pas que les mots « fonctions publiques » puissent prêter matière à difficultés sérieuses.

M. Garreau. Sur le second point, relatif aux bacheliers en droit, vous ne m'avez pas répondu, mon cher collègue.

M. le rapporteur. Attendez! je ne peux pas répondre à tout à la fois. Je parle en ce moment du 1ᵉ de l'article; je répondrai tout à l'heure à vos observations à propos du 3ᵉ et je vous donnerai satisfaction.

En ce qui concerne ce 1ᵉ, un de nos collègues nous a signalé une situation un peu spéciale. C'est celle des anciens juges de paix. Il nous a demandé par voie d'amendement si un ancien juge de paix ne pouvait pas être nommé à nouveau. Il est incontestable qu'en principe il est bien difficile de dire à quelqu'un qui a occupé une fonction pendant un certain temps : « Vous êtes incapable de la remplir désormais »; aussi votre commission, qui a examiné cet amendement, vient-elle vous demander d'ajouter les anciens juges de paix à ceux qui ont la faculté de devenir juges de paix. Voilà pour le 1ᵉ.

M. le garde des sceaux nous a demandé d'insérer dans notre disposition un 2ᵉ qui vise le nouveau brevet de capacité, tel qu'il a été établi par décret du 14 février 1905.

M. Monis m'a dit que j'avais fait de ce certificat de très grands éloges.

Je n'ai pas à en faire l'éloge; nous avons constaté et M. le garde des sceaux nous a dit lui-même que le nouveau brevet de capacité remplit, au point de vue pratique, à peu près les conditions de la licence pour le droit civil, la procédure, le droit commercial, c'est-à-dire les choses essentielles pour les juges de paix; il supprime le droit romain, l'histoire du droit, etc.

A notre point de vue, alors que nous avons à statuer sur la question de la nomination des juges de paix, nous devons constater que le nouveau brevet impose des connaissances pratiques et, dans ces conditions, il n'y a aucune raison pour que nous repoussions l'assimilation qui nous est demandée par M. le garde des sceaux.

J'arrive au 3ᵉ, et ici je rencontre l'autre partie des dispositions de l'amendement de M. Garreau. Le 3ᵉ parle du brevet de capacité ordinaire, tel qu'il existe en vertu de la loi de l'an XII. Je réponds immédiatement à M. Garreau qu'en principe et en pratique le brevet de capacité et le baccalauréat en droit sont assimilés l'un à l'autre. Par conséquent, nous pouvons très bien, dans notre texte, assimiler, comme cela résulte de la loi, le baccalauréat en droit et le brevet de capacité. C'est ici, messieurs, que commencent les difficultés. Le brevet de capacité ancien est un titre de droit qui ne présente pas de grandes garanties; aussi la Chambre des députés avait-elle exigé des gradués en droit candidats aux fonctions de juge de paix une série de conditions d'emplois ou de fonctions comportant toutes la pratique de la science juridique.

Restait à déterminer dans quelles conditions ces emplois devaient avoir été remplis et pendant combien de temps.

Sur ce point, il y a forcément quelque chose d'un peu arbitraire. Demandera-t-on cinq ans ou dix ans? C'est une question d'appréciation.

Nous avons modifié légèrement le texte de la Chambre des députés. Ainsi, parmi ceux pour lesquels on demandait dix ans de fonctions, se trouvaient les magistrats consulaires; nous les avons fait passer dans le 4ᵉ, estimant que ces fonctions, remplies pendant dix ans, constituaient une préparation suffisante au poste de juge de paix pour dispenser leurs titulaires du brevet de capacité.

L'honorable M. Monis a fait un grand éloge des fonctions consulaires; il a eu raison. Nous ne prétendons pas que ces fonctions toutes gratuites ne demandent pas beaucoup de dévouement et beaucoup d'activité et ne méritent pas les plus grands éloges à ceux qui les remplissent. Mais la question qui se pose et à laquelle il faut toujours revenir, c'est celle de savoir dans quelles conditions elles devront avoir été remplies pour justifier la nomination au poste de juge de paix. M. Monis nous a parlé des présidents des grands tribunaux de commerce comme ceux de Paris, de Bordeaux ou de Lyon; je ne vois pas trop l'un de ces personnages briguant le poste de juge de paix. Ceux qu'il faut viser, ce sont les magistrats des petits tribunaux de commerce. Ces magistrats sont choisis parmi les commerçants, les entrepreneurs, qui, installés dans une ville depuis un certain nombre d'années, et entourés de l'estime des autres commerçants, viennent à être nommés juges au tribunal de commerce.

Croyez-vous que, du jour au lendemain, et parce qu'ils auront revêtu la robe de juge, ils auront acquis l'esprit juridique, pratique et les connaissances du droit qui sont nécessaires pour être juge de paix? Évidemment non. Ce qu'il faut, par conséquent, c'est exiger un certain nombre d'années de fonctions. Nous disons dix ans; je ne crois pas que nous nous montrions trop exigeants vis-à-vis des juges et des présidents de ces petits tribunaux de commerce.

Enfin j'arrive au 4°. Je ne veux pas prolonger trop longtemps ces explications; cependant, pour le 4°, c'est-à-dire pour les fonctions dont les titulaires sont dispensés de la présentation d'un diplôme, la situation de la commission était, il faut bien le reconnaître, beaucoup plus délicate. Cette énumération de fonctions, c'est un peu un chapelet dont on a enlevé le nœud. On dit immédiatement: il faut admettre telle ou telle fonction et encore telle autre. Messieurs, il faut savoir se limiter et n'admettre que des fonctions qui préparent réellement à celle de juge de paix. Celles de notaire ou de greffier que nous avons indiquées représentent incontestablement une préparation suffisante pour un juge de paix.

Sur ce point, il ne peut y avoir de doute. La grosse difficulté vient de la question des maires, et c'est sur ce point principalement qu'ont porté les observations de M. Monis.

Notre collègue nous a même accusés de faire injure au suffrage universel, non pas seulement parce que nous refusions de nommer un maire qui n'aurait aucun titre juridique, mais surtout parce que nous ne voulions pas le voir nommer dans son canton, pendant les deux ans qui suivent son élection.

Je demande au Sénat la permission d'insister spécialement sur ce point.

M. Monis nous a dit:

« On a ajouté à la condition de maire quelque chose d'étrange: quand il aura le parchemin, il pourra être pris avec dix ans de services, mais dans quelles conditions? A la condition d'être nommé en dehors du canton où il exerce ou aura exercé ou sollicité, depuis moins de deux ans, des fonctions électives.

« Ainsi, dans ce pays de suffrage universel, qui doit avoir à la base de ses institutions le suffrage universel libre, vous commencez par frapper d'une sorte de discrédit l'homme qui aura été l'élu de ses concitoyens. Pourquoi? »

Et, plus loin, il nous déclare qu'en agissant ainsi, en proposant cette disposition, nous faisons une injure implicite au suffrage universel.

J'avoue, messieurs, que j'ai été quelque peu surpris d'entendre ces expressions, d'une vivacité extrême. M. Monis me paraît avoir oublié complètement le terrain sur lequel nous nous placions et la disposition même que nous avions présentée. Il ne s'agit pas du suffrage universel, il s'agit de la justice, il s'agit de nommer un magistrat. (Très bien! à droite.)

Il n'est pas seulement question de savoir si le candidat magistrat a la capacité voulue, il faut qu'il ait aussi l'impartialité nécessaire.

M. Charles Riou. Très bien! Et l'indépendance!

M. le rapporteur. Il est inadmissible qu'une personne qui vient de solliciter les suffrages de ses concitoyens puisse, le lendemain du jour où elle a été, soit élue, soit battue, être nommée dans la circonscription même où elle s'était présentée (Très bien! très bien! sur divers bancs.)

Il est inadmissible de voir le Gouvernement, le lendemain d'un scrutin, nommer juge de paix celui qui, la veille, s'est présenté aux suffrages de ses concitoyens et a subi un échec. Sur ce point, messieurs, votre commission vous demande de maintenir le principe que la Chambre des députés avait posé et qu'elle a posé à son tour.

Reste la disposition relative aux maires en général. En ce qui les concerne, la commission en a délibéré avec M. le garde des sceaux et, après avoir examiné la situation sous toutes ses faces, elle a fini par maintenir le principe que la Chambre des députés avait posé, à savoir que les maires ne peuvent être nommés juges de paix qu'à la seule condition de posséder un titre juridique.

C'est la solution que la commission a adoptée; je sais qu'elle soulève d'assez graves contestations et je comprends très bien l'émotion qui peut se produire dans le Sénat, en particulier, étant donné, comme le disait M. Monis, que le Sénat est le grand conseil des communes. Mais enfin, il s'agit ici de justice.

La commission a estimé que la fonction de maire, surtout de maire d'une petite commune — car, je le répète, il ne faut pas considérer les grandes communes; les maires des grandes communes n'iront pas solliciter un poste de juge de paix — ne constituait pas une préparation suffisante pour exercer la fonction de juge de paix, telle que la proposition de loi actuelle la fera. La commission et le Gouvernement ne l'ont pas pensé et ils vous demandent de repousser cette disposition. (Très bien! très bien! sur divers bancs.)

M. Garreau. Je demande la parole.

M. le président. La parole est à M. Garreau.

M. Garreau. Je remercie M. le rapporteur des déclarations qu'il a bien voulu faire, elles me donnent entière satisfaction.

En conséquence, je propose la rédaction suivante pour le 2° de l'article 18 :

« Ceux qui auront obtenu le diplôme de bachelier en droit ou le brevet de capacité, organisé... »

Et le 3° devrait lui-même subir une modification qui est celle-ci : « Ceux qui, à défaut de licence ou de baccalauréat en droit, auront ou des certificats de capacité... »

Nous sommes bien d'accord, monsieur le rapporteur?

M. le rapporteur. Nous sommes d'accord.

M. Théodore Girard. Je demande la parole.

M. le président. La parole est à M. Théodore Girard.

M. Théodore Girard. Messieurs, la question du recrutement des juges de paix me paraît une des plus difficiles et des plus délicates à résoudre.

M. Charles Riou. Vous avez raison!

M. Théodore Girard. Je vous demande la permission de vous faire connaître mon sentiment sur ce point, et de vous exposer les raisons qui me poussent à combattre le texte arrêté par la majorité de la commission.

Au début de cette discussion, notre honorable collègue M. de Las Cases, dans un discours fort éloquent, définissait les qualités d'un bon magistrat: c'était le savoir, le caractère et l'indépendance. (Très bien! très bien!) Personne ne s'élève, dans cette Assemblée, contre cette appréciation, surtout si nous prenons l'indépendance dans le sens le plus élevé de ce mot, c'est-à-dire cette vertu qui permet au magistrat de rester étranger à toutes les suggestions, d'où qu'elles viennent, et qui ne lui laisse, sur son siège, d'autres préoccupations que celles de servir les intérêts de la justice et d'appliquer fidèlement la loi. (Très bien! très bien!)

Voilà comment je comprends la dignité, l'indépendance et le caractère du magistrat.

M. l'amiral de Cuverville. C'est à ces seules conditions qu'il sera respecté.

M. Théodore Girard. On a dit que ces qualités ne se donnaient pas dans un texte de loi ; c'est exact.

Nous ne pouvons donc que nous en rapporter à la clairvoyance du garde des sceaux pour faire des choix judicieux et éclairés ; seulement, il faudrait bien aussi — permettez-moi d'ajouter ce petit commentaire — que nos recommandations, à nous, sénateurs et députés — je ne sais pas si nous avons tous la conscience bien tranquille à cet égard — ne s'exerçassent qu'au profit de candidats absolument dignes des fonctions qu'ils sollicitent. (*Très bien ! très bien !*) S'il en était ainsi, la tâche du garde des sceaux serait singulièrement facilitée.

En attendant que nous puissions arriver à un idéal qui est sans doute encore un peu éloigné, nous devons donc nous préoccuper des garanties et des aptitudes qu'on doit exiger des candidats juges de paix.

M. le rapporteur nous disait à l'ouverture de ces débats, et tout à l'heure à cette tribune, que, du moment où l'on étendait la compétence des juges de paix, on devait également augmenter les garanties de capacité : je n'y contredis pas ; seulement, il s'agit de s'entendre sur ce que doivent être ces garanties, et ici, je ne méconnais pas tout ce qu'il y avait de fondé dans certaines des critiques qui ont été produites, à la dernière séance, par notre honorable collègue M. Monis, contre le texte présenté par la commission.

Dans des projets antérieurs, qui sont venus en discussion devant la Chambre des députés, on s'était préoccupé également des garanties d'aptitude et de capacité. M. Martin-Feuillée, notamment, en 1883, dans un projet qui étendait la compétence des juges de paix dans les limites supérieures même à celles de la proposition actuelle, puisqu'il fixait à 200 francs en dernier ressort et à 1,500 francs à charge d'appel le taux des actions personnelles et mobilières, M. Martin-Feuillée s'inquiétait aussi d'augmenter les garanties de capacité des juges de paix, et il s'exprimait en ces termes :

« En étendant la compétenc des juges de paix, il était nécessaire d'assurer le recrutement de ces magistrats dans des conditions telles que les intérêts des justiciables fussent aussi bien sauvegardés que par le passé. »

Et alors quelles étaient donc les conditions et justifications qu'on devait rechercher ?

« Les justifications d'aptitude, disait-il, peuvent être cherchées dans un grade universitaire qui constate les idées juridiques, dans l'âge, qui est en général une garantie de maturité, et enfin dans l'exercice prolongé d'une profession qui aura permis d'apprécier en fait le degré de capacité et d'honorabilité du candidat. »

Ainsi, d'un côté, c'était le grade universitaire ; de l'autre côté, c'était l'exercice prolongé d'une profession dans des conditions honorables, qui étaient considérés comme des titres suffisants pour remplir les fonctions de juge de paix.

Et l'article 33 du projet contenait cette disposition :

« Nul ne pourra être nommé juge de paix, s'il n'est âgé de trente ans, licencié en droit, ou s'il n'a exercé pendant dix ans la profession de notaire, greffier ou huissier. »

Cette nomenclature était plus restreinte que celle que nous examinerons tout à l'heure. On avait même omis d'y comprendre les anciens avoués qui, après dix ans de fonctions, peuvent être nommés juges au tribunal civil, sans être pourvus du diplôme de licencié en droit, et qui, d'après le projet Martin-Feuillée, n'auraient pas pu être nommés juges de paix.

Cette omission eût été certainement réparée au cours de la discussion.

En 1891, nous avons eu un nouveau projet émanant de M. Labussière. Ce projet avait été adopté en 1re délibération par la Chambre des députés. En ce qui concerne les garanties de capacité, il se rapprochait beaucoup des dispositions qui ont été adoptées dernièrement par la chambre des députés et que nous discutons.

Ce projet exigeait, d'un côté, « la licence en droit avec un stage d'un an, soit au barreau, soit dans une étude de notaire ou d'avoué, soit l'exercice pendant un an de fonctions rétribuées dans l'enregistrement ». A défaut de licence, il exigeait : « Les fonctions de notaire ou d'avoué pendant cinq ans, de magistrat consulaire pendant six ans, dont deux comme président de tribunal ou de section ; d'huis-

sier pendant dix ans, de greffier près les cours d'appel, les tribunaux civils ou de commerce, les justices de paix ; de commis greffiers près les cours d'appel et tribunaux civils pendant dix ans ; de clercs de notaire ou d'avoué gradués en droit, dont cinq ans comme maitres clercs dans une étude d'avoué ou de notaire de chef-lieu d'arrondissement ou de cour d'appel. »

Enfin, il ajoutait : « Les receveurs ou fonctionnaires d'un ordre égal dans l'administration de l'enregistrement ayant exercé ces fonctions pendant cinq ans. »

Le projet Labussière divisait donc les candidats en deux catégories : d'une part, les licenciés en droit ; d'autre part, ceux ayant exercé pendant cinq, six ou dix ans de certaines fonctions.

Il imposait cependant le certificat de capacité en droit pour les clercs de notaire et d'avoué ayant dix ans d'exercice, dont cinq ans comme maître clerc.

Le projet de la Chambre des députés a posé en principe que tous les candidats auraient un diplôme, soit le diplôme de licencié en droit, soit le certificat de capacité.

C'est le parchemin sur lequel s'exerçait, à cette tribune, la verve de M. Monis. Et je suis bien d'accord avec lui pour soutenir que ces diplômes ne peuvent à eux seuls donner le savoir et qu'ils ne remplacent pas surtout la pratique des affaires. Cependant, la Chambre des députés n'avait admis aucune exception et son système était tellement excessif qu'un ancien notaire, par exemple, ayant exercé pendant dix, quinze ou vingt ans, très honorablement ses fonctions, jouissant de l'estime publique, admirablement préparé par ses études et ses occupations professionnelles à remplir la fonction de juge de paix, n'aurait pu être candidat sans être préalablement contraint de s'asseoir, à quarante-cinq ou cinquante ans, sur les bancs de l'école de droit pour obtenir le certificat de capacité.

La commission, sur mon intervention, à bien voulu repousser cette disposition. Seulement, j'ai trouvé que la commission n'avait pas été assez loin, et j'ai été bien aise de profiter de l'attaque de M. Monis contre le texte définitivement arrêté ainsi que des divers amendements qui seront tout à l'heure défendus à cette tribune, pour revenir au système qui a toutes mes préférences. Je voudrais qu'on divisât les candidats en deux catégories, d'abord ceux qui ont le diplôme, et puis ceux qui n'ayant pas de diplôme ont l'expérience et la pratique des affaires.

Or j'estime que tous ceux qui ont été énumérés dans le paragraphe 1 de la commission, c'est-à-dire les juges consulaires, les huissiers qui ont rempli honorablement leurs fonctions pendant dix ans, les commis greffiers près les tribunaux civils ou de commerce, les clercs d'avoué ou de notaire quand ils ont exercé leurs fonctions pendant dix ans et ont été cinq ans maitres clercs, j'estime que tous ces candidats qui ont, en réalité, la pratique des affaires, ont été suffisamment préparés à être juges de paix et qu'il n'est nullement besoin de leur demander un certificat de capacité qui ne leur apportera aucune garantie de plus.

Il y a beaucoup d'avocats dans cette Assemblée ; je suis convaincu qu'un grand nombre d'entre eux ont été souvent en rapport dans l'exercice de leur profession avec des clercs d'avoué ou de notaire fort expérimentés et qui feraient d'excellents juges de paix.

On va leur demander un certificat de capacité, à ceux-là, tandis qu'au greffier du juge de paix, on ne lui demandera aucun titre. Je trouve que les premiers peuvent être traités sur le même pied que celui-ci. Est-ce qu'une longue pratique des fonctions d'huissier n'offre pas, elle aussi, une suffisante garantie, si ces fonctions ont été loyalement exercées ?

En ce qui concerne les suppléants des juges de paix, les maires et les adjoints, je reconnais que la question est plus délicate, et je passerai rapidement, puisqu'elle va être débattue dans un instant à cette tribune.

Cependant, étant données les réserves qui étaient faites par M. Monis nous disant : « Mais on ne va pas nommer tous les maires et tous les adjoints ; parmi ces honorables magistrats, vous choisirez l'élite », je juge inutile de leur demander un diplôme pour être nommé juge de paix.

Seulement, je ne suis pas du tout d'accord avec M. Monis lorsqu'il prétend qu'on frappe les maires d'une espèce de discrédit en leur interdisant d'être juges de paix dans le canton où ils ont occupé ou sollicité des fonctions électives ; je pense avec la commission et avec le Gouvernement qu'il n'est pas possible de nommer juges de paix dans leur propre canton des candidats qui ont pris part aux luttes électorales. Vous savez combien dans nos campagnes ces luttes sont vives. Même dans l'intérêt du juge, nous devons l'éloigner de son canton, car serait-il l'homme le plus impartial du monde, le plus honnête et le plus juste, son impartialité serait toujours soupçonnée.

Et supposez qu'il ait, un jour, dans son prétoire, parmi les deux plaideurs qui seront devant lui, un des adversaires de la veille, je vous demande s'il est possible d'admettre que celui-ci aura la moindre confiance dans sa justice et dans son équité. (*Très bien ! Très bien !*)

Je crois donc que nous pouvons laisser les maires dans la catégorie des candidats pour lesquels on n'exigera pas de garanties spéciales, à condition qu'on les nomme en dehors du canton où ils ont exercé ou sollicité des fonctions électives.

Voilà les quelques observations que je tenais à présenter au Sénat ; elles ont surtout pour but de démontrer que nous devons trouver dans l'exercice prolongé d'une profession, comme on le disait autrefois, dans l'honorabilité, dans la dignité du candidat, des garanties suffisantes sans exiger un parchemin. (*Très bien ! très bien !*) C'est pour cela que je déposerai tout à l'heure un amendement priant le Sénat de modifier le texte de l'article 18 tel qu'il a été arrêté par la commission. J'ai l'intention de soutenir, et je ne remonterai pas, du reste, à cette tribune pour cela, une disposition laquelle je ferai rentrer parmi les candidats qui n'auront pas besoin de produire le certificat de capacité, en dehors des maires, faisant l'objet d'un amendement spécial de M. Leydet et d'autres de nos collègues qui va être discuté, ceux qui, pendant dix ans, auront été huissiers, commis greffiers près les cours d'appel et les tribunaux civils, clercs d'avoué ou de notaire pouvant justifier de cinq ans d'exercice comme premiers clercs dans une étude.

J'espère que le Sénat voudra bien ratifier cette nouvelle disposition. (*Très bien !*)

M. le président. Je donne, messieurs, lecture du premier paragraphe de l'article 18 dont le texte a, d'ailleurs, été modifié par la commission il y a quelques instants seulement.

Il est ainsi conçu :

« Art. 18. — A partir de la promulgation de la présente loi, pourront seuls être nommés juges de paix :

« 1° Les anciens juges de paix, les licenciés en droit justifiant, ou d'un stage de deux années au moins, soit près d'un barreau, soit dans une étude de notaire ou d'avoué, ou de l'exercice, pendant deux ans, de fonctions publiques ; »

Nous sommes saisis d'un amendement de M. Chabrié à ce premier paragraphe ; il est ainsi conçu :

« Après les mots : « Les licenciés en droit... », ajouter : « ... ou les élèves diplômés des écoles de notariat, prévues par l'article 36 de la loi du 12 août 1902, qui justifieront, etc... »

La parole est à M. Chabrié.

M. Chabrié. Messieurs, je serai aussi bref que possible et je n'abuserai pas longtemps de votre bienveillante attention. (*Parlez ! parlez !*)

L'amendement que j'ai eu l'honneur de déposer sur le bureau du Sénat est destiné à compléter le paragraphe 1er de l'article 18 de la proposition de loi qui est soumise à vos délibérations.

Le texte de l'article 18 est ainsi conçu :

« A partir de la promulgation de la présente loi, pourront seuls être nommés juges de paix :

« 1° Les licenciés en droit justifiant ou d'un stage de deux années, soit près d'un barreau, soit dans une étude de notaire ou d'avoué, ou de l'exercice pendant deux ans de fonctions publiques ;

« 2° Ceux qui auront obtenu le brevet de capacité, organisé par le décret du 14 février 1905, et qui justifieront de deux années de stage au moins dans une étude de notaire ou d'avoué, ou de l'exercice pendant deux ans de fonctions publiques. »

Ce texte considère donc comme une préparation nécessaire aux fonctions de juge de paix une double formation :

Théorique, représentée par la licence ou le brevet de capacité ;

Pratique, représentée par un stage de deux années dans une étude de notaire ou d'avoué.

Or l'article 36 de la loi du 12 août 1902 sur le recrutement notarial, réglementant la durée du stage assimile, à ce point de vue, le diplôme décerné par les écoles de notariat reconnues par l'Etat au diplôme de licencié en droit.

Que dit en effet cet article ? Il déclare que la durée du stage est de six ans, mais il ajoute que ce temps sera réduit à quatre années pour les candidats munis du diplôme de docteur ou de licencié et pour les élèves diplômés des écoles de notariat reconnues par l'Etat.

Ainsi les jeunes gens qui justifient d'un diplôme d'une école de notariat sont aux yeux mêmes de la loi, munis d'une instruction théorique équivalente, au regard des fonctions notariales, à celle des licenciés en droit.

On n'impose par suite à ces deux catégories de candidats que quatre années de stage, au lieu de six.

Mais puisque cette instruction théorique paraît être, pour les uns et pour les autres, une préparation suffisante aux fonctions notariales, je me demande pourquoi tous ceux qui la possèdent n'en retireraient pas le même bénéfice, lorsqu'il s'agit des fonctions de juge de paix.

En un mot, je prétends que les élèves diplômés des écoles de notariat, qui, je le répète, sont assimilés par la loi aux licenciés en ce qui concerne les fonctions notariales, devraient également leur être assimilés au point de vue des fonctions de juge de paix.

Pourquoi donc un texte législatif établirait-il entre eux une différence pour ces dernières fonctions ?

Pour justifier cette différence de traitement, il faudrait pouvoir établir que les fonctions de notaire et celles de juge de paix n'ont absolument rien de commun.

En est-il ainsi ?

Si l'on veut bien réfléchir, on reconnaîtra aisément qu'elles se ressemblent par bien des côtés ; qu'elles exigent, toutes les deux, des connaissances juridiques ; qu'elles entraînent, pour ceux qui les exercent, de sérieuses responsabilités.

Au point de vue social, le rôle du notaire n'est certes pas inférieur à celui du juge de paix.

L'un et l'autre ne sont-ils pas appelés, le plus souvent, à traiter des mêmes questions, à trancher les mêmes différends ?

Les jugements des uns, s'ils sont mal faits, et les actes des autres, s'ils sont mal rédigés, ne risquent-ils pas d'apporter le trouble dans les familles et de faire naître de longs procès ?

Enfin, si ces fonctions n'ont rien qui les rapproche, pourquoi exiger de ceux qui veulent être juge de paix un stage dans une étude de notaire ?

Je dirai même que les fonctions de notaire sont parfois plus difficiles à remplir que celle de juge de paix ; qu'elles entraînent, presque toujours, pour ceux qui les exercent, de plus graves responsabilités.

Et cela est tellement vrai que si l'on compare le texte de la loi du 12 août 1902 avec celui de la loi sur les justices de paix, on s'aperçoit que la loi le reconnaît implicitement, puisqu'elle impose un stage bien plus long aux aspirants aux fonctions notariales.

D'un licencié qui veut être notaire, on exige, en effet, quatre années de stage.

D'un licencié qui veut être juge de paix, on n'exige que deux années.

Pourquoi cette prolongation de la durée du stage, sinon parce que la responsabilité notariale est plus complexe et plus étendue ; que ces fonctions exigent plus de savoir et une science plus approfondie des questions de forme et d'application du droit ? (*Très bien ! Très bien !*)

Il me paraît donc rationnel d'admettre que celui qui peut le plus, en cette matière, doit pouvoir le moins.

Il me semble que la loi, pour être conséquente avec elle-même, devrait permettre aux uns comme aux autres de pouvoir briguer les fonctions de juge de paix, au bout de deux années de stage.

Mais on me dira : Vous ouvrez la porte à de nouvelles ambitions. Ne l'avez-vous pas ouverte en assimilant les capacitaires aux licenciés ?

D'autant que l'enseignement que l'on donne dans les écoles de notariat — notamment à l'école de Paris — est très complet au point de vue juridique et qu'il est de nature à satisfaire à toutes les exigences.

Tenant à rester à la tête de l'enseignement notarial, cette école, à la suite du vote de la loi du 12 août 1902, a étendu son programme, triplé ses cours, augmenté le nombre de ses professeurs.

Actuellement son programme comprend les matières suivantes : droit civil, droit commercial, procédure civile, législation comparée, droit international privé, droit administratif, pratique notariale.

Son personnel enseignant se compose de dix professeurs titulaires et de quatre maîtres de conférences.

L'enseignement se fait en deux années. A la fin de la première année, les élèves subissent un examen d'admission en deuxième année. A la fin de la deuxième année, ils subissent devant un jury étranger à l'école un examen de sortie, qui donne lieu à l'attribution de prix et de diplômes.

En somme, cette école s'est appliquée à effectuer tous les progrès qu'elle rêvait depuis longtemps et que ne lui avaient pas permis d'accomplir les dispositions législatives antérieures.

Elle a cherché à réaliser le concep de l'enseignement professionnel tel qu'il résulte du plus simple raisonnement, tel qu'il existe dans toutes les branches des connaissances appliquées.

Elle a réuni la pratique à la théorie, éclairant celle-ci par celle-là, précisant celle-là par celle-ci, et elle prétend n'abandonner ses élèves aux pratiques fortifiantes du stage que quand ils sont capables d'analyser, de justifier chacun de leurs actes et de trouver ainsi, dans le contact avec la réalité, non plus une source de confusions et d'embarras, mais un moyen d'assurer, par l'exercice, la science précédemment acquise. (*Très bien !*)

J'ajouterai qu'aux termes du décret actuellement soumis au conseil d'Etat, réglementant les écoles de notariat, leurs diplômes sont accordés par une commission spéciale prévue et composée par le décret lui-même, dans laquelle prennent place des professeurs de facultés et des magistrats ; que ces diplômes présentent autant de garanties que les diplômes des licenciés en droit ou des nouveaux capacitaires ; qu'ils représente, en tout cas, un programme aussi étendu en fait que celui de la licence et plus étendu que celui de la capacité, nouveau modèle, dont le programme ne comporte que les premiers éléments du droit.

Aussi puis-je dire, avec quelque raison, que les jeunes gens qui sortiront de ces écoles auront acquis une aptitude suffisante pour être notaire ou juge de paix.

Leur bagage juridique sera certainement assez complet pour leur permettre, après deux années de stage, de briguer tout au moins ces dernières fonctions.

Dans ces conditions, pourquoi les traiter moins bien que les licenciés et moins bien surtout que les nouveaux capacitaires ?

N'est-il pas juste, d'ailleurs, de récompenser les jeunes gens qui s'astreignent à suivre, pendant deux ans, les cours de ces écoles, en leur facilitant l'accès des fonctions judiciaires ?

N'est-il pas juste d'encourager, par des dispositions équitables, ces mêmes écoles, qui, sagement réglementées, peuvent rendre des services à la société ?

C'est pourquoi je propose au Sénat de compléter l'article 18, en ajoutant au paragraphe 1er, après les mots : « licenciés en droit », ceux-ci : « ou les élèves diplômés des écoles de notariat prévues par l'article 36 de la loi du 12 août 1902, qui justifient d'un stage de deux ans dans une étude de notaire ou d'avoué. »

Ce n'est pas là une innovation que je vous propose de sanctionner.

Je vous demande simplement de mettre en harmonie le texte de l'article 18 de la loi sur les justices de paix avec le texte de l'article 36 de la loi du 12 août 1902.

Vous aurez fait ainsi une œuvre de justice vis-à-vis de jeunes gens studieux et méritants.

Ils vous sauront certainement gré de leur avoir accordé l'assimilation qu'ils sollicitent de votre bienveillance et que justifieront, d'ailleurs, les études qu'ils auront faites sur les bancs de l'école.

Je me permettrai enfin de vous faire remarquer que cette catégorie de jeunes gens est des plus dignes d'intérêt. Ce sont, pour la plupart, des jeunes gens appartenant à de modestes familles. Quelques-uns sont fils d'ouvriers, d'artisans, de petits fonctionnaires. Certains sont fils de notaires, et ceux-là ont déjà appris chez eux les premières notions du droit. Ce qu'ils veulent les uns et les autres, c'est conquérir une situation par leur labeur. S'ils cherchent à s'élever, c'est au prix de longs efforts et souvent de privations. S'ils eussent été plus fortunés, peut-être bien auraient-ils été licenciés ou docteurs! Mais, comme vous le savez, ces grades, même avec le concours de l'Etat, ne sont pas accessibles à toutes les bourses.

Dans une démocratie, l'un des premiers devoirs du législateur n'est-il pas de protéger tous ceux qui travaillent, de les aider à obtenir la juste récompense de leurs efforts, et par là de rapprocher les conditions et de remédier, dans la plus large mesure possible, aux inégalités du sort ?

Il vous est facile de corriger une de ces inégalités, en assimilant les diplômés des écoles de notariat à ceux qui, plus fortunés ou plus heureux, ont pu acquérir le diplôme de licencié.

En adoptant mon amendement, messieurs, vous montrerez, une fois de plus, que vous vous intéressez à toutes les causes justes et que vous avez à cœur de favoriser le développement de l'enseignement dans toutes les branches de l'activité humaine.

Et maintenant je prends la liberté, monsieur le ministre de la justice, de faire appel à votre esprit d'équité.

Je connais vos sentiments démocratiques, je sais que vous êtes de ceux qui se sont faits eux-mêmes et à qui l'on peut appliquer ces vers de Voltaire :

> Il est de ces mortels, favorisés des cieux,
> Qui sont tout par eux-mêmes et rien par leurs aïeux.

Aussi vous ne pouvez que vous intéresser au sort de ceux que je défends et qui luttent pour conquérir une situation. En prenant en mains leur cause, vous accomplirez, vous aussi, un acte de justice, en même temps que vous exercerez l'un des plus beaux privilèges de votre haute charge : celui de pouvoir faire des heureux. (*Très bien ! très bien!*)

M. le président. La parole est à M. le rapporteur.

M. le rapporteur. Messieurs, le Sénat constate les difficultés en face desquelles se trouve votre commission.

Tout le monde admet le principe qu'il ne faut nommer que des juges de paix capables et compétents. Seulement, chacun, par derrière, arrive avec son candidat, avec ses arguments en faveur de telle ou telle fonction qui lui est chère et dit : « Oui, les autres candidats, je veux bien que vous les écartiez ; mais, les miens, il faut les accepter ». (*Sourires.*)

C'était l'honorable M. Théodore Girard avec ses protégés les huissiers ; c'est maintenant notre honorable collègue M. Chabrié avec les élèves des écoles de notariat. Il demande d'assimiler les élèves de ces écoles aux licenciés en droit. Ces institutions, vous dit-il, sont des écoles extrêmement sérieuses, où l'on fait de fortes études pratiques et dont les élèves diplômés peuvent certainement être nommés juges de paix.

Messieurs, les écoles de notariat existent en vertu d'une loi de 1900, qui a donné en effet aux notaires le droit de créer et d'entretenir des écoles dites de notariat dans certaines régions. Cette loi a donné aux élèves de ces écoles un avantage : au lieu de faire six ans de cléricature, ils ne font plus que quatre ans. Mais de là à assimiler le certificat d'études qu'ils obtiennent à la licence en droit, véritablement cela me paraît bien difficile.

Remarquez, du reste, qu'en vertu des dispositions de la loi, un jeune homme qui sort d'une école de notariat a encore besoin de quatre ans de cléricature pour devenir notaire ; en vertu de la disposition qu'on nous demande, il lui suffirait de deux ans pour devenir juge de paix !

Il me semble que rien que cette disposition vous montre que la proposition de notre honorable collègue n'est véritablement pas admissible. Je ne crois pas qu'on puisse mettre les écoles dont il s'agit sur le même pied que les écoles de droit.

Et véritablement, puisque les écoles de notariat sont si bonnes, qui empêche celui qui en suit les cours de suivre en même temps ceux de la Faculté? Il aura le brevet de capacité résultant du décret du 14 février 1905, il se mettra en règle avec la loi, et nous n'aurons pas besoin, dans notre disposition législative qui est déjà assez complexe, d'insérer un nouveau texte qui me parait, d'après ces considérations, absolument inutile. (*Très bien! très bien! sur divers bancs.*)

M. Chabrié. Je demande la parole.

M. le président. La parole est à M. Chabrié.

M. Chabrié. Messieurs, M. le rapporteur vient de vous faire observer que les jeunes gens sortant des écoles de notariat pourraient se munir d'un certificat de capacité.

Mais je vous ferai remarquer que ces jeunes gens sont déjà munis d'un diplôme qui est certainement supérieur, au point de vue de l'instruction, au certificat de capacité; et la preuve, messieurs, je la trouve ici, dans cette note que je pourrais vous lire et qui indique quelles sont les études auxquelles sont astreints les jeunes gens qui suivent les cours des écoles du notariat. Vous y verrez, par exemple, que le programme de la capacité et celui de l'école, s'ils se ressemblent dans leurs grandes lignes, diffèrent par bien des côtés.

Ainsi, le programme du certificat de capacité ne comprend que des « éléments de droit civil, de droit administratif, de procédure civile », tandis que le programme de l'école comprend le « droit civil approfondi, le droit commercial, le droit international, le droit administratif, la procédure civile ».

Au point de vue des matières, le programme de la capacité est donc moins étendu et bien moins complet.

De plus, vous trouvez, il est vrai, dans le programme du brevet de capacité, le droit commercial et le droit industriel, l'enregistrement et le droit international. Mais vous pouvez opter entre ces diverses branches du droit, tandis que dans les écoles du notariat vous n'avez pas cette faculté d'option et vous êtes obligé d'étudier à la fois toutes ces matières, auxquelles il faut ajouter la pratique notariale. (*Marques d'approbation.*)

M. Antony Ratier. Les élèves des écoles de notariat pourront d'autant plus facilement obtenir le brevet de capacité.

M. Chabrié. Mais pourquoi les y obliger, du moment où ils ont un diplôme équivalent à celui de licencié et, dans tous les cas, à celui de capacitaire, pourquoi les obliger après deux années d'école, à postuler pour le certificat de capacité? C'est absolument comme si vous disiez : Nous ne voulons pas de ces écoles. Or si réellement le Gouvernement leur est hostile, je ne vois pas pourquoi il les a réglementées; du moment qu'on reconnaît qu'elles ont une utilité, il s'ensuit qu'on doit les favoriser, en vertu de ce principe que l'on doit favoriser tout enseignement utile, qu'il s'agisse de droit, de littérature ou de science; je ne crois pas dans ces conditions que l'objection de M. le rapporteur puisse être admise.

On me dira : l'objection porte d'autant plus que le programme du certificat de capacité a été augmenté. Je répondrai que c'est précisément parce que ces deux programmes se ressemblent qu'il est inutile d'établir une différence entre les capacitaires et les élèves des écoles de notariat.

Je me résume, messieurs, en vous disant que le programme de l'école du notariat comporte l'étude approfondie de sept matières, tandis que pour l'obtention du certificat de capacité, il n'y en a que cinq dont l'étude soit obligatoire. Par conséquent, j'ai bien le droit de dire que les diplômes délivrés par ces écoles sont tout au moins équivalents, sinon supérieurs, aux brevets de capacité nouveau modèle.

Je persiste donc dans mon amendement et je demande au Sénat de vouloir bien l'adopter.

Il montrera ainsi qu'il s'intéresse d'une manière toute particulière à toutes les questions qui se rattachent à l'enseignement du droit. (*Très bien! très bien! sur divers bancs.*)

M. le garde des sceaux. Le Gouvernement demande au Sénat de vouloir bien repousser l'amendement de l'honorable M. Chabrié dont la thèse repose entièrement sur les raisons suivantes : ce diplôme des écoles de notariat dispense de deux ans de stage comme la licence en droit; par conséquent, puisqu'on l'assimile, dans cette circonstance, à la licence, on doit l'assimiler toujours.

M. Chabrié. Non, pas toujours.

M. le garde des sceaux. Si nous arrivons alors aux exceptions, il nous faut rechercher le but poursuivi. Si la loi de 1902 a voulu réglementer les écoles de notariat, c'est pour en faire une sorte d'écoles professionnelles, y apprendre des questions pratiques dont certaines, telles que les liquidations et les contrats de mariage, ne seront pas du ressort des juges de paix.

Vous dites : Nous devons donner nos encouragements à toutes les études de l'enseignement public, même aux études littéraires. Pourtant nous n'avons pas compris dans la nomenclature discutée en ce moment ni les docteurs ès lettres ni les docteurs ès sciences. Il n'est pas possible en effet de faire une assimilation de ce genre.

Avec votre système vous arriverez à donner plus de facilités à certains clercs de notaire qu'au notaire lui-même.

M. Chabrié. Malgré les observations présentées par M. le garde des sceaux, je ne puis que persister dans mon amendement. Je considère en effet que ces observations sont loin d'être justifiées. Je suis vraiment étonné qu'il s'oppose à son adoption. Du moment que les jeunes gens munis du certificat de capacité pourront être nommés juges de paix, vous devriez faire bénéficier du même avantage les élèves des écoles de notariat. Encore une fois, pourquoi établir entre eux une distinction alors que, ainsi que je le disais tout à l'heure, ces jeunes gens sont pourvus d'une instruction aussi étendue que celle des capacitaires et qu'ils sont parfaitement capables de remplir, comme vous le reconnaissez vous-même, les fonctions notariales qui sont plus complexes et plus difficiles que celles de juges de paix? Puisque vous exigez, pour ces fonctions de notaire, beaucoup plus de garantie que pour celles de juge de paix, je ne vois pas pourquoi ceux qui peuvent justifier de ces garanties seraient exclus de ces dernières fonctions.

M. Gourju, *de sa place*. Voulez-vous, monsieur le président, me permettre de demander à la commission et au Gouvernement comment il se fait qu'étant si rébarbatifs pour l'amendement de M. Chabrié — notez que je n'en demande pas l'adoption — ils admettent une autre exception qui me parait encore moins justifiée, par l'insertion dans l'article 18, tel qu'il nous est maintenant proposé, d'un deuxième alinéa qui assimile effectivement à la licence en droit le brevet organisé par le décret du 14 février 1905?

Puisque l'on écarte, et je crois que c'est avec raison, le brevet établi par la loi du 12 août 1902 qui ne pourrait être abrogée que par une autre loi, comment admet-on à égalité avec la licence le brevet établi par un simple décret qui pourrait être rapporté demain, dans la même forme?

M. Georges Le Chevalier. Monsieur le président, je demande à dire un mot sur la proposition de M. Gourju.

M. le président. Nous n'en sommes pas encore au deuxième paragraphe, monsieur Le Chevalier. Permettez-moi de faire voter d'abord sur le premier paragraphe.

Comme il est d'usage, nous allons procéder par division.

Je mets aux voix la première partie du premier paragraphe qui ne soulève aucune difficulté et qui est ainsi conçue : « A partir de la promulgation de la présente loi, pourront seuls être nommés juges de paix : 1° les anciens juges de paix, les licenciés en droit... »

En ce qui concerne les mots : « les anciens juges de paix », je fais remarquer qu'ils ont été ajoutés par la commission aujourd'hui même et que, par conséquent, ce nouveau texte n'a pas été distribué. Il a pour but de donner satisfaction à deux amendements présentés par M. Berger sur l'article 18.

(Cette première partie du paragraphe 1er est adoptée.)

M. le président. C'est ici que s'intercalerait l'amendement de M. Chabrié.

Je le mets aux voix.

(Cet amendement n'est pas adopté.)

M. le président. Je mets aux voix la fin du paragraphe, qui est ainsi conçue :

« ... justifiant, ou d'un stage de deux années au moins, soit près d'un barreau, soit dans une étude de notaire ou d'avoué, ou de l'exercice, pendant deux ans, de fonctions publiques » ;

(Ce membre de phrase est adopté.)

M. le président. Je mets aux voix l'ensemble du paragraphe 1er.

(Le paragraphe 1er est adopté.)

M. le président. Nous passons au deuxième paragraphe.

La parole est à M. Le Chevalier.

M. Georges Le Chevalier. Messieurs, une particularité m'a frappé : l'existence des deux paragraphes distincts, 1° et 2°, alors que les conditions exigées, en dehors du diplôme, sont absolument les mêmes dans les deux cas. Cela m'a amené à penser que si la commission a eu raison d'établir une distinction entre les candidats pourvus du nouveau brevet de capacité, et ceux qui ne possèdent que l'ancien certificat, dont l'obtention était bien moins difficile, elle a eu tort d'instituer une équivalence absolue entre le diplôme de licencié en droit et le nouveau brevet de capacité.

Si l'on exige seulement deux années de stage près d'un barreau ou dans une étude de notaire de la part de ceux qui sont licenciés, il n'est pas juste de se contenter de cette même durée de deux années pour ceux qui ne sont titulaires que du brevet de capacité.

La commission et le Gouvernement, je crois, accepteront de porter, pour ces derniers, à trois années au lieu de deux la durée du stage exigé. Ce ne sera que justice.

M. Tillaye. C'est absolument juste !

M. Georges Le Chevalier. Cette distinction est nécessaire, non seulement à cause de la différence qui existe dans la valeur intrinsèque des deux diplômes, mais aussi parce qu'il faut tenir compte de ce fait que le licencié en droit a dû passer trois ans à l'école de droit, tandis que, pour acquérir le nouveau certificat, il suffit de deux ans. (*Très bien ! très bien !*)

M. le rapporteur. J'ai dit au Sénat que c'était M. le garde des sceaux qui nous avait demandé d'insérer cette disposition. M. Le Chevalier nous demande de mettre trois ans et de rendre ainsi les conditions plus rigoureuses. La commission ne fait pas d'opposition à cette modification, mais je constate de nouveau combien il est difficile d'arriver à une rédaction qui puisse satisfaire tout le monde ! (*Sourires.*)

M. Georges Le Chevalier. Sans cela, il serait inutile de discuter.

M. Maurice-Faure. L'observation de M. le rapporteur justifie la nécessité des deux délibérations et souligne l'inconvénient que peut présenter le vote de l'urgence, quand il s'agit de lois aussi importantes.

M. le garde des sceaux. Une bonne loi est la chose du monde la plus difficile à faire ! On n'y arrive pas toujours.

M. Gourju. L'observation de M. Le Chevalier souligne la portée de l'observation que j'ai présentée tout à l'heure.

M. le président. La commission est d'accord avec le Gouvernement pour accepter cette modification.

M. le rapporteur. La commission a voulu donner satisfaction à notre collègue M. Garreau en ajoutant dans le deuxième paragraphe : « ...ceux qui auront obtenu le diplôme de bachelier en droit. »

Le baccalauréat en droit est assimilé au brevet de capacité, d'une manière générale ; M. Garreau demande qu'on le mette dans la loi ; la commission n'y voit pas d'inconvénient.

M. le président. Je donne lecture du 2° qui serait alors ainsi conçu :

« Ceux qui auront obtenu le diplôme de bachelier en droit, ou le brevet de capacité organisé par le décret du 14 février 1905 et qui justifieront en outre d'un stage de deux années au moins dans une étude de notaire ou d'avoué ou de l'exercice pendant deux ans de fonctions publiques. »

M. Georges Le Chevalier. Pendant trois ans.

M. le président. Vous demandez trois ans ?

M. Georges Le Chevalier. Oui, monsieur le président.

M. le rapporteur. Nous sommes d'accord.

M. le président. Alors je donne une nouvelle lecture du deuxième paragraphe avec les modifications acceptées par la commission et par le Gouvernement :

« 2° Ceux qui auront obtenu le diplôme de bachelier en droit ou le brevet de capacité organisé par le décret du 14 février 1905 et qui justifieront en outre d'un stage de trois années au moins dans une étude de notaire ou d'avoué ou de l'exercice pendant trois ans de fonctions publiques ; »

Je mets aux voix le deuxième paragraphe.

(Le deuxième paragraphe est adopté.)

M. le président. Nous passons au paragraphe 3°.

Ici, messieurs, je demande au Sénat de bien vouloir réserver ce paragraphe dans son entier. Il s'agit de plusieurs catégories de candidats aux fonctions de juges de paix, pour lesquels on exige le certificat de capacité ; mais comme dans le paragraphe 4° la commission propose une autre catégorie de candidats parmi lesquels le ministre de la justice pourra prendre les juges de paix sans condition de diplôme, il conviendrait, ce me semble, d'examiner ce quatrième paragraphe avant de voter sur le 3°.

En effet, si le Sénat adopte les conclusions proposées par M. Maurice-Faure, qui déjà ont été développées par M. Monis, et par M. Théodore Girard, sur l'amendement dont je suis moi-même signataire, le paragraphe 3° devra être modifié. (*Nombreuses marques d'assentiment.*)

Il n'y a donc pas d'inconvénient à réserver le vote du paragraphe 3° et à passer à la discussion du paragraphe 4°. (*Approbation.*)

M. Garreau. Cela vaut mieux.

M. le président. En conséquence, je donne lecture du paragraphe 4° :

« 4°. — Ceux qui, à défaut de licence en droit, ou de certificats de capacité, auront exercé pendant dix ans les fonctions de notaires, greffiers près les cours d'appel ou les tribunaux civils, de commerce ou de paix, les receveurs ou fonctionnaires d'un ordre au moins égal dans l'administration de l'enregistrement, de magistrats consulaires, dont deux ans au moins comme présidents de tribunal ou présidents de section. »

La parole est à M. Maurice-Faure, sur l'amendement qui a été déposé par MM. Victor Leydet, Monis et Maurice-Faure.

M. Garreau. Monsieur le président, voulez-vous me permettre de faire une observation ?

Le paragraphe 4° comporterait une autre modification, qui est le résultat précisément de l'amendement qui vient d'être adopté au paragraphe 2°, il s'agirait d'ajouter après les mots : « de licence en droit » les mots : « de baccalauréat en droit ». On vise la licence et le certificat de capacité : il est naturel de viser le baccalauréat.

M. le président. La commission accepte-t-elle l'addition proposée par M. Garreau ?

M. le rapporteur. Oui, monsieur le président.

M. le président. Je donne lecture de l'amendement rectifié de MM. Victor Leydet, Monis, Maurice-Faure, Milliès-Lacroix et Dellestable :

« Rédiger comme suit le paragraphe 4° de l'article 18 :

« Les maires ou adjoints, les conseillers généraux, les membres des tribunaux de commerce, les membres des conseils de prud'hommes, les suppléants de justices de paix... »

« Le reste comme au paragraphe. »

L'amendement dont vient de parler M. Théodore Girard viendra à la suite.

M. Maurice-Faure. Messieurs, la question soulevée par l'amendement de M. Leydet, dont je suis l'un des signataires, vient d'être partiellement traitée à cette tribune, d'une manière très brillante, par M. Théodore Girard, dont la démonstration a singulièrement facilité ma tâche; elle avait été, d'ailleurs, déjà l'objet, à l'occasion de la discussion générale de l'article 18, de judicieuses et éloquentes observations qui avaient paru faire sur le Sénat une vive impression, que les explications données tout à l'heure par M. le rapporteur n'ont certainement pas atténuée.

Je pourrais donc simplement me référer à l'argumentation de l'honorable sénateur des Deux-Sèvres et surtout à la si virulente critique formulée vendredi dernier à cette tribune par M. Monis, c'est-à-dire par un jurisconsulte consommé, par l'un des plus distingués anciens gardes des sceaux, par celui-là même que M. Waldeck-Rousseau, dans les circonstances les plus difficiles, avait appelé à la tête du ministère de la justice.

Mais les dispositions législatives que la commission vous propose de sanctionner altèrent si profondément le caractère fondamental des justices de paix et doivent nécessairement entraîner des conséquences si graves que les républicains qui, comme je le suis, sont véritablement attachés à cette juridiction familiale, ont le devoir de vous rappeler avec insistance les arguments décisifs qui militent en faveur du maintien, dans son intégrité, de l'une des meilleures institutions judiciaires de la Révolution française. (*Très bien! très bien! à gauche.*)

Ce qui caractérise, avant tout, cette institution, réclamée par de nombreux cahiers aux États généraux, ce qui constitue son originalité, ce qui donne à la justice de paix, telle qu'elle fonctionne depuis plus d'un siècle dans notre pays, son crédit et sa force morale, c'est, n'en doutez pas, messieurs, le mode de recrutement essentiellement démocratique de la magistrature cantonale.

La pensée maîtresse du législateur de 1790, respectée par toutes les Assemblées parlementaires sauf en ce qui concerne l'élection directe, a été que le meilleur moyen de prévenir les procès, ou tout au moins de les rendre moins coûteux, était d'en confier l'examen, non pas à des magistrats de carrière, à des professionnels de la jurisprudence, se décidant uniquement d'après les textes rigoureusement interprétés, mais à des hommes d'expérience et de bon sens, ayant plus à cœur d'apaiser les différends que de les trancher par des arrêts, et s'inspirant beaucoup plus des données de l'équité naturelle que de la lettre du droit écrit dont on a pu dire si souvent avec raison: *Summum jus, summa injuria.* (*Très bien! très bien! à gauche.*)

Or comme la mentalité des hommes prédisposés à un tel état d'esprit est surtout la résultante du milieu dans lequel ils ont vécu, de leur bonté naturelle, de la rectitude innée du jugement, les Constituants, et leurs successeurs, ont voulu que les juges de paix fussent librement choisis parmi tous les citoyens dignes de l'estime publique, ayant fait preuve, par leurs actes, des qualités requises pour remplir la noble mission de conciliateurs et d'arbitres. Ils ont voulu que la nomination de ces magistrats ne fût soumise à aucune condition restrictive de situation sociale ou de capacité juridique.

Préoccupés de rapprocher moralement et matériellement le magistrat cantonal de ses justiciables, ils ont voulu que, dans nos campagnes notamment, le juge de paix chargé de régler les différends d'ordre secondaire entre agriculteurs ou entre ouvriers, pût être, comme eux, un paysan ou un travailleur familiarisé avec les mœurs et les traditions locales, parlant leur langage, ayant l'expérience de la tractation des affaires, la connaissance réelle du cœur humain et possédant les notions élémentaires du droit.

Jusqu'à ce jour, messieurs, tous les gouvernements se sont invariablement conformés aux intentions du législateur de 1790 en appelant, en grand nombre, aux postes de juges de paix des hommes qui s'étaient fait remarquer par leur dévouement au bien public, avaient su mériter l'estime de leurs concitoyens et avaient acquis dans l'exercice de fonctions électives, notamment celles de maires ou d'adjoints, de conseillers généraux ou d'arrondissement, les qualités pratiques nécessaires pour être d'excellents magistrats de canton.

S'est-il élevé contre cette juridiction populaire ainsi constituée, des plaintes sérieuses qui justifient même avec l'extension de la compétence, le changement radical qu'on vous propose d'apporter dans le mode de recrutement de son personnel? En aucune façon! Tout le monde au contraire rend, généralement, hommage à son savoir, à sa droiture, à sa moralité. (*Nouvelles marques d'approbation à gauche.*) Il est hors de doute qu'elle a été en ces dernières années, beaucoup plus à l'abri des critiques que d'autres juridictions plus élevées, et j'ai lieu de croire que si l'on établissait comparativement une statistique impartiale des sentences des juges cantonaux réformées et des jugements des tribunaux de première instance infirmés par les cours d'appel, la balance pencherait en faveur des justices de paix.

M. Ponthier de Chamaillard. Ah non!

M. Ratier. C'est une erreur!

M. Maurice-Faure. C'est une erreur, dites-vous.

Apportez-en la démonstration à la tribune et ne vous bornez pas à une simple affirmation.

Ce qui est incontestablement certain en tout cas, messieurs, c'est que la conséquence inéluctable — que la commission le veuille ou non — de l'obligation légale de la production d'un diplôme de droit imposée aux candidats aux justices de paix — eussent-ils été pendant de longues années, maires; adjoints, conseillers généraux, suppléants, membres des conseils de prud'hommes ou des tribunaux de commerce — détruira peu à peu le caractère démocratique de la juridiction cantonale. L'accès des fonctions de juges de paix ne sera plus permis en effet, si la loi en discussion est votée, à nos concitoyens les mieux doués, les plus intelligents, les plus méritants, mais trop pauvres ou trop éloignés des centres pour avoir le moyen d'obtenir des diplômes qui exigent de longues études et dont l'attribution est subordonnée au payement de droits d'inscription et d'examen fort coûteux.

C'est l'évidence même. (*Très bien! très bien! à gauche.*)

Les maires, les adjoints de nos communes, qui remplissent avec tant de dévouement et de désintéressement, leurs difficiles fonctions, sont bien inscrits pour la forme dans les catégories de citoyens qui pourront être nommés juges de paix, mais c'est là une vaine apparence, puisque vous leur imposez des conditions qu'aucun d'eux, sauf quelques très rares privilégiés, ne pourra remplir: l'exercice de leurs fonctions pendant dix ans, c'est-à-dire trois élections successives à la mairie, et la conquête du diplôme de licence ou de capacité en droit.

Comment voulez-vous qu'un homme, quelque instruit qu'il soit et apte à devenir juge de paix, qui a été nommé maire à l'âge moyen de trente ans, puisse, dix ans après, à quarante ans, s'il est sans fortune, devenir un étudiant des facultés de droit et acquitter les frais des nombreuses inscriptions exigées pour l'obtention, non seulement de la licence en droit, mais encore du brevet ou du certificat de capacité. (*Très bien! très bien! à gauche.*)

Les maires et les adjoints, ne vous le dissimulez pas, sont rayés en fait, par l'effet des décisions de la commission, de la liste des personnes admissibles aux fonctions de juge de paix.

Quant aux conseillers généraux, dont les titres sont au moins égaux à ceux des membres des municipalités, la Chambre n'y a même pas songé et la commission, s'associant à cet inconcevable oubli, les exclut impitoyablement de la liste des bénéficiaires du troisième paragraphe de l'article 18.

En réalité, messieurs, on vous propose, sans le dire expressément, de porter la plus grave atteinte à l'œuvre de la Constituante, en la dénaturant dans son principe essentiel que tous les régimes, je le répète, avaient respecté.

La Révolution, on ne saurait trop le rappeler, avait eu le ferme dessein, en confiant à des conciliateurs le jugement des petits procès, d'écarter le plus possible des prétoires de justice de paix, ceux qui sont, par profession, par habitude d'esprit, des hommes de procédure étroite et de droit rigoriste, ceux que la langue populaire appelle dans sa sim-

plicité véridique les gens de chicane. (*Très bien !
très bien !*)

Sa pensée a été très fidèlement traduite, à ce
point de vue, par l'un des plus éminents orateurs
de l'époque qui définissait ainsi, dans le langage
expressif et pittoresque du temps, la fonction du
juge de paix :

« Le juge de paix doit être comme une senti-
nelle placée à la porte des prétoires pour empêcher
les plaideurs d'y entrer. » (*Très bien ! très bien ! à
gauche.*)

Telle est, messieurs, dans toute sa pureté, la
belle et généreuse conception de cette grande
Assemblée constituante, qui a fondé par ses décrets
immortels toute l'organisation judiciaire de la
France moderne. (*Applaudissements.*)

Conception idyllique ! nous disait-on il y a quelques jours, avec une aimable ironie ; Bergerie de
Florian ! ajoutait M. de Las Cases.

Ah ! prenez garde, répondrai-je à notre spirituel
collègue, en empruntant son langage imagé, prenez
garde d'en chasser le bon berger et d'y introduire
le loup. (*Rires et applaudissements sur les mêmes
bancs.*)

M. de Las Cases. Il faut pourtant que le savoir
prime tout.

M. Maurice-Faure. Quoi qu'il en soit,
d'ailleurs, messieurs, toute poésie et toute exagération mises à part, il est indéniable qu'on nous
invite à faire à l'œuvre judiciaire de la Révolution
une brèche irréparable et que c'est le contraire de
ce que la Révolution avait voulu instituer en matière de justice populaire qu'on demande au Sénat
de sanctionner.

Tous ceux auxquels on réserve en fait, comme
une sorte de monopole, les fonctions de juge de
paix : licenciés en droit, avoués, notaires, huissiers,
greffiers, clercs d'avoué — en un mot toute la gent
processive et procédurière — seront plutôt enclins,
par leur tendance naturelle, par leur amour de la
judicature, par leur ignorance de la vie ouvrière et
paysanne, à prononcer de savants jugements en
bonne et due forme qu'à concilier par de sages
conseils les parties en cause. Ils n'empêcheront
pas, hélas ! suivant le vœu du législateur, les plaideurs d'entrer dans le prétoire : ils les pousseront
plutôt à leur barre. (*Très bien ! très bien ! à gauche.*)

Et quels sont, messieurs, en supposant admis le
système de la commission, les diplomés en droit,
quels sont les officiers ministériels qui s'offriront à
la chancellerie pour aller occuper dans nos loin-
tains cantons ruraux les sièges des justices de
paix ?

Ce ne seront assurément ni les meilleurs élèves
de nos universités, ni les officiers ministériels de
mérite, que ne saurait guère tenter la vie monotone
de la plupart de nos chefs-lieux de canton.

Ce seront presque toujours les fruits secs de nos
facultés de droit (*Mouvement en sens divers*), les
ratés de la basoche, les naufragés des professions
judiciaires. (*Rires à gauche. — Très bien ! très
bien !*)

Alors que l'on installera à peu près exclusivement à la tête des prétoires ces éléments nouveaux
d'une valeur si contestable, notre démocratie ur-
baine et rurale, au cœur droit et loyal, au jugement
sain, au bon sens robuste, en sera sûrement exclue
par les obstacles insurmontables dressés devant
elle, et tandis que la loi fermera la porte ou l'en-
tre-bâillera à peine à Jacques Bonhomme, on l'ouvrira toute grande à maître Chicaneau. (*Rires et
applaudissements à gauche.*)

C'est ce que constatait, il y a quelque temps,
avec autant d'esprit que de raison, dans un article
dont je crois pouvoir dévoiler l'anonymat, l'un des
membres les plus distingués du cabinet actuel
(*Sourires*), l'honorable M. Dubief.

« Jusqu'à ce jour, pour être juge de paix, écrivait-il dans le *Progrès de Lyon*, il suffisait d'être
honnête homme et de jouir de tous ses droits civils
et politiques ; il faudra maintenant être licencié en
droit, justifiant d'un stage de deux années au moins
près d'un barreau, ou dans une étude de notaire ;
ou d'avoir été notaire, avoué, greffier, conseiller
de préfecture, receveur de l'enregistrement, huissier, commis-greffier, clerc d'avoué, de notaire, ou
pendant cinq ou six ans suppléant de juge de paix.

J'ai entendu dire qu'on ferait peut-être, pour les

maires, par charité, une exception de faveur. Vraiment ! » (*Très bien !*)

« Eh bien ! non. Si le juge de paix doit être un
magistrat conciliateur, chargé non pas de juger en
droit des procès, mais de les empêcher de naître,
et quand ils sont nés, de prononcer en équité, en
un mot en brave homme, au lieu de réserver aux
catégories indiquées par la commission ces délicates fonctions, ce sont celles qu'il faudrait plutôt
exclure. Mais sans aller jusque-là, nous demandons que la porte reste ouverte à tous.

« Vous pourriez faire de n'importe quel clerc
d'avoué un juge de paix, et vous interdisez cette
fonction à un conseiller général, à un député non
réélu, qui aura peut-être été pendant des années
membre de la commission de la réforme judiciaire
et de la législation civile au Parlement : c'est admirable !

« J'ai connu dans ma vie deux juges de paix
excellents : ils jugeaient peu et conciliaient beaucoup, et quand ils jugeaient avec leur grand bon
sens et avec leur cœur, leurs jugements n'étaient
jamais réformés : l'un était un ancien ferblantier,
conseiller d'arrondissement, l'autre un peintre
amateur, grand pêcheur à la ligne. Réserver à maître Chicaneau le monopole de la fonction de juge
de paix, semble d'une homéopathie par trop fanta-
siste ; autant vaudrait confier à des Chinois le soin
de veiller sur nos missionnaires. » (*Rires et
applaudissements.*)

Je signale tout particulièrement à M. le garde
des sceaux cet intéressant témoignage de l'un de
nos plus clairvoyants ministres, et je prie instamment le Sénat, je supplie surtout les républicains
qui doivent avoir à cœur de sauvegarder l'esprit de
la Révolution dans l'une de ses plus heureuses
créations de ne pas se laisser déterminer par les
arguties de M. le rapporteur.

La commission s'est d'ailleurs interdit le droit
d'invoquer l'un des arguments qui ont le plus contribué sans doute à décider la Chambre des députés à modifier les conditions de nomination des juges de paix, puisqu'elle écarte elle-même, comme
l'a déclaré l'honorable M. Godin, de l'extension de
la compétence des dispositions votées au Palais
Bourbon en vue de faire du juge de paix un juge
correctionnel chargé d'instruire et de juger de véritables délits, ayant à apprécier la criminalité, la
moralité des inculpés et à appliquer des pénalités
élevées. (*Interruptions.*)

M. Théodore Girard. La question est réservée.

M. Maurice-Faure. Les deux principaux motifs allégués sont tirés de l'élévation de 100 à
300 francs du chiffre de la compétence et du vote
des lois nouvelles qui l'ont, en ces dernières années,
considérablement élargie.

Le premier perd beaucoup de son importance, si
l'on tient compte de la valeur actuelle de l'argent
comparée à la valeur représentative ancienne, et
la disposition du projet de loi qui élève le taux de la
compétence peut, dans une certaine mesure, n'être
considérée que comme une mise au point, comme
un rétablissement de l'harmonie entre la législation
et la réalité économique.

Le second motif invoqué ne saurait vraiment vous
toucher : les lois nouvelles qui ont conféré d'importantes attributions complémentaires ont été votées,
sans que le législateur jugeât utile de modifier le
mode de recrutement des magistrats cantonaux. Le
Parlement, quand il a adopté ces lois, savait parfaitement à qui il en confiait l'application, et il a fait
confiance à nos juges de paix actuels, sans se
préoccuper à aucun moment de leur remplacement
éventuel par ceux que la commission voudrait instituer ; il a estimé que les premiers jugeraient avec
équité et dans un excellent esprit, et il ne s'est pas
trompé. Les lois dont il s'agit, qui ont surtout un
caractère social, notamment celles sur les accidents
du travail et sur l'arbitrage en matière de grève,
ont été appliquées sans provoquer la moindre ré-
crimination. (*Très bien ! très bien ! à gauche.*)

La thèse de la commission recevrait, d'ailleurs,
par l'adoption de notre amendement, une satisfaction partielle suffisante, puisque la faculté de nomination sans diplôme spécial ne serait maintenue
en faveur des catégories visées que sous la garantie d'une expérience attestée par cinq années de
fonctions.

Les points critiquables que je viens d'indiquer ne sont pas, au surplus, les seuls qui doivent être relevés. Il en est d'autres qui appellent vos plus sérieuses réflexions.

Permettez-moi, pour ne pas abuser de l'attention bienveillante du Sénat, de n'en signaler qu'un qui m'a plus particulièrement frappé.

Quelle raison acceptable y a-t-il — je le demande à la commission — de ne pas accorder l'admissibilité aux fonctions de juge de paix aux juges des tribunaux de commerce non pourvus de la licence en droit ou d'un diplôme spécial, dont vous exigez même, comme des conseillers prud'hommes, l'exercice de la présidence pendant deux années, et même aux conseillers de préfecture, pour qui la justification de dix années de fonctions publiques est l'équivalent du grade de licencié, et n'est-ce pas en vérité une singulière inconséquence que de déclarer incapables de rendre la justice, quand il s'agit d'une somme relativement minime de 300 francs, des magistrats consulaires et des juges administratifs qui, ayant à appliquer des lois non moins compliquées, peuvent statuer dans des procès portant sur des centaines de mille francs ? *(Très bien ! très bien ! à gauche.)*

N'y a-t-il pas vraiment une contradiction flagrante, une très choquante anomalie à refuser à ces juges consulaires, à ces juges administratifs...

M. le rapporteur. Nous avons accepté une disposition qui vous donne relativement satisfaction à ce point de vue.

M. Maurice Faure. Je vous en remercie, monsieur le rapporteur.

M. le rapporteur. Les magistrats consulaires figurent dans le 4°; nous les y avons portés.

M. Maurice-Faure. C'est une concession que vous avez bien voulu faire à l'esprit qui a d'été notre amendement, et je vous en suis très reconnaissant...

M. le rapporteur. Nous faisons toutes celles qu'il est possible de faire.

M. Maurice-Faure. Je vous y encourage de tout mon cœur; mais je serais toujours heureux si mon argumentation vous déterminait à accepter l'intégralité de notre amendement et à épargner aux maires l'injure de les exclure de la catégorie des citoyens qui peuvent être nommés juges de paix sans diplôme.

C'est, croyez-le bien, parce que je suis animé de la conviction profonde que la majorité républicaine du Sénat commettrait une lourde faute en ne se ralliant pas à nos vues qu'au dernier moment, à la prière de mes amis politiques, je me suis décidé à prendre la parole dans ce débat pour y soutenir de mon mieux l'amendement dont M. Leydet a pris l'initiative; son honorable auteur, qui inaugure aujourd'hui sa vice-présidence avec tant de bonne grâce *(Applaudissements)*, se trouvant empêché de le défendre lui-même.

Mais je comprends trop bien que mon adjuration pressante ne suffise pas pour convaincre le Sénat, en présence de l'appui prêté au projet de loi par les distingués juristes de la commission et de l'opposition redoutable de M. le garde des sceaux.

Heureusement, messieurs, je puis leur opposer de hautes autorités de jurisconsultes d'une science éprouvée, qui suppléeront sans doute aux lacunes de ma démonstration et tout d'abord, celle d'un publiciste judiciaire de talent, M. Grouard, avocat à la cour d'appel, qui résume en ces termes précis l'opinion des hommes de loi favorables à l'extension de la compétence, mais opposés en même temps, autant que je le suis moi-même, à la limitation excessive du choix gouvernemental :

« En étendant la compétence, le corollaire logique semble être de demander une science plus grande aux magistrats. Eh bien, c'est de la théorie cela. Dans la pratique on demande autre chose et ce n'est pas parce qu'un juge de paix aura fait quelques années de droit de plus qu'il sera meilleur juge. Les qualités morales valent mieux que la science infuse. La droiture du jugement, la sérénité de la conscience, la bonté et l'équité, voilà ce qu'il faut avant tout exiger d'un juge de paix. On juge mieux avec son bon sens dans la plupart des cas qu'en cherchant à faire de la jurisprudence méti-

culeuse et retorse. » *(Vive approbation sur divers bancs.)*

Tel est le sentiment très net d'un praticien du barreau. Permettez-moi d'y ajouter, entre tant d'autres que je pourrais citer en faisant des emprunts aux débats parlementaires, où, à diverses époques la même question a été agitée, l'opinion de l'un de nos plus éminents juristes, de M. Renouard, qui après avoir été député de l'opposition sous la monarchie de Juillet, fut, sous la troisième République, nommé par M. Thiers procureur général près la Cour de cassation et devint à la fin de sa vie, l'un des membres les plus honorés de cette Assemblée qui l'avait élu elle-même sénateur inamovible.

Rapporteur du projet de loi de 1837, voici comment il traitait, avec sa maîtrise habituelle la question même qui est actuellement soumise à nos délibérations :

« On ne diminuerait pas les difficultés du choix, on les aggraverait si on les subordonnait à des conditions légales qui ne créeraient point de capacités et qui en écarteraient beaucoup. Si, pour ne prendre qu'un exemple, on exigeait le grade de licencié en droit ou simplement même celui de bachelier, on peuplerait nos campagnes d'avocats sans cause et de praticiens découragés d'autres carrières, au lieu de pouvoir étendre les choix, comme on le fait aujourd'hui, parmi les personnes qui de préférence sans doute dans les carrières judiciaires, mais partout ailleurs aussi, ont acquis l'expérience des affaires et des hommes, et un juste crédit sur leurs concitoyens. » *(Très bien ! très bien ! — Applaudissements.)*

On ne saurait mieux dire et je ne veux rien ajouter.

Cette expérience des affaires et des hommes, ce juste crédit sur les populations, personne à coup sûr, ne les possède à un plus haut degré que les membres de nos municipalités, maires et adjoints, les conseillers généraux et tous ceux qui appartiennent aux catégories diverses visées par l'amendement dont je viens de m'efforcer de démontrer l'excellence.

Craignez, messieurs, que la prévision de M. Renouard ne se réalise et qu'à nos juges de paix actuels si estimés, si aimés de leurs justiciables on ne substitue peu à peu le personnel médiocre et discrédité des avocats sans cause et des praticiens découragés des autres carrières judiciaires. *(Très bien ! très bien ! à gauche.)*

Pour prévenir un aussi déplorable résultat qui compromettrait irrémédiablement l'institution des justices de paix, conservez sans hésitation aux membres expérimentés des corps élus, maires, adjoints, conseillers généraux, une prérogative qu'ils considèrent comme un honneur ou plutôt comme un droit dont on ne saurait les dépouiller sans injustice et, je vous adjure encore, n'infligez pas implicitement par un vote hostile à notre amendement — qui apparaîtrait comme un acte d'intolérable défiance — un désaveu tout à fait immérité à ceux que la confiance du suffrage universel a placés à la tête de nos communes et de nos cantons, aux citoyens d'élite que nos lois républicaines investissent de la plus haute mission politique, celle de constituer le Sénat. *(Très bien ! et vifs applaudissements à gauche. — L'orateur, en retournant à sa place, reçoit les félicitations de plusieurs de ses collègues.)*

M. le garde des sceaux. Je demande la parole.

M. le président. La parole est à M. le garde des sceaux.

M. le garde des sceaux. Messieurs, le discours que l'honorable M. Maurice-Faure vient de prononcer devant le Sénat avec tant de chaleur et un sentiment si pénétrant, ce discours me permettra de lui dire, retarde un peu.

Il aurait fallu le placer soit dans la discussion générale, soit au début même de l'article 18. Car il ne faut pas oublier que le Sénat vient de décider certaines catégories et certaines limitations et que, dès lors, il a admis que la théorie très séduisante qu'avaient adoptée nos ancêtres de la Révolution, et qui a vécu jusqu'à aujourd'hui, ne devait plus être maintenue. Je reconnais, avec l'honorable M. Maurice-Faure, que le savoir ne suffit pas à un juge, qu'il lui faut le caractère, la fermeté, la bienveillance, bien des qualités qu'un diplôme n'établit ni ne justifie ; c'est pourquoi j'ai toujours été, en ce qui me concerne, opposé au concours pour l'accès à toutes les fonctions judiciaires. Il y a des choses que le concours ne fait pas connaître. Mais, de même que le savoir seul ne peut pas suffire, de même pour juger des questions de droit, souvent très ardues, aussi difficiles lorsqu'il s'agit de 500 francs que lorsqu'il s'agit de sommes plus considérables, l'unique bon sens ne peut pas fournir toutes les solutions. Il faut une intelligence très aiguisée, très avisée, très éclairée, pour ne pas se laisser égarer par les apparences de texte qui trompent justement ceux dont la culture intellectuelle ne les a pas par une étude spéciale ou une pratique particulière des affaires, habitués à se défier d'elles et à chercher la vérité juridique.

S'il était si facile d'appliquer la loi avec le simple bon sens, nous ne verrions pas des hommes extrêmement distingués passer leurs veilles à discuter des textes et des tribunaux d'ordre différent, de très bonne foi, après une étude très attentive, juger, jusqu'à ce que la jurisprudence soit définitivement établie, de façons diverses sur une question déterminée. La loi dont nous nous occupons et sur le chantier depuis un très grand nombre d'années — je n'ai pas le souvenir exact du moment où elle a commencé à être mise en discussion...

M. le rapporteur. En 1878.

M. le ministre. Il y a donc vingt-sept ans que la Chambre des députés et le Sénat sont d'accord pour adopter la formule suivante : « A une extension de compétence, il faut ajouter une extension de capacités. »

Guidé par cette considération qu'il fallait non pas créer des fonctions pour les hommes qui avaient rendu des services au public, mais se préoccuper uniquement des intérêts des justiciables, le législateur a voulu, au fur et à mesure que les progrès s'accomplissaient, étendre le cercle des attributions de ce juge, dont l'accès est facile et qui, ne l'oublions pas, a ce très grand mérite de juger vite et à peu de frais.

Mais en même temps qu'on voulait assurer au justiciable le plus possible une justice prompte et peu coûteuse, on a voulu la lui assurer d'autant plus éclairée. Permettez-moi de vous dire que si l'on vous écoutait on irait à l'encontre de ce but.

Il ne faut pas, en effet, se laisser impressionner par ce que disait M. Maurice-Faure tout à l'heure : « Ne jetez pas une suspicion sur ces hommes si dévoués aux affaires publiques, les maires, les adjoints, les conseillers généraux, les conseillers municipaux, en les écartant des fonctions de juges de paix. »

Il y a de par le monde bien des gens très distingués qui ne sont pas admis dans les catégories que nous étudions en ce moment, et qui ne s'en trouvent en aucune façon blessés.

Avec notre loi, même quand nous y aurons admis les membres des municipalités et des conseils généraux, les fonctions de juges de paix seront interdites aux trois quarts des membres de l'Institut et à beaucoup de professeurs de l'enseignement supérieur...

M. Charles Riou. ...Aux sénateurs !

M. le garde des sceaux. ... je n'ose pas faire figurer les auteurs dramatiques dans cette énumération, puisqu'ils s'occupent en ce moment de modifier le code (*Sourires*) ; mais s'ils sont appelés à donner leur avis sur des points déterminés qui passionnent le public, ils n'ont pas la prétention de trancher les procès.

Songez que les juges de paix qui vont sortir de la présente loi et qui vont avoir à l'appliquer auront non seulement à juger des litiges d'une plus grande importance pécuniaire, mais encore d'une nature spéciale et plus délicate. M. Maurice-Faure nous disait : La loi a donné une preuve de confiance aux juges de paix quand elle leur a attribué récemment une compétence plus étendue.

On a songé justement alors à cette loi déjà préparée, qui allait d'une Chambre à l'autre. (*Très bien ! très bien !*) et qu'on espérait toujours voir durer moins que le travail de Pénélope, cependant bien lent. Ulysse n'est pas encore rentré à Ithaque et la toile n'est pas finie. (*Sourires.*)

Il ne faut pas oublier non plus que la loi actuelle augmente au point de vue de la nature des affaires les attributions des nouveaux juges de paix. Croyez-vous que les questions de saisie, d'opposition, que la distribution par contribution des petites sommes saisies arrêtées ne soulèvent pas même dans les limites de leur compétence des difficultés extrêmement délicates ? N'oubliez pas que nous sommes en présence du juge unique et permettez-moi de vous citer un mot que je rappelais tout à l'heure à votre commission, commission à laquelle tout le monde rend hommage, quoiqu'elle soit composée de chicaneaux. (*Très bien ! très bien !*)

J'ai gardé le souvenir que devant un remarquable premier président qui n'est plus, un candidat fut amené un jour sollicitant sa présentation pour un poste de juge de paix. « Connaissez-vous le droit ? Connaissez-vous les affaires ? Etes-vous versé dans ces questions ? » lui demanda le premier président. Le candidat un peu embarrassé lui répondit : « Mais, monsieur le premier, c'est en justice de paix que je sollicite. » « Eh ! je ne vous poserais pas ces questions si vous vouliez être conseiller, répartit le premier président, vous auriez des collègues. » (*On rit.*) Ce n'était qu'une boutade, mais il ne faut pas oublier que le juge de paix juge seul et qu'il aura bien besoin d'être versé lui-même, comme vous dites, dans la chicane pour pouvoir se dégager de toutes les argumentations quelquefois captieuses que les agents d'affaires apporteront à sa barre.

Il lui faudra pour cela la maîtrise de soi-même et des connaissances juridiques d'autant plus nécessaires que, pour ne pas augmenter les frais de procédure, l'instruction des affaires n'aura été que plus sommaire. Il doit offrir toutes les garanties et à qui ? A ceux dont nous devons surtout nous préoccuper, aux justiciables. Telle est la véritable pensée de loi. Nous voulons admettre aux fonctions de juge de paix tous ceux qui justifient soit par des études antérieures, soit par un stage plus ou moins long dans la pratique des affaires, soit par une longue habitude des justiciables, des plaideurs, des qualités et des connaissances indispensables pour remplir utilement les fonctions qui leur sont confiées.

Votre citation me signalait un oubli. Personne n'avait songé aux conseillers de préfecture. Parmi eux, si les uns remplissent déjà les conditions exigées par la présente loi, les autres, ceux qui comptent dix ans d'exercice me paraissent mériter aussi de figurer dans cette nomenclature ; je suis prêt à réparer envers eux cet oubli, car ils ont été appelés à juger, à étudier des dossiers et donnent à cet égard toutes les garanties désirables.

Maintenant, messieurs, sans diplôme aucun, sans études antérieures, sans pratique judiciaire aucune un maire pourra-t-il donner ces garanties que nous sommes en droit d'exiger ? Nous trouverons en lui une haute conscience et un grand esprit de conciliation ; cela suffira-t-il ? Voici, par exemple, le maire d'une de nos plus petites communes rurales ; c'est très souvent un agriculteur, qui, il est vrai, aura exercé ses fonctions pendant dix ans, son conseil municipal se sera réuni à peine quelques fois par an ; le budget qu'il aura eu à examiner est parfois sommaire, et si une difficulté s'est élevée, elle aura été très souvent tranchée, à la suite d'une visite à la préfecture, par le directeur des affaires communales, dont les conseils sont très précieux. En vérité, quelle pratique des affaires votre maire a-t-il acquis durant ces dix ans ?

Les justices de paix ne sont pas nécessairement des postes d'avancement ou de retraite pour les fonctionnaires municipaux, elles sont d'ordre judiciaire et non pas d'ordre administratif.

Ma tâche est ingrate, j'ai à lutter contre les souvenirs de la Révolution, contre les traditions, contre mon désir de conciliation.

J'adhérerais certes volontiers, à votre amendement, si nous étions comme en Italie (*Très bien ! sur divers bancs*), où, dans chaque canton, il y a deux sortes de magistrats : l'un conciliateur, dont les attributions, très restreintes, n'exigent aucune capacité spéciale et qui pourrait être un ancien maire, l'autre un magistrat que l'on appelle préteur, si je ne me trompe, assimilable, lui, à notre juge de paix.

Ce n'est pas pour siéger plus tard au prétoire qu'on se fait élire maire ou conseiller municipal, c'est pour se dévouer à la chose publique. Songez à l'intérêt des justiciables et songez où il n'est une possible de séparer les deux termes de la loi : augmentation de la compétence, augmentation de la capacité. *Marques d'approbation sur divers bancs.)*

M. Maurice-Faure, *de sa place*. On ne vous impose pas, monsieur le ministre, l'obligation de nommer juges de paix tous les maires et adjoints ! Toute votre argumentation semble reposer sur cette idée que ces fonctions municipales constituent une sorte de stage ou de surnumérariat donnant un droit absolu à l'obtention des fonctions de juge de paix. Il n'en est nullement ainsi, et il vous appartient de choisir avec discernement, parmi les meilleurs candidats, ceux des maires ou adjoints dont les capacités sont constatées non seulement par les renseignements préfectoraux, mais encore par les rapports de vos parquets. *(Très bien! très bien! à gauche.)*

M. le garde des sceaux. Je vous remercie beaucoup, mon cher collègue, de l'objection que vous me faites, car elle me signale une omission que je m'empresse de réparer.

Il est évident que le garde des sceaux ne sera pas obligé de nommer tous les maires et tous les adjoints. En effet, il n'y aurait pas assez de justice de paix en France. Il sera tenu de faire un choix. De deux choses l'une : ou il ne pourra appeler à ces fonctions que des hommes présentant des garanties suffisantes de savoir ou de pratique, ou bien son choix sera entièrement libre. Pourquoi, dès lors, faire des distinctions ?

Vous avez des ingénieurs, des hommes d'affaires, des personnes qui dirigent d'importantes maisons de commerce qui feraient d'excellents juges de paix. Vous ne les avez pourtant pas compris dans votre nomenclature.

C'est que vous avez voulu faire des catégories, et celles-ci ne peuvent exister qu'autant qu'elles ont pour origine une raison philosophique, une pensée directrice qui vous permet d'écarter les uns et d'admettre les autres. *(Vive approbation sur divers bancs.)*

M. Maurice-Faure. Ce n'est pas l'obligation, c'est la faculté de nomination que nous demandons.

M. le président. Je vais mettre aux voix la première partie du paragraphe 4°, sur laquelle tout le monde est d'accord. J'en donne une nouvelle lecture :

« Ceux qui, à défaut de licence ou de bacalauréat en droit ou de certificats de capacité, auront exercé pendant dix ans les fonctions de... »

Je mets aux voix cette première partie du paragraphe 4°.

(La première partie du 4° est adoptée.)

Ici se place l'amendement de MM. Leydet, Monis, et Maurice-Faure.

M. le rapporteur. Je demande la division, je crois que, pour la clarté du débat, le vote pourrait porter, d'abord, sur les mots : « maires ou adjoints ».

M. le président. La division étant demandée, je vais mettre aux voix les deux premiers mots : « maires ou adjoints ».

Il a été déposé sur le bureau une demande de scrutin signée de MM. Maurice-Faure, Bougues, Blanchier, Barbey, Pauliac, Aucoin, de Freycinet, Monestier, Guérin, plus une signature illisible.

Il va y être procédé.

(Les votes sont recueillis. — MM. les secrétaires en opèrent le dépouillement.)

M. le président. Voici, messieurs, le résultat du scrutin sur la première partie de l'amendement de MM. Leydet, Monis, et Maurice-Faure, portant sur les mots : « les maires ou adjoints ».

Nombre des votants.......... 281
Majorité absolue.............. 142

    Pour l'adoption....... 152
    Contre 129

Le Sénat a adopté.

Je vais mettre aux voix la suite de l'amendement.

M. le rapporteur. Il vaudrait peut être mieux renvoyer l'amendement à la commission, dans l'intérêt d'une bonne rédaction.

L'amendement comprend une énumération : les maires, les adjoints les conseillers généraux. Enfin il y a une disposition qui est à discuter parce que la commission compte demander au Sénat d'adopter la restriction qu'elle a apportée en ce qui concerne les candidats, soit en cas d'élection, soit en cas d'insuccès. Dans ces conditions, nous le prions de voter sur les mots : « les conseillers généraux »; puis, nous demanderons le renvoi de l'article à la commission.

M. le président. Si l'article doit être renvoyé à la commission, il vaudrait mieux, peut être, que le Sénat prononçat immédiatement ce renvoi.

M. le rapporteur. La commission estime qu'il conviendrait d'abord de voter sur les mots : « les conseillers généraux ».

M. le président. Je mets aux voix cette deuxième partie de l'amendement portant sur les mots : « les conseillers généraux ».

Il y a une demande de scrutin.

Plusieurs membres. Elle est retirée. *(Dénégations.)*

M. Maurice-Faure. Elle est maintenue.

M. le président. Il a été, je le répète, déposé sur le bureau une demande de scrutin signée de MM. Beaupin, Peytral, Calvet, Lourties, Blanchier, Cassou, Barbey, Darbot, Limouzain-Laplanche, Chabrié, Pauliac.

Il va être procédé au scrutin.

(Les votes sont recueillis. — MM. les secrétaires en opèrent le dépouillement.

M. le président. Voici, messieurs, le résultat du scrutin :

Nombre des votants.......... 265
Majorité absolue.............. 133

    Pour l'adoption...... 171
    Contre.............. 94

Le Sénat a adopté.

M. le rapporteur. La commission demande le renvoi.

M. le président. Il n'y a pas d'opposition ?... Le renvoi est ordonné.

Plusieurs sénateurs. A jeudi !

M. le président. On demande que la discussion soit renvoyée à une séance ultérieure. *(Oui! oui!)*

Il en est ainsi ordonné.

Séance du 23 mars 1905.

(1° DÉLIBÉRATION.)

M. le président. L'ordre du jour appelle la suite de la discussion de la proposition de loi, adoptée par le Sénat, modifiée par la Chambre des députés, concernant : 1° la compétence des juges de paix; 2° la réorganisation des justices de paix.

Nous en sommes restés au paragraphe 4° de l'article 18. Le Sénat se rappelle qu'à la suite de l'adoption de la première partie de l'amendement de MM. Leydet, Monis, Maurice-Faure, Millies-Lacroix et Dellestable, cet amendement a été renvoyé à la commission.

La parole est à M. le rapporteur.

M. Jules Godin, *rapporteur*. Votre commission a examiné l'amendement dont elle avait demandé le renvoi et elle vous propose de modifier le texte pour lui donner, non pas complètement, mais au moins en partie, satisfaction.

Le Sénat se rappelle qu'il avait adopté les mots : « maires, adjoints ou conseillers généraux ».

La commission vous propose de maintenir comme addition à cette disposition la condition de n'être pas nommés dans le canton où ils ont exercé leurs fonctions ou ont été candidats depuis moins de deux ans.

M. Charles Riou. Pourquoi oubliez-vous les conseillers d'arrondissement ?

M. le rapporteur. Parce que, permettez-moi de vous le dire, les conseillers d'arrondissement n'ont rien à voir avec la justice. *(Exclamations.)*

Plusieurs sénateurs. Et les conseillers généraux ?

M. le rapporteur. Vous attaquez une décision du Sénat ; ce n'est pas à la commission qu'il faut faire un reproche à ce point de vue, puisque nous vous avions demandé de repousser les termes « conseillers généraux ».

Le Sénat ne nous a pas donné raison ; par des motifs dans lesquels je n'ai pas à entrer, il a décidé que les maires, les adjoints et les conseillers généraux devaient figurer parmi ceux qui peuvent être nommés juges de paix.

Mais nous vous demandons d'ajouter : « à la condition d'être nommés en dehors du canton où ils exercent ou auraient exercé ou sollicité depuis moins de deux ans des fonctions électives ».

La seconde concession que nous faisons à l'amendement est celle-ci : on nous avait signalé la situation des magistrats consulaires ; nous avons fait passer les magistrats consulaires du 3° dans le 4°, et nous admettons ceux qui auront été présidents au moins pendant deux ans.

M. Maurice-Faure. Pourquoi présidents ? Est-ce que les juges ne sont pas de bons juges ? Il n'est pas besoin d'être président.

M. le président. Veuillez laisser M. le rapporteur s'expliquer ; vous combattrez ensuite les conclusions de la commission si vous le voulez.

M. le rapporteur. Vous savez bien ce qu'est un juge consulaire ; il suffirait d'avoir été juge consulaire pour pouvoir être nommé juge de paix, l'aurait-on été quelques mois ; voilà le texte de votre amendement. Ce n'est pas parce qu'il aura pris la robe qu'un juge consulaire possédera toutes les qualités requises pour devenir juge de paix. Certes, je ne veux pas médire des juges consulaires ; ils sont excellents pour remplir les fonctions de leur charge, ils ont certainement beaucoup de dévouement et d'intelligence au point de vue commercial, mais il s'agit ici d'avoir des juges qui soient dans les conditions requises dans l'intérêt des justiciables, le seul dont nous ayons à nous occuper, pour remplir les fonctions qui leur sont dévolues, telles que nous les définissons dans la loi nouvelle.

Voilà un commerçant qui est nommé juge consulaire, est-ce que cela suffit...

M. Milliès-Lacroix. Mais il doit l'avoir été pendant dix ans.

M. le rapporteur. Je vais arriver tout à l'heure au délai, mon cher collègue ; je ne peux pas parler de tout à la fois.

Je disais donc que voilà un commerçant qui devient magistrat consulaire ; est-ce que c'est du jour au lendemain qu'il acquerra les connaissances suffisantes et l'esprit nécessaire pour devenir juge de paix ?

M. Fortier. Il aura certainement les connaissances et l'esprit d'un adjoint.

M. le président. Je vous prie, messieurs, de ne pas interrompre. Il ne s'agit pas d'une discussion, mais d'un rapport verbal que présente M. Godin.

M. le rapporteur. On parle des adjoints : encore une fois nous sommes en présence d'une décision du Sénat sur laquelle il n'y a pas à revenir.

Pour les juges consulaires, il faut donc exiger un certain temps, vous le reconnaissez vous-même dans votre amendement. Nous avons mis dix ans ; vous dites que dix ans c'est trop.

M. Maurice-Faure. Mais non.

M. le rapporteur. Nous avons mis dix ans et nous avons demandé cette condition qu'il ait été président, parce qu'un simple juge consulaire n'a pas le maniement des affaires et des justiciables comme l'a le président. Voilà la raison des conditions que nous avons édictées, vous les discuterez tout à l'heure si vous voulez ; mais enfin, messieurs, nous croyons qu'étant donnée la situation actuelle des juges de paix telle qu'elle résulte de la loi, il faut imposer des conditions aux nominations de juges de paix.

Remarquez, messieurs, que cette loi est à l'étude depuis vingt-huit ans. Par quelles circonstances est-il arrivé qu'elle n'ait jamais pu aboutir ? C'est parce qu'on avait été trop large, soit pour la question de compétence, soit pour la question d'organisation.

La Chambre des députés s'était montrée beaucoup plus stricte que nous ne le sommes ; elle avait exigé pour tout candidat à la justice de paix qu'il ait fait des études et qu'il fournisse un diplôme.

Nous avons étendu dans une certaine mesure la disposition de la Chambre ; mais il n'est pas admissible qu'on l'étende indéfiniment. Il faut exiger de ceux qui sont candidats aux fonctions de juge de paix des garanties dans l'intérêt des justiciables. Nous vous demandons de vouloir bien admettre les magistrats consulaires dans les conditions dans lesquelles nous vous les présentons, mais de repousser pour le surplus l'amendement qui vous est présenté.

M. Victor Leydet. Je demande la parole.

M. le président. La parole est à M. Leydet.

M. Victor Leydet. Messieurs, nous regrettons infiniment d'étendre cette discussion déjà longue, et nous croyions qu'après le vote du Sénat dans la séance d'avant-hier, la commission n'hésiterait pas à adopter l'amendement dans son entier (*Très bien ! très bien ! à gauche*), car après avoir accepté, et avec raison, ce que l'on appelle les magistrats municipaux, maires et adjoints, il nous semblait que du moment que nous demandions, pour une catégorie de la famille judiciaire — car nous ne sortons pas de cette dernière — qui a fait ses preuves, celle des magistrats consulaires, des membres de conseils de prud'hommes et des suppléants de juges de paix, toujours, bien entendu, après dix ans d'exercice (*Approbation sur les mêmes bancs*), il nous semblait, dis-je, qu'il n'y aurait pas de difficulté, d'autant plus, comme l'a très bien dit M. Maurice-Faure, qu'il ne s'agit pas d'un droit, mais de titres à l'attention du Gouvernement qui a la faculté de choisir.

Il s'agit même — permettez-moi le mot — d'une espèce de soupape de sûreté à offrir au Gouvernement dans l'intérêt général. Car enfin, messieurs, supposez que la loi votée, vous n'ayez plus, demain, comme candidats aux fonctions de juge de paix que des jeunes gens qui ont pu, à l'âge de vingt à vingt-sept ans, avoir un diplôme qui n'est pas très difficile à obtenir à cet âge alors qu'il est presque inaccessible à des hommes de quarante ou cinquante ans, et non seulement pour ce motif d'âge, mais encore pour défaut de fortune. (*Très bien ! très bien ! à gauche.*)

Voyez-vous un juge de paix de vingt-sept ans qui, dans certain cas, serait appelé à présider, par exemple, un conseil de famille ? Il n'aurait vraiment pas l'autorité nécessaire aux yeux des familles intéressées. (*Nouvelle approbation sur divers bancs.*)

Donc le Gouvernement devrait pouvoir choisir lui-même. Nous pourrions ajouter une garantie essentielle : « avec la présentation des chefs de cours ».

M. Maurice-Faure. Très bien !

M. Victor Leydet. Si le Gouvernement le veut, nous l'acceptons ; il y a là toutes garanties, et le premier président comme le procureur général ne présenteront évidemment que des candidats possédant les aptitudes désirables.

Permettez-moi d'intervenir aussi en faveur des magistrats consulaires, non pas parce que je l'ai été, mais enfin parce que j'ai vu de près ce qu'ils sont.

Vous exigez dix ans dont deux ans de présidence. Il est bien difficile d'arriver à la présidence d'un tribunal de commerce, puisqu'il n'y en a qu'un pour chaque tribunal, et beaucoup de juges passent leur existence, c'est-à-dire dix ans, quinze ans, vingt ans à n'être que simples juges. Vous écartez ainsi la grande majorité des magistrats consulaires. J'ajoute que ce n'est pas seulement dix ans que vous exigez, c'est en réalité douze ans et treize ans.

Vous savez comment se font les élections et comment les tribunaux consulaires se constituent généralement.

Les candidats doivent commencer par deux ans de suppléance. Ils peuvent être réélus pour deux ans, ce qui fait quatre ans. Après ces quatre années, ils ne sont plus rééligibles, à moins de passer juges immédiatement. Il faut un repos d'un an légalement, mais ce repos, par suite des circonstances ou des vacances, peut se prolonger.

Les suppléants passent ensuite juges ; cela recommence encore. Ils sont deux ans juges, rééligibles deux ans après pour deux autres années, ce qui fait huit ou neuf ans déjà, suivis d'un arrêt d'un an ; mais si l'un arrive aussitôt après à la présidence, et c'est lui seul qui peut être juge de paix, avec les deux ans de présidence que la commission exige encore, cela fera douze ans au moins.

Eh bien, messieurs, un juge qui aura exercé pendant dix ans à côté du président, et qui, souvent, ne l'oubliez pas, aura présidé lui-même, car il n'est pas rare de voir le président se faire suppléer par un juge, ne pourra pas être nommé juge de paix !

Il n'y a vraiment aucune raison de l'éliminer, d'autant plus — et M. le ministre le sait bien — que les candidats parmi les juges consulaires ne sont pas nombreux. Assurément ce ne sont pas ces candidats qui vous absorbent par leurs sollicitations, monsieur le ministre ; il est très rare qu'un ancien commerçant, qui a été juge pendant dix ou douze ans, et qui a une petite fortune, vous demande une justice de paix.

C'est donc plutôt au point de vue moral que je vous demande de les comprendre parmi les personnes dignes d'être juges de paix ; par exception, si vous êtes saisi de candidats anciens commerçants, qui ont exercé comme juges consulaires, ne les écartez pas d'une façon absolue, ne leur fermez pas la porte complètement.

En résumé, nous vous demandons, messieurs, d'achever votre vote de la séance de mardi par l'adoption de notre amendement en faveur des juges consulaires, des conseillers prud'hommes et des suppléants de juges de paix. (*Vive approbation à gauche.*)

M. Fortier. Je demande la parole.

M. le président. La parole est à M. le rapporteur.

M. le rapporteur. Messieurs, en terminant ses observations, l'honorable M. Leydet nous disait : « N'éloignez pas ceux qui ont besoin d'être juges de paix. »

Voilà peut-être la vraie philosophie de l'amendement qui vous est présenté. (*Rires à droite.*)

En réalité, ce qu'on poursuit, c'est de tâcher d'ouvrir le plus possible la justice de paix à tous ceux qui peuvent avoir besoin d'être nommés.

Le point de vue de la commission est un peu différent. Ce que nous demandons, ce sont des conditions qui garantissent les justiciables contre de mauvaises nominations (*Très bien !*) ; et, quand nous indiquons que les magistrats consulaires doivent avoir un certain nombre d'années de services, qu'ils aient passé par la présidence, ce qui ne fait pas douze ans, comme l'indiquait M. Leydet, mais huit ans au maximum, quand nous demandons ces conditions, c'est parce que, véritablement, un magistrat consulaire, parce qu'il en a revêtu la robe pendant quelques mois, ne nous paraît pas apte...

M. Victor Leydet. Non ! pendant dix ans.

M. le rapporteur. Proposez-vous moins de dix ans ?

M. Victor Leydet. Non.

M. Maurice-Faure. Nous ne nous opposons pas à la durée décennale des fonctions que vous instituez. Notre amendement se borne à ajouter aux catégories visées par le paragraphe 4° de l'article 18, les membres des tribunaux de commerce, les conseillers prud'hommes et les suppléants des juges de paix, mais il ne change rien au reste de l'article tel que la commission le propose.

M. le rapporteur. Alors vous ne contestez qu'une seule chose : les deux années de présidence ?

MM. Maurice-Faure et Victor Leydet. Parfaitement.

M. le rapporteur. Permettez-moi de vous dire que le magistrat consulaire qui n'a pas été président manquera de l'expérience nécessaire pour la justice et les justiciables. Dans votre amendement, vous n'avez pas mis de limite d'années, vous avez mis

purement et simplement « magistrats consulaires » ; par conséquent, vous voyez que l'objection porte.

M. Maurice-Faure. Mais non, puisque nous acceptons la condition préalable des dix années de fonctions !

M. le rapporteur. Je ne veux pas insister plus longuement : le Sénat voit où tendent toutes ces exceptions. Ce que nous lui demandons, c'est d'imposer, dans l'intérêt des justiciables et de la justice, certaines conditions. La Chambre des députés a adopté ces dispositions : nous vous demandons de confirmer son vote et de maintenir la proposition.

M. Charles Riou. Et la présentation par les chefs de service, l'accepteriez-vous ?

M. le président. La parole est à M. Fortier.

M. Fortier. Messieurs, la commission semble accepter que les juges consulaires figurent au 4° de l'article 18, mais elle exige qu'ils aient exercé leurs fonctions pendant dix ans.

M. Maurice-Faure. Et qu'ils comptent deux ans de présidence.

M. Fortier. Autant dire qu'on les exclut. Je ne sais comment les choses se passent dans les autres départements, mais dans la Seine-Inférieure, on est juge suppléant pendant deux ans, puis on est nommé juge pour deux ans et rééligible deux ans après. D'ordinaire, dans le tribunal de commerce de Rouen...

Vous protestez, monsieur le rapporteur ? Il me semble cependant que le tribunal de Rouen en vaut bien un autre.

M. le rapporteur. Je ne proteste nullement !

M. le président. Mais, messieurs, aucun tribunal n'est mis en cause en ce moment.

M. Fortier. Je disais messieurs, qu'au tribunal de commerce de Rouen on est en général, dans les deux dernières années, chargé de la présidence d'une section ; on ne peut pas être élevé à la présidence que deux ans plus tard. C'est bien un total de dix années, égal à celui que vous exigez des juges de tribunaux de commerce, mais dans ce cas, le président seul pourrait être admissible aux fonctions de juge de paix.

M. le rapporteur. Et les présidents de section.

M. Fortier. Oui, mais alors il faudrait limiter le délai à six ans, si vous admettiez les présidents de section, puisqu'on peut obtenir ce grade après quatre ans et pour une durée de deux ans ; car après ces six années, on n'exerce plus, à moins d'être nommé président. Je parle de ce qui se passe au tribunal de commerce de Rouen, et il en est de même au Havre.

M. le rapporteur. Il faut, en réalité, huit ans pour être nommé soit président de section, soit président.

M. Fortier. Je vous demande pardon, on peut être président de section la cinquième année.

M. le rapporteur. On peut l'être à la rigueur à la cinquième année, mais je ne crois pas que cela se passe ainsi en général. D'ailleurs, en admettant les indications de M. Fortier, est-ce que les auteurs de l'amendement proposent de réduire la durée des fonctions exigée des magistrats consulaires à six ans ?

M. Victor Leydet. Mais non, nous ne demandons pas cela.

M. le rapporteur. Il n'est donc pas nécessaire de s'étendre sur ce point.

En ce qui concerne plus particulièrement le tribunal de Rouen, l'honorable M. Fortier ne s'est sans doute pas souvenu de ce que j'ai dit dans une précédente séance et que je répète aujourd'hui, à savoir que je ne vois pas bien le président du tribunal de Rouen demandant un poste de juge de paix.

M. Victor Leydet. Je tiens à déclarer, pour éviter toute équivoque et pour répondre à M. Fortier, que nous acceptons le délai de dix ans ; mais nous demandons que tous les magistrats consulaires, aussi bien les simples juges que les présidents, puissent être nommés juges de paix après ce délai.

M. le président. Dans sa dernière séance, le Sénat avait adopté la première partie de l'amendement de MM. Victor Leydet, Monis, Maurice-Faure, Milliès-Lacroix et Dellestable.

M. le rapporteur. Monsieur le président, avant de voter sur la seconde partie de l'amendement, est-ce qu'il ne conviendrait pas de consulter le Sénat sur le complément proposé par la commission à l'article 18, relativement aux maires et adjoints et à l'exclusion de ceux qui auront exercé ou sollicité leurs fonctions depuis moins de deux ans ?

M. le président. Permettez-moi, messieurs, de préciser la position de la question.

Modifiant le texte primitif de la commission, MM. Leydet, Monis, Maurice-Faure et plusieurs de leurs collègues avaient proposé de mettre en tête du paragraphe 4° : « Les maires ou adjoints, les conseillers généraux, les membres des tribunaux de commerce, les membres des conseils de prud'hommes et les suppléants de justices de paix. »

Avant-hier, le Sénat a adopté à la suite du texte de la commission ainsi conçu : « 4° Ceux qui, à défaut de licence ou de baccalauréat en droit ou de certificats de capacité auront exercé pendant dix ans les fonctions de... » la première partie de l'amendement dans les termes que voici : « ... maires ou adjoints ou conseillers généraux. »

La seconde partie de l'amendement a été renvoyée à la commission, et celle-ci, usant de son droit, vous propose une disposition additionnelle à ce qui a été voté avant-hier et une modification au texte de l'amendement. Elle propose d'ajouter après ces mots : « conseillers généraux », la phrase suivante :

« ... à la condition d'être nommés en dehors du canton où ils exercent ou auront exercé ou sollicité depuis moins de deux ans des fonctions électives. »

Quelqu'un demande-t-il la parole sur cette addition proposée par la commission ?

M. Victor Leydet. Nous l'acceptons en principe, mais nous demandons à la commission de vouloir bien préciser le sens du mot « sollicité » qui pourrait prêter à équivoque.

M. Maurice-Faure. C'est une expression qui n'est pas très juridique.

M. Chaumié. *garde des sceaux, ministre de la justice.* Je vous demande pardon, le mot est très juridique. Dans une lutte électorale, il y a deux candidats au moins qui sollicitent le mandat ; l'un l'obtient, l'autre l'a simplement sollicité. La compétition a été également vive de part et d'autre, et la raison pour laquelle on estime qu'un magistrat ne peut pas rendre la justice dans un canton où il vient d'être mêlé à une lutte électorale violente s'applique également à celui qui l'a emporté comme à celui qui a été battu ; à ce dernier surtout, car celui qui l'a emporté est plus disposé, par son succès, à avoir l'âme généreuse que celui qui a été battu à oublier sa défaite. (*Très bien ! très bien ! sur un grand nombre de bancs.*)

M. Maurice-Faure. Monsieur le garde des sceaux, votre raisonnement porterait s'il était question des conseillers municipaux ou uniquement des conseillers généraux, mais il s'agit aussi en l'espèce des fonctions de maire et d'adjoint, qu'on ne sollicite pas expressément en général, et qui sont spontanément conférées par le conseil municipal, c'est un point qu'il conviendrait de ne pas laisser dans l'équivoque. (*Mouvements divers.*)

Sur plusieurs bancs à gauche. N'insistez pas !

M. le garde des sceaux. Le maire est forcément membre du conseil municipal ; il est élu en même temps que lui.

Permettez-moi de vous dire que c'est une question sur laquelle on ne discute pas. Il arrive très fréquemment que des magistrats soient nommés conseillers généraux ; la loi n'admet pas qu'ils soient élus à cette fonction dans un canton situé dans le ressort du corps judiciaire dont ils font partie.

Ces deux conditions se trouvent-elles réunies par une nomination postérieure à son élection, il est tenu de donner sa démission de conseiller général. Il y a là une incompatibilité évidente.

La justice est comme la femme de César, elle ne doit pas être soupçonnée. (*Marques d'approbation sur un grand nombre de bancs.*)

M. le président. Vous acceptez, messieurs, l'addition proposée par la commission ?

M. Victor Leydet. Oui, monsieur le président.

M. le président. J'en donne une nouvelle lecture :

« ... à la condition d'être nommés en dehors du canton où ils exercent ou auront exercé ou sollicité depuis moins de deux ans des fonctions électives. »

Je mets aux voix cette addition, acceptée par les auteurs de l'amendement.

(Cette addition est adoptée.)

M. le président. Je reviens à l'amendement de MM. Leydet, Monis, Maurice-Faure, Dellestable et Milliès-Lacroix, qui proposaient d'ajouter :

. . . .

« Membres des tribunaux de commerce, membres des conseils de prud'hommes, suppléants de justices de paix. »

La commission propose de substituer à ce texte le texte suivant : « Magistrats consulaires dont deux ans au moins comme présidents de tribunal ou présidents de section... »

Les auteurs de l'amendement n'acceptent pas cette rédaction ?

M. Victor Leydet. Non, monsieur le président.

M. le président. Dans ces conditions, je vais consulter le Sénat sur l'amendement de M. Leydet et de plusieurs de ses collègues ; les modifications apportées par la commission à son texte ne constituant pas une proposition différente de la proposition principale. Nous allons, si vous le voulez bien, messieurs, procéder par la division. (*Assentiment.*)

Je mets aux voix les mots : « Membres des tribunaux de commerce... »

(Ces mots sont adoptés.)

M. le président. Je mets aux voix les mots : « ... membres des conseils de prud'hommes. »

(L'épreuve a lieu. — Elle est déclarée douteuse.)

Plusieurs membres à gauche. Nous demandons le scrutin.

M. le président. Le scrutin est de droit. Il va y être procédé.

(Les votes sont recueillis. — MM. les secrétaires en opèrent le dépouillement.)

M. le président. Voici, messieurs, le résultat du scrutin sur les mots : « Les membres des conseils de prud'hommes », proposés par l'amendement de MM. Victor Leydet, Maurice-Faure, Monis et plusieurs de leurs collègues :

Nombre des votants	267
Majorité absolue	134
Pour l'adoption	105
Contre	162

Le Sénat n'a pas adopté.

Je poursuis la lecture de l'amendement : « ... et les suppléants de justices de paix. »

La parole est à M. Maurice-Faure.

M. Maurice-Faure. Messieurs, la plupart des arguments déjà développés à cette tribune, qui ont décidé le Sénat à se prononcer en faveur de l'admissibilité, sans diplôme spécial, aux fonctions de magistrats cantonaux, des maires et adjoints, des conseillers généraux, des juges aux tribunaux de commerce, s'appliquent évidemment aux suppléants des justices de paix et je me garderai bien d'en renouveler inutilement l'exposé.

Mais, cependant, j'ai le devoir de faire remarquer après avoir regretté la non-assimilation complète des conseillers prud'hommes aux magistrats consulaires, qu'en ce qui concerne la nouvelle catégorie d'admissibles, que nous vous prions de comprendre dans le paragraphe 4 de l'article 18, toutes les considérations d'ordre général, dont je viens de parler, sont encore fortifiées, à l'encontre de la thèse soutenue mardi par la commission à propos des membres des municipalités, par la présomption très sérieuse d'une connaissance élémentaire du droit... (*Très bien ! très bien ! sur un grand nombre de bancs.*)

M. Pouthier de Chamaillard. C'est une mauvaise note.

M. Maurice Faure. ...ou tout au moins par la certitude d'une expérience acquise, que tous les suppléants possèdent, sauf de rares exceptions, après les dix années de fonctions exigées par le projet de loi, c'est-à-dire après avoir été eux-mêmes dans de nombreuses audiences tenues en remplacement des titulaires, de véritables juges de paix. (*Très bien! très bien! à gauche.*)

Il y a même certains cantons, comme plusieurs d'entre vous pourraient en témoigner, où le juge de paix, vieilli, fatigué ou peu zélé, ne siége guère plus souvent que ses suppléants, qui, heureusement, sont d'ailleurs presque toujours aussi bons juges que lui. (*Marques nombreuses d'assentiment.*)

Permettez-moi enfin, messieurs, d'ajouter à l'appui de la partie de notre amendement que je défends avec une absolue conviction, une dernière et décisive considération qui, j'en ai la certitude, fera disparaître toute hésitation dans vos esprits, s'il en existe, et touchera, en tout cas, très vivement M. le garde des sceaux.

Il est malheureusement hors de doute que, même à l'heure actuelle — et je regrette que la commission ne s'en soit pas préoccupée — le recrutement des suppléants de justices de paix s'opère à grand'peine dans plusieurs ressorts judiciaires, la délicatesse de la fonction, les études et le labeur qu'elle exige, détournant maintes fois les plus capables d'accepter une mission qui ne comporte que des responsabilités et ne donne lieu à aucune rétribution. (*Très bien! très bien! à gauche.*)

Le fait était déjà constaté et commenté dès 1900, par un homme de la carrière, dans un excellent opuscule, la *Réforme des justices de paix devant la Chambre,* dont le prévoyant auteur, très documenté, alors que le projet de loi proposé au Palais-Bourbon — moins draconien que celui de la commission — maintenait les suppléants dans la catégorie des admissibles sans diplômes, ne trouvait pas cet avantage suffisant pour parer à la pénurie des candidatures.

« Les suppléants de juge de paix, écrivait-il, ne nous paraissent pas être traités assez favorablement... » — que dirait-il, monsieur le rapporteur, s'il avait à apprécier votre loi, plus défavorable encore ? — « ...en effet, après dix ans de suppléance gratuite, ils sont simplement déclarés aptes à devenir juges de paix. C'est trop peu pour rémunérer les services qu'ils auront rendus; nous voudrions qu'on leur reconnût un droit acquis à ces fonctions et que la suppléance devînt ainsi un véritable stage, un surnumérariat conduisant d'une manière sûre à un poste de juge de paix. Ce qui nous porte à formuler ces desiderata — écoutez-bien ceci — ce sont les difficultés chaque jour croissantes que rencontrent les parquets à trouver des suppléants, surtout pour les justices de paix des villes où ces fonctions sont loin d'être des sinécures. »

Nous ne vous demandons pas, messieurs, d'aller jusque-là et notre amendement ne tend nullement à garantir leur promotion en quelque sorte automatique au poste de juge de paix; mais nous vous prions instamment de leur laisser l'espérance, de ne pas disqualifier injustement, dans une certaine mesure, des suppléants qui continueront à siéger dans les prétoires, même si le projet de la commission est adopté, et, dans ce but, nous vous engageons avec la plus vive insistance à maintenir à M. le garde des sceaux, sous la réserve bien suffisante et même excessive à mon avis de la durée décennale de l'exercice des fonctions, une faculté et un droit de nomination, dont la suppression décourageante ne tarderait pas sûrement à tarir tout à fait la source de recrutement, déjà si faible, de ces indispensables et très méritants auxiliaires de notre magistrature cantonale. (*Très bien! et applaudissements sur un grand nombre de bancs.*)

M. le rapporteur. Je demande la parole.

M. le président. La parole est à M. le rapporteur.

M. le rapporteur. Messieurs, le projet de la Chambre des députés que nous vous soumettons n'exclut pas du tout les suppléants de juge de paix de la possibilité d'être nommés juges de paix. Seu-

lement, M. Maurice-Faure se plaint que nous y mettions quelques conditions.

Il est très difficile, dit-il, de trouver des suppléants de juge de paix et on est obligé de prendre les suppléants de juge de paix dans des catégories de personnes qui, certainement, n'ont pas... (*Interruptions à gauche.*)

M. Milliès-Lacroix. Personne n'a dit cela !

M. le président. Veuillez ne pas interrompre, messieurs. On a permis à M. Maurice-Faure de s'expliquer en toute liberté; permettez à M. le rapporteur de lui répondre.

M. le rapporteur. L'honorable M. Milliès-Lacroix prétend que ce n'est pas là ce qu'a dit l'honorable M. Maurice-Faure. J'ai relevé ses paroles. Il a dit : Il est très difficile de trouver des suppléants de juge de paix et ce sera encore plus difficile si on met des conditions à leur nomination.

M. Maurice-Faure. Je vous demande pardon : j'accepte, comme condition de nomination, la durée décennale des fonctions de suppléant de juge de paix.

M. le président. C'est entendu. La condition exigeant dix années d'exercice dans les fonctions énumérées au paragraphe 4° figure en tête de ce paragraphe.

M. le rapporteur. Je vois très bien que vous défendez votre amendement avec une ardeur qui, permettez-moi de le dire, ne paraît digne d'une meilleure cause. (*Réclamations sur divers bancs à gauche.*)

M. Victor Leydet. Faites de la conciliation !

M. le rapporteur. Nous avons fait de la conciliation, puisque nous avons modifié notre texte; mais il faut bien que le Sénat voie la situation. Il s'agit de savoir si on peut nommer n'importe qui juge de paix (*Exclamations sur les mêmes bancs*), ou si l'on veut établir des conditions précises. En ce qui concerne les suppléants de juge de paix, on est obligé de les choisir sans condition aucune, et souvent, à raison de la difficulté du recrutement, on prend des suppléants de juge de paix qui, évidemment, ne présentent pas la capacité nécessaire pour être juges de paix.

Il fallait donc mettre à la nomination des suppléants comme juges de paix une condition. Avec la Chambre des députés — car c'est la décision de la Chambre des députés sur laquelle le Sénat est appelé à statuer — nous avons décidé de proposer l'obligation pour eux de posséder le brevet de capacité.

Le Sénat verra ce qu'il doit faire. Mais la commission insiste pour qu'on ne fasse pas tomber toutes les barrières à l'accession aux fonctions de juge de paix. La considération qui domine, je ne saurais trop y revenir, est celle-ci : il s'agit de l'intérêt des justiciables, il s'agit de leur donner des magistrats qui présentent toutes les garanties voulues.

Voilà la question. Je crois que la commission s'est montrée plus raisonnable que ne le sont vraiment les auteurs de l'amendement. (*Mouvements divers.*)

M. le président. Le Sénat va en juger, messieurs.

Je mets aux voix cette partie de l'amendement :

« Les suppléants de justices de paix. »

Il a été déposé sur le bureau une demande de scrutin signée de MM. Milliès-Lacroix, Fagot, Pradal, Frézoul, Jouffray, Dellestable, Lordereau, Giresse, Saint-Romme, Bonnefoy-Sibour.

Il va être procédé au scrutin.

(*Les votes sont recueillis. — MM. les secrétaires en opèrent le dépouillement.*)

M. le président. Voici, messieurs, le résultat du scrutin :

<pre>
Nombre des votants 260
Majorité absolue............ 131

    Pour l'adoption 185
    Contre................   75
</pre>

Le Sénat a adopté.

Je reviens au texte de la commission qui a proposé d'ajouter les mots : « conseillers de préfecture. »

Je mets aux voix cette addition.

(Cette addition est adoptée.)

M. le président. Je poursuis la lecture du texte proposé par la commission : « Notaires, greffiers près les cours d'appel ou les tribunaux civils, de commerce ou de paix, les receveurs ou fonctionnaires d'un ordre au moins égal dans l'administration de l'enregistrement. »

Il y avait dans le texte primitif le mot « avoués » que la commission a supprimé.

M. le rapporteur. La commission a, en effet, supprimé les avoués de son texte, parce que tous ont, obligatoirement, le certificat d'aptitude.

M. Ernest Boulanger, *de sa place.* Du moment où le Sénat a admis que les conseillers généraux peuvent être candidats juges de paix, je demande à la commission pourquoi elle exclut les conseillers d'arrondissement. (*Exclamations.*) Il n'y a aucune raison de les écarter.

M. le rapporteur. Ce n'est pas le texte de la commission que le Sénat a adopté, à cet égard, c'est un amendement; la commission n'a pas à étendre encore un texte qu'elle trouve déjà exagéré. Dans ces conditions, par conséquent, elle n'avait rien à proposer au Sénat.

M. Ernest Boulanger. Alors, monsieur le président, je propose un amendement tendant à introduire dans le texte de l'article la mention des conseillers d'arrondissement.

M. Maurice-Faure. Nous l'appuyons bien volontiers.

M. le rapporteur. Je demande la parole.

M. le président. Veuillez ne pas mêler les questions, messieurs, je vous en prie.

Je vais d'abord consulter le Sénat sur la partie du paragraphe que j'ai lue il y a un instant et dont je donne une nouvelle lecture :

« Notaires, greffiers près les cours d'appel ou les tribunaux civils, de commerce ou de paix, les receveurs ou fonctionnaires d'un ordre au moins égal dans l'administration de l'enregistrement. »

Je mets aux voix cette disposition.

(Cette disposition est adoptée.)

M. le président. La parole est à M. Boulanger pour développer son amendement.

M. Ernest Boulanger. Messieurs, je n'étais pas partisan de la disposition relative aux conseillers généraux, mais le Sénat ayant décidé de les faire figurer dans le texte de la proposition de loi en discussion, je n'aperçois, quant à moi, aucune raison d'exclure du bénéfice de cette disposition les conseillers d'arrondissement.

M. Charles Riou. Ni les conseillers municipaux.

M. Ernest Boulanger. Je vous demande pardon, ce n'est pas la même chose. Vous présenterez, si vous le voulez, un amendement pour les conseillers municipaux ; quant à moi je m'en tiens aux conseillers d'arrondissement.

Les conseillers d'arrondissement, par leur origine, par leurs fonctions, se rapprochent sensiblement des conseillers généraux, et on ne comprendrait véritablement pas que le bénéfice de la loi leur fût refusé. C'est pourquoi je prie le Sénat, par mon amendement, d'ajouter les conseillers d'arrondissement aux conseillers généraux.

M. le président. La parole est à M. le rapporteur.

M. le rapporteur. Je fais remarquer au Sénat que la proposition de l'honorable M. Boulanger arrive bien tard,

M. Ernest Boulanger. Elle vient après votre disposition sur les conseillers généraux ; je ne pouvais pas la formuler avant.

M. le rapporteur. C'est hier que le Sénat s'est prononcé sur la question des conseillers généraux.

M. Tillaye. Il n'est jamais trop tard.

M. le rapporteur. Il n'y a pas à se le dissimuler, messieurs, l'amendement qui vous est soumis

est un moyen d'arrêter la loi, de l'empêcher d'être votée. C'est ainsi depuis vingt-huit ans. Que l'honorable M. Boulanger me permette de lui dire, si l'on omettait les conseillers d'arrondissement, je ne vois pas quel inconvénient il y aurait à cela. Les conseillers d'arrondissement ne sont pas versés dans les affaires judiciaires et lorsqu'un de nos honorables collègues disait il y a un instant : et les conseillers municipaux, il me semble qu'ils sont tout aussi aptes que les conseillers d'arrondissement à devenir juges de paix.

C'est toujours la question du chapelet dont je parlais. Nous demandons au Sénat de s'en tenir au texte de la commission et à ses propres résolutions.

S'il veut en finir avec cette loi, qu'il repousse les amendements qui peuvent se présenter et qu'il adopte, je le répète, le texte qui lui est soumis par la commission. Dans ces conditions peut-être pourra-t-il enfin être définitivement adopté. Dans le cas contraire, la loi, trop profondément modifiée, retournant devant la Chambre, ne pourra certainement être promulguée avant une date indeterminée.

Nous demandons au Sénat de repousser la prise en considération de l'amendement de M. Boulanger.

M. le président. Je consulte le Sénat sur la prise en considération de l'amendement de M. Boulanger, qui consiste à ajouter, à la liste des personnes qui sont aptes à devenir juges de paix, les conseillers d'arrondissement.

(L'amendement n'est pas pris en considération.)

M. le président. Après la dernière disposition de la commission, sur laquelle le Sénat s'est prononcé, se place un amendement de M. Théodore Girard, ainsi conçu :

« Ceux qui auront été, pendant dix ans, huissiers, commis-greffiers près les cours d'appel ou tribunaux civils, clercs d'avoué ou de notaire pouvant justifier de cinq ans d'exercice comme premiers clercs dans une étude d'avoué ou de notaire de chef-lieu d'arrondissement. »

Peut-être, M. Théodore Girard, afin de rattacher votre amendement au commencement de l'article voté, pourriez-vous dire : « Ceux qui auront été également pendant dix ans... »

M. Théodore Girard. Parfaitement, monsieur le président.

M. le président. La parole est à M. Théodore Girard.

M. Théodore Girard. Messieurs, je ne remonte à cette tribune, où je m'excuse d'être venu plus qu'à mon habitude, dans ces derniers jours, que pour préciser en quelques mots l'objet spécial de mon amendement.

L'article 18, que nous discutons actuellement, comprend, parmis les candidats que la commission juge dignes d'être appelés aux fonctions de juge de paix après dix ans d'exercice : les huissiers, les commis-greffiers, les clercs d'avoué ou de notaire pouvant justifier de deux ans d'exercice comme premiers clercs dans une étude. Mon amendement ne constitue par conséquent aucune innovation.

M. Charles Riou. Quel en est exactement le texte ?

M. Théodore Girard. Voici le texte de la commission :

« Pourront seuls être nommés juges de paix...

« § 3. — Ceux qui, à défaut de licence, auront obtenu le certificat de capacité prévu par l'article 12 de la loi du 22 ventôse an XII, et qui auront été en outre :

« Pendant dix ans : huissiers, commis-greffiers près les cours ou tribunaux civils, clercs d'avoué ou de notaire pouvant justifier de deux ans d'exercice comme premiers clercs dans une étude... »

Le principal désaccord qui existe entre la majorité de la commission et moi c'est que je supprime le diplôme. J'estime que ces praticiens qu'elle énumère, après avoir été mêlés aux affaires pendant dix ans, puisent dans ce passé des titres suffisants pour être nommés juges de paix sans produire de brevet.

Si la commission et le Sénat lui-même n'avaient

admis aucune exception, je ne serais probablement pas à cette tribune, mais, au cours de ces débats, nous avons décidé notamment que les greffiers de tribunaux civils et de paix, les maires, adjoints, conseillers généraux, suppléants des juges de paix, pourraient être nommés juges de paix sans garanties spéciales de capacité.

Je ne me plains pas de ces exceptions, puisque je les ai votées ; mais du moment qu'elles ont été admises par le Sénat, je viens le convier à faire une œuvre de logique et à aller jusqu'au bout. Je soutiens que les candidats qui ont acquis, par la pratique, la connaissance et l'expérience des affaires, feront d'aussi bons juges de paix que ceux dont je viens de parler et que vous avez dispensés de la production de tous titres.

Et ici, il ne faut pas d'équivoque ; quand je parle des huissiers qui sont compris dans le texte même de la commission, je ne parle pas de cette gens processive dont M. Maurice-Faure nous a fait, à la dernière séance, le portrait à la tribune. Je parle uniquement des gens honorables et probes qui, pendant dix ans, ont exercé consciencieusement et loyalement leur mandat.

Je n'entends viser que ceux-là.

En ce qui concerne les commis greffiers des tribunaux civils, puisque vous acceptez les greffiers sans aucun diplôme, je ne vois pas pourquoi vous voulez imposer aux commis greffiers, qui sont souvent plus forts que les greffiers eux-mêmes, soit dit sans pensée blessante pour ceux-ci, un brevet de capacité. (*Très bien !*)

En ce qui concerne les clercs d'avoué ou de notaire, quand ils ont exercé pendant dix ans et qu'ils ont été maîtres clercs pendant cinq ans, là aussi nous sommes, me semble-t-il, en présence d'hommes expérimentés, réunissant toutes conditions voulues pour apprécier les litiges qui sont soumis à la juridiction des justices de paix.

Du reste, j'avais modifié sur ce point mon amendement, afin de soumettre à la commission une solution transactionnelle que je n'ai pas eu la chance de faire triompher devant elle. Pour donner au besoin un surcroît de garantie, j'accepte, en ce qui concerne les clercs d'avoué ou de notaire, non seulement dix ans d'exercice, mais cinq ans au lieu de deux ans de fonctions de maîtres clercs dans une étude de chef-lieu d'arrondissement. C'est le délai qui avait été fixé par la Chambre des députés dans le projet de 1891.

Tel est, messieurs, le but de mon amendement. Je répète au Sénat que des exceptions, qui n'ont pas paru toujours justifiées à tout le monde, ayant été admises en faveur de candidats qui n'ont pas été préparés par aucune étude de droit, il me paraît logique de faire bénéficier de la même faveur ceux qui ont rempli pendant dix ans des fonctions les ayant déjà initiés aux connaissances que doivent avoir les juges de paix.

J'espère que le Sénat, accomplissant cette œuvre de logique, ratifiera mon amendement. (*Très bien ! sur divers bancs.*)

M. le rapporteur. Je demande la parole.

M. le président. La parole est à M. le rapporteur.

M. le rapporteur. Messieurs, l'honorable M. Théodore Girard vous apporte encore une nouvelle extension aux diverses catégories que le Sénat a déjà votées. Il trouve qu'il serait logique d'étendre encore ces dispositions déjà pourtant excessivement larges.

Les catégories dont vient de vous parler M. Girard sont au nombre de quatre : ce sont les commis greffiers, les clercs d'avoué, les clercs de notaire et les huissiers.

Il vient de vous dire que les clercs d'avoué et les clercs de notaire peuvent être des hommes très honorables, qu'ils ont l'expérience et que, dès lors, on devrait pouvoir les nommer juges de paix.

L'autre jour, messieurs, on a parlé d'eux, et l'un de nos collègues disait : « Oui, c'est ce qu'on appelle les chicaneaux de village ; ceux-là, nous n'en voulons pas ! »

Nous savons tous ce que sont les personnes qui s'intitulent ancien clerc de notaire ou d'avoué. Il est incontestable qu'elles peuvent être très honorables ; malheureusement c'est le titre que prennent aussi tous les agents d'affaires.

Voulez-vous mettre dans le texte de la loi, parmi les catégories qui pourront obtenir le poste de juge de paix, des hommes qui ne présentent ni un diplôme ni une garantie quelconque, et les déclarer aptes à remplir les fonctions qu'ils sollicitent ?

Nous avons admis que ceux qui auraient un diplôme pourraient être candidats. C'est ce que la Chambre a voté ; nous demandons instamment au Sénat — c'est le dernier amendement sur cet article — d'en finir avec cette liste déjà bien longue et de rejeter l'amendement de l'honorable M. Girard.

M. Théodore Girard, *de sa place.* Puis-je demander à M. le garde des sceaux de faire connaître son avis sur mon amendement ?

M. le garde des sceaux. Je ne fais nulle difficulté pour donner mon opinion.

M. le président. La parole est à M. le garde des sceaux.

M. le garde des sceaux. La loi que le Sénat est appelé à voter règlemente trois ordres de questions : extension de compétence, augmentation de traitement, augmentation de capacité. Sur les deux premiers points, il n'y a pas de doute ; j'ai même été prévenu qu'un amendement demandera d'élever encore, pour la dernière classe de juges de paix, le traitement proposé par la commission.

Quant à la question de capacité, je considère qu'elle est intimement liée aux deux autres. Le Sénat a pensé que certaines fonctions dont l'exercice ne préjugeait pas nécessairement la pratique des affaires pouvaient cependant former assez l'esprit pour permettre de nommer juges de paix ceux qui les ont occupées. M. Girard propose de comprendre parmi ceux qui seront susceptibles d'être nommés des hommes qui auront été, pendant dix ans, principaux clercs dans une étude d'avoué ou de notaire, au moins dans un chef-lieu d'arrondissement. Je dois déclarer que, dans ma pratique d'avocat, j'ai vu souvent, dans des études d'avoué, des principaux clercs qui dirigeaient l'étude, quelquefois sous divers patrons, et qui avaient acquis dans ces fonctions une pratique des affaires véritablement très sérieuse.

Je vous avoue que, du moment où nous sommes sortis des limites étroites que la commission vous proposais, je ne vois pas pourquoi on ne comprendrait pas les principaux clercs d'avoué qui, à défaut de titres, apporteront du moins une expérience juridique. (*Très bien ! très bien !*)

M. de Lamarzelle. Et les anciens sénateurs ? (*Rires.*)

M. le président. Je mets aux voix l'amendement de M. Théodore Girard.

J'en donne une nouvelle lecture :

« Ceux qui auront été également pendant dix ans huissiers, commis greffiers près les cours d'appel ou tribunaux civils, clercs d'avoué ou de notaire pouvant justifier de cinq ans d'exercice comme premiers clercs dans une étude d'avoué ou de notaire de chef-lieu d'arrondissement. »

J'ai reçu une demande de scrutin public.

M. Théodore Richard. Je la retire.

M. le président. La demande de scrutin étant retirée, je mets aux voix l'amendement de M. Théodore-Girard.

(Cet amendement est adopté.)

M. le Président. Avant de revenir au paragraphe 3°, qui avait été réservé, je dois mettre aux voix l'ensemble du paragraphe 4°, dont le Sénat a voté à la dernière séance et aujourd'hui les diverses dispositions.

J'en donne une dernière lecture :

« 4° Ceux qui, à défaut de licence ou de baccalauréat en droit ou de certificat de capacité, auront exercé pendant dix ans les fonctions de maires ou adjoints, ou conseillers généraux, à la condition d'être nommés en dehors du canton où ils exercent ou auront exercé ou sollicité, depuis moins de deux ans, des fonctions électives ;

« Membres des tribunaux de commerce, suppléants de justices de paix, conseillers de préfecture ;

« Notaires, greffiers près les cours d'appel ou les tribunaux civils, de commerce ou de paix, receveurs ou fonctionnaires d'un ordre au moins égal dans l'administration de l'enregistrement ;;

« Ceux qui auront été également, pendant dix ans, huissiers, commis greffiers près les cours d'appel ou tribunaux civils ; clercs d'avoué ou de notaire pouvant justifier de cinq ans d'exercice comme premiers clercs dans une étude d'avoué ou de notaire de chef-lieu d'arrondissement. »

(Le paragraphe 4° est adopté.)

M. le président. Nous revenons au paragraphe 3°, dont le texte a encore été modifié par la commission.

J'en donne lecture :

« Ceux qui, à défaut de licence en droit, auront obtenu le certificat de capacité prévu par l'article 12 de la loi du 22 ventôse an XII.

« Pendant cinq ans :

« Notaires, avoués, greffiers près les cours d'appel ou les tribunaux civils, de commerce ou de paix, receveurs ou fonctionnaires d'un ordre au moins égal dans l'administration de l'enregistrement ;

« Pendant dix ans :

« Magistrats consulaires, dont deux ans au moins comme présidents de tribunal ou présidents de section ;

« Conseillers prud'hommes pouvant justifier de trois années de fonctions comme présidents ou vice-présidents ; greffiers près les tribunaux de commerce ou de paix ; huissiers, commis-greffiers près les cours ou tribunaux civils, clercs d'avoué ou de notaire pouvant justifier de deux ans d'exercice comme premiers clercs dans une étude ; suppléants de justices de paix, maires ou adjoints, ces derniers à la condition d'être nommés en dehors du canton où ils exercent ou auront exercé ou sollicité, depuis moins de deux ans, des fonctions électives. »

M. Théodore Girard. Il y a toute une partie du paragraphe qui se trouve remplacé par mon amendement, monsieur le président.

M. le président. Je ne puis lire que le texte que j'ai sous les yeux. Que la commission veuille bien indiquer les parties supprimées et celles qui sont maintenues.

M. le rapporteur. Messieurs, l'adoption de l'amendement de M. Théodore Girard entraîne la suppression, dans le troisième paragraphe, des dispositions relatives aux huissiers, commis greffiers, clercs de notaire et d'avoué, par cette raison bien simple que la question qui se posait était de savoir s'il fallait les mettre dans le paragraphe 3° ou dans le paragraphe 4°. Le Sénat a décidé qu'ils figureraient au paragraphe 1er ; par conséquent il n'y a pas à voter sur cette partie dans le paragraphe 3°, qui comprend uniquement les conseillers prud'hommes.

M. Félix Martin. L'amendement de M. Théodore Richard ne vise que quelques-uns des clercs d'avoué et notaire, tandis qu'ici ils sont tous visés.

M. le président. Le Sénat s'est prononcé sur l'amendement de M. Théodore Girard ; il est impossible d'y revenir.

M. Félix Martin. C'est une catégorie spéciale que M. Girard a visé.

M. le président. Le paragraphe 3° serait donc ainsi conçu :

« 3° Ceux qui, à défaut de licence en droit, auront obtenu le certificat de capacité prévu par l'article 12 de la loi du 22 ventôse an XII, relative aux écoles de droit, et qui en outre auront été :

« Pendant cinq ans : notaires, avoués, greffiers près les cours d'appel ou les tribunaux civils, de commerce ou de paix, receveurs ou fonctionnaires d'un ordre au moins égal dans l'administration de l'enregistrement ;

« Pendant cinq ans :

« Conseillers prud'hommes pouvant justifier de trois années de fonctions comme présidents ou vice-présidents. »

Je mets aux voix le troisième paragraphe ainsi modifié.

(Le paragraphe 3° est adopté.)

M. le président. Reste, messieurs, une disposition finale qui s'applique aux paragraphes 3° et 4°.

Elle est ainsi conçue :

« Les magistrats, officiers ministériels ou fonctionnaires mentionnés dans les paragraphes 3° et 4° ci-dessus qui auront exercé plusieurs de ces fonctions pourront en ajouter la durée pour remplir les conditions exigées par ces paragraphes.

Je mets aux voix ce dernier paragraphe de l'article 18.

(Le dernier paragraphe est adopté.)

M. le président. Je mets aux voix l'ensemble de l'article 18.

(L'article 18 est adopté.)

M. le président. « Art. 19. — Les juges de paix et leurs suppléants ne pourront être nommés avant l'âge de vingt-sept ans accomplis. Ils ne pourront rester en fonctions après soixante-dix ans révolus. »

MM. Milliard, Charles Prevet, Delobeau, Eugène Guerin, Maurice-Faure et Guillier ont déposé sur cet article un amendement ainsi conçu :

« Supprimer cette dernière disposition de cet article :

« Ils ne pourront rester en fonctions après soixante-dix ans révolus »

La parole est à M. Milliard.

M. Milliard. Messieurs, notre amendement est très simple, très modeste, et ne comporte pas de longs développements.

Il a pour but la suppression de la dernière disposition de l'article 19, qui exécute tous les juges de paix à soixante-dix ans, en décidant qu'ils ne pourront plus exercer leurs fonctions à partir de cet âge.

C'est, comme vous le voyez, la mise à la retraite des juges de paix à soixante-dix ans, disposition tout à fait nouvelle. Vous la chercheriez en vain dans les nombreuses propositions soumises au Parlement depuis la loi de 1838. Vous la chercheriez vainement aussi dans le projet que le Sénat a voté en 1896. Elle ne figure pas davantage dans le projet sorti des délibérations de la commission de la Chambre des députés ; c'est seulement au cours de la discussion qu'elle a été introduite dans la loi par un amendement trop vite accepté, selon moi, par M. le garde des sceaux d'alors et par M. le rapporteur.

Quels sont les arguments invoqués par l'auteur de l'amendement à l'appui de cette disposition nouvelle ?

C'est l'augmentation de la compétence portée jusqu'à 600 francs, la multiplicité des attributions que le législateur donne si volontiers aux juges de paix.

Qu'il y ait certaines justices de paix très chargées à Paris et dans la banlieue, je le reconnais ; mais dans la très grande majorité des cantons, le travail restera facile et la besogne légère, même après le vote de la loi que nous discutons et en dépit des lois sur les accidents et sur les saisies-arrêts.

D'ailleurs, il y a une réponse décisive et sans réplique à cette argumentation ; c'est que les juges de paix sont des magistrats amovibles et que M. le garde des sceaux peut toujours les remplacer quand ils sont incapables de remplir leurs fonctions.

Ah ! si vous leur aviez accordé l'inamovibilité que vous demandait pour eux dans un très beau discours notre collègue M. de Las Cases et que la plupart des législations étrangères leur accordent ; si vous en aviez fait une magistrature indépendante, une véritable magistrature, d'autant plus nécessaire qu'elle est en contact direct et constant avec les justiciables et que c'est d'après elle que le justiciable juge à son tour la justice, je comprendrais, j'approuverais et je voterais sans la moindre hésitation leur mise à la retraite à 70 ans, les traitant comme des magistrats inamovibles.

Mais, après comme avant le vote de la loi, les juges de paix resteront des magistrats amovibles ; car si l'article suivant, l'article 20, crée une commission présidée par le procureur général de la cour de cassation, composée de trois conseillers à la cour de cassation et de trois directeurs du ministère de la justice, si le garde des sceaux ne peut révoquer un juge de paix sans prendre l'avis de cette commission, s'il y a là pour les juges une garantie incontestable, ce n'est pas l'inamovibilité.

J'ajoute qu'au point de vue qui nous occupe, les choses se passeront demain comme elles se passent aujourd'hui

Voilà un juge de paix qui, à raison de ses infirmités, est devenu incapable de remplir ses fonctions ; comment les choses se passent-elles aujourd'hui ? On lui demande sa démission. Neuf fois sur dix, il la donne : s'il ne veut pas la donner, on le remplace. Comment se passeront-elles après l'adoption de l'article 20 ? A peu près de la même façon. J'entends bien que vous serez obligés de demander l'avis de la commission.

Mais, imaginez-vous qu'elle refusera jamais au garde des sceaux le droit de remplacer un juge de paix incapable de remplir ses fonctions, à raison de son âge et de ses infirmités ?

La seconde disposition de l'article 19 est donc inutile.

Elle n'est pas seulement inutile, elle a des inconvénients soit au point de vue de la justice, soit au point de vue de nos finances.

Au point de vue de la justice d'abord, vous avez nombre de juges de paix qui ont plus de soixante-dix ans et qui sont encore très verts. J'en connais plus d'un. Pourquoi vous priver de leurs services, de leur expérience, de leur autorité et surtout pourquoi en priver les justiciables ?

D'autre part, il y a beaucoup de juges de paix âgés de soixante-dix ans, environ 500.

En dépit de la disposition transitoire sur laquelle je m'expliquerai dans un instant, vous serez obligés, si vous votez la seconde disposition de l'article 19, de remplacer ces 500 juges de paix presque immédiatement. Les candidats ne vous manqueront pas ; seront-ils tous bons : et croyez-vous qu'il ne serait pas plus sage de laisser M. le garde des sceaux les remplacer successivement, à mesure qu'ils seraient incapables de remplir leurs fonctions ?

Tels sont les inconvénients au point de vue de la justice.

Voici les inconvénients financiers. Parmi les 500 juges de paix ayant plus de soixante-dix ans, il y en a environ 150 qui ont droit à leur retraite.

Il faudra liquider ces 150 retraites, qui pèseront immédiatement sur nos budgets. Or vous savez combien est lourde pour nos finances la loi de 1853 sur les retraites civiles.

Si je suis bien renseigné, il y a un certain nombre de juges de paix qui sont incapables de remplir leurs fonctions, qui ont droit à leur retraite, qui la demandent et ne peuvent l'obtenir.

Ne serait-ce pas plus sage de liquider ces retraites qu'on vous demande, au lieu de vous mettre dans la nécessité d'en liquider cent cinquante qui ne sont réclamées par personne ?

Les auteurs de l'article 19 ont compris la brutalité de cette mise à la retraite, et pour l'atténuer ils ont introduit dans la loi une disposition transitoire qui est l'article 27. Notre amendement ne supprime pas seulement la seconde partie de l'article 19, il fait disparaître par voie de conséquence la disposition transitoire devenue inutile.

Voici cet article 27 :

« Les juges de paix actuellement en fonctions, qui à l'âge de soixante-dix ans n'auront pas droit à une pension de retraite, pourront être maintenus dans leurs fonctions jusqu'à ce qu'ils aient atteint le temps de service prescrit pour l'obtenir, ou pourront être admis à faire valoir leurs droits à une retraite proportionnelle suivant les taux fixés par l'article 12 de la loi du 9 juin 1853. »

Vous le voyez, cet article comprend deux dispositions tout à fait distinctes.

Par la première, le garde des sceaux est autorisé à laisser en fonctions après soixante-dix ans les juges de paix qui n'ont pas encore droit à leur retraite.

Il serait plus simple, en vérité, de ne pas les mettre d'office à la retraite, d'éviter ainsi la nécessité d'autoriser par l'article 27 le garde des sceaux à violer l'article 19.

La seconde disposition de l'article 27 est autrement grave. Elle accorde à tous les juges de paix qui ont soixante-dix ans et qui ont plus de vingt ans de services, le bénéfice de l'article 12 de la loi de 1853, c'est-à-dire le droit à une retraite proportionnelle, et cela sans avoir à justifier, comme l'exige l'article 11 de la même loi, d'une infirmité contractée dans l'exercice de leurs fonctions.

C'est ainsi qu'on met nos budgets au pillage.

Telles sont les raisons qui militent en faveur de notre amendement.

On a voulu rajeunir les juges de paix en autorisant leur nomination dès l'âge de vingt-sept ans. Pourquoi ne pas conserver dans cette magistrature un certain nombre de vieillards restés verts, ne fût-ce que pour lui garder un air patriarcal qui lui sied si bien et ne pas rompre tout à fait avec la tradition de la Révolution française, si chère à l'un des signataires de l'amendement, l'honorable M. Maurice-Faure. (*Très bien ! très bien ! et applaudissements.*)

M. le président. La parole est à M. le rapporteur.

M. le rapporteur. Messieurs, l'honorable M. Milliard vous demande de supprimer la limite d'âge pour les juges de paix.

Je comprends très bien qu'on soutienne d'une manière générale que les magistrats ne doivent pas être soumis à la limite d'âge. C'est ce qui existait autrefois. Avant le décret de 1852, il n'y avait de limite d'âge pour aucune espèce de magistrats. Mais, à l'heure actuelle, dire qu'il n'y aura, dans l'administration et dans la justice française, qu'une seule et unique catégorie de fonctionnaires qui échappent au principe de la limite d'âge...

Plusieurs sénateurs. Et les magistrats du parquet ?

M. Bérenger. Pour les magistrats du parquet il n'y a pas de limite d'âge !

M. le rapporteur. Les magistrats du parquet sont amovibles. Je vais y venir.

M. Bérenger. Les juges de paix aussi !

M. le rapporteur. Je répondrai tout à l'heure à votre argument.

Je dis qu'à l'heure actuelle, dans toutes les fonctions publiques, vous voyez la limite d'âge intervenir.

Quelles sont celles qui ont été établies pour les magistrats ? On a admis la limite de soixante-quinze ans pour ceux de la cour de cassation ; celle de soixante-dix pour les magistrats des cours d'appel et des tribunaux. La Chambre des députés a voté, et nous vous demandons, avec le Gouvernement, de vouloir bien maintenir, pour les juges de paix, la limite d'âge établie pour les magistrats des tribunaux.

M. Milliard nous objecte que les juges de paix sont des magistrats amovibles. Précisément, il y a, dans la loi, deux dispositions qui sont corrélatives : celle qui concerne la limite d'âge et celle qui concerne l'inamovibilité.

Tout à l'heure, en effet, va venir en discussion un article qui n'autorise le garde des sceaux à révoquer et même à déplacer un juge de paix que sur l'avis d'une commission spéciale ; c'est là une sorte d'inamovibilité et, dans ces conditions, si vous votiez la disposition proposée par M. Milliard, le garde des sceaux se trouverait en présence de cette situation : voilà un magistrat qui, pour beaucoup de motifs, ne peut et ne doit pas rester juge de paix au delà de soixante-dix ans ; le garde des sceaux ne pourra pas, pour un motif quelconque, le traduire devant la commission dont parle l'article relatif à l'inamovibilité et il sera dans l'impossibilité de le mettre à la retraite.

Je crois qu'il y a là, je le répète, deux dispositions corrélatives, et du moment que l'on admet l'une, relative à l'inamovibilité, il faut nécessairement admettre l'autre, qui concerne la limite d'âge.

M. Milliard nous dit : « Vous mettrez à la retraite des magistrats très verts, encore aptes à remplir leurs fonctions. » Je lui réponds : le même fait se produit pour les juges des cours et tribunaux et pour ceux de la cour de cassation ; pourquoi les juges de paix auraient-ils le privilège de rester indéfiniment en fonction ?

Il ne me paraît pas, messieurs, qu'il y ait une raison de faire en leur faveur une exception.

J'ajoute qu'au point de vue financier, vous n'avez pas tant de préoccupations à avoir que le disait l'honorable M. Milliard. Il s'agit uniquement d'une disposition transitoire. Il y aura un certain nombre de juges de paix qui devront être mis à la retraite, mais enfin leur nombre, en vertu de cette disposition, ne sera pas très considérable. Dans ces conditions, laissons de côté cette crainte, mais, je le répète, au point de vue du principe, il est impossible d'admettre que, si vous votez l'inamovibilité, vous puissiez, d'autre part, maintenir l'impossibilité pour le garde des sceaux de mettre à la retraite des juges de paix une fois arrivés à l'âge de soixante-dix ans.

M. Gourju. Je demande la parole.

M. le président. La parole est à M. Gourju.

M. Gourju. Messieurs, s'il s'agissait de créer de toutes pièces une innovation et de faire un saut dans l'inconnu, en créant pour les juges de paix âgés un système qui n'eut jamais été expérimenté en France, je comprendrais que la commission reculât ou du moins qu'elle éprouvât quelque scrupule à faire entrer pour la première fois dans l'exercice de la justice des vieillards âgés de plus de soixante-dix ans; mais ce que vous demandent nos collègues n'est pas autre chose que de maintenir ce qui existe déjà, ce qui a existé de tout temps en France, ce qui n'y a jamais produit de mauvais effets et ce qui permet de donner à des hommes expérimentés, âgés et sans fortune le moyen, quelquefois, de ne pas tomber dans la misère, à défaut d'un droit à la retraite.

M. Tillaye. C'est vrai !

M. Gourju. Je n'ai pas besoin de vous dire que tous les arguments qui vous ont été présentés par notre honorable collègue M. Milliard, si expérimenté quand il s'agit des choses de la justice, je les fais miens et ne les répète pas; mais je veux vous en présenter un dernier, un argument d'humanité qui se concilie à merveille avec tous les autres, et devant lequel une Assemblée de vieillards comme nous (*Sourires*) n'hésitera pas à s'incliner.

Il s'agit d'empêcher tout simplement que l'innovation présentée par la commission et non pas par les auteurs de l'amendement n'oblige M. le garde des sceaux à commettre des actes de véritable cruauté. Nombreux sont les exemples de magistrats distingués même au plus haut point, qui voyaient arriver avec quelque angoisse la limite d'âge de soixante-dix ans sans avoir acquis de droits à la retraite, et à qui il a été permis de continuer à vivre dans l'activité pour le plus grand bien de leurs concitoyens grâce à cette mesure de la continuation des services après l'âge de soixante-dix ans et dans une magistrature paternelle, où le tact, l'expérience et la bonté tiennent autant de place que les qualités professionnelles. (*Très bien !*)

Il en est des exemples très nombreux. Voulez-vous me permettre d'en citer deux seulement, parce que les hommes dont je vais prononcer les noms sont morts l'un et l'autre, et que d'ailleurs ce que j'ai à en dire, n'a rien que d'honorable pour leur mémoire.

Nous avons connu à Lyon un conseiller à la cour d'appel qui s'appelait M. Le Lorrain et qui était un magistrat de premier ordre. Il avait, pendant de longues années, exercé la profession d'avoué, et il avait été maire de Joigny. Mes collègues du département de l'Yonne n'ont peut-être pas perdu le souvenir de cet homme distingué. Il était entré tard dans la magistrature, et l'âge de soixante-dix ans allait le surprendre à la fois sans fortune et sans droits à la retraite. Il fut nommé juge de paix à Paris, et il put y continuer des fonctions de judicature pendant quatorze ou quinze ans encore; il prit sa retraite à quatre-vingt cinq ans comme conseiller honoraire de la cour d'appel de Lyon. Aucun des justiciables parisiens soumis à sa douce férule n'a jamais eu à se plaindre de ce que M. Le Lorrain avait pu, encore pendant quinze années après l'âge fatal de soixante-dix ans, continuer à rendre la justice.

Il en est un autre que nos collègues du Cher et de l'Allier doivent certainement se rappeler parce que celui-là est mort depuis moins longtemps que M. Le Lorrain; c'est M. le président Bonnabaud qui, longtemps avoué à Moulins, entré tard dans la magistrature, avait présidé finalement, et non sans distinction, une chambre de la cour d'appel de Bourges. Lui aussi, précisément parce qu'il avait apporté à la cour une expérience déjà ancienne, mais acquise ailleurs que dans la magistrature, n'avait point de droits à la retraite, et quand il fut nommé président honoraire près la cour de Bourges, il ne crut point déroger en rentrant dans son pays de Moulins pour y rendre la justice, la justice du chêne, la vieille justice de saint Louis, si vous vou-

lez, sous la qualité nouvelle de juge de paix, aux habitants de l'Allier. Lui aussi est mort laissant une mémoire honorée.

De pareils exemples ne sont pas, que je sache, de nature à nous décourager, et quand il s'agit de maintenir simplement ce qui est, je demande au Sénat de ne pas accepter ici les barbaries involontaires de la commission, mais de voter l'amendement de M. Milliard. (*Très bien ! très bien !*)

M. Tillaye. Je trouve que le mot de « barbarie » est peut-être un peu sévère. Dans tous les cas, la commission n'est pas unanime, et je voterai l'amendement de M. Milliard. (*Très bien ! et rires.*)

M. le président. Je consulte le Sénat par division.

Je lis la première partie de l'article 19 :

« Art. 19. — Les juges de paix et leurs suppléants ne pourront être nommés avant l'âge de vingt-sept ans accomplis. »

(La première partie de l'article 19, mise aux voix, est adoptée.)

M. le président. L'article poursuit :

« Ils ne pourront rester en fonctions après soixante-dix ans révolus. »

M. Milliard et plusieurs de ses collègues demandent la suppression de cette phrase. Les suppressions ne se mettant pas aux voix, je consulte le Sénat sur la phrase elle-même, dont le maintien est demandé par la commission.

Il a été déposé sur le bureau une demande de scrutin signée de MM. Jules Godin, Danelle-Bernardin, Demôle, Félix Martin, Louis Blanc, Beaupin, Saint-Germain, Barbey, plus deux signatures illisibles.

Il va être procédé au scrutin.

(Les votes sont recueillis. — MM. les secrétaires en opèrent le dépouillement.)

M. le président. Voici, messieurs, le résultat du scrutin :

Nombre des votants	280
Majorité absolue	141
Pour l'adoption	38
Contre	242

Le Sénat n'a pas adopté.

Je mets aux voix l'article 19.

(L'article 19 est adopté.)

M. le président. La Chambre des députés, messieurs, avait voté un paragraphe ainsi conçu :

« Le juge de paix titulaire est inéligible, dans son ressort, à la délégation sénatoriale. »

La commission propose le rejet de cette disposition.

Personne ne demande la parole ?...

Je consulte le Sénat sur le texte de la Chambre.

(Ce texte n'est pas adopté.)

M. le président. « Art. 20. — Les juges de paix ne pourront être révoqués que sur l'avis d'une commission nommée par le garde des sceaux et composée du procureur général à la cour de cassation, de trois conseillers à la cour de cassation et des trois directeurs au ministère de la justice, et après avoir été entendus s'ils le demandent. »

MM. Ratier et Tillaye demandent que l'article 20 soit ainsi rédigé :

« Les juges de paix ne pourront être révoqués ni diminués de classe que sur... » le reste comme à l'article.

L'amendement consiste à ajouter : « ni diminués de classe ».

M. Tillaye. La commission, d'accord avec le Gouvernement, accepte l'amendement.

M. le président. La commission, d'accord avec le Gouvernement, accepte l'amendement.

Je mets, par conséquent, aux voix, l'article 20 ainsi modifié.

(L'article 20 est adopté.)

M. le président. « Art. 21. — L'article 64 de la loi du 20 avril 1810 est modifié ainsi qu'il suit :

« Pourront être nommés juges ou juges suppléants dans les tribunaux de première instance, même s'ils n'ont pas suivi le barreau pendant deux ans, les juges de paix pourvus du diplôme de licencié en droit, qui auront exercé leurs fonctions pendant deux ans. » — (Adopté.)

La Chambre avait ajouté ce qui suit :

« ...et les juges de paix qui auront exercé leurs fonctions pendant dix ans, s'ils ont le certificat de capacité. »

Je mets aux voix cette disposition, dont la commission propose le rejet.

(Cette disposition n'est pas adoptée.)

M. le président. « Art. 22. — Les anciens juges de paix pourront être nommés juges de paix honoraires, après vingt ans d'exercice comme suppléants ou comme titulaires, ou si des infirmités graves ou permanentes leur donnent des droits à une pension de retraite.

« Les greffiers des tribunaux de paix et de police pourront être nommés greffiers honoraires après vingt années d'exercice. » — (Adopté.)

« Art. 23. — A Paris, le traitement des juges de paix est maintenu à 8,000 francs ; ils recevront en outre 1,500 francs par an, à titre d'indemnité pour un secrétaire.

« Les juges de paix en résidence dans les autres cantons recevront :

« 1° Dans les villes dont la population atteint 80,000 habitants, à Versailles et dans les cantons du département de la Seine, 5,000 francs ;

« 2° Dans les villes dont la population atteint 20,000 habitants et à Chambéry, 3,500 francs ;

« 3° Dans les chefs-lieux judiciaires ou administratifs dont la population est inférieure à 20,000 habitants, ainsi que dans les cantons dont la population totale dépasse 20,000 habitants, 3,000 francs ;

« 4° Dans les autres cantons, 2,400 francs. »

Sur cet article il a été présenté deux amendements.

Le premier, de M. Milliard, est ainsi conçu :

« Ajouter au premier alinéa :

« Les suppléants qui peuvent être institués par décret dans chaque justice de paix de Paris, aux termes du dernier alinéa de l'article 17, pourront être rétribués. »

Le second, présenté par MM. Antoine Perrier, Forest et Gravin, est ainsi conçu :

« Rétablir le texte voté par la Chambre :

« 4° Dans les autres cantons, 2,500 francs. »

Comme il n'y a pas de discussion sur le premier alinéa de l'article 23, je le mets aux voix.

(Le premier alinéa est adopté.)

M. le président. La parole est à M. Milliard pour développer son amendement.

M. Milliard. Messieurs, je m'excuse de monter encore une fois à la tribune, mais l'amendement que je soumets au Sénat a été nécessité par l'adoption de l'amendement de M. Strauss et par la création de treize justices de paix dans la banlieue de Paris. J'estimais, quant à moi, qu'il fallait laisser au garde des sceaux l'initiative de la réorganisation des justices de paix de Paris et de la banlieue. Le Sénat en a décidé autrement. Je lui demande d'être conséquent avec lui-même et de se préoccuper de Paris, après s'être préoccupé de la banlieue.

Un mot sur la situation des justices de paix de Paris.

Vous savez qu'il y en a vingt, autant que d'arrondissements ; vous savez, d'un autre côté, quelle est la population de Paris.

La plupart des arrondissements ont plus de 100,000 habitants ; il y en a qui en ont 150,000 et même 200,000. C'est dire que, dans un certain nombre d'arrondissements de Paris, le labeur du juge de paix est écrasant, et qu'il lui est matériellement impossible de remplir toutes les fonctions de son ministère. C'est ainsi que certains juges de paix n'apposent jamais les scellés — ce sont les greffiers qui les apposent. C'est pourtant une des fonctions importantes et délicates de ces magistrats.

Dernièrement, un juge de paix de Paris me disait qu'il avait été requis avec instance d'aller apposer lui-même les scellés au domicile d'un vieillard qui venait de mourir et dont les parents étaient tous éloignés de Paris ; c'était jour d'audience, l'audience dura jusqu'à sept heures ; il alla dîner, parce qu'il faut bien qu'un juge de paix dîne ! (Sourires) et il n'alla apposer les scellés qu'à dix heures du soir.

Savez-vous ce qu'il a trouvé ? 1,500,000 francs en billets de banque ! Et il est rentré avec son greffier à une heure indue, très émus tous deux d'être porteurs d'une somme aussi considérable.

Je vous ai dit que le labeur de certains juges de paix était écrasant. La statistique de 1904 va nous en fournir la démonstration. Il s'agit, je le reconnais, d'un des arrondissements les plus populeux de Paris.

Prenons d'abord l'audience de conciliation. Le juge de paix a délivré 8,038 avertissements. Savez-vous combien il y a eu de comparutions ? 3,908, suivies de **2,457** procès-verbaux de conciliation et de 1,451 procès-verbaux de non-conciliation.

Prenons maintenant l'audience ordinaire, toujours pour la même année 1904 : ce juge de paix a rendu 2,845 jugements, dont 554 susceptibles d'appel, et dans ces jugements ne sont pas compris 300 ou 400 jugements préparatoires et interlocutoires. Il y a eu, dans cet arrondissement, 209 appositions de scellés qui n'ont pas dû être faits, il est vrai, par le juge de paix ; 423 conseils de famille ; il a dû statuer sur 288 saisies-arrêts ; il a reçu 4,150 déclarations d'accidents du travail et il a procédé à 269 enquêtes qui ont nécessité l'audition d'environ 500 témoins.

M. Ratier. C'est l'arrondissement le plus chargé de Paris.

M. Milliard. J'entends bien ; mais il y en a trois ou quatre autres qui sont presque aussi chargés. Je demande au Sénat s'il est possible, dans l'intérêt des justiciables, de maintenir un pareil état de choses.

Il faut trouver une solution. Celle que je vous apporte me paraît être à la fois la plus simple et la plus économique.

Vous avez voté dans la loi que nous discutons un article 17 dont le dernier alinéa autorise M. le garde des sceaux à nommer un troisième suppléant dans chacune des justices de paix de Paris.

S'il s'agit d'un suppléant non rétribué, la disposition est vaine et platonique.

Il y a actuellement deux suppléants par justice de paix. Ils remplacent le juge de paix quand il est malade ; puis, lorsque vient la saison des vacances chaque suppléant siège quinze jours pour permettre au juge de paix de s'absenter pendant un mois. C'est à peu près à cela que se borne leur concours.

Je sais bien que vous ne vous êtes pas bornés à la création de ces nouveaux suppléants. Vous avez voté aussi la création de deux nouveaux juges de paix chargés de la simple police ; c'est une mesure excellente, plus efficace que la précédente, mais encore insuffisante.

Par mon amendement, qui formerait le second alinéa de l'article 23, je vous propose de dire que le suppléant dont il est question dans l'article 17 pourra être rétribué.

M. Tillaye. Pourquoi ? Et ceux de province ne seront pas rétribués alors ?

M. Vallé. Ceux de Paris n'ont pas besoin de rétribution. Ce sont la plupart du temps des avocats ou des avoués, et les candidats ne manquent pas.

M. Milliard. Je me suis expliqué sur les suppléants non rétribués. Je vous ai dit qu'on ne pouvait pas résoudre le problème avec eux ; je n'y reviens pas.

Vous ne pouvez résoudre la question qu'en dédoublant certaines justices de paix ou en nommant dans ces justices de paix des suppléants rétribués.

C'est la seconde solution que je vous propose parce que je la crois la meilleure.

Ces suppléants rétribués seront des magistrats de carrière qu'on ne saurait assimiler aux autres suppléants.

Quels sont les avantages de cette solution ? Elle a d'abord un mérite : c'est d'être préconisée par la conférence des juges de paix de Paris.

J'entends bien que ce sont des intéressés, mais, en pareille occurrence, s'il ne faut pas s'en rapporter exclusivement aux intéressés, il est bon de les consulter à raison de leur expérience.

Cette solution a d'autres avantages encore : elle permet de maintenir les circonscriptions actuelles des justices de paix, elle n'oblige pas à découper les arrondissements, ce qui est une grosse difficulté ; elle permet de maintenir les greffes tels qu'ils sont, de n'en pas créer de nouveaux.

Enfin, vous aurez dans ces suppléants rétribués une excellente pépinière pour vos juges de paix de la banlieue.

En terminant, permettez-moi de vous signaler la prudence que j'ai apportée dans la rédaction de mon amendement.

C'est une faculté que je donne à M. le garde des sceaux ; je le laisse libre de choisir son heure, libre de choisir les justices de paix dans lesquelles il nommera des suppléants rétribués, libre de déterminer — sous la réserve, bien entendu, de l'approbation du Parlement — le traitement qui sera attribué à ces suppléants.

Dans cette mesure et dans cette limite restreinte, le Sénat doit accueillir cet amendement car il n'est pas possible qu'après avoir résolu la question comme il l'a fait pour la banlieue, il reste indifférent à la situation des justices de paix de Paris. C'est un acte d'équité que je réclame avec confiance de la haute Assemblée. (*Très bien! très bien!*)

M. le président. La parole est à M. le garde des sceaux.

M. le garde des sceaux. Messieurs, lorsqu'il y a quelques jours, j'étais à cette tribune, répondant à M. Strauss, qui vient, au nom de tous les représentants du département de la Seine, demander la création de justices de paix dans la banlieue, je lui disais : « Mais, vraiment, je m'étonne que vous ne demandiez pas aussi le dédoublement des justices de paix de Paris, » et tous les représentants de la Seine s'écriaient : Pour Paris, nous ne demandons rien. (*Interruption à gauche.*)

M. Paul Strauss. Voulez-vous me permettre un mot, monsieur le garde des sceaux?

M. le garde des sceaux. Oh! je sais bien que vous pouvez avoir changé de sentiment depuis qu'on vous offre quelque chose, mais à ce moment vous déclariez que vous ne demandiez rien.

Vous considériez — et vous aviez raison — que la création prévue dans la loi de deux juges de paix chargés des audiences de simple police constituait une amélioration importante pour les juges de paix existants.

M. Milliard. Je l'ai reconnu.

M. le garde des sceaux. Il y a quelques instants, l'honorable M. Milliard, demandant la suppression dans l'article 19 de la limite d'âge de soixante-dix ans, regrettait l'absence de M. le rapporteur de la commission des finances qui défend — avec quelle énergie généreuse, vous le savez — les deniers de l'État. Prenez garde, disait M. Milliard, avec les dispositions de la commission vous allez avoir des retraites à payer et je fais appel au souci qu'a le Sénat de la défense du crédit public. M. Milliard vient maintenant nous proposer des dépenses nouvelles.

M. Milliard. Parce que c'est une nécessité de la bonne justice.

M. Tillaye. En aucune façon; on trouvera autant de suppléants qu'on voudra et ils ne demanderont pas à être payés.

M. le garde des sceaux. Je comprendrais que vous disiez : Il est nécessaire de créer des postes de juges suppléants, parce que ceux qui existent ne sont pas assez nombreux. Le projet en discussion a prévu, en effet, cette création.

Si vous estimez qu'un troisième juge suppléant est insuffisant et qu'il en faut un quatrième, faites-en la proposition et justifiez-la. Mais ce n'est pas là l'objet de votre amendement; vous voulez la création de suppléants rétribués à Paris.

J'aurais compris que vous vinssiez dire : Il faut les rétribuer, parce qu'ils sont nécessaires et que nous ne trouverons pas de candidat à des fonctions gratuites. Mais vous le savez bien, le recrutement ne serait pas pour cela arrêté. Les juges suppléants du département de la Seine ne demandent rien et présentent cependant toutes les garanties exigées par l'intérêt des justiciables. J'ajoute que non seulement le recrutement des suppléants, mais aussi celui des titulaires, n'est pas arrêté par les charges qu'ils assument et que vous croyez excessives. Les postes de juge de paix à Paris sont parmi les plus recherchés de la magistrature et donnent lieu auprès du garde des sceaux à des sollicitations dont il n'est pas possible — je fais appel aux souvenirs personnels de l'honorable M. Milliard — d'exagérer l'insistance. (*Sourires.*)

Vous nous dites encore : « De quoi vous plaignez-vous? On créera seulement les trois ou quatre suppléances rétribuées qui sont absolument nécessaires. » Savez-vous s'il n'y en aura que trois ou quatre? Si vous veniez dire encore : Dans tel arrondissement, il y a un chiffre trop considérable d'affaires, et je demande que cet arrondissement soit pourvu d'un poste nouveau rétribué, nous discuterions. Mais vous vous contentez de demander trois ou quatre postes nouveaux, sans en préciser ni le lieu ni le nombre.

Le jour où le Sénat aura décidé que, dans chaque arrondissement, il y aura un suppléant de juge de paix rétribué, souhaitez alors au garde des sceaux, ce dont parle le poète latin : « *robur et œs triplex* » pour résister aux assauts qu'il devra subir de la part des candidats désireux de trouver une situation à Paris, qui offre de telles chances d'avancement.

Il y a au tribunal de la Seine des juges suppléants qui ne sont pas rétribués et qui restent quelquefois dix ou douze ans dans cette situation, dans le seul espoir d'arriver ensuite au poste de juge titulaire à ce tribunal. Les suppléants non rétribués auront de semblables espérances. C'est pour atteindre ce même résultat que vous créeriez des postes rétribués que personne ne demande, pas même les représentants du département de la Seine!

M. Vallé. Pas même les juges de paix ni les suppléants!

M. le garde des sceaux. Vous ajoutez encore, sans préciser davantage, que le garde des sceaux sera libre de fixer le taux des appointements de ces fonctionnaires dont la création va être décidée en principe. C'est de toute impossibilité. Toute création d'un poste nouveau nécessite une délibération des Chambres. Et de plus, je rappellerai qu'il est d'usage constant, chaque fois qu'on organise une fonction nouvelle, de fixer en même temps la quotité de la dépense que chaque création entraînera avec elle.

On va dire en effet au Sénat : Je demande en principe la création de suppléants de juges de paix rétribués, mais ne vous effrayez pas, il ne s'agira que de deux ou trois postes au maximum dont la rétribution ne coûtera que quelques centaines de francs, s'il plaît au garde des sceaux, ou quelques milliers de francs, s'il lui plaît également, et sous la réserve de l'approbation du Parlement.

Je ne peux discuter qu'un projet qui, à la fois, déterminera le nombre des magistrats à nommer, en prenant pour base l'ensemble des conditions de travail et d'existence dans lesquelles ils seront appelés à vivre et fixera le traitement qui devra leur être attribué. Vous semblez me faire un cadeau et vous me dites : « Nous vous donnons la liberté de créer des juges suppléants pour assurer l'exécution facile de la justice; vous les payerez le prix que vous voudrez. »

Je vous remercie infiniment, mais je redoute vos présents comme autrefois l'on redoutait ceux des Grecs. J'estime que, dans l'intérêt des deniers de l'État, nous ne pouvons pas entrer dans la voie où vous voulez nous conduire.

Remarquez d'ailleurs que le projet entraîne déjà des conséquences pécuniaires considérables. Le Sénat a voté la création de treize nouvelles justices de paix pour la banlieue, et, à Paris même, de deux juges de paix pour assurer le service de la simple police.

D'autres charges inscrites jusqu'à présent au budget des départements, comme le traitement des secrétaires de juges de paix de Paris, au nombre de vingt, soit une dépense de 30,000 francs, vont encore incomber à l'État. On vous demandera bientôt de porter de 2,400 à 2,500 francs le traitement des juges de paix de la dernière catégorie et comme ils sont, je crois, 2,200, l'augmentation, si elle est votée, sera de 220,000 francs. Ajoutez que la commission elle-même avait déjà prévu pour cette même classe de juge de paix des traitements plus élevés, conséquence nécessaire de leurs nouvelles attributions.

En un mot, voulez-vous que la loi se fasse? Voulez-vous effectuer cette réforme demandée depuis si longtemps?

Rendez-la possible et écartez les circonstances qui pourraient lui faire échec.

C'est pour cela, messieurs, que j'estime que vous ne devez pas adopter l'amendement de M. Milliard et que je demande au Sénat de voter le texte proposé par la commission. (*Approbation sur un grand nombre de bancs.*)

M. le président. La parole est à M. Milliard.

M. Milliard. Messieurs, j'ai pensé qu'il fallait, de toute nécessité, que la question des justices de paix de Paris fût posée à la tribune. Elle est posée.

Voici ce que je demanderai maintenant à M. le garde des sceaux. Nous allons voter une loi qui augmente sensiblement la compétence et va aussi augmenter sensiblement le labeur des juges de paix,

Je prie M. le garde des sceaux de faire suivre par la chancellerie avec un soin tout particulier l'application de cette loi.....

M. le garde des sceaux. Je le ferai très volontiers.

M. Milliard. .....de rechercher, en particulier, quelles seront ses répercussions sur les justices de paix de Paris.

De cette constatation ressortira, n'en doutez pas, la nécessité d'une réorganisation de ces justices de paix. Je demande à M. le garde des sceaux d'apporter alors au Parlement, aussitôt que possible, dans l'intérêt des justiciables, le projet qu'il jugera le meilleur et que les Chambres ne manqueront pas de voter, car elles se trouveront en présence d'une nécessité inéluctable.

C'est sous le bénéfice de ces observations et de l'approbation que vient d'y donner M. le garde des sceaux que je retire mon amendement. (*Très bien!*)

M. le garde des sceaux. Soyez assuré que tout ce qui pourra être fait dans l'intérêt des justiciables sera fait par moi.

M. le président. L'amendement est retiré. Je consulte le Sénat sur la suite de l'article dont je donne lecture : « Les juges de paix en résidence dans les autres cantons recevront :

« 1° Dans les villes dont la population atteint 80,000 habitants, à Versailles et dans les cantons du département de la Seine, 5,000 francs.

« 2° Dans les villes dont la population atteint 20,000 habitants et à Chambéry, 3,500 francs ;

« 3° Dans les chefs-lieux judiciaires ou administratifs dont la population est inférieure à 20,000 habitants, ainsi que dans les cantons dont la population totale dépasse 20,000 habitants, 3,000 francs. »

Je consulte le Sénat sur cette partie de l'article 23.

Il n'y a pas d'opposition ?...

(Cette partie de l'article est adoptée.)

M. le président. « 4° Dans les autres cantons, 2,400 francs. »

Sur ce 4° de l'article il y a un amendement de MM. Antoine Perrier, Forest et Gravin, ainsi conçu : « Rétablir le texte voté par la Chambre :

« 4° Dans les autres cantons, 2,500 francs. »

La parole est à M. Antoine Perrier.

M. Antoine Perrier. Messieurs, voici de quelle façon la Chambre des députés a fixé le traitement des juges de paix à Paris : 8,000 francs, dans les villes de 1re classe, 5,000 francs, de 2e classe, 3,500 francs, de 3e classe, 2,800 francs, de 4e classe, 2,500 francs.

La commission sénatoriale a apporté une modification à ces chiffres en ce qui concerne la 2e classe, qui était portée à 3,500 francs ; elle leur a fait subir une réduction de 500 francs et par conséquent réduit le traitement à 3,000 francs.

En ce qui concerne la 4e classe, la commission sénatoriale a réduit de 100 francs le traitement qui avait été fixé par la Chambre des députés à 2,500 francs. Je viens vous demander, au nom de mes deux collègues de la Savoie et au mien, de rétablir, pour ces modestes juges de paix de cantons, le chiffre de 2,500 francs qui a été réduit par la commission sénatoriale. Voici quels sont les motifs très sérieux qui nous ont décidés, mes collègues et moi, à soumettre cet amendement au Sénat. Nous avons acquis la conviction, par des renseignements très nombreux qui nous ont été donnés — je ne les ferai pas passer sous les yeux du Sénat, étant donnée l'heure tardive, et surtout parce qu'ils sont assez nombreux — que le chiffre de 2,500 francs est absolument indispensable pour donner à ces magistrats cantonaux une situation

convenable, et surtout pour équilibrer leur si petit budget. Il peut paraître un peu étrange qu'une somme de 100 francs soit nécessaire à cet effet ; j'espère pourtant vous le démontrer dans un instant.

Quel est le motif pour lequel la commission a diminué ce crédit de 100 francs ? Je vais vous le dire ; mais, de prime abord, je voudrais bien démontrer au Sénat qu'en réalité ce chiffre de 2,500 francs n'a rien d'exagéré, surtout si on le compare au traitement donné, dans toutes les autres nations, aux juges de paix. A cet égard, vous trouverez, dans le rapport de M. Cruppi, des renseignements très édifiants ; j'en ai aussi trouvé dans des documents de la Chambre italienne relatifs aux projets de loi sur la réorganisation de la magistrature en Italie. Ne voulant pas abuser des instants du Sénat, je me bornerai simplement à citer quelques chiffres.

En Angleterre, dont la Révolution a copié un peu les institutions, le juge de paix proprement dit n'est pas rétribué ; c'est une fonction absolument honorifique qui est donnée ordinairement aux grands propriétaires terriens, fonction de police plutôt que fonction judiciaire ; leur compétence est peu étendue au civil ; ils jugent les contraventions et les petits délits.

Ce sont les juges de comté, qui ont les mêmes attributions que nos juges de paix. Je me garderai bien de vous demander de donner à nos juges de paix le traitement des juges de comté qui s'élève à 37,500 francs.

Mais je vais prendre des chiffres à peu près similaires à ceux de France. En Belgique — aux frontières de France — il y a quatre classes de juges de paix et, suivant la population, les traitements varient de 4,000 à 8,000 francs ; en Hollande, il y a trois classes, les traitements sont de 6,000, 2,500, 2,100 francs ; dans le grand duché de Luxembourg — je prends toujours les pays les plus voisins — les traitements vont de 3,360 à 4,670 francs.

Eloignons-nous : en Roumanie, pays qui a fait sa législation à l'image de la nôtre, tous les juges de paix ont 6,000 francs ; en Autriche les traitements varient de 3,360 à 5,000 francs.

Enfin, un de nos collègues, M. Saint-Romme, avait été beaucoup plus large que la commission du Sénat. Il avait proposé de doubler les traitements, c'est-à-dire qu'au lieu de 1,800 francs, les juges de paix auraient eu 3,600 francs.

Pourquoi la commission a-t-elle diminué les traitements des juges de paix de 4e classe ? Parmi les motifs, il y en a un qui est apparent et, permettez-moi de vous le dire, monsieur le rapporteur, un peu puéril.

En effet, dans votre rapport, vous dites :

« Il a semblé à votre commission que cette échelle des traitements était défectueuse. De la 4e à la 3e classe l'augmentation est de 300 francs, alors qu'elle est de 700 francs de la 3e à la 2e classe.

« Nous vous proposons de porter à 3,000 francs le traitement de la 3e classe et de ramener à 2,400 celui de la 4e. La différence entre les classes sera ainsi égalisée. »

J'aurais préféré que vous eussiez appliqué votre système égalitaire à une autre classe ; mais ces traitements extrêmement minimes, j'estime que vous auriez pu les laisser à 2,500 et ne pas leur faire subir cette réduction de 100 francs, sous prétexte de gradation de traitements.

Voilà le motif d'égalité peu sérieux que vous avez donné. Je ne le discute pas. Mais il y a un motif sérieux auquel M. le garde des sceaux, prenant les devants, vient de répondre à la tribune il y a un instant. J'espère que cette réponse sera suffisante...

M. Tillaye. Vous avez peur qu'il ne vous combatte ?

M. Antoine Perrier. Evidemment, et j'aurais même doublement peur si c'était vous qui veniez me combattre à la tribune ; je serais certain alors d'être battu.

M. Tillaye. Je voterai avec vous.

M. Antoine Perrier. J'en suis fort aise, car vous faites assez autorité au Sénat pour que j'aie l'espoir de vous voir suivi par beaucoup de nos collègues.

Je reprends. Le chiffre de 2,500 francs, qui avait

été adopté par la Chambre des députés, n'a pas été improvisé en séance; il ne résulte pas d'un amendement voté au pied levé. Ce chiffre a été longuement débattu, non seulement à la Chambre des députés, mais aussi à la commission judiciaire, à la commission présidée par l'éminent M. Cruppi. On a donc bien pesé les chiffres qui paraissent nécessaires pour donner aux juges de paix un traitement convenable. De plus, ces chiffres ont été débattus et acceptés par le Gouvernement, et je trouve étrange que le Gouvernement d'aujourd'hui revienne, en cette matière, sur les errements du gouvernement précédent.

M. Aucoin. Pourquoi changerait-on de Gouvernement, alors ? (*Sourires.*)

M. Antoine Perrier. Ce ne serait pas la peine assurément.

Comme le disait M. le garde des sceaux tout à l'heure, cette élévation de traitement que je demande entraîne une dépense supplémentaire de 220,000 francs. Mais il faut tenir compte que des économies ont été faites par la commission sénatoriale sur la 3e classe qui a été réduite de 3,500 à 3,000 francs. C'est donc une économie de 72,000 francs; ce qui réduit la dépense totale au chiffre de 218,000 francs.

Évidemment, le chiffre est élevé, je le reconnais; mais remarquez que je pourrais mettre en comparaison les traitements considérables des hauts magistrats, et j'estime qu'il n'y a pas lieu de les réduire. (*Non! non! sur divers bancs.*) La haute magistrature, qu'on pourrait appeler l'aristocratie de la magistrature, a des traitements assez élevés, mais elle les mérite, et ce n'est pas moi qui viendrai en demander la diminution au Sénat; elle est incontestablement composée de magistrats extrêmement distingués, qui ont parcouru une longue et brillante carrière, et auxquels il faut donner une rémunération en rapport avec leur haute situation et leur science juridique. Mais enfin, si vous maintenez ces forts traitements, et il le faut, ne faites pas subir une réduction à ce que j'appellerai la démocratie de la magistrature, à ces juges de paix cantonaux dont, en réalité, le traitement est insuffisant.

Je disais en débutant, messieurs, que cette réduction de 100 francs pouvait empêcher la plupart des juges de paix, qui n'ont pas de fortune personnelle, de joindre les deux bouts. Ce n'est pas là une parole en l'air. J'ai pris des renseignements à cet égard dans différentes régions. J'ai voulu me rendre compte des budgets des juges de paix cantonaux et savoir exactement, dans la mesure possible, quelle était la dépense faite par un juge de paix pour vivre à peu près convenablement. J'ai obtenu une trentaine de réponses; je me garderai bien d'en donner lecture au Sénat, mais j'ai fait le dépouillement très exact des budgets de ces juges de paix cantonaux; je leur avais demandé d'établir leurs comptes avec la plus complète exactitude et sans exagération aucune.

Voulez-vous savoir à quoi je suis arrivé? J'en prends trois seulement, dans différentes régions: l'un, juge de paix, célibataire, me dit — et il me donne le détail, je l'ai dans mon dossier — que ses dépenses obligatoires, nécessaires, arrivent à 2,183 francs. Un autre m'indique 2,370 francs, un troisième 2,450 francs. Les autres, mariés, avec deux enfants, ont l'un 3,492 francs de dépenses, l'autre 3,000, un troisième 3,150.

Et dans ces budgets, qui sont strictement établis, il n'est question ni de frais de maladie, ni de frais de voyage, ni de dépenses accessoires quelconques.

Autre chose, messieurs, et j'appelle l'attention du Sénat sur ce point. Voyez donc la différence qui existe entre les traitements de ces juges de paix, qui sont, dans les cantons, somme toute, au point de vue hiérarchique, les premiers fonctionnaires, et les traitements des autres fonctionnaires. Un maréchal des logis de gendarmerie à cheval a une solde de 1,807 francs, qui arrive à plus de 2,300 francs avec divers accessoires, les conducteurs des ponts et chaussées, ont 3,272 francs; les receveurs de l'enregistrement, 2,800 francs; les receveurs des contributions indirectes, 3,000 francs; les percepteurs, de 5,000 à 7,500 francs. Ces traitements sont très élevés en comparaison de celui des juges de paix réduit à 2,400 francs que je vous demande instamment de relever à 2,500 francs.

Quelques-uns de ces juges de paix m'ont dit: « Cent francs! cela nous permettra de boucler notre budget, cela nous permettra, le cas échéant, de parer à des frais de maladie, de faire un voyage quand notre santé le demandera... »

M. Tillaye. Cela leur permettra d'aller aux Charmettes, n'est-ce pas?

M. Antoine Perrier. Je suis heureux de cette interruption, qui est une excellente réclame pour les Charmettes, et pourra augmenter le nombre des visiteurs.

Messieurs, il y a des économies qu'il ne faut pas faire, celle-là est de ce nombre. Il s'agit de très modestes juges de paix qui doivent avoir une rétribution suffisante pour vivre convenablement; ne les réduisez pas au strict nécessaire et même moins. Quelques-uns ont tellement besoin de cette compensation de traitement que l'un d'eux écrivait à l'honorable M. Cruppi:

« Avec nos traitements, quand nous avons de la famille, c'est absolument une vie de misère que nous menons. » Le Sénat est assez humain pour ne pas laisser dans une situation précaire les juges de paix et il répondra favorablement à l'appel que je fais en leur faveur. (*Très bien! et applaudissements sur un grand nombre de bancs.*)

M. le président. La parole est à M. le rapporteur.

Plusieurs voix. Acceptez! acceptez!

M. le rapporteur. L'honorable M. Perrier vient de rappeler une situation qui est certainement très intéressante, c'est celle des juges de 4e classe, et il vous demande de porter leur traitement de 2,400 francs à 2,500 francs.

La commission a examiné cette question; la majorité a repoussé l'amendement. Je suis bien obligé de venir vous donner les motifs pour lesquels elle ne croit pas devoir vous en recommander l'adoption.

M. Gustave Denis. Vous deviez être de la minorité de la commission, car vous n'avez pas l'air très convaincu.

M. le rapporteur. Messieurs, le motif unique qui milite contre l'adoption de l'amendement, c'est la question de la dépense. Il y a 2,200 juges de paix de 4e classe; si vous augmentez leur traitement de 100 francs, cela fera que la loi, au lieu de 1,550,000 francs, coûtera 1,770,000 francs, près de 1,800,000 francs. C'est au Sénat à voir s'il veut augmenter encore les charges qui résulteront de cette loi. Le Gouvernement et la commission des finances n'ont pas fait d'observations sur les chiffres que nous avions proposés; nous avons cherché à les réduire autant que possible pour éviter toute difficulté; je crains que si le Sénat adopte l'amendement de M. Perrier...

M. Antoine Perrier. Je l'espère bien.

M. le rapporteur. ... ce ne soit une raison de plus — et il y en a déjà beaucoup — pour que le vote définitif de la loi soit singulièrement retardé.

Tels sont, messieurs, les motifs que j'avais à faire valoir auprès du Sénat pour lui demander de ne pas adopter l'amendement.

M. le garde des sceaux. *de sa place.* Je voudrais simplement indiquer au Sénat que le Gouvernement est obligé de déclarer qu'il s'oppose à cette augmentation.

Il est certain qu'il n'y a pas de raison philosophique ni juridique pour choisir entre 2,400 francs et 2,500 francs; c'est une question d'appréciation. Par l'effet même de la loi, les juges de paix de cette classe voient leur traitement augmenté de 600 francs; on vous demande de porter cette augmentation à 700 francs, cela coûtera 220,000 francs de plus; c'est à vous d'apprécier.

M. le président. Je consulte le Sénat sur l'amendement de MM. Perrier, Forest et Gravin, qui est ainsi conçu :

« Article 23, n° 4, du texte rectifié. — Rétablir le texte voté par la Chambre :

« 4° Dans les autres cantons, 2,500 francs. »

Il a été déposé sur le bureau une demande de scrutin signée de MM. Antoine Perrier, Leydet, Bouffler, Gravin, Darbot, Aucoin, Fagot, Jouffray, Thorel, Frézoul, Mir.

Il va être procédé au scrutin.

(Les votes sont recueillis. — MM. les secrétaires en opèrent le dépouillement.)

M. le président. Voici, messieurs, le résultat du scrutin :

> Nombre des votants......... 270
> Majorité absolue............. 136
>
>   Pour l'adoption....... 231
>   Contre............... 36

Le Sénat a adopté.

Avant de consulter le Sénat sur l'ensemble de l'article 23, je donne la parole à M. Gourju.

M. Gourju. Messieurs, l'article 23 m'inspire un regret que je partage avec M. Peytral, et probablement avec un certain nombre de nos collègues, mais que des scrupules constitutionnels ne me permettent pas de traduire sous forme d'amendement : c'est que les juges de paix, au nombre de quarante-trois, qui constituaient jusqu'à ce jour la 2ᵉ des neuf classes actuelles, réduites par la loi nouvelle au nombre de cinq, c'est-à-dire les juges de sept parmi les plus grandes villes de France, Lyon, Marseille, Bordeaux, Toulouse, Lille, Nantes et Rouen, toutes villes où la vie est particulièrement chère et où le travail est surabondant, soient à peu près les seuls qui ne trouvent aucun avantage quelconque dans la réforme, si ce n'est encore un surcroît de travail.

Nous ne pouvons pas songer à vous demander d'augmenter leurs traitements, parce que ce serait prendre, en matière de dépenses, une initiative que la Constitution ne nous reconnaît pas.

Un sénateur à droite. C'est contesté !

M. Charles Riou. Ce scrupule est exagéré.

M. Gustave Denis. Nous avons toujours le droit d'amendement.

M. Gourju. Oui, quand déjà la Chambre des députés a été saisie de la même question de dépenses et l'a résolue négativement.

M. Charles Riou. En matière budgétaire.

M. Gourju. En matière de dépenses quelconques, mon cher collègue.

En tout cas, vous me pardonnerez d'être respectueux des droits de la Chambre des députés, peut-être même au delà de ce qui est indispensable. Quoi qu'il en soit, tel est du moins mon avis, le vôtre peut en différer ; n'en parlons plus.

Ce qui est certain, c'est que pour ces motifs je n'ai pas osé prendre l'initiative d'un amendement. Mais, comme il est désormais certain que la loi retournera à la Chambre des députés, je recommande à la bienveillance de M. le ministre, pour le jour où il y sera discutée, et d'avance à celle de nos collègues du Palais-Bourbon, cette situation qui est véritablement digne d'intérêt, afin que, si un amendement surgit devant la Chambre des députés, il ait plus de chances pour être accueilli et pour donner satisfaction à quarante-trois magistrats fort distingués — puisqu'on les a choisis pour rendre la justice dans des villes d'une pareille importance — qui jusqu'à présent sont menacés de ne rencontrer dans la réforme de leur judicature absolument aucun profit qu'un travail supplémentaire. (*Approbation sur divers bancs.*)

M. le président. Je consulte le Sénat sur l'ensemble de l'article 23.

(L'article 23 est adopté.)

Plusieurs sénateurs. A demain !

M. le président. Messieurs, il y aura des discussions sur les articles qui suivent, le Sénat voudra sans doute renvoyer à sa prochaine séance la suite du débat. (*Adhésion générale.*)

Séance du 24 mars 1905.

(5ᵉ DÉLIBÉRATION.)

M. le président. L'ordre du jour appelle la suite de la discussion de la proposition de loi, adoptée par le Sénat, modifiée par la Chambre des

députés, concernant : 1º la compétence des juges de paix ; 2º la réorganisation des justices de paix.

Nous en sommes restés, messieurs, à l'article 24. J'en donne lecture :

« Art. 24. — Après sept années passées dans la même résidence, les juges de paix compris dans les deux dernières catégories pourront, par décret, être élevés sur place au traitement supérieur. »

Sur cet article, il y a un amendement de M. Blanchier, qui est ainsi conçu :

« Après sept années passées dans la même résidence, les juges de paix de l'avant-dernière catégorie pourront, par décret, être élevés sur place à un traitement supérieur.

« Ceux de la dernière catégorie pourront, également par décret, être élevés sur place à un traitement supérieur après sept années de magistrature, que celle-ci ait été, ou non, exercée dans la même résidence. »

M. le rapporteur. La commission, monsieur le président, a accepté le premier amendement déposé par M. Blanchier et qui consistait à remplacer le mot : « résidence » par le mot : « classe ».

M. le président. Ce n'est pas le texte de l'amendement rectifié que j'ai entre les mains. Je donne la parole à M. Blanchier.

M. Blanchier. Messieurs, l'amendement que j'avais déposé en premier lieu avait, en effet, pour but de remplacer le mot : « résidence » par le mot : « classe ». La commission ne l'ayant pas accepté, j'en avais déposé un second qui, sans en modifier le fond, en changeait la forme et précisait le but poursuivi.

Aujourd'hui la commission accepte mon premier amendement et dans ces conditions je retire le second.

M. le président. Alors vous reprenez votre premier amendement ?

M. Blanchier. Oui, monsieur le président, mais comme la commission accepte maintenant mon premier amendement, et qu'elle me donne ainsi satisfaction, pour ne pas allonger les débats, j'ai retiré mon second amendement. Il ne reste plus que le texte modifié par la commission.

M. le président. Je consulte le Sénat sur l'article 24 avec la modification que propose la commission et qui donne satisfaction à M. Blanchier. J'en donne une nouvelle lecture :

« Art. 24. — Après sept années passées dans la même classe, les juges de paix compris dans les deux dernières catégories pourront, par décret, être élevés sur place au traitement supérieur. »

(Cet article est adopté.)

M. le président. « Art. 25. — Les avocats régulièrement inscrits à un barreau sont dispensés de présenter une procuration devant les juges de paix.

« Les avoués près le tribunal de première instance sont dispensés de présenter une procuration devant les justices de paix du ressort du tribunal où ils exercent leurs fonctions. » — (Adopté.)

Ici, messieurs, se place un article voté par la Chambre des députés, sous le nº 31, et dont la commission demande le rejet.

Il est ainsi conçu :

« La présente loi est applicable aux colonies de la Guadeloupe, de la Martinique et de la Réunion.

« Les juges de paix dits à compétence étendue conserveront en Algérie, indépendamment des attributions que leur confère la présente loi, celles que leur a reconnues le décret du 19 août 1854, auquel force de loi est donnée.

« Les juges de paix d'Algérie et des autres colonies conserveront les traitements actuels. »

Je consulte le Sénat sur cet article.

(L'article 31 de la Chambre des députés n'est pas adopté.)

M. le président. « Art. 26. — Sont abrogés les articles 1 à 10 de la loi du 25 mai 1838, l'article 5 de l'ordonnance de police du 6 novembre 1778, le paragraphe 2 de l'article 14 de l'ordonnance du 8 novembre 1780 et l'article 7 de l'ordonnance du 21 mai 1781, ainsi que toutes les dispositions contraires à celles de la présente loi. »

La parole est à M. Delpech sur l'article 26.

M. Delpech. Messieurs, à propos de l'article 26, je signale au Sénat et à M. le ministre de la justice une ancienne circulaire datant du second empire et aux termes de laquelle les juges de paix, candidats à un mandat politique quelconque — en dehors, naturellement, de leur circonscription — doivent, au préalable, demander l'autorisation du garde des sceaux.

Or l'application de cette circulaire peut donner lieu et a donné lieu à des actes d'arbitraire.

Je demande au Sénat s'il n'estime pas que cette circulaire doit être rapportée, afin que les juges de paix puissent, comme tous les autres citoyens, poser leur candidature à un mandat électif quelconque en dehors de leur circonscription.

M. le garde des sceaux. *de sa place.* Il n'y a pas besoin d'une loi pour rapporter une circulaire ; le ministre est maître de l'appliquer ou non.

Cette circulaire, au surplus, ne doit pas concerner uniquement les juges de paix. C'est une question de discipline intérieure. Il est assez naturel que les membres du parquet, les magistrats amovibles, les juges de paix ne se lancent pas dans des luttes électorales, sans que leur chef, le garde des sceaux, en ait été avisé, et puisse leur donner ou leur refuser l'autorisation nécessaire.

Je le répète, c'est une question de discipline intérieure ; il n'y a pas là de question législative.

M. Delpech, *de sa place.* Néanmoins, je crois devoir insister au point de vue des actes arbitraires qui peuvent se produire. Je pourrais vous en citer de frappants ; ils se sont produits tout récemment au cours des élections municipales dernières dans mon département.

Il ne me parait pas admissible, étant donnés les principes de liberté et d'égalité sur lesquels reposent nos institutions, que le Gouvernement puisse, à son gré, porter atteinte aux droits politiques d'une catégorie quelconque de fonctionnaires. Il faut que tous les citoyens jouissent également des mêmes droits, c'est essentiel ; je signale le fait au Sénat.

M. Maurice-Faure. S'ils sont éligibles, évidemment !

M. le garde des sceaux. Mais les ministres ne sont pas liés par une circulaire ; ils peuvent ne pas l'appliquer.

M. le président. Je consulte le Sénat sur l'article 26.

(L'article 26 est adopté.)

M. le président. Ici se place un article additionnel de M. Milliard, ainsi conçu :

« Toutes créations de greffes, toute création ou translation d'offices de notaire ou d'huissier nécessitées par la présente loi ne pourront avoir lieu qu'à la charge d'une indemnité incombant aux nouveaux titulaires.

« L'indemnité sera fixée comme en matière de cession ou de suppression d'office. »

La parole est à M. Milliard.

M. Milliard. Messieurs, si j'ai soumis, sous forme de disposition additionnelle, cet amendement au Sénat, c'est pour lui signaler certaines conséquences de l'amendement de l'honorable M. Strauss et pour prévenir certaines iniquités qui pourraient résulter de son application.

Vous vous rappelez que vous avez décidé la création de treize justices de paix dans la banlieue de Paris. Cette création entraînera d'autres créations auxquelles le Sénat n'a peut-être pas songé au moment du vote. Elle nécessitera la création de treize greffes qui prendront une partie de la clientèle des huit greffes existant aujourd'hui. Elle entraînera aussi la création de trois études de notaires.

Vous savez, en effet, que l'article 31 de la loi de ventôse an XI, qui est la loi fondamentale du notariat, décidait que, dans chaque canton de justice de paix, il devait y avoir deux études de notaire ; fort heureusement, cette loi a été modifiée par une loi de 1902 qui n'exige plus qu'une étude de notaire par canton de justice de paix. Or parmi les treize cantons nouveaux de justice de paix, dont vous avez décidé la création, trois n'ont pas d'étude de notaire. On va donc se trouver en présence de la loi de ventôse an XI, modifiée par la loi de 1902, et dans l'obligation de créer ces trois études. Elles

vont prendre une partie de la clientèle des études voisines.

Il faudra enfin des huissiers audienciers pour ces treize justices de paix ; on réclamait déjà de nouvelles études d'huissiers dans la banlieue ; il sera maintenant difficile de n'en pas créer quelques-unes.

Procédera-t-on par voie de création, ou par voie de translation ? Un mot pour vous expliquer ce qu'il faut entendre par translation.

Parmi les études d'huissiers de Paris, il en est quelques-unes qui sont des titres nus. Les titulaires de ces titres nus demandent parfois au tribunal, qui est l'autorité compétente en pareille matière, le droit de transférer leurs études dans la banlieue. Le tribunal n'accorde pas volontiers cette autorisation ; il l'accorde cependant quelquefois dans l'intérêt général, et il n'impose jamais à celui qui bénéficie de cette autorisation l'obligation de payer une indemnité à ceux d'entre ses confrères qui seront lésés par la translation de son étude. Le tribunal ne croit sans doute pas que la loi lui permette d'imposer cette indemnité.

Je suppose que des translations d'études de Paris dans la banlieue soient opérées par suite de la création de ces treize justices de paix. Elles équivaudront aux créations pour les huissiers voisins ; elles auront les mêmes résultats, les mêmes inconvénients. L'étude transférée, comme l'étude créée, leur prendra une partie de leur clientèle.

Ce sont là des conséquences nécessaires du vote de l'amendement de l'honorable M. Strauss. J'ai cru qu'il fallait les signaler au Sénat et lui demander en même temps de poser les principes que l'équité commande en pareille occurence. C'est le but de mon article additionnel

Je demande au Sénat, d'abord qu'il soit entendu que les officiers ministériels lésés par ces créations ou ces translations auront droit à une indemnité ; c'est de stricte équité.

M. Aucoin. Il aurait fallu le dire.

M. Milliard. Je vous demande de le dire, précisément.

M. Aucoin. Il aurait fallu le dire avant, au début de la discussion, parce que le Sénat aurait pu être impressionné par cette raison-là.

M. Milliard. Il est temps de le dire tant que la proposition de loi n'est pas votée.

M. Charles Riou. Elle sera votée d'urgence.

M. Milliard. Je signalais au Sénat les conséquences du vote de l'amendement de M. Strauss. Je lui demandais d'y réfléchir et je lui apportais la solution.

Elle consiste d'abord à dire que les officiers ministériels lésés auront droit à une indemnité.

Qui payera cette indemnité ? Ce ne seront pas les contribuables. Elle sera payée par les titulaires des offices créés ou transférés. Ce sera peut-être une nouveauté en matière de translation, ce n'en sera pas une en matière de création.

L'équité a ses droits ; ce n'est pas la première fois qu'on créerait des offices. Il n'y a pas bien longtemps qu'on a créé une étude de notaire à Asnières. Comment a-t-on procédé ? C'est la chancellerie qui a choisi le titulaire, qui l'a mis en possession de la charge créée et de tous les avantages de cette charge. Elle a bien le droit, en pareille occurence, d'imposer au titulaire certaines conditions que l'équité commande, celle, par exemple, d'indemniser les notaires voisins auxquels il prendra une partie de leur clientèle.

La chancellerie n'y manque jamais. Elle s'entend d'ordinaire avec la compagnie de discipline ; on discute le taux de l'indemnité, on recherche les titulaires qui seront lésés, on fixe l'indemnité à laquelle chacun peut avoir droit, et la somme est répartie entre les ayants droit par la chambre de discipline. C'est ainsi qu'on a procédé pour Asnières.

Mon amendement ne demande pas autre chose. Il dit que les officiers ministériels lésés par ces créations ou ces translations auront droit à une indemnité. Il dit qu'elle leur sera payée par les titulaires des offices créés ou transférés ; il dit enfin que cette indemnité sera fixée par la chancellerie comme en matière de création ou de suppression d'offices ministériels.

Voilà, messieurs, tout mon amendement.

Je ne crois pas que la commission ni M. le garde des sceaux puissent en contester très sérieusement le principe ; et je suis sûr que le Sénat adoptera ma proposition, car l'équité le commande. (*Très bien ! très bien !*)

M. le président. La parole est à M. le ministre de la justice.

M. le garde des sceaux. Je ne contredis pas, messieurs, au principe d'équité invoqué par l'honorable M. Milliard ; il est consacré par la loi de 1902 en ce qui concerne les notaires.

Lorsqu'une création d'office de notaire a lieu, elle donne droit à une indemnité au profit de celui auquel cette création nouvelle va porter préjudice, et généralement, cette indemnité est mise à la charge du nouvel officier ministériel.

Quant aux créations de greffes, il n'est pas douteux que le même principe d'équité ne doive trouver son application. Voici un greffier d'une justice de paix dans une circonscription déterminée : les affaires vont être partagées entre lui et les nouveaux greffiers. Il avait payé le droit consacré par la chancellerie pour la cession de son office dans des conditions déterminées qui se trouvent par là-même modifiées. Il y a donc lieu à une indemnité, qui sera mise à la charge du bénéficiaire du nouveau greffe.

Mais où je m'élève, messieurs, contre la demande de l'honorable M. Milliard, c'est quand il parle des translations d'offices d'huissiers. Il oublie que tous les huissiers d'un arrondissement, du ressort d'un tribunal, sont huissiers près ce tribunal et celui-ci est maître de leur affecter la résidence qu'il juge utile. Voici un huissier qui est audiencier d'un tribunal civil ; il est arrivé que le tribunal, pour une raison particulière, affectât cet huissier à un canton et le nommât audiencier de ce canton.

L'huissier n'est donc pas assimilable au greffier et au notaire ; il est dans une situation particulière, et si l'on crée de nouveaux offices d'huissiers, le tribunal ne fera qu'user d'un droit qui ne peut donner ouverture à indemnité.

En conséquence, je demande au Sénat de ne pas voter la disposition de l'honorable M. Milliard en ce qui concerne les huissiers, parce que ce serait modifier l'organisation même de ces officiers ministériels. Mais pour ce qui est des notaires ou des greffiers, je ne vois aucune difficulté. Il s'agirait donc d'effacer le mot « translation », parce qu'il ne s'applique qu'aux huissiers, d'effacer également le mot « huissiers », et j'accepte le reste de l'article additionnel.

M. le rapporteur. N'y aurait-il pas là une question d'équité en ce qui concerne les huissiers, et la chancellerie ne pourrait-elle pas examiner s'il n'y aurait pas lieu, dans certains cas, de demander la translation, de donner une indemnité à l'huissier qui pourrait être ainsi lésé ? Ce n'est pas une question législative ; c'est, je le répète, une question d'équité.

M. le garde des sceaux. Quand vous créez un office de notaire ou de greffier, quand vous diminuez l'étendue du ressort de juridiction d'un office déterminé, vous pouvez apprécier le préjudice. Mais l'huissier qui est à Paris, et qui sera nommé audiencier dans un des cantons de la banlieue, n'en conservera pas moins le droit d'instrumenter dans tout le ressort du tribunal. Je sais bien que les huissiers audienciers ont une compétence particulière, ils notifient les jugements de défaut, etc. ; mais songez donc que le tribunal a sur eux un pouvoir disciplinaire, dont il use très rarement d'ailleurs, et qui lui permet de changer la résidence à laquelle il les avait affectés.

Il est donc évident que le vote d'une disposition, qui aurait pour conséquence de modifier si profondément l'organisation de ces officiers ministériels, ne peut être accueilli par le Sénat.

M. le rapporteur. Je suis d'accord avec M. le garde des sceaux ; seulement j'appelle son attention sur la question d'équité qui se pose en ce qui concerne les huissiers, voilà tout.

M. le président. M. le garde des sceaux propose de modifier ainsi le texte de l'article additionnel proposé par M. Milliard :

« Toutes créations de greffes ou d'offices de notaire nécessités par la présente loi ne pourront avoir lieu qu'à la charge d'une indemnité incombant aux nouveaux titulaires.

« L'indemnité sera fixée comme en matière de cession ou de suppression d'office. »

M. Milliard. Je demande la parole.

M. le président. La parole est à M. Milliard.

M. Milliard, *de sa place.* Je prie M. le garde des sceaux d'examiner la question, au cas où des translations viendraient à être autorisées à raison de l'adoption de l'amendement de M. Strauss. Il s'agit de rechercher si l'équité ne commanderait pas, dans cette hypothèse particulière — et mon amendement n'avait pas d'autre portée — de traiter les huissiers comme le seront les notaires et les greffiers.

Sous le bénéfice de cette observation, j'accepte la modification proposée par M. le garde des sceaux.

M. Charles Riou. Il faut retirer l'urgence. (*Approbation sur divers bancs.*)

M. le président. La question du retrait de l'urgence ne peut pas se poser en ce moment.

M. Antony Ratier. Je demande la parole.

M. le président. La parole est à M. Ratier.

M. Antony Ratier. Messieurs, je voudrais soumettre au Sénat, en mon nom personnel et aussi au nom d'un certain nombre de nos collègues cette idée qu'il est véritablement pénible, alors que nous touchons à des intérêts privés très respectables, comme ceux que relatait l'honorable M. Milliard, ceux des greffiers et des notaires de la banlieue, de discuter avec une pareille hâte et avec le bénéfice de l'urgence, des textes qui mériteraient un examen plus attentif. (*Très bien !*)

A la suite des différents amendements qui ont été adoptés et des retouches apportées au texte de la commission, il est certain que la loi nouvelle ne sera pas d'une application très facile et mérite bien des critiques. Dans ces conditions, pourquoi maintenir l'urgence ? (*Nouvelle approbation.*) Nous reconnaissons nous-mêmes que certaines des dispositions sur lesquelles l'accord s'est fait soulèvent des questions extrêmement délicates. Pourquoi dès lors ne pas les examiner dans une 2ᵉ délibération ?

M. le président. Monsieur Ratier, vous ne pourrez demander le retrait de l'urgence qu'après le vote de tous les articles, et avant le vote sur l'ensemble de la proposition de loi.

J'en reviens donc, messieurs, à l'article additionnel proposé par M. Milliard. Je le relis dans les termes auxquels son auteur s'est rallié.

« Toutes créations de greffes ou d'offices de notaire nécessités par la présente loi ne pourront avoir lieu qu'à la charge d'une indemnité incombant aux nouveaux titulaires.

« L'indemnité sera fixée comme en matière de cession ou de suppression d'office. »

Je mets aux voix cet article additionnel.

(L'article additionnel est adopté.)

M. le président. Cet article portera provisoirement le nº 27. J'expliquerai tout à l'heure au Sénat pourquoi j'emploie le mot « provisoirement ».

Un autre article additionnel, proposé par MM. Bataille, Gomot et Lintilhac est ainsi conçu :

« Intercaler entre les articles 26 et 27 un article 26 *bis* nouveau, ainsi conçu :

« Art. 26 *bis*. — Dans le délai de trois mois à partir de la promulgation de la loi, il sera procédé, par un décret rendu en la forme des règlements d'administration publique, à la revision des chapitres 2 et 3 du livre Iᵉʳ du décret du 16 février 1807 concernant la taxe des greffiers de paix et des décrets de 1811 et 1813, concernant la taxe des greffiers de simple police. »

La parole est à M. Bataille.

M. Bataille. Messieurs, dans la séance du 16 mars 1905, M. de Las Cases demandait que, dans le projet de loi soumis aux délibérations du Sénat, il fût dit un mot des greffiers de justice de paix et M. le rapporteur de répondre : « On fait quelque chose pour les greffiers en augmentant la compétence des juges de paix. » Pour ma part, messieurs, je n'ai pu saisir la portée de l'observation du rapporteur, alors que je sais que le tarif de 1807, auquel sont soumis certains actes des greffiers, est absolument muet sur la tarification des jugements, enquêtes au prétoire et tous autres actes de juridiction contentieuse.

J'y vois, par contre, une augmentation sensible de travail et une responsabilité sanctionnée par de récents arrêts de cassation des 15 juillet et 5 août 1901, sans indemnité compensatrice.

En effet, si les greffiers des autres juridictions, les greffiers des tribunaux de commerce, notamment, touchent, depuis 1880, un droit de rédaction de qualités pour les jugements, et les greffiers des tribunaux civils des droits en matière d'enquête, ces mêmes avantages n'ont pas été concédés aux greffiers de justice de paix, qui, eux aussi, ont à prêter leur ministère pour les enquêtes faites à l'occasion des actions possessoires, des accidents du travail et en toutes autres matières.

Ce n'est pas la première fois, du reste, que se pose devant le Parlement cette revision du tarif des greffiers. Déjà les 23 et 24 mai 1845 cette revision était demandée par MM. Chegaray, Delespaul et autres, et M. le garde des sceaux Martin du Nord concluait à une revision qu'il jugeait indispensable.

Le 10 avril 1855, M. Duclos, député, constatait que la plupart des greffiers ne retiraient de leurs charges qu'un produit de 1,000 à 1,200 francs.

Le 31 août 1872, le regretté M. Mazeau rendait un public hommage aux greffiers de justice de paix, qui ont fait preuve de patriotisme en abandonnant pour la libération du territoire une partie de l'indemnité qui leur avait été allouée en 1871, et demandait au conseil général de la Côte-d'Or d'émettre un vœu de réparation au profit des greffiers.

En 1875, l'Assemblée nationale votait en 1re lecture la revision des tarifs de 1807, 1811 et 1813 jugés insuffisants, et taxés comme tels à la tribune par M. Bardoux, sous-secrétaire d'Etat.

Depuis lors plus de soixante conseils généraux ont émis des vœux en faveur de l'amélioration du sort des greffiers qui attendent toujours, ainsi que le disait notre honorable président M. Fallières en 1892, une juste rémunération de leur travail.

En 1900, une commission extraparlementaire était instituée par M. Monis, garde des sceaux, à l'effet de poursuivre la revision du tarif des greffiers.

Cette revision du tarif de 1807, toujours retardée, s'impose d'autant plus que le législateur de cette époque ne pouvait prévoir l'augmentation toujours croissante des actes attribués aux justices de paix et l'extension donnée à l'assistance judiciaire. L'extension de la compétence, à mon avis, n'apportera pas aux greffiers un remède à leurs maux.

Il est bon de faire remarquer que les justiciables vont bénéficier d'un dégrèvement de plus de 2 millions.

En effet, aujourd'hui, une demande en payement de 600 francs portée devant le tribunal civil, donne lieu à 110 francs de frais; à l'avenir, ces frais en justice de paix ne seront plus que 5 fr. 45, soit 21 fois moindres; il semble dès lors juste que ceux qui auront le travail et la responsabilité aient une petite part de ces avantages.

Nous ferons enfin remarquer que les demandes en pension alimentaire vont augmenter le travail des greffiers, que toutes ces demandes jouissent généralement du bénéfice de l'assistance judiciaire et qu'il y aura là encore une source de dépenses sans profits pour ces officiers publics.

Vous venez d'augmenter encore leur travail lorsque vous avez attribué à la juridiction de paix les distributions par contributions inférieures à 600 francs, sans qu'encore cette fois vous ayez prévu un émolument pour ce travail assez compliqué et minutieux, car il ne faut pas oublier que c'est le greffier, et non le juge, à qui incombera le travail matériel.

Dans la séance du 16 mars, vous avez modifié la loi des accidents du travail. Les greffiers se trouvent chargés d'envois de lettres recommandées, et il n'est prévu aucun mode de recouvrement des frais et déboursés, pas plus du reste que pour les nombreux actes de juridiction gracieuse, qui bénéficient de l'assistance judiciaire.

J'estime donc avec MM. Boulanger et Guillemet que les émoluments alloués aux greffiers, basés sur un tarif centenaire, sont insuffisants. C'est là une œuvre de justice que je vous convie en vous demandant de voter le principe de la revision des tarifs de 1807, 1811 et 1813.

Le recrutement des greffiers est tel aujourd'hui qu'il n'a jamais été. Le nombre de ces officiers publics pourvus de diplômes universitaires augmente chaque jour.

La confiance dont ils jouissent de la part de leurs compatriotes est sanctionnée par ce fait que plus de cent cinquante d'entre eux sont conseillers généraux, d'arrondissement, maires, adjoints ou conseillers municipaux.

C'est dire que loin de déchoir, les greffiers de paix ont acquis une situation morale qui ne peut que leur attirer les sympathies du Sénat pour obtenir les satisfactions qu'ils réclament auxquelles ils ont droit, et que vous sanctionnerez, j'en suis convaincu, de votre vote. (*Très bien ! Très bien !*)

M. le rapporteur. Je demande la parole.

M. le président. La parole est à M. le rapporteur.

M. le rapporteur. Messieurs, notre honorable collègue M. Bataille nous demande d'insérer dans la loi une disposition par laquelle il invite le garde des sceaux, dans le délai de trois mois, à reviser les tarifs de 1807 et 1811, relatifs aux greffiers.

Plusieurs sénateurs. C'est un vœu !

M. le rapporteur. L'honorable M. Bataille nous reproche de mettre par la loi, une besogne nouvelle à la charge des greffiers. J'avais dit qu'à côté de cette besogne se présentait pour eux un bénéfice ; l'honorable M. Bataille le conteste. Il me semble cependant que le nombre des affaires que la loi attribue aux justices de paix amènera nécessairement pour eux certains émoluments, et que la loi nouvelle, au lieu d'être une charge, constituera certainement un bénéfice.

M. Louis Legrand. Non ! Du tout !

M. le rapporteur. Ce n'est donc pas dans la loi actuelle qu'il faut chercher la base d'une revision des tarifs des greffiers, c'est dans la situation même qui leur est faite à l'heure actuelle.

Il faut bien reconnaître que les tarifs, qui datent de 1807, sont quelque peu anciens et que, à l'heure actuelle, ils demanderaient à être revisés. Malheureusement, nous avons vu, il y a peu de temps, un essai de revision du tarif des avoués. A quoi cette revision a-t-elle abouti ? A rien !

M. Bataille nous demande de faire reviser les tarifs de 1807 pour les greffiers. Je crains bien que la demande qu'il adresse à M. le garde des sceaux ne soit aussi platonique, et, véritablement, mettre dans la loi une disposition qui est un vœu pur et simple, je n'en vois pas bien la nécessité. Si M. le garde des sceaux veut prendre, vis-à-vis de M. Bataille, l'engagement de faire étudier la revision des tarifs, c'est très bien ; mais il n'est pas besoin d'une loi pour que le garde des sceaux prenne cet engagement, et le texte que vous adopteriez n'ajouterait absolument rien à l'engagement qu'il prendrait.

Dans ces conditions, et quelque intérêt que nous portions certainement aux greffiers, je ne crois pas qu'il y ait lieu d'accepter l'amendement de M. Bataille qui, je le répète, ne serait dans la loi qu'un vœu complètement inutile.

M. le garde des sceaux. Messieurs, il est certain que le tarif très ancien qui réglemente les greffiers de justices de paix est, notamment pour beaucoup de greffiers de petites justices de paix dans les campagnes, un tarif très peu rémunérateur, et que sa revision présente un certain intérêt.

Je ne demande pas mieux que de l'étudier, mais que M. Bataille me permette de lui faire observer qu'il serait bien difficile d'imposer à l'administration, dans le délai de trois mois, la revision d'un tarif qui entraînerait peut-être un travail très compliqué. Je crois que le but qu'il poursuivait est atteint aujourd'hui, en ce sens qu'il a apporté ici des doléances légitimes dont le garde des sceaux déclare qu'il se préoccupera.

M. Vallé. Le travail est fait.

M. le président. La parole est à M. Bataille.

M. Bataille. Je remercie M. le garde des sceaux des déclarations qu'il vient de faire et je retire mon amendement.

M. le président. L'amendement est retiré ; nous arrivons au vote sur l'ensemble.

La parole est à M. Ratier.

M. le rapporteur. Monsieur le président, la disposition transitoire, l'article 27 de la loi, est à supprimer.

M. le président. Cette disposition est sans utilité. Elle a été du reste abrogée par une disposition antérieure et je n'ai pas sur ce point à consulter le Sénat.

M. Antony Ratier. Je disais au Sénat, il y a un instant, que cette loi soulève une question des plus délicates. Le travail de la commission a été remanié dans ses parties essentielles ; la loi touche, nous venons de le voir, à des questions d'ordre privé qui ont leur importance et dont il convient que le Sénat se préoccupe.

La discussion rapide à laquelle nous venons de nous livrer, l'étude de la loi qui a été faite, il y a quelques instants, par ceux qui, pourtant, ont l'habitude des textes, témoigne de la difficulté d'improviser une disposition dont les conséquences n'ont pas été prévues à l'avance et qui touchent à des lois dont le texte n'a pas même pu passer sous nos yeux.

J'estime d'ailleurs, messieurs, que le Sénat, qui a voté l'urgence au début d'une discussion qu'il pouvait supposer plus simple, moins ardue, moins complexe, peut maintenant qu'il est éclairé, revenir sur son opinion et tenir à revoir une seconde fois des textes qu'il a votés et remaniés à la hâte. (*Réclamations sur certains bancs à gauche.*)

M. Victor Leydet. Il y a vingt-sept ans que la loi est sur le chantier.

M. Antony Ratier. Je sais qu'il existe dans le Sénat, comme dans l'autre Assemblée, deux écoles. La première considère qu'il est surtout essentiel de voter des lois très rapidement, mais il en est une autre, et j'appartiens à celle-là, qui estime que le Parlement gagne en prestige et en autorité, et sert mieux les intérêts du pays, en votant des lois bien faites. (*Très bien ! sur certains bancs.*)

M. Charles Riou. Nous en avons eu un exemple tout à l'heure.

M. Antony Ratier. Je pourrais citer un grand nombre de lois votées récemment et qui sont dans ce cas : la loi sur les accidents du travail, la loi sur les congrégations, sur les saisies-arrêts et bien d'autres. (*Très bien ! sur les mêmes bancs.*)

En procédant avec cette hâte, au lieu de servir les intérêts dont on a la garde, on les dessert.

M. Bassinet. La loi sur les accidents du travail, quoique imparfaite, a rendu de grands services aux ouvriers blessés ; on l'améliore tous les jours ; et on a bien fait de la voter.

M. Antony Ratier. Vous avez cent fois raison et je suis de ceux qui l'ont votée.

Lorsque je parle de la loi en discussion, je n'entends pas le moins du monde en retarder l'exécution, mais je vous disais, il y a un instant, qu'une loi comme celle-ci, que vous avez la certitude de ne pas faire entrer en application demain, gagnera certainement à être soumise à une 2ᵉ délibération. Elle gagnera à être de nouveau examinée dans toutes ses parties, car certaines dispositions que vous avez rapidement votées pourront être remaniées, et votre œuvre, élaborée après des réflexions plus longues et une étude plus attentive, aura chance de fonctionner avec le minimum d'inconvénients et de désavantages et sans faire naître par l'obscurité ou l'insuffisance des textes nombre de difficultés et de procès comme en entraînent tant de lois mal faites votées dans ces dernières années par le Parlement.

Encore une fois, je fais appel à tous ceux qui se préoccupent avant tout de voter les lois sagement mûries et sérieusement faites.

Si j'insiste, c'est pour ce qui me concerne, dégager ma responsabilité. Le Sénat jugera s'il doit dégager également la sienne. Quant à moi, qui, comme membre de la commission, ai pris part à l'élaboration de cette loi, qui reconnais les inconvénients de certaines de ses dispositions votées en 1ʳᵉ lecture, j'hésite à l'approuver définitivement sans l'étudier à nouveau.

Mes scrupules seront au contraire mieux sauvegardés si le vote de la loi est retardé de plusieurs semaines au Sénat, sans que d'ailleurs la promul-gation en soit retardée d'une heure, et si le texte définitivement adopté sert plus efficacement les intérêts des justiciables. (*Très bien ! très bien ! sur certains bancs.*)

M. Paul Strauss. Je demande la parole.

M. le président. La parole est à M. Strauss.

M. Paul Strauss. Messieurs, je n'ai pas vu dans les observations de notre honorable collègue M. Ratier un mot qui pût toucher les intérêts des justiciables dont il s'est réclamé.

Si l'honorable membre de la commission, M. Ratier avec son expérience consommée, était venu démontrer que dans quelques unes de ses parties, la loi avait déçu les espérances de ses auteurs, qu'elle était boiteuse et mal faite, qu'elle ne répondait pas à l'attente de la démocratie, en ce qui concerne l'extension de la compétence des juges de paix, c'est-à-dire au point de vue principal et essentiel, je comprendrais dans une certaine mesure qu'on vînt demander au Sénat le retrait de l'urgence. Mais quoi ! messieurs, il ne s'agit que d'une disposition additionnelle concernant des intérêts privés, dont je ne méconnais certes pas la valeur ou la légitimité, mais qui, ce me semble, doivent être subordonnés et placés à leur rang.

Et avant de nous demander si les intérêts de quelques greffiers et de quelques notaires, qui d'ailleurs ont reçu satisfaction par le vote de la disposition additionnelle de M. Milliard, acceptée par M. le garde des sceaux, sollicitent un supplément d'étude, il faut nous demander si, en ajournant indéfiniment le vote de cette loi, nous ne portons pas une plus grave atteinte aux intérêts des justiciables et de la France entière ! (*Très bien ! très bien ! sur divers bancs.*)

On a parlé d'une nouvelle délibération. Mais, nous sommes en ce moment en 3ᵉ délibération pour ne prendre que le projet de loi dont l'honorable M. Godin a été le rapporteur en 1896. En 1904, la Chambre des députés a statué ; en 1905, le Sénat en délibère à nouveau, et nous n'avons même pas la certitude, à l'heure où nous parlons, que le jour où la Chambre des députés sera saisie à nouveau, elle votera un texte identique et conforme à celui du Sénat.

Par conséquent, pourquoi provoquer comme à plaisir une 4ᵉ, une 5ᵉ délibération ? Et ce au moment où nous allons aborder le vote du budget qui va nous occuper pendant plusieurs semaines, à l'heure où de grosses questions attendent votre examen : le repos hebdomadaire, l'assistance aux vieillards et tous les projets de loi qui vont nous être envoyés par la Chambre des députés ; c'est à cette heure, dis-je, qu'on vous invite à reculer encore, à ajourner, par des délibérations qui n'auraient lieu que dans quelques mois, le vote d'une loi aussi urgente, depuis si longtemps attendue, comme dans toutes ses parties, qui n'a été critiquée que dans une de ses dispositions accessoires, subsidiaires et additionnelles.

Je prie le Sénat de ratifier le vote qui a été émis en parfaite connaissance de cause au début de cette discussion si ample, si étudiée, si longue — M. Ratier l'a reconnu — et qui donne toutes garanties de maturité au vote définitif d'une loi aussi urgente et aussi démocratique.

Je demande au Sénat de ne pas prononcer le retrait de l'urgence et de repousser la demande injustifiée de l'honorable M. Ratier.

M. le président. La parole est à M. Ratier.

M. Antony Ratier, *de sa place.* Le Sénat est convaincu que cette loi est importante, qu'elle rendra des services. Comment ne lui serait-il pas possible d'en retarder le vote de quelques semaines pour la mieux coordonner et voter une loi bien faite.

Aurez-vous vraiment beaucoup à attendre ? La commission est à la disposition du Sénat, le Gouvernement également. La 2ᵉ délibération sera-t-elle longue à venir ? Quand le Sénat le veut, ne met-il pas une grande hâte à voter des lois même complexes et difficiles.

M. Vallé. Ce sera un retard de quelques années.

M. Antony Ratier. De quelques semaines seulement.

Le Sénat, en certains cas, a voté en moins de huit jours des lois extrêmement importantes. Si cette fois nous avons le concours du Gouvernement, celui de la commission, je ne vois pas le moins du monde, parce que la loi aura subi un retard de quelques jours au Sénat, que les intérêts qu'elle doit satisfaire soient lésés.

Vous dites vous-même que la Chambre des députés nous renverra le projet de loi...

M. Paul Strauss. Je n'ai pas dit cela.

M. Antony Ratier. ...ou tout au moins qu'elle peut nous le renvoyer.

M. Paul Strauss. J'espère qu'elle ne nous le renverra pas.

M. Antony Ratier. Et vous savez en tout cas que la Chambre des députés, dont l'ordre du jour est aussi chargé que possible, ne pourra pas avant plusieurs mois examiner le projet de loi que nous allons lui envoyer.

Jusqu'à ce que la Chambre des députés ait statué, comment pouvez-vous dire que nous n'avons pas la possibilité d'employer deux ou trois jours à revoir ce texte.

Refuser un second examen pour une loi complexe dont plusieurs parties ont été pour ainsi dire improvisées, sous ce prétexte que le Parlement n'a pas le temps de l'étudier comme elle le mérite, ce serait proclamer que notre pouvoir législatif est vicieux et ne peut aboutir qu'à des œuvres imparfaites, n'ayant pas la possibilité de voter avec toute la réflexion et la maturité nécessaires, une œuvre utile comme la loi sur les justices de paix.

M. le président. Je consulte le Sénat sur le retrait de l'urgence...

M. Hugot. Je voudrais demander à M. Ratier si c'est son opinion personnelle ou celle de la commission qu'il vient de faire connaître au Sénat.

M. Antony Ratier. J'ai déclaré à la tribune que je ne parlais pas au nom de la commission, mais en mon nom personnel et au nom d'un certain nombre de membres de la commission.

M. le rapporteur. La commission n'en a pas délibéré.

Par conséquent, elle se désintéresse de la question.

M. le président. Je consulte le Sénat sur le retrait de l'urgence.

Il a été déposé sur le bureau une demande de scrutin signée de MM. Bonnefoy-Sibour, Desmons, Fayard, Jean Bayol, Bataille, Pauliac, Giguet, Magnien, Costes, plus une signature illisible.

Il va être procédé au scrutin.

(Les votes sont recueillis. — MM. les secrétaires en opèrent le dépouillement.)

M. le président. Voici, messieurs, le résultat du scrutin :

Nombre des votants 265
Majorité absolue.............. 133

Pour l'adoption 85
Contre............... 180

Le Sénat n'a pas adopté.

En conséquence, l'urgence est maintenue.

Avant de mettre aux voix l'ensemble du projet de loi, je rappelle au Sénat que, par suite d'un article nouveau, présenté par M. Théodore Girard sous le n° 11 *bis* et voté par le Sénat, il y a lieu de procéder à une rectification du numérotage des articles. L'article nouveau proposé par M. Théodore Girard devient l'article 15; l'ancien article 15 devient l'article 16 et ainsi de suite. Quant à l'article additionnel, proposé par M. Milliard sous le n° 27 et adopté par le Sénat, il devient l'article 28 et dernier. (*Approbation.*)

Je mets aux voix l'ensemble de la loi.

Il va être procédé au scrutin.

(Les votes sont recueillis. — MM. les secrétaires en opèrent le dépouillement.)

M. le président. Voici, messieurs, le résultat du scrutin :

Nombre des votants 273
Majorité absolue.............. 137

Pour l'adoption 273

Le Sénat a adopté. (*Applaudissements sur divers bancs.*)

PROPOSITION DE LOI

CONCERNANT LA

Compétence des Juges de Paix

CHAMBRE

M. JEAN CRUPPI, rapporteur

COMPTE-RENDU « IN EXTENSO »

Séance du 27 juin 1905.

M. le président. J'ai reçu de M. le ministre de la justice ampliation du décret suivant :

« Le Président de la République française,

« Sur la proposition du garde des sceaux, ministre de la justice,

« Vu l'article 6, paragraphe 2, de la loi constitutionnelle du 16 juillet 1875 sur les rapports des pouvoirs publics, qui dispose que les ministres peuvent se faire assister, devant les deux Chambres, par des commissaires désignés pour la discussion d'un projet de loi déterminé.

« Décrète :

« Art. 1er. — M. Paillot, conseiller d'État, directeur des affaires civiles et du sceau au ministère de la justice, est désigné en qualité de commissaire du Gouvernement pour assister le garde des sceaux, ministre de la justice, devant le Sénat et devant la Chambre des députés dans la discussion d'une proposition de loi concernant : 1° la compétence des juges de paix ; 2° la réorganisation des justices de paix.

« Art. 2. — Le garde des sceaux, ministre de la justice, est chargé de l'exécution du présent décret.

« Fait à Paris, le 5 juin 1905.

« ÉMILE LOUBET.

« Par le Président de la République :

« *Le garde des sceaux, ministre de la justice,*

« J. CHAUMIÉ. »

Acte est donné de la communication dont la Chambre vient d'entendre lecture.

Le décret sera inséré au procès-verbal de la séance de ce jour et déposé aux archives.

M. le président. L'ordre du jour appelle la discussion de la proposition, adoptée par le Sénat, adoptée avec modifications par la Chambre des députés, modifiée par le Sénat, concernant : 1° la compétence des juges de paix ; 2° la réorganisation des justices de paix.

L'urgence a été déclarée sur cette proposition.

La parole est à M. Louis Martin dans la discussion générale.

M. Louis Martin (Var). Les observations que j'ai à présenter à la Chambre seront nécessairement très brèves ; elles constituent beaucoup plus une explication de vote qu'un discours. La loi sur les justices de paix que vous allez sanctionner dans quelques instants, je l'espère, sans modification, est depuis longtemps attendue par toute la France. Les juges de paix, magistrats modestes, aspirent après elle puisque leur situation en sera consolidée et améliorée ; et les justiciables la réclament à grands cris, parce qu'elle aura pour résultat de les rapprocher, dans certaines circonstances, des magistrats chargés de trancher leurs différends et de réduire dans une large mesure les frais exhorbitants de la justice.

Je ne veux pas retarder le vote de cette loi, pendant tant de législatures ballotée, tour à tour, de la Chambre au Sénat et du Sénat à la Chambre et qui, si elle arrive aujourd'hui à maturité, le doit en grande partie au talent, au zèle et à l'activité de M. le rapporteur. (*Très bien ! très bien !*)

C'est surtout pour remercier M. le rapporteur, au nom des citoyens dont je viens de parler, que j'ai tenu à prendre la parole. Ce n'est pas, messieurs, que le projet proposé réponde exactement sur tous les points à nos vœux et nous procure toutes les satisfactions désirées : toutefois, j'ai plaisir à remercier le Sénat de ce que la loi, dans quelques-unes de ses dispositions, ait été retouchée et améliorée par lui. Je suis d'autant plus sensible à ces modifications que j'avais moi-même proposé deux d'entre elles à la Chambre ; elles lui avaient paru un peu hardies, si bien qu'après m'avoir donné un assez grand nombre de suffrages, elle me mit finalement en minorité. Le Sénat a bien voulu tenir compte de mes observations et j'ai été très heureux, lorsque la loi est revenue de cette Assemblée, de constater qu'au nombre des éligibles, de ceux qui pouvaient être nommés juges de paix en vertu de la loi nouvelle, figuraient les anciens juges.

C'est ce que j'avais demandé. Je remercie le Sénat — à qui j'adresserai plus tard d'ailleurs des reproches pour diverses raisons — d'avoir également admis, comme je l'avais demandé à la Chambre, que les suppléants des justices de paix, qui depuis un assez grand nombre d'années auront prêté le concours de leur désintéressement et de leurs mérites à l'œuvre judiciaire, ne seront pas exclus des fonctions de la judicature et pourront être promus au bout de dix ans d'exercice.

Sur un point encore il a été apporté une amélioration notable au texte voté par la Chambre : le Sénat a supprimé la limite de soixante-dix ans que la Chambre avait établie. Les fonctions du juge de paix sont beaucoup plus paternelles que contentieuses ; l'expérience des hommes et des choses est absolument nécessaire. Or ces magistrats de grand âge sont souvent des hommes ayant exercé déjà de hautes fonctions judiciaires, d'anciens conseillers, d'anciens présidents et premiers présidents qui, atteints sur le siège par la limite légale, conservaient néanmoins la pleine possession de leur vigueur intellectuelle. Ils descendent des fonctions élevées qu'ils occupaient jusque-là pour exercer celles plus modestes de juges de paix, qui n'exigent pas la même contention d'esprit et les honorent grandement cette nouvelle charge. Le Sénat a corrigé le vote un peu sévère de la Chambre, et cette modification me paraît juste.

Un autre article a été également l'objet d'un amendement heureux : c'est celui qui indiquait que les juges ne pourraient être révoqués que sur l'avis d'une commission. Cet article soustrayait par conséquent, au point de vue de la révocation, les juges au caprice et au bon plaisir que nous avons vu trop souvent s'exercer en la matière. Le Sénat l'a complété par une addition qui, je crois, était nécessaire.

« Les juges de paix, disait le texte de la Chambre, ne pourront être révoqués que sur l'avis, etc... »

« Les juges de paix, porte le texte du Sénat, ne pourront être révoqués ni diminués de classe, etc... »

Il y a là une garantie pour les magistrats, et cette garantie est excellente.

Je voudrais, pour ma part, — mais c'est une question que j'agiterai dans un autre débat — que des garanties très sérieuses fussent accordées aux intéressés, aussi bien pour l'entrée dans la magistrature que pour l'avancement ou les rétrogradations, et pour n'importe quelle catégorie de magistrats et parce que ces garanties seraient, en définitive, données aux justiciables eux-mêmes.

Messieurs, nous avons à la tête de la chancellerie un garde des sceaux auquel je suis certainement heureux de rendre hommage — ce n'est pas la première fois que je le fais et j'espère que ce ne sera pas la dernière — mais les gardes des sceaux, comme les autres ministres, ne peuvent tout faire par eux-mêmes ; ils sont obligés de s'entourer de collaborateurs ; ils ont des directeurs du personnel qui, parfois, sont très insuffisants et très au-dessous de leur mission.

Je ne veux pas ouvrir ce débat aujourd'hui ; il aura son jour très prochain, je l'espère ; mais il arrive souvent que ces directeurs du personnel, d'une insuffisance notoire, reconnue par tous, abandonnent les mouvements judiciaires aux sollicitations exclusivement politiques, comme si nos institutions judiciaires devaient être dirigées par neuf cents directeurs irresponsables du personnel ; ils asservissent ainsi la magistrature, la font sortir de son rôle et causent à la justice un grand dommage.

J'aurais voulu que, dans l'intérêt du justiciable, qui doit être en toute occurence protégé, dans l'intérêt de la magistrature et de sa dignité, on établit pour la nomination des juges de paix — plus tard je soutiendrai un débat pour les autres magistrats à tous les degrés de la carrière — certaines garanties, qui font actuellement défaut. Je regrette que ce n'ait pas été fait.

De même manque-t-il au texte diverses dispositions que la Chambre avait établies en matière pénale et que le Sénat a disjointes.

Nonobstant ces quelques critiques, cette loi constitue un avantage notable pour les justiciables ; elle est réclamée depuis longtemps par le pays ; elle indique que nous voulons enfin tenter quelque chose dans l'ordre judiciaire. Nous n'abandonnons pas, en effet, cette grande réforme judiciaire si longtemps promise, et la loi présentée nous apparaît dès à présent comme la première assise d'une grande réforme générale.

Pour toutes ces considérations, je la voterai malgré les quelques critiques que je viens de lui adresser et toutes les autres qu'on pourrait faire encore je la voterai sans hésitation, sans demander de modification aucune, afin qu'elle ne retourne plus devant l'autre Assemblée et qu'elle soit désormais acquise. (Applaudissements sur divers bancs.)

M. le président. La parole est à M. Lepelletier.

M. Edmond Lepelletier. Je ne veux pas faire d'obstruction à la loi ; mais il me paraît indispensable de ne pas ratifier l'intéressant travail de la Chambre sénatoriale sans l'accompagnes de quelques restrictions, ne fût-ce qu'à titre d'indication pour l'avenir ; car si toutes les lois sont perfectibles, celle-ci me paraît essentiellement revisable. Il y a d'abord un point tout spécial sur lequel il faudra revenir, le Sénat l'ayant ajourné ; je veux parler de la compétence pénale dont la disjonction a été prononcée. Ce n'est pas le rejet, c'est l'ajournement, le renvoi à une discussion ultérieure.

Nous ne ferons aucune difficulté sur ce point et nous n'entendons pas faire obstacle au vote de la loi. Mais il y a différents points de détails à signaler.

M. Louis Martin a fait plutôt l'éloge du travail du Sénat et a montré les innovations heureuses que cette Assemblée avait introduites. Il en est une qu'il n'a pas mentionnée, c'est celle qui donne aux juges de paix la distribution des sommes saisies formant une contribution.

Vous savez que la contribution judiciaire est un des engrenages les plus pernicieux de notre système de procédure. On l'a un peu limé, adouci, et il faut espérer que plus tard on perfectionnera la contribution judiciaire en matière supérieure à 600 francs.

Le Sénat a fait des suppressions qui ne sont pas toujours aussi heureuses. Il a aussi réduit la compétence des juges de paix en dernier ressort pour les contestations à l'occasion des correspondances et objets recommandés, et en même temps pour les valeurs déclarées grevées ou non de remboursements.

Il a eu tort, à mon avis, de rejeter l'article qui donnait la compétence aux juges de paix quant à l'appréciation des demandes en résiliation des baux fondées dans les limites de la compétence, sur l'inexécution des clauses et conditions du bail. Il y a des baux de fort peu d'importance. Locataires et propriétaires seront obligés d'aller plaider devant la juridiction coûteuse des tribunaux civils alors que la justice de paix eût été très suffisante.

Mais ce sont là des points secondaires tandis qu'il y a une question primordiale sur laquelle nous devons faire des restrictions. M. le rapporteur l'a très bien indiqué, mais, désireux comme nous tous de voir aboutir cette loi depuis si longtemps étudiée, et sans cesse retardée, il n'a pas insisté. Il est évident qu'il y a des dispositions concernant le recrutement du personnel, l'admissibilité aux fonctions de juges de paix, contraires à l'esprit de la loi. Ce que la Chambre a voulu et qui est conforme à l'esprit scientifique et aux obligations d'examen qui sont la règle partout aujourd'hui pour les emplois, c'est que les juges de paix soient surtout recrutés parmi un personnel plus compétent, plus capable, plus instruit, à même de statuer au besoin sur des contestations difficiles.

Assez souvent sont soulevés dans de modestes prétoires de justice de paix des points de droit complexes. Le juge de paix ne se borne pas à concilier. Il est devenu surtout un juge tranchant des litiges en premier et en dernier ressort. Grâce à la complaisance de magistrats pour la juridiction du tribunal civil le rôle du juge de paix comme conciliateur n'existe presque pas. Ce n'est plus la tradition de Thouret et de la Révolution française ; le juge de paix, homme vertueux, apaisant les divisions en faisant s'accorder les parties.

Ceux qui ne connaissent pas le mécanisme judiciaire supposent que la conciliation est la principale attribution des juges de paix, et qu'est toujours appliqué l'article 48 du code de procédure civile en vertu duquel toute demande introductive d'instance civile doit être précédée d'une tentative de rapprochement entre les parties.

Dans la pratique cela est inexact. Les avoués s'arrangent pour arracher au président du tribunal une ordonnance sur requête — il en signe deux cents peut être à certains jours d'audience à Paris — permettant d'assigner à bref délai. Cette autorisation qui supprime le préliminaire de conciliation devrait être réservée pour les cas très urgents, et encore dans bien des cas réclamant célérité, on pourrait recourir au référé. Cette assignation à bref délai devrait disparaître de nos codes, sauf cas tout à fait exceptionnels. Au contraire, dans la pratique, on ne se sert que de cette procédure.

M. Louis Puech. C'est une appréciation très discutable.

M. Louis Martin. Je la crois, au contraire, mon cher collègue, absolument juste. Ce qui devrait être l'exception est devenu la règle.

M. Edmond Lepelletier. Si vous le désirez, j'établirai par des chiffres très exacts que le tribunal de la Seine rend tous les jours une moyenne très forte d'ordonnances permettant d'assigner à bref délai dans des instances qui concernent le plus souvent de petites fournitures, de petites sommes, affaires qui pourraient très bien être conciliées et terminées devant le juge de paix, sans aller au tribunal civil, sans la présence des avoués et des autres corbeaux qui assaillent les prétoires.

Mais laissons cette question qui est à traiter dans la reprise générale de notre nouvelle procédure. Remarquons seulement que le juge de paix n'occupe pas une sinécure et que sa tâche juridique est souvent ardue. Il remplit sa mission de son mieux, mais il peut être appelé à trancher des difficultés de droit de quelque importance. Par conséquent la capacité juridique doit être la base du recrutement du juge de paix. Ce n'est plus l'homme des champs jugeant dans la sincérité de son cœur et la loyauté de son esprit, comme on l'a dépeint, mais le magistrat ayant à discerner et à prononcer le bon droit ; le pauvre plaideur n'a pas souvent les moyens de payer un avocat ou un homme d'affaires habile ; le juge doit donc suppléer à l'insuffisance de la défense, précisément parce que c'est la justice du pauvre. Il faut qu'il soit capable de remplir ce rôle ; et s'il était possible de renverser la hiérarchie sociale et de donner des émoluments en raison de l'importance des services rendus, les conseillers à la cour de cassation ne devraient pas être le mieux payés, ce devraient être les juges de paix.

Le conseiller à la cour de cassation est un homme arrivé au terme de sa carrière, un savant qui fait pour ainsi dire de l'art judiciaire, tandis que le juge de paix est occupé, surtout avec les nouvelles lois à des tâches multiples et souvent délicates, il est appelé à suppléer à l'insuffisance juridique du plaideur trop pauvre pour charger un homme compétent, capable de présenter à la barre ses moyens de défense et de citer les textes lui donnant raison. Si le juge de paix n'est pas là pour rétablir l'équilibre, pour faire valoir des moyens de droit qui échapperont à ce malheureux plaideur, celui-ci succombera faute d'avoir connu la loi et d'en avoir invoqué les armes.

Je ne veux pas dire qu'il faudrait imposer un défenseur à la justice de paix, mais il est bien évident que l'homme, qui n'est pas assisté doit trouver un protecteur dans le juge. Or pour qu'il puisse défendre l'homme qui ayant le bon droit pour lui est incapable de le faire valoir, pour qu'il sache écarter la poursuite injuste ou illégale et sauvegarder l'honorable citoyen persécuté injustement, l'innocent, il faut que ce chevalier du droit soit un peu armé. Si vous le recrutez dans de mauvaises conditions, dans des conditions parfaites d'honorabilité, c'est entendu, mais dans de mauvaises conditions d'expérience, de pratique des affaires contentieuses, par suite d'inaptitude juridique et d'ignorance pénale, vous aurez une justice de paix imparfaite et les intérêts des plaideurs seront compromis.

C'est pourquoi nous avons exprimé ici à plusieurs reprises l'avis que les fonctions de juge de paix devraient constituer une véritable carrière. Le recrutement n'est pas très facile, sans doute. Il y a cependant des éléments.

Tant que les charges ministérielles existeront, tant qu'elles seront le privilège de la classe bourgeoise, tant qu'il faudra avoir des écus, beaucoup d'écus pour devenir officier ministériel, cette carrière, ces fonctions de notaire, d'avoué, d'huissier, de greffier, de commissaire-priseur seront fermées aux jeunes gens pauvres. Or, avec le niveau intellectuel de plus en plus élevé, avec la diffusion du savoir, il est bien évident que nous trouverons de plus en plus des jeunes gens sans fortune, capables de remplir ces fonctions, mais ne pouvant pas y accéder.

Ces jeunes gens, instruits en droit, expérimentés, ayant souvent une précoce maturité, pourront faire d'excellents juges de paix. Voilà comment il faut recruter les juges de paix. Il ne faut pas les mettre en concurrence avec les personnages politiques qui auront plus facilement l'oreille et l'accès de ceux qui nomment à ces emplois.

Cela est fâcheux : je le dis à titre d'indication et seulement pour l'avenir, car je ne veux pas retarder le vote de la loi pour cette raison critiquable que le Sénat a admis les conseillers généraux parmi les candidats aptes à remplir les fonctions de juge de paix ; c'est profondément regrettable : c'est le recrutement politique des candidats aux justices de paix.

Voici à peu près toutes nos réserves, elles sont très minimes. Plus tard on reprendra cette loi certainement, mais elle constitue dès à présent un grand progrès ; c'est une première marche et nous arriverons, grâce à l'augmentation de la compétence, non pas à supprimer entièrement, mais à modifier, à restreindre le nombre des tribunaux d'arrondissement en augmentant, par la suite encore, la compétence des juges de paix, en augmentant leurs émoluments et aussi leurs conditions de capacité.

Un dernier point que nous retrouverons plus tard — car il est réservé pour l'instant — c'est celui du caractère d'inamovibilité. Il est injuste que les juges de paix ne soient pas traités comme les autres magistrats. Ils ne devraient pas différer des autres juges sur ce point, qui garantit l'indépendance. Vous en faites des magistrats, par conséquent ils peuvent avoir droit à cette protection suprême de la loi qui s'appelle le caractère d'inamovibilité. Plus que tout autre, le juge de paix est soumis à des contrôles souvent politiques ; il tremble devant le procureur de la République de l'arrondissement ; il peut donc se trouver dominé par des considérations étrangères au droit et à la justice qui peuvent l'empêcher de remplir avec liberté, avec impartialité sa fonction.

Dans l'avenir, nous reprendrons la loi et nous inscrirons à son frontispice le caractère de l'inamovibilité.

Il n'est pas juste que le juge des riches soit pourvu d'un privilège lui donnant l'indépendance vis-à-vis du pouvoir politique et que le juge des pauvres soit déplaçable et révocable à merci.

Vous avez pris des conditions excellentes, des précautions qui auparavant n'étaient jamais remplies, pour éviter les révocations clandestines, les destitutions et les diminutions sans explications, sans garanties, presque sans examen.

J'espère que M. le garde des sceaux tiendra la main à ce que dorénavant on applique la loi pour la révocation et la destitution des juges de paix ; mais en attendant, en dehors des garanties que peut nous offrir un garde des sceaux tel que l'honorable M. Chaumié, je désirerais que la loi inscrivît le principe du caractère inamovible des juges de paix. (*Très bien ! très bien !*)

M. le président. La parole est à M. Paul Bertrand.

M. Paul Bertrand (Marne). Messieurs, je déclare m'incliner devant la décision prise par la majorité de la commission de la réforme judiciaire dont j'ai l'honneur de faire partie, décision prise, comme l'a déclaré notre président M. Cruppi, d'accord avec M. le ministre de la justice.

Je reconnais, en effet, que cette loi sur la réforme des justices de paix ou plutôt sur l'extension de la compétence des juges de paix, est depuis longtemps attendue par le pays. En ce qui me concerne, dès 1889, lorsque j'ai eu l'honneur d'entrer dans cette Chambre, j'ai fait partie de la commission chargée d'étudier la proposition de M. Labussière qui n'était elle-même que la reproduction d'une proposition antérieurement déposée. A cette époque, comme aujourd'hui, on avait envisagé la réforme des justices de paix sous ce triple aspect, une sorte de trilogie. C'était d'abord l'extension de la compétence pour diminuer les frais des justiciables ; c'était ensuite l'amélioration des traitements ou de la situation financière des juges de paix, et c'était enfin comme conséquence forcée, naturelle, nécessaire, l'augmentation des conditions de capacité requises pour ces magistrats. Je me rappelle même que, dans une précédente législature, un de mes honorables collègues, aujourd'hui au Sénat, M. Antoine Perrier, avait soutenu une proposition disant qu'avant toute réforme, avant toute promulgation de loi sur les juges de paix, il fallait améliorer le personnel.

Dans le texte qu'elle avait voté, la Chambre s'était montrée excessivement rigoureuse, peut-être même, croyant bien faire — et je m'étais joint à elle — avait-elle été jusqu'à l'exagération en exigeant un diplôme, soit de licencié, soit de capacitaire en droit, quels que fussent les antécédents du candidat, eût-il été notaire, par exemple, pendant de longues années, et fût-il arrivé à l'âge de soixante ans sans s'être pourvu du diplôme. Le Sénat a fait une large brèche dans ce principe : j'ai été, pour ma part, un de ceux qui, dans la commission, s'effrayaient de cette innovation. Cependant, plus je réfléchis, et de bonne foi, plus je suis obligé de reconnaître que le diplôme n'est pas toujours une condition et une garantie de la capacité d'un bon magistrat, et que souvent c'est l'homme qui fait le bon magistrat plutôt que le diplôme. (*Très bien ! très bien ! sur divers bancs*).

M. Louis Puech. Il faut fermer l'école de droit ! (*On rit.*)

M. Paul Bertrand (Marne). Je ne pense cependant pas que le diplôme soit inutile. Mais alors, m'adressant à M. le garde des sceaux, je lui dis : Vous voyez que nous apportons une grande bonne volonté : nous allons voter la loi, nous ne faisons point d'obstruction ; nous ne faisons que des réserves ; mais le sort de la loi est entre vos mains ; c'est vous qui aurez la lourde charge, la lourde responsabilité de choisir les magistrats ; faites de bons choix ; ne choisissez pas surtout des politiciens (*Très bien ! très bien !*) ; ne faites pas ce funeste cadeau à nos campagnes : donnez-leur des magistrats, et non pas des lutteurs qui se précipitent dans les polémiques électorales dans un sens ou dans l'autre (*Très bien ! très bien !*).

On a d'ailleurs amélioré beaucoup — et l'honorable président de la commission a eu bien raison d'insister sur ce point — la situation faite aux magistrats dans l'avenir par l'art. 21 qui leur donnent des garanties considérables. A l'avenir, « les juges de paix ne pourront être révoqués ni diminués de classe que sur l'avis d'une commission nommée par le garde des sceaux et composée du procureur général à la cour de cassation, de trois conseillers à la cour de cassation et des trois directeurs au ministère de la justice, et après avoir été entendus s'ils le demandent. »

Je ne propose aucune modification à la loi ; cependant j'adresserai, je dirai presque une prière à M. le garde des sceaux. Si le législateur veut qu'on ait des égards pour les juges de paix, je vous demande qu'on ait des égards également, bien que ce ne soit pas dans la loi, pour les suppléants des justices de paix. De par le texte du Sénat, lorsqu'un suppléant aura rempli pendant dix ans ses fonctions, il peut être nommé juge de paix ; eh bien, que nous n'ayons plus actuellement ce spectacle que nous avons vu, peut-être souvent, dans ces dernières années, d'un suppléant de justice de paix, qui remplissant depuis nombre d'années ses fonctions et qui, sans avoir été prévenu, sans avoir été appelé à s'expliquer, sans avoir reçu aucun avis, alors même peut-être qu'il était encore sur le siège, apprenait par le *Journal officiel* que son remplaçant était nommé.

M. Edmond Lepelletier. Cela a été mon cas.

M. Paul Bertrand (Marne). Il y a là un manque de convenance à l'égard d'un citoyen qui a été honoré par le Gouvernement de la mission de remplir une fonction publique. Il a du avoir tort : car je suis loin de dire que tout le monde est impeccable ; mais on aurait au moins dû lui demander des explications. Il n'a pas été prévenu et il peut arriver qu'un suppléant de justice de paix prononce à l'audience un jugement alors, que le jour même, le *Journal officiel* porte sa révocation.

Monsieur le garde des sceaux, je vous demande de vous inspirer des dispositions mises dans la loi au point de vue des juges de paix et si vous avez des griefs qui peuvent être légitimes contre des suppléants, avant de les frapper de la façon que j'indique, avant de leur désigner un remplaçant au *Journal officiel*, sans les prévenir, demandez-leur des renseignements et parfois peut-être arriverez-vous à connaître qu'il y a en des injustices commises. (*Très bien ! très bien !*)

Sous le bénéfice de ces observations, je déclare qu'en ce qui me concerne, je voterai l'ensemble de la loi. (*Applaudissements.*)

M. le président. La parole est à M. le rapporteur.

M. Jean Cruppi, *rapporteur*. Je viens demander à la Chambre de vouloir bien adopter sans aucune modification, même légère, la proposition de loi votée par le Sénat. La Chambre va ainsi, en arrêtant le texte d'une loi organique des justices de paix, accomplir un acte très réfléchi de décentralisation judiciaire et développer dans chaque canton, au centre des populations rurales, une justice paternelle, débarrassée des lenteurs et des frais qui trop souvent défendent l'accès du prétoire d'arrondissement.

Le dégrèvement, la diminution des frais de justice dont les justiciables vont profiter, ne sauraient être encore très exactement calculés ; mais d'après les revues spéciales et les évaluations des hommes compétents, ce dégrèvement s'élèvera à plusieurs millions.

Le Parlement aurait pu, je le reconnais, accomplir, en matière d'extension de la compétence civile des juges de paix, une œuvre plus complète et plus large que celle qu'il va consacrer aujourd'hui. Il n'y aurait pas eu de témérité, selon moi, à accorder aux magistrats de paix la connaissance de toutes actions personnelles ou mobilières, même pour les sommes supérieures à 300 francs en dernier ressort et 600 francs à charge d'appel. Ces taux de 300 et 600 francs adoptés tour à tour par la Chambre et le Sénat sont en réalité des chiffres trop modestes, de véritables chiffres d'attente.

Comment s'explique et se justifie l'extrême réserve de la solution que nous vous recommandons aujourd'hui ? D'abord il eût été extrêmement malaisé — et je ne serai pas contredit sur ce point par M. le ministre de la justice — il eût été, dis-je, extrêmement difficile et peut-être impossible de réaliser l'accord entre les deux Chambres sur des chiffres plus élevés que ceux de notre article 1er, c'est-à-dire 300 francs en dernier ressort et 600 francs en premier ressort.

Ce qui le démontre, c'est l'effort très significatif fait au Sénat — et qui a sur plusieurs points abouti — en vue de restreindre, même en matière civile, l'extension de compétence votée par la Chambre.

Ainsi, vous remarquerez, messieurs, quant aux contestations relatives aux correspondances, objets recommandés, envois de valeurs déclarées, que ces contestations figurant dans le projet de la Chambre, l'art. 6 et pour lesquelles les juges de paix étaient compétents jusqu'à la valeur de 300 francs en premier ressort et jusqu'à un chiffre illimité en dernier ressort, ont été reportées par le Sénat à l'art. 2. Cet article n'attribue compétence au juge de paix que jusqu'à concurrence de 300 francs en premier ressort et de 1,500 en dernier ressort.

Autre exemple de l'esprit de restriction qui a guidé le Sénat. On sait que sur les demandes en résiliation de baux, matière très intéressante et très pratique, féconde en procès, la Chambre avait décidé que le juge de paix pourrait connaître de ces litiges « même s'ils étaient fondés sur l'inexécution des clauses et conditions du bail ».

La haute Assemblée a rayé ce membre de phrase, ne voulant pas que le juge de paix ait le pouvoir d'interpréter le contrat de bail au delà des limites de la compétence générale de l'article 1er.

S'agit-il des indemnités réclamées par les locataires, le Sénat a rétabli ce membre de phrase : « lorsque le droit à une indemnité n'est pas contesté », que la Chambre avait supprimé.

A un autre point de vue, la Chambre avait donné compétence aux juges de paix pour connaître de toutes les demandes en pension alimentaires n'excédant pas 600 francs par an.

Le Sénat a apporté à cet égard une importante restriction en décidant que les juges de paix ne connaîtraient que des demandes en pension alimentaires fondées sur les articles 205, 206 et 207 du code civil. En d'autres termes, le Sénat n'a voulu sur ce point attribuer compétence aux juges de paix que pour les demandes en pension alimentaire établies sur les relations de parenté ou d'alliance écartant du même coup toutes les demandes de pension alimentaire fondées sur une convention ou sur un testament.

Enfin, dans l'art 7, la haute Assemblée a supprimé la compétence spéciale que la Chambre avait attribuée aux juges de paix pour les constructions, réparations et travaux énoncés à l'article 655 du code civil : reconstruction et réparations des murs mitoyens. Le Sénat, sur ce point, encore, a considéré que la compétence générale et ordinaire de votre article 1er était suffisante.

Ainsi, messieurs, je crois avoir démontré jusqu'à l'évidence que nous aurions été bien téméraires, en présence de ces dispositions du Sénat, si nous avions étendu, au-delà de 300 et de 600 francs en règle générale, la compétence du juge de paix.

Au reste, il faut bien noter que nous avions un autre sujet de modération et de prudence. La loi que vous allez voter, messieurs, a, depuis de longues années, rencontré des résistances ouvertes ou dissimulées. Des influences très puissantes avaient dû jusqu'à ce jour contribuer à l'insuccès de la réforme, et ces influences, que votre volonté persistante a brisées non sans peine, auraient rencontré un argument décisif dans l'élévation un peu brusque du taux de la compétence.

Il est enfin un autre point de vue que nous ne saurions négliger. Les orateurs qui viennent de se succéder à la tribune, M. Louis Martin, M. Bertrand, ont insisté sur les garanties de capacité qu'il convient d'exiger des juges de paix à compétence élargie. Nos collègues estiment, et non sans raison, qu'avant d'accorder à la magistrature cantonale son complet épanouissement, son développement le plus étendu, il convient d'attendre que, par le jeu des garanties légales que vous avez instituées et surtout à la sévérité du Gouvernement dans ses choix, le personnel de la magistrature de paix devienne absolument capable d'exercer avec sagesse et indépendance les attributions que le Parlement est disposé à lui conférer de la façon la plus large et la plus complète.

D'ailleurs, il ne faut pas méconnaitre que la loi nouvelle, malgré sa prudence et sa modération, élargit très sensiblement le principe posé par la loi de 1838. Vous attribuez aux juges de paix un très grand nombre d'affaires dont ils ne pouvaient jusqu'à présent connaitre, notamment toutes ces petites contestations qui imposaient au justiciable et en particulier au justiciable paysan tant de frais et d'ennuis, tant de perte de temps et d'argent.

Il ne vous paraitra pas inutile que j'apporte à cet égard quelques précisions. La proposition de loi qui vous est soumise se divise, quant à l'extension de la compétence civile, en deux parties : D'abord l'art. 1er, la disposition la plus importante de la loi, fixe la compétence générale en dernier ressort à 300 francs pour toute action personnelle ou mobilière et à 600 francs à charge d'appel. Sous l'empire de la loi de 1838 actuellement en vigueur, la compétence n'était que de 100 et 200 francs. De ce chef, beaucoup d'affaires nouvelles, je le répète vont être de la compétence des juges de paix.

Il est un autre point de vue que nous ne saurions négliger. Dans beaucoup de cas spéciaux, la compétence du juge de paix va être créée ou élargie.

En premier lieu, vous avez donné aux juges de paix la connaissance des contestations nées à l'occasion des correspondances et objets recommandés, et des envois de valeur déclarées grevées ou non de remboursement.

En second lieu, vous leur remettez, par l'article 3, la connaissance d'un plus grand nombre de demandes en résiliation de baux. D'après la loi de 1838, ils n'avaient compétence que lorsque les demandes en résiliation étaient fondées sur le seul défaut de payement. Par la nouvelle loi, ils connaîtront les actions en résiliation de baux fondées sur l'insuffisance des meubles garnissant les maisons ou les fermes et sur la destruction totale de la chose louée.

En troisième lieu, vous donnez aux juges de paix la connaissance des saisies, revendications sur meubles déplacés sans le consentement du propriétaire.

Pour toutes les questions réglées par l'article 3, la compétence déterminée par la loi de 1838 s'appliquait exclusivement aux baux dont le loyer ne dépassait pas 400 francs par an : la nouvelle loi élève ce taux à 600 francs.

Vous donnez en outre aux juges de paix, et cela a son importance, la connaissance des contestations relatives aux colis postaux. C'est l'art. 6 du projet.

Ce n'est pas tout, vous attribuez compétence aux juges de paix pour les demandes en pension alimentaire s'élevant à 600 francs. La loi actuelle ne donne compétence que jusqu'au chiffre de 500 francs.

Vous leur réservez les actions relatives aux vices rédhibitoires dans la vente des animaux, la demande en paiement des droits de place dans les foires, halles et marchés, et, innovation très importante, les actions en validité et en nullité d'offres réelles dans les limites de leur compétence.

Vous donnez encore au juge de paix la connaissance des saisies foraines également dans les limites de sa compétence. Il y a là une innovation pratique qui sera très appréciée dans les campagnes. C'est le juge de paix, désormais, qui donnera l'autorisation de saisir, alors que, d'après la loi actuelle, le justiciable avait l'obligation de s'adresser au président du tribunal, de se transporter au chef-lieu, de constituer avoué, de subir des frais et des dépenses considérables en même temps que de préjudiciables retards.

Je veux signaler encore l'innovation heureuse que nous devons au Sénat et qui aura pour effet, ainsi que l'indiquait tout à l'heure l'honorable M. Louis Martin, de permettre aux magistrats de paix de procéder à la distribution par contribution des sommes saisies n'excédant pas 600 francs. Enfin, les juges de paix auront désormais le pouvoir nécessaire pour autoriser les femmes à ester en justice devant eux, de même que les mineurs, dans les termes de l'article 5.

J'indique, en terminant sur ce point, une attribution nouvelle conférée aux juges de paix, la connaissance des actions civiles pour diffamation « par écrit autrement que par la voie de la presse », alors que la loi actuelle ne lui donne compétence que pour les diffamations verbales.

Vous le voyez, messieurs, j'avais le droit de dire que, sans être aussi complète que beaucoup d'entre nous l'auraient souhaité, l'extension de la compétence civile des juges de paix à une très grande portée pratique.

Une telle réforme, vraiment importante au point de vue du droit civil, dont je viens de parler, aurait donné matière à un ensemble très complet d'améliorations si le Sénat avait également accepté l'extension de la compétence pénale.

A cet égard je m'expliquerai très brièvement. Le Sénat, je tiens à le faire observer, n'a pas repoussé le principe de l'extension de la compétence pénale des juges de paix, admis par la Chambre ; il a ordonné la disjonction des dispositions que nous avions votées et, si je ne me trompe, il a prié M. le garde des sceaux de faire une enquête approfondie sur le problème que la Chambre avait cru résoudre.

M. Chaumié, *garde des sceaux, ministre de la justice.* Parfaitement.

M. le rapporteur. Pourquoi le Sénat a-t-il pris cette résolution de disjoindre ?

Il semble que la haute Assemblée a jugé que la question si intéressante que vous aviez étudiée et résolue avec tant de soin n'était point parvenue à l'état de maturité.

Peut-être aussi le Sénat a-t-il pensé que notre personnel de magistrats de paix, si dévoué d'ailleurs et si recommandable, n'était pas encore suffisamment préparé à la mission difficile qui consiste à juger certains délits.

Quels que soient, à ce sujet, les sentiments personnels des membres de la commission et de son rapporteur, nous nous inclinons de très bonne grâce devant la résolution prise par le Sénat.

Nous faisons ainsi, au point de vue de la compétence pénale, ce que notre honorable et distingué collègue M. Bertrand a bien voulu faire tout à l'heure à propos de l'ensemble de la loi. Il avait quelques griefs contre le texte voté par la haute Assemblée; il a bien voulu les abandonner dans l'intérêt supérieur de la réforme. Faisons comme lui, sans renoncer du reste à nos doctrines et décidés à poursuivre le succès de l'idée, que je crois féconde, d'un juge paternel des infractions légères siégeant au canton.

J'arrive maintenant à un autre ordre d'idées. N'était-il pas bien juste et bien naturel que le Parlement portât sa sollicitude sur la situation si précaire et sur les traitements jusqu'ici dérisoires des magistrats de paix ?

N'était-il pas également légitime de vous préoccuper des conditions de capacité qui doivent présider au recrutement des magistrats de paix à compétence élargie.

En ce qui concerne les traitements, je ne ferai qu'une observation : la commission du Sénat avait quelque peu modifié notre projet. Elle avait abaissé de 2,500 à 2,400 francs le traitement des juges de paix de la dernière catégorie. Qu'il me suffise de faire observer à cet égard que le Sénat s'est finalement rallié aux propositions de la Chambre qui nous reviennent aujourd'hui dans leur texte primitif.

Enfin, messieurs, terminant cette revue très rapide des divers éléments de la loi que vous allez voter, j'en arrive à la question qui a préoccupé beaucoup d'entre nous, celles des conditions de capacité et de recrutement.

Il est incontestable que, dans la pensée de la plupart d'entre nous, le jour où nous donnons au juge de paix une compétence très étendue au point de vue civil et des attributions chaque jour élargies par les lois nouvelles, nous avons le devoir de nous montrer plus exigeant à l'égard des conditions de capacité requises des candidats à des fonctions délicates entre toutes.

Cette grave question a été souvent débattue à la Chambre et au Sénat. Chaque orateur a retracé au gré de ses sentiments et de ses idées personnelles le tableau idéal du juge de canton. Les uns veulent encore que le juge de paix soit ce bon homme simple et cordial que dépeignait Thouret jadis, une sorte de conciliateur pastoral s'asseyant sous un chêne pour régler des différends entre les bergers du hameau ; les autres, au contraire, voient dans le juge de paix un homme d'affaires initié à tous les mystères de la chicane, un procédurier, fonctionnaire hiérarchisé, ambitieux d'aller de grade en grade jusqu'au sommet de sa magistrature.

La vérité n'est pas dans ces extrêmes. Pour être un magistrat cantonal, comme nous le rêvons, sage, utile, paternel, il faut sans doute plus de bon sens, d'expérience pratique que de science et de doctrine. Il faut surtout un caractère indépendant et élevé.

Mais il faut aussi que cet homme de sagesse et de cœur possède une sérieuse connaissance de la loi.

Aujourd'hui, messieurs, nous vivons — et nous vivons de plus en plus — sous un régime de complexité sociale et de complexité juridique ; et contre cela nous ne pouvons rien ; nous sommes amenés, pour répondre à des besoins sociaux et à des réalités sociales, à voter des lois de plus en plus nombreuses et de plus en plus complexes, répondant à des besoins qui se multiplient. Le juge de paix, dans la période de 1838 à 1905, on l'a rappelé aussi bien dans le rapport du Sénat que dans le rapport que j'avais déposé au nom de votre commission a été, messieurs, nanti, par beaucoup de lois nouvelles, des attributions les plus graves et les plus variées. Son rôle est devenu très difficile ; nul n'y contredit. Eh bien, nous voudrions que le juge de paix connût les lois qu'il va appliquer et fût fixé sur les principes généraux du droit. Cela est-il excessif? Nous ne demandons pas au magistrat de paix d'avoir les qualités spéciales d'un homme d'affaires retors ; nous le redouterions plutôt ; mais nous demandons à ce juge d'être un homme instruit, un homme qui a reçu une éducation juridique suffisante ; et c'est pour cela que la Chambre s'était montrée assez rigoureuse quant aux conditions de recrutement et aux garanties de capacité. Nous avions raison, je le crois.

En effet, que voulions-nous ? Nous voulions que, devant toutes les catégories d'hommes expérimentés qui peuvent prétendre devenir juges de paix, la loi dressât une certaine barrière, constituée par la nécessité d'un véritable examen professionnel, par l'exigence d'un sérieux certificat de capacité. Nous exigions du conseiller général, du maire, de l'adjoint, cette instruction juridique générale, révélée par le diplôme, quand il prétendait légitimement entrer dans la magistrature de paix et la faire profiter de son expérience acquise et de sa connaissance des hommes et des choses.

Le Sénat n'a pas admis ce système. Il a jugé que, pour certaines catégories que je n'énumère pas, il suffisait de l'expérience de la vie pratique, de la connaissance des hommes attestée notamment par l'exercice pendant dix ans des fonctions municipales, pour que l'accès à la magistrature de paix fût ouvert sans autre condition. A cet égard je me suis permis, dans mon rapport, de faire quelques réserves. Ces réserves, je tiens à les formuler

à la tribune, parce qu'il faut que chacun prenne la responsabilité de sa manière de voir.

Mais fallait-il, messieurs, à raison d'un tel dissentiment, se résigner à l'échec de la loi? Votre commission ne l'a pas pensé. Pouvant procurer, dès demain au pays le bénéfice d'une réforme véritablement démocratique, nous avions, avant tout, le devoir de chercher à obtenir de vous le vote définitif de la loi telle qu'elle revient du Sénat. Mais s'ensuit-il que le Gouvernement ne doive pas se montrer très sévère, comme je le disais tout à l'heure, quand il s'agit de choisir les hommes qui doivent être juges de paix ? Ne doit-il pas résister aux entraînements de sa propre indulgence et quelquefois aux sollicitations de ses amis ? A l'instance de nous tous, messieurs, qui sommes quelquefois portés, de la meilleure foi du monde, à réclamer l'accès d'une fonction en faveur de candidats très dignes d'y figurer, d'hommes très dévoués, excellents, mais qui n'offrent peut-être pas toujours un ensemble suffisant de garanties au point de vue de la capacité professionnelle ?

Sur ce point, la pensée de votre commission n'est point douteuse. Il faut que M. le ministre de la justice s'attache à constituer un personnel de magistrats de paix digne à tous égards des fonctions que vous leur attribuez.

Messieurs, la loi que vous allez voter est une loi d'avenir, j'en ai la conviction profonde ; la magistrature cantonale est appelée à recueillir en grande partie l'héritage de certains tribunaux d'arrondissement aujourd'hui peu occupés. (Très bien! très bien!)

Nous allons établir au chef-lieu de canton, près du justiciable rural, un magistrat principalement d'ordre civil aujourd'hui, qui demain sera en même temps magistrat correctionnel, qui rendra de grands services aux populations, parce qu'il est intéressant que le juge soit auprès du justiciable, à sa portée, et que le justiciable ne soit pas entravé dans la revendication d'un droit par les délais, les frais, les exigences d'une procédure lente, coûteuse et pleine d'embûches.

Il est juste qu'à ce magistrat important, à ce magistrat d'avenir soient imposées certaines conditions de capacité assez rigoureuses. Vous aurez, messieurs, à vous préoccuper demain encore, de la capacité, du recrutement des juges de paix.

Aujourd'hui, il me semble qu'après de si longs efforts contrariés et traversés par tant d'événements et tant d'incidents, il était nécessaire et il est très heureux que la Chambre ait pris la résolution de voter telle quelle, sans y changer une virgule, la loi qui nous revient du Sénat. (Très bien! très bien!)

Vous allez accomplir ainsi, une œuvre grande et une œuvre vraiment républicaine.

Il me souvient que lors du premier débat, j'ai placé les travaux de votre commission et l'effort très modeste de son rapporteur sous le patronage des grands républicains qui ont jadis attaché tant d'importance à la réduction des frais de justice, au développement de la magistrature de paix : sous le patronage de Gambetta et d'Henri Brisson.

J'invoque aujourd'hui les mêmes noms, les mêmes souvenirs, en vous priant d'achever aujourd'hui même l'œuvre que nos aînés ont conçue et que la démocratie attend avec une légitime impatience. (Applaudissements.)

M. le président. La parole est à M. Etienne Flandin.

M. Etienne Flandin (Yonne). Je suis en complet accord avec M. le rapporteur ; je désire ne pas retarder le vote d'une loi impatiemment attendue par la démocratie et qui devrait être promulguée depuis de longues années. Mais si je suis disposé, comme l'honorable M. Cruppi, à voter la loi sans y changer une virgule, je ne partage pas cependant absolument son optimisme. Il y a une disposition qui m'inquiète parmi celles que le Sénat a ajoutées au texte de la Chambre : c'est celle qui amoindrit singulièrement les garanties de capacité que nous entendions exiger des futurs juges de paix.

N'oubliez pas, messieurs, que vous donnez à ces magistrats des attributions fort importantes qui, je l'espère, seront encore étendues largement dans l'avenir.

Mais par cela même que vous étendez ses attributions, vous vous rendez compte que le juge de paix n'est plus seulement un simple conciliateur, qu'il est, dans la plus entière acception du mot, un juge auquel le bon sens, l'équité naturelle ne suffisent pas, qui doit nécessairement connaître, au moins dans ses grandes lignes, dans ses dispositions générales, le droit qu'il aura à appliquer. Dire que, par le seul fait qu'un homme aura pendant dix ans, rempli les fonctions de maire, d'adjoint ou de conseiller général, il sera présumé capable de remplir les fonctions de juge de paix, cela me donne beaucoup d'inquiétudes pour l'avenir (*Très bien! très bien! au centre*), car je crains qu'à côté des titres professionnels, il n'y ait aussi des titres électoraux. (*Très bien! très bien!*) Personne n'a plus éloquemment, avec une dialectique plus puissante que M. le garde des sceaux, prémuni le Sénat contre le danger des dispositions que cette Assemblée allait insérer dans la loi. J'ai, quant à moi, la confiance que M. le garde des sceaux saura résister aux assauts qui lui seront livrés pour forcer la porte de nos prétoires. Mais je ne suis pas absolument sûr que ses successeurs auront la même énergie et c'est pourquoi je voudrais fortifier la résistance des gardes des sceaux qui tour à tour occuperont l'hôtel de la place Vendôme.

Je vous demanderai donc, messieurs, tout en votant le projet du Sénat et en m'associant aux paroles de M. Cruppi, d'adopter en même temps un projet de résolution invitant le Gouvernement à n'user qu'à titre tout à fait exceptionnel de la faculté, que nous allons lui donner, d'appeler aux fonctions de juge de paix des hommes qui ne justifieraient pas de connaissances juridiques résultant, sinon d'un diplôme dont je fais assez bon marché (*Très bien! très bien! à gauche*) tout au moins d'une carrière impliquant la connaissance des affaires.

A une extension de compétence doit correspondre nécessairement une extension de capacité, d'autant plus indispensable qu'en justice de paix la procédure est plus sommaire et que le juge de paix, ne l'oublions pas, statue comme juge unique.

Personne moins que moi ne songerait à contester le dévouement, l'intelligence et le mérite des maires, des adjoints et des conseillers généraux ; mais permettez-moi de vous le dire, messieurs, nous n'avons pas en ce moment à prévoir des situations de retraite destinées à récompenser des services administratifs, si précieux qu'ils puissent être, nous avons à faire une loi assurant aux justiciables des juges éclairés et préparés à leur mission. (*Applaudissements.*)

M. le président. Personne ne demande plus la parole pour la discussion générale ?...

Je consulte la Chambre sur la question de savoir si elle entend passer à la discussion des articles.

(La Chambre, consultée, décide de passer à la discussion des articles.)

M. le président. Je donne lecture des articles :

TITRE Ier

DE LA COMPÉTENCE CIVILE DES JUGES DE PAIX

« Art. 1er. — Les juges de paix connaissent, en matière civile, de toutes actions purement personnelles ou mobilières en dernier ressort jusqu'à la valeur de 300 francs, et à charge d'appel jusqu'à la valeur de 600 francs. »

Personne ne demande la parole sur l'article 1er?... Je le mets aux voix ?

L'article 1er, mis aux voix, est adopté.)

« Art. 2. — Les juges de paix prononcent sans appel jusqu'à la valeur de 300 francs, et à charge d'appel jusqu'au taux de la compétence en dernier ressort des tribunaux de première instance, sur les contestations :

« 1° Entre les hôteliers, aubergistes ou logeurs et les voyageurs ou locataires en garni, leurs répondants ou cautions, pour dépense d'hôtellerie et perte ou avarie d'effets déposés dans l'auberge ou dans l'hôtel ;

« 2° Entre les voyageurs et les entrepreneurs de transports par terre ou par eau, les voituriers ou bateliers, pour retards, frais de route et perte ou avarie d'effets accompagnant les voyageurs ;

« 3° Entre les voyageurs et les carrossiers ou autres ouvriers, pour fournitures, salaires et réparations faites aux voitures et autres véhicules de voyage ;

« 4° Sur les contestations à l'occasion des correspondances et objets recommandés et des envois de valeur déclarée, grevés ou non de remboursement ;

« Dans le cas du paragraphe 4°, la demande pourra être portée soit devant le juge de paix du domicile de l'expéditeur, soit devant le juge de paix du domicile du destinataire, au choix de la partie la plus diligente. » — (Adopté.)

« Art. 3. — Les juges de paix connaissent sans appel jusqu'à la valeur de 300 francs, et à charge d'appel à quelque valeur que la demande puisse s'élever :

« Des actions en payement de loyers ou fermages ;

« Des congés ;

« Des demandes en résiliation de baux fondées soit sur le défaut de paiement des loyers ou fermages, soit sur l'insuffisance des meubles garnissant la maison, ou de bestiaux et ustensiles nécessaires à l'exploitation d'après les articles 1752 et 1766 du code civil, soit enfin sur la destruction de la totalité de la chose louée, prévue par l'article 1722 du code civil ;

« Des expulsions de lieux ;

« Des demandes en validité et en nullité ou mainlevée de saisies-gageries pratiquées en vertu des articles 819 et 820 du code de procédure civile, ou de saisies-revendications portant sur des meubles déplacés sans le consentement du propriétaire, dans les cas prévus aux articles 2102, paragraphe 1er, du code civil et 819 du code de procédure civile, à moins que, dans ce dernier cas, il n'y ait contestation de la part d'un tiers ;

« Le tout lorsque les locations verbales ou écrites n'excèdent pas annuellement 600 francs ;

« Si le prix principal du bail se compose en totalité ou en partie de denrées ou prestations en nature appréciables d'après les mercuriales, l'évaluation en sera faite sur les mercuriales du jour de l'échéance, lorsqu'il s'agira du payement des fermages ; dans tous les autres cas, elle aura lieu suivant les mercuriales du mois qui aura précédé la demande.

« S'il comprend des prestations non appréciables d'après les mercuriales, ou s'il s'agit de baux à colons partiaires, le juge de paix déterminera la compétence en prenant pour base du revenu de la propriété le principal de la contribution foncière de l'année courante multiplié par cinq. » — (Adopté.)

« Art. 4. — Les juges de paix connaissent sans appel jusqu'à la valeur de 300 francs, et à charge d'appel à quelque chiffre que la demande puisse s'élever :

« Des réparations locatives des maisons ou fermes ;

« Des indemnités réclamées par le locataire ou fermier pour non-jouissance provenant du fait du bailleur lorsque le droit à une indemnité n'est pas contesté ;

« Des dégradations et pertes dans les cas prévus par les articles 1732 et 1735 du code civil.

« Néanmoins, le juge de paix ne connaît des pertes causées par incendie ou inondation que dans les limites posées par l'article 1er de la présente loi. » — (Adopté.)

« Art. 5. — Les juges de paix connaissent également sans appel jusqu'à la valeur de 300 francs, et à charge d'appel à quelque valeur que la demande puisse s'élever :

« 1° Des contestations relatives aux engagements respectifs des gens de travail au jour, au mois et à l'année, et de ceux qui les emploient ; des maîtres, domestiques ou gens de service à gages ; des maîtres ou patrons et de leurs ouvriers ou apprentis, sans néanmoins qu'il soit dérogé aux lois et règlements relatifs, soit à la juridiction commerciale, soit à celle des prud'hommes, soit au contrat d'apprentissage ni aux lois sur les accidents du travail ;

« 2° Des contestations relatives au payement des nourritures. » — (Adopté.)

« Art. 6. — Les juges de paix connaissent encore, sans appel jusqu'à la valeur de 300 francs, et à charge d'appel à quelque valeur que la demande puisse s'élever :

« 1° Des actions pour dommages faits aux champs, fruits et récoltes, soit par l'homme, soit par les animaux, dans les conditions prévues par les articles 1382 à 1885 du code civil ;

« 2° Des actions relatives à l'élagage des arbres ou haies et au curage soit des fossés, soit des canaux servant à l'irrigation des propriétés ou au mouvement des usines, lorsque les droits de propriété ou de servitude ne sont pas contestés ;

« 3° Des actions civiles pour diffamations ou pour injures publiques ou non publiques, qu'elles soient verbales ou par écrit, autrement que par la voie de la presse ; des mêmes actions pour rixes ou voies de fait, le tout lorsque les parties ne se sont pas pourvues par la loi criminelle ;

« 4° De toutes demandes relatives aux vices rédhibitoires dans les cas prévus par la loi du 2 août 1884, soit que les animaux qui en sont l'objet aient été vendus, soit qu'ils aient été échangés, soit qu'ils aient été acquis par tout autre mode de transmission ;

« 5° Des contestations entre les compagnies ou administrations de chemins de fer ou tous autres transporteurs et les expéditeurs ou les destinataires relatives à l'indemnité afférente à la perte, à l'avarie, au détournement d'un colis postal du service continental intérieur, ainsi qu'aux retards apportés à la livraison. Ces indemnités ne pourront excéder les tarifs prévus aux conventions intervenues entre les compagnies ou autres transporteurs concessionnaires et l'État.

« Seront considérés, à ce point de vue, comme appartenant au service continental intérieur, les colis postaux échangés entre la France continentale, la Corse, la Tunisie et l'Algérie.

« Dans le cas du paragraphe 5 la demande pourra être portée soit devant le juge de paix du domicile de l'expéditeur, soit devant le juge de paix du domicile du destinataire, au choix de la partie la plus diligente. » — (Adopté.)

« Art. 7. — Les juges de paix connaissent, à charge d'appel :

« 1° Des demandes en pension alimentaire n'excédant pas en totalité 600 francs par an, fondées sur les articles 205, 206, 207 du code civil. S'il y a plusieurs défendeurs à la demande en pension alimentaire, ils pourront être cités devant le tribunal de paix du domicile de l'un d'eux au choix du demandeur ;

« 2° Des entreprises commises dans l'année sur les cours d'eau servant à l'irrigation des propriétés et au mouvement des usines et moulins, sans préjudice des attributions de l'autorité administrative dans les cas déterminés par les lois et règlements ; dénonciations de nouvel œuvre, complaintes, actions en réintégrande et autres actions possessoires fondées sur des faits également commis dans l'année ;

« 3° Des actions en bornage et de celles relatives à la distance prescrite par la loi, les règlements particuliers et l'usage des lieux, pour les plantations d'arbres ou de haies, lorsque la propriété ou les titres qui l'établissent ne sont pas contestés ;

« 4° Des actions relatives aux constructions et travaux énoncés dans l'article 674 du code civil, lorsque la propriété ou la mitoyenneté du mur ne sont pas contestées ;

« 5° Des demandes en payement des droits de place perçus par les communes ou leurs concessionnaires, lorsqu'il n'y a pas contestation sur l'interprétation de l'article ou des articles servant de base à la poursuite. L'affaire sera jugée devant le juge de paix du lieu où la perception est due ou réclamée. » — (Adopté.)

« Art. 8. — Lorsque plusieurs demandes formulées par la même partie contre le même défendeur seront réunies dans une même instance, le juge de paix ne prononcera qu'en premier ressort, si leur valeur totale s'élève au-dessus de 300 francs, lors même que quelqu'une de ces demandes serait inférieure à cette somme,

« Il sera incompétent sur le tout, si ces demandes excèdent, par leur réunion, les limites de sa juridiction. » — (Adopté.)

« Art. 9. — La demande formée par plusieurs demandeurs ou contre plusieurs défendeurs collectivement et en vertu d'un titre commun sera jugée en dernier ressort, si la partie afférente à chacun des demandeurs ou à chacun des défendeurs dans la demande n'est pas supérieure à 300 francs ; elle sera jugée pour le tout en premier ressort, si la part d'un seul des intéressés excède cette somme ; enfin, le juge de paix sera incompétent sur le tout, si cette part excède les limites de sa juridiction.

« Le présent article n'est pas applicable au cas de solidarité, soit entre les demandeurs, soit entre les défendeurs. » — (Adopté.)

« Art. 10. — Les juges de paix connaissent de toutes les demandes reconventionnelles ou en compensation qui, par leur nature ou leur valeur, sont dans les limites de leur compétence, alors même que ces demandes réunies à la demande principale excéderaient les limites de leur juridiction.

« Ils connaissent, en outre, comme de la demande principale elle-même, des demandes reconventionnelles en dommages-intérêts fondées exclusivement sur la demande principale, à quelque somme qu'elles puissent monter. » — (Adopté.)

« Art. 11. — Lorsque chacune des demandes principales reconventionnelles ou en compensation sera dans les limites de la compétence du juge de paix en dernier ressort, il prononcera sans qu'il y ait lieu à appel.

« Si une de ces demandes n'est susceptible d'être jugée qu'à charge d'appel, le juge de paix ne prononcera sur toutes qu'en premier ressort.

« Néanmoins, il statuera en dernier ressort si seule la demande reconventionnelle en dommages-intérêts, fondée exclusivement sur la demande principale, dépasse sa compétence en premier ressort.

« Si la demande reconventionnelle ou en compensation excède les limites de sa compétence, il pourra soit retenir le jugement de la demande principale, soit renvoyer sur le tout les parties à se pourvoir devant le tribunal de première instance, sans préliminaire de conciliation. » — (Adopté.)

« Art. 12. — Les juges de paix connaissent des actions en validité et en nullité d'offres réelles, autres que celles concernant les administrations de l'enregistrement ou des contributions indirectes, lorsque l'objet du litige n'excède pas les limites de leur compétence. » — (Adopté.)

« Art. 13. — Les juges de paix connaissent des demandes en validité, nullité et mainlevée de saisies sur débiteurs forains pratiquées pour des causes rentrant dans les limites de leur compétence.

« En cette matière, comme en matière de saisie-gagerie et de saisie-revendication, si les saisies ne peuvent avoir lieu qu'en vertu de la permission du juge dans les cas prévus par les articles 2102 du code civil, 819 et 822 du code de procédure civile, cette permission sera accordée par le juge de paix du lieu où la saisie devra être faite, toutes les fois que les causes de la saisie rentreront dans sa compétence.

« S'il y a opposition pour des causes qui, réunies, excéderaient cette compétence, le jugement en sera déféré aux tribunaux de première instance. » — (Adopté.)

« Art. 14. — Les juges de paix connaissent des demandes en validité, en nullité et en mainlevée de saisies-arrêts et oppositions — autres que celles concernant les administrations de l'enregistrement et des contributions indirectes, — ainsi que des demandes en déclaration affirmative, lorsque les causes des saisies n'excèdent pas les limites de leur compétence, sans préjudice de l'application de la loi spéciale du 12 janvier 1895 sur la saisie-arrêt des salaires et des petits traitements.

« En cette matière, la permission exigée à défaut de titre par l'article 558 du code de procédure civile sera délivrée par le juge de paix du domicile du débiteur et même par celui du domicile du tiers saisi, sur requête signée de la partie ou de son mandataire. » — (Adopté.)

« Art. 15. — Les juges de paix seront seuls compétents pour procéder, à défaut d'entente amiable entre les créanciers opposants et le saisi, à la distribution par contribution des sommes saisies, lorsque les sommes à distribuer n'excéderont pas 600 fr. de principal. Cette distribution sera faite, après le dépôt de la somme à distribuer à la caisse des dépôts et consignations, dans les formes prévues par les articles 11 à 18 de la loi du 12 janvier 1895 et par le décret du 8 février suivant.

« Si les titres des créanciers produisants sont contestés et si les causes de la contestation excèdent les limites de leur compétence, les juges de paix surseoiront au règlement de la procédure de distribution jusqu'à ce que les tribunaux compétents se soient prononcés, et leur jugement soit devenu définitif. » — (Adopté.)

« Art. 16. — Les juges de paix peuvent autoriser une femme mariée à ester en jugement devant leur tribunal, lorsqu'elle n'obtient pas cette autorisation de son mari entendu ou dûment appelé par voie de simple avertissement.

« Ils peuvent aussi, dans les cas prévus à l'article 5 de la présente loi, autoriser les mineurs à ester en justice devant eux.

« Dans tous les cas il sera fait mention dans le jugement de l'autorisation donnée. » — (Adopté.)

« Art. 17. — Les juges de paix connaissent des actions en payement des frais faits ou exposés devant leur juridiction. » — (Adopté.)

TITRE II

DE L'ORGANISATION DES JUSTICES DE PAIX

M. le président. « Art. 18. — Il y a, dans chaque canton, y compris ceux de la Seine, un juge de paix et deux suppléants, sauf l'application des dispositions de l'article 41 de la loi du 26 février 1901 pour les communes divisées en plusieurs cantons.

« A Paris il est créé deux places de juge de paix dont les titulaires seront seuls, avec des suppléants, chargés d'assurer le service du tribunal de police.

« Il pourra également, à Paris, être créé, par décret en conseil d'Etat, un poste de suppléant nouveau par justice de paix. »

M. Louis Puech. Je demande la parole.

M. le président. La parole est à M. Puech.

M. Louis Puech. Messieurs, permettez-moi de présenter une courte observation à l'occasion de cet article.

Dans la banlieue de Paris, treize postes de juge de paix seront créés. Jusqu'à ce jour, il n'y en avait que huit. Ces huit juges de paix tenaient des audiences foraines et, de ce fait, recevaient une rémunération supplémentaire importante qui leur fera défaut le lendemain de l'application de la loi. Je cite deux exemples : le juge de paix de Charenton, y compris les audiences foraines et les frais de déplacement, perçoit un traitement supérieur à 10,000 fr. ; celui de Neuilly, un traitement supérieur à 9,000 fr. ; demain, ils ne toucheront plus que 6,200 fr. et 6,100 fr.

Il me semble qu'il y a pour eux, dans ce fait, une sorte de titre à la bienveillance de M. le garde des sceaux pour une nomination dans Paris au fur et à mesure qui s'y produiront, de manière à leur faire retrouver une situation analogue à celle qu'ils ont actuellement. (*Très bien ! très bien ! sur divers bancs.*)

Un membre à gauche. On pourra les nommer juges.

M. le président. La parole est à M. le garde des sceaux.

M. Chaumié, *garde des sceaux, ministre de la justice.* La Chambre comprendra qu'il m'est impossible de répondre à la question qui vient de se terminer par ces mots : « On pourra les nommer juges. » Il n'est pas possible de poser à la tribune de la Chambre la candidature d'un magistrat et d'y demander l'engagement de le nommer. (*Très bien ! très bien !*)

Je me borne à faire observer que la proposition créant les treize nouvelles justices de paix de banlieue émane de la Chambre elle-même, qu'elle a été soumise au Sénat et combattue par sa commission. Moi-même, j'ai déclaré devant le Sénat qu'à mon avis, précisément à cause des audiences foraines qui permettaient à un certain nombre de juges de paix d'exercer facilement leurs fonctions, il ne me paraissait pas nécessaire de faire cette création. Je n'ai pas été suivi.

Incontestablement il va en résulter un préjudice pour les juges de paix déjà existants. Ils seront 21 au lieu de 8, ils n'auront plus besoin d'audiences foraines et ne recevront plus les allocations supplémentaires auxquelles ils avaient droit de ce chef. Leur situation est, à coup sûr, digne d'intérêt ; toutefois, ce sont là non des questions de principe, mais bien des questions personnelles qu'il me parait difficile d'aborder ici. (*Très bien ! très bien !*)

Les greffiers de ces justices de paix dont les charges rapportaient des sommes considérables auront, eux aussi, à subir un préjudice ; ils auront droit à une indemnité, qui sera manifestement prise sur le prix que la chancellerie imposera aux greffiers nouveaux aux termes des dispositions du projet lui-même.

J'en tiendrai compte dans la mesure du possible. (*Très bien ! très bien !*)

M. Louis Puech. Je le regrette beaucoup, mais je suis bien obligé de faire remarquer à M. le garde des sceaux qu'il n'a pas répondu à ma question. Il s'est étendu, et très complaisamment, sur la façon dont l'article a été voté. Ce n'est pas ce que je demandais.

Je demande à M. le garde des sceaux s'il ne croit pas qu'il y a dans le fait de la diminution très importante d'émoluments résultant du vote de la loi pour un certain nombre de juges de paix actuels de la banlieue parisienne, un titre spécial à sa bienveillance, au fur et à mesure qu'il se produira des vacances dans Paris. Je ne demande ni un engagement ni une promesse, mais une indication.

M. le garde des sceaux. Je ne puis vous dire qu'une chose, c'est qu'il y a là une situation qui appelle l'attention ; mais je ne peux reconnaître ici que tel magistrat a un titre de préférence sur d'autres. (*Très bien ! très bien !*)

M. Louis Puech. Je ne vous le demande pas pour un individu en particulier ; je réclame d'une façon générale pour tous ceux qui se trouveront lésés.

M. le garde des sceaux. Dans les indications que vous me donniez, il s'agissait d'un individu en particulier, vous me parliez du juge de paix de tel canton ; or le juge de paix de tel canton s'appelle d'un nom déterminé. Il ne me parait pas possible, en ma qualité de garde des sceaux, de prendre un engagement ni de faire une promesse à l'égard d'un magistrat quelconque en vue d'un examen plus ou moins bienveillant de ses titres ou d'un droit de préférence lorsqu'il s'agira d'un avancement. (*Très bien ! très bien !*) Je reconnais qu'il y a là une situation digne d'intérêt, je m'en étais préoccupé devant le Sénat. C'est du reste, je crois, M. Puech qui avait appuyé ici la création de nouvelles justices de paix.

M. Louis Puech. Parfaitement.

M. le garde des sceaux. Je n'y suis opposé au Sénat : j'estimais et j'estime encore qu'il suffisait de créer quatre ou cinq justices de paix pour le moment. Le Sénat a suivi l'élan donné par la Chambre, il en a créé treize de plus. Il s'ensuit naturellement — et cela a été rappelé dans la discussion — que des émoluments nécessaires pour la tenue d'audiences foraines, qui portaient à une somme fort élevée le traitement de ces juges de paix, allaient disparaître. Je n'y peux rien ; j'aurais, sans doute, à m'en préoccuper ; mais je ne veux pas m'engager envers ces magistrats. (*Applaudissements.*)

M. le président. Personne ne demande plus la parole sur l'article 18 ?...

Je le mets aux voix.

(L'article 18 est mis aux voix et adopté.)

« Art. 19. — A partir de la promulgation de la présente loi, pourront seuls être nommés juges de paix :

« 1° Les anciens juges de paix, les licenciés en

droit justifiant, ou d'un stage de deux années au moins, soit près d'un barreau, soit dans une étude de notaire ou d'avoué, ou de l'exercice, pendant deux ans, de fonctions publiques ;

« 2° Ceux qui auront obtenu le diplôme de bachelier en droit ou le brevet de capacité organisé par le décret du 14 février 1905 et qui justifieront en outre d'un stage de trois années au moins dans une étude de notaire ou d'avoué ou de l'exercice pendant trois ans de fonctions publiques ;

3° Ceux qui, à défaut de licence en droit, auront obtenu le certificat de capacité prévu par l'article 12 de la loi du 22 ventôse an XII relative aux écoles de droit et qui en outre auront été :

« Pendant cinq ans :

« Notaires, avoués, greffiers près les cours d'appel ou les tribunaux civils, de commerce ou de paix, receveurs ou fonctionnaires d'un ordre au moins égal dans l'administration de l'enregistrement ;

« Pendant dix ans :

« Conseillers prud'hommes pouvant justifier de trois années de fonctions comme présidents ou vice-présidents ;

4° Ceux qui, à défaut de licence ou de baccalauréat en droit ou de certificats de capacité, auront exercé pendant dix ans les fonctions de maires ou adjoints, ou conseillers généraux, à la condition d'être nommés en dehors du canton où ils exercent ou auront exercé ou sollicité, depuis moins de deux ans, des fonctions électives ;

« Membres des tribunaux de commerce, suppléants de justices de paix, conseillers de préfecture ;

« Notaires, greffiers près les cours d'appel ou les tribunaux civils, de commerce ou de paix, receveurs ou fonctionnaires d'un ordre au moins égal dans l'administration de l'enregistrement ;

« Ceux qui auront été également, pendant dix ans, huissiers, commis greffiers près les cours d'appel ou tribunaux civils ; clercs d'avoué ou de notaire pouvant justifier de cinq ans d'exercice comme premiers clercs dans une étude d'avoué ou de notaire de chef-lieu d'arrondissement ;

« Les magistrats, officiers ministériels ou fonctionnaires mentionnés dans les paragraphes 3° et 4° ci-dessus qui auront exercé plusieurs de ces fonctions pourront en ajouter la durée pour remplir les conditions exigées par ces paragraphes. » — (Adopté.)

« Art. 20. — Les juges de paix et leurs suppléants ne pourront être nommés avant l'âge de vingt-sept accomplis. » — (Adopté.)

« Art. 21. — Les juges ne pourront être révoqués ni diminués de classe que sur l'avis d'une commission nommée par le garde des sceaux et composée du procureur général à la cour de cassation, de trois conseillers à la cour de cassation et des trois directeurs au ministère de la justice, et après avoir été entendus s'ils le demandent. » — (Adopté.)

« Art. 22. — L'article 61 de la loi du 20 avril 1810 est modifié ainsi qu'il suit :

« Pourront être nommés juges ou juges suppléants dans les tribunaux de première instance, même s'ils n'ont pas suivi le barreau pendant deux ans, les juges de paix pourvus du diplôme de licencié en droit qui auront exercé leurs fonctions pendant deux ans. » — (Adopté.)

« Art. 23. — Les anciens juges de paix pourront être nommés juges de paix honoraires, après vingt ans d'exercice comme suppléants ou comme titulaires, ou si des infirmités graves ou permanentes leur donnent des droits à une pension de retraite.

« Les greffiers des tribunaux de paix et de police pourront être nommés greffiers honoraires après vingt années d'exercice. » — (Adopté.)

M. le président. « Art. 24. — A Paris, le traitement des juges de paix est maintenu à 8,000 fr. ; ils recevront en outre 1,500 fr. par an, à titre d'indemnité pour un secrétaire.

« Les juges de paix en résidence dans les autres cantons recevront :

« 1° Dans les villes dont la population atteint 80,000 habitants, à Versailles et dans les cantons du département de la Seine, 5,000 fr. ;

« 2° Dans les villes dont la population atteint 20,000 habitants et à Chambéry, 3,500 fr. ;

« 3° Dans les chefs-lieux judiciaires ou administratifs dont la population est inférieure à 20,000 ha-

bitants, ainsi que dans les cantons dont la population totale dépasse 20,000 habitants, 3,000 fr. ;

« 4° Dans les autres cantons 2,500 fr. »

Je mets aux voix le premier paragraphe de cet article sur lequel il n'y a pas d'amendement.

(Le premier paragraphe de l'article 24, mis aux voix, est adopté.)

M. le président. M Gourd propose d'intercaler entre le premier et le second paragraphe la disposition suivante :

« 1° Dans les villes de Marseille, Lyon, Bordeaux, Lille, Toulouse, Rouen et Nantes, 6,000 fr. »

La parole est à M. Gourd.

M. Charronnat. Déposez une proposition de loi distincte !

M. Gourd. Je retirerai mon amendement, s'il y a lieu, pour reprendre mon dessein sous une forme qui n'obligerait pas à renvoyer au Sénat le projet que lui-même vient de vous retourner. Le renvoi, au surplus, si l'adoption de mon amendement le rendait nécessaire, ne ferait courir aucun péril à la loi. Quoi qu'il en soit, je viens vous demander de corriger dans l'article 24 une disposition qui me paraît réellement injuste.

Le projet de loi augmente la compétence des juges de paix ; il rend peut-être un peu plus rigoureuses les conditions d'aptitude exigées d'eux ; surtout il accroît considérablement la somme de travail qui leur est imposé et, très justement, il augmente la rémunération de presque tous. A de très rares exceptions près, tous vont avoir leur situation matérielle améliorée. C'est de la situation de quelques-uns, négligés, omis par la loi que je me préoccupe.

M. Cazeneuve. Je suis intervenu moi-même lors du débat à la Chambre avec tous les arguments qu'il est possible d'invoquer et j'ai été battu.

M. Gourd. Il ne s'en suit pas nécessairement que la discussion ne puisse être reprise. Elle l'a été au Sénat. Je crois utile qu'elle le soit de nouveau ici.

M. Larquier. Avez-vous peur de n'avoir point de candidats pour ces postes ?

M. Gourd. Il m'importe, non de savoir s'il y aura des candidats, mais d'obtenir que l'œuvre faite par le Parlement soit une œuvre de justice (*Très bien! très bien! au centre*) et que l'on ne prive pas de l'amélioration de condition donnée à tous les autres juges de paix quelques-uns de ces magistrats dont la situation est particulièrement digne d'intérêt.

M. Cazeneuve. Vous avez absolument raison. Vous défendez la justice et le bon droit.

M. Gourd. Vous savez que sous le régime des lois en vigueur il y a neuf classes de juges de paix dont les traitements sont respectivement de 8,000 francs, 5,000 francs, 3,600 francs, 3,500 francs, 3,000 francs, 2,700 francs, 2,400 francs, 2,100 francs et 1,800 francs.

Le projet de loi met hors classe les juges de paix de Paris ; il leur maintient leur traitement de 8,000 francs et une allocation supplémentaire de 1,500 francs par an à titre d'indemnité pour un secrétaire. Au-dessous des juges de paix de Paris, il forme quatre classes distinctes dans lesquelles les traitements seront de 5,000 francs, 3,500 francs, 3,000 francs, 2,500 francs. En réalité, au-dessous des juges de paix de Paris, la première classe va se composer de 76 juges de paix, dont 35 toucheront des augmentations qui varieront de 1,000 à 2,000 francs, et 43 conserveront, telle quelle, leur ancienne rémunération de 5,000 francs. La seconde classe se composera de 152 juges de paix, dont 8 seulement reçoivent déjà et conserveront 3,500 francs, tandis que 144 autres vont bénéficier d'augmentation variant de 500 à 1,400 francs. Dans la troisième classe, sur 318 juges de paix à 3,000 francs, 2 seulement verront leur situation rester ce qu'elle était, et 316 bénéficieront d'accroissements qui varieront de 300 à 600 francs. Dans la quatrième classe, qui comprendra 2,304 juges de paix, tous les traitements seront augmentés, les uns de 400 francs, les autres de 700 francs.

Les chiffres que j'indique sont empruntés aux annexes de la proposition de loi de M. Million. Depuis qu'elle a été publiée, quelques modifications peu considérables sont survenues : la jonction de justices de paix distinctes sous la jurisprudence d'un seul magistrat a fait disparaître quelques emplois. Mais pour la commodité du raisonnement je puis encore considérer comme très approximativement exacts les chiffres que j'ai cités.

En réalité, sur l'ensemble des juges de paix, 2,870, hors de Paris où les titulaires à 9,500 francs chacun avaient déjà et conserveront une situation privilégiée, 53 seulement ne verront pas leur situation s'améliorer. De ceux-ci, 43 exercent leurs fonctions dans les sept plus grandes villes de France après Paris : Marseille. Lyon, Bordeaux. Lille, Toulouse, Nantes, Rouen.

Le prix de la vie y est particulièrement élevé : on m'assure qu'il y a considérablement augmenté. doublé peut-être, depuis que le traitement des juges de paix y a été fixé à 5,00 francs. D'autre part, les lois récentes soit sur les saisies-arrêts, soit sur les accidents du travail, y ont singulièrement accru le labeur des titulaires. (*Très bien ! très bien! à gauche.*)

Je vous demande s'il est admissible que nous laissions les juges de paix de ces grandes villes dans la situation où ils sont; et si, en les y laissant, nous ne commettrions pas une véritable injustice.

L'injustice a été déjà signalée ici avant ce jour; elle l'a été encore au Sénat; et elle l'a été, au Sénat, avec le désir et l'espoir que, lorsque le projet reviendrait devant vous, vous la répareriez. C'est un scrupule sur les prérogatives constitutionnelles de la Chambre qui a empêché l'autre Assemblée de relever le chiffre que nous avions voté.

M. le garde des sceaux, *ministre de la justice.* Ce scrupule n'a pas arrêté le Sénat, puisque la Chambre avait inscrit le chiffre de 2,400 francs et que le Sénat l'a porté à 2,500 francs.

M. Joseph Caillaux. Ce scrupule, d'ailleurs, n'aurait pas de raison d'être.

M. Gourd. L'article 28 du projet voté par la Chambre donnait 2,500 francs à la 4e classe ; la commission du Sénat abaissa ce chiffre à 2,400 francs ; le Sénat le releva à 2,500 francs reprenant celui que la Chambre avait adopté. Il est, d'ailleurs, certain que les membres du Sénat, qui voulaient porter de 5,000 à 6,000 francs le traitement des juges de paix de quelques grandes villes, furent arrêtés par le scrupule auquel j'ai fait allusion.

Au surplus, voici les observations mêmes que M. Gourju, sénateur du Rhône, présentait à l'autre Assemblée, dans la séance du 23 mars dernier.

« *M. Gourju.* Messieurs, l'article 23 m'inspire un regret que je partage avec M. Peytral, et probablement avec un certain nombre de nos collègues, mais que des scrupules constitutionnels ne me permettent pas de traduire sous forme d'amendement : c'est ce que les juges de paix, au nombre de quarante-trois, qui constituaient jusqu'à ce jour la deuxième des neuf classes actuelles, réduites par la loi nouvelle au nombre de cinq, c'est-à-dire les juges de sept parmi les plus grandes villes de France, Lyon, Marseille, Bordeaux, Toulouse, Lille, Nantes et Rouen, toutes villes où la vie est particulièrement chère et où le travail est surabondant, soient à peu près les seuls qui ne trouvent aucun avantage quelconque dans la réforme, si ce n'est encore un surcroît de travail.

« Nous ne pouvons pas songer à vous demander d'augmenter leurs traitements, parce que ce serait prendre, en matière de dépenses, une initiative que la Constitution ne nous reconnaît pas.

« *Un sénateur à droite.* C'est contesté !

« *M. Charles Riou.* Ce scrupule est exagéré.

« *M. Gustave Denis.* Nous avons toujours le droit d'amendement.

« *M. Gourju.* Oui, quand déjà la Chambre des députés a été saisie de la même question de dépenses et l'a résolue négativement.

« *M. Charles Riou.* En matière budgétaire.

« *M. Gourju.* En matière de dépenses quelconques, mon cher collègue.

« En tout cas, vous me pardonnerez d'être respectueux des droits de la Chambre des députés, peut-être même au delà de ce qui est indispensable. Quoi qu'il en soit, tel est du moins mon avis, le vôtre peut en différer ; n'en parlons plus.

« Ce qui est certain, c'est que pour ces motifs je n'ai pas osé prendre l'initiative d'un amendement.

Mais, comme il est désormais certain que la loi retournera à la Chambre des députés, je recommande à la bienveillance de M. le ministre, pour le jour où elle y sera discutée, et d'avance à celle de nos collègues du Palais-Bourbon, cette situation qui est véritablement digne d'intérêt, afin que, si un amendement surgit devant la Chambre des députés, il ait plus de chances pour être accueilli et pour donner satisfaction à quarante-trois magistrats fort distingués — puisqu'on les a choisis pour rendre la justice dans des villes d'une pareille importance — qui jusqu'à présent sont menacés de ne rencontrer dans la réforme de leur judicature absolument aucun profit qu'un travail supplémentaire. (*Approbation sur divers bancs.*)

« *M. le président.* Je consulte le Sénat sur l'ensemble de l'article 23.

On passe au vote, et l'article 23 est adopté.

Je réponds donc à l'invitation de l'honorable sénateur. Si vous votiez mon amendement, le renvoi au Sénat serait, j'en suis convaincu, pour ainsi dire de pure forme. Le Sénat, qui vient d'examiner minutieusement et d'amender, à son gré, le projet que vous lui aviez envoyé et que vous lui renverriez presque sans changement, homologuerait immédiatement la décision par laquelle vous auriez amélioré la situation de magistrat injustement traités et particulièrement intéressants.

Je prie donc la Chambre de vouloir bien, faisant œuvre de justice, ne pas laisser privés de tout avantage dans un projet de loi qui leur impose une augmentation de travail considérable quarante-trois juges de paix, des plus distingués, dont les fonctions sont particulièrement pénibles. (*Très bien ! très bien ! sur divers bancs.*)

M. le rapporteur. La commission repousse l'amendement.

Voix diverses. N'insistez pas !

M. Charles Bos. Vous poserez la question lors de la discussion de la loi de finances.

M. Gourd. L'insistance d'un certain nombre de nos collègues me paraît suffisamment significative. Je suis seul, au surplus, ce semble, à proposer d'amender la proposition de loi...

M. Borgnet. Vous ne seriez pas seul, monsieur Gourd, je m'associerais à vous.

M. Gourd. ...je retire mon amendement ; mais je recommande d'avance à la bienveillance de la Chambre et du Gouvernement une proposition de loi que je déposerai pour augmenter les traitements des quelques juges de paix auxquels le projet en discussion n'apporte qu'un accroissement de peines et de soucis. (*Très bien ! très bien !*)

M. le président. L'amendement est retiré. Personne ne demande plus la parole ? Je mets aux voix l'article 24.

(L'article 24, mis aux voix, est adopté.)

« Art. 25. — Après sept années passées dans la même classe, les juges de paix compris dans les deux dernières catégories pourront, par décret, être élevés sur place au traitement supérieur. » — (Adopté.)

« Art. 26. — Les avocats régulièrement inscrits à un barreau sont dispensés de présenter une procuration devant les juges de paix.

« Les avoués près le tribunal de première instance sont dispensés de présenter une procuration devant les justices de paix du ressort du tribunal où ils exercent leurs fonctions. » — (Adopté.)

« Art. 27. — Sont abrogés les articles 1 à 10 de la loi du 25 mai 1838, l'article 5 de l'ordonnance de police du 6 novembre 1778, le paragraphe 2 de l'article 14 de l'ordonnance du 8 novembre 1780 et l'article 7 de l'ordonnance du 11 mai 1784, ainsi que toutes les dispositions contraires à celles de la présente loi. » — (Adopté.)

« Art. 28. — Toutes créations de greffes ou d'offices de notaire nécessitées par la présente loi ne pourront avoir lieu qu'à la charge d'une indemnité incombant aux nouveaux titulaires.

« L'indemnité sera fixée comme en matière de cession ou de suppression d'office. » — (Adopté.)

M. le président. Avant de mettre aux voix

l'ensemble de la proposition de loi, je donne la parole à M. Bonnevay.

M. Bonnevay. Je voudrais, avant qu'il soit procédé au vote sur l'ensemble de la proposition de loi, soulever devant M. le garde des sceaux, M. le rapporteur et la Chambre une question qui a un intérêt pratique considérable.

La commission ne s'est peut-être pas rendu compte que la proposition de loi qu'elle nous apportait ne contenait aucune mesure transitoire et que nous allions placer les plaideurs en face d'une situation presque insoluble en ce qui concerne les procédures en cours touchées par la loi nouvelle.

M. le rapporteur. C'est réglé par les principes généraux du droit.

M. Bonnevay. Quelle va être la situation des milliers d'instances actuellement pendantes devant les tribunaux civils et qui, en vertu de la loi de compétence nouvelle, devraient être jugées par les tribunaux de paix en premier ou en dernier ressort? La jurisprudence ne paraît plus divisée sur cette question; elle admet que les lois de compétence et de procédure comme celle que nous votons ont un effet rétroactif.

M. le rapporteur. C'est exact.

M. Bonnevay. Par conséquent toutes les instances actuellement pendantes devant les tribunaux civils sur le point d'être jugées par eux, pour lesquelles toute la procédure est accomplie, mais pour lesquelles le juge n'aura pas encore rendu sa décision, vont être rayées du rôle de ces tribunaux et renvoyées devant les juges de paix. Une procédure nouvelle devra être commencée.

Par un exemple je vais démontrer jusqu'où peuvent aller les inconvénients créés par cette situation.

Voici une procédure qui a été commencée pour une demande en payement de 500 francs. Aux termes de l'article 1er, elle devient de la compétence du tribunal de paix. On est à la veille d'un jugement sur le fond; il y a même un jugement ordonnant une expertise préparatoire. Cette expertise a eu lieu; le tribunal est saisi, tous les frais sont faits et, d'ici quelques jours, le tribunal civil va statuer définitivement et en dernier ressort.

Le tribunal civil sera obligé, en vertu du principe de la rétroactivité des lois de compétence et de procédure, de rayer cette affaire. Il faudra la reprendre devant le juge de paix, à charge d'appel; quand le juge de paix aura rendu son jugement sur cette affaire qu'il aura dû instruire lui-même à nouveau, il est possible que le perdant du procès interjette appel et que devant le tribunal civil à nouveau saisi par l'appel — car pour 500 francs l'affaire est sujette à l'appel — il faille recommencer à nouveau toute la procédure.

M. Charles Bos. Je crois qu'il y a lieu de distinguer — car il faut toujours distinguer, en procédure — les affaires qui sont en état d'être jugées de celles qui ne le sont pas. Les premières seront jugées conformément à la législation actuelle, puisque la loi en discussion n'est pas promulguée; les autres resteront en l'état.

M. Bonnevay. Mon cher collègue, avant de porter la question à la tribune, j'ai eu soin d'étudier les derniers errements de la jurisprudence, soit dans Dalloz, au code annoté, sous l'article 2, numéro 173; soit dans les Pandectes françaises, aux mots « lois » et « décrets », articles 146 et suivants. Il n'y a plus de doute aujourd'hui sur la question, qui fut pendant longtemps controversée.

Actuellement, tant qu'il n'y a pas une décision sur le fond du droit, il est admis que les lois de compétence et de procédure sont applicables rétroactivement aux affaires actuellement en cours.

C'est un principe qui ne souffre plus de contestation, ni de difficulté.

Mais remarquez la conséquence de cette situation, c'est d'abord qu'il en résultera un retard pour les affaires qui allaient être jugées et qu'il va falloir transporter les affaires devant le juge de paix pour les faire revenir ensuite sur appel, devant le tribunal civil.

M. Louis Puech. Devant le tribunal qui en a déjà été saisi.

M. Bonnevay. Oui, mais qui va être saisi comme juge d'appel.

De plus les frais faits jusqu'à ce moment-là seront à la charge des plaideurs. C'est donc par un fait du principe, par le fait de la loi que des frais supplémentaires seront rendus nécessaires, mais ce seront les justiciables qui supporteront les conséquences de notre oubli.

Enfin, il est une troisième objection d'ordre pratique : c'est que, par suite de la radiation en masse, en vertu de la jurisprudence que j'ai signalée, de toutes ces affaires devant les tribunaux civils de France, nos justices de paix vont, pendant un certain temps, se trouver complètement envahies et débordées.

Quelle est la solution de cette difficulté? La solution eût été le vote d'une disposition transitoire. On aurait dû y penser et on y a pensé dans d'autres circonstances; j'ai là le rapport qui vient d'être déposé au Sénat sur l'organisation de la juridiction d'appel des conseils de prud'hommes, et je lis dans ce rapport qu'à la demande du Gouvernement on a introduit dans la loi une disposition additionnelle ainsi conçue :

« Les dispositions de la présente loi ne s'appliquent pas aux demandes introduites avant sa promulgation. » *(Très bien! très bien!)*

Je vous demande simplement, conformément à ce qui s'est fait et à ce qui doit normalement se faire, étant donnée cette jurisprudence, par une proposition de loi spéciale qui serait votée après la loi sur les justices de paix, de décider que les dispositions de la loi concernant la compétence et la réorganisation des justices de paix ne s'appliquent pas aux demandes introduites avant sa promulgation. *(Vifs applaudissements.)*

Je suis convaincu que M. le garde des sceaux aura le temps avant notre séparation de transmettre cette proposition au Sénat et de la faire voter par lui; nous connaissons la diligence que le Sénat apporte à la solution des affaires que la Chambre lui envoie.

M. Alexandre Zévaès. N'exagérons rien. *(Sourires.)*

M. Dejeante. Et la loi sur les conseils de prud'hommes!

M. Bonnevay. ...et je ne doute pas que les deux lois puissent être promulguées presque ensemble et qu'ainsi nous arrivions à éviter aux plaideurs des retards et des frais que, véritablement, ils ne méritent pas et que la loi que nous votons a précisément pour but de leur éviter. *(Vifs applaudissements.)*

M. le rapporteur. J'appuie les observations si justes de notre honorable collègue M. Bonnevay. La commission a, il est vrai, pour objectif — et en cela elle est d'accord avec M. Bonnevay lui-même — de défendre l'intégrité de son texte de façon que la loi soit aujourd'hui intégralement votée. Cela dit, M. Bonnevay vient d'exposer d'une façon très juste les principes en matière de rétroactivité quand il s'agit d'une loi de compétence et de procédure. Notre honorable collègue ajoute que la rétroactivité peut offrir en l'espèce de sérieux inconvénients. Il a raison. Qu'il veuille bien seulement formuler sa pensée dans le texte d'une proposition de loi qui pourra être renvoyée à la commission de réforme judiciaire. Cette commission, j'en suis sûr, fera le meilleur accueil à la proposition de M. Bonnevay. *Très bien! très bien!)*

M. Louis Puech. C'est là une disposition bien simple et sur laquelle nous sommes tous d'accord. Il n'y aurait aucun inconvénient à en voter de suite la prise en considération et à l'adopter au fond sans désemparer.

M. le président. M. Bonnevay peut déposer une proposition de loi spéciale qui serait renvoyée à la commission, si elle le veut, peut déposer à deux heures son rapport et demander à la Chambre d'en faire adopter les conclusions d'urgence; mais il faut éviter de voter en séance une disposition de ce genre dont le texte n'a pas été l'objet d'un examen préalable de la commission. *(Très bien! très bien!)*

M. Aynard. Je demande la parole.

M. le président. Vous avez la parole.

M. Aynard. Je demande la permission de dire quelques mots avant le vote de l'ensemble. Je regrette l'adjonction, suivant moi déplorable, que le Sénat a faite à la loi en ouvrant une si large faculté aux maires et adjoints en leur reconnaissant une aussi facile aptitude à être appelés aux fonctions de juge de paix.

Nous souffrons trop dans notre pays de toutes les sources de corruption politique qui sont ouvertes pour en ajouter encore une autre.

Je regrette encore une fois que le Sénat ait fait de cette loi, excellente dans certaines de ses dispositions, une loi qui peut servir de nouvel instrument de corruption politique. (*Applaudissements au centre et à droite. — Rumeurs à l'extrême gauche.*)

M. le président. Je mets aux voix l'ensemble de la proposition de loi.

(L'ensemble de la proposition de loi, mis aux voix, est adopté.)

M. le président. J'ai reçu de M. Etienne Flandin le projet de résolution suivant :

« La Chambre invite le Gouvernement à n'user qu'à titre exceptionnel de la faculté d'appeler aux fonctions de juges de paix des candidats ne justifiant pas de connaissances juridiques les rendant spécialement aptes à leur mission. »

Avant de mettre aux voix ce projet de résolution, je fais appel à M. Flandin lui-même. Je lui demande s'il croit que nous pouvons voter une pareille motion.

Un membre à gauche. Elle n'est pas inconstitutionnelle.

M. le président. En effet, si elle était directement contraire à la Constitution, je n'en accepterais pas le dépôt et je refuserais de la mettre aux voix ; mais je la crois au moins incorrecte.

Les Chambres votent les lois telles qu'elles résultent de l'accord intervenu entre les deux Assemblées ; elles n'ont pas mandat de les interpréter. Le pouvoir exécutif est seul chargé de leur exécution. Si les ministres appliquent la loi d'une manière qui paraisse critiquable, la Chambre possède un droit de contrôle qui se traduit par le droit d'interpellation.

Vous avez exposé votre sentiment à la tribune, monsieur Flandin ; quant à l'application de la loi, je ne crois pas qu'il soit possible ni utile d'appeler la Chambre par un vote à statuer d'avance sur l'exécution de la loi.

Vous pourriez consentir à borner votre intervention aux paroles que vous avez prononcées. La voie législative vous reste ouverte pour apporter les modifications que vous croirez nécessaires. M. Bonnevay a procédé ainsi et il vaut mieux ne pas obliger la Chambre à voter sur votre projet de résolution. (*Très bien ! très bien !*)

M. Etienne Flandin (Yonne). Le Gouvernement et la commission avaient accepté le texte du projet de résolution. Si ce texte paraît soulever des difficultés imprévues au point de vue des règles de notre droit public, j'aurais mauvaise grâce à insister. Je retirerai très volontiers mon projet de résolution en me bornant à prendre acte des déclarations de M. le garde des sceaux nous donnant l'assurance que la chancellerie exigera des candidats aux justices de paix les garanties d'expérience et de capacité nécessaires.

M. Lucien Cornet. Le garde des sceaux n'a pas fait de déclaration : il n'a rien dit.

M. Edmond Lepelletier. Qui ne dit mot consent.

M. le président. La parole est à M. le garde des sceaux.

M. le garde des sceaux, *ministre de la justice.* Messieurs, mon sentiment est connu, je me suis expliqué à la tribune du Sénat. Aujourd'hui j'ai suivi la discussion avec beaucoup d'attention ; tout le monde étant d'accord et paraissant décidé à hâter le vote de la proposition, au moment où cette loi allait obtenir la consécration législative, je n'ai pas voulu retarder le vote.

J'ai déjà déclaré que les termes du projet de résolution pouvaient soulever une critique. Il paraît au moins étrange qu'à la minute même où l'on vient de voter une loi on invite le Gouvernement à n'user qu'à titre exceptionnel d'une des dispositions de cette loi. Ne trouvez-vous pas là quelque chose de choquant ?

Tout le monde reconnaît qu'il y aura pour le garde des sceaux à faire un choix attentif entre les futurs candidats ; il y a lieu de s'en remettre à lui. Le Parlement a toujours, par la voie de l'interpellation, un moyen de faire connaître son sentiment sur la manière dont les lois doivent être appliquées.

Les déclarations faites à l'avance sont, je crois, inutiles et leur rapprochement du texte de la loi qu'on vient de voter créerait un précédent peut-être fâcheux puisqu'il constituerait une critique de l'œuvre même qui vient d'être accomplie d'un commun accord. (*Très bien ! très bien !*)

M. Etienne Flandin (Yonne). Je prends acte des déclarations de M. le garde des sceaux ; j'espère que ses successeurs interpréteront comme lui, la loi dans le sens qui vient d'être indiqué.

Déférant à la demande de M. le président je n'insiste plus pour le vote de mon projet de résolution.

M. le président. La parole est à M. Bonnevay pour le dépôt d'une proposition de loi.

M. Bonnevay. J'ai l'honneur de déposer une proposition de loi ainsi conçue :

« Article unique. — Les dispositions de la loi concernant la compétence des juges de paix et la réorganisation des justices de paix ne s'appliquent pas aux procédures introduites avant sa promulgation. »

Je demande le bénéfice de l'urgence en faveur de cette proposition et le renvoi à la commission de la réforme judiciaires, qui voudra bien déposer son rapport le plus tôt possible Je comprends qu'il lui faut le temps de réfléchir et que le vote d'un texte improvisé en séance n'est pas un bon exemple à donner.

M. le président. Je consulte la Chambre sur l'urgence.

(L'urgence est déclarée.)

M. le président. La proposition de loi sera imprimée, distribuée et renvoyée à la commission de la réforme judiciaire et de la législation civile et criminelle.

www.ingramcontent.com/pod-product-compliance
Lightning Source LLC
LaVergne TN
LVHW020117060726
842526LV00004B/1162